KB048850

# 새우와 고래싸움

## 한민족과 국제정치

(증보판)

강 성 학

博 英 社

# A SHRIMP'S TROUBLES AMONG WHALES,

# OR THE INTERNATIONAL SETTING OF KOREAN FOREIGN POLICY

(ENLARGED EDITION)

SUNG-HACK KANG

PARKYOUNG
publishing&company

# 새우와 고래싸움

## 한민족과 국제정치

(증보판)

※ 본서의 초판 출판은 2003년도 고려대학교 특별연구비의 지원을 받아 이루어진 것임.

※ 표지의 그림은 동아일보 2004년 1월 7일자 A8쪽에 실린 최남진 기자의 캐리커처를 2004년 1월 29일 동아일보사의 승인을 받아 「일탈기획」의 김미선 씨가 채색한 것임.

나의 평생 고마운 아내

**신혜경** 여사에게

# 추 천 사

**김 경 원**
서울국제포럼 회장

강성학 교수의 글은 우선 읽기에 재미있다. 한번 읽기 시작하면 끝까지 읽고 싶어지는 글이다.

사실 생각해 보면 국제정치에 관한 글이면 재미있을 수 있고 또 재미있어야 한다. 왜냐하면 국제정치에는 긴장과 흥분 그리고 비극적 운명이 깔려 있기 때문이다.

그런데 실제로 국제정치분야의 글들을 읽어보면 지루하기 짝이 없다. 문장은 딱딱하고 별로 필요도 없는 전문용어만 늘어놓았는데 저자가 무슨 생각을 하고 무엇을 말하려고 하는지도 분명하지 않은 경우가 많다.

이런 면에서 강성학 교수의 글은 예외적이다.

강성학 교수는 사회과학을 하기 위해 글을 쓰는 것이 아니라 인간과 사회의 문제들에 대해 깊이 생각하기 위해 글을 쓴다. 전쟁과 평화, 역사의 교훈과 현안문제, 전환기의 생존전략 등 우리들이 실제로 당면하고 있는 문제들에 대해 깊이 생각하고 얻은 진실을 독자들과 나누기 위해 쓴 글이 강성학 교수의 글이다.

그러니까 강 교수의 글에는 힘이 있다. 말 한마디 한마디가 무거운 사색의 여정을 거쳐서 나온 열매이기 때문에 힘이 있을 수밖에 없는 것이다.

강성학 교수가 다루고 있는 주제들 자체가 무겁고 긴장된 개념에 기초하고 있다. 「힘」은 우리의 소원을 가능하게 하는 조건이 될 수도 있다는 진리는 전쟁을 두려워하는 사람들에게 전하기가 그리 쉬운 것은 아니다.

그러나 아무리 어렵다고 해도 우리 국민은 국제정치의 본질에 대해 올바른 인식을 가지고 있어야 한다. 바로 그렇기 때문에 강성학 교수의 글은 되도록 많은 사람들이 읽어야 한다. 고래들이 싸우면 새우가 터진다는 문제도 있지만 고래들이 서로 사랑을 해도 새우는 터질 수 있다는 사실도 기억해야 할 것이다.

한반도의 지정학적 위치를 의식한다면 국제정치의 비극성도 기억해야 한다. 평화를 사랑한다고 평화가 보장되는 것은 아니다. 보다 평화로운 세계를 구현하기 위해서는 전쟁과 평화의 변증법을 명확하게 파악하고 있어야 한다. 강성학 교수가 이번에 새로 내놓는 저서 「새우와 고래싸움」은 바로 그와 같은 보다 명확한 인식을 위해 큰 도움을 줄 수 있는 책이다. 반드시 일독을 권한다.

# 증보판 서문

본서는 "고래싸움에 새우등 터진다"는 우리 조상들의 속담을 염두에 두고 21세기 초인 2004년에 출간된 <새우와 고래싸움: 한민족과 국제정치>의 증보판이다. 이 책은 주변 강대국들에 둘러싸인 한국 외교정책의 국제적 배경과 그 속에서 한국의 가능한 외교적 전망과 한계를 다룬 것이다. 거의 20년 전에 출간된 이후 아직까지도 주문이 간간히 이어지고 있다. 그리하여 나는 그 책의 출판 전이나 그 후 거의 20년간 논문이나 다른 저서들에서 한국 외교정책과 관련되어 쓴 것들을 이곳에 모아 증보판으로 출간하기로 했다. 그것들은 이곳저곳에 흩어진 채로 망각에 묻혀 버린 것들로서 본서에서 다시 살려본 것이다. 그러므로 모두 10장으로 구성된 원래의 책이 총 27장으로 늘어났으며 거의 모든 장의 순서가 새롭게 구성되었다.

그동안 한반도와 주변 강대국들의 외교정책도 그들 상호간의 관계뿐만 아니라 한국과의 관계에도 변화가 있었다. 무엇보다도 가장 주목할 현상은 대한민국이 선진국으로 국제사회에서 인정받게 되었다는 놀라운 사실이다. "사람 팔자 알 수 없다"는 한국의 옛 속담을 국가에게도 그대로 적용하면 국가의 팔자도 알 수 없다. 대한민국은 건국 직후 재앙적 전쟁의 참화를 겪은 후에 세계의 최빈국에서 후진국, 발전도상국, 중진국을 거쳐 마침내 선진국의 반열에 올라선 것이다. 현재 38개국의 선진 회원국을 가진 OECD에 한국이 1996년 29번째로 회원국이 된 지도 거의 30년이 되어간다. 대한민국은 팔자를 고쳐 이제 명실공히 선진국이 되었다. 이런 세계사적 성취는 어느 날 갑자기 청천에 날벼

락처럼 찾아온 것이거나 어느 날 불현듯 로또에 당첨되어 백일몽 같은 소망이 달성된 것이 아니다. 그것은 한 인간의 일생인 70여 년에 걸친 대한민국의 선구적 지도자들과 근면한 국민의 피와 땀과 눈물과 고난의 오디세이의 결실이었다.

그러다 보니, 한국인들 중에는 선진국이 된 대한민국이 동시에 국제사회의 강대국인 된 것처럼 생각하는 사람들이 생겨났다. 대한민국은 정말로 주요 강대국이 된 것일까? 일반적으로 국제정치에서 강대국이 반드시 선진국이 아닌 것처럼 선진국이 곧 강대국으로 인정되는 것은 아니다. 즉, 대한민국이 선진국이 되었다고 해서 동시에 국제정치의 주요 강대국이 된 것은 아니라는 말이다. 러시아와 중국은 강대국이지만 그들이 선진국이 아닌 것처럼 싱가포르, 호주, 뉴질랜드, 벨기에, 네덜란드, 그리고 이스라엘 등을 포함하는 OECD회원국 모두가 강대국은 아니기 때문이다. 국제사회에서 강대국으로 인정받기 위해서는 무엇보다 기존 강대국과의 전쟁에서 승리한 빛나는 역사적 업적을 보유해야 하고, 또한 현실적으로는 타국의 지원이 없이도 독자적으로 장기간의 전쟁을 수행할 수 있는 충분히 강력한 무장과 전쟁수행을 뒷받침할 자족적인 국가적 다양한 자산을 넉넉하게 보유하고 있어야만 한다. 지금도 진행 중인 러시아와 우크라이나 전쟁에서 목격하고 있듯이 홀로 전쟁을 수행하고 있는 러시아는 분명 강대국이고 여러 타국의 지원에 의존하고 있는 우크라이나는 분명히 강대국이 아니다. 러시아는 전쟁에서 설사 패배하는 경우에도 여전히 강대국으로 남지만, 약소국 우크라이나는 전쟁에서 승리한다고 해서 바로 강대국으로 인정되지 않을 것이다. 그것은 마치 소인(Lilliput)은 한번 쓰러지면 그것으로 끝장이 나지만 거인(Giant)은 잠시 쓰러져도 다시 일어나면 여전히 거인인 것과 같은 경우라고 할 것이다.

대한민국은 미국과 유엔의 도움으로 전쟁의 잿더미 속에서 마치 한

마리의 불사조처럼 비상하였다. 그 후 한미동맹체제의 덕택으로 안전 속에서 경제발전을 거듭한 끝에 제2차 세계대전 후 탄생한 신생국가들 중 유일하게 마침내 선진국의 반열에 들어섰다. 이것은 세계사적 사건이고 인류 역사상 하나의 기적이라 해도 과언이 아니다. 그러나 한국은 강대국으로 인정받을 만한 빛나는 승전의 경험이 없고 장기간 독자적으로 전쟁을 수행해 나갈 만큼 국가적 자산에서 충분히 자족하지 못하고 있다. 그래서 아직 강대국은 아니다. 그럼에도 불구하고 대한민국이 선진국이고, 더구나 최근 특정 무기들마저 대량 수출국이 되자 적지 않은 사람들이 '강대국 증후군(great power syndrome)'에 걸린 것처럼 보인다. 이것은 '오만(hubris)'을 낳고 오만은 자멸을 가져오는 것이 세계사의 엄중한 교훈이다.

현재 우리의 처지와 비슷하게 일찍이 '강대국 증후군'에 젖어 행동한 소중한 역사적 사례가 주는 유익한 교훈에는 어떤 것이 있을까? 필자는 제1차 세계대전 후 무솔리니 치하의 이탈리아의 경우라고 생각한다. 1919년 파리평화회의에서 이탈리아의 오를란도 수상은 제1차 세계대전의 와중에 서방 측에 늦게 가담했지만 아무것도 보상받지 못한 채 '깨끗한 손'이었지만 결국 '빈손'으로 귀국하자 이탈리아는 불만으로 들끓었다. 이 불만을 이용하여 1922년 베니토 무솔리니는 쿠데타로 정권을 잡았다. 분노에 물들고 현대의 카이사르가 되려는 과대망상에 빠진 무솔리니는 이탈리아의 진정한 군사적 및 경제적 취약점을 반영하는 대외정책을 추구하지 않았다. 그는 이탈리아의 자산부족과 거대한 군사력을 공급할 수 없는 자국의 제한된 목적의 외교정책을 정교하게 수립하지 못했다.

소수의 아첨꾼들 속에 고립된 무솔리니는 자신의 직감력을 믿었고 또 자신의 판단이 틀릴 수 없다고 확신했다. 무솔리니의 이탈리아는 유럽의 국제정치에서 소위 균형자의 역할을 꿈꾸었지만 그러나 무솔리니는 그러한 역할을 수행할 만한 세련된 리더십과 막강한 군사력을 보유하지 못했다. 그러므로 그는 국제적 균형자의 역할을 시도하지 못한 채 어쩔 수 없이 히틀러의 독일에 편승하는 것을 선택하고 말았다. 그의 어리석은 선택은 궁극적으로 국가의 생존을 희생시키고 파시스트 정권과 자신의 정치적 지위는 물론 자신의 생명까지 잃고 마는 비극적 결과를 초래했다.

이러한 역사적 교훈에서 배운다면, 대한민국은 지난 문재인 정권처럼 북한에 '선제적 굴종'을 계속하면서도 무슨 동아시아의 균형자로서 역할을 하겠다고 나설 일이 아니었다. 북한과 중국에 굴종하는 국가를 누가 균형자로 인정하겠는가? 한국인들에게 그런 특권적인 국제적 지위와 역할은 앞으로도 상당기간 주어질 것 같지 않다. 격랑의 국제정치의 파도 속에서 대한민국은 유일한 초강대국인 미국과의 동맹으로 살아남았다. 그러나 그 동맹국인 미국과는 동등한 파트너가 아니라 주니어 파트너라는 사실을 망각해선 안 될 것이다. 그리고 한미동맹체제는, 한국전쟁의 과정에서 세계최강의 미국에게 편승한 이승만 대통령의 선구자적 결단은 참으로 민족사적 최선의 결정이었다. 당시 미국은 한국과의 동맹조약 체결에 아주 미온적이었다. 당시 한미동맹은 미국에 의한 한국의 일방적 보호를 보장하는 것이었기 때문이다. 우리는 한미동맹을 한반도의 분단 상황과 동북아의 지정학적 조건이 근본적으로 전환되지 않는 한 소중하게 관리해 나가야 할 것이다.

그러면서도 동시에 우리는 진정한 강대국으로 성장하고 인정받을 수 있도록 국방력과 외교력을 향상시키는 데 조용히 매진해야 할 것이다. 강대국의 지위는 잘사는 국가라고 해서 저절로 주어지는 것이 아니다. 강대국으로 인정받고 싶은 나라는 국제사회에서 그러한 지위를 스스로 쟁취해야 하고 또 기존 강대국들에게 그들 중 하나임을 실제로 입증해야만 한다. 따라서 벌써부터 오만하게, 아니 가소롭게, 강대국 증후군에 전염되어 대한민국이 이제는 강대국이 되었다고 샴페인을 터트리는 어리석은 국제적 돈키호테가 되어서는 안 될 것이다.

본서는 한국 외교정책의 연대기 순으로 작성된 교과서가 아니라 한국 외교정책에 관한 다양한 주제의 논문집이기에 학부의 한국 외교정책 과목보다는 대학원의 한국 외교정책 세미나 과목에 더 적합한 교재가 될 수 있다고 생각된다. 어떤 것은 시기적으로 아주 오래 전에 쓴 것이기에 오늘의 시점에서 보면 많은 업데이트가 필요할 것이다. 그러나 나는 어느 곳에서나 단 한 줄도 수정하거나 업데이트하지 않았다. 왜냐하면 나의 모든 분석과 결론들은 그것이 쓰여진 시점을 고려하여 평가되어야 한다고 믿기 때문이다. 오늘의 시점에서 돌아보거나 미래를 내다볼 때 나의 글들이 모두 긍정적으로 평가될 것이라고 생각하지 않는다. 그러나 나는 본서의 각 장들은 그런 주제를 논의하는 출발점은 될 수 있다고 변명하고 싶다.

본 증보판의 출간을 위해 엄청 많은 분량의 새 장들을 나누어 새롭게 워드작업을 해준 참으로 고마운 제자들인 신영환 박사와 김연지 박사, 그리고 이들과 함께 작업하면서 총괄적 작업까지 해준 모준영 박사에게 감사한다. 그리고 어려운 출판여건에도 불구하고 본 증보판을 기꺼이 출판해준 박영사에 감사한다. 그리고 끝으로, 내 평생의 반려자인 아내 신혜경 여사에게 이 책을 진정한 고마움과 끝없는 사랑을 가슴 속에 담아 정중히 헌정한다.

2023년 2월

구고서실(九皐書室)에서

# 초판 서문

“역사는 되풀이하지 않는다. 그러나 인간들은 되풀이한다.” 볼테르의 말이다. 내년 2005년은 우리 민족의 외교권, 사실상 주권을 빼앗긴 지 꼭 100년이 되는 해이다. 지난 1세기 동안 우리 민족은 파란만장한 고난의 역사를 뚫고, 이제는 국제사회에서 인정받는 현대국가로 발전하였다. 그렇다고 우리의 민족적 삶의 조건이 완전히 달라진 것 같지는 않다. 오히려 현재의 한반도는 1세기 전의 비극적 역사가 되풀이되는 것이 아닌가 하는 우려를 자아내고 있다.

오늘날 한반도는 승객들의 반이 북한의 핵을 포함한 대량살상무기(WMD)에 묶인 채 난기류를 통과하고 있는 한 대의 비행기와 같은 처지에 놓여 있다. 지금 우리는 한반도라는 이 비행기가 평화의 활주로에 안전하게 착륙할지 아니면 추락하여 불바다를 이룰지 알 수 없다. 관제탑에서는 주변 4강들(미, 중, 러, 일)이 이 난기류 속의 비행기를 어찌해야 할지 자국의 안전과 이익을 열심히 계산하고 행동을 위한 호흡을 조절하고 있다.

그러나 역사의 비극적 감각을 익히지 못한 남한의 위정자들과 소위 맹목적 평화주의자들은 한가롭게 땅 위에서 마치 볼테르의 작품 『캉디드』 속의 팡글로스 박사처럼 모든 것이 결국 잘 끝날 것이라고 믿고 있는 것 같다. 참으로 불안하고 안타까운 상황이다. 역사의 미래는 결코 미리 예정되어 있는 것이 아니기 때문이다. 이라크인들의 비극은 냉전체제가 끝났음에도 후세인이 냉전시대처럼 똑같이 행동했기 때문에 초래되었다면, 한반도의 위기는 냉전체제가 아직 완전히 끝나지 않았는데도 이미 끝난 것처럼 착각하고 행동하는 북한의 시대착오적 천황 같은 김정일 때문일 것이다.

과거에 핵전쟁의 일보 직전까지 치달았던 쿠바의 핵미사일 위기는 평화와 안전을 희망하는 국가가 무력사용의 의지나 용의를 상실한 채 단지 우월한 국력을 갖고 있는 것만으로는 충분하지 않다는 것을 보여 준, 모골이 송연했던 역사적 사건이었다. 나치스의 반인간적 야만의 위험으로부터 서구의 문명을 구원한 20세기의 최고의 정치지도자 윈스턴 처칠이 갈파했듯이, "평화는 공포의 아들"이기 때문이다.

한반도의 소위 제 2 의 핵 위기 속에서 우리는 '전쟁의 공포' 속에 사로잡혀 올바른 국가정책을 채택하고 실천하는 데 있어서 우리의 사고와 행동이 마비되어서는 안 될 것이다. '두려움'은 마음속에서 잉태된다. 그러나 인간이 마음의 노예로만 그친다면 그 동안 인간은 '이성적 존재'로 자처하지 못했을 것이다.

본서는 지난 몇 년간 저자가 고려대학교 정책대학원 원장으로서 정책대학원 최고위과정에서 행한 특강과 교육방송(EBS)을 비롯해 다른 곳에서 행했던 강연들의 녹취록을 다듬은 것과 학술지에 실린 논문들을 함께 묶은 것이다. 강연 녹취록과 학술논문은 서로 어울리지 않는 것이지만 학술적 관심이 주된 대학원생이나 동료학자들보다는 학부 학생이나 일반인의 교양서로 활용될 수 있다면 하나로 묶는 것도 가능하지 않을까 하고 생각했다. 사실 학술지나 순수학술서적은 수많은 각주와 함께 읽어나가야 하기 때문에 전철 속에서나 여행하면서 읽기에 부적합하며 독서의 맥이 자주 끊기기 때문에 독서의 맛을 잃게 된다. 따라서 학술논문들의 각주를 모두 없애 통독하기에 편하도록 작성하기로 하였다. 다만 진지한 독서를 위해 각주를 함께 읽기를 원하는 독자들을 위해서 출처를 아래에 밝혀두었다. 그리고 저자의 지적 배경을 밝히기 위해 참고문헌을 통합하여 말미에 싣기로 하였다.

한민족은 전통적으로 자신의 국제정치적 상황을 고래싸움에 새우등 터지는 경우로 인식했다. 힘의 각축을 벌이는 강대국들에 둘러싸인 한민족의 불행한 처지를 이보다 더 적절히 표현하기도 어려울 것이다. 따라서 본서의 제목을 "새우와 고래싸움"으로 정하고 "한민족과 국제정치"를 부제로 달았다. 본서는 총 10장으로 구성되어 있다.

우선 제 1 장 "한민족과 국제정치: 역사의 교훈과 전망"은 2003년 2학기 고려대 정책대학원 최고위과정 특강의 녹취록을 정리한 것이다.

제 2 장 "주한미군과 한미관계: 중년의 위기인가 황혼이혼인가?"는 『IRI 리뷰』, 제 7 권 제 1 호(2002년)에 발표된 것이다.

제 3 장 "9·11테러와 김정일 정권의 생존 전망: 민주주의의 바다에서 독재의 섬처럼?"은 『IRI 리뷰』, 제 6 권 제1 호(2001년 겨울/2002년 봄)에 처음 실린 것이다.

제 4 장 "한국의 안보조건과 공군력 발전 방향: 한국안보의 아틀라스를 향해서"는 공군본부 『군사교리연구』, 제40호(2000년)에 실린 "한국안보의 미래조건과 공군력: 댄서에서 프리마돈나로?"와 『신아세아』, 제 9 권 제 4 호(2002년 겨울)에 실린 "주한미군과 한국공군의 발전방향"을 발췌 통합한 것이다.

제 5 장 "한국 외교정책의 특성: 편승에서 쿼바디스로?"는 원래 한국국제정치학회 주최의 국제회의 발표논문집 *Korea in the Age of Globalization and Information*(임용순·김기정 편, 1997년)에 게재되었던 "The Korean Style of Foreign Policy: From Bandwagoning to Quo Vadis?"가 『IRI 리뷰』, 제 2 권 제 2 호(1997년)에 번역되어 실린 것이다.

제 6 장 "햇볕정책과 한국의 안보: 북한은 나그네의 외투인가, 솔로몬의 방패인가?"는 '국민의 정부'의 햇볕정책 추진으로 모두가 기대에 부풀었던 시기인 2000년 10월 6일, 당시 해군 참모총장의 초청으

로 계룡대에서 해군을 위한 특별강연의 녹취록을 정리하고 다듬은 것이다.

제 7 장 "유엔가입과 한국외교: 여우와 고슴도치?"는 한국유엔체제학회가 주최했던 유엔가입 10주년 기념학술회의에서 발표된 뒤 『국제정치논총』, 제41집 제 4 호(2001년)에 실린 것이다.

제 8 장 "유엔의 인도주의적 개입: 너무 가까이 하기엔 위험한 수렁?"은 2000년 5월 12일 숙명여대 홍규덕 교수의 초청으로 동 대학에서 했던 특강의 녹취록을 정리한 것이다.

제 9 장 "국제정치이론과 세계의 앞날"은 2000년 1월 교육방송의 「EBS 세상보기」에서 21세기 국제정치를 이해하기 위한 필독서를 소개하는 총 4회에 걸친 강의 녹취록을 정리한 것이다. 방송시간이 각 회당 38분으로 제한되어 충분한 내용을 다루지 못한 아쉬움이 남는다.

제10장 "전환기 한국안보를 위한 지혜로운 부엉이의 목소리"는 한국정치학회의 요청에 따라 작성한 서평으로 『한국정치학회보』, 제35집 제 2 호(2001년)에 실린 것이다.

"좋은 아이디어가 있으면 반복하라." 노벨경제학상 수상자인 워실리 레온티에프(Wassily Leontief)의 말이다. 저자가 본서에서 얼마나 좋은 아이디어들을 담아 냈는지는 알 수 없지만, 강의 녹취록 부분에서 이미 논문에 썼던 몇몇 아이디어들을 반복한 것이 이곳 저곳에서 발견될 것이다. 그러나 반복된 것이라고 해서 모두 솎아 낸다면 녹취된 강의가 생명력을 잃게 되어 대부분 그대로 두었다. 주제가 다른 각 장은 독립적으로 읽혀져야 할 것이기 때문이다. 다만 투키디데스의 밀로스 대화편의 인용을 두 번의 특강 녹취록에 그대로 유지할 수 없어 두 번째 녹취록에서는 이를 간단히 요약하고 끝에 그 사실을 명기해 두었다.

본서가 출간될 때까지 저자의 학문생활에 많은 분들의 도움이 있었지만, 특히 저자가 지난 24년간 고려대학교 정외과 교수로 재직하는 동안 학과의 원로 선배 교수님이신 한승주 교수님께서는 저자의 인격적 결함을 관대하게 감싸 주시고 필요할 땐 언제나 헌신적 도움을 제공해 주셨으며, 저자가 본연의 학문 생활에 보다 전념할 수 있도록 여러 가지로 많은 은혜를 베풀어 주셨다. 이에 진심으로 감사드리면서 부족하나마 본서를 한승주 교수님께 헌정하고자 한다. 한승주 교수님께서는 본서의 주제인 한국 외교정책에 학술적으로 기여하셨을 뿐만 아니라 한때는 한국 외무부장관으로서, 그리고 현재는 주미대사로서 한민족과 국제정치가 상호작용하는 현장의 중심부에서 조국을 위해 실천적으로 헌신하고 계시기 때문에 그 분의 외교적 성공을 기원하는 간절한 마음도 함께 담아 전해 드리고 싶다.

흩어진 글을 모으고 녹취록을 정리하고 다듬으면서 본서의 출판을 준비하는 작업은 여간 어려운 일이 아니었다. 이 어려운 작업을 수행하는 데 함께 참여하고 수고해 준 제자들에게 감사하고 싶다. 우선 강연과 특강의 녹취록 초본을 만들어 준 고려대학교 정책대학원의 김성학과 원고 교정 및 참고문헌 작성을 해 준 정치외교학과 대학원의 임삼묵(공군대위), 계인승, 배수현에게도 감사한다. 특히 녹취록을 다듬고 정리하는 데 많은 시간과 노력을 들이면서 여러 가지 좋은 아이디어로 본서를 개선하고 본서의 출판 준비를 총괄한 정치외교학과 대학원의 김정환에게 각별한 고마움을 표하고 싶다.

표지그림의 채색과 활자의 미화를 맡아 준 고려대 정책신문사 이현석 편집국장에게도 감사한다. 본서의 준비작업의 전 과정 동안 저자의 상담에 친절히 응해 준 고려대학교 평화연구소의 이웅현 교수에게도 감사한다. 뿐만 아니라 동아일보에 게재되었던 캐리커처를 본서의 표지에 사용할 수 있도록 허락해 주신 동아일보사와 김학준 사장님께도 깊이 감사드린다.

끝으로 노환의 어머님을 비롯한 처 신혜경과 아들 상온과 승온, 딸

영온에게 늘 부족한 가장을 이해해 준 데 다시 한번 여기에서 고마움을 표하고, 자랑스러운 삶의 터전인 고려대학교에도 거듭 감사하고 싶다.

2004년 1월

九皐書室에서

# 차　　례

추 천 사 ········· 7

증보판 서문 ········· 9

초판 서문 ········· 15

출　　처 ········· 25

제 1 장　한민족과 국제정치: 역사의 교훈과 전망 ········· 27

제 2 장　한국인의 전쟁과 평화의 개념: 유교적 미래로의 복귀? ····· 57

제 3 장　한국 외교정책의 특성: 편승에서 쿼바디스로? ········· 85

제 4 장　한국의 안보정책: 역대정권의 안보정책비교 ········· 117

제 5 장　주한미군과 한반도: 역사적 전개와 의미 ········· 173

제 6 장　한-러 관계의 발자취 ········· 213

제 7 장　한반도 주변 전략환경 변화와 미국의 역할:
미국은 시저인가 아니면 이아고인가? ········· 239

제 8 장　주한미군과 한미관계: 중년의 위기인가 황혼이혼인가? ··· 275

제 9 장　냉전시대 한반도 위기관리 ········· 301

제10장　한반도 군축을 위한 신뢰구축 방안 ········· 329

제11장 9.11 테러와 김정일 정권의 생존전망:
민주주의 바다에서 독재의 섬처럼? ······ 361

제12장 한국의 유엔정책: 유일합법정부의 성상의 매몰과정과
국제기구에 대한 한국의 새로운 과제 ······ 375

제13장 유엔가입과 한국외교: 여우와 고슴도치? ······ 415

제14장 한국의 현 유엔정책: 무책이 상책? ······ 443

제15장 유엔의 인도주의적 개입:
너무 가까이하기엔 위험한 수렁? ······ 459

제16장 21세기 아시아-태평양 지역의 새로운 지정학적 형태:
비극적 과거로의 회귀인가 아니면 아름다운 신세계로의
진입인가? ······ 477

제17장 한국의 안보조건과 공군력 발전방향:
한국의 아틀라스를 향해서 ······ 525

제18장 한반도 통일방안의 평가? ······ 565

제19장 햇볕정책과 한국의 안보:
북한은 나그네의 외투인가 솔로몬의 방패인가? ······ 591

제20장 북한 군사전략의 역사와 전망:
트로이 목마에서 러시아 룰렛으로? ······ 611

제21장 정치적 대화와 한민족 통일:
마키아벨리적 순간에서 페스탈로치의 자세로 ······ 669

제22장 중국의 지정학적 도전과 한-미-일 민주국가들의 응전 ··· 695

제23장 국가는 돈키호테일 수 없다. ··· 721

제24장 국제정치의 균형자는 아무나 될 수 있는 것이 아니다. ··· 725

제25장 링컨의 유산이 한국인들에게 주는 교훈 ··· 747

제26장 전환기 한국안보를 위한 지혜로운 부엉이의 목소리: 서평 ··· 771

제27장 국제정치이론과 세계의 앞날 ··· 789

1. 투키디데스(Thucydides) ··· 789
2. 케네스 월츠(Kenneth N. Waltz) ··· 801
3. 프랜시스 후쿠야마(Francis Fukuyama) ··· 813
4. 헨리 키신저(Henry A. Kissinger) ··· 825

참고문헌 ··· 837

사항색인 ··· 886

# 출 처

제1, 3, 8, 11, 13, 15, 17, 19, 23, 26, 27장은 『새우와 고래싸움』 초판을 증보판의 구성에 따라 재배치한 것으로, 각각 제1, 5, 2, 3, 7, 8, 4, 6, 에필로그, 10, 9장에 수록되었던 것들이다.

제2, 16, 22장은 『한국의 지정학과 링컨의 리더십: 동아시아의 지정학적 변화와 국가통일의 리더십』(서울: 고려대학교출판부, 2017)에 각각 제3, 16, 22장에 수록되었던 것이다. 고려대학교출판부에 감사드린다.

제4, 10, 18장은 『카멜레온과 시지프스: 변천하는 국제질서와 한국의 안보』(서울: 나남, 1995)에 각각 제7, 10, 12장에 수록되었던 것들이다. 나남출판사에 감사드린다.

제5, 6, 7, 9, 12, 20, 21장은 각각 『이아고와 카산드라: 항공력 시대의 미국과 한국』(서울: 오름, 1997) 각각 제3, 17, 1, 20, 11, 23, 22장으로 수록되었던 것들이다. 오름출판사에 감사드린다.

제14장은 『평화神과 유엔사무총장: 국제평화를 위한 리더십의 비극』(서울: 고려대학교출판부, 2013)에 보론으로 수록되었던 내용으로 고려대출판부에 감사드린다.

제24장은 『인간神과 평화의 바벨탑: 국제정치의 원칙과 평화를 위한 세계헌정질서의 모색』(서울: 고려대학교출판부, 2006)의 제19장으로 수록된 것이다. 고려대출판부에 감사드린다.

제25장 『죽어도 사는 사람: 불멸의 링컨유산』(음성: 극동대학교출판센터, 2018)의 제7장에 수록된 것이다. 극동대출판센터에 감사드린다.

제 1 장

# 한민족과 국제정치: 역사의 교훈과 전망*

과거를 기억하지 못하는 자는 과거를 되풀이한다.

- 산타야나 -

인간이 역사로부터 배운 유일한 것은, 인간은 역사로부터 아무 것도 배우지 못했다는 사실이다.

- 헤겔 -

이 지구상에는 많은 민족과 나라들이 있다. 그 가운데에서도 한국은 종종 한(恨)의 나라 또는 스스로 한이 가득 찬 민족이라고 말한다. 그런데 이 한이라는 것이 개인적으로는 대체로 어려운 삶, 즉 지독한 가난 속에서 세상을 원망하는 데서 비롯되기도 하지만 국가적인 차원에서는 지리적으로 강대국들에 둘러싸인 국가적 삶의 애환을 표현한 것이라 하겠다. 민족이나 나라라는 것은 아무 때나 자기 마음대로 이사다닐 수 없는 것이다. 즉 한반도는 비록 삼천리 금수강산일지는 모르나, 주변의 강대국들로 인하여 늘 약소국일 수밖에 없는 상황 속에 처해 왔다. 따라서 그 어떤 나라보다도 한국, 한민족은 주변 국가들과의 관계, 즉 국제정치를 바로 삶과 죽음과 직결된 중요한 주제로 다룰 수밖에 없다.

그러나 구한말 우리의 조상들은 근대적인 국제관계 문제를 다루는

* 본 장은 2003년 고려대학교 정책대학원 최고위과정 특강의 녹취록을 정리한 것이다.

데 있어 무지했거나 소홀했다고 할 수 있다. 그래서 우리는 20세기 초에 조국을 잃고 울었다. 그리고 한스러워하면서 주변 국가들을 원망했다. 우리 조상들은 19세기경부터 밀려오던 유럽의 제국주의적 국제정치의 파도에 대하여 적절하게 이해하지 못했고, 또 거기에 현명하게 대처하지 못했으며 사실상 대처할 능력마저 없었다. 바로 이러한 이유 때문에 우리는 공식적으로 1910년에 나라를 잃었던 것이다.

1945년 해방을 맞이했을 때에도 우리는 우리가 어떻게 해서 해방되었으며 이 해방이 무엇을 의미하는가에 대한 깊은 생각도 없이, 잘 알지도 못한 채 그저 웃고 환희에 젖었다. 그러나 그러한 환희의 순간은 잠깐이었다. 우리의 조국 한반도가 두 개의 초강대국에 의해 둘로 분단되었을 때 우리는 또다시 분노했다. 당시 북한 지도자 김일성은 게릴라 출신으로서 국제정치에 관한 감각이 부족하였다. 만일 그 당시 김일성이 유럽의 정치상황과 세계의 정세를 제대로 파악했더라면 한국전쟁에 미국이 참전하지 않을 것이라고 단정하지는 않았을 것이다. 그러나 그는 미국이 결코 참전하지 않으리라는 잘못된 믿음에 입각하여 결국 민족 최대의 비극을 일으켰고, 지금까지도 우리 민족은 그 상처를 완전히 치유하지 못한 채 불구상태로 남아 있다고 말할 수 있다. 결국 국제정세에 관한 무지가 우리 민족의 비극들을 야기해 온 것이다.

우리는 냉전기간 동안 남북의 대결뿐만 아니라 세계적인 이념적 대결 속에서 전전긍긍하며 살았고, 냉전의 종식과 함께 새로운 세계를 맞이했다. 이제는 우리의 의지에 따라서, 우리의 희망에 따라서 우리의 정책을 추구할 수 있다고 생각했다. 이러한 과정 속에서 나온 것이 이른바 '햇볕정책'이었다. 우리는 이 '햇볕정책'이 한반도의 평화와 평화통일을 향하여 한 걸음씩 서서히 올라가는 오르막길이라고 생각했고, 또 당시의 정치지도자들도 그렇게 설명했다. 그러나 시간이 흐르면서, 윈스턴 처칠의 표현을 빌리자면 오히려 우리는 '파멸을 향한 비탈길'로 접어든 것이 아닌가 하는 의구심을 갖게 되었다. 우리가 지금 평화와 평화통일을 향한 오르막길을 힘겹게 올라가고 있는 것인가에 관해서 자신 있게 말할 수 없게 되었다는 것이다.

오늘날 북한의 핵 위협에 대하여 주변 국가들은 상당히 불안해하고 있다. 그런데도 오히려 바로 그 핵의 인질상태에 있는 우리 대한민국의 국민들은 이러한 위기 상황을 정확하게 이해하지 못한 채, 그저 모든 것이 잘될 것이라고만 낙관하는 매우 아이러니컬한 상황이 진행되고 있다. 한반도는 마치 핵무기를 포함한 북한의 대량 살상무기에 묶인 채 난기류를 통과하고 있는 비행기와 같은 처지라고 하겠다. 그렇다면 앞으로 우리는 무엇을 어떻게 해야 하는가? 미래에 우리는 어디로 나아가야 할 것인가? 이를 생각해 보기 위해 우선 우리는 우리가 어쩌다 이러한 처지에 이르게 된 것인가를 냉정하게 돌아보아야 한다. 본 장의 앞에서도 인용했듯, 과거를 기억하지 못하는 자는 이를 반복할 수밖에 없기 때문이다.

## Ⅰ. 역사의 교훈

역사에는 늘 전환점이 있어왔고, 오늘날 우리가 살고 있는 한반도 역시 바로 이러한 전환의 시대, 즉 역사의 갈림길에 처해 있다고 말할 수 있다. 이처럼 갈림길에 처해 있을 때 미래를 전망하고 싶은 사람은 과연 어디를 보아야 할 것인가? 서구 문명을 나치의 야만으로부터 구했고, 제2차 세계대전에서의 자신의 경험을 회고록으로 집필하여 노벨문학상을 수상했던 처칠은 "미래를 알고 싶거든 먼 과거를 보라"고 말했다. 우리가 어떤 사물을 볼 때 그것이 너무 가까이 있거나 너무 멀리 있으면 제대로 관찰할 수가 없다. 총체적으로 전체의 모습을 볼 수 있기 위해서는 일정한 정도의 거리가 필요한 것이다.

국제정치에 관한 한반도와 우리 민족의 문제들을 전체적인 틀 속에서 조망해 볼 수 있는 시점은 서양의 제국주의와 이를 재빠르게 흉내 낸 일본의 무장한 사무라이들이 우리를 위협했던 19세기 종반과 20세기 초반이다. 이 시점이 우리 조국의 모든 원초적 조건을 말해 주는 시기라고 할 수 있을 것이다. 당시 우리 민족은 중국과 마찬가지로 잠들어 있었다. 오로지 일본 사람들만이 재빠르게 잠에서 깨어나, "모방이 바로 미덕이다. 힘은 모방에 있는 것이다"라는 마키아벨리의 격언을 살려 서양 제국주의 국가들의 발전상을 모방했고, 나아가 다른 국가들을 위협하고 영토적 팽창을 일삼는 제국주의적 대외정책까지도 모방했다. 그리고 그것의 첫 적용대상으로 삼았던 곳이 바로 우리 한반도였던 것이다.

그러나 한반도가 어느 날 갑자기 하루아침에 일본 제국주의의 손아귀에 떨어진 것은 아니었다. 1876년 강화도조약으로부터 한일합방까지는 약 35년이 걸렸다. 그리고 일본 사람들은 35년간 한반도를 식민 통치했다. 그리하여 우리는 도합 70여 년간의 불행한 역사를 갖게 된 것이다. 그렇다면 우리 조상들은 도대체 한일합방 이전의 35년 동안 무엇을 했는가 하는 의문을 갖지 않을 수 없다.

우리 민족의 결정적인 역사의 전환점, 우리 민족이 아무 것도 할 수 없는 그러한 상황, 그러면서 항상 도덕을 소리 높여 외쳐댐으로써 자신도 모르게 망국의 길로 접어든 순간은 바로 러일전쟁이었다. 일본이 1904년 2월에 러일전쟁을 시작했을 때 이미 한반도는 일본에게 사실상 장악당하고 있었다. 그보다 10년 전 청일전쟁이 발발했을 때 우리의 조상들은 중립을 지켰다. 러일전쟁 때에도 우리는 중립을 지켰다. 당시 우리는 어느 편에도 가담하지 않으면 스스로 살아남을 수 있다고 생각했기 때문이다. 그러나 그 엄격한 중립은 실제로 우리에게 아무

것도 가져다주지 못했다. 러일전쟁이 끝남과 동시에 우리 민족은 일본의 손아귀에 떨어지고 말았다.

러일전쟁의 종결과 함께 우리에게는 결정적인 '진실의 순간'이 찾아왔다. 그것은 일본의 이토 히로부미가 우리의 고종황제 앞에 나타나서 우리의 주권을 포기할 것을 요구했던 순간이었다. 바로 이것이 우리 민족이 처했던 최초의 '근대적인 진실의 순간'이었다고 말할 수 있을 것이다.

## II. 아테네와 밀로스의 대화

제국주의 강대국과 맞선 고종황제가 과연 어떤 행동을 취할 수 있었겠는가? 그리고 그 당시에 일본의 이토 히로부미는 우리 고종황제를 어떻게 위협했던 것일까? 아쉽게도 그들 사이에 오고간 대화는 정확하게 기록된 것이 없다.

약소국이 강대국의 노골적 위협에 직면하는 것은 인류 역사에 늘 있어 왔던 일이다. 우리는 일제 35년을 매우 부끄럽게 생각하지만, 이 지구상의 많은 나라의 역사를 볼 때 35년간의 식민지 시대를 그렇게 부끄러워할 필요는 없다. 우리보다도 훨씬 더 부끄러운 치욕적인 역사를 가지고 있는 민족과 국가가 부지기수인 것이다. 강대국이 약소국 주권의 이양을 요구하는 위협적인 상황은 당시 우리의 고종황제뿐만 아니라 수많은 약소국가의 지도자들이 직면해 왔던 것이다.

강대국의 위협적인 지도자와 약소국의 지도자가 어떠한 대화를 나눌 것인가에 관해서 이를 가장 정확하게, 그리고 상상력을 동원하여 가장 노골적으로 묘사함으로써 인류 역사의 '영원한 재산'으로 남긴 사람이 고대 그리스의 역사가 투키디데스였다. 아테네와 스파르타 사이에 약

30년 동안 지속되었던 펠로폰네소스전쟁을 기록한 투키디데스의 역사서 『펠로폰네소스 전쟁사』는 전쟁에 관하여 우리가 상상할 수 있는 거의 모든 것을 말해 주고 있다. 그러기에 이 책은 전쟁에 관한 일종의 바이블로 간주되고 있는 것이다. 여기에 기록된 강대국과 약소국 사이의 대화는 이들 간에 오갈 수 있는 대화의 거의 모든 것을 집약적으로 보여 주고 있다. 말하자면 국가들 간에 있어서 마키아벨리즘의 극치를 보여 주는 것이라고 할 수 있을 것이다.

그 당시 강대국은 아테네였다. 그리고 밀로스는 조그만 섬나라 약소국이었다. 당시 초강대국 아테네는 스파르타와 전쟁 중이었고, 이 전쟁의 와중에 아테네는 작고 힘없는 섬나라이지만 전략적으로 중요한 위치에 있던 밀로스에게 굴복할 것을 요구하였다. 이 장면에서 투키디데스는 약소국과 강대국 사이에 나눌 수 있는 대화를 가장 극적이고도 노골적으로 보여주고 있으며, 이것은 바로 고종황제와 이토 히로부미가 나누었던 대화의 양상을 사실상 우리에게 말해주는 것이라고 해도 과언이 아닐 것이다. 그들이 나누었던 대화는 강대국에 대한 약소국의 대응과 처신에 관하여 중요한 점을 시사해 주고 있다.

아테네인들은 약 5천 명의 군사를 거느리고 밀로스 섬에 상륙했다. 그리고 그들은 밀로스인들에게 대화(협상)를 통하여 양국관계를 정리하자고 제안했다. 당시 밀로스인들은 아테네와 스파르타 간 전쟁의 와중에서 계속 중립을 지키고 있었다. 밀로스는 아득한 옛날 스파르타인들이 세운 나라로, 과거 스파르타의 식민지이기도 했다. 아테네의 정치 지도자들은 밀로스의 정치 지도자들에게 우선 밀로스의 시민들 앞에서 공개적으로 논의할 것인가 아니면 지도자들과만 얘기할 것인가 하는 협상의 형식에 관하여 묻는다. 이에 대하여 밀로스의 지도자들은 만약 일반대중들이 이러한 대화에 참여하게 된다면 감상적이나 감정적으로 나올 가능성이 많다고 생각했기 때문에 합리적이고 이성적인 대화를 위하여

지도자들끼리만의 대화, 즉 비밀협상을 요구했다.

협상을 시작했을 때 아테네인들은 처음부터 아주 노골적으로 말했다. 그들이 밀로스인들에게 굴복을 요구한 것은 과거에 아테네가 밀로스를 페르시아로부터 구원해 준 은혜를 갚으라는 것이 아니었다. 또 밀로스인들이 아테네인들에게 피해를 주었기 때문에 그에 대해 보복을 하기 위해서 굴복을 요구하는 것도 아니라고 말했다. 아테네인들은 자신들이 자국의 '국가이익'을 위해서 그 자리에 섰으며, 밀로스인들도 실질적인 그들의 문제에 관해서 관심을 갖고 이 협상의 당면 문제를 직시해 주기 바란다고 말했다.

아테네인들은 국제정치의 노골적인 현실을 이렇게 표현했다. "국가 간의 정의는 동등한 힘을 필요로 하는 것이다. 동등한 힘이 없는 곳에 국가 간의 정의는 없다. 강대국은 자기가 할 수 있는 것을 하는 것이고, 약소국은 그것을 인정할 수밖에 없는 것이다." 이 말은 소위 힘의 정치에 입각한 국제정치의 본질을 가장 정확하게 표현한 것으로 간주된다. 이에 대해 밀로스의 지도자는 이렇게 반박했다. "정의는 객관적으로 존재하는 것이다. 그리고 사실상 우리 모두는 장기적인 관점에서 본다면 모두가 약자이며 영원한 강자란 없다. 따라서 지금 당신이 강자이고 우리가 약자라고 해서 우리에게 항복을 요구한다면 당신들은 후일 반드시 엄청난 보복을 당하게 될 것이다. 정의의 무서운 보복을 당하게 될 것이다."

이에 아테네인들은 이렇게 말했다. "보복을 당해도 우리가 당하게 될 터이니 걱정하지 말라. 우리가 이 다음에 우리보다도 강한 자에게 굴복하는 것은 전혀 놀라운 일이 아니다. 우리가 당신 같은 약자를 굴복시키지 못하는 것이 오히려 놀라운 일이 될 것이다." 그러자 밀로스인들은 "만약 우리가 굴복한다면 우리는 노예가 되고 당신들은 주인이 될 터인데 우리가 도대체 무엇이 좋다고 스스로 굴복을 하겠는가?"라고 반문했다. 이에 대해서 아테네인들은 이렇게 답했다. "당신들은 항복함으로써 생명을 구하고, 우리는 당신들을 살려 둠으로써 당신들로부터 여러 가지 이득을 얻을 수 있는 것이다. 그렇기 때문에 당신들의 굴복은 우리 모두에게 좋은 것이다."

이처럼 노골적인 강대국 아테네인들에 대하여 밀로스인들은 똑같은 논리로 더 이상 대꾸할 수 없었기 때문에 논조를 바꾸었다. "우리가 스파르타나 아테네 어느 한쪽의 강대국에 가담하지 않고 중립을 지키면 될 것 아닌가. 우리는 중립을 지키고 우호적인 관계로 남기를 원한다. 그것을 왜 당신들은 수용할 수 없는가?" 이 물음에 대해서 강대국 아테네는 이렇게 답했다. "우리에게는 당신네들이 얼마나 우리를 증오하는가하는 것이 중요한 문제가 아니다. 당신들의 증오심은 우리에게 위협이 되지 않는다. 우리에게 중요한 것은 다른 나라들이 당신 같은 약소국가 하나 굴복시키지 못했다고 우리를 우습게 보는 것이다. 그것은 우리가 실제로는 강한 국가가 아니라는 것을 전 세계에 알리는 꼴이 되는 것이기 때문이다. 그렇기 때문에 당신들의 증오가 아무리 강하다고 하더라도 우리는 당신들의 중립을 허용할 수 없다. 해양국가인 아테네는 바다에서 항상 강해야 하고, 이를 유지하기 위해서는 당신 같은 섬나라가 중립과 같은 형태로 빠져나갈 수 없도록 굴복시킬 수밖에 없다."

그러자 밀로스인들은 이렇게 대응했다. "우리가 싸워보지도 않고 굴복하게 된다면 우리는 불명예를 안게 될 것이고 우리는 국제 사회에서 겁쟁이로 인식될 것이다. 그런 수치스러운 일을 왜 우리가 수락해야 하겠는가." 이 말에 대해서 아테네는 이렇게 말했다. "당신과 나 사이에는 어차피 공정한 게임이 안 된다. 당신은 지금 명예니 수치니 하는 것들을 들먹일 형편이 아니다. 명예는 참으로 멋진 것이다. 그러나 당신과 나 사이의 문제는 명예나 수치심의 문제가 아니라 당신이 살아남는가 아니면 살아남지 못하는가 하는 문제이다. 수치니, 민족적 긍지니, 자존심이니 하는 것들은 끼어들 상황이 아닌 것이다."

밀로스인들은 이렇게 반박했다. "당신들이 지금 군사력이 강하다고 하는데 전쟁은 일단 해 봐야 알 수 있는 것이다. 반드시 군대의 숫자가 많다고 해서 전쟁에 승리하는 것은 아니다. 우리가 비록 힘은 약하다고 하지만 막상 전쟁을 해 보면 우리가 이길 희망도 있다. 우리가 그런 희망을 미리 포기할 필요는 없지 않은가?" 이 말에 대해서 아테네는, "어려울 때에 희망이 약간의 위안이 되는 것은 사실이다. 그러나 희망이란 대단히 값비싼 것이다. 단 한 번의 운세에 자기의 모든 것을 걸어서는 안 될 것이다. 한 번 실수해서 망해버린 다음에 그것이 무슨 의미가 있겠는가? 대체로 약자들은 희망이니 계시니 예언이니 이러한 막연한 것들을 믿고 어리석은 행동을 하게 되는데, 당신들은 그런 어리석은 행동을 하지 않기 바란다"라고 말했다.

그랬더니 밀로스인들이 이렇게 대응했다. "우리는 우리를 보호해 줄 신이 있다. 신이 우리를 도울 뿐만 아니라 우리와 같은 동족인 강대국 스파르타가 도우러 올 것이다. 우리는 단순하게 근거 없는 희망이나 계시를 가지고 말하는 것이 아니다." 이에 대해서 아테네인들은 이렇게 말했다. "당신들이 신이 있다고 하는데 그런 신은 우리에게도 많다. 뿐만 아니라 우리들의 행동은 신을 모방하는 것이다. 신들의 세계에서도 강한 신이 약한 신을 지배하지 않는가? 강자가 약자를 지배하는 것은 자연의 법칙이다. 이 자연의 법칙은 우리가 만든 것도 아니고 우리가 지금 처음 실행으로 옮기는 것도 아니다. 강자가 약자를 지배하는 이 법칙은 아주 아득한 옛날부터 항상 있어 왔으며, 지금도 우리가 실천하고 있듯 존재하며, 앞으로 우리의 후세에도 계속해서 존재할 것이다. 만일 당신들이 강대국이고 우리가 약소국이라면 당신들도 지금의 우리와 마찬가지의 행동을 하게 될 것이다."

그러면서 아테네인들은 "당신들은 스파르타가 와서 도와줄 것이라고 믿고 있지만 그들은 오지 않을 것이다. 그들에게는 자신들의 명예와 안전이 더 중요하기 때문이다. 더구나 스파르타는 해양국가가 아니고 대륙국가이므로 당신들을 도와주고 싶어도 도울 수가 없을 것이다"라고 말했다. 그러자 밀로스인들은 "스파르타가 오지 않는다면 다른 나라라도 보내 줄 것이 아니냐"라고 대꾸했다. 여기에 대해서 아테네는 "스파르타의 동맹 국가들도 사실상 대륙국가들이다. 스파르타도 오지 않는데 어떻게 다른 나라들이 당신들을 도우러 오겠느냐? 스파르타에 대한 당신들의 기대는 잘못된 것이다. 그들은 모험을 좋아하지 않는다"라고 반박했다.

그러면서 아테네인들은 밀로스인들에게 이렇게 경고했다. "지금까지 우리의 대화를 가만히 상기해 보면, 가장 중요한 것은 당신들이 어떻게 살아남느냐는 문제, 즉 당신들 생명의 보전에 관한 것인데 당신들은 거기에 대해서는 관심이 없고 무슨 희망이니 신이니 또는 어쩌면 다른 국가가 도와줄지도 모른다느니 하면서 당장 눈앞에 있는 것보다도 먼 미래에 있을지도 모르는 것에 관하여 얘기해왔다. 뿐만 아니라 당신들은 자신에게 해당되지도 않는 명예심에 사로잡혀 있다. 약소국가가 당신처럼 행동하는 것은 오만이다. 자기보다 우월한 자에게는 존경을 표하고 자기보다 열등한 자에 대해서는 온건하게 대하며, 대등한 자에게 맞서는 것이 올바른 것이며 안전을 확보하는 길이다. 단 한 번의 결정에 당신들의 운명이 달려 있다. 당신들의 하나뿐인 조국을 위해서 현명한 결정을 내려라"라는 최후의 통첩을 남기고 아테네인들은 가버렸다.

그리하여 밀로스의 지도자들만 남아서 어떻게 할 것인가에 대해서 서로 토론하게 되었다. 당시 밀로스는 700년 독립국의 역사를 가지고 있었는데 이러한 토론에서는 대체로 급진주의자, 감정에 호소하는 자, 극단주의자들이 이기게 된다. 결국 밀로스인들은 아테네와 맞서 싸우기로 결정을 내렸다. "우리는 700년간 독립 국가를 유지해왔는데 싸워 보지도 않고 항복한다는 게 말이 되는가? 우리의 역사가 있고, 신이 있고, 스파르타가 우리를 도와줄 수도 있다. 절대 굴복해서는 안 된다."

이를 전해 들은 아테네인들은 "당신들은 참 희한한 사람들이다. 눈앞에 있는 것보다도 눈앞에 없는 것이 더 확실하다고 생각하는, 정말 기이한 사람들이다"라면서 공격을 시작했다. 그리고 전쟁을 하자마자 밀로스인들은 패배하고 말았다.

## III. 약자의 비극

그러나 협상할 때의 굴복과 일단 전쟁을 한 다음의 항복에는 엄청난 차이가 있다. 전쟁이 끝나고 밀로스인들이 항복했을 때, 아테네는 모든 성인 남성들을 처형하고 여자와 어린아이를 노예로 팔았다. 밀로스의 신은 어디서 무엇을 하는지 소식이 없었고, 스파르타인들은 오지 않았다. 700년 역사의 밀로스는 일순간에 사라져 버렸다. 훗날 아테네는 스파르타와의 전쟁에서 패배했다. 밀로스인들이 말했던 것처럼 결국 아테네는 이로써 보복을 당했다고, 정의의 심판을 받았다고 할 수 있을지도 모른다. 그러나 그 당시에 처형당한 밀로스의 모든 남성과 노예로 팔려버린 여자와 어린아이들에게 마침내 아테네가 망했다는 소식은 아무런 위안이 될 수 없었다.

다시 19세기 말 20세기 초의 한반도로 돌아와 보자. 당시 일본의 점증하는 위협에 전전긍긍하던 고종황제가 마음속에서 우리를 꼭 도와줄 것이라고 믿는 나라가 있었다. 그 나라는 바로 미국이었다. 당시 우리나라에 와 있었던 미국의 공사는 호레이스 알렌이었다. 고종황제는 알렌을 대한제국의 특사라는 이름하에 미국의 대통령에게 보냈다.

그 때 미국의 대통령은 시어도어 루스벨트였다. 알렌은 간신히 그를 만나 일본과 러시아가 한반도를 놓고 서로 경쟁을 벌이고 있으며, 조선 사람들은 미국이 개입해서 일본의 영향력을 견제해 주기를 고대하고 있다고 전하였다. 실제로 조선은 미국이 도와줄 것이라고 일방적으로 소망하고 또 믿었다. 왜냐하면 1882년에 맺은 미국과의 통상조약에 의하면 조선이 분쟁에 빠져들게 되면 미국은 'good offices'를 제공하겠다고 표현했기 때문이다. 사실 이것은 '중재역할'을 하겠다는 외교적 용어였으나, 우리 조상들은 실제로 도움을 주겠다는 뜻으로 이해했다. 중재역할이라고 하는 것은 중매처럼 양쪽에서 중재역할을 인정할 때에만 수행할 수 있는 것이지 한쪽에서 거부하면 안 되는 것이다. 알렌은 미국이 한국을 도와줄 것을 루스벨트 대통령에게 강력히 요청하면서, 한국인들은 'good offices'라는 용어를 미국이 실제로 도와주는 것으로 알고 있다고 말하였다.

그러자 루스벨트 대통령은 알렌에게 물었다. "만약 일본과 러시아가 전쟁을 하게 된다면 어느 나라가 이기게 될 것 같은가?" 알렌은 여러 가지를 생각하다가, 해전에서는 일본이 이길 것 같고, 어쩌면 육지에서도 일본이 이길 것 같다고 답했다. 그러자 루스벨트 대통령은, "그러면 어떤 멍청한 자가 전쟁에 질 나라를 도와주겠는가? 일본이 이긴다는데 왜 미국이 러시아를 도와서 일본에 적대적인 정책을 추구해야 하겠는가?" 결국 알렌은 루스벨트 대통령에게 호되게 야단만 맞고 돌아왔다.

알렌이 돌아와서 고종황제를 알현하려고 보니 황제는 궁녀들과 함께 술을 마시면서 덩실덩실 춤을 추고 있었다. 이 때에 알렌은 마음이 변했다. 나라의 앞날이 풍전등화인데, 지도자라는 사람이 궁녀들과 술을 마시고 춤을 추고 있으니 이 나라에는 미래가 없다, 차라리 이런 나라라면 일본이 지배하는 것이 낫겠다고 생각했던 것이다. 그리하여 그는 마침내 루스벨트 대통령과 같은 입장을 취해버리게 되었다.

러일전쟁이 끝나고 미국의 루스벨트 대통령은 필리핀에 다녀오는 길이던 태프트 장관에게 일본에 들러 승리를 축하해주라는 훈령을 내렸다. 그래서 태프트가 도쿄를 방문했는데 당시 일본의 외상 고무라는 미국에 가 있었으므로 태프트는 카쓰라 수상과 만나게 되었다. 그가 카쓰라에게 전쟁에 이긴 것을 축하하면서 필리핀에 대한 걱정을 내비치자 카쓰라 수상은 일본은 필리핀에 대해서는 전혀 관심이 없으며, 자신들은 과거 중국이 조선에 대해서 갖고 있었던 특별한 권리를 원한다고 말했다. 그러자 태프트 장관이 미국은 그것을 이해한다면서 일본이 조선반도에 대해서 특별한 이해관계가 있다는 것을 인정한다고 하였고, 이러한 이들 간의 대화를 문서로 남긴 것이 이른바 '카쓰라-태프트협약'이었다. 그리고 이 기록이 전문(電文)으로 루스벨트 대통령에게 보고되었을 때 루스벨트 대통령은 "한마디도 고칠 것이 없다"라고 말했다. 그는 이렇게 말했다. "한국인들은 자기 자신을 위해서 단 한 방도 날려 본 적이 없는 사람들이다. 그런 사람들을 어떤 다른 나라가 도와줄 수 있겠는가."

미국은 이 협약으로 조선반도를 일본에게 팔아넘겼다고 하여 끊임없이 비난받아 왔다. 그러나 이는 적절하지 못한 표현이다. 왜냐하면 이미 일본은 조선을 장악하고 있었기 때문이다. 더구나 구한말 우리 고종황제는 미국이 유일하게 우리의 독립을 지켜줄 수 있는 나라라고 생각하여, 마치 밀로스인들이 스파르타의 도움을 기대했듯이 미국의 도움을 기대했다. 하지만 결과적으로 스파르타가 오지 않았던 것처럼 미국도 오지 않았다.

## IV. 약자의 도덕과 현실인식

당시 조선은 사실상 어느 누구에게도 도움을 요청할 수가 없었다. 미국도 일본 편에 설 수밖에 없던 이유가 있었다. 러일전쟁을 시작하기 직전인 1902년 1월 31일 일본은 영국과 동맹을 맺었다. 1895년 일본은 청일전쟁에서 이겼음에도 불구하고 이른바 3국간섭에 의해 요동반도를 다시 내놓을 수밖에 없었다. 일본은 이를 강력한 동맹국가가 없었기 때문이라고 생각했으며, 영·일동맹은 이러한 일본의 반성에서 추진된 것이었다. 따라서 일본의 정책을 막고 나서려면 당시 바다의 여왕이자 세계의 최강자로 알려진 영국을 상대로 싸워야 했다. 왜냐하면 영·일 동맹으로 인해 일본에 대한 적대 행위는 곧 영국에 대한 적대 행위가 되는 것이기 때문이었다. 최강대국 영국과 일전을 각오하면서까지 조선을 도울 미국의 지도자는 없었다. 즉, 청일전쟁을 통해서 중국을 무너뜨리고 러일전쟁을 통해서 러시아를 몰아내고 영국과 동맹을 강화한 일본의 대(對)한반도 정책에 간섭할 수 있는 나라는 어느 곳에도 없었던 것이다.

그렇다면 이 시기에 왜 조선은 그러한 상황에 처할 수밖에 없었던 것일까? 조선은 한마디로 '유교적 국가', '도덕적 국가'만을 추구하고 있었다. 유교는 기본적으로 문(文)을 숭상하고 무(武)를 경계한다. 조선인들에게는 늘 문인을 중심으로 도덕을 구현하는 유교적 국가의 실현이 꿈이었고, '수신제가치국평천하'를 바탕으로 인(仁)의 나라, 미덕의 나라를 완성하는 것이 목적이었다. 때문에 적절한 군사력을 강화하고 유지하는 데에는 소홀할 수밖에 없었으며 무장 그 자체에 대해서도 비판적이었다. 결국, 우리는 스스로를 지킬 수 있는 힘이 없었고, 힘을 길러야 한다는 것도 제대로 자각하지 못했을 뿐만 아니라 그것을 기를 만한 능력도, 정치 지도자의 지도력도, 경제력도 사실상 부족했던 것이다.

그런데 그 당시 우리가 처했던 이러한 비극적 상황을 그보다 수백 년 전에 우리보다 먼저 깨닫고 거기에 관해서 자신의 동포들에게 경고했던 사람이 바로 근대 정치학의 아버지로 불리는 마키아벨리였다. 그의 시대에 이탈리아는 다수의 도시국가로 분열되어 있었고, 사실상 그들보다 후진적이었던 프랑스와 스페인의 왕조에게 전쟁에서 패했다. 마키아벨리는 피렌체의 역사책을 쓰면서 울분을 토했다. 그 위대한 로마제국의 후예들이 왜 이처럼 멸망하게 되었는가? 어째서 자신의 조국은 주권을 상실하게 되었는가? 과거 800년의 로마제국을 유지해왔던 이탈리아 민족이 어쩌다가 이 지경에까지 이르게 되었는가?

마키아벨리는 기독교에 그 책임을 돌렸다. 그에 의하면 기독교가 이탈리아 반도에 들어와서 모든 이탈리아인들을 '여성화'시켜 버렸다는 것이다. 과거 로마의 조상들은 명예를 추구했고 정복을 추구했다. 그러나 기독교가 들어와 '오른빰을 때리면 왼빰까지 내 주라'며 사랑하라고만 가르치다 보니 과거 로마인들의 기백은 사라지고 사람들은 사랑으로 모든 것을 해결할 수 있다고 믿으면서 무장하는 것조차 잊게 되었다는 것이다. 따라서 마키아벨리는 힘을 기를 것을 강조했고, 이후의 기독교 국가들은 다 같이 힘을 중심으로 한 절대군주 국가를 세우게 되었다.

그런데 유교와 대단히 비슷한 성격의 종교를 가지고 있는 민족이 바로 유태인들이다. 유태교에도 조상을 숭배하고 부모를 공양하라는 등 유교의 삼강오륜과 유사한 덕목들이 있으며, 도덕과 윤리를 강조하는 문약(文弱)한 성격까지 유태교는 유교와 여러모로 흡사하다. 17세기의 스피노자는 유태교의 이러한 무력함을 공격했다. 유태인들이 어찌하여 조국 하나 갖지 못하고 전 세계를 떠돌아다니게 되었는가? 유태인들의 정신세계가 잘못되었다는 것이다. 유태인들은 폭력을 싫어하고 군사력의 필요성을 느끼지 못한 채 단지 도덕적인 삶, 윤리적인 삶만을 추구함으로써 조국 하나 갖지 못하는 민족이 되어버렸다. 따라서 스피노자는 유태교의 가르침 그 자체, 유태교라는 종교 자체가 잘못된 것이라고 강도 높게 비판했다. 물론 유태인들도 나치스에 의해 600만이 학살을 당한 이후에는 어떤 일이 있어도 그들의 국가를 지키겠다는 의지로 중동에서 무력사용도 주저하지 않는 강한 나라를 세우고 또 유지하고 있다.

우리의 조상들이 유교적 가치만 강조하다 결국 나라를 잃게 되었던 것이나 마키아벨리의 조국 피렌체가 기독교적 윤리에만 젖어 있다가 야만인들에게 정복당했던 것, 그리고 유태인들이 정신적이고 도덕적 가치만을 추구하다가 국가도 없이 처참한 꼴을 당했던 것은 도덕과 윤리를 지나치게 숭상함으로써 무장이나 무력을 소홀히 했을 때 어떤 결과가 오는가 하는 것을 역사적으로 극명하게 보여준 사례라고 할 것이다. 또한 그것은 밀로스인들과 아테네인들 사이의 대화가 우리가 보여준 도덕과 정의의 한계와 같은 의미의 교훈인 것이며, 이것이 바로 국제관계의 설 자리라고 말할 수 있다.

## V. 국제사회의 인식

우리는 일본인들이 과거를 반성할 줄 모른다고 비판한다. 그러나 일본 사람들은 한국인과는 완전히 다르게 과거를 생각하고 있다. 1999년에 한국에서 26년간을 살았던 일본인 이케하라 마모루는 『맞아 죽을 각오로 쓴 한국, 한국인 비판』이란 책을 내었다. 그 책에서 그는 "일본이 한국을 침략했을 무렵은 전 세계적으로 힘 있는 나라가 그렇지 못한 나라를 정복하는 제국주의가 판을 치는 세상이었다. 입장을 바꾸어 놓고 생각해서 그 당시 한국이 강대국이고 일본이 약소국이었다면, 한국이 일본을 침략하지 않았으리라는 보장은 어디에도 없다"라고 썼으며, 이것이 한국에 26년간을 살면서 누구보다도 한국을 사랑한다고 자처하는 일본인의 생각이다. "강자가 약자를 지배하는 것은 자연의 법칙이다. 우리가 만든 것이 아니며, 우리가 새로 처음으로 적용하는 것도 아니다. 우리가 태어나기 전부터 있었으며 지금도 그 논리는 지배하고 있고 앞으로도 영원히 지배할 것이다. 이것이 자연의 법칙이기 때문이다. 그리고 바로 당신이 강자이고 내가 약자라면 당신도 나와 똑같이 행동할 것이다"라던 아테네인들의 말과 이케하라 마모루의 말 사이에는 전혀 차이가 없다.

왜 바깥세계는 한국이 침략받은 35년 동안 노예생활을 한 것에 관해서 그다지 관심이 없는가, 왜 우리만 늘 외롭게 일본의 침략을 규탄하는가 하는 것에 관해서 우리가 이해해야 할 부분이 있다. 국제 사회에서 무력을 사용하는 침략행위가 도덕적으로 나쁠 뿐만 아니라 국제법적으로 잘못된 것이라는 데에 합의하고 전쟁을 외교 정책의 수단으로 삼아서는 안 된다는 국제적 협약이 맺어진 것은 1919년이다. 그 이전에는 클라우제비츠가 말했던 것처럼 전쟁이란 "수단을 달리한 정책의 연속"이었고, 국가 간 관계에서는 언제든지 무력을 사용할 수 있다고 생각했다. 때문에 1919년 국제연맹의 헌장에서는 침략적 행동을 불법화시켰고, 1927년 미국의 참전 10주년을 맞이하여 미국과 프랑스를 중심으로 세계 모든 국가들이 서명했던 이른바 '부전(不戰)조약(켈로그-브리앙조약)'이 체결되어 그 이듬해부터 발효되었던 것이다. 즉 세계는 20세기에 들어와서야 1919년 제 1 차 세계대전을 종결지으면서 국제연맹을 만들었고 1928년에야 전쟁을 외교정책의 수단으로 삼지 않는다고 선언했기 때문에, 그 이전의 침략적 행동들에 대한 오늘날의 국제적 윤리나 국제법의 적용은 사실상 어려운 것이다.

따라서 1931년 일본의 만주침략에 대해서 전 세계는 이를 국제연맹의 헌장 위반이자 1927년에 일본이 스스로 서명했던 부전조약 위반이라 하여 명백한 침략행위로 규정하고 규탄하였지만, 우리가 1905년에 주권을 잃고 1910년에 일본에 병합되었을 때에는 이러한 침략에 대해서 적용할 만한 국제조약이나 헌장이 아직 존재하지 않았다. 때문에 바깥세계 사람들에게 우리가 35년간 노예생활을 했다고 거듭해서 말해봐야 그것이 불법적이었다거나 비윤리적이었다고 우리와 같은 공감을 보여주지 않는 것이다. 이를 우리만 자랑스럽지 못한 역사를 외쳐대는 것뿐이라고 말한다면 지나친 자학일까?

어쨌든 구한말 우리가 그렇게 도와달라고 매달리고 갈구했던 미국은 1904~5년에는 오지 않았다. 그런데 그들은 1945년 9월에 왔다. 즉 제2차 세계대전의 종결과 함께, 태평양전쟁의 종전과 함께 미국의 군대가 최초로 한반도의 땅을 밟게 된 것이다. 이후 남한은 미국에 편승을 한 반면 북한은 소련에 편승했다. 청일전쟁이 있기 전까지 우리의 조상들은 중국이라고 하는 큰 나라에 문화적으로 사대했으며, 외교 정책적으로 말한다면 중국에 '편승'하였다. 우리는 모든 것을 중국을 통해서 배웠고, 이를 통해 문명화하였다. 그런데 제2차 세계대전 이후 북한은 소련에게, 그리고 남한은 미국에게 엄청난 영향을 받게 된 것이다. 그러므로 1945년 이후, 특히 한국전쟁 이후에 미국이 이 땅에서 어떤 역할을 수행했는가 하는 것을 새삼스럽지만 회고해 볼 필요가 있다.

## VI. 한미관계의 변화

남한이 미국으로부터 받은 영향은 과거의 우리 조상들이 중국으로부터 받았던 영향 이상의 것이었다. 중국은 문화적으로 도움을 주었을지는 모르지만, 미국과 같이 실제적이고도 구체적인 역할들을 수행하지는 않았다. 그러나 미국이 남한에 대해서 미친 영향은 거의 절대적이었다고 해도 과언이 아니다. 미국이 보호자와 같이 우리의 안전을 보장했고, 경제 발전을 원조했고, 교육시키는 등 한국을 근대 국가로 만드는 코치와 감독의 역할을 해 왔기에 때때로 양국 간에는 마찰도 있었지만 한국은 새로운 나라를 세울 수 있었고, 이른바 '한강의 기적'을 이루어 낼 수 있었던 것이 사실이다.

그런데 1990년대의 냉전 종식과 더불어 우리는 새로운 시대에 접어들게 되었다. 소련 제국은 멸망했고, 반면 한국은 경제적으로 기적을 이루었을 뿐만 아니라 총체적인 민주화를 이루어내었다. 또한 미국은 걸프전을 통해서 미국이 얼마나 위력을 가지고 있는 나라인가를 전 세계에 보여주었다. 동시에 미국의 고립주의적 성향 또한 강해지고 있다. 미국 사람들 중의 상당수는 "전 세계의 문제에서 미국은 손을 떼고, 영어를 말하는 민족끼리만 모이자"고 주장한다. 과거 워싱턴에서 샌프란시스코까지 가려면 1주일은 족히 걸렸으나 지금은 7시간도 채 걸리지 않는데, 영국과 미국과 호주와 뉴질랜드 이들 나라만 뭉치면 나머지 유라시아 대륙에 대해서는 신경 쓸 것 없지 않으냐는 것이다. 즉 미국은 전 세계 문제에서 손 떼고, 나머지 지역의 문제는 그들이 스스로 알아서 하게 하라는 것이다.

이러한 과정을 통해 한반도에도 새로운 변화의 씨앗이 잉태되었다. 그것은 한미 상호 간 인식의 변화를 의미하는 것이며 정책의 변화를 시사하는 것이었다. 우선 미국인들이 한국을 바라보는 인식에 변화가 생기기 시작했다. 왜 미국이 계속해서 동맹조약을 통해서 한국을 지켜줘야 되는가, 50년도 부족하다는 것인가 하는 주장이 미국 내부로부터 나오기 시작했다. 즉 이제는 한국이 스스로 자신을 방위해야 하며, 더 이상 미국이 한국을 도와줄 명분도 없을 뿐만 아니라 한국의 안전을 보장할 이유가 없다는 목소리가 힘을 얻고 있는 것이다. 뿐만 아니라

1997년 발생한 한국의 외환위기에 미국이 170억 달러의 구제 금융을 제공하는 과정에서 미국에서는 한국의 '경제적인 인질'이 될 수도 있다는 우려의 목소리가 나왔다. 자칫하면 앞으로도 한국의 경제가 어려울 때마다 미국이 도와주어야 하는 것이 아니냐는 것이다. 즉 한국에 대해서 이제는 과거와 같이 일방적 시혜를 주는 정책으로부터 벗어나, 모든 것을 경제적인 논리에 의해서 해야 한다는 것이다. 다시 말해 미국이 한국의 경제 정책을 덮어놓고 따라가다가 잘못되면 도와주고, 또 잘못되면 도와주고 하던 시대는 이미 지났으며, 미국은 경제적으로도 이제 더 이상 한국의 인질이 되어서는 안 된다는 것이다.

특히 가장 최근의 현상이기도 하지만, 한국인들이 더 이상 주한미군을 절실하게 필요하다고 생각하지 않는데 무엇 때문에 미군이 계속해서 한국에 주둔해야 하는가하는 목소리가 높아지고 있다. 더구나 인계철선(trip-wire) 역할은 미국인의 생명을 위협하는 것인데, 미군들의 생명을 걸어야 하는 이 인계철선의 역할을 더 이상 할 필요가 없다는 것이다. 즉 한국인들이 원치 않을 뿐만 아니라, 미국인의 생명을 담보로 하는 대한반도 정책은 이제 거두어들일 때가 되었다고 생각하는 것이다.

뿐만 아니라 한반도는 더 이상 군사·전략적으로 별로 중요한 지역이 아니라고 본다. 미국은 예전에도 한반도를 군사·전략적으로 그다지 중요하게 생각지 않았다. 그래서 애치슨라인이 나왔고, 맥아더의 판단도 비슷했다. 다만 한반도는 냉전시대의 정치적인 의미에서 중요했을 뿐이었다. 게다가 이제는 항공모함과 정밀 유도 미사일을 통해서 언제든지 미국이 원하는 곳을 정확하게 가격할 수 있는데 굳이 한반도에 군대를 주둔시킬 이유가 없는 것이다. 한반도는 더 이상 미국에게 전략적인 재산이 되지 않으며 오히려 군사적 취약점으로 작용할 수도 있다.

사실 그동안 동북아에서 미국의 역할은 자국의 국가이익에 관련된 역할 이외에도, 상당 부분 전략적으로 일본을 대신하는 것이었다. 만일 이 지역에 힘의 균형이 이루어졌다면 미국은 멀리 떨어져서 그저 통상에만 집중할 수 있었다. 그러나 동북아에서 미국이 군사적으로 행동하는 것은 제2차 세계대전 이후 그들이 무장 해제시킨 일본의 지정학적 역할을 대신하기 위해서였다. 따라서 그동안 이 지역에 대한 미국의 군사·전략적 정책의 상당 부분은 본래 일본이 스스로 담당해야 했던 영역과 많이 중복되어 왔다.

이제 미국은 하나둘씩 이 지역에 대한 역할을 스스로 맡으라면서 서서히 일본을 내세우기 시작했다. 처음에는 이러한 부담의 공유를 비용부담에서 시작했다가, 새로운 가이드라인이 합의되면서 일본이 전통적으로 이 지역에서 가지고 있었던 군사·전략적인 역할까지도 하나씩 일본에게 맡기고 있는 것이다.

세계지도를 놓고 미국에서 이 지역을 볼 때에 지리적으로 길게 이어지는 일본과 동남아시아만 안전하다면 일본 너머에 있는 한반도는 군사·전략적인 의미가 별로 없는 것이다. 한반도와 한국의 안전은 일본의 안전에 관계되기 때문에 중요하다는 것이 미국인들의 입장이었다. 즉 한반도는 미국에게 있어 사실상 일본을 지키기 위한 하나의 수단으로서 가치가 있을 뿐이었다. 미국은 한국에 절대적인 가치를 두고 있지 않았던 것이다. 이제 일본이 원래의 지정학적, 군사·전략적 역할을 맡게 된다면 미국은 더 이상 냉전시대와 같이 모든 것을 소련의 위협과 연관시켜 이 지역을 볼 필요가 없다는 생각을 하기 시작했다. 그런 것들은 최근에 여러 가지 형태로 표출되고 있다.

## Ⅶ. 강대국 신드롬과 민족주의의 분출

그렇다면 미국만 변한 것인가? 미국만 변한 것이 아니라 한국도 변했다. 한국에서는 두 가지 변화의 현상이 나타나고 있다. 하나는 '강대국 신드롬'이고, 또 하나는 '민족주의 감정의 분출'이다. 갑자기 돈을 벌어 눈에 보이는 것이 없는 졸부처럼, 지금 대한민국은 마치 스스로 강대국처럼 행동하고 우리도 강대국가 중의 하나라는 착각을 하고 있다. 나아가 우리가 강대국가들 사이에서 그들 간의 중재나 조정 역할을 할 수 있다고 착각하는 지도자들까지 나오게 되었다.

원래 조정자 혹은 균형자 역할은 자기가 어느 편에 속하느냐에 따라서 전체적인 힘의 균형을 달라지게 할 수 있는 자, 즉 강대국가만이 할 수 있는 역할이다. 다시 말해 강대국이 아니면 균형자의 역할을 할 수가 없는 것이다. 근래의 6자 회담에서도 중국은 강대국이기 때문에 균형자 내지는 중재자 역할을 할 수 있었다. 그러나 한국은 중재역할이 불가능하다. 우리의 그런 역할을 다른 국가들이 인정해주지 않는다. 그런데 우리는 스스로가 강대국가로 자처하고 강대국들에게 우리가 당신들과 무엇이 다르냐면서 완전한 평등을 요구하고 있다. 국내 사회에서도 완전한 평등을 이루지 못한 우리가 바로 초강대국 미국에게 완전한 평등을 요구하고 있는 것이다.

이러한 '강대국 신드롬'은 1988년 서울 올림픽에서부터 서서히 시작되었다. 그리고 1991년에 우리는 43년 만에 UN에 가입했으며, UN에 가입하자마자 안전보장이사회의 이사국이 되려고 노력했고, 또한 1996년 한국은 재빨리 OECD에 가입했다. 그런데 우리에게 스스로 자부심을 갖게 했으며, 이 모든 것이 하나로 폭발된 계기는 말할 것도 없이 2002년 한일 월드컵 공동 개최와 우리의 4강 진출이었다. 대한민국이 4강에 진출하면서 이는 절정에 달했다. 대한민국의 '붉은 악마'는 세계를 정복한 듯 열광하였으며, 한국은 스스로 마치 강대국이 된 듯 착각하게 된 것이다.

OECD 회원국가가 되었다고 강대국가가 된 것은 아니다. 오스트리아, 벨기에가 강대국이라고 할 사람은 아무도 없다. 핀란드, 룩셈부르크도 강대국이 아니며 그리스, 스웨덴, 뉴질랜드, 네덜란드 등등 이러한 국가들 모두 OECD 회원국이지만 강대국은 아니다. 물론 월드컵에서 4강에 든다고 강대국가가 되는 것도 아니다. 만약 축구로 강대국가를 말한다면, 세계 최고의 강대국은 브라질이어야 하고 그 다음은 아르헨티나가 되어야 할 것이다. 그러나 브라질이나 아르헨티나가 아무리 축구에서 계속 이긴다 하더라도 그들을 강대국으로 간주하는 나라는 없다. 미국과 중국과 일본과 러시아가 4강에 못 들었다고 해서 월드컵이 끝나자마자 약소국으로 전락한 것은 아니다. 월드컵과 관계없이 그들은 강대국들이다. 그러나 우리는 환상적 분위기 속에서 우리 스스로가 강대국가인 척하면서 모든 국가들이 우리를 그렇게 인정할 것이라고 착각하는 강대국 신드롬을 앓고 있다. 이것이 바로 우리의 첫 번째 달라진 모습이라고 말할 수 있겠다.

그리고 이 강대국 신드롬과 더불어 등장한 것이 바로 민족주의 감정의 분출이다. 그런데 지금 한국의 민족주의 감정은 사실상 반미 감정으로 확산되었다. 모든 우리의 불행이 미국 때문이라고 생각하기 시작한 것이다. 그렇게 함으로써 우리는 주한미군의 위상의 변화를 스스로 초래하였고, 맹목적 평화주의와 감상적 민족공생주의 분위기에 빠지게 되었다. 이제는 모든 것을 북한과 함께하자는 인식이 확산되었다. 그리하여 한국인들은 자신들의 가장 큰 위협으로 느껴야할 북한의 핵문제에 관해서 오히려 가장 무책임한 방관자의 자세를 취하고 있다.

우리는 단두대에 목을 걸고 있으면서도 칼날이 떨어질 것을 전혀 두려워하지 않는, 정말로 아테네인들이 밀로스인들에게 말했던 것처럼 기이한 국민이 되었다. 우리는 지도자가 소리 높여 평화의 메시지를 낭독하고 우리가 평화를 진정 얼마나 원하는가를 세계에 고하면 이 땅에 평화와 평화통일이 올 것이라 착각하고 있는 것이다.

## Ⅷ. 세계적 역학구도의 변화

세계는 어디로 가고 있는가? 앞으로 세계가 어떻게 될 것인가에 관해서는 여러 가지의 시나리오가 있다. 프랜시스 후쿠야마와 같은 사람은 전 세계가 하나의 공동시장이 되고 경제적으로 상호 의존하는 국가들 속에서 소비자의 미덕이 존중되는 평화로운 세계가 올 것이라고 생각한다. 이를 남북한관계에 적용하여 본다면 화해와 경제 교류 등을 통해 평화통일로 갈 수 있다는 생각이 될 것이다. 그런데 이런 사람들은 정치적인 문제를 비정치적인 문제로 해결하려고 한다는 데에 근본적인 문제가 있다.

정치의 본질은 무엇인가? 칼 슈미트는 "정치적이라고 하는 것은 너와 나를 구별하는 것"이라고 했다. 즉 정치란 궁극적으로 적과 동지를 구별하는 것으로서, 동지에게 유리하게 하고 적을 견제해 나가는 것이 곧 정치, 특히 국제정치의 본질이라는 것이다. 그런데 이처럼 대립적 성격을 갖는 정치적 본질을 비정치적인 것을 통해 해결할 수 있다고 보는 것은 정치에 대한 무지에서 비롯된 것이라 할 수 있다. 과거 1911년 노만 엔젤은 『거대한 환상』이라는 책을 썼다. 그 당시의 유럽은 매우 상호 의존적인 사회였고 모든 것에 국경이 없는 사회였다. 따라서 노만 엔젤은 세계가 이렇게 상호 의존적이고 서로가 긴밀한 관계를 가지고 있어 전쟁을 하면 모든 것을 다 잃게 될 터이므로, 누구도 감히 전쟁을 일으킬 수는 없으리라고 생각했다. 그래서 그는 자신의 책 제목으로 전쟁을 생각하는 것은 거대한 환상이라는 의미에서 『거대한 환상』이라는 제목을 달았넌 것이다. 그러나 이 책이 출판된 이후 채 3년도 지나지 않아 제 1 차 세계대전이 발발했고, 노만 엔젤의 『거대한 환상』이라는 책은 그 자체가 거대한 환상임을 입증해 버리고 말았다. 즉 노만 엔젤의 주장에는 정치적인 본질을 비정치적인 것을 통해서 생각하고 바라보았던 근본적인 결함이 있었던 것이다.

우리가 살고 있는 이 동북아지역에서 어쩌면 앞으로 중국과 미국 관계가 —과거의 소련과 미국 사이에서처럼— 양극적인 체제로 들어설 가능성을 배제할 수 없다. 그러나 9·11 테러사건 이후에 중국은 미국의 분위기를 살피면서 미국과의 직접적인 대결을 회피하려고 하는 태도를 보이고 있다. 그러나 그것이 얼마나 오래갈 수 있을지는 미지수이다. 어쩌면 머지않아 이 지역에서는 일본, 러시아, 미국은 말할 것도 없고 인도, 중국 그리고 한반도를 포함한 이들 사이의 치열한 경쟁 체제인 다극 체제가 형성될지도 모른다. 인도와 파키스탄은 핵무장했다. 러시아가 핵국가이고 중국이 핵무장을 했다. 북한이 핵무기를 갖게 되면 남한이 갖고, 일본이 갖게 된다. 그리고 대만도 핵무기를 갖게 될 것이다. 그러면 중국은 핵무기에 완전히 포위되는 유일한 나라가 되는 것이다. 중국이 13억의 인구를 자랑하지만 인도는 11억이다. 어쨌든 앞으로의 세계는 이러한 강대국가들이 치열하게 경쟁하는 세계로 변모할 것이다.

그러나 지금 우리가 살고 있는 이 세계는 미국의 헤게모니에 의해 질서와 안정이 유지되고 있다. 그런데 이처럼 미국이 중심이 되는 세계에서 우리와 미국과의 전통적인 관계에 균열이 발생하기 시작했고 우리는 새로운 변화의 길로 접어들고 있다. 미국 헤게모니의 단극체제 속에서 그나마 유지해 오던 삶의 조건에 근본적인 균열이 생기기 시작한 것이다. 이러한 변화가 오르막길인지 아니면 내리막길인지는 역사가 증명해줄 것이지만, 어쨌든 한국은 지금 그런 변화 속에 처해 있다.

그렇다면, 우리에게 대안은 있는가? 미국에 대한 대안이 과연 있는 것일까? 우리가 철저한 고립주의로 빠질 수 있을까? 과거 우리가 완전한 농업국가일 때에도 우리는 고립주의 정책을 추구했고, 그것은 비극으로 끝났다. 지금 한국은 더욱더 자립할 수 없는 국가이다. 우리는 심각하게 대외의존적인 경제를 가지고 있기 때문에 중립을 지킨다거나 고립주의 정책을 추구하기란 매우 어려운 것이다. 과거 일본인들이 생각했던 것처럼 우리에게도 필요할 때 서로 의존할 수 있는 동맹국가가 필요하다.

우리에게 있어 중국이 미국을 대신할 수 있을까? 여론조사에서는 중국에 대한 한국인들의 선호도가 일본보다도 늘 높게 나온다. 그러나 지난 5천 년 동안 중국은 한민족을 존중해 준 적이 없다. 지금도 중국인들은 한국을 과거 자신들에게 조공을 바치던 변방 출신의 소국으로 여기고 있다.

그렇다면 한국인들이 일본과 동맹을 맺을 것인가? 전 세계는 일본을 존중하고 두려워한다. 그러나 한국은 일본을 얕잡아 보는 유일한 나라이다. 우리는 한 번쯤 일본의 저력을 냉정하게 살펴볼 필요가 있다. 일본은 자기의 스승국가들과 모두 싸워 이겼던 나라이다. 일본은 자기의 스승이었던 한반도를 정복했고, 청일전쟁에서 중국을 이겼다. 러일전쟁에서 러시아를 제압했고, 제 1 차 세계대전시 자기의 스승이었던 독일을 공격했다. 제 2 차 세계대전 때 인도차이나에서 프랑스에게 승리하였으며, 싱가포르에서 영국군을 굴복시켰다. 마지막 하나 남은 미국을 쳤다가 호되게 당했을 뿐이다. 일본 사람들에겐 안타까운 순간이었다. 그들은 절대로 반성하지 않는다. 그리고 세계는 이러한 일본의 잠재력을 알고 있다. 그런데 오로지 대한민국과 북한 사람들만 항상 일본을 과소평가한다. 일본은 1억 3천 5백만 전 인구가 언제든지 동원체제로 갈 수 있을 뿐만 아니라 당장 내일이라도 핵무장할 수 있는 능력을 지닌 국가임에도 불구하고 우리는 일본을 우습게 여기고 있다. 여기에다 뿌리 깊은 반일 감정과 한·일 간 과거사 문제까지 얽혀 있으므로 한국은 결코 일본에 편승하려 하지는 않을 것이다.

## IX. 한미관계에 대한 냉정한 인식

그렇다면 우리는 어떤 나라에 편승해야 할 것인가? 개인도 친구를 두려면 학식 있고, 돈도 있고, 힘도 있는 등 두루 갖춘 사람을 친구로 삼고 싶어 하듯 국가도 마찬가지이다. 지금의 세계사를 끌고 나가는 나라가 어떤 나라인가를, 힘에 있어서, 부에 있어서, 과학에 있어서, 지식에 있어서, 예술에 있어서, 모든 분야에 있어서 우리가 하루빨리 배워 나가야 할 것을 창조해 나가는 나라가 과연 어떤 나라인가를 우리는 잘 살펴보아야 한다.

중국이 저렇게 어마어마하게 큰 것 같지만 아직까지도 경제 규모는 일본의 1/3밖에 되지 않는다. 아직은 우리가 중국에게 배울 것이 없다. 13억의 인구 때문에 중국이 세계에서 대단히 중요한 나라라면 11억의 인도도 무시할 수 없다. 프랑스나 독일, 아니 유럽은 어떤가? 영국과 프랑스는 300여 년간 가장 약삭빠르게 국제정치를 요리했던 나라들이다. 이 나라들은 자기의 잇속이 없는 일은 절대로 하지 않는 전통을 가지고 있다. 제2차 세계대전 후 그들은 미국이 제공해 준 평화를 소비해 오기만 했다. 지금 영미권과 아랍세계가 싸우고 있지만 앞으로의 역사를 아랍세계가 이끌어 나갈 것이라 보기도 어렵다. 아랍세계와 미·영이 앞으로 예컨대 50년간을 싸운다면 승부는 뻔하다. 그러면 루스벨트가 얘기했던 것처럼 이길 나라를 제쳐두고 질 나라와 관계를 강화할 이유가 없는 것이다.

그렇다면 과연 어떤 국가에 편승할 때에 우리의 미래가 있겠는가? 냉전체제의 해체 후 국가 간 편승을 위해서는 과거와는 달리 아주 비싼 대가를 지불해야 하게 되었다. 이제 무임승차나 일방적 시혜의 시대는 끝났다. 어느 국가에 편승하든, 우리는 그 대가를 지불해야 하는 것이다. 그렇다면 과연 그 중 상대적으로 가장 적은 대가를 요구하는 나라가 어떤 나라인가? 아직까지는 미국이라고 할 수 있을 것이다.

그러나 이제 문제는 앞으로도 한국이 미국에게 우호적이고 가까운 나라로 간주되고 안전을 보장받을 만한 가치가 있는 나라로 여겨질 수 있을 것인가 하는 점이다. 과거에는 우리에게 원조를 주기 위해서 미국의 의회지도자들과 국무성, 그리고 대통령까지도 한국은 미국에게 대단히 중요하다고 말했다. 그래야 의회에서 한국에 대한 경제원조법안이나 군사원조법안이 통과될 수 있었기 때문이다. 그러다 보니 우리는 정말 우리가 미국에게 중요한 존재라고 착각하게 되었지만, 우리에게 미국인들이 탐낼 만한 것은 사실 거의 아무 것도 없다. 우리가 미국을 더 필요로 하는가 아니면 미국이 우리를 더 필요로 하는가 하는 문제에 관해서 우리는 매우 냉정하게 스스로 묻고 답해야 한다.

또 다른 맥락에서 본다면 한국과 미국 간의 변화하는 관계는 사실상 북한문제로부터 비롯된 것이라 할 수 있을 것이다. 우리가 북한문제를 새롭게 바라보기 시작하면서, 즉 북한에 더 큰 중요성과 우선순위를 부여함으로써 한미동맹에 기반한 우리의 안보 조건에 변화가 초래되었다고 볼 수 있다.

그렇다면 지금 우리는 무엇을 어떻게 해야 할 것인가? 미국에 대해서는 무엇을 해야 할 것이며, 북한에게는 어떠한 태도를 취해야 할 것인가?

미국이 건국 후 최대 위기에 처해 있을 때 에이브러햄 링컨 대통령은 이렇게 말했다.

> "강자를 약화시킴으로써 약자를 강화시킬 수 없다. 그리고 우리는 거인들을 깨부숨으로써 소인들을 도울 수 없다. 부자들을 파괴함으로써 빈사들을 도울 수 없으며 임금을 지불하는 자를 끌어내림으로써 임금 노동자를 향상시킬 수도 없다. 우리는 자신의 소득보다 더 소비함으로써 혼란을 피할 수 없다. 계급적 증오심을 불러일으킴으로써 많은 사람들의 박애정신을 높일 수 없다. 우리는 빚 위에서 안전을 이룰 수 없다. 그리고 개인의 솔선과 독립성을 박탈함으로써 인격과 용기를 형성할 수도 없다. 우리는 자기들이 스스로 할 수 있는, 또 스스로 해야만 하는 것을 대신해 줌으로써 그들을 항구적으로 도울 수 없는 것이다."

이는 우리에게 무엇을 말해 주는가? 사실상 우리 한국 사회가 직면하고 있는 모든 문제들이 이 인용문에 잘 언급되어 있다. 우리에게 북한은 버릴 수 없는 민족이지만 북한이 스스로 해야 하는 것까지 항구적으로 도울 수는 없다. 우리가 실제로 해야 할 일은 한국이 북한에게 더욱더 매력적이고 유혹적이며, 통일된 한반도의 미래상이 될 수 있는 그러한 나라를 만들어 나가는 것이다. 바로 이것이 우리의 정책적인 우선순위가 되어야 하며, 또한 그러기 위해서 우리에게 가장 중요한 조건들은 무엇인지를 우리는 냉철하게 판단할 줄 알아야 한다.

최근 감상적 민족지상주의자들이 한국의 국제적인 삶의 조건에서 대단히 중요한 미국을 서서히 내쫓으려고 하고 있다. 물론 그동안 한국과 미국 간의 관계가 항상 좋았던 것만은 아니다. 부부간에조차 '중년의 위기'라는 것이 있기 마련이다. 그런데 우리는 지금 우리가 조금 먹고살게 되었고 힘을 좀 쓸 수 있다고 생각되자 갑자기 강대국 신드롬과 감상적 민족주의에 젖어 미국과 일종의 '황혼의 이혼'을 고려하고 있는 것과 마찬가지의 상황이다. 한민족의 앞날을 진지하게 생각해 볼 때 지금의 이러한 한미관계 변화를 바람직스럽다고 보기는 어렵다.

우리의 국제정치적인 조건들은 우리가 생각하는 것보다 훨씬 더 어려운 것이다. 우리는 친숙하다고 하여 간과되기 쉬운 생존의 본질적인 조건들을 결코 잊어서는 안 될 것이다. 그것은 과거 비극적이었던 우리 민족의 역사적 교훈이 오늘의 우리들에게 주는 최대, 최선의 유산이라 해도 과언이 아니다.

제 2 장

# 한국인의 전쟁과 평화의 개념: 유교적 미래로의 복귀?

고래 싸움에 새우 등 터진다.
- 한국 속담 -

## Ⅰ. 프롤로그

2013년 6월 27일, 박근혜 대통령과 시진핑(習近平) 중국주석 간 정상회담은 전례 없는 친선의 분위기와 북한 핵무장 불관용(intolerance)에 대한 무조건적 합의는 대부분의 한국인들에게 한중 관계의 '역사적 전환점'을 생각하게 했다. 냉전 종식 이후 중국은 대외정책에 있어 공산국가보다는 유교적 국가였다. 대한민국은 과거 어느 때보다도 중국과 더 가까워지고 있는 듯하다. 양국이 가까워지고 있다는 것이 동아시아와 세계의 미래에 대해 양국의 국민들이 같은 관점을 공유하게 되었다는 것인지 아니면 양국의 국민들이 동상이몽(同床異夢) 하고 있는 것인지 검토가 필요하다. 달리 말하면, 최근의 한중 관계가 한국이 과거 500년 이상 조선인들의 유일한 국가 이념이었고 1895년 청일전쟁의 종결과 더불어 결정적으로 벗어났던 중국 중심의 유교적 세계관으로 복귀하는 것을 의미하는가? 이에 대한 답이 무엇이든 현재는 우리가 유교적 세계관과 전쟁과 평화에 대한 개념이 무엇인지 그리고 현재의 한국인들이 원한다면 미래에 회귀할 수도 있는 그 세계관이 어떻게 전통적인 한국 정치문화에 뿌리내리게 되었는지를 상기할 필요가 있다. 또한 그것이 한국인의 현대적인 현재의 전쟁과 평화의 개념과 어떻게 다른지도 살펴보아야 할 것이다.

다른 민족과 마찬가지로, 한국인들은 전쟁보다 평화를 선호하지만, 여전히 군사적 대치와 무력 충돌의 위험이 있는 세계에서 평화와 안보를 지키기 위해 만반의 준비가 필수라는 것을 알고 있다. 고대 로마인들이 "평화를 원한다면 전쟁을 준비하라"고 말했던 것과 같은 이치다. 한국인들은 민주주의 정부체제를 기타 정부의 형태보다 선호한다. 정부에 대한 계약론적 관념은 민주적 가치 발전에 도움이 되었다. 현재의 개념들의 기원을 밝혀내고 한민족 격동의 역사를 통해 이루어진 변화를 검토하는 것은 향후 전쟁과 평화의 문제에 관한 보다 적절한 답을 구할 수 있도록 할 것이다.

한국인들의 전쟁과 평화에 관한 개념은 1948년 8월 15일 한반도의 남쪽에서 '대한민국'이라는 독립주권국가가 선포되면서 하룻밤 사이에 형성된 것이 아니다. 한민족은 19세기 후반에 개념의 변화를 요구 받기 이전까지 수세기 동안 세대 간에 전해 내려온 전쟁과 평화에 대한 전통적인 개념을 가지고 있었다. 그리고 격동의 역사 전반에 걸친 고통스럽고 기나긴 동화(同化)의 과정을 통해 새로이 서양식의 전쟁과 평화에 대한 개념을 채택하기에 이르렀다. 제2차 세계대전 종전 후 분단되어 1948년 남한과 북한에서 각각 정부가 수립되었을 때, 남북한 정부는 서로 다른, 상반된, 양립할 수 없는, 상호 배타적인 전쟁과 평화에 대한 서양의 개념을 받아들였다. 그 후 남북한은 동족상잔(同族相殘)의 전쟁이라는 비극적 수단을 선택하기까지 하는 등 각자의 개념을 한민족 전체에 적용하기 위해 끊임없이 투쟁하고 싸웠다. 그리고 남북한은 여전히 서로의 개념을 배제하고 스스로의 방식에 의한 통일을 통한 통합된 개념을 세우려는 투쟁을 계속하고 있다. 다시 말해, 이념 투쟁은 "신들의 전쟁"처럼 계속되고 있으며 그 누구도 언제, 어느 쪽이 한반도에 단일화된 개념적 지위를 차지할지 알 수 없는 상황이다. 그러나 이 장은 대한민국 국민들에게 있어서 역사적으로 변화해 온 전쟁과 평화의 개념에만 초점을 맞출 것이다.

## II. 한민족의 중국화: 한반도의 유교국가화

"태초에 중국이 있었다"[1]라는 서구의 저명한 중국학자 코헨(Warren I. Cohen)의 말은 중국국가의 발생 기원이 역사 이전의 안개 속에 가려져 있다는 점에서 과장된 것임이 틀림없다. 그러나 근대 이전의 중국이 아테네(Athens)가 고대 그리스 세계의 학문적 중심지(school of Hellas)였던 것과 마찬가지로 동아시아의 학문적 중심지(school in East Asia)라는 점에는 의심의 여지가 없다.[2] 중국대륙에 하나가 아닌 여러 학파들이 있었고 그 중 유가(儒家)가 왕조에 따른 성쇠를 겪기는 했지만 전근대(pre-modern) 시대까지 지배적인 위치를 차지했었다는 점 또한 사실이다.[3] 정치적 이념으로서의 유교가 중국이 통일되고 천자(天子)라는 한 명의 황제에 의해 통치되고 나서야 만연하게 되었다는 점도 강조되어야 한다. 중국이 분할되어 있거나 황제가 혁명 세력의 도전을 받게 되었을 때에는 법가 또는 법가적 이념이 지배적이었고

1) Warren I. Cohen, *East Asia at the Center*, New York: Columbia University Press, 2000, p.1.

2) Thucydides, *The Landmark Thucydides*, Robert B. Strassler (ed.), New York: The Free Press, 1996, p.114.

3) 중국인들은 고대 중국에 백가(百家)가 있었다고 말하는 경향이 있는데, 중국인들이 "백"을 말할 때에는 100이라는 "딱 떨어지는 수"보다는 "많음"을 의미한다고 보는 것이 보다 진실이다. 사실상 수 개의 학파만이 있었다. 유가 외에, 법가, 도가, 묵가가 가장 잘 알려져 있고, 종교이기는 하나 불교가 중국인들을 설득하는 데 있어 다른 세속적 학파 또는 이념과 경쟁하였다.

군부 세력이 주저 없이 중용되었다.[4] 유교적 황제도 하룻밤 사이 전제군주로 돌변했고, 적을 진압하는 데에 있어서는 관용을 보이지 않았다. 이러한 점에서 중국제국의 유교적 천자는 정치적 도전에 직면했을 경우에 극단적인 법률주의자의 모습을 보이기도 했다. 더욱이, 중국의 황제들은 평시에 때때로 장성의 축조와 관개시설 건설 등에 노동력을 확보하고자 대규모 인구를 동원했고 노역을 무자비하게 강제했다.[5]

아시아 대륙의 동쪽 끝에 자리 잡은 한반도는 예로부터 중국대륙의 강한 영향권 아래 있었다. 비록 인종적으로 만주-퉁구스족에 더 가깝기는 하나 한민족은 일찍부터 중국인들을 모방해왔다. 한반도로 이주한 후 한민족은 사냥과 유목생활을 버리고 농경문화를 채택하였다. 이후 만주-퉁구스족보다 중국대륙의 민족과 더 가까운 문화적 유대를 느껴온 것이다. 북방유목민족의 반복적인 침략을 겪어야 했던 중국인들과 마찬가지로 한민족은 그 유목민족들로부터의 위협과 싸워야 했다. 중국대륙의 제국이 한반도를 침략한 사례가 있기는 하나 몽고나 만주족의 파괴적 잔인성에 비하면 그 침입이란 미미한 것이었다. 1620, 30

4) 법가는 중국에서 유가, 도가, 묵가와 함께 고대 중국의 4대 사상이었다. 중국사에서 "법가"는 법치를 중시하는 철학적 의미를 가지지만 서양적 의미와는 구별된다. 법가는 삶의 본질이나 목적과 같은 높은 차원의 문제들을 다루지 않는 실용적 정치철학이다. 이는 1800년여 후 서구에서 등장하는 마키아벨리주의와 닮은 바 있다. 법가는 공식적인 창시자가 없고 스승으로부터 제자로 가르침이 전수되지도 않았다. 가장 유명한 법가사상가는 한비(韓非)로 알려져 있지만, 그와 다른 법가사상가들은 중국 정치발전에 지대한 영향을 미쳤음에도 서양에서는 잘 알려져 있지 않다. 유가를 다룬 많은 책들이 있고, 심지어 황로(黃老)학파에 관한 책도 있는데, 법가의 영향에 대해서는 여전히 서구의 주목을 받지 못하고 있다. William Theodore de Bary (ed.), *Han Fei Tzu: Basic Writings,* trans. by Burton Watson, New York: Columbia University Press, 1964 참고.

5) 이것이 칼 아우구스트 비트포겔(Karl August Wittfogel)이 중국을 동양적 전제주의 국가의 하나로 부른 이유이다. 그의 *Oriental Despotism: A Comparative Study of Total Power*, New Haven: Yale University Press, 1957 참고.

년대의 굴욕적이고 파괴적인 패배로 정점에 이르렀던 만주족과의 수세기에 걸친 국경 다툼은 이를 잘 보여준다. 이와 같이, 급격한 변화에 대한 거부감으로부터 북방유목민족에 대한 인종적 경멸감에 이르기까지 한민족은 중국인들의 가치관의 많은 부분들을 공유하게 되었다.

그러나 19세기 후반까지 중국은 근대적 의미에 있어서의 국제법과 국제관계를 알지 못했다.[6] 통치자들이 두 상반되는 철학 내지 이념을 그들의 목적과 편의에 따라 이용하였다는 점에서 중국은 야누스의 얼굴을 가진 제국이었다. 엄격하게 보면 중국은 유교적 국가 내지 제국은 아니었다. 보다 정확한 의미에서 '유교 국가'가 존재하였다면, 그것은 유교에 근거해 1392년 세워지고 1910년까지 유교를 유일한 국가이념 내지 국가 신조로서 유지했던 한민족의 조선 왕조였다. 이것은 한민족이 처음부터 유교를 갖고 있었던 것은 아니고, 중국으로부터 유교를 채택함으로써 명백한 변화를 겪었던 것이며, 그 변화들이 한민족에게 큰 영향을 끼쳤다는 것을 의미한다. 그러나 한민족은 중국으로부터 법가의 유산을 제외한 채 유교만을 받아들였으며[7] 이것을 500년 이상 동안 제도화하고, 동화하며, 내적화 하고 엄격히 실행에 옮겨왔다. 유교는 한민족의 자발적 선택이었으며 중국 제국에 의해 강요된 것이 아니었다.[8] 어떠한 점에서는 한반도가 유교의 발생지인 중국보다

6) Joel Larus (ed.), *Comparative World Politics: Readings in Western and Premodern Non-Western International Relations*, Belmont, California: Wadsworth Publishing, 1965의 Kung-chuan Hsiao, "The Chinese Philosophy of War: the traditionalists' Arguments," p.153.

7) 더 정확히 말하자면, 신(新)유교주의는 도교와 불교의 영향을 받았고 주로 송대(960-1279)에서 발전했다. 가장 중요한 신(新)유학자는 주희(1130-1200)였다. 유교는 청나라(1644-1911)의 근본 또한 형성했다.

8) 이러한 점에서, 조선의 건국은 한용운이 말한 바와 같이 "유교적 혁명"이었다. 조선이 건국된 1392년은 원명 교체기였고 새로운 조선왕조는 자율성을 유지할 수 있었다. 명 왕조는 조선의 유교이념을 바꾸려고 하지 않았고 스스로도 유교국가가 되었다.

더 유교적이었다.

한민족의 유교와의 접촉은 한나라가 한반도에 한사군을 설치한 기원전 2세기까지 거슬러 올라간다.[9] 그러나 유교적 성격이 본격적으로 드러난 것은 고구려였고, 백제가 그 뒤를 따랐다. 7세기 초 신라는 유교적 성격의 정부를 채택하는 시도를 했다. 신라가 유교를 통해 추구했던 것은 중앙집권의 수단, 전쟁과 평화에 있어 전사 계급이 따라야 할 애국적 행동 규율, 그리고 이들에 대한 통치술의 전수였다.[10] 그러나 이들 3국에 미친 유교의 영향은 제한적이었다. 당시 우세했던 종교는 불교였고, 4세기에서 6세기 사이에 한민족이 불교화 되었기 때문이다. 유교적 관행은 유교적 사회 윤리가 화랑도에 적용된 것처럼 신라의 공공영역에 국한되었다. 668년 삼국통일 이후에 통치의 사적 영역이 보다 강조되었다. 682년 설립된 국학은 귀족자제들에게 더 체계적인 교육을 제공했는데, 교과 과목에 유교경전과 역사가 포함되어 있었다. 788년에는 국가관료를 선발하는 국가시험인 독서삼품과(讀書三品科)가 제정되었다. 고려왕조에 들어서서 유교는 초기부터 정치이념과 정부형태를 구성하는 데 큰 역할을 하였다.[11] 고려의 태조 왕건(王建)은 그의 정치적 정당성을 강화하기 위해 천명(天命)이라는 유교적 개념을 쓰기 시작했다. 당시까지 이전 왕국들의 통치자들의 정당성은 신화적 출생에 근거했다. 왕건의 천명설에 근거한 정당성 주장은 한반도 통치의 정치이론에 있어 획기적인 것이었다. 그가 이를 성공적으로 사용했다는 사실은 당시 한민족에 대한 유교적 정치 기풍이 이미 상당한

9) Ja-Hyun Kim Haboush, "The Confucianization of Korean society" in Gilbert Rozman (ed.), *The East Asian Region: Confucian Heritage and Its Modern Adaptation*, Princeton, NJ: Princeton University Press 1991, p.86.

10) *Ibid.*, p.87.

11) *Ibid.*, p.88.

영향력을 발휘하고 있었음을 보여준다.[12)]

그러나 고대와 중세사회의 관행은 유교적인 것과는 달랐다. 유교의 영향은 공공적인 행태와 담론에 국한되었다. 강력한 불교적 신앙은 여전했다. 1170년 군사정변부터 1258년 몽고의 침입까지의 기간 동안 지배적인 풍조는 민족주의와 불교였으며 유교의 영향은 축소되고 있었다. 오히려 신(新)유교가 뿌리를 내린 것은 몽고(원나라)가 한반도를 지배한 1258년부터 1359년까지 시기였다. 몽고제국의 일부가 된 한민족은 중국과 그 수도에 어느 때보다 쉽게 왕래할 수 있게 되었다. 이것이 고려학자들에게 새로운 학문을 접할 기회를 제공했고 몽고가 영향력을 잃었을 때쯤에는 신진학자들이 신(新)유교적 교육과정에 근거한 성균관을 재설립할 수 있었다. 바로, 젊은 신(新)유학자들은 불교세계에서 그동안 맡아 왔던 유교의 제한적 역할을 거부했다.[13)] 그들은 그들의 도덕적 세계관에 부합하는 유교적 사회질서로의 대전환을 갈구했다. 그러나 이를 위해서는 새로운 정권 내지 새로운 국가의 건설이 불가피했다. 유학자들은 신(新)유교의 교리에 따른 초월적 도덕성의 정당성을 이용해, 새로운 국가의 정치적 권위를 정당화할 일련의 목표들을 제시했다. 이러한 변화의 중심에 정도전(鄭道傳)이 있었다.[14)] 이러한 의미에서, 조선 왕조는 현대 정치학 용어로 급진 이념의 혁명 레짐이라고 볼 수 있을 것이다.

몽고제국의 몰락 후 명(明)나라가 유교문명의 계승자임을 한민족이 인정한 것은 유교문명이 중국적이라든가 유교문명에 대한 중국의 소견

12) *Ibid.*, p.89.

13) *Ibid.*, p.90.

14) William Theodore de Bary and Ja-Hyun Kim Haboush (eds.), *The Rise of Neo-Confucianism in Korea*, New York: Columbia University Press, 1985의 Chai-sik Chung, "Chong Tojon: 'Architect' of Yi Dynasty Government and Ideology," pp.59-88.

이 더 우수하다는 것을 의미하지는 않았다. 한국의 유학자들은 중국의 유학자들처럼 유교를 모든 문명사회에 적용 가능한 보편적 진리라고 여겼다. 사실 쇠약해지고 부패하기까지 한 명나라는 과도하게 낙관적이었던 한국의 개혁가들이 창조하려고 했던 이상적인 유교사회의 대용(代用)이었다.[15] 서원의 증가와 한글의 창제에 힘입어 유교 윤리와 도덕은 전국적으로 확산되었다. 18세기 정도에 이르러, 조선은 규범적인 유교 사회가 되었다. 유교적 세계관과 그에 입각한 윤리와 도덕이 한 민족의 삶의 방식으로 자리 잡게 되었다.[16]

## III. 중국에 의지한 한민족의 전쟁과 평화의 유교적 개념

중국 연구자들 사이에서 전쟁과 평화의 유교적 개념은 통상 '중국적 세계질서관'으로 일컬어져 왔다.[17] 중국대륙이 공산화되기 전까지 유교적 세계관과 중국의 전쟁과 평화에 대한 개념 내지 중국의 국제관계 이론이 거의 혼용되었다. 도덕 세계에 대한 신(新)유교적 관점은 서구

15) Ja-Hyun Kim Haboush, *A Heritage of Kings: One Man's Monarchy in the Confucian world*, New York: Columbia University Press, 1988, pp.23-25.

16) 다른 종교적 전통들은 사라지지 않았다. 불교와 다양한 민속적 샤머니즘은 특히 여성과 하위계층에 남아있었다. Haboush, "The Confucianization of Korean society," pp.84-110 참고. 한국의 샤머니즘에 관하여는 Kim In Whoe, "Educational Possibilities of the Values of Peace and Harmony Inherent in Korean Culture," in Zhou Nan-Zhao and Bob Teasdale (eds.), *Teaching Asia-Pacific Core Values of Peace and Harmony: A Sourcebook for Teachers*, Bangkok, Thailand: UNESCO Asia and Pacific Regional Bureau for Education, 2004 참고.

17) John King Fairbank (ed.), *The Chinese World Order: Traditional China's Foreign Relations*, Cambridge, Massachusetts: Harvard University Press, 1968 참고.

에서 고대와 근대 자유주의의 경우처럼 인간의 완전성에 대한 믿음에서 비롯된 것이었다.[18] 도덕 교육으로 도덕 사회를 만들 수 있다고 보았다.[19] 조선의 새로운 지도자들은 교육이 사회를 변화시키는 데 있어 중요한 역할을 한다는 확신으로 국가 수준의 교육체계를 만들었다. 이러한 과정에서 최우선적 과제는 신(新)유교적 정치이념을 가진 관료들을 양성하는 것이었다.

이러한 도덕적 접근은 유교적 국제관계라는 독특한 패러다임을 만들어냈고, 고착화되면서 한민족에게 있어 전시와 평시에 관계없이 활용되게 되었다. 유교적 세계관에 따르면, 세계는 가장 낮은 자로부터 하늘 그 자체에 이르는 일련의 수직적 질서로 이루어진 하나의 단위이다. 한민족은 이 하늘을 낙원으로 보지 않았다. 오히려 하늘은 그 자체가 근본적으로 도덕적인 지배정신이나 원칙으로, 서양의 운명, 섭리와 유사한 것이었다. 하늘은 상과 벌을 주고, 하늘의 명령은 사람들 마음속에 자리 잡는다.[20] 마치 고대 그리스인들의 '신'이나 근대 서양의 '자연'과 같은 것이었다. 유교는 모든 인간이 하늘의 의지에 따르도록 하고, 황제조차도 이 자연의 섭리에 따라야 하며 그렇지 않으면 천명에 따라 통치할 권리를 상실하게 되는 것이다. 이처럼 미리 예정된 자연적 섭리의 개념은 모든 사물 사이에 분명한 관계가 있고, 모든 상황에서 행위의 옳고 그름은 행위자의 지위에 달려있다는 것을 시사한다.

이러한 행동 원칙 그리고 유교사상의 전체적 체계의 근본적 요소는

18) Leo Strauss, *Liberalism Ancient and Modern*, New York: Basic Books, 1968 참고.

19) 서양의 고전철학자들도 유사한 접근법과 기대를 가지고 있었다. Werner Jaeger, *Paideia: The Ideals of Greek Culture*, New York: Oxford University Press, 1939 참고.

20) M. Frederick Nelson, *Korea and The Old Orders in Eastern Asia*, New York: Russell & Russell, 1967 (originally by the Louisiana State University Press in 1945), p.4.

바로 '불평등'이다.[21] 이 이론은 유교 이념의 계층적 성격을 보여준다. 계층 내 모두가 윗사람과 아랫사람을 갖고 있다. 윗사람으로부터는 책임감과 관대함이 나오고, 아랫사람으로부터는 복종과 존경이 우러나온다. 모든 것이 천자인 황제로부터 기인하고 황제로 최고조에 이르는데, 결국 황제는 하늘을 그의 유일한 명령자로 보고, 마치 중세 서구의 '왕권신수설'과 같이 하늘로부터 통치할 권리를 위임 받는다. 아니 오히려, 황제는 서양의 절대군주 개념보다 더 강하며 플라톤이 기원전 4세기에 말한 '철인군주'가 되어야 했다. 또한 그는 동시에 단테가 13세기에 인류의 단일성과 평화를 위해 주장했던 세계정부의 유일 군주처럼 세계 유일의 황제이다.[22] 유교적 관점에서 보면, 이러한 불평등이 없다는 것은 인간의 욕망을 통제할 수 없는 야만과 혼돈의 상태로 복귀하는 것을 의미했다.[23] 따라서 욕망은 상하구분에 따라 다르고, 이 차이는 본래의 자연으로부터 부과된 것으로 이로운 사회적 관계를 구성한다. 이것은 필연적으로 인류가 타고난 능력에 있어서 불평등하다는 것을 의미하는 것은 아니다.

이와 같은 계층적 질서는 타고난 능력에 따른 것이 아닌 발전과정에 있어서의 불평등에 근거한 도덕적인 질서이다. 모든 아랫사람은 윗사람을 본받고, 위로는 황제로부터 구성된 정부는 군대가 아닌 교육기관이다. 정의의 원칙에 대한 적절한 예와 교육으로 모든 사람들은 ('체면'을 생각하듯) 수치심을 알게 되고, 그로 인해 예의범절을 따르게 될 것이다. 사람들이 수치심을 모르고, 이성과 가르침을 따르지 않을 때에 비로소 처벌이 가해진다. 이론상 황제는 대부분의 경우 교육자이자 본

21) *Ibid.*, p.6.

22) Dante Alighieri, *On World-Government or De Monarchia,* trans. by Herbert W. Schneider, New York: The Liberal Arts Press, 1949.

23) 유교에서의 야만과 혼돈의 상태는 17세기 서구에서 홉스가 말한 전쟁의 상태로서의 "자연상태"와 닮은 듯하다.

받아야 할 모범이고, 극단적인 경우에 통치자가 된다. 따라서 전쟁은 복종하지 않는 이들을 교양(civil power)과 덕으로 굴복시켜야 한다는 유교적 이론과 양립할 수가 없는 것이다.[24] 이러한 전쟁의 포기로 유교는 법가를 제외한 중국의 다른 사상들과 함께 했다.[25] 노자의 무위사상은 그를 평화주의자로 만들었고, 묵자도 공자의 전쟁혐오를 받아들여 평화주의를 그의 주 원칙 중 하나로 삼았다. 중국은 중요한 철학적 의견들 대부분이 전쟁에 반대하는 매우 특수한 상황을 보인다.

그러나 아이러니하게도 유교는 천명의 원칙에 따라 내전을 조장한다. 통치자가 부패하였을 때 일부 사람들은 혁명 제기를 정당한 것으로 보았다.[26] 중국에서 내전은 흔했지만 외국의 정복은 다른 범주에 속하는 것으로 인식되었고 유교교리에 의해 정당화되지 않았다. 중국 본토는 세계의 중심이라는 '중화(中華)'라 일컬어졌고 중국 본토 외에 거주하는 사람들은 '야만족'으로 분류되었다. 중국 본토 사람들과 본토 밖의 사람들 사이에는 유교의 도덕적, 법적인 평등에 기반한 실질적인 정부간 관계가 존재할 수 없었다. 그 결과, 이 야만족들은 완전한 인간이 아닌 그 이하의 존재로서 하등 동물이나 제어하기 어려운 아이들에게 하듯 친절하고 자비롭게 대해야 하는 상대로 여겨졌다. 시간이 지남에 따라, 중국을 둘러싼 동아시아의 '야만족'들은 유교 사상의 영역

24) 군주가 공자에게 군사전략에 대해 가르침을 청했을 때, 공자는 이를 거절하고 그처럼 고결하지 않은 군주의 국가를 떠났다.

25) 법가와 마르크스-레닌주의의 합치에 관하여는, Zhengyuan Fu, *China's Legalists: The Earliest Totalitarians and Their Art of Ruling*, Armonk, New York: M.E. Sharpe, 1996, chapter 7. 리더십에 관한 중국의 개념 연구에 대해서는, see Roger T. Ames, *The Art of Rulership: A Study in Ancient Chinese Political Thought*, Honolulu, Hawaii: University of Hawaii Press, 1983 참고.

26) 투키디데스는 모든 것은 부패하기 나름이라고 말했다. 따라서, 내전 또한 불가피한 것이다.

으로 점점 진입하였고 마침내는 유교를 행동 규칙으로 삼고 중국의 문명과 힘을 존중하기에 이르렀다. 중국의 가장 지속적인 힘은 군사가 아닌 문화에 근거했다. 따라서 유교국가들 간의 국제관계를 위한 새로운 이론의 필요성은 존재하지 않았다.

이론상으로 전 세계가 천자인 중국의 황제에게 종속되어 있었고, 유교적 레짐은 계속 뻗어나가고 있었다. 여기에 기본적으로 위계적인 유교적 또는 중국적 국제관계 이론이 있다.[27] 다시 말해, 중국적 국제이론은 제국의 이론으로서 황제가 고전 속에 묘사되어 있는 모습을 달성하는 것이었다. 중국의 유교제국은 하나의 하늘 아래에 있는 모든 것이 하나의 황제에 의해 통치되는 대규모의 가족이다. 동아시아라는 하나의 가족을 통치하는 규칙은 일반적 의미의 가족을 다스리는 자연적인 규칙과 일치했다. 불평등은 자연적 가족의 중심적 요소였고 이러한 원칙은 국제적 영역에서도 마찬가지로 적용되었다.[28] 중화(中華)가 우위를 점하고 있는 중국은 하위의 국가들에 의해 둘러싸여 있었고, 이들의 관계는 마치 중국 제국이라는 국제적 가족 내의 형제나 부모자식 간의 그것과 같았다. 따라서 가족에서와 마찬가지로 중국과 그 주변국들의 친밀한 관계는 정기적인 중국 사절의 방문과 "많은 공물을 지닌" 주변국들의 비정기적인 사절의 방문으로 유지되었다.

---

27) 국제적 위계질서에 대한 최근의 관심에 관하여는 Adam Watson, *Hegemony and History*, London: Routledge, 2007; Alexander Cooley, *Logics of Hierarchy: The Organization of Empires, State, and Military Occupation*, Ithaca, New York: Cornell University Press, 2005 참고.

28) Nelson, *Korea and The Old Orders in Eastern Asia,* p.14. 이것이 중국인들이 전통적으로 전쟁의 도덕적, 윤리적 면을 강조하는 이유일 수 있다. Zhang Junbo and Yao Yunzhu, "Differences Between Traditional Chinese and Western Military Thinking and Their Philosophical Roots," *Journal of Contemporary China,* Vol.5, No.12 (1996): pp. 209-221 참고.

시간이 지남에 따라 중국에 대한 이러한 '조공 사절'은 제도화 되어 '조공 제도'로 자리 잡았고 거대한 제국 내 상품 교환의 형태가 되었다. 조공은 각국의 산물로 이루어졌지만 경제적 거래와는 달랐다. 형이나 아버지와 같은 존재인 중국은 종속국들의 공물보다 더 가치 있는 선물을 제공했다. 따라서 이 국제레짐은 오늘날의 용어로 말하면 후진국에 대한 보조 또는 공적개발원조(ODA)로서 야만족들을 중국제국의 영역으로 끌어들이는 역할을 했다. 무엇보다도 중국은 이들 국가들의 국내 문제에 직접적으로 개입하거나 통제하려고 의도하지 않았지만, 조공제도가 동아시아 국가들의 유교적 가족 내 서열을 인정하는 공식적 표현이자 행위였다. 사실 주변 국가들은 완전히 독립적이지는 않았지만 자치적이었다. 힘의 정치는 유교에 의해 완전히 배제되었다. 이러한 태도는 정복에 의한 국가의 소멸이 가족 간 살해와 같은 것으로 여겨졌던 사실로 설명된다. 이처럼 유교 이론은 근본적으로 평화주의적이었다. 그리고 이러한 전쟁과 평화에 대한 평화주의적 유교 개념이 한반도 전(前)근대사의 이념적 배경이었고 매우 유교적이었던 조선왕조에서 중추적인 역할을 했다. 이것은 한민족이 중국에 의지하는 것이 국가안보에 충분하지 않다는 것을 깨닫고 서구에 문호를 개방하기로 결정한 19세기 후반까지 지속되었다.

## IV. 산산조각 난 한민족의 유교적 세계관

19세기 초반 유럽 내 힘의 균형(클라우제비츠 체제) 및 소위 앙시앙레짐(Ancien Régime)의 복구 이후, 팽창적인 서구 제국들이 중국과 동아시아를 유럽식 국제사회로 통합시키려는 시도는 중국 자체에 대한 도전이었을 뿐만 아니라, 수세기 동안 유지되어온 조공레짐 내지 '종주

(宗主) 제도'에 토대를 둔 중국적 세계질서에 대한 거대한 위협이었다.[29] 당시까지 중국인들은 그들이 이제 막 진입한 국제정치세계와 유사한 역사 속 '춘추전국시대'를 거의 망각했었다.[30] 유교 가족의 중화로서 중국인들은 그들의 역사적 문명과 동아시아 내 전통적 조공제도에 대한 유럽의 도전에 격렬하게 저항했다. 오랫동안 내려온 한반도에 대한 종주권도 예외가 아니었다. 동아시아와 유럽의 대립은 단순히 정치, 군사, 경제적인 것을 뛰어넘었다. 그것은 문화적인 것이었고 근본적으로 양립할 수 없는 '문명의 기준' 간의 진정한 충돌이었다.[31] 문명의 기준은 한 사회가 국내적으로나 국제적으로 그 구성원들을 특징화하고 그들의 상호작용에 있어 규칙, 규범, 수칙을 규정하며, 그것들로 외부세력과 구분하는 방식을 의미한다.[32] 중국은 자국의 역사적 문명의 기준이 '야만적' 문명의 기준을 지닌 외국 세력에 의해 공격받자 깊은 문화적 트라우마를 겪었다. 불평등 조약의 문화적 굴욕은 서양 국제법적 부당함과 이념적 불평등에 의해 더욱 심화되었다. 중국인들이 이

29) 이 개념에 관하여는, Martin Wight, *Systems of States*, Britain: Leicester University Press, 1977, chap. 1 참고.

30) Ni Lexiong, "The Implications of Ancient Chinese Military Culture," in Daniel A. Bell (ed.), *Confucian Political Ethics,* Princeton: Princeton University Press, 2008, chap. 10; Richard Louis Walker, *The Multi-State System of Ancient China*, Handen, Connecticut: Shoe String Press, 1953; Victoria Tin-bor Hui, *War and State Formation in Ancient China and Early Modern Europe*, Cambridge: Cambridge University Press, 2005; Victoria Tin-bor Hui, "Toward a Dynamic Theory of International Politics: Insights from Comparing Ancient China and Early Modern Europe," *International Organization,* Vol.58, No.1 (Winter 2004): pp.175-205.

31) Gerrit W. Gong, *The Standards of Civilization in International Society*, Oxford: Clarendon Press, 1984, pp.3-23.

32) Gerrit W. Gong, "China's Entry into International Society," in Hedley Bull and Adam Watson (eds.), *The Expansion of International Society*, Oxford: Clarendon Press, 1984, p.172.

따금 19세기를 '국가적 굴욕의 세기'라고 말하는 이유가 이것이다.

동시에, 수세기 동안 중국에 의존하며 동아시아 종주세도에 안주하던 고립적이고 내향적인 한민족에게도 중국제국의 갑작스러운 몰락과 이에 따른 유교적 세계질서의 파괴는 상상하기 어려운 것이었다. 유교권의 동아시아에서도 가장 유교적이었던 조선은 사회진화론 등에 근거한 서양세력들의 '야수 같은' 제국주의를 이해하지 못했다.[33] 그러나 한민족이 가지고 있던 유교적 평화세계관은 돌이킬 수 없을 만큼 무너지기 시작했다. 임진왜란 후에도 언제나 열등한 야만족으로 여겼던 일본이 메이지 유신과 뒤따른 급속한 서양화 이후 서구 제국주의의 선두에서 한반도로의 세력확장을 시도하는 것은 한국인들에게 결코 환영받을 수 없는 것이었다. 열강들이 한반도에서의 영향력을 행사하기 위해 경쟁을 시작했을 때 조선인들은 비로소 자신들을 둘러싼 위험을 감지했다. 이 때 "고래싸움에 새우등 터진다"라는 속담이 생겨났고 그때 이후로 외국세력에 의한 압력과 위협이 등장할 때마다 한민족들에 의해 널리 사용되었다. 국제사회는 선량한 작은 나라에 대한 권리를 획득하려는 야만적인 열강들의 '경쟁의 바다'로 보여지기 시작했다. 실제로 조선이라는 이름의 미약한 전(前)근대적 국가는 '제국주의 시대'를 지나가고 있었다.[34]

자신들이 당시 한반도를 둘러싼 제국주의의 적나라한 국제적 투쟁의 무기력한 대상이란 것을 깨닫게 된 한국인들은 처음으로 근대 국제정치의 잔인한 정치적 현실주의를 느끼고 배우기 시작했다. 한반도에서의 투쟁이 격렬해지자, 일본은 1894년에 중국과의 전쟁을 감행했고 그

33) 한국인들이 서양인들과 일본인들을 "야수"라고 비난했을 때, 그들은 19세기 중반 이후 나온 허버트 스펜서의 진화적 사회진보의 개념과 다윈의 생물학적 진화에 대한 개념을 알지 못했다.

34) 이 구절은 역사학자 William L. Langer의 *The Diplomacy of Imperialism, 1890-1902*, New York: Alfred A. Knopf, 1935에서 처음 사용되었다.

에 따른 1895년의 시모노세키(下關) 조약은 중국의 완패를 의미했을 뿐만 아니라 중국이 조선과 유지하고 있던 조공관계를 종결시켰다. 아울러 그 조약은 그 동안 지속되어오던 동아시아적 국제질서의 붕괴를 나타냈다.[35] 일본인들은 10년 후인 1904년에 러시아와 전쟁을 벌였고 1905년 승리를 거두었을 때 이미 한반도에 대한 그들의 정치적 목표를 보다 솔직하고 대담하게 드러내게 되었다. 결과적으로, 한국인들은 당시 제국주의적 강대국이었던 아테네인들로부터 다음과 같은 말을 들었던 고대 멜로스인들과 거의 같은 운명에 처하게 되었다.

> "우리의 목표와 행동은 인간이 신에 대해 가지고 있는 믿음 그리고 신들의 행동을 지배하는 원칙과 완전히 일치한다. 신에 대한 우리의 생각과 인간에 대한 우리의 지식은 우리로 하여금 통치할 수 있는 것은 통치해야 한다는 일반적이고 필연적인 법칙에 도달하게 한다. 이것은 우리가 만든 법칙이 아니며 우리가 최초로 그 법칙에 따라 행동하는 것도 아니다. 이것은 이미 존재했던 것이며 우리 후세들 사이에서도 존속할 것이다. 우리는 이러한 법칙에 따라 행동할 뿐이고, 그대들이든 다른 누구든 우리들과 같은 힘을 갖고 있다면 우리와 똑같이 행동할 것이라는 것을 알고 있다."[36]

사실 이러한 국제정치적 관점은 중국의 지성사에 있어 매우 오래된 것이었다. 이것은 고대 법가의 교리에 있는 것이다. 그러나 법가는 뿌리를 내리지 못했고 가장 유교적인 국가인 한반도에는 변화된 내용으로 전달되었다. 한국인의 지성 세계에 어떠한 영향도 미치지 못한 것

---

35) Shogo Suzuki, *Civilization and Empire: China and Japan's Encounter with European International Society*, London: Routledge, 2009, p.10.

36) Thucydides, *History of the Peloponnesian War*, trans. by Rex Warner, Penguin Classics, 1954, pp.404-405.

이다.[37] 한국의 모든 지도자들은 철저한 유교주의자들이었다. 따라서 정치 권력을 두고 유교적인 지배 관리들 간의 지적 투쟁이 격렬한 적이 있기는 했었지만, 그 투쟁조차도 여전히 최고의 순수한 유교주의자들 간의 경쟁이었다. 이 때문에 유럽식의 국제정치 개념은 한국인들에게 매우 이질적인 것이었다. 그리고 한국인들이 이것을 이해하고, 수용하고, 적응하고, 적용하기까지에는 상당한 시간이 걸렸던 것이다. 유교에 심취한 한국인들은 고대 멜로스인들처럼 다음과 같이 생각했다.

> "인류의 일반선(general good)에 부합하는 원칙 – 즉, 위험에 처한 사람들에 대해 공정한 경쟁, 정의로운 거래를 해야 한다는 원칙 그리고 그러한 사람들이 수학적으로 정확하지 않는 주장을 하며 이익을 가져가도록 해야 한다는 원칙 – 을 파괴하지 않는 것이 그대 아테네인들에게도 유용할 것이다. 이것은 타인만큼 그대들에게 큰 영향을 미치는 원칙이다. 왜냐하면 그대들의 몰락은 가장 큰 보복을 초래할 것이고 세상에 본보기가 될 것이기 때문이다."[38]

서양적 관점에서 보았을 때, 한국인들의 사고방식은 '정치적'인 것이 아닌 '도덕적'인 것이었다. 한국인들은 동양의 법가 그리고 서양의 마키아벨리주의자들과 같이 실제의 힘을 중시하기보다는 유교적 덕목을 존중했고 믿었다.

그러나 결국에는 한국인들 중에서도 젊고 계몽된 정치지도자들이 등장하기 시작했고 이들은 일본을 본 따 전(前)근대적 한국을 근대국가로 급격하게 바꾸고자 했다. 하지만 이러한 혁명적 노력은 여전히 강력했던 보수적인 정치 파벌과의 내부적 갈등의 심화를 유발할 뿐이었

37) 한국의 비법적 전통에 대하여는, Pyong-Choon Hahm, *The Korean Political Tradition and Law*, Seoul, Korea: Hollym, 1967 참고.

38) *Ibid.*, p.402.

다. 이들의 노력은 실패했다. 왜냐하면, 혁명적 변화를 가져오는데 필요한 실질적 수단이 부족했기 때문이다. 여전히 유교 왕국이었던 조선은 중국과 러시아를 상대로 승리를 거둔 일본제국에게 주권을 잃을 때까지 무기력했다. 외부세계에 개방을 한 이후 한반도에 대한 사건들과 전쟁들 전반에 있어 한국의 전쟁과 평화에 대한 지배적 개념은 거듭 손상되기는 했어도 여전히 유교적이었다. 일본이 이룬 것과 같은 '부국강병'을 이루지 못하는 한, 유교가 더 이상 의미가 없다는 것을 깨달은 이후에도 한국인들은 별다른 대책이 없었다. 결국 한국인들은 순진하지만 비극적인 '이상주의자'들로서, 정치적 효용에 관계없이 유교적 덕목을 신봉했다. 그들은 조지 산타야나가 묘사한 것과 같이 목표를 잃고 난 후에 노력을 배로 하는 광신도와 같았다.

## V. 1948년 탄생한 안보국가와 한국인의 새로운 전쟁과 평화의 개념

미국과 유엔의 후원과 조력 아래 1948년 건국된 대한민국은 미소간 냉전의 중심에 놓여있었다. 한국인들이 미국적 자유민주주의를 정치이념으로 채택하고 그 정치이념의 세계관을 수용하고 제도화한 것은 매우 자연스러운 것이었다. 미국적 세계관은 자유와 압제라는 문제에 맞추어졌다. 자결(自決), 다수결, 반대할 권리 등으로 이해되는 자유는 자유민주주의의 핵심 가치들 중 최상위 목표였다. 정치적, 종교적 자유는 경제적 번영과 경제적 정의의 문제보다 우선시되었다. 영국식 민주주의에 비해 미국식 민주주의가 계층간 불평등에 관심이 적었던 것은 유럽의 중세봉건시대 경험 부재에서 기인한 것이다. 부재지주제도(不在地主制度)와 봉건주의의 다른 단점들은 많은 나라들에서 계층 갈등이라는 유산으로 남았지만, 미국에서는 그런 현상이 매우 드물었다.[39] 미국 이민자들은 계층 혁명 대신 정치적, 종교적 자유와 경제적 성공의 기회를 추구했다. 또한 자본주의 자체가 자유시장, 기업의 자유 그리고 정치적 자결을 필요로 했다. 이러한 출발은 사회계약이라는 근대 개념의 정치사상적 진화와 일치했다. 혁명은 계층 변화가 아니라 정치적 압제에 대한 대응으로 정당화되었다.

35년간의 긴 일제강점기로부터 자유를 되찾은 남한의 한국인들은 이러한 정치적 개념들을 빠르게 수용했다. 게다가 자유민주주의가 제시하는 독재자에 대한 혐오는 폭정이란 천명을 따르는 것이 아니기 때문에 전복되어야 한다는 유교적 이념과도 일치하는 것이었다.[40] 당시 남한 땅에 이식된 미국적 자유민주주의는 자유를 수호하고 세계평화를 파괴하는 침략국가에 맞서기 위해 참전한 윌슨-루스벨트적인 것이었다.[41]

---

39) Louis Hartz, *The Liberal Tradition in America: an Introduction of American Political Thought since the Revolution*, New York: Harcourt Brace, 1991 (originally in 1955).

40) 이러한 일종의 혁명의 권리는 공자에 대한 권위 있는 해석가로 인정받은 맹자의 사상이었다. Peter Nosco, "Confucian Perspectives on Civil Society and Government," in Daniel A. Bell (ed.), *Confucian Political Ethics*, Princeton: Princeton University Press, 2008, p.31 참고. 이것은 "인민을 위한"을 의미했지만 유교사상에서 "인민의"와 "인민에 의한"이란 개념은 없다. 따라서 "유교적 민주주의"는 유교의 과장으로 볼 수 있다. 고대 로마인들에게 폭군살해라는 개념이 있었지만 우리는 이것을 '로마의 민주주의'라고 부르지 않는다. 유교적 민주주의에 대하여는, Daniel A. Bell (ed.), *Confucian Political Ethics*의 David L. Hall and Roger T. Ames, "A Pragmatic Understanding of Confucian Democracy," pp.124-160 참고.

41) 대한민국의 건국의 아버지이자 초대 대통령인 이승만은 프린스턴 대학에서 정치학 박사과정을 밟았고 훗날 미국 대통령이 되는 우드로 윌슨의 애제자였다. 윌슨은 이승만을 "조선독립의 희망"으로 주변에 소개했다. David Halberstam, *The Coldest Winter: America and the Korean War*, New York: Hyperion, 2007, p.66 참고.

통제되지 않는 권력이 독재로 나아갈 때 시민의 자유가 위협받듯이 국가들 사이에서의 자유는 하나의 국가나 국가들의 연합이 다른 국가들에 세력을 확장할 때 위협받게 된다. 국제사회에서 개인의 자유에 상응하는 것이 민족 독립과 민족 자결의 원칙이다. 다시 말해, 미국 민주주의와 한국 민주주의는 모두 개인의 자유와 민족 독립을 지키기 위한 것이었고, 그것들은 북한과 소련의 공산주의로부터 위협을 받고 있었다.

한반도에서 전쟁의 근본적 원인을 제거하고 평화를 보장받기 위한 유일한 최선의 방법은 북한을 포함한 전 세계의 공산주의자들과 맞서는 것으로 여겨졌다. 공산주의자들은 국가의 적이었고 공산주의 정권은 악으로 여겨졌다. 무차별적인 반공투쟁은 국가의 책무가 되었다. 특히 한국전쟁 발발 이후, 한국은 '국가안보국가'[42] 내지 '병영국가'[43] 같은 것이 되도록 강요받았다. 한국에 있어 국가안보는 국가 의제 중 최우선적인 것이 되었고, 이에 북한의 어떤 침략이든 억지할 수 있을 만큼 강한 군을 건설하고 '국가안보 우선' 정책을 뒷받침할 빠른 경제 발전을 이루는 것이 국가적 과제였다. 결국 한국인들은 국제관계학에서 정의하는 정치적 현실주의자가 되었다. 따라서 이러저러한 점에서 1990년대 민주화 시기까지 한국에서는 민주주의라는 국가적 이념과 남한의 정치 현실 사이에는 큰 괴리가 존재했다. 그럼에도 불구하고, 한국의 전쟁과 평화에 대한 개념은 이론상으로든, 실제로든 단순 명료하고, 확실했다. 미국과 한국의 자유민주주의 이념에 기초한 당시의 지배적이고 포괄적이며, 선전적인 반공 개념과 경쟁할만한 대안적 개념은 존재하지 않았다.

---

42) 이 개념에 관하여는, Daniel Yergin, *Shattered Peace: The Origins of the Cold War and the National Security State*, Boston, Mass.: Houghton Mifflin, 1997, chap. 1 참고.

43) Frank Gibney, *Korea's Quiet Revolution: From Garrison State to Democracy,* New York: Walker and Co., 1992.

하지만 소비에트 공산제국의 붕괴로 확연하게 변화된 국제정치, 이어진 양극적 냉전체제의 종식 그리고 1990년대 한국정부의 민주화와 문민화는 한국인들의 전쟁과 평화에 대한 개념에 영향을 미치지 않을 수 없었다. 특히 김대중 정부가 등장하고 소위 대북 햇볕정책이 발표되면서 대다수 한국인들은 무차별적인 반공주의에서 벗어나기 시작했고, 부분적으로는 민족이 국가안보와 반공자유민주주의보다 앞선다고 생각하면서, 북한의 대남 정책이 변화할 것이라는 부푼 기대를 갖고 새로운 대북정책을 지지하기 시작했다. 이를 계승한 노무현 정부는 김대중 정부가 시작한 친북 유화정책을 보다 강화했다. 하지만 그 정책은 북한체제에 대해 일방적으로 막대한 시혜적 재정 지원을 하면서도, 그에 상응하는 어떤 이익도 요구하지 않는 것이었다. 당시 여당은 한반도에서 미래에 전쟁을 야기할 잠재적 원인은 미국과 같은 강대국의 외교정책일 것이라고 생각했다. 그들은 한미동맹 체제 내 '연루(entrapment)' 가능성에 대해 걱정하기 시작했고,[44] "전시작전권 반환"을 요구했다. 그러나 국가 안보와 통일의 문제를 '한국화' 하려던 노무현 정부의 노력은 북한의 김정일 정권의 호응을 전혀 이끌어내지 못했다.

오히려 북한은 심각한 경제적 어려움 속에서도 핵무기 개발을 위한 갖은 노력을 계속했고, 결국 2006년과 2009년에 핵실험을 감행했다. 2차 핵실험 직후, 북한은 국제사회에 핵보유국 지위를 선언했다. 유엔과 국제사회는 마키아벨리적인 북한지도자 김정일에 의해 완전히 기만당했다. 그것은 특히 지난 10여 년 동안 계속된 경제적 어려움에 대해

---

44) 이것은 미국에 의한 "방기"에 대한 전통적인 우려와 다른 것이었다. 동맹안보딜레마에 관하여는 Glenn H. Snyder, *Alliance Politics*, Ithaca, New York: Cornell University Press, 1997, 특히 pp.180-190 참고. Victor D. Cha는 이러한 Snyder의 모델을 한국의 안보딜레마 분석에 적용했다. *Alignment Despite Antagonism: The US-Korea-Japan Security Triangle*, Stanford: Stanford University Press, 1999 참고.

형제애로 만성적인 경제적 어려움을 줄여주기 위해 북한 정권을 도와줬던 한국인들에게는 "등에 비수를 꽂히는 것"과 같았다. 대한민국은 갑자기 북한으로부터 핵위협을 받는 상황이 되면서, 궁지에 몰렸다. 이후 좌파와 우파 간 이념 대결이 격렬해지기 시작했다. 이러한 상황에서 대다수 한국인들은 북한 김정일 체제에 대한 그들의 인식과 기대를 바꾸기 시작했다. 한국인들의 대북 개념과 정책은 다소 위험스럽게 수정해 적으로 인식하던 북한을 형제로 보고 상호 존중과 공동 번영을 통한 평화통일을 위해 노력하려 했지만, 북한의 대남 개념과 정책은 전혀 바뀌지 않았다는 결론을 내릴 수 있게 되었다.

결국 한국인들은 평정을 되찾았지만, 이제는 "귀중한 것을 하찮은 것과 함께 버릴"수 없기 때문에 딜레마에 처하게 되었다. 한국인들은 쉽게 무차별적인 반공주의 대북정책으로 회귀할 수 없었다. 지난 10년의 매몰비용이 클 뿐만 아니라 국내정치적 고려사항들이 갑작스런 방향전환을 허용하지 않았다. 게다가 과거로 돌아가는 것이 유일한 방안은 아니었다. 강력한 탈근대주의와 그에 따른 동아시아 지역의 관점에서의 전쟁과 평화의 개념이 부상했다. 그것들은 지적으로 매력적이고, 서유럽으로부터 북아메리카에 걸친 탈근대 사회에 만연해 있으며, 한국에도 이제 막 유입된 것이다. 달리 말하면, 이명박 정부는 대북정책의 갈림길에 서 있었다. 그러나 이제 그 어느 정부보다도 중국과 가까워지고 있는 것으로 보이는 박근혜 정부에서 한국의 전쟁과 평화에 대한 개념이 큰 변화의 충동을 경험하고 있는 것은 분명해 보인다.

## VI. 결 론

전쟁과 평화에 대한 개념은 동양과 서양이 서로 달랐고, 같은 동양과 서양의 지역 내에서도 시기마다 상이했다. 전쟁과 평화의 개념에 대한 초점은 개인으로부터 국제사회에 이르기까지 다양하게 변화하기도 했지만, 시간과 공간에 따라 변화하기도 했다. 서양에서는 개인수준의 개념이 호머(Homer)와 헤로도토스(Herodotus) 시대에 등장했다. 개개 영웅이나 영웅들이 전쟁과 평화의 주요 행위자였다. 권력, 명예, 부, 심지어 복수를 추구하는 영웅이나 지도자의 욕구가 전쟁의 원인으로 이해되었다. 전쟁 원인을 주목할 만한 삼위일체구조로 보다 정교화해 제시한 사람은 투키디데스였다. 그에 따르면 전쟁의 원인은 공포심, 명예, 이익을 쫓는 개인, 민주정이나 전제정과 같은 정치체제 그리고 패권 경쟁으로 특징되는 변화하는 힘의 균형이었으며, 그것들이 바로 그 거대하고 비극적인 펠로폰네소스 전쟁을 야기했던 것이다. 그때부터 오늘에 이르기까지 전쟁연구를 하는 사람들은 이러한 투키디데스의 분석방법을 따르고 있다. 국제관계학에서 신현실주의의 최고참자인 케네스 왈츠(Kenneth Waltz) 또한 이것을 채택하고 "전쟁의 세 가지 이미지"라는 개념으로 보편화시켰다.[45] 물론 이후에 그는 국제정치를 세 번째 이미지에 기초해 이론화했다.[46] 그러나 투키디데스는 이미 펠로폰네소스 전쟁의 숨겨진, 진정한 원인이 아테네의 부상이고 이것이 전쟁을 불가피하게 만들었다고 강조한바 있다.[47]

동양, 보다 정확히 말하면, 동아시아에서는 호머와 헤로도토스 사이의 시대를 살았던 공자가 개인, 즉 국가의 통치자의 "기만과 교활함"

45) Kenneth N. Waltz, *Man, the State and War: A Theoretical Analysis*, New York: Columbia University Press, 1959.

46) Kenneth N. Waltz, *Theory of International Politics*, Massachusetts: Addison-Wesley, 1979.

47) 현대 한국정치의 전통적 요소에 관하여는, Pyong-choon Hahm, 'Toward A New Theory of Korean Politics' in Edward Reynolds Wright (ed.), *Korean Politics in Transition*, Seattle and London: The Washington University Press, 1975, pp.321-356 참고.

에서 전쟁의 원인을 찾았고, 이에 인간의 교육이 평화의 유일한 길이라고 결론 내렸다. 이와 같은 유교적 전쟁과 평화의 개념은 국가정치이념으로서 2000년 넘게 바뀌지 않았는데, 1949년 유교 자체가 비판받으면서 마르크스-레닌-마오의 공산주의가 그 역할을 맡게 되었다. 1948년 북한에서도 동일한 일이 벌어졌다.

하지만 남한에서는 1948년 미국식 자유민주주의가 국가정치이념으로 유교적 개념을 대체했음에도, 암암리에 정치 행태와 사회 조직 형성에 유교가 영향을 미치고 있다. 인간 관계와 가족에 대한 유교적 가치관은 오늘날의 한국에도 강하게 남아있다. 이러한 의미에서 한국의 유교전통은 스스로 복원력을 입증해 왔다.[48] 더욱이, 많은 한국인들은 여전히 바로 그 유교적 세계관에 따라 북한을 불쌍한 아우로 보고 미국을 형과 같은 강한 동맹국으로 보는 경향이 있다. 유교는 이처럼 지엽적이고 제한적인 의미에서 한국인들의 국제정치관 속에 존재하고 있는 것이다.

그럼 이제 다음과 같은 질문이 제기될 수 있다. 우리의 시대에도 유교가 전쟁과 평화의 개념에 관해 적실성이 있는가? 적어도 다음 세 가지 이유로 "그렇다"라고 답할 수 있다.

먼저, 유교의 전쟁 개념과 평화에 대한 접근이 국제정치학의 정치적 현실주의가 제시하는 국가 중심의 '당구공' 이론과 대조되는 소위 "인간의 생각" 이론의 하나이다.[49] 국가보다 인간을 강조하고 정책결정자

---

48) Michael Robinson, 'Perceptions of Confucianism in Twenty-Century Korea' in Gilbert Rozman, *The East Asian Region: Confucian Heritage and Its Modern Adaption*, Princeton, New Jersey: Princeton University Press, 1991, p.204.

49) Arnold Wolfers, "The Actors in International Politics," in William T. R. Fox (ed.), *Theoretical Aspects of International Relations*, Notre Dame, Indiana: University of Notre Dame Press, 1959, pp.83-106. 국제관계학에서 분석단위에 관한 질문은 중요한 주제이다. Oran R

뿐만 아니라 일반인들에게도 관심을 가진 결과, 분쟁과 전쟁, 그리고 힘의 정치의 출구를 제시했다. 이러한 접근법의 가장 대표적인 주창자는 유네스코이다.50) 유네스코헌장 서문에는 다음과 같은 문장이 명시되어 있다.

> "전쟁은 인간의 생각에서 시작되기 때문에 평화의 방벽을 세워야 할 곳은 바로 인간의 생각 속이다."

2000년이 넘는 시차(時差)에도 불구하고 둘 사이에 놀랍도록 유사한 점이 있다는 점을 생각하면, 전쟁과 평화에 관한 매우 오래된 유교적 개념이 어떤 점에서는 매우 젊다는 것을 보여준다. 유교적 세계와 우리가 살고 있는 세계 간의 유사성은 여기서 그치지 않는다.

둘째, 전쟁에 관한 유교적 개념은 사회적, 정치적 질서를 유지하려는 원래의 의미로부터 인간들의 삶의 권리를 보호하고 윤리와 도덕을 실천하는 것으로 변화했다. 맹자에게 있어 유교적인 왕도정치(王道政治)란 현실정치에서 인(仁)을 실현하는 정부였다. 그는 백성들이 다음 끼니를 걱정하고 있다면, 도덕적 행동을 장려하는 것은 부질없는 일이라고 주장했다. 백성들의 기본적인 생계 수단이 부족해지면, 내부 갈등을

---

Young, 'The Actors in World Politics' in James N. Rosenau, Vincent Davis, and Maurice A. East (eds.), *The Analysis of International Politics: Essays in Honor of Harold and Margaret Sprout*, New York: The Free Press, 1972, pp.125-144 참고. James N. Rosenau, "Analyzing Actors: Individuals and collectivities," in his *Turbulence in World Politics: A Theory of Change and Continuity*, Princeton, New Jersey: Princeton University Press, 1990, chap. 6 참고.

50) 유엔대학과 유엔평화대학은 현대 국제정치에서 전쟁과 평화를 다루는 데 있어 유네스코의 방식을 따르는 또 다른 기관이다. 이들의 이상적인 목적에 상관없이, 이러한 인간중심의 접근법의 전근대적 그리고 포스트모던세계에서 국제정세의 현실적 이해에 대한 공헌을 폄훼해서는 안 된다.

유발할 것이고 이러한 상태에서 평화는 불가능하기 때문이다. 따라서 평화를 추구하는 지도자는 최소한 백성들이 잘 먹도록 보장해 줘야 한다고 했다. 더욱이 맹자는 폭군이 사람들을 잔인하게 죽이고 왕도정치를 하지 않는다면, 인의(仁義)의 군대가 이러한 폭군을 벌하도록 활용되어야 한다고 했다. 맹자의 사상에서 전쟁은 도덕과 윤리의 도구가 된 것이다. 그러나 '민본' 사상을 염두에 둔 맹자는 권력과 이익을 위한 국가 간의 전쟁을 반대했다. 이와 같이 국경을 뛰어 넘는 도덕적 정치의 개념은 맹자라면 '토벌' 정도로 불렀을 법한 오늘날의 인도주의적 개입의 탈근대적 생각에 가깝다.[51] 정의로운 전쟁에 관한 공자와 맹자의 이론은 규범적으로 서양의 전통적인 정의로운 전쟁에 관한 이론보다 더 매력적일 수 있다.[52]

셋째, 맹자는 통치자란 무릇 세계의 평화적 통일을 도모할 의무가 있다고 주장했다. 플라톤의 철인왕과 같은 현명한 군주가 다스리는 어떠한 영토적 경계도 없는 이상적인 통일세계에서는 모든 전쟁이 정의롭지 못한 것이 되는 것을 넘어 아예 불필요하게 될 것이다. 이러한 맹자의 세계정부에 대한 개념은 고대 서양에서의 아리스토텔레스의 생각과 놀라울 정도로 유사하다.[53] 아리스토텔레스는 "복이 있는 사람은 인간들이 하나의 지배 권위와 하나의 왕국을 이루는 데 동의하는 찬란

---

51) 이론적으로만 봤을 때 맹자에 따르면 북한 체제는 내부에서 전복이 일어났어야 하는 것이다. 그러나 이것이 현실적으로 가능한지는 또 다른 문제이다.

52) Daniel A. Bell, "Just War and Confucianism: Implications for the Contemporary world," in Daniel A. Bell, *Confucian Political Ethics*, Princeton, New Jersey: Princeton University Press, p.239.

53) 더욱이, 신유교주의는 중국문화를 위한 중화(中華)를 회복하는 데 만족하지 않고 몽골제국을 넘는 다문화세계를 흡수하려고 했다. William Theodore de Bary, "Introduction," in William Theodore de Bary and JaHyun Kim Haboush (eds.), *The Rise of Neo-Confucianism in Korea*, New York: Columbia University Press, 1985, pp.1-58 참고.

한 날을 보는 자다. 그 때는 전쟁과 분쟁이 멈출 것이고 모두가 자신과 도시 그리고 국가들의 안녕을 위해 헌신할 것이다"라고 말했다.[54] 맹자와 아리스토텔레스는 모두 각자의 시대와 공간에서 제국의 통치가 생기기 전에 세계정부를 주창했다. 아리스토텔레스의 세계정부 개념은 기독교적 이상에 따른 팍스 로마나(Pax Romana)로서 14세기 초 중세 이탈리아에서 단테의 세계정부이론으로 재등장했다.[55] 이러한 의미에서, 유교적 이상에 의거한 하나의 세계는 보편적 세계사(Universal History)의 맥락에서 혼자가 아니었다.[56] 그러나 힘에 근거한 서구적 이상에 따른 하나의 세계와 달리 유교적 이상에 의거한 하나의 세계는 도덕적 설득에 토대를 둔 것이었다. 따라서 유교에 기반한 이상적 신세계는 결국 어느 누구도 자기 생에서 볼 것이라고 기대할 수 없는, 실제로는 실현되기 어려운 영원한 유토피아로 남을 것이다.

---

54) Aristotle, 'Epistle to Alexander the Great on World Government' in Howard P. Kainz (ed.), *Philosophical Perspectives on Peace*, London: Macmillan Press, 1987, p.3.

55) 이러한 사실들을 고려한 이니스 클로드는 1962년 미국정치학회상 수여식에서 세계정부의 개념이 세력균형과 집단안보보다 더 새로운 것으로 여겨져야 한다고 말했을 때 틀렸다고 볼 수 있다. 그러나 세계정부의 설립이 우리 시대의 국제정치의 위험 요소들을 다루는 수단으로서 현실적인 전망이 없다고 말한 것은 옳다고 보인다. Inis L. Claude, Jr., *Power and International Relation*, New York: Random House, 1962, pp.205-206; p.208 참고.

56) "Universal History"의 개념은 1960년 레이몽 아롱의 런던 강의에서 만들어졌다. Raymond Aron, *The Dawn of Universal History*, New York: Basic Books, 2002, pp.461-486.

제 **3** 장

# 한국 외교정책의 특성: 편승에서 쿼바디스로?*

외교정책 환경이 정책의 창조성을 완전히 파괴해
버리는 것은 아니지만, 창조성이 진공상태에서
발휘될 수 있는 것도 아니다. 정치가는 자신의
상상력에 입각하여 돌이나 진흙으로 원하는
형태를 만들 수 있는 미켈란젤로가 아니다.
- 스탠리 호프만 -

"고래싸움에 새우 등 터진다"라는 한국의 옛 속담은 인접 강대국들 속에서 언제나 위험을 느낄 수밖에 없었던 한국인들의 국제적 조건에 대한 인식을 특징짓는다. 동북아에서 한국의 정치적 위치에 관한 이와 같은 자기연민은 약탈을 일삼는 인접 강대국들의 객체나 먹이로서 자신의 비극적인 운명을 통해 배운 역사적 교훈의 결과이다. 현대 국제정치학의 아버지로 간주되고 있는 한스 모겐소(Hans J. Morgenthau)는 세력균형이론을 한국의 운명을 예로 들어 설명하면서 한국의 오랜 역사를 적절하게 요약하였다. 그는 다음과 같이 말했다.

> "중국과 인접한 지리적 위치로 말미암아, 한국은 강력한 이웃 국가의 통제와 개입의 덕택으로 오랜 역사의 대부분을 자율적인 국가로서

* 본 장은 한국국제정치학회 주최의 국제회의 발표논문집 *Korea in the Age of Globalization and Information*(임용순·김기정 편, 1997년)에 게재되었던 "The Korean Style of Foreign Policy: From Bandwagoning to Quo Vadis?"가 『IRI리뷰』, 제 2 권 제 2 호(1997년)에 번역되어 실린 것이다.

존재할 수 있었다. 중국이 약해져서 한국의 자율성을 충분히 방어할 수 없게 되었을 때에는 언제나 다른 국가—대체로 일본—가 한반도에 발판을 마련하고자 했다. 기원전 1세기 이래로 한국의 국제적 지위는 대체로 중국의 우월성에 의해 좌우되거나 아니면 중국과 일본의 경쟁에 의해서 결정되었다.

7세기 한국의 통일도 중국이 개입한 결과였다. 13세기에서부터 중국의 힘이 쇠퇴한 19세기까지 한국은 종주국으로서의 중국과 종속적인 관계를 유지해 왔으며, 정치와 문화에서 중국의 리더십을 수용하였다. 비록 성공적으로 지속되지는 못했지만 일본이 한국을 침략한 16세기 말 이후 일본은 한국에 대한 중국의 통제권 주장에 반대했다. 일본은 1894~95년의 청일전쟁에서 승리함으로써 한국에 대한 통제권 주장을 실현할 수 있게 되었다. 일본은 러시아로부터 한국에 대한 통제권에 도전을 받게 되었으며, 1896년 이후로는 러시아의 영향력이 우위를 차지하게 되었다. 한국에 대한 통제권을 놓고 벌인 일본과 러시아의 경쟁은 1904~05년의 러일전쟁에서 러시아가 패배함으로써 마무리되었다. 한국에 대한 일본의 통제권은 견고하게 수립되었으며, 이것은 제2차 세계대전에서의 일본의 패배와 함께 종결되었다. 이 때부터 미국은 일본을 대신하여 한반도에 대한 러시아의 야망을 견제하는 역할을 담당하게 되었다. 중국은 한국전쟁에 참여함으로써 한반도 통제의 전통적인 이익을 회복하였다. 그러므로 2천여 년 동안 한국의 운명은 한반도를 통제하는 우세한 일국이나 한반도 통제를 위해 경쟁하는 두 국가들 간에 이루어지는 힘의 균형에 의해 결정되었다."

분명히 한국의 국제적 지위는 대체로 강대국들 간의 경쟁에 의해 결정되었다. 그러나 모겐소는 한국인들이 스스로 해왔던 일에 대해서는 아무런 주의도 기울이지 않았다. 바꾸어 말해, 그는 한국의 외교정책 자체에 대해서는 아무런 말도 하지 않았던 것이다.

만일 외교정책이 본질적으로 국제체제의 변화에 적응하는 행위라면,

한국의 외교정책은 비교적 짧은 일본의 식민통치 시대를 제외하고선 역사적으로 볼 때 성공적이었다고 할 수 있다. 왜냐하면 한국은 자신의 독립성 또는 적어도 국가적 자율성을 유지해 올 수 있었기 때문이다. 어쩌면 동북아에서 강대국들 간의 투쟁에도 불구하고 한국이 정체성 있는 국가로서 생존할 수 있었던 데에는 어떤 비밀이 있었을 것이며, 그러한 비밀은 한국 외교정책의 특성이라고 불릴 수 있을 것이다. 한 국가의 외교적 특성이란 대외 문제를 다루는 데 있어 일정하게 확립된 방식이라 할 수 있는데, 그것은 그 국가가 토대로 삼고 있으며 전통에 의해 채색되고 대외정책에 반영되는 외교의 정서적 습관과 명시적으로 표현되지 않는 어떤 전제를 포함한다. 이러한 한 국가의 외교적 특성은 국제환경을 다루는 나름의 방식을 포함하며, 어떤 정책들이 이루어지는 국제환경 속에서 분별 있는 정책을 결정하는 데 도움이 된다. 또한 외교적 특성은 한 국가가 자신의 특수한 배경에 어떻게 반응하는가에 관한 실마리를 관찰자에게 제시해 준다. 한국 외교정책의 특성은 독립된 정치공동체로 살아남기 위해 투쟁했던 오랜 역사적 전통에 의해 배양되었다. 오늘날 한국인들은 이러한 외교정책의 특성이 당면한 탈냉전 시대에서 유용한 자산으로 밝혀질 것인지 아니면 취약점으로 판명될 것인지 의아해하고 있다.

## Ⅰ. 새우의 난관: 한국 외교정책의 배경

19세기 중반, 동북아의 주요 국가들이 서구열강들에 의해 '개방'당하고 나서야 국제체제는 세계적인 것이 되었다. 서구적인 세력균형체제는 서구 국가들이 동북아 국가들에 대한 제국주의적 침투를 시행함으로써 확장되기 시작하였는데, 그 당시까지 서구인들은 동북아를 "극동

(Far East)"이라고 불렀다. 바꾸어 말하면, 서구 열강들의 제국주의의 물결이 이 지역에 침투하기 전까지 동북아는 서구의 국제적 국가체제의 밖에 존재했던 것이다. 두 가지 이유에서 동북아는 서구적인 정치적 국가체제로부터 배제되어 있었는데, 첫 번째 이유로는 동북아 국가들이 유럽에서 군사적 활동을 취하지 못하도록 해주는 한편 동시에 동북아에서 유럽인들의 군사적 능력을 제한해 주었던 지리적 간격과 무능력이었고, 두 번째 이유로는 양자 간의 의사소통을 어렵게 하고 상호이해를 불가능하게 만들었던 두 세계 간의 문화적 간격이었다. 게다가 동북아에서 소위 주요 행위자라 일컬을 수 있는 중국과 일본 양국 간에 어떤 주목할 만한 규칙적인 정치적 상호작용도 존재하지 않았다는 점에서 동북아는 독자적인 국제 지역체제마저 형성하지 못했다. 중국과 일본은 모두 서구 열강들이 무력으로 그들의 문호를 개방할 때까지 '쇄국'을 국가정책으로 견지했던 것이다.

이와 같은 동북아시아에 "은자의 왕국(the Hermit Kingdom)"으로 알려진 한 나라가 있었는데, 이 나라는 중화 제국의 종주국 국가체제의 일원이기도 했다. 수세기 동안, 한국인들의 세계관은 세계 질서에 대한 유교적 이론에 기반한 것이었는데, 이것이 19세기 초 서구 제국주의로 인해 깨어지기 시작했다. 유교 이론에 따르면, 세계는 불평등한 관계로 이루어져 있는 일련의 위계적 구조를 가진 하나의 단일한 단위이며, 여기서 중국(중화 제국)은 세계의 중심이다. 주변 국가들은 중국에 조공을 바쳐야 했으며, 중국은 2500여 년 전 아테네가 그리스 세계의 '학교'로 간주되었던 것처럼 높은 수준의 문명을 가진 '교사'로서 이해되었다. 중국 국력의 핵심은 군사력이기보다는 오히려 문화였다. 따라서 1648년 30년전쟁의 종결 이후 유럽의 국가들 간에 전형적인 관행이 되어왔던 소위 현실정치, 즉 권력정치는 중국 중심의 유교적 세계에서 살아가는 사람들에게 생소한 것이었다. 국가이성이라는 관념 또한 19세기 초까지 그들에게는 알려지지 않았다. 한국인들은 대체로 유교적 세계 질서에 만족하고 있었다. 그들은 서구인들에 대한 어떠한 문호개방도 거부했는데, 서구인들은 문명화된 유교적 세계의 밖에 존재하고 있다는 이유로 '오랑캐'로 간주되었던 것이다. 유럽인들, 특히 프랑스 신부들이 한국으로 밀입국했을 때 그들은 박해받았으며, 또한 어떠한 유럽 선박도 한국의 땅에 발을 디디는 것이 허용되지 않았다. 미국인들이 한국에 와서 유럽인들과 미국인들, 그리고 구교도와 신교도의 차이점 등을 설명하고자 시도했을 때, 한국인들은 미국인들의 설명과 통상 요청을 결코 수용할 수 없었다. 한국인들의 입장에서 볼 때 모든 서구인들은 다 똑같이 보였다. 즉 그들은 모두 큰 코를 갖고 있었던 것이다.

그러나 1860년 그처럼 강력했던 중국이 패배했으며 베이징의 하궁(夏宮)마저 파괴되었다는 소식이 전해지면서 한국인들 사이에는 서구인들에 대한 두려움이 생겨났다. 비록 중국 중심의 세계 질서라는 유교 이론이 여전히 신봉되고는 있었지만, 한국인들은 그것에 대해 가졌던 강력한 확신을 서서히 잃기 시작했으며, 서구적 또는 근대적인 국제체제에 아주 마지못해 적응하기 시작하였다. 한국은 결국 1876년 일본의 소위 포함외교에 의해 서구세계에 그 문호를 개방하게 되었는데, 그것은 1853년 미국인들이 일본에 했던 행동을 그대로 모방한 것이었다. 서구 제국주의의 방식을 재빨리 터득했던 일본은 일본판 제국주의를 한국에 그대로 적용했던 것이다. 그렇게 함으로써 한국인들의 눈에 일본은 야만적인 서구 제국주의의 선봉에 서 있는 것으로 비쳤고, 한국인들의 강력한 저항에 직면하게 되었다. 한국에 대한 통제권을 놓고 벌인 중국과 일본 간의 경쟁, 그리고 이후의 투쟁 및 대결은 한국을 두고 벌어진 강대국들 간의 권력 투쟁을 예고하는 것이었으며, 그로 인해 유교적 세계는 전 세계적 정치체제의 일부, 즉 현실정치라는 클라우제비츠적 체제로 바뀌게 되었던 것이다.

한국을 사이에 놓고 중국과 일본 간의 위기가 발생한 그 순간부터 동북아 지역의 하위체제가 국제체제 내에서 막 태동하기 시작했다. 청일전쟁에서의 중국의 패배로 인해 국제적인 제국주의적 경쟁이 중국을 희생양으로 본격화되었다. 청일전쟁은 동북아에서 힘의 재분배도 초래하였다. 중국이 속이 텅 빈 종이 호랑이라는 것이 드러났을 때, 서구 제국주의 열강들은 중국의 그 같은 취약함을 인식하지 않을 수 없었고, 따라서 그들의 국가적 이익을 보호하고 증진하기 위한 움직임을 개시하였던 것이다. 러시아는 일본이 중국을 대체하면서 부상하리라 예상함으로써 이에 경계심을 품게 된 최초의 국가였다. 당시 국제체제의 주요 행위자였던 러시아는 동북아 지역의 하위체제에서도 역시 주요 행위자였다. 국제체제의 세계화는 아시아의 한 강대국이 전쟁의 가능성을 항상 품고 있는 세계 속에서 유럽의 다른 강대국과 직접적으로 대립하게 되었을 때 비로소 완성되었다.

이 때부터, 상대적으로 약소국이었던 한국은 강대국들 간의 심각한 경쟁 속에서 단순한 객체로 전락했다. 한국은 국제체제의 다극적 경쟁에서 '상금'이 되어 버린 것이다. 이와 같은 한국의 불행한 운명은 한국인들이 결코 벗어날 수 없었던 한반도의 지리적 또는 전략적 위치에 기인한 것이었다. 한국에 대한 지배를 확보하려는 투쟁에서, 일본은 1904~05년의 러일전쟁에서 러시아를 패퇴시켰다. 1905년 한국은 독자적인 외교정책을 추구할 수 있는 주권을 일본에게 박탈당했다. 1909년 한국의 한 애국자가 일본인 통감이었던 이토 히로부미를 암살한 뒤, 한국은 이듬해 일본 제국에 합병되었으며 세계지도에서 사라져 버렸다. 일본의 무절제한 야심은 그들 스스로가 제2차 세계대전에 뛰어든 이후에야 저지되었다.

제2차 세계대전 이후, 하나의 독립된 민주적 단일민족정부를 수립하려는 한국인들의 희망과 기대에도 불구하고, 두 초강대국의 후원 아래 각기 두 개의 한국이 설립되었다. 그 때부터 두 초강대국은 한국을 통제하기 위한 전통적인 권력투쟁을 재개했다. 유엔은 한국(남한) 정부의 탄생에서 '산파'의 역할을 했으며, 동시에 국제사회 앞에서 한국 정부의 탄생을 합법적으로 인정함으로써 일종의 '성직자'와 같은 역할도 수행했다. 그 결과, 전 세계의 위임을 받은 국제기구에 의해 오로지 한국에게만 부여된 국제적 합법성과 더불어 한반도에서의 유일한 합법 정부라고 하는 '성상(icon)'이 창조되었던 것이다.

그러나 그 성상은 창조된 바로 그 순간부터 도전받기 시작했다. 1950년 6월 25일 북한의 기습적인 남침은 성상에 대한 불경스러운 행동이었을 뿐만 아니라 유엔의 권위에 대한 도저히 묵과할 수 없는 도전이기도 했다. 따라서 한국전쟁이 발발한 바로 그 순간부터 유엔은 한국의 안보 문제에 깊숙이 연루되어 들어갔고 결국엔 결코 선망하지 않았던 교전 당사자의 지위에 놓이게 되었다. 한국의 안전을 보장하고, 또 유엔이 승인한 합법 정부에 대한 북한의 침략을 격퇴시키는 일은 유엔의 권위와 능력을 평가하는 일종의 리트머스 시험지가 되었다.

어쨌든, 한국의 성상은 미국이 주도하고 있던 유엔에 의해 구조되었으며, 한국 영토에 유엔 사령부가 주둔하게 됨으로써 북한의 또 다른 침략 가능성도 억제되었다. 비록 유엔의 깃발이 한국전쟁 기간 동안 게양되었지만, 한국을 원조하기 위해 왔던 주된 행위자는 미국이었다. 왜냐하면 미국은 북한의 공격을 소련의 음모 중 일부라고 생각했기 때문이었다. 그 때부터 미국은 한국에 대한 소련(러시아)의 야심을 견제하기 위해 일본을 대신하게 되었다. 중국도 또한 한국전쟁에 개입함으로써 한국에 대한 전통적인 정치적·전략적 이해를 다시 추구하기 시작했다.

1953년 한국전쟁의 휴전협정이 체결된 후 한국과 미국은 군사동맹체제를 구축했다. 그 때부터 한국의 생존과 발전에 있어 가장 중요한, 아니 절대적으로 필요하면서도 유일한 후원자는 미국이었다. 한국인들에게 미국은 거의 모든 것－대부, 유모, 교사, 은행 등－을 의미했다. 미국이 수행하게 된 역할은 그 영역과 강도에 있어 19세기 말 청일전쟁 이전까지 중국이 수행했던 역할을 훨씬 능가하는 것이었다. 말하자면 미국은 한국에 대해 온화한 헤제몬(hegemon)이었다.

## II. 한국전쟁의 영향: 미국으로의 편승

한국전쟁의 결과, 미국과 소련 간의 정치적 경쟁은 전 세계적인 군사적 대치로 변모되었다. 두 초강대국은 국제체제를 양극적 구조로 바꾸어 놓았고, 그러한 양극적 구조는 다시 그 체제 내의 초강대국들의 정책과 행위에 영향을 미쳤다. 한국과 북한 모두 두 초강대국과의 체제 전반에 걸친 강력한 연계 패턴으로 빠져 들어갔다. 한국의 하위체제는 어떠한 두드러진 기능도 하지 않았고 그럴 수도 없었는데, 왜냐하면 두 초강대국의 침투체제가 한국의 하위체제에 대해 우세를 점했기 때문이었다. 한국전쟁이 종결될 때, 재앙의 전조는 제 2 의 공산 침략을 예측하는 것이었다. 따라서 공산 진영을 향한 미국의 봉쇄정책은 이에 대한 한국인들의 망설임이나 주저함이 없이 한국 외교정책의 목적이 되었다. 비록 한반도에는 사실상 두 개의 정부가 존재하고 있었지만, 한국은 자신이 한반도의 유일한 합법 정부임을 계속해서 자처했다.

그러나 1960년대 초 소위 제 3 세계 국가들이 국제문제에 관한 평등한 투표권을 통해 평등한 발언권을 요구하게 되면서 국제적 환경은 변화의 과정을 겪기 시작했다. 그렇지만 한국의 경우 여전히 미국과의 동맹이 외교정책과 안보정책의 지주였고, 그 밖의 모든 것들은 이것으로부터 나왔다. 한민족의 분단과 한국전쟁의 경험은 국가의 생존을 가장 중요한 국가적 사명으로 만들었다. 그 때부터 한국의 외교정책은 계속되는 남북한 간 경쟁의 맥락에서 추구되어 왔다. 한국은 다른 그 어떤 목적도 진지하게 추구할 수 없었다. 국가안보는 시저의 부인처럼, 혹은 거의 국가의 신학적 필연성이 되었다. 미국은 한국 군사력의 근대화와 확장을 위한 군사적 원조에 있어서 뿐만 아니라 경제적 원조에 있어서도 중요한 원천이었다.

한편으로는 한국과 미국 간의 동맹체제와 또 다른 한편으로는 미국과 일본의 동맹관계가 존재하였음에도 불구하고, 1965년까지 한국과 일본 간의 관계정상화는 이루어지지 않았다. 한국과 일본은 미국과 그들 각각의 동맹관계라는 맥락에서 상대방의 중요성을 고려하는 경향을 보여 주었다. 1951년부터 계속되었던 길고도 팽팽한 협상 끝에 마침내 1965년 한국과 일본의 관계 정상화가 이루어졌다. 1964-65년 동안의 관계정상화 협상이 한국 국내에 정치적 위기를 야기했을 때, 한국 정부는 계엄령을 선포함으로써 이에 대응했다. 그 때 한국의 박정희 대통령은 '조국의 근대화'라는 그의 국가적 프로그램을 추진하기 위해서 일본의 대한무역과 투자뿐만 아니라 일본으로부터의 경제적 원조를 필요로 하고 있었다. 협상기간 동안 미국으로부터 전달된 우호적이긴 했지만 강력한 조언으로 인해, 한국과 일본은 자신들의 관계 정상화가 그들 각자의 대미동맹체제를 경제적 영역으로 확장시키는 것으로 생각했다. 이것은 한국전쟁 이래 미국이 한국을 위해 떠맡고 있었던 부담의 일부를 한국 경제의 재건을 위한 구호물자 제공이나 원조의 형태로 일본에게 전가할 수 있음을 의미하는 것이었다.

한국과 미국의 동맹은 1960년대 중반 베트남전에 의해 다시 생기를 찾게 되었다. 한국 정부는 미국의 베트남전 참전을 반공을 위한 군사적 노력으로 이해하였기에 환영했다. 미국은 아시아에서의 공산주의

운동을 봉쇄하기 위해 어떠한 조치도 마다하지 않을 것이라는 자신의 의지를 증명했다. 또 한국정부는 한국이 더 이상 고립되고 외로운 아시아 대륙의 반공 전초기지가 아니라 오히려 미국의 리더십에 의해 활기를 띠게 된 보다 광대한 전선의 일부라고 느끼게 되었다. 반공전선 다시 말해 봉쇄전선을 공고히 함으로써 미국과의 동맹을 한층 강화하기 위해, 그리고 미국이 한국전쟁 동안 겪어야 했던 희생을 보상하기 위해, 한국은 베트남에 군대를 파병하기로 결정했다. 1965년 10월 최초의 한국 군대가 베트남에 도착하였으며, 이후 한국은 미국의 다른 어떤 동맹국보다도 많은 수의 병력을 남베트남으로 파견하게 되어 1968년까지 그 수는 총 5만 명에 달하게 되었다. 파리평화회담이 조인되고 나서 2개월이 흐른 뒤인 1973년 3월까지 한국군은 남베트남에 남아 있었다.

한국의 베트남 파병 결정은 무엇보다도 한국에 대한 미국의 지원을 보다 강화시키고자 하는 열망에서였다. 게다가 한국 정부는 미국의 파병 요구를 거절할 만한 위치에 있지도 않았다. 당시 한국의 하위체제는 세계체제에 의해 중첩되어 있었을 뿐만 아니라, 다른 경우에서였다면 이 두 가지 국제체제가 공존하는 복합체제가 되었을 것이지만 여기서는 세계체제가 압도적 우위를 점하고 있었다. 그것은 서로 일치하는, 다시 말해 조화로운 체제였다. 즉, 세계체제가 하위체제를 거의 완전하게 흡수해버린 것이다. 전 세계적인 냉전의 대결상황에서 세계체제와 한국의 하위체제 간에는 어떠한 정치적 불연속성도 존재하지 않았다. 한국은 미국의 침투체제적 영향으로부터 결코 벗어날 수 없었다. 즉 미국은 한국과의 동맹에서 대등한 동반자 이상이었던 것이다. 그러한 불균등한 쌍무적 동맹의 유일한 정치적 이점은 여러 국가들로 이루어진 동맹의 경우보다 공동의 정책에 대한 합의를 더 용이하게 이룰 수 있다는 점이다. 그러나 실제로는 보다 강력한 동반자의 정책에 더 접근하는, 아니면 심지어 동일한 정책이 사실상 공동의 정책이 되는 경향이 있다. 그럼에도 불구하고, 한국은 베트남전에서 미국의 세계적 봉쇄정책에 적극적으로 참여함으로써 넓게는 미국의 아시아 정책에서 뿐만 아니라 자신의 방위정책에서도 보다 큰 발언권을 획득하고자 기대했다.

베트남전에 참전함으로써 동시에 한국은 상당한 경제적 이익도 동시에 수확할 수 있었다. 1965년부터 1973년까지 한국이 베트남전에 참전한 전 기간을 통해 벌어들인 금액은 미국이 한국군의 부분적인 전용을 보상하기 위해 한국에 대한 직접적인 경제적·군사적 원조를 증가시킨 것을 제외하고도 최소한 10억 달러에 이르는 것으로 집계되었다. 한국 경제발전의 결정적인 단계에서 유용하게 사용되었던 '베트남 특수'는 수출지향적인 한국 경제의 소위 경제적 도약을 위한 거의 필수불가결한 '연료'가 되었다. 게다가 베트남에 대한 한국의 경제적 개입은 이후 여타 다른 국가로의 경제적 진출을 위한 첫 번째 디딤돌이 되었다.

수많은 인적 희생과 소위 미국의 제국주의적 전쟁에 참전했다는 부정적인 국제적 평판에도 불구하고 한국의 기업인들과 건설노동자들이 베트남에서 얻었던 경험과 축적된 지식 그리고 기술은 상당한 것이었다. 또한 여기서 얻었던 경험과 지식 그리고 기술은 석유파동이 수출지향적인 한국의 경제정책과 경제적 삶 자체를 위협했던 1970년대에 한국인들이 중동으로 진출했을 때 매우 귀중하고 유용한 자산이 되어주었다. 특히 1970년대 중동의 산유국들에서 일기 시작한 건설과 개발붐은 한국의 경제적 도약과 지속적인 발전을 위해 신이 내린 기회나 다름없었다.

1960년대에 가장 우선적이었던 국가정책은 군사적, 경제적, 정치적으로 한국을 강화하는 것이었으며 이것은 "선 건설, 후 통일"이라는 정치적 슬로건으로 명백히 표현되었다. 이 기간 동안 북한은 또 다른 한국전쟁으로 확대될 수도 있었던 몇 차례의 위기를 조장함으로써 한국을 실제로 위협하였는데, 이러한 위기들로는 북한 특공대의 한국 대통령 관저 침입 기도, 1968년의 푸에블로 사건, 1969년 4월 미국의 EC-121 정찰기 격추 등이 있었다. 한국이 보복을 강력하게 원했음에도 불구하고, 베트남 전쟁으로 인해 대외적으로 뿐만 아니라 국내적으로도 심각한 어려움을 겪고 있던 미국 정부는 아시아에서의 새로운 전선에 직면하기를 원하지 않았고, 결국 이들 위기는 진정되었다.

아이러니컬하게도 핵에 기초한 냉전의 양극체제는 1960년대 후반 한반도의 위기들이 발생한 기간 동안에 위기상황을 완화하는 효과를 가져왔다. 게다가 한국은 1969년 6월 미국이 괌 독트린(닉슨 독트린)을 발표했을 때, 그리고 1971년 새로운 독트린의 결과로 닉슨 행정부가 한국으로부터 보병 2개 사단의 철수를 속행했을 때 미국에 대해 대단한 실망감을 갖게 되었던 것이다.

## Ⅲ. 미국 밴드웨곤의 권태감과 한국의 자립훈련

1971년 7월 9일 헨리 키신저(Henry A. Kissinger)가 비밀리에 베이징으로 날아갔다. 그리고 엿새가 지난 후, 닉슨 대통령은 자신이 미중 양국 간의 관계 정상화를 모색하기 위해 중국을 몸소 방문하겠다고 발표함으로써 전 세계에 놀라운 충격을 주었다. 바야흐로 전 세계가 공산 중국과 미국 사이에 발생한 '외교적 혁명'을 통해 새로운 변화의 과정으로 접어들었고, 한국은 이에 그저 수수방관만 할 수는 없었다. 닉슨의 발표가 있은 이후 즉각적으로, 한국은 북한에 대한 협상을 통해 인도주의적 차원에서 일천만에 이르는 이산가족들의 상봉을 위한 남북적십자회담을 제안했다. 북한은 이에 호의적인 반응을 보였고,

1971년 8월 20일 회담이 시작되었다.

그러나 남북한 간의 화해의 정신은 아무런 결실을 맺지 못했다. 왜냐하면 북한은 한국으로부터 미군이 일방적으로 철수하여야 한다는 공세적인 주장을 되풀이했기 때문이었다. 1971년 10월 25일 유엔에서 대만 국민당 정부가 축출당하고 안전보장이사회의 의석이 중국 본토의 공산정권으로 넘어가게 되었을 때, 미국은 이를 방비하기 위한 의례적인 외교적 영향력의 행사를 자제하였다. 결국 공산 중국이 유엔 안보리의 상임이사국이 되었으며, 북한은 이에 상당히 고무되었다. 이처럼 변화하는 국제 현실에 대응하기 위해 1973년 한국의 박정희 대통령은 '6·23 선언'으로 일컬어지는 '한반도 평화통일 외교정책에 관한 특별성명'을 발표했다. 6·23 선언은 북한이 유엔을 비롯한 국제기구에 한국과 나란히 참여하고자 할 때 한국은 이에 반대하지 않을 것이며, 또한 한국은 정치적 이데올로기에 상관없이 호혜성과 평등의 원칙에 근거하여 전 세계 모든 국가들에게 그 문호를 개방할 것이라고 밝혔다.

이 같은 새로운 외교정책적 방향은 북한을 비롯한 공산권 국가들에 대해 한국이 그동안 유지해 왔던 기본적인 정책으로부터의 코페르니쿠스적 전환을 의미했다. 즉, 한국은 자신이 한반도의 유일한 합법 정부라는 성상을 묻어 버리겠다는 의지를 표명하였던 것이다. 그러나 북한은 이것이 결과적으로 두 개의 한국을 추구하는 정책이며, 따라서 민족분단을 고착화시킨다고 주장하면서 한국의 제안을 거절했다. 이에 대한 북한의 역제안은 한민족이 궁극적으로 통일되기 이전까지의 과도기 동안 '고려 연방국'이라는 이름으로 유엔에 단일 의석으로 가입하자는 것이었다. 남북한은 서로 치열한 득표경쟁을 벌였으며, 이러한 경쟁의 결과 1975년 가을 유엔총회는 서로 상충하는 두 결의안의 초안을 이례적으로 모두 승인하게 되었다. 이에 한국은 한국문제를 탈유엔화하기로 결정했으며, 이후 1991년까지 한국문제는 유엔총회의 의제로 다시는 상정되지 않았다. 거의 30여 년 동안 대부분의 유엔 회원국들에게 일종의 '뜨거운 감자'였던 한국문제가 마침내 탈유엔화되었던 것이다. 1976년 말까지 한국문제는 유엔에서 양극적인 냉전의 제로섬 게임으로서 다루어졌다. 이것은 남북한 모두 결국엔 인정하였듯이 한반도 문제가 최종적으로 해결될 때까지는 어쩔 수 없는 일이었다.

그러나 곧 한국의 외교정책은 미국이라는 밴드웨건이 전혀 예기치 못한 방향으로 움직이면서 어려움에 직면하게 되었다. 1977년 초 취임한 미국의 카터 대통령은 한국의 군사력이 미 지상군의 도움 없이도 충분한 방어력을 행사할 수 있다는 전제에 근거하여, 4~5년 내 한국으로부터 모든 지상군을 철수시키겠다는 대통령 선거전 당시의 공약을 재천명했다. 하지만 1977년 중반까지 미국의 이 같은 입장은 다소 완화되었다. 미군의 철수는 오히려 한반도 불안정화라는 효과만 초래하게 될 것이며, 어쩌면 1950년에도 그랬던 것처럼 북한의 오판과 남침을 조장하게 될 수도 있다는 강력한 반대의견들이 광범위하게 확산되었기 때문이었다. 또한 주한미군의 철수 결정은 일방적으로 시행되어서는 안 되는 문제이며, 중국과 소련의 대북지원 문제와 관련시켜 중소와의 협상에 연계되어야 할 문제라는 주장 역시 미국 외교정책집단 내에서 제기되었다. 비록 미국 지상군의 군사적 중요성이 예전에 비해 감소되기는 했지만, 미군의 한국 주둔은 여전히 상징적으로나 심리적으로 중요하게 인식되고 있었다. 미국 의회에서도 허버트 험프리(Hubert Humphery) 상원의원과 존 글렌(John Glenn) 상원의원을 중심으로 강력한 반대가 제기되었다. 1979년 1월 미국이 새로운 정보에 근거하여 내린 평가에 의하면 남북한 간의 불균형은 심지어 험프리와 글렌이 우려했던 것보다도 훨씬 더 크다는 것이었다. 1979년 7월 대통령의 국가안보담당 보좌관이었던 브레진스키(Zbigniew Brzezinski)는 드디어 한국으로부터의 병력 철수 계획이 보류되었다고 발표하였다.

간략히 말해, 1970년대는 한국과 미국 간의 관계에 어두운 그림자가 드리운 시기였다. 즉 미국의 밴드웨건이 한국에 대한 권태감을 내보인 시기였던 것이다. 또한 이 시기는 한국이 미군 철수라는 이슈를 통해서뿐만 아니라 워싱턴에서의 로비 스캔들과 한국의 인권문제와 같은 양국 간의 미묘한 또다른 이슈들을 통해 일종의 자립훈련을 시작했던 때이기도 했다. 하지만 미국의 밴드웨건은 곧 원래의 궤도를 다시 회복하게 되었다.

1981년 1월에 취임한 레이건 대통령이 그 해 11월 서울을 방문하였다. 이로써 미국의 대한 안보공약은 정상상태로 회복된 듯 보이게 되었으며, 또 미국이 적어도 공식적으로는 한국의 인권문제를 더 이상 강조하지 않기로 함에 따라, 그리고 양국 공동의 반공정책을 재차 강조함에 따라 오히려 명백히 향상되었다. 레이건 대통령이 소련을 "악의 제국"이라고 지칭했던 데서 드러났듯이 그는 적어도 수사학적 측면에서는 냉전의 전사였다. 반공주의와 한국과 같은 반공국가에 대한 그의 강력한 지지는 명백했다. 그렇지만 결정의 순간이 다가왔을 때, 즉 1983년 9월 소련 공군이 대한항공 007기를 격추시켰을 때나 바로 한 달 뒤인 10월 북한이 랑군(현재의 양곤)에서 테러를 감행했을 때(이때 북한 공작원들은 한국 내각의 주요 인물들을 몇몇 살해했으며 한국의 전두환 대통령을 암살하는 데 거의 성공할 뻔했다), 자신의 격렬한 수사(修辭)에도 불구하고 레이건이 내릴 수 있었던 결정은 전임자들의 결정과 별반 다른 것이 아니었다.

1986년 후반기부터 한국정부는 곧 개최하게 될 1988년 서울 올림픽에 극도의 주의를 기울이기 시작했다. 따라서 올림픽에 앞서 한반도의 정치적·군사적 긴장을 감소시키기 위한 방안으로 한국군과 미군 간에 매년 봄 시행되던 팀 스피리트 합동 군사훈련의 규모를 축소시키거나 심지어 시행을 보류시켜야 한다는 의견이 대두되기 시작했다. 그러나

1987년 11월 버마 상공에서 북한 공작원이 한국 여객기를 폭파시킴으로써 한미 양국 정부는 합동 군사훈련을 애초 계획대로 1988년 3월과 4월에 시행해야 한다고 확신하게 되었다. 미국정부는 특히 대테러 작전과 관련하여 올림픽이 개최될 때까지 안보와 감시를 위한 협조를 한층 더 강화할 것이며, 만일 한국이 북한의 파괴적 행동에 직면한다면 일본기지에 주둔하고 있는 보다 대규모의 미군을 한국에 파병시킬 비상대책 또한 마련하고 있다고 명확히 확인해 주었다. 다행히 서울 올림픽은 북한의 어떠한 방해공작도 없이 성공적으로 개최되었다. 소련과 중국이 모두 서울 올림픽에 참여하고 있다는 사실을 고려한 북한은 어떤 짓도 할 수 없었던 것이다. 이후에 밝혀진 바에 따르면, 슐츠(George Schultz) 미 국무장관은 서울 올림픽 동안 발생할지도 모르는 북한의 테러행위에 대해 심히 염려했었고, 레이건 대통령은 소련의 셰바르드나제 외무장관에게 "올림픽 동안 북한이 테러를 감행할 가능성에 대해 어떻게 생각하시오?"라는 직접적인 질문까지 던졌으며, 이에 셰바르드나제는, "우리가 경기에 참석하기 위해 서울에 있을 터인데 무슨 걱정입니까? 어떠한 테러행위도 없을 것입니다"라고 대답했다 한다. 그리고 실제로 어떠한 테러행위도 발생하지 않았다.

1988년 7월 7일 올림픽이 개최되기 전, 그 해 2월에 취임한 한국의 신임 노태우 대통령은 한국이 기존의 남북한 간 대결과 경쟁적 관계를 청산할 용의가 있다고 천명하였다. 그는 또한 한국의 동맹국들과 북한이 교역을 하거나 여타 다른 접촉을 갖는다 해도 이에 더 이상 반대하지 않을 것임을 발표했다. 그는 계속해서 무역, 경제협력, 문화교류 등과 같은 비정치적인 교류를 우선적으로 확대함으로써 중국과 소련 및 다른 동유럽 국가들과도 관계를 개선시킬 뜻이 있음을 표명하였다. 이 새로운 정책은 '북방정책'이라고 일컬어졌지만, 그것은 또한 한국이 한반도의 유일한 합법 정부라는 성상을 포기하고서 정치적인 이데올로기에 상관없이 모든 국가들에 대해 문호를 개방했던 1973년 6·23선언의 논리적 연장이기도 했다.

서울 올림픽은 한국의 경제적 성장과 활력 그리고 문화적 발전을 올림픽에 참가한 사회주의국가들을 포함하여 전 세계에 과시할 수 있는 절호의 기회를 제공해 주었다. 서울 올림픽으로 인해 참가자들과 참관인들은 한국에 대한 큰 호감을 갖게 되었다. 1988년 올림픽의 후광 속에 대부분의 유엔 회원국들 사이에는 한국도 유엔에 가입할 수 있어야 한다는 합의가 확대되었다. 당시 한국이 4천 2백만의 인구를 보유하고 또 세계 15위의 국민총생산을 자랑하고 있던 국가라는 사실을 고려할 때 이러한 정서는 자연스러운 것이었다.

결과적으로 한국의 정력적인 북방정책 추진은 상당한 결실을 보기 시작했다. 성공적인 서울 올림픽의 후광 속에 북방정책을 강력히 시행함으로써 얻을 수 있었던 첫 번째 외교적 성과는 1989년 2월 10일 수립된 헝가리와의 공식적인 외교관계였다. 거의 모든 동유럽 국가들이 헝가리의 뒤를 이어 한국과 공식적인 관계를 열었다. 폴란드는 1989년 11월 11일, 구유고슬라비아는 1989년 12월 27일, 체코슬로바키아는 1990년 3월 22일, 불가리아는 1990년 3월 23일, 몽골리아는 1990년 3월 26일, 그리고 루마니아가 1990년 3월 30일 한국과의 공식적인 관계 수립에 동의했다. 다른 사회주의 국가들과의 공식적 관계가 사실상 유럽에서 공산주의가 몰락한 이후에 이루어졌다는 것과 달리, 헝가리와의 외교관계는 동유럽에서 혁명이 발생하기 이전에 이루어졌다는 의미에서 한국 외교정책의 괄목할 만한 약진이었다. 결국 1990년 9월 30일 한국은 소련과 외교관계를 수립하는 데에도 성공을 거두었다.

이와는 대조적으로, 중국과의 외교관계 정상화를 위한 길은 한국 기업들이 1970년대 말부터 홍콩을 통한 중국과의 간접교역에 참여해 왔음에도 불구하고 오히려 지지부진했다. 그런데 1983년 5월 일단의 중국청년들에 의해 공중납치된 중국 항공기가 춘천 비행장에 강제로 착륙하게 되면서, 서울-베이징 간의 관계에 있어 최초의 예기치 못했던 돌파구가 마련되었다. 이 사건으로 인해 양국 간에 최초로 정부수준의 협상이 성사되었으며, 납치된 항공기와 승무원 그리고 탑승자들의 송환에 관한 공식적인 합의가 이루어졌다. 이 일이 있은 후부터 양국 간의 빈번한 스포츠 교류가 오히려 일상화되었다. 중국은 사상 최대 규모의 선수단을 1986년 서울 아시안 게임에 파견했으며, 또다시 제24회 서울 올림픽에도 참가했다. 한국 또한 1990년 베이징에서 개최된 아시안 게임에 선수단을 파견했다. 그러나 정치적 관계에 있어서의 진전은 중국이 북한과의 기존 유대를 손상시키지 않기 위해 갖은 애를 쓰고 있었으므로 그다지 쉽게 이루어지지 않았다.

다행히도 서울과 베이징 간의 점증하는 경제적 관계 덕분에 궁극적으로 정치적 관계로의 길도 트이게 되었다. 1991년 중국은 한국에 대해 4번째 규모의 교역대상국이 되었으며, 한국 또한 중국에 대해 7번째 규모의 교역대상국이 되었다. 1991년 10월 유엔총회에서 최초로 회합을 가진 후 양국 외무장관들 간에는 빈번한 접촉이 이루어졌고, 이것은 1992년 8월 24일 양국 간의 관계정상화로 최종적인 결실을 보게 되었다.

중국과의 국교 정상화는 한국이 실제로 1973년 이래 추구해왔던 북방정책의 절정이었다. 한국이 유엔 회원국이 되고자 노력하면서 겪었던 시지프스적 좌절과, 냉전이 종식될 때까지 존재했던 소비에트 블록과 중국 그리고 한국 사이의 오랜 적대감을 상기해 볼 때, 1991년 9월 17일 한국이 유엔 회원국 자격을 획득하고 1992년 북방정책을 성공적으로 끝맺음할 수 있었던 것은 결코 사소한 성과로 치부될 성질의 것이 아니다. 이러한 성과는 한국 외교정책이 드디어 성숙하였음을 전 세계에 증명하는 것이었다. 하지만 그렇다고 해서 한국 외교정책이 미국의 밴드웨건으로부터 내려와 스스로 두 발로 서게 되리라고 증명하는 것까지는 아니었다. 그럼에도 불구하고, 반세기 동안이나 지속된 냉전이 종식되고 양극적 국제체제가 역사적인 변화를 맞이하게 되면서 한국은 전례 없이 자유롭게 자신의 외교정책을 추구할 수 있는 진실로 새로운 기회를 지닌 채 탈냉전 국제정치의 바다로 뛰어들게 되었다.

## Ⅳ. 한국 외교정책의 특성: 편승

국제관계이론의 용어로, 편승(bandwagoning)은 한 국가가 중대한 외적 위협에 직면했을 때 그 위험의 근원이 되는 세력과 제휴하는 것을 말한다. 이러한 의미에서 편승은 불평등한 교환을 수반하는데, 즉 취약한 국가는 우세한 국가에게 불균등한 양보를 하고 복종적인 역할을 수용하는 것이다. 바꾸어 말하면, 편승은 우월한 강대국의 압력에 대해 굴복하거나 적응하는 것을 의미하며 심지어 부당한 조치들까지 수용함을 의미한다. 그러나 이처럼 위협에 대해 굴복하는 것이 편승이라는 개념은 지나치게 협소하게 정의된 것이다. 랜덜 슈웰러(Randall Schweller)에게 있어서 편승의 목적은 '자기확장'이다. 즉 갈망하던 가치를 획득하는 것이다. 다르게 말해 편승은 이익을 위한 기회에 의해 이루어지는 것이다. 데보라 웰취 라슨(Deborah Welch Larson)의 주장에 의하면, 편승이란 외부의 위기를 종식시키고, 국내 라이벌들을 약화시키며, 또한 경제적 원조와 '강대국의 승리에 참여함으로써 얻게 되는 무적의 기운'을 제공함으로써 약소국이 권위를 유지하는 데 도움을 줄 수 있기 때문에 채택된다. 대부분의 상황에서 균형화가 편승보다 훨씬 더 일반적이라는 월츠나 월트의 주장과는 달리, 그리고 편승은 '드문 현상'이며 역사적으로도 편승은 규칙이라기보다는 예외였다는 반 이베라(Van Evera)의 주장에도 불구하고, 로버트 카우프만(Robert G. Kaufman)을 비롯한 다른 비판가들은 편승의 수많은 역사적 사례들을 지적하면서 오히려 균형화가 규칙이 아니라 예외였다고 주장한다. 게다가 폴 슈뢰더(Paul Schroeder)는 역사적으로 특히 약소국들에 있어서는 균형화보다 편승이 더 일반적인 현상이었다고 주장한다.

약소국들 간에는 두 가지 종류의 편승이 존재한다. 하나는 현상타파적 국가들에 의한 편승이고 다른 하나는 현상유지적 국가들에 의한 편승이다. 슈웰러의 은유에 따르면, 현상타파적 국가들은 그들의 목적이 이익이라는 점에서 자칼처럼 편승한다. 자칼들은 종종 늑대(현상타파적 지도자)의 뒤를 쫓아다니는 모습으로 발견되곤 하지만, 또한 승리를 목전에 둔 사자(현상유지적 지도자)의 뒤도 쫓아다닐 것이다. 그리고 자칼 국가들은 자신들의 소유물을 방어하기 위해 높은 비용을 지불할 것이며 자신들의 가치를 확대하기 위해서는 심지어 더 많은 비용도 지불할 것이다. 다른 한편으로 어린 양에 비유되는 국가들은 자신들의 가치를 보호하거나 확대하기 위해 오직 낮은 비용만을 지불할 것이다. 약탈자와 먹이의 세계에서 이런 국가들은 먹이가 될 뿐이다. 어린 양들은 상대적으로 적은 능력만을 보유하고 있다는 점에서 약소국들이다. 어린 양들은 월트의 '위협균형(balance of threat)' 이론이 함축하는 바처럼 위협을 다른 곳으로 돌리고 완화시키기 위해서 종종 편승한다. 그러나 어떤 국가들은 보다 억압적인 위험들로부터 보호받기 위해 보다 강한 편과 동맹을 맺기도 하고 또는 '미래의 물결'이나 '도미노 편승'에 가담하기도 한다. 이러한 의미에서, 항상 강대국들의 위협에 대한 약소국들의 소심한 대응으로서 편승이 이루어지는 것은 아니다. 실제로 편승은 종종 자발적으로 선택된다.

한국의 편승이 갖는 특성은 역사를 통해서 볼 때 '양'의 경우였다. 전 냉전기간 동안 한국의 외교정책은 미국의 밴드웨건에 오르는 것 외에는 어떤 대안도 갖지 못했다. 정글의 사자처럼 미국은 자신이 소유하고 있는 것을 보호하기 위해, 그리고 국제체제를 관리하기 위해 막대한 비용을 지불했다. 미국은 현상유지가 가장 구미에 맞는다는 것을 깨닫고 있었다. 현존 질서의 주된 창시자이면서 또한 현상유지의 주된 수혜자이기도 했던 미국은 제2차 세계대전이 끝난 이후부터, 특히 한국전쟁의 종전 이후부터 이 질서를 보존하는 데 기득권을 가지고 있었다. 사자가 늑대를 위협하는 것처럼, 현상유지적 초강대국으로서 미국은 강력한 현상타파적 국가들이 침략을 감행하지 못하도록 억제해야만 했으며, 만약 억제가 실패할 경우 그들을 패퇴시키기 위해 정면으로 맞서 싸워야만 했다. 미국은 이러한 책무들을 어떤 이익을 바라서나 또는 이타주의적 이유에서 수용한 것이 아니라, 자기보존을 위해 그리고 세계체제에서의 자신의 상대적 지위와 위신을 유지하기 위해 수락하였다.

미국의 보호와 원조를 받으며 한국은 스스로를 일종의 '국제적인 거지'에서 1994년에만도 약 4천만 달러의 대외 경제원조를 제공했던 '베푸는 나라'로 변모시킬 수 있었다. 이 사실 하나만으로도 한국의 대미 편승은 1948년 건국 이래 한국 외교에 있어 성공적인 적응이었음이 입증되었다. 외교정책에서의 편승이 한국의 외교정책적 행태에서만 독특하게 나타난 것은 아니었지만, 한국 외교정책의 특성이었던 점만은 분명했다. 기나긴 냉전기간의 양극적 국제체제 속에서 행동을 제약하고 또 형성했던 사회화 과정을 통해 한국은 밴드웨건에 올라타고 만족해하고 있었다. 한국의 외교정책에 가해진 체제적 제약은 무시하기에는 너무도 무겁고 너무도 현실적인 것이었다. 그러나 냉전기간 동안 어느 정도 자유를 박탈당했던 것은 약소국들뿐만 아니라 초강대국들에게도 사실이었다. 왜냐하면 그 시기 동안의 세계체제는 마치 '긴 사슬에 일렬로 묶인 죄수들'과도 같았기 때문이었다. 어떤 죄수들은 작았고, 두 명은 장대했으며, 그중 몇몇은 폭발물을 다루고 있었다. 누군가 만약 대열에서 벗어나고자 시도했었다면 그는 자신의 발목을 잘랐어야 했을 것이며, 또한 동료 죄수들을 대열에서 밀어내려 했다면 자신과 다른 죄수들을 모두 폭파시켜버릴 수도 있는 위험을 감수해야 했을 것이다. 그러므로 체중과 근육 그리고 주먹 크기의 불평등에도 불구하고, 또 살인적인 증오와 질투심 그리고 불만에도 불구하고, 그들 모두는 살아 있으나 무기력한 채 서로서로 결박당해 있었던 것이다.

그러나 비록 의도한 바는 아니었지만 긍정적인 효과 또한 있었다. 전 세계적인 냉전체제의 양극 구조는 살아남기 위한 세련된 리더십을 필요로 하지 않았던 단순한 것이었다. 전 세계적 양극체제는 지도자들의 개성과는 상관없이 두 초강대국들에게 신중함과 절제의 분별력을 주입시켰으며 무책임하게 행동하지 못하도록 했다. 왜냐하면 도저히 회피할 수 없을 만큼 커다란 이해관계가 두 초강대국들에게 걸려 있었기 때문이었다. 케네스 월츠가 주목했던 것처럼, 양극적 세계의 압력으로 인해 미국과 소련의 지도자들은 그들의 성격이 이끄는 대로 행동하지 못하고 국제적으로 오히려 더 나은 방식으로 행동하게끔 강력히 진작되었던 것이다. 긴 평화는 20세기 후반의 인류에게 의도되지 않았던 결과였을 수도 있지만, 그러나 냉전의 종식과 더불어, 후쿠야마(Francis Fukuyama)의 잘 알려진 용어를 빌리자면 “역사의 종말”과 더불어, 구조적인 안정성의 요소는 사라져 버렸다.

## V. 탈냉전의 세계와 한국의 외교정책: 쿼바디스(Quo Vadis)?

냉전이 종식되었음에도 불구하고, 아니 어쩌면 냉전이 종식되었기 때문에, 한국은 핵무기를 보유함으로써 자신의 감소된 정치적·경제적 지위를 보상하려고 시도하는 북한에 의해 새로운 위기상황을 맞이하게 되었다. 1985년 북한이 핵확산방지협정에 마지못해 서명하기는 했지만, 협정 조항들의 준수 여부를 검증하기 위해 현지사찰의 수용을 요구하는 국제원자력기구(IAEA)와의 후속협정에는 서명을 거부했다. 협정을 지연시키고 취소하기를 수차례 반복한 끝에, 1994년 봄 북한이 영변을 포함한 특정 지역에 대한 사찰을 거부함으로써 결국 국제원자력 기구는 북한의 '의무 불이행'을 선언하게 되었다. 그 결과 미국은 유엔에게 북한에 대한 경제제재를 요구했다. 1994년 7월 김일성이 갑작스럽게 사망한 후, 북한은 마침내 핵무기 개발계획을 동결하고, 단계적으로 기존 핵시설을 해체시킬 것이며, 의심이 제기되는 두 지역에 대한 국제사찰의 허용을 동의해 주었다. 그에 대한 대가로, 미국 역시 양국 간의 궁극적인 관계정상화를 위한 필요한 전주곡이라고 할 연락사무소를 평양에 설치하고, 북한이 핵발전소를 폐쇄함으로써 포기하기로 동의한 전력생산을 보상해주기 위해 공장과 가정에서 쓰일 석유를 공급하기로 했다. 그리고 한국과 일본이 주도하는 국제 차관단은 북한의 장기적인 에너지 수요를 충족시키기 위한 2기의 경수로 건설에 자금을 지원하기로 하였다.

영변에 위치한 핵폐기물 저장소에 대한 국제적 접근을 논의하는 와중에, 북한이 중거리 탄도 미사일 발사실험을 실시했다는 보도가 나왔다. 이러한 보도는 만일 북한이 핵무기를 생산할 수 있게 된다면 그 운반체제 역시 구비하게 되리라는 섬뜩한 전망을 한국과 일본에게 심어줌으로써 북한의 입지를 강화시켰고, 그리하여 전 아시아-태평양 지역에서의 미국의 전략적 이익에 악몽과 같은 위협을 제기하게 되었다. 이러한 상황에서 1996년 미국과 북한은 베를린에서 미사일 확산에 대한 첫 번째 회담을 개최하였다. 하지만 이전에 있었던 핵문제에 대한 회담을 고려해 볼 때, 이 회담에서 바로 긍정적인 결과를 기대한다는 것은 시기상조였으며 또한 지나친 낙관론이기도 했다. 여기서 만약 한국과 미국 간의 불균등한 파트너십에 대해 어떤 합리적이고 현실적인 평가가 이루어져야 한다면, 핵과 미사일 회담 등을 통해 한국이 수행해 왔던 역할을 상기해 볼 필요가 있다. 한국은 미국과의 긴밀한 협의를 수행할 수 있도록 허용되었을 때 운전석에 앉아 있었던 것이 아니라 뒷좌석에 앉아 있었다. 제네바 합의에서 예시되었던 것처럼 미국은 이제 북한에 대한 회유적인 접근법을 채택하였는데, 즉 한국의 직접적인 참여 없이 북한에 대해 소극적 안전보장을 제공하고, 경제제재를 완화시키며, 정부 간 협상에 북한을 적극적으로 참여시키기로 했던 것이다. 1996년 4월 16일 제주 정상회담에서 한국과 미국에 의해 공동으로 제안된 4자 평화회담안을 보면 한국이 미국, 북한 그리고 중국과 더불어 동등한 협상자로 취급되고 있는 듯하다. 그러나 만약 과거의 경험이 미래에 대한 어떤 함의를 갖는다면, 동등한 협상, 즉 네 당사국 각각의 동등한 역할은 기대되기 어려울 것이다. 비록 미국과 한국의 지적 능력은 동등하다 할지라도, 심지어 탈냉전의 세계에서도 한편으로는 북한 그리고 다른 한편으로는 한국과 미국 사이에 존재하는 불균등한 민감성과 취약성 때문에, 한국과 미국의 근력까지 같다고 말할 수는 없다. 그렇다면 만약 미국의 밴드웨건이 북한과의 직접협상에서 마치 '이아고'처럼 행동한다면 한국은 어떻게 해야 할 것인가? 이미 새로운 세계로 들어선 한국은 이제 교차로로 접근하고 있는 중이다.

냉전의 종식으로 인해 미국은 역사적으로 그 유례를 찾아볼 수 없을 만큼의 월등한 권력과 위신을 갖게 되었다. 과거 미국의 옹호자들보다는 비판자들에 의해 더 자주 언급되었던 '팍스 아메리카나'라는 개념이 현실이 되어버렸다. 그러나 미국은 세계 공동체의 '철인왕'이 아닐 뿐더러 탈냉전 세계의 '리바이어던'도 아니다. 탈냉전 세계체제의 본질에 대한 대논쟁에도 불구하고, 아니 오히려 이에 대한 끝없는 논쟁 때문에, 우리의 수정구슬은 새로운 세계체제의 참된 본질을 보여줄 수 있을 만큼 투명하지 못하다. 뿐만 아니라 현재 동아시아에서는 지금도 여전히 붕괴하고 있는 과거의 초강대국이 하나 자리하고 있고, 미래의 초강대국 하나가 급속히 성장하고 있으며, 미래의 자신의 정체성에 대해 확신을 가지고 있지 못한 또 하나의 잠재적인 초강대국이 자리잡고 있다.

동북아에 하나의 세력균형이 존재하고 있다면, 그것은 엄청난 내적 역동성을 가진 것이다. 오늘날 동아시아의 변화는 가히 혁명적이다. 그러나 여기서 한 가지 명확한 사실이 있는데, 즉 냉전의 종식에 잇따라 발생한 엄청난 변화는 양극체제에 결박되어 있던 죄수들을 해방시켜 버렸으며 우리를 새로운 혼돈의 세계로 인도해 버렸다는 것이다. 뿐만 아니라, 소위 '연성 권력(soft power)'의 역할이 점증함에 따라 우리는 미국 헤게모니의 헤라클레스적인 힘이 지배하던 단극체제로부터 새로운 다극적 국제체제로 접어들게 되었다. 바꾸어 말하면 우리는 다극적 세계로 향해 나아가고 있는 중이다. 오늘날의 국제체제에 존재하는 불균등한 힘의 분배 때문에, 이러한 새로운 다극적 국제체제는 엄밀히 말해 19세기 유럽의 고전적 다극체제와 동일한 것이 아니다. 그렇지만 다극체제의 이념형에서 작동하는 논리는 어쩌면 우리에게 오늘날의 복잡다단한 국제체제가 지닌 의미와 교훈에 대해 많은 것을 시사해 줄 수 있을 것이다. 다극적 국제체제에서 주요 강대국들은 세계국가의 출현을 저지하기 위해 어떤 규칙들을 적용해야만 한다. 동맹과 반목은 힘의 관계에 의해 결정되는 것이므로 본질적으로 일시적일 뿐이다. 이와 같은 이유에서 그 힘이 증가하고 있는 국가는 몇몇 동맹국들의 이의에 대처해야만 한다. 그들은 균형을 유지하기 위해 필연적으로 다른 강대국의 편에 합류할 것이기 때문이다. 그러한 자위적 반작용에 대처하면서, 점증하는 힘을 가진 국가는 만약 자신이 패권이나 제국을 추구하지 않는다면 스스로의 야망을 제한하는 지혜를 발휘해야 한다. 만일 패권을 열망한다면, 그 국가는 체제 내의 혼란유발 세력으로서 모든 보수적인 국가들의 적의에 직면할 채비를 갖추어야만 한다.

40년 전, 모톤 캐플란(Morton A. Kaplan)은 6가지의 규칙을 공식화하였는데, 그는 이 규칙들을 세력균형체제, 즉 다극적 국제체제가 성공적으로 작동하기 위한 필요충분조건이라고 간주했다. 그의 규칙들은 다음과 같이 제시될 수 있다. (1) 각 행위자는 자신의 힘을 증대시킬 수 있는 방식으로 행동해야 하지만, 무력충돌보다는 협상을 선호해야 한다. (2) 각 행위자는 자신의 힘을 증대시킬 수 있는 기회를 상실하기보다는 차라리 싸움을 선택해야 한다. (3) 각 행위자는 어떤 주요한 국가 행위자를 완전히 제거하기보다는 싸움을 중지해야 한다. (4) 각 행위자는 어떤 행위자들의 연합이나 개별 행위자가 체제의 다른 구성원들에 비해 지배적인 위치를 차지하려고 한다면 이에 대항해야 한다. (5) 각 행위자는 초국가적인 조직원칙에 찬동하는 행위자들을 억제해야 한다. (6) 각 행위자는 국가 행위자들이 패배를 당했든 또는 억제를 당했든 간에, 그들이 다시금 용인할 만한 동반자로서 체제에 복귀하는 것을 허용해야 하고, 아니면 이전에는 중요하지 않았던 행위자를 중요한 범주군에 포함시켜 주어야 한다. 또 모든 중요한 행위자들은 용인할 만한 동반자로서 취급되어야 한다.

이들 6가지 규칙 중에서 네 번째 규칙이 즉각적으로 우리의 주목을 끄는데, 그것은 모든 국제체제에 타당한 원리이자 이미 18세기에 데이비드 흄(David Hume)이 정의했던 것이다. 엄격히 말해, 그 밖의 다른 규칙들은 문자 그대로 해석되어 오늘날에 그대로 적용하기 어려운 것들이다. 게다가 이들 각각의 규칙들은 국제체제에서 균형을 안전하게 유지하는 것이 국가들의 유일한 목적이거나 혹은 적어도 지배적인 관심사라는 묵시적인 전제를 담고 있다. 그러나 순수한 균형을 추구하는 외교는 감정을 경시하고 또 경시해야만 하는 것이다. 즉, 친구도 없고 적도 없으며, 또 적을 친구보다 나쁘다고 간주하지도 않을 뿐더러, 전쟁 그 자체를 비난하지도 않는다.

더군다나 다른 국가들을 향한 국가들의 행동이 단지 힘의 관계에 입각해서만 좌우되는 것도 아니다. 즉, 이념이나 감정 또한 행위자들의 결정에 영향을 미친다. 동질적 체제는 상당한 안정성을 제공하는데, 왜냐하면 권력 보유자들이 서로 상충하는 국가이익에도 불구하고 그들을 결속시키는 이념적 이익에 대해 인식하고 있기 때문이다. 이질적 체제는 그 반대이다. 적국은 동시에 국내적 갈등의 정치적 적대자로서 등장하게 되며, 여기서의 패배는 단순히 그 국가의 이익뿐만 아니라 권력 보유자들의 이익에도 영향을 미친다. 내정을 둘러싼 갈등과 국가 간 갈등의 교차는 체제의 불안정성을 더욱 악화시킨다. 국가들이 하나의 강대국 또는 다른 강대국들에 대해 갖고 있는 연대는 국내적 경쟁의 결과로 위태롭게 된다. 정당 간의 투쟁은 객관적 견지에서 국가들 간에 발생하는 갈등 사이의 에피소드가 된다. 적개심이 분출되면 타협을 통한 평화는 어려워질 수밖에 없고, 따라서 적국 정부를 전복시키는 것이 필연적으로 전쟁의 목적 중 하나가 되는 것이다. 그러므로 이질적 체제는 일종의 혁명적 체제이다. 이질적인 이데올로기는 인식에 있어 왜곡의 가능성을 급격히 증대시킴으로써 국제적 안정성을 약화시키는 경향이 있다. 그리고 혁명적 국가에서 반체제적인 외교정책이 출현하게 되는 것은 그 국가의 혁명적인 국내적 조건과 그 국가가 처한 국제적 곤경 간의 상관관계 때문이다. 19세기의 거대한 다극체제는 주로 그 체제의 복잡성 때문에 붕괴했다. 그 체제는 그들 모두를 서로 붙들어 놓을 수 있는 메테르니히나 비스마르크와 같은 인물을 필요로 했었다. 그러나 그들과 같은 역량을 가진 정치가들이 더 이상 출현하지 않게 되자 그 체제는 무너져 버렸던 것이다.

바꾸어 말해, 위대한 정치적 수완의 존재가 다극적 국제체제의 유지에 필수적이라는 것이다. 이와 같은 고도로 세련된 정치적 수완이 존재하지 않는다면, 가장 매력적인 정책적 선택은 국제체제에 있어 다극성의 병리적 현상인 '책임전가'이다. 점증하는 위협에 직면하여 어떤 국가들은 다른 국가들의 균형을 위한 노력에 무임승차를 시도한다. 바로 이 때문에 적시에 균형을 잡기 위한 연합을 형성하려는 시도는 실패하기 쉽다. 불필요한 비용의 부담을 회피해 보려고 또는 다른 국가들의 상호 유혈로부터 거리를 유지함으로써 자국의 상대적 지위가 강화되기를 기대하기 때문만이 아니라, '누가 누구에게 위험이 되는가' 그리고 '누가 이러한 위협과 문제점들을 처리해 나갈 것으로 기대되는가'와 같은 이슈들을 둘러싼 불확실성 때문에 국가들은 무임승차를 하려 드는 것이다.

오늘날 등장하고 있는 다극체제와 그 지속적인 이질성, 그리고 부담을 분담하자는 슬로건 하에 자신의 부담을 여기저기 전가하고 있는 미국의 점증적 추세를 고려할 때, 세계는 새로운 무질서 혹은 무정부상태로 접어들고 있는 것처럼 보인다. 한국 외교정책의 단순했던 배경은 냉전의 종식과 함께 사라져 버리고, '새우'가 과거에 겪었던 어려움들이 다시 돌아오고 있다. 한국인들은 단순히 미국의 밴드웨건에 올라앉기만 함으로써 얻을 수 있었던 안전함과 편안함을 더 이상 느낄 수 없게 되었다. 한국이 조만간 미국의 밴드웨건에서 내려야만 할 때가 다가오고 있는 것이다. 미국의 밴드웨건은 싸워야 할 적을 상실한 이후 새로운 세계에서 방향을 상실하고 있는 것처럼 보인다. 미국은 달성해야 할 사명을 상실한 고독한 초강대국이 된 것이다. 이제 한국인들은 미국의 밴드웨건이 멈추어 섰을 때 자신들이 무엇을 해야할지 곰곰이 생각해야 할 시기를 맞게 되었다.

## VI. 결　어

냉전이 종식되자, 권력정치를 거부하고 또 세계화라는 슬로건 아래 그것을 경제적·기능적 관계로 대체하고자 시도하는 경향이 나타났다. 이러한 접근법이 두드러진 호소력을 갖고 있는 것도 사실이지만, 전 역사를 통해 볼 때 한국은 그 지리적 위치와 군사적 능력의 상대적 열세라는 이유로 자신의 외교정책에서 편승을 선택할 수밖에 없었다. 강력한 외부세력과 균형을 이룰 만한 물리적 힘이나 두뇌도 갖지 못했던 한국은 중국과의 오랜 종주국 관계로부터 일본의 식민지배를 거쳐 미국과의 군사적 동맹까지 자신의 대외관계를 진척시켜 왔다. 이제 냉전의 종식과 더불어 다극체제적 방식으로 외부와의 관계를 구체화할 기회가 한국에게 다가왔다.

돌이켜 보면, 냉전기간 동안 미국의 정책은 포괄적인 동시에 효과적인 것이기도 했다. 그것은 또한 단순하기도 했다. 즉 봉쇄를 통해 소련의 힘을 분쇄하거나 또는 점진적으로 약화시키는 것이 그 목적이었다. 미국 외교정책의 이 두 가지 목적은 모두 달성되었다. 그러나 걸프전쟁에서의 빛나는 승리를 통해 부시 대통령이 '신국제질서'를 선언한 이래로, 미국은 마치 '신경과민에 걸린 사자'처럼 행동해 왔다. 미국은 세계 지도자의 지위로부터 영리한 균형자의 지위로 스스로를 변화시키고 있는 것 같다. 이처럼 균형을 추구하는 전통적인 영국식 행동은 우방과 적들을 모두 어리둥절하게 만들지 않을 수 없다. 균형추구의 문제에 있어, 전형적인 영국식 균형자는 장기적인 위협을 다루지 않는다. 그리고 만약 미국이 자신의 여러 동맹체제로부터 완전히 철수하지 않는다면, 현시점에서 엄격한 영국식 균형자로서의 역할을 미국이 수행하기란 거의 불가능하다. 또한 미국은 1871년 독일 통일 이후 비스마르크가 수행했던 것과 유사한 균형자의 역할을 추구하려 할 수도 있다.

비스마르크는 스스로를 소위 '정직한 중재자'라고 지칭했지만, 사실은 동맹체제를 갖고 있었다. 미국은 제1 인자가 되고자 할 것이다. 그러나 이것이 미국에게 값비싼 비용을 부과하는 현실정치와 같은 것은 아니다. 비스마르크적 정책은 프랑스를 고립시킨다는 명확한 목적을 가지고 있었다. 반면에 미국은 중국을 포함한 모든 주요 강대국들과 교류하기를 선호하며, 다른 경쟁국들 상호 간의 관계보다 더 나은 관계를 모든 잠재적 경쟁국들과 유지하려고 한다. 어쨌든, 비스마르크는 정직한 중재자로서 성공적이었다. 정직한 중재자라는 역할은 그것이 자신의 비용을 지불하지 않아도 되는 것이기 때문에 모든 사람에게 매력적으로 비친다. 이러한 정직한 중재자의 지위는 다가오는 다극적 세계에서 미국이 포기하기에는 너무도 유혹적이다.

정직한 중재자의 역할을 수행함으로써, 미국은 역동적인 동북아 지역에서 스스로를 과대확장시킬 가능성을 감소시킬 것이다. 동북아의 역동성은 경제성장이라는 친숙한 힘과 점증하는 군사력에 의해 함양되고 있다. 러시아는 취약하지만 무한한 잠재력을 지니고 있다. 느리기는 하지만 러시아는 전체주의 체제의 붕괴로 인한 충격으로부터 회복되고 있는 중이다. 또한 중국은 자신의 새로운 경제력을 군사력으로 조심스럽게 전환시키고 있다. 그리고 일본은 이미 군사적 도약이 가능할 만큼 준비가 잘 되어 있다. 중국과 일본 각국의 국가이익의 성격은 냉전의 종식 이래 광범위하게 이해되고 있다. 일본의 활발한 독자정책과 역시 독자적이며 자긍적인 중국의 정책은 국제정치의 역사적인 변화가 가져다준 주목할 만한 부산물들이다.

미국의 개입이 없다면, 동북아 지역체제의 균형은 가까운 미래에도 유지되기 어려울 것이다. 러시아와 중국, 일본, 남한, 대만 등이 상호 간에 맺고 있는 관계보다 더 우호적인 쌍무적 관계를 미국은 이들 국가들과 맺고 있다. 아시아의 모든 국가들은 일본이 자신의 막강한 경제력을 군사력으로 전환시키지 못하도록 예방하기 위해 미국의 안전보장에 의지하고 있다. 그리고 각 국가들은 각기 북한과의 독자적인 게임을 벌이고 있지만, 중국과 러시아 그리고 한국은 모두 미국이 북한의 핵야욕의 억제를 위한 부담을 떠맡은 데 대해 상당히 만족하고 있다. 미국은 한국을 옆으로 제쳐 둔 채 북한과의 직접적인 대화채널을 소통시켰다. 그러나 한국은 한반도에서의 핵확산 방지 노력에 있어 미국의 밴드웨건을 따라가는 것보다 더 좋은 정책적 대안을 갖고 있지 않았기 때문에 이러한 자신의 지위에 아무런 이의도 제기하지 않았다. 그렇지만 정직한 중재자의 역할이 실패할 경우 가져다줄 충격은 한결같지 않을 것이다. 그러므로 한국이 미국에게 좋은 것은 자신에게도 좋은 것이라고 믿으면서 미국의 밴드웨건에 가만히 앉아 방관만 할 수는 없는 것이다.

한국인들은 자신들에게 친숙하지 않은 권력정치의 다자 간 균형이 출현하고 있는 탈냉전 시대로 접어들었다. 역사적으로 볼 때, 한국인들은 다극적 세력균형체제 속에서보다 훨씬 더 장구한 세월을 강대국의 밴드웨건에 안주해 살아왔다. 그 결과 한국인들은 다수의 강대국들에 동시에 대처하기 위한 재능을 개발시킬 만큼 충분한 기회를 가져 본 적이 없었다. 한국인들은 새로운 국제정치에 대처할 수 있는 그리고 두 개의 한국을 민족통일로 이끌 수 있는 지적인 정치역량을 필요로 하고 있다. 1990년대에 다가온 한국 외교정책의 시대는 에필로그가 되어서는 안 되며, 한국의 민족통일과 안보 그리고 번영뿐만 아니라 국제 평화와 세계 번영에도 기여할 수 있는 새롭고도 확신에 찬 창의적인 외교정책을 위한 프롤로그가 되어야 한다.

세계는 결코 우리의 비전대로 되지는 않는다. 따라서 자유는 우리가 살고 있는 세계에서 우리의 목적이 얼마나 현실적인가에 달려 있다. 우리가 자연에 순응하지 않는다면 자연을 정복할 수 없는 것과 마찬가지로 외교정책에 있어서도 우리가 자연에 순응하지 않으면 그것을 통제할 수 없다. 비록 창조성이 진공상태에서만 발휘되는 것은 아니지만, 외교정책의 배경과 조건이 정책의 창조성을 완전히 제거하는 것도 아니다. 우리가 제거해야만 할 것은 미국의 밴드웨건에 안주하고 있는 약소국으로서 겪게 되는 일종의 '무력함에서 생기는 절망감'이다. 비록 자유의 여지가 아무리 협소하다 할지라도 지식은 자유의 시작일 수 있다. 한국의 외교정책은 1990년대 초 성년을 맞이했으며, 한국은 북한 주도의 통일에 대한 두려움에서 벗어나 남한 주도의 통일에 대한 희망을 향해 나아가고 있다. 한국인들은 한민족의 운명을 관리하는 데 있어 스스로 소심함을 떨치고 자신감을 갖게 되었다. 미국을 포함한 동북아의 주요 강대국들은 한반도의 평화통일에 대한 빈번한 립 서비스에도 불구하고 실제로 한국의 통일에 대해서는 미온적인 태도를 보여주었다. 따라서 한국인들은 그 선택의 폭이 제아무리 좁다 할지라도 자신의 외교정책에 있어, 특히 통일정책에서 선택의 필요성에 직면하고 있다. 쿼바디스? 뜻이 있는 곳에 길은 있는 법이다!

제 **4** 장

# 한국의 안보정책: 역대정권의 안보정책비교

만일 국가가 자유로우려면 안전해야 한다.
그리고 만일 국가가 안전하려면 자유로워야 한다.
- 해롤드 라스웰 -

20세기가 만일 우리에게 무엇인가를 가르친다면 그것은 공산주의의 70여 년간의 실험은 대실패였으며, 민주주의의 확장만이 자유의 최대 보증인이라는 사실이다.[1] 공산주의는 자유롭고 평등한 사회를 가져다 주는 것이 아니라 인간을 억압하는 불평등한 계급사회를 발전시켰을 뿐이다. 뿐만 아니라 공산주의는 국경을 인정하지 않는 바로 그 이념의 초국가적이고 혁명적인 성격으로 인해서 타국과 타민족의 생활양식 및 인간의 존엄성에 위협이 되었다. 특히 그런 정치적 이념의 메카인 소련이 제2차 세계대전 후 두 초강대국 중의 하나로 부상하고, 또 세계에서 가장 많은 인구를 가진 동시에 황화(黃禍, yellow peril)의 주역으로 인식되기도 했던 중국이 공산화됨으로써 국제공산주의 운동이 결속된 모습으로 국제 사회에 등장했을 때, 인간의 존엄성과 자유를 생명처럼 소중히 간주하는 서방의 자유민주주의 국가들에게 그것은 생존의 위협으로 인식되지 않을 수 없었다. 이런 위협의 도전과 그에 대한 응전과정이 바로 제2차 세계대전 후 국제사회를 특징짓는 냉전의

---

1) Francis Fukuyama, *The End of History and the Last Man*, New York: Free Press, 1992.

역사였다. 즉 봉쇄하느냐 아니면 봉쇄당하느냐, 정복하느냐 아니면 정복당하느냐, 파괴하느냐 아니면 파괴당하느냐의 문제가 당면과제였던 것이다.[2)]

대한민국은 바로 그러한 냉전의 형성과정 속에서 탄생하였고, 냉전의 심화 시에는 열전의 현장이었으며, 그 결과 냉전체제를 무장화 시키는 범세계사적 계기가 되었었다. 또한 한국전쟁 후 남북한 간의 치열한 군비경쟁과 군사적 대결은 한민족의 삶의 조건에 고통스런 영향을 미쳤다. 그런 과정 속에서 한국인만큼 냉전체제의 슬픈 피해자는 없다.

물론 어느 시대 어느 곳에서나 한 주권국가의 탄생은 바로 그 순간부터 이른바 국가안보의 딜레마에 직면하게 된다. 1948년 대한민국의 수립도 예외가 아니었다. 주권을 포기하지 않는 한 안보문제는 영원한 것이다. 다만 안보의 위협 대상과 성격이 달라질 뿐이다.

최근 냉전의 한 주역이었던 소련제국의 몰락과 공산주의의 역사철학적 파산선고는 한국의 안보정책에 새로운 도전을 제기하고 있다. 냉전의 종식에 따른 국제체제의 구조적 변화와 한반도 주변 상황의 변화추세 및 국내정치적 성격의 변화들은 우리로 하여금 과거 치열했던 냉전시대의 안보정책을 맹목적으로 답습할 수 없게 만들고 있다. 우리에게도 이 세계사적 변화에 대한 적응과 안보에 관한 새로운 사고 및 정책이 요구된다. 왜냐하면 모든 나라의 사람들이 냉전의 어두운 동굴에서 빠져나간 뒤 우리만이 과거를 기계처럼 되풀이한다면 공룡의 운명을 면하기 어려울 것이기 때문이다. 따라서 새로운 안보정책상의 지혜는 안보정책의 반성 즉, 역대정권의 안보정책을 역사적으로 비교하고 평가하는 데에서 출발해야 한다. 그 까닭은 우리가 굳이 토인비의 역사

---

2) Hans J. Morgenthau. *Politics among Nations: Struggle for Power and Peace*, New York: Alfred A. Knopf. 1949, p.285.

철학적 세계관을 그대로 수락하지 않는다 하더라도, 분명히 한국안보정책의 역사는 한국안보의 도전에 대한 응전의 과정이었기 때문이다.

1948년 탄생 초기부터 대한민국은 국제적으로나 국내적으로 안보상의 심각한 도전을 받고 있었다. 한국의 정부 수립은 국제적 합의는 물론이고 전 민족적 합의조차 없는 가운데 이루어졌다. 해방 당시 이른바 민족의 지도자들은 친소 및 친미적 성향으로 분열되어 있었고 한국정부는 친미적 이승만 박사를 중심으로 미국의 지원 하에 탄생했다. 따라서 처음부터 한국정부는 친소 공산주의자들에 의해서 거부되었고 국내의 좌익세력에 의해서 그 존립 자체가 도전받는 안보의 심각한 위기에서 벗어날 수 없었다. 모든 정치투쟁은 국가의 어떤 존재양식을 전제로 한 정책대결이 아니라 정권의 정통성 그 자체에 관한 투쟁이었으며, 그 결과 국가안보가 곧 정권의 안보와 동일시되는 역사적 유산을 낳게 되었다. 일종의 안보 지상주의가 등장할 소지가 건국과 함께 잉태되어 있었던 것이다.

따라서 한국 역대정권의 안보정책에 관한 이 역사적 검토는 바로 그러한 국내외적 도전을 극복하기 위해 어떻게 응전해 왔는가, 즉 어떤 대응정책을 실천해 왔는가를 조사하고 또 그것을 위해 한국 국민들은 피와 땀과 눈물로 얼룩진 어떤 대가를 지불해 왔는가를 평가하는 작업이 될 것이다. 물론 그러한 안보정책의 평가를 위해서는 평가의 기준이 필요하다. 여기서는 자유민주주의를 지향하는 역대 헌법상의 선언을 전제로 해서 각 정권의 안보정책이 자유민주주의의 기본적 안보 개념과 안보정책적 원칙들을 얼마나 철저히 준수했는가 하는 관점에서 평가될 것이다.

전통적으로 국가안보란 외부의 물리적 공격으로부터 국민의 생명과 재산 및 국토를 보전하는 것을 의미했다. 보다 구체적으로 표현한다면 국가안보란 외부의 군사적 위협에 대한 군사적 방위, 즉 국토방위의 관점에서 이해되었다. 이러한 군사전략적 관점에서의 이해는 유럽의 전통적 전쟁연구에 그 뿌리를 두고 있다. 따라서 그것은 국가중심적이고 현상유지 지향적이며 군사적인 성격이 강하다. 그러나 제2차 세계대전 후 국가안보는 단순한 물리적 피해를 넘어 국가의 근본적 제 가치와 생명력을 위협하는 요소로부터 정치 및 경제적 이익들을 여러 가지 방법에 의해 보호하는 것으로 확대되어 이해되었다.[3] 그 결과 국가안보는 아놀드 월퍼스(Arnold Wolfers)의 주장처럼 귀에 걸면 귀걸이 코에 걸면 코걸이식의 '모호한 상징'[4]이 되어 버렸다. 안보지상주의가 지배하는 이른바 병영국가(garrison state)에서는 모든 정책이 안보의 이름으로 정당화되어 버림으로써 국가안보의 궁극적 목적인 국민 개개인의 존엄성과 자유가 오히려 억압받고 침해받게 된다. 따라서 안보란 단순히 국가적 차원에서만 이해될 수 없으며 국민 개개인의 차원에서도 동시에 고려되어야 한다. 그러나 개인 차원의 고려, 즉 대외적 역학과 국내적 역학을 조화시키는 것은 국내정치의 과정이다. 그러므로 국가안보정책의 분석에서는 국가적 차원의 안보가 분석의 초점이 될 수 밖에 없다.[5] 이렇게 볼 때 국가안보정책이란 "현존하거나 잠재적인 적들에 대항하여 지극히 중요한 국가적 제 가치와 그것들의 확장에 유리한 국내외적인 정치적 조건들의 창조를 목적으로 하는 정부 정책"[6]이

---

3) Amos A. Jordan and William J. Taylor. Jr. *American National Security*, re. ed., Baltimore: The Johns Hopkins University Press, 1984, p.3.

4) Amold Wolfers, "National Security as an Ambiguous Symbol." *Discord and Collaboration*, Baltimore: The Johns Hopkins University Press, 1962, ch.10.

5) Barry Buzan, *People, States and Fear*, 2nd ed., Bauber: Lynne Rienner. 1991, p.329.

6) Frank N. Trager and F. N. Simonie, "An Introduction to the Study of National Security," in F.N. Trager and P.S. Kronenberg (eds.), *National Security and American Society*, Lawrence: University of

라고 정의할 수 있을 것이다. 이러한 정의를 그 실천적 과업의 관점에서 말한다면 대외적 위협에 대해서는 방위력의 증대를 꾀하고 대내적으로는 자국이 안고 있는 여러 가지 취약점들을 제거하는 정책적 실천을 의미한다고 하겠다. 즉 경제적 발전을 통해 국가의 경제력을 증대시키고 외교정책을 통해 안보의 보다 유리한 국제적 여건을 조성하면서 자국 군사력의 확대와 동맹체제를 결속 강화하는 정책이 될 것이다.[7]

따라서 이 장에서는 안보상의 위협에 대한 각 정권의 상황인식과 그에 대응하는 안보정책의 분석을 통해 그러한 정책적 실천을 조사할 것이다. 각 정권의 안보정책에 관한 평가에서는 자유민주주의 국가의 안보정책에 있어 궁극적 목표인 국민 개개인의 존엄성과 자유를 보호하고 증진시키기 위해 국가가 지켜야할 4가지 원칙을 적용할 것이다. 그 원칙들은 첫째, 민군관계에서 이른바 문민통치의 원칙, 둘째, 정보자유의 원칙, 셋째, 시민자유의 원칙, 넷째, 자유경제의 원칙이다.[8] 이러한 원칙에 입각한 각 정권들의 안보정책에 대한 평가는 자유민주주의를 지향하는 우리에게 반성과 올바른 안보정책 방향을 시사해줄 것이라 기대된다.

---

Kansas, 1973, p.36.

7) 이런 관점은 Daniel J. Kaufman, Jeffrey S. Mckitrick and Thomas Leney, “A Conceptual Framework,” in *US National Security*, Lexington: Lexington Books, 1985, pp.3-26.

8) 이런 원칙들에 관한 논의를 위해서는 Harold D. Lasswell, *National Security and Individual Freedom*, New York: McGraw-Hill, 1950, pp.57-75.

## Ⅰ. 제 1 공화국의 안보정책

### 1) 안보상황의 인식

1948년 8월 15일 탄생한 제 1 공화국의 이승만 정권은 인류 최대의 비극적 사건인 제2차 세계대전 직후 형성되기 시작한 미·소 초강대국간의 대결구조 속에 그 같은 대립의 결과로서 애초부터 분단된 국가의 모습으로 수립되었기 때문에, 처음부터 심각한 국가안보적 위협을 받게 되었다. 당시 이승만 정부는 통일된 민족국가 수립의 좌절에 대한 책임이 전적으로 소련 공산주의자들에게 있는 것으로 이해했다. 즉, 조국의 분단은 스탈린이 주도하는 국제공산주의 세력의 팽창주의적 야욕 때문이라고 확신했다. 뿐만 아니라 북한의 김일성 정권은 순전히 소련의 지배를 연장하기 위한 괴뢰정권으로서 북한주민들을 강압적으로 통제하고 있을 뿐이며, 북한 주민들의 진실한 지지를 받지 못하는 북한공산주의 집단은 오래가지 않아 붕괴될 것으로 예상했다. 따라서 소련의 직접적인 통제와 지배만 제거된다면 민족통일은 필연적인 것이며, 설사 북한공산정권이 스스로 붕괴되지 않는다 하더라도 본질상 매우 취약한 정권이기 때문에 남한정부가 충분한 국력을 갖춘다면 북진을 통해 민족통일을 이룰 수 있을 것으로 생각했다. 따라서 당시 이승만 정권의 대외적인 제1의 적은 소련 주도 하의 국제공산주의였다.

한반도 문제에 대한 이승만 정권의 이러한 대외 인식은 6·25 전쟁을 통해서 더욱 강화되었다. 즉, 소련제 탱크를 앞세워 물밀듯이 남하한 북한의 침략은 공산종주국 소련의 세력팽창정책을 그들의 후원 하에 수행하고자 하는 구체적 실행으로 인식되었다. 또한 중공의 참전으로 인해 민족통일의 문전에서 좌절한 이승만 정부에게 중공이란 소련의 사주를 받는 국제공산주의의 앞잡이에 지나지 않았다. 공산주의 국가들은 일사불란한 단결체로 보였으며, 따라서 미국을 중심으로 하는 서방 자유진영 국가들의 결속만이 국제 공산주의의 위협에서 살아남을 수 있는 유일한 길로 이해되었다. 사실 공산세력은 그들의 정치적 이데올로기를 강력한 수단으로 사용하였기에 이데올로기의 대결이 첨예화되었고, 바로 이런 상황에서 이승만 정부는 무차별 반공주의만이 당시의 국가적 지상명령인 것으로 인식하였다.

### 2) 대응 안보정책

대외적으로는 국제공산주의의 위협에 대내적으로는 신생 민주공화국의 전복을 도모하는 공산분자들의 도전에 직면해 있다고 인식하고 있던 이승만 정권은 그런 위협과 도전에 대해서 미국을 중심으로 하는 자유진영과의 결속을 통해 국제공산주의에 강력히 대응하는 정책을 추구했다. 우선 외교정책 분야에서 이승만 정권은 미국과의 긴밀한 우호관계를 유지하고, 서방진영 국가들과의 우호적인 유대관계를 수립, 확대해 나갔다. 건국 당시 이미 분단되어 북으로부터 정치 및 군사적 도전을 받고 있던 한국정부는 미국에게 미군의 남한 주둔을 계속 유지해줄 것과 한국군의 창설 및 강화에 필요한 지원을 요청했다. 당시 한국은 미국의 군사 및 경제 원조에 전적으로 의존할 수밖에 없었기 때문에 미국과의 관계 유지는 국가의 사활이 걸린 문제가 아닐 수 없었다. 그러나 미국은 1948년 한국정부가 수립된 직후인 1949년 봄에 주한미군을 완전히 철수시켰고, 이는 미국이 한국의 전략적 가치를 그다지 인정하지 않은 군사전략적 판단에 따른 것이었다. 즉, 당시 미국은 한국이 동아시아에서 소련의 팽창주의적 압력에 대응하는 미국의 입장을 표현하는 정치적으로 상징적인 가치만을 지닌 것으로 인식하였을 뿐이었다.[9] 따라서 비록 한국 정부가 미국의 군사원조와 소수의 미국 군사고문단의 도움을 받고 있긴 했지만, 한국의 안전에 대한 미국의 공식적 공약은 한국전쟁 발발시에 존재하지 않았다. 이런 점에 비추어 볼 때 한국의 안보는 국내적으로는 자체 역량에, 국제적으로는 한국정부가 그 회원국은 아니었지만 한국정부 수립의 후원자였던 유엔의 집단안전보장제도에 의존할 수밖에 없었다. 그러나 이른바 한국문제에 대한 유엔의 해결 능력은 한국정부 수립과정에서 이미 그 한계가 노출되었고, 또 안전보장회의에서 소련이 거부권을 보유하고 있는 한 유엔의 집단안보 역할은 미소 간의 합의 없이는 기대하기 어려웠다. 그럼에도 불구하고 국제평화와 안전을 유지하기 위한 유엔의 존재는 외부 침략을 불법화하고 억제함으로써 그 헌장의 기능을 수행할 수 있을 것이라는 기대가 있었다.

1950년 6월 25일 한국전쟁이 발발하자 유엔은 미국을 중심으로 유엔군을 편성하여 북한의 침략에 대처했고 이에 따라 남한에 유엔사령부가 설치되었다. 또한 유엔 총회는 1950년 10월 7일 한국통일부흥위원단(UNCURK)의 설치를 통해 한반도에 통일되고 독립된 민주정부의 수립을 위한 조치를 취할 기능을 부여하였다. 하지만 중공군의 개입으로 한반도의 통일이 좌절된 채 1953년 7월 2일 이승만 정부의 완강한 반대에도 불구하고 휴전협정이 체결되었다. 한국전쟁의 여파는 부분적으로 한미상호방위조약의 체결로 나타났다. 미국정부는 북한의 재침과 공산세력의 확장을 막고 이승만 정부를 무마하기 위해 이 조약에 서명했고, 이승만 정부는 한미상호방위조약의 체결을 통해 한국군의 증강을 위한 대대적이고 적극적인 군사원조를 미국으로부터 약속받았다. 또한 이승만 정권은 휴전 후에도 유엔사령부가 존속함으로써 제2의 공

9) Charles M. Dobbs, *The Unwanted Symbol*, Kent. Ohio: The Kent State University Press, 1981, p.151.

산침략을 유엔이 방지한다는 국제적 제도를 유지할 수 있었다. 한미상호방위조약의 체결로 대변되듯이 한국의 안보를 위한 이승만 정부의 외교는 미국과의 유대강화를 최우선의 과제로 삼았다. 즉 휴전 이후 제1공화국의 안보외교가 최대의 노력을 경주한 점은 어떻게 하면 한국의 안전을 위해 미국을 남한에 묶어둘 수 있는가 하는 것이었다. 따라서 주한미군의 철수나 감축을 막고, 미국으로부터 한국의 안보에 관한 확실한 공약을 받아두며, 한국군비증강을 위한 군사원조와 지원을 최대한으로 확보하고자 했던 것이다.

한국의 정부수립 직후 방위 정책 분야에서 우선 지적되어야할 것은 국군의 창설이다. 국군은 육·해·공군의 편성과 함께 본격적인 임무에 착수했다. 그러나 신생 한국군의 무장은 당시 미국에 전적으로 의존할 수밖에 없었다. 비록 1949년 6월 30일 미군이 한국에서 완전히 철수할 때 미군이 보유하고 있던 무기와 장비를 이양받긴 했지만 그것은 신생 한국군이 방위능력을 갖추는 데는 매우 부족한 것이었다. 게다가 5만여 명의 국방군은 1946년 1월 15일에 창설된 국방경비대가 개편된 것으로, 당시 정규군의 임무보다는 주로 국내의 치안질서 유지와 주요시설 및 해안의 경비를 주임무로 했었는데, 이 병력만으로는 1948년 10월 여수 및 순천의 사태와 같은 좌익반란 소요의 진압작전과 38선상의 무력 충돌에도 역부족인 상태였다. 이런 상황에서 1950년 1월 26일 한미상호방위원조협정이 체결되어 1,097만 달러의 대한 방위원조가 결정되었지만, 6월 25일 북한의 남침이 시작될 때까지 불과 1천 달러 상당의 통신장비만 지원되었을 뿐이었다.[10] 이러한 미국의 소극적 자세는 당시 미국의 대소전략이 군사적인 전략으로 전환되지 못한 채 정치적 봉쇄정책에 머물러 있었기 때문이다. 즉 트루만 독트린과

---

10) 신영진, "국군의 군비(II)," 『軍史』, 제24호 (1992년), p.119.

마샬플랜은 대소봉쇄의 정책적 표현이었지만 2차 대전 종결 후 미국의 재무장에 대한 국가안전보장회의의 정책 건의안(이른바 NSC 68)은 아직 실행되지 않고 있었다. 그 이유는 그것이 막대한 군사비 지출을 요구하는 것이었기에 예산에 신경을 써야하는 트루만 행정부에겐 불요불급한 것으로 간주되었기 때문이다. 한국전쟁의 발발 이후에야 비로소 미국은 그 정책 건의안(NSC 68)을 실천에 옮겼고 북대서양기구(NATO)를 무장시킴으로써 군사적 봉쇄정책으로 전환했다. 요컨대 군사적으로 무장된 양극적 국제체제가 출현한 것이다. 이승만 정부도 북한의 남침 이후에야 본격적으로 한국군의 재편 및 강화에 들어가 60만 대군으로 증강시켰다.

한국전쟁 3년 동안 제1공화국의 군사정책은 북한을 퇴치함은 물론이고 그 여세를 몰아 북한의 공산정권을 군사적으로 굴복시켜 사실상 북진통일을 달성하는 것이었다. 이런 목적의 실현을 위해 한국정부는 50년 7월 이른바 '대전협정'으로 한국군의 작전지휘권을 유엔사령부에 위임했다. 하지만 이승만 대통령의 강력한 반대에도 불구하고 1953년 분단된 상태로 휴전이 성립된 뒤 한국과 미국은 상호방위조약을 맺고 한국의 안보위협에 미국이 한국과 공동으로 대처하는 방위정책을 채택하였다. 따라서 한국의 방위를 위한 군사정책은 자주적 방위정책이라기 보다는 유엔사령부, 즉 미국의 대공산전략의 일부로서 기능했다. 이렇게 볼 때 제1공화국은 6·25 전쟁 이후에야 겨우 외부 침략에 대한 방위의 토대를 구축했다고 할 수 있다. 한국전쟁 후 증강된 대부분의 군대는 서울의 북쪽 비무장지대에 3~8킬로미터 폭의 방어선을 요새화하도록 배치되었다. 대규모 공세를 가할 경우 한국의 산악들이 두 개의 회랑을 형성했기 때문에 주요부대는 이 지역, 즉 동쪽으로는 철원계곡과 의정부에서 서울로, 서쪽으로는 개성에서 문산을 거쳐 서울로 오는 지역에 집중 배치되었다. 또한 해안선을 따라 상륙작전 공격에

대한 경계를 강화하고 공습에 대한 대비를 강조했다.[11]

### 3) 제 1 공화국의 민군관계

민군관계에서 이승만 대통령은 거의 흔들림 없는 군부의 지원을 받았다. 즉 제 1 공화국 시기 동안에는 군에 대한 민의 우위원칙이 유지되었다. 그러한 사실은 한국전쟁 중 그의 비타합적이고 완고한 태도에 염증을 느낀 당시의 유엔군사령부가 한때 추진하려고 했던 에버레디(Everready) 작전에 한국군부가 전혀 동조한 흔적을 찾아볼 수 없다는 데서 입증이 된다. 이 에버레디 작전은 두 차례나 유엔군사령부에 의해서 고려되었다.

첫 번째는 전쟁의 와중인 1951년 1월 18일 국회에서 이승만 정부의 대통령직선제 개헌안이 부결된 뒤 그 이듬해인 52년 5월 25일 이대통령이 공비잔당의 소탕이라는 구실하에 경남 및 전남북에 비상계엄령을 선포하고 국제공산당에 관련되었다는 혐의로 10명의 국회의원을 체포해 국회 해산을 위협했을 때였다. 그런데 계엄령의 선포는 유엔군사령부 휘하에 있는 한국군의 지휘에 대한 의문을 제기했다. 즉, 당시 클라크(Clark) 유엔군사령관과의 사전협의 없이 계엄령을 선포한 행위는 전쟁을 치르는 과정에서 한국군을 내란 상황에 빠져들게 할지도 모르는 위험성을 안고 있었던 것이다. 더구나 그의 행동은 장교단 내에서 정치적 파벌주의를 감소시켜 효율적 군대로 육성해 보려는 미국의 군사훈련계획의 토대를 직접 손상시키는 것과도 같았다.[12] 그런데 이 대

11) Melinda W Cooke, “National Security,” in Frederica M. Bunge (ed.), *South Korea*. 3rd ed., Washington D.C.: American University, 1982, p.218.

12) Callum A. MacDonald, *Korea: The War before Vietnam*, London: Macmillan, 1986, p.166.

통령은 현직 참모총장을 축출하고 자신의 정치적 미래와 보다 밀접하게 관련된 인물을 앉히려 했고 그 결과 한국군의 사기가 크게 영향을 받았다.[13] 이런 이승만의 행동은 참전우방국들로부터 비우호적 반응을 불러일으켰고 미국은 그만큼 난처하게 되었다. 야당 의원을 감옥에 가두는 정권을 위해 군대를 파견하고 돈을 보내는 것이 서양 민주주의 국가들에겐 정당화되기 어려웠다. 당시 유엔 한국위원단의 호주 수석대표인 플림솔(Plimsoll)은 세계의 여론이 나빠서 한국이 유엔에서 지지를 얻는 데 불리할 것이라고 이 대통령에게 경고했다.[14] 영국도 계엄령을 이해할 수 없다는 입장을 전달했다. 바로 이런 배경 속에서 미국정부는 계엄령의 해제를 촉구하는 한편 유엔사가 이 대통령을 체포하고 대체정부를 수립한다는 계획을 승인하기에 이르렀다.[15]

그러나 클라크 사령관은 이 대통령이 유엔사령부의 안전을 직접적으로 위협하지 않는 한 에버레디 작전의 개시를 주저했다. 그는 유엔사가 그런 작전을 수행한 뒤 질서를 유지할 충분한 인력을 확보하고 있지 못할 뿐만 아니라 정권을 넘겨줄 만한 인물도 없다고 생각했다. 이 대통령의 결함이 무엇이든 당시 그는 널리 국민적 지지를 받는 거의 유일한 인물이었다. 어떤 대체 정부도 유엔군사령부의 지원에 전적으로 의존하는 약체 정부일 수밖에 없는 상황에서 이 대통령의 제거는 혼란을 초래하고 한국의 민족주의를 손상시킬 것이 분명했다. 이득을 얻는 자들은 공산주의자들뿐이라고 판단되었다. 따라서 미국의 행동은 이 대통령에 대한 간접적 위협의 한계를 넘지 못했으며[16] 이승만 정

13) *Ibid.*

14) Robert Oneill. *Australia in the Korean War 1950-1953*, Canberra: Australian Government Press, 1981, pp.302-313.

15) Callum A. MacDonald, *op. cit.* p.166.

16) *Ibid.*

권은 7월 4일 이른바 발췌개헌안을 통과시켰고 8월 5일 선거에서 이승만 대통령은 재선되었다.

두 번째로 에버레디 작전이 고려된 것은 1953년 6월이었다. 당시 이승만 대통령은 유엔사가 진행시켜 온 휴전회담에 반대했다. 그는 한국이 재통일되기 전에 전쟁이 끝나서는 안 된다는 단호한 입장을 취했다. 6월 18일 이 대통령은 약 이만오천에 달하는 반공포로들을 석방해 버렸다. 이것은 곧 타결될 것으로 보였던 휴전회담을 막아보려는 의도에서 나온 것이었다. 그는 한국인사들이 유엔사와 함께 일하는 것을 일절 금지했고 휴전이 되든 안 되든 상관없이 군에 독자적으로 싸울 준비를 하도록 지시했다.[17] 이에 6월 24일 미국의 아이젠하워(Eisenhower) 대통령은 월터 로버트슨(Walter Robertson) 국무차관보와 로튼 콜린스(J. Lawton Collins) 육군참모총장을 파견하여 이 대통령과 협상케 했다. 미국정부의 입장은 첫째로, 이 대통령에게 그가 협력하면 오랫동안 미국의 군사 및 경제 원조를 제공받을 수 있지만 반대로 그가 협력하지 않을 경우에는 모든 미군이 철수하여 한국군은 단독으로 싸우지 않으면 안 될 것이라고 경고하며, 둘째, 만일 이런 협박이 실패하면 보다 협력적인 지도자로 그를 대체할 쿠데타를 단행한다는 고도의 비밀스런 계획을 마련하는 것이었다.[18] 그리고 만일 한국군이 미국 장성들의 명령에 따르지 않고 반항한다면 모든 지원을 중단하는 동시에 필요할 경우 무력으로 진압하며 미군사령관이 유엔 이름의 군사정부를 수립하는 것이었다.[19] 한국군의 사령관들은 이 대통령의 입장을 걱정했으며 미국의 지원 없이는 전선을 유지할 수 없음도 깨달았다.[20] 5월 초에

17) Harry G. Summers, Jr., *Korean War Almanac*, New York: Facts on File. 1990). p.231.

18) *Ibid.*

19) Richard Whelan, *Drawing the Line*, Boston: Little Brown, 1990, p.364.

클라크 장군은 자신의 에버레디 비상계획의 실행을 다시 고려했다.[21] 그러나 곧 그 계획은 포기되었다. 왜냐하면 클라크 장군이나 로버트슨 차관보 모두 미국의 지원이 당시 분명히 입증될 수 있는 이상으로 보장되지 않는 한 한국의 어떤 장군도 자신의 목숨을 걸 것이라 느끼지 못했기 때문이었다.[22] 이 대통령도 미국 정부의 의사를 결국 수용하였기에 7월 12일 로버트슨과 콜린스 장군은 한국 정부가 정직하고 충분히 협력하도록 노력한다는 약속을 귀국할 때 받아갔다. 그러나 이러한 약속에도 불구하고 이 대통령은 7월 27일의 휴전협정을 공식적으로 수락하지 않았다. 더욱이 8월 15일 이 대통령은 북한 동포들을 구원하기 위해 가능한 한 빠른 시간 내에 북진할 것이라는 결의를 공개적으로 표명했다.

이처럼 두 번에 걸친 이 대통령의 제거 계획에 대해 당시 한국군부는 부화뇌동하지 않고 확고하게 이승만 대통령에 대한 지지를 계속했다. 이는 군부가 제1공화국 시기에는, 심지어 전쟁 중에서조차 군부에 대한 민간인 대통령의 우위성을 분명히 인정하고 이 대통령에게 복종하는 민주정부의 원칙을 준수하였다는 것을 의미한다. 이러한 원칙은 제1공화국의 붕괴 시까지 계속되었다. 바로 이 점은 1960년 4월 19일 계엄령이 선포된 뒤 계엄군들이 당시 데모군중에 발포하지 않고 정치적 중립을 지킴으로써 4·19 의거가 성공될 수 있도록 한 데서 가장 잘 입증되었다.[23]

---

20) Callum A. MacDonald, *op. cit.* p.193.

21) *Ibid*, p.194.

22) Joseph C. Goulden, *Korea: The Untold Story of the War*, New York: Times Books, 1982, p.642.

23) 당시의 정치적 공백 가운데에서도 군부가 정권을 장악할 수 없도록 만든 한국군부의 구조적 성격에 관한 자세한 분석을 위해서는 Sung Joo Han, *The Failure of Democracy in South Korea*, Berkley: University of

## II. 제 2 공화국의 안보정책

### 1) 안보상황의 인식

4·19 의거 이후 수립된 제 2 공화국은 당시 치열하게 계속되는 냉전의 와중 속에 있었다. 그렇기 때문에 제 2 공화국의 장면 정권은 공산진영에 대한 자유진영의 높은 경계심과 위협의식을 공유하고 있었다. 비록 1956년 이후 흐루시초프가 동서간의 평화공존론을 주창하였지만 바로 그런 그가 동년 헝가리 국민들의 자유화에 대한 요구를 무력으로 무참히 진압하고, 또 소련이 1955년 반둥회의를 출발점으로 등장하는 이른바 제3세계 국가들과의 관계 수립 및 증진에 박차를 가함으로써, 국제 공산주의의 팽창위협은 유럽과 동북아시아는 물론 범세계적인 위협으로 자유진영에 인식되었다. 특히 1949년 소련의 성공적인 핵실험과 1957년 스푸트니크 인공위성의 성공적인 발사는 서방세계 특히 미국정부에게는 커다란 안보위협으로 간주되었으며, 1960년 미국의 대통령 선거전에서 케네디 후보가 이른바 미사일 갭(missile gap)을 주장함에 따라 미국 및 미국 동맹체제의 위협인식은 더욱 고조되었다.

이 기간 동안에 한반도를 포함한 동아시아에서는 1949년 중국의 공산화 이후 중·소 이념분쟁이 크게 표면화되기 이전이긴 했으나 소련의 평화공존에 대한 중국의 반대로 인해 중국이 더욱 호전적인 위협 세력으로 간주되고 있었다. 1950년대 후반부터 미국 내에서는 1954년 덜레스 국무장관이 선언한 이른바 대량보복전략에 의한 전쟁억지정책의 효율성에 대해 의문이 제기되기 시작하면서[24] 대소봉쇄정책의 새로운

---

California Press, 1974, pp.46-54.

24) 예를 들어 Henry Kissinger. *Nuclear Weapons and Foreign Policy*, New York: Council on Foreign Relations, 1957.

군사전략이 모색되고 있었다. 이러한 국제적 배경 속에 북한은 4·19 이후 평화공세를 시작하면서 평화통일에 대한 민족적 염원을 자극했다. 이로 인해 남한에서는 평화통일의 환상이 대학생들 사이에서 표면화되었으며 중립화 통일논의까지 대두하기에 이르렀다. 바로 이러한 사정 때문에 남한의 반공세력에게는 북한의 대남전략과 국내적 상황은 매우 위험스런 것으로 인식되었다.

### 2) 대응 안보정책

4·19 의거로 탄생한 제2공화국의 시기는 가부장적 권위주의 제제로부터 자유민주주의체제로의 급속한 전환을 시도하였지만 결과적으로 실패한 시기였다. 1960년 6월 15일 국회에 의해 새 헌법이 작성되기 불과 닷새 전에 이미 국가보안법이 개정되었으며, 새로 제정된 제2공화국 헌법은 진정한 대의민주제도의 토대를 제시했다. 즉 언론, 출판, 집회, 결사의 자유를 보장하고 모든 법률의 합헌성을 결정할 독립적인 헌법재판소를 설치했다. 그리고 경찰과 사법부의 독립이 규정되었으며 지방자치가 부활되었다. 바야흐로 민주주의는 곧 실현될 것처럼 보였다.

그러나 7·29 총선에서 압도적 승리를 거둔 민주당은 대통령과 국무총리의 선출을 계기로 치열한 권력투쟁에 빠져들어 국민에게 실망을 가져다 주었다. 또한 제2공화국은 민주주의 원칙에 충실한 결과, 과거 관리들의 부패 및 범법행위의 처벌을 위한 소급입법 제정에 주저했다. 그리하여 10월 11일 격렬한 학생 데모대가 국회로 난입하여 4·19 혁명 정신을 구현할 법률제정을 통해 과거 부패한 관리들의 처벌을 요구하였으며, 마침내 민주당 국회는 혁명주체세력의 압력에 굴복하게 되었다. 결국 11월 28일에는 헌법마저 개정되어 민주주의의 '배신자'들을 처벌하기 위한 소급법의 제정을 합법화했고 그 법은 곧 집행되기에 이르렀다. 그러나 4·19 혁명정신의 구현을 위한 학생들의 요구는 그칠 줄을 몰랐으며 장면 정부는 혁명정신의 '배반자'로 비난을 받았다.

사실 장면 정부는 혁신적 요구에 제한적으로만 긍정적 반응을 보일 뿐이었지만, 혁신세력의 등장을 못마땅하게 여기고 위험시하는 반공 우익세력에 의해서도 혁신세력에 대한 제재가 미흡하다는 이유로 공격받았다. 특히 6·25 이후 줄곧 강화된 반공 세력의 입장에서 볼 때 장면 정권의 정치적 불안정과 사회적 혼란은 국가안보에 대한 위협이었다. 그러나 새로 제정된 헌법이 보장하는 민주주의의 자유를 구가하면서 혁명주체임을 자처하는 대학생들은 민족통일을 내세우는 전국적 규모의 학생연맹을 결성하고 민족통일을 위한 남북학생회담의 개최까지 요구했다. 결국 제2공화국의 장면 정권은 좌우의 협공 속에서 1961년 5월 16일 박정희 소장이 주도하는 쿠데타에 의해 정권을 빼앗기고 말았다. 게다가 이 비극적인 장면 정권은 정권이양의 형식적 절차마저 수행하여 군사정권에 대한 기술적 합법성을 인정하는 수모까지도 겪었다. 이로써 9개월 만의 짧은 제2공화국 시대는 마감되었다. 이리하여 제2공화국의 장면 정권은 국제적 냉전체제 속에서 북한의 평화공세와 국내적 혼란에 직면하여, 한국의 안보를 한미동맹 제제에 맡긴 채 별다른 경제나 외교 및 국방정책을 시행도 못해보고 무너져 버렸다.

### 3) 제2공화국의 민군관계

1961년 5월 16일 새벽 3시 30분 박정희 소장이 이끄는 일부의 군대가 쿠데타를 일으켜 '군사혁명 위원회'를 수립하면서 건국 이후 유지되어 온 민간정부 우위의 민군관계는 혁명적 전도를 경험하게 되었다. 혁명위원회는 모든 반대를 즉각적으로 봉쇄하려 했다. 계엄령이 선포되었고 모든 집회가 금지되었으며 언론은 사전검열을 받았다. 뿐만 아니라 오후 7시에서 다음날 5시까지 통금이 실시되었고 은행, 학교, 공항이 폐쇄되었다. 국회 및 지방의회가 해산되었고 정부 관리들을 체포하라는 명령이 시달되었다. 한마디로 말하자면 한국은 자국의 군대에 의해 사실상 점령되었던 것이다.

군사혁명위원회는 국가의 운명을 더 이상 부패하고 무능한 현 정권에 맡길 수 없다면서 쿠데타를 정당화했다. 그리고 반공을 국시의 제1로 삼아 미국과의 유대를 강화하고, 경제를 재건하며, 민족의 재통일을 달성하고, 민족정기를 진작시킨다는 혁명공약을 제시했다. 그리고 이러한 과업이 성취되면 군은 참신하고 양심적인 정치인에게 정권을 이양하고 본연의 임무로 복귀할 것이라고 선언했다. 그러나 헌법이 중단된 가운데 모든 헌법적 권한이 국가재건최고회의에 의해 장악되었을 뿐만 아니라 반국가, 반민족, 반혁명적 활동을 심판할 혁명재판소의 설립으로 군에 의한 직접적 통치가 시작되었다. 마침내 7월 3일 박정희 장군은 국가재건최고회의 의장으로 전면에 나섰고, 군에서는 일대 숙청 바람이 불어 2,000명 이상의 장교들이 퇴역당함으로써 박정희 군사통치가 정착되었다. 또한 그는 경제발전 5개년 계획을 발표하고 1962년 1월부터 이에 착수하였다. 그러나 5,000여 명의 시민은 정치활동의 참여가 금지되는 기본권의 박탈을 감내해야 했다. 미국은 1961년 7월 26일 국무성의 성명을 통해 군사혁명정권을 사실상 인정하고 11월에는 케네디 대통령과 박정희 의장의 회담을 통해 양국 간의 우호적 협력관계를 확인했다. 이듬해인 1962년 12월 군사정권은 새로운 헌법을 국민투표로 정당화시킴으로써 제 3 공화국의 토대를 마련하였다.

그러나 박정희 의장을 비롯한 군부 쿠데타 세력들은 자신들이 선언한 공약을 지키지 않았다. 참신하고 양심적인 정치지도자들에게 정권을 이양한다는 약속 가운데 그런 지도자들은 다름 아닌 바로 자신들이라는 것을 그들은 민주공화당의 창당과 박정희 의장의 대통령 출마로 표현했다. 제 2 공화국 시대의 민군관계는 이처럼 민간정부우위의 민주적 기본원칙이 무너지면서 민에 대한 군의 우위시대를 가져왔으며, 군부가 직접 정권을 담당함으로써 민군관계의 문제 자체를 제거해 버린 셈이 되었다.

## III. 제 3 공화국의 안보정책

### 1) 안보상황의 인식

제 3 공화국 박정희 정권이 당면한 안보위협도 여전히 국제공산주의의 팽창과 북한의 남침가능성이었다. 비록 1962년 쿠바의 미사일 위기사건이 평화적으로 해결되면서 미·소 간의 직접적 핵대결이 회피되고 평화공존의 필연성이 인정되는 국제체제적 차원의 안정화 경향이 있었음에도 불구하고 재래식 지역분쟁은 오히려 격화되었다. 특히 1965년 미국의 월맹북폭 개시를 계기로 월남전이 확대된 것은 한국정부에 상당한 불안감을 심어주었다. 왜냐하면 미국의 전투력을 분산시키기 위해서 공산주의자들이 한반도에서 이른바 '제2의 전선'을 열지 않을까 하는 우려가 등장하기 시작했기 때문이다. 당시 한국정부는 월맹이 소련 및 중공으로부터 적극적인 지원을 받고 있는 반면 이른바 자유월남은 자유진영의 직접적인 지원을 받지 못하고 있다고 생각했다. 게다가 한국정부로서는 1965년 베트남전에 군대까지 파견한 상황에서 만약 공산진영이 베트남파병에 대한 보복으로 전쟁을 도발한다면 한국은 제2의 월남이 될지도 모른다는 우려를 완전히 떨쳐버리지 못했다.

그러나 무엇보다도 한국정부에 위협이 되었던 것은 북한의 동향이었다. 북한은 쿠바미사일 위기 직후 미국에 굴복한 흐루시초프를 맹렬히 비난하고 이른바 4대 군사노선을 채택했으며, 1964년 6월 1일에는 남한의 '6·3 사태'와 관련하여 전군에 전투준비 강화령을 하달했다. 이런 북한의 호전적인 태도는 남한에 대한 끊임없는 도발행위로 나타났다. 특히 1966년 10월 5일 김일성이 조선노동자 대표자회의에서 '선(先) 남조선혁명 후(後) 합작통일' 원칙을 표명한 뒤 북한은 남한에서 혁명적 상황을 조성하기 위해 전력을 경주했다. 이를테면 비무장지대에서 북한이 자행한 도발행위의 건수만 보더라도 1966년에 50여 건에 불과하던 것이 1967년에는 566건, 1968년에는 761건으로 급증했고, 1969년 한 해 동안만 137회에 걸쳐 341명의 무장공비가 출현했다.[25) ] 1967년 1월 19일에는 해군경비정 56함이 북한의 집중포격을 받아 침몰했고, 베트남전에 대한 미국 내의 반전운동이 한창이었던 1968년 1월 21일에는 31명의 무장공비가 청와대 기습을 목적으로 침투했으며 이틀 뒤인 23일에는 미군정보함 푸에블로호가 강제 납북되었다. 1969년 4월에는 미군정찰기 EC-121기가 격추되었고 12월에는 KAL 여객기가 피랍되었다.[26)]

북한이 취한 이런 일련의 도발적 행위가 안보에 대한 제3공화국의 위협의식을 한층 배가시켰을 것임은 자명하다. 이런 상황에서 1969년 7월 괌에서 선언된 이른바 닉슨 독트린은 한국정부에게 커다란 충격을 주었다. 국방에 있어 아시아 국가들의 자립을 촉구하고 미국의 직접적인 군사개입을 회피하겠다는 이 선언은 한국정부 내에서 한미동맹 체제의 신뢰성에 대한 강한 의구심을 불러 일으켰다. 따라서 전체

---

25) 동아일보사 편, 『안보통일문제 기본자료집』, 서울: 동아일보사, 1971, p.316.

26) 이런 사건들이 전쟁으로 확대되지 않은 원인에 관해서는 Sung-Hack Kang, "Crisis Management under Armistice Structure in the Korean Peninsula." *Korea Journal*, Vol. 31, No. 4 (Winter 1991).

적으로 볼 때 제3공화국의 박정희 정권은 이런 국내외의 구체적 사건들과 정세 변화로 인해 안보에 대한 높은 위협의식을 갖고 있었다고 할 수 있다.

### 2) 대응 안보정책

제3공화국의 시기도 양극적 냉전체제라는 국제체제의 구조적 성격을 벗어날 수 없었다. 따라서 한국의 안보정책은 당시 공산진영과 자유진영 간의 대결 및 진영의 내부적 결속이 요구되는 상황에서 반공정책의 유지와 강화라는 목표에서 조금도 이탈할 수 없었다. 이미 쿠데타 당시 반공을 국시로 주창했던 박정희 대통령이 그런 반공정책을 추구했던 것은 너무도 당연했다. 한마디로 국시인 반공정책을 성공적으로 성취하기 위해 제3공화국의 박정희 정권이 추진한 정책은 '조국의 근대화'를 통한 부국강병책이었다.

우선 경제정책 부문에서 박정희 대통령은 제1, 2차 경제개발 5개년 계획을 통해 급속한 경제성장을 추구했다. 박정희 대통령이 집권했을 당시 남한은 북한에 비해 경제적으로나 군사적으로 뒤떨어져 있었다. 따라서 그는 북한의 침략을 미연에 방지하고 안보를 강화하기 위해서는 국력이 신장되어야 하고 국력을 신장시키기 위해서는 무엇보다도 경제를 발전시켜야 한다고 생각했다. 그에게 급속한 경제성장은 상존하는 북한의 위협에 직면하여 어쩔 수 없이 부담해야 하는 과중한 방위비를 지탱해 가는 데 필수적이었고 북한과의 경제경쟁에서의 패배는 자본주의에 대한 공산주의의 우위를 의미하는 동시에 남한의 공산화 가능성을 뜻했다.

이런 사고방식 하에서 그는 급속한 경제개발을 추진, 제1차 경제개발 5개년 계획 기간에는 연간 40%의 수출신장률과 8.5%의 경제성장률을 기록했고 2차 계획 기간에도 연평균 10.5%의 경제성장률을 달성했다. 그의 이러한 경제적 업적은 자연히 집권 과정에 대한 정통성 시비를 다소간 완화시켜 주었다. 하지만 그는 이런 경제개발 성공과 북한으로부터의 안보위협, 닉슨 독트린 등의 국제정세적 변화를 이유로 내세워 급기야는 1969년 10월 3선 개헌을 단행해 광범위한 국민적 저항을 불러일으키는 우를 범했다.

둘째로 외교정책 부문에서 제3공화국의 박정희 정권은 국가안보의 강화라는 명분하에서 두 가지의 중요한 정책을 실행했다. 이 두 가지 정책이란 1965년의 한·일 국교정상화와 한국군의 베트남파병이었다. 제3공화국 정권이 이 두 가지 정책을 추진한 데에는 경제적 이유가 크게 작용했다. 즉 일본으로부터 받을 배상금과 베트남전 참전에 따른 미국의 경제적, 군사적 원조가 국내경제 개발에 부족한 자본의 일부로 충당될 수 있다는 점이 유인(誘因)으로 작용했다. 하지만 제3공화국이 상당한 국민들의 반대를 무릅쓰면서까지 이 두 정책을 실시한 이유가 전적으로 경제적인 이유에만 있었던 것은 아니었다. 특히 한·일 국교정상화의 추진은 국민들의 반일감정을 촉발함으로써 전국적인 규모의 격렬한 반대시위를 발생시켰고 이에 대해 박정희는 1961년 1월 3일 계엄령을 선포해 시위의 선봉에 섰던 대학의 문을 닫으면서까지 강행했던 외교정책이었다. 제3공화국이 이 두 가지 정책을 단행한 주동기 중의 하나는 우방국과의 유대강화였다. 예를 들면, 베트남파병의 이유는 한국이 미국에 믿을 만한 동맹국이라는 점을 보여주는 것이었다. 즉 당시 국제공산주의의 팽창에 맞서 혈맹인 미국과의 동맹체제를 강화하기 위한 것이 중요한 이유 중의 하나였다. 다시 말해, 이러한 외교정책은 당시 공산진영 대 자유진영의 대결이라는 냉전체제 속에 자유진영의 내부적 결속을 강화하려는 미국의 세계적 반공정책과 궤도를 같이 하는 정책으로서 한국 안보정책의 핵인 한미동맹체제를 더욱 굳건히 하기 위한 것이었다.

셋째로 국방정책 면에서는 기존의 국방정책에 추가하여 1968년 4월 단행된 향토예비군의 창설을 통해 이른바 국력의 강화 및 조직화를 실행했다. 또 이 해는 지금까지 지속되고 있는 한·미 연례안보회의가 시작된 해로서 한·미 간의 결속이 한층 강화되는 듯했다. 그러나 1968년 1월 1일 북한에 의한 청와대 무장공비 기습사건이 발생한 뒤 박정희 대통령은 이 사건에 대한 미국의 자세에 크게 실망했으며 미국의 신뢰성에 대한 의구심을 갖게 되었다. 왜냐하면 당시 미국은 무장공비 침투사건에 대해 시종 미온적인 태도를 취했기 때문이다. 즉 미국은 무장공비 청와대 기습기도사건이라는 북한의 노골적 적대행위보다는 푸에블로호 나포사건의 해결에만 주로 관심을 기울였고, 이런 미국의 태도가 박정희 대통령으로 하여금 자주국방력 강화의 필요성을 인식하게 하였다.

따라서 박정희 대통령은 1968년 4월 반공의식을 강화한다는 명분하에 250만 향토예비군의 창설을 단행하게 되었다. 그리하여 이른바 국력의 조직화를 통해 안보역량의 강화를 도모하고자 했다. 그러나 향토예비군의 조직화와 군사훈련의 실행은 국민생활에 적지 않은 불편을 초래해 조직대상자들의 불만도 적지 않았다.

## Ⅳ. 제 4 공화국의 안보정책

### 1) 안보상황의 인식

1960년대 말까지 국제정세가 진영 대 진영의 대결과 진영 내부의 결속이라는 비교적 경직된 냉전체제가 계속되었다면 1970년대 초부터는 그러한 구조적 현상에 중대한 변화가 발생하였다. 그 변화란 무엇보다도 1971년 미국 닉슨 대통령의 키신저 안보 특별보좌관이 중공을 극비리에 방문하면서 미·중공 간의 관계정상화가 시도되었고, 이듬해인 1972년에 미·소 간의 데탕트와 일·중 간의 접촉이 전개되어감으로써 진영 대 진영의 대결이 진영 간의 협력으로 변모될 가능성이 보이기 시작했다는 점이다. 특히 미·중 간의 관계 변화는, 이미 1956년부터 시작되었지만 서방세계에서 그 심각성이 정확히 이해되지 못한 중소 이념분쟁의 심화가 급기야 1969년에 와서는 중·소 간의 무력 충돌로까지 발전한 결과였다. 게다가 1968년 체코슬로바키아에 적용한 소련의 이른바 브레즈네프 독트린이 자국에도 적용될지 모른다고 우려한 중공의 입장에서 볼 때 소련을 견제하기 위해서는 미국과의 대결구조가 어떻게든 변화되어야만 했다. 반면에 미국은 중공과의 관계개선이 공산진영의 분열과 약화는 물론 당시 미국이 신속하게 종결짓고 싶어했던 월남전의 해결에 도움이 될 것으로 기대했다. 한편 미·중 간의 결속을 방지하려는 소련은 미국과의 데탕트를 수용함으로써 미·중 간의 결속의 명분과 필요성을 극소화하려고 했다.

이러한 국제체제적 차원의 변화는 한국정부의 안보정책에 하나의 도전으로 인식되었다. 왜냐하면 한국 같은 약소국의 국가안보가 강대국들과의 이해관계 속에서 희생양이 될지도 모른다는 우려를 낳았기 때문이다. 한국정부는 이제까지 미국의 맹방으로 자처해 왔음에도 불구하고 정책변화에 관해 미국정부로부터 아무런 사전협의를 받지 못해 크게 실망하게 되었고, 급격한 국제사회의 변화에 한국이 전혀 영향을 미칠 수 없다는 무력감이 불안감을 더욱 부채질했다. 게다가 20여 년간 미국의 동맹국으로서 동아시아에서의 반공의 보루라고 인정되었던 대만에 대한 미국정책의 급속한 변화는 큰 충격이 아닐 수 없었다. 변화는 불확실성을 낳고 그 불확실성은 불안과 우려를 낳기 마련이었다.

이런 상황에서 1973년의 파리평화협정의 체결 후 공산화의 위협을 받아온 베트남이 마침내 1975년 초 소련 무기로 무장한 월맹군의 전면공세로 공산화된 것은 한국의 지도자들에게 공산주의에 대한 위협의식을 한층 더 심화시켰다. 한국정부가 월남의 패망과정에서 얻은 교훈이 있다면 그것은 바로 이제는 반공주의가 미국의 지원을 확보하는 효과적인 방법이 더 이상 아니며 동맹국에 대한 미국의 지원은 어디까지나 한계가 있다는 점이었다. 아시아뿐만 아니라 예를 들어 1976년 앙골라에서 소련의 지원을 받은 무장공산주의자들이 득세한 것처럼 세계도처에서 국제공산주의가 기세를 올리고 있었다. 이 기세를 반영하듯 한국문제에 관한 제30차 유엔총회에서 서방측 안과 함께 통과된 공산측 안은 유엔군사령부를 무조건 해체하고 한반도에서 외국군을 완전히 철수시킬 것을 촉구하면서 한국을 제외한 미·북 간의 평화 협정체결과 남북한 간의 군축을 요구했다. 물론 유엔총회의 결의안은 구속력이 없는 권고사항에 지나지 않는 것이었지만 월남의 공산화 직후 취해진 공산세력의 이러한 외교적 공세는 분명히 한국정부로 하여금 안보정책의 국제적 환경이 불리하게 전개되는 것으로 인식케 하였다.

북한의 움직임도 심상치 않았다. 1974년에 박정희 대통령 대신 육영수 여사가 문세광에 의해 피격, 사망한 사건이 일어났으며 월남이 공산화된 직후 김일성은 한반도의 무력통일에 대한 지원을 약속받기 위한 것처럼 보이는 모스크바와 북경 방문의 길에 올랐다. 게다가 비무장지대를 통과하는 북한의 땅굴이 처음으로 발견되었으며 1976년 8월에도 북한은 판문점 비무장지대에서 이른바 도끼만행 사건을 자행했다. 이 모든 움직임은 북한이 여태까지 추구해온 무력에 의한 대남 공산화정책의 구체적인 표현이 아닐 수 없었다.

이런 와중에서 1977년 3월 미국의 카터 대통령은 4~5년 내에 주한미 지상군을 완전히 철수하겠다는 계획을 발표했다. 이는 한국안보체제에 대한 근본적인 위협이었다. 1949년에 단행됐던 주한미군의 철수가 북한의 남침을 가능케한 주요한 원인이었고 휴전 이래 주한미군이라는 존재가 전쟁의 재발을 방지해 온 최대요인이라고 인식하고 있었던 한국정부에게 철군계획의 발표는 청천벽력으로 들릴 수밖에 없었다. 따라서 한국안보의 핵인 한미동맹체제가 일방적으로 변질될 수도 있으며 자유진영 내부의 결속이 한국의 안보에 더 이상 버팀목이 될 수 없다는 사실을 한국정부는 깨닫게 되었다. 요컨대 국제적 공산주의 및 북한의 무력도발 가능성이 높아진 안보의 조건 속에서 발표된 미군의 완전철수계획은 한국정부에겐 심각한 불안감을 초래했고, 그 결과 한국정부는 미군 없이도 북한의 전면적 침략을 저지하고 분쇄할 수 있는 자주국방능력의 구비가 시급하다고 절감했던 것이다.

2) 대응 안보정책

1970년대 초 시작된 국제체제적 차원의 긴장완화추세는 한국정부에게 대외 및 대북한정책을 조절하도록 요구하였다. 따라서 첫째로 한국정부는 1971년 이산가족 재회를 위한 남북적십자회담을 제안, 남북한간의 직접 협상을 시작하였고 1972년에는 7·4 공동성명의 발표를 가져왔다. 한국정부가 북한과의 직접대화를 추진한 원인은 1960년대에 이룩한 높은 경제성장으로 어느 정도 북한에 대한 자신감을 얻은 데에도 있지만 급속하게 변화하는 세계정세에 적극적이고 신속하게 대응하지 못하면 세계로부터 고립되고 말 것이라는 일종의 강박관념에도 있었다. 닉슨독트린에 따라 1971년 3월 이미 주한 미 7사단의 일부 병력이 철수한 상황 속에서도 구태의연한 대북자세를 고집하는 것은 상당한 모험이 아닐 수 없었다. 전국민의 환호 속에서 발표된 이 남북공동성명은 한반도의 평화정착과 평화적 통일에 대한 기대감을 갖도록 하는 데 충분했다. 그러나 당시 박정권은 미·일·중 간의 화해와 월남 상황의 악화와 같은 국제사회의 커다란 변화에 대처하고 조국의 평화적 통일이라는 역사적 사명의 실현을 앞당기기 위해서는 새로운 정치체제의 구축이 필요하다는 미명을 내세우면서 1972년 10월 17일 헌정을 중단시키는 계엄령을 선포하고 12월 이른바 유신체제라는 제 4 공화국을 수립하였다. 유신체제는 통일주체국민회의가 대통령을 간접 선출하도록 함으로써 박정희 대통령의 개인 독재와 영구집권을 가능케 한 비민주적 체제로서 대통령이 입법, 행정, 사법부를 사실상 지배할 수 있도록 보장했을 뿐만 아니라 비상시에는 긴급조치권의 발동을 통해 무소불위의 권력을 행사할 수 있게끔 한 체제였다. 따라서 이 체제에 대한 국민의 저항은 격렬했고 이에 대해 박정권은 일련의 긴급조치로 대응했다.

유신체제의 박정권은 국제적 변화에 따른 한국안보 상황의 변화에 자신의 영구집권체제로 대응한 셈이었다. 그러나 제 4 공화국의 안보정책이 변한 것은 아니었다. 즉 제 4 공화국의 안보정책은 그동안의 안보정책적 골격을 유지하면서 부국강병책을 가속화시키는 것이었다. 경제정책 부문에서 제 4 공화국은 제3차 경제개발 5개년 계획의 중점사업으로 중화학공업 및 방위산업의 육성을 선정하고 이를 충실히 이행했다. 투자에 필요한 재원의 조달을 위해 정부는 국민의 저축을 장려했고 권장사업에는 장려금의 지원을 아끼지 않았다. 그 결과 전략산업으로 지정된 전자, 석유화학, 철강, 조선산업 등이 급속히 성장하기 시작했다. 예를 들면, 포항제철은 1973년부터 철강을 대량 생산하기 시작했고 현대조선도 1972년부터 유조선 등을 포함한 각종 대형선박을 건조하기 시작했으며, 특히 1974년부터는 자동차 산업이 눈부시게 발전하여 1971년에는 수출을 위한 자제 모델의 자동차가 생산되기 시작했다.

그러나 1973-1974년의 제1차 석유위기는 한국경제에 커다란 타격을 주었다. 에너지 생산의 대부분을 수입 원유에 의존하고 있던 경제구조상 국제원유가의 급등과 산유국의 원유 금수조치로 위기감이 조성됐다. 따라서 지속적인 경제성장을 위해서는 무엇보다도 안전한 에너지 공급원의 확보가 시급했다. 게다가 이른바 베트남특수가 지나간 후 한국경제는 새로운 건설 및 무역 시장을 찾지 않으면 안 되었다. 이 두 가지 문제를 해결하기 위해서 정부는 각종의 세제 혜택과 장기 저리의 융자정책을 통해 산업의 중동진출을 적극 추진했다. 그 결과 한국 경제는 제3차 경제개발 계획기간 동안에 목표로 설정한 3.6%의 평균성장률을 초과하는 10.9%의 성장률을 기록하였으며, 1977년에 착수된 제4차 5개년 계획기간 동안에도 9%의 연평균 성장률을 달성하며 경제기적을 이루었다는 평가를 받았다. 그러나 이러한 경제적 기적은 많은 해외차관과 미일과의 적극적인 투자협력, 그리고 낮은 임금과 열악한 노동환경에서 허덕인 노동자들의 희생 위에서 성취된 것이었다. 어쨌든 제 4 공화국이 방위산업과 밀접한 연관성을 가지고 있는 중화학공업을 집중 육성했다는 것은 제 4 공화국의 경제정책도 제 3 공화국에서처럼 안보적 차원에서 고려되고 추진되었다는 사실을 증명한다.

둘째, 외교정책 부문에서는 탈이념적 외교정책이 수립되었다. 이미 시작된 남북대화의 추진은 물론이고 1973년에 발표된 6·23 선언은 이념을 달리하는 국가들과의 관계를 개선할 의향이 있음을 천명한 것이었다. 이에 대한 사회주의국가들의 반응이 긍정적이지 않았기에 별다른 성과는 거두지 못했지만, 6·23 선언은 그동안 추구해 온 무차별 반공지향적 외교정책에서 탈피해 보겠다는 의지가 담긴 획기적 정책선언이었다.

또한 경제성장을 안보의 초석으로 간주하고 있었던 박정희 정권은 석유위기 이후 지속적이고 안정적인 원유의 도입선을 확보하기 위해 그동안 미국과의 동맹체제의 틀 속에서 지속되었다고 할 수 있는 친이

스라엘 정책을 친아랍 정책으로 전환하게 되었다. 지속적 경제성장의 성공이 주로 대외무역의 확대에 달려 있었던 당시로서는 수출시장의 확대라는 측면에서도 제3세계와의 관계개선이 시급했고, 이를 위해서는 친아랍 정책이 필요했던 것이다. 뿐만 아니라 이런 정책의 전환은 유엔 등의 국제기구에서 수적으로 우세한 제 3 세계 국가들의 영향력이 점차 강화되고 있었다는 이유 때문에서라도 불가피한 것이었다.

그런데 제 1 공화국 시기에 무엇보다도 커다란 외교적 도전은 아이러니컬하게도 대미외교전선에 있었다. 즉 1976년 표면화된 이른바 코리아게이트 사건을 수습하고, 또 1977년 초 카터 행정부가 발표한 주한 미 지상군 완전철수 계획을 중단시키는 일이 한국정부에게 매우 어렵고 시급한 과제가 되었다. 특히 카터 행정부의 인권외교는 당시 박정희 대통령의 유신체제에 대한 국제적 압력이 아닐 수 없었다. 코리아게이트 사건은 안보에 대한 위협이 점증해 가는 상황 속에서 주로 미국의 국회의원을 대상으로 한국에 대한 미국의 군사지원을 늘리기 위해 적극적인 로비를 벌이다 일어난 사건이었다. 이 사건은 당시 김동조 주미대사의 서면증언과 박동선의 방미증언으로 겨우 수습되었다. 또한 카터 대통령의 주한 미 지상군 완전철수 계획도 미국 자체의 국내외적 압력과 북한군사력에 대한 재평가에 따라 1979년까지 약 3,600명이 철수되는 선에서 계획이 무기한 연기됨으로써 한미동맹체제가 계속 유지되게 되었다. 그러나 인권문제는 박정희 대통령을 계속해서 괴롭히는 외교적 현안으로 남아 있었다. 카터의 주한 미 지상군 철수계획의 중단은 한미동맹체제의 유지를 위한 한국정부의 외교적 목표가 결국 성취된 것이라고 할 수 있다. 그러나 6·23 선언에서 시도한 탈이념적 외교정책은 사회주의 국가들의 무관심으로 아무런 진전이 없었다. 따라서 안보를 위한 제 4 공화국의 외교정책은 국제적 여건의 개선보다도 현상의 유지라는 측면만 성공했다고 하겠다.

셋째, 국방정책 부문에서는 몇 가지 새로운 정책적 시도가 있었다. 우선 언급해야 할 것은 전진방어 전략의 수립이다. 이 전진방어 전략은 두 가지 점을 고려한 결과였다. 그 첫 번째는 1973년 미국의회에서 전쟁권법안(War Powers Act)이 채택되고 이로써 미 의회의 승인 없이 미국 대통령이 미군을 전투에서 사용할 수 있는 기간이 총 90일로 제한되게 됨에 따라 한반도에서 전쟁이 발발했을 경우 신속한 전투의 종결이 요구되게 되었다는 점이고, 두 번째는 월남의 공산화 과정에서 보았듯이 수도 서울의 인구팽창 및 규모 확대로 인해 철수 후의 반격 탈환작전은 그 희생이 너무 클 것이라는 사실의 인식이었다.

또 하나 지적해야 할 것은 자주국방정책이다. 박정희 대통령은 베트남 패망 직후인 1975년 중반 최신 전투기(F-4E, F-5E 등)의 도입과 방공체제의 개선 및 전력증강계획을 수립하고 이에 필요한 재원의 확보를 위해 방위세를 신설하였다. 1970년대 평양이 연평균 국민총생산의 약 15%를 국방비로 지출하면서 세계 6위의 군사대국으로 평가받고 있는 반면, 주한미군 철수문제로 대변되듯 미국의 대한군사지원이 점차 감소하고 있는 추세 속에서 한국정부에겐 자주국방이 유일한 대안으로 인식되었고 자주국방을 달성하는 수단으로 1975년에는 핵개발까지도 고려되었다.[27]

물론 이 자주국방정책 속에는 전선 후방의 효율적 방어를 위한 민방위대의 창설과 대학생 및 고등학교 학생들을 대상으로 한 학도호국단의 편성이 포함되어 있었다. 이것은 이미 1968년에 조직된 예비군과 함께 전국민을 조직화하는 것이었다. 이 모든 정책들은 자주국방이라는 슬로건 하에 수행되었으나 사실은 한미동맹체제를 보완하는 노력이

27) 핵개발은 곧 포기되었지만 이것이 한때 한미간의 외교적 쟁점이 되기도 했다. 이에 대한 자세한 논의를 위해서는, Mitchell Reiss, *Without the Bomb: The Politics of Nuclear Nonproliferation*, New York: Columbia University Press, 1988. 특히 제3장을 참조.

었다고 보아야 할 것이다. 이 밖에도 1975년에는 유엔총회에서처럼 무의미한 표 대결로 국력을 낭비할 필요가 없다는 교훈을 살려 유엔한국위원단을 자진해체시키고, 유엔군사령부의 역할을 휴전체제감시에만 국한시키는 한편 1979년에 한미연합사령부를 창설하여 방위 임무를 수행케 하였다. 이것은 유엔군사령부가 해체될 경우에 대비하여 그에 버금가는 방위체제를 사전에 수립한 것이었으며 한국방위를 형식상 유엔으로부터 한미동맹체제로 변경한 것이었다. 또한 북한에 대해 한미방위조약의 신뢰성을 확신시키기 위해 1976년부터는 대규모 한미합동군사훈련인 팀스피리트 훈련을 정례화하여 국방전략의 강화를 도모했다.

### 3) 유신체제하의 민군관계

1961년 쿠데타 성공 후 박정희는 군에 대한 꾸준한 대우 및 신분개선과 함께 자신의 거사를 모방할지도 모르는 군부에 대한 철저한 감시, 그리고 군사력의 지속적인 강화 등으로 집약될 수 있는 정책을 통해 군을 철저히 장악했다. 그리고 이 군부의 절대적인 기반 위에서 계속된 박정희 통치 18년간에는 국가안보정책의 일부인 민군관계의 경우 군(軍)의 대 정치우위가 유지되었다. 그러나 1979년 10월 갑작스런 박정희 대통령 시해사건의 발생은 민군관계의 정상화에 대한 새로운 기대를 낳았다. 그의 사망은 18년 군부통치의, 특히 국내외적으로 악명이 높았던 유신독재체제가 곧 종식되고 새로운 민주주의 문민정치의 시대가 도래할 것이라는 기대를 갖게 했다.

18년 동안 철권을 휘둘러온 최고권력자의 돌연한 사망으로 사회 전체에 불안감이 만연되어 있는 가운데, 반유신독재투쟁의 선봉적 역할을 수행해온 김영삼 씨와 김대중 씨는 11월 유신헌법의 즉각적인 개정을 요구했고 11월 10일 최규하 대통령 권한대행도 국민의 광범위한 여론을 취합하여 조속한 시일 내에 헌법을 개정하고 총선거를 실시할 것을 국민에게 약속했다.

그러나 이른바 12·12 사태로 전두환 소장을 중심으로 한 군부세력이 실권을 장악했고 곧이어 국민의 민주화에 대한 기대와 열망을 5·17 계엄령 확대 조치로 좌절시킴으로써 5·18 광주민주화운동을 불러일으켰다. 이른바 신군부는 수백 명의 사망자를 내면서까지 이 운동을 철 저히 진압했고 모든 반대세력을 가차 없이 억눌렀다. 이런 상황에서 최규하 대통령이 8월 16일 사임한 것은 어찌 보면 당연한 결과였다. 이윽고 유신헌법에 따라 8월 27일 통일주체국민회의는 단독입후보한 전두환 씨를 대통령으로 선출하는 연출을 수행했다. 그리하여 박대통령의 시해 후 꼭 1년 하루만인 1980년 10월 27일 새로운 헌법이 채택됨으로써 제4 공화국 유신체제는 역사 속으로 사라지게 되었다. 그러나 군부에 의한 정권의 강압적 장악은 결국 민주주의 국가의 안보정책에서 민간정치우위라는 기본적 원칙을 다시 깨뜨리는 결과를 가져왔다.

## V. 제5 공화국의 안보정책

### 1) 안보상황의 인식

제5 공화국의 전두환 정권은 1970년대의 국제체제적 차원의 데탕트가 국제적 안정을 제도화하지 못하고 이른바 제2의 냉전이라는 국제적 긴장이 고조되던 시기에 수립되었다. 70년대 후반 앙골라와 모잠비크 상황이 미·소 간의 대립을 자극하면서 데탕트가 후퇴하는 조짐을 보이더니, 급기야 1979년 말 소련의 아프가니스탄 침공은 데탕트를 무너뜨리고 미·소 간의 치열한 공방과 대결의 상황을 초래했다. 당시 미국의 카터 행정부가 이란의 인질 사건으로 고통받고 있던 상황에서 소련의 아프가니스탄 침공은 미국의 대소봉쇄정책을 다시 불러일으켰다. 소련의 아프가니스탄 침공으로 카터 행정부는 제2차 전략무기제한협정(SALT II)의 비준과 1980년 모스크바 올림픽 경기에의 참가를 거부하고 대소 곡물수출을 중단하는 등 일련의 대소 제재조치를 취하는 한편, 이 제재조치에 우방국들이 동참할 것을 요구했다.

1981년 출범한 레이건 정부는 마치 1950년대에 사용되었던 냉전 시기의 수사학을 재방송하는 것처럼 들릴 수 있는 철저한 반공 정책을 내세웠다. 이처럼 제2의 국제적 냉전이 격화되던 배경 속에서 출범한 전두환 정권은 자연히 국제공산주의의 위협을 심각하게 인식할 수밖에 없었다. 특히 1983년 9월 1일 소련 공군이 자행한 대한항공 여객기 격추 사건은 1914년 6월 28일 제1차 대전을 촉발한 사라예보의 총성처럼 전 세계를 긴장케 하였다. 뿐만 아니라 겨우 한 달 뒤 전두환 대통령을 겨냥하여 버마의 수도 랑군에서 발생한 아웅산 폭탄 테러 사건은 북한의 야만적 성격을 극적으로 노출한 사건이었기에 북한 공산주의 정권에 대한 위협 인식이 급속히 높아질 수밖에 없었다. 이 사건으로 인해 북한은 전 세계적 규탄을 받았고 버마와 파키스탄은 북한과 국교까지 단절하기도 했지만, 그런 야만적 행위의 피해 당사자인 전두환 정권에게 랑군 사건은 떨쳐 버릴 수 없는 악몽이 아닐 수 없었다. 더구나 1987년 한반도에서의 긴장 조성을 통해 이듬해의 서울 올림픽을 방해해 보고자 북한이 또다시 저지른 태국 상공에서의 서울행 대한항공 여객기 폭파는 북한의 호전적 성격을 재확인시켜 줌으로써 보다 철저한 대북 경계심을 진작시켰다. 따라서 제 5 공화국 전두환 정권의 7년 동안 안보적 위협인식은 높게 지속되었다고 하겠다.

### 2) 대응 안보정책

제 5 공화국 전두환 정권의 안보정책의 기조는 제 4 공화국, 즉 유신체제 말기 특히 미국의 카터 행정부 시기에 소원해진 한미관계를 전통적인 혈맹관계로 복원함으로써 대북한 군사 억제력을 강화하고 안정화시키는 동시에 국제사회에서 한국의 외교 및 경제적 위상을 높이는 것이었다. 우선 외교정책 분야에서 전두환 정권이 제일 먼저 착수한 작업은 한미동맹체제의 강화였다. 1981년초 전두환 대통령은 취임연설에서 제 5 공화국은 제 4 공화국이 추구해온 외교적 목표를 그대로 견지할 것이라고 선언했다. 그 외교 목표란, 첫째, 주요 우방국과의 유대를 강화하고, 둘째, 한반도에서의 평화정착과 긴장완화를 위해 주요 적대국과의 관계를 개선하며, 셋째, 제공 세계 국가와의 외교 및 통상관계를 확대하는 것이었다. 이런 목표에 따라 전두환 대통령은 1981년 2월 미국을 방문했고, 이때 개최된 한·미 정상회담에서 한·미 양국의 대통령들은 안보와 국방을 위해서는 무엇보다도 강력한 군사력이 필요하다는 데 인식을 같이 하였으며, 특히 레이건 미국 대통령은 주한미군의 계속 주둔을 약속하였을 뿐만 아니라 한국군의 보강 계획을 적극 지원하겠다고 약속하였다. 또한 1983년 9월의 대한항공기 피격 사건과 10월의 아웅산 폭탄 테러 사건이 발생하여 한반도를 중심으로 국제적 긴장이 감돌자 11월 레이건 대통령은 서울을 방문한 뒤 비무장지대를 시찰함으로써 한국에 대한 미국의 안보공약이 변함없음을 강조하였다.

주요 후방국과 유대를 강화한다는 정책은 일본에게도 똑같이 적용되었다. 즉 1983년 전두환 정권은 경제개발을 위한 자본 조달을 위해 일본과 교섭한 결과, 일본으로부터 7년에 걸쳐 총 40억 달러의 차관을 도입하기로 합의했다. 뿐만 아니라 1986년에는 전두환 대통령이 한국 국가원수로서는 처음으로 일본을 공식 방문하여 정상회담을 갖고 과거 일본의 점령에 대한 사과 표명을 받아 한일 정부 간의 관계 증진을 가져왔으며, 1987년 대한항공기가 북한의 공직원에 의해 공중 폭파되는 사건이 발생하자 일본 정부는 1983년 아웅산 폭탄 테러 사건 때처럼 한국 정부의 요청에 따라 북한에 외교적 제재조치를 취하는 우호적 정책을 실천함으로써 적어도 한일 정부 간에는 동반자적 협력관계가 증진되었다.

주요 적대국과의 관계를 개선한다는 정책은 제5공화국 초기 남북한에 대한 상호 교차승인을 추진하는 정책으로 나타났다. 물론 이 정책은 '한반도의 분단을 영구화'하는 술책이라고 격렬히 비난한 북한의 반대 때문에 성공하지는 못했다. 그러나 제5공화국 동안 적대 국가와의 비공식 접촉이 꾸준히 확대되어 온 것도 사실이며, 특히 중공과의 관계에서는 제5공화국 초기에 발생한 일련의 중공전투기 조종사 망명 사건과 중공 민항기 납치 사건 등으로 양국 정부간의 교섭이 괄목할 만한 성장을 보였다.

이외에 제3세계 국가와의 외교관계를 강화하기 위해 전두환 대통령은 취임 초기 아세안(ASEAN) 5개국과 아프리카 4개국을 순방하는 등 활발한 정상 외교를 벌였다. 이 모든 것은 제5공화국이 한국의 외교적 폭을 넓힘으로써 안보여건을 국제적으로 향상시켜 보려는 시도였다.

경제정책 분야에서 제5공화국의 전두환 정권은 제5차 경제개발 5개년 계획(1982-1986)을 통해 수출을 크게 확대하고 인플레이션과 실업률을 줄임으로써 경제적 안정을 달성하였다. 특히 제5공화국 동안에는 중국을 포함한 공산국가들과의 무역이 시작되고 확대되어 대공산권 관계가 크게 개선될 수 있는 발판이 구축되었다. 뿐만 아니라 수출지향적 경제발전 전략의 지속적 성공을 위해 전두환 대통령은 1987년 봄 서구 국가들과의 정상외교에서 국제 자유무역 체제에 대한 한국의 지원을 강조하였다. 이로써 1986년과 1987년에는 건국 이후 역사상 처음으로 각각 47억 달러와 98억 달러에 달하는 국제수지의 흑자를 기록해 한국 경제발전의 위력을 과시하였다. 그러나 이러한 결과로 인해 한국은 미국으로부터 강력한 시장 개방을 요구받기 시작했으며 한미 간의 통상 마찰이라는 새로운 외교적 현안이 등장하게 되었다.

방위정책 분야에서는 기존의 대북한 억제정책을 강화했다. 제2의 냉전이라는 국제적 분위기 속에서 북한에 의한 수 차례의 폭탄테러 사건을 체험한 전두환 정권의 국방전략은 1950-60년대를 지배했던 냉전시대에서의 국방정책처럼 미국을 위시한 우방과의 결속을 통해 철저히 반공 전선을 강화하면서 국제적 안보여건을 유리하게 조성하자는 것이었다. 이를 위해 우선 제5공화국 정부는 제2차 전력증강 5개년 계획(1982-1986)을 수립한 뒤 미국과의 협력하에 최신예 전투기 F-16을 도입하는 등 전력을 현대화하는 데 박차를 가했고, 또 미국과의 관계 강화를 위해 이미 1974년부터 시작된 방위비 분담을 1983년부터 크게 증가시켰다. 바로 이런 조치 등으로 인해서 제5공화국 시기 동안 한미 관계는 카터 행정부 시대의 다소 소원했던 관계에서 전통적인 협력관계로 복원되었다. 따라서 비록 전두환 정권 시기에 북한이 자행한 수차례의 폭탄테러 사건으로 한반도에서 긴장이 고조되었지만, 오히려 그러한 사건들은 미국 레이건 행정부의 철저한 무차별 반공주의의 복원과 북한 위협에 대한 재인식을 가져와 한국 방위력도 그만큼 향상된 결과를 가져왔다.

## VI. 제6공화국의 안보정책

### 1) 안보상황의 인식

1988년 2월 25일 출범한 제6공화국의 노태우 정권은 과거의 정권에 비해 비교적 완화된 냉전이라는 안보적 상황을 배경으로 갖고 있었다. 즉 1985년에 집권한 소련의 고르바초프는 국제 문제에 대한 새로운 접근 방법을 실천하여, 1987년 12월 미국과 중거리핵전력(INF) 폐기협정에 합의함으로써 제2의 국제체제적 긴장완화 시대의 문을 열었다. 그리고 1988년 4월 아프가니스탄으로부터의 소련군 철수와 1988년 9월에 열린 서울 올림픽으로 인해 동서 화합의 국제적 분위기는 크게 성숙했다. 왜냐하면 서울 올림픽에 소련과 중국을 비롯한 공산국가들이 참가한 것은 한반도의 긴장을 감소시키는 데 기여했기 때문이다.

이와 같은 분위기 속에서 1989년에는 30년 만에 중·소 정상회담이 열렸고, 곧이어 12월에는 새로운 협력 시대의 개막을 선언한 몰타 미·소 정상회담이 개최되어 냉전의 종식을 향한 국제사회의 변화과정을 가속화시켰다. 특히 1989년에는 소련 공산제국의 상징이었던 동유럽 국가들에서 폭발적인 민주화 혁명이 발생했고, 이 혁명의 여파가 파도처럼 밀어닥쳐 냉전의 역사적 상징이었던 독일의 분단이 1990년 10월 평화적으로 끝을 맺고 재통일됨으로써 냉전 종식이 실현되었다. 긴장완화를 향해 숨가쁘게 움직이는 국제 사회의 흐름에 역류하는 것이 있었다면 그것은 이라크의 쿠웨이트 침공이었다. 하지만 이라크의 점령으로부터 쿠웨이트를 해방시키려는 걸프전쟁에서 미국은 유엔의 이름하에 미국 역사상 최소의 희생으로 단기간 내에 일방적 승리를 거둠으로써 이른바 월남 신드롬으로부터 완전히 벗어나게 되었을 뿐 아니라 미국의 국제적 위신까지 드높였다. 게다가 1991년 8월에 있은 소련의 반고르바초프 쿠데타의 실패는 급기야 소련 제국 자체의 붕괴를 몰고 왔고, 그 결과 미국이 유일한 초강대국으로 남게 됨으로써 미국을 중심으로 하는 신국제 질서의 형성기를 맞게 되었다.

이러한 급속한 국제사회의 변화 과정은 한국 안보 및 외교정책에 국제적 적응이라는 새로운 도전과 당면 과제를 가져다 주었다. 그것은 무엇보다도 이러한 국제적 변화가 북한에게 미칠 영향과 그에 따른 북한의 변화 방향을 올바로 포착함으로써 한반도의 평화 정착과 조국의 평화통일을 달성할 수 있는 국제적 여건 조성을 위해 이런 변화들을 활용해야 한다는 점이었다.

이런 과제에 비추어 볼 때 노태우 정권은 1989년 5월부터 안보상 중대한 위협에 직면하게 되었다. 그것은 당시 북한이 핵 폐기물을 핵무기 개발 물질로 전환할 수 있는 플루토늄 처리 시설을 영변에 건설하였다는 보도로 시작되었다. 북한은 이미 1985년 핵확산금지조약(NPT)에 서명했으나 그와 관련된 국제원자력기구(IAEA)와의 핵안전협정 체결을 미루어 옴으로써 의구심을 남기고 있었고, 그러던 차에 북한이 핵무기 제조를 추진하고 있는 듯하다는 보도는 노태우 정권의 안보위협인식을 급속히 증대시켰다. 그리하여 북한의 핵문제는 1990년대에 있어 한국 안보와 관련된 최대의 외교 및 방위상의 도전으로 부각되었다. 뿐만 아니라 냉전의 종식은 많은 국가로하여금 대외 정책상의 우선순위를 조정하여 전통적 우방 관계에서조차도 자국의 경제적 이익을 우선시키려는 풍조를 갖게 함으로써 제6공화국은 미국을 비롯한 우방 국가들과의 무역 마찰이 점차 심화되는 상황을 맞게 되었다. 즉 그동안 한국의 대외 경제관계가 정치적 고려에 의해 적지 않은 도움을 받았다면, 이제는 경제의 흐름이 순전히 경제적 논리에 맡겨짐으로써 기술과 자원 면에서 취약한 한국에겐 심각한 도전으로 등장한 것이었다.

다시 말해서 냉전의 시기 동안에는 진영 대 진영이라는 동서 대결과 진영의 결속이 국제체제의 구조적 성격을 지배했다면, 이제는 국제 및 환경이 개별 국가의 이익이 최우선으로 간주되는 민족주의적 성향을 띠게 되었다. 특히 냉전의 종식과 함께 예상되는 미국의 역할 감소는 한국으로 하여금 지금까지 전념해 왔던 북한의 위협뿐만 아니라 주변 다른 국가들에도 안보적 차원의 관심을 갖게 만들었다. 때를 들면, 수년 동안 군사비용을 지속적으로 증가시켜 온 일본이 1991년 말 국제평화유지활동(PKO)을 구실로 해외군사활동의 길을 열었기 때문에 일본의 의도에도 의구심을 갖게 되었다. 이러한 변화들은 노태우 정권에게 새롭고 능동적이며 독자적인 대외정책 수행과 안보정책 추구의 기회를 줌과 동시에 이 기회를 적절히 활용해야 한다는 도전을 가져다 주었던 것이다.

### 2) 대응 안보정책

건국 후 특히 3, 4, 5공화국 시기에는 경제성장 정책이 부국강병으로 집약되는 안보역량의 확대를 위해 지속적이고 강력하게 추진되었다면, 제6공화국의 노태우 정권은 그러한 경제적 성공의 결과를 외교적 차원에서 최대한 활용하려고 했다. 또 제6공화국은 적극적인 대북한 정책을 통해 남북관계에서 공세적 자세를 취하고, 또 이른바 북방정책을 적극적으로 추진함으로써 격변하는 국제적 변화에 대응하는 안보정책을 추진했다.

우선 외교정책 분야에서 동구 사회주의 국가들과의 외교적 관계를 수립했다. 1989년 2월 헝가리와의 외교관계 수립을 시발점으로 하여 11월에는 폴란드와 국교를 수립했고, 12월에는 유고슬라비아와, 1990년 3월에는 체코슬로바키아 및 루마니아와 국교를 수립했다. 이로써 동유럽은 한국의 외교 및 경제 활동의 무대로 확대되었다. 소련과의 관계는 1988년 11월 양국간의 직접 통상관계가 시작된 이래 1990년 6월 샌프란시스코 한·소 정상회담 등 일련의 관계증진 조치들을 거쳐 마침내 10월 1일 국교수립이 이루어졌다. 한편 중국과의 관계는 제5공화국 때부터 홍콩을 통한 간접 무역으로 시작되다가 1983년 7월 산동성 및 요령성과의 직접 무역 및 경제 교류가 이루어졌다. 물론 양국관계의 증대 추세는 1989년 6월 이른바 천안문 사건으로 중국정부가 대외정책을 경직시킴으로서 다소 정체와 후퇴의 조짐을 보였으나 1990년 가을 북경 아시안게임 후 다시 활기를 찾기 시작했다. 특히 남북한의 UN 동시 가입을 좌절시키려는 북한의 의도를 중국이 거부하여 1991년 1월 남북한이 결국 UN에 동시 가입하게 되면서 한·중 관계는 급속한 진전을 보이게 되었고 마침내 1992년 10월 양국 수교가 이루어졌다. 말할 것도 없이 한·중 관계의 수립은 노태우 정권이 추구한 일련의 북방정책을 마무리하는 의미를 지닌 획기적인 변화였다. 한·소 및 한·중 수교는 그것이 북한에 미치지 않을 수 없는 영향을 고려할 때 한국의 안보여건을 크게 향상시켰다고 하겠다.

대북한 정책 분야에서도 노태우 정권은 과감하게 새로운 접근법을 시도했다. 집권 초기인 1988년 7월 7일 발표된 이른바 <민족 자존과 통일 번영을 위한 특별 선언>과 1989년 9월에 제시된 이른바 '한민족 공동체' 통일방안을 위시해 6공은 남북협상 재개와 화해를 위한 일련의 제의를 통해 대북 공세를 강화했다. 특히 북한의 핵무기 개발 가능성이 안보상 최대의 위협으로 등장하자 노태우 정부는 미국과 일본을 비롯한 우방 국가들과의 외교적 협력을 도모하는 한편, 국제원자력기구(IAEA)를 통해 북한이 핵안전협정 체결과 국제적 사찰 및 남북한 상호 사찰을 수용하도록 외교적 공세를 취했다. 이 과정에서 한·미 양국은 주한 미군의 전술핵무기 보유가 이러한 대북한 핵정책에 걸림돌이 된다고 판단하게 되었고, 따라서 미국이 한국에서 핵무기를 일방적으로 철수하고 그 부재를 선언함과 동시에 노태우 정부는 1991년 12월 남한의 핵무기 보유와 핵연료 처리 및 농축 시설의 설치를 배제한다는 내용의 비핵원칙을 선언하여 북한에 대한 압력을 가중시켰다.

한편 남북대화 분야에서도 상당한 진전을 이루었다. 즉 1990년 7월 26일 남북 고위급회담 개최에 관한 합의서가 채택되고 9월 4일 제1차 남북 고위급회담이 서울에서 개최된 이후, 수차례의 회담이 거듭된 결과 마침내 1991년 12월 10일 제5차 회담에서 <남북 사이의 화해와 불가침 및 교류 협력에 관한 합의서>를 채택함으로써 1972년 7·4 남북 공동 성명서 이후 20년 만에 평화적 통일에 관한 원칙을 재확인하게 되었다. 국가 간 원칙의 천명이 글자 그대로 실현되는 경우는 매우 드물지만, 이때 채택된 남북합의서와 몇 개의 부속합의서가 한반도의 긴장 완화에 기여할 수 있을 것이다. 따라서 한국의 안보여건을 그만큼 향상시킨 것이라 하겠다.

방위정책 분야에서는 90년대에 시행될 주한미군의 3단계 감축 계획에 대비하는 동시에 한국 방위의 한국화 계획을 본격적으로 추진하기 시작했다. 이는 주한미군의 규모와 역할이 축소되는 만큼 한국군의 역할을 단계적으로 높여감으로써 한국군이 한국방위에 있어 주도적 역할을 담당하게 하려는 것이다. 10월 9일 한미 연례안보협의회에서 92년 12월 1일자로 한미연합사 지상군사령관에 한국군 장성을 임명하기로 합의한 것은 바로 이런 정책의 일환이며 '한국방위의 한국화'를 위한 제1차적 조치로 간주될 수 있을 것이다.

## Ⅶ. 각 정권 안보정책의 특징과 변화

독립국가로서 한국은 1947년 유럽에서 이미 시작된 미·소 간의 치열한 경쟁과 대결이라는 국제체제 차원의 양극적 냉전 구조의 상황 속에서 남북이 분단된 형태로 탄생했다. 따라서 한국의 안보는 국제체제의 그러한 구조적 성격에 의해 직접적으로 영향 받지 않을 수 없었으며 그 영향은 미·소의 냉전구조가 종식될 때까지 계속되었다. 그것은 그동안 각 정권의 안보정책이 극복할 수 없는 한계였다. 이러한 한계 속에서 추구된 각 정권의 국가적 차원의 안보정책은 다음과 같이 집약될 수 있다.

첫째, 제1공화국 이승만 정권의 안보정책은 건국과 함께 시작되었으며 그 정책적 내용은 독립국가로서의 한국의 탄생 과정에서 이미 분명해진 것이었다. 즉 그것은 한마디로 반공정책이었다. 당시 세계는 냉전체제로 진입하고 있었고 미국은 소련에 대한 봉쇄정책을 채택하고 있었다. 모스크바를 메카로 하는 국제공산주의의 팽창과 그 위험성이 한국정부 수립 과정에서 분명해졌기 때문에 이승만 정권의 대내외적 국가정책은 당시 미국처럼 무차별 반공주의 정책이었다. 반공은 우상이었으며 동시에 새로운 신앙이었다. 그리고 이러한 신앙은 6·25 전쟁을 통해 전 한국민들 사이에 사회화되고 내면화되었다. 이승만 정권은 그러한 안보정책을 유지하는 수단을 전적으로 미국에 기대하고 의존했다. 외교, 군사, 경제 및 안보적 차원의 모든 부문에서 이 정권은 미국의 원조와 지원에 의지하지 않을 수 없었으며 미국의 지원을 토대로 강력한 현대적 군대를 양성하여 소련 지배하의 북한공산 집단을 분쇄하고 북진통일을 달성하고자 했다. 이 시기에 미국은 대부요, 유모였다. 따라서 이 정권의 안보정책은 남북통일 정책이라고 부르는 것이 보다 더 적절한 것이다.

둘째, 제2공화국 장면 정권의 안보정책은 4·19로 무너진 이승만 정권의 기본노선과 다른 것이 거의 없었다. 여전히 반공이 안보정책상의 목표였으며 여전히 한미동맹체제에 의존했다. 장면 정권은 민주주의의 형식적 원칙에 충실하려는 모습을 보여주려고 노력하다가 민주정부 그 자체를 상실해 버림으로써 어떤 새로운 구상을 해볼 기회도 갖지 못했다.

셋째, 제3공화국의 박정희 정권은 처음부터 반공을 국시로 내걸고 수립된 정권이었다. 무차별 반공주의가 더욱 강화되었다고 할 수 있을 것이다. 그러나 박정권은 새로운 시도를 실행했다. 그것은 경제발전문제를 국가 안보정책과 연결시킨 것이었다. 박정희 대통령은 부국강병이 반공을 가능하게 할 뿐만 아니라 승공의 길이라고 간주했다. 안보정책의 새로운 인식이 등장한 동시에 구체적 방법이 제시된 것이었다. 경제적 발전이 안보적 차원, 군사적 차원으로 인식됨으로써 정부주도의 경제발전계획이 추진되었다. 경제적 발전의 성공적 추진을 위해 많은 국민의 반대에도 불구하고 일본과의 국교정상화가 강행되었다. 그러나 안보정책의 핵은 여전히 한미동맹체제를 통해 북한의 적화통일기도를 억제하는 것이었다. 박정권은 미국을 군사적으로 한국에 남도록 하고 한국군의 현대화를 추진하기 위해 월남에 군대를 파견하기까지 했다. 그러나 박정권의 무차별 반공안보정책은 간접침략의 분쇄를 강조하였고, 그 결과 정치 및 시민생활에 많은 제약을 가했다.

넷째, 제4공화국인 박정희의 유신정권은 무자별 반공의 기본적 안보정책노선을 강력하게 유지하면서도 남북대화를 통한 북한 내부의 탐색과 사회주의 국기들에 대한 문호개방정책을 시도했다. 이런 시도가 별다른 효과를 보지 못하고 월남의 공산화 통일 이후 아시아 및 한반도에서 미국의 역할에 대한 의구심이 일자 자주국방정책을 슬로건으로 하여 군비강화를 도모했다. 그러나 그의 안보정책도 여전히 한미동맹체제의 대북한 억제력에 의존하고 있었으며, 괄목할 만한 경제발전에도 불구하고 유신정권의 개인독재와 영구집권에 대한 도전과 염증이 표출되자 역시 안보적 차원에서 이를 억압하고 국민들을 지나치게 통제하였다. 그리고 이러한 국내 정치적 안보정책의 남용은 한국 안보정책의 토대인 한미동맹관계를 소원하게 하는 역설적 결과를 가져오기도 했다. 유신정권은 보다 효과적인 반공과 국가안보의 미명하에 전국민을 동원제제로 조직하고 관리하는 일종의 준병영국가로 국가형태를 추락시켰으며 국민 개개인의 존엄성을 훼손하고 시민적 자유를 탄압했다.

다섯째, 제5공화국의 전두환 정권도 역시 무차별 반공주의를 국시 차원의 안보정책으로 추구했으며 유신체제로 소원해진 한미 동맹관계를 전통적 우호관계로 복귀시켰다. 전두환 정권도 주한미군의 계속적인 주둔이 북한의 도발적 행동을 억제하고 한반도의 평화를 유지하는데 긴요하다고 믿고 미군 주둔의 유지를 위한 이른바 방위비 분담을 크게 늘리면서 한미 동맹체제의 현상유지를 도모했다. 또한 급속한 경제성장보다는 경제적 안정을 보다 긴급한 경제 정책으로 추진하고 많은 국가들과의 정상외교를 통해 국위를 선양하고 한국수출시장의 확대 및 다변화를 안보정책의 실천으로 간주했다.

여섯째, 제6공화국의 노태우 정권은 제1공화국 이래 계속 유지되어온 한미동맹체제를 근간으로 하는 대북한 반공정책을 고수하면서도 그동안 성취된 한국의 경제적 능력을 활용한 모든 사회주의 국가들과의 관계 개선 및 경제 관계의 증대가 한국안보에 기여할 것으로 판단하여 이른바 북방정책을 강력히 추진하였다. 또 북한과의 지속적인 대화를 통해 직접 접촉 범위를 늘리고 북한을 유엔을 비롯한 국제사회에 보다 깊숙이 끌어들임으로써 북한의 핵무기 개발과 테러행위를 더 효과적으로 억제할 수 있으며 나아가서 한반도의 평화통일을 앞당기는 것으로 인식하여 남북대화를 추진했다. 특히 소련 및 중국과의 국교정상화는 북한이 더 이상의 전쟁 도발이나 침략적 행위를 시도하는 것이 어렵도록 만들었으며, 남북대결에서 북한을 수세로 변모시켰다.

이상의 6개 정권의 안보정책에 관한 집약적 논의에서 공통적으로, 발견할 수 있는 두드러진 특징은 1948년 정부수립 이후 모든 정권의 안보정책의 최대 목표는 반공이었다는 점이다. 절대다수의 한국민들에게 국제공산주의와 북한의 공산정권으로부터의 안보적 위협은 자유민주주의가 약속하는 많은 시민적 권리에 대한 제약을 감수하게 만들었다. 특히 한국전쟁 후 북한, 중공, 소련 간에 형성된 사실상의 삼각 동맹체제는 약소국인 한국에게 실제적인 위협으로 인정되었으며 그 결과 반공주의는 한국민 대부분에게 총체적이고 무차별적이며 거의 신앙적이었다고 할 수 있다. 어쩌면 반공주의는 한국인들에게 전통적인 유교적 생활 양식보다도 더 강력한 영향을 미쳤다. 모든 정권들이 반공이라는 안보정책으로 자신들의 많은 정책들을 정당화시켰으며 심지어 안보정책 원칙을 유린하는 쿠데타까지도 국가안보의 이름으로 정당화시키는 불합리한 역사적 유산을 남겼다.

그러나 반공이라는 동일한 목적 위에서도 각 정권의 안보정책은 그 수단과 방법에서 그리고 그 적용 범위와 강조에 있어서 몇 가지의 중요한 변화를 보여 주었다.

첫째, 반공 세력이 주도하며 처음 한국정부가 수립되었을 때 반공이념의 정치적 역할은 당연했다. 그리고 당시 미국의 대소정책처럼 반공안보정책은 정치적 봉쇄정책이었다. 그러나 6·25 전쟁은 안보정책을 정치적 봉쇄에서 철저한 무장봉쇄정책으로 바꾸어 버렸다. 그 결과 무차별 반공주의, 즉 반공지상주의가 안보정책을 지배하기 시작했다.

둘째, 반공이 국가안보정책을 지배하게 되자 조금이라도 공산주의적 요소를 띤 행동은 안보에 대한 위협으로 간주되었다. '용공' 이라는 혐의를 받을지도 모른다는 위험은 국민적 일상생활에도 지대한 영향을 미쳤다. 따라서 기존의 국가안보정책에 대한 이의나 변화를 언급하는 것조차 금기시되었다. 반공은 정치문화가 되어 버렸고 생활의 윤리가 되어 버렸다. 공산주의에 대한 어떤 화해적 태도도 반공에 의해 수용되지 않았다. 그것은 집권세력에게도 마찬가지로 적용되었다. 제 2 공화국 말기에서 보았듯이 그것은 쿠데타의 구실을 주기까지 했다.

셋째, 제 3 공화국의 반공안보정책은 장기적 승공을 위해서는 국력이라는 경제적 수단이 중요하다는 것을 강조하였다. 강력한 경제력이 곧 안보요 안보는 경제력 없이 불가능하다는 인식이 팽배했다. 바꾸어 말하면 정치와 경제의 엄격한 분리에 입각한 민주적 사고가 거부되고, 경제가 정치를 지배하게 된 것이다. 안보는 정치에 우선하는 것이고 따라서 경제는 안보적 차원에 속하기 때문에 정치에 우선해야 한다는 인식 및 정책적 변화가 발생했다.

넷째, 유신체제가 들어선 후엔 한국 국민들은 안보가 헌법 및 헌법정신보다도 우선한다는 병영국가식의 군국주의적 사고와 정책이 지배하는 새로운 변화를 경험하게 되었다. 국제적 긴장완화의 분위기가 도래하자 통일정책이 안보정책의 일환으로서 본격적으로 활동되었다. 통일정책은 공산진영과의 접촉을 필요로 했다. 따라서 그동안 무차별적 공산주의가 차별적으로 적용될 수 있다는 문호개방정책이 채택되었다. 할슈타인 원칙이 폐기되고, 반공에는 변함이 없지만 비적대적인 공산국가와의 관계개선은 안보 및 통일정책수행에 긍정적인 영향을 미칠 수 있다고 간주되기 시작하였다. 군사전략도 변화했다. 베트남의 공산화 이후 후퇴반격작전에서 전진방어전략으로 바뀌었다. 전국민의 조직화가 안보정책의 일환으로 실행되었다. 전국토가 일종의 준병영국가로 변모했다.

다섯째, 제 5 공화국에 들어와서도 여전히 반공이 안보정책의 핵심을 이루고 있었으나 유신 때 시작한 선별적 반공정책이 더욱 추구되었다. 그리하여 중공과의 간접무역 확대를 통해 관계 개선이 기대되기도 했다. 공산권에 대한 이런 태도 변화의 결과, 북한을 김일성 집단과 북한 주민으로 보다 분명히 구별하여 이원적으로 인식하기 시작했다. 김일성 집단 내에서도 김정일이 김일성보다 더 호전적인 인물로 간주되었는데 그것은 일련의 폭탄테러 사건들이 김정일이 주도한 것으로 인식되었기 때문이다. 즉 그러한 사건들은 어떤 업적을 쌓으려는 김정일의 빗나간 정책 추진의 결과로 간주되면서 김정일이 후계자가 될 경우에 전쟁의 가능성이 높아질 것이라는 인식이 등장했다.

여섯째, 제6공화국에 들어와서 한국의 안보정책은 가장 현저한 변화를 겪게 된다. 즉 북방정책의 본격적 추진을 통해 국제적 여건의 유리한 조성을 목적으로 한 대공산권 외교가 안보정책의 전면에서 추진되게 되었다. 과거의 적극적인 무차별 반공주의로부터 완전히 탈피하여 이제는 적극적 호혜 관계 수립정책으로 전환되었다. 그런 외교의 제1차적 수단은 경제력이었다. 즉 국제적 경제교류관계가 안보정책의 일환으로 간주되어 적극적 경제외교가 펼쳐졌다.

이상과 같은 한국 안보정책의 변화과정과 내용을 본다면 한국의 안보정책은 무차별 반공정책에서 선별적 반공정책으로 그리고 모든 국가들과의 관계 정상화라는 정책으로 변화되어 온 것을 발견하게 된다. 이것은 공산진영에 대항하여 자유진영과의 결속을 강화하고 협력을 증대시킨다는 제로섬 게임적 안보정책에서 국가 간에는 갈등과 협력이 공존한다는 것을 바탕으로 한 넌제로섬 게임적 정책으로 서서히 변화하여 대외관계의 정상상태로 발전해왔음을 말해준다. 그리고 이러한 기본적 변화과정에서 비록 여전히 제1차적 적대국임에는 틀림없지만 북한도 예외가 아니었다. 북한이 타도의 대상에서 공존의 대상으로, 즉 갈등 속에서 협력이 추구되고 협력의 추구 속에서도 갈등적 요소를 배제할 수 없는 그런 정상적인 관계 속의 이웃형제국으로 인식되는 변화의 과정이 바로 한국 안보정책의 역사라고 할 수 있겠다.

## Ⅷ. 한국 안보정책의 평가 및 문제점

지구상의 모든 국가들은 독립국임을 선언하는 그 순간부터 국가안보를 자신들의 제1차적 국가목적으로 추구한다. 그리고 국가안보란 매우 추상적인 개념이며 모호한 상징이기 때문에 국가에 따라, 또 정권에 따라 안보의 상황인식이나 그에 대응하는 안보정책적 내용과 실천방법에서 차이가 있다. 한국도 예외가 아니었다. 그러나 한국의 경우에 1948년 탄생한 제1공화국에서부터 제6공화국에 이르는 44년 동안 그 안보적 상황인식이나 그 대응정책에 있어서 근본적 변화보다는 오히려 지속성이 더 지배적이었다. 즉 한국은 무차별이든 선별적이든 반공정책을 계속 추구해 왔으며, 선별적이기보다는 무차별적인 반공주의가 최근 제6공화국의 북방정책 추진시까지 정책적 우위를 견지했다. 그것은 제2차대전 종결 후 지난 약 반세기 동안 두 초강대국을 중심으로 하는 냉전체제 속에서 자유진영을 선택함으로써 공산주의를 봉쇄하기 위해 그러한 자유진영의 결속이 절실히 요구되는 시기에 한국에겐 별다른 대안이 없었기 때문이기도 하다. 그러나 무엇보다도 북한공산주의자들의 6·25 침략전쟁의 참담한 경험은 반공과 국가안보를 동일시하는 한국인의 안보의 상황적 인식을 철저히 내면화하는 계기가 되었다.

그동안 각 정권이 견지해 온 철저한 반공정책은 제2의 6·25와 같은 민족사적 비극을 예방했다는 점에서 볼 때에 그 최종적 분석에서 1954년 이래 성공적이었다고 평가될 수 있다. 그 성공의 비결은 물론 냉전의 국제적 양극체제 하에서 미국과 유지된 한미동맹체제였다. 바꾸어 말하면 한민족의 비극적 분단과 민족상잔의 쓰라린 경험이 양극적 냉전체제에 기인했지만 동시에 아이러니컬하게도 6·25 이후 제2의 전쟁이 방지된 것도 바로 그 양극적 냉전체제의 구조적 성격의 덕택이었다.[28] 그러나 국제체제상 불연속성[29]의 존재 가능성을 고려할 때 각 정권의 안보정책도 한반도에서의 전쟁 재발을 막는 데 분명히 기여했음을 인정하지 않을 수 없을 것이다.

한국의 반공주의 안보정책은 미국과 동일한 외교정책적 목표를 추구하는 것이었다. 그러나 미국과 한국의 국내정치적 여건의 커다란 차이는 국가안보정책의 실천 과정에서 상당한 차이를 드러냈다. 미국에서는 자유민주주의적 정치제도와 정치 과정이 확고하게 수립되어 있었다. 따라서 미국은 국내정치의 권력투쟁에 있어서도 국가의 정통성과 존재 이유에 대한 도전이 전혀 제기되지 않았다. 따라서 미국은 대외적 위협으로부터의 방위만을 안보개념으로 채택할 수 있었다. 반면에 한국에서의 각 정권은 처음부터 그 정통성과 존재 이유에 대한 의문과 도전에 직면해 왔다. 따라서 권력투쟁은 단순히 정권투쟁에 머무르지 않고 국가존립, 즉 안보에 대한 도전으로 집권자들에게 인식되고 또 그렇게 대처되었다. 정권교체나 정권계승 및 변화에 대한 제도와 절차의 취약성과 역사적 전통의 부재는 국가안보가 국내적 통치와 정권유지의 효과적 수단으로 사용되고 또 때로는 남용될 수 있는 여지를 각 정권에게 남겨주었다. 국내적 정권의 위협이 국가안보로 수락되면 집권자들은 정치적 반대세력에 대해 폭력 사용을 정당화하는 강력한 수단을 부여받게 된다. 한국에서 단명했던 제2공화국 정권을 제외하고 각 정권들은 "국가안보라는 지상명령에 입각하여 모든 폭력과 강제력

28) 냉전의 시대가 긴 평화의 시대가 될 수 없었던 국제체제의 구조적 성격과 요인들에 관한 분석을 위해서는 John Lewis Gaddis, *The Long Peace: Inquiries into the History the Cold*, Oxford University Press, 1987, 특히 제8장을 참조

29) Oran Young, "Political Discontinuities in International System," in James Rosenau (ed.), *International Politics and Foreign Policy*. 2nd ed., New York: Free Press, 1969, pp.336-345.

을 국내정치과정에 번번이 개입시켰다." 즉 각 정권은 국가안보의 이름으로 국민들의 맹목적 충성을 강요했으며 그 결과 안보의 궁극적인 목적인 국민 개인의 존엄성과 자유가 제한받고 침해당하는 역설적인 결과를 가져온 경우가 적지 않았다. 한국민들은 때때로 국가안보를 위해 국가안보의 궁극적 목적이 거부되는 아이러니컬한 정치생활을 경험하면서 살아온 것이다. 바꾸어 말하면 한국의 각 정권은 자유민주주의의 안보정책이 준수해야 할 4가지 기본적 원칙들을 종종 엄격하게 준수하지 못한 문제점들을 남겼다.30)

첫째는 문민통치의 원칙이다. 자유민주주의 국가에선 민주 정치제도의 발전과 함께 민간인 통치의 권위와 통제에 대해 군부의 복종이 당연시된다. 뿐만 아니라 서양문명의 최고 군사전략가인 칼 폰 클라우제비츠도 성공적인 군사전략의 수행을 위해서 군사전략의 수립 및 집행과정에 있어서의 민간인 주도를 주창했다. 클레망소의 말처럼 전쟁이란 군인들에게만 맡기기에는 너무도 중요한 문제이기 때문이다. 군에 의한 정치 주도는 민주적 원칙이나 절차보다는 효율성만을 강조함으로써 인간의 존엄성과 자유가 과소평가되거나 무시되는 속성을 가지고 있다. 한국 역대 정권에서 볼 수 있는 군부의 지나친 영향력과 때때로의 직접적인 군사통치는 국가안보 지상주의를 낳았고 그 결과 개인의 존엄성과 자유가 침해받는 것을 불가항력이나 필연적인 것으로 강요하는 위험성을 낳았다.

둘째는 정보자유의 원칙이다. 역대정권은 국가안보에 관한 정보를 안보상의 국가기밀이라는 이름으로 독점해 왔다. 그 결과 안보의 이름

---

30) 이런 문제점들의 논의는 국내 정치과정에 대한 섬세한 역사적 분석을 요구한다고 할 수 있다. 그러나 한국 국내정치의 역사는 많은 다른 서적과 논문에서 쉽게 접할 수 있을 뿐만 아니라 여기서 제시하는 문제점들은 어쩌면 한국사에 대한 피상적 이해 위에서도 동의할 수 있는 자명한 것들이라고 생각된다.

으로 권력이 남용될 때 국민들은 정확한 정보에 입각한 객관적 비판을 가할 수 없었다. 정보자유의 부재는 개인의 안보가 요구되는 존엄성과 자유를 지켜나갈 수 있는 수단의 부재를 의미했다.

셋째는 시민자유의 원칙이다. 역대정권은 개인의 시민적 자유를 보장하는 데 인색했다. 즉 언론, 출판, 집회, 결사 및 표현의 자유는 물론이고 참정권의 실질적인 제한과 역대 선거부정사례 등은 개인의 시민적 자유와 선택할 권리의 부정으로 정치사회적 불안을 가져왔고 사회의 불안정이 때로는 오히려 집권자에 의해 조장되기까지 했다.

넷째는 자유경제의 원칙이다. 한국은 후발국가로서 경제적 성장의 시간을 단축하기 위하여 국가주도의 경제계획과 운영을 선택했다. 그러나 국가경제가 이른바 도약단계에 진입한 후에도 경제가 정치적 고려에 의해서 운영되고 경제에 정부가 지나치게 개입함으로써 경제가 자율적인 능력을 개발하지 못하고, 정치의 풍향에 민감하게 영향 받아 왔다. 즉 기업인들이 정치적 보복을 두려워하고 세금 외에 이른바 정치자금을 제공함은 물론 국가의 재정 및 금융정책을 통한 혜택과 특혜에 의존하는 잘못된 기업풍토가 조성되었다. 또한 기업인들이 근로자의 복지보다는 정부에 의존함으로써 근로자들의 집단의식, 계급의식의 성장을 초래했으며 물가나 요금, 임금 등이 정부에 의해 주도됨으로써 경제적 자유와 개인의 자율적 선택권이 보장되지 못했다.[31)]

---

31) 이러한 4가지 원칙들이 엄격히 준수되지 못하는 데에는 국민의 자유와 존엄성을 보호 증진시키는 데 기여해야 할 역대정권하의 공적기관들의 직무유기에도 기인했다.
첫째, 한국의 주요 정당들은 그 동안 정권투쟁에만 거의 몰두했다. 당은 정권의 획득과 유지를 목적으로 결성되는 것이지만 그 정권투쟁도 국민들의 자유와 존엄 및 복지를 위한 투쟁이어야 한다. 그러나 불행하게도 한국정당은 정권적 차원에만 몰두하다 보니 국민을 위한 구체적인 문제들을 소홀히 취급해 왔다. 특히 국가안보에 관한 한 야당도 정부 여당과의 투쟁에서 초당적 자세를 요구받고 이에 굴복하기 일쑤였다. 국가안보 문제에 관해서 야당의 이견이 잘못하면 반국가적 행위로 매도되는 위험성 때

한국의 역대 정권들은 안보정책 수행에 있어서 반공지상주의를 국내 정치의 효과적 수단으로 활용하고 남용함으로써 '반공이 곧 안보요, 안보란 반공'이라는 등식을 전 국민들에게 강요하고 내면화시켰다. 이것은 역사의 특정한 시기의 안보정책으로 수락될 수 있었다. 왜냐하면 반공은 간결하면서도 편리하게 국가안보에 대한 정의를 제공했기 때문이다. 그러나 반공을 제거하면 우리의 안보정책은 표류하게 될 것이다. 즉 안보와 반공의 동일시는 공산주의의 위협이 계속되는 동안에는 안보의식을 유지시킬 수 있지만 공산주의가 몰락할 경우 안보의식마저도

---

문이었다. 따라서 이른바 '빨갱이'니 '용공'이니 하는 정치적 매장과 생명의 위험성은 국가권력의 남용을 막는 데 속수무책이었다.

둘째, 정당의 취약성은 의회의 약화를 초래했다. 행정부의 시녀라는 지탄마저 받을 정도로 의회는 국가안보에 관련된 의제에 관한 한 행정부에 대하여 전혀 견제 역할을 하지 못하였다. 대통령의 통치권은 삼권분립의 헌법정신을 무색케 했으며 한때는 국회의원들의 삼분의 일이 대통령에 의해 자의로 임명되기까지 하였다. 요컨대 의회는 기대되는 역할을 수행할 수 없었다.

셋째로, 의회처럼 사법부도 그 독립적 기능을 수행하지 못했다. 국가안보 사건에 관한한 종종 사법부도 행정부의 지시에 따라 재판의 요식행위를 갖추어 주는 것처럼 보였다. 그것은 사법부의 유죄판결에도 불구하고 사면이니 복권이니 하는 정치적 고려에 의해서 많은 사건들이 해소되는 경우에도 마찬가지였다. 특히 계엄령이 선포되는 경우에 한국의 사법부는 존재하는 것 같지도 않았다. 많은 사건에서 초법률적 체포, 연행, 구금 등이 사법부에 의해서 견제되지 못했다. 인권의 최후의 보루인 사법부가 오히려 정치의 대상이요, 수단이었다.

넷째로, 현대정치의 제4부라고 일컬어지는 언론도 국가안보에 관한 한 인간의 존엄성과 개인의 자유를 보호증진하기 위한 충분한 역할을 수행하지 못했다. 보도통제, 보도자제, 보도협조 등의 각종 정부지침에 부대끼면서 독자적 사건의 추적보도가 국가안보에 관련된 사건에 관한 한 사실상 전무한 상태였다. 한국의 언론은 정부의 발표를 전달 홍보하는 국가기관처럼 보였다. 정부의 감시와 감독을 거부하려는 몸부림이 없지 않았지만 그들은 국민의 진실을 알 권리를 충족시키는 데 미약했으며 진실만을 보도할 책임과 의무를 수행하는 노력이 부족하였다. 언론이 침묵을 유지할 때 어두운 곳에서 많은 사람들의 인권이 유린되고 자유가 억압받았다. 따라서 한국의 언론도 직무 유기의 비판을 면키 어렵다.

몰락하게 할 위험성을 안고 있다. 오늘날 우리는 바로 이러한 위험성에 직면하고 있다. 그것은 분명 역대정권의 안보정책이 가져온 비의도적 '후유증'이라고 할 수 있다. 따라서 단순한 반공지상주의는 영원한 한민족의 안보관을 수립하는 데는 오히려 왜곡되고 부정적인 영향을 미칠 것이다.

## IX. 결 론

세계정부가 부재한 무정부적 국제사회 속에서 완벽한 안전이란 확보될 수 없다. 따라서 완벽한 안보를 정책목표로 추구한다는 것은 불가능한 목표를 추구하는 것과 같다. 시지프스의 운명은 비극이다. 현실적으로 국가안보란 상대적인 목표이다. 그렇다면 어느 정도의 안보가 충분한가? 그리고 상대적인 안보가 정의되는 여러 가지 기준에 있어서 끊임없는 변화에 어떻게 적응할 것인가에 관한 복잡하고 객관적으로 대답하기 어려운 의문이 제기된다. 상대적 안보란 영원히 불만스런 조건이기 때문이다. 따라서 편집광적 국가안보의 전략논리는 군사화 되고 안보에 사로잡힌 이른바 병영국가로 우리를 쉽게 유도할 위험성이 있다.

그러나 만일 안보정책이 국가의 중요한 취약성을 감소시키는 데 초점이 맞추어진다면 그것은 국가의 자립능력을 증대시키고 구체적인 위협에 대처할 상응하는 능력을 증진함으로써 성취될 수 있다. 그렇다면 한국의 취약점은 무엇인가? 그것은 첫째로 다가오는 주한미군의 철수이다. 주한미군의 완전철수는 한국전쟁 이후 북한의 일관된 대남전략의 기본 목표이다. 북한은 미국의 도움만 없으면 남한을 공산화시킬 수 있다고 믿어 왔다. 따라서 한국은 북한의 그러한 믿음이 전혀 근거

없는 환상에 지나지 않는다는 것을 북한 집권자들에게 증명해 주어야 한다. 미국의 지원이 없어도 한국은 북한과의 군사적 경쟁에서 결코 뒤지지 않고 오히려 앞서갈 뿐만 아니라 만일 그들이 전쟁을 도발한다면 그들 자신들이 멸망할 것이라는 사실을 확신시킬 수 있는 자립적 국방력을 남한 스스로가 갖추어야 한다. 바로 그러한 자주적 국방능력을 북한에게 우리가 과시하게 될 때 비로소 한반도에서의 평화정착은 물론이고 조국의 평화적 통일을 위한 남북대화와 협상에서 북한 집권자들의 진지하고 성실한 협상 자세를 기대할 수 있을 것이다.

둘째로는 그동안 진행되어 온 한국의 정치적 민주화를 계속 가속적으로 전진시켜 나가야 한다. 그리하여 국가안보의 궁극적 목적인 개인의 존엄성과 자유가 국가안보의 이름으로 침해되는 역설적인 상황으로 빠지는 비극을 초래해서는 안 된다. 즉 국가안보를 위해 바로 그 국가안보정책의 궁극적인 목적이 거부되고 희생되는 아이러니컬한 결과를 예방해야 한다. 국가안보가 정치지도자 개인의 야심이나 정권 현장의 도구로 전락하여 귀에 걸면 귀걸이 코에 걸면 코걸이 식으로 남용된다면 국민적 냉소주의를 확산시키게 되고 그것이 바로 국가안보를 저해하는 행위가 될 것이다. 민주정치의 확립은 선진국가들에서 볼 수 있는 것처럼 그러한 정치적 남용을 예방해 줄 것이다.

셋째로 경제적 위협에 대처하기 위해서도 정치적 민주화를 통해 경제적 창의력을 진작시켜야 한다. 경직된 권위주의적 관료제도의 통제 하에서 창의력은 결코 배양될 수 없다. 이것은 소련 및 동구의 철저한 통제 경제의 파산선고가 실증적으로 증명한 사실이다. 경제활동의 자유를 최대한 보장하고 자립 능력을 증가시키며 수출입 시장을 다변화하며 국민들에게 검소한 생활양식을 권유함으로써 경제적 취약성을 감소시켜야겠다.

넷째로 외교 면에서는 무엇보다도 미국과의 동맹관계를 유지해 나가야 한다. 비록 주한미군이 완전히 철수된다 하여도 지금까지 한반도 안보의 핵심적 보루였던 한미동맹체제를 계속 유지함으로써 필요시 미국이 도울 수 있는 법적 근거를 유지시켜 나가야 한다. 왜냐하면 미국은 외교관계에서도 일차적으로 법률적 근거를 중요시하기 때문이다. 즉 미국만이 동북아 지역에서의 균형자 역할을 수행할 수 있다는 국제정치적 논리를 국내외적으로 발전시키고 홍보시켜 나가야 한다. 또한 유엔 체제를 위시하여 세계 주요정부간 및 비정부간 국제기구에서 활발한 활동과 적극적 기여를 통해 한국의 국가적 위상을 높이고, 한국의 통일이 어느 국가에도 위협이나 해가 되지 않는다는 것을 인식시킴으로써 한국통일에 대한 국제사회의 호의적 분위기를 진작시켜 나가야 한다.

끝으로 지금은 역대 정권의 안보정책상의 문제점들을 반성하고 정확한 안보의 상황인식 하에 올바른 안보관을 수립하여 국민들의 합의를 진작시켜 나가야 할 때이다. 그것은 자유민주주의 국가의 안보정책이 준수해야 할 4개 원칙을 재인식하고 그것들을 엄격히 실천하는 것을 포함한다. 잘못된 안보정책은 잘못 쓴 약처럼 오히려 국가안보를 위태롭게 할 것이기 때문이다.

제5장

# 주한미군과 한반도: 역사적 전개와 의미

전쟁이란, 단순히 수단을 달리한
정책의 연속에 지나지 않는다.
- 칼 폰 클라우제비츠 -

자유와 평등의 원칙에 입각한 민주적 삶의 양식은 이른바 '역사의 종말'과 함께 세계의 보편적 삶의 양식이 되어버렸다. 그러한 삶의 독특한 모델을 미국에서 발견했던 알렉시스 드 토크빌(Alexis de Tocqueville)이 1835년 유럽의 쇠퇴와 함께 러시아와 미국의 부상을 예측할 때[1] 그는 20세기의 러시아와 미국 간의 그 길었던 이른바 냉전을 예상했던 셈이다. 그러나 토크빌도 당시 유럽의 미래가 비관적일 때[2] 미국과 러시아가 전 세계를 두 개의 영향권으로 분할하는 범세계적 대결이 언제 어느 곳에서 어떻게 전개될 것인지에 관해서는 직접 말하지 못했다. 그도 그런 세계사적 전환의 시점을 예측할 수는 없었다. 그러나 토크빌이 간파했던 것은 러시아의 절대주의와 미국의 민주주의가 각각 자신들의 제국적 팽창지역에 부과할 지배형식에 있어서의 차이였다. 그리고 토크빌이 이 두 강대국 간의 충돌을 가져올 원인으로 생각했던 것은 러시아와 미국의 바로 그 차이, 즉 이념적 차이였

---

1) Alexis de Tocqueville, *Democracy in America*, Vol.1, ed., Phillips Bradley, New York: Alfred A. Knopf, 1960, p. 434.

2) Geoffrey Barraclough, *An Introduction to Contemporary History*, Pelican Books, 1967, p. 97.

다.[3] 그는 당시의 모든 강대국들 중에서 러시아가 민주주의를 수용할 가능성이 가장 적고, 또 러시아인들이 정치적 자유의 길을 스스로 헤쳐갈 능력이 가장 적은 사람들로 보았다. 따라서 그는 지구상의 가장 강력한 전제주의와 지구상의 가장 광대한 민주주의 간의 긴장은 장대할 수밖에 없으며 이것은 곧 범세계적 충돌을 예시한다는 결론에 도달했던 것이다.[4]

토크빌이 예상했던 이 범세계적 충돌의 시발점, 즉 역사의 전환점은 그의 『미국민주주의』가 출판된 지 약 80여년 후인 1917년 4월 6일 미국이 당시 유럽전쟁에 참전함으로써 유럽전쟁(European War)을 세계대전(World War)으로 확대시켰던 때라 할 수 있다. 왜냐하면 미국의 참전은 유럽의 시대를 세계정치의 시대로 전환시키는 데 있어서 결정적 계기였기 때문이다. 미국의 참전이 세계정치의 시대를 열었다면 분명히 융합하기 어려운 이질적 이념에 의하여 고무된 두 경합적 강대국을 축으로 하여 양진영으로 세계가 분할된 것은 1917년 러시아의 11월 볼셰비키 혁명 후에 실체적 모습을 갖게 되었다. 서방세계의 반볼셰비키 십자군에 윌슨 대통령이 가담하게 된 것은 1918년 8월 16일 블라디보스토크에 9천 명의 미군을 상륙시킴으로써 구체화되었다고[5] 할 수 있겠지만 윌슨과 레닌은 처음부터 인류의 공감을 얻기 위해 경

---

3) Robert Strausz-Hupe, *Democracy and American Foreign Policy*, New Jersey, New Brunswick: Transaction Publishers, 1955, p.27. 이념(ideology)이란 단어가 그의 Democracy in America에서 등장하지는 않지만 그는 역사의 주된 동인으로 아이디어의 힘에 무관심하지 않았다(p. 28).

4) *Ibid.* 최근 사무엘 헌팅턴(Samuel Huntington)의 이른바 문명충돌론의 지성적 기원은 토크빌이었따고 할 수 있을 것이다. Samuel P. Huntington, "The Clash of Civilizations?" *Foreign Affairs*, Vol.27, No.3 (Summer 1993), pp.22-49.

5) 이 사건에 관해서는 John Silverlight, T*he Victors' Dilemma: Allied Intervention in the Russian Civil War 1917-1920*, New York: Weybright and Talley, 1970 참조.

쟁하고 있었다. 즉 1918년 1월 8일 윌슨이 저 유명한 포틴포인츠(the Fourteen Points)를 발표했던 것은 레닌이 종전 후의 세계에 대한 청사진을 독점하지 못하도록 하기 위한 것이었다.

그러나 그들 간의 경합에도 불구하고 윌슨과 레닌은 한 가지를 공유하고 있었다. 그들은 기존의 국제체제를 거부했던 것이다. 그들은 똑같이 비밀외교, 영토병합, 무역차별을 거부했고 또 힘의 균형, 즉 권력정치에서 탈피하고자 했었다. 그들은 새로운 국제질서의 예언자들이었으며 당시의 대표적 혁명가들이었다.[6] 레닌의 세계혁명의 촉구는 윌슨의 포틴포인츠를 불러냈으며 프롤레타리아의 단결과 제국주의에 대항하는 항거는 자결(self-determination)과 보통인간들의 세기에 의해 필적되었다. 이것들은 신국제체제의 슬로건들이었다. 미국의 고립주의로의 복귀와 내란에 의한 소비에트 러시아의 약화와 같은 반전이 있었지만 그것이 이 역사적 전환점의 중요성으로부터 빗나가지는 않았다. 20년 간의 반전의 시기, 카(E. H. Carr)의 표현을 빌리자면 20년 간의 위기가 도조(東條) 하의 일본과 히틀러 하의 독일로 하여금 세계강대국들 사이에 한 자리를 확보하려는 시도를 허용했지만, 그러나 그 위기의 결과는 소비에트 러시아와 미국의 지위를 과거보다 훨씬 더 확고하게 수립해주는 것이었다.[7] 제2차 세계대전의 종결은 1세기 이전 토크빌의 예측처럼 세계를 양분하여 지배하는 일종의 양국의 공동관리(condominium) 체제의 수립을 보다 선명하게 해주었다. 즉 국제적 양극체제 시대가 도래한 것이다.

그러나 양극체제의 구조적 성격의 뚜렷한 부각이 모든 구체적인 지정학적 분할선마저 확실하게 해주지는 못했다. 독일과 일본의 무조건

---

6) R. W. Van Alstyne, "Woodrow Wilson and the Idea of the Nation State," *International Affairs,* Vol. 37, 1961, p.307.

7) Geoffrey Barraclough, *op. cit.*, p.122.

항복은 이곳저곳에서 두 초강대국 영향권의 지정학적 경계선의 결정을 필요하게 만들었다. 그리고 그러한 경계선을 분명히 해야 할 곳 가운데 하나가 바로 한반도였음은 주지의 사실이다. 당시 미·소 양대국에 의해서 점령된 한반도는 두 강대국 간의 중립적 완충지대로(오스트리아처럼) 인정받거나, 아니면 미·소 양대국의 영향권으로 분할되어(독일처럼) 미·소의 이념적 및 지정학적 대결의 최전선이 되는 수밖에 없었다. 한반도의 운명은 가혹하게도 후자, 즉 두 초강대국이 경합하는 최전선이 되고 말았다. 한반도의 비극은 바로 이처럼 가혹한 역사의 수레바퀴가 미·소 양국의 공동관리를 향해 굴러갈 때 거기에 부딪혀 반으로 찢길 지정학적 위치에 자리하고 있었던 것이다. 이렇게 볼 때 한반도분단의 비극은 비록 역사의 필연은 아니었다 할지라도 거역하거나 반전시키기 어려운 역사적 사건이었다고 할 수 있을 것이다. 왜냐하면 미국과 러시아 간의 협상에 의한 한반도문제에 관한 합의는 지정학적 대립과 이념적 대결이라는 이중적 경쟁상황으로 인해 매우 어려울 수밖에 없었기 때문이다.

## Ⅰ. 불완전한 후견자(1945-1949)

1945년 9월 8일 미국의 제7보병사단이 일본군의 항복을 접수하기 위해 인천항에 상륙했을 때 미국의 대아시아전략은 아직은 소비에트 러시아와의 지정학적 대결의 전략적 사고에 의해 지배받지 않았다. 이것은 미국에서 19세기 후반 이후 정책결정에 상당히 영향을 미쳐온 역사적 배경에서 본다면 다소 예외적인 경우라고 말할 수 있을 것이다.

19세기 말부터 미국에서 알프레드 마한(Alfred Mahan) 제독과 호머 리(Homer Lee) 장군의 지정학적 이론은 미국의 정책결정자들이 국제정치와 미국의 장래를 생각하는 데 중요한 지침서였다. 특히 마한과 리의 주장은 미국이 큰 정책(large policy)을 시작했던 매킨리 대통령 시대에 시어도어 루스벨트 부통령과 캐보트 로지(Cabot Lodge) 상원의원 등에 의해서 전폭적 지지를 받았으며, 1897년 하와이 병합과 1898년 스페인과의 전쟁 결과로 인한 필리핀의 획득은 아시아와 태평양의 중요성을 강조했던 마한과 리의 이론적 실천이었다. 필리핀은 미국 서태평양의 군사기지가 되었으며 중국무역을 위한 통상의 창구가 되었다. 미국은 정치적 관련을 피하면서 상업적 및 문화적 팽창을 진작시키기 위해 이른바 문호개방(open door) 정책을 제시하고 추진했지만 1905년 러일전쟁 종결 후 미국의 대아시아정책은 루스벨트 대통령에 의해서 힘의 균형을 유지하는 정책으로 전환되었다.[8)]

그 후 1913년 윌슨 대통령의 외교정책은 이념적 가치를 더욱 강조하는 것으로 보였으며, 제1차 세계대전 후 미국은 고립주의로 복귀해 버렸다. 그러나 제2차 세계대전의 발발로 프랭클린 루스벨트 대통령은 미국의 안전에 대한 유럽대륙의 정치적 중요성을 재인식하게 되었다. 그의 정책에는 매킨더(Mackinder)의 심장부지역(heartland)이론의 주요 개념들과 매우 흡사한 형식을 취하는 것으로 볼 수 있는 강력한 증거들이 존재하였다.[9)] 특히 진주만 피격과 히틀러의 대미선전포고는 미국의 전략적 정책에 커다란 변화를 불가피하게 만들었다. 세계대전의 수행은 정치적 인식에 영향을 미치고 있던 지리적 요인들의 수를 증가시켰는데, 이는 특히 유럽 강대국들의 동맹으로부터 미국을 보호하는 수단으로서 지리적 거리에 의존했던 전략적 교리들이 그 적실성을 크

8) Hans J. Morgenthau, "The Far East," *Truth and Power*, New York: Praeger, 1970, p.391.

9) G. R. Sloan, *Geopolitics in United States Strategic Policy 1890-1987*, New York: St. Martin's Press, 1988, p.115.

게 상실해버렸기 때문이다. 과거의 명백한 운명(Manifest Destiny), 고립주의, 그리고 먼로 독트린 같은 교리들이 모두 부적절한 것처럼 보였다. 이제는 여러 가지 새로운 전략적 목표들을 수립하는 것이 필요했으며, 또한 왜 이제 이런 목표들이 중요한 것인지를 국민들에 설명하는 것 역시 필요하게 되었다.

고립주의를 허용하지 않는 새로운 정치적 환경은 정책결정자들에게 자신들의 정치적 목표를 보완해주는 지정학적 조망을 채택하게 만들었다. 그리하여 여러 가지 지정학적 용어와 호칭들이 미국과 유라시아대륙 간의 새로운 관계가 대중과 정책결정 차원에서 표출될 수 있는 수단으로 사용되었다.[10] 가장 중요한 지정학적 용어 가운데 하나가 '지점(point)'이었다. 이 용어는 유라시아 림랜드(Eurasian Rimland)에 위치한 특정 국가를 지칭하는 데 사용되었는데, 그곳이 바로 공산주의의 수중에 떨어지지 않도록 막아야 할 곳이었다. 두 번째 지정학적 호칭은 여러 지점을 함께 묶는 '선(line)'이었다. 선으로 여러 지점들을 연계시키는 주된 이유는 소련이 유라시아대륙에 통신의 내선(interior line)들을 보유하고 있기 때문에 유라시아 림랜드의 여러 지점들을 커버할 수 있는 침략의 반경을 보유하고 있다는 가정이었다. 또한 개별 지점들이 선에 의해서 규합되지 않는다면 정치적 및 지정학적으로 응집된 저항을 할 수 없을 것으로 가정되었다. 특히 니콜라스 스파이크만(Nicholas Spykman)은 매킨더의 대륙국과 해양국 간의 대결이라는 기본전제 위에서 출발하면서도 매킨더와는 달리 해양국가의 지정학적 우위를 주장하면서 미국의 외교정책결정자들에게 세계적 힘의 균형을 위해 미국이 균형자(balancer)의 역할을 수행해야 한다고 역설했다.[11]

---

10) *Ibid.*, pp.128-129.

11) N. M. Spykman, *America's Strategy in World Politics*, New York: Harcourt Brace, 1942.

균형자의 지위는 미국이 유라시아 림랜드에서 힘의 우월성을 유지할 때에만 가능한 것이었다. 제2차 세계대전의 와중에 종전 직후에 미국 지도자들은 이런 지정학에 입각한 전략적 사고에 의해 영향을 받고는 있었으나 보다 더 강력한 정책적 목표와 그것의 실현을 위한 전략에 거의 사로잡혀 있었다. 그것은 1941년 8월 대서양헌장에서 출발하여 1945년 2월 얄타회담에서 최종 합의된 유엔의 집단안보에 의한 세계 평화와 안전의 유지를 모색하는 신국제질서 구축의 과제였다. 특히 제2차 세계대전 종전 직후에 미국의 정책결정자들은 모든 국가들이 준수해야 할 원칙들을 강조하면서 소련이 미국에게 위협적 존재가 되는 것으로 인식해서는 안 된다고 주장했었다.[12)]

1946년 2월 22일 모스크바의 조지 케난(George Kennan)으로부터 그 유명한 긴 전문(the long telegram)이 도착한 후에야 정책결정자들에게서 유라시아대륙의 정치적 의미가 변하기 시작했다. 그리고 바로 이 문건에서 지정학적 '지점(point)'이라는 용어가 등장했다. 이것은 미국과 유라시아대륙 간 관계의 인식적 재구성의 시작이었다고 해도 과언이 아닐 것이다. 1945년 11월 발생한 이른바 이란의 위기는[13)] 소련의 정치적 간섭이 오직 결연한 조치로서만 대처될 수 있음을 입증했고, 그곳은 케난이 주장했던 지역의 일부로서 당시 트루먼 대통령은 강철 같은 주먹과 강인한 언어로 대처하지 않는다면 또 다른 전쟁이 발생할 수 있다고 생각했다.[14)] 당시 트루먼 대통령은 러시아가 터키의 침공과 지중해로 향하는 흑해 해협들의 장악을 노리고 있다고 인식했다.[15)] 따

---

12) G. R. Sloan, *op. cit.*, p.130.

13) 1945년 11월에서 1946년 6월까지 계속된 이란의 위기에 관해서는 G. R. Hess, "The Iranian Crisis of 1945-46 and the Cold War," *Political Science Quarterly*, Vol.69 (March 1974), pp.117-146 참조.

14) Henry S. Truman, *Year of Decision*, Suffolk: Hodder and Stoughton, 1955, p.492.

라서 이러한 전략적 정책와 인식은 그 전의 호머 리나 스파이크만 그리고 마한의 지정학적 이론들과 관련이 있다고 말할 수 있을 것이다. 이 이론가들은 유라시아 림랜드에는 심장부지역(heartland)으로 가는, 바꾸어 말하면 원주형의 해상로에 접근하는 여러 개의 주요 통로(passageways)가 위치하고 있기 때문에 유라시아 림랜드의 중요성을 지적했었다. 점차로 미국 정책결정자들은 유라시아 림랜드에 명기되지 않은 여러 개의 지리적 위치들을 강조하기 시작했으며 동시에 그런 곳에서 소련의 힘을 반격하는 것이 중요하다는 사실을 역설하였다.

1946년 3월 미조리의 플톤에서 행한 윈스턴 처칠의 이른바 '철의 장막' 연설도 외교정책의 지정학적 범위의 확대를 가져오는 데 기여했다. 1947년 2월 21일 영국정부가 그리스 정부를 더 이상 재정적으로 지원할 수 없으며 터키 군대의 근대화 비용을 감당할 수 없다고 선언하게 되자, 미국은 3월 12일 범세계적(global) 외교정책에 대한 미국 최초의 공식적 공약인 트루먼 독트린을 발표하였다. 트루먼 독트린은 미국 외교정책의 지정학적 전략범위의 거대한 확장을 위한 하나의 처방이었다고 할 수 있다. 그것은 또한 유럽과 미국 간의 지리적 거리가 미국의 국가안전을 보호해준다는 조망이 이제 종언을 맞이했다는 것을 의미했다. 약 4개월 뒤 『포린어페어스』(*Foreign Affairs*)지에 그 유명한 'X'논문이 게재되었을 때 그것은 대중의 전략적 인식에 광범위한 영향을 미쳤다. 저자인 조지 케난이 중요하다고 주장한 것은 유라시아 림랜드 전지역에 걸친 수많은 지점(point)들의 존재였으며, 미국의 안보이익을 위해 이 지점들이 공산주의의 수중에 들어가는 것을 막아야 한다는 것이었다.[16]

---

15) *Ibid.*

16) Mr. 'X', "The Sources of Soviet Conduct," *Foreign Affairs*, Vol.25, No.4, July 1947, p.579.

그러나 1945년 9월 제2차 세계대전의 종전 직후, 즉 9월 8일 미국이 한반도에 처음 주둔하기 시작했을 때 미국의 정책적 사고는 유엔을 중심으로 한 신국제질서 의식이 강했으며, 지정학적 전략사고가 서서히 미국 정책결정자들의 마음을 사로잡기 시작했을 때에도 그런 지정학적 사고는 대체로 유라시아대륙 중에서 유럽에 치중되어 있었다. 그럼에도 불구하고 미국의 루스벨트 대통령이 한반도를 미·영·중·소의 4대국 신탁통치 하에 두자고 제안한 것으로 알려진 얄타회담 훨씬 이전, 즉 일본과의 전쟁 수행 중에도 개연성있는 소련의 야심이 한반도 문제를 다루는 미국 관리들의 주요 관심대상이었다.[17] 1943년 10월 국무성의 한 문서는 다음과 같이 결론지었다.

> "한국(한반도)은 스탈린에게 소련 극동지방의 경제적 자원들을 크게 강화하고, 부동항을 획득케 하며, 또 중국 및 일본과 관련하여 지배적인 전략적 지위를 점할 수 있게 하는 유혹적 기회를 제공하는 것처럼 보인다. 소련의 한반도 장악은 전적으로 극동에서 새로운 전략적 지위를 창조할 것이며, 중국 및 일본 내에서의 반영은 광범위할 것이다."[18]

이러한 미국의 두려움은 적어도 전 한반도를 소련이 장악하는 것을 막아야 한다는 소극적, 방어적 목적을 낳게 되었고, 그것이 그 후 미국의 한반도 정책으로 실천되었다고 할 수 있다. 즉 미국은 1943년 12월 카이로 선언 중에서 '적당한 과정'을 거쳐 한국을 독립시킨다는 데 합의했고, 1945년 2월 얄타 회담에서는 한국의 신탁통치를 제안했으며,

---

17) William Stueck, "The United States, the Soviet Union, and the Division of Korea: A Comparative Approach," *The Journal of American-East Asian Relations*, Vol.4, No.4, (Spring 1995), p.3.

18) *Ibid.* 이것은 "Possible Soviet Attitudes toward Far Eastern Questions," 2 October, 1943, Box119, Records of Harley A. Notter, 1939-1945, RG 59 National Archives, Washington D.C.라는 각주를 달고 있다.

동년 8월 8일 소련이 대일전쟁에 참가하자 동년 동월 10-11일 밤에 미국 국무성 및 육군은 수도 서울을 포함하는 이남에서 일본의 항복을 접수하기로 결정했다. 당시 미국의 군부는 부산지역 이상을 점령할 수 있는 병력이 없다는 주장을 펴기도 했지만,[19] 미국이 수도 서울의 장악을 목표로 하다보니 38선으로 결정되었다고 할 수 있다. 따라서 1945년 9월 인천에 상륙한 하지(Hodge) 장군 하의 미국은 한국의 장래에 대한 미국의 구체적 실천정책을 갖고 있지 않았으며 한반도의 미래에 관해서는 8월에 이미 북한에 주둔한 소련당국과의 협상에 의존할 수밖에 없었다.

일본의 항복을 접수하고 질서유지에 노력하는 주한미군(혹은 미군정)은 북한의 소련군과 함께 한반도 내 일종의 공동관리자였으며, 당시 한국인들의 미래에 관한 그들의 위치는 일종의 후견인(tutor)과 같은 것이었다고 특징지을 수 있을 것이다. 이때 한반도의 비극은 그 후 역사가 말해주듯 후견인이 하나가 아니라 둘이었으며 이들 간의 합의가 없이는 통일된 민주국가의 건설이 거의 불가능한 상황이었다는 점이다. 어쨌든 당시 주한미군은 한반도에 대한 영토적 야심이 전혀 없었으며 가능한 한 빨리 한반도의 정치적 해결을 마무리하고 본국으로 철수하는 것이었다. 그리고 이런 기본적 미국의 입장은 소련과의 협상에서 소련이 각종 구실을 내세워 지연작전을 펼 때 미국에게 불리하게 작동할 수밖에 없었다. 그러나 당시 미국은 남한을 포기할 수 없었다. 왜냐하면 아직은 남한의 전략적 중요성이 인정되지 않고 있었지만 당

---

19) Martin Lichterman, "To the Yalu and Back," in Harold Stein (ed.), *American Civil-Military Decisions*, Birmingham, AL: University of Alabama Press, 1963, p. 576. 이것은 Kim Chull Baum, "U.S. Policy on the Eve of the Korean War: Abandonment of Safeguard?" in Phil Williams, Donald M. Goldstein, and Henry L. Andrews, Tr. (eds.), *Security in Korea*, Boulder: Westview Press, 1994, p.15에서 재인용.

시 유럽에서 서서히 조성되고 있던 미·소 간의 대결에서 정치적 '상징'으로서 남한의 중요성이 점차 부각되고 있었으며[20] 어떤 면에서 한국은 미국의 명성의 관점에서 훨씬 더 중요했다. 당시 미국의 중앙정보부는 소련이 북중국과 만주뿐만 아니라 한국까지 지배한다면 그 결과는 극동 전역에서의 미국의 막대한 위신상실일 것이라고 주장했다.[21] 따라서 소련의 비합리적 요구와 한반도에 대한 야심, 그리고 지연작전에 지쳐버린 미국은 1947년 9월 유엔을 통해 통일된 단일정부의 수립을 모색했지만 결국 1948년 8월 15일 미군 주둔 하의 남한에 한국정부를 수립하고 1949년 6월까지 완전히 철수하게 되었다.[22] 당시 미국의 안보이익에 한국은 지정학적 지점(point)으로서 간주되지 않았으며 그 정치적 상징으로서의 가치에도 불구하고 한국은 국제평화와 안전을 위해 새롭게 창설된 유엔 주도 하의 국제사회에 맡겨진 것이다. 이러한 사실은 1950년 1월 12일 애치슨 국무장관의 선언에서 공식적으로 분명해졌다. 당시 애치슨은 소련과 그 위성국들에 대처하는 방어선(a line of defense)을 알류산 열도에서 일본, 류큐 군도와 필리핀으로 지칭하면서 남한을 미국의 방어선 밖에 두었던 것이다. 그리고 그 방어선 밖에 있는 지역이 침략을 격퇴할 능력이 없는 것으로 판명된다면

---

20) Charles M. Dobbs, *The Unwanted Symbol: American Foreign Policy, the Cold War and Korea 1945-1950*, Kent, Ohio: Kent State University Press, 1981.

21) Mark K. Kauppi, "Strategic Beliefs and Intelligence: Dominos and Bandwagons in the Early Cold War," *Security Studies*, Vol.4, No.1, (Autumn 1994), pp.20-21.

22) 유엔을 통한 한국정부의 수립과정에 관해서는 Sung-Hack Kang, "South Korea's Policy toward the United Nations: How the Icon was Buried and What New Challenge Lies before South Korea in the World Organization," in *The United Nations and Keeping Peace in Northeast Asia*, Seoul: The Institute for Peace Studies, Korea University, 1995, pp.1-8 참조.

그 지역의 독립을 보호하는 일은 유엔헌장 하의 모든 문명세계에 달려 있다고 선언했던 것이다.[23]

따라서 제2차 세계대전의 종결 과정에서 남한에 상륙 주둔한 미군의 역할은 남한의 일본군을 무장해제시켜 일본 본토에 되돌려보내고 미국에 적대적이지 않은 통일된 단일정부를 수립할 때까지 관리하고 돕는 관리자와 후견자의 역할이었다. 당시 유럽에서 전개되는 양극적 대결의 형성이 한반도에도 영향을 미치고 있었지만 미국은 한국을 미국의 지정학적 방위선(line)에 포함되는 지점(point)으로 간주하지 않음으로써 한국전이 발생할 때까지, 보다 정확하게 1949년 6월까지 주한미군의 역할은 군사전략적이라기보다는 순전히 정치적 후견자로서 기능했었다고 하겠다. 그러나 통일된 단일민주정부를 수립하지 못하고 38선 이남에만 단독정부를 수립하고 철수해 버렸다. 그리하여 그 후 역사가 말해주듯 미군의 조급한 철수는 한반도의 남쪽에 힘의 공백상태를 남겼으며, 미군은 지정학적 사고가 불완전한 후견자였다고 할 수 있을 것이다.

## II. 한국안보의 통제자(1950-1969)

제2차 세계대전의 종결 직후 공간적 관계와 역사적 인과관계의 이론인 지정학적 이론이 미국의 정책결정자들의 인식과 행동을 형성해가고 있었지만 정책결정자들이 취급해야 했던 모든 복잡한 정치적 요인들이 지정학적 이론과 사고를 따르지는 않았다. 그러던 중 1950년 6월

23) John Edward Wilz, “Encountering Korea: American Perceptions and Policies to 25 June 1950,” in William J. Williams (ed.), *A Revolutionary War: Korea and the Transformation of the Postwar World*, Chicago: Imprint Publications, 1993, p.55.

25일 한국전쟁은 모든 정치적 요인들이 지정학적 패러다임의 지배를 받게 하는 결과를 가져왔다.[24] 그러나 한국전쟁은 지정학적 패러다임의 출발점이었다기보다는 이미 앞서 논의했던 것처럼 대유럽정책에서 시작된 지정학적 논리의 분수령 혹은 절정(culminating point)이었다고 보는 것이 더 정확할 것이다.

유럽에서 1947년 3월 케난의 지정학적 논리에 영향받은 트루먼 독트린, 즉 대소봉쇄정책을 선언한 뒤 미국은 같은 해 6월 5일 마샬플랜을 발표했으며 1949년 4월 북대서양조약기구에 서명함으로써 대소봉쇄정책을 구체화시켰다. 하지만 아시아에서는 아직 그와 같은 지정학적 전략에 입각한 대소봉쇄정책이 구체화되지 않았었다. 그러나 1949년 7월 14일 소련의 핵실험 성공과 같은 해 1월 장개석의 몰락에 따른 전 중국의 공산화는 미국 정책결정자들의 안보인식에 중대한 영향을 미쳤으며 그에 따른 정치적 선택도 크게 영향받게 되었다. 1950년 4월 NSC-68로 알려진 비밀정책권고안은 범세계적 대소봉쇄정책 독트린 발전의 마지막 단계를 대변했다고 할 수 있다. 왜냐하면 이 정책건의안은 범세계적 대소공세를 요구했으며[25] 유라시아 림랜드에서의 힘의 우위 유지와 소련의 팽창 억제를 정치적 목적으로 삼았기 때문이다. 바꾸어 말하면 이 목적은 림랜드 지역에 있는 여러 개의 지점들(points)을 함께 묶는 선(line)의 생존을 확실하게 함으로써 성취될 수 있다는 것이었다. NSC-68은 당시 트루먼 대통령에 의해서 즉각적으로 수용되지는 않았다. 그것은 오직 한국전 개입으로 인해 1950년대 초에야 미국의 정책으로 구현되었다.[26] 1950년 6월 25일 북한의 침

24) G. R. Sloan, *op. cit.*, pp.143-144.

25) William R. Keylor, *The Twentieth Century World*, 2nd ed., Oxford: Oxford University Press, 1992, p.287.

26) James M. McCormick, *American Foreign Policy and Process*, 2nd ed., Illinois, Itasca: F.E. Peacock, 1992, p.64.

략이 미국 정책결정자들의 반공인식을 격화시키면서 미국의 범세계적(global) 전략의 촉발요인으로 작용했다.27) 즉 한국전쟁은 미·소 간, 다시 말해 유라시아대륙과 유라시아 림랜드 간의 범세계적 대결을 구체화 혹은 현실화시키는 계기가 되었다. 그리고 1950년 1월까지 미국의 방위선 밖에 위치했던 한국은 미국의 참전으로 미국의 범세계적인 지정학적 방위선의 안쪽으로 들어서게 되었다. 즉 한국은 미국의 대소봉쇄정책, 또는 지정학적 대결의 제1의 전선이 되어버렸으며 한반도는 미·소 간 첨예한 이념적 대결장이 되어버렸다.

한국은 미국에게 반공을 통한 지정학적 대소대결의 최전진기지가 되었지만 3년 간의 전쟁으로 폐허가 된 상태에서 최전선의 동맹국으로 간주되기에는 너무나 취약했다. 한국이 기대되는 최소의 역할을 수행하기 위해서는 무장되고 부흥되어야만 했다. 한국이 미 방위선상의 중요한 한 지점이라는 것을 소련 및 공산세계에 분명히 하기 위해 미국은 1954년 한미방위조약을 통한 동맹조약을 체결했으며 한국전쟁 발발로 인해 다른 비공산국가들과도 동맹체제를 수립해 나갔다. 미국은 1951년 일본 및 필리핀과 동맹을 맺고 태평양안전보장조약기구(ANZUS)를 결성했으며, 1954년에는 베트남에 직접 원조를 시작하고 동남아조약기구(SEATO)를 결성했다. 소련팽창의 억제는 1955년 터키와 이라크 간의 바그다드 조약으로 유라시아 림랜드의 또 다른 지정학적 장소에 초점이 맞추어졌다. 바그다드 조약은 그 후 이란과 파키스탄, 영국이 포함됐지만 미국이 정회원은 아니었다.28) 1956년 수에즈 위기가 바그다드 조약의 신빙성을 심각하게 약화시키자 미국은

27) 당시 NATO의 정치지도자들은 한국과 독일 사이에 정신적 연결(mental connection)을 형성하여 유럽에서의 봉쇄정책의 무장화를 가져왔다. William R. Keylor, *op. cit.*, p.289.

28) 이라크에서 반서방 체제가 혁명을 통해 정권을 잡은 후 바그다드조약은 CENTO로 재조직되었다.

1958년 아이젠하워 독트린을 발표함으로써 그 부정적 영향을 극복하려 했다. 이 아이젠하워 독트린은 중동의 지리적 위치의 중요성을 인정한 것으로 매킨더는 이미 아라비아를 심장부지역만큼 중요시했다.29)

이처럼 지정학적 대결과 이념적 투쟁이 사실상 하나의 구조를 이루면서 미국의 정치지도자들은 아주 단순한 세계지도를 갖게 되었다. 즉 세계는 잠재적이고 변환하는 세부분할을 고려함 없이 딱 둘로 분할될 수 있었다. 이런 세계지도는 무차별 반공의 경직된 봉쇄 독트린과 이른바 도미노 이론을 낳았으며, 그 결과 중동에서와 같이 겹치는 영향권을 수용하거나 인도와 같이 냉전에서 중립을 유지하려는 국가들의 여망을 수용하는 어떠한 전략도 거부하도록 작용하였다.30) 한국전쟁은 사실상 이념적 양극대결을 지정학적인 대결로 강화시켜 냉전이라는 양극적 대결체제로 국제체제를 정의하게 만든 셈이다. 그리하여 세계는 자유세계와 공산세계, 자본주의와 사회주의의 진영 간의 극단화된 대결인식 속에서 미국은 자유주의 진영의 결속된 힘의 증대를 통한 공산진영의 침

---

29) Halford J. Mackinder, *Democratic Ideals and Reality*, London: Constable, 1919, p.223.

30) 과거 소련의 지도자들도 심장지역 유라시아에 대한 팽창주의라는 노골적인 지정학적 독트린을 신봉했다. 지정학적 이익을 위해 모스크바는 수백만의 토착민들을 국경지역 밖으로 추방하고 자국 내에 수많은 인종적 소수집단들을 분산시키면서 동유럽에서 거대한 지역을 장악하고 병합했다. 소련은 위성국가들의 국경선 변경을 명령했고 그들의 공간을 군사적으로 통제했으며 그들의 자원과 시장을 조작했다. 이런 영토적 팽창과 감시는 소련 모국의 안전을 증진시키고 마르크스주의 혁명을 보호하는 데 필요하다고 간주되었다. 비록 미국의 경직된 지정학적 대결전략이 궁극적으로 과거 소련의 파산을 가져오고 소련제국의 붕괴를 가속화시켰지만 그런 전략은 동시에 미국경제를 손상시키며 미국의 사회적 구조를 약화시킨 월남전과 군비경쟁에 빠져들게 했다. Saul B. Cohen, "Geopolitics in the New World Era: A New Perspective on and Old Discipline," in George J. Demko and William B. Wood (eds.), *Reordering the World: Geopolitical Perspectives on the Twenty-first Century*, Boulder: Westview Press, 1994, pp.17-18.

략을 억제하는 범세계적 대소봉쇄정책을 추구하게 되었으며 그런 미국의 대전략 속에서 한국은 자유진영의 일원으로 간주되게 되었다.

미국의 대소봉쇄정책은 케네스 월츠(Kenneth Waltz)의 국제정치이론 용어로 표현한다면 미국은 대소 균형잡는(balancing) 정책을 추구한 것이며, 한국은 미국 주도 하의 반공전선에 편승한(bandwagoning) 것이라고 할 수 있다.[31] 당시 소련과 중공이라는 두 강대국들에 의해서 지원받은 북한의 침략을 경험한 한국에겐 다른 대안이 없었다. 오히려 자유세계진영의 일원으로 인정받아 미국과의 동맹체제에 자신의 안보를 보장받을 수 있다는 것을 다행으로 생각할 수밖에 없었다. 또한 세계적 양극체제가 한반도의 하위체제상의 양극체제와 중첩됨으로써 한국의 정책적 선택은 아주 단순하고 분명하게 되어버렸다.[32] 그것은 국력의 배양과 군사력의 강화를 통해 제2의 한국전을 막는 것이었지만 한국의 꾸준한 군사력 증강수준이 자력으로 방위가 가능해질 때까지 미국과의 동맹체제를 유지하는 것이었고 미국의 한국안보 보장의 가시적 증거로서 주한미군의 주둔을 지속시키는 것이었다. 1955년 이후 한국에 주둔하기 시작한 두 보병사단은 제2의 공산침략시 거의 자동적인 미국의 개입을 위한 일종의 인계철선(trip-wire)으로 간주되었다. 바꾸어 말하면 당시의 한국 주둔 미군은 한국안보의 보증인(guarantor)이 되었다고 할 수 있다. 왜냐하면 공산진영에 의한 6·25 침략전쟁이 보여주었던 것처럼, 남한은 주한미군이 없으면 북한 김일성을 앞세운 소련, 즉 '스탈린의 아침식사'가 될 것이었기 때문이다.[33] 뿐만 아니라 한국전쟁

31) 이 두 개념에 관해서는 Kenneth Waltz, *Theory of International Politics*, Reading: Addison-Wesley, 1979, pp.125-127 참조.

32) Sung-Hack Kang, "Crisis Management under Armistice Structure in the Korean Peninsular," *Korea Journal*, Vol.31, No.4, (Winter 1991), pp.24-25.

33) '스탈린의 아침식사'라는 표현은 1814년 1월 1일 토머스 제퍼슨(Thomas

발발 직후 1950년 7월 대전협정에 의해 이양된 한국군의 작전지휘권을 이후 유엔군 사령관직을 겸하고 있는 주한미군사령관이 보유함으로써 주한미군은 사실상 한국방위의 실질적 담당자, 혹은 한국안보의 실질적 통제자(controller)였다고 보는 것이 더 정확할 것이다.

한국안보의 통제자로서 주한미군의 역할은 국내외적 상황변화와 미국의 대소전략의 변화에도 아무런 영향을 받지 않은 채 1969년 닉슨 독트린이 발표될 때까지 지속되었다. 국내외적 상황변화로는 첫째, 한국 내의 정치적 격변, 즉 4·19혁명에 의한 정권의 교체 및 5·16쿠데타에 의한 정변, 6·3사태나 한국군 베트남파병 반대운동과 같은 중요한 정치적 사건들을 겪는 과정 속에서도 미군의 주둔이나 그 지위에 대한 근본적 변화의 요구가 전무했다. 한국의 안보를 위한 주한미군의 절대적 필요성에 대해 국민적 합의가 흔들리지 않았으며 한국안보의 통제자로서 미군의 역할도 전혀 도전받지 않았던 것이다.

둘째, 미국 내 군사전략적 논의와 변화의 와중에서도 주한미군의 필요성과 그 위치는 논란의 대상이 되지 않았다. 한국전쟁 직후 채택된 아이젠하워(Eisenhower) 행정부의 대량보복(massive retaliation)전략은 수년 내에 비판받기 시작했다. 소련이 핵무기를 증강시키고 있는 상황에서 대량보복전략은 위험스럽고 진부한 전략이라는 것이었다. 무력도발의 경우 전면전을 벌이겠다는 미국의 위협은 소련이 지구상의 변방, 혹은 '회색지역'으로 팽창하는 것을 억제할 만큼 충분한 신빙성이 없다는 것으로 소련의 핵무기력의 증가로 인해 뉴욕이나 시카고의

---

Jafferson)이 토머스 리퍼(Thomas Lieper)에게 쓴 편지에서 사용한 것으로 유진 로스토(Eugene V. Rostow)가 1993년 발간한 저서의 제목(*A Breakfast for Bonaparte*)을 바꾸어본 것이다. 제퍼슨은 원래 보나파르트가 러시아를 정복하면 유럽의 전 대륙을 자신의 발 밑에 둘 것이고 그 경우 영국은 아침식사에 지나지 않을 것이라고 말했었다. 당시 중국 본토가 공산화된 상황에서 미국의 저항 없는 남한이 그런 상황에 처했을 것이다.

파괴를 감수하면서 핵전쟁을 수행할 만큼 가치가 있어 보이는 지역의 수는 계속 줄어들 것이기 때문이었다. 따라서 그런 '전부 아니면 전무'(all-or-nothing) 군사정책은 외교를 마비시킬 뿐이기 때문에 새로운 군사전략이 필요하다는 것이었다.[34] 그리하여 케네디 행정부에 들어와 이른바 유연반응(flexible response) 전략이 채택되었지만 주한미군의 주둔 이유나 전략에 아무런 변화가 없었다. 이것은 유럽의 북대서양조약기구의 전략적 변화의 경우와 대조된다 하겠다. 왜냐하면 NATO는 1967년에 유연반응전략을 채택했기 때문이다.[35]

셋째로는 미국 내 베트남전 반대운동을 들 수 있겠다. 1965년부터 시작된 미국의 베트남전 반대운동은 존슨 대통령의 재출마를 포기시키고, 미국사회를 데모와 소요의 소용돌이 속에 휘말리게 할 만큼 끈질겼고 대규모였으며 심각한 문제였다. 결국 이 운동은 1968년 11월 선거에서 민주당 정권을 퇴진시켰으며 1969년 7월 닉슨 독트린의 선언을 유발시켰지만 한국의 주한미군의 철수 요구나 한국안보에서의 미국의 위치에는 아무런 직접적 영향을 미치지 않았다.

넷째로, 미국 내 베트남전 반대가 절정에 달했던 60년대 말 북한은 제2의 베트남전을 두려워하는 미국이 주한미군을 철수할지도 모른다는 판단과 미행정부를 더욱 수세로 몰아 베트콩을 돕는다는 생각에서 수차례의 도발 행위를 감행했다. 1968년 1월 21일 북한공비들이 청와대기습사건을 시작으로 1월 23일의 미국 정찰함정 푸에블로 호의 나

---

34) 이런 논의의 배경과 그 과정에 참여한 사람들 그리고 그 결과의 산물인 키신저 박사의 저서 *Nuclear Weapons and Foreign Policy*(1957) 출간과 그 반향 등에 관한 최초의 간결한 취급에 대해서는 Walter Isaason, *Kissinger: A Biography*, New York: Simon & Schuster, 1992, pp.82-90 참조.

35) Phil Williams, *US Troops in Europe*, London: Routledge & Kegan Paul, 1984, p.5.

포 사건과 이 문제가 채 해결되기도 전인 1969년 4월 15일에 미국의 비무장 정찰기 EC-121의 격추 사건 등을 일으켰다. 이런 일련의 사건들에 대해 당시 한국정부와 한국국민들은 북한을 단호하게 응징하기를 기대했다. 그러나 당시 미국정부와 주한미군은 푸에블로 호 선원의 구출을 1차적 목적으로 하여 무력시위에만 그치고 북한과 협상을 통해 매듭을 지음으로 인해 많은 한국인들을 실망시키기도 하였다. 그러나 당시 미국은 이 사건들을 위기관리의 차원에서 다루었고[36] 북한에 협상을 위한 위협만 가함으로써 선원들을 구출했다. 따라서 당시 미국은 한국민들이 독자적으로 취할지도 모르는 어떠한 군사적 행동도 원천적으로 배제함으로써 한국안보의 통제자적 역할을 수행한 셈이 되었다.

다섯째, 이 기간 동안에 한국군의 베트남전 파병을 지적하지 않을 수 없다. 한국은 1964년 2,218명의 의료 및 공병부대의 파병을 시작으로 1965년 18,904명의 맹호부대, 1966년 23,865명의 제9보병사단, 그리고 1967년 2,963명의 해병대를 파견하여 총 50,000명에 달하는 군대를 베트남에 파병하였다. 당시 박정희 대통령은 베트남파병을 "자유세계의 반공전선을 강화하고 남한을 구원했던 사람들에 대한 빚을 갚는 것이 우리의 도덕적 책임의 일부"라고 말했지만 당시 한국이 크게 걱정했던 것은 베트남의 생존보다는 아시아로부터 미국안보공약 철수의 가능성과 미국 힘의 감소 신빙성(credibility)이었다. 즉 베트남파병 결정의 최대이유는 한국에 대한 미국안보공약의 약화를 막고 가능하면 그것을 강화시키려는 욕망이었다.[37] 그리고 한승주의 주장처럼

---

36) 이 사건들의 처리 과정에 관해서는 Sung-Hack Kang, "Crisis Management under Armistice Structure in the Korean Peninsula," Korea Journal, Vol.31, No.4 (Winter 1991), pp.14-28 참조.

37) Sung-Joo Han, "South Korea and the United States: Past, Present and Future," In Gerald L. Curtis and Sung-Joo Han (eds.), *The U.S.-South Korean Alliance*, Lexington: D.C. Heath and Co., 1983,

당시 주한미군의 기존 수준의 병력을 유지한 미국의 결정은 베트남에 전투병을 파견하는 한국의 결정과 직접 관련이 있었다고 할 수 있으며[38] 그 결과 한미동맹관계는 더욱 강화되었다. 따라서 한국군의 베트남파병은 한국군의 실전경험의 축적은 물론 사실상 독자적 전략과 전술로 수많은 전투를 성공적으로 수행함으로써 한국군이 전투에 자신감을 갖게 하는 계기가 되기도 했다. 그러나 한국정부는 한국방위의 통제권을 미국에게 요구하지 않았다. 통제권의 요구는 자칫 주한미군의 철수를 촉발시킬 위험성이 내재해 있었기 때문이다. 한국전에 개입하면서 시작된 한국안보의 통제자로서 주한미군의 역할은 1969년까지 전혀 도전받지 않는 확고한 것이었다.[39]

## III. 스파이크만식 균형자(1969-1980)

토크빌식의 이념적 대결과 매킨더식의 지정학적 경합이 하나로 결합되어 거의 무차별적 반공, 범세계적 대소봉쇄정책이 강력히 추구되면서 미국의 대외전략은 매킨더, 스파이크만 그리고 마한의 고전적 지정학이론의 가장 중요한 경구(maxim) 가운데 하나를 거의 전적으로 무시하게 되었다. 그것은 결정적 분석을 위해서는 지리적 지식이 다른

---

p.209.

38) *Ibid.*, p.210.

39) 이 시기의 미국의 역할은 한국안보의 통제자로서 특징지을 수 있지만 미국은 한국군의 육성과 강화를 위한 일종의 군사적 유모(nanny)의 역할을 수행했으며 한국의 전반적 대외정책의 대부(godfather) 역할을 수행했다고 하겠다. 후자에 관해서는 Sung-Hack Kang, "America's Foreign Policy toward East Asia for the 1990s: From Godfather to Outsider?", *Korea and World Affairs*, Vol.11, No.4 (Winter 1987), pp.679-707 참조.

정치적 지식과 통합되어야 한다는 것이었다. 그 결과 봉쇄의 전략이 점차 정책목표들을 명령하게 되었다. 그동안 수송기술과 무기기술 수준의 변화는 지리적 공간의 확장을 가져왔는데 그것이 미국의 외교정책결정자들로 하여금 아이러니컬하게도 유라시아 림랜드의 전지역에서 어떤 국경선의 변화나 정치적 양상도 미국이 막을 수 있다고 생각하게 만들어버렸다. 그리하여 무차별 봉쇄전략은 도미노 이론을 낳고 그 결과 미국은 베트남전이라는 수렁에 깊이 빠지게 되었던 것이다. 미국에서는 범세계적 무차별 반공정책이 아니라 선별적 반공정책의 필요성이 대두되었으며, 1969년 초에 집권한 닉슨 행정부는 미국 대외정책에 대한 근본적인 재검토를 하게 되었다.

당시 닉슨 행정부는 다음과 같은 사실에 주목했다. 첫째, 미국은 베트콩의 행동을 중국과 소련이 결탁한 팽창주의의 표현으로 간주했기 때문에 베트남전에 빠졌으나, 이제 베트남 공산주의자들의 독자적 민족주의와 중·소 관계에 대한 오판이 분명해지고 있다. 그리고 미국 내에서 베트남전의 고뇌는 신고립주의를 조장하고 있다. 둘째, 지구인의 1/5을 차지하는 중국의 배척은 시대착오적이다. 중국은 이미 1960년부터 소련을 '수정주의'로 공격해왔다. 미국은 균형과 책략의 게임을 할 수 있는 도전과 기회를 맞았다. 셋째, 미·소 간의 가속적 군비경쟁이 양국 국가이익에 봉사했지만, 1960년대는 핵시대의 거대한 모순을 가져왔다. 즉 군사력의 약진은 미·소 각국의 군사력에 대한 점증적 증대를 의미없는 것으로 만들었다. 뿐만 아니라 미·소의 무기비축의 평형(parity)은 미국의 핵위협이라는 봉쇄정책의 메시지가 더 이상 신뢰될 수 없다는 것을 의미했다. 넷째, 중동에서의 미국정책이 마비되었다. 1967년 이른바 6일전쟁 이후 아랍국가들에 대한 미국의 영향력은 감소된 반면에 소련의 영향력은 증대됐다. 이런 상황은 미국의 국가이익에 불리하며, 궁극적으로는 이스라엘의 이익이나 지역적 평화의 명분에 기여하지 못하는 것으로 판단되었다.

이런 네 가지의 주요 일탈 현상은 미국 외교정책이 해결해야 할 과제들로 인식되었으며[40] 닉슨 행정부는 이러한 외교정책과제들에 접근하면서 이념의 중요성을 축소하고 지정학을 보다 명시적으로 적용시켰다. 키신저는 미국에 지정학적 전통이 없다고 주장하면서[41] 그동안 미국 외교정책에서 내재되었던 지정학을 명시화할 것을 요구했다. 그러나 키신저는 지정학을 공간과 역사적 인과관계의 이론으로 규정하지 않고 균형(equilibrium)을 도모하는 접근법으로 간주했다.[42]

닉슨 정부의 신정책 작성을 주로 책임졌던 키신저에게 신정책의 목표는 국제사회에서 힘의 균형을 이룩하는 것이었다. 당시 국제적 현실은 제3의 어떤 강대국가도 기존의 두 강대국가들의 관계에 영향을 미칠 수 없는 경직된 양극체제였으므로 보다 정확하게 말해서, 실제로 모색된 것은 '힘의 균형'이라기보다는, '억제의 균형'(balance of deterrence)이었다. 따라서 키신저에게 당시 미국 국가이익의 기본원칙은 기존 억제의 균형의 맥락 속에서 힘의 균형외교를 수행하는 것이었다고 할 수 있을 것이다. 그리고 이것은 제2차 대전 후 외교정책결정자들에 의해서 대체로 무시된 3가지의 목표들로 구성되었다. 그것들은 첫째로 소련과 국제공산주의운동 간의 균열과 적대감을 이용하는 것이었으며, 둘째로 지역적 힘의 구조를 통해 미국이 균형자로서 지역안정을 도모하는 것과, 셋째로 무력과 외교 간 조정의 중요성을 강조하는 것이었다. 이런 새로운 정책목표들은 미국이 이제는 더 이상 지구상의 모든 정치적 혼란에 미국의 안전이 위협받는 것으로 인식하지 않겠다는 것을 의미했

40) Watter Isaacson, *op. cit.*, pp.158-159.

41) Henry A. Kissinger, *The White House Years*, Boston: Little, Brown, 1979, p.915.

42) *Ibid.*, p.914.

다. 그리하여 닉슨 정부하에서 '지역적 힘의 구조'와 '지역적 헤게모니'가 그동안 사용된 '지점'과 '선'의 지정학적 용어들을 대치하게 되었다. 그리고 그것은 미국외교정책이 적용되는 지리적 범위의 축소를 의미했다. 그런 지리적 축소는 사실상 당시 미국의 정치, 경제 및 군사력의 하락을 합리화하는 것이었다. 1969년 7월에 발표된 닉슨 독트린의 핵심적 주제도 그런 것이었다. 즉 미국은 동맹국들이나 우방국들의 방어에 참가할 것이지만, 미국이 모든 계획들을 입안하여 모든 결정들을 집행하고 모든 방어를 수행할 수 없으며, 또 그렇게 하지도 않겠다는 것이었다. 미국은 너무 많은 일을 함으로써 우방국들의 자립을 막는 것과 너무 적게 함으로써 자신감을 손상시키는 것 사이에서 균형을 잡아가겠다고 주장했지만[43] 그것은 결국 미국 공약의 축소를 의미했다. 궁극적인 목적은 무차별 세계주의에서 선별적 세계주의로의 궤도 수정을 선언한 것이었다. 즉 이제 미국은 소련의 영향권 밖에 있는 지역에 대해서 소련의 지배나 개입을 막는 균형자로서만 행동하겠다는 것이었다.

트루먼 독트린 이후 미국외교의 근본적 전환점으로 간주될 수 있는 닉슨 독트린이 실행에 옮겨지면서 그것은 한반도에 영향을 미치지 않을 수 없었다. 베트남전의 베트남화는 곧 베트남으로부터 미국의 철수를 의미했으며, 아시아에서 미국 역할의 축소는 주한미군의 축소로 연결되었다. 이는 닉슨 정부가 아시아로부터의 군사적 철수에 대한 실증적 증거를 미국민들에게 보여주려 했었기 때문이다. 그리하여 1970년 호놀룰루에서 개최된 양국 국방장관회의와 에그뉴(Agnew) 부통령의 한국방문 후 1971년 2월에 양국은 주한미군의 축소와 그에 대한 보완으로 한국군 근대화에 대한 조건들에 합의가 이루어졌음을 발표했으며

---

43) *U.S. Foreign Policy for the 1970s: Building for Peace, A Report to the Congress,* By Richard Nixon, President of the United States, February 25, 1991, p.6.

3월 27일까지 주한미군 중 20,000명의 철수가 완료되었다.[44] 1971년 병력 축소의 계획자들은 이미 1973년 제2차 추가 축소를 계획했지만[45] 추가 철수가 실제 정책으로 채택된 것은 카터 정부가 들어선 후였다. 카터 정부는 지정학적 조망보다는 인권옹호와 같은 미국 외교정책적 목표를 더 중요하게 강조했지만 카터 정부의 아시아에 대한 정책은 기본적으로 닉슨 독트린의 연장선상에 있었다.[46] 카터 행정부가 들어선 지 채 2개월도 안 된 1977년 3월 9일 4-5년에 걸쳐 주한 지상군 모두를 철수하겠다는 카터 대통령의 계획이 기자회견에서 발표되었다. 그 후 주한미군은 3단계를 통해서 철수될 것이며 첫단계로 1978년 말까지 약 6,000명의 병력을 철수할 것이라고 알려졌다. 비록 철수의 결정이 한국정부에게 아주 갑작스런 것은 아니었지만 철수 발표의 부적절한 시점(poor timing)에 한국정부는 당황했다.[47] 왜냐하면 당시 미국 법무부가 이른바 코리아게이트 사건의 조사범위를 확대하고 있었으며, 카터 정부는 외교정책에서 인권문제의 중요성을 강조하고[48] 인권문제에 있어 한국에 대해 공개적으로 비판적이었기 때문이다.[49] 따라서 미군의 철수결정이 한국정부, 즉 박정희 정권에 대한 미국의 힐책으로 간주될지 모른다는 우려와 함께 철군에 대한 일방적 조치를 취하기 전

44) 그 결과 주한미군은 약 4만 명의 수준으로 축소되었다.

45) Young-Sun Ha, "American-Korean Military Relations: Continuity and Change," In Youngok Koo and Dae-Sook Suh (eds.), *Korea and the United States: A Century of Cooperation*, Honolulu: University of Hawaii Press, 1984, p.116.

46) Sung-Hack Kang, "America's Foreign Policy toward East Asia for the 1990s," *op. cit.*, p.707.

47) Sung-Joo Han, *op. cit.*, p.215.

48) *Ibid.*

49) Sung-Joo Han, "Korean Security and Major Powers," in Sung-Joo Han, (ed.), *U.S.-Korean Security Cooperation: Retrospects and Prospects*, Asiatic Research Center, Korea University, 1983, p.80.

에 공산측으로부터 한반도를 안정시키는 아무런 보장도 모색하지 않았기 때문에 한국은 불쾌해했다.50)

그러나 한국측엔 다행스럽게도 많은 미국의 국회의원들과 군사지도자들이 카터 대통령의 일방적 주한미군 철수에 대해서 불안감을 가지고 있었다. 특히 휴버트 험프리 상원의원과 존 글랜 상원의원은 1978년 2월 상원 외교분과위원회에 철군계획에 관한 매우 비판적인 보고서를 제출하고 카터의 계획된 철군이 실행될 때마다 군사적 정당성의 상세한 자료를 의회에 제공하게 하는 입법을 요구했다. 동년 4월에는 카터 대통령에게 직접 도전하여 한국으로부터 때아닌 미지상군 철수를 방지하기로 하는 정책에 하원 군사위원회가 압도적으로 지지하는 투표 결과를 보여주었다. 이러한 강력한 의회의 압력과 소련 및 북한의 막대한 군사력 증강을 고려하여 카터 대통령은 1978년 말까지 철수하기로 한 6,000명의 병력 중 약 3,500명만을 철수한 뒤 1979년 봄 주한미군 철수를 중단하였으며 사실상 무기한 연기하기로 결정했다. 동시에 원래 지상군 축소 계획과 연계되었던 미 공군력이 인력과 항공기 수에 있어서 약 20% 증가를 가져왔다.51) 게다가 미국은 한국 군수산

50) 1975년 6월 당시 슐레진저 미국방장관이 주한미군이 전술핵무기를 보유하고 있음을 공개적으로 확인함으로써 한미연합군은 한반도에서 핵독점이라는 군사적 이점이 있었지만 핵무기의 특수한 성격과 북한군 단독 침략의 경우 핵무기 사용의 정당성 부족 등으로 인해, 이것이 당시 한국민에게 심리적인 안전감을 정착시키지는 못했다. 심리적으로는 지상군의 많은 주둔이 더욱 가시적이기 때문에 보다 더 신빙성이 있었던 것이다. 이런 문제에 관해서는 랄프 클라프, 윌리엄 카펜터, 『주한미군에 관한 연구』, 국방대학원 안보문제연구소 안보청서 7, 1976, pp.16-17, 82-85 참조. 이것은 Ralph N. Clouph, *Deterrence and Defense in Korea: The Role of U.S. Forces*, Washington D.C.: The Brookings Institution, 1976과 William M. Carpenter, *The Maintenance of U.S. Forces in Korea*, Washington D.C.: Sanford Research Institute, 1975의 두 정책 연구서를 묶어서 번역한 것이다.

51) Sung-Joo Han, "South Korea nad the United States: Past, Present,

업을 지원하려는 용의를 재표명했던 것으로 알려졌다.

다른 한편 1978년 11월 7일 한미연합사령부가 창설되었으며, 베트남의 공산화 이후 북한의 모험주의를 단념시키고 한반도의 안전감을 진작시키기 위해 1976년 시작한 한·미 육해공군의 합동훈련인 팀스피리트 훈련의 규모를 카터 행정부의 주한미군 철군계획과 관련하여 배로 증대시켰으며, 동년 제11차 안보협력회의(Security Consultation Meeting)는 팀스피리트 훈련을 매년 실시하기로 합의했다. 팀스피리트 훈련의 실시는 한미연합사령부의 창설 이후 더욱 중요한 의미를 갖게 되었다. 왜냐하면 만일 한미연합군이 오직 하나의 조직적 구조만 갖고 있고 합동훈련이 없다면 그것은 전시에 커다란 혼란, 즉 치명적 마찰(friction)을 가져올 것이기 때문이다.[52] 어쨌든 이 대규모의 합동훈련은 북한측에겐 한국에 대한 미국 방위 공약의 분명한 확인이었으며, 더 나아가 북한 자신들에 대한 위협의 증대로 간주되었음이 분명했다. 왜냐하면 북한은 줄곧 이 팀스피리트 훈련의 중단을 남북대화의 전제조건으로 변함없이 요구했기 때문이다.

카터 대통령의 인권과 민주주의 원칙을 중요시하는 외교정책과 전략은 그의 집권 말기에는 급격한 반전 즉 과거의 대소봉쇄정책으로 복귀하였다. 1979년 말 아프가니스탄에 대한 소련의 무력침공은 카터 대통령으로 하여금 소련이 변함없는 팽창주의 국가라는 것은 인정하게 만들었기 때문이다. 특히 페르시아 만에 대한 소련의 지정학적 위

---

and Future," in Gerald L. Curtis and Sung-Joo Han (eds.), *The US-South Korean Alliance*, Lexington: D.C. Heath and Co., 1983, p.215: Han Sungjoo, "South Korea and the United States: The Alliance Survives," *Asian Survey*, Vol.20, No.11, (November 1980), p.1079.

52) 전쟁수행시 마찰이 차지하는 중요한 역할에 관해서는 Carl von Clausewitz, *On War*, ed. and trans. by Michael Howard and Peter Paret, Princeton: Princeton University Press, 1976, pp.119-123 참조.

협은 1980년 1월 23일 이른바 카터 독트린을 선언하게 하였고 대소 무력강화를 선택하게 만들었다. 그러나 그런 결정에도 불구하고 카터 정부는 대외 특히 대아시아전략정책의 관점에서 본다면 닉슨 독트린의 논리적 귀결이라고 할 수 있는 미국 대외정책 축소의 시기로 해석되었다.

카터 행정부의 주한미군 철수 기도는 한반도에서 힘의 균형을 깨뜨림으로써 1950년 1월 애치슨 국무장관의 경우처럼 의도하지 않은 돌발사태를 부추기는 결과를 가져오지 않을까 하는 우려를 낳았다. 특히 1980년 5월 광주민주화운동이 신군부의 무자비한 무력진압으로 인해 수많은 미간인 사상자를 내게 되자 미국의 대한정책, 특히 주한미군의 존재 이유가 일부 국민 특히 운동권 진영에 의해서 제기되었으며, 이들은 주한미군 지휘하의 병력이 진압에 사용되는 것을 용인했던 것에 대해 사과할 것을 요구하기도 했다.[53] 그러나 주한미군이 박 대통령 시해사건 이후 한국의 이른바 신군부에 의한 쿠데타적 사건을 도모했거나, 직접 미군이 참가했다는 어떤 증거나 증언도 제시된 것은 없었다. 대다수의 국민들은 주한미군을 한국 민주화를 위한 협력자로 기대할 수는 없지만 여전히 한국민의 생존과 제2의 한국전쟁을 방지하는데 필수적 조건으로 간주하는 것처럼 보였다.[54] 그럼에도 불구하고 주

53) 광주민주화운동 이후 국내적 민주화운동에 관한 서술의 하나로 Herald Hackwon Sunoo, *20$^{th}$ Century Korea*, Seoul Nanam Publishing House, 1994, 특히 pp.321-350 참조.

54) 당시에 이 문제에 대한 여론조사는 없었다. 경험적 사실에 기초하지 않는 추측의 능력을 토울민(Toulmin)은 선험적 인지능력(transcendental cognitive faculty)이라고 불렀는데, 이것을 과거에 적용시킬 수 있다면 경험적 증거의 부재가 언명의 진위를 결정할 수 없을 것이다. 이것은 단순한 결과론적 이점(benefit of hindsight)에 입각한 언명과 동일할 수 있으나 이것도 당시의 시간대의 증거에 입각하고 있다고 할 수는 없다. 선험적 인지능력에 관해서는 S. E. Toulmin, *The Uses of Argument*, Cambridge: Cambridge University Press, 1964, pp.234-240 참조.

한미군에 대한 한국민의 일방적 신임이 적지 않게 상처받았던 것을 전면적으로 부인할 수 없을 것이다. 미국 외교정책이 국제적 긴장완화를 통해 세계의 안정 즉 현상유지만을 추구하기 시작한 1969년 이래 주한미군은 한반도에서 국제적(남·북한 간) 균형자(balancer) 역할을 계속 수행해 왔지만 그것으로 한국정부는 안심하지 못하고 미국으로부터 보다 더 확실한 방위공약의 실질적 재확인을 받고 싶어했다.

## Ⅳ. 토크빌로의 복귀(1981-1989)

임기 말에 와서야 소련을 팽창주의자로 재인식하고 유럽에 퍼싱II와 크루즈미사일을 배치하기로 결정한 카터 정부와는 달리, 1981년 2월 출범한 레이건 정부는 공산소련의 존재만으로도 그것이 미국의 안전에 위협이 된다는 가정에서 출발했다. 그리하여 레이건 정부는 이념적 측면에서는 물론이고 지정학적 전략의 관점에서도 대외정책에 큰 변화를 예고했다. 그렇게 변화한 전략적 정책은 토크빌식의 이념적 양립의 어려움과 스파이크만식의 지정학적 경쟁이 결합하여 소련제국과 첨예한 대결의 구조를 형성하면서 국제사회는 미·소 대결이 치열했던 1950년대 냉전의 절정시대로 복귀하는 것처럼 보였다.

소련의 '악의 제국'으로 규정하고 강력한 반공정책과 세계제일주의(America number one)를 표방한 레이건 정부는 무차별 반공주의를 실천하는 한국정부에게 고무적 상황이 아닐 수 없었다.[55] 특히 한국의 인권문제에 대한 미국의 고압적 자세로 인해 괴로움을 당했던 한국정부에게 미국정책의 변화는 참으로 다행스럽게 느껴졌다. 아시아에 대

55) 당시 한국의 안보정책에 관해서는 강성학, 『카멜레온과 시지프스』, 서울: 나남출판사, 1995, 특히 pp.378-381 참조.

한 레이건의 기본적인 전략적 목표는 '후퇴와 우유부단했던' 시기를 종식시키고 이 지역에서 소련의 팽창주의를 견제하고 미국의 지도력을 부활시키는 것이었다. 따라서 레이건은 이 지역에서 우방국가들의 결속을 구축하기를 희망했으며 그 계획 속에서 한국은 핵심적 요소로 간주되었다.[56] 그리하여 레이건 대통령은 1981년 2월로 외국과의 첫 정상회담인 한미정상회담 공동선언에서 한국방위에 대한 미국의 공약을 재확인하고 한국의 침략억제능력을 향상시키는 데 필요한 적절한 무기체제의 방위산업기술을 한국에 판매하는 것을 가능하게 하겠다고 확인하면서 무엇보다도 한반도로부터 미 지상군의 철수계획이 없다는 것을 분명히 했다.[57] 한·미 간의 보다 긴밀한 관계의 재확인은 동년 4월 샌프란시스코에서 열린 한미안보협력회의에서 이루어졌던 바, 와인버거(Weinberger) 국방장관이 미국의 핵우산은 한국에 추가적 안전을 계속 제공할 것이라고 분명하게 밝혔으며,[58] 동년 5월 말에는 미국의회가 36대의 F-16 전투기를 한국에 판매하는 것을 승인했다. 한국에 대한 무기판매에 있어서 레이건의 정책은 소련과 북한에게 미국의 대한안보공약의 재확인을 분명히 알리려는 데 있었으며, 다른 한편으로는 일본과 다른 미국의 우방국들에게 지역방위를 위해 보다 더 기여하도록 압력을 가하려는 것이었다. 미국의 이러한 정책은 한국정부에겐 만족스러운 것이었으며 한·미 간의 이런 밀월관계는 1981년 7월 서울에 도착한 리처드 워커(Richard L. Walker) 신임 주한미대사가 양국 관계가 "지금보다 더 긴밀한 적이 없었다"[59]고 선언할 정도였다.

레이건 정부가 강력한 대소봉쇄정책을 추진하던 당시, 소련의 브레

56) Sung-Joo Han, *op. cit.*, p.223.

57) *Korea Herald*, February 3, 1981.

58) *Ibid.* May 1981.

59) Sung-Joo Han, *op. cit.*, p.219.

즈네프(Brezhnev) 서기장의 건강 악화, 특히 1982년 11월 10일 그의 사망 및 그에 따른 국내적 정권승계문제 등으로 미·소는 서로 탐색하는 시기로 접어들었지만 레이건 대통령은 소련측으로부터의 관계개선에 관한 관심에 대해 말이 아닌 행동으로 보여줄 것을 기다린다고 말함으로써[60] 대소 강압정책을 누그러뜨리지 않았다. 뿐만 아니라 1983년 3월 23일 레이건 대통령에 의한 이른바 별들의 전쟁이라고 알려진 전략방위계획(SDI)의 선언은 미·소 간의 치열한 군비경쟁을 예고했다. 더구나 동년 9월 1일 발생한 소련공군에 의한 한국 민간항공기(KAL007)의 격추 사건[61]은 당시 미·소 간의 긴장상태 하에서 마치 1914년 사라예보의 총성처럼 불길한 사건으로 인식되기도 하였다. 레이건 대통령은 '야만적 행위', '대량학살', '인류에 대한 범죄', '범죄의 야만성' 등의 용어로 비난함으로써[62] 미·소 간, 특히 동북아에서 한국전 이후 미·소 간 최대의 긴장이 감돌았다고 해도 과언이 아닐 것이다. 뿐만 아니라 겨우 한 달 뒤 미얀마의 수도 양곤에서 한국의 정부요인들이 폭사한 아웅산 폭탄테러사건은 1976년 8월 판문점 비무장지대에서 발생한 북한의 도끼만행 사건 이후[63] 한반도 자체를 최대의 긴장상태로 몰아넣었다.

그러나 제1차 대전의 교훈은 물론이고 제2차 대전 이후 핵전쟁의 위험 속에서 수많은 위기를 넘겨온 미·소 초강대국들은 거듭된 상호

60) Raymond L. Garthoff, *The Great Transition: American-Soviet Relations and the End of the Cold War*, Washington D.C.: The Brookings Institution, 1994, p.52.

61) 이 사건의 자세한 재구성을 위해서는 Seymour M. Hersh, *The Target is Destroyed*, New York: Random House, 1986 참조.

62) Raymond L. Garthoff, *op. cit.*, p.118.

63) Sung-Hack Kang, "Crisis Management under Armistice Structure in the Korean Peninsula," *Korea Journal*, Vol. 31, No. 2 (Winter 1991), pp.18-20.

비난 성명에도 불구하고 행동의 자제를 보여주었다. 어쩌면 그들간 직접적 무력충돌을 피하려는 자제가 하나의 타성이 되어 있었던 것인지도 모른다.[64] 레이건 대통령의 수사학은 행동으로 뒷받침되지는 못했다. 미국은 지역분쟁에서 홀로 책임지는 행동을 취하려 하지 않았다. 레이건 정부는 상호인정한 소련의 영향권 밖의 지역에서 소련의 지배나 간섭을 막는 '균형자'로서 행동하기를 원했던 것이다. 균형에 신경쓰는 지정학적 접근법은 기존의 균형을 유지하기 위해 분쟁의 초기단계에서부터 미국이 개입하는 것을 필요로 했다. 그러나 레이건의 십자군적 수사학에도 불구하고 베트남전 이후 미국 내에 존재하는 정치적 제약으로 인해서 레이건 정부는 그렇게 하지 못했다. 그렇다고 레이건 정부가 소련의 만행을 그냥 좌시한 것은 아니었다.

1983년 11월 레이건 대통령은 서울을 직접 방문하여 한국민들을 안심켰으며, 12월에는 이미 1979년 카터 행정부에 의해 결정된 것이지만 그동안 미루어 왔던 퍼싱II 중거리미사일의 서유럽 배치를 단행했다.[65] 이 미사일들은 서유럽에서 발사된 후 6분이면 소련의 심장부를 강타할 수 있는 것이었다. 따라서 이것은 소련에게 두려운 전망이었다. 이 위협에 대처하기 위해 소련은 1979년 이래 태평양으로 관심을 돌리기 시작했다. 그들은 오호츠크 해 주변에 잠수함기지를 건설하기 시작했으며, 이곳에 기지를 둔 잠수함들은 태평양 깊숙이 은신할 수 있고 또 미국의 중거리미사일과 비슷하게 신속한 미사일로 미국서부를

64) 이런 위기 대처의 타성에 관해서는 Paul Keal, *Unspoken Rules and Superpower Dominance*, London: Macmillan Press, 1983; Alexander L. George (ed.), *Managing U.S.-Soviet Rivalry: Problems of Crisis Prevention*, Boulder: Westview Press, 1983; Alexander L. George, Philip J. Farley and Alexander Dallin (eds.), *U.S.-Soviet Security Cooperation*, Oxford : Oxford University Press, 1988 참조.

65) Raymond L. Garthoff, *op. cit.*, p.100.

위협할 수 있는 것이었다. 소련인들은 이 위협이 유럽의 발사기지로부터의 미국의 신속한 선제공격의 유혹을 물리칠 것으로 기대했다. 또한 소련은 남부 시베리아 해안에 백파이어(Backfire) 폭격기를 배치했으며 홋카이도로부터 불과 수 마일밖에 떨어지지 않은 쿠릴(Kuriles) 열도에 군사기지를 건설하기도 했다.66)

그러나 1985년 3월 소련의 최고지도자로 고르바초프의 출현 이후 미·소 관계엔 근본적으로 새로운 변화의 시대가 찾아들었다. 미·소가 '핵대결의 모래 속에서 서로를 포위하는 두 마리의 공룡'처럼 미래의 역사가들에게 보이지 않기를 희망했던67) 고르바초프는 레이건 대통령이 시작한 전략방위계획의 군비경쟁을 거부하고, 오히려 당시까지만 해도 거의 불가능하다고 간주되었던 군비축소를 통해 국제적 긴장을 완화하면서 피폐한 소련의 국내적 삶의 변화를 모색하는 '러시아 제2의 혁명'에 착수했다.68) 미·소가 1987년 12월 8일 워싱턴에서 중거리핵미사일(INF)조약에 합의하면서 미·소 간의 관계는 긴장완화를 확대하기 위한 노력이 추진되고 드디어 1989년 12월 2-3일에 몰타 정상회담에서 미·소 양국가원수들은 미·소 간 냉전의 종식을 공식적으로 선언하는 데까지 발전되었다.69)

1986년 한국이 대미무역흑자를 기록하고 고르바초프 정권 출범 이후 긴장완화 분위기의 발전은 미·소 냉전의 산물인 주한미군 문제에

66) Patrick O'sullivan, *Geopolitics*, New York: St. Martin's Press, 1986, p.130.

67) Marshall D. Shulman, "The Superpowers: Dance of the Dinosaurs," *Foreign Affairs*, Vol. 66, No. 3, 1988, p. 494에서 재인용.

68) 강성학, 『이아고와 카산드라: 항공력 시대의 미국과 한국』, 서울: 도서출판 오름, 1997, 제16장, "러시아의 동아시아정책" 참조.

69) 80년대 미·소 관계와 냉전의 종식에 이르는 자세한 과정에 관해서는 Raymond L. Garthoff, *op. cit.* 참조

영향을 미치기 시작했다. 1988년 5월 서울에서 개최된 한미연례안보회의(SCM)에서 미국은 주한미군의 주둔비용 문제를 본격적으로 세기하고 한국의 방위비 분담금의 증액을 강력하게 요구하기 시작했다.70) 미국은 아직 주한미군의 당위성과 필요성에 관해서는 의문시하지 않았지만 한국경제력의 성장과 미국경제력의 상대적 쇠퇴에 따른 비용분담이 현실화되어야 한다는 것이었다. 이러한 미국 측의 주장은 사실상 상당한 타당성을 갖고 있었을 뿐만 아니라 주한미군의 지속적 주둔을 안보정책의 핵심으로 여전히 간주하고 있는 한국정부는 점진적인 부담금의 증액을 수용하기 시작했다. 반면에 비용분담액의 증가는 한미연합지휘체제 하에서 한국의 위상과 역할의 증대를 요구할 수 있게 되었으며 그동안 한미연합 지휘체제 하에서 미국의 '하급동반자'로서 인식되고 또 취급되면서 겪었던 연합작전 지휘상의 불평등 사항이 개선되기 시작하였다.71) 이러한 변화는 주한미군의 대외적 역할과 의미의 변화가 아니라 동맹체제 내의 변화에 국한된 것이기는 하지만 군사적 정책결정 과정에서 한국측의 발언권이 그만큼 강화되었다고 할 수 있다.

아리스토텔레스가 <니코마코스 윤리학>에서 설파했던 것처럼 우리가 우정을 유용성에 기초하는 관계로 정의하지 않는 한 동맹관계란 국제정치의 우정이 아니다.72) 동맹이란 가장 오래된 분류방식을 적용시킨다면 동맹의 상대적 지위와 힘에 따라 평등한 것과 불평등한 것으로 분류할 수 있다.73) 한·미 간의 동맹체제는 1988년 5월 제20차 한미연례안보회의를 출발점으로 하여 그동안의 불평등한 동맹관계에서 평

---

70) 이 문제에 관해서는 『동아일보』 1990년 2월 15일, "주한미군 변화의 풍향 2"를 참조

71) 『동아일보』 1990년 2월 17일.

72) Martin Wight, *Power Politics*, 2nd ed., Penguin Books, 1979, p.122.

73) *Ibid.*

등한 동맹관계를 향한 중요한 첫걸음을 내디딘 것으로 해석될 수 있을 것이다. 그러나 동맹관계도 우정처럼 누가 누구를 더 절실하게 필요로 하는가 하는 본질적 맥락에서 본다면 한·미 간의 동맹체제가 완전히 평등한 동반자관계로 정착하기를 기대하기는 어렵다고 할 것이다. 순전히 군사전략적인 관점에서만 본다면 한국방위의 중력의 중심부(the center of gravity)가 지리적으로 협소한 한반도 내에 위치하기보다는 미 대륙에 있는 것이 더 유리할 수 있다.74)

1988년부터 주한미군의 문제가 과거와는 달리 경제적 비용부담의 문제를 보다 많이 제기하기 시작했지만 바로 이 해에 주한미군이 한반도 안정의 중요한 안전판으로 재인식되기도 했다. 북한은 1988년 서울에서 개최되는 제24차 하계올림픽을 방해하기 위해서 한반도에 긴장을 고조시킬 목적으로 1987년 미얀마 상공에서 대한항공기를 폭파시켰다. 당시 한국정부는 이 사건이 서울 올림픽 개최에 미칠 부정적 영향을 고려하여 그 충격과 여파를 최소화하려고 노력했지만 북한의 테러행위에 대한 경각심을 한층 높이는 결과를 가져왔다. 당시 소련과 중국을 비롯한 공산국가들의 참가계획이 북한의 테러공세를 억제시키는 데 중요한 역할을 했지만, 미국의 4만여 지상군과 해·공군의 주둔은 참가국가들의 불안감을 해소하는 데 중요한 역할을 수행했다고 해도 과언이 아니다.

이 시기에 주한미군은 비록 직접적은 아니지만 또 다른 중요한 역할을 수행했는데, 그것은 한국의 민주화와 관련된 것이다. 미국은 1979년 박대통령 시해사건 후 12·12사건과 1980년 5·18민주화운동의 와중에서 취했던 애매한 중립적 행동에 의해서 크게 비난받아 왔으며 남

74) 한국전쟁시 이러한 힘의 중심부역할에 관해서는 Sung-Hack Kang, "Strategic Metamorphosis from Sisyphus to Chameleon?: North Korean Security Policy and Military Strategy," *The Korean Journal of Defense Analysis*, Vol.7, No. 1 (Summer 1995), pp.191-193.

한 내 반미감정의 표출을 경험하게 되었다. 그럼에도 불구하고 미국은 1981년부터 1986년까지 한국이 국내적 안정을 누리고 있다고 판단했다.[75] 이 시기에 주한미국대사였던 윌리엄 글라이스틴(William H. Gleysteen)의 평가에 따르면 당시 전두환 정권은 국민들 사이에 명백하게 인기가 없으면서도 완벽하게 지배하는 역설적인 존재였다.[76]

그러다가 1986년 2월 필리핀에서 이른바 '국민의 힘(people's power)'이 독재자 마르코스를 전복시키고 민주화에 접어들면서 미국은 한국의 민주화에 대해서도 조심스럽게 그러나 분명한 입장을 표명하기 시작했다.[77] 미 국무부의 시거 차관보는 1987년 2월 6일 한국에 보다 공개적이고 정통성 있는 정치체제를 요청하면서 정부의 문민화의 중요성을 강조했으며, 이 연설은 곧 슐츠(Shultz) 국무장관에 의해서 뒷받침되었다.[78] 무엇보다도 미국은 한국정부에게 계엄령이나 또는 다른 형태의 군부의 개입에 미국이 반대한다는 입장을 전달했던 것으로 보도되었다.[79] 이러한 미국의 입장표명은 당시 전두환 정부에게 민주화를 촉구하면서 군부에 대해서는 일종의 경고를 보낸 것이었다. 그러나 1987년

---

75) 문창극, 『한미갈등의 해부』, 서울: 나남출판사, 1994, p.79.

76) William H. Gleysteen, Jr., "Korea: Asian Paradox," *Foreign Affairs*, Vol. 65 (Summer 1987), p.1039.

77) 한국의 민주화가 태동되기 이전 권위주의 체제로부터 전환한 11개 국가에 관한 미국외교정책 평가는 미국의 정책결정자들이 자신들의 제한된 영향력에도 불구하고 미국의 정책을 성공적으로 수행하기 위해서는 적절한 시기를 잘 포착해야 한다는 것이었다. The Center for the Study of Foreign Affairs, *Authoritarian Regimes in Transition,* Washington D.C.: Foreign Service Institute, U.S. Department of State, 1987, pp.xxiv-xxv.

78) Han Sung-Joo, "South Korea in 1987: The Politics of Democratization," *Asian Survey,* Vol.28, No.1 (January 1988), p.60. 시거 연설문은 Gaston J. Sigur, Jr., "Korean Politics in Transition," Department of State, Bulletin (April 1987), pp.23-25에 실려 있음.

79) *Ibid.*

4월 13일 전두환 대통령이 개헌 논의를 올림픽 이후로 미룬다고 선언하자 미 의회 내에서는 보다 적극적인 미국정부의 입장표명으로 한국의 전두환 정부에 대해 압력을 가할 것을 촉구하는 주장이 가시화되었다. 특히 미 하원 외무위의 스티븐 솔라즈(Stephen Solarz) 아태소위 위원장은 한국 내에서의 활발하고 또 심지어 적의에 찬 반미감정의 등장에 주목하면서 미국이 독재정부가 아닌 민주정부를 지원한다는 것을 공개적으로 밝히고 한국에 주둔하고 있는 미군 장교들도 한국군 장교들과의 만남에서 민주주의를 지원하는 정치적 중립의 군부가 한·미 양국관계의 지속적 선린관계에 결정적으로 중요하다고 믿고 있음을 분명히 하도록 지시하는 것이 유용할 것이라고 주장했다.[80] 당시 미국의 행정부가 솔라즈 위원장의 주장을 그대로 수용했는지 또 주한미군 장교들이 한국군 장교들에게 정치적 개입의 위험성을 실제로 경고했는지에 대해서 확인할 증거는 아직 없다. 그러나 미국의 슐츠 국무장관이나 릴리 주한미대사 등이 한국의 민주화를 희망하는 입장을 거듭 표명했으며 1987년 2월 미 국무성은 군부의 개입이 한국 국가이익에 심각한 해악을 미칠 것이라는 요지의 성명도 발표했다.[81]

미국은 분명히 한국정부에 압력을 가하고 있었다. 그러나 미국의 그러한 압력이 한국의 이른바 6·29선언이 나오는 데 어느 정도의 역할을 수행했는지는 분명하지 않다. 당시 한국정부는 88올림픽을 성공적으로 치러야 한다는 강박관념, 군 동원의 좌절 등[82]으로 민주화를 수용하는 길밖에 없었다고 말할 수 있겠으나 미국의 노력이 적지 않게

80) *New York Times*, May 17, 1987.

81) *Ibid.*, June 23, 1987.

82) 미국은 전 대통령이 위기극복을 위해 군대를 동원하려 했으며 한국군부의 고위층들은 전 대통령의 이 같은 구상에 반대했다는 정보를 갖고 있었다고 한다. 이 점은 문창극, 『한미갈등의 해부』, p.77에서 *Washington Post* (July 5, 1987)를 인용하여 주장하고 있다.

영향을 미쳤을 것임은 분명하다. 왜냐하면 4·13조치를 취하면서 전 대통령은 이틀 전에 이 사실을 미국정부에 통보했을 뿐만 아니라, 미국은 한국의 정치세력들 간에 잠재적인 조정자 또는 매개자로서의 독특한 위치를 가지고 있기 때문이다.[83] 따라서 한국 국내정치의 격동기였던 1986-1987의 2년 간에 미국정부는 한국민주화에 촉매적 역할은 아니었다 할지라도 강력한 지원세력이었음에 분명하다. 또한 88년 서울 올림픽의 성공적 개최를 위한 미국의 외교적 노력은 차치하더라도 주한미군의 주둔 사실이 올림픽 참가국가들에게 적지 않은 심리적 안전감을 가져다 주었을 것임은 분명하다.

## V. 결 론

닉슨 행정부의 출범 때까지 미국 외교정책에서 지정학의 명시적 전통이 없었다는 키신저의 주장에도 불구하고 미국 외교정책에서 지정학적 조망은 미국의 정책결정자들의 대외인식과 결정을 형성하는 데 꾸준히 중요한 영향을 미쳐왔다. 그것이 명시적이기보다도 묵시적이었던 것은 미국의 정치지도자들이 스파이크만식이 아니라 토크빌식으로 즉 이념적이고 추상적 가치에 입각하여 자신들의 정책을 선언하고 정당화했기 때문이다. 결국 미국 외교정책은 추상적 혹은 이념적 가치와 지정학적 현실주의가 함께 혼합되어 미국의 국가이익은 더욱 절대적인 가치가 되었고 대소봉쇄정책은 이념적 지정학적 현실 모두가, 즉 토크빌과 스파이크만이 강력한 대소봉쇄정책을 미국 외교정책의 지상명령이 되게 하였으며 한국전 이후 주한미군도 이러한 미국의 국가적 목표

83) 한승주, “한국의 국내정치와 한미관계,” 한승주(편), 『전환기의 한미관계』, 서울국제포럼, 1988, p.213.

가 수정되지 않는 한 그 철수가 거의 불가능한 상황이었다. 그러나 미국의 대외정책적 목표는 냉전적 양극체제가 구조적으로 변화하지 않는 한 쉽게 바뀔 수 없는 것이었다. 그리고 냉전적 양극체제의 종식은 소련공산제국의 변화, 즉 붕괴를 요구하는 것이었다. 왜냐하면 소련 공산제국의 변화만이 스파이크만식의 지정학적 사고와 토크빌식의 이념적 사고방식의 경직된 결합에 변화를 가할 수 있기 때문이다. 따라서 1989-1991의 3년 간 혼미를 거듭하면서 소련제국이 실제로 붕괴하고 그에 따라 양극적 냉전체제의 종식이 눈앞에 실현되었을 때 미국의 대외정책적 목표의 수정은 아주 당연한 것으로 예상될 수 있었다.

냉전의 종식이 분명해지면서 부시 대통령에 의한 주한미군의 현수준 유지의 확인에도 불구하고 미국의회는 1991년 말까지 43,000명의 주한미군을 약 36,000명 수준으로 축소하는 넌-워너(Nunn-Warner) 법안을 통과시켰으며 실제로 감군이 이루어졌으나 북한 핵문제의 타결이 어렵게 되자 더 이상의 철군 논의는 중단되었다. 그러나 북한의 핵문제가 완전히 타결되어 북한의 핵확산이 확실히 저지되었다고 판단될 경우 점진적으로 더 많은 철수, 그리고 궁극적으로는 주한미군의 완전한 철수까지도 논의되는 단계로 접어들 것이다. 유라시아대륙이 특정 국가의 헤게모니 하에 들어갈 가능성이 사라지고, 아니 오히려 분열과 갈등을 거듭하고 있는 상황에서 스파이크만 식의 지정학적 정책지침은 더 이상 설득력을 가질 수 없을 것이기 때문이다. 따라서 주한미군의 주둔도 그것이 지속되기 위해서, 혹은 철수가 좀더 지연되기 위해서는 토크빌식의 논리적 정당성에 의존할 수밖에 없게 되었다. 그러나 토크빌식의 이념적 논리는 냉전의 이념적 대결이 종식된 상황에서 미국 국민을 설득하기에 충분할 것 같지 않다. 미국은 민주주의의 제국주의 국가가 아니라 민주주의의 모범적 본보기가 되는 데 만족해야 한다는 것이 미국민의 전통적이고 지배적인 입장이며 그것은 어떤 비싼 대가를 요구하지 않기 때문이다. 따라서 한국민에게는 주한미군은 머지않아 완전히 철수한다는 전제를 수용하는 발상의 전환이 필요하며 주한미군에 의타적인 의식의 잔재를 청산하고 독자적 방위목표와 전략의 수립에 착수할 때이다.

제 6 장

# 한-러 관계의 발자취

시는 일반적으로 말하고, 역사는 구체적으로 말한다.
- 아리스토텔레스 -

85년이라는 긴 시간이 흐른 후 1990년 9월 한국과 소련이 관계정상화 협정을 통해 외교적 혁명을 일으킴으로써 2차 세계대전 이래 그렇게 오랫동안 지속되어 온 적대감을 버리고 다양한 상호관계를 확장시키고 있는 것은 주목할 만하다. 그러나 동시에 급속한 관계 진전으로 인한 우려할 만한 점도 나타났다. 이러한 새로운 시작은 한국의 소련에 대한 엄청난 무지를 드러내었고,[1] 또 그런 무지의 결과로 소련에 대한 한국의 시각이 한 극단에서 다른 극단, 즉 소련에 대한 극단적으로 부정적이고 적대적인 자세에서 무차별적이고 흥분된 '소비에트 러시(Soviet rush)'에로 급속히 이동해 가는 경향을 드러내었다. 그렇지만 다른 한편, 소련은 항상 한국에 꾸준한 관심을 기울여왔고 심지어 냉전기 동안에도 비록 그 대부분이 한국상황에 대한 소련의 정치적·이념적 위치를 단호하게 표현하는 것이긴 했었지만 한국에 대한 상당한 역사적 연구를 축적해 왔다.[2]

역사는 스스로 반복하지 않는다. 그러나 역사적 지식은 빈번하게 이용된다. 물론 역사적 교훈이 누구에게나 자명한 것은 아니다. 하지

1) 심지어 한국은 1990년과 1991년 정상회담에서 유창한 통역사도 찾을 수 없었다.

2) In-ho Lee, "Russian Interest in Korea in Historical Perspective," in Sung-Joo Han (ed.), *Soviet Policy in Asia: Expansion or Accommodation?*, Seoul: Asiatic Research Center, 1980, pp.257-286.

만 역사로부터 교훈을 배울 수 없는 자는 그것을 반복하도록 운명지어져 있다는 조지 산타야나(George Santayana)의 경구 또한 널리 인용된다. 정치지도자들이나 대중들 모두 전임자들의 경험을 참조하고서야 현재의 상황에 대처하게 마련일 것이다. 존 스타인브루너(John Steinbruner)가 발견했듯이,[3] 정책결정자들은 과거의 어떤 사건이 현재의 사건과 가장 밀접한 관련을 가지고 있는가를 결정하고자 시도함으로써 외부세계에 접근하고, 그 유사성을 가지고 추론하고자 시도한다. 모든 종류의 역사 중에서 외교사로부터 얻을 수 있는 것이 가장 적다는 막스 벨로프(Max Beloff)의 발언에도 불구하고, 우리는 외교사가 현재의 문제들에 대한 조망을 제공해 주기 때문에 그에 관심을 갖게 된다.

그렇지만 이전의 경험으로부터 그 유사성을 그리고 우리 시대를 위한 교훈을 이끌어 내고자 하는 유혹이 상당히 강하기 때문에, 역사적 조망은 위험으로부터 완전히 자유로운 것은 아니다. 역사적 유추(analogy)란 분석의 가장 기본적인 형태의 하나이다. 우리는 '뮌헨은 이제 그만(no more Munichs)'이나 '베트남은 이제 그만(no more Vietnams)'이 미국외교정책결정에 커다란 영향을 미쳐왔던 것처럼 '한국전은 이제 그만(no more Korean Wars)'이 한국인들(South Koreans)에게 불가피한 것이었음을 잘 알고 있다. 정책결정시 그 복잡성과 불확실성에 대처하기 위한 전략으로서 역사에 의존하려는 경향은 보다 널리 퍼져 있다. 정책결정에 대한 지침으로서 과거에 대한 그런 의존은 위기시와 같은 긴장된 상황에서 가장 크다. 그러나 역사적 유추를 맹목적으로 이용한다면 어떤 경험의 충격이 너무 크기 때문에 이후의 모든 경험들이 그런 측면에서 해석되는 이른바 원초적 왜곡(parataxis

---

3) John Steinbruner, *The Cybernetic Theory of Decision*, Princeton: Princeton University Press, 1974.

distortion)의 고통을 겪게 된다.[4)]

역사가에게 있을 수 있는 또 다른 강력한 유혹은 모든 역사적 사건의 '독특성(uniqueness)'을 강조하려는 것이다. 다시 말해서 개인의 의지와 같은 '우발적 요인(accidental elements)'을 과도하게 강조하는 것이다. 역사가가 인과적 동인(causal agent)으로서 개인들의 활동에 관심을 가질 때, 그가 위대한 인물들의 활동을 강조해야 함은 당연한 것이다. 그러나 '위대한 인물이론(great man theory)'은 궁극적으로 우연(chance)이 역사의 지배적인 원인이라는 관점으로 귀결된다. 우리는 1830년 헤겔(Hegel)이 쓴 『역사철학 강좌』(*Lectures on the Philosophy of History*)의 한 부분에서 '역사에는 위대한 인물들이 있다'고 읽었는데, 여기서 헤겔 자신의 개인적인 목적은 그가 '세계정신의 의지(the will of world spirit)'라고 부른 실체적 요소를 터득하는 것이었다. 비록 후세의 세대들에 의해 상당히 다르게 해석되기는 했지만, 이것은 위대한 개인들이 역사의 경로를 결정적으로 바꿀 수 있다는 이념에 대한 근본적인 거부를 표명하는 것이었다.[5)] 헤겔의 관점에서 보면 '역사적으로 중요한 개인'의 위대성이란 그 또는 그녀가 보편적 정신의 진보라는 하나의 목적을 위한 동인(動因)이 되는가에 전적으로 놓여 있는 것이다.

그러나 "경험과 역사가 가르친 것은 사람들과 정부들이 역사로부터 결코 어떤 것도 배우지 못해왔다는 것이다"고 말한 사람은 바로 헤겔 자신이었다. 콜링우드(Collingwood)에 따르면 역사가와 비역사가(non-historian) 간의 관계는 능숙한 나무꾼과 무지한 여행자의 관계처럼 생

4) Walter Laquer, "Kissinger and His Critics," *Commentary*, Vol.69, No.2 (February 1980), p.59.

5) Lothar Gall, *Bismarck: the White Revolutionary*, London: Unwin Hyman, 1986, Vol.1, p.xiii.

각되어질 수 있다. 여행자는 “여기엔 나무와 풀 외엔 아무것도 없다”고 생각하고 갈 길을 계속간다. 나무꾼은 “봐라, 저 풀 속에는 호랑이가 한 마리 있다”고 말한다. 역사가의 직무란 현 상황에서 부주의한 눈으로는 찾을 수 없는 보다 덜 명백한 특징들을 밝혀내는 것이다. 역사가 도덕적이고 정치적인 삶에 가져다 줄 수 있는 것은 사람들이 활동해야 할 환경을 볼 수 있는 훈련된 눈이다.[6] 이 장에선 콜링우드의 정신에 따라 소련(러시아)과 한국(조선) 간의 관계를 19세기 중반의 밀접한 접촉기에서부터 1970년대 ‘미래로의 복귀(back to the future)’ 조류가 시작될 때까지 역사적으로 검토해 보고자 한다.

## Ⅰ. 조선과 러시아의 조우

1848년 러시아의 짜르 니콜라스 1세는 당시 중국을 상대로 이른바 아편전쟁에서 막 승리를 거두었던 영국에 대한 두려움을 갖고 있었기 때문에 동시베리아의 총독직에 니콜라스 무라비예프(Nicholas Mraviev)를 임명했다. 무라비예프는 1849년 러시아 해군기지를 오호츠크(Okhotsk)에서 페트로파블로스크(Petropavlosk)의 장대한 항구로 이동시켰다. 1850년 8월 러시아 깃발이 아무르 강(흑룡강) 입구 근처에서 게양되었다. 1854년 무라비예프는 아무르 강에서 증기선을 개통시켰고 자신이 직접 캄차카(Kamchatka)에 있는 페트로파블로스크의 방어를 강화하기 위해 강을 따라 대포와 더불어 800명 이상을 운반하는 소형 선대를 지휘했다. 1858년 5월 무라비예프는 아이훈(愛琿)에서 중국 대표와 회담을 갖고 아무르 강 북방연안에 있는 영토를 획득했다.

6) R.G. Collingwood, *An Autobiography*, Oxford: Oxford University Press, 1939, p.100.

1860년 이그나티예프(Ignatiev) 장군이 러시아 공사로 북경에 상주하면서 중국과 영국-프랑스 동맹 간의 중재 역할을 수행하고 있었다. 그의 헌신적인 공헌에 대한 보답으로 중국은 러시아에게 이그나티예프의 요구에 따라 우수리(Ussuri) 강 동쪽 지역을 넘겨주었다. 이윽고 1860년 7월 무라비예프의 명령에 따라 '동방의 지배자'라는 의미를 가진 블라디보스토크(Vladivostok)의 토대가 놓여졌고 그 연안에는 표트르 대제(Pyotr 大帝)라는 이름이 다시 붙여졌다. 그 결과 1860년 조선과 러시아는 공동의 국경을 공유하는 이웃이 되었다. 그러나 공식적인 외교관계의 수립을 위해서는 두 정부 간에 우호통상조약이 조인된 1884년 7월 7일까지 기다려야 했다.

한편 1885년 봄 영국이 조선의 남쪽 해안에 있는 거문도(Port Hamilton)를 점령함에 따라 극동의 총독들과 군부인사들에 의한 전략적 논의가 러시아 정부 내에서 진전되었다. 응분의 보상으로서 러시아는 그의 해군기지로서 라자레프(Lazareff) 항의 사용을 요청하고 승인받았다. 그러나 중국은 일본과 같이 조선의 러시아에 대한 협정을 취소할 것을 요구했다. 조선 왕의 외국인 고문이었던 묄렌도르프(Paul George von Möllendorff)는 그의 직위에서 해고되었고, 미국인인 오웬 데니(Owen N. Denny)로 대체되었다. 비록 무라비예프 재임 이래로 대륙횡단 철도를 이용해 러시아의 시베리아 자원을 유럽과 연결시키려는 협의가 진행되어 왔지만 특히 블라디보스토크가 그 후배지(hinterland)와 철도로 연결되어야 한다는 것은 명백히 시급한 일이었다. 알렉산드르 3세는 자신의 제국을 아시아 지역으로 발전시키는 데 호의적이어서 왕위 계승자인 니콜라이를 1891년 극동으로 수학여행까지 보내기도 했다. 1891년 2월 철도를 건설하겠다는 결정이 내려졌고 블라디보스토크와 유럽의 종착지에서 동시에 공사가 시작되었다. 그해 9월 세르게이 비테(Sergei Witte)가 재무장관이 되었는데, 그는 철도의 전략적 가치뿐만 아니라 경제적 가치도 굳게 믿고 있었으며 이 계획의 가장 열렬한 지지자가 되었다.

시베리아 횡단철도의 건설은 그것이 전반적인 극동문제를 변화시키게 되고 동시에 전반적인 국제관계의 틀을 수정하게 됨에 따라 전 세계를 통해 러시아정책의 불길한 출발로 간주되었다.[7] 중국과 일본은 특히 러시아의 정책을 깊은 의구심을 갖고 주시했다. 도쿄에서는 만약 러시아가 그들의 교통체제를 완성시키게 된다면 일본이 러시아의 팽창을 저지시키는 일말의 기회조차도 더 이상 갖지 못하게 될 것이라고 두려워했다. 따라서 일본 정치권에서는 조선의 독립 또는 일본에 의한 조선의 궁극적인 통제가 일본제국의 안보에 필요 불가결한 것으로서 간주되었다.[8] 청일전쟁의 결과로 1895년 4월 17일 체결된 시모노세키 조약의 내용이 알려졌을 때, 특히 중국이 일본에 아서 항(Port Arthur)을 포함한 요동반도를 할양하기로 했기 때문에 러시아는 우려감을 갖게 되었다. 비테는 곧 일본에 대항할 것을 주창하였는데 그는 요동반도의 점령이 '조선의 병합을 수반할 것'이며 이는 곧 '이 지역이 일본이 프리아무르(Priamur) 지방을 침공할 발판이 될 것'이기에 러시아에 대한 위협이 될 것이라고 주장했다. 1895년 4월 23일 러시아에 의해 주도된 '3국간섭(triple intervention)'이 일본에게 제시되었고, 5월 5일 일본정부는 요동반도를 반환하기로 동의했다. 1895년 5월 8일 조약에 치푸(Chefoo)에서 조인되었을 때, 러시아 소함대가 항구에 닻을 내렸다. 일본은 이전까지 자신들의 상대였던 중국보다 훨씬 더 만만치 않은 국가인 러시아가 중국을 대신하게 되었음을 곧바로 깨달았다. 다른 한편 러시아는 일본의 성장이 만주와 조선에서의 러시아의

7) William L. Langer, *The Diplomacy of Imperialism, 1890-1902*, 2nd. ed., New York: Alfred A. Knopf, 1956, p.172.

8) *Ibid.*

이익에 틀림없는 위협이 된다고 느꼈다.[9] 따라서 이들 두 국가 간의 피할 수 없는 충돌까지는 단지 10년만 남았을 뿐이었다.

일본은 청일전쟁을 승리로 이끈 후 일본은 그들의 조선병합 계획을 지나치리 만큼 대담하게 추구하게 되었다. 일본 공사 미우라 고로(三浦梧樓)가 개입된 1895년 10월 8일의 명성왕후 시해사건은 조선뿐 아니라 서구 열강 사이에서도 일본의 영향력과 위신에 상당한 손상을 가했다. 러시아는 재빠르게 이 상황을 이용하였다. 왕비의 침소에 대한 공격 당시 조선의 왕인 고종은 러시아 공사관으로 피신했고, 서울 주재 러시아 공사는 피난처를 제공했다. 상당기간 동안 왕은 여기서 국사를 보았고 자연히 조선에 대한 러시아의 영향력은 압도적이 되었다. 왕은 심지어 조선을 러시아의 보호 하에 두려고까지 했다. 왕은 시해된 왕비의 동생을 1896년 5월 모스크바로 보내 니콜라이 2세의 대관식에 대표로 참석하게 했으며, 짜르에게 조선의 보호국 역할을 맡아달라고 요청하도록 했다. 그러나 짜르는 시베리아 횡단철도가 완성될 때까지 러시아가 일본이나 서구열강과 경쟁하는 것을 원할 수는 없었으므로 그러한 요청은 거절되었다. 조선 궁정에서 일종의 궁정 쿠데타를 통해 조선 전체를 통제하려고 했던 일본의 시도는 실패했다. 그리하여 일본은 일시적으로나마 후퇴하였고 이후 조선에서의 그들의 개별적인 이해관계에 대한 러시아와의 조정을 추구하였다. 이것은 1896년 5월 14일 서울에서 조인된 '고무라·베베르 협정(Komura-Waeber Memorandum)'으로 나타났다. 이 협정을 따라 다시 1896년 6월 9일 모스크바에서 '야마가티·로바노프 협정(Yamagata-Lobanov Protocol)'이 조인되었다.

야마가타 장군이 니콜라이 2세 황제의 대관식에 참석하기 위해 상

9) M.N. Pak with Wayne Patterson, "Russian Policy toward Korea before and during the Sino-Japanese War of 1894-95," *Journal of Korean Studies*, Vol.5, 1984, p.119.

트페테르부르크로 파견되었을 때, 그는 조선이 두 국가의 이해관계의 영역에 따라 38선을 경계로 북측은 러시아에, 남측은 일본에 분할될 수 있음을 러시아인들에게 시사하였으나 러시아는 그 제안을 거부했다. 따라서 로바노프-야마가타 협정에서는 다음의 사항들이 규정되었다.

(1) 만일 조선의 해외차관 상환에 필요하다면 러시아와 일본은 상호 동의에 의해 조선에 재정적 원조를 제공한다.
(2) 양국은 조선이 외국의 원조 없이도 국내질서를 유지할 수 있도록 무장병력과 조선 경찰을 충분한 규모로 창설하고 유지하도록 해준다.
(3) 양국은 계속적으로 자신들의 전신선을 관리한다.[10]

그러나 러시아는 아무런 제한도 없이 이들 협약을 위반하기 시작했다. 예를 들면, 서울의 새로운 대리공사 드 스페이어(De Speyer)는 조선 관리들이 자신에게 반대한다면 해임당할 것이라고 위협함으로써 조선정부에 과도한 압력을 행사했다. 더구나 러시아는 부산항 근교의 탄광을 획득했고, 러시아·조선은행(Russo-Korean Bank)을 열었으며, 조선의 재정을 통제하고 감독하기 위해 러시아인 고문 키릴 알렉시예프(Kyril Alexeiev)를 부임시켰다. 그러나 영국과 일본은 9척의 순양함으로 구성되고 몇 척의 일본 전함을 동반한 영국 함대를 1887년 12월 제물포항(인천)에 갑작스럽게 출현시킴으로써 강력한 저항을 보였다. 1898년 4월 일본은 러시아와의 새로운 협상을 착수하였다. 그렇지만 이 시점에서 러시아는 자신의 한반도정책을 변화시켰다. 러시아인 고문은 송환되었고 러시아·조선은행은 문을 닫았다. 그 결과 조선

10) William W. Rockhill (ed.), *Treaties and Conventions with or Concerning Chiand and Korea, 1894-1904*, Washington, 1904, p.432.

에서 러시아의 영향력은 현저하게 감소되었다. 러시아는 일본과의 협상에서 협력적으로 나왔고 마침내 1898년 4월 25일 '니시·로젠 협정(Nishi-Rosen Protocol)'이 조인되었다. 그 협약에서 양국은 조선의 주권과 독립을 존중할 것과, 상호간의 사전 협의 없이는 조선의 군대와 재정을 재정비하는 데 원조를 제공하지 않을 것임을 합의하였다. 그리고 러시아는 일본이 조선에서 통상 및 산업적 이익을 발전시키는 데 방해하지 않을 것임을 동의하였다. 따라서 두 강대국은 19세기 말까지 조선에서 불편한 '평화적 공존(peaceful coexistence)'을 유지할 수 있게 되었다.11)

## II. 러시아의 새로운 외교노선과 조선으로부터의 철수

1900년 중국의 병환이 심화되면서 20세기는 러시아를 위한 새로운 기회와 함께 시작되었다. 러시아는 의화단의 난이 발생하자 만주를 군사적으로 점령하였고, 난이 진압된 이후에도 군사를 철수시키기를 거부함으로써 동북아시아에서의 자신들의 야심을 보다 명백히 드러내었다. 하지만 이때, 이전에는 중국동부철도(Chinese Eastern Railway)의 착상을 지지했을 뿐 아니라 중국 영토의 합병문제에 대해서도 모호한 자세를 보여왔던 재무장관 비테가 자신의 입장을 바꾸고 만주점령에 반대하기 시작했다.

1902년 1월 30일에 체결된 영일동맹의 후속조치로 1902년 4월 러시아가 6개월의 간격으로 3단계에 걸쳐 만주로부터 철군할 것을 규정한 협정이 러시아와 중국 간에 체결되었다. 그러나 1903년 4월 예정된

11) 이 시기 가장 의미심장한 사건의 하나는 미국이 필리핀을 획득함으로써 공식적인 극동세력으로 등장하였다는 것이다.

두 번째 단계의 철수는 시행되지 않았다. 오히려 러시아는 조선의 북측에서 벌목지를 양도받았고 러시아와 조선의 국경을 따라 병력을 배치하였다.

거의 10년 동안 '비테체제(Witte System)'는 상당한 성공을 구가했다. 그러나 20세기로 들어서면서 나타나기 시작한 국제적 불확실성(보어전쟁, 미국-스페인 전쟁, 중국에서의 의화단의 난 등)은 러시아에 대한 해외차관의 유입을 감소시켰고, 러시아에서 일기 시작한 파업과 농민들의 동요는 러시아의 대다수인 이들이 비테의 긴축정책에 의해 저하된 생활수준을 더 이상 용납하지 않을 것임을 드러내었다. 더구나 영향력 있는 토지소유자들은 비테의 산업화에 대한 전면적인 지원에 항상 적대적이었으며 니콜라이 2세의 궁정에서 자신들의 반대 입장을 뚜렷이 표명하였다. 당시 황제는 비테의 다이내믹한 성격을 두려워하고 있었기 때문에 두 사람의 관계도 원만하지 않았다. 1903년 8월 비테는 막강한 재무장관직에서 해임되었고 단순히 상징적인 장관위원회(Comittee of Ministers)의 의장으로 임명되었다.[12] 짜르가 비테를 비난하고 플레베(Viatchelslav C. Plehve)와 베조브라조프(Bezobrazov)가 이끄는 일단의 군국주의적 제국주의자들을 가까이하게 되었을 때, 이들이 선호한 정책은 조선의 병합을 준비하기 위한 벌채권을 얻어내는 것이었다.[13]

또다시 일본은 1903년 8월 조선에 대한 일본의 우월한 이익과 만주에 대한 러시아의 특별한 이익을 상호 인정하자는 절충안(만주-한반도 교환 공식)을 제안했다. 같은 해 10월 러시아는 이에 대해 다음과 같은

12) *The New Encyclopedia Britanica*, 15th, ed., Vol.12, pp.717-718.

13) 비테에 대한 반대파에 대해서는 John Albert White, *The Diplomacy of the Russo-Japanese War*, Princeton: Princeton University Press, 1964, pp.31-49 참조.

역제안을 제시했다.

(1) 조선의 영토는 군사적 목적을 위해 이용되어서는 안 되며 그 연안도 요새화되어서도 안 된다.
(2) 39도선 북측 지역은 중립지대로 인정되어야 한다.
(3) 만주와 그 연안은 일본의 이익권 외부에 위치하는 것으로 인정되어야 한다.14)

그 외에 러시아는 만주에서의 철군도 보장하지 않았다. 이 조항들은 조선을 자신의 통제 하에 두려고 하는 일본에게선 거의 수용할 수 없는 것이었다. 오랫동안 지속된 협상(1903년 8월-1904년 1월)에도 불구하고 러시아와 일본은 그들의 이견을 좁히고 타협점을 찾는 데 실패했다.

러일전쟁(Russo-Japanese War)의 즉각적인 결과는 일본을 극동에서 가장 강력한 세력으로 만든 것이었다. 주요 유럽열강들은 다시금 유럽으로 주의를 돌렸다. 전쟁의 결과, 러시아의 힘은 감소되었다. 그러나 일본은 러시아가 벌일지도 모르는 보복전에 대해 우려감을 가졌다. 포츠머스(Portsmouth) 평화회담이 시작된 지 3일 후인 1905년 8월 12일, 런던에서 제2차 영일동맹조약이 조인되었다. 1905년 9월 5일 포츠머스 조약의 두 번째 조항에서 러시아는 전쟁의 결과를 다음과 같이 인정했다.

"러시아제국 정부는 일본이 조선에서의 지배적인 정치적, 군사적, 경제적 세력임을 인정하며, 일본제국정부가 조선에 필요하다고 간주하

14) Andrew Malozemoff, *Russian Far Eastern Policy, 1881-1904*, Berkeley: University fo California Press, 1958, pp.239-240.

> 는 어떤 지도조치나 보호조치, 그리고 감독조치에도 개입하거나 방해하지 않을 것임에 동의한다."[15)]

이어서 1907년 7월 30일의 러일조약에서 러시아와 일본은 조선에 대한 일본의 통제와 외몽골(Outer Mongolia)에서의 러시아의 특별한 지위를 상호 인정했다. 이 조약을 협상하면서 일본은 조선에서의 자신들의 독점적인 권리에 대한 러시아의 확인을 얻으려고 노력했다. 그 대신 러시아는 일본이 몽골을 러시아의 영향권이라고 인정해 줄 것을 요구했다.

1909년 11월 9일, 미국과 영국의 기업들이 만주에서 친초우-아이훈(Chinchow-Aigun) 철도를 공동으로 건설하려 한 계획과 함께 모든 만주철도를 '중립화'하자는 계획이 미국 국무장관 녹스(Knox)에 의해 영국에 제안되면서 사태는 갑작스러우면서도 복잡하게 진전되었다. 녹스의 계획은 만주에서의 일본과 러시아의 영향권에 대해 엄청난 함의를 갖는 것이었다. 그러나 녹스의 정책은 일본으로 하여금 '미국의 위협'에 대항하여 러시아와의 관계를 견고히 하도록 접근하게 만드는 전혀 기대치 않았던 결과를 가져왔다. 이 두 세력 간의 새로운 관계는 1910년 7월 4일 조인된 표면상 동맹의 형태를 취한 제2차 러일협정에서 표현되어졌다. 이 조약의 결과 러시아는 외교정책의 중점을 동쪽으로부터 독일의 위협이 점차적으로 증가하고 있던 서쪽으로 옮길 수 있었다.[16)] 다른 한편으로 일본은 러시아의 보복전에 대해 잔존하던 우려감에서 벗어날 수 있게 되었다.

1910년 8월 22일, 즉 제2차 러일협정이 체결된 후 채 2달도 못가서 일본은, 조선 전체를 병합했다. 러시아 외무장관 이즈볼스키(Izvolsky)

---

15) 조약의 전체 내용에 대서는 Eugene P. Trani, *The Treaty of Portsmouth*, Lexington: University of Kentucky Press, Appendix, pp.161-170 참조.

16) 러시아가 1908년 보스니아 위기(Bosnian Crisis) 시 독일 앞에서 후퇴할 수밖에는 별다른 도리가 없었음을 상기해 볼 것.

는 일본의 결정이 불쾌하긴 했지만 반대하지는 않았다. 다른 어떤 주요 강대국들도 조선문제에 대해 일본에 도전하지 않았음은 물론 일본의 행동에 저항하지도 않았다. 따라서 한·러 관계는 한국이 1945년 다시 등장할 때까지 약 35년간 중단되었다.

## III. 제2차 세계대전 기간의 소련의 대한정책

1943년 11월에 열린 카이로 회담에서 루스벨트(Roosevelt) 대통령, 처칠(Churchill) 수상, 장제스(將介石) 총통은 "한국은 적절한 시기에 해방되고 독립될 것이다"고 언명했다. 아울러 스탈린도 1943년 11월 말과 12월 초에 있었던 테헤란 회담에서 카이로 협정의 초안을 보고 그것의 공식발표 내용과 그 초안의 모든 내용을 승인했으며 한국이 독립하는 것이 옳다고 말했다.[17] 이것은 35년 만에 한국을 향한 소련의 입장을 최초로 표명한 것이었다. 1944년 12월 14일 스탈린은 에버렐 해리만(W. Averell Harriman)에게 소련이 일본과의 전쟁에 참가하는 대가로서 얻어낼 광범위한 요구사항들을 보여주었다. 해리만에 따르면 스탈린은 극동에서의 러시아의 지위가 1905년 러일전쟁 이전과 같은 정도로 복구되어야 한다고 말했다.[18] 그러나 스탈린은 한국에 대해서는 언급하지 않았다. 연합국이 1945년 2월 얄타에서 만났을 때, 소련의 태평양전쟁 참전에 관한 비밀협정에서 한국에 대한 언급은 완전히

---

17) Robert M. Slusser, "Soviet Far Eastern Policy 1945-50: Stalin's Goal in Korea." in Yonosuke Nagai and Akira Iriye (eds.), *The Origins of the Cold War in Asia*, Tokyo: University Press of Tokyo, 1977, p.128.

18) Max Beloff, *Soviet Policy in the Far East, 1944-1951*, London: Oxford University Press, 1953, p.23.

생략되었다. 루스벨트는 한 회담에서 한국에 대한 신탁통치안을 간단히 시사했고 '20년에서 30년'이라는 수치를 언급했다. 스탈린은 그 대답으로 "기간이 단축될수록 좋다"고 말했다. 그리고 스탈린이 루스벨트에게 외국 군대의 한국 주둔여부를 묻자 루스벨트는 부정적으로 대답했다. 그리고 이에 대해 "스탈린 원수도 동의를 표명했다."[19]

1945년 2월, 스탈린은 비록 루스벨트보다 짧은 기간을 선호하긴 했지만 한국에 대한 4대 강국의 신탁통치 제안에 동의했다. 스탈린은 5월 28일 해리 홉킨스(Harry Hopkins)와의 회담 도중 미국이 한국에 대한 4대국 신탁통치안에 공식적으로 동의했다.[20] 따라서 포츠담 회담이 개최될 때 스탈린은 다음과 같이 생각했다. 즉 소련이 한국에서 포착할 수 있는 기회는 4대국 신탁통치안이라는 미국의 제안에 자연히 한정될 수밖에 없다는 것, 그리고 거기에 그는 가능한 한 신속하게 외국 군대들이 한국으로부터 철수해야 한다는 조건을 덧붙였다. 그리고 포츠담 회의에서 신탁통치 사항이 외무장관 회의(Council of Foreign Ministers)로 회부되어야 한다는 것이 합의되었다. 그러나 7월 24일 러시아의 태평양전쟁 참전을 준비하는 과정 중, 극동에서의 연합국 전략조정을 위한 미국, 영국, 소련 간의 고위급 관료회담이 개최되었을 때, 소련의 군부지휘자들은 미국 참모총장인 마샬(Marshall) 장군이 이끄는 미국인들로부터 미국이 한국을 군사적으로 점령할 계획을 갖고 있지 않음을 알게 되었다. 한반도에서 신탁통치의 궁극적 시행여부와는 무관하게 미래의 언젠가는 소련이 미국의 군사적 반대 없이 전 한반도를 점령할 수 있다는 가능성이 어렴풋이 나타났다.[21] 7월 26일

19) Robert M. Slusser, *op. cit.*, p.130.

20) *Ibid.*, pp.131-132. 신탁통치안이 최초로 등장한 때는 1943년 3월 루스벨트 대통령이 영국 외상 이든(Anthony Eden)에게 제안했을 때이다.

21) *Ibid.*, pp.134-135.

잇달은 회담에서 각자의 공군과 해군 작전지역을 표시하기 위한 경계선에 대한 합의가 이루어졌다. 그러나 소련이나 미국의 지상군이 가까운 장래에 한국으로 진주하게 될 것이라고는 생각되지 않았기 때문에 지상작전 지역이나 한국 점령지역에 대한 어떤 논의도 없었다.[22]

아직까지 소련은 대일전에 참전한 상태는 아니었기 때문에 스탈린은 일본의 항복을 촉구하고 카이로 선언을 재확인한 포츠담 선언에는 서명하지 않았다. 그러나 8월 8일 전쟁에 참전하게 되었을 때 소련은 포츠담 선언에 공식적으로 서명했고 한국의 궁극적인 독립에 찬성의 입장을 표명하였다.[23] 소련의 신속한 한국점령에 미국인들은 혼비백산하게 되었다. 미국은 8월 10일에서 11일 밤 사이 전쟁부(War Department)에서 고안해낸 38도선을 지나는 경계선을 서둘러 만들어 냄으로써 이에 대응했다. 38선 조항은 일본군이 항복하게 될 때를 대비하여 준비되고 있던 기본적인 연합국 문서인 일반명령 1호(General Order No.1)에 포함되어졌다. 8월 15일 그 초안은 소련정부로 전달되었다. 스탈린은 자신의 답변에서 많은 부분을 수정할 것을 요청했으나 한국의 38선에 대해서는 아무런 언급도 하지 않음으로써 미국의 제안에 묵시적으로 동의했다.

소련이 한국의 38선 이북지역을 점령했을 때, 소련의 즉각적인 목적은 이북에 대한 그들의 통제를 공고히 하는 것이었다. 신탁통치안을 포함하고 있는 모스크바 성명이 1945년 12월에 발표되었을 때 한국에서는 이에 대한 분개심과 거부의 물결이 몰아쳤다. 심지어는 조선공산당마저 신탁통치안을 지지하라는 모스크바의 지령을 받을 때까지는 그러한 저항에 동참하였다. 소련은 이제 신탁통치라는 모스크바의 제안에 대한 지지 여부를 한국의 기존 정당이나 사회단체가 '민주적'이라고

22) *Ibid.*, p.135.

23) *Ibid.*, p.136.

간주될 것인지를 판단할, 그리고 미국과 소련의 공동위원회에 대한 적합한 협의대상인지를 판단할 시금석으로서 제시하였다. 한국의 다른 어떤 중요한 정치단체도 이 기준을 수용하지 않는 와중에 한국의 공산주의자들은 그들의 입장을 역전시킨 후 이 기준을 수용하였고, 소련은 공동위원회가 하는 일을 결단코 방해하기 위해 신탁통치안을 이용하였다. 이 같은 소련의 행동이 가져온 최종적인 결과는 국제적 감독 하에 평화적인 수단으로 한국의 통일을 저해한 것이었다.

1945년 12월에 있었던 모스크바 회의 이래로 거의 2년에 걸친 협상이 무용지물로 귀착된 이후, 미국은 1947년 9월 한국문제를 유엔총회에 회부하였다. 소련의 반대에도 불구하고 유엔총회는 한국문제를 다룰 유엔 임시위원회(United Nations Temporary Commission)의 창설을 규정한 결의안을 채택하였다. 이 위원회는 한국의 통일과 독립을 촉진시키고 진척시킬 수 있도록 한국 전역을 순회하고, 관찰하고, 협의할 권한을 부여받고서 한국에 파견될 예정이었다. 그리하여 1948년 1월 서울에서 제1차 위원회가 열렸다. 소련 사령관은 이 위원회를 거부했으며 소련 정부의 지침에 따라 소련이 점령하고 있는 한반도 이북에 대해 위원회가 접근하는 것을 거부했다. 결국 유엔총회는 위원회의 감시가 가능한 지역에서만 선거를 실시하도록 결정했으며, 드디어 1948년 5월 10일 한국 역사상 최초로 제헌의회의 대표자를 선출하기 위한 총선이 남한에서 실시되었다. 이에 따라 새로운 한국정부가 곧 설립되었고 미군정부로부터 정부권한을 이양받았다. 1948년 말, 총회는 대한민국의 합법적인 정부 수립을 인정하는 결의안을 채택하였다. 하지만 대한민국이 유엔에 회원가입을 신청했을 때 소련은 거부권을 행사했다. 이것은 한국의 유엔 가입 신청에 대해 소련이 행사한 일련의 거부권 중 최초의 것이었다. 소련은 한국문제의 해결을 도모하는데 있어 미국과의 협력을 거부했다. 곧 소련의 후원하에 북한에서 전혀 다른 유형의 정치체제가 창설되었다. 모스크바에 의해 훈련받고 모스크바의 지지를 받는 한국의 공산주의자들로 충원된, 또 그들에 의해 통제되는 조선민주주의 인민공화국이라고 알려진 이 체제는 1948년 9월 공식적으로 출범하였다. 소련은 북한군대를 일본군 무기뿐만 아니라 자신들의 무기로도 무장시켰다. 이 군대의 일부 장교들과 간부들은 스탈린그라드(Stalingrad)에서 독일군과 싸운 베테랑들로 알려졌다. 북한군의 무장과 훈련은 급속한 진전을 이루었다. 1948년까지 135만 명의 잘 훈련된 병력이 무장되었다.[24]

요약하면, 한국문제는 미국과 소련, 영국, 중국이 해결하도록 되어 있다는 모스크바 협정을 내세움으로써 이를 반대했다.[25] 결국 소련은 한국문제를 해결하는 유엔과의 협력을 거부함으로써 한반도에 두 개의 분리된 정치체제가 출현하는 결과를 초래케 하였다.

## IV. 한국전쟁기와 그 이후의 소련과 북한 관계

왜 1950년 6월 25일 한국전쟁이 일어났는가? 많은 역사가들과 정치학자들이 지난 40년 간 이 질문에 대한 대답을 시도해 왔다.[26] 한국전쟁은 모스크바로부터의 명령에 의해서라는 서구의 전통주의적 해석에서부터 전쟁은 한국의 공격에 의해서였다는 공산주의자들의 상반적

24) *Ibid.*, p.140.

25) 유엔 헌장 107조는 제2차 세계대전이 초래한 문제의 해결은 유엔의 관할이 아님을 명기하고 있다.

26) 한국전쟁에 대한 상이한 설명들의 개요에 대해서는 John Merill, *Korea: The Peninsular Origins of the War*, Newark: University of Delaware Press, 1989, chapter 1 그리고 *A Special Issue of Korea and World Affairs*, Vol.14, No.2 (Summer 1990) "On The Korean War of 1950-1953: New Light on the Old Conflict" 참조.

인 주장까지 다양한 의견들이나 이론들이 개진되었고, 또한 한국전쟁의 발발에 소련의 책임을 묻는 질문이 떠들썩하게 논의되어 왔다. 이 같은 논의에서 아마도 가장 중요한 사건은 1971년 니키타 흐루시초프(Nikita Khrushchyov)가 자신의 회고록을 출간하였다는 것이다.[27] 그의 최후의 회고록은 1990년 10월 출간되었는데,[28] 그의 육성증언을 기록한 테이프에 근거를 둔 마지막 회고록에서 옛 소련의 지도자는 다음과 같이 주장하였다.

> "여러 해 동안 우리는 남한이 한국전쟁을 발발시킨 선제공격을 감행하였다고 주장해 왔다. 어떤 이들은 이 사건들을 바로잡는다면 단지 우리의 적들만 이득을 볼 것이므로 이를 바로잡을 필요가 없다고 말한다. 이제 나는 역사를 위해 진실을 말하려고 한다. 전쟁은 김일성 동지가 시작하였고 스탈린과 많은 다른 사람들-사실상 모두가 이를 지지했었다."[29]

흐루시초프에 의하면, 김일성은 1949년 모스크바를 방문할 때 남한 공격을 위한 구체적인 계획들을 가지고 왔다. 스탈린은 당시 국방인민위원이었던 불가닌(Bulganin)에게 북한 사단으로부터 모든 소련 고문들을 소환하라고 명령했는데, 만에 하나 소련 장교들 중 하나가 포로로 생포된다면 소련이 그 전쟁에 참전하고 있다고 고발할 기회를 미국이 갖게 될 것이라고 두려워했기 때문이었다.[30] 그러한 스탈린의 명령은 군사전술에 식견이 있는 유능한 기간요원들이 부족한 북한군을 오히려 약화시키는 결과를 가져왔다. 후에 김일성의 군대가 후퇴를 거듭

27) *Khrushchev Remembers*, Boston: Little Brown, 1970, pp.400-407.

28) *Korea Herald*, October 7, 1990, p.12.

29) *Ibid.*

30) *Ibid.*

하며 저항할 능력을 상실함에 따라 소련대사는 김일성이 절망적인 상황에 있다고 보고했지만, 스탈린은 "그래서 어쨌단 말이오? 만약 김일성이 실패한다 해도 우리는 군대를 파견하여 참전하지는 않을 것이오. 그냥 내버려두시오. 이제 극동에서 미국인들이 우리 이웃이 되도록 내버려 두시오"라고 말했다.[31] 다시 흐루시초프에 의하면 스탈린은 미국을 두려워했던 것이다. 스탈린은 그의 코를 땅에 처박음으로써 문자 그대로 미국에 대한 두려움을 드러내었다.[32]

소련 대사인 제이콥 말리크(Jacob Malkik)가 행한 1951년 6월 23일의 유엔연설에서 적대행위의 중지와 휴전이 최초로 제안되었다.[33] 1953년 3월 5일 스탈린이 사망한 이후 2년 이상의 기간에 걸쳐 유엔과 공산주의자들 사이의 고통스럽고도 인내심 있는 협상의 결과로 1953년 7월 27일 휴전협정이 완성되었다. 이후 소련은 북한에 대한 경제원조를 시작했는데 그 이유는 중국이 1950년 군사적 개입을 감행함으로써 김일성의 북한체제를 확실한 소멸로부터 구조해 냄에 따라 북한에서 잃어버린 자신들의 영향력을 회복하고자 했기 때문이었다. 김일성은 전쟁의 와중에 소련이 자신의 '형제' 국가인 북한을 구하기 위해서 유엔과의 전쟁이라는 위험까지 무릅쓰지는 않을 것임을 스스로

31) *Ibid.*

32) *Ibid.* 안드레이 그로미코(Andrei Gromyko)는 그의 회고록에서 스탈린이 유엔 주재 대표에게 한국전쟁의 발발을 논의할 유엔 안전보장이사회에 참석하지 말도록 지시했다고 회상했다. 『동아일보』, 1970년 7월 11일자 8면 참조.

33) 딘 러스크(Dean Rusk)는 최근 그의 회고록에서 미국이 조지 케난(George Kennan)을 뉴욕을 보내 제이콥 말리크를 비밀리에 만나도록 함으로써 휴전을 최초로 제안했다고 주장했다. 『동아일보』, 1990년 7월 27일자. 조지 케난은 1951년 봄에 제이콥 말리크를 만났다. 그때까지 한국에서의 미·소 관계에는 어떤 중요한 진전도 이루어지지 않았다. 이 점에 대해서는 Peter Lowe, *The Origins of the Korean War*, London: Longman, 1986, p.169.

깨닫게 되었다. 심지어 미군이 북한과 소련의 국경선인 두만강을 향해 진군하고 있을 때조차도 소련은 전쟁에 개입할 준비가 되어 있다는 어떤 암시도 보여주지 않았던 것이다.

이에 대한 대응으로 종전 후 김일성은 한국의 전통문화를 강조하기 시작하였으며, 1955년 말부터는 북한문화와 정치의 탈소련화를 조장하였다. 그의 개인적인 권력을 보다 공고화하기 위해 김일성은 1958년 그의 정적들에 대한 숙청을 완료하였다. 그 후로 김일성은 주체의 이념을 슬로건으로 내걸었는데 이는 이웃 공산주의국가들에게 북한에 간섭하지 말 것을 경고하는 '불간섭(No Trespassing)'의 신호였다. 비록 김일성은 자신이 권력을 획득할 때부터 소련으로부터 빚을 지고 있는 셈이었지만, 1961년 체결된 소련과 북한 간의 상호방위조약에도 불구하고 더 이상 소련이 원하는 것을 추종하지 않으려는 김일성체제의 공고화를 소련은 지켜볼 수밖에 없었다. 1954년 4월 26일부터 6월 15일까지 한국문제를 협의하기 위해 소집된 제네바 회담에서 소련은 계속 북한을 국제적으로 지지했으나 한반도문제에 대한 어떤 협정도 이끌어 낼 수는 없었다. 비록 1960년대와 1970년대의 몇몇 위기상황 속에서 북한에 대한 광범위한 지지를 보내는 데 때때로 머뭇거리기는 했지만 소련은 거의 항상 북한의 입장을 지지해 왔다.[34] 그러나 소련은 북한으로 하여금 이것을 미국과의 대치나 전쟁으로 몰아가는 것은 허용하지 않았다.

---

34) 1953년 한국전 휴전협정이 조인된 이래 몇몇 위기들이 있었다. 푸에블로(Pueblo) 사건(1968년 미해군의 정보수집선의 나포), 미군 정찰기 EC-121기의 격추(1969), 비무장지대에서 유엔사령부 장교들에 대한 도끼 살해 사건(1976) 등은 모두 북한에 의해 유발된 것이었다.

## V. 한국전쟁 이후의 한·소 관계

1948년 9월 소련의 후원 하에 조선민주주의 인민공화국이 수립된 이래 소련은 한국과의 관계수립은 말할 필요도 없고 심지어 대한민국이라는 존재조차 지속적으로 인정하지 않았다. 그렇지만 소련은 유엔에서 한국문제에 직면해야 했다. 1949년 이후 한국의 유엔 가입 신청은 소련의 반복된 거부권과 거부권을 행사하겠다는 강고한 위협으로 인해 실패를 거듭해왔다.

유엔에서의 한국문제에 대한 논의는 절차적인 국면과 실질적인 국면으로 구분될 수 있다. 절차적인 국면은 두 개의 한국 중 어느 측이 한국문제에 대한 유엔의 논의에 참석하도록 초청되어야 하는가의 문제를 다루는 것이었고, 실질적 국면은 한국에 관한 유엔의 궁극적인 목적인 평화적인 통일을 어떻게 성취할 것인가라는 근본적인 문제에 관한 것이었다. 초청문제에 대한 소련의 원래 입장은 오로지 북한대표만이 한국문제 논의에 참석할 수 있는 자격이 있다는 것이었다. 그러나 소련은 이러한 입장을 발전시키는 데 실패하였고 따라서 남·북한 대표 모두를 한국문제의 논의에 참여하도록 초청하자는 제안을 하였다.[35)]

미국은 한국문제를 다룰 유엔의 권위와 자격이라는 실질적 이슈에 대해 유엔의 틀 내에서의 해결을 일관되게 추구한 반면, 소련은 이제 한국통일문제는 유엔을 포함한 외부의 개입 없이 한국인들 스스로에 의해 해결되어야 한다고 주장했다. 또한 소련은 통일 이슈에 대해서

35) 남한은 북한이 유엔으로부터 뉴욕에 옵서버 공관(observer mission)을 설치하도록 초청받고 또 한국문제에 대한 논의에 참여하기 시작한 때인 1973년부터 한국문제에 대한 논의에 참여하도록 초청을 받았다. 이 점에 대해서는 Chi Young Park, “Korea and the United Nations,” in Youngnok Koo and Sung-Joo Han (eds.), *The Foreign Policy of the Republic of Korea*, NEw York: Columbia University Press, 1985, p.265.

북한의 입장을 지지했고 1970년대 중반부터 미국에 의해 추구된 교차 승인이라는 개념에는 어떤 관심도 보이지 않았다.

1948년 8월 대한민국의 건국 이후, 그리고 특히 1953년 휴전협정 이후 한국의 외교정책은 1960년대 말까지 비타협과 철저한 반공주의를 특징으로 하는 것이었다. 특히 소련은 북한체제의 주요 후원자이자 지지자라는 이력 때문에 한국의 '적대국' 목록에서 머리 부분을 차지했다. 남한의 입장에서는 우선 한국의 분단과 북한에서의 적대적인 공산주의체제의 수립, 그리고 1950년 남한에 대한 북한의 공격과 한국전쟁 이후 경주되어 온 북한의 군사적 증강 등의 책임은 바로 소련에 있는 것이었다.[36] 한국은 일종의 고착된 심리를 가지고 소련을 보았다. 후일의 용어를 빌리면 한국인들에게 있어 소련은 '악의 제국'이었다. 한국인들은 브레즈네프(Leonid Brezhnev)가 1969년 6월 아시아 국가들에게 '아시아 집단안보체제(Asian Collective Security System)'안을 제안했을 때 아무런 관심도 보여주지 않았다.[37]

그러나 1971년 한국은 만약 소련과 중국이 적대적 활동을 중단하고, 대한민국의 주권을 인정하며, 또한 북한에 대한 원조를 중단한다면 그들과 외교적 관계를 맺을 준비가 되어 있다고 선언하였다. 아울러 한국은 이제 공산주의국가들을 적대국과 비적대국이라는 두 개의 범주에 따라 분류하는, '외교적 방향에 대한 기본지침(Basic Guidelines for Diplomatic Orientation)'을 재검토하였다. 소련과 다른 동구권 국가들

36) Sung-Joo Han, "South Korean Policy toward the Soviet Union," in Sung-Joo Han (ed.), *Soviet Policy in Asia: Expansion or Accommodations?*, Seoul: Asiatic Research Center, 1980, p.315.

37) 이 제안에 대한 저자의 논의를 위해서는 Sung-Hack Kang, "ASEAN-the U.S.S.R: A Polar Bear Who's Coming to the Lilliputians' Dinner?" *The Journal of Asiatic Studies*, Vol.30, No.1 (January 1985), pp.111-127 참조.

은 두 번째, 즉 비적대국의 범주에 속하게 되었다. 따라서 소련은 1971년 한국의 외교사전에서 그 '적대적' 지위를 벗어날 수 있었다.[38] 1973년 6월 23일 한국은 호혜성과 평등의 원칙을 토대로 세계의 모든 국가들에게 문호를 개방할 것을 촉구하였다. 소련은 한국의 제안에 공식적으로 반응하지는 않았다. 그러나 신중한 방식으로 한국에게 그들의 문호를 개방하였다. 1973년 이래 한국인들의 비정부적(non-governmental) 차원의 소련 방문과 소련에서 개최되는 국제회의와 행사에 한국인들의 참가가 허용되어 왔다. 그러나 한국과 소련 간의 공식적인 정부 간 관계 수립까지는 1988년 서울의 하계 올림픽 개최, 1990년 6월 5일의 샌프란시스코 정상회담, 그리고 1990년 9월 30일의 모스크바-서울 간의 관계정상화 협정 등 이른바 고르바초프 현상(Gorbachyov phenomenon)[39]을 기다려야 했다.[40]

## VI. 결 론

자연과학은 하나의 결정적인 실험을 선별해 냄으로써 성공하는 반면에 국제정치학은 하나의 결정적인 시기를 선별해 냄으로써 성공을 거

---

38) Sung-Joo Han, *op. cit.*, p.316.

39) 아시아 태평양 국가들을 향한 소련의 새로운 이니셔티브는 1986년 7월 고르바초프의 블라디보스토크(Vladivostok) 연설에서 표명되었고 1988년 9월 크라스노야스크(Krasnoyarsk) 연설에서 반복되었다. 후에 고르바초프는 한국과의 경제적 관계를 발전시킬 의사를 표명하였다. 이것은 한국의 북방정책에 대한 주요 취지를 담고 있는 1988년 7월 7일의 한국 대통령의 선언에 대한 소련의 답변으로 해석될 수 있을 것이다.

40) 현재의 한·소 관계에 대한 탁월한 분석으로는 Byoung-Joon Ahn, "South Korean-Soviet Relations: Issues and Prospect," *Korea and World Affairs*, Vol.14, No.4 (Winter 1990), pp.671-686 참조.

둘 수 있다. 모든 시대와 모든 사건들이 유용한 역사적 교훈(또는 이론적 가설)을 생성할 만큼 충분히, 또는 똑같은 정도로 중요하지는 않다. 어떤 시대의 어떤 사건들은 다른 것들보다 더 중요하다. 그리고 많은 요인들이 서로 모순적인 결과들을 초래할 수도 있는 긴 시대를 역사적으로 검토함으로써 어떤 역사적 교훈을 이끌어낸다는 것은 매우 위험하기도 하다.[41] 하지만 비록 장편시처럼 보일 위험을 무릅쓰고라도 소련(러시아)과 한국(조선) 간의 관계에 대한 앞서의 논의로부터 다음과 같은 결론들이 추론될 수 있다.

첫째, 러시아는 제국주의의 시대였던 19세기에는 다른 유럽의 강대국들처럼 팽창주의적 세력이었다. 러시아는 기회만 있다면 언제나 조선을 포함한 극동에서의 힘의 진공상태를 채우려고 시도했다. 그러나 러시아정책의 팽창주의적 성격에도 불구하고 러시아의 정책은 전 세계적인 영·러 간의 대립과 그에 수반하는 영국에 대한 두려움 때문에 침략적 활동을 먼저 시작할 수는 없었다. 따라서 1860년 조선과 국경을 접하게 된 시기로부터 조선에 대한 러시아의 정책은 19세기 말까지 한반도에서의 균형상태 유지를 목적으로 하는 것이었다. 하지만 러시아가 다른 강대국들과 경쟁할 수 없게 되었을 때 러시아는 조선으로부터 완전히 철수하였다. 다른 말로 표현하자면 20세기 초의 러일전쟁 종전 이후 러시아의 대조선정책에서 보여진 것처럼 조선은 러시아의 이익에 중요할 수도 있었지만 그 이익을 결코 필수적이지도 또 사활적이지도 않았다.

둘째, 20세기의 소련 또한 과거의 러시아에서 그리고 새로운 초국가적인 공산주의 이데올로기에서 유래한 팽창주의적 특징을 갖는 전형적인 강대국처럼 행동했다. 그러나 소련의 이와 같은 행동이 갖는

41) 이런 민감한 주제에 대한 탁월한 역사적 관점에 대해서는 Michael Howard, *The Lessons of History*, Oxford: Clarendon Press, 1991 참조.

가장 명백한 특징은 사실상 자신들의 안보를 최대한 추구하고 또 한반도의 북측 절반을 포함한 제2차 세계대전에서 얻어낸 이득을 유지하는 것이었다. 2차 대전의 종전 이후 발생한 한국전쟁과 그 이후 한반도에서 벌어진 일련의 위기 동안 소련의 대북한정책에서 보여졌듯이 동맹국들로부터의 '수직적(vertical)'인 당김(pull)과 미국과의 공동관리(co-management)를 향한 '수평적(horizontal)' 바람(desire)(또는 최소한 미국과의 직접적인 군사적 대면의 회피) 간의 모순이 가장 두드러진 것이었다.

셋째, 10월혁명 이전의 러시아 제국처럼 소련도 현상유지 세력은 아니었으며, 소련의 목적은 자신에게 유리하도록 '힘의 상관관계'를 변화시키는 것, 소련의 통제력과 영향력을 확장시키는 것, 그리고 19세기에 영국을 견제하려고 노력했듯이 주요 경쟁국가인 미국의 영향력을 감소시키거나 또는 제거하는 것 등이었다. 하지만 소련의 목적은 한국전쟁 이후 자신들이 가졌던 미국에 대한 두려움 때문에, 또한 미국과 미국의 동맹국들에 대항해 소련의 충분한 지지가 정작 필요할 때 소련이 지지해주지 않았었다는 믿음에 근거한 북한의 좌절감과 실망감 때문에 한반도에서 성공적으로 성취되지 않았다.

넷째, 한국인들에게 러시아인들은 10피트나 되는 거인들이었다. 비록 이이제이(以夷制夷)라는 고대중국의 전략적 경구에 근거한 것이기는 했었지만 조선은 러시아의 원조를 추구했고 심지어 보호까지 요청했었다. 그것은 조선이 러시아를 다른 제국주의 세력, 특히 일본을 견제하는 데 이용한 것이었다. 조선은 16세기 말과 17세기 초 임진왜란을 겪은 이래로 일본인들을 증오해 왔기 때문에 일본과 러시아라는 두 제국주의 세력 사이에서 후자를 전자에 비해 선호했다.

다섯째, 한국에 대한 소련(러시아)의 외교정책은 본질적으로 기회주의적이었고 소련(러시아) 자체에 의해 정책이 만들어졌다기보다는 한국의 상황에 의해 종종 조율되었다고 할 수 있다.

여섯째, 19세기와 20세기 초의 소련(러시아)에 대한 한국의 정책은 '균형화(balancing)'보다는 '편승(bandwagoning)'으로 특징지어질 수 있는 것이었다. 만약 구제관계가 냉전 종식 이후 이른바 '미래로의 복귀(back to the future)'처럼 전개된다면 그런 특징적 행위는 남한이나 북한 모두에게 다시금 일어날지도 모른다.

일곱째, 비록 소련이 역사발전의 시기와 법칙이 그들 편에 있다는 마르크스주의자적 신념을 가지고 있다 하더라도, 소련이 한반도를 포함한 전 세계를 지배할 '종합계획(master plan)'을 가지고 있다는 식의 오랫동안 유지되어 온 서구적 도그마(dogma)는 수용하기 어렵다. 한국은 소련을 실제보다 더 극도로 교활하고 중앙집중적이며, 통제적이거나 호전적이라고 보지 않는 것이 현명할 것이다. 동시에 기회주의적인 소련에게 유혹을 제공할 수도 있는 한국에서의 힘의 진공상태를 만들지 않는 것이 정치적으로도 신중한 자세일 것이다.

제 7 장

# 한반도 주변 전략환경 변화와 미국의 역할: 미국은 시저인가 아니면 이아고인가?

정치의 세계에서는 누구나 자신에게 이익이 되지 않는 한 순전히 이웃을 위해 하는 일은 없다.

- 비스마르크 -

“삶엔 두 개의 비극이 있다. 하나는 가슴 속에서 욕망의 대상을 잃는 것이고 또 다른 하나는 그것을 쟁취하는 것이다.” 영국의 비평가 조지 버나드 쇼(George Bernard Shaw)의 말이다. 그의 말을 국가의 삶에 융통성 있게 적용한다면 오늘날 미국의 대외정책이 바로 그런 경우에 처해 있다고 할 수 있다. 왜냐하면 미국은 제2차 세계대전 후 거의 반세기 동안 변함없이 추구해왔던 소련과의 대결에서 승리의 사명을 쟁취했지만 그 순간 미국은 더 이상 싸울 적이 없어져 버렸기 때문이다. 이제 미국은 성취해야만 하는 역사적 사명, 즉 뚜렷한 대외정책의 목표가 없는 ‘고독한 초강대국’[1]이 되어버렸다. 물론 미국은 20세기의 그 어느 때보다도 더 안전하다. 그러나 미국의 외교정책은 앞으로 새롭게 추구해야 할 정확한 목적을 설정하지 못한 채 새로운 세계 속에서 방황하고 있는 것처럼 보인다.[2] 거의 모든 미국의 지도자들은 양극

---

1) Charles Krauthammer, “The Lonely Superpower,” *The New Republic*, July 29, 1991, pp.23-27.

2) Henry Kissinger, “At Sea in a New World,” *Newsweek*, June 6, 1994, pp. 8-10; Michael Cox, *US Foreign Policy after the Cold War: Superpower without a Mission?*, London: Pinter, 1995, p.100.

의 냉전시대에 존재했던 일종의 '결투' 상대가 사라져버린 지금 미국이 해외에서 하던 일을 크게 줄이고 국내문제에 보다 더 치중해야 한다는 것을 시대적 명령으로 수락하고 있지만 구체적으로 어떤 일을 얼마나 줄여야 할지에 관해서는 아직 합의에 이르지 못하고 있다.

1993년 9월 클린턴 대통령의 정책안보 담당보좌관 엔터니 레이크(Anthony Lake)는 '민주주의와 시장의 확장'을 기존의 봉쇄정책에 대한 대안으로 선언했지만[3] 민주주의의 확장이란 것이 미국의 대외정책 목표로서 갖는 그 구체적 의미가 무엇인지는 아주 불분명하다. 미국이 누구를 지원한다는 것인가? 어떤 방법으로 도울 것이며 얼마 동안 어떤 모험을 감수하겠다는 것인가? 미국정부와 지도자들은 그런 의문에 대해 아직 분명한 해답을 찾은 것 같지 않다. 그리고 미국외교정책의 이러한 근본적 모호성은 한반도의 안전과 평화에도 적지 않은 의구심을 자아내고 있다. 따라서 대한민국 정부수립 이후 한국안보에 대한 위협을 주로 북한의 적극적인 대남공산화정책으로부터 파악했지만, 공산제국이 붕괴된 최근에는 한국안보의 가장 믿을 만하고 유일한 보장책이었던 한미군사동맹체제의 약화 가능성에서 찾아야 할 것으로 보인다. 세계적 냉전체제의 종식과 더불어 모든 것이 바뀌어야 한다면 냉전체제의 산물인 한미군사동맹체제도 새로운 시대에 맞게 변해야 한다고 단정하기 쉽기 때문이다. 그러나 이런 단정은 신중하고 자세한 분석에 근거해야 한다. 또한 공산 제국의 붕괴 후 모든 것이 변했다는 단순한 생각은, 종종 변하지 않고 지속되는 많은 것들을 잊게 한다. 따라서 저자는 냉전체제의 종식과 함께 달라진 한반도 주변의 전략환경과 그 속에서 기대되는 미국의 역할에 관하여 논함으로써 국제정치의 '바

3) Anthony Lake, "From Containment to Enlargement," *Vital Speeches of the Day*, Vol.50, No.1, October 15, 1993, pp.13-19. 이것은 원래 1993년 9월 21일 워싱턴에서 행한 연설문이었다.

람이 어느 쪽으로 불고 있는가'[4]를 예보해 보려 한다.

## Ⅰ. 한반도 주변 전략환경의 변화

1835년 당시 유럽의 미래가 비관적일 때 알렉시스 드 토크빌(Alexis de Tocqueville)은 앞으로 미국과 러시아가 전 세계를 두 개의 영향권으로 분할하여 지배할 것이라고 기술했는데[5] 이는 그때로부터 110여년 이후에 전개된 냉전의 세계를 예측한 셈이다. 왜냐하면 그는 미국과 러시아 간의 이념적 차이에서[6] 그 대결의 씨앗을 보았으며 지구상에서 가장 광대한 민주주의와 지구상에서 가장 강력한 전제주의 간의 긴장은 이른바 범세계적인 '문명의 충돌'[7]을 가져올 것이라는 결론에 도달했기 때문이다. 그러나 그도 이념적으로 판이한 이 두 강대국들의 대결이 어떻게 종결될 것이며 그 후 어떤 세계가 도래할 것인지에 관해서는 말하지 않았다. 냉전의 종식이 선언되던 1989년 헤겔의 역사철학과 토크빌의 민주주의론을 결합한 프랜시스 후쿠야마(Francis Fukuyama)는 인간의 인정받고자 하는 원초적 욕구를 자유와 평등 원칙의 보편화 과정 속에서 마침내 실현시킬 수 있는 자우민주주의체제

4) Charles A. McClelland, "International Relations: Wisdom or Science?" in James N. Rosenau (ed.), *International Politics and Foreign Policy*, rev. ed., New York: Free Press, 1969, p.4.

5) Alexis de Tocqueville, *Democracy in America*, Vol.1, ewd., Phillips Bradley, New York: Alfred A. Knopf, 1950, p.434.

6) Robert Strausz-Hupe, *Democracy and American Foreign Policy*, New Jersey, New Brunswick: Transaction Publishers, 1955, p. 27.

7) 원래 이 표현은 Samuel P. Huntington이 냉전 종식 이후의 세계에서 예상되는 갈등의 원천을 지칭한 것이다. 그의 "Clash of Civilization" *Foreign Affairs*, Vol.17, No.3 (Summer 1993), pp.115-128 참조.

의 승리를 환영하면서 냉전의 종식을 역사의 종말로 선언했다.[8] 만일 후쿠야마의 역사철학적 선언이 사실이라면 우리는 이제 '역사의 부록' 속에서 살고있는 셈이다.

그러나 후쿠야마는 헤겔과 토크빌은 읽었어도 아리스토텔레스는 읽지 않았거나 아니면 간과한 것 같다. 왜냐하면 아리스토텔레스의 주장처럼 '불평등한 자는 평등한 대접을 원하고, 평등한 자는 불평등한 대접을 원하기' 때문이다.[9] 인간의 원초적 욕구에 대한 아리스토텔레스의 통찰을 국가 간의 관계에 적용시키면 '불평등한 국가는 평등한 대접을 원하고, 평등한 국가는 불평등한 대접을' 기대한다. 따라서 분권화된 주권국가로 구성되는 국제체제의 무정부적 질서가 사라지지 않는 한 국가들 사이에서 행동의 자유와 대우의 평등을 추구하는 갈등은 지속될 것이다. 헨리 키신저(Henry Kissinger)의 말처럼 역사란 영원한 전개과정이며 메테르니히를 포함한 18세기의 합리주의자들이 계산하는 데 실패한 끝없는 혼돈의 세계이다.[10]

어떤 의미에서 국제사회의 역사적 투쟁은 이제 막 시작된 셈이다. 과거 양극적 냉전체제 하의 국가들은 자기가 속하는 진영 내에서 지도국, 즉 미국과 소련의 주도적 지위를 각각 인정했으며 국가적 자유의 제약과 불평등한 대우를 감수했었다. 따라서 그 시기의 많은 갈등과 분쟁의 요인들은 진영의 결속을 위해 휴면상태로 유지될 수 있었다. 그러나 냉전적 양극체제의 붕괴는 '진영의 이익'에서 '자국의 이익' 제

8) Francis Fukuyama, "The End of History?" *National Interest*, No.16, (Summer 1989), pp.3-18; *The End of History and The Last Man*, New York: Free Press, 1992.

9) The Politics of Aristotle, (ed.) and trans., Ernest Barker, Oxford: Oxford University Press, 1946, Book V.

10) Greg Russell, "Kissinger's Philosophy of History and Kantian Ethics," *Diplomacy & Statecraft*, Vol.7, No.1 (March 1996), p.116.

일주의로 돌아갈 수 있는 '명분'과 '기회'를 가져다 주었다. 따라서 냉전 후의 세계는 냉전체제 속에서 느꼈던 심리적 긴장감, 즉 핵대결의 공포로부터는 상당히 벗어나게 해줄지는 모르지만 국제사회의 갈등과 분쟁의 질적 변화와 양적인 증가를 지속시키면서 결코 우리가 평화의 '약속받은 땅'에 진입하지 못했음을 증언해 준다.11)

양극체제의 붕괴와 같은 국제체제의 구조적 전환은 전략환경의 변화를 초래한다. 동아시아 특히 한반도 주변도 바로 그러한 전략환경의 변화를 경험하고 있다. 가장 현저한 변화는 첫째, 러시아의 한반도정책과 이 지역에서 러시아가 차지하는 국제적 지위의 변화이다. 과거 소련은 북한 공산정권 수립의 '아버지'였다. 그리고 정권 수립 후엔 줄곧 북한의 든든한 보호자였다. 그러나 1991년 러시아는 북한의 반대를 무시하면서까지 한국과의 국교 수립을 단행했으며 북한과 맺은 동맹조약마저 파기해버렸다. 러시아는 북한과의 단순한 군사적 관계보다는 한국과의 경제적 및 정치적 관계를 더욱 중요하게 간주했다. 이처럼 한반도에서 북한보다도 한국을 선택한 것은 단지 한국뿐만 아니라 미국과 일본을 비롯한 러시아의 기본적 친서방정책의 일환이었다. 그러나 러시아의 친서방정책과 서방세계에 대한 거의 일방적인 의존성의 증가 추세는 상대적으로 한반도에서 갖는 러시아의 독립적 영향력의 감소를 초래했다. 그리하여 1996년 4월 16일 한미정상회담에서 김영삼 대통령과 클린턴 대통령이 한반도 평화체제 구축을 논의할 이른바 4자회담을 공동으로 제안했을 때에도 그 4자에 러시아는 포함되지 않았다. 이것은 한반도

---

11) 이런 입장의 대표적 주장으로는 John Mearsheimer, "Back to the Future: Instability in Europe After the Cold War," *International Security* (Summer 1990), pp.5-56; John Lewis Gaddis, "Toward the Post-Cold War," *Foreign Affairs*, (Spirng 1991), pp.102-122; Robert D. Kaplan, "The Coming Anarchy," *The Atlantic Monthly* (February, 1994), pp.44-76 등을 들 수 있다.

주변의 전략환경이 과거 냉전의 시대와 비교할 때 참으로 엄청나게 변화된 것을 의미한다. 냉전시대에 소련의 그로미코(Gromyko) 외상은 "소련과 미국 간의 상호이해 없이는 단 하나의 심각한 국제적 갈등도 해결될 수 없고, 여타의 어떠한 국내문제에 대해서도 합의가 이루어질 수 없다"고 천명했다. 그리고 "오늘날 소련의 개입 없이 혹은 소련에 반하여 결정될 수 있는 중요한 문제는 존재하지 않는다"고 선언했으며[12] 또 실제로 그랬다. 한반도의 장래는 분명히 러시아에겐 중요한 문제이다. 그러나 한·미 두 나라의 4자회담이라는 역사적 제안에서 러시아는 배제되어버린 것이다. 따라서 한반도 문제에 관한 한 4자회담의 성공 여부와 관계없이 러시아의 전략적 중요성이 크게 감소된 것만은 분명하다. 냉전에서의 패배와 소련제국의 붕괴 후 러시아는 마치 1905년 러일전쟁 패배 직후처럼 아시아에서 의기소침해져 있다. 그러나 러시아는 아직도 세계 제2의 핵강대국이다. 그리고 러시아의 국내적 개혁과 안정회복을 위한 노력은 적극적 대외정책으로도 계속 반영될 것이다. 지금 러시아는 그러한 때를 기다리는 기회주의자이다.

둘째, 한·미 정상이 공동으로 제안한 4자회담에선 일본도 빠져 있다. 일본 정치지도자들에게 한반도의 남·북한 문제는 언제나 매우 접근하기 어려운 문제로 간주되어 왔다. 그들은 잘못하다간 한민족의 감정만 악화시키는 결과를 초래할지 모르기 때문에 일본 스스로 4자회담에 끼지 않는 편이 차라리 낫다고 생각할지도 모른다. 또한 4자회담은 북한정권의 존속을 의미한다. 따라서 그 회담의 여파가 한반도의 분단상황에 급격한 변화를 초래하지도 않고 단지 남북관계의 개선에 그친다면 그것은 일본에 중대한 영향을 미치지 않을 것이다. 뿐만 아니라 미일안보동맹체제가 계속되는 한 일본의 한반도정책은 미국과 공동보

12) 강성학, 『이아고와 카산드라: 항공력 시대의 미국과 한국』, 서울: 도서출판 오름, 1997, 제16장 "러시아의 동아시아 정책" 참조.

조를 취할 수밖에 없는 상황에서 한·미 정상들은 일본의 참여 역시 러시아의 참여처럼 불필요하다고 판단했을 것이다. 한국전의 당사국도 아니며 전략적 독립성이 결여된 일본의 한계가 분명히 드러난 것이다.

일본에 관한 전략환경의 변화는 오히려 미·일 관계의 변화 속에서 발견될 수 있다. 당시 소련의 위협을 전제로 시작한 미일동맹체제가 미·소 양극적 냉전체제의 붕괴에 따라 공동의 적이 거의 사라진 상황에서 새로운 변화를 맞게 된 것은 국제정치의 속성에선 아주 자연스러운 것이기 때문이다. 냉전시대에도 미·일 양국은 모든 면에서 동반자 관계였다. 비록 1970년대부터 양국간의 경제관계가 불편했던 것도 사실이지만 그러한 불편은 대소 봉쇄정책이라는 보다 더 중요한 군사·정치·외교적 당면 목표 앞에서 고개를 숙이지 않을 수 없었다. 그러나 냉전 종식과 함께 양국은 노골적인 경제적 경쟁자임을 더 이상 숨길 수 없으며 그럴 필요성도 사라진 것이다.[13)]

전후 일본의 경제부흥과 번영은 미국 대외정책의 산물이다. 그러나 일본은 프랑켄슈타인의 괴물처럼 창조자를 위협한다. 그리하여 미국은 일본과의 무역적자로 인해 고통받아 왔다. 따라서 미국은 경제전문가들이 주장했던 환율의 조절도 해봤고, 미국 내의 경제정책도 수정해 보았다. 그러나 기대했던 결정적 성과가 나타나지 않자 미국은 일본 자체를 변화시킴으로써 무역 불균형을 시정하려 들었다. 일본 내의 무역장벽이 무너졌고 그러면서 일본은 눈에 띄게 변했다. 그러나 미국인들의 눈에는 충분하지 못했다. 따라서 클린턴 행정부는 이른바 '관리무역(managed trade)'이라고 비판받는 정책을 채택하여 성과를 거두고 있지만 일본은 이 정책이 비교우위(comparative advantage)의 경제법

---

13) 미·일 간 경제적 갈등의 귀결에 관한 가장 비판적인 입장에 관해서는 George Friedman and Meredith Lebard, *The Coming War with Japan*, New York: St. Martin Press, 1991 참조.

칙에 정면으로 위배된다고 반대하고 있다. 이에 대해 미국은 보복조치의 채택 가능성으로 위협해 왔다.14)

그러나 냉전이 종식된 지금 일본은 계속해서 그런 '정책적 협력'의 수용 필요성을 인정할 것인가? 상황의 변화는 정치적 태도를 변경시킨다. 예를 들어 민주사회는 전시에 언론과 표현의 자유에 대한 제약을 수용하지만 평화가 회복되면 그런 정치적 자유를 재빠르게 다시 요구한다. 마찬가지로 일본은 머지않아 미국이 강요하는 경제적 제약으로부터의 자유를 요구할 것이다. 그러면 미국도 일본에 보다 효과적인 제약을 강요하는 것으로부터 탈피하여 미국의 경제가 일본에 가장 잘 경쟁할 수 있는 보다 근본적인 방법을 모색할 것이다. 그러면 일본은 대외정책을 수행하는 데 있어서 경제력만의 한계를 절감하고 그것을 극복하려 할 것이다.

더구나 이 지역의 다른 아시아 강국인 중국은 핵보유국이다. 중국은 자국의 자존심을 건드리는 미국의 요구를 당당히 거절하고 있다. 일본도 그런 국가적 능력과 자부심을 갖고자 할 것이다. 그리고 그것은 막강한 군사력과 궁극적으로 핵무기의 보유를 필요로 한다. 왜냐하면 핵시대에서 강대국이 되는 조건은 핵무기의 보유를 포함하기 때문이다. 현재 경제적 강대국인 일본이 그런 최종적 선택을 주저하는 이유는 분명하다. 따라서 자세히 논할 필요는 없다. 그러나 응당 받아야 할 국제적 관심과 존경을 받지 못하고 자국의 진로가 계속 방해받는다면 군사적 강대국이 되는 데 대한 국내적 제약은 급속히 약화될 것이다. 왜냐하면 일본정부는 국제사회에서 일본이 정당한 지위를 차지하지 못했다는 국민적 비판에 쉽게 직면할 것이기 때문이다.

---

14) Michael Mandelbaum, "The United States and the Strategic Quadrangle," in Michael Mandelbaum (ed.), *The Strategic Quadrangle*, New York: Council on Foreign Relations Press, 1995, pp.179-183.

일본이 얼마나 오랫동안 핵무장을 하지 않은 채 핵보유 국가들과 함께 어깨를 나란히 하면서 살아갈 수 있을 것인가? 일본 내에서 제2차 세계대전 이후의 핵 알레르기가 영원히 계속되지는 않을 것이다. 그것은 세대교체와 함께 사라질 것이다. 오늘날 일본은 플루토늄을 축적하고 있는 사실상의 핵국가이거나 아니면 신속하게 핵무장할 수 있는 나라이다.[15] 일본은 지금도 고도의 군사기술을 보유하고 있으며 이미 세계에서 세 번째로 가장 많은 군사비를 지출하고 있다. 일본은 자위대의 군사력이 합헌적이라고 정의해 왔다. 순전히 방어를 위한 핵무기의 보유는 합헌적이 될 것이다. 일본에게 핵무장은 경제적이거나 기술적인 문제가 아니라 순전히 정치적인 문제이다. 일본이 핵무장을 단행할 때 누가 그것을 막으려 하겠는가?[16] 일본에 대한 이러한 저자의 인식이 정확한 것이라면 일본은 냉전 종식과 함께 단순한 경제적 강대국에서 군사적 강대국, 일본인들이 말하는 이른바 정상국가, 즉 다른 강대국과 같은 군사적 강대국화의 길로 들어서고 있다. 일본이 변하고 있으며 이러한 사실은 한반도 전략환경의 중대한 변화이다.

세 번째로 지적할 전략환경의 요소는 중국의 변화이다. 국제정치이론가 케네스 월츠(Kenneth Waltz)가 지적하는 국가들의 행동양식 특징을 빌려 말한다면 중국은 양극적 냉전시대에서는 편승하는(bandwagoning) 국가였지만 냉전체제의 붕괴 이후에는 균형잡는(balancing) 국가로 변했다.[17] 중국은 1964년 이래로 핵보유국이었지만 냉전시대의 중국외

15) Zalmay Khalilzad, “U.S. Grand Strategies: Implication for the United States and the World,” in Zalmay Khalilzad (ed.), *Strategic Appraisal 1996*, Santa Monica, CA: RAND, 1996, pp.17-18.

16) Kenneth N. Waltz, “The Emerging Structure of International Politics,” *International Security*, Vol.18, No.2 (Fall 1993), p.67.

17) Kenneth N. Waltz, *Theory of International Politics*, Reading: Adison-Wesley, 1979, p.126.

교정책은 일종의 약소국의 행동양식을 보여주었다. 중국은 분명히 통상적 약소국은 아니었다. 그러나 당시 중국은 엄청난 잠재력에도 불구하고 미국이나 소련의 두 경쟁국들과 대등한 초강대국은 결코 아니었다. 따라서 중국은 미국이나 소련처럼 완전히 독립적인 안보외교정책을 수행하지 못하고 일종의 약소국의 행동양식을 보여주었던 것이다.18) 국민당 정부에 대한 미국의 지원을 무릅쓰고 중국본토를 공산화시킨 공산당 정부는 미국에 대한 두려움에서 1950년대에는 소련에 편승했었다. 그러나 1968년 소련이 체코슬로바키아의 개혁 기도를 무력으로 짓밟으면서 이른바 '브레즈네프 독트린'을 선언하자 중국은 자신의 안보가 미국보다는 인접 소련에 의해서 더 직접적으로 위협받고 있다는 판단 하에 70년대에 접어들면서 미국에 편승하여 양국이 소련 견제의 전략적 공동보조를 취했다. 중국의 이러한 외교정책의 변화는 하나의 '외교적 혁명'이라고 불러도 손색이 없었다. 그러나 미·소 간의 쌍무적인 군사전략적 균형을 깨뜨릴 만큼 중요한 변화는 되지 못했다. 당시 미·소 두 초강대국의 양극적 국제체제 구조는 중국이 어느 편에 편입하거나 이탈하는 것을 쉽게 수용할 수 있었던 것이다. 당시 국제체제는 제3의 주요 행위자를 인정하지 않아도 무방했었다.

그러나 소련제국의 붕괴에 따른 냉전체제의 종식은 미국만이 유일한 초강대국으로 남는 단극체제를 탄생시킴으로써 중국은 미국의 헤게모니를 견제하는 국가, 즉 미국의 위력을 균형잡는 위치에 설 수밖에 없게 되었다. 바꾸어 말하면 중국은 이제야 비로소 강대국의 행동양식을 취할 수 있게 된 것이다. 이런 현실은 19세기 초 중국이 서양 제국에 굴복한 이래 처음으로 갖게 된 기회이며, 중국은 이런 기회를 결코 상실하지 않을 것이다. 아니 오히려 중국은 이런 기회를 자국의 국가이

18) Michael Mandelbaum, *The Fate of Nations*, Cambridge: Cambridge University Press, 1988, p.193.

성을 위해 최대한 활용할 용의로 가득 차 있다. 중국의 이른바 '굴욕의 세기'는 현대적 군사력과 국내적 분열과 혼란이 자초한 셈이었다. 따라서 중국의 지도자들은 그런 굴욕적이고 비극적인 역사를 바보처럼 되풀이하지 않기 위해서 국내적 분열과 혼란을 단호히 배격하고 강력한 군사력의 보유를 통해 중국의 국가이성을 최대한 확보해 나가려 할 것임은 너무도 자명하다. 따라서 중국은 현재 추진하고 있는 부국강병책을 결코 후퇴시키거나 지연시키지 않을 것이다. 19세기의 중국, 즉 서양 제국주의의 파도에 밀려 근대 국제정치의 객체로 전락하기 이전의 중국은 아시아의 헤제몬이었다. 중국은 가능하면 그런 시대가 회복되기를 기대하고 있으며, 또한 그 지위를 지향하고 있다. 중국은 자국의 힘을 대외적으로 투영할 수 있는 능력을 가속화시키고 있으며 이미 광범위한 최첨단 무기체제를 확보했다.[19] 중국에게서 대외적 편승의 시대는 끝났다. 오늘날 중국은 미국에 당당히 맞서 'No'를 말할 수 있는 유일한 강대국이다. 이러한 추세에 있는 중국의 지위격상은 한반도 주변 전략환경의 가장 중요한 변화 가운데 하나임에 틀림없다.

---

19) Yong Ok Park, "Korea's Defense for the 21st Century," *Korea and World Affairs*, Vol.20, No.1, Spring 1996, p.27. 특히 p.27의 각주 6에 소개된 중국의 무기 도입에 관한 Bates Gill and Tae Ho Kim, *China's Arms Acquisitions from Abroad: A Quest for 'Superb and Secret Weapons'*, Oxford: Oxford University Press, 1995; Tai Ming Cheung, "Loaded Weapons: China in Arms Buying Spree in Former Soviet Union," *Far Eastern Economic Review*, 3 September 1992, p.21 참조. 아·태지역의 무기확보와 그 의미에 관한 전반적 논의를 위해서는 "Asia's Arms Race," *Economist*, 20 February 1993, p.19; Desmond Ball, "Arms and Affluence: Military Acquisitions in the Asia-Pacific Region," *International Security*, Vol.18, No.3 (Winter 1993/94), pp.78-112를 참조하고, 중국의 해군력 증강계획과 그 의미에 관해서는 저자의 『카멜레온과 시지프스: 변천하는 국제질서와 한국의 안보』, 나남, 1995, 제6장 "중국과 일본의 해군력 증강과 동북아지역 안정" 참조.

냉전의 종식과 함께 국제체제의 구조적 전환에도 불구하고 아직까지 변하지 않은 한반도 주변의 전략환경도 있다. 그것은 무엇보다도 한반도 그 자체이다. 즉 분단된 남·북한의 치열한 군사적 대치상황이며, 한미동맹체제 및 미일동맹체제에 입각한 미국의 지위이다. 남·북한이 민족통일을 이룩하지 못하는 한 남북관계가 크게 개선된다고 해도 군사전략적 대결구도에는 근본적 변화가 없을 것이다. 그러나 한·미 및 미·일 간의 동맹체제는 당사국가들의 거듭된 확인에도 불구하고, 느리지만 서서히 변하고 있다. 국가관계에서 현상과 실제 사이에는 항상 커다란 간격이 존재하는 법이다.[20] 뿐만 아니라 국가간의 동맹이란, 전쟁철학자 클라우제비츠(Carl von Clausewitz)의 주장처럼 본질적으로 비즈니스 관계이다.[21] 따라서 한반도 주변, 넓게는 아시아에 대한 미국의 이해관계가 대소봉쇄정책이 소멸한 이후와 그 이전의 상황에서 동일할 수 없음은 자명하다. 제2차 세계대전 이후 냉전 종식 때까지 미국의 동아시아정책의 근본적 목표는 대소봉쇄정책이었다. 따라서 냉전이 종식된 지금 미국의 정책적 변화는 거의 필연적이라고 해도 과언이 아닐 것이다. 따라서 미국의 동아시아 정책의 변화는 전술적 차원에 머물지 않고 미국의 국가적 목표와 관련된 근본적 변화가 예상되기 때문에 다음 절에서는 먼저 미국의 외교정책적 목표의 방향이 역사적으로 분석될 것이다.

---

20) Grant Hugo, *Appearance and Reality in International Relations*, New York: Columbia University Press, 1970.

21) Carl von Clausewitz, *On War*, ed. and trans. by Michael Howard and Peter Paret, Princeton: Princeton University Press, 1976, p.603.

## II. 미래로의 복귀(Back to the Future)

오늘날 미국이 처한 상황은 역사적으로 1945년 포츠담 회의 이후에 직면했던 상황과 비슷하다. 4명의 경찰에 의해 감시되는 집단안전보장에 관한 루스벨트 대통령의 꿈이 일단 좌절된 뒤 미국은 이른바 봉쇄(containment)의 독트린으로 알려진 대안을 개발하는 데 거의 3년의 시간을 필요로 했다. 소련의 팽창을 방지하려는 봉쇄의 독트린은 냉전에 대한 조작적 정의(operational definition)를 제공했으며 그 후 40여년 간 행정부 사이에 전술적 이견도 있었지만 전반적 개념은 도전받지 않았었다. 봉쇄정책은 그 목적이 분명하고 간결하며 설득력있는 정책이었음이 증명되었다. 그러나 1989년 몰타 정상회담에서 냉전의 종식선언과 1991년 소련제국의 붕괴, 그리고 걸프전의 승리 직후 부시 행정부의 '신세계 질서'의 선언이 있은지 5년이 지났지만, 1947년 봉쇄정책만큼 선명하고 간결한 미국대외정책의 목표는 출현하지 못했다. 미국은 "군사력 면에서 유일하게 잘 차려 입었지만 외출할 곳이 불분명한"[22] 초강대국처럼 보인다.

걸프전은 냉전 종식 직후 국제사회에서 군사력의 역할이 변했으며 군사력의 유용성이 크게 감소했다는 견해에 대해 아주 생생한 반증을 보여주었다. 걸프전의 가장 중요한 교훈은 오늘날에도 과거처럼 군사력의 유용성이 국가 간의 관계에서 여전히 중심적 위치에 남아 있다는 것이다. 국제정치학에서 이른바 신현실주의의 대표적 이론가인 월츠의 주장을 다시 원용하여 말한다면 "평온한 때에 정치지도자들과 시사해설가들은 범세계적 상호의존의 개념에 관련된 진부한 어휘들을 풍성하

22) Thomas L. McNaugher, "U.S. Military Forces in East Asia: The Case for Long-Term Engagement," Gerald L. Curtis (ed.), *The United States, Japan, and Asia*, New York: W.W. Norton, 1994, p.186.

게 사용하지만 걸프 위기는 마치 번개처럼 국제정치의 진실된 모습을 보여주었다."[23] 많은 사람들이 냉전시대에 비해 우리가 덜 위험한 세계에 살고 있다고 믿기 시작했을 때 이라크의 쿠웨이트 침공은, 우리가 살고 있는 세계가 아직도 얼마나 위험스러운 곳인가를 가르쳐주고 국가이익과 국제질서의 토대에 대한 위협은 여전히 불현듯 발생한다는 것을 보여주었던 것이다.

뿐만 아니라 걸프전의 또 하나의 중요한 교훈은 국제평화와 안전에 대한 위험에 대처하고자 했을 때에 미국의 세계적 지도력에 대한 생명력있는 대안이 전혀 없다는 사실이었다. 냉전 종식 후 경제력이 국가간 관계의 최후의 수단으로서 군사력을 크게 대치한 것이라는 견해는 근거없음이 드러났다. 즉 경제력이 필연적으로 지정학적 영향력으로 전환된다는 생각은 유물론자의 환상이다. 경제력은 강대국 지위를 인정받는 하나의 필요조건은 되지만 최근 걸프전 과정에서 독일과 일본의 행태에 의해서 분명해졌듯이 그것은 결코 충분조건은 아니다.[24] 조셉 나이(Joseph Nye, Jr.)의 주장처럼 미국은 세계를 주도할 수밖에 없는지도 모른다.[25] 왜냐하면 주도적 국가로서 미국이 지도하지 않으면 타국은 따를 수 없을 것이기 때문이다.[26]

그러나 문제는 미국만이 현재 짊어질 수 있는 그 군사적 짐을 미국이 계속해서 짊어질 만한 국가적 이익과 의지를 갖고 있느냐의 여부이다. 건국 이후 지난 220여년 간의 역사를 통해서 볼 때, 제2차 세계대

23) Kenneth Waltz, *Theory of International Politics*, Reading, Addison-Wesley, 1979, p.152.

24) Charles Krauthammer, "The Unipolar Moment," *Foreign Affairs: America and the World 1990/91,* Vol.70, No.1, p.24.

25) Joseph S. Nye, Jr., *Bound to Lead: The Changing Nature of American Power*, New York: Basic Books, 1990, p.267.

26) Kenneth Waltz, *op. cit.*, p.210.

전 종결 후 그리고 특히 한국전쟁 후부터 소련제국이 붕괴하기까지 약 40여년 간에 걸친 범세계적 공약과 군사력의 강조는 미국의 역사에서 오히려 유별난 것이었으며 하나의 '커다란 일탈행동(great aberration)'이었다.[27] 그 이전의 미국 외교정책은 냉전시대를 주도했던 것과는 다른 원칙에 근거하고 있었다. 그것은 종종 '미국식의 차이(American difference)'라고 불렸으며 유럽 강대국들의 행동원칙들과는 다르다는 것을 의미했다. 그러나 제2차 세계대전 후 소련에 의한 범세계적 도전은 미국으로 하여금 전통적으로 미국 외교정책을 주도해 온 원래의 미국식 원칙들로부터 벗어나 강력한 군사력을 구축케 했다. 다니엘 여진(Daniel Yergin)의 표현을 빌린다면 미국은 안보국가(national security state)로 새롭게 탄생했던 것이다.[28] 그러나 이른바 '악마의 제국'의 위협이 사라진 지금 미국은 악의 제국에 대처하기 위해서 채택한 대외정책의 원칙과 기조에 근본적 수정을 가하지 않을 수 없게 되었으며, 그것은 앞서 언급한 '거대한 일탈'로부터, 혹은 폴 케네디(Paul Kennedy)의 표현을 빌리면 미국외교정책의 '과잉팽창(overstretch)'에서 벗어나 '정상적 상태'로 복귀하는 것을 의미한다고 할 수 있다. 또한 그것은 미국의 정치적 삶에서 외교정책으로부터 기대되는 역할을 새롭게 재인식하는 것이다. 그리고 그 역할은 미국의 국가적 목적에 대한 미국 국부(the Founding Fathers)의 개념과 밀접하게 관련되어 있다고, 아니 불가분의 관계에 있다고 하겠다.[29]

---

27) 이 표현은 원래 미국의 외교사학자 베미스가 미국적 가치에서 벗어난 필리핀의 병합을 일컬었던 것으로 미국의 팽창주의적 정책을 지칭하였다. Samuel Flagg Bemis, *A Diplomatic History of the United States*, 5th ed., New York: Holt. Rinehart and Winston, 1965, p.475 참조.

28) Daniel Yergin, *Shattered Peace: The Origins of the Cold War and the National Security State*, New York: Penguin Books, 1977, p.5.

29) 강성학, 『카멜레온과 시지프스: 변천하는 국제질서와 한국의 안보』, 서울: 나남출판사, 1995, p.491.

미국의 국부들은 모든 국가들이 자신의 조건을 향상시키고 시민적 자유를 향유할 정부의 제 원칙을 발견했다는 자신감에도 불구하고 타 국가의 국내문제에 간섭할 어떤 의도도 포기했다. 당시 미국인들은 새로운 정치제도, 즉 민주공화정의 성공을 전 세계의 모범으로 보이도록 하는 것을 자신들의 진정한 사명으로 간주했다. 즉 인류의 등불이 되고자 했던 것이지, 이른바 '계몽적 독재자'가 되고자 했던 것은 아니었다. 따라서 그들에겐 적극적 대외정책이 불필요하다고 간주되었다. 건국 초, 즉 1973년 6월 12일 미국의 의회는 미국이 유럽국가들의 정치나 분쟁에 말려들지 않아야 한다고 결의하였으며, 1796년 조지 워싱턴 초대대통령은 그의 고별사에서 그런 정책을 재천명하였고, 이후 미국인들은 그것을 '워싱턴 규칙(Washington Rules)'이라고 불러왔다. 또한 1801년 토머스 제퍼슨 대통령이 '타국들의 분쟁에 말려들게 하는 동맹(entangling alliance)'을 피하라고 다시 경고함으로써 이것은 미국 국부들의 교훈적 유산으로 간직되어 왔다.[30]

그러나 그런 외교정책의 원칙은 미국이 제1차 세계대전에 참전함으로써 그 기반이 흔들리게 되었다. 제1차 세계대전은 프랑스혁명과 나폴레옹의 전쟁 기간 동안 대두되다가 1815년에서 1914년까지의 긴 평화의 시대에 점점 잊혀져버렸던 것, 즉 타대륙 내의 전쟁이 미국의 안보를 위협할 수 있다는 염려를 부활시켰던 것이다. 따라서 국제연맹 가입 문제에 관련된 당시 윌슨 대통령과 헨리 캐보트 로지(Henry Cabot Lodge) 상원의원 간의 논쟁은 당시 1급 강대국인 미국의 국가적 목적의 핵심에 관련된 것이었고, 따라서 오늘날에도 여전히 회고할 가치가 있다.[31] 당시 로지 상원의원은 윌슨의 집단안보의 계획을 워싱

30) *Ibid.*, p.492.

31) Robert W. Tucker and David C. Hendrickson, *The Imperial Temptation: The New World Order and America's Purpose*, New York: Council

턴과 먼로의 외교정책상의 전통을 배반하는 것이라면서 거부했다.[32] 당시 윌슨 대통령은 미국이 세계의 경찰이 될 것으로는 전혀 생각하지 않았었음에도 불구하고 로지 상원의원은 미국이 이행할 것 같지 않은 엄숙한 공약, 즉 모든 연맹 회원국들의 영토적 순결과 정치적 독립을 위한 공약의 의무를 미국이 지게 되는 개념을 거부했던 것이다. 그에게는 세계의 모든 곳에서의 침략의 예방과 미국안보의 옹호 사이에는 어떤 필연적 관계가 존재하지 않는 것으로 보였다. 따라서 윌슨 대통령을 반대하는 사람들은 미 군사력의 사용을 미국 자신의 안보와 직결되는 목적에만 국한시키려 했다. 그들에게 침략에 대항하는 범세계적 동맹이란 위험스런 난센스로 간주되었다. 따라서 제1차 세계대전에의 참전도 점차 일탈행위로 간주되기 시작했으며, 미국의 전통적 비동맹 정책으로 복귀하는 것은 미국의 안전에 아무런 위험도 부가하지 않는다고 간주되었다. 따라서 미국은 1941년 진주만 피침 때까지 전통적 고립정책으로 복귀했었다. 미국의 이런 고립은 미국의 지정학적 위치와 영국이 1세기에 걸쳐 주도해 온 온건한 힘의 균형에 의해서 가능하였다.

그러나 1930년대 유럽과 아시아에서 독일제국과 일본제국이 이른바 신질서(new order)의 구축을 선언하고 영토적 정복전쟁에 착수했을 때 미국은 고립주의정책을 포기하고 결국 제2차 세계대전에 참전할 수밖에 없었다. 미국의 전통적 고립정책을 포기해야 한다는 주된 주장은 유

---

on Foreign Relations Press, 1992, p.179.

32) 1823년 12월 2일에 먼로 대통령에 의해 선언된 이 정책적 원칙은 미 대륙이 유럽 강대국들의 식민지 대상으로 간주되어서는 안 된다는 것으로, 이것은 결국 미 대륙의 특수성을 강조하고 미국과 미 대륙 간의 동질성을 천명한 것으로 당시 미국이 이른바 고립주의정책의 연장으로 해석된다. 먼로 독트린에 관한 자세한 분석은 Cecil V. Crabb, Jr., *The Doctrines of American Foreign Policy*, Baton Rouge, LA: Louisiana State University Press, 1982, chap.1 참조.

럽의 전통적 힘의 균형 논리였다. 당시 월터 리프만(Walter Lippmann)은 힘의 균형체제에서 고립은 최악의 곤경상태라고 주장했다.[33] 니콜라스 스파이크만(Nicholas Spykman)은 미 대륙만의 방어는 이제 전혀 가능하지 않기 때문에 미국은 대양을 넘어서 대규모 공세적 군사작전을 수행할 것이 요구된다고 주장했다.[34] 그러면서 미국의 독립과 안보의 이익은 유럽과 극동에서 어떤 적대적 연합세력에 의한 통일도 방지할 것아 요구된다고 강조했었다.[35] 제2차 세계대전 후의 이른바 봉쇄정책은 이러한 미국의 안보인식의 변화와 지정학적인 전략적 대응전략을 반영한 것이었다.[36] 미국의 오랜 전통적 비동맹원칙은 1949년 북대서양조약기구, 즉 집단적 방어동맹체제의 가입으로 종언을 고하고 유럽에서 힘의 균형을 유지하는 것이 미국외교정책의 새로운 정책적 목적이 되어버렸다. 그리고 그러한 힘의 균형정책은 1950년 한국전쟁으로 인해 미국이 전 세계에 동맹체제를 확대시키는 것으로 나타났으며, 전 세계는 무장된 양극체제, 이념적 대결의 냉전시대를 맞게 되었다.

그러나 미국이 채택한 힘의 균형 정책은 19세기 영국식의 정책이 아니었다. 미국은 영국 같은 이른바 '화려한 고립 정책'을 통해 힘의

33) Walter Lippmann, *U.S. Foreign Policy: Shield of the Republic*, Boston: Little Brown, 1943, p.105.

34) Nicholas John Spykman, *America's Strategy in World Politics*, New York: Harcourt, Brace, 1942, p.457.

35) Nicholas John Spykman, *The Geography of Peace*, ed. Helen R. Nicholl, New York: Harcourt, Brace, 1944, p.45.

36) 봉쇄정책의 창안자로 간주되는 George Kennan은 이런 지정학적 개념에서 출발했다. James E. Dougherty and Robert L. Phaltzgraff, Jr., *Contending Theories of International Relations: A Comprehensive Survey*, $2^{nd}$ ed., New York: Harper & Row, 1981, p.65와 p.106을 참조.

균형을 추구하는 균형자(balancer)의 역할을 수행할 수 없었다. 왜냐하면 제2차 세계대전 후의 국제체제는 19세기의 다극체제가 아니라 미·소 간의 양극체제였기 때문에 미국은 동맹체제의 결속을 유지하면서 공산 제국의 침략을 방지하는 억제자(deterrer)로서 행동했다. 그리고 이러한 국제체제의 구조적 성격은 미국이 거의 모든 국제적 분쟁과 갈등에 무관심할 수 없게 만들었다. 지구상의 먼 변방에서의 분쟁과 갈등에 대해 미국은 19세기 메테르니히(Metternich)나 디즈레일리(Disraeli)가 오토만제국 내의 문제에 대해 문명권 밖의 문제라고 차치하여 취했던 것과 같은 불개입정책을 실천할 수 없었던 것이다. 왜냐하면 억제란 본질적으로 심리적인 것이기 때문이다.[37] 따라서 미국과 소련의 양극적 대결구도는 미국으로 하여금 반공이라는 정치적 목표를 위해 자연스럽게 아시아의 두 전쟁에 개입하게 만들었다.

그러나 한국전쟁이 미국의 대소봉쇄정책의 국민적 합의를 강화하는데 기여했다면 베트남전은 그런 합의를 근본적으로 뒤흔들어 놓았다. 1950년 한국전쟁의 개입은 아시아에서 미국의 대소 공산제국의 봉쇄정책의 토대를 놓았다. 당시 한국전의 개입은 미국 내에서 거의 물의를 일으키지 않았는데 거기에는 몇 가지의 이유가 있었다. 첫째, 당시 미국은 한국과 서유럽의 문제들을 연계시켜 파악했기 때문이다. 1948년의 체코슬로바키아의 공산 쿠데타, 베를린 봉쇄, 1949년 소련의 핵실험 성공과 중국 대륙의 공산화로 이어지는 일련의 염려스러운 국제적 상황 속에서, 한국전쟁은 공산 측의 무력공 격으로 진행될 수 있는 공산주의의 점증하는 공세의 일부로 해석되었다. 둘째, 만일 북한의 침략행위를 방치한다면 그것은 일본에 대한 명백한 위협이 될 것으로 판

37) Louils J. Halle, *The Elements of International Strategy: A Primer for the Nuclear Age*, Lanham: University Press of America, 1984, p.33.

단했다. 셋째, 1950년 여름 유엔 안보리는 소련의 거부권 없이 미국 주도의 북한제재를 가능케 했던 우연적인 상황으로 인해 미국의 행동은 유엔을 통해 국제적으로 정당화될 수 있었다. 따라서 한국전 당시에 미국은 한국의 보호와 미국의 안보 사이의 연계를 보다 수월하게 형성시킬 수 있었다. 그러나 베트남전의 개입과 미국안보의 연계는 취약했으며, 일단 참전하게 되자 대소봉쇄전략적 목적에 의해서가 아니라 미국의 국가적 위신이 걸린 문제로 변해버렸다. 즉 미국은 처음에 미국의 안보, 자유, 질서의 정당성이 대베트남 공략의 근거가 되었으나 종국에는 공략 그 자체가 정당성이 되어버렸던 것이다.[38]

베트남전의 참전 기간 동안 미국은 '억제(deterrence) 차원 문제'를 명확히 인식하지 못했으며,[39] 그 결과 초강대국이 한 지역국가에게 패퇴하는 기이한 현상을 낳게 되었다. 따라서 미국 국민은 미국의 국제적 역할에 환멸을 느끼는 분위기에 빠져들었다. 미국은 '제2의 베트남은 이제 그만(No more Vietnam)'이라는 고립주의적 분위기에 사로잡히게 된 것이다. 그러나 양극적 국제체제의 구조적 변화없이 고립주의에로의 복귀는 미국에게 현명한 정책으로 간주되지 않았다. 따라서 미국은 군사전략적 핵억제정책을 계속 유지하면서 베트남전과 같은 군사적 과잉개입을 피하는 정책을 채택해야 했으며, 그것은 1969년 닉슨 독트린으로 표현되었다. 베트남전의 비극은 마치 고대 아테네의 시칠리아 작전처럼 힘의 오만에 기초한 과잉팽창(overstretch)의 피할 수 없는 귀결로 인식되었다.

소련의 위협이 존속하는 한 서유럽 및 일본과의 동맹체제는 미국 안

38) Robert W. Tucker and David C. Hendrickson, *op. cit.*, p.187.

39) 억제의 차원 문제에 관해서는 Alexander L. George and Richard Smoke, *Deterrence in American Foreign Policy: Theory and Practice*, New York: Columbia University Press, 1974, 제2장 참조.

보전략의 변함없는 핵심적 지주로 남을 수밖에 없었다. 그러나 일본 안보의 연장선으로 이해되고 정당화된 한미동맹체제는 닉슨 독트린의 영향을 받지 않을 수 없었다. 결국 70년대 후반 한·미 간에는 주한미군의 완전 철수 문제로 일종이 '중년의 위기'를 맞이했으나 '이혼'이 미칠 예기치 못한 위험성 때문에 철수계획은 중단되었다. 그러나 '주한미군의 철수'는 철회되었다기보다는 연기되었던 것이다.40)

1989년 몰타에서 미·소 정상 간의 냉전 종식 선언과 다음 해 소련 제국의 붕괴는 미국이 과감한 군비감소를 감행하면서 국부들이 가르친 일종의 고립주의 시대로의 복귀 가능성을 시사해 주었다. 그러나 1991년 이라크의 쿠웨이트 침공으로 야기된 걸프의 위기와 전쟁은 냉전 종식과 국제평화 간의 등식을 순식간에 깨뜨렸으며 또다시 미국의 지도력을 요구했다. 결국 미국은 걸프전에서 거의 일방적인 군사적 승리를 쟁취함으로써 냉전 이후의 세계에서도 여전히 군사적 강대국일 수밖에 없다는 점을 스스로 입증했다. 걸프전은 해외에서 미국 군대의 사상자를 피하고 장기적 개입을 회피하려는 열망으로 표현된 미국민들 사이의 고립주의적 정서가 미국의 세계적 지도력을 과시하려는 개입주의적 경향과 함께 공존할 수 있음을 보여주었다. 즉 미국의 국가이익이라는 목적 하에 대규모 군사력의 효과적 사용의 욕망과 파괴와 살상의 현장에서 멀어지려는 열망이 함께 섞일 수 있음을 보여준 것이다. 그러나 그것도 잠시였을 뿐 걸프전 종결 이후 시간이 흐름에 따라 군사력 사용의 한계와 그 대가를 고려하여 미국은 미국 자체의 요새화로 충분하다고 보는 일종의 고립주의적 성향, 즉 미국 국부들이 제시했던 미국의 고전적 고립주의로 되돌아가려는 근본적 추세를 발전시키지는 못하

40) Sung-Hack Kang, "America's Foreign Policy toward East Asia for the 1990s: From Godfather to Outsider?" *Korea and World Affairs*, Vol.11, No.4 (Winter 1987), pp.679-707.

고 있다.

그리하여 이른바 '미래로의 복귀' 경향은 기존의 안보공약을 보존시키면서도 동맹국들에게 실질적인 책임을 이전시키려는 미국 대외정책의 새로운 특징으로 나타나고 있다. 그러나 그러한 특징은 냉전의 시대에도, 특히 닉슨 독트린으로 표현되고 실천되었던 것이기 때문에 냉전 종식 이후 미국이 그러한 정책을 추구하는 것은 어쩌면 너무도 당연한 일이라고 하겠다. 그러나 미국은 갑작스런 동맹체제의 종식은 힘의 진공상태를 낳게 되어 범세계적 군비경쟁과 긴장, 군사적 충돌을 유발할 가능성이 높기 때문에 국제적 안정을 유지하면서 서서히 적절한 속도와 절차를 밟아가면서 미래로의 복귀를 향해 나갈 것이다. 그렇다면 미국은 국제적 안정을 유지하기 위해 어떤 역할을 수행할 것인가?

## III. 국제안정과 미국의 역할

미국은 국가간의 분쟁과 갈등, 특히 무력충돌에서 초연한 채 미국을 지상의 천국으로 건설하는 데 국가적 에너지를 집중시킬 수 있는 비동맹 고립주의 시대로 복귀하고 싶어한다. 그러나 그와 동시에 미국은 유일한 초강대국으로서 국제적 안정의 책임을 하루 아침에 포기할 수도 없다. 이런 딜레마로부터 탈출하기 위해서 미국은 국제적 안정을 다지면서 서서히 동맹체제에서 벗어나는 것이다. 그것은 미국이 빠져나가는 것만큼 힘의 균형을 잡아가는 것이다. 바꾸어 말하면 힘의 균형을 조절하면서 그만큼 군사적 책임으로부터 벗어나는 것이다. 이것은 물론 수학적으로 정확하게 계산될 수 없는 것이다. 그러나 비록 그 모호성이 항상 이론가들에 의해 문제점으로 지적되지만 국제정치의 힘의 균형 이론에 따른 기본적 논리에 입각하면 불가능한 것도 아니다. 왜냐하면 그것은 본질적으로 국제질서의 관리에 관한 것이기 때문이다. 냉전 이후의 세계에서, 특히 동북아에서 예상되는 국제질서의 특징은 어떤 모습을 갖게 될 것인가?

헨리 키신저는 냉전 종식 후 아시아에서의 국제질서는 18-19세기 유럽식의 힘의 균형 체제라고 단정했다.[41] 당시 유럽의 힘의 균형 체제는 유럽대륙에서 어떤 국가도 헤게모니를 장악하지 못하게 하는 균형자로서의 영국의 역할에 의해 유지되었다. 영국은 이른바 화려한 고립(splendid isolation)의 정책을 추구하면서 국제적 위기가 구체적으로 조성되었을 때 상대적 열세국가와 동맹을 맺고 그와 함께 투쟁하면서 국제체제의 안정을 도모했었다. 18세기 초기엔 반(反)루이14정책, 18세기 중엽엔 반(反)합스부르크정책, 19세기 중엽엔 반(反)러시아정책, 그리고 19세기 말인 반(反)독일정책을 추구하면서 유럽의 힘의 균형 체제를 관리했던 것이다. 순전히 지정학적 관점에서 본다면 미국은 냉전 이후의 세계에서 과거 영국과 같은 균형자의 역할을 수행할 수 있으며, 또 그것이 미국에 유익한 정책으로 간주될 수 있다. 왜냐하면 미국은 매킨더(Mackinder)의 이른바 세계도(world island)에 대해서 별도의 섬을 이루고 있기 때문에[42] 미국은 특히 아시아에 대해서 영국의 대유럽대륙정책과 같은 정책을 실행하는 균형자가 될 수 있으며, 이러한 정책적 암시는 앞서 논의된 스파이크만의 지정학적 미국전략에

41) Henry Kissinger, "Balance of Power Sustained," in Graham Allison and Gregory F. Treverton (eds.), *Rethinking America's Security*, New York: W.W. Norton, 1992, pp. 238-248; 헨리 키신저, 「美. 亞洲에서 퇴각하면 재앙초래」, 『동아일보』, 1993년 6월 17일, p.7; Henry Kissinger, *Diplomacy*, New York: Simon & Schuster, 1994, p.826.

42) Halford Mackinder, *Democratic Ideals and Reality: A Study in the Politics of Reconstruction*, London, 1919.

포함되어 있었다.

그러나 미국이 18-19세기 영국과 같은 균형자적 역할을 수행하고자 하는 동기에는 다음과 같은 두 가지 상황적 조건의 차이에 의해서 당분간 실천되기 어렵다. 첫째, 비록 오늘의 국제적 추세가 그런 방향을 궁극적으로 가리키고 있다고 하더라도 아직 동아시아의 국가들은 과거 유럽의 강대국가들처럼 비교적 균등한 힘의 강대국들로 구성되는 다극체제를 형성하지 못하고 있다. 아직 동아시아국가들, 즉 중국, 러시아, 일본은 군사력 면에서 균등하지 못하다. 둘째, 미국은 일본과의 동맹체제를 여전히 동아시아 정책의 기저로 삼고 있으며, 과거의 영국 같은 '화려한' 고립정책을 채택할 것 같지 않다. 왜냐하면 최근 미일 정상회담에서 재확인된 것처럼[43] 미국은 일본의 전략적 독립성을 아직 인정하지 않고 있으며, 일본도 조속한 전략적 독립성을 선언해야만 하는 필요성을 아직 느끼고 있지 않기 때문이다.

오늘날의 미일동맹체제는 20세기 초의 영일동맹체제와는 그 목적과 성격이 다르다. 당시 영국은 영일동맹을 극동의 안정을 통해서 궁극적으로 유럽 내의 자국의 독립성 강화를 도모하는 방편으로 간주했기 때문에 그것은 결국 영국의 고립주의적 전통을 확대한 것이었다.[44] 또한 그것은 구체적으로 당시 일본이나 영국이 염려했던 것이 제3국인 러시아가 아니라 제4국이 러·일 간의 대결에 개입하는 것을 영국이 견제하려는 것이었던 반면에 현재의 미일동맹은 바로 제3국에 대한 억제와 공동 군사적 행동을 요구하는 동맹체제이기 때문이다. 따라서 미국은 동아시아에서 과거 영국과 같이 고립주의를 위해서 제3자로서의 균형

---

43) 1996년 4월 16일 클린턴 미국 대통령은 일본을 방문하여 미일동맹조약을 재확인했다.

44) René Albrecht-Carrié, *A Diplomatic History of Europe Since the Congress of Vienna*, London: Methuen & Co., 1958, p.232.

자적 역할을 수행할 수 없게 되어 있다. 미국은 현재 하루 아침에 화려한 고립정책, 즉 미국요새화(Fortress America)로 돌아가기엔 기존의 동맹관계가 너무 깊다. 전 세계를 불안정의 도가니로 몰아넣지 않기를 원하는 미국은 다른 전략을 선택할 수밖에 없을 것이다.

그렇다면 기존의 동맹체제를 유지하고 타국들의 꾸준한 힘의 증강을 수용하면서도 국제적 안정을 유지하는 세계전략은 어떤 것이 될 것인가? 저자의 생각으론 백색혁명가(Whiter revolutionary)로 간주되는 비스마르크의 동맹정책과 균형정책, 즉 그의 유럽정책(Europapolitik)이 될 것으로 보인다.[45] 1871년 독일을 통일하고 제2의 독일제국을 수립한 철혈재상 비스마르크는 독일제국을 더 이상의 야심을 가질 필요가 없는 '만족스런 국가'로 판단했다. 따라서 그는 유럽의 평화를 유지하고 국가관계를 안정화시키는 것이 곧 독일의 국가이익이라고 간주했다. 그의 두 차례에 걸친 3제동맹체제(Dreikeiserbund)가 붕괴되었을 때 그는 오스트리아-헝가리제국과의 동맹을, 그리고 이리덴티즘(Irredentism)을 포기한 이탈리아까지 포함하는 3국동맹을 독일 안보정책의 축으로 하고, 1887년 러시아에 대해 재보장(Reinsurance)정책을 통해 복수에 불타는 프랑스를 고립시켰다. 아울러 영국의 식민지팽창정책에 도전하지 않음으로써 영국을 안심시키는 전략으로 독일의 안전과 유럽의 평화를 유지했다. 유럽에서 힘의 균형을 유지하는 방편으로 고립을 택하는 영국과는 달리 독일의 비스마르크는 평화시에 동맹을 통해서 갈등과 분쟁을 사전에 예방하고 조정하는 전략을 구사했던

45) 비스마르크를 백색혁명가로 특징짓는 데 대해서는 Lothar Gall, *Bismarck: The White Revolutionary*, Vol.I, II, London: Allen &o Unwin, 1986; Henry A. Kissinger, "The White Revolutionary: Reflections on Bismarck," *Daedalus* (Summer 1968), pp.888-924; 강성학 (역), 『키신저 박사와 역사의 의미』(Peter Dickson, *Kissinger and the Meaning of History*), 서울: 박영사, 1985, p.135 참조.

것이다. 동맹국들 사이에선 정직한 중재자(honest broker)로 자임하면서도 동맹국들이 국제적 불안정을 가져올지 모르는 정책을 사전에 봉쇄하고 통제함으로써 그는 사실상 헤게모닉한 균형자의 역할을 수행했던 것이다. 우리는 과거 비스마르크의 유럽정책과 현재 미국의 세계정책, 특히 아시아정책을 다음과 같이 비교할 수 있다.

우선 과거 비스마르크가 오스트리아-헝가리제국과의 동맹에 제2차적 중요성을 부여했던 것처럼 미국은 일본과의 동맹에 대해 냉전시대에서처럼 제1차적 중요성을 부여하고 있다. 둘째, 과거 비스마르크는 한편으로 재보장정책을 통해 러시아의 이익추구를 인정해 주면서도 다른 한편으로 3국동맹을 통해 러시아가 함부로 행동할 수 없도록 견제했다. 오늘날 미국이 러시아의 민주화와 개방정책의 성공을 위해 러시아의 정책적 자유를 인정해주고 있지만 유럽에서는 북대서양조약기구(NATO)를 통해서, 그리고 아시아에서는 미일동맹체제를 통해서 러시아의 정책적인 선택의 폭을 제약하고 있다. 셋째, 당시 비스마르크는 프랑스의 군사전략적 고립을 모색했다. 오늘날 미국은 유일한 공산정권인 중국을 군사적으로 고립시키려 할 것이다. 넷째, 당시 비스마르크가 영국의 식민팽창에 도전하지 않았던 것처럼 오늘날 미국은 유럽연합의 경제적 팽창정책에 사실상 자유를 부여하고 있으며, 군사적 동맹은 미국의 영향력을 더 강화해주고 있다.

이렇게 볼 때 오늘의 미국은 19세기 비스마르크보다 더 견고하게 국제적 안정을 기할 수 있는 범세계적인 헤게모니적 조정자 역할을 훨씬 더 용이하게 수행할 수 있는 위치에 있다.[46] 이런 국제체제의 안정

46) 워싱턴에는 논할 만한 역사를 알지 못하고 그 결핍을 인식하지 못한 채, 세계는 다르고 모든 문제들은 새로워서 공공정책의 결정에는 이성이나 감성만이 필요하다고 생각하는 사람들이 많다. 그러나 동시에 워싱턴의 정책결정자들이 스스로 알든 모르든 간에 적어도 어떤 주장이나 심리적 평안을 위해 자신들의 결정에 실제로 역사를 활용하고 있는 것도 목격되었

은 전 세계 방방곡곡 모두의 평화를 의미하지는 않는다. 비스마르크 시대에도 식민지 이곳저곳에선 무력이 사용되었으며 강대국 러시아와 약소국 터키 사이에 전쟁도 있었다. 그러나 비스마르크의 전략은 강대국간의 안정을 유지시켰다. 현재 미국이 비스마르크식의 전략을 구사한다고 해서 전지구적 평화를 보장하지는 못할 것이다. 그러나 대규모의 전쟁은 억제해 줄 것이다. 여기서 우리의 중요한 의문은 한반도, 특히 대한민국이 미국의 이런 전략에서 어떤 위치에 처해 있느냐는 것이다. 당시 비스마르크는 이탈리아를 강대국으로 간주하지 않았다. 그는 유럽의 힘의 균형 체제에서 이탈리아를 여섯 번째 바퀴(the sixth wheel)라고 불렀다. 그러나 프랑스의 위협에 불안해 하는 이탈리아가 프랑스의 영향 하에 다시 들어가는 것을 막기 위해 동맹국으로 수용하기로 했지만, 그러나 그렇게 하기 위해서는 과거 이탈리아의 지배국이었던 오스트리아-헝가리제국과의 화해를 통해 이리덴티즘을 포기해야만 하는 조건을 내세웠다. 이탈리아는 프랑스에 대한 두려움으로 결국 오스트리아-헝가리와 화해하여 3국동맹이 결성되었다. 1954년이나 지금이나 한국은 강대국가가 아니다. 그러나 공산주의 세력을 두려워하는 한국을 위해 한미동맹조약이 먼저 이루어졌지만 한국은 과거의 지배국인 일본과 화해하지 않을 수 없었다. 그 결과 미일동맹조약과 한미동맹체제는 사실상 한·미·일의 3국동맹과 같은 전략적 효과를 가져왔음을 우리는 부인할 수 없다.

---

다. 이런 점에 대해서는 Richard E. Neustadt and Ernest R. May, *Thinking in Time*, New York: The Free Press, pp.xi-xii 참조. 미국외교정책에서 역사의 오용에 대해서는, Ernest R. May, *"Lessons" of the Past,* Oxford: Oxford University Press, 1973을 참조하고, 역사사용의 기능, 동기 그리고 역사사용의 위험을 통제할 여러 가지 방법의 암시에 관해서는 Yaacov Y. I. Vertzberger, "Foreign Policy Decisionmakers as Practical-Intuitive Historians: Applied History and Its Shortcomings," *International Studies Quarterly*, Vol.30, 1986, pp.223-247 참조.

그러나 냉전 종식과 한국의 북방정책, 그리고 한국과 러시아 및 중국과의 관계정상화를 통해 형성된 한반도 주변의 정치외교적 지각변동은 한·일 간에 사실상의 군사전략적 공동보조를 더 이상 냉전시대처럼 당연시할 수 없고 또 그렇게 할 필요도 없는 것으로 만들었다. 따라서 한반도를 중심으로 볼 때 주변국과의 관계는 한반도 분단문제의 해소 방향과 방법에 따라 크게 영향받을 수밖에 없을 것이다. 그러나 현단계에서 한국은 한미동맹체제의 구조적 틀 안에서의 변화만을 거의 전적으로 선호할 수밖에 없는 안보적 제약을 탈피할 수 없다. 뿐만 아니라 이 지역의 국가들도 거의 예외 없이 미국과의 관계를 가장 중요한 문제로 인식하고 있으며, 긴밀한 대화의 채널을 유지하고 있기 때문에, 미국의 역할은 조정자(arbiter)의 위치에 있을 수밖에 없다. 이 역할은 19세기 비스마르크식의 국제안정화 전략의 구사가 바람직할 뿐만 아니라 동시에 가능하도록 해주고 있는 것이다.

## Ⅳ. 미국의 역할과 한국의 딜레마

미국이 아시아에서 비스마르크식의 조정자 역할을 수행하면서 이 지역의 국제적 안정과 평화적 변화를 수용하는 동안 아시아에서 지역국가 간의 안정은 당분간 유지될 수 있을 것이다. 그러나 문제는 비스마르크식의 동맹체제를 중심으로 하는 정책과 전략은 미국이 궁극적으로 과거의 영국과 같은 고립적 혹은 중립적 균형자로 변해가는 하나의 전환기에 국한된다는 점이다. 따라서 미국이 탈동맹화의 방향으로 느리지만 꾸준히 나아가는 반면에 아시아 지역에서도 냉전체제에 의해 동면했던 문제들이 대두되어 분쟁과 갈등의 가능성이 높아가고 있다.

첫째, 아시아 지역에선 아직도 영토적 분쟁의 가능성이 상존하고 있다. 러·일, 러·중은 물론이고 중·일 간에도 중국과 남중국해에 대한 세력확대와 센카쿠 섬 문제 등은 일본의 생명선에 가까운 해로가 중국의 적극적 정책 여하에 따라서 크게 위협받을 수 있으며, 한국도 그런 위험성에서 면제될 수 없다.47)

둘째, 한반도의 통일은 그것이 평화적인 방법이든 아니면 또 다른 어떤 방법으로서든 간에 중국의 최소한의 도움 없이는 불가능하다. 이것은 중국과 한반도 간의 기나긴 역사를 회고하지 않는다 할지라도 우리가 생생하게 기억하고 있는 한국전의 뼈저린 교훈이다. 따라서 한국은 중국과의 관계증진을 꾸준히 모색하지 않을 수 없는 입장이다. 또한 한국민의 반일감정은 거의 생리적인 것이 되어 있어서 반중감정보다 훨씬 강하고 변함이 없다. 그러나 우리의 유일한 동맹국가인 미국은 중국보다도 일본과의 관계를 더욱 중요하게 간주하고 있다.

셋째, 한·일 간에도 최근 다시 제기된 독도문제, 무역역조문제 등 마찰의 소지가 상존하고 있다. 뿐만 아니라 냉전시대에는 반공국가들의 결속이라는 지상명령이 한·일 간의 마찰을 덮어주는 데 결정적인 역할을 해주었지만 이제 일본은 사실상 공산소련의 위협이 사라진 상황에서 독자적인 대북한정책을 추진하려 할 것이다. 그동안 불거져나온 북한의 핵문제가 한·미·일 3국 간의 공동보조를 유지시켜 주고 있지만 국제정세가 정착되면 일본은 머지않아 북한과의 관계개선을 더 이상 미룰 수 없다면서 거의 독자적으로 추진할 것이다. 한국민의 배타적 대일감정과 중국과의 우호관계의 꾸준한 증진을 고려할 때 일본은 장기적으로 자국에 불리한 상황의 전개를 막기 위해 한반도에 대해 '분할하여 지배하는 정책(divide and rule)'을 구사하려고 할 것이다.48)

---

47) 이 문제에 관한 저자의 상세한 논의에 관해서는 저자의 『카멜레온과 시지프스: 변천하는 국제질서와 한국의 안보』, 서울: 나남출판사, 1995, 제6장 "중국과 일본의 해군력 증강과 동북아지역 안정" 참조.

그리고 일본의 이러한 정책이 가시화될 때 한국 주도의 한반도 통일을 원하는 한국과는 마찰을 일으키게 될 것이다. 한·일관계의 마찰에서 미국이 조정자의 역할을 수행하게 되면 결국 지정학적으로 더욱 중요하고 경제적으로 부국인 일본의 편에 서게 될 것이다.

이러한 저자의 진단이 정확한 것이라면 한국은 대외정책에서 중대한 딜레마에 처할 수밖에 없다. 민족의 염원인 조국통일을 앞당기기 위해서는 중국과의 관계를 우선시해야 한다. 그러나 한국의 안보라는 절실한 현실을 직시할 때 일본과의 관계를 가장 중요하게 생각하는 동맹국 미국의 정책적 우선순위를 거스르는 단계까지 발전시키기는 어렵다. 게다가 만일 미국이 과거 비스마르크가 프랑스에 대해서 그랬던 것처럼 중국을 국제적으로 고립시키는 정책을 추진하게 될 경우 기존의 한·중 관계마저도 흔들릴 가능성이 있는 것이다. 그 경우에 한국이 미국의 동맹관계를 포기하면서까지 중국과 긴밀한 관계를 증진시키는 것이 바람직한 것일까? 남북이 통일되려면 중국의 협조가 거의 필수적이다. 중국은 결코 아무런 보상 없이 남한 주도의 한반도 통일을 수용하지 않을 것이다. 통일문제 해결시 중국의 협조를 받기 위해서 한국은 중국의 요구를 수용해야 하며 그 요구는 통일 이후 한미군사동맹체제의 해체와 그에 따른 주한미군의 완전한 철수가 될 것이다. 최근에 들어와 중국의 지도자들은 한국국민이 중국과 일본 사이에서 선택을 요구

---

48) 일본이 한반도의 통일을 원치 않는다고 분명히 말하는 일본인은 거의 없다. 예외적으로 일본 『적기』(赤旗)의 전평양특파원이었으며 최근 6·25 전후 북한의 극비문서를 책으로 펴낸 하기와라 료 씨는 일본이 북한의 붕괴를 방치하지 않을 것이라고 주장했다. 그는 한국에서 4·19와 5·16이 일어나 내부가 불안해졌을 때 북한에 의한 적화통일을 우려하여 한일수교로 박정희 정권을 도와주었던 것처럼 동구권이 무너지고 북한이 불안한 정세에 빠지기 시작한 지난 90년에 자민당과 사회당 대표를 북한에 보내 노동당과 일-북 수교 원칙이 포함된 3당 공동선언을 발표했다고 본다. 『조선일보』, 1996년 5월 27일, p.8.

받는다면 항상 중국 편에 설 것이라고 확신하고 있는 것 같다.[49] 즉 중국은 통일된 한국과 협력하면 일본을 견제할 수 있기 때문에 미국은 계속 한국에 머물 필요가 없다는 계산을 할 수 있다. 그러나 이러한 한국의 정책적 선택은 채택되기 어렵다. 왜냐하면 그러한 정책은 한국민을 분열시킴으로써 극도의 국내적 혼란에 빠뜨려 정권유지 그 자체가 어렵게 될 것이기 때문이다.

따라서 한국에겐 안보든 통일이든 국가의 대외정책을 수행하고자 할 때 한미동맹체제에 대한 현실적 대안이 사실상 부재한 실정이다. 문제는 미국이 한미동맹체제를 계속해서 유지시켜줄 것인가이다. 기존의 한미동맹체제는 과거 소련공산제국의 팽창을 견제하기 위해 지정학적으로 필요하다고 미국인들은 간주했다. 소련제국이 사라진 지금 미국은 소련 대신 이제 중국에 대해 과거 대소련식의 봉쇄정책을 추진할 것인가? 적어도 지금까지 미국이 보여준 행동은 전면적 대중국봉쇄정책을 적극적으로 추진할 것 같지는 않다.[50] 왜냐하면 적극적 대중국봉쇄정책은 궁

---

49) 이는 사회과학원 원장 김경원 박사가 중국 지도자들과의 직접 대화에서 간파한 것이며 1996년 4월 16일 고려대학교 정책과학대학원 특강에서 언급한 바 있음.

50) 최근 중국을 달래면서 중국 스스로가 미국을 필요로 하게 해야 한다는 이른바 포섭(engagement)학파를 비판하면서 강력한 대중봉쇄의 주장으로 Gerald Segal, "East Asia and the 'Constrainment' of China," *International Security*, Vol.20, No.4, (Spring 1996), pp.107-135 참조. 냉전 종식 후 미국의 대중국 정책에 대한 입장을 포섭학파(engagement school)와 봉쇄학파(containment school)로의 분류는 제2차 세계대전 종결 직후 미국의 대소정책에 대한 입장을 The Riga Axioms와 The Yalta Axioms로 구별했던(Daniel Yergin, *op. cit.*, 제1장) 방법을 원용한 것으로 보인다. 포섭학파의 대표적 주장은 Joseph S. Nye, Jr., "The Case for Deep Engagement," *Foreign Affairs*, Vol.74, No.4, (August 1995), pp.90-102를 들 수 있으며, 봉쇄학파에는 위의 Gerald Segal 외에도 Aaron Friedberg, "Ripe for Rivalry: Prospects for Peace in Multipolar Asia"와 Richard K. Betts, "Wealth, Power and Instability: East Asia and the United States after the Cold War"를 들 수 있는데

극적으로 전통적인 군사전략적 철수를 역전시키는 결과를 가져옴으로써 그만큼 미국의 책임과 부담 및 희생을 요구할 것이기 때문이다. 그것은 냉전시대처럼 미국의 국가정책적 목표와 국력 사이의 균형을[51] 깨뜨림으로써 이른바 '리프만 격차(Lippmann gap)'의 문제를 또다시 야기하게 될 것이다. 그러나 미국은 그럴 용의가 거의 없어 보인다.[52] 오히려 미국은 태평양국가로 남지만 아시아에서 일본이 역할을 증대시켜 감으로써 궁극적으로 미일동맹체제의 굴레에서 벗어나려고 할 것이며[53] 일본도 궁극적으로 전략적 독립성을 확보하려 할 것이다.[54]

러시아는 현재 국내정치에 몰두하고 있다. 그러나 지정학적 이유만으로도 러시아는 한반도의 변화에 결코 무관심할 수 없다. 다만 러시아는 그의 정치적 중심지가 유럽 쪽에 있음으로 해서 중국이나 일본만큼 민감하게 반응하지 않고 있으며 중국이나 일본처럼 북한에게 도움을 줄 수 있는 여건이 되지 못해서 러시아의 한반도정책은 현재 아주 낮은 정책적 우선순위를 차지하고 있다. 현재 러시아는 미국을 비롯한 서방국가들의 협력 속에서 국내의 정치경제적 개혁과 안정을 추구하고 있기 때문에 미국과의 관계가 악화되지 않는 한 미국의 정책을 적극적

---

이 논문들은 모두 1993/94 겨울호 *International Security*, Vol.18, No.3의 "Peril and Promise on the Pacific Rim" 제하의 특집에 게재되었다. 각각 pp.5-33, pp.34-77 참조.

51) Walter Lippmann, *op. cit.*, p. 9.

52) Lippmann gap의 용어에 관해서는 Charles W. Kegley, Jr., and Gregory A. Raymond, *A Multipolar Peace?*, New York: St. Martin's Press, 1994, pp.169-171 참조. 미국의 힘의 한계를 보다 현실적으로 인식해야 한다고 일관된 주장을 펴온 인물로는 George F. Kennan을 들 수 있으며, 그의 가장 최근 저서 *At a Century's Ending: Reflections 1982-1995*, New York: W.W. Norton, 1996, 특히 p.137 참조.

53) *The Economist,* "Asia's flagging alliance," April 13, 1996, p.15.

54) 강성학, 『이아고와 카산드라: 항공력 시대의 미국과 한국』, 서울: 도서출판 오름, 1997, 제14장 "일본의 안보정책 변화와 향후의 진로" 참조.

이고 명시적으로 반대하지 않을 것이다. 결국 러시아의 이런 입장은 미국의 조정자적 역할을 인정하는 것이고, 과거 비스마르크 시대처럼 조정자와 우호적인 관계에 당분간 만족할 것이다.

미일동맹체제가 양국간의 갈등에 의해서든 합의에 의해서든 흔들리게 되면 한미동맹체제는 자연히 흔들리게 될 것이다. 따라서 한국은 한미동맹체제가 일본방위의 연장선상에 서 있지 않고 독립적 동맹체제로서 유지될 수 있도록 노력해야 한다. 문제는 미국이 그렇게 해줄 만한 국가로 한국이 격상되어야 한다는 것이다. 한국이 무엇으로 미국을 계속 붙들 수 있을 것인가? 소련제국이 붕괴하고 중국에 대해 과거 대소봉쇄정책 같은 강력한 대중봉쇄정책을 추진할 용의가 없는 미국에게 한국은 충분한 지정학적 가치와 정치적 명분이 있느냐는 것이다. 한국은 냉전 종식 후 중동의 사우디아라비아나 쿠웨이트 같은 자원의 보물을 갖고 있지 못하다. 그렇다고 이스라엘과 같이 미국 내에서 선거 유권자들이 강력한 힘을 갖고 있는 것도 아니다. 우리는 한국분단의 중요한 책임을 계속 인식시키고 군사적 기지제공에 대해 관대하면서, 미국의 정치적 이념과 경제적 원리를 좇는 성숙한 자유시장체제의 안정된 민주국가로 한층 격상하는 수밖에 없을 것이다. 그리하여 한편으로 한·미 관계를 정치·군사적 특별한 관계로 유지 발전시켜 나가는 길을 모색하면서, 궁극적으로 미국의 완전한 철수 후의 상황에 미리 대비해 나가는 것이 필요하다.55)

---

55) 최근의 한 논문이 미국이 한국과 특별한 관계를 보호해야 한다고 주장하면서도 그 이유는 19세기와 20세기 초 대영제국처럼 미국의 국가이익이 현상유지에 있기 때문이라고 말하고 있으나 그런 주장은 19세기와 20세기 초 국제체제가 그 구조적 성격을 계속해서 유지하고 있었던 반면에, 오늘의 미국은 양극체제의 붕괴와 같은 국제체제의 구조적 변화에 적응하고 있다는 중요한 차이를 간과하고 있다. Robert S. Chase, Emily B. Hill, and Paul Kennedy, "Pivotal States and U.S. Strategy," *Foreign Affairs*, (January/February 1996), pp.33-51, 특히 p.35 참조.

## V. 결　　론

케네스 볼딩(Kenneth Boulding)은 인간이란 벽에 등이 붙은 궁지에 몰릴 때까지 그 '벽에 쓰여진 필적(the writing on the wall)'[56]을 보지 못하는 희한한 존재라고 지적한 바 있다.[57] 그의 이런 지적은 옳다. 그렇지 않다면 인류역사에서 개인이든 국가이든 그 많은 비극을 모두 다 겪지는 않았을 것이다. 헤겔의 말처럼 미네르바의 부엉이는 황혼이 질 때에만 날개를 폈던 것이다. 우리는 매일매일의 뉴스에 등장하는 모든 헤드라인에 과잉반응할 필요는 없다. 그러나 국제체제의 구조적 전환과 같은 국가적 삶의 조건이 달라지고 그에 따라 국가적 행동의 궤도가 달라지는 새로운 국제정치적 변화를 과소평가해서는 안 될 것이다. 냉전의 종식을 역사의 종말로 선언한다는 것은 지나친 시기상조이다. 그렇다고 세계정치가 1945년 이전과 똑같은 상황으로 복귀할 것으로 보는 것도 역사의 본질을 외면하는 일이다. 우리에게 필요한 것은 국제정치의 전개방향, 즉 풍향을 조사하고 올바른 진단의 토대 위에서 국가의 외교안보정책의 항로를 조절해 가는 일이다.

한반도 주변 전략환경은 냉전체제의 종식과 함께 크게 변했다. 러시아의 국제적 이력과 영향력은 현저하게 감소한 반면에 중국은 초강대국으로의 지위격상을 위해 최대한 노력하고 있다. 또 중국은 한반도의 장래에 거의 결정적인 영향력을 구사할 수 있는 지정학적 위치를 유지하고 있으며 타국들과의 분쟁과 갈등이 표면화될 수 있는 많은 문제들

56) 성서 다니엘서 5장 5절(Dan. 5:5)에 나오는 말로 '재앙의 전조'를 의미한다.

57) J. Martin Rochester, "The United Nations in a New World Order: Reviving the Theory and Practice of International Organization," in Charles W. Kegley, Jr. (ed.), *Controversies in International Relations Theory*, New York: St. Martin's Press, 1995, p.208에서 재인용.

을 안고 있다. 일본은 군사전략적 독립성을 아직 명시적 목적으로 추구하고 있지 않지만 실제로 이른바 '정상국가'의 위치확보를 모색하고 있다. 미국은 냉전 종식과 함께 소련제국 팽창의 봉쇄와 반공이라는 세계사적 사명을 거의 상실하고 냉전의 전개과정 속에서 발생한 미국 외교 전통으로부터의 이른바 거대한 일탈행위를 종식시키는 길로 나아가고 있다. 그리고 그러한 전통적 비동맹 고립정책으로 완전히 복귀할 때까지 국제적 안정을 유지하기 위해 미국은 과거 19세기의 비스마르크처럼 동맹체제에 입각한 세계적 조정자 역할을 수행해 나가려 할 것이다.

저자의 이러한 예상은 국가행위의 일반적 행위패턴에서 벗어난 '희망적 사유의 결과'라고 비판받을 수 있다. 왜냐하면 국가들의 일반적 행위 양식은 자아의 극기(self-abnegation)보다는 자아의 보존(self-preservation), 즉 현상유지나 자아확대(self-extension)이기 때문이다.[58] 미국은 이제 필적할 만한 제2의 초강대국이 없는 유일한 초강대국으로 미국이 원한다면 자아확대의 길로 쉽게 나아갈 수 있을 것이다. 이것은 미국이 이른바 제국(empire) 건설의 길로 나아가는 것이며, '시저'처럼 행동하면 된다. 과거에 강대국들은 모두 그렇게 행동했었다. 그들은 모든 인간은 자신의 욕망을 언제 멈추어야 할지를 모른다는 마키아벨리의 냉소를 망각했던 것이다.

그러나 비스마르크의 위대성은 욕망의 한계를 인정한 것, 이른바 마키아벨리적 순간을 올바로 인식한 데 있었다. 그는 한계(limit)의 철학자였던 셈이다.[59] 저자는 미국이 '제국의 건설'을 원하지 않을 것이며

---

58) 이러한 국가들의 행동양식에 대한 논의를 위해서는 Arnold Wolfers, "The Pole of Power and the Pole of Indifference," in *Discord and Collaboration*, Baltimore: The Johns Hopkins University Press, 1962, pp.81-102 참조.

59) 강성학 (역), 『키신저 박사와 역사의 의미』, 제3장과 p.188 참조.

한반도 주변의 국제정치 속에서 시저가 아니라 비스마르크처럼 행동할 것으로 예상한다. 그러나 비스마르크는 독일의 국가이성 제일주의를 추구하면서도 동시에 국제안정을 유지시키기 위해 때로는 동맹국가에게 매우 섭섭하게 인식되는 행동을 해야만 했다. 즉 그는 셰익스피어의 피조물인 이아고(Iago)처럼[60] 타국들의 이해관계를 조정하고 충돌시키면서 자국의 이익을 추구했던 것이다. 미국도 앞으로는 그렇게 행동할 것이다. 미국은 이른바 '지역 안정의 유지'라는 슬로건 하에 한국에게 점점 섭섭한 우방국으로 변모해갈 것이다. 그것은 거의 필연적이다. 왜냐하면 유일한 초강대국이며 국제정치의 조정자인 미국과 그의 대상국 가운데 하나에 지나지 않는 한국의 이해관계가 계속 일치되기는 거의 불가능하기 때문이다. 미국이 '이아고'로 변할 때 한미동맹체제는 서서히 그 생명력을 잃어갈 것이다.

저자의 이러한 결론은 결코 반갑지 않은 메시지일 것이다. 일찍이 소포클레스(Sophocles)는 아무도 나쁜 소식을 가져온 사자(使者)를 사랑하지 않는다고 말했다. 그러나 나쁜 소식을 전하는 사자를 책망하는 것은 엉뚱하게 화풀이하는 경우가 될 것이다. 사자를 속죄양으로 삼는다고 해서 역사의 흐름이 궤도를 수정하지는 않는다. 오히려 사자의 메시지를 통해 끊임없이 변화해가는 세계의 추세를 감지하고 효과적으로 대처해 나가는 방도를 모색하는 것이 국가이익을 추구하는 길이며 지혜로운 국제정치적 삶의 방식이 될 것이다.

---

60) 이아고의 성격에 관한 정치학적 해석은 저자의 역사 『셰익스피어의 정치철학』(Allen Bloom and Harry Jaffa, *Shakespeare's Politics*), 서울: 집문당, 1982, 제3장 참조.

제 8 장

# 주한미군과 한미관계: 중년의 위기인가 황혼이혼인가?*

미국은 무시하기에는 너무 막강하고, 비웃기엔 너무 관대하고,
칭송하기엔 너무 오만하고, 믿기엔 너무 변덕스럽고,
또 설명하기엔 너무 어리둥절하게 하는 것처럼 보인다.
- 월터 A. 맥도우걸 -

오마르 브래들리(Omar N. Bradley) 장군이 한국전쟁을 가리켜 미국이 "잘못된 곳에서 잘못된 시기에 잘못된 적과 싸우는 잘못된 전쟁"이라고 말하기도 했지만, 한국전쟁 기간 중 미국은 유엔사령부 휘하의 참전 유엔군 중에서 가장 많은 약 35만 명의 병력을 파견하여 전쟁 수행 중 33,629명의 전사자와 20,617명의 비전투원 사망자 및 103,284명의 부상자를 낳았다. 이러한 인명피해의 정도는 북한이 약 60만 명의 병력을 잃고 2백만 명의 민간인 사상자를 초래했으며 중국이 1백만 명의 사상자를 냈고 또한 대한민국의 국군 중 7만 명 전사, 15만 명 부상, 그리고 8만 명의 포로 대부분이 굶주림과 학대로 죽어간 것에 비하면 상대적으로 적은 피해라고 할 수도 있을 것이다. 그러나 지구의 반대편에 위치하고 과거에 듣지도 보지도 못했으며, 문화나 인종적으로 전혀 다른 대한민국 국민을 무자비한 공산폭력침략으로부터 구원하기 위해 치른 희생은 미국인들에게 비록 세월의 흐름과 함께 '잊혀질 수는 있어도' 결코 과소평가할 수 없는 크나큰 희생이었다.

* 본 장은 『IRI리뷰』, 제 7 권 제 1 호(2002년)에 발표된 것이다.

## Ⅰ. 주한미군의 패러독스

이 비극적 경험으로 한미 양국은 태평양지역에서 한국영토에 대한 무장공격을 억제하는 공동수단의 유지를 위해 1953년 한미상호방위조약을 체결하고 한국 땅에 미군을 주둔시키기로 했다. 그 조약은 1954년 1월 26일 미국의 상원에서 비준되어 동년 11월 17일 효력에 들어갔다. 한미상호방위조약을 보고하면서 미 상원 외교분과위원회는 다음과 같이 한미상호방위조약 내용을 압축해서 지적했다.

> "본 조약의 제1차적 목적은 미국과 대한민국이 어느 한 당사국의 영토에 대한 무장공격도 자신들의 평화와 안전에 위험스러운 것으로 간주하고 자국의 헌정절차에 따라 이 위험에 대처하는 행동을 할 것임을 잠재적 침략자들에게 명백히 경고함으로써 태평양지역에서 앞으로의 침략을 억제하려는 것이다."

이 조약의 목적은 지난 반세기의 역사를 통해 성취되었다고 할 수 있다. 1953년 정전 이후 거의 반세기 동안 주한미군의 존재는 북한의 제２의 전쟁 도발을 억제하는 데 거의 결정적 역할을 수행했기 때문이다.

그러나 주한미군의 주둔 병력이 항상 일정하게 유지된 것은 아니었다. 종전 후 주한미군은 감소되기 시작하여 1957년에는 5~6만에 달하는 2개 사단 수준으로 감소되었다. 1963년 미 국방부에서 주한미군의 감소가 논의되었지만 미국은 한국의 베트남전 파병에 대한 보상으로 당시 기존 병력 수준을 유지하기로 결정했다. 그러나 1969년 소위 닉슨 독트린의 실행과정에서 미국은 1971년 3월 27일 당시 2만 명의 제７사단 병력을 철수했다. 그 결과 주한미군의 규모는 약 4만 명으로 감소되었다. 주한미군의 감소는 거기서 그치지 않았다. 1977년 5월 미국의 카터 행정부는 1982년까지 3단계 철수계획을 발표하였으며, 7월 26일 당시 미 국방장관 브라운은 1978년 말까지 6,000명의 병력 철수를 천명했다. 그러나 미 의회의 강력한 반대압력과 북한의 군사력 증강에 대한 새로운 평가를 고려하여 원래 계획된 6,000명 대신에 3,600명만을 1978년 말까지 철수했다. 그리고 1979년 봄 카터 대통령은 더 이상의 전투병력 철수를 중단시켰다. 1981년 레이건 정부가 주한 미 지상군의 철수계획이 없음을 확약함으로써 그 후 지금까지 주한미군은 약 36,000명의 수준을 유지해왔다. 따라서 1954년 이후 주한미군의 병력수준은 간헐적으로 감소되어 왔지만 미군주둔 그 자체의 사실만으로도 남북한 사이의 4,000미터 너비의 비무장지대를 뚫는 제2의 침략 가능성에 거의 결정적인 억제력을 발휘했다고 해도 과언이 아닐 것이다. 왜냐하면 북한이 또다시 침략할 경우 주한미군은 일종의 인계철선으로서 미국의 거의 즉각적이고 자동적인 개입을 사실상 보증했다. 한국 땅에 미군이 실제로 주둔한다는 사실과 바로 그 행위는 모두 4개 조항으로 구성된 한미상호방위조약의 그 어떤 조항보다도 더 확실한 보장이었기 때문이다. 요컨대 한미상호방위조약과 그것의 구체적 보증인 주한미군은 대한민국의 안전을 지켜주었다.

국가의 안전은 분명 국가가 추구하는 가치 가운데 하나이다. 그러나 국가의 안전은 동시에 그 국가의 국민들이 추구하는 다른 다양한 가치를 추구할 수 있게 해주는 전제가 되는 제1차적 가치이며 목적이다. 1953년 정전 이후 주한미군에 의해 사실상 안전이 보장됨으로써 대한민국은 현대경제사에서 가장 빠르고 지속적인 성장을 달성할 수 있었다. 비참했던 3년간의 전쟁과 참담한 폐허의 잿더미 속에서 한때 미국인들에게 '거지국가(mendicant nation)'로 인식되었던 대한민국은 1988년 하계 올림픽을 성공적으로 개최하였을 뿐만 아니라, 1996년

12월 12일 OECD의 29번째 회원국이 되어 국가적 경제력과 국민의 풍요로운 경제생활을 전 세계적으로 인정받았다. 특히 2002년 한일 양국이 공동으로 개최하여 성공적으로 끝낸 제17회 월드컵 대회와 한국 축구의 4강 진출은 전 세계를 놀라게 했음이 분명하다. 올림픽이나 월드컵이 한국에서 개최되고 전 세계인들과 함께 한국인들이 스포츠의 향연을 즐길 수 있었던 것은 한국의 경제적 능력과 무엇보다도 한국의 안전을 세계인들이 믿을 수 있었기 때문에 가능했다. 다시 말하면 그 모든 것은 한국의 국가적 안전과 한반도의 평화가 전제되었기에 가능했던 것이다. 그리고 한국의 안전과 한반도의 평화는 범세계적 헤게모닉 평화를 주도하는 미국과의 상호방위동맹을 실제로 과시하는 주한미군의 덕택이었다고 해도 과언은 아닐 것이다. 그동안 주한미군의 본질적 사명은 성공적으로 달성되었다고 하겠다.

그러나 토마스 아퀴나스의 말처럼 존재는 본질에 앞선다. 최근에 주한미군은 본질적 '사명완수'보다는 '존재'의 문제를 불러일으키기 시작했다. 인간사에서 성공은 또 다른 성공을 가져오지만 때로는 성공이 오히려 실패의 원인이 되기도 한다. 성공이 오만을 낳고 그 오만이 본질을 잊을 경우 존재 자체가 부인되기 때문이다. 따라서 어쩌면 주한미군 존재의 문제는 바로 그 존재에 대한 본질적 사명의 성공적 완수의 결과라고도 할 수 있을 것이다.

## II. 북한의 집요한 주한미군 철수 요구: 철저한 전략적 행동

변함없는 한반도 적화통일의 추구에도 불구하고 북한은 1953년 정전협정 이후 제2의 직접침략을 할 수 없었다. 그 이유는 아주 명백하다. 그것은 북한의 군사적 능력이 남한에 비해 열등하거나 또는 북한

지도자들이 제2의 전쟁으로 야기될 한(혹은 조선)민족이 겪게 될 참화를 염려하거나 혹은 수많은 인명살상을 우려한 인권존중의 인도주의적 정책을 취했기 때문이 아니었다. 그것은 북한의 지도자들이 대한민국을 방어하겠다는 미국의 공약을 알고 있었기 때문이다. 그리고 무엇보다도 주한미군이 바로 의심할 수 없는 증거였다. 따라서 북한당국이 휴전협정 이후 줄곧 변함없이 주한미군의 철수를 요구해 온 것은 별로 놀라운 일이 아니다. 때로는 맹목적 민족주의 감정에 호소하는 심리전을 펴면서 대대적 평화공세를 전개하여 주한미군의 불필요성을 주장하다가 그것이 별 효과가 없으면 주한미군들의 생명에 대한 위기의식을 야기하기 위해 위협적인 무력도발을 감행하기도 하였다.

북한지도자들의 입장에서 보면 미국의 사실상 자동개입을 보장하는 주한미군으로 과시되고 있는 한미동맹체제의 수립으로 인해서 남한의 군사 전략적 중력의 중심부(the center of gravity)는 태평양 너머 미국의 워싱턴 D.C.가 되어버렸다. 그리고 워싱턴은 북한군의 사정거리 밖에 위치하고 있다. 반면에 북한의 군사 전략적 중력의 중심부는 북한군사력으로서 모두 미국의 집중포격의 사정권 안에 위치하고 있다. 이런 상황에서는 어떤 새로운 형태의 전쟁이나 외교·군사적 위협도 큰 효력을 발휘하기 어렵다. 그것은 자칫하면 자멸 아니면 적어도 국제적 망신만을 당할 것이 너무도 뻔하기 때문이다. 따라서 북한지도자들에게는 남한의 군사 전략적 중력의 중심부를 북한군사력의 사정권 안으로 이동시키는 것이 우선적 정책목표가 될 것이다. 그것을 위해서는 주한미군을 남한 땅에서 완전히 철수시키는 것이 필요하다. 그러한 목적을 위해 북한지도자들은 이제 핵무기 개발과 미사일 개발을 통해 주한미군은 물론 미 대륙 본토의 미국인들까지도 피폭의 대상이 될 수 있음을 과시하면서 그런 위험에서 벗어나려면 결국 주한미군을 철수하라는 협박을 하고 있다.

어떻게든 일단 주한미군이 철수하게 되면 비록 한미동맹체제가 유지된다고 할지라도 미국의 자동적 개입은 확실의 세계에서 불확실의 세계로 진입해 버린다. 왜냐하면 한미동맹체제는 한미상호방위조약 제3조에서 조약당사국은 영토적 무장공격이 자국의 평화와 안전에 위험스럽다고 인식하고 "자국의 헌정절차에 따라서 공동위험에 대처하기 위해 행동할 것"이라고 명기함으로써 북한의 침략행위의 진위 여부와 사용된 무력의 정도의 수준에 따라, 또 미국 정치 및 군사지도자들의 입장과 자세에 따라 미국의 신속하고 전면적인 지원이 지연되거나 어렵게 될 수 있는 가능성을 배제할 수 없기 때문이다. 뿐만 아니라 중국이 상임이사국으로 있어서 반드시 미국의 입장을 따른다고 볼 수 없는 유엔이 어떤 입장을 취할 것인지도 아주 불확실할 수밖에 없다. 따라서 주한미군이 일단 모두 철수하게 되면 남한의 군사 전략적 힘의 중심부는 대한민국의 영토내부로 이동하게 되는 것이며, 그렇게 될 경우 남한인구의 거의 절반 가량이 살고 있는 대한민국의 수도권은 북한의 거의 완벽한 사정권 안에 위치하고 있기 때문에 북한지도자들에게 서울은 북한 군사력의 "조찬"으로 간주되어 북한의 전쟁도발을 촉발시키거나, 그렇지 않은 경우라도 서울을 불바다로 만들겠다는 북한의 위협과 공갈, 벼랑끝 외교 등 온갖 위험에 노출되어 남한은 큰 혼란에 빠질 위험성이 있으며, 만일 남한이 심각한 혼란에 빠지면 남한 내의 소위 '좌익인민봉기'나 북한의 '통일전선전략'의 전면적 실행 기회를 제공하게 될지도 모르는 일이다. 아니 그렇게 기대하고 있을 것이다. 따라서 북한지도자들은 한미동맹체제, 특히 주한미군을 북한의 적화통일의 제1차적 장애물로 간주하고 있는 것이다. 따라서 주한미군만 철수하게 된다면 1950년 7월 7일 유엔안보리의 결의안에 따라 북한을 침략자로 규정한 이후 탄생하여 현재까지 주한미군사령관하에 명목상 유지되고 있는 유엔사령부도 함께 사라질 것이 거의 분명하게 된다.

1978년 한미연합사령부가 창설되었을 때 유엔사령부는 그 권한이 신설 사령부에 공식적으로 이관되었다. 따라서 미군사령관이 유엔사령부 사령관 직위를 계속 유지하고 있지만 그의 직위는 군사정전위원회의 회의 참석 때만 행사되었다. 오늘날 유엔사령부의 군사적 기능이 사실상 중단되었다고 할지라도 유엔사령부는 정전위원회 내에서 미국에게 유용한 외교적 구실을 제공한다. 즉 유엔의 직위를 내세워 미국 대표들은 북한에게 암묵적 외교승인을 주지 않고서도 북한과 교섭할 수 있기 때문이다.

미국에게 유엔사령부의 유용성은 거기서 그치지 않는다. 우선 한반도에서 새로운 전쟁이 발생했을 때 미국의 개입에 관한 유엔안보리의 새로운 승인에 대한 필요성을 피할 수 있다. 즉 한미연합군은 유엔의 승인 없이도 유엔사령부의 이름 하에 다시 전쟁을 수행할 수 있는 것이다. 둘째는, 보다 더 실질적인 유용성으로서 그것은 한국에서 군사작전과 관련하여 일본에 있는 미군기지의 사용과 관련되어 있다. 1950년 한국전쟁 당시 일본과의 합의는 일본에 있는 7개의 미군기지에 대하여 유엔사령부의 기지로서 이중적인 법적 지위를 부여했다. 따라서 유엔사령부는 전시에 한국행 미국항공기의 연료공급 및 서비스를 위해 그 기지들을 사용할 명시적 권한을 보유하고 있다. 1996년 미일 간 신방위지침이 불특정 '지역적' 위기 시에 지속적이고 심지어 미군을 위해 강화된 일본의 병참지원을 상정하고 있지만 한국에서 전투작전을 위한 일본 내 미군기지의 사용은 여전히 1961년 미일안보조약의 '사전협의'의 요구사항이 적용되고 있다. 그러나 유엔사령부가 한국으로 가는 전투작전의 병참지원이나 항공기 재급유를 위한 일본 내 기지 사용은 일본의 승인을 필요로 하지 않는다. 이것은 유엔사의 군사전략 수행의 신속성에 중요한 영향을 미칠 수 있는 사항이라 하겠다. 셋째, 주한미군의 철수는 유엔사령부의 해체를 가져올 것이고 유엔사령부의 해체는

1950년 전쟁 중 한국이 유엔사령부에 위임했던 미국의 한국군에 대한 작전통제권의 법적 및 정치적 근거를 손상시켜 버릴 것이다. 유엔사령부가 창설 이래 명목상으로만 다변적이지 실질적으로는 주한미군사령부의 주도하에 있다는 사실을 고려할 때 북한의 주한미군 철수 요구는 이처럼 양날 전략의 집요하고 일관된 전략 구사라고 할 수 있다.

레닌은 반복이 성공의 비결이라고 했었다. 그러나 북한의 무자비한 남침과 파괴로 민족사의 최대 비극을 경험하고 그 상처가 아직도 완전히 치유되지 못한 대한민국의 정부와 15만 명 이상의 사상자와 수백억 달러의 엄청난 대가를 지불하고 대한민국을 지켜낸 미국이 한반도에 안심할 정도의 평화 정착을 이루지 못한 채 냉전체제의 붕괴라는 이유만으로 주한미군을 철수시킨다는 것은, 1949년의 정책적 오류를 되풀이하는 바보짓이 될 것이기 때문에 양국은 그런 실수를 경계해왔으며 한반도의 평화정착을 위해 한미양국은 주둔비용을 분담하면서까지 주한미군을 계속 주둔시키면서 한미동맹체제를 유지해 온 것이다. 북한의 주한미군 철수 요구는 그 어떤 명분을 내세우든 결국 한미 간의 동맹관계를 이간시키고 남한의 군사력을 약화시키면서 “공격의 정점(the culminating point of the attack)”을 조성하려는 참으로 일관된 군사전략적인 행동이라고 해도 과언이 아닐 것이다.

## III. 주한미군과 미국인의 인식변화: 민주주의의 아킬레스건

태산처럼 그 자리에서 전혀 변할 것 같지 않던 주한미군의 첫 변화는 당시 베트남전으로 고통받던 미국이 그 질곡에서 벗어나려고 주월미군을 철수하겠다는 소위 닉슨 독트린이 1969년 7월 괌에서 천명되면서 시작되었다. 닉슨 독트린은 미국은 방위조약을 준수하고 우방이 핵공격의 위협을 받을 경우 미국의 핵우산을 제공하지만 그 밖의 종류의 공격을 받을 경우 미국은 적절한 군사 및 경제원조를 지원할 뿐 해당국이 자신의 방위를 위해 우선적인 책임을 져야 한다는 것이었다.

당시 한국의 지도자들은 처음에 닉슨 독트린의 구체적인 정책이 주한미군의 감축으로 나타날 것이라고 예상하지 못한 채 단지 베트남전 후 미국의 장기적인 정책방향의 제시로만 간주했다. 그것이 주한미군의 철수나 감축을 포함하고 있다는 사실을 알게 되면서부터 한국은 분명한 반대의 입장을 취했다. 그러나 당시 미국은 베트남전에서 패배하여 미군이 철군하는 것이 아니라는 것을 보여주기 위해서는 닉슨 독트린이 모든 아시아지역에 적용된다는 것을 보여주어야 했고, 또 베트남 이외의 지역에서 그러한 닉슨 독트린의 정당성을 보여줄 적절한 곳이 한국이었기 때문에 닉슨 대통령은 주한미군의 철수를 희망했다고 한다. 또 베트남전의 여파로 "우리 아이들을 불러들이자"는 의회의 압력과 국방비를 줄이려는 행정부 계획의 일환으로 추진되었다는 설명도 있다. 어쨌든 한국군의 현대화 없이 미군이 감축될 경우 한국 내각은 총사퇴할 것이라고 위협했고 한국 국회는 '주한미군 철군 반대 결의안'까지 채택했지만 1970년 3월 2일 주한미군의 감축을 미국의 정책으로 정식 채택한 '국가안보회의 정책결정각서 48'에 따라 비록 한국의 반발로 몇 개월 늦춰지기는 했어도 미국은 결국 계획대로 주한미군 중 2만 명의 철수를 단행하였다. 2만 명의 감군을 보완하기 위해 한국군 현대화를 위한 1억 5천만 달러의 추가원조가 시행되었지만 미국은 한국인들에게서 미국에 대한 '신뢰의 위기감'을 초래하는 결과를 낳았다.

미국에 대한 신뢰감의 위기는 1977년 3월 9일 카터 행정부가 4~5년에 걸쳐 주한지상군을 모두 철수하겠다고 사실상 일방적으로 발표했을 때 절정에 달했다고 하겠다. 카터 행정부는 인권옹호와 같은 외교정책 목표를 더 중요하게 강조했지만 그의 아시아정책은 기본적으로 닉슨 독트린의 연장선 위에 있었다. 그러나 카터 대통령은 주한미군의 완전철수 정책은 물론 그 구체적 철수 단계까지 동맹 상대국인 한국과는 사전협의도 없이 이를 완전히 일방적으로 선언해버림으로써 한국 정부를 당혹하게 했을 뿐만 아니라 카터 정부에 대한 불신감에 젖게끔 만들었다.

그러나 한국측으로서는 다행스럽게도 미국의 국회의원 및 군사지도자들의 강력한 반대로 카터 대통령이 1978년 말까지 3,600명만을 철수한 뒤 주한미군 철수는 사실상 무기한 연기되었다. 뿐만 아니라 1979년 말 아프가니스탄에 대한 소련의 무력침공은 소련 공산제국의 팽창주의적 위협을 일깨우는 일종의 경종이 되어 카터 대통령 자신이 페르시아만의 안전을 위해 1980년 1월 카터 독트린을 선언했고 대소 무장강화로 돌아섰다. 1981년 2월 출범한 레이건 대통령이 주한미군의 철수를 전혀 원치 않는다는 것을 분명히 했으며 소련을 '악의 제국'으로 규정하고 무차별 반공주의정책을 추진하게 되자 주한미군의 존재나 본질에 관한 의구심은 거의 사라져버렸다.

그러나 1991년 소련제국이 붕괴되고 냉전체제가 종식되었으며 특히 1991년 걸프전을 통해 미국이 전 세계의 유일 초강대국으로 확고히 자리 잡게 되자 미국 내에서 주한미군에 대한 인식의 변화조짐이 서서히 발생하게 되었다. 그것은 냉전시대 줄곧 유지되어온 한반도에 대한 패러다임에 도전하는 것이라고 할 수 있다. 주한미군은 앞서 지적한 몇 차례의 감군에도 불구하고 병력수의 감축과는 거의 무관하게 기대되는 역할을 성공적으로 수행했다. 그리고 한국전 휴전 이후 한국에 미군을 계속 주둔시키는 정책을 정당화시키는 미국측의 주장은 대체로 다음과 같은 것들이었다.

첫째, 북한은 남한을 무력으로 공산화시키겠다는 목적을 결코 포기한 적이 없다. 전체주의 국가로서 북한은 한국보다도 더 많은 국가자원을 군사적 목적에 쏟아 붓고 있다. 북한의 사악한 의도는 공격개시와 함께 대규모 피해를 가할 수 있는 수도 서울의 공격사정거리 내에 병력과 포병력을 전진배치시키고 있다는 사실에 의해서 과시되고 있다. 따라서 러시아나 중국의 병력이 북한에 부재한 경우조차도 위기시에 적시의 군사지원을 제공하기 위해 남한은 미군의 주둔을 필요로 한다. 국경을 접하고 있는 중국과 러시아는 자국의 병력을 신속히 투입할 수 있는 반면에 미국은 병력수송거리가 너무 멀다. 따라서 한국에의 주둔이 최선이다.

둘째, 주한미군의 계속 주둔 필요성은 동북아의 지역안정의 관점에서 옹호되어 왔다. 한반도가 여전히 분단된 채 남아 있는 상태에서 주한미군의 철수는 과거 소련과 중국이 설사 직접 개입하지 않는다 할지라도 중국과 일본으로 대규모 난민들의 유입을 초래할 새로운 전쟁이 야기될 수 있을 것이다. 새로운 전쟁이 없는 경우라도 한반도의 통일을 전후한 미군의 철수는 한반도에 소위 힘의 공백상태를 초래하여 19세기 말처럼 한국에서 이웃 강대국 간에 지배를 위한 위험스런 경쟁을 부추길 우려가 있다.

셋째, 과거 이승만 대통령이 원했던 것처럼 한반도를 무력으로 재통일하려고 모색하는 남한이 미국을 새로운 한국전쟁에 끌고 들어가지 못하도록 확실히 하기 위해서도 미군의 주둔이 필요하다고 주장하는 미국 관리들도 있었다.

그러나 냉전시대 주한미군의 주둔을 정당화시키는 주장은 무엇보다도 남한보다도 더 강력한 군사력을 유지한 북한의 군사력에 대한 두려움에 입각했으며 주한미군, 특히 미국의 공군력의 부재가 북한군의 기습공격을 촉발시킬지도 모른다는 군사 전략적 계산이 바탕에 깔려 있었다. 그러나 냉전체제가 붕괴되고 러시아와 중국의 유·무상의 대규모 경제적 지원이 끊어지자 북한의 '주체적 자립'이 한낱 허구에 지나지 않았음이 명백하게 드러났고 더욱이 북한이 '경제적 고아'로 판명되자 새로운 두려움이 발생하였다. 그것은 식량과 연료의 부족에 허덕이고 재래식 군대의 유지능력이 점차 감소되는 현실에 절망한 북한지도자들이 난관을 극복하려는 방법으로 이판사판식 전쟁도발을 하지 않을까 하는 두려움이었다. 그리고 이러한 두려움은 국제사회와 미국의 설득과 압력에도 불구하고 핵무기와 미사일개발을 추진하는 북한지도자들의 고집스런 행동양식으로 더욱 심화되었다. 1994년 초 한반도의 긴장이 높아질 때 주한미군 사령관은 패트리어트 미사일로 주한미군을 강화시켜 줄 것을 요청했다. 그러나 당시 한국정부의 강력한 비판에 직면한 미국은 이를 단념했다. 3월 초에 남북대화가 실패했을 때 미사일들은 한국으로 수송되었다. 이 시기에 핵확산금지조약을 위반한 북한에 대해 국제원자력기구(IAEA)와 유엔안보리에서 제재할 것을 모색하던 미국은 계속적인 반대에 부딪혔다.

북한이 대량파괴무기(WMD)로 남한은 물론 일본과 미국의 영토까지 위협을 모색하려는 바로 이 시기에 아이러니컬하게도 미국 내에서 대북 인식의 변화가 발생하기 시작했다. 비록 북한이 남한을 통일하려는 목적을 포기한 것은 아닐지라도 이제 북한은 수세에 있으며 오히려 남한에 의한 북한의 흡수통일과 한·미·일 3국의 압력을 두려워하고 있다는 것이다. 냉전시대 주어진 중·소의 대규모 지원의 상실로 경제적 및 군사적으로 큰 타격을 받게 된 북한은 남한의 경제력과 군사력의 기술적 우월성 및 군수산업의 역동성을 고려할 때 미국의 전투병력 없이도 남한이 장기적 전쟁을 지탱할 수 있다는 것을 잘 알고 있다는 것이다.

뿐만 아니라 특히 북한은 미국의 공군력이 남한에게 결정적 이점과 북한의 방어를 뛰어넘을 능력을 제공하고 있기 때문에 자신들은 오직 전진배치로만 그 이점을 상쇄시킬 수 있다는 입장을 취하고 있다는 것이다. 따라서 그동안 미국과 한국이 제안한 많은 군비통제와 긴장완화 제안들은 북한의 안보 우려, 특히 미국 공군력에 대한 두려움을 무시해왔다는 것이다. 이러한 관점에서 셀리그 해리슨(Selig S. Harrison)은 미국이 '정직한 중재자'의 새로운 역할로 전환함으로써 한반도의 연방제도를 격려하면서 약 10년 정도에 걸쳐 점진적으로 주한미군을 철수시켜야 한다고 주장한다. 과거와는 달리 한국은 이제 주한미군이 없이도 힘의 진공상태가 되지 않을 것이며 주변 강대국들 패권경쟁의 발화점이 될 이유도 없다는 것이다.

뿐만 아니라 남한에서 만일 주한미군의 부재 시에 한국정부는 기존의 국방비 지출수준을 계속 유지하기 어려울 것이다. 따라서 현재의 국민적 생활수준은 주한미군의 주둔이 돕고 있는 셈이다. 1998년 남한의 금융위기의 해소를 위해 미국은 170억 달러에 달하는 구제금융을 지원했는데 그것이 미국의 경제적 이익에 기여할 것인가에 대한 의구심에도 불구하고 주로 미국의 안보이익의 관점에서 미 의회가 수락했으며 구제금융지원의 대가로 한국은 불공정하고 중상주의적인 무역과 투자정책의 종식을 가져올 기본적 경제개혁의 실행을 약속했다. 그리고 해리슨에 의하면, 1997년 이래 한국은 외국투자정책을 어느 정도 자유화했지만 그러나 기본적 구조개혁에 성공적으로 저항한 재벌들의 중상주의적 무역정책을 여전히 계속하고 있다. 그럼에도 미국은 한국과 시대착오적 냉전시대의 안보연계 속에 너무 깊이 묶여 있어서 한국에서 저돌적으로 자국의 경제이익을 추구할 수 없을 뿐만 아니라 미래의 경제위기 발생 시 새로운 구제금융에 빠져들 가능성이 있다는 것이다. 즉 미국은 일종의 '인질상태'에 빠질 수 있음을 경계해야 한다는 것이다.

요컨대 북한보다도 두 배의 인구와 훨씬 더 큰 경제력을 갖고 있기 때문에 남한은 주한미군이 없이 스스로 방위를 책임질 수 있을 것이며 미국은 한국과의 일방적 동맹관계의 유지보다는 남북한 사이에서 보다 중립적인 정직한 중재자 역할을 수행할 때가 되었으며 그렇게 될 때 미국은 경제문제에서도 한국에 대해 보다 미국의 이익 우선정책을 추진할 수 있다는 것이다. 보다 적극적으로 말하면 이제 그런 방향으로 미국의 대한반도 정책이 수정되어야 한다는 것이다. 냉전의 종식과 함께 더 이상 냉전시대의 위협적 존재가 되지 못하는 북한의 변화된 여건을 강조하고 남북 화해협력을 돕는다는 구실하에 미국의 정책이 수정된다면 미국은 한국전쟁 후 계속된 남한의 '시이저' 같은 수호자의 역할을 곧 끝내고 남북한 사이의 '정직한 중재자'라는 미명 하에 셰익스피어의 피조물인 '이아고'처럼 행동하기 시작할 것이다. 그렇게 되면 주한미군의 철수문제가 본격 제기될 것이며 과거 주한미군 감축의 경우처럼 그것은 워싱턴에서 거의 일방적으로 결정될 가능성을 배제할 수 없을 것이다.

## IV. 주한미군과 한국인의 인식변화: 강대국신드롬과 민족의식

미국이 냉전 종식 후 과거처럼 자유진영의 지도국으로서 진영의 이익이 아니라 이제 탈이념적이고 자국중심주의적 세계 속의 일개 국가로서 미국의 국가이익 최우선이라는 외교정책의 관점에서 대한반도, 특히 주한미군에 대한 인식의 변화를 겪고 있다면, 한국은 대한민국의 안보이익 우선이라는 정책에서 출발하여 보다 자주적이고 한민족의 이익이라는 다소 확대된 민족주의적 국가이익을 인식하기 시작했다고 하겠다.

주한미군에 대한 한국의 신뢰성이 깨지면서 소위 자주국방의 필요성을 처음으로 인식하기 시작한 것은 전술한 대로 1969년 닉슨 독트린의 실행과정에서 한국의 반대에도 불구하고 미국이 거의 일방적으로 한국에서 1개 사단을 철수시켜 주한미군을 감축했던 1970년대 초라고 말할 수 있다. 당시는 1968년 1월 21일의 북한 특공대에 의한 청와대 기습 사건과 이틀 뒤 1월 23일의 푸에블로호 납치 사건, 동년 11월 울진·삼척지구의 무장공비침투 사건, 또 1969년 4월 14일 미해군 정보 수집기 EC-121기의 피격 등 연이은 북한의 도발사건으로 남한에 안보적 위기의식이 팽배했던 시기였다. 더욱이 미국을 지원하기 위해 베트남에 5만 명의 한국군이 파병 중이었음에도 불구하고 거의 일방적인 주한미군의 감축이 단행된 것은 한국민, 특히 한국의 지도자들에게 매우 충격적 조치가 아닐 수 없었다. 미국은 자국의 뜻대로 감축을 달성했으나 이로 인해 한국인들은 미국을 재인식하는 계기가 되었다. 그리하여 한국인들, 특히 정치지도자들은 자주·민족적 정치감각에 눈을 뜨게 되었으며 국가는 결국 자국의 이익에 따라 행동한다는 국제정치의 초보적 진리를 깨닫게 되었다. 따라서 한국은 자주국방을 위해 방위산업을 본격적으로 가동시키는 계기가 되었다고 하겠다.

그러나 1970년대 초 발생한 일종의 반미감정은 대체로 당시 박 대통령을 비롯한 정치지도자들에 국한된 것이었다. 그리고 반미감정이 일반대중의 차원으로까지 확대된 것은 아무래도 1980년의 5·18 광주민주화운동 때부터라고 하겠다. 한국전쟁 이후 그 어떤 사건에서도 광주사태에서만큼 한국정치의 영혼이 깊이 상처받고 또 반미감정이 노골적으로 표출된 적은 없었다. 미국이 공수특전단의 광주시 투입을 승인했다는 당시 한국정부 통제 하의 보도와 한미연합사 휘하, 즉 미 작전지휘하의 한국군 제20사단의 배치를 승인했다는 사실은 당시 전두환 중심의 신군부가 광주사태의 진압에 미국이 관련된 것처럼 선전하는데 이용되었다. 미국은 광주의 대학살사건에 대해서 동반피해를 입었다. 그 결과 남한에서 반미감정은 갑자기 강력한 초점으로 부상되었다.

그러나 그 반미감정이 전 국민적 차원으로 확대되거나 주한미군 철수의 요구로 연장되지는 않았다. 반미감정은 주로 소위 운동권의 대학생들과 급진세력에 국한되었다고 말할 수 있다. 그들은 미국이 전두환 정권의 지배에 책임이 있고 또 냉전의 목적을 위해 한국을 조롱하고 있다고 주장했다.

전두환 정권의 강압적 통치는 1987년 6월 10일 집권당의 차기 대통령 후보로 전두환 대통령이 선택한 노태우 씨를 전당대회에서 공식적으로 지명하자마자 거의 전국적인 항의에 직면했다. 시위군중의 규모는 1960년 4월 학생혁명 후 최대였으며 전례 없이 보수적 중산층의 지지까지 받았다. 미국은 시위군중을 진압하기 위해 전두환 정부가 군사력을 사용하거나 또 다른 군사쿠데타가 발생할지도 모른다고 우려했다. 미국은 늘 그랬던 것처럼 남한의 외부로부터의 안전을 보호하는 것이 자국의 주된 역할이라고 믿었다. 따라서 이번에는 중국을 통해 북한이 남한의 혼란을 이용하지 않도록 경고하는 메시지를 보냈다. 뿐만 아니라 1년 전 마닐라의 결정적 시점에서 필리핀의 마르코스 대통령에게 미국 대통령의 특사를 파견했던 것과는 달리 이번에는 레이건 대통령이 전두환 대통령에게 '친구'로서 우호적 권고를 하기로 했다. 그 형식은 당시 김경원 주미대사의 제안으로 지난 4월, 한국의 국방장관이 전 대통령의 친서를 레이건 대통령에게 전달했던 사실을 상기하여 그에 대한 답변의 형태로 전달되었다. 친서에서 레이건 대통령은 건전한 민주제도에 입각한 정치적 안정이 한국의 장기적 안전을 확보하는 데 긴요하다는 것과 평화적 정권교체에 대한 전 대통령의 공약이 민주정부제도를 강화하는 중대한 조치임을 칭송하면서, 대화와 타협 그리고 협상이 문제를 해결하고 국민적 단결을 유지하는 효과적 방법이라고 말하고 그러한 방향으로의 모든 중대 조치를 지원하겠다고 말했다. 그러나 이 친서의 분명한 의미는 요컨대 물리적 해결이 아닌 정치적 해결을 촉구하는 것이었다. 그러면서 1988년 퇴임할 전두환 대통령의 미국 방문을 약속하는 개인적 감미료를 첨가했다.

레이건 대통령의 친서는 6월 17일 주한미대사관에 접수되었다. 19일 10시 전 대통령은 국방장관, 참모총장 및 안기부장과의 회합에서 다음날 새벽 4시까지 여러 대학캠퍼스와 도시들에 전투 준비된 군대의 배치를 명령했다. 그리고 오후 5시에 군부지도자들과의 회합이 계획되어 있었다. 이와 같이 숨막히게 진행되는 급박한 상황 속에서 바로 오후 2시에 릴리 대사가 전 대통령을 만났던 것이다. 제임스 릴리(James Lilley) 주한대사는 레이건 대통령의 친서를 직접 전 대통령에게 전달했다. 릴리 대사는 상황의 심각성을 의식하고 윌리엄 리브시(William J. Livesey) 주한미군사령관을 먼저 만나서 한국의 정치적 위기에 무력의 사용이 바람직하지 않다는 구두의 동의를 얻었다. 리브시 사령관의 보장으로 무장한 릴리 대사는 군부의 개입이 한미동맹을 위험에 빠뜨릴 것이며 1980년 광주봉기의 파괴적 사건의 되풀이를 초래할 것이라고 경고했다. "이것이 미국의 입장이며 미군사령부는 나와 함께 있으며 나는 전 미국을 대신해 말한다"고 선언했다. 그리고 릴리 대사가 청와대를 나온 약 1시간 후에 전 대통령의 보좌진들은 위수령 발동이 중단되었다고 들었다.

6월 25일 개스턴 시거(Gaston Sigur) 미 국무부 차관보도 전 대통령을 만나서 무력이 사용되어서는 안 된다는 점을 재천명했다. 그 후 6월 29일 소위 노태우 후보의 6·29 선언으로 정치적 위기는 순식간에 해소되었다. 지금도 전두환 대통령의 위수령 발동철회와 6·29를 통한 한국 민주화의 길이 열리는 데 미국이 어느 정도로 기여했는지에 대해서는 정확히 알 수 없다. 그러나 주한미군사령관의 보장, 즉 주한미군이 존재하지 않았다면 레이건 대통령의 "우정 어린 권고의 친서" 전달만으로는 전 대통령의 결심을 바꾸는 데 크게 기여하지 못했을 것이라고 말할 수 있을 것이다. 따라서 한국민주주의 회복을 위한 6월 항쟁의 기간 중 주한미군은 북한의 있을지도 모르는 도발을 예방하고 제2의 광주사태와 같은 비극을 막는 데 대단히 중요한 역할을 했다는 사실을 부인해서는 안 될 것이다. 당시엔 이러한 사실이 잘 알려지지 않았지만 6·29 선언 후 한국인들은 국내정치에 몰입하게 되었으며 반미감정도 완전히 사라진 것처럼 보였다. 그리고 냉전 종식 후에도 한동안 반미감정이나 주한미군 철수 요구가 공개적으로 제기되지 않았다.

그러나 한국이 1996년 OECD의 회원국이 되어 경제적 선진국으로 국제적 인정을 받은 뒤 한국인들은 한미동맹국 간의 불평등문제에 관심을 갖기 시작했다. 그러나 1997년 외환위기로 시작된 경제위기가 몰아닥치자 한국은 미국이 주도하는 IMF와 미국의 직접적 도움을 요청할 수밖에 없게 되었다. 그리고 미국의 도움으로 한국은 3년 만에 IMF 체제를 졸업하는 국민적 능력을 과시했다. 그렇다고 한미 간의 문제가 전혀 없는 것은 아니었다. 1999년 9월 29일 AP통신이 보도한 한국전쟁 중 미군의 노근리 학살사건, 주한미군지위협정(SOFA)의 불평등 문제, 주한미군 숙소 건립 문제, 매향리 주민과 미 공군 사격장 문제, 미군 부대의 환경오염 문제, 그리고 최근 주한미군 장갑차에 의한 두 여중생 사망사고 등의 문제들이 한미 간 주요 문제로 등장했다. 그러나 이런 문제들로 크고 작은 반미집회들이 열려왔지만 아직은 전 국민적인 격렬한 반미감정이나 주한미군의 완전철수 요구와 같은 심각한 한미동맹체제의 위기로 확대되지 않았다. 그러나 이런 사건들이 빈번히 발생하고 한국인들에게 불공정한 문제의 처리 방식에 대한 불만이 축적되면 주한미군의 계속적 주둔에 대한 한국인들의 불만이 커져 어느 순간에는 국민적 분노로 변질될 잠재적 위험성이 내포되어 있다.

한 세대 동안 경제발전과 민주정부의 수립이라는 두 개의 기적을 이룬 한국인들의 자존심과 민족적 긍지는 더 이상 불평등하고 불공정한 대우를 용납하지 않으려 할 것이기 때문이다. 특히 2002년 한일 공동주최 월드컵에서 전 국민적 성원과 붉은 악마의 응원 속에서 중국과 일본을 제치고 아시아에서 유일하게 4강에 진출한 한국의 위상은 한국인들의 자부심과 민족적 긍지를 한층 드높이는 계기가 되었다. 그러나 월드컵은 하나의 운동경기일 뿐이다. 축구의 강국인 브라질이나 아르헨티나가 국제정치세계의 강대국은 아니며 OECD회원국도 아니다. 뿐만 아니라 OECD의 회원인 오스트리아, 벨기에, 핀란드, 룩셈부르크, 네덜란드, 뉴질랜드, 그리스, 스웨덴 등의 국가들도 국제정치세계에서 강대국으로 인정받지 못하고 있다. 또한 미국과 중국 그리고 러시아가 월드컵 4강에 진출하지 못했다고 해서 국제정치에서 갑자기 약소국으로 전락한 것도 아니지 않은가? 따라서 한국의 OECD회원국 신분이나 2002년 월드컵 4강 진출이 국제사회에서 한국의 인지도를 확산시키고 국가의 위상을 높이고 우리 스스로의 자화상을 미화하는 데는 크게 기여하겠지만 그렇다고 한국이 전통적 동북아의 국제정치의 현장에서 강대국이 된 것은 아니다. 아직도 우리는 주변 강대국에 비하면 상대적으로 엄연한 약소국이다. 물론 중진국이라 불러도 좋을 것이다. 그러나 분명 우리는 동북아의 국제정치적 4강의 구조적 제약을 무시할 수 없으며 또 무시해서도 안 된다. 그럼에도 불구하고 냉전 종식이라는 국제적 조건의 변화와 한국의 향상된 국력과 이미지에 도취하여 한국민들이 일종의 '강대국 신드롬'에 빠져 한국 안보의 근본적 구조를 무시하거나 파괴적인 반미운동이나 주한미군의 철수와 같은 주장이 여론화될 가능성을 배제할 수 없다.

일찍이 아리스토텔레스는 불평등한 자는 평등을 원하고 평등한 자는 불평등을 원하며 바로 그것이 혁명의 원인이 된다고 간파했었다. 한미동맹체제는 분명히 한미 간 불평등요소를 내포하고 있다. 그러나 수혜자와 수익자 간의 완전한 평등은 어느 세계에서도 존재하지 않는다.

한미동맹체제 내에서 본질적으로 누가 더 수혜자이고 수익자인지는 분명하다. 따라서 어느 정도의 불평등은 한국이 감수할 수밖에 없을 것이다. 평등성의 확보를 위해 꾸준한 개선의 노력을 할 수 있고 또 해야 할 뿐이다. 그렇지 않고 지나치게 성급한 나머지 일거에 지금 당장 완전 평등을 달성하려 한다면 그것은 주한미군의 완전철수 요구에 다름 아니다. 그리고 언제든지 한국민이 원치 않는다면 주한미군은 철수할 것이다.

한 주권국가에 타국군대의 주둔은 긴장을 잉태하기 마련이다. 한국에서도 주한미군은 처참했던 한국전쟁의 기억이 소멸되면서 민족주의적 감정의 목표물이 되어가고 있다. 9·11 테러 사건 이후 특히 부시 미 대통령의 대북 “악의 축” 발언 이후 과거 북한의 수많은 테러 행위의 기록을 잊고 또 현재의 안전한 삶의 조건을 망각한 소위 통일지상주의자들이 돈키호테처럼 미국을 유화적 햇볕정책을 통한 한반도 통일을 저해하는 헤게모니 국가로 규탄하면서 반미감정을 전국적으로 부추겨나가는 상황이 전개된다면, 만일 그렇게 된다면, 주한미군의 계속 주둔이 어렵게 될 가능성을 상정할 수 있을 것이다. 그런 경우엔 반세기를 한국 땅에서 함께 살아온 주한미군과 한국민은 단순한 ‘중년의 위기’를 넘어 일종의 ‘황혼이혼’을 통한 결별의 단계로 접어들 수밖에 없을 것이다.

## V. 한국안보의 기본: 역사의 교훈과 비극의 감각

역사학자 존 루이스 개디스(John Lewis Gaddis)는 제2차 세계대전 후 전 세계가 전쟁의 위험 속에서 전전긍긍하며 살아온 시기를 회고하면서 그 시기는 오히려 세계사의 관점에서 긴 평화의 시대라고 명명했다. 이 시기 동안에 역사가들은 국제적 갈등이 유럽에서 두 초강대국 간의 교착상태와 대륙적 힘의 균형이 유지된 결과에 기인한다고 주장했다. 1950년 6월 25일 북한의 전면적 무력침략으로 야기된 서방세계의 재무장이 유럽중심적 세계관에 의하면 긴 평화에 기여했다는 뜻이다. 그러나 그 긴 평화에 직접적으로 기여한 두 초강대국 간 경쟁의 첫 시험대였던 한국전쟁의 현장인 한반도는 아직도 평화보다는 대결이 지배적 현상이며 바로 지난 2002년 6월 29일 서해교전이 생생하고 명백한 최신의 증거이다. 유럽에서 서방세계의 우월한 군사 및 경제력이 그 긴 평화를 가져다주었다면 1953년 정전 후 한반도에서도 수많은 북한의 도발적 행위에도 불구하고 제2의 전쟁으로 확대되지 않도록 북한의 침략적 의도를 억지시킬 수 있었던 것은 주한미군으로 상징되는 강력한 한미동맹체제의 군사적 위력의 덕택이었다. 윈스턴 처칠의 말처럼 "평화는 공포의 아들"이었다. 맹목적 평화애호가들은 이 점을 알지 못한다.

윈스턴 처칠은 1938년 『영국이 잠든 사이에(*While England Slept*)』라는 제목으로 1932년 이후 행한 연설문집을 모아 출판했었다. 여기서 그는 독일의 부상을 영국과 세계평화에 대한 주요 위협으로 지적하면서 독일의 복수주의를 억제할 외교정책을 주장하고 그런 정책을 뒷받침할 군사적 준비를 촉구했었다. 그의 권고는 국내적 관심에 몰두해 있고 새로운 현실을 직면하려 하지 않고 두려워했던 영국정부에 의해 계속 무시되었으며 사적 안락함에 젖어 있던 일반국민들은 전쟁가능성에 아주 냉소적이었다. 전쟁을 억제하거나 준비할 최선의 기회를 상실하면서 1938년에 와서야 영국이 잠자고 있었다는 사실이 분명해진 것은 처칠에만 국한되지 않았다. 2년 뒤인 1940년 케네디(John F. Kennedy)는 『왜 영국은 잠자고 있었는가(*Why England Slept*)』라는 저서를 출판했다. 여기서 케네디는 어찌하여 영국이 세계평화의 보호나 자국의 안전을 확보하는 데 실패했는가를 미국인들에게 설명했다. 그러나 그의 노력은 헛된 것이었다. 1년 뒤 미국은 일본의 진주만 공격을 받았으며 스스로 억제하거나 전혀 준비하지 못한 전쟁에 어쩔 수 없이 말려들어 갔다.

1930년대의 역사는 민주주의 국가들이 거의 필연적으로 위험에 처해 있을 때조차도 너무 느리게 행동했던 것을 보여준다. 1938년과 1940년에 각각 발해진 경고들은 설사 그들의 경고가 수용되었다고 할지라도 때가 너무 늦었다. 현대의 첨단 공군력과 같은 군사력이란 짧은 시간 내에 갖출 수 있는 것이 아니기 때문이다. 처칠과 케네디는 다 같이 평화 시에 진실로 강력한 군사력을 기르는 것이 얼마나 어려운 것인가를 지적했었다. 여론과 시민사회단체들에 의해 국민들을 위한 값비싸고 더 많은 사회복지정책을 실현하라는 압력에서 자유로울 수 없는 민주정부는 평화 시에 값비싼 무기 체제의 구비와 강력한 군대의 유지를 위한 비용의 지출을 정당화시키기가 어렵다. 자유민주주의 국가에서 이보다 더 자연스러운 것은 없다. 그러나 동시에 이런 정부와 국민의 태도보다도 자신들이 향유하고 있는 평화에 더 위협적인 것도 없다.

1953년 정전 이후 어쩌면 한국인들이 지금보다 더 안전한 때가 없었다. 2002년 월드컵 4강 진출과 붉은 악마의 함성의 메아리가 아직도 우리의 귓전에 생생한 지금보다도 한민족이 국제사회에서 그렇게 의기양양해본 적이 있었던가? 참혹한 9·11 테러 공격 이후 서해교전이라는 북한의 국가적 테러행위를 겪으면서도 어떻게 안전감을 잃지 않을 수 있는가? 지난 반세기의 이 같은 안전은 어떻게 유지된 것인가?

애국가에서처럼 하느님이 보우하셔서 우리가 안전한 것인가? 그럴지도 모른다. 그러나 만일 우리가 그렇게 생각한다면 우리는 당장 주한미군의 철수와 한미동맹체제의 해체를 결정할 수 있을 것이다. 그렇다면 구한말과 한국전 발발 당시 그 하느님은 무얼 하셨단 말인가? 지난 반세기의 안전이 한국민의 덕성의 덕택이었을까? 우리가 그렇게 생각한다면 우리는 한국 내 모든 부정과 부패와 비리를 무시할 수 있을 것이다. 그러나 우리 한국인들이 우리 조상들보다도 더 덕스럽다고 말할 수 있을까? 그러나 지난 반세기의 안전이 주한미군으로 상징되는 한미동맹체제에 입각한 군사적 방위력, 즉 무시 못할 군사적 억지력의 덕택이었다고 생각한다면 우리는 우리 안보의 근본인 주한미군과 한미동맹체제에 입각한 방위력을 유지 강화해 나가도록 노력해야 하며 언젠가 어떤 이유로든 철수할 주한미군과 해체될 한미동맹체제를 대체할 충분한 국방력을 갖추어 나가는 데 최선의 노력을 경주해야 할 것이다.

남한이 강력하면 마치 빛이 나방을 불러들이듯 북한을 끌어당길 수 있다. 그러나 남한이 약해지면 어떤 구걸이나 뇌물 혹은 국제적 규범이나 민족애의 호소도 북한으로 하여금 남한의 이익을 존중하면서 그의 위협적 행동을 자제시킬 수 없을 것이다. 강력한 무장이란 그것이 전쟁을 억제하는 데 성공적일수록 사용되지 않는 법이다. 그러나 평화와 안전이 너무 만연되어 경계심을 상실하면 평화와 안전의 시기가 바로 재앙의 원인이 될 수 있다. 왜냐하면 긴 평화 속에선 '비극의 감각'이 상실되기 때문이다.

1953년 종전 후 유지된 평화 속에 살아온 한국인들이 참담했던 한국전쟁의 기억을 상실하고 현재의 평화가 무한정 계속될 것으로 믿는다면 바로 그 비극의 감각을 상실하는 경우가 될 것이다. 맹목적 통일지상주의자들은 남북한의 경제적 격차를 들어 통일 후 경제적 비용을 줄이기 위해서 북한을 최대한 경제적으로 무조건 돕고 불필요한 군사력 증강비용을 절제해야 하며, 북한을 자극할 뿐만 아니라 불평등한 동맹관계로 오만한 주한미군을 철수시켜야 한다고 주장하고 있다. 그러나 우리에게 필요한 것은 기존의 주한미군과 한미동맹체제를 유지해

가면서도 언젠가 불현듯 닥쳐 올 주한미군의 철수에 대비하여 우리의 국방력을 더욱 강화하는 일이다. 그렇지 않으면 우리가 소망하는 조국통일이 아니라 민족의 자멸이 초래될 수 있다. 민족의 자멸을 막기 위해서라도 우리는 비극의 감각을 상실하지 않도록 항상 경계해야 한다.

1996년 프라하 회의에서 마가렛 대처 전 영국 수상은 "만일 우리가 유럽공동체나 유엔 혹은 세계은행이 소련제국을 몰아내기를 기다렸었다면 우리는 아직도 여전히 기다리고 있을 것이다. 우리의 냉전 승리를 가능하게 했던 것은 회원국들을 방위하고 인권에의 헌신, 법의 지배, 의회민주주의, 제한정부, 개인재산과 관용을 포함하는 그들 공통의 서구적 가치를 방어하도록 결성된 북대서양동맹체제였다"라고 설파했다. 그동안 국민의 정부가 대북 햇볕정책이라는 상징적 슬로건 하에 남북한 간의 경제적 지원과 교류협력을 통해 그것들이 언젠가는 평화통일에 기여할 것이라고 생각하면서 추진해 온 대북정책은 옳은 것이다. 그러나 그 대북정책이 기반한 논리, 즉 경제적 지원과 교류 협력이 한반도의 남북 간 군사적 대결정치를 대체할 수 있을 것이라는 이론에 대한 지나친 기대와 믿음은 잘못된 것이다. 경제가 남북관계를 지배하도록 희망할 수는 있다. 그러나 남북한 간의 평화적 조건을 실현하고 유지하는 유일한 길은 남한의 군사적 위용과 기민한 외교이다. 만일 남북한이 무력충돌에 빠져든다면 북한에 쏟아 부은 남한의 투자가 어떻게 되겠는가? 그것은 완전 낭비가 될 것이다. 대북 경제지원도 그것이 남한 자유시장경제의 우월성을 과시할 것이라고 기대한다면 큰 착각이다. 왜냐하면 모든 대북지원은 북한 정부에 제공됨으로써 자유시장경제와는 전혀 무관한 경제조치이기 때문이다.

1970년대 미국 재무성에 의해 보증된 차관들이 당시 소련 브레즈네프의 소련제국을 도왔을 때 그것은 잘해야 사회주의를 보조하거나 최악의 경우엔 부패로 낭비되었다. 북한의 국가지배 경제체제가 변하지 않는 한 대북 경제적 지원은 북한동포들의 삶의 고통을 완화시키는 데 보다는 김정일의 소위 강성대국의 군대를 돕는 어처구니없는 결과를 초래할 수 있다. 즉 우리는 부메랑효과를 경계하지 않으면 안 된다는 말이다. 더구나 북한주민의 약 1할이 굶주림으로 죽어가고 있는 형편에 핵무기와 미사일 개발에 남한의 경제적 지원이 투입된다면 남한은 돌이킬 수 없는 실수를 범하게 될 것이다. 북한의 크든 작든 모든 무력도발의 성공적 억제를 위한 강력한 군사력의 육성과 철저한 전쟁준비만이 대량파괴 무기로 무장한 북한의 위협과 공갈에 주눅들거나 굴복하지 않는 유일한 효과적 대응책이 될 것이기 때문이다. 따라서 우리는 남북한의 기존의 격차를 줄이려는 생각보다는 그 격차를 더욱 넓히도록 노력해야 한다. 그것이야말로 유비무환의 지혜로운 역사적 교훈을 잊지 않고 실천하는 길이다.

## VI. 결　어

오늘날 우리가 향유하는 자유민주주의와 경제적 삶의 편의는 결코 저절로 주어진 것으로 당연시해서는 안 될 것이다. 그것은 결코 자연의 선물이 아니었다. 그것은 한국전쟁의 참담한 폐허 속에서 피와 땀과 눈물과 수많은 가정의 희생, 그리고 미래를 기약하는 구세대의 간절한 소망으로써 성취된 것이다. 만일 우리가 오늘의 안락한 삶에 젖어 그런 가혹했던 역사적 경험과 아직도 생생한 교훈을 망각한다면 “난폭한 스승”인 전쟁이 우리로 하여금 삶의 본질을 또다시 깨닫게 하는 비극을 자초할 것이다. 우리 모두는 조국의 평화통일을 열망한다. 그리고 우리가 원하는 통일된 조국의 미래상은 자유민주주의와 안락한 경제적 삶의 여건이 갖추어진 그런 통일국가이다. 로마가 하루아침에 이루어지지 않았던 것처럼 통일된 조국은 앞으로도 긴 세월을 요구할 것이다. 따라서 우리는 통일문제에 지나치게 초조한 나머지 대북정책을 감상적으로 추진해선 안 된다. 우리는 역사적 남북정상회담 이후 국가안보에 관한 한 1920년대 영국처럼 그리고 1990년대 미국처럼 9·11 테러로 깰 때까지 잠들어 있지 않았는지는 모른다. 그러나 우리는 어쩌면 주한미군만 철석같이 믿고 졸고 있었다고 말할 수 있지 않을까? 만일 그랬다면 이제라도 한국은 졸음에서 깨어나 먼저 남한을 절대다수의 북한동포들이 갈망하는 더욱더 강력하고 유혹적이며 매력적인 나라로 만들면서 통일된 조국의 삶의 모델을 제시하도록 노력해야 할 것이다. 그러기 위해서는 무엇보다도 북한이 무력도발을 영구히 포기하고 주변 강대국이 결코 무시 못할 강력한 군사력을 갖추어야 한다. 그리고 조국 통일이 이룩될 그 때까지 우리 모두가 공명정대한 정신과 동포애의 사랑을 간직하고 자유와 인권을 존중하면서 야누스와 같은 북한 김정일 정권에 결코 겁을 내거나 분단된 조국의 처지에 절망해서는 안 될 것이다.

제 9 장

# 냉전시대 한반도 위기관리

평화의 원인을 조사하는 것은 본질적으로
전쟁의 원인을 조사하는 것과 일맥상통한다.
- 지오프리 블레이니 -

전쟁과 평화라는 것은 독립 국가들이 폭력적 또는 평화적으로 상호작용하는 관계 속에서의 대안적 국면(alternative phases)이다. 따라서 전쟁의 원인을 조사하는 것은 평화의 원인을 조사하는 것이다. 왜냐하면 전자를 조사하는 것은 본질적으로 후자를 뒤집는 것이기 때문이다. 투키디데스가 원래 '영원한 재산(eternal possession)'이라고 제목을 붙였던 그의 『펠로폰네소스 전쟁사』(*History of Peloponnesian War*)에서 아테네와 스파르타 간의 전쟁의 원인을 원인(遠因, remote causes)과 근인(近因, immediate causes)으로 구별하여 설명한 이래로, 그의 분석양식은 그후 많은 전쟁 연구가들에게 관심을 끌어왔다. 뒤이은 전쟁 연구가들은 원인과 근인, 두 가지의 범주 사이를 구별하는 데 있어서 뿐만 아니라 원인을 근인보다 더욱 중요한 전쟁의 원인으로 취급하는 측면에서도 역시 투키디데스의 실례를 쫓아왔다.[1] 그러나 투키디데스의 분석양식을 이용하여 평화를 연구하는 사람들은 매우 드물다.

리처드 리보(Richard Ned Lebow)는 전쟁과 평화 사이의 전환점이 될 수 있는 국제위기(international crises)의 본질을 연구함으로써 전쟁의 원인과 근인 사이에서 어떤 요인이 더욱 중요한가를 평가하는 데

1) Richard Ned Lebow, *Between Peace and War*, Baltimore: The Johns Hopkins University Press, 1981, p.1.

있어서 투키디데스를 역으로 뒤집어놓으려 하였다. 리보에 따르면 전쟁의 근인은 갈등의 경로(course of the conflict)에서 매우 중요할 뿐만 아니라 결정적인 영향력을 미칠 수 있다는 것이다.2)

한반도에서는 3년 동안의 긴 한국전쟁이 끝나고 1953년 휴전이 성립된 이후 또 다시 전쟁으로 확대될 가능성을 내포한 여러 차례의 사건들이 발생했다. 1968년 청와대 기습 사건, 같은 해 미해군 정보선을 납치한 푸에블로호 사건, 1969년 미국정찰기 EC-121 격추 사건, 1976년 비무장지대(DMZ) 유엔 사령부 인원들에 대한 도끼살해 사건, 1983년 한국 지도자들에 대한 랑군 테러폭발 사건, 1987년 KAL기 격추 사건 등이 바로 그러한 사건들이다. 이 모든 사건들은 휴전체제(armistice structure)를 위협하는 북한에 의해 자행되었으며, 그럼으로써 한반도 민족통일이라는 목적을 위해 또 다른 한국전쟁의 가능성을 열었다. 그러나 일부의 사건들은 심각히 받아들여졌던 반면 다른 사건들은 곧 잊혀져 갔다. 그러므로 위의 사건들을 모두 이른바 '위기들'이라고 부를 수는 없다.

'위기(crisis)'는 어원적으로 환자를 완전히 회복시키거나 아니면 죽음으로 몰고 갈 수 있는 결정적이고 돌발적인 변화를 묘사하는 의학적 용어(그리스어에서 파생된)이다. 이러한 정의에 근거하여, 정치적 위기(a political crisis)란 일반적으로 정치체제(a political system)의 생존이 위협받고 있거나 또는 격렬한 정치적 상호작용이 여러 개의 안정된 상호작용의 유형(patterns)을 내포하는 상황으로서 이해되었다. 위기가 이와 같이 이해될 때, 그것의 분석은 '체제적(systemic)' 틀의 어떤 형태로 상정될 수 있다.3) 이리하여 국제위기는 세계체제 또는 하위체

2) *Ibid.*, p.334.

3) Edward L. Morse, "Crisis Diplomacy, Interdependence, and the Politics of International Economic Relations," in Raymond Tanter and

제적인 국제체제로 나타낼 수 있다. 마이클 브레처(Michael Brecher)와 조나단 윌켄펠드(Jonathan Wilkenfeld)는 국제위기를 다음과 같이 정의하였다.

> "평화시에 군사적 적대의 높은 개연성이 있는 두 적대자나 그 이상의 적대자들 사이에서 분열적인 상호작용의 강도의 증가로 인해 특징된 상황적 변화 또는 정상보다 높은 갈등적 상호작용이 적대자들 간의 현존관계를 불안정하게 하며, 현 국제체제의 구조, 즉 세계적, 지배적 하위체제의 구조에 도전을 가하는 것을 말한다."[4)]

이러한 국제위기의 정의를 한반도의 여러 사건들에 적용해 볼 때, 일부는 위기의 정의에 들어맞지 않고 있다. 청와대 기습 사건은 뒤이은 푸에블로호 사건에 의해 거의 완전히 가려졌다. 1987년 북한 공작원에 의한 KAL기 격추 사건은 남한의 대통령선거의 소용돌이 속에서 그리고 서울 올림픽 전야에 안전의 분위기를 확보하려는 남한정부의 강력한 바람 등으로 2차적인 문제로 취급되었다.

1983년 남한 지도자들에 대한 랑군 폭탄테러사건은 한반도가 아닌 미얀마에서 발생하였으며, 더욱이 미얀마 정부에 의한 조사결과 공표의 지연은 어떠한 군사적 보복의 계기(momentum)를 분산시켰다. 게다가 미국의 친절어린 충고는 남한정부의 가능한 모든 성급한 대응을 완화시켰다. 단지 푸에블로호 사건, 미군 EC-121 사건 그리고 DMZ 도끼살해 사건만이 관련 당사국들에 의해 위기로서 취급되었다. 그러나 이 세 가지 사건들조차 전쟁으로 확대되지 않고 처리되었다. 한반도에서는 국제

---

Richard H. Ullman (eds.), *Theory and Policy in International Relations*, Princeton: Princeton University Press, 1972, p.126.

4) Michael Brecher and Jonathan Wilkenfeld, *Crisis, Conflict and Instability*, Oxford: Pergamon Press, 1989, p.5.

체제적 안정성과 영토적 현상이 유지되었던 것이다. 다시 말해 1953년 성립된 휴전체제가 여전히 지속되었다. 1953년 이후 다른 지역들에서의 많은 전쟁들에 비추어 볼 때, 왜 한반도 정전체제가 이러한 위기에도 불구하고 유지될 수 있었는가는 지적으로 흥미를 끌고도 남음이 있다.

이 장에서는 평화의 원인과 근인의 상대적 중요성의 문제를 제기하고, 또한 한반도에서의 위의 세 가지 국제위기를 연구함으로써 그 문제에 대한 답을 찾고자 한다.

## Ⅰ. 한반도에서의 세 차례 위기

### 1) 푸에블로호 사건

미해군의 전자 정찰선인 푸에블로호가 1968년 1월 23일 무장한 북한군에 의해 원산항에 납치되었을 때, 미국정부는 궁극적으로 다음 4가지로 요약되는 일련의 군사적 선택을 즉각적으로 진행하였다.

(1) 원산항을 기습하여 푸에블로호를 회수한다.
(2) 해외 정보수집선에 대한 공산주의 접근을 방지하기 위해 원산항에 있는 푸에블로호를 폭격하여 침몰시킨다.
(3) 하나의 공산국가 선적을 포획하여 격침시킴으로써 북한이나 소련에 대해 보복하거나, 원산이나 평양을 습격 또는 거대한 군사시설을 격파시킨다.
(4) 북한을 봉쇄한다.[5)]

5) Trevor Armbrister, *A Matter of Accountability*, Coward-McCann, 1970, p.145.

그러나 이러한 군사적 선택은 부적절하며, 너무 위험하고, 아무래도 수용할 수 없는 것으로 간주되어 곧바로 거부되었다. 미국은 또 다른 공산주의의 침략을 정당화시키는 어떠한 행위를 방지시키려는 데 관심을 쏟았다. 1968년 1월 31일 남베트남에서 시작된 구정공세(Tet Offensive)의 개시 이래, 미국은 아시아에서 제2전선의 개시를 고무시키는 어떠한 일을 하는 데 대해 훨씬 더 경계하고 있었고 그리고 통킹만(the Gulf of Tonkin)의 폭격 후에 공중공격의 실행을 매우 꺼리고 있었다. 또한 북한을 봉쇄하는 것은 소련과 중국과의 무역이 주로 육로로 이루어지기 때문에 효율적이지 못할 것으로 간주되었다.

다음 세 가지 사항이 군사적 선택을 거부하는 데 있어 크게 고려되었다. 첫째, 군사적 선택의 그 어떤 것도 푸에블로호 승무원의 귀환을 가져다주지 못한다. 둘째, 소련과 동유럽 공산국가들에 의한 초기 징후는 미국에게 외교적인 수단을 통한 승무원의 석방이 가능할 것이라는 낙관적인 전망을 주었으며, 북한도 곧 사태의 해결을 가져올 수 있는 회담의 가능성을 개진하였다. 셋째, 당시 다가오는 차기 대통령선거에 출마예정이던 존슨(Johnson) 미국 대통령은 승무원의 석방을 위해 온건한(moderate) 방법의 이용에 열심이었다. 그리고 의회와 언론, 국민 여론도 모두 신중한 편이었으며, 서방국가들과 일본의 여론도 마찬가지로 신중한 편이었다.[6)]

요약하자면, 존슨 행정부는 이 위기에 대해 강력한 군사적 무력시위를 하기로 하는 한편 외교적 해결을 추구하기로 결정했다. 즉 미국은 제한적이면서도 고도의 가시적인 군사적 대응을 하기로 결정하였다. 암호명 '포메이션 스타(Formation Star)' 하에 항공모함 엔터프라이즈

6) Donald S. Zagoria and Janet D. Zagoria, "Crises on the Korean Peninsula," in Stephan S. Kaplan (ed.), *Diplomacy of Power: Soviet Armed Forces as a Political Instrument*, Washington D.C.: The Brookings Institution, 1981, p.371.

를 포함한 특별기동함대77(Task Force 77)은 동해로 출동하도록 지시받았으나, 전쟁으로 치닫도록 하는 어떠한 인상을 주는 행위도 피하라는 명령을 받았다. 게다가 공군과 해군의 예비군들도 해외파병을 명령받지 않았으며 또한 궁극인 해외파병을 위한 부대소집도 되지 않았다. 그들은 전쟁을 대비해서 배치되지는 않았다.[7)]

한편 이 당시에 소련은 여러모로 상호 관심사에 대해 미국과 대화를 진전시키고 있었다.[8)] 미·소는 핵확산금지조약(nuclear non-proliferation treaty)을 위한 계획들을 진행하고 있었다. 1968년 중·소 분쟁은 한창 격화되고 있었으며, 소련은 북한에 대해 군사적 원조를 다시 한 번 제공함으로써 평양에 대해 영향력을 재확립하려고 하였다. 따라서 푸에블로호 사건이 발생하자 소련정부는 비록 미국의 첫 번째 중재 요청을 거절하였으나, 그 상황을 축소하고자 애를 썼다. 소련 대표단은 북한의 입장을 공개적으로 지지하였다. 유엔에서도 소련은 푸에블로호가 북한의 영해를 침범하였다고 주장하였다. 그러나 소련대표단은 미국대표단과 접촉을 유지하였다. 모스크바는 미국이 푸에블로호와 승무원의 석방을 위해 외교적 해결을 하도록 미국을 고무시키려는 의도인 것 같았다. 아마도 소련은 미국에게는 외교적 해결에 전념하도록 하고, 평양에서는 점수를 따도록 하기 위해 『프라우다』(*Pravda*)지에 경고를 하는 한편 동해에 해군 파병을 증원하였다. 모스크바는 엔터프라이즈호가 동해에서 철수하도록 요구하였다. 소련은 이 지역에서 미국의 군사적 현존을 탐탁해 하지 않았던 것이다. 그리고 미국관리들도 소련이 미국의 특별함대의 존재에 대해 거부감이 있다는 것을 분명히 알았기 때문에 워싱턴은 엔터프라이즈호가 동해에서 철수

---

7) *Ibid.*

8) 1967년 6월 존슨 대통령과 소련 수상 코시긴(Kosygin)과의 회담이 뉴저지의 그라스보로(Grassboro)에서 개최되었다.

해야 한다는 소련의 주장을 곧바로 받아들였다. 며칠 후 엔터프라이즈호는 동해를 떠났다.

소련의 군사력 증강(buildup)은 비록 온건하였지만 미국에게는 상당한 경각심을 불러일으킬 수 있는 것이었던 반면에, 회유적인 소련의 언술은 미국으로 하여금 비군사적 수단에 의해 승무원의 석방이 가능하도록 믿게 하는 데 도움이 되었다. 소련공산당 비서 보리스 포노마레프(Boris N. Ponomarev)가 이끈 소련 대표단은 1968년 2월 9일과 10일에 북한을 방문하여 군사적 원조의 확대를 약속하였다. 또한 9월에는 정치국원인 폴리얀스키(C. S. Polyansky)가 조선민주주의 인민공화국(the Democratic People's Republic of Korea) 창설 20주년 기념으로 북한을 방문하였다. 그는 "사회주의 이익을 위한 공동방어와 적들은 이것을 잊어서는 안 된다"[9]는 표현으로 북한과의 관계를 언급하였다. '공동방어(joint defense)'라는 것은 확실히 북한이 미국에 대해 일방적인 행동을 해서는 안 된다는 소련 주장의 반영이었다.[10]

그 당시 소련 지도자들은 평양에 대해 성탄절까지는 미국 승무원들을 석방시키도록 종용했었을 것이다. 왜냐하면 소련은 1969년 1월에 임기가 시작되는 미국의 대통령 당선자 리처드 닉슨(Richard Nixon)에 의해 제기된 위협에 매우 민감했을 것이기 때문이다. 결국 푸에블로호 승무원들은 1968년 12월 23일 판문점에 있는 '돌아오지 않는 다리(Bridge of No Return)'를 통해 귀환하였다.

자고리아 부부(Zagoria and Zagoria)의 연구에 의하면, 푸에블로호 사건은 북한에 대한 소련의 태도에 획기적인 경계선을 긋는 사건으로 대표되었다. 소련 국민들은 북한인들로부터 소련의 이익을 위해 아무런 양보를 얻을 수 없다는 결론을 내리기 시작했고 그래서 북한인들을

9) Zagoria and Zagoria, *op. cit.*, p. 381.

10) *Ibid.*

회유하는 노력을 포기하였다.11)

소련이 북한에게 미국에 대항하여 앞으로의 주도권(initiatives)을 잡으려 하지 말라고 경고를 했더라면, 소련의 목적 획득은 실패로 끝났을 것이다. 북한은 곧 또 다른 미국 표적 EC-121를 공격했던 것이다. 그럼에도 불구하고 한반도에서 푸에블로호 위기가 또 다시 전쟁으로 확대되지 않고 해결되었다는 것이 강조되어야 한다.

### 2) EC-121 위기

북한은 1969년 4월 15일 그의 해안선으로부터 대략 90마일 떨어진 상공에 있던 미국의 무인 정찰기 EC-121를 격추시켰다. 이에 대해 미국은 다음 네 가지의 군사적 선택을 고려하였다.

(1) 정찰기를 격추시킨 책임있는 북한의 비행기지에 대해 제한된 공중공격을 실행한다.
(2) 북한 해안을 봉쇄한다.
(3) 북한의 모든 공군기지에 대해 공중공격을 실행한다.
(4) 북한의 배나 항공기를 영해 바깥으로 유인해서 파괴시킨다.12)

---

11) *Ibid.*, p. 382.

12) New York Times, April 17, 1969 cited by Robert R. Simmons, "Case Studies: The Pueblo, EC-121, and Mayaguez Incidents," in Barry M. Blechman and Stephan. S. Kaplan, *The Use of the Armed Forces as a Political Instrument*, Prepared for U. S. Department of Defense, Advanced Research Projects Agency, unpublished report, Brookings Institution, 1976, p.19, or Robert R. Simmons, "The United States Involvement in the 1968-69 Korean Crises," *Asian Perspective*, Vol.2, No.1, (Spring 1978), p.7.

미국은 1968년의 푸에블로호 위기에서 실행되었던 똑같은 몇 가지 이유 때문에 군사적 선택을 꺼렸다. 닉슨의 국가안보자문가였던 헨리 키신저(Henry Kissinger)에 의하면, 당시 미국은 두 곳의 전쟁에 참여하는 것에 대해 근본적으로 두려워했다.13) 새 행정부는 선거 승리 직후의 황금기간에 혼란에 빠지는 것을 꺼렸다. 동시에 닉슨 행정부는 위기에 대하여 그의 전임자들에 비해 온건함과 자제를 보여줌으로써 국민들의 찬사를 받아 여전히 활기에 차 있었던 것이다.14) 소련은 이 위기의 초기부터 북한이 자기방어를 위한 행위였으며 따라서 '합법적(legitimate)'이었다는 북한의 주장에 지지를 하지 않았다. 즉 소련은 북한의 행위를 지지하지 않았을 뿐 아니라 오히려 미국정찰기 잔유물의 수색을 지원하였다.15)

닉슨은 4월 17일에 다음의 두 가지 결정을 하였다. 즉 무장호위 상태에서 정찰기의 회수와 가능하면 보복공격을 위해 동해로 두 대의 항공모함을 파견한 것이 바로 그것이다.16) 아울러 다음날 미국이 전투기의 호위 속에 정찰기를 회수하고 있다고 발표하였다. 동시에 공개적으로 정찰기의 수색 및 구조에 지원을 약속한 소련을 이 격추 사건으로부터 분리시키는 데 최선의 노력을 다하였다. 4월 19일 닉슨은 주로 북한에게 정치적, 심리적 효과를 거두기 위해 무력시위를 하도록 항공모함들에게 동해로 출진하도록 명령하였다. 게다가 소련에 대해서는 EC-121 정찰기 공격과 관련하여 어떠한 책임도 요구하지 않았다.

소련은 4월 26일까지는 특별기동함대77의 동해 진입에 대해 항의를

13) Henry Kissinger, *White House Years*, Boston: Little Brown, 1979, p.318.

14) *Ibid.*

15) Raymond L. Garthoff, *Detente and Confrontation*, Washington, D. C.: The Brookings Institution, 1935, p.75.

16) Henry Kissinger, *op. cit.*, p.318.

하지 않았으며, 하였다 하더라도 온화한 것이었다. 따라서 워싱턴은 소련의 항의는 기껏 북한과의 유대감(solidarity)을 나타나기 위한 것으로만 생각하였다. 아마도 소련을 도울 뿐 아니라 소련의 보다 강력한 대응을 막기 위해서라도 워싱턴은 소련의 항의 내용들을 언론에 공개하였던 것이다.[17] 소련은 5월 14일 소비에트 의장 니콜라이 포드고르나(Nicolai V. Podgormy)가 인솔한 대표단을 북한에 파견하여 소련을 연루시킬 수도 있는 북한의 일방적인 행동에 대해 불쾌감을 표시하였다. 대체적으로 소련은 위기를 고조시키는 북한에 대해서는 경고를 하는 한편 미국에 대해서는 진전되고 있는 관계를 유지하고자 하는 강한 희망을 나타내었다. 소련은 미국과 북한과의 관계에 있어 그들의 목적을 달성한 것처럼 보였다. 왜냐하면 미국의 기동함대77은 곧 동해에서 철수하였으며, 남한에 대한 북한의 전복적인 활동도 감소되었기 때문이다. 이 위기는 마침내 사라졌다.

### 3) 도끼만행사건

1976년 8월 18일, 비무장지대 공동경비구역에서 거대한 미루나무 가지치기를 감독하고 있었던 두 명의 미군장교가 북한병사들의 도끼에 의해 살해되는 사건이 발생하였다. 그날 즉시 미국정부는 북한의 행위에 대하여 가능한 대응 대안들의 범위를 다음과 같이 고려하였다.

(1) 아무런 대응도 하지 않는다.
(2) 한국 내의 미군부대를 동원하여 무력시위를 전개한다.
(3) 태평양사령부로부터 한국으로 군대를 이동 파견한다.

---

17) Zagoria and Zagoria, *op. cit.*, p.393.

(4) 미국으로부터 한국으로 비행전투대대를 이동 배치한다.

(5) 한국 해역으로 항공모함을 출동시킨다.

(6) 유엔군의 전투준비태세를 향상시킨다.

(7) 보복 행위를 실행한다.[18]

포드(Ford) 대통령은 북한의 군사적 경계는 방어적 경향이라는 암시와 그 자신의 선호에 집착하여 어떠한 군사적 보복도 명령하지 않았다.[19] 그는 한국의 경우에서는 군사적 대응이 신속히 전면적 군사충돌로 확대되리라고 믿었지만, 파견군대를 적절히 이동 배치하는 것이 미국의 단호한 해결 의지를 과시하는 데 있어 효과적이라고 생각하였다.[20] 미국은 북한에 대해 살인의 책임 수용과 앞으로의 재발 방지 보장과 책임자 처벌을 요구하였다.[21] 국무장관 키신저는 중국과 러시아 대사에게 미국이 수행하는 군사적 행위는 단지 북한만을 목표로 하는 것임을 확증해 주었다. 또한 중국 및 러시아에게 북한의 김일성이 미국의 요구를 충족하도록 압력을 행사해 줄 것을 재촉했었을 것이다. 그는 중국대사 후앙 첸(Huang Chen)과의 회담을 마친 후 중국이 북한에게 물질적 지원을 하지 않을 것을 확신했던 것으로 보도되었다.[22]

미국은 북한에 대해 무력시위를 하기로 결정했다. 8월 19일까지 F-4 팬텀전투기 대대가 오키나와(Okinawa)로부터 한국에 도착했으며, 주한미군의 경계태세가 데프콘(DEFCON)3으로 격상되었다. 그리고 괌

18) *Ibid.*, pp.397-398.

19) Richard G. Head, Frisco W. Short, and Robert C. McFarlane, *Crisis Resolution: Presidential Decision Making in the Mayaguez and Korean Confrontations*, Boulder: Westview Press, 1978, p.193.

20) *Ibid.*

21) Zagoria and Zagoria, op. cit., p.398.

22) *Ibid.*, p.393.

(Guam)으로부터 한국으로 B-52 폭격기들이 이동되었고, KC-135공중급유기로부터 연료를 재급유받는 F-111 대대가 아이다호(Idaho)에서 출격하였다. 또한 항공모함 미드웨이호와 4척의 호위함(frigates)을 포함한 기동함대(Task Group)77이 8월 21일 아침까지는 배치되도록 되어 있었다. 당시 미군과 한국군은 북한에게 전혀 통보하지 않고 스틸웰(Stilwell) 장군의 제안과 워싱턴의 승인 아래 공동경비구역 내 미루나무를 자르는 작전인 폴 버니언작전(Operation Paul Bunyan)을 수행하였다.[23)]

오래지 않아 북한의 군사정전위원회 수석 대표인 한주경 소장은 미국의 판문점 군사정전위원회 대표 마크 프루든(Mark P. Prudden) 해군소장과 사적인 회동을 요청하여 그의 상급 지휘관 김일성의 메시지를 전달하였다. 김일성은 그 메시지에서 공동경비구역에서 사건이 일어난 것은 매우 유감스러운 일이며, 앞으로 그러한 사건이 발생하지 않게 하기 위한 조치들이 취해져야 하고, 북한은 결코 먼저 도발을 일으키지 않을 것이라고 하였다.[24)] 이 메시지는 한국 정전 23년의 역사 동안 김일성으로부터 유엔 지휘관에게 전달된 최초의 메시지였으며, 미 정부도 '긍정적인 조치(positive step)'로 받아들였다. 이윽고 9월 6일 유엔 사령부와 북한은 판문점에서 새로운 경비조치조약을 체결하였다. 같은 날 미드웨이호는 동해를 떠났고, 다음날 주한 미군은 정상경계태세로 되돌아갔으며, 기동함대의 나머지는 12월 12일에 완전히 철수하였다.

미국이 무력시위를 수행하는 동안에도 소련은 어떠한 군사력 증강의 징후를 보이지 않았던바, 그것은 아마도 소련이 이전 두 가지의 위기로부터 미국이 북한이나 소련을 목표로 군사적 보복을 하지 않으리라

23) *Ibid.* 스틸웰 장군은 동시에 유엔사령부 총사령관이었다.

24) *New York Times*, August 23, 1976.

는 것을 배웠다는 것을 시사해 주고 있다. 또한 소련이 포드 대통령을 자극하지 않으려고 극도로 주의하고 있었음을 보여주고 있다. 1975년 5월의 마야구에즈작전(the Mayaguez of operation of May) 이후, 소련은 포드 대통령이 미국의 의지를 재확인하기 위해 또 다른 기회를 찾고 있는 것에 대해 두려움을 갖고 있었기 때문이었다. 그때에 미국의 대통령선거는 그와 같은 힘의 과시를 위한 적절한 시기였으며, 따라서 소련은 포드에게 그와 같은 행위를 할 기회를 주는 것을 회피하였던 것이다.[25] 그러나 이 위기가 도래한 시점에 이르러 북한과 소련의 관계는 아주 약화됐기 때문에 모스크바는 단지 북한에게 최소한의 지원 이상을 해야 할 가치가 있다고는 느끼지 않았다. 이 당시에 북한은 중국과의 관계를 증진시키는 과정에 있었다.[26] 얻을 것이 거의 없었던 소련은 아무 조치도 하지 않기로 결정하였다.

한편 중국은 도끼살해 사건에 대해 소련보다 더욱 조용했다. 중국인들은 포드 대통령 행정부가 중국과 대화를 하는 동안에 그에게 수치감을 주는 것이 중국에 아무런 도움이 되지 않는다는 것을 알았다. 또한 이 기간 동안 북한의 자제는 소련이 미국에 대한 일방적인 공격을 반대한다는 것과 그것이 결국 평양에 관철되었음을 나타내 주었다. 북한은 정전위원회 회담에서 비무장지대에서의 새로운 협의를 받아들였다.[27] 그것은 9월 6일에 서명되었고 위기도 끝났다.

---

25) Zagoria and Zagoria, *op. cit.*, p.408.

26) 북한은 1976년 5월 북한을 방문 중인 파키스탄 대표단과 모든 형태의 침략을 비난하는 공동성명에 서명하였다. 여기에는 소련의 팽창을 비난하기 위해 오랫동안 베이징에 의해 사용된 암호명인 '헤게모니'를 성취하기 위한 노력들이 포함되었다.

27) 새로운 합의의 주요한 특징들에 대해서는 Richard G. Head, et al., *op. cit.*, pp.203-204 참조

## Ⅱ. 평화의 원인(遠因)

존 미어샤이머(John J. Mearsheimer)는 『애틀랜틱 먼슬릭』(*Atlantic Monthly*) 1990년 8월호에서 「왜 우리는 곧 냉전을 그리워하게 될 것인가」[28]라는 제목의 논문을 발표하였다. 그는 유럽에서의 전쟁은 물론 중요한 위기에 대해 전망해 볼 때 그것은 드라마틱하게 증가될 것 같다고 주장하였다. 왜냐하면 냉전시 수십 년간의 평화를 만들었던 조건들이 급속하게 사라져 가고 있다는 것이다. 즉 유럽은 연속적으로 파괴적인 갈등을 키워왔던 1648년부터 1945년까지 300년 동안의 다극체제(multipolar system)로의 복귀를 준비하고 있다는 것이다. 그에 의하면 유럽의 앞으로의 45년은 냉전 이전의 45년만큼 폭력적이지는 않겠지만, 우리가 언젠가는 냉전(Cold War)이 아니라 존 루이스 개디스(John Lewis Gaddis)의 표현대로, '긴 평화(long peace)'[29]로 간주할 냉전 45년보다는 실질적으로 더욱 폭력적일 것 같다고 보았다.

이와 같은 역사적 세계관을 동시에 회상하고 전망하는 것은 아이러니컬하다. 왜냐하면 냉전시대를 살았던 사람들에게 과거는 너무 빈약하고(fragile), 취약성이 많으며(vulnerable), 좀 더 평화스럽고 안정된 세계로 대치되거나 극복되어야 할 어떤 것이었기 때문이다. 단지 역사만이 냉전시대가 냉전 이후의 시대보다 더욱 평화스럽고 안정된 것인지를 우리에게 말해줄 것이다. 그러나 냉전시대의 안정성을 설명하는 데 있어 많은 학자들 중에서도 특히 미어샤이머와 개디스는 두 가지의 중대한 요소를 지적하였다. 국제체제의 양극구조와 핵무기가 그것이다.[30]

---

28) John J. Mearsheimer, "Why We Will Soon Miss the Cold War," *Atlantic Monthly* (August 1990), pp.35-40.

29) *Ibid.*, pp.35-36; John Lewis Gaddis, "The Long Peace," *International Security*, Vol.10, No.4, (Spring 1986), pp.99-142.

30) Mearsheimer, *op. cit.*, p.36; Gaddis, *op. cit.*, pp.105-110, 120-123.

첫째, 체제적 구조(systemic structure)는 국제정치에서 국가들의 행태의 중요한 결정인자이다. 대부분의 체제이론가들(system theorists)은 체제의 구조적 특성이 국제체제의 안정성 또는 불안정성을 결정함으로써 국제정치적 변화(international political change)를 용이하게 하거나 금지시킨다고 주장하였다. 그러나 체제분석가들(system analysts)은 아직까지 다양한 국제체제의 안정성에 대해 의견의 일치를 보지 못하고 있다. 투키디데스 이래의 일반 통념은 양극체제가 덜 안정적이고, 다극체제가 더욱 안정적이라는 증거로서 18, 19세기 유럽의 세력균형 체제를 예로 들고 있다. 다극체제에서 발견되는 권력의 분산과 연합의 융통성은 정책결정에서 주의(caution)를 유발시키고 세력들과 변화들을 잠재적으로 불안정하게 하는 국제체제의 조정을 용이하게 하는 불확실성(uncertainty)을 창조한다는 것이다.[31]

그러나 이러한 일반 통념과 전통 이론은 1964년 케네스 월츠(Kenneth Waltz)에 의해 처음으로 도전받았다. 그는 다극체제보다 양극체제가 더욱, 아니 가장 안정적이라고 주장했으며 그 증거로서 제2차 세계대전 이후 미국과 소련이라는 두 초강대국의 양극 국제체제의 지속성(durability)을 인용하였다. 그에 따르면 불확실성은 국제체제를 안정화시키지 못한다는 것이다. 전쟁을 일으키는 원인은 불확실성과 연속적인 오산이라는 것이다.[32] 또한 로버트 길핀(Robert Gilpin)은 양극 국제체제가 더욱 안정적이고 다극체제보다 급격한 변형(transformation)

31) 이러한 입장에 대한 최근의 지지로는 Emerson M. S. Niou, Peter C. Ordeshock, and Gregory F. Rose, *The Balance of Power*, Cambridge: Cambridge University Press, 1989, p.328 참조

32) 월츠의 최초 주장에 대해서는 “The Stability of a Bipolar World,” *Daedulus*, Vol.93 (Summer 1964), pp.881-909; Kenneth Waltz, *Theory of International Politics*, Reading, Mass.: Addison-Wesley, 1979, pp.171-172, 176-183 참조,

에 덜 종속적이라는 월츠의 주장은 인상적인 논리를 주고 있다고 하였다.[33] 국제체제의 양극 구조는 두 초강대국이 포함된 피할 수 없는 높은 위험성을 내포하고 있기 때문에 지도자의 개인적 특성에도 불구하고 그들 사이에 주의력과 자제, 사려를 유도하고, 각각 또는 상호에 의한 무책임하고 모험적인 행위를 단념시키는 경향이 있다는 것이다. 또한 양극세계의 압력은 두 초강대국이 그들의 지도자의 특성이 기대되도록 이끄는 방식보다 훨씬 더 좋은 국제적 방식으로 행동하도록 강하게 고무시키고 있다.[34] 이러한 양극성(bipolarity)이 가장 적절하다는 주장은 마이클 브레처와 조나단 윌켄펠드의 최근의 정량적(quantitative) 연구결과에 의해 지지되었다. 그들은 안정성을 양극성, 다극성, 다극중심주의(polycentrism) 순으로 서열화하였다.[35] 그러나 브레처와 윌켄펠드는 단지 1945년에서 1962년까지의 냉전시대만을 연구하였다. 따라서 월츠의 주장처럼 양극체제의 안정성에 대한 그들의 발견(findings)은 양극성의 체제적인 구조에 귀속될 수는 없는 것이다.

냉전시 파멸적인 세계대전을 피할 수 있었던 것은 핵무기의 가공할 파괴성과 두 초강대국의 제2차 공격능력(second-strike capability) 덕분이었다. 전쟁철학자 칼 폰 클라우제비츠(Carl von Clausewitz)의 주장처럼 전쟁이란 본래 정치의 연장으로서 주어진 정치적 목적을 달성하기 위해 무력을 사용하는 행위이다. 따라서 전쟁이란 전쟁에서 얻을 수 있는 이익과 치러야 하는 희생을 계산하는 국가지도자들의 의식적 결정의 결과이다. 그와 같은 의식적 계산에 있어서는 낙관론이 전쟁으로 치닫게 하는 중대한 서곡이다. 이 같은 낙관론을 증대시키는

33) Robert Gilpin, *War and Change in World Politics*, Cambridge: Cambridge University Press, 1981, p.89.

34) Kenneth Waltz, *op. cit.*, p.176.

35) Michael Brecher and Jonathan Wilkenfeld, *op. cit.*, pp.43-55.

그 어떤 것이 진쟁의 원인이며, 낙관론을 위축시키는 것이 바로 평화의 원인이라는 것이다.[36] 낙관론은 단지 한 나라가 그의 군사적 경제적 능력이 잠재적 적의 능력을 압도한다는 치밀한 계산만을 나타내지는 않는다. 그것은 이데올로기나 종교적 신념 그리고 강렬한 애국심으로부터, 또한 어떠한 전쟁이 될지를 상상하지 못하는 것으로부터도 나올 수 있다. 왜냐하면 시간의 흐름은 과거 전쟁들의 비극적 감각을 무디게 하며, 국가적 신화는 패배를 퇴색시키고 승리를 오래도록 기억하도록 설명하기 때문이다.

그러나 핵혁명은 '권력의 주판(abacus of power)'[37]과 '수정구슬효과(crystal ball effect)'[38]를 근본적으로 변화시켰으며, 이득과 희생에 대한 계산을 통해 낙관론을 산출하는 것을 어렵게 만들었다. 물론 핵혁명이 전쟁과 평화의 문제들을 풀지 못했으며, 전쟁을 전적으로 불가능하게 만들지는 못했다. 그럼에도 불구하고 핵무기의 발전이 냉전시대 국제체제에 안정적인 효과를 미쳤다는 것은 사실이다. 이같은 핵무기는 세계 모든 국가의 지도자들에게, 특히 미·소의 지도자들에게 새로운 각성(sobering)을 불러일으켰다. 그러므로 2차 대전 후의 양극세계의 체계적 안정성은 국제체제의 핵 양극구조에 바탕을 두었다. 핵억제는 이전의 균형을 이루려는(balancing) 형태의 것과는 똑같지 않다. 국제권력정치의 게임이 다른 시대에서와 같은 규칙을 따른다고 생각하는 것은 옳지 않다.[39]

---

36) Geoffrey Blainey, *The Causes of War*, London: Macmillan, 1973, pp.53, 124.

37) *Ibid.*, p.54.

38) Albert Carnesale, et al., *Living with Nuclear Weapons*, Cambridge: Harvard University Press, 1983, p.44.

39) Lawrence Finkelstein, "What War in Europe?: The Implication of Legitimate of Stability," *Political Science Quarterly*, Vol.104, No.3

만약 위의 추리를 현실에 반영한다면 문제는 한반도와 한반도의 정전체제가 핵 양극 국제체제의 구조적인 부분이냐 아니냐는 것이다. 저자의 대답은 '그렇다'이다. (지역적) 하위체제 형성을 정당화시키는 기준을 구체적으로 제시하지 않는다 할지라도 두 개의 독립국가로 구성된 한반도는 미·소 두 초강대국의 국제체제 내에서 하나의 한반도 하위체제를 구성한다고 볼 수 있다. 그러나 한반도 하위체제는 다른 지역(예컨대, 중동)의 하위체제와는 달리 자율적인 하위체제를 수립하지 못했다. 왜냐하면 두 초강대국의 침투체제(intrusive system)가 지배적이었기 때문이다. 남한은 미국과 군사동맹을 맺고 또 주한미군에 크게 의존했으며, 북한 또한 다른 초강대국인 소련에 의해 지원받고 있었다. 한반도 하위체제는 세계체제(global system)와 중복되었을 뿐 아니라 이 상호 중복된 구조 속에서 세계적 양극체제가 지배적이었다. 그것은 하나의 체제가 다른 체제에 완전히 함몰된 조화된(congruent) 체제였다. 세계체제와 한반도 하위체제 사이에는 정치적 불연속성이 없었던 것이다.[40] 바꾸어 표현하면 이 조화된 체제는 미·소 간의 억제력을 한반도에 효율적으로 적용시켰던 것이다. 그러한 조화가 없었다면 알렉산더 조지(Alexander L. George)와 리처드 스모크(Richard Smoke)[41]가 설득력 있게 주장하는 억제력의 차원 문제가 한반도에서 양극적인 미·소 간의 핵억제력의 안정적 효과를 완화시켰을 것이다. 물론 다른 주변 강대국가들은 국제체제의 극을 구성한다고 볼 수 있는

(Fall 1989), p.437.

40) 체제 사이의 정치적 불연속성의 개념에 대해서는 Oran R. Young, "Political Discontinuities in International System," in James N. Rosenau (ed.), *International Politics and Foreign Policy*, re. ed., New York: Free Press, 1969, pp.336-345 참조.

41) Alexander L. George and Richard Smoke, *Deterrence in American Foreign Policy: Theory and Practice,* New York: Columbia University Press, 1974, Chapter 2.

초강대국이 아니었다. 냉전의 시기에 중국이나 일본은 완전히 독자적 행위자는 되지 못하였다. 적어도 그들의 영향은 두 초강대국과 경쟁할 만큼 강력하지는 못했다. 여기에서 다루는 두 번째 위기까지 중·소의 갈등은 일종의 '집안싸움(family feud)'으로 인식되었고 마지막 세 번째 위기 기간 동안조차도 한반도 문제에 관한 한 중국과 소련은 여전히 북한의 동맹국들이었고 국제적인 지원국들이었다. 따라서 한국인들뿐 아니라 주변국 지도자들에 의해서도 국제체제가 한반도에 그대로 지배적인 것으로 인식되었다. 그리고 그러한 인식과 심리적 환경이 심각하게 도전받지 않았기 때문에 양극체제와 핵무기가 수차례의 한반도의 위기시 전쟁으로 확대되는 것을 통제하는 근본적인 힘이었다고 할 수 있다. 바꾸어 말하면 위의 세 차례 위기 동안 미·소 간의 핵 양극체제가 한반도에서의 제2의 전쟁을 구조적으로 제한하였다.

## III. 평화의 근인(近因)

리처드 리보(Richard Ned Lebow)는 1914년의 패러다임을 사용하여 위기시에 전쟁이 발생하는 원인 중에 근인으로서 세 가지를 제시했는데, 그것들은 선제공격, 통제의 상실 그리고 오산된 확대이다. 첫째, 선제공격은 위기에 처해 있는 적대국들 중 한 국가의 지도자들이 상대방으로부터의 선제공격이 있을 것으로 믿고 공격을 감행할 때 발생한다. 상대방의 선제공격에 대한 공포가 선제공격을 재촉하는 것이다. 둘째, 통제의 상실은 다양한 원인과 형태로 발생할 수 있다. 그것은 분열된 정치권력이나 국내적 압력 또는 제도적 기능의 결함이나 붕괴로 발생할 수 있다. 또한 이는 위기시 상대국에게 자신의 결의를 전달하려고 방어할 목적으로 취한 군사적 준비가 본의 아니게 초래한 결과에 의해서 발생할 수도 있다. 셋째, 오산된 확대는 적대국들 중 하나가 이미 기정화된 사실로 상대방이 어쩌지 못할 것이라고 생각하면서 전쟁 문턱을 넘어서는 것을 의미한다.42) 또한 리보에 따르면 이상의 전쟁에 이르는 세 가지 원인이 서로 결합하여 분석될 때, 각각은 물론 그것들의 집단적 상호작용이 개전 여하를 결정한다.43)

한반도에서 위의 세 가지 위기에 리보의 분석틀을 적용한다면 이 세 가지 전쟁의 원인이 거의 언제나 억제되었음을 발견할 수 있다. 푸에블로호 위기 시에는 먼저, 미국은 북한에 대한 선제공격의 의도나 시도를 보이지 않았다. 또한 북한도 선제공격의 두려움은 없었다. 왜냐하면 소련은 북한을 지원하고 있었고 미국 승무원들이 북한의 수중에 있었기 때문이다. 둘째, 군사력 이동 배치 과정에서 미국 지휘체제에 있어서 통제력의 상실은 없었다. 셋째, 오산된 확대도 없었다. 합참의장 얼 휠러(Earle Wheeler) 대장에 의해 명확하게 지시받는 특별기동함대77은 푸에블로호를 구출하려는 시도를 하지 않았으며 북한 영해에 너무 가까이 접근하지도 않았다.44)

EC-121 위기시에도 미국이나 북한은 선제공격에 대한 두려움이 없었다. 하지만 위기관리를 위한 신 닉슨 행정조직은 잘 정립되지 못했고 군사적 자원도 즉각 보복적인 공중공격을 위해 적절히 배치되지 못했다.45) 그러나 미국 내에서는 통제력의 상실이 없었다. 보호통제 하에 정찰순찰대를 재정립하였다. 또한 오산된 확대도 없었다. 왜냐하면 미국은 무기의 힘으로 대응하지 않았기 때문이다.

---

42) Richard Ned Lebow, "Is Crisis Management Always Possible?" *Political Science Quarterly*, Vol.102, No.2 (Summer 1987), pp.188-190.

43) *Ibid.*, p.191.

44) Robert R. Simmons, *op. cit.*, p.7.

45) Henry Kissinger, *op. cit.*, pp.313-321.

세번째 위기인 도끼살해 위기 때에는 미국정부와 국민측에 심각한 분노와 분개가 있었다. 그러나 김일성은 곧 '유감(regret)'을 표명했고, 미국정부는 그것을 '긍정적 조치(positive step)'로 수락했으며, 곧 미국과 북한 간의 합의가 뒤따랐다. 비록 미국은 무력시위를 전개하기 위해 무장군대를 이동배치하였지만, 미국 대통령에 의한 군대의 통제 상실도 없었고 오산된 확대의 가능성도 김일성의 '유감' 표명을 미국이 호의적으로 받아들임으로써 곧 감소되어 버렸다.

세 차례 위기 동안에 한반도에서는 전쟁으로 가는 길이 열려지지 않았다. 그리고 전쟁의 세 가지 원인이 개별적으로 또는 결합적으로 전쟁으로 나아갈 어떠한 기회도 주지 않았다. 전쟁의 근인도 나타나지 않았으며, 반대로 세 가지 근인의 부재는 오히려 평화와 국제적 안정이 우세하도록 하였다. 이 시기에 특히 미국의 공군과 해군력은 사건들에 대한 불쾌감과 미국의 의지가 결코 겁먹지 않았다는 것을 보여주는 데 진력했다.

결국 미국정부와 군사력은, 알렉산더 조지(Alexander L. George)[46]가 제시한 위기관리의 원칙들을 위반하지 않았던 것이다. 다시 말해 첫째, 군사적 선택에 대한 대통령의 통제가 유지되었고, 둘째 군사작전 시에 필요적절한 중지가 있었으며, 셋째 분명하고 적절한 무력시위가 시행되었다. 넷째로, 군사적 행위는 정치적, 외교적 행위와 잘 조화되

46) Alexander L. George, David K. Hall, William E. Simons, *The Limits of Coercive Diplomacy*, Boston: Little, Brown, 1971, pp.8-11. 이 위기 시에 대한 보다 상세한 설명에 대해서는 Soon Sung Cho, "North and South Korea: Stepped-up Aggression and the Search for New Security," *Asian Survey*, Vol.9, No.1 (January 1969), pp.29-39; B. C. Koh, "The Pueblo Incident in Perspective," *Asian Survey*, Vol.9, No.4 (April 1969), pp.264-280; Joungwon A. Kim, "North Korea's New Offensive," *Foreign Affairs*, Vol.48, No.10 (October 1969), pp.166-179; Richard G. Head, et al., *op. cit.*, Chap. 6 참조.

었고, 다섯째 효율성에서의 확신과 군사적 선택의 차별적인 특징이 지지되었으며, 여섯째 적대자를 확대시키도록 자극하는 군사적 선택은 회피되었을 뿐 아니라 일곱째, 대규모 전투행위에 의존하려는 인상의 회피가 존중되었다.

미국정부가 위의 일곱 가지 위기관리 원칙들을 위반하지 않았다는 사실은 미국이 위기 동안에 전쟁의 근인을 고의적으로 회피하였다는 주장을 뒷받침해준다. 즉 한반도에서 미국이 무장군대로 보복하는 것을 꺼렸다는 것은 제2의 한국전쟁을 방지하는 데 있어 매우 중대한 요소였다.

## Ⅳ. 국제체제의 영향과 한국의 정전체제

미·소 두 초강대국은 그들의 지역적(regional) 동맹국들 중에서 모든 전쟁을 방지하는 데 성공하지는 못했지만, 그들은 적어도 그들의 참여를 조절하거나 제한하기 위해 일종의 행동패턴(아마도 무언의 규범의 출현과 더불어)을 진전시켜 왔다. 이같은 규범은 경험으로부터 나타났으며, 미·소 양국은 지역적 동맹국들 중에서 전쟁이 발발했을 때 그들의 민감한 정책적 딜레마를 다루었다. 이러한 상황에서 두 초강대국은 그들의 지역적(local) 동맹국들을 후원해야 했지만 동시에 상호간의 전쟁으로 끌려가는 것을 피해야만 했다.[47] 제2차 세계대전 이후 미·소 중 한 국가가 자신과 이해관계가 있는 국가에 대해 무력개입에 의존하며, 또 마찬가지로 무력개입할 수 있는 다른 경쟁자인 초강대국

---

47) Alexander L. George, "Superpower Interests in Third Areas," in Roy Allison and Phil Williams, (eds.), *Superpower Competition and Crisis Prevention in the Third World*, Cambridge: Cambridge University Press, 1990, p.112.

에 의해 효과적으로 도전받지 않을 때 영향력의 범위에 관한 무언의 상호이해가 있다는 사상이 나타났다. 그 무언의 이해는 강대국들 간의 관계에서 불리는 이른바 '게임의 법칙'을 구체화하고 있는 것이다.

미·소 어느 국가도 상대방의 영향권을 공개적으로 인정하지 않으며, 상대방의 영향력 하에 있다고 생각하는 국가들과의 관계를 묘사하기 위해 '영향력의 범위(sphere of influence)'라는 용어를 사용하지 않는다. 그럼에도 불구하고 영향력의 범위는 국제정치의 엄연한 현실의 일부분이자 미·소 자신들도 마치 그들은 서로서로의 범위를 인정하는 것처럼 행동한다. 참으로 미·소 양국은 그들이 행동해 온 방식 때문에, 행동의 범위에 관해서는 무언의 그리고 상호 호혜적인 이해에 도달했으며 따라서 각각의 영향권에 대해서는 묵인할 것이라는 것을 추론할 수 있다. 그것은 원칙적으로 영향력의 범위가 국제질서에 이바지한다는 이해를 통해서였다.

그와 같은 이해는 강대국들이 인지된 공통의 이익(perceived common interests)을 증진시킬 수 있도록 그들의 관계를 설정하는 지침을 통해 국제질서에 이바지한다. 국제질서에서 공통이익의 인식은 전쟁 특히 핵전쟁에 대한 두려움에 의해 촉진되고 있다. 그러나 어느 정도의 국제질서를 획득하기 위해서 국가들은 그들의 공통이익을 증진시키려면 어떻게 행동해야만 하는가를 보여주는 지침을 설정할 것을 필요로 한다. 즉 국가들은 규범이나 규칙을 만들고 그에 대해 동의를 해야만 하는 것이다. 이와 같은 규칙이 공식적이거나 명확할 필요는 없으나 작동하고 있는 절차들이나 기록되지 않은 게임의 규칙들을 통해서 지위(status)를 획득해야 할 것이다. 영향권으로부터 진전되어 나온 무언의 이해가 바로 그와 같은 지침들이나 규칙들을 제공하는 것이다.48)

48) 2차 대전 이후 미·소 간의 이와 같은 규칙들의 형성과정에 대해서는 Paul Keal, *Unspoken Rules and Superpower Dominance*, London:

남·북한은 두 초강대국과 함께 하는 강렬한 체제적인 연계패턴 속에 있다.49) 왜냐하면 최초의 분단이 두 초강대국간의 타협에 크게 힘입었으며, 분단의 지속은 미·소 자신들의 영향력을 유지하려는 의도나 능력을 보여주는 증거로서 간주되었다.

휴전(armistice)은 평화정착 시까지 적대의 중지 또는 정지(suspension)를 말한다. 휴전은 그 자체로는 평화조약이 아니며, 그것이 분명히 전쟁의 상태를 종식시킬 수 있는 기회를 제공하고는 있지만, 법률적으로는 전쟁의 상태가 끝나지 않았음을 의미한다. 1953년 한국 휴전협정이 체결되었을 때, 그것은 이념적 양극 투쟁이 격렬해질 때에는 남·북한 또는 미·소에 의해 언제든지 깨어질 수 있는 일시적인 휴전으로 이해되었다. 그러나 휴전선은 2개의 이념적 진영 사이뿐 아니라 남·북한 간의 국경선이었다. 휴전체제는 사실상 현상유지로 나타났으며, 그것으로 인하여 미·소 두 초강대국 사이의 영향력 범위를 구분하는 선이 되었다. 미·소 간의 영향권에 대한 무언의 이해에 바탕을 둔 분별력(prudence)의 기본적인 규칙들은 한반도 위기시에 효과적인 것으로 나타났다. 미국이 이러한 위기들에 직면했을 때 소련은 미국이 패배 속에서 좌절하거나 또는 필사적으로 무력사용을 먼저 시작하거나 하는 정책 딜레마를 강요하는 이점을 이용하려고 하지 않았다. 또한 소련은 지역적 동맹국인 북한이 미국과 충돌하거나 실전으로 나가는 것을 허용하지 않았다. 동시에 미국도 소련의 중요한 지역인 북한에 대하여 매우 억제된 군사적 행위를 취하였다. 미·소 양국은 한반도 위기시 결코 정전체제(armistice regime)를 깨뜨리려는 시도를 하지 않았다. 레짐(regime)이 행위자들의 기대가 모아지는 일련의 묵시적 원

Macmillan Press, 1983 참조.

49) Charles E. Morrison and Astri Suhrke, *Strategies of Survival*, New York: St. Martin's Press, 1978, pp.290-292.

칙과 규범, 규칙 및 절차라면 그리고 그것이 참가행위자들의 행위를 규제하고 조절한다면,[50] 한국 휴전은 미·소 두 초강대국의 행위를 국제적으로 규제하고 조절하는 것으로서 중요한 역할을 담당한다고 말할 수 있다. 그렇기 때문에 미·소 사이의 무언의 규칙들은 한반도에 효율적으로 적용될 수 있었다.

## V. 결　　론

한국의 휴전체제는 미·소 간의 경쟁에 의해 지배되는 분위기 속에서 설립되었다.[51] 두 국가의 세계적 경쟁은 국제체제를 체제 내에서 미·소 초강대국의 행위에 차례로 영향을 받는 양극구조로 변모시켰다. 그리고 핵 양극 경쟁의 사회화 과정은 휴전체제를 국제적 레짐 속으로 변형시킨 두 강대국 간의 기본적인 행위의 규칙들에 관하여 일종의 '적대적 협력(adverse partnership)' 또는 무언의 협정을 전개시켰다.[52] 여러 차례의 한반도 위기시 미·소 양국은 1953년 이래로 유엔

50) Stephan D. Krasner (ed.), *International Regimes*, Ithaca: Cornell University Press, 1983, p.62.

51) 우리는 소련이 남한 침략에 있어 북한의 원천이 아니었다는 사실을 안다. 그러나 한국전쟁 시에는 소련이 북한 뒤에서 압력을 넣은 것으로 이해되었다. 이것은 미국이 소련의 팽창을 봉쇄하기 위해 즉각적으로 전쟁에 개입하는 이유를 말해준다.

52) 이것은 '국제레짐(internatlonal regime)'이라는 용어를 남용하는 것은 아니다. 푸찰라(Donald Puchala)와 홉킨스(Rayond Hopkins)는 세력균형, 식민주의, 제국주의 그리고 데탕트(detente)까지도–비록 본질적으로 '분산되거나'(diffuse) 비공식적이지만–레짐으로 특징화하고 있다. 이에 대해서는 Donald Puchala and Rayond Hopkins, "International Regimes: Lessons from Inductive Analysis," *International Organization*, Vol.36, No.2, (Spring 1982), pp.64-65 참조.

사령부가 지지해 온 한국휴전의 국제레짐(international regime)을 파괴할 의도가 없음을 보여주었다.

그러나 이와 같은 '레짐정신(regime mindedness)'은 추종할 이유가 적었다. 중요한 것은 서로 직접적으로 충돌하기를 원치 않는 두 초강대국의 계산된 이기심의 결과였다. 이것은 매우 분명하다. 그럼에도 불구하고 미·소간의 직접적인 충돌에 대한 내적인 저항은 그들의 핵 아마게돈(Armageddon)의 공포 속에서 파생되었다. 이러한 우려는 평화의 근인(近因)이 아닌 평화의 원인(遠因)을 의미하는 체제적 차원(systemic level)에 해당한다. 양극 국제체제의 냉전시대에 한반도에서의 세 차례 위기에 대한 분석은 전쟁의 근인의 부재는 지배적인 양극구조의 효과였다라는 것을 보여준다.

이러한 사실은 전혀 새로운 것이 아니라 냉전시대에 관한 일반 통념의 재진술에 불과하다. 투키디데스가 전쟁의 원인과 근인의 상대적 중요성에 관하여 애기한 것이 전혀 배척될 수 있었던 것은 아니다. 전쟁의 원인 그리고 평화의 근인은 갈등의 경로에 중요하고 매우 결정적인 영향력을 행사할수 있다.

둘째로, 한반도에서 핵 양극구조가 안정화를 위한 토대라면 그것은 이제 변화하기 시작하였다. 21세기 전야에 있어 양극체제는 붕괴되고 있다. 궁극적으로 다극체제 또는 걸프전에 뒤이은 팍스 아메리카나(Pax Americana)의 단극체제가 나타날 수 있다. 어느 쪽이든, 양극세계를 안정화시키는 요소들은 사라지고 있다.

셋째로, 핵 양극체제의 붕괴는 세계체제와 한반도 하위체제 간의 조화(congruence)를 약화시킬 수도 있다. 따라서 국제체제의 불연속성(discontinuities)이 만들어지고, 그 다음에는 양극체제의 지배적인 구조적 영향 또한 사라질 것이다. 우리가 예상할 수 있는 모든 것은 과거 양극세계의 안정성과 반대되는 불확실성(uncertainty)이다. 냉전시대의 일반 통념은 더 이상 우리와 함께 하지 않을 것이다. 남·북한에서 평화통일은 물론 양극세계의 구조적 조건없이 한반도의 평화와 안정성을 유지할 수 있는 사려깊은 정치적 지도자가 나타나지 않는다면, 남·북한 사람들은 다시 냉전을 그리워하게 될 수도 있을 것이다. (1991년)

제 **10** 장

# 한반도 군축을 위한 신뢰구축 방안

인간은 무기를 가지고 있기 때문에 싸우는 것이 아니라 어쩔 수 없이 싸워야 하기 때문에 무기를 갖는 것이다.

- 한스 J. 모겐소 -

## Ⅰ. 세계의제로서 군축의 부각

군비축소는 무기의 감소나 제거를 의미한다. 반면에 군비통제는 보다 덜 야심적인 것으로 전쟁의 가능성과 잔악함을 감소시킬 수 있는 무기의 질과 양을 확립하고 그러한 무기의 개발이나 배치 및 사용을 상호 수락할 수 있는 선에서 통제하는 것이다. 따라서 군비축소가 무기의 감소에 초점을 둔다면 군비통제는 무기의 관리에 초점을 맞춘 것이다. 바꾸어 말해서 군비축소는 무기로부터의(from arms) 안전을 추구하는 것이며, 군비통제는 무기를 통한(through arms) 안전을 추구하는 것이다.[1)]

그러나 오늘날 군비통제는 병력과 무기의 양을 통제하는 것으로부터 비무장지대를 설치한다든가 적의 군사훈련에 대한 신뢰구축을 위해 상호참관을 조정한다든가 병력의 철수를 감시하기 위하여 제3의 감시자를 두는 것 등에 이르는 거의 모든 것과 관련된다.[2)] 따라서 군비축소

1) A. Etzioni, *The hard Way to Peace*, New York: Collier Books, 1962, p. 126; John Garnett, "Disarmament and Arms Control since 1945" in Lawrence Martin (ed.), *Strategic Thought in Nuclear Age*, Baltimore: The Johns Hopkins University Press, 1979, p.191에서 재인용.

2) Hedley Bull, *The Control of the Arms Race*, 2nd ed., N.Y.: Frederick

없는 군비통제만의 제안이나 군비통제 없는 군비축소만의 제안을 생각할 수는 있지만 그 양자를 군비경쟁과 상반된 개념으로 파악할 수 있는 점을 고려한다면 모두 동일한 카테고리에 속하는 계획으로 생각할 수 있다. 감시되고 축소된 무기의 폐기에 관련된 어떤 합의도 군비축소와 통제의 본보기가 될 것이다.3)

만일 역사가 실패한 시도의 이야기라면, 군축의 역사야말로 실패의 역사에 속한다. 역사는 군축 노력의 업적을 자랑할 수 없다. 페르시아와의 전쟁에서 승리한 직후 스파르타인들이 아테네인들에게 한 제안이 거부된 이래, 나폴레옹 전쟁을 종결지으면서 제안된 알렉산더 1세의 군축제안이 수락되지 않았고, 그리고 19세기 말과 20세기 초 두 차례의 헤이그회의가 군축 토의를 발전시키지 못했으며, 국제연맹헌장 8조가 군축을 평화의 조건이라고 인정하고 군축 달성을 위한 노력을 경주했음에도 불구하고, 군축은 1817년의 루쉬-베고트(The Rush-Bagot) 협약과 1922년의 워싱턴회의에서 해양군축협정과 같은 몇 가지의 예외적이고 간헐적인 경우를 제외하고는 지속적인 세계평화를 확립하고 유지할 만한 성과를 가져오지 못했다.4)

---

A. Praeger, 1961, p.vii.

3) John Garnett, *op. cit.*, p.192. 1960년대 초 영국의 헤들리 불(Hedley Bull), 그리고 미국의 토마스 쉘링(Thomas C. Scheling)과 모톤 헬퍼린(Morton H. Halperin) 등이 군비통제라는 용어를 보다 본격적으로 사용하기 전에는 '군비축소'가 '군비경쟁'의 반대의 뜻으로서 보편적으로 사용된 전통적 개념이었다. 1961년 쉘링과 헬퍼린은 군비축소의 용어를 확대하기 위해 군비통제의 개념을 사용한다고 말하면서 군비통제는 전쟁의 가능성을 감소시키고 만일 전쟁이 발생할 경우엔 그 범위나 폭력을 축소시키며 전쟁준비의 정치 및 경제적 비용을 축소시킬 목적으로 하는 잠재적 적들 사이의 모든 형태의 군사적 협력을 의미한다고 정의했다. Thomas Schelling and Morton Halperin, *Strategy and Arms Control*, N.Y.: The Twentieth Century Fund, 1961, p.2.

4) Stanford Arms Control Group, "Modern Disarmament Efforts before the Second World War," Marek Thee (ed.), *Armaments, Arms Control*

평화를 위한 군축의 역사는 참으로 좌절과 실망의 역사라고 해도 과언이 아니다. 제2차 대전 후 특히 핵대결의 위기를 넘긴 1963년부터 일련의 군비통제의 정체(Arms Control Regime)가 형성되어 왔지만 그것은 대체로 미·소 간의 핵무기 차원의 합의가 주된 내용이었다. 그리고 그것들이 군비축소에 도달한 것은 1987년 12월에 체결된 미·소 간 INF협정이 처음이었다고 할 수 있으며, 이것은 1980년 중반부터 시작된 군비축소가 세계적 의제(global agenda)로 등장한 후 첫 번째 결실이었다.

그렇다면 왜 인류의 평화에 기여할 것으로 언제나 기대되어 왔던 군비축소가 제2차 대전 후 80년대 후반에 와서야 세계적 의제로 등장하게 되었는가? 제2차 대전 후에도 1955년 반둥회의를 기점으로 하여 세계적 긴장완화의 촉구와 요구가 있었음에도 불구하고 유독 1980년대 중반에 접어들면서 실제적 의제로 등장한 배경은 무엇일까? 이 물음에 대한 대답은 먼저 의제정치의 일반적 과정에 대한 이해를 필요로 한다.

국제정치에서 국제적 협력을 통해 해결되어야 할 문제는 평화 문제, 국제적 불평등과 빈곤의 문제, 지구생태학적 문제, 인구 문제 등을 포함하여 많고 다양하다. 그러나 모든 문제들이 항상 세계적 당면의제로 부각되거나 채택되지는 않는다. 대부분의 문제들은 동면(dormant)의 상태에 있고 세계적 의제로 등장하고 채택된 문제도 해결되지 못한 채 보다 긴급한 다른 문제에 의해서 압도당해 버리거나 동면 상태로 들어간 다음에 어느 시기에 가서 다시 세계적 의제로 등장하게 되는 것이다. 이처럼 어떤 문제가 국제정치의 세계적 의제로 등장하고 또 그렇게 만드는 것을 맨스백과 배스퀴즈는 의제정치(agenda politics)라고 명명했다.[5)]

---

*and Disarmament*, The UNESCO Press, 1981, pp.74~85.

5) Richard M. Mansbach and John A. Vasquez, *In Search of Theory*,

그들에 의하면 어떤 개별국가의 제안이나 요구가 세계적 의제로 등장하는 데에는 우선 국제정치의 주요 행위자, 즉 오늘날의 초강대국의 제안이나 요구이어야 하며 그러한 제안이나 요구로 제시되기 위해서는 그 문제가 그 주요 강대국에게 현저하게 중요한 문제로 인식되어야만 한다. 바꾸어 말하면 국제적으로 현저하게 중요한 문제로서 특히 주요 강대국에게 직접적으로 중요한 문제이어야만 그 강대국에 의해서 세계 의제로 제기되는 것이다. 국내정치에서 대통령이나 주요 정당지도자와 같이 권위 있는 정책결정자가 쉽게 국내정치의 의제의 우선순위를 결정하는 것과 마찬가지로 국제정치에서는 오늘날 초강대국만이 사실상 자국의 문제를 세계적 의제로 직접적이고 즉각적으로 전환시킬 수 있는 것이다. 그리고 이 경우에 그 문제는 거기에 달려 있는 몫(stake)의 지위(status)나 형태와 아울러 그것과 관련된 제가치의 수와 다양성 및 그러한 몫이 본질적 혹은 수단적 목적을 위해 추구되는 정도에 따라 그 문제의 두드러진 중요성이 결정된다.6)

이러한 의제정치의 과정에 비추어 볼 때 1980년대 중반부터 등장한 소위 군축문제가 세계적 의제로 부각된 것은 초강대국이 이 문제를 세계적 의제로 전환시키는 정책을 추구했으며 그것도 그 나라에 매우 중요한 문제로 인식되었음을 의미한다. 보다 구체적으로 말해서 1985년 3월에 출범한 소련의 고르바초프 정권은 군축문제를 세계적 의제로 전환시켰는데 그것은 고르바초프가 군축을 이른바 '제2의 혁명'을 추진하는 데에 수단적으로라도 매우 중요한 문제로 인식하였기 때문이라고 할 수 있다. 집권 후 꾸준히 계속된 고르바초프의 군축을 포함한 평화

---

New York: Columbia University Press, 1981, chapter 4. 이들은 문제의 생성과 소멸과정을 issue cycle이라고 부른다. 이 점에 대해서는 특히 pp.113~124를 참조.

6) *Ibid.*, pp.96~113.

공세는 당시의 국제정치에서 소련이 차지하는 위치를 고려할 때, 군축을 거의 즉각적으로 세계정치의 우선적 의제로 등장할 수 있게 했던 것이다.

그리하여 지난 약 반세기에 걸쳐 냉전의 대결적 분위기와 치열한 군비경쟁의 고통 속에서 살아온 우리에게 군축은 보다 나은 세계를 형성하기 위한 당면한 과제처럼 보이고 군축의 노력은 평화와 안전의 세계로 우리를 안내할 것이라는 희망이 솟아오르는 것 같다. 그러나 비현실적 희망이 국제정치에 대한 우리의 사고와 이해를 부패시켜서는 안 된다.

## II. 군축과 신뢰구축 문제

군축의 시도는 거듭된 실패에도 불구하고 끈질긴 생명력을 유지하면서 우리 시대의 새로운 당면과제로 등장했다. 특히 제1차 세계대전 종결 후 1920년대와 30년대의 군축 노력이 (보다 정확하게는 그것의 실패가) 히틀러의 도발을 미연에 방지하는 데 오히려 부정적인 영향을 미쳤음에도 불구하고 우리의 당면과제로 다시 등장하는 데에는 대체로 다음과 같은 몇 가지의 지나치게 단순하면서도 뿌리 깊은 믿음 때문일 것이다.

첫째로는 전쟁의 위험이 기존의 무기의 수량과 직접적인 비례관계에 있다고 보고 따라서 국가들이 보다 적은 양의 무기를 갖게 되면 그들이 서로 싸울 가능성이 그만큼 줄어든다는 믿음이다.

둘째로 군축은 설사 전쟁이 발발한다 하더라도 전쟁을 보다 덜 파괴적으로 만들 것이라는 믿음이다.

셋째로는 새로운 무기의 개발에 과학과 기술을 응용하는 것은 그 자체가 하나의 평화에 대한 위협이기 때문에 이것이 금지되어야 한다는 믿음이다.

넷째로 군축이 국제평화와 안전을 확보하는 수단으로서 군비에 대한 하나의 대안, 그것도 보다 나은 대안을 제공한다는 믿음이다.

그러나 이러한 단순한 믿음들을 보다 면밀히 분석해 보면 그것은 마이클 하워드(Michael Howard)의 말대로 환상에 지나지 않는다.

첫 번째의 신념, 즉 전쟁의 위험과 무기의 수량 사이에는 비례적 관계가 있기 때문에 보다 적은 무기가 전쟁의 가능성 감소에 기여한다는 것은 역사에 의해 입증되지 않는다. 어떤 전쟁들은 치열한 군비경쟁이 선행했다. 그러나 다른 전쟁들, 적어도 지난 150년의 대다수의 전쟁은 그렇지 않았다.[7] 어떤 군비경쟁은 결국 전쟁으로 화한 국제적 긴장에 크게 기여했지만 또 다른 군비경쟁들은 단지 시들어 버렸다. 전쟁은 완전무장한 국가들 사이에서, 혹은 전혀 무장하지 않은 국가들간에서도 발발했다. 전쟁이 발생할 때 그것은 매우 간단한 이유 때문이었다. 즉 어느 한쪽이 혹은 더 많은 경우에 양쪽이 다같이 이길 수 있다고 믿었기 때문이다.[8] 그리고 그런 믿음은 적대국 사이에 힘의 -군사력뿐만 아니라 경제력과 사회적 응집력을 포함하여- 비율에 대한 인식에 기초했다. 6·25 때도 북한 김일성이 단시일 내에 이길 수 있다고 믿었기에 남침했었다.

따라서 그러한 불균형에 대한 인식은 중무장한 국가들 사이에서만큼이나 경무장한 국가들 사이에서도 발생한다. 군비증강이나 감소는 의도의 메시지를 전달하는 데 유용할 수 있으며, 따라서 국제적 분위기

7) Michael Howard, "Illusions that Fuel Pressure for Arms Control," *The Atlantic Community Quarterly*, Vol.24, No.2 (Summer 1986), p.119.

8) Geoffrey Blainey, *The Causes of War*, London: Macmillan, 1973, p.53; Michael Howard, *The Causes of War*, London: Temple Smith, 1983, pp.14-15.

에 영향을 줄 수는 있겠지만 군비 비축의 크기 그 자체는 아무래도 좋은 것이다. 1904년의 프랑스와 영국간의 앙탕뜨나 1970년대 중국과 미국 간의 관계개선 같은 외교적 혁명에서는 과거 적국의 군대가 갑자기 평화의 강력한 보장책이 된 사례라 할 수 있다. 그러므로 군비축소란 국제적 긴장완화에 대해서 환영할 만한 하나의 지표가 될 수는 있지만 그런 긴장의 기본적 원인이 제거되지 않는 한 새로운 불확실성과 의심, 불균형과 위협에 대한 새로운 공포를 야기함으로써 상황을 악화시킬 수도 있는 것이다.

두 번째의 신념, 즉 군비축소가 덜 파괴적으로 만들 것이라는 신념에 관해서는 전쟁의 파괴력이 전쟁의 발발 시에 교전국들이 비축하고 있는 무기의 수량에 의해서 측정되어서는 안 된다고 반박할 수 있다. 1914년 말까지 유럽 교전국들은 전쟁 발발 전에 축적했던 탄약을 사실상 탕진해 버렸지만 유럽의 강대국들은 더욱 소름이 끼치는 전쟁을 4년이나 더 계속했다. 당시 미국은 참전할 때 최소의 무장만 하고 있었다. 이처럼 전쟁의 파괴력이란 교전국가들의 응징 능력에 의해서 결정되는 것이다. 면밀하게 선택된 목표물에 대한 몇 발의 미사일이나 공습이 심리적 붕괴를 야기할 수 있으며, 스탈린그라드의 폐허 속의 러시아인들이나 베를린의 잿더미 속에서의 독일인들처럼 모질게 싸울 수도 있는 것이다. 월남전은 이러한 경우를 잘 보여주는 최근의 사례일 것이다.

세 번째로 과학과 기술이 무기의 변화에 언제나 영향을 끼쳐왔지만 특히 제1차 세계대전은 과학의 세계와 군비관계에 전환점을 이루었다. 잠수함, 항공기, 탱크의 등장은 이른바 전쟁사에서 '기계적 혁명'[9]을 가져왔으며 2차 대전 후 냉전의 상황 속에서는 경쟁적으로 과학과 기

9) 전쟁사 중 혁명에 관해서는 Michael Mandelbaum, *The Nuclear Revolution*, Cambridge: Cambridge University Press, 1981, Chap.1.

술이 무기체제의 개발에 집중적으로 응용되었다. 따라서 이른바 우리 시대의 군비에서 빌드다운(build-down)은 일반화되어 버린 현상이다. 따라서 질적인 향상을 통한 수적인 감소는 진정한 의미의 군비축소라 할 수 없으며, 국가간의 기본적 안보의 딜레마를 고려할 때 국제정치 체제의 혁명적 변화 없이 과학과 기술이 무기개발에 응용되는 것을 막을 수는 없는 것이다.

넷째로 국제적 안전을 확보하는 보다 나은 수단으로서 군비축소가 군비증강에 대한 대안이 된다는 신념은 군비축소와 군비증강이라는 두 개의 활동이 전적으로 상호의존적이라는 사실을 고려할 때 재고되어야 마땅하다. 안전이란 하나의 주관적 조건, 즉 마음의 상태이다. 따라서 그것은 두 개의 요소에 토대를 둔다. 하나는 누구도 우리 자신들을 공격하고자 하지 않는다는 가정과 또 하나는 최악의 경우 비록 그들이 공격할 의지와 능력을 보유하고 있다고 할지라도 우리들의 명백한 저항능력에 의해서 그들이 억제될 것이라는 믿음이다. 이 두 가지 요소들 중에서 물론 첫 번째가 훨씬 중요하다. 왜냐하면 단지 군사적 억제력에 의존하는 안전이란 상호신뢰에 입각한 안전에 비해서 매우 빈약한 차선책이며 그 자체만으로는 국제질서를 위해서 전적으로 부적절한 틀(framework)을 제공하기 때문이다. 군비증강은 만일 잠재적 적이 우리를 공격할 의지를 갖고 있다고 할지라도 그가 억제당할 것임을 보장할 수 있고, 또 그렇게 해야만 한다. 그러나 군비축소는 그가 그런 의지를 가지고 있지 않다면 우리 자신들의 의도에 대한 오인으로 인해서 그런 공격의지를 발전시키지 않을 것임을 보장해야 한다.

국가는 수립되는 그날부터 공격받으면 스스로를 방어할 것이라는 메시지를 전 세계에 전달하기 위해서 무장한다. 그러나 국가는 동시에 자신의 무장이 인접국가의 안전에 위협이 되지 않는다는 메시지를 전달해야 한다. 또한 핵시대에는 자신들의 무기가 자국민의 생존에 위협이 되지 않는다는 것을 자국민에게도 분명히 할 필요가 있다. 무장이 억제에 관한 것이라면 군비통제는 재보장에 관한 것이며, 안전이란 이 두 가지의 결합에 의해서 성취된다. 따라서 군비축소만으로는, 즉 한 가지만으로는 안전이 보장되지 않는다. 뿐만 아니라 설사 군비축소에 일단 당사국들이 서로 합의한다고 할지라도 합의 내용은 상호 검증되어야 하며 그것에 따르는 기술적 문제도 결코 간단하지 않다. 검증문제의 비극은 빠져나갈 가능성이 있는 모든 구멍을 막지 않고서는 군비축소의 합의에 대한 절실한 필요성을 느낄 만큼 정치지도자들이 신축성있지 못하다는 것이다.

우선 계속되는 기술 경쟁이 군비축소는 물론 검증에 대한 협상을 어렵게 만든다. 기술의 변화 속도가 외교적 협상의 진전을 앞서가기 때문에 군비축소는 그것이 논의되고 있는 동안에 의미가 상실되어 버릴 수 있다.10)

둘째로 검증을 위해서는 현장조사(inspection on the spot)가 필요하다. 어쩌면 이 현장조사야말로 군비축소나 통제의 시금석이라 할 수 있을 것이다.11) 현장조사는 완전무결해야 한다. 그러나 실제로 인간의 능력과 기술, 그리고 판단은 언제나 오류의 가능성을 완전히 배제하지 못한다.12)

---

10) Henry Kissinger, *Nuclear Weapons and Foreign Policy*, New York: W. W. Norton, 1957, p.211.

11) Robert Bowie, "Basic Requirement of Arms Control" in Donald G. Brennan (ed.), *Arms Control Disarmament and National Security*, New York: George Braziller Inc., 1961, p.49.

12) 군비축소 및 통제의 검증 기술에 관한 구체적 논의를 위해서는 Karl Pieragostini, "Arms Control Verification," T*he Journal of Conflict Resolutions*, Vol.30, No.3 (September 1986), pp.420~444; Michael Krepon, "Verification of Conventional Arms Reduction," *Survival* (November/December 1988), pp.545~555; Kosta Tsipis, David W. Hafemlister and Denny Janeway (eds.), *Arms Control Verification*,

또한 일단 합의된 군비축소나 군비통제가 장기적인 실효를 보장받기 위해서는 당사국들의 무기산업이 민간산업으로 전환되어야 한다. 실제로 유엔총회는 1982년 그런 산업적 전환의 준비를 조사할 국가적 연구들을 착수하도록 각국 정부에 촉구하는 결의안을 내놓았으나 그것을 존중하는 국가는 스웨덴을 제외하고는 없는 것 같다.[13)]

많은 경우에 군사기술과 비군사기술(민간기술)은 아주 밀접하게 관련되어 있다. 그러나 민간 부문에 적용할 성질을 갖지 못하고 순전히 방위산업 부문에서만 사용되는 수많은 기술도 있다. 특별한 군사기술을 다루는 연구자들이나 기술자들, 그리고 숙련공들은 자신들의 지식을 민간부문으로 쉽게 변경하지 못한다.

이상에서 본 것처럼 군비축소에 대한 일반적 믿음은 희망의 표현이지 분석의 결과는 되지 못한다. 그럼에도 불구하고 군축은 그 자체가 평화를 보다 확실하게 하고 전면적인 축소는 평화를 항구적으로 가져올 것이라는 믿음, 즉 환상은 매우 광범위하게 그리고 너무도 깊이 퍼져 있어 정책에 반영되어야 할 불가피한 정치적 사실로 인식되고 있다. 그러나 국가나 인간은 무기를 가지고 있기 때문에 싸우는 것이 아니라 싸움을 피할 수 없다고 생각하기 때문에 무장하는 것이며,[14)] 헤들리 불(Hedley Bull)의 주장처럼 군축은 전쟁도발의 확률을 오히려 확대시킬 수도 있다.[15)] 환언하면 막강한 파괴력으로 인한 가공할 피해로 전

---

Washington: Pergamon, Brassey's International Defense Publishers, 1986.

13) Inga Thorsson, "In Pursuit of Disarmament" in Ramesh Thakur, *International Conflict Resolution*, London: Westview Press, 1988, p.149.

14) Hans Morgenthau, *Politics Among Nations*, 5th ed, New York: Alfred A. Knopf. 1973, p.400.

15) Hedley Bull, *The Control of the Arms Race*, New York: Frederick A. Praeger, 1961, Ch. 2.

쟁이 억제되는 반면에 단순한 군축은 피해의 정도를 제한시킴으로써 오히려 전쟁 모험을 유발할 수 있다는 것이다. 제2차 대전 후 냉전하에 전전긍긍하면서도 반세기간의 국제적 안정이 유지될 수 있었던 것은 바로 가공할 핵무기의 파괴력에 의해 전쟁도발 모험의 용이성이 억제되었기 때문이라는 사실은 하나의 인습적 지혜가 되어 버렸다.[16)]

그럼에도 불구하고 군비가 축소된 세계에 대한 인류의 열망은 군축문제를 새로운 시대적 당면과제로 부각시키고 있다. 군축은 마치 플라톤식의 '고결한 거짓말(noble lie)'처럼, 정치가들이 군축의 세계를 믿지 않을지 모르지만 군축의 열망을 진작시키고 있다. 어느 정치지도자도 군축은 환상에 지나지 않으며 그러한 열망은 잘못된 것이라고 솔직하게 말하지 못한다. 정부나 지도자들은 군축의 낙원에 도달하기 위해서 노력하는 것처럼 보여야만 한다. 비록 목표가 달성될 수 없는 것이라 할지라도 그 대상은 고결한 것이고, 그것에 도달하려는 바로 그 과정 자체가 국제적 행위에 대해 문명화시키고 진정시키는 영향력이 될 것이기 때문이다.

성공적 군축 노력이 매우 드문 이유는 그런 노력이 어느 정도의 정치적 상호조정을 필요로 하는데 이것이 어렵기 때문이다.[17)] 따라서 군축에 대한 성급한 기대는 좌절과 분노만을 가져올 것이다. 그러므로 우리의 노력은 국가적 긴장완화에 우선 경주되어야 하고, 그것은 도발적 행위를 억제하는 국제적 및 쌍무적 분위기 조성을 의미한다. 그러한 노력과 분위기는 의미 있는 군축으로 발전될 수도 있다. 그러한 노력들은 오늘날 포괄적으로 신뢰구축 방안(confidence-building measures)이

16) 한 예로서 John Lewis Gaddis, "The Long Peace," *International Security*, Vol.10, No.4 (Spring 1986), pp.120~123.

17) The Harvard Nuclear Study Group, *Living with Nuclear Weapons*, Cambridge: Harvard University Press, 1983, p.189.

라고 불리운다. 그것은 국가 및 그것들이 창조하는 사실들에 대한 신뢰성, 즉 마음의 보장을 의미한다.18)

## III. 미국의 대북한 신뢰구축 방안

한반도는 한국전쟁 이후 줄곧 군비경쟁을 계속해 왔다. 남북한 사이에는 상호불신이 너무도 깊고 또 그동안 한반도를 중심으로 한 냉전적 상황이 크게 극복되지 못함으로써 군축과 신뢰구축 문제가 최근에야 본격적으로 논의되기 시작했다.19)

그러나 신뢰구축 방안에 속하는 제안은 이미 1970년대 초부터 있어 왔다. 1971년 6월 12일과 그 후 몇 차례에 걸쳐서 미국은 북한에 대해 소위 비무장지대(DMZ)를 진실로 비무장하기 위한 조치가 취해져야 한다고 제안했지만 북한은 아무런 적극적 답변이 없었다. 1981년 12월 28일과 1982년 1월 23일 미국은 북한과 중국에게 1976년 이래 매년 봄에 실시해 온 팀스피리트 훈련에 군사참관인들을 파견하도록 제안했다. 그러나 이에 응할 경우 북한은 한반도에서의 미국의 군사적 현존(presence)을 사실상 정당화시켜 주는 결과를 초래할 것이기 때

---

18) John J. Holst, “Confidence Building Measures: A Conceptual Framework,” *Survival*, Vol.xxv, No.1 (Jan/Feb 1983), p.2. 그러나 이런 방안들은 국가안전의 해결에 결코 어떤 만병통치약을 제공하지는 않는다. 어떤 경우에 그런 조치들은 신뢰구축에 전혀 도움이 되지 않는다. p.13.

19) 북한 군축제안과 그 논의를 위해서는 이달곤, “군사이론에 입각한 남북한 군축협상 대안연구,” 『통일문제연구』, 제1권 1호(1989 봄), pp.103~192; 하영선, “한반도 군비축소의 현실적 모색,” 이호재 편저, 『한반도 평화론』, 법문사, 1989, 제14장; 양성철과 조덕현, “남북한 군비통제 제안: 분석 및 평가,” 『한국정치학회보』, 21집 1호 (1987), p.104.

문에 예상대로 부정적이었으며, 중국은 북한의 입장을 따를 수밖에 없어 미국의 초청을 사양했다. 다른 한편으로 생각하면 미국은 그러한 제안을 쉽게 할 수 있었다. 왜냐하면 북한은 남한보다도 많은 병력을 보유하고 있음에도 불구하고 전반적 군사력의 우위를 갖고 있지 못하기 때문이다. 더구나 매년 봄에 훈련은 확대되었지만 위험이 동반되지 않았다. 미국은 그 후 북한에게 팀스피리트 훈련의 사전통고와 참관인들을 파견하는 초청을 되풀이함으로써 사실상 일방적 신뢰구축 제안을 해 왔다. 이러한 연례훈련에 대한 북한의 극단적 민감성을 인식하여 1984년에는 북남방향이 아니라 동서방향으로 훈련이 수행되었다.[20] 1981년 북한을 방문한 미국의 솔라즈(Stephen Solarz) 의원에 의해 그런 사전통보에 관한 질문을 받은 김일성은 그런 암시가 흥미있는 것으로 논의할 가치가 있겠지만 미국이 북한에 대해 대립적 정책을 계속하고 남한에 군사원조를 제공하는 한 어떤 합의도 불가능하다고 답변했다.[21]

1984년 남북한 대화가 재개되고 중국이 미국 사이의 중개자로서 행동하면서 북한의 부정적 자세는 다소 완화되는 것처럼 보였다. 그리하여 1984년 1월 북한은 소위 3자회담을 제안했다. 1984년 4월 레이건 미 대통령이 베이징을 방문했을 때 슐츠 국무장관은 중국의 외상에게 다음의 항목을 포함하는 미국측의 제안을 북한에 전달하도록 요청했다.

첫째, 비무장지대로부터의 병력을 후진시키고 중장비 무기를 제거함으로써 비무장지대의 비군사적 성격을 부활시킬 것, 둘째, 비무장지대의 비군사적 성격을 보장하기 위해서 중립국들로 구성되는 팀에 의한

20) *Asian Security*, London: 1985, p.104.

21) Reinhard Drifte, “Arms Control and the Superpower Balance in East Asia,” in Gerald Segal (ed.), *Arms Control in Asia*, Lodon: The Macmillan Press, 1987, p.35.

정기적인 조사를 할 것, 셋째, 남북한 군사훈련의 사전통보, 넷째, 군사훈련에 참관인들의 상호파견 등이 그것이다.[22)]

또한 같은 해 10월 레이건 대통령은 유엔총회에서 행한 연설에서 CBM이 평화적 재통일을 향한 중요한 일보가 될 것이라고 천명했다. 이에 대해 북한의 김영남 외상은 3자회담에서 CBM을 논의하자고 제안했다. 그러나 미국측은 이것을 수락하지 않았다. 왜냐하면 미국은 중국을 포함하는 군사정전위원회(Military Armistice Commission)의 역할을 지원하고자 했기 때문이다. 그러나 1985년 12월 6일 북한은 군사 정전위원회에서 대규모 군사훈련을 완전히 중단하자고 제안했다. 이것이 미국측에 의해 거부되자 1986년 1월 북한은 모든 남북대화로부터 철수를 선언했다. 다가오는 팀스피리트 훈련이 제시된 이유였다. 북한은 CBM 문제를 다루는 데에 남한 정부를 가능한 배제하고 미국과의 직접 협상의 방법으로 CBM을 이용하고자 원하고 있는데 이것이 최대의 장애물이라 할 수 있다.

1985년 12월의 제안은 남북대화의 지속이 한반도에서 미국의 군사적 활동의 감소에 달려 있음을 분명히 하는 것으로 보였다. 북한은 군사 참관인들을 파견하라는 미국의 초청을 일단계로 수락함으로써 긴장완화에 대한 그들의 진심을 보여줄 수도 있었겠지만 그러나 평양의 입장에선 그것이 남한에 주둔한 미군의 '권리의 인정'을 의미하는 것이 될 것이다. 따라서 미국이 제안해 온 CBM들은 아무런 진전을 가져오지 못한 채 교착상태에 빠져있는 형편이다. 따라서 한반도에서 CBM을 위한 미국의 제안은 북한측에 의해서 토의하는 것조차 수락되지 않고 있기 때문에 북한의 극적인 수락조치나 북한요구를 미국이 극적으로 수락하지 않는 한 미국의 신뢰구축 방안은 진전되기 어려운 상황에 있

22) *Korea Herald* (June 7, 1984).

다. 특히 미국은 주한미군의 장래 문제와 관련하여 북한측에 '선(先) 신뢰구축'을 촉구함으로써 북한의 '선(先) 미군철수'를 분명히 반대하고 있다.[23)]

그러나 주한미군의 감축, 특히 상징적인 소수병력의 감축이 다음과 같은 이유에서 미국정부에 의해 단행될 가능성이 있다.

첫째, 월남전쟁 후 '전략적 철수(strategic disengagement)'의 대아시아 정책분위기가 소련의 아프가니스탄 침공과 그에 따른 소위 제2의 냉전으로 인해 다소 주춤했지만 소련의 아프가니스탄으로부터의 철수와 고르바초프의 평화공세 및 실천적 행동은 미국의 국민과 지도자들에게 전략적 철수를 계속할 수 있다고 생각하게 할 것이다.[24)]

둘째, 미국 행정부의 공식적인 입장에도 불구하고 미국 의회는 외교정책수행에 대해 적지 않은 영향력을 행사할 것이며 미국 의회 내에서는 주한미군에 대한 감축의 분위기가 진작되고 있다.[25)]

셋째, 미국의 부시 행정부는 1990년의 중간선거와 특히 1992년의 대통령 선거운동 기간에 대외정책이 평가받지 않을 수 없기 때문에 비

---

23) 『조선일보』 (1989년 6월 14일), 리처드 솔로몬 동아시아태평양 담당차관보의 증언.

24) 미국에서 월남전의 영향과 선거 및 대외정책의 관계에 관해서는 Sung Hack Kang, "America's Foreign Policy toward East Asia for the 1990s: From Godfather to Outsider?" *Korea and World Affairs*, Vol.11, No.4 (Winter 1987), pp.679-707.

25) 미상원 군사위원회의 움직임에 관한 보도로서는 『한국일보』 (7월 23일). 그 당시 부시 미 대통령도 의회의 이런 분위기를 최호중 외무장관에게 밝혔다. 『동아일보』(1989년 7월 25일) 참조. 주한미군 감군에 관한 미국방부의 방안보도는 『동아일보』 (1989년 7월 29일). 미 상원의 주한미군 감축보고에 관한 보도와 넌-워너 수정안의 내용에 관해서는 『동아일보』 (1989년 8월 1일), p.4. 이 수정안의 통과는 같은 신문 8월 3일, p.2의 보도 참조. 또한 주한미군이 90년대 중반엔 불필요하다는 메네트리 주한미군사령관의 『뉴욕타임스』 회견 내용에 관해서도 『동아일보』 (8월 14일), p.4를 참조.

록 정책적 우선순위나 미국민의 관심에서 우선적인 것이 되지는 못할지라도 현재의 주한미군에 대해 어떠한 변화를 단행할 가능성이 있다.

이렇게 볼 때 주한미군에 대한 미국정부의 정책변화는 상상될 수 있다. 문제는 그런 변화가 북한측에 의해 선미군철수의 조건을 더이상 고집할 필요가 없는 정도의 것이 될 것인가, 아니면 그런 변화에도 불구하고 북한은 계속 주한미군의 '완전철수'를 계속 고집할 것인가이다. 북한은 후자를 택할 것이다. 왜냐하면 북한은 주한미군의 병력의 수에 관심을 갖고 있기보다는 미국이 행동으로 보여주는 대한방위공약 그 자체에 있기 때문이다. 이렇게 볼 때 주한미군의 '상대적 감축'이 미국정부에 의해 단행된다고 할지라도 미국의 신뢰구축 방안 제안은 가까운 장래에 큰 진전을 기대하기 어렵다.

## Ⅳ. 러시아(구소련)의 지역적 접근방안

1969년 소련의 이른바 '아시아 집단안보체제'의 제안이 전혀 진전을 보지 못하고 오히려 아시아 주요 국가들에 의해 거부된 이래 아시아에 대한 소련의 새로운 정책은 고르바초프 집권 직후부터, 즉 1985년 5월부터 고르바초프가 제안한 '아시아의 안보회의'이다. 이 회의에 대한 대부분의 천명과 코멘트에서 소련인들은 헬싱키 과정의 긍정적 경험을 지적하면서 유럽의 합의를 아시아가 뒤따를 하나의 모델로서 제시했으며 1986년 7월 28일 블라디보스토크 연설에서 가장 직접적으로 명백하게 공식 제안하였다.26)

26) 고르바초프의 정책 선언의 배경과 그 내용 및 그것이 1969년 브레즈네프의 아시아 집단안보체제안과의 차이 및 그 제안의 전망에 대해 저자가 최근에 취급한 것으로는 "1990년대 소련의 동아시아 정책: 고르바초프의 선언과 신사고를 토대로" 『아세아연구』, Vol.32, No.1 (1989년 1월),

중국은 1969년 브레즈네프의 제안처럼 즉각 규탄하지는 않았지만 그렇다고 공식적으로 지지를 표명하지도 않았다. 당시 중국은 소련과의 긴장완화와 정상화를 위해서 지역적 접근방식보다는 오히려 쌍무적 접근방식을 원하고 추진해 왔다. 일본은 1985년 5월 23일 아베 신타로 외상을 통해 구체적 조건을 제시했는데 그것들은 다음과 같다. 첫째, 미국의 그 회의에 참여할 것, 둘째, 그 제안이 제2차 대전 후 장악한 홋카이도 동쪽 4개의 섬에 대한 점령의 영구화를 의미하지 않을 것, 셋째, 미소간 군축의 진전과 소련이 아시아에서도 군축을 추구할 것, 그러나 만일 소련의 제안이 1969년 제안했던 아시아 집단안보 계획과 그 내용이 동일한 것이라면 일본은 그 제안에 부정적 입장을 취할 것이다.27)

이러한 일본의 입장에 대해 소련은 사실상 줄곧 영토문제의 존재를 인정하고 철수할 조짐을 전혀 보여주지 않음으로써 소련의 대일본정책은 아무런 진전을 가져오지 못했다.28)

한반도를 포함하여 동북아국가들은 지정학적으로 대서양시대로부터

---

pp.185-214.

27) Reinhard Drifte, “Arms Control and the Superpower Balance in East Asia,” in Gerald Segal (ed.), *Arms Control in Asia*, London: Macmillan, 1987, p.31에서 재인용.

28) 소련의 고르바초프 정책선언 이전의 소련 CBM 제안들에 대한 일본 입장의 분석을 위해서는, Hiroshima Kimura, “The Soviet Proposal on Confidence-Building Measures and the Japanese Response,” Joshua D. Katz and Tilly C. Friedman-Lichtschein (eds.), *Japan's New World Role*, Bolder: Westview Press, 1985, pp.81-104. 한편 고르바초프가 일본에게 북방 4개의 섬들을 대규모 재정원조와의 교환조건으로 반환할 것을 비밀리에 제안했다는 U. S News and World Report 지 8월 5일자 보도에 대해 일본정부는 그러한 제안을 전혀 받은 바 없다고 즉각 부인하면서 소련이 그 당시까지의 태도로 보아 전혀 생각할 수 없는 일이라고 논평했다. 『동아일보』(89년 8월 7일 자); *The Korea Herald* (August 8, 1989).

태평양시대로 전환하는 역사의 추세에 부응하는 한편 전쟁과 경제적 부흥 및 무장평화로부터 긴장완화와 군비축소 및 신뢰구축으로 전환을 추구해 온 유럽의 경험에서 뭔가를 배울 수 있을 것이다. 그런데 과연 이 지역은 유럽과 초강대국 사이에서처럼 군비축소를 실행에 옮길 수 있는 여건과 정치적 성숙에 도달하고 있는 것일까?

파괴의 행동과 수단을 제안하고 통제함으로써 전쟁의 위험과 규모를 통제하려는 노력은 언제 어느 곳에서나 타당하다. 따라서 군비축소나 통제는 아시아에서 전혀 설 자리가 없다고 주장하는 것은 단순한 속단이거나 혹은 무조건 반대의 표면적 표현에 지나지 않을 수도 있다. 그러나 동시에 무조건 성공할 수 있다는 믿음도 희망의 표현에 지나지 않는다. 그러므로 우리는 아시아 특히 동북아지역이 유럽과 어떻게 다른가를 분석할 필요가 있다.

먼저 힘의 구조에서 동북아에선 유럽과는 아주 대조적으로 힘이 널리 유포(diffuse)되어 있다. 즉 동북아엔 분명하게 경계선을 가진 두 개의 진영으로 나누어져 있지 않다. 그 대신에 미국, 러시아를 비롯한 중국과 일본 그리고 2개의 한국이 있으며 한반도나 중국의 급속한 변화의 추세를 고려할 때 사태의 발전을 예측하기가 매우 어렵다. 더구나 유럽에 비해 두 초강대국의 조망이 매우 다르다. 역사적으로 소련은 소련의 유럽 쪽을 더욱 중요하게 간주하여 왔지만 소련의 영토는 소련을 동아시아의 일부일 수밖에 없게 만들었다. 즉 소련은 아시아의 초강대국인 것이다. 그럼에도 불구하고 소련의 유럽우선 정책은 INF에 대한 1986년 1월 고르바초프의 군축 제안이나 미국과의 협상과정에서 그리고 그들의 정책설명에서 분명히 노출되어 왔다. 소련의 이런 태도에 대한 하나의 설명은 과거 양차대전에서 유럽으로부터 당했던 위협의 역사적 경험이 될 것이다.

동아시아에서 미국의 군사력은 커뮤니케이션의 수로(sea lanes)와

이 지역 동맹국을 보호하기 위한 억제력으로 작용했다. 미군의 주둔은 수적인 면에서보다는 질적인 면에서 매우 인상적인 것이다. 예를 들어, 지금도 미국은 항공모함의 기동군사력을 통해 힘의 투영능력에서 타국의 추종을 불허하는 우월성을 유지하고 있다. 그러나 전체적으로 볼 때 미국의 군사적 우월성은 이제 러시아와 경쟁하고 있다. 미 군사력은 장비나 병참 면에서 러시아에 질적인 우위를 여전히 유지하고 있지만 미·러 양국은 다 같이 지리적 불이익을 당하고 있다. 미군은 본국에서 멀리 떨어진 곳에서 작전해야 하고 그들의 공급선도 커버해야 할 지역의 광할성 때문에 확장되어 있다. 러시아도 기후적 조건으로 크게 장애받고 있다. 뿐만 아니라 미국은 러시아가 공해상에 나오기 전에 전략적 해협에서 러시아 해군의 숨통을 조이기가 용이하다. 반면에 러시아는 베트남의 캄란만과 다낭의 이용 및 북한의 상공 통과권의 확보로 그들의 작전범위를 크게 확대시킬 수 있다.

이러한 초강대국들의 군사적 경쟁을 더욱 복잡하게 만들어 버림으로써 국제통제력뿐만 아니라 지역적 군사통제나 군축의 정체(regime)의 출발을 더욱 복잡하고 어렵게 만드는 것은 지역적 힘의 균형관계이다. 일본은 미국에 의해서 국방비 지출의 보다 높은 증가와 지금까지 미국이 사실상 혼자서 담당해온 지역안보의 역할을 점차 떠맡도록 촉구받아 왔다. 일본은 미국의 군사적 주둔을 지지하면서도 꾸준히, 그리고 조심스럽게 군사력을 증강시키고 있다. 일본의 방위계획은 1990년대에는 그 자체의 생명력을 발전시킴으로써 11년 뒤인 21세기 초엔 아시아에서 보다 독립적 정책의제를 갖는 강력한 국가로 등장하게 될 것이다.[29] 따라서 국가적 신분향상과 정치적 영향력 증대를 위해 군사력

29) Ross Babbage, "The Changing Maritime Equation in the Northwest Pacific," Presented at the Symposium on The Pacific Era and Korean Sea Power: Prospects and Issues, jointly Sponsored by the ROK Navy and the SLOC-Study Group, Korea (11~12 July 1989),

증강이 본격적으로 진행되기 시작한지 얼마 되지 않을 뿐만 아니라 타 강대국에 비해 아직 열세에 있는 일본이 군비통제나 군축의 정체를 수립하는 데 적극적인 자세를 취할 것으로 보이지 않는다. 군사적으로 열등감을 갖고 있는 일본의 지도자들은 기본적으로 양극적 조망을 갖고 있다.[30]

중국은 1970년대 초부터 말까지 소련을 견제하기 위해서 양극적 조망과 전략을 발전시켰으나 미·소 및 지역적 균형을 재평가하고 대결정책의 손익을 계산한 중국의 지도자들은 1982년 독립적 외교정책선언을 통해 미소 간의 경쟁에서 하나의 카드로서의 유용성을 거부했다. 그럼에도 불구하고 서방세계와의 비교적 긴밀한 관계는 이 지역에서 양극적 국제체제의 강화에 기여했으며, 한때는 일본의 방위 노력을 공개적으로 고무하기까지 했다. 중국은 아시아에서 미국의 군사적 주둔을 소련에 대한 방지책으로서 뿐만 아니라 일본을 통제하기 위해서 환영하고 있는 입장이었다.[31] 그러나 1989년 5월 고르바초프와 등소평 간의 정상회담으로 공식화된 양국의 정상화와 6월 천안문광장 학살사태에 따른 서방세계의 부정적 행동들은 공산정권의 안전을 최우선으로 하는 중국정부로 하여금 보다 더 독립적인 외교정책적 입장의 추구와 실행쪽으로 나아가게 하고 있다. 따라서 중국은 독립적 외교 및 안보정책을 성공적으로 추구하고 유지하기 위해서 군사력의 근대화를 통해 군사력 증강을 꾸준히 추구할 것이다. 그리고 중국은 미국은 물론 러시아에 비해서도 군사력에 있어서 열세에 있는 상황에서 군비축소에 적극적으로 참여할 것 같지 않다. 중국에게 군비축소나 통제체제는 미

p.C-23.

30) Reinhard Drifte, *op. cit.*, p.21.

31) Robert G. Sutter, "Realities of International Power and China's 'Independence' in Foreign Affairs, 1981-1984," in *Journal of Northeast Asian Studies*, Vol.3, No.4, pp.3-28.

국은 물론 러시아에 대한 중국의 군사력 열세를 제도화하고 영구화하려는 기도로 인식될 것이기 때문이다.

동북아지역에서는 지역적 양극과 다극성 사이의 군사적 균형을 더욱 더 복잡하게 만드는 한반도 문제가 있다. 한반도의 문제는 별도로 논의할 것이므로 여기에선 남북한이 다같이 정도의 차이는 있지만 초강대국들에게 군사적으로 의존하고 있으면서도 첨예하게 대립하고 있기 때문에 이 지역에서의 군비통제나 군축의 정책수립을 더욱 어렵게 만든다는 사실만을 지적하고자 한다.

요컨대 동아시아는 유럽과는 아주 대조적으로 명백한 양진영간의 양극적 대립이 아니라 다극성이 공존함으로써 불확실성이 증대되고 군비경쟁이 심화되는 조건에 처해 있다는 사실이 강조되어야 할 것이다. 월남전 이후 이 지역에서 미 군사력의 상대적 추락은 이 지역을 보다 안전한 환경으로 만들기보다는 오히려 불확실성의 증가에 따른 새로운 지역적 긴장과 위험을 증가시킬 위험이 높다.32)

아시아로 하여금 유럽의 모델을 추종하기 어렵게 만드는 또 하나의 이유는 아시아 지역이 유럽과는 다르게 가지고 있는 전통적 방위문화 때문이다. 군축이나 군비통제는 유럽인들이 여러 가지 형태로 수백 년 동안 수행해 온 하나의 '게임'이다. 따라서 유럽국가들의 국방정책이란 공식적 군비통제나 군축을 정책의 유용한 하나의 수단으로서 수락하여 온 역사적 전통 혹은 제랄드 시걸(Gerald Segal)의 표현을 원용해 본다면 '방위문화'의 한 요소로서 수락하여 왔다.33)

수세기 동안 국제체제(states system) 속에서 살아왔고 국제법의

---

32) 다극체제의 불안정성과 양극체제의 국제적 안정성에 관해서는 Kenneth Waltz, *Theory of International Politics*, Reading: Addison-Wesley Publishing Co., 1979.

33) Gerald Segal, "Defence Culture and Sino-Soviet Relations," *Journal of Strategic Studies* (July 1985).

어떤 면들을 존중하는 전통을 가진 유럽국가들에게 군비경쟁을 제약하는 군비축소나 군비통제란 거의 자연스러운 것이다. 반면에 아시아 국가들에게는 그런 전통이 없다. 국제체제의 개념도 비교적 생소할 것일뿐만 아니라 국제법은 불평등조약의 유럽식 가면이기도 했다. 아시아 국가들에겐 '식민법(colonical laws)'과 '제국주의의 유산'에 대한 거의 본능적인 거부감이 남아 있다. 이러한 수사학들은 아시아 국가들 자신들이 강대국이 되려는 야심을 숨기는 데 사용하고 있는 것도 사실이지만 법률이나 규정이란 강자가 약자를 통제하고 늙은이가 젊은이를 길들이기 위해 만들어진 것이라는 트라시마쿠스적 깊은 냉소가 존재한다. 따라서 희망찬 미래를 꿈꾸는 아시아의 국가들에게 종종 군비축소나 통제란 자신들을 꾸짖으며 현상(states quo)을 유지하려는 몸짓으로 간주되는 것이다. 이러한 관찰은 아시아 국가들이 무제한의 군비경쟁을 추구하거나 긴장완화에 관심이 전혀 없다는 것을 의미하지 않는다. 다만 아시아 국가들의 방위문화란 지금까지 공식적 군비축소나 통제의 필요성을 보여주지 못하고 있다는 것을 뜻한다. 그리고 이런 방위문화는 정치문화처럼 생명력이 강해 쉽게 극복되지는 못할 것이라는 점을 지적하려는 것이다.

이렇게 볼 때 러시아의 제안이 설사 아시아 태평양국가들에 의해서 수락된다고 할지라도 유럽과는 달리 그 회의의 진전을 기대하기 힘들다. 더구나 아시아의 주요 국가인 일본이 수락하지 않고 있으며, 이들은 러시아와의 직접 쌍무적 협상을 통해서 당면문제들을 우선적으로 다루고 싶어 하기 때문에 러시아의 지역적 접근법은 군축을 포함한 한반도문제에 어떤 중대한 결과를 기대하기 어렵다. 한반도 문제에서도 러시아는 1988년 8월 고르바초프가 베이징의 대인민회관 연설에서처럼 우선 주한미군의 철수를 주장함으로써 정치적으로는 북한의 기본적 입장을 지원하고 있기 때문에 러시아의 지역적 접근 방법이 한반도의 신뢰구축에 기여하기에는 상당히 시기상조라고 말할 수 있을 것이다.

헬싱키 모델을 제시하는 러시아측의 입장에서 보아도 러시아는 유럽에서와 같이 국경선의 국제적 인정을 얻어야 할 압도적 관심을 갖고 있지 않다. 이른바 북방영토나 중국의 일부와 같은 분쟁의 영토들은 러시아 '보호' 하의 주권국가들이 아니다. 또한 러시아는 유럽에서처럼 제시할 반대급부도 거의 갖고 있지 못하다. 즉 이른바 북방영토에 잔류하고 있는 같은 동포의 인권을 확보하기 위해서 타협에 관심을 갖고 미국과 다른 국가들을 헬싱키식의 과정에 끌어들이려고 열심인 미국의 동맹국도 없다. 바꾸어 말하면 두 초강대국들로 하여금 군비축소나 통제의 정체를 추구하도록 영향력을 행사할 수 있는 서독과 같은 유럽의 강대국이 아시아에는 존재하지 않는다.[34] 따라서 러시아도 비록 헬싱키 모델을 아시아에 적용하고자 하지만 이 지역 국가들과 쌍무적 관계에 앞서 지역적 접근방식을 고집스럽게 당장 추진할 것으로 보이지 않는다.

## V. 알마아타(Alma-Ata)의 신뢰구축 방안

1988년 5월 29일~6월 1일 모스크바에서 개최된 미·소 정상회담 뒤에 레이건 대통령과 고르바초프 서기장은 한반도의 문제가 자신들이 토의한 지역문제 가운데 하나였으며, 이 지역의 긴장의 원인 및 극복방법에 대한 평가에 있어서 심각한 차이가 있었음을 말했다. 그러나 그러한 차이가 미·소 양국 간의 건설적 상호작용에 장애가 될 필요는 없다는 데 합의했음을 천명하고, 또 두 지도자들은 지역의 갈등 당사국들이 자신들의 독립과 자유 및 안전을 증진시킬 평화적 해결책을 강

34) Reinhard Drifte, *op. cit.*, pp.34, 38.

구하는 데 기여하기 위해서 모든 차원에서 미·소 간 논의를 계속할 의향임을 재확인했었다.

1987년 10월 2일 스탠포드 대학교의 국제전략연구소와 소련과학원의 극동문제연구소가 공동으로 '아시아 태평양 지역의 안전강화 및 전쟁위험 감소를 위한 계획'을 추진하고 있던 중 그러한 정상회담의 정신에 입각하여 1988년 6월 23일~25일 소련의 알마아타(Alma-Ata)에서 한반도 문제에 대한 심포지엄을 개최하고 그들의 아시아·태평양 지역의 안전강화 및 전쟁위험 감소계획에서 합의한 아이디어들이 한반도의 특수한 조건에 적용될 수 있는지를 논의했다. 그들의 출발점은 연구소가 합의한 신뢰구축 방안에 대한 개념적 접근방법이었다. 이에 따르면, 신뢰구축 방안이란 무장갈등의 가능성을 감소시키고 특히 심각한 군사적 대립지역에서 공격적 군사력의 균형된 축소를 위한 길을 여는 것이어야 한다. 즉 그것은 군사활동에 직접 관련되는 구체적 조치들을 위한 것으로서 광범위하게 정치적이고 법률적인 맥락을 포함해야 한다. 그러나 신뢰구축 방안의 계획은 심각한 안전의 목적에 기여할 뿐만 아니라 이 계획에 참여하는 국가들에겐 엄격히 대립적 입장으로부터 보다 협조적이고 공개적인 관계로 전환하는 하나의 구체적인 정치적 목적에도 기여해야 한다. 그리하여 대화와 조정의 과정이 시작할 수 있는데, 이 과정은 쌍무적 관계에 보다 많은 활력을 불어넣고 또 시간이 감에 따라 광범위한 토대 위에서 안전관계 뿐만 아니라 정치 및 경제적 관계의 긍정적 발전을 가져올 수 있을 것이다.[35]

이러한 신뢰구축 방안의 정의에 입각하여 그 심포지엄은 미소 공동 합의하에 포괄적인 협상을 유도하도록 다음과 같이 제1차적 조치들을

35) *A Program for Strengthening Security and Reducing the Risk of War in the Asia-Pacific Region*, Stanford University (March 1988), pp.3-4.

제시했다. 첫째, 남북한 통일문제를 주관하는 각료들이나 다른 고위 정부관리들 사이에 공개적 의제를 가진 정기적 회합, 둘째, 유엔헌장에 명시된 무력의 위협이나 사용의 포기선언과 상호 내정불간섭의 약속, 셋째, 모든 분쟁이나 불화는 평화적 수단으로 해결하려는 노력을 포함하여 상호존중, 독립 및 상호이익의 토대 위에서의 협력, 넷째, 모든 불화의 논의와 해소를 허용할 특별한 쌍무적 채널을 설치하려는 헌신, 다섯째, 서울과 평양간의 텔레커뮤니케이션 위상의 격상 등이 그것이다.

이상의 다섯 가지 일차적 조치들을 제안하면서 위험감소 정체에 적절한 조치로서는 1986년 9월의 스톡홀름 문서(Stockholm Document)에 제시된 신뢰구축 방안의 계획이 선별적으로 적용될 수 있다고 부언했다.[36] 또한 한반도의 군사적 대립을 제한하거나 감소시킬 조치로서는 한반도의 DMZ의 비군사화 문제와 남북한이 핵무기를 개발하지 않는 합의 및 이것이 성취된 후 남북한에 핵무기가 비치되지 않는 합의가 필요하고, 한반도의 무기 이전의 제한이 필요함을 주장했다.[37]

이러한 알마아타 심포지엄의 기본정신이나 제안 내용의 대부분은 그동안 남북한 7·4공동성명이나 남북한 및 미국에 의해 제시된 협상제안 내용에 들어 있었던 것들이다. 그럼에도 불구하고 이것들이 중요성을 갖는 것은 한반도의 장래에 직접적으로 가장 큰 영향력을 미칠 두 초강대국의 - 비정부간 기구의 합의이긴 하지만 - 공동의 입장을 집약하고 있다는 사실이다. 또한 다소 새로운 면이 있다면 1986년 스톡홀름의 신뢰구축을 위한 조치들이 한반도에 선별적으로 적용될 수 있다는 점을 주장한 것이다. 스톡홀름 문서는 전체 104개의 조항으로 구성되어 있다.

---

36) *On Strengthening Security and Developing Cooperation on the Korean Peninsula*, Stanford University (September 1988), pp.5-6.

37) *Ibid.*, pp.6-7.

알마아타 심포지엄에 참석했으며 스톡홀름 회담의 미국측 수석대표를 역임한 제임스 굿비(James Goodby)는 “한반도의 상황이 유럽상황과 여러 측면에서 분명히 다르다는 것을 지적하면서도 스톡홀름에서 마련된 기술들이 한반도에도 적용될 수 있을 것이라고 생각하고 군사훈련 전에 이를 상대방에게 미리 알리고 훈련에 상대방 옵서버를 참석시키는 한편 거부권 없이 현장조사를 할 수 있도록 하는 것을 내용으로 하는 조치들이 한반도에 적용될 경우 이 지역의 긴장을 완화하고 안전을 위한 여건을 강화시키는 등 유용한 효과를 발휘할 수 있을 것이다”라고 내다보았다.[38] 그리고 한반도 문제에 적용될 수 있는 토론항목으로서 제임스 굿비는 다음의 다섯 가지를 꼽고 있다.[39]

첫째, 군사훈련에 공군기 출격이 포함될 경우 이것의 언급은 물론 지상군 훈련, 육해군 합동작전, 공군 이동과 공수부대의 훈련을 포함하여 일정한 군사적 활동에 대한 통보, 또 사전통보 규정에 포함되는 주요 지상군 훈련과 관련된 상륙지원활동의 통보, 둘째, 통보할 군사 활동에 참관인 초청, 셋째, 다음 해에 통보해야 할 군사활동의 예보, 넷째, 군사활동의 연례 예보에서 적절하게 통보하지 않는 한 일정한 수준을 초과하는 병력이 참가함으로써 통보해야 할 군사활동은 수행하지 않을 것, 다섯째, 양측은 의무적 현장검사는 물론 피적용지역 내에서 다른 참가국가들의 영토에 대한 조사를 실시할 수 있을 것.

이러한 조치들은 안전을 강화하고 평화를 유지한다는 목적에서는 군비축소 및 통제와 유사하지만 그러한 목적을 달성하는 수단에서는 판이하다. 일반적으로 전통적 군비축소나 통제는 무기의 축소나 제한을

---

38) 『동아일보』 (1988년 11월 4일).

39) James E. Goodby, “Can Negotiations Contribute to Security and Cooperation in Korea?” *Korea Journal*, Vol.29, No.7 (July 1989), pp.43-45.

다루는 반면에 '스톡홀름 문서'의 방법은 무기가 아니라 위험(risk)의 감소나 제한을 주로 추구한다. 또한 전통적인 군비축소나 통제가 일정 기간동안 유지될 군사력의 유형과 수준에 보다 큰 예측성을 제공함으로써 장기적 안정을 수립하려고 노력하는 것이라면 스톡홀름식의 위험감소 조치들은 군사작전의 성격과 목적을 분명히 하고 급속히 진행되는 위기상황 동안에 안정을 향상시키거나 회복시킬 하나의 틀(framework)을 수립하려는 것이다. 왜냐하면 위험감소 조치에서 '고려의 단위(units of account)', 즉 답변되고 검증되어야 할 가장 중요한 질문은 탱크나 사단의 수와 같은 정태적 지표가 아니라 그러한 군사력이 얼마나 전투준비를 하고 있으며, 훈련의 목적과 의도에 대해 무엇을 노출하고 또한 국가의 군사적 활동의 전반적 규모의 범위는 무엇인가 하는 것이기 때문이다. 그리고 이러한 질문에 대한 대답은 부분적이지만 실제 위험감소 방안에 의해 부과되는 의무는 무기들을 철거함으로써 충족되는 것이 아니라 과도한 비밀성(excessive secrecy)을 해제함으로써 충족되는 것이다.[40]

위험감소 방안은 군사작전에 대한 공개성을 최소한으로 필요로 한다. 뿐만 아니라 이 방안은 그러한 협조적 노력에서 상대측에게 정보의 신속한 전달과 군사적 공개의 요구를 준수하고 있는지의 검증의 필요조건이 있으며 합의의 위반시에 취해질 제재조치도 상호적 행동(예를 들면, 눈에는 눈, 이에는 이) 속에서 발견되어야 할 것이다.

스톡홀름 방식은 유럽대륙에서 다변적 위험감소 방안뿐만 아니라 현장조사를 포함하는 협력적 검증방안에서 하나의 성공적인 선구적 경험을 낳았으며 유럽에서 진실로 안정된 군사적 상황을 창조하기 위해 군축을 위한 노력이 진행되고 있다. 그러나 스톡홀름식의 신뢰구축 혹은

40) *Ibid.*, p.45.

위험감소 방안이 한반도에서도 성공적으로 적용될 수 있는가? 저자는 그런 방안의 한반도 적용은 당분간 어려울 것으로 본다. 우선 그런 방안은 앞서 지적한 공개와 현장조사가 제1차적인 필요조건인데 그것은 우선 북한이 전혀 수락할 것으로 보이지 않기 때문이다. 공개와 현장검증은 북한같이 철저히 폐쇄적인 어둠의 왕국에겐 적어도 당분간은 절대적 터부로 간주될 것이 거의 분명하기 때문이다.

## VI. 결　　론

군사 및 안보 전략의 일환으로서 군비축소 문제는 본질적으로 정치적인 것이다. 따라서 군축은 그것을 추구하는 나라나 그것을 추진하려는 지역이 안고 있는 대립과 갈등의 "정치적 타결 없이 군축은 성공의 가능성이 전혀 없다."[41]

1970년대 세계적 긴장완화 노력의 기수였던 헨리 키신저의 주장처럼 만일 평화를 향한 열망이 어떤 대가를 지불해서라도 갈등의 회피로 변질된다면 그리고 만일 정의로운 자들이 힘을 얕보고 자신들의 도덕적 순수성에서 피난처를 찾는다면 전쟁의 공포는 강자에 의한 공갈의 무기가 되고 크든 작든 평화로운 국가들은 가장 무자비한 자들의 처분에 맡겨지게 될 것이다.[42] 힘의 균형은 평화의 전제조건이다.[43] 따라서 전쟁 가능성에 대한 낙관론자들이 평화의 토대인 힘의 균형과 그에

41) Hans J. Morgenthau, *Politics Among Nations*, 5th ed. New York: Alfred Knopf, 1973, pp.436-584.

42) Henry Kissinger, *Years of Upheaval*, Boston: Little, Brown, 1982, p.238.

43) Henry Kissinger, *White House Years*, Boston: Little, Brown, 1979, p.195.

입각한 억제력(deterrence)을 손상시키는 데 효율적이라면 그들은 자신들이 두려워하는 바로 그 전쟁발발에 자신도 모르게 기여할 수 있을 것이다. 이카루스(Icarus)처럼 군축의 태양을 향해 밀랍의 날개로 날려고 한다면 우리는 전쟁의 바다에 추락하고 말 것이다. 따라서 보다 건설적인 방법은 한반도의 긴장을 완화하는 것이다. 그것은 현대의학적 치료에서도 질병의 원인을 공격하기 전에 우선 높은 열을 식히는 작업부터 하는 것과 같다.

긴장완화가 없는 한반도에서 군축의 과정이 긴장을 완화시킬 것이라는 희망과 기대도 이론적으로는 가능하다.[44] 그러나 긴장완화 없는 정치적 분쟁과 대결은 군축 그 자체를 많은 경우에 긴장의 원천으로 만들어 버릴 수도 있다. 왜냐하면 군축은 일차적으로 무장의 필요성을 만들어 낸 정치적 분쟁과 대립을 제거하거나 해결할 수 있는 아무런 독자적 방법을 제공하지 못하기 때문이다. 기껏해야 다른 이유 때문에 이루어진 긴장완화의 어떤 시기를 어느 정도 군축이 동반할 수 있을 뿐이다. 군축은 긴장완화를 창조할 수 없다. 따라서 긴장완화가 깨지면 군축도 깨지게 될 것이다. 긴장완화 없는 군축은 마다리아가(S.de Madariaga)가 비유한 동물들의 군축회담처럼 공허한 모임이 될 것이다.

바로 이러한 논리에서 한반도에서는 군축보다 긴장완화 노력이 우선해야 한다. 1970년대의 긴장완화 시기를 거쳐 80년대 군축에 도달한 유럽의 경험에 비추어 보아도 한반도는 긴장완화와 안정화의 시기 없이 그것을 생략하고 곧 군축의 단계로 도약할 수는 없기 때문이다.

남북한 간에는 그동안 여러 가지 제안과 역제안이 되풀이 되었지만 그것은 마치 작문 실력 대결이라도 벌이는 것같이 요란한 선전만을 되

44) 이기주의자들 간의 협력 가능성에 관한 이론적 취급에 대해서는 Robert Axelrod. *The Evolution of Cooperation*, New York: Basic Books, 1984.

풀이 하는 것이었다. 즉 그들은 상대방이 공개적으로 수락할 수 없는 것들을 반복해서 주장함으로써 긴장의 유지에 기여해 왔다. 이러한 역사와 경험은 곧 군축의 문제도 그런 선전전의 항목에 추가되는 것 이상의 아무 것도 기대할 수 없지 않나 하는 우려를 낳는다. 따라서 군축보다는 먼저 긴장을 완화하고 신뢰를 구축하는 먼 길을 인내심을 갖고 출발하는 것이 가장 현실적이고 건설적인 방향이라 하겠다. 신뢰구축에 앞서 군비축소를 서두르는 것은 말 앞에 마차를 갖다 놓는 것과 같다. 군비축소나 통제는 전략에 대한 하나의 조망이지 그것의 대체물은 아니다.45)

뿐만 아니라 고르바초프의 평화공세는 INF 체결과 함께 신데탕트 시대를 연 것으로 평가받고 있다. 그의 평화공세는 1970년대 닉슨-키신저의 데탕트 정책을 상기시키고 또 그러한 경험의 기여에 입각한 것이지만 1970년대 데탕트 정책은 지속적인 신뢰의 틀이 부재했기 때문에 좌초했다. 따라서 긴장완화도 그것을 안정화시키는 노력이 필요하다. 이를 위해선 국제적, 인식적, 정치적 그리고 행정적 안정화 노력이 뒤따라야만 한다.46)

70년대에 군비통제가 세계정치의 의제였다면 80년대 후반은 군축이 세계정치의 의제가 되고 있다. 그러나 군축이 세계정치의 의제로 등장한 배경과 문제 싸이클의 일반적 현상을 고려할 때 러시아가 어떤 이유에서건 군축을 우선적 정책으로 더 이상 추구하지 않게 되는 순간부

---

45) Robin Brown, “Arms Control: Back to the Future?” *Review of Int'l Studies*, Vol.14. No.4 (October 1988), p.318.

46) 긴장완화의 안정화문제에 관해서는 Kjell Goldmann, “Change and Stability in Foreign Policy: Detente as a Problem of Stabilization,” *World Politics*, Vol. 34, No.2(January 1982), pp.230-266; *Change and Stability in Foreign Policy*, Princeton: Princeton University Press, 1988.

터 군축문제는 동면상태로 되돌아갈 가능성이 있다. 이러한 의제 정치의 속성 때문에 1954년 이래 한반도의 군축을 북한이 주장해 왔음에도 불구하고 한반도의 의제로도 부각하지 못했다. 따라서 현재 진행중인 한반도의 군축 문제도 그것이 세계정치의 의제로 등장했기 때문에 적어도 학술적으로나마 관심과 논의의 대상이 된 것이다. 그러나 한반도의 군축문제는 바로 그 세계 의제 정치의 속성 때문에 한 시기의 학술적 유행에 그치고 말 가능성도 있다는 것을 부언하지 않을 수 없다. 레이몽 아롱의 말처럼 "전쟁이 있을 것 같지는 않지만 평화는 불가능한 것"이 우리가 살고 있는 현대 국제정치체계의 속성이기 때문이다.

제 **11** 장

# 9.11 테러와 김정일 정권의 생존전망: 민주주의 바다에서 독재의 섬처럼?*

나쁜 소식을 전하는 메신저를 사랑하는 사람은 없다.
- 소포클레스 -

나는 다만 한 가지의 규칙을 신봉한다: 매사에 명료하라.
내 자신이 명료하지 못하다면, 나의 모든 세계는 무너져 버린다.
- 앙리 B. 스탕달 -

2001년 9월 11일의 사건 이후 모든 것이 변했다고들 한다. 뉴욕과 워싱턴에 대한 테러공격은 새로운 시대의 시작을 알리는 사건이었으며, 세계는 더 이상 이전과 같지 않다는 것이다. 하지만 그러한 예감은 현실을 반영한 것이라기보다는, 지식인들이 자신의 기분과 현실상황을 구별하는 데 있어 거의 습관적으로 느끼는 어려움을 반영한 것이다. 이는 또한 미국의 철학자 존 앤더슨이 언급한 "현재의 편견"을 드러내는 것이기도 하다. 즉 역사에 대한 무지와 함께 자신이 연관된 사건의 중요성을 과장하는 자기본위의 집착상태에서 비롯된 반응이라는 것이다. 그렇지만 어떤 것들은 분명 변화되었다. 또 어떤 것들은 강화되었다. 또 다른 것들은 전에는 인식되지 못하다가 주목받게 되었다. 그리고 미국의 대테러 전쟁은 분명히 많은 국가들에 영향을 미칠 것이다. 북한은 테러 지원국의 명단에 계속 올라 있었다. 그렇다면, 과연 북한

* 본 장은 『IRI리뷰』, 제 6 권 제 1 호(2001년 겨울/2002년 봄)에 실린 것이다.

은 2020년경까지 생존할 수 있을 것인가?

이러한 미래학적인 또는 거의 점성술에 가까운 의문에 대한 가장 편하고 지적이며 영리한 그리고 충동적인 답변은 "예 그리고 또한 아니오"가 될 것이다. 즉 한편으로는 북한은 생존할 가능성이 있지만, 다른 한편으로는 그렇지 못할 수도 있다, 좀 더 두고 보아야 한다는 식이다. 그러나 이런 식의 전형적인 학구적 답변은 외팔이 경제학자를 찾았던 트루먼 대통령의 에피소드를 생각나게 할 것이다. 왜? 이유는 이렇다. 트루먼 대통령은 자문을 구할 때마다 언제나 "한편으로는(on the one hand) 이럴 수도 있지만, 다른 한편으로는(on the other hand)"을 되풀이하는 경제학자들에게 신물이 났었다는 것이다. 트루먼 대통령은 최고의 분석을 제공해 줄 수 있을 뿐만 아니라 국가가 추구해야 할 최선의 정책을 자신 있게 짚어줄 수 있는 경제학자를 원했던 것으로 보인다. 그러나 그러한 경제학자는 나중에 가서 당시에는 편견에 사로잡혀 있었다는 비판은 물론 무식했다는 비난을 받을 수도 있는 커다란 위험을 감수해야 한다. 왜냐하면 레이몽 아롱(Raymond Aron)이 말한 바와 같이 역사는 최고의 분석보다 더 상상력이 풍부하기 때문이다. 다만 저자는 오늘 이야기한 것에 대하여 2020년에 누군가가 이를 기억하고 있다가 비판하리라고는 생각하지 않기 때문에, '다른 한편'은 언급하지 않고 오직 '한편으로는'에 대한 견해만을 기술하고자 한다.

## Ⅰ. 북한의 절대군주, 김정일

베수비오 화산의 폭발과도 같은 구소련제국의 붕괴, 그리고 불사조의 부활과도 같은 1990년의 독일통일을 바라보면서 전 세계의 많은 사람들은 북한도 조만간 몰락하여, 물이 위에서 아래로 흐르는 것처럼 자연스럽게 그리고 당연히 한반도의 통일이 이루어질 것이라고 전망했다. 당시에는 김일성 정권이 사상누각에 불과한 것으로 판명되리라는 기대감이 팽배했다. 1994년 북한에서 김정일이 마치 마키아벨리가 말한 세습군주와도 같이 아버지 김일성의 뒤를 승계했을 때, 대다수의 외부 관찰자들에게 김정일은 과도기적 지도자로 보였다. 그러나 이후 근 10년이 지났으나, 북한의 김정일 정권은 비록 더 강력해지지는 못했을지라도 여전히 건재하고 있다. 북한의 성곽을 열거나 또는 그 안으로 스며들기 위한 남한의 모든 노력은 지금까지는 마치 불어오는 바람에 모래를 뿌리는 일과 같은 것이었다. 북한이 경제적 세계화와 정치적 민주화라는 넓은 바다 위에 홀로 고립된 독재자의 섬이라는 사실을 고려하면 김정일 정권의 중·장기적인 생존가능성 또는 변화의 가능성에 대해서 많은 의문이 제기될 수 있을 것이다.

김정일 정권은 다양한 욕망을 추구하는 '여우들'의 야생세계에서 한 가지의 커다란 목표만을 알고 있는 '고슴도치'로서 계속 존재하고 있다. 고슴도치 북한이 몰두하고 있는 한 가지 커다란 일은 어떻게 김정일 정권을 유지하고 또 자기들의 조건 하에서의 한반도 통일에 유리한 정치·군사적 상황을 조성하느냐 하는 것이다.

다른 국가의 정치체제와 마찬가지로 이론상으로는 김정일 정권도 외부적 요인은 물론 내부적 요인에 의해 전복될 위험성을 안고 있다. 우선, 김정일 정권이 내부에서 전복될 가능성을 검토해 보자. 이제까지 북한 영토 내부에서 김정일 정권에 대한 어떤 주목할 만한 정치적 반대세력이 존재했다고 알려진 적은 없었다. 김일성 부자의 지도체제에 대항하는 반란의 징후라고 보일 만한 그 어떤 보도도 없었다. 전국을 휩쓴 심각한 기근 때문에 목숨을 걸고 북한을 탈출하는 많은 북한 사람들이 있었으나, 그들 가운데서도 감히 김정일 지도체제에 도전하려는 자들은 없었다.

공산주의 독재체제와 자본주의 민주체제 사이에서의 냉전의 종식이 반드시 독재체제와 민주체제 사이의 투쟁의 종결을 의미하지는 않았다. 북한의 김정일 독재체제는 생존을 위해서 전적으로 공산주의에 의존한 것이 아니었다. 아시아의 공산주의 체제는 제2차 세계대전 종전 이전부터의 기나긴 반식민 운동과 함께 성장해 온 아시아 민족주의와 서구 공산주의의 일종의 혼합물이다. 중국과 베트남 그리고 무엇보다도 북한에서 보는 바와 같이 공산주의는 사라져 가더라도 민족주의는 현존하는 정치체제를 지탱한다. 이는 동유럽과 동아시아의 중요한 차이점이다. 김정일 정권은 봉건적 세습군주제와 스탈린의 현대적 전체주의 독재체제가 뒤섞여 혼재하고 있다는 점에서 동아시아에서조차 매우 독특한 체제이다. 북한은 공산주의가 종언을 고하자 전체주의 독재체제로 간단히 변형되었다.

"짐이 곧 국가"라는 루이 14세의 명제는 17~8세기의 프랑스에서는 분명한 사실이었다. 그는 비록 철인군주는 아니었지만 "태양왕", 즉 절대군주로 불리었다. 19~20세기(1945년 8월 미국에 대한 무조건항복 이전까지) 일본의 천황제는 황제를 일본민족의 신으로 하는 현대적 전체주의 정치체제였다. 이들 시기에 있어서의 프랑스와 일본에서는 통치자와 국가가 구별될 수도 또 서로 분리될 수도 없었다. 최고 통치자는 자신이 지배하는 국가를 체현했다. 21세기에 접어든 현 시점에 있어서도 북한은 통치자가 곧 국가를 반영하는 극소수의 국가들 가운데 하나로 존재하고 있다. 김일성주의는 북한에서 하나의 종교로 존재해 왔고, 김정일 정권은 '수령절대주의'라고 불리는 김일성주의에서 벗어나거나 세속화되지 않고 있다. 이러한 의미에서 김정일의 북한은 전근대적 국가이다. 혹은 김정일을 군주로 하는 '마키아벨리적 국가'로 규정될 수 있을지도 모른다. 20세기에 자신의 아버지인 김일성 그리고 일종의 정치적 할아버지인 스탈린이 그러했던 것처럼 소위 '위대한 지도자' 김정일은 조선민주주의인민공화국에서 국가 그 자체인 것이다. 그 결과 현재 북한의 김정일은 지구상에서 가장 전제적인 스탈린주의적 통치자로서 존재하고 있다.

1974년 2월 김일성의 후계자가 된 이래 김정일은 북한 정부조직 전반에 걸쳐 개인적인 권력기반을 공고히 해 왔으며, 지난 30년 동안 실질적으로 북한을 통치해 왔다. 현재 북한은 공식적으로 '강성대국'의 건설에 주력하고 있으며 이 국가적 프로젝트의 최선봉에 김정일이 서 있다. 대부분의 국가들은 부유해지기를 원한다. 중국의 위대한 개혁자 덩샤오핑이 1970년대에 깨달았던 것처럼 먼저 부유해지지 않고서는 강해질 수가 없다. 따라서 덩샤오핑에게 있어서 부유해지는 것은 죄가 아니었다. 그러나 김정일은 먼저 부유해지려는 시도 없이 북한을 강하게 만들기를 원하고 있다. 부유해지기 위해서 외부세계에 북한의 닫힌 문을 여는 것이 두렵기 때문이다. 그는 마치 고슴도치처럼 행동하고 있으며, 바로 이것이 북한의 전제군주로서의 그의 한계이다.

어떤 의미에서는 김정일의 그러한 행위는 이해할 만한 것이다. 왜냐하면 그는 경제학자가 아니며, 자본주의 경제학에 대한 교육을 접하지도 않았기 때문이다. 오히려 그의 전공은 정치조작과 정치공작이며, 그는 마치 영화를 만들 듯이 국가를 통치하고 있다. 실제로 그는 북한의 지도자의 자리에 오르기 전에는 영화감독이었으며 현재는 정치선전과 통제를 위한 대중동원의 안무가이다. 2000년 6월 남북정상회담이 개최되었을 때 그리고 2000년 10월 말 올브라이트 미 국무장관이 평양을 방문했을 때 김정일은 안무가로서의 자신의 능력을 유감없이 과시했다. 즉 김정일은 이 회담들을 화려한 볼거리로 바꾸었던 것이다.

김정일은 기만의 대가이기도 하다. 그는 '우리식 사회주의'의 기치를 높이 올린 채 변화하는 외부세계와 그에 대처하는 방법에 관한 완벽한 지식을 소유한 무오류의 철인군주 행세를 하고 있다. 그러나 실제로 그는 단지 난폭한 독재자에 지나지 않는다. 그는 독재자이기 때문에 자신의 권력에 대한 어떤 형태의 도전도 용납하지 않을 것이며, 자신의 절대적 권력을 무사히 지키기 위해서라면 대량학살을 포함하여 필요하다고 생각되는 어떠한 극단적 행동도 주저 없이 감행할 것이다. 폭력을 숭상한다는 점에서 볼 때 독재는 뿌리깊은 마음의 병과도 공통점이 있다. 대개 이 병에 대한 일반적인 치료법은 불행히도 폭력 그 자체이다. 그러나 북한에는 김정일의 독점적 폭력 이외의 대안적인 폭력이 존재하지 않는다. '총통' 히틀러, '두체' 무솔리니 그리고 '천황' 히로이토는 물론 스탈린조차도 아무리 무자비했다고 하더라도, 그들이 생존해 있는 동안 내부로부터 독재권력이 전복된 것은 아니었다는 사실을 우리는 잘 알고 있다. 자신의 역사적 선배들처럼 북한의 '위대한 지도자 동지' 역시 내부로부터 전복될 것으로 보이지는 않는다.

## II. 김정일의 대외전략

그렇다면 김정일 정권이 외부의 압력으로 전복될 어떤 가능성은 있는가? 만약 김정일이 한반도의 현상을 유지하는 데 만족한다면, 미국을 포함한 어떤 외부 세력도 북한의 김정일 정권을 전복시키려는 적극적 정책을 채택하지 않을 것이라고 보아도 틀림이 없다. 특히 중국은 이미 한국전쟁 당시에 대규모 군사개입을 통해서 자국에 우호적이거나 적어도 적대적이지 않은 독립적인 정치체제로서 북한을 유지하겠다는 의사를 분명하게 과시하였으며, 북한이 남한에 흡수되는 형식으로 통일되는 것을 방관하지 않을 북한의 유일한 동맹국이다.

한국이 미국의 동맹국으로 남아 있는 한, 그리고 중국이 미래 통일한국의 정치체제가 자국에 우호적일 것이라고 확신할 수 없는 한 중국은 남한이 주도하여 한반도를 통일하도록 허용하지 않을 것이다. 한반도 문제에 깊숙이 개입하기를 분명하게 꺼리고 있는 러시아와 일본 역시 자신들의 개입을 초래할 그 어떤 급격한 변화보다도 한반도에서의 평화적인 현상유지를 선호할 것이다. 주변 4 강대국, 즉 미국, 일본, 중국 그리고 러시아는 한반도에 대해서 모두 현상유지 세력이며, 이것은 1953년 한국전쟁 휴전 이후 한반도에 평화가 유지되어 올 수 있었던 주된 이유였다. 그들은 한반도에서의 어떠한 급격한 변화에 대해서도 일종의 거부권을 행사해 왔던 것이다.

그러나 한반도 문제는 사라지지 않을 것이다. 김정일은 아버지인 김일성이 살아 생전에 추구했지만 성공하지 못했던, 자신의 전략과 조건에 의한 한반도 통일이라는 야심적이고 혁명적이며 현상타파적인 목표를 스스로 부과한 역사적 사명으로서 계속 추구할 것이다. 다시 말해서 김정일은 남한에 대한 혁명전쟁을 계속할 것이다. 김정일에게 있어서 전쟁은 단지 수단을 달리한 정치의 연속일 뿐이다. 이러한 전략적 사고방식은 클라우제비츠로부터 레닌으로, 스탈린과 마오쩌둥으로 그리고 김일성으로 이어져 결국 김정일에게 전수되었다. 그러나 김정일은 왜곡된 형태의 클라우제비츠 명제를 가지고 있다. 세습군주인 김정일에게 평화의 기술이란 기만에 의한 비폭력의 기술이다. 또한 평화란 수단을 달리한 전쟁의 연속이기도 하다. 전쟁은 힘에 관한 것이며, 평화 또한 권력정치의 한 과정이다. 그리고 권력정치에서 군사적 수단은 혁명전쟁에서의 정치적 승리를 위한 가장 효율적이고 결정적인 수단이다. 이 때문에 평범한 주민들이 핵무기와 미사일의 개발보다는 먹을 것을 구하는 데 훨씬 더 관심을 가지고 있을 법한 북한에서 김정일은 위협적인 대량파괴무기를 개발하기 시작한 것이다. 김정일에게 있어서 전 한반도의 통일이라는 적극적인 목표는 결코 포기할 수 없는 것이다. 산타야나의 광신자에 관한 정의를 빌리자면, 그는 절정의 순간을 기다리면서 군사력을 강화하고, 자신의 목표에서 멀어지면 멀어질수록 오히려 그러한 노력을 배가하는 광신자로서 남아 있을 것이다. 결정적 순간은 아직 도래하지 않았다. 그러나 그는 미군이 한국 땅을 떠난 뒤 남한이 혼란상태에 빠져들 때 그러한 순간이 올 것이라고 믿고 있다.

핵폭탄과 미사일은 김정일 정권의 생존과 통일이라는 궁극적 목표에 대한 그의 의지의 새로운 상징이다. 또한 김정일은 생화학무기를 보유한 것으로도 알려져 있다. 김정일의 핵과 생화학무기 개발계획은 1980년대에는 한국과 미국의 군사력을 상쇄하기 위한 목적을 가지고 있었다. 그러나 냉전체제의 붕괴 이후 북한은 기아로 인한 내부적 와해의 가능성과 함께 경제적 붕괴라는 또 다른 종류의 압력에 직면했다. 이러한 상황을 타개하기 위해 김정일은 대량파괴무기와 그 발사장치에 기반한 군사구조를 이용하여 위험스럽지만 정교하게 자신의 생존과 이웃 국가들의 생존을 연계시켰다. 즉 북한의 생존 노력은 그 이웃 국가들, 특히 남한의 생존을 날카롭게 압박했다. 주변국들은 북한이 내적 폭발을 일으킬까 두려워 압력을 가하기를 주저하였으며, 그렇지 않았다면 북한의 대외적 폭발을 야기했을지도 모른다.

사실상 김정일은 자폭함으로써 한반도 전체 그리고 아마도 동북아시아 전체를 날려버리겠다고 위협했던 것이다. 그 가능성을 입증하기 위해서 1998년 북한은 실제로 일본 최대의 도시들의 바로 위를 날아 서태평양에 떨어지는 로켓을 발사했다. 이것이 실험용 비무장 미사일이었다고는 하나, 자칫 인구가 밀집된 도시에 떨어졌더라면 상당한 피해를 야기했을 수도 있었다. 그러나 북한은 그러한 가능성에는 무관심한 듯이 보였다. 관심이 있었다면 자국의 미사일을 자랑하는 데 있었다.

달리 표현하자면 김정일은 주변국들에 대해 '구걸적인 벼랑끝 전략'을 채택한 것이며 주변국들은 김정일을 무시할 수 없게 되었다. 북한의 내부적 재난은 동북아 전역을 폭발시킬 것이기에 이러한 상황을 막기 위해 미국은 어쩔 수 없이 비위에 거슬리는 정권이지만 북한을 유지시켜야 했다. 결국 미국은 식량과 에너지 지원으로 세계에서 가장 억압적인 정권을 지탱시켜 주었다. 핵과 생화학 무기가 장착된 북한의 미사일이 미국의 중요한 두 동맹국, 한국과 일본으로 날아들 수도 있기 때문이었다. 만약 북한이 1970년대에 보유했던 수준의 제한된 군사적 사정거리만을 가지고 있었다면, 미국과 일본의 정치지도자들이 앞다투어 북한에 원조를 제공했을 것이라고는 믿기 어렵다. 오히려 북한은 국제구호기구들로부터 식량원조를 받으려는 아프리카 국가들의 줄 뒤편에 서 있었을 것이다. 혹은 1959~62년 사이 마오쩌둥의 광적인 대약진 운동이 몰고 온 기아로 최소 3천만 명의 중국인들이 사망했음에도 세계의 주목을 받지 못했던 것처럼 세계인들에 의해 쉽게 무시되었을 것이다. 그러나 미국과 한국은 김일성 부자가 만든 핵폭탄과 미사일 문제를 처리해야 했고, 김정일이 대부분의 자원을 자신의 군사력 강화에 쏟아 붓고 있음에도 불구하고 식량, 중유, 의약품 그리고 심지어는 남한 사람들의 금강산 관광을 통해 현금까지도 지원했다.

현재까지 김정일의 구걸적인 벼랑끝 전략은 성공적이었다. 북한의 핵무기로 인해 앞으로 미국의 입장에서 군사적 개입은 훨씬 더 위험한 선택지가 되었다. 미군기지 혹은 동맹국의 도시에 대한 핵 공격의 위험성은 아무리 작더라도 1994년의 경우와 같이 도발적인 군사작전에 대해 신중한 자세를 요구할 것이다. 북한의 핵무기로 인해 미국과 그 아시아 동맹국인 한국과 일본 사이에도 이견이 노정되었다. 핵무기로 인해 미국의 개입이 초래할 대가가 더 높아졌기 때문이다. 핵폭탄은 미국의 재래식 전력의 압도적 우위를 상쇄했다.

## III. '더러운 무기'를 이용한 벼랑끝 전략

뉴욕의 세계무역센터에 대한 테러공격과 뒤이은 워싱턴에서의 탄저균 위협 이후 앞으로 생물학 무기가 테러집단이나 테러지원국가에 의해 사용될지도 모른다는 공포와 대량살상무기의 유령은 계속적으로 출몰할 것이다. 세균전은 미국과 그 동맹국의 주요한 군사적 우위를 뒤집을 것이며, 재래식 전쟁 수행의 노하우를 무용지물로 만들 것이다. 세균전은 또한 적의 취약지역, 특히 인구 밀집 지역을 공격함으로써 재래식 군사력 구조를 뒤엎을 것이다. 1950년의 한국전쟁을 전형적인 재래식 현대전이라고 간주한다면, 새로운 생물학전은 대부분의 현대적 초강대국이 지니고 있는 통상적인 이점을 모두 부정하는 전형적인 비재래식 포스트모던적 전쟁이 될 것이다.

더욱이 생물학 무기는 한국과 일본의 고정된 미군 기지를 취약하게 만들었다. 또한 탄도미사일과 결합된 생물학 무기의 위협으로 인해 한국과 일본 내의 미군기지들은 매우 취약한 상황에 처하게 되었다. 미사일은 그 속도 때문에 일반 항공기에 비해 격추시키기가 매우 어렵고 따라서 거의 언제나 목표물에 도달한다. 핵 또는 생화학 무기가 장착되면 그 위험성은 엄청나게 증대된다. 정확도의 부족이라는 단점은 그다지 문제가 되지 않는다. 미국의 미사일 방어(MD)계획도 그러한 위험에 대한 충분한 보호막은 되지 못할 것이다.

북한의 생화학무기는 그들의 빈약한 핵 무기고를 보완하기 위한 방안일 것이다. 그러나 이러한 무기들이 사용될 수 있다는 가능성만으로도 미국에게는 엄청난 부담이 더해진다. 이러한 위협이 증가한다면 어떠한 미국 대통령도 소위 '수정구슬 효과' 때문에 미군의 투입을 망설이게 될 것이다. 바로 이것이 김정일이 노려 왔던 것이다. 문제는 전장에서 무엇을 터뜨리느냐 하는 것이 아니다. 오히려 문제는 심리적인 것이다. 군사적 목표물이 아니라 도시의 인구밀집지역을 무자비하게 타격하겠다는 의도를 명백히 함으로써, 대량파괴무기는 단지 보유하고 과시하는 것만으로 추악한 전쟁발발의 위협을 암묵적으로 전달할 수 있는 것이다. 전쟁수행의 초보적 구상만으로도 심리적으로 우위에 설 수 있고 또 억제력도 증가시킬 수 있는 것이다.

냉전 이래 미국의 전략은 재래식 지역 전쟁에 초점을 맞추어 왔다. 그러한 전쟁은 한반도에서 유래하기 때문에 그 지리적 규모는 구체화될 수 있다. 이 군사전략의 틀 안에서 미국은 (물론 한국과 함께) 핵이나 생화학 무기 또는 탄도 미사일이 사용되지 않는 재래식 전쟁에 대비해 왔다. 이러한 전략은 미국의 힘을 배경으로 전개되었으며, 이런 방식의 전쟁에서 미국에 맞설 수 있는 국가는 없었다. 따라서 미국이 현상을 유지하고 평화를 지키기 위해서 할 수 있는 것은 무엇이든 해야 했다는 것은 당연한 일이다. 군사적 갈등이 재래전의 범주를 넘지 않고 특정 지역에 제한될 수 있다면, 그리고 단지 이러한 조건에서 전쟁과 억지를 생각한다면 미국과 그 동맹국이 갖게 되는 심리적 이점은 매우 클 것이다. 또한 새로운 무기의 획득을 제한하기 위한 군비통제, 미사일통제, 핵확산 방지, 기술수출통제, 경제제재 그리고 외교적 압력 등이 중요한 의미를 가지게 될 것이다.

그러나 북한은 미국의 심리적, 군사적 우위를 극복하려고 시도해 왔으며 그 결과 핵무기, 화학무기 그리고 생물학 무기들을 다양하게 개발해 왔다. 클라우제비츠의 용어를 빌리자면, 생물학 무기는 전쟁에 있어서의 중력의 중심부를 미국이 우위를 점하는 전방으로부터 그렇지 못한 후방, 즉 인구밀집지역으로 이동시킨다. 세균 무기는 군사력이 아닌 무고한 생명을 표적으로 삼는다. 미국의 통상병기는 정확하게 측정된 화학적 에너지의 순간적인 대폭발로 목표물을 파괴하도록 되어 있다. 이상적인 것은 순간적인 파괴이다. 생물학 무기는 이와 대조적으로 죽음의 고통을 며칠, 몇 주 혹은 심지어 몇 년 동안이나 연장시킨다. 생물학 무기는 본질적으로 정말 '더러운 무기'인 것이다. 생물학 무기는 서방 세계에서 용인되는 행위 범주 바깥에 존재하며, 이 점에서 전쟁이라는 게임을 훨씬 더 가공할 그 무엇으로 바꾸어 버린다. 세균무기는 누구를 살해하는가 하는 것뿐만 아니라 어디에서 살해할 것인가 하는 면에 있어서 무차별적이다. 따라서 생물학 무기를 통상전력과 통합하는 것은 전쟁에 대한 미국적인 접근방법의 주축을 이루는 예측가능성과 계량가능성의 모든 표상에 역행한다. 이 때문에 세균무기는 종종 서방의 군사전문가들에 의해 단지 테러용 무기로 폄하되곤 한다. 그러나 생물학 무기는 사물이 아니라 사람을 살해하도록 만들어진 것이기 때문에 미국의 군사 기술혁신의 시금석인 정확성과 속도는 벼랑끝 전술이 훨씬 더 중요해지는 생물학전 분야와는 대체로 관련이 없다.

물론 미국은 여전히 압도적인 군사력을 보유하고 있으며, 북한은 아직까지는 미국에 의해 파괴될 수 있을 것이다. 그러나 미국은 서울은 물론 도쿄가 파괴되거나 남한이나 오키나와의 수천 명의 미군과 미국인들, 심지어 로스앤젤레스조차도 파괴될 수 있는 위험을 무릅쓰지 않고는 더 이상 그렇게 할 수가 없다. 따라서 북한은 생화학 탄두가 장착된 미사일로 보복공격을 할 수 있는 능력을 계속 개발할 것이다. 북한이 그러한 공격을 시작하는 것은 결국은 자살행위가 될 것이지만, 미국은 북한이 그렇게 할 수도 있다는 가능성 때문에, 특히 2001년 9월 11일의 비극적인 사건 이후에는 더욱 조심스러운 행보를 취할 것이다. 북한이 탄저균 폭탄으로 서울이나 도쿄, 혹은 두 도시를 타격하는 것은 전율할 일이다. 결국 미국은 북한을 더욱 신중하게 다루게 될 것이다.

벼랑끝 전략은 이러한 목적들을 달성하거나 또는 상대의 요구에 저항하기 위한 에스컬레이션의 가능성에 의존한다. 이 전략은 예측불가능성에 기반하고 있다. 군사적인 결과가 확실할 때 억지는 쉽게 이루어진다. 그러나 그 결과가 확실하지 않을 때에는 결정과정에 의심과 망설임이 스며든다. 게다가 민주주의 사회가 대외적인 공격의 위험부담을 측정할 때 그 사회는 잠재적인 희생자들 역시 유권자라는 사실을 절대로 잊을 수 없다. 이것은 김정일이 걱정할 필요가 없는 문제이다.

## Ⅳ. 김정일 정권의 생존력

남북정상회담이 역사적 사건이었으며, 남한의 김대중 대통령에게 김정일이 보여준 예상하지 못한 그리고 전례 없는 화해의 제스처에 전 세계가 놀랐다는 사실은 의심할 나위가 없다. 수많은 대중매체들이 정상회담에 관해 보도함으로써 한국인들뿐만 아니라 외국의 관찰자들까지도 남북한 관계의 급진전과 북한의 급속한 정치적, 경제적 변화에 대한 희망이 고조되었다.

남북정상회담이 한민족사의 역사적 전환점이 될지 아니면 김정일에 의해 주도면밀하게 기획된 기만극으로 판명될지 여부는 정말로 흥미로운 질문이다. 현재까지는 정상회담 이후의 대부분의 징후들이 남북 관계 진전에 관한 기대치가 너무 높았고 또 시기상조였음을 보여주고 있다. 한 가지 분명한 사실은 김정일이 협상하라는 외부의 압력에 굴복하려는 의사가 없는 것은 물론 자신의 배타적인 정책을 바꾸려는 의도를 가지고 있지 않다는 것이다. 김정일은 앞으로도 시대착오적인 '주체'의 성상(icon)을 높이 들고, 바깥 세계에 대해서는 계속해서 고슴도치처럼 행동할 것이다. 아리스토파네스의 말처럼 "게에게 똑바로 걷는 법을 가르칠 수는 없다." 누가 가공할 전쟁을 자초하는 위험을 무릅쓰면서까지 게처럼 옆으로 걷는 김정일에게 똑바로 걷는 법을 가르치겠는가?

2020년까지는 남북한이 통일을 이루는 것 외에 다른 상황을 예견하기 매우 어렵다는 해미쉬 매크레이의 낙관적 전망에도 불구하고, 2020년까지도 김정일이 살아 있는 한 남한의 햇빛이 김정일의 어둠의 왕국을 밝힐 수는 없을 것이다. 레이몽 아롱이 냉전체제에 관해 말한 것을 빌려 표현하자면, 한반도에서 전쟁은 일어날 것 같지 않지만 평화 역시 불가능하다. 남북한 관계는 일종의 전단위 거부권 체제(unit-veto system)에 의해 지배되고 있기 때문이다. 더욱이 마치 날씨에 관해 얘기하듯 모두가 북한정권에 대해 저마다의 생각을 말하지만 정작 김정일의 북한 전체주의 체제를 변화시키거나 효과적으로 다룰 수 있는 방법은 없었다. 특히 중국이 북한을 지지하고 있는 한은 더욱 그러하다.

요컨대 저자의 수정구슬이 명료하지는 못하지만, 적어도 북한이 외부적 요인에 의해서 전복되지 않을 것이라고는 말할 수 있다. 21세기의 여명기인 이 순간에 영국의 시인 윌리엄 블레이크(William Blake)가 19세기의 새벽녘에 노래했던 시 구절을 상기해 보는 것도 좋을 것이다.

*"불어오는 바람을 향해 모래를 뿌려도*
*바람은 그 모래를 네게 되뿌리는구나"*

제 **12** 장

# 한국의 유엔정책: 유일합법정부의 성상의 매몰과정과 국제기구에 대한 한국의 새로운 과제

## Ⅰ. 유일 합법정부 성상의 형성: 유엔 산파역을 통한 대한민국의 수립

1942년 1월 미국과 영국 등 26개 국가들이 대서양 헌장의 원칙들을 확인했을 때 루스벨트(Roosevelt) 대통령은 그것을 유엔(the United Nations)이라고 명명했다.[1] 테헤란 회담이 있기 한 달 전인 1943년 10월에 전후 세계평화를 위한 국제기구를 수립하는 문제를 보다 심도 있게 논의하기 위해 중국, 소련, 영국, 미국의 대표들이 모스크바에서 만났다. 이들 4개국은 '국제평화와 안보를 유지하기 위해, 모든 평화애호 국가들에 대한 주권평등과 문호개방원칙에 입각한 보편적 국제기구'를 가능한 한 빨리 수립하는 데 서로 협력한다는 것에 합의했다.[2] 이에 따라 유엔 헌장을 작성하고 그 조직구성을 결정하기 위한 특별회담이 1944년 가을에 소집되었다. 먼저 미국, 영국, 소련이 헌장을 작성하기 위해 워싱턴 근교의 덤바턴 오크스(Dumbarton Oaks)에서 만

1) 거기에는 소련과 중국, 영연방 자치령 및 나치에게 점령된 유럽의 망명정부 대부분이 포함되어 있었다.

2) The United Nations, *The United Nations at Forty: A Foundation to Build on*, New York, 1985, p.8.

났다. 한편 중국은 영국, 미국과의 협의를 위해 나중에 참가했으나, 당시 연합국과 일본 간의 전쟁에서 중립을 지키고 있던 소련과 만나지 않았다. 이들 '발기인 강대국들(sponsoring powers)'은 국제기구 창설 제의에 대해 완전한 것은 아니었지만 광범위한 합의를 이루는 데 성공했다. 얄타(Yalta)에서 영국과 소련 및 미국 지도자들 간의 협의를 거친 후에 그 제안은 1945년 샌프란시스코 회담(the San Francisco Conference)의 기본 문건이 되었다. 1945년 4월 25일에서 6월 26일까지 샌프란시스코 오페라 하우스에 모인 50개 국가의 대표들은 새로운 국제기구의 이름을 '유엔'이라고 명명할 것에 합의했는데, 이는 새로운 국제기구의 이름을 유엔이라고 부를 것을 제안하고 회담 직전에 사망한 故 루스벨트 대통령에게 경의를 표하기 위한 것이었다.[3)]

회담이 열린지 3일 후인 4월 28일, 당시 중국 충칭(重慶)에 위치해 있었던 대한민국 임시정부 외무장관 조소앙은 한국이 유엔의 승인을 받고 유엔에 가입하기를 희망한다는 성명을 발표했다.

> "한국은 현재 유엔의 일원으로 인정받기를 요구하며, 연합국에 대해 더 이상의 지체 없이 한국문제를 즉각 논의해 줄 것을 요청한다. 나아가 한국은 주권을 가진 유엔 회원국이 되기에 적합한 모든 책임을 준수할 의도와 능력과 준비를 갖추고 있다.…"[4)]

12월 27일 모스크바 외무장관회의에서 공동성명을 발표할 때, 한국분과는 앞으로 열릴 공동위원회가 한국을 신탁통치할 국가들(미국, 영국, 중 국, 소련)을 추천할 것이라고 발표했다. 물론 최종 결정은 미국

---

3) *Ibid.*, p.9.

4) 이 성명의 전문에 대해서는 Se-Jin Kim (ed.), *Korean Unification: Source Materials with an Introduction*, Seoul: Research Center for Peace and Unification, 1976, pp.83-84 참조

과 소련이 하게 될 것이었지만, 한국에 대한 5년간의 신탁통치 합의에는 한국의 미래에 유엔이 관여하게 될 것이라는 사실이 함축되어 있었다. 과거 1919년의 파리 회담에서는 그것이 위임(mandate)의 형식을 취하기도 했지만, 원래 국제신탁(trustship)은 독특한 미국식 개념이었다. 윌슨 대통령은 위임제도를 후원했는데, 이것은 피식민지의 주민들에 대한 연민과 후견의 이념, 그리고 미국의 임무에 대한 신념 등이 포함된 개념이었다. 루스벨트 대통령은 인도차이나와 대영제국의 식민지, 그리고 한국에 대한 신탁통치의 필요성을 강력하게 주장했다.5) 그런 의미에서 신탁은 일종의 국제화된 온정주의적 뉴딜(New Deal) 정책이었다. 하지만 그것은 불행하게도 미국 중심적인 해석이었을 뿐만 아니라 특히 한국과 같이 조직화된 정부를 가진 역사가 미국보다도 더 오래된 나라에 있어서는 그 나라의 전통적 제도와 문화 및 정치상황 등을 무시하는 것이었으며, 나아가 더욱 심각해지는 소련과의 갈등을 간과한 것이었다.6) 모스크바의 합의 소식이 한국에 전해지자마자 즉각적인 반발이 초래되었다. '신탁'이란 단어는 사실 한국어로 정확한 번역이 어려운 것이었기 때문에 그것은 마치 일제 35년의 노예상태가 계속되는 것으로 여겨졌다.7) 그 결과 공동위원회는 한국의 민주화와 독립,

5) 한국에 대한 신탁통치 필요성은 1943년 3월에 처음 등장했는데 이때 루스벨트 대통령은 영국 외상 이든(Eden)에게 이것을 제의했고 영국은 그 원칙의 개념을 받아들임으로써 루스벨트에 따랐다. 비록 그것은 미국이 주도한 것이었지만 1943년 12월 1일의 카이로 선언에서는 일본의 항복과 한국의 독립 사이의 기간동안 한국에 대한 연합국의 통제가 있을 것이라는 식으로 보호하게 규정함으로써 신탁통치를 공식적으로 언급하지는 않았다. Robert M. Slusser, "Soviet Far Eastern Policy, 1945-50: Stalin's Goals in Korea," Yonosuke Nagai & Akira Iriye (eds.), *The Origins of Cold War in Asia*, University of Tokyo Press, 1977, p.128 참조

6) William Morris, *The Korean Trustship 1941-1947: the United States, Russia and the Cold War*, Ph. D. Dissertation, University of Texas, 1974. p.4.

그리고 통일을 어떻게 이룰 것인가에 대한 합의를 이룰 수 없었다. 소련측의 비타협적 태도에 직면함과 동시에 1947년 2월 26일 전송된 조지 케난(George Kennan)의 '긴 전문(long telegram)'에 영향을 받은 트루먼 독트린(Truman Doctrine)이 발표됨에 따라 미국정부는 그들의 세계관을 전환하였다. 이제 협력의 시기는 지나고 대결의 시기가 도래했다. 평화를 위한 8월의 국제기구, 즉 유엔을 구상했던 미국 정책입안자들의 원래 의도가 무엇이었던 간에 미국은 마침내 1947년에 이르러서 유엔이 더 이상 적대감이 심화되어 가는 미·소 사이에서 중립을 지키며 방관해서는 안 된다고 결정했다. 따라서 유엔은 소련과 그 위성국가들에 대한 적대적 태도에 따른 그들 나라의 비난을 감수하면서까지 미국이 구상하고 있는 '봉쇄'를 지원해야만 했다. 그리스와 터키와 같은 지역에 대한 획기적인 지원 계획과 더불어 새로운 미국의 대유엔정책은 소련의 팽창을 반대한다는 결의를 보여 주는 것이어야 했다. 그러므로 한반도 문제에 있어 유엔의 후원을 얻어내는 것은 그러한 정책에 매우 중요한 것이었다.

1947년 9월 17일 유엔주재 미국대표 워렌 오스틴(Warren F. Austin) 상원의원은 유엔 사무총장 리(Trygve Lie)에게 '한국의 독립문제'를 차기 유엔총회의 안건으로 포함시킬 것을 요청했다. 그리고 그 날 미국 국무장관 마샬(George Marshall)은 유엔총회에서 기조연설을 했다. 미국과 소련의 공동위원회 대표들이 그들 간의 논의에서 그 어떤 공통된 보고 내용에도 합의하지 못했다는 사실을 보고한 후, 마샬은 유엔이 한국의 지위 문제에 대해 즉각적인 관심을 가질 것을 다음과 같이 주장했다. "1943년 12월 카이로에서 미국, 영국, 중국은 적절한 시기에 한국

7) '노예상태(enslavement)'라는 단어는 카이로 회담에서 사용되었다. 앞서 말한 세 강대국은 한국민의 노예상태에 유의하면서 적절한 시기에 한국이 해방되고 독립될 것이라고 결정하였다.

이 해방되고 독립되어야 한다고 공동으로 선언했다. 이러한 다자적 선언은 1945년 7월 포츠담 회담에서 재확인되었고, 소련도 대일본 전쟁에 참여하면서 이에 서명했다. 이것은 한국문제에 대한 어떠한 쌍무적 협상도 결국 한국의 독립과 통일을 지연시킬 것이라는 사실을 명백하게 보여주는 것이다. 이제 한국에서의 난국을 타개할 행동을 취할 시기가 되었다"[8]고 말하면서 회원국의 '편견 없는' 판단을 요청했다.[9]

소련의 몰로토프(Molotov)가 수상이 됨으로써 새로이 외무장관이 된 안드레이 비신스키(Adrei Y. Vishinsky)는 유엔에게 한국문제 해결을 위한 협조를 요구한 마샬을 강력하게 비난했다. 그의 표현에 따르면, "마샬은 한국문제에 대한 모스크바 합의를 전적으로 위반하는 제안을 제기했다."[10] 아울러 유엔 주재 소련대사인 안드레이 그로미코(Andrei Gromyko)는 한국문제를 유엔총회에 상정하는 것은 부당하다고 주장했다.[11] 그러나 10월 23일 유엔총회는 '한국의 독립문제'를 안건으로 접수하는 데 동의했다. 며칠 후 총회 제1위원회(군축 및 국제안보위원회)는 압도적으로 한국문제를 안건에 포함시켰다. 비록 미국이 국제적 여론을 끌어내기는 했지만 거기에는 대가가 필요했다. 총회 투표가 소련의 반발을 초래했기 때문에 한국문제에 대한 만족할 만한 해결을 얻기가 더욱 곤란해졌던 것이다.[12]

---

8) *Ibid.*, p.56.

9) 연설문에 대해서는 Se-Jin Kim, *op. cit.*, p.56 참조

10) Charles M. Dobbs, *The Unwanted Symbol: American Foreign Policy, the Cold War, and Korea 1945-1950*, Kent, Ohio: The Kent State University Press, 1981, p.113.

11) Leon Gordenker, *The United Nations and the Peaceful Unification of Korea*, The Hague: Martinus Nijhoff, 1959, p.15; Leland M. Goodrich, *Korea: A Study of U. S. Policy in the United Nations*, Westport: Greenwood Press, 1956, p.30.

12) Charles M. Dobbs, *op. cit.*, p.114.

한편 미국은 유엔에서 한국문제를 다루는 것이 유엔의 단호한 의지를 보여주는 것이 될 것이라고 주장하면서 다른 회원국 대표들을 설득시켰다. 유엔주재 미국대표인 존 덜레스(John Foster Dulles)는 다음과 같이 미국의 정책을 한 마디로 표현했다. "우리는 실행 불가능한 합의에 미·소의 행동이 제한되어야 한다는 기술적 주장보다 3천만 한국민의 이익이 우선한다고 생각한다."[13] 이러한 미국의 바람에 따라 제1위원회는 한반도 전역에서 순회와 감시, 자문의 권리를 가지는 유엔한국임시위원단(U.N. Temporary Commission on Korea: UNTCOK)을 한국에 설치한다는 결의안을 채택하였다. 소련과 그 위성국가들은 기껏해야 미국이 한국을 미국의 식민지와 군사기지로 만들려고 한다고 비난하는 것 이상으로 미국 주도하의 유엔총회에 영향력을 행사할 수는 없었다. 소련이 유엔 위원단에 협력하지 않을 것임은 분명했다. 유엔 한국위원단은 소련이 한반도의 북부에 공산정권을 수립하려 한다는 조짐을 파악했다. 유엔총회가 미국의 결의안을 통과시켰을 때 소련의 관리들은 위원단이 북한을 방문하는 것을 거부할 것이라고 선언했으며, 실제로 그렇게 했다. 위원단의 위원들은 이러한 상황에서 어떻게 해야할지를 몰랐다. 1948년 2월 19일 유엔 임시위원회는 유엔 한국위원단의 보고를 청취했다. 임시위원회가 2월 26일 한국위원단 대표를 만났을 때 미국은 압도적 다수표를 확보할 수 있었다. 왜냐하면 국제적 위기로 인해서 한국위원단에게 개방된 지역, 즉 남한에서의 선거를 감시해야 한다는 미국의 입장이 강화됐기 때문이었다. 즉 얼마 전 체코슬로바키아에서 발생한 쿠데타가 유엔 내에서 1938년의 뮌헨을 상기시켰던 것이다.[14]

서울의 미군정 사령관 하지(Hodge) 장군이 1948년 5월 9일에 선거

13) *Ibid.*, p.115.

14) *Ibid.*, p.135.

를 치르겠다고 발표했을 때 한국위원단은 임시위원회에 불만을 표했다. 왜냐하면 임시위원회가 미국의 입장을 인정했음에도 불구하고 여전히 한국위원단은 자신들이 어떻게 해야할지 결정을 짓지 못했기 때문이었다. 한국위원단에 위임된 권한에 따르면 오직 유엔총회만이 선거감시를 명령할 수 있었다. 위원들은 한국위원단의 독립성을 유지하기 위해 합심했다.[15] 그러나 위원들은 다른 현실적인 대안이 없었기 때문에 결국 임시위원회의 결정에 따를 수밖에 없었다.

반면에 소련은 남한에 전력공급을 중단함으로써 선거를 방해했고, 북한의 통제권을 공산주의자인 김일성이 이끄는 인민위원회에 넘겼다. 한편 시기적으로 한국과 독일에서의 위기 등장은 서로 밀접한 관련이 있었을 것으로 여겨진다. 즉 한국에서는 전력공급을 중단했으며, 베를린에서는 육상진입통로를 차단했던 것이다. 남한은 전력의 80%와 석탄을 북한으로부터 공급받았기 때문에 공급이 차단되면 미약한 남한 경제는 붕괴되고 소요와 파업이 잇달아 발생할 것이다. 그러면 남한의 공산주의자들이 정권을 통제할 수 있다.[16]

유엔 한국임시위원단(UNTCOK)이 5·10선거 결과를 승인한 후, 1948년 8월 15일 이승만이 대한민국의 초대 대통령에 취임했다. 1948년 12월 6일 개최된 유엔총회에서 한국문제가 논의되었고 12월 12일 총회는 다음과 같이 선언하였다. "한국 임시위원단의 감시와 자

---

15) 이른바 '소총회(little assembly)'라고 불리는 유엔 임시위원회는 미국이 계획한 것으로 지난 회기의 유엔총회에서 마샬이 처음 제안하였다. 미국은 총회가 열리지 않을 때 임시위원회가 사안들을 처리함으로써 중요한 문제들을 안보리에서 소련의 거부권 없이 또는 총회 소집까지 기다릴 필요 없이 즉각 처리할 수 있을 것이라고 생각했다.

16) 지금까지 어떤 관리나 학자도 한국과 독일에서의 사건 간의 연관을 논의한 적이 없었다. 한반도에서의 위기가 베를린에서의 대결 국면 와중에 발생한 것은 어쩌면 우연의 일치였을지도 모른다. 이 점에 관한 논의는 Charles M. Dobbs, *op. cit.*, pp.144-146 참조

문이 가능하며, 한국민의 과반수가 훨씬 넘는 인구가 거주하는 지역에서 효과적인 통치력과 정통성을 가진 합법적 정부(大韓民國 정부)가 수립되었다. 그리고 이 정부는 이 지역에서 자유의사를 가진 선거민들의 정당한 의사표현이며, 한국 임시위원단의 감시를 받은 선거에 의해 수립되었다. 따라서 이 정부가 한반도의 유일한 합법정부이다."[17] 총회는 또한 오스트레일리아, 중국, 엘살바도르, 프랑스, 인도, 필리핀, 시리아 등으로 구성된 한국위원단이 한국 임시위원단의 임무를 계속할 것이라고 결의했으며, 그리고 이 위원단은 한국에서 임시위원단을 대신하는 것으로 간주되어야 한다고 주장하였다. 또한 총회는 회원국가 및 그 밖의 국가들에게 대한민국과의 관계수립에 있어 이러한 결의안을 고려할 것을 권고했다.[18] 즉 유엔은 마침내 남한(대한민국)을 정통성 있는 정부로 승인했던 것이다.

간단히 말해 유엔은 남한 정부 탄생의 '산파(midwife)'였으며, 동시에 그 탄생을 국제사회 앞에서 정당화한 '성직자' 역할을 수행했다. 그 결과 한국이 국제사회가 위임한 국제기구에서 부여한 국제적 정통성을 인정받음으로써 한반도의 유일 합법정부라는 성상이 창조되었다. 그러나 그 성상은 그 탄생 순간부터 도전받기 시작하였다.

## II. 유엔에 의한 성상의 유지

1950년 6월 25일에 발생한 남한에 대한 북한의 기습적 침공은 유일 합법정부 성상에 대한 도전이었을 뿐만 아니라 유엔의 권위에 대한 심각한 도전이었다. 유엔은 북한의 군사적 도전에 대응해 유엔 현장의

17) Se-Jin Kim (ed.), *op. cit*, pp.104-110 참조

18) *Ibid.*

집단안보 조항에 의거하여 남한에 대한 군사원조를 단행하였다. 즉각적으로 소집된 유엔 안보리는 남한에 대한 무력침공은 평화를 침해하는 것이라 규정하고 북한에 대해 군대를 즉시 38선 이북으로 후퇴시킬 것을 요구하는 한편, 모든 유엔 회원국에 대해 유엔의 결의를 수행하는 데 가능한 모든 지원을 해 줄 것과 북한 정권을 지지하지 않을 것을 권고하였다.[19] 6월 26일 남한의 국회는 한국뿐만 아니라 전 세계 평화애호국들의 평화와 안전을 지키기 위해 유엔이 즉각적이고 효과적인 조치를 취해줄 것을 요청했다.[20] 6월 27일 안보리는 무력침공을 격퇴하고 이 지역의 국제평화와 안전을 보장하기 위해 유엔 회원국들이 대한민국을 지원할 것이라는 내용의 두 번째 결의안을 채택하였다. 또한 이미 그 전에 유엔 한국위원단은 북한이 적대적 행동을 중단하지 않고 군대를 38선 이북으로 후퇴시키지 않을 것이며, 국제평화와 안전을 회복하기 위해 즉각적인 군사적 조치가 요구된다는 보고를 하였고, 한국정부도 평화와 안전보장을 위한 즉각적이고 효과적인 조치를 호소하였다.[21]

사실 안보리에서 두 차례나 결의안이 통과될 수 있었던 것은 소련이 중국의 대표권 문제로 안보리를 보이코트했기 때문이었다. 6월 27일의 결의안에 따라 16개 유엔 회원국이 남한을 돕기 위해 한반도에 군대를 파병했다. 이처럼 무력침공을 격퇴하기 위해 유엔이 군사력을 사용한 것은 유엔의 집단안보체제가 최초로 작동된 역사적인 것이었다. 7월 7일 유엔 안보리는 한국에서 작전을 수행하기 위한 연합사령부를 설치하고 이를 미국이 감독하게 하였다.[22] 10월 7일 유엔총회는 총회 결

19) *Ibid.*, p.123.
20) *Ibid.*
21) *Ibid.*, p.128.
22) *Ibid.*

의안의 기본 목적이 한국의 통일과 독립적이며 민주적인 정부를 수립하는 것이었다는 점을 상기하면서 유엔 한국통일부흥위원단(the United Nations Commission for the Unification and Rehabilitation of Korea: UNCURK)을 설치했다.[23] 하지만 1950년 10월 중국이 전쟁에 개입하고 소련 대표가 안보리에 다시 돌아와 상임이사국의 지위와 거부권을 행사하기 시작하자, 1950년 가을 내내 상임이사국들 간의 교착상태가 계속되었고, 그에 따라 안보리가 더 이상 평화유지의 책임을 완수할 수 없게 되었다. 그 결과 1950년 11월 3일 유엔총회에서 '평화를 위한 단결결의안(uniting for peace resolution)'이 논란 끝에 통과되었다. 비록 이미 안보리에서 연합사령부를 설치하였지만, 특정 권고안을 만들어내는 주도권이 바로 이 결의안을 통해 유엔총회로 넘어오게 되었다.[24]

12월 초가 되자 중국이 북한을 지원하기 위해 한국전쟁에 개입한 것과 관련된 문제들을 총회에서 논의하는 것이 당연시되었다. 마침내 1951년 2월 1일 총회는 중화인민공화국이 북한에 독자적으로 개입했음을 확인하는 한편[25] 지난 해 11월 '평화를 위한 단결결의안'에 의해 부여받은 권위를 상기시키면서 위원회에 대해 침략에 대처하기 위해 요구되는 추가적 지원을 할 것과 그 결과를 총회에 즉각 보고할 것을 요청했다.[26] 위원들의 보고를 청취한 후 1951년 5월 18일 총회는 새

---

23) *Ibid.*, pp.132-133,

24) Rosalyn Higgins, *United Nations Peace Keeping 1946-1967 Documents and Commentary*, London: Oxford University Press, 1970, pp.164-165. 결의안 전문을 위해서는 Leland M. Goodrich and Anne P. Simons, *The United Nations and the Maintenance of International and Security*, Washington D.C.: The Brookings Institution, 1955, Appendix F, pp.669-671 참조

25) Rosalin Higgins, *op. cit.*, pp.167-168.

26) *Ibid.*, p.168.

로운 결의안을 논의했는데, 이는 공산 중국과 북한에 대한 전략적 금수조치의 승인을 요청하는 것이었다.27)

유엔은 한국전쟁의 발발 순간부터 남한의 안보문제에 관한 이 같은 결의안을 통해 전쟁에 깊게 관여하였으며, 스스로가 예상하지 못한 교전의 상태에 빠져들게 되었음을 알게 되었다. 한반도에서 남한의 안보와 평화는 이제 유엔의 권위와 능력을 실험하는 리트머스 시험지가 된 것이었다. 그러므로 유엔군 사령관이 북한군 사령관 및 중국 '의용군' 사령관과 더불어 휴전협정 조인의 핵심 인물이 된 것은 당연한 것이었다. 당시 유엔군사령부가 설치된 것은 국제적 집단안보의 매우 독특한 시도였는데, 1990-91년의 걸프전쟁에서도 유엔 결의안의 이름으로 쿠웨이트를 해방하기 위한 군대가 조직되긴 했으나 유엔 사령부가 설치되지는 않았었다.

아무튼 한반도의 유일 합법정부라는 남한의 '성상'은 유엔에 의해 존속될 수 있었고, 유엔 사령부의 남한 주둔을 통해 유엔은 북한이 남한을 또 다시 무력도발하는 것을 억제함으로써 평화유지의 역할을 수행하기 시작했다.28) 따라서 한국전쟁의 휴전 이후 남한 유엔정책의 기본 목표는 남한 정부가 한반도의 유일 합법정부라는 성상을 유엔이 신성불가침한 것으로 만들게 하는 것이었고, 한국문제는 유엔의 기본 틀에 따라 해결되어야 한다는 '제네바 합의(Geneva formula)'의 평화통일 원칙이 충실히 이행되도록 하는 것이었다. 한국의 통일에 관한 제네바 합의에서 유엔의 기본 계획은 통일·독립·민주 한국을 수립하는 것임이 재확인되었는데, 그것은 1954년 12월 11일의 유엔총회 결의안에

27) Se-Jin Kim, *op. cit.*, p.146.

28) 1950-53년 한국전쟁에서 유엔의 개입에 관한 자세한 논의는 Sydney D. Bailey, *How War Ends: The United Nations and the Termination of Armed Conflict_1946-1964*, Vol.11, Oxford: Clarendon Press, 1982, pp.381-480 참조

의해 승인받았다. 하지만 이미 그 전에 1954년 4월 26일부터 6월 15일까지 계속된 극동 문제에 관한 제네바 회의의 한국문제 협의에서는 공산측과의 합의에 실패했었다. 그럼에도 불구하고 유엔총회는 1955년 가을에 소집되는 제10차 유엔총회에서 안보리가 한국문제를 잠정의제로 상정할 것을 요청한다고 결의했다.

총회에서의 결의안에 근거하여 유엔은 한국문제를 1955년에서 1970년까지 거의 매년 논의하였다.[29] 이 시기 동안 한국문제에 관한 논의는 차기 총회에서의 보고서 제출을 권고한 1950년 10월 7일에 채택된 결의안에 따라 매년 제출된 유엔 한국 통일부흥위원단의 보고를 토대로 이루어졌다.[30]

소비에트 진영의 반대에도 불구하고 미국과 그 동맹국들의 지지 덕분에 남한은 한반도의 유일 합법정부라는 성상을 유지할 수 있었다. 이것이 가능했던 것은 미국이 동원할 수 있었던 기계적이고 자동적인 다수결 문이었다. 그러나 한국전쟁을 통해 정치적 냉전이 군사적 냉전으로 발전됨으로써 냉전이 더욱 격화되어 남한의 유엔 가입은 계속 불가능했다. 이처럼 미국과 소련 모두 상대방 영향권 하의 국가가 유엔에 가입하는 것을 허용하지 않았지만, 남한의 '성상'은 유엔에 의해 계속 보호받을 수 있었다.

---

29) Chonghan Kim, "Korean Reunification: UN Perspectives," in Tae Hwan Kwak, et. al., *Korean Reunifications*, Seoul: Kyungnam University Press, 1984, p.409.

30) 결의안 전문에 대해서는 Se-Jin Kim (ed.), *op. cit*, pp.132-133 참조

## III. 성상에 대한 유엔 내에서의 도전

1960년대는 남한의 유일 합법정부 성상이 유엔의 안팎으로부터 도전을 받기 시작한 시기였다. 유엔 창설 20주년인 1965년까지 유엔의 회원국은 51개국에서 114개국으로 증가했으며, 유엔에서의 힘의 균형도 크게 변모했다. 초창기 회원국의 대부분은 유럽과 미주국가였지만, 이제는 아프리카와 아시아 국가들이 다수였다. 이것은 유엔의 관심뿐만 아니라 유엔의 성격까지 변모시키는 결과를 낳았다.[31)]

그 결과 미국이 동원하고 의존해 온 이른바 '자동적 다수(automatic majority)'가 더 이상 기능하지 못하게 되고, 남한의 유엔정책과 관련된 상황은 근본적인 변화를 겪게 되었다. 1969년에 이르러 회원국이 126개국으로 증가한 유엔은 더욱 거대해졌고, 전 세계화되었다. 따라서 아시아, 아프리카 국가들은 강력한 투표 블록을 형성하게 되었고, 유엔의 정치적 과정에 커다란 영향력을 행사할 수 있게 되었다. 이 시기에 미국 주도 하의 서방국가들은 남한의 '성상'을 계속적으로 지원하기 위해 '스티븐슨 수정안(Stevenson Amendment)' 전략으로써 새 도전에 응수하였다. 제15차 유엔총회 회기중인 1961년 4월 10일 미국은 남한을 유엔 회원국에 초대한다는 내용의 결의안 초안을 상정했는데 이에 대해 인도네시아는 북한도 포함되어야 한다는 수정안을 제안했다.[32)] 그러자 유엔 주재 미국대표였던 아들레이 스티븐슨(Adlai Stevenson)은 이러한 수정안에 대해 북한이 계속해서 유엔을 부정해 왔음을 지적

---

31) Lawrence S. Finkelstein, "The United Nations: Then and Now," in the Korean Association of International Relations, *Readings in International Relations*, Seoul: Bak Young Sa, 1968, p.136. 이 글은 원래 *International Organization*, Vol.19 (Summer 1965), pp.367-393에 발표되었던 것이다.

32) Se-Jin Kim (ed.), *op. cit.*, pp.256-257.

한 후, 만일 북한정권이 한국의 평화적 통일문제 처리에 대한 유엔의 능력과 권위를 분명하게 인정한다면 또한 북한이 한국의 평화적 통일을 위한 유엔의 결의안들을 준수할 의사를 보여준다면 제1위원회가 북한에 대해서도 초청을 확대 적용시킬 수 있다고 제안했다.[33] 스티븐슨의 이러한 행동은 잘 계산된 것이었다. 왜냐하면 이것은 남한만을 유엔에 초청하고자 하는 서방측의 입장에 대한 지지 약화로 발생할 수 있는 혼란을 피할 수 있게 하기 때문이다.[34]

만일 북한이 남한이 그랬던 것처럼 명백하게 유엔의 권위를 인정한다면 북한의 유엔 대표단을 받아들일 용의가 있다는 사실을 보여줌으로써 미국은 남·북한을 편파적으로 취급한다는 유엔 내부의 비판으로부터 벗어날 수가 있었다.[35] '스티븐슨 수정안'은 수적인 힘에서 남한에 불리하게 보이는 상황에 직면한 미국의 전술상의 변화였다. 남한은 유엔에 대해 특별한 관계를 유지할 것을 희망했음에도 불구하고 한국문제에 대한 연례적인 논의가 점점 원색적 비방으로 가득차고 지루해짐에 따라 한국문제에 대한 유엔 회원국들의 흥미와 열의가 줄어들었다는 변화된 현실을 인정해야만 했다.[36]

남한은 한국문제를 유엔에 제기하기 위한 유엔 전략을 심각하게 재검토하기 시작했다. 북한을 지지하는 국가들이 자신들만이 진정한 한반도 평화 통일의 승리자라고 자처하면서 남한의 후원 국가들을 성토하기 위해 유엔을 선전장으로 악용하는 것을 방지할 새로운 전략이 필

33) 제15차 유엔총회 기간 중 1961년 4월 11일의 제1차 위원회에서 스티븐슨의 연설에 대해서는 Se-Jin Kim, *op. cit.*, pp.257-258 참조

34) Kim Kyung-Won, "Korea, the United Nations and the International System," *Report: International Conference on the Problems of Korean Unification*, Seoul: Asiatic Research Center, 1971, p.1187.

35) *Ibid.*

36) Chonghan Kim, *op. cit.*, p.411.

요하게 된 것이었다. 북한 지지세력들의 전략은 한국문제를 남한에서의 외국군 철수, 즉 주한미군의 철수와 유엔 한국통일부흥위원단의 해체 논의로 전개시키는 것이었다. 비록 그들의 이러한 전략은 계속해서 실패로 돌아갔지만 미국을 포함한 남한 후원국가들을 괴롭히기에 충분한 것이었다. 따라서 남한 정부가 선택한 새로운 유엔 전략은 한국문제가 더 이상 매년 자동적으로 유엔총회의 의제로 채택되지 않도록 하는 것이었다.[37]

이러한 새로운 유엔정책을 통해 남한은 유엔 한국통일부흥의원단이 그 보고서를 사무총장이나 유엔총회에 자유재량에 의해 선택적으로 제출할 수 있도록 하자고 제안했다. 만일 연례보고서가 총회에 보내진다면 한국문제는 자동적으로 잠정의제에 포함되겠지만, 회원 국가들에 대한 배포를 위해 사무총장에게 보내진다면 한국문제가 공식적으로 논의될 필요는 없기 때문이었다.

이러한 선택 전략을 통해 남한 정부는 유일 합법정부라는 '성상'을 유지하면서도 유엔총회의 연례의제에서 한국문제를 배제함으로써 유엔에서의 최대이익을 추구하였다. 하지만 남한의 새로운 대유엔정책이 남한의 '성상'을 방어하기 위해 만들어진 유엔의 한국문제 관련 결의안들까지도 모두 무효화하는 것은 아니었다. 따라서 유엔 한국통일부흥위원단과 주한 유엔군사령부의 지속적인 활동에는 어떠한 부정적인 효과도 미치지 못했다. 이러한 새로운 '자유재량적 제출전략(discretionary placement strategy)'도 스티븐슨 수정안 전략처럼 남한의 '성상'에 대

37) 총회결의안 376(v)에 따라 1968년 이전의 20년간 유엔 한국통일부흥위원단은 한국문제에 대한 연례보고서를 총회에 제출했으며, 따라서 한국문제는 유엔 절차규정 132조에 의거하여 정기 유엔총회 기간 중에 자동적으로 잠정의제로 채택되어왔다. Chi Young Park, "Korea and the United Nations," in Youngnok Koo and Sung-Joo Han (eds.), *The Foreign Policy of the Republic of Korea*, New York: Columbia University Press, 1985, p.264 참조

한 훼손을 막기 위해 잘 계산되고 잘 짜여진 전략이었다.

당연히 북한은 이것을 좌시하고 있지만은 않았다. 오히려 1969년 제24차 유엔총회에서 이른바 '유엔의 깃발 아래 남한을 점령하고 있는 미군 및 다른 외국군의 철수와 유엔 한국통일부흥위원단의 해체'를 또 다시 의제로 상정할 것을 요구하는 등 공격적인 태도를 취했다.[38] 이와 더불어 북한은 대미, 대남비방선전의 우위를 확보하기 위해 기선을 제압하려는 태도를 보이기 시작했다. 이러한 북한 당국의 공격적 태도는 1960년대 말 군사행동을 통한 위기 발생가능성으로 한반도의 상황을 몰고 갔다.[39]

그러나 주한 외국군 철수와 유엔 한국통일부흥위원단 및 유엔 사령부 해체에 관한 북한의 결의안 초안은 제24차 유엔총회에서 부결되었다. 그리고 1970년 제25차 유엔총회에서도 북한은 목적달성에 실패했다. 그 결과 1960년대에 유일 합법정부라는 남한의 '성상'은 유엔 내에서 심각한 도전에 직면했지만, 남한은 이 '성상'을 보호 유지하는 데 성공할 수 있었다.

## IV. 성상을 묻어버리다

1971년 7월 9일 키신저(Henry Kissinger)는 비밀리에 베이징을 방

38) *Yearbook of United Nations, 1969*, pp.167-170.

39) 북한의 이러한 행동은 1968년 북한 특수부대의 청와대 기습 사건과 미국의 푸에블로(Pueblo)호 납치사건, 그리고 1969년의 미해군 정찰기 EC-121 격추 사건 등으로 나타났다. 한반도에서의 이러한 위기상황의 대처에 대한 논의를 위해서 Sung-Hack Kang, "Crisis Management under the Armistice in the Korean Peninsula," *Korea Journal*, Vol.31, No.4 (Winter 1991), pp.14-28 참조

문했으며, 6일 후 닉슨(Richard Nixon) 대통령은 미국과 중국 간의 '관계 정상화'를 논의하기 위해 중국을 방문할 것이라는 깜짝 놀랄만한 발표를 했다. 1971년 9월 25일 미국은 유엔에서 대만의 국민당 정부를 축출하고 본토의 공산정권이 안보리 의석을 대신하는 것에 대해 더 이상의 관례적인 외교적 영향력 행사를 거부한다고 밝혔다. 이와 같은 중국과 미국 간의 '외교적 혁명'과 중국의 상임이사국 진출은 남한으로 하여금 유엔정책을 다시 한 번 재평가해야 할 필요성을 갖게 했다.

키신저의 방중과 미·중 간 국교회복가능성이 제기된 직후 남한은 북한에 대해 인도적 견지에서 약 천만 명으로 추산되는 이산가족의 재회를 논의하기 위한 '남북 적십자회담'을 갖자고 제안했다. 이에 북한이 호의적 반응을 보임에 따라 1971년 8월 20일 회담이 개최되었다. 그러나 남·북한 간의 화해의 정신이 유엔에서까지 연장되어 나타나지는 않았다. 오히려 북한은 유엔 내에서 공산권 국가들과 이른바 비동맹국가들을 통해 또 다시 '유엔 깃발 아래에 있는 미군을 포함한 모든 외국군의 남한에서의 철수와 유엔 사령부 및 유엔 한국통일부흥위원단의 해체'를 제26차 유엔총회의 의제로 상정하려는 정책을 전개하였다.40)

유엔에서의 이와 같은 상황전개에 따라 남한은 막 시작된 적십자회담을 위해서 유엔이 한국문제 논의를 연기하는 것이 바람직하다고 주장하는 지연 전략을 전개했다. 제26차 유엔총회에서의 안건을 채택하기 위해 소집된 운영위원회(General Committee)에서 남한의 중요 옹호자였던 영국 대표 콜린 크로 경(Sir Colin Crowe)은 한반도에서의 새로운 상황 발전을 위해서 한국문제 논의를 연기해야 한다고 주장하는 한편, 적십자회담의 진행을 방해하지 않기 위해서 유엔은 한국문제 논의를 재개하기 이전에 먼저 회담의 진전 상황을 지켜봐야 한다고 말

40) *Yearbook of the United Nations, 1971*, pp.162-163.

했다.[41] 그 결과 운영위원회는 한국 문제 논의를 연기하자는 남한측의 제안을 받아들였다. 그러는 동안 남북한 조절회담에서는 평화통일 3원칙에 대한 합의를 포함하는 역사적인 '7·4 공동선언'이 발표되었다.[42]

1972년 제27차 유엔총회에서도 남한은 지연전략을 사용해서 한국 문제가 또다시 다음해로 넘어가도록 하는 데 성공했다. 하지만 1973년 남한은 북한의 새로운 국제적 위상 구축에 직면했다. 25년 만에 처음으로 북한은 일부 서유럽 국가들을 포함한 여러 나라들과 전면적인 외교관계를 수립했다. 즉 북한은 핀란드, 아이슬란드, 아르헨티나, 이란, 토고, 베냉, 잠비아, 모리타니 등과 국교를 수립한 것이었다. 더욱이 북한은 1973년 5월 17일 남한의 반대를 무릅쓰고 유엔 특별기구의 하나인 국제보건기구(World Health Organization : WHO)에 가입했다. 그리고 유엔 특별기구의 회원 자격으로서 북한은 유엔에서 상임 옵서버의 지위를 획득함으로써 그 해 6월 1일에는 제네바에, 6월 29일에는 뉴욕 본부에 옵서버 대표부를 설치했다.[43]

이러한 상황 변화에 대해 1973년 남한의 박정희 대통령은 이른바 '6. 23 선언', 즉 '한반도 평화통일 외교정책에 관한 특별성명'을 발표했다. 이 선언에서 박대통령은 국제기구에 북한이 남한과 함께 가입하는 것이 국제 협력을 증진시키는 것이 된다면 남한은 그것을 반대하지

41) Chonghan Kim, *op. cit.*, p.414.

42) 7·4 공동선언의 전문에 대해서는 Se-Jin Kim (ed.), *op. cit.*, pp.319-320 참조

43) 비록 유엔 사무총장 발트하임(Kurt Waldheim)이 6월 29일 북한에 대해 공식적으로 유엔주재 옵서버 대표부 설치를 승인한다고 통보했지만, 이 결정은 형식적인 것이었으며 이미 수주 전부터 예측되어 온 것이었다. 이 점에 대해서는 B. C. Koh, "The United Nations and the Politics of Korean Reunification, in Se-Jin Kim and Chang-hyun Cho (eds.), *Korea: A Divided Nation*, Silver Spring, Maryland: The Research Institute of Korean Affairs, 1976, p.272, Note 11 참조

않을 것이고, 유엔 회원국 대다수가 원하고 또한 한반도 통일에 장애가 되지 않는다면 남한은 북한과 함께 유엔에 가입하는 것을 반대하지 않으며, 유엔 가입 이전이라도 유엔총회에서 한국문제가 논의될 때 남한 대표가 초청되어 참여한다면 남한은 북한 초청을 반대하지 않을 것이며, 그리고 남한은 이념에 상관없이 상호호혜, 평등의 원칙 하에 세계 모든 국가에 문호를 개방할 것이라고 선언하였다.44)

남한의 정책에서 비롯된 이와 같은 새로운 정책 전환은 이념을 달리하는 국가들뿐만 아니라 미국에 대해서도 코페르니쿠스적 전환을 가져왔다. 이제 남한은 지난 1948년 정부 수립 이후 가장 중시해 온 한반도의 유일 합법정부라는 '성상'을 스스로 매몰시키려는 의도를 보여주기 시작했다. 남한의 지도자들에게 있어 이제 그 '성상'은 더 이상 지속될 만한 가치를 가지고 있지 않은 것으로 보였다. 유엔에 대한 남한의 중요한 정책 변화는 새로운 유엔의 분위기에 대해 적응하려는 노력이었다.45)

박대통령이 새로운 정책을 발표한 날, 북한의 김일성 주석은 박대통령의 제안이 결국 두 개의 한국을 만듦으로써 분단을 고착화하려는 것이라면서 남한의 제안을 일축했다. 대신 김일성은 통일 이전의 과도기 동안 '고려연방국'으로서 유엔에 단일 의석을 가질 것을 역제안하였다.46)

전체적으로 1973년의 상황은 북한에 우호적으로 전개되는 것으로

---

44) 선언의 전문에 대해서는 Se-Jin Kim (ed.), *op. cit.*, pp.338-340 참조

45) 외교정책은 일종의 적응행위로 간주될 수 있다. James N. Rosenau, "Foreign Policy as Adaptive Behavior," *Comparative politics*, Vol.2, No.3 (April 1970), pp.365-387.

46) 김일성의 역제의는 체코슬로바키아 공산당의 구스타프 후삭(Gustav Husak) 서기장에 대한 환영 연설에서 처음 등장했다. 1973년 6월 23일 평양 군중집회에서의 김일성의 연설 전문에 대해서는 Se-Jin Kim (ed.), *op. cit.*, pp.340-345 참조.

보여졌다.47) 유엔에서 북한이 계속해서 외교적 승리를 거두는 것에 깜짝 놀란 남한은 자발적으로 유엔 한국통일부흥위원단의 해체뿐 아니라 한반도의 휴전상태를 유지하기 위한 대안적 조치 마련이라는 전제하에서 남한의 유엔사령부를 해체하기로 결정했다. 더욱이 남한은 1973년 6월 23일의 선언에서 밝힌 바대로 한국문제에 대한 논의에 북한이 참여하는 것을 반대하지 않기로 결정했다. 그 결과 1973년 제28차 총회에서는 한국문제에 대한 두 개의 상반되는 결의안 초안이 상정되었다. 하나는 남한을 지지하는 결의안 초안으로서 '6·23 평화통일선언'을 반영하는 것이었을 뿐 아니라 보편성의 정신에 따른 남·북한의 유엔 가입이 이 지역의 평화와 안보를 유지하고 평화통일의 목적에 부합할 것이라는 희망을 피력하는 것이었다.48) 다른 하나는 북한을 지지하는 것으로서 유엔사령부의 무조건 해체와 유엔 깃발 하에 있는 모든 외국군의 철수를 주장하는 것이었으며,49) 남·북한 단일 의석의 유엔 가입에 대한 승인을 요구하는 것이었다.50) 10월 1일 제1위원회는 '한국문제 논의에 투표권 없이 참가'하는 것을 조건으로 남·북한 대표들을 초청하였다.51)

계속되는 논쟁과정에서 스웨덴은 결의안 초안의 공동 제안국들에 대해 일반적 원칙의 지향과 합의 도출을 촉구하는 한편, 한국과 같은 중요한 문제에 있어서는 단순 과반수만으로 문제를 결정해서는 안 된다고 주장했다.52) 제1위원회의 의장 및 두 개의 결의안 초안을 제출한

---

47) Chonghan Kim, *op. cit.*, p.416.

48) 이 결의안 초안은 남한을 지지하는 27개국에 의해 제출되었다.

49) *Yearbook of the United Nations*, Vol.27, 1973, p.153. 이것은 35개국에 의해 제출되었다.

50) B. C. Koh, *op. cit.*, p. 276.

51) *Ibid.*, p. 152.

52) *Yearbook of the United Nations*, Vol.27, 1973, p.156.

공동 제안국들 간의 계속된 협의 끝에 의장은 두 개의 결의안 초안 모두 이번 회기에는 투표에 부치지 않을 것에 합의했다는 것을 공표하였다. 그리고 가나 대표의 해명과 수정안이 발표된 후 다시 제1위원회가 속개되어 의장이 공표한 합의문을 승인했다. 그리하여 총회는 1973년 11월 28일 이 합의문을 반대 없이 채택했다.[53)]

총회에서의 이러한 결정에 대해 남·북한은 각각 자신이 승리했다고 주장했다. 북한 대표는 유엔 한국통일부흥위원단의 해체는 곧 남한과 그 동맹국들의 패배를 의미하는 것이라고 주장한 반면에 남한의 대표는 북한이 아무런 조건 없이 남북대화를 재개할 것에 동의했다는 사실을 강조하였다.[54)] 그러나 사실 남북한 모두 승리자가 아니었다. 그들은 계속해서 대결해야만 했기 때문이다. 1974년 9월 제29차 유엔총회에서도 운영위원회가 이 문제에 대한 상호 상반되는 결의안 초안을 제출함으로써 무익한 표 대결이 계속되었다. 북한을 지지하는 측에서는 유엔 깃발 하에 남한에 주둔하는 모든 외국군의 철수를 주장하였으며, 남한을 지지하는 측에서는 한국 문제에 관한 제28차 총회의 합의의 완전한 이행과 한반도의 평화와 안전 유지가 시급히 요청된다는 사실을 재확인했다. 이와 같은 두 개의 상반되는 결의안 초안 가운데 북한측의 초안이 제1위원회에서의 투표에서 찬성 48, 반대 48, 기권 38이라는 근소한 차이로 부결되었다. 그러나 북한의 패배는 남한으로서도 충격이었는데 왜냐하면 투표 결과를 볼 때 다음번의 외교 대결에서 남한과 그 후원에게 유리할 것이라는 보장이 없었기 때문이었다. 아무튼 1975년 한 해 동안 남·북한은 1975년 제30차 총회에서의 외교적 대결을 준비하기 위한 득표 경쟁을 벌여야만 했다.

---

53) *Ibid.*, p. 157, 전문에 대해서는 Se-Jin Kim, ed, *op. cit.*, p.356 참조

54) 1973년 8월 28일에 단절되었던 남북대화 재개 결정에 관한 북한 대표 김영주의 연설에 대해서는 Se-Jin Kim (ed.), *op. cit.*, pp.345-349 참조

예상한 바대로 1975년 총회의 제1위원회에서 또 다시 두 개의 상반되는 결의안 초안이 제출되었다. 북한 지지세력의 초안은 계속해서 현재의 휴전상태를 한반도의 지속적 평화로 대체하는 데 유리한 환경을 만들기 위해서는 모든 외국군이 철수하고 유엔 사령부가 해체되어야 한다고 주장하였다. 반면 남한측의 초안은 한국문제에 대한 제28차 총회의 합의가 완전히 이행되어야 함을 재확인하는 것이었으며, 남·북한이 평화적 통일을 촉진시키기 위한 대화를 계속해야 함을 주장하는 것이었다. 이와 더불어 남한측은 한반도의 평화와 안전을 유지하고 긴장을 완화하기 위해서 휴전협정 대체를 목적으로 하는 새로운 조치 마련을 위한 협상에 직접적으로 관련된 모든 당사국들이 참여할 것을 희망한다고 밝혔다.[55] 이러한 두 입장 간의 가장 큰 차이는 북한은 조건없이 유엔사령부를 해체할 것을 주장하는 반면, 남한측은 현 휴전협정을 대체할 만한 적절한 조치가 마련되어야만 유엔사령부 해체를 받아들일 수 있다는 것이었다. 10월 13일 날짜로 사무총장에게 전달된 서한에서 남한측 상임 옵서버는 현재의 휴전협정이 한반도에서의 평화와 안전을 유지하게끔 관련 당사국들을 구속하는 유일한 합법적 장치이며, 따라서 평화 유지를 위한 새로운 조치에 의해 대체되기 전까지 그것은 지속적 효력을 가져야 한다고 주장했다. 남한은 또한 유엔사령부의 해체 이후에도 휴전협정이 유지될 수 있는 수단과 방법을 마련하기 위해 모든 관련국들이 논의할 것을 희망한다고 피력하였다.[56]

1975년 10월 29일 제1위원회에서 양측의 결의안 초안에 대한 신랄한 논쟁이 오고간 후 놀랍게도 두 개의 서로 상반되는 결의안 초안이 모두 채택되었다.[57] 남한의 대표는 북한측 주장이 명백히 남한측 주장

55) *Yearbook of the United Nations*, Vol.29, 1975, p.195.

56) *Ibid.*, pp.197-198.

57) 호명투표에서 북한측 결의안은 59 대 51, 기권 29로 통과되었고, 남한측

과 모순되는 것임에도 불구하고 받아들여졌다는 점에 대해 유감을 표시하였고, 한반도의 평화와 안정을 위협하는 어떠한 조치에도 남한 정부는 참여하지 않을 것이므로 친북한 문건에 대해서 무조건 거부할 것이라고 말했다.[58]

1975년 가을에 개최된 제30차 유엔총회에서의 이와 같은 '어처구니없는' 사건으로 인해, 유엔은 한반도문제에 대한 어떤 실질적인 결과도 달성할 수 없다는 측면에서 한국에게 더 이상 효과적이지 못하고 의미없는 조직으로 보여지게 되었다. 따라서 남한은 불필요한 대결과 무익한 투표경쟁만이 반복되는 유엔에서 한국문제를 더 이상 논의하지 않겠다는 것을 결정했다. 다시 말해 남한 정부는 한국문제를 탈유엔화(deUNize)하고,[59] 북한과의 직접대화를 통해 평화통일을 추구하기로 결정한 것이다.

하지만 1948년 이래 최초로 유엔총회에서 북한측 결의안 초안이 통과된 사실에 고무된 북한은 1976년의 제31차 총회 회기 중에 유엔사령부의 해체와 남한주둔 외국군의 철수를 더욱 강도 높게 주장했다. 이러한 도전에 직면해 남한은 그것을 좌시하고만 있을 수는 없었다. 남한측 동맹국들은 남·북한 간의 문제 해결을 위해 남·북한이 즉각 대화를 재개할 것을 요청하는 결의안 초안이 제31차 총회의 의제로 상정될 것을 요구하는 한편, 남·북한과 관련 국가들에 대해 가급적 빠른 시일 내에 유엔사령부 해체의 승인과 관련된 준비협상을 시작할 것을 주장하였다.[60] 그러나 예상과 달리 한국문제에 관한 또 한 차례의 격

---

결의 안은 51대 38, 기권 50으로 통과되었다. *Yearbook of the United Nations*, Vol.29, 1975, p.201 참조

58) *Ibid.*

59) Yang Sung-Chul, "The United Nations on the Korean Question since 1947," *Korea Journal*, Vol.21, No.10 (October 1981), pp.6-7.

60) *Yearbook of the United Nations*, Vol.30, 1976, p.207.

렬한 논쟁이 벌어지지는 않았다. 북한측 후원국이었던 탄자니아가 갑자기 1976년 9월 21일의 서한을 통해 사무총장에게 북한측의 결의안 초안을 철회한다고 통보해 왔으며, 남한측 후원국인 일본도 남한측의 결의안 초안을 철회한다는 통지를 보냈다. 9월 23일 총회 운영위원회는 양측의 요구가 모두 철회되었음을 확인했다.[61] 따라서 유엔에서의 새로운 외교적 대결이 제31차 유엔총회에서는 전개되지 않았다. 갑자기 북한측이 결의안 초안을 철회하기로 결정한 것은 다음과 같은 두 가지 이유로 풀이된다. 첫째, 1976년 8월 18일 북한 군인들이 판문점에서 도끼로 유엔군 소속 미국 장교들을 살해한 사건이 발생했는데 이로 인해 한반도에 심각한 위기상황이 전개되었다.[62] 유엔 요원들을 이처럼 야만적으로 살해한 사건은 유엔총회에서 각국으로 하여금 매우 불리한 상황에 처한 북한을 더 이상 지지할 수 없게 만들었다. 결과적으로 그 사건은 북한의 도발을 막기 위해서 유엔사령부가 남한에 여전히 필요하다는 것을 증명해 주는 것이 되었다.

둘째, 북한은 1976년 8월 16-20일 스리랑카의 콜롬보에서 개최된 제5차 비동맹정상회담에서 외교적 좌절을 겪었다. 그동안 비동맹정상회담에서는 1961년 9월 1일에서 6일까지 유고슬라비아의 베오그라드에서 열렸던 제1차 비동맹정상회담을 제외하고 매회에 걸쳐 한국문제가 논의되었으며, 각국은 그때마다 정도의 차이는 있었지만 북한의 통일정책을 옹호하는 태도를 보여왔다.[63] 그러나 1976년 스리랑카가 제5차 비동맹정상회담의 의장국이 되자 비동맹운동 자체가 온건 성향으로 전환하기 시작하였다. 비동맹국가들 내에서의 이러한 조류의 결과

---

61) *Ibid.*

62) 이 위기에 대한 논의로서 Sung-Hack Kang, *op. cit*, 특히, pp.18-20 참조

63) Jae Kye Park, “Korea and the Third World,” in Youngnok Koo and Sung-Joo Han (eds.), *The Foreign Policy of the Republic of Korea*, New York: Columbia University Press, 1985, p.221.

북한의 호전적 태도는 기대만큼의 호응을 받을 수가 없었고, 그에 따라 일방적인 친북적 결의안도 상당한 정도로 온건해져야만 했다.[64]

그 결과 한국문제는 1976년부터 유엔총회에서 공식 의제로 상정되지 않았다. 남·북한 모두 더 이상 유엔에 한국문제를 제기하지 않았다. 지난 30년간 유엔 회원국들 사이에서 일종의 '뜨거운 감자(hot potato)'로 여겨졌던 한국문제는 마침내 탈유엔화된 것이다. 1976년 말까지 한국문제는 유엔에서 냉전시대의 양극적, 제로섬 게임이었지만 이제 마침내 두 개의 한국이 승인됨으로써 완전히 소멸되었다.

## V. 유엔 가입을 향한 대장정

처음 남한은 유엔 사무총장에게 보내는 외무장관 서리 장일고의 1949년 1월 19일자 서한에서 대한민국의 이름으로 유엔에 가입을 신청했었다. 그러나 남한의 가입 신청은 유엔 안보리에서 9대 2라는 투표결과에도 불구하고 소련의 거부권 행사로 좌절되었다.[65]

반면에 북한의 가입 신청은 안보리에서 2 대 9로 부결되었다.[66] 한국전쟁 기간 중이었음에도 불구하고 남한 총리는 유엔 사무총장에게 서한을 보내 다시 남한의 유엔 가입 승인을 신청하였다.[67] 북한도 이미 유엔에 의해 침략자로 낙인찍혔음에도 불구하고 1952년 1월 2일 유엔 안보리에 전문을 보냄으로써 유엔 가입을 요청했다.

---

64) 대한민국 외무부, 『한국외교 40년: 1948-1988』 서울: 외무부, 1990, p.242; Chonghan Kim, *op. cit.*, p. 420.

65) *Ibid.*, p.249.

66) *Ibid.*, p. 250.

67) *Ibid.*

하지만 미국과 소련 간의 양극체제의 대결구도와 그들간의 경쟁적 배제(competitive exclusion) 정책[68]은 남·북한이 단독으로든 아니면 함께든 유엔에 가입하는 것을 막았다. 즉 양 초강대국은 남·북한을 포함한 어느 국가든 자기와 다른 정치이념을 가진 나라의 유엔 가입을 부정하였다.

남한의 유엔 회원국 문제는 1955년 12월에 이른바 18개 국가의 '일괄 처리(package deal)'가 논의됨으로써 다시 제기되었다. 그러나 남한은 일괄 처리의 대상에서 배제되었는데 이는 소련이 다시 거부권을 행사했기 때문이었다.[69] 1957년과 1958년 총회는 남한이 유엔의 회원국이 될 자격이 있다는 결정을 재확인하는 한편, 안보리에 대해 남한의 가입을 검토할 것을 요청했다. 그러나 안보리에서 소련은 계속해서 거부권을 행사했다. 그리고 그 대안으로서 소련은 두 개의 한국을 모두 가입시킬 것을 요구하는 결의안을 제출했다.[70] 하지만 이 결의안은 안보리에서 부결되었다.[71]

그러나 소련측 제안은 과거 북한만의 유엔 가입 주장에서 벗어나 남·북한의 동시가입을 주장했다는 점에서 변화를 보인 것이었다.[72] 또한 북한이 남·북한 동시가입이라는 소련의 정책에 반대하지 않음으로써 북한도 남·북한이 독자적으로 각각 유엔에 가입한다는 소련의 입장에 동조한 것으로 보인다. 안보리 내의 논쟁에서 소련은 남·북한의 개별적

---

68) Hong Nack Kim, "The Two Korea's Entry into the United Nations and the Implications for Inter-Korean Relations," *Korea and World Affairs*, Vol.15, No.3 (Fall 1991), p.399.

69) 대한민국 외무부, *op. cit.*, p.250. 1955년에는 16개국이 유엔에 가입했다.

70) 당시 그 결의안은 두 개의 한국뿐만 아니라, 두 개의 베트남을 인정할 것을 요구하는 것이었다.

71) 대한민국 외무부, *op. cit.*, p. 251.

72) 미국은 남한의 단독가입이라는 초기입장을 계속 고수하였다.

가입에 대한 자국의 입장을 유엔의 보편주의에 입각하여 옹호했다.[73]

1961년 4월 21일 남한의 외무장관 정일형은 유엔 사무총장에게 서한을 보내 남한의 유엔 가입 문제가 안보리와 제16차 총회에 제출되어 긍정적인 검토를 받기를 희망한다는 의사를 피력함으로써 다시 한번 유엔 가입을 시도했다. 하지만 안보리에서 이에 대한 긍정적인 반응이 나타나지는 않았다. 소련의 방해투표와 유엔의 성격변화 때문에 유엔 가입에 계속 실패하자 남한 정부는 유엔 가입 시도를 아예 중단하였다.[74]

바꾸어 말하면 1973년 북한과 함께 유엔에 가입하는 것을 반대하지 않는다고 선언함으로써 남한은 유엔정책을 극적으로 전환했다. 사실 남한의 새로운 유엔정책은 1957년과 1958년에 소련과 북한이 주장한 내용을 뒤늦게 수용하는 것이었다. 하지만 놀랍게도 남한의 새로운 유엔 정책에 대한 북한의 반응은 즉각적인 거부였다. 유엔 동시가입에 반대하면서 북한은 그것이 한반도의 영구적 분단을 고착화하려는 미국과 그 동맹 세력들의 음모라고 주장하였다. 그 이후 1991년 5월 18일까지 북한은 계속해서 남·북한의 유엔 동시가입을 반대해 왔다.[75] 안보리 상

---

73) 이것은 유엔에 대한 신생국들의 대거 유입에 따른 유엔의 성격변화를 반영하는 것이었다. 1945년 샌프란시스코 회의에 참가한 국가들은 헌장을 초안할 때 가입승인을 받을 필요가 없는 애초의 회원국들과 헌장에 규정된 모든 조건을 만족해야만 하는 후발 가입국가들을 명백하게 구분했다. 이 점에 대해서는 Erik Suy, *The Admissions of States to the United Nations: The Case of Korea*, The Sejong Institute Seminar series 91-01 (No. 30), Seoul, Korea, 1991, p.8.

74) 대한민국 외무부, *op. cit.*, p.152. 1960년대에 남북한과 남북베트남, 동서독, 중국의 가입문제가 여전히 해결되지 못했다.

75) 북한의 입장은 모순된 것이었는데, 왜냐하면 북한은 유엔 전문기구인 국제보건 기구(WHO)에 가입함으로써 유엔에서의 상임 옵서버 자격을 획득했을 뿐 아니라 제네바와 뉴욕에 옵서버 대표부를 설치했기 때문이다. 이러한 모순적 행동을 변명하기 위해 북한은 유엔 전문기구의 가입이 모든 국가와의 기술적, 현실적 협력을 위한 것이었다고 주장했다. 이 점에 대해서는 Chong-Ki Choi, "The Role of The United Nations and the

임이사국인 소련과 중국이 남·북한의 유엔 가입에 있어 북한을 옹호하는 한 남한의 유엔 가입은 불가능했다. 단독으로 가입하든 북한과 동시에 가입하든 남한의 유엔 가입 노력은 1975년에 또다시 좌절되었다.

그러자 남한은 소련과 중국이 더 이상 북한의 입장을 옹호하지 않고, 남한의 유엔 가입을 거부하지 않는 보다 우호적인 분위기가 만들어질 때까지 기다리기로 결정했다. 기회는 참고 기다리는 자에게 찾아왔다. 소비에트 블록과 중국이 참여한 1988년 서울 올림픽이 성공리에 개최되자 결정적인 기회가 지평선 너머에서 찾아온 것이다. 서울 올림픽이라는 국제적인 축제는 주최국인 한국의 경제적 발전과 풍부한 문화적 전통을 전 세계에 과시할 수 있는 절호의 기회였다. 유엔의 산물이자 4천만 인구를 가진 남한이 국제적 기구에서 그동안 배제되어 왔다는 사실이 오히려 비정상적인 것으로 여겨졌다. 1988년 하계올림픽의 결과 유엔 회원국들 사이에서 남한이 이제는 회원국이 되어야만 한다는 광범위한 의견일치가 이루어졌다.76)

1988년 남한은 '북방정책'이라는 공산국가들에 대한 새로운 외교정책 노선을 채택했다. 이른바 7·7선언이라 불리는 이 정책은 사실상 1973년의 6·23 평화통일선언의 결과적 산물이었는데, 이것을 통해 남한은 더이상 북한을 적으로 간주하지 않을 것과 남북한 간 상호 상반되는 결과만을 초래하는 외교적 경쟁을 종식하도록 노력할 것 등을 만방에 천명했다. 이러한 신노선의 채택은 시기상으로 소련과 동유럽 국가들이 전면적인 정치·경제적 개혁을 실험하는 시점과 일치하는 것이었으며, 교역과 경제협력 분야에서 한국이 보다 현실적인 정책을 펴

---

Korean Question," in Tae-Hwan Kwak, Chonghan Kim and Hong Nack Kim (eds.), *Korean Unification: New Perspective and Approaches*, Kyungnam University Press, 1984, pp.276-277, and pp.282-283.

76) Hong Nack Kim, *op. cit.*, p.404.

나갈 수 있도록 만들어주는 것이었다. 1990년 10월 1일 남한이 소련과 정상적 외교관계를 수립하기 전까지 이미 남한은 헝가리, 폴란드, 유고슬라비아, 불가리아, 체코슬로바키아 및 루마니아와 외교관계를 수립했다. 1990년 10월 20일에는 중국이 남한과 사실상의 영사 기능을 가지는 무역대표부를 교환할 것에 합의하였다.

올림픽을 성공적으로 개최했을 뿐만 아니라 북방정책을 성공적으로 수행함으로써 남한은 유엔 가입을 목적으로 하는 새로운 외교적 노력을 전개하기 시작했다. 1989년 9월과 11월 남한은 회원국으로 유엔에 참가하는 것에 대한 입장을 담은 문건(S/2/1827)을 배포했으며, 1990년에는 외무장관이 직접 뉴욕에서 유엔의 회원국이 되기 위한 외교적 활동을 열정적으로 수행하였다. 그 결과 1989년 유엔 총회에서는 남한의 유엔 가입에 대해 지지를 보내는 국가의 수가 48개국이었으나 1990년 제45차 유엔총회에서는 그 수가 71개국으로 증가했다.[77] 미국의 부시(Bush) 대통령뿐만 아니라 소련의 고르바초프(Gorbachyov) 대통령도 기조연설을 통해 남한이 유엔에 가입하는 것을 지원할 것이라고 말했다. 이러한 국제적 상황변화 속에서 북한은, 통일을 이루기 전까지 잠정적인 조치로서 남·북한이 개별적으로 동시에 유엔에 가입하자는 남한의 제의를 거부했다. 북한은 계속해서 남·북한이 '고려연방공화국(the confederal Republic of Koryo)'이라는 국호를 가진 단일의석으로 유엔에 가입해야 한다고 주장했다. 그러자 남한은 북한의 역제의가 현실적 사고에 기반하고 있지 못하다고 주장하면서 북한측 제의를 거부했다.

연합(confederation)이란 유엔처럼 국가들의 모임을 의미한다. 유엔의 회원국으로서 그러한 연합형태를 가진 나라는 없다. 더욱이 연합은 항상 개별적인 국가들간의 조약에 근거한다. 따라서 한반도의 분단을

77) 외무부, 『외교백서』, 1991, pp.73-74.

국제적으로 인정받지 않기 위해서 연방제가 필요하다는 북한의 주장은 모순적이다.[78] 왜냐하면 연합제 그 자체는 연방제와 달리 독립적인 주권을 가진 두 개의 한국이 존재한다는 사실을 서로가 승인해야 한다는 것을 의미하기 때문이다. 더 나아가 남·북한은 이미 국제사회에서 두 개의 독립된 주권국가로 인정받고 있다. 북한의 경우 100개 이상의 국가들과 외교관계를 수립하고 있으며, 남한은 140여개의 국가들과 외교관계를 맺고 있다. 남·북한 모두 1990년까지 유엔의 거의 모든 전문기구에서 완전한 회원자격을 획득하였다.[79]

북한은 1990년 9월 서울에서 개최된 남북총리회담에서 유엔 가입 문제를 의제의 하나로 논의할 것을 제안했다. 그러한 제의는 남한이 단독으로 유엔에 가입하는 것을 저지하려는 목적을 가진 것이었다. 그러나 남한은 북한의 제안을 받아들여 1991년까지 유엔에 가입 신청하는 것을 연기하기로 결정함으로써 총리회담이 무산되지 않도록 노력했다. 남한이 이듬해로 가입 신청을 연기한 것은 또한 중국이 남한에게 기다려 달라고 요청했기 때문이라고 알려져 있다.[80] 하지만 1991년 봄이 되자 남한의 지도자들은 유엔 가입 문제와 관련해서 북한과의 협상이 무익하다는 사실을 깨닫게 되었다. 그리고 이와 더불어 1991년 4월 제주도에서 개최된 한·소 정상회담에서 소련이 남한의 유엔 가입 노력을 지지한다고 선언함으로써 남한의 유엔 가입에 거부권을 행사하지 않겠다는 것을 시사하자 북한은 더 이상 소련에 의존할 수 없게 되었으며, 중국도 남한의 유엔 가입에 거부권을 사용하지 않을 것임을 암시함으로써 북한은 중국에 대해서도 더 이상 의존할 수 없게 되었다.

78) 북한은 '고려연방공화국'을 영어로 표기할 때 '연방'을 뜻하는 'federal'이 아니라 '연합'을 뜻하는 'confederal'로 표기함으로써 국내외에서 북한 제안에 대한 혼란을 야기시켰다.

79) Erik Suy, *op. cit.*, pp.11-12.

80) 『동아일보』, (1991. 8. 7.).

더욱이 1990년 제45차 유엔총회에서 남·북한이 유엔에서 단일 의석으로 가입해야 한다는 북한측 주장에 찬동하는 나라는 단 한 나라도 없었던 반면, 남·북한이 유엔에 동시에 개별적으로 가입해야 한다는 남한측 입장을 지지한 나라는 71개국에 이르렀다.[81]

이에 자신감을 얻은 남한은 1991년 5월 그해에 개최될 제46차 총회에서 유엔 회원국 지위를 다시 추구할 것이라고 밝히는 한편, 소련과 중국을 포함한 세계 각국의 지지를 끌어내기 위한 외교적 노력을 전개하였다. 이제 북한의 모래시계에는 남은 모래가 거의 없었다. 이러한 상황에서 북한 외교부는 남한과 동시에 그러나 남한과는 분리되어 유엔의 회원국이 될 것이라고 공식 발표할 수밖에 없었다. 남한의 유엔 가입에 대해 중국이 더 이상 거부권을 행사할 의사가 없음이 북한의 정책변화에 결정적인 영향을 주었다는 것은 거의 확실한 사실이었다. 그 결과 유엔 안보리는 1991년 8월 8일 총회에 대해 남·북한의 유엔 회원국 승인을 권고하는 결의안 702호를 투표 없이 만장일치로 채택하였다. 1991년 9월 17일 총회는 투표없이 결의안(46/1)을 채택함으로써 남한과 북한이 유엔에 가입하여 회원국이 되는 것을 승인하기로 결정했다.[82]

유엔회원국이 되기 위한 남북한 간의 제로섬 경쟁은 마침내 역사적인 1991년 9월 17일에서야 비로소 종식되었다. 특히 남한에 있어 이것은 유엔의 바깥에서 떠돈 지 43년 만에, 그리고 대한민국 임시정부의 외무장관이 한국의 유엔 가입 희망을 발표한 지 46년 만에야 비로소 집으로 돌아온 것과 다름없었다. 그러므로 남한이 이 세계적 기구에 회원국이 되기를 갈망한 것은 이해할 만하다. 하지만 그것은 동시에 매우 아이러니컬한 것이었다. 왜냐하면 남한이 유엔 회원국이 된 것은 유엔 회원국 문제를 둘러싼 북한과의 외교적 경쟁에서 승리한 것이지만 동시에 그것

81) Hong Nack Kim, *op. cit.*, p.406.

82) *Yearbook of the United Nations*, Vol.45, 1991, pp.95-96.

은 남·북한의 분리 동시가입이라는 점에서 궁극적으로는 남한의 건국 지도자들의 정책이 실패했음을 의미하는 것이기 때문이다. 남한은 유엔 정책을 변경하고, 변화된 국제적 현실을 인정함으로써 성공을 거두었다. 반면에 남·북한이 서로 독자적인 회원국이 되었다는 사실은 1991년 9월 17일을 전후해서 북한이 이 문제에 대한 언급이 없었다는 점에서 명백히 북한의 외교적 패배를 의미하는 것이었다. 하지만 북한의 유엔 가입이 북한의 원래 목표를 달성한 것이라는 점에서 그것은 또 하나의 아이러니였다. 그러나 북한이 그들의 유엔 외교정책 목표를 변경하고 시류에 역류했기 때문에, 유엔 가입은 북한에게 결코 승리감으로 나타날 수 없었다. 따라서 결론적으로 남·북한은 변화하는 국제적 현실을 수용했다고 말할 수 있다. 하지만 남한은 그것을 자발적으로 받아들인 반면 북한을 어쩔 수 없이 받아들여야만 했다는 사실이 대조를 보인다.

## VI. 한국과 유엔 정치

한국은 유엔 가입 이후 새로운 유엔정책을 서서히 발전시켜 나갔다. 1991년 9월 17일, 외무장관 이상옥은 역사적인 유엔총회 연설을 통해 남·북한의 유엔 동시가입이 남·북한 관계에 새로운 장을 열게 될 것이라는 희망과 기대를 피력했다.[83] 한편 노태우 대통령은 제46차 유엔총회 연설에서 한반도에 화해와 협력의 새로운 장이 열릴 것이라고 말했다. 그는 또한 동·서독이 단일 의석으로 합치는 데 17년이 걸렸음을 지적하고, 그보다 많지 않은 시간 내에 남·북한이 단일 의석으로 합치게 되기를 희망했다.[84] 1992년 2월부터 남한은 유엔의 여러 가지

83) 외무부, 『대한민국 외교연보』, 1991, p.478.

84) 같은 책, p.493.

활동에 참여하기 시작했으며, 6월에는 남한 대표가 1992년 6월 리우데자네이루에서 열리는 유엔 환경개발회의의 부의장 국가의 하나로 선출되었다. 이와 더불어 제47차 유엔총회에서 남한은 총회 제1위원회의 부의장에 선출되어 그 역할을 수행하였다.85)

1993년 2월에 김영삼 정부가 시작되고 한승주 박사가 외무부의 조타수 역할을 맞게 되면서 보다 포괄적인 남한 유엔정책의 목표가 전개되었다. 남한의 외무장관은 1993년 9월 29일 제48차 유엔총회 연설을 통해 다음과 같은 확고한 유엔정책을 제시했다.86)

첫째, 한국은 유엔의 평화유지활동을 지원할 것이며, 그것에 적극적으로 참여할 것이다.87)

둘째, 핵확산금지조약(NPT)의 연장을 통해 1995년 이후에도 핵무기 확산을 중단시키려는 노력을 지원하며, NPT의 실효성을 보장하기 위한 중심적 장치로서 IAEA의 감시를 강화하는 것을 지지한다. 그리고 포괄적 핵 실험금지조약(CTBT)을 위한 노력에 적극적으로 참여할 것이다. 하지만 무엇보다도 남한은 1991년 한반도 비핵화를 위한 남북공동성명의 수행을 추구할 것이다.

셋째, 국제적인 평화와 안보, 군축, 빈곤퇴치, 환경보호 및 자연자원의 효율적 이용 등과 같은 세계적 문제들을 해결하기 위한 보다 적극적인 역할을 수행할 것이다. 그리고 보다 안전하고 정의로우며 번영된 세상을 만들기 위한 유엔의 노력에서 적절한 부문의 역할을 맡게 되기

85) 외무부, 『외교백서』, 1993, pp.55-56.

86) Ministry of Foreign Affairs, *Selected Speeches and Statements by Mr. Han Sung-Joo*, Minister of Foreign Affairs, February 1993-December, 1993, pp.195-204.

87) 한승주 외무장관은 한국 정부가 소말리아에서의 유엔활동(UNOSOMI)을 지원할 것임을 재확인했다. *Ibid.*, p.197. 남한은 이미 1993년 6월에 공병대대를 파견했으며, 1994년 3월 말에 그 임무를 완수한 바 있다.

를 바란다.

넷째, 국제평화와 안전을 유지하는 데 공헌하기 위해 조만간 안보리에서 봉사할 기회를 얻고자 한다.

이 같은 정책목표들은 1994년 4월 8일 '유엔 50주년 기념 한국위원회'가 수립될 때 한승주 장관의 축사에서 재확인되었다.

남한의 유엔 정책목표가 언제 어떻게 달성될 것인가에 대해서는 기존 정책과 별다를 바가 없지만 남한의 유엔에 대한 열정은 보다 명백해졌다. 그리고 유엔 활동에 대한 적극적인 참여는 남한의 국가적 위신을 증진시킬 뿐만 아니라, 유엔의 임무를 실현하는 데에도 많은 공헌을 할 것이다. 하지만 그것의 성공은 앞으로 어떻게 남한이 이른바 '유엔 정치'를 해나가느냐에 달려 있다고 하겠다.

한국이 유엔에 가입하자마자 남한이 직면한 최초의 중요 사안은 바로 북한의 핵문제였다. 북한의 국제원자력기구(IAEA)의 핵사찰 거부는 단순히 남·북한 간의 문제만은 아니었다. 그것은 또한 북한과 미국이 주도하는 국제사회 간의 문제이기도 했다. 안보리가 1994년 4월 1일 만장일치로 안보리 의장성명을 채택하면서 북한의 핵시설에 대한 모든 유엔의 감시를 수용할 것을 촉구하자 유엔은 북한 핵문제에 관한 보다 분명한 태도를 취하기 시작했다. 그럼으로써 남한의 유엔 정치는 유엔에 가입하자마자 유엔 내에서 전개되는 북한과 국제사회 사이의 긴장된 대결 한가운데에 놓이게 되었다. 북한의 핵문제는 남한의 유엔 정치능력을 평가받는 최초의 시험이 된 것이다.

무엇보다도 성공적인 유엔 정치를 위해서는 국제기구 내에서의 정치에 대한 올바른 이해를 필요로 한다. 냉전기간 중에 유엔은 어떤 의미에서는 '위험지역'이었다.[88] 왜냐하면 그것은 국제정치에 있어서 하나

88) Abraham Yeselson and Anthony Gaglions, *A Dangerous Place: The United Nations as a Weapon in World Politics*, New York: Grossman

의 예리한 무기로 사용되었기 때문이다. 상대방을 약화시키고 자기편을 강화시키며, 전쟁을 준비하고, 전쟁 노력을 지원하기 위해 국제적 분쟁들이 유엔에 상정되었던 것이다.[89] 동시에 유엔은 원래 다자적 외교의 포럼이었다. 유엔 헌장의 약속들은 사실 문자 그대로는 충족되지 못했다. 그럼에도 불구하고 범죄가 계속 발생한다고 해서 대도시의 경찰제도를 폐지할 수 없는 것처럼 유엔의 효용성은 부정될 수 없는 것이다. 유엔은 국제 평화와 안전뿐만 아니라 세계적 가치의 증진과 분배, 그리고 사회복지와 인권의 증진 등에도 공헌해 왔다.[90] 이와 더불어 발전해 가는 정치체제(developing political system)[91]로서 유엔에서의 정치는 지난 50년간 유엔체제가 변화해오면서 함께 변화했다.[92]

오늘날 무엇보다도 유엔은 세계적 인식에 대한 독특한 영향력을 행사한다. 유엔은 전 세계에 걸쳐 어떤 문제가 중요한 것인가, 어떤 해결방법이 정당하고 합법적인가를 규정한다. 심지어 냉전기간 중에도 국제정치는 단순히 권력과 안보를 위한 투쟁만은 아니었다. 오히려 유엔정치는 국제적 문제들 사이의 경쟁으로 구성되어 있다. 이러한 정치를 이른바 '의제정치(agenda politics)'라고 부른다.[93] 하나의 의제는 국제적 사안을 가지고 서로 경쟁하는 각각의 행위자들이 자신의 몫을 차

Publishers, 1974.

89) *Ibid.*, p.x.

90) 이러한 가치들에 대한 유엔과 그밖의 국제기구들의 공헌에 대해서는 Harold K. Jacobson, *Networks of Interdependence*, 2nd ed., New York: Alfred A. Knopf, 1984를 참조

91) Robert W. Cox and Harold K. Jacobson, et. al., *The Anatomy of Influence*, New Haven: Yale University Press, 1974.

92) 40년간의 유엔 정치의 변화에 대해서는 Lawrence S. Finkelstein (ed.), *Politics in the United Nations System*, Durham: Duke University Press, 1988 참조

93) Richard W. Mansbach and John A. Vasquez, *In Search of Theory*, New York: Columbia University Press, 1981, pp.87-124.

지하기 위해 주장하는 여러 가지 제안들로 이루어진다. 세계적 의제는 이들 개별적 행위자들의 의제들이 서로 겹쳐서 나타나게 되는 것이다. 그리고 오직 강대국이 세계적 의제를 결정할 수 있다. 이들 강대국의 선호가 여러 가지 주장들의 수용여부를 결정하기 때문에 대부분의 행위자들은 강대국들의 관심을 끌고, 강대국들의 행동을 유도할 만한 문제를 제기하기 위해 노력한다. 하지만 그것은 결코 하찮은 노력이 아니다. 많은 문제들이 강대국의 압력과 무시로 인해 세계적 의제가 되지 못하고 사라져버리기 때문이다.

국제정치에 있어 강대국의 의제로 문제를 제기할 수 있는 또 다른 방법은 유엔을 통한 간접적인 방법이다. 미국이나 그 밖의 강대국에 대해 직접적으로 접근할 수 없는 힘없는 약소국들은 그들에게는 중요한 문제들을 유엔총회와 그 밖의 유엔기구에 제기할 수 있다. 강대국들은 자신들에게 곤란한 문제들(예를 들어 베트남전쟁)을 의제에서 배제한다는 점에서 사실상 유엔이 '인류의 양심'이라고 말하기는 곤란하다. 그럼에도 불구하고 탈식민화와 전 세계적인 회원제, 총회에서의 평등투표 등을 통해 약소국들에 대해서도 세계적 의제에 대한 전례없는 접근이 가능해졌다. 각 국가들은 영토적 통합성, 국가주권 등과 같은 국익이라는 좁은 관점에서 정의되는 안보의 증진을 위해 서로 투쟁한다. 그러나 그들은 단순한 생존 그 자체뿐만 아니라 더 잘 사는 것 또한 추구한다.94) 이러한 관점에서 국가들은 단지 생존을 위한 권력투쟁뿐만 아니라 사회적 가치의 권위적 분배를 위해서 국제정치에 참여하는 것이다. 그리고 유엔은 그러한 권위적 분배를 위한 경쟁이 이루어지는 세계정치의 장이다.95) 하지만 그러한 경쟁에는 분배에 앞서 합법성과 정당성이 먼저 보장되어야만 한다. 맨커 올슨 2세(Mancur Olson,

94) *Ibid.*, p.104.

95) Lawrence S. Finkelstein, *op. cit.*, pp. 1-7 참조

Jr.)가 말했듯이 "더 큰 집단일수록 공통된 이해관계는 훨씬 줄어든다."[96] 반대로 집단 규모가 작고 각 회원국들의 이해가 불균등할수록, 특정 회원국 강대국이 단순히 자국의 이익이 아닌 집단의 이익을 정의 내리고 그것을 위해 행동하게 될 가능성이 높다. 만일 한 행위자가 집단 전체의 체제를 장악하게 되면 그 행위자와 체제적 이익 간의 차별성이 사라지게 된다. 극단적으로 말한다면 결국 초강대국만이 그러한 특별한 책임을 질 능력이 있는 것이다.[97]

케네스 월츠(Kenneth Waltz)에 의하면 강대국의 수가 적고 소수 초강대국과 여타 다른 나라들과의 격차가 클수록, 초강대국은 체제를 위하여 행동할 뿐만 아니라 약소국에 대한 관리나 개입에 참여하기 쉽다. 강대국이 체제를 관리하려고 하는 가능성은 특히 강대국의 수가 두 개로 줄어들 때 가장 크다.[98] 따라서 작은 것이 아름답고, 작을수록 더 아름다워진다.[99] 그러한 관점에서 만약 한 걸음 더 나간다면 가장 작은 것이 가장 아름다운 것이 될 것이다. 그것은 결국 헤게모니를 가진 유일한 초강대국에 의해 관리되는 세계를 의미한다. 초강대국은 반드시 세계를 단일정부가 될 필요는 없으며, 세계정부의 대리인이 될 수 있다. 그리고 만약 단극적 순간(the unipolar moment)[100]이 바로 이 시점이라면 아마도 미국이 가장 강력한 세계정부로 여겨지게 될 것이다. 하지만 미국은 결코 세계적 압제자로 행동할 수는 없다. 미국은 국

---

96) Mancur Olson, Jr., *The Logic of Collective Action*, Cambridge: Harvard University Press, 1965, p.36, 45 참조

97) Kenneth Waltz, *Theory of International Politics*, Reading: Addison-Wesley publishing, 1979, p.198.

98) *Ibid.*

99) *Ibid.*, pp.134-138.

100) Charles Krauthammer, "The Unipolar Moment," *Foreign Affairs: America and the World*, Vol.70, No.1 (1990-91), pp.23-33.

제사회 앞에서나 미국민들 앞에서 정당하게 행동해야만 한다. 유엔만이 유일하게 국제 평화와 안전을 위한 군사행동에 대해 국제적 정당성과 합법성을 부여해 줄 수 있다. 다시 말해 약소 국이든 강대국이든 행위에 대한 합법성을 포함한 사회적 가치의 권위적 분배를 위해서는 유엔에 의존해야만 하는 것이다. 이러한 제한된 관점에서 사실상 유엔은 국제 정의와 합법성이라는 이름을 가진 세계적 입법기구가 되는 것이다. 하지만 발전해 가는 다른 모든 정치체제처럼 입법기구로서의 유엔의 힘은 제한된 것이다. 이것이 바로 오늘날 유엔이 '현장으로 복귀'하는 새로운 시대에 있어서 유엔에 대한 우리의 기대가 극단적이지 않은 이유이다.

그렇다면 강대국이 아닌 한국은 어떻게 유엔의 목표 실현에 공헌하고, 유엔에 대한 정책적 목적을 달성할 수 있을까? 한국은 안보리의 상임이사국이 아니며, 유엔의 안팎에서 커다란 영향력을 행사하는 강대국도 아니기 때문에 유엔 정치에 있어서 통제자(controller)가 될 수도 없으며, 거부권을 가질 수도 없다. 하지만 전 세계적 사회(global society)의 시대에서 유엔 정치의 발의자(initiator)나 중개자(broker)가 될 수는 있다.[101] 그러므로 요구되는 것은 풍부한 상상력과 능숙한 분석력, 그리고 신중한 계획력을 가진 훌륭한 외교관이다. 그렇게 적절하고 유능한 외교관을 생산해 낼 때 유엔은 한국의 세계화 외교정책에 있어 가장 적절한 '신개척지'가 될 것이다.

101) 유엔에 영향을 주는 방식에 대해서는 Robert W. Cox and Harold K. Jacobson, *op. cit.*, pp.12-15 참조

## Ⅶ. 결 론

아마도 세계의 어떤 나라도 한국만큼 유엔과 복잡하게 얽혀 있는 나라도 없을 것이다. 그럼에도 불구하고 한국은 무려 43년간이나 유엔의 밖에 머물러 있어야만 했다. 냉전이 종식되면서 그리고 그에 따른 국제체제의 구조적 전환이 전개되면서 비로소 건국의 산파역을 맡았던 국제기구에 가입하려는 남한 유엔정책의 목표가 달성될 수 있었다. 이제 남·북한의 유엔 가입은 한반도 역사에 새 장을 열 것으로 기대된다.

남·북한의 유엔 가입은 결과적으로 남·북한 간의 상호 배타적인 정통성 경쟁을 종식시켰고, 남한이 누려온 유일 합법정부라는 성상도 완전히 매몰시켰다. 하지만 1994년 4월 북한의 핵정책이 유엔 안보리의 의제로 상정되면서 유엔 내에서의 새로운 외교적 경쟁이 다시 시작되었다. 이와 더불어 북한은 1953년 7월 27일 성립된 현재의 휴전협정이 새로운 평화 협정으로 대체되어야 한다고 주장하면서, 한국전쟁 발발 당시에 만들어진 유엔사령부의 해체를 요구하고 있다. 북한은 조만간 이 문제에 대해 다시 공격적인 태도를 보일 것이다.

유엔의 다른 조직과 마찬가지로 유엔사령부는 북한의 심각한 휴전협정 위반과 유엔 그 자체에 모욕을 주는 유엔사령부에 대한 군사적 도발을 겪으면서 냉전기간 동안 상징적 가치를 지녀왔다. 이 문제에 대한 남한의 입장은 일관된 것인데, 만약 현 휴전협정을 유지할 수 있는 합당한 후속조치가 마련된다면 유엔사령부 해체를 수용할 수 있다는 것이다. 결국 유엔사령부와 휴전협정의 변화는 남·북한 간의 협상결과에 달려있는 것이다. 그리고 남·북한 간 대화가 계속 실패하는 한 남한에 주둔하는 유엔사령부를 해체하기 위한 상호협정의 가능성은 줄어들 것이다.[102]

---

102) Sung-Hack Kang, "Political Dialogue and Unification of Korean National: From the Sublime to the Machiavellian Moment," *Journal*

하지만 한국에 있는 유엔사령부의 변화는 아마도 외부에서 갑작스럽게 다가올 것이다. 미국은 현재 유엔사령부가 중심적 역할을 하고 있는 한반도의 휴전체제 유지에 대한 새로운 대안의 필요성과 그 가능성을 모색하고 있다. 북한이 이제 유엔 현장을 준수하기로 선언하고 유엔의 회원국이 된 이상, 유엔이 어느 한 회원국에 대항하는 상황은 오래 지속되지는 않을 것이다. 그러므로 한반도에 대한 유엔의 관련이 명백하고 그 역할이 중요해진 상황에서 이제 한반도에 대한 법적 정당성의 틀은 변경되어야만 한다.[103] 유엔은 더 이상 북한에 대해 첨예한 대립자세를 취할 수 없다. 북한이 시대착오적 '사상누각'의 방지책으로서 유엔 현장에 의존하게 된다면, 아마도 북한의 변화는 한반도의 '독립적 북한정권'이라는 새로운 성상을 만들어내게 될 것이다.

결론적으로 냉전 종식 이전에 한국이 유엔에서 겪었던 시지프스적인 좌절에도 불구하고 냉전 종식 이후 유엔에의 가입은 유엔정책의 종막을 의미하는 것이 아니다. 오히려 지난 과거는 다가올 미래의 보다 적극적이고, 분명하며, 창조적인 새로운 유엔정책의 서막이다. 그리하여 한국의 외교정책이 마침내 전성기를 맞이하게 되었음을 세계에 과시하게 될 것이다.

---

*of Social Science* (Korea University), Vol.18, 1993, pp.145-161.

103) Sung-Joo Han, "The Republic of Korea as a UN member," *Korea and World Affairs*, Vol.15, No.3 (Fall 1991), p.395.

제 **13** 장

# 유엔가입과 한국외교: 여우와 고슴도치?*

대한민국 정부는 유엔이 중심이 되어 보다 자유롭고 평등하며, 풍요롭고 정의와 법의 지배가 실현되는 새로운 세계질서를 형성해 나가는 데 적극 동참할 것을 다짐합니다.

- 이상옥 외무장관 -

(1991. 9. 17. 유엔가입수락연설에서)

유엔과 한국의 관계는 제2차 세계대전 후 변천하는 국제정치의 '반사경'이었다. 1948년 12월 6일 유엔총회가 한반도에 대한민국이라는 합법정부가 수립되었음을 선언하고 독립국임을 인정한 뒤 실로 43년 만인 1991년 9월 17일 한국이 비로소 유엔의 정식회원국이 되었을 때 한국정부와 한국인들에게 그것은 참으로 역사적으로 특별한 의미를 갖지 않을 수 없었다. 유엔 감시 하의 총선거라는 유엔의 산파역을 통해 탄생한 대한민국이 바로 그 유엔에 의해 가족의 일원으로 인정받지 못한 것은 세계사의 희극적 일탈이었다. 한국은 국제사회에서 일종의 국제적 시민권이 없는 2등 시민처럼 인식되었다. 그러나 그것은 한국인의 뜻과는 무관하게 점점 치열해져 가는 국제사회의 이념적 갈등과 국제정치의 양극적 투쟁의 희생이었다. 어쩌면 한국의 그러한 비극적 처지는 지난 '황폐한 세기'의 대표적 증거였다. 한국과 유엔과의 기이한 과거사는 한국인의 애처로운 외교사를 말해주기도 하지만 또한 동시에 국제기

* 본 장은 한국유엔체제학회가 주최했던 유엔가입 10주년 기념 학술회의에서 발표된 뒤 『국제정치논총』, 제41집 4호(2001년)에 실린 것이다.

구로서의 유엔의 현실적 한계와 그것의 역사적으로 변질하는 국제적 위치와 역할을 반영해 주기도 했다. 한국은 오직 냉전체제의 종식과 함께 소위 '정상국가'의 대열에 함께 서게 된 것이다. 그리하여 남북한의 유엔가입은 상호 적응과 궁극적으로는 협력을 실험하는 데 동의함으로써 통일을 향한 긴 여정에 첫걸음을 내디딘 것으로 기대되었다.

남북한 유엔시대의 새출발이 있은 지 10주년이 되는 지금 그동안 유엔을 통해 민족적 염원인 통일을 향해 몇 걸음을 더 다가갔는지는 분명하지 않다. 그러나 국제사회에서 한국의 외교는 분명히 성년의 모습을 보여주었으며 유엔 내에서 한국은 총회부의장, 경제사회이사회 부의장, 안전보장이사회 의장국이 되었다. 마침내 유엔은 2001년 제56차 유엔총회에서 한국을 제56번째 의장국으로 선출함으로써 한국이 유엔의 주요국임을 인정했고, 한국은 유엔에서 회원국이 된 지 10년 만에 자국의 국제적 위상이 절정에 달하고 있음을 실감하게 되었다. 이러한 한국외교의 국제적 위상변화를 보면서 참으로 격세지감을 금할 수 없다. "쥐구멍에도 볕 들 날이 있다"는 우리의 속담이 실현된 셈이다. 1년 임기의 유엔총회 의장국 지위가 유엔총회를 통제할 수 있게 하거나 의장국의 배타적 국가이익을 추구할 수 있는 기회를 제공하는 것은 결코 아니다. 또 그렇게 시도하는 것은 분명 헌장정신에 원칙적으로 배치되는 행동이며 회원국들이 그러한 행동을 용인하지도 않을 것이다. 뿐만 아니라 구속력 있는 결정을 할 수 없는 총회의 권한은 회원국들에게 결의안을 통해 권고할 뿐 회원국에게 실제로는 아무것도 요구할 수 없다. 그런 조건 하에서 의장국은 국제적 규범과 규칙을 수립하고 그것의 준수를 감독하는 총회의 본질적 기능이 가능한 한 효율적으로 수행될 수 있도록 도울 수 있을 뿐이다. 그럼에도 불구하고 지난 1세기 동안 국제사회 속에서 한국에 주어졌던 국제적 지위를 고려한다면 한국의 의장국 취임은 실로 한국외교사의 분수령이요, 칸트의 표현을 빌려 말한다면 "장엄한 순간"이라 해도 과언이 아닐 것이다. 따라서 본 장에서는 한국의 유엔가입 후 유엔자체의 변화와 그에 대한 한국외교의 대응정책을 분석하고, 유엔에서 기대되는 한국의 역할과 국제정치적 제약조건을 검토한 뒤 바람직한 한국의 대(對) 유엔외교방향이 무엇인지를 살펴보도록 한다.

## Ⅰ. 국제평화기구와 한국: 고고학

유엔헌장에는 그 전문에서 크고 작은 국가들의 동등한 권리를 인정하고, 제2조는 '모든 유엔회원국들의 주권적 평등원칙'과 '주권적 국내관할권'의 신성함을 천명하였다. 그리하여 마침내 주권 평등의 개념은 국제법의 규약이 되었다. 그에 따른 유엔에서의 1국 1표의 투표권 원칙은 1999년 회원국이 된 인구 1만 1천 명의 나우루(Nauru)와 그것의 12만 7천 배의 인구를 가진 중국에게 동등한 대표권을 주고 있다. 크든 작든 모든 국가의 이 보편적 평등의 개념이 역사상 처음으로 공식적이고 가식적으로 제출된 것은 1907년 총 44개국의 대표들이 참가한 제2차 헤이그 국제평화회의에서였다.

국제평화와 안정을 위해 창설된 오늘의 유엔이 국제연맹의 후계자라면 세계평화유지를 위해 창설된 역사상 최초의 보편적 기구인 국제연맹은 바로 헤이그 체제로부터 발전된 것이다. 그리고 한국은 바로 이 제2차 헤이그국제평화회의에 최초로 밀사를 한국대표단의 이름으로 파견했었다. 이러한 역사적 사실에 비추어 본다면 한국은 세계평화를 위한 보편적 국제기구와 거의 1세기를 가까운 관계의 역사를 갖고 있는 셈이다. 그럼에도 불구하고 이니스 클로드(Inis Claude)가 명명한 소위 국제기구를 위한 "준비시대"에 국제평화회의는 한국인들에겐 이상주의적 호소의 대상일 뿐이었다.

1907년 7월 14일 제2차 헤이그국제평화회의에서 대한제국의 대표 이준은 고종황제의 밀사의 자격으로 참가하여 세계 각국 대표들에게 한국 독립을 위한 지원을 호소했다. 그는 1882년 한미수호조약체결을 시작으로 연이은 서구열강들과의 조약체결과 통상우호관계수립을 들어 한국이 자주독립국의 지위를 국제적으로 인정받았음을 상기시키면서 그럼에도 일본이 한국을 협박하여 1905년 11월 17일 소위 을사조약을 강제로 체결하고 그 무효한 조약을 내세워 한국의 외교권을 박탈하고 내치권의 간섭을 자행하고 있음을 고발했다. 또한 그 무효한 조약을 잘못 믿고 열강들이 공사관을 철수한 사실을 개탄하면서 열국이 철수한 뒤 간악무도한 일본이 육해 백만의 군사력으로 시위압박하여 정치, 경제, 풍속, 제도를 함부로 파괴하며 한국의 멸망을 위협하고 있다고 규탄하면서 세계평화, 자유, 자주를 선양하기 위해 이 엄연한 그릇된 사태를 반정(反正)하는 권리를 발동하고 궐기할 것을 호소했다. 또한 동시에 한일 간의 이 부자연한 현상을 시정함이 없이 세계평화나 동양평화를 운운함은 공염불에 지나지 않을 것이라고 조언하면서 일본 제국주의의 음모와 무단사상(武斷思想)의 침략을 세계 각국에 질퇴(叱退)하며 파괴할 것을 촉구했다. 그러면서 이준은 이렇게 예언했다.

> "오늘 일본이 우리 한국에 펼쳐오는 마수와 독아를 열국이 절단분쇄하지 아니하면 동양평화를 희망할 수 없으며 세계평화는 몽중의 몽상이 아닐까 한다. 그 결과는 우리 한국의 멸망이오 저 중국의 피침이오 저 노서아의 견제는 영미의 기의하는 바가 되어 세계는 장차 동란을 가져오게 될 것이다. … 이 만국평화회의의 개최를 세계 어떠한 나라가 바라지 아니하였으랴. 그 중에서 우리 한국 같은 나라는 이 평화회의를 계기하여 평화의 보장을 얻으려고 크나큰 기대를 가지고 이와 같이 밀사로 등장하게 된 것이다. … 여러 열강제국이 우리 한국의 평화

를 긴장한다 함은 아마 가장 신성하고 위대한 국제적 신의의 사업인 줄 로 나는 확신하며 또한 우리 한국이 국제적 보상을 얻어 세계평화문화에 다대한 공헌을 하게 되면 바야흐로 세계평화는 올 줄로 확신하는 바이다."

당시 대한제국 고종황제의 밀사 이준은 이렇게 거의 회수될 뻔했던 발언 기회를 통해 예언자적 연설을 마치자마자 품속에 준비했던 보도를 꺼내 들고 "대한독립만세"를 부르며 정의와 정도를 위하여 일기(一其)로 할복하였다. 그 후 역사는 이준의 경고가 거의 정확했음을 입증했지만 그의 비극적 운명은 한국민의 운명을 대변하듯 참으로 안타깝고 비통한 일이었다.

그로부터 12년 뒤인 1919년 1월 12일 제1차 세계대전의 27개 승전국가의 대표들이 미국의 윌슨 대통령과 파리에서 평화회의를 개최했다. 그 때 그들의 회의 원칙 가운데 하나는 민족자결이었다. 민족자결의 원칙은 원래 전쟁이 한창이던 1916년 12월 20일 미국의 윌슨 대통령이 당시 그들의 교전국들에게 전쟁의 목적을 제시하도록 요구했고, 1917년 1월 10일 당시 3국 협상국들이 그에 답변하면서 제시한 전쟁 목적 가운데 하나로 등장하였고, 1918년 윌슨 대통령이 발표한 미국의 참전 목적인 소위 14개 조항에 포함되면서 윌슨 대통령의 원칙으로 간주되었다. 한국에서 독립만세운동이 터져 나온 뒤 이승만은 윌슨 대통령의 평화 목적에 맞추어 파리회의에 가서 한국인의 '민족자결'의 원칙과 명분을 탄원하기 위해 미 국무부로부터 여권을 얻으려고 결사적인 노력을 벌였다.

그러나 당황스럽게도 윌슨 대통령은 미국이 이승만에게 여권을 발행해 주면 일본인들 사이에 불쾌감을 야기하여, 그 결과 일본의 힘과 협력의 외견상 건전한 토대 위에 동양의 안전한 평화를 수립하려는 자신의 계획을 방해할 것이라고 지적하는 메시지를 국무부에 보냈었다. 이승만은 자신의 친구이자 영웅이며 정의에 입각한 평화의 건축가가 권력정치를 위해 한국의 독립을 희생시키려는 것을 발견하고 경악을 금치 못하였다. 결국 이승만은 파리에 가지도 못했다. 이 역시 한국인들에게는 참으로 안타깝고 비통한 일일 수밖에 없었다.

이처럼 거듭된 한국인들의 비통한 좌절은 국제정치가 얼마나 비정한 권력투쟁의 세계인가를 가르쳐 주는 것이었다. 그리고 그러한 교육을 받는 데 국권의 상실과 35년간의 가혹한 식민지배라는 값비싼 대가를 지불했던 것이다. 그리고 파리 평화회의는 한국인들의 민족적 운명에는 전혀 무관심했으면서도 국제평화를 수립하기 위해 국제연맹을 탄생시켰다. 그러나 한국은 완전히 잊혀진 국가였다. 게다가 제2차 대전의 종결과정에서 진행된 유엔의 창설과정에 한국은 참가할 수 없었으며 오히려 유엔에 의해 대한민국은 국제사회에 독립국가로 환생하였다. 우리는 세계평화기구의 주체는커녕 나약한 객체에 지나지 않았던 것이다.

## II. 유엔의 변질: '고슴도치'에서 '여우'로

민족상잔의 참혹한 한국전쟁 발발 후 겨우 휴전을 이룬 1953년에 20세기를 움직인 사상가들 가운데 한 사람으로 간주되는 철학자 이사야 벌린 경(Sir Isaiah Berlin)은 『고슴도치와 여우(*The Hedgehog and the Fox*)』라는 제목의 책을 런던에서 출간하였다. 이 제목은 고대 그리스 시인 아르킬로쿠스가 한 말에서 채용한 것이다. 그는 "여우는 많은 것을 알지만 그러나 고슴도치는 하나의 큰 것을 안다"고 말했다. 이사야 벌린 경의 해석에 의하면 요컨대 "고슴도치는 모든 것을 한 가지의 비전에 관련시키고 그것이 중요하다고 말하는 반면에, 여우는 많은 목적들, 종종 관련성이 없고 심지어는 상호모순되는 것까지 여러 가지 목적을 추구한다"는 것이다. 벌린 경의 이러한 해석상의 구별은 유엔에도 융통성 있게 적용시킬 수 있을 것이다.

원래 범세계적 국제기구인 유엔은 고슴도치처럼 하나의 단일 비전, 즉 국제평화와 안전의 유지를 위해서 창설되었다. 그리고 그 목적을 달성하기 위해 헌장이 규정한 수단은 분쟁의 평화적 해결(제 6 장)과 집단안보체제의 발동(제 7 장)이었다. 그러나 제 6 장의 분쟁의 평화적 해결은 국제사회가 역사적으로 빈번하게 사용해 온 것을 재활용하는 것에 지나지 않는 반면에 집단안보체제는 침략자를 집단적으로 응징하는 것으로 국제연맹에서 처음 구상되었지만 한 번도 실천하지 못했었다. 유엔은 그것을 가장 중요한 평화유지 수단으로 간주했었다.

한국전쟁은 유엔의 집단안보체제 작동한계를 분명하게 인식시키는 계기가 되었고 1956년부터 유엔은 자신의 역할을 소위 평화유지군의 파견을 통해 휴전의 감시나 갈등의 제한 혹은 냉각기를 제공하는 완충지대의 설정 같은 소극적 역할에 국한시킬 수밖에 없었다. 이렇게 국제평화와 안전의 즉각적인 원인, 즉 근인(近因)을 해소하는 데 있어서 한계에 직면한 유엔은 보다 장기적인 원인, 즉 원인(遠因)의 해소를 위한 방향으로 주된 관심을 점점 전환시켰다. 즉 유엔은 세계적 빈곤이 갈등의 온상이 되고 있음을 인식하고 1960년대를 '개발연대'로 공동선언하고 유엔무역개발회의(UNCTAD)같은 기구의 창설을 통해 발전도상국의 개발문제에 관심을 집중시켰다. 그러나 유엔 주도 하의 세계적 탈식민화의 과정을 거치면서 신생제국의 빈곤문제가 더욱 광범위하게 확대되자 유엔은 1970년대를 제 2 의 개발연대로 선언하면서 소위 '신국제경제질서(NIEO)'의 수립을 통해 국제적 남북 간의 경제적 격차를 줄이기 위해 애썼다. 그러나 신국제경제질서는 구호에 그쳤고 1980년대 들어서면서 소위 제 3 세계 국가들의 국가부채문제는 국제적 상호의존의 부정적 측면을 지역적으로 심화시키기도 하였다.

그럼에도 60년대에서 80년대 말까지 많은 발전도상국가들은 냉전체제의 치열한 경쟁에서 유엔에서의 투표를 의식한 미국의 적지 않은 호의적 경제원조를 받을 수 있었다. 그러나 1989년 몰타에서의 냉전 종식 선언 그리고 90년대 초 소련제국의 붕괴와 걸프전에서 미국의 거의 일방적 승리가 보여준 미국의 압도적 위력은 국제체제의 구조적 성격을 사실상 단극체제로 변질시키면서 국제체제적 차원의 평화위협을 급속히 감소시켜 버렸다. 그 결과 미국은 이제 더 이상 제3세계 국가들에게 유엔에서의 표를 의식한 경제원조의 외교적 수단을 사용할 필요성을 느끼지 않게 되었다. 그러자 냉전시대에는 미처 깨닫지 못했지만 냉전의 양극적 대결상황 속에서 그 덕택으로 외부의 지원과 원조에 크게 의존했던 국가들의 통치권이 붕괴되었고, 범세계적 이데올로기가 걷히고 그동안 동면했던 민족적, 인종적, 종교적 갈등이 표면화되면서 대량학살의 사건들이 발생하기 시작했다.

그리하여 국제사회와 유엔은 인간적 삶의 보장을 위한 심각한 인권문제에 직면하게 되었고 새롭게 부각되는 환경문제 등 개개인의 삶의 질 문제가 국제의제로 부각되었다. 그리하여 유엔은 이제 국제평화와 안전의 문제는 물론이고 지속적인 개발문제를 포함하여 인류의 삶의 질의 향상이라는 복잡한 문제에 동시에 직면하고 그것을 위해 노력하지 않을 수 없게 되었다. 하나의 큰 것이 아니라 서로 관련성이 없고 심지어는 서로 모순되기까지 하는 여러 가지 목적들을 동시에 추구하는 여우로 변한 것이다. 이제 유엔의 문제는 여우임을 부인하면서 고슴도치로 돌아갈 수 있느냐의 문제가 아니라(이것은 당분간 불가능해 보인다), 여우가 자신에게 요구되는 다양한 기능과 융통성 있는 역할을 수행할 수 있느냐 하는 능력의 문제이다. 오늘날의 유엔에게는 참으로 부담스런 역할이 아닐 수 없다. 한국이 유엔에 가입하던 시점에 유엔은 이미 고슴도치에서 여우로 변해 있었다.

## III. 정회원국으로서의 한국의 대유엔 정책: '고슴도치'에서 '여우'로

1991년 9월 17일 남북한이 동시에 각자 유엔의 정회원국이 될 때까지 유엔은 남북한 정부 간의 치열한 정통성 경쟁의 대결장이었다. 보다 정확하게 말한다면 1976년 말까지 '인류를 흥정하는 사람들', 즉 유엔 회원국대표들에게 일종의 '뜨거운 감자'였던 '한국문제'가 탈유엔화될 때까지 유엔은 남북한의 정통성 전쟁의 현장이었다. 그러나 한국문제의 탈유엔화로 정통성 문제가 해소된 것이 아니라, 유엔 내에서의 대결이 유엔 밖에 머물면서 연기되었을 뿐이라는 사실에 비추어 본다면 냉전 종식 후 유엔가입 때까지 유엔은 여전히 남북 간의 정통성 경쟁의 외교적 대결장이었다고 해도 과언이 아닐 것이다.

1948년 이후 43년간의 긴 시기 동안 한국의 대유엔정책은 벌린 경이 묘사한 고슴도치 같았다. 한반도의 유일한 합법정부라는 성상(icon)을 높이 들고 국제사회에서 한국민족의 유일한 대표성을 확보·유지하기 위해 한국은 유엔의 남한 단독가입을 꾸준히 추진했다. 1970년대 초 미·중·소 간의 국제적 긴장완화 분위기 속에서 또 동서독이 유엔에 동시가입한다고 알려진 상황에서 1973년의 6·23선언과 같이 국제적 긴장완화와 협력의 증진에 기여한다면 국제기구에의 북한 참여와 유엔 동시가입을 반대하지 않는다는 원칙적인 선언이 없진 않았지만 유엔에서의 남북대결은 계속되었다. 그러나 1991년 남북한의 동시가입으로 그 때까지의 고슴도치식 정책은 바람직하지도 않고 또 사실상 불필요하게 되었다. 냉전 종식으로 유엔은 변해 있었고, 그 변화의 덕택으로 유엔의 회원국이 된 한국은 이제 '여우'로 변질된 유엔의 역할과 기능에 참여하고 기여할 수밖에 없게 되었다.

유엔의 변화는 물론 국제체제의 구조적 변화와 국제사회의 규범적

인식의 전반적 변화를 반영하는 것이었다. 냉전 종식 직후 이라크의 쿠웨이트 침공으로 야기된 1991년 1월의 걸프전에서 유엔결의안에 입각하여 쿠웨이트를 무력으로 해방시킨 직후인 1991년 3월 미국의 부시 대통령이 신국제질서를 선언하면서 "유엔헌장으로의 복귀"라는 슬로건이 전 세계로 퍼져 나갔고, 1992년 1월 31일에 최초로 개최된 안보리정상회담의 요청에 부응하여 부트로스 부트로스 갈리 유엔사무총장이 1992년 6월 17일 유엔의 예방외교, 평화수립 및 평화유지활동을 위한 「평화를 위한 의제(An Agenda for Peace)」를 발표하여 유엔창설자들의 꿈이 실현될 것 같은 분위기가 유엔을 중심으로 팽배하게 되었다.

그와 동시에 치열한 이념적 투쟁이 사라지고 전 세계가 하나의 네트워크가 되는 소위 '세계화 시대'의 도래에 대한 인식이 세계적으로 공유되기 시작했다. 세계화 시대의 도래는 세계화 과정으로서의 시장의 세계화, 생산의 세계화, 정보의 세계화를 의미했다. 세계화의 과정은 국가들에게 이제 투명하고 개방적이며 민주적이고 신축적일 것을, 그리고 법과 규칙을 존중하도록 압력을 가했다. 따라서 이러한 세계적 분위기 속에서 출범한 김영삼정부가 그런 세계화 과정에 대응하기 위해 채택한 한국의 대외정책은 어쩌면 당연하게도 세계화정책이었다.

1994년 11월 17일 호주의 시드니에서 가진 수행 언론인들과의 조찬모임에서 자신의 의도를 처음 드러낸 김영삼 대통령은 1995년 신년사에서 이 해를 한국정부와 국민이 세계화를 적극적으로 추진할 세계화의 원년으로 선언했다. 그리하여 세계화가 김영삼정부의 '신외교'의 핵심적 요소가 되었지만, 한승주 외무장관은 1993년 김영삼정부 출범 때부터 국제화를 신외교의 제1차적 목적 중의 하나로 삼고, "세계화의 도래로 한국의 외교는 자유, 정의, 평화 그리고 복지와 같은 보편적 가치에 보다 더 많은 관심을 기울일 필요가 있다"면서 한국은 "국제평화와 안전, 군비축소와 군비통제, 빈곤의 퇴치, 환경보호 및 자연자원의 효율적 이용과 같은 범세계적 문제들을 해결하는 국제적 노력에 적극적으로 참여할 것"임을 선언했다.

그리고 한승주 장관은 냉전 종식 후 가장 괄목할 만한 변화 가운데 하나로 국제무대에서 특히 평화수립과 평화건설 분야에서 유엔의 강화된 능력에 주목했다. 그리고 1991년에 정회원이 된 이후 한국이 유엔의 제활동에 한국의 참여를 꾸준히 증가시켜 왔음을 한 장관은 지적했다. 또한 그는 한국이 유엔평화유지활동 및 국제평화와 안전에 기여할 것이며, 그렇게 함으로써 국제사회에서 한국의 지위를 확보할 것임을 천명했다. 대량파괴무기의 확산을 가장 심각한 문제로 지적하면서, 미사일과 생화학무기 문제를 포함하는 군비통제분야에서도 한국의 적극적 지원을 약속했고, 한국은 핵무기를 개발하지 않기로 했으며 북한의 핵무장을 반대한다는 입장을 분명히 했다. 또한 그는 빈곤의 퇴치 없이는 어떤 국제평화도 진실하거나 영속적일 수 없기 때문에 빈곤의 퇴치 분야에서도 한국의 지원을 약속했다. 한국전쟁 후 빈곤을 극복하는데 성공하고, 이제 세계무역량에서 13위, 국민총생산량에서 15위를 차지하게 된 한국은 국제사회의 지위에 걸맞은 책임을 맡을 것이라고 천명하면서 발전도상국가들에 대한 원조와 관련된 국제기구들에 대한 기여의 증가가 그런 목적을 위한 한국의 첫걸음이라고 강조했다.

이러한 김영삼정부의 정책적 입장의 천명은 국제무대에서 한국의 전례 없는 적극적 역할의 수행을 전망케 했으며, 특히 유엔과 기타 국제기구에서의 가시적 활동을 통해 범세계적 문제, 인류공동의 문제 해결에 진정으로 기여할 의지와 용의를 분명히 했던 것이다. 실제로 고병철 교수의 조사에 의하면, 1990년대까지 한국의 각종 국제기구의 참여수준은 중국과 같았으며, 국제정부간기구(IGO)에서 일본에 약간 뒤지는 정도였다. 바꾸어 말하면 한국은 세계적으로 잘 연계되었다. 따라서 한국도 유엔가입 후 한반도에서의 유일한 정통성 확보나 국가안보라는 단일 비전에 고슴도치처럼 매달리지 않고 세계화의 슬로건 하에 국제사회, 특히 유엔을 비롯한 각종 국제기구에 참여하고 적극적으로 활동함으로써 거의 모든 국제적 문제에 관심을 기울이는, 다시 말해 이사야 벌린 경이 의미하는 여우같이 다양한 대외정책을 추구하게 되었다.

## IV. 유엔에서의 한국의 프로파일

냉전 종식과 함께 국제정치의 근본적 변화의 덕택으로 한국이 유엔에 가입했을 때 유엔체제, 즉 유엔과 그 전문기구들의 분위기도 근본적으로 변했다. 이제 더 이상 유엔은 다수의 제3세계 국가들이 공산진영 국가들과 함께 입을 맞추어 서방세계를 끝없이 성토하고 자신들의 이념적 투쟁의 무기로 이용하던 위험스러운 곳이 아니었다. 또한 유엔 산하 기능주의적 전문기구들도 정치화의 위기 속에서 제 기능을 수행하기 어려웠던 시기를 뒤로하고 있었다. 그 결과 한국도 유엔 및 전문기구들에서 자국의 외교를 펼치는 데 호의적인 시대를 맞이한 것이다. 이러한 상황은 유엔에 가입하기 전 유엔 및 전문기구들에서 한국이 직면했었던 국제적 동서 및 남북대결과 남북한 직접대결 시대의 상황과는 판이한 것이었다. 거의 모든 회원국들이 유엔헌장의 원래정신에 복귀하여 국제평화와 안전을 모색하고 기능주의적 전문기구들도 탈정치화하면서 본래의 사명과 봉사기능에 관심과 노력을 집중시키기 시작했던 것이다. 이러한 국제적 여건은 1991년 회원국이 된 한국의 유엔외교가 보다 적극적이며 자신의 국제적 프로파일을 높이는 데 유리하게 작용했다.

우선, 한국은 국가원수의 유엔총회 연설과 외무장관의 연설을 통해 범세계적 문제들을 직접 다루고 그런 문제들에 대해 한국의 입장을 분명히 밝힘으로써 유엔회의 진행에 적극적이고 실질적인 참여를 제도화해 나갔다. 예를 들어 1993년 9월 29일 제48차 유엔총회에서 한승주 외무장관은 '역사적 전환의 시대', '신세계질서', '평화와 협력 그리고 상호의존의 추세'를 강조하면서 한국정부가 '예방외교'와 '갈등 후 평화건설'과 같은 현실적이고 의미 있는 국제적 노력에 계속 참여할 것을 약속했다. 뿐만 아니라 한 장관은 핵확산금지조약(NPT)의 연장을 통해 핵무기확산을 중단시키기 위한 노력 그리고 핵확산금지조약체제의 효율성을 확실히 할 핵심적 수단으로서 국제원자력기구(IAEA)의 안전장치의 강화를 위한 노력에 대한 한국의 강력한 지원을 천명했다. 21세기의 범세계적 이데올로기라고 할 수 있는 인권문제에 관해서 한 장관은 인권이 한국에서도 마침내 성숙했음을 강조하면서 인권을 향상시키려는 국제적 운동을 위한 한국의 굳은 지원을 재확인했다. 그는 북한의 인권상황을 언급하진 않았지만 북한의 핵 계획에 대한 한국의 우려를 표명하고 국제원자력기구와의 안전장치 합의를 준수하도록 촉구했다. 다음 해의 제50차 유엔총회에선 공로명 외무장관이 북한의 인권상황을 명시적으로 언급하고 또 깊은 우려를 표명하면서 북한에게 인권보호에 대한 세계공동체의 요구에 유념하도록 촉구했다. 동시에 그는 핵확산금지조약, 국제원자력기구와의 안전장치합의 그리고 1994년 10월에 제네바에서 미국과 북한 간에 체결된 합의 및 남북 간 비핵화선언을 충실히 실행하도록 촉구했다.

1997년 제52차 유엔총회에서 한국의 유종하 장관은 유엔 개혁을 강조했다. 코피 아난 사무총장의 개혁계획을 수락하는 8월 10일의 성명과 함께 16개국 모임에 참여하고 있음을 상기시키면서 안보리 개혁을 위해서는 합의 형식을 도출하기 위해 모든 노력이 경주되어야 한다고 권고했다. 이처럼 한국은 범세계적 문제에 관한 자신의 입장과 정책을 분명히 총회 및 여러 위원회에 하면서 많은 결의안들을 발의하고 또 성명서 작성에 참여함으로써 유엔의 논의에 적극적으로 참여하는 행동을 과시하였다.

둘째, 한국은 여러 유엔기구에서 상당히 주도적 위치의 국가로 선출되었다. 그 가운데에서 가장 중요하고 주목할 만한 것은 1996~97년의 안보리 비상임이사국 피선과 2001년 제56차 유엔총회의 의장국 피선을 들 수 있다. 한국은 안보리 비상임이사국 피선을 유엔가입 4년 만에 달성한 주요 성취로 간주했으며 유엔가입 10년 만에 총회의장국으로 선출된 것을 유엔외교의 일종의 절정으로 평가하고 있다. 2년간의 비상임이사국 임기 중 한국은 캄보디아 문제, 시에라레온의 쿠데타, 아프카니스탄 내의 확전, 리비아 제재 위반 문제, 자이레의 모부투 정권의 붕괴 문제 등의 논의에 참여했으며, 난민 문제의 공개토의 및 난민에 대한 인도주의적 원조와 보호에 관한 의장성명의 채택을 주도했다. 뿐만 아니라 1996년 4월 한반도 비무장지대의 북한병사들의 공동경비구역 침투와 9월 무장간첩잠수함 침투 등이 발생했을 때 한국의 안보리 참여는 의장성명 채택에 중요한 요인으로 작용했다. 또한 1996년과 1997년 11월에는 국제원자력기구 한스 블릭스(Hans Blix)의 북한의 합의 위반과 정보 제공 거부에 관한 안보리 보고에 참석했고 안보리 이사국 지위 덕택으로 4월에는 인도의 뉴델리에서 개최된 비동맹회의의 외무장관회의에 초청받을 수 있었다. 이러한 안보리에서의 경험은 한국에게 진정한 세계화의 실질적 체험으로 간주되었다. 또한 2001년 9월 유엔총회 의장국 취임과 거의 동시에 국제테러행위에 대한 총회의 결의안의 논의를 주도한 것은 과거 수십 년 동안 북한의 일방적 테러행위에 고통을 당해 온 한국으로선 참으로 의미 있는 역사적 순간을 경험한 것이라 하겠다.

셋째, 유엔 평화유지활동의 참여 역시 한국의 국제적 프로파일 고양의 요인으로 평가할 수 있다. 폴란드, 인도, 방글라데시, 핀란드, 가나, 오스트리아, 캐나다와 같은 전통적 평화유지활동의 주요 국가들과 1991년 이후 인도주의적 개입이 시작된 후의 미국 및 서유럽국가들의 평화유지활동에 비한다면 한국의 평화유지활동 참여는 아직 초보적이고 보조적인 역할의 범주에 머물고 있다. 그러나 1992년 7월 캄보디아 선거감시요원으로 6명의 민간인 옵서버를, 그리고 1993년 7월 소말리아에 252명의 공병부대를 파견한 이래 서부사하라, 앙골라, 그루지아, 인도-파키스탄, 동티모르의 평화유지활동 등에 꾸준히 참여해 왔다. 특히 동티모르에는 현재 420여 명의 보병부대를 파견하고 있으며 비정부간 국제기구(NGOs)의 회원으로 참가한 민간인 가운데 한국인 손봉숙 씨는 동티모르유엔 독립선거관리위원장 직을 맡아 2001년 8월 30일의 선거를 성공적으로 치러 냈다. 그러나 지금까지 한국의 평화유지활동은 비교적 안전한 곳에서 안전한 역할에 국한되었다. 그러나 앞으로는 보다 더 위험스러운 곳에서 더 힘든 모험적 평화유지활동에의 참여를 유엔으로부터 요청받을 가능성이 높다. 그럴 경우 인도주의적 평화유지활동의 적극적 지원을 한국 외교정책의 내용으로 공개 천명해 온 한국정부는 정책적 선택의 딜레마에 처할 수도 있을 것이다.

넷째, 재정적 기여분야에서 급속히 높아가는 기여도를 들 수 있다. 한국은 회원국이 된 직후 3년간 0.69%의 분담비율액인 1천만 달러를 지불했다. 그것은 당시 184개 회원국들 중에서 21위에 해당했다. 만일 여기에 기타 자발적 기여금을 포함한다면 2천 8백만 달러를 넘어섰다. 1995년에는 유엔관련 활동비가 3천 8백만 달러 이상으로, 1996년에는 4천 6백만 달러 이상으로 증가했다. 한국의 분담비율은 1997년 0.82%에서 1998년 0.955%, 1999년 0.994%로 증가하여 2000년에는 마침내 유엔정규예산의 분담비율이 1%를 넘어서 1.006%가 되면서, 회원국들 중 16위를 차지했다. 2001년에는 1.728%로 정규예산 분담금만 1천 4백 8만 4천 달러를 부담하여 189개 회원국 가운데 13위에 올랐고 2002년에는 1.866%로 분담금 순위 10위가 된다. 한국이 지불하는 분담금의 액수는 급속히 증가해 왔을 뿐만 아니라 그 전액을 제때에 지불해 왔으며 유엔기구들과 평화유지활동 및 각종 프로그램에 상당한 자발적 기여를 해 오고 있다는 사실을 강조할 필요가 있다. 한국의 분담금 몫은 가입 직후 2년 동안에는 중국, 덴마크, 멕시코 및 사우디아라비아보다도 적었지만 1998년에 와서 한국의 분담금은 이들 국가들 모두를 초과하기 시작했다. 특히 1998년 김대중 정부는 환란위기의 경제적 어려움 속에서도 분담금 전액을 제때에 지불했을 뿐만 아니라 유엔 및 관련 프로그램의 기여금을 증액했다. 그것은 한국정부가 유엔을 통한 국제협력에 필요한 부담의 몫을 지겠다는 자신의 결의를 보여주는 것이었다. 이러한 한국의 대유엔정책은 유엔 내외에서 한국의 국제적 프로파일을 높이는 데 분명히 기여할 것이다.

## V. 한국의 국제적 역할: 제약과 기회

유엔체제는 협상과 결정의 틀을 제공하는 포럼 기능을 하는 기관들과 주로 구체적인 서비스를 제공하는 서비스기관들로 구성된 복합체제이다. 포럼기관은 각 회원국에게 자국의 입장표명 및 상호 의견교환은 물론 구속력 있는 법적 문서의 협상에 이르는 많은 상이한 활동을 수행할 수 있는 장소와 기회를 제공한다. 따라서 종종 국가들은 자신들의 정책을 위해 집단적 정당성의 확보를 위해 이 포럼기관들을 이용한다. 반면에 서비스를 사명으로 하는 기관들은 서비스활동 그 자체를 수행한다. 이것들은 공동 혹은 개별적 서비스나 이 두 가지 모두를 제공한다. 그러나 일반적으로 포럼기관에서 국가와 유엔을 연계시키는

'대표성 하위체제들'이 주도적으로 작동한다면 서비스기관에서는 대표성하위체제의 구성원들뿐만 아니라 그 기관의 수반과 국제공무원들같이 결정과정에 직접 참여하는 개인들까지 포함하는 소위 '참여자 하위체제'가 거의 결정적으로 작용한다. 이런 복잡한 기관의 결정과정에는 여러 가지 상이한 방식으로 영향력이 행사될 수밖에 없다.

콕스와 제이콥슨은 국제기구회의에서의 개별 혹은 집단적 행위자들의 다양한 영향력 행사를 제안, 거부, 통제 및 중재 등 4가지 방식으로 분류했다. 그러나 어떤 방식도 회원국 간 상호작용에서 분석적 행태와 협상 과정의 제약으로부터 면제될 수 없다. 분석적 행태란 서로 상이한 입장이 지성적 과정을 통해서 해소되는 것이다. 이것은 사실들이 면밀히 조사되고 합리적 분석기술이 적용되는 것으로 보통은 당사자 간에 추구하는 가치와 결정의 원칙 및 기준에 관한 근본적 합의가 있는 경우에 사용된다. 그러나 그런 합의의 전제 조건들이 부재한 경우에 특히 이해관계의 중요한 갈등이 존재하는 경우에는 분석적인 형태, 즉 합리적 기술의 효율성은 크게 상실되고 흥정이 결정의 정상적 방법이 된다. 따라서 이 경우 합의에 도달한다면 그것은 합리적 주장보다는 교환에 의해 달성되는 타협의 산물이 될 것이다.

많은 경우의 서비스기관들이 전자에 해당된다면 포럼기관들은 후자에 속한다고 하겠다. 뿐만 아니라 유엔기관들은 그 회원국가들이 경쟁적 민주체제인가 아니면 동원체제인가 아니면 권위주의 체제인가 하는 특수한 환경에 의해서 영향을 받게 되며 특히 유엔체제 자체가 처해 있는 일반적 환경의 영향에서 자유로울 수 없다. 일반적 환경은 국제체제의 구조적 성격, 국가들의 경제적, 정치적 성격 및 국가 간 동맹이나 연합 그리고 협력의 패턴으로 구성된다고 할 수 있으며 이런 일반적 환경의 영향은 우리가 통상적으로 말하는 국제정치질서의 제약을 의미한다고 할 수 있을 것이다.

한때, 보다 구체적으로 1960년대 중반부터 1970년대의 긴장완화 시기에, 유엔체제 밖에서는 대단치 않은 국가들이 유엔체제 내에서는 강력하고 요란하게 헤게모니를 잡고 그 힘을 마구 행사했다. 유엔총회에서 다수의 횡포가 미국을 위시한 서방국가들에 의해 규탄된 때도 있었지만 냉전 종식과 함께 유엔체제 안과 바깥 사이의 이중적 영향력 구조는 소멸되어 버렸다. 따라서 특정 국가의 영향력은 유엔체제 내외에서 거의 동일한 수준으로 통일되었다고 할 수 있을 것이다. 따라서 오늘날 유엔체제 내에서의 국가의 영향력이란 그 국가의 국제적 위상과 국제사회에서 수행하는 그 국가의 '국제적 역할'과 직결된다고 말할 수 있을 것이다.

국제적 역할에 관해서 데이비드 레이크(David Lake)는 '지도국(leader)', '지원국(supporter)', '약탈국(spoiler)' 및 '무임승차국(freerider)'의 4가지 유형으로 분류했다. 지도국은 국제정치적 상호작용을 위한 틀을 수립하고 지탱하는 행위자이다. 지원국은 그런 틀을 지원하고 지탱하는 것을 돕는 행위자이다. 약탈국은 그런 틀로부터 이득을 보면서도 행동은 종종 그 틀에 부정적 영향을 끼치는 행위자이다. 무임승차국이란 그 틀로부터 이득을 보면서도 어떤 체계적 방법으로도 그 틀을 위한 비용을 부담하려 들지 않는 행위자이다. 국가의 국제적 역할이란 다른 주요 국가들과 관련하여 그 국가의 크기와 힘의 구사능력의 면에서 볼 때 국제사회 속의 지위에 의해서 대체로 결정되는 것이다. 역사적으로 미국을 비롯한 국제적 지도국들도 과거에는 무임승차국에서 약탈국과 지원국으로 그리고 후에 지도국으로 변신했다. 그 지위는 역사적으로 변했으며 영원히 지속되지도 않을 것이다. 이런 국제정치사적 관점에서 볼 때 국제사회의 규범과 규칙의 틀을 창조하고 그 준수를 위한 감독기능을 수행하는 유엔체제의 안과 밖에서 한국의 '국제적 역할'은 거의 선명하게 드러난다고 해도 과언이 아니다.

국제질서 속에서 한국의 무임승차 시대가 끝난 것은 이미 오래전 일이었다. 한국은 OECD의 회원국이다. 따라서 협소한 자국의 이기적 이익만을 챙기면서 국제사회의 질서를 손상시키는 약탈국이 될 수가 없고, 또 그래서도 결코 안 될 것이다. 약탈적 행동은 국제적 의존도가 높은 한국에게 국제적 고립을 자초하는 치명적 자해행위가 될 것이다. 그렇다고 한국이 국제적 지도국이 될 수 있을 것인가? 한국이 과연 그런 수준의 국가적 지위를 누리고 있으며 국가적 능력을 보유하고 있는가? 또한 그런 지도국의 책임을 스스로 짊어질 용의가 과연 있는 것일까? 국제사회에서 국가가 미칠 수 있는 영향력의 원천은 국제사회에서 개별국가가 차지하는 지위와 대표외교관의 개인적 특성과 자질이다. 이것을 보다 시각적 효과를 위해 도식적으로 표현한다면,

국가의 능력 = 국가의 지위 ± 개인적 특성

으로 될 것이다. 여기서 한국의 국가적 지위가 아무리 개인적 특성의 도움을 최대한 받는다고 할지라도 지도국의 능력을 발휘할 수 있겠는가라는 질문에 대해 우리는 긍정적으로 답하기 어렵다. 한국은 최근까지 스스로 중진국으로 자처해 왔다. 국제사회에서 중진국이 지도국 역할을 수행할 수는 없다. 어떤 특정된 문제와 관련하여 그 문제의 관련성, 심각성, 헌신성 및 문제 자체의 제한성으로 인해 때로는 지도국의 양해하에서 주도적 영향력을 행사할 수 있는 경우가 있을 수도 있겠지만 그것은 예외에 속할 뿐 일반적 현상으로 간주될 수 없을 것이다. 따라서 한국은 아직 국제적 지도국이 될 수 있는 위치에 있지 못하다. 그렇다면 한국의 국제적 역할은 결국 '지원국'일 수밖에 없다. 만일 '지원국'이라는 표현이 약간의 주체성의 약화를 암시하기 때문에 거부감을 억제할 수 없다면 스스로 뿐만 아니라 국제사회가 그렇게 인정하는 캐나다처럼

‘지원국’ 대신에 ‘주요국’이라고 불러도 좋을 것이다. 그러나 그런 개명이 한국의 국제적 역할의 성격 자체를 변화시키지는 못할 것이다.

## VI. 한국의 대유엔정책 방향: 재칼처럼 편승하기?

이니스 클로드가 1815~1914년의 시기를 국제기구를 위한 ‘준비의 시대’로 정의했다면 채드윅 앨저(Chadwick F. Alger)는 국제연맹의 창설에서 1990년까지를 ‘범세계적 통치를 위한 준비의 시대’로 규정했다. 그의 이런 규정이 적절한 것이라면 냉전 종식이 끝나고 한국이 유엔에 가입한 이후 우리가 살고 있는 세계는 이미 ‘범세계적 통치’의 시대로 진입했다고 할 수 있을 것이다. 1995년 유엔창설 50주년 기념 해를 맞아 미국 유엔체제학회가 창설되었고, 이 학회가 『범세계적 통치』라는 새로운 국제학술지를 창간하면서 편집자들은 ‘등장하는 범세계적 목적의 통일성이 범세계적 문제들에 협력적 대응을 조성하는 다자적 제도의 유신적’ 전망을 선언했다. 그리고 범세계적 통치란 ‘주권적 권위 없이 국경선을 초월하는 관계를 관리하는 것으로 정부가 국내에서 하는 것을 국제적으로 하는 것’이라고 정의했다.

이제 “유엔의 사람들(we, the people of the United Nations)”은 효율적인 범세계적 통치의 시대를 창조해야 하는 시점에 접어든 것이다. 그리고 유엔은 그런 ‘정부 없는 통치(governance without government)’의 질서를 수립하고 유지하는 데 중심에 위치하고 있는 셈이다. 이제 바로 유엔은 새로운 범세계적 통치의 시대에 걸맞은 역할과 기능을 수행하기 위해서 변모할 것을 요구받고 있으며 또 상당히 변모해 왔다. 국내에서 정부가 하는 것을 국제적으로 수행하기 위해서 오늘날의 유엔은 그 창설자들이 상상했었던 것 이상으로 아니 어쩌면 그들이 상상조차 할 수 없었던 일들을 해 나가야 할 것이다. 지난 9월 11일 뉴욕의 세계무역센터에 대한 무자비한 테러행위는 세계화, 개방화, 자유화된 국제적 삶이 테러리스트들에게 얼마나 사악한 방식으로 악용될 수 있는가를 끔찍하게 보여주었다. 글로벌 시스템을 지키고 유지하는 데 있어서 유엔은 매우 중요한 위치를 차지하고 있다. 유엔은 세계적 연대를 형성하는 데 필요한 포럼을 제공하고 장기간에 걸친 테러행위에 대한 응징이 범세계적 정당성을 확보할 수 있게 할 수 있다. 유엔은 각종 범죄자 기소와 추방, 돈세탁 방지 등 테러의 퇴치를 위해 취해져야 할 많은 조치들에 대한 국제법적 틀을 제공한다. 따라서 광범위한 유엔회의들이 테러와의 싸움에서 충분히 활용되어야 한다.

그러나 유엔이 진실로 국제통치의 역할을 수행하기 위해서는 유엔회원국들의 전폭적이고 아낌없는 지원이 요구되지만 앞으로도 상당기간 동안 그들의 의지나 행동양식이 현재까지 관찰된 것과 근본적으로 달라질 것 같지는 않다. 범세계적 통치의 무대는 여전히 국제 사회(international society)에 머물고 있을 뿐이며 범세계적 사회(global society)는 미래에 관한 시나리오 가운데 하나일 뿐이다. 거의 모든 국가에서 약간의 주권의 부식은 징후일 뿐 결코 입원해야 할 정도의 심각한 증상은 결코 아니다. 압도적인 다수의 회원국들, 특히 강대국들은 유엔을 여전히 국가의, 국가에 의한, 국가를 위한 국가들의 연합체로서 자국의 국가이익을 보호하고 증진시키는 외교 정책적 수단으로 간주되고 있다. 특히 유일한 초강대국인 미국은 1994년 5월 대통령 정책명령 25호(PPD-25)를 통해 유엔의 평화유지활동의 참여에 제약을 가하면서 대유엔정책의 한계를 분명히 했다. 국제사회에서 유엔과 미국과의 관계의 성격을 마치 '교황'과 '황제' 간의 관계처럼 이해할 때 범세계적 통치의 과정에서 유엔의 권능에 대한 지나친 기대는 신기루처럼 환상으로 판명될 가능성이 매우 높다.

유엔의 현실에 관한 저자의 이러한 분석이 정확한 것이라면 한국의 대유엔정책은 다음 사항들에 주의를 기울일 필요가 있다.

첫째, 한국이 유엔과의 특별한 역사적 관계를 지나치게 강조하고 갑자기 유엔에 지불하는 분담금 순위에 걸맞은 위상 찾기에만 급급하면서 국제사회에서의 국가적 위상 제고에 사로잡혀 국가이익과 지불능력을 냉철하게 고려하지 않은 채, 모든 국제적 활동에 항상 무조건 적극적으로 참여하거나 새로운 프로그램을 주도하는 것은 바람직스럽지 않다고 할 수 있다. 유엔이 국제문제들의 '과적'을 경계해야 하듯이 한국도 회원국으로서 유엔에 대한 지불능력의 한계를 유지하면서 맹목적으로 민족적 긍지와 국가적 명예라는 지나친 허영심에서 기인하는 '과시적 소비'는 자제해야 할 것이다.

둘째, 한국이 유엔가입 후 총회에서 보여준 투표 행태에 주목하지 않을 수 없다. 1991년부터 1997년까지 한국이 보여준 미국과 함께 투표한 비율은 1996년과 1997년을 제외하면 심지어 과거 소련이나 러시아보다도 낮으며 일본보다는 예외 없이 크게 낮다. 한국은 소위 제3세계의 77그룹과 실제로 함께 투표하지 않을 때엔 번번이 기권했다. 유엔가입 후 한국의 세계화 표현 가운데 하나는 유엔회원국의 절대다수를 차지하고 있는 제3세계국가들의 여망을 능동적이든 수동적이든 지원하는 것이다. 그러나 우리와 같은 미국의 동맹국인 일본에 비해 훨씬 덜 미국과의 공조가 이루어지고 심지어 과거 경쟁국보다 더 낮은 대유엔 공조가 지속적으로 이루어진다면 그것은 한미동맹 관계를 손상시키는 잠재적 씨앗을 심는 것과 같은 셈이 될 것이다. 물론 유엔총회의 모든 의제에 미국과 항상 같은 입장을 취할 수는 없을 것이며 그럴 필요도 없다. 그러나 미국에 대해 전략적 가치가 일본보다 훨씬 낮은 한국의 총회에서의 투표 행태는 미국의 대아태전략에서 한국의 중요성을 더욱 감소시킬 우려가 있다.

셋째, 냉전 종식 후 유엔개혁이 유엔의 주요 의제 가운데 하나이다. 특히 안보리 개혁에 관한 총회의 실무그룹이 1993년 설치되어 그 후 이곳을 중심으로 꾸준히 논의가 계속되어 왔다. 일본은 1994년 고노 요헤이 외상이 유엔안보리의 상임이사국으로 일본이 봉사할 준비가 되어 있음을 처음 천명한 뒤 유엔창설 50주년 기념해인 1995년에도 동일한 메시지를 반복했다. 1996년 오와다 히사시 유엔주재 일본대사는 유엔개혁에 관한 일본의 입장을 밝히면서 일본은 기존 상임이사국들이 향유하는 것과 동일한 상임이사국 지위를 원한다는 것을 명백히 함으로써 안보리에서 비토권 없는 상임이사국 지위 같은 새로운 카테고리의 설치에 부정적 입장을 취했다. 안보리 개혁 문제가 진전을 이루지 못하자 고무라 마사히코 외상은 1999년 9월 미국을 제외하고 기존 안보리 4개 상임이사국들의 분담금 합산액보다도 더 많은 분담금을 일본이 계속 지불하도록 기대되는 상황에선 공정성의 문제를 제기하지 않을 수 없다는 견해를 피력함으로서 안보리 개혁 논의의 교착상태에 대한 일본정부의 점증하는 초조함을 드러냈다. 한국은 특정된 국가나 국가군을 목표로 삼고 있지는 않지만 민주주의의 원칙에 반하는 비토권 보유 상임이사국의 확대에 반대하고 있다. 한국은 그러면서 주요 국가들 간의 가교 역을 하려는 희망에서 실용주의적 입장을 유지하려고 노력했다. 이러한 한국의 안보리 개혁에 대한 입장은 일본의 여망과 배치된다는 논리적 귀결에 도달하게 된다. 한국이 중국처럼 거부권을 갖고 있지 않은 상황에서 일본 상임이사국 진출에 대한 한국의 찬반이 결정적 영향력을 미치지도 못한다. 뿐만 아니라 미국은 일본의 상임이사국 진출에 호의적이다. 미국은 일본이 국제사회에서 국력에 걸맞은 중요하고 적극적인 역할을 수행하여 미국의 부담을 좀더 분담하길 분명히 원하고 있다. 이런 상황에서 2001년 9월 11일 이후 미국이 주도하는 반테러전쟁과 관련하여 일본이 테러지원특별법까지 채택해가면서 자위대의 파견까지 포함하는 적극적인 협력정책을 실행했다. 따라서 미국은 일본의 상임이사국 진출에 더 적극성을 띨 것으로 쉽게 예상될 수 있다. 따라서 앞으로 한국의 안보리 개혁정책은 일본과는 물론이고 미국의 그것과 보다 선명한 마찰 요인으로 부상할 가능성을 배제할 수 없다. 미국이 한·일 두 나라 중 어느 국가에 더 비중을 둘 것인가에 대한 자명한 대답은 이 문제로 한국외교가 딜레마에 처할 뿐만 아니라 미일의 공동보조에 반대할 경우 그로 인해 상당한 국가적 손실을 입게 될 가능성마저 엿보인다.

넷째, 우리는 인권존중과 '인도주의적 개입'을 지지하여 유엔의 동티모르 평화유지활동에 적극 참여하고 있다. 그리고 우리 자신의 문제인 북한의 탈북자 문제에 대해서는 '인도주의적 침묵'을 하고 있다. 도덕적 원칙은 보편적이고 무한한 것이지만 외교정책은 상황에 구속받는다. 인도주의적 개입의 한계는 사상자와 재정적 희생의 면에서 필요한 대가를 지불할 용의성에 의해서 정해진다. 즉 개입의 독트린은 당면이익이 비용을 정당화시킬 수 있다는 국민적 확신과 합의가 있는 경우에만 지탱될 수 있다. 비스마르크의 지적처럼 외교정책이란 '가능한 것의 기술'이며, '상대성의 과학'이다. 바꾸어 말하면 남북한 통일이 성취될 때까지 한국은 유엔에서 국위선양에 지나치게 매달리기보다는 자신의 프로파일을 스스로 조절하면서 대외 및 유엔정책을 수행해 나가는 것이 필요할 것이다.

유엔에서 모든 문제에 주도적으로 참여하려는 여우 같은 과잉의욕은 우리에게 너무 부담스럽다. 한국이 아무리 OECD의 회원국이고 유엔 회원국 중 상위그룹에 속하며 유엔의 '주요 국가'로 인정받는다고 할지라도, 아직도 한국은 완전한 민족국가를 수립하지 못한 채 남북분단의 대결적 긴장과 고통 속에 살고 있다. 그렇다고 한국이 냉전시대의 고슴도치로 되돌아갈 수는 없다. 그러므로 주변 강대국들과의 본질적 차이는 차치할지라도 남북한의 경제적 격차와 정치 및 문화적 삶의 차이를 고려할 때 한국은 당분간 '재칼'처럼 국제적 지도국을 지원하고 적절히 편승하면서 국제적 비용을 절약하고 명백히 예상되는 엄청난 통일비용에 대비하기 위해 모든 역량을 키우고 착실하게 비축하는 것이 더 바람직한 국가운영방식이 될 것이다. 실제로 한국은 유엔의 효율성 향상을 지지하면서도 한반도의 문제는 외부 개입 없이 남북당사자 간에 직접 해결해야 할 문제라고 주장해 오고 있지 않은가?

유엔은 지금 존재하지 않는다면 지금이라도 만들어야 할 기구이다. 그만큼 국제사회에서 유엔의 존재는 중요하다. 그동안 유엔산하기구인 유엔난민고등판무관실(UNHCR), 유엔아동기금(UNICEF) 그리고 유엔평화유지군의 노벨평화상 수상에 이어 유엔과 코피 아난 유엔사무총장이 2001년 노벨평화상을 받게 된 것은 유엔의 국제적 역할이 실제로 비범했음을 입증해 주는 것이라 하겠다. 따라서 당연히 유엔은 한국외교정책 중 가장 중요한 외교정책대상 중의 하나이다. 그러나 유엔헌장에서 표방하는 "플라토닉한 유엔(Platonic UN)"은 존재하지 않는다. 유엔은 한국전 참전의 '최고의 순간' 이후 한반도 문제에 주도적 역할을 수행하지 못했으며 1994년 북한의 핵확산금지조약체제에 대한 과감한 도전에도 주도적으로 대처하지 못한 채 주변으로 밀려나 버렸다. 국제사회에서 유엔은 철인 군주도 리바이어던도 아니다. 한국의 대유엔정책은 다소 모호할지는 모르지만 바로 이러한 현실의 냉철한 인식 속에서 출발하고 수행되어야 할 것이다. 그것이 아리스토텔레스식으로 표현한다면 사려 깊은 정책이 될 것이다.

## VII. 결 어

이상의 분석과 논리적 귀결이 맹목적으로 국가의 위신과 민족적 긍지를 외치는 사람들과 '유엔의 연인들'에게는 다소 혼란스러운 것일지도 모르겠다. 그러나 분석의 가치는 좋고 나쁨에 있는 것이 아니라, 그것의 정확성, 바꾸어 말하면 진실성에 있는 것이다.

냉전체제의 종식과 함께 이루어진 한국의 유엔가입 이후 우리는 지구촌 시대 혹은 세계화 시대에 살고 있다. 국내문제가 국내에만 국한되지 않고, 국제문제가 국제무대에만 국한되지 않으며, 인간의 삶과 죽음, 번영과 삶의 질적 문제에 관련된 거의 모든 문제들, 즉 전쟁과 평화, 무역과 금융, 빈곤과 개발문제, 안보와 인권문제, 군축과 환경문제 등 거의 모든 문제들이 국내외 정치를 구별하지 않고, 우리 시대 모두의 의제가 되어 버렸다. 외교정책은 이제 우리 모두의 운명이 되어 버린 것이다. 이런 문제들을 올바르고 적절히 해결하기 위해서 오늘날 세계는 다자주의를 강조하고 있으며 유엔은 바로 그 다자주의의 상징이며 동시에 실체이다. 따라서 대유엔외교의 확대는 바로 우리 외교의 다자주의 지평을 넓히는 것이며 유엔체제 내에서 '주요 국가'로서의 국제적 지위를 확보하는 길이다. 각종의 다양한 국제적 문제들이 다자주의적으로 다루어지는 유엔정치에 성공적으로 대비하기 위해서는 무엇보다도 한국의 국제적 지위향상이 필요하다. 그러나 그것만으로는 불충분하다. 타국들과의 상호작용에서 요구되는 고도의 세련된 지적 분석능력과 협상능력이 동시에 요구된다.

오늘날 국제적 의제의 다양성으로 한 나라의 외교정책은 과거 그 어느 때보다도 그 나라의 역사적 전통과 국내 정치적 문화를 더 많이 여러 가지 방식으로 반영하게 되었다. 따라서 우리에게는 국제사회의 다양한 역사와 정치문화에 대한 광범위하고 깊이 있는 이해의 토대 위에 타국의 외교정책에 관한 합리적 분석력을 높이기 위한 발전적이고 체계적인 모색이 요청된다. 우리는 언어와 문화가 다른 세계의 다양한 민족들과 대화할 수 있는, 그리고 우리의 생각을 설득력 있게 설명할 수 있는 훈련을 해야 한다. 우리 같은 단일민족은 장점도 많지만 세계무대에서 필요한 다양성의 경험이 부족하다는 단점이 있다. 그러므로 우리는 의식적으로 이질적인 문화를 이해하고 의사를 전달할 수 있는 능력을 배양해 나가야 할 것이다.

외교정책에 있어서 외국사회의 역사적 배경과 문화에 대한 몰이해의 위험성에 관해 영국의 국제전략연구소의 종신 이사장인 마이클 하워드(Michael Howard)는 다음과 같이 경고했었다.

> "자신들이 다루는 외국사회의 역사적 배경과 문화적 우주에 대해 전혀 알지 못함으로써 보통 법학이나 경제학 혹은 어쩌면 정치학에서 훈련받은 능숙한 지성의 소유자들이 종종 자신의 정부를 재앙적 계산착오로 유도했다. 그것은 어떤 전략적 혹은 경제적 분석의 어떤 능력도, 위기관리나 갈등해소의 어떤 테크닉도, 그리고 분명히 국제적 계급투쟁의 객관적 역사과정에 대한 어떤 전문적인 이해도 대신할 수 없는 앎이다. 그런 계산착오는 언제나 위험하다. 우리시대에 그것은 아주 엄청나게 치명적일 것이다."

뿐만 아니라 전 역사를 통해 수 세대에 걸쳐 단일 민족의 중앙집권적 정치문화의 전통에 젖어서 살아온 한국인들에게는 다자주의를 향한 본능이나 소명이 사실상 부재했다. '타협'보다는 '극복'을, '절충'보다는 '순결'을 고집하고 추구하는 한국인들의 의식구조와 문화전통은 다자외교에 적합하지 않다. 이제는 한국외교에도 다자외교에 적합한 미래 외교관들의 자질과 능력을 육성하고 훈육하는 노력이 본격적으로 추진되어야 할 것이다. 그리하여 국력의 향상에 따른 국가적 위상이 제고

되고 또 고도의 합리적 분석력과 세련된 다자외교의 능력이 겸비되어 한국의 다자외교가 실천과정에서 상당한 경험과 업적이 축적될 때 한국의 외교는 진정한 '마이 카'외교, '마이 웨이'외교를 펼치고 구사하는 역사적인 '새 외교시대'의 궤도에 진입할 것이다.

제 **14** 장

# 한국의 현 유엔정책: 무책이 상책?*

한국은 앞으로도 유엔헌장의 정신을 되새기면서
변화하는 시대의 유엔이 더욱 크게 발전할
수 있도록 적극 협력해 나갈 것입니다.
- 2011년 9월 21일 이명박 대통령
제66차 유엔총회 기조연설 중에서

## Ⅰ. 서론: 유엔 가입 전과 후

조지 버나드 쇼(George Bernard Shaw)는 "인생에는 두 가지 비극이 있다. 그 중 한 가지는 마음 속 열망을 잃는 것이고 나머지 한 가지는 그 열망을 다시 얻는 것이다"라고 말한 적이 있다. 얼마간의 융통성을 발휘해 그의 명언을 한국에 적용해 보면, 한국의 유엔 정책이 여기에 딱 들어맞을 것이다. 한국은 유엔 회원국이 되겠다는 오랜 마음 속 열망을 1991년에야 실현할 수 있었지만 그와 동시에 이루어진 북한의 유엔 가입으로 인해 유엔이 남한 탄생의 "산파" 역할뿐만 아니라 국제사회에서 이 새로운 국가의 탄생을 합법화해, 1973년까지 남한 정부가 유지해 온 한반도 유일의 합법정부라는 아이콘을 탄생시키는 "사제"의 역할을 담당한 후 줄곧 유엔을 통해 모든 한국인들의 염원이 담긴 단

---

* 본 장은 2011년 12월 16일부터 17일까지 일본 오사카 대학에서 "동아시아 세계화 및 지역 거버넌스"라는 주제로 열린 "제11차 유엔 연구에 대한 동아시아 세미나"에서 발표했던 논문으로, 일본 국제연합학회 편, <일본과 국연: 다원적 초점의 재고> 2012년 6월, pp.113-129에 수록된 영어 논문을 번역한 것임.

일 국가를 구성하겠다는 또 다른 열망을 잃어버렸다.[1] 올해는 한국의 유엔 회원국 가입 20주년이 되는 뜻깊은 해이지만 한국의 평화통일이라는 엄청난 과제가 유엔의 역량에 달려 있다고 생각하거나 기대하는 사람은 찾아볼 수 없다. 유엔 회원국이 된 후 한국의 유엔 정책이라는 것은 무엇인가? 아니, 다시 말해, 오늘날 한국의 유엔 정책이라는 것이 존재하기는 하는가?

## II. 현재 한국의 유엔 정책?

한국 정부는 20년 전 유엔 회원국이 된 후 유엔 활동을 지원하기 위해 최선의 노력을 다해 왔으며 괄목할 만한 성과를 이루었다고 주장한다.[2] 첫째, 한국은 유엔의 주요 직책을 역임할 정도로 눈부신 성장을 이루었다. 한국은 가입 후 5년 만인 1996년부터 1997년까지 1년간 유엔 안전보장이사회에서 활동했다. 2001년에는 유엔 총회 의장을, 2006년에는 제8대 유엔 사무총장을 배출했으며, 현재 반기문 유엔 사무총장은 2011년 재선에 성공해 유엔 사무총장직을 역임하고 있다. 둘째, 한국은 개발, 인권, 환경, 군비 축소, 핵 확산 방지에 이르기까지

---

1) 자세한 내용은 Sung-Hack Kang, "The Special Relationship between South Korea and the United Nations: Metamorphosis from a Beneficiary into a Benefactor and Vice Versa," *International Peacekeepin: the Yearbook of International Peace Operations*, Vol.11 (2007), pp.152-202 참조. 본 논문은 1945년부터 2006년까지의 역사적인 기간을 다룬다. 본 논문은 Sung-Hack Kang, *Korea's Foreign Policy Dilemmas: Defining State Security and the Goal of National Unification*, Britain, Folkestone: Global Oriental/Brill, 2011의 제14장으로 다시 출간되었다.

2) 2011년 10월 24일 제66차 유엔의 날 기념 오찬에서의 박석환 외교통상부 제1차관의 기조연설.

다양한 글로벌 이슈를 논의하는 데 적극적으로 참여해 왔다. 그러나 유엔에서 주요 직책을 몇 번 역임하고 모든 유엔 회의에 성실하게 참여했다는 단순한 사실이 유엔이 추구하는 국제 평화 및 안보에 중요한 기여를 한 것이라고 주장하는 데는 동의할 수 없다.

외교통상부에 따르면, 주요 유엔 이슈에 대한 한국이 현 정책은 다음과 같다.3)

첫째, 국제 평화 및 안보와 관련하여 한국은 국제 평화 및 안보 그리고 국제 사회의 안녕을 위해 마땅한 기여를 할 의지가 있으며, 준비도 되어 있다. 이러한 맥락에서 한국 정부는 2012년 제67차 유엔 총회에서 열린 2013~2014년 안전보장이사회 비상임이사국 선거에 출마했다. 한국은 보병대 및 의료지원단 등을 파병함으로써 유엔의 평화 유지 활동에도 적극적으로 참여해 왔다. 한국은 2010년 11월 현재 11가지 임무에 총 642명을 파병해 파병 군인 수에서 32위를 기록하고 있다. 이뿐만 아니라 한국은 핵확산금지조약(NPT), 화학무기금지조약(CWC), 생물무기금지협약(BWC), 포괄적 핵실험금지조약(CTBT)을 포함한 모든 주요 국제 협약에 가입했으며, 이를 충실하게 준수하고 있다.

둘째, 개발과 관련하여 한국은 새천년 개발 목표를 구현하기 위한 개발 협력 정책에서 종합적이고 포괄적인 접근방식을 통해 여덟 가지 새천년 개발 목표에 대한 모든 요구사항을 고려한다. 또한 한국은 UN 기후변화협약, 생물다양성협약, 오존층 파괴물질에 대한 몬트리올 의정서와 같은 주요 환경 협약 및 의정서를 준수한다.

셋째, 인권과 관련하여 한국은 인권에 관한 모든 주요 협약의 당사자이며, 1993년부터 2006년까지 인권위원회에서 활동했다. 인권이사회(HRC) 설립 멤버로서 인권 이사회가 즉각적이고 효율적인 방식으로

---

3) http://un.mofat.go.kr/eng/am/un/help/print/index4.jsp

인권 문제에 대응할 수 있는 공정하고 효과적인 기관으로 거듭나도록 노력을 다하고 있다.4)

넷째, 한국은 2013년부터 2014년까지 유엔 안전보장이사회 비상임 이사국으로 선출되기 위해 노력하고 있다.

사실 이러한 정책은 네 번째 정책을 제외하고는 한국 정부의 매우 "추상적인" 진술에 불과하다. 그러나 유엔에서 한국이 담당해온 진정한 의미의 역할이라는 관점에서 이러한 정책들을 살펴보면, 한국이 이러한 유엔 주요 이슈에 있어서 적극적인 당사자 또는 효과적인 참여자의 역할을 했다고 말하기는 어렵다. 오히려 한국은 대개의 경우, 수동적인 당사자이거나 때때로 유엔 평화 유지 활동과 인권 문제와 관련하여 매우 비적극적인 참여자에 불과했다. 한국은 전 세계 최악의 인권 유린국으로 알려진 북한의 심기를 건드리지 않기 위해 유엔 체제 내 인권 문제에 있어서는 회피자 역할을 하기도 했다.

이 뿐만 아니라 한국은 유엔 가입 후 한민족에게 가장 중요한 문제인 한반도 통일 문제를 유엔 어젠다로 상정하려는 노력을 하고 있지 않다. 가장 시급한 문제인 북한 핵개발 및 보유조차도 한국의 유엔 정책에 포함되지 않는다. 한국의 유엔 정책에서 이러한 문제가 포함되어 있지 않은 것은 이러한 문제가 유엔의 능력 범위를 벗어난다는 한국의 믿음뿐만 아니라 "국제 정치적 신중함"이라는 아름다운 표어 아래 드러나는 정치 지도자들의 소심한 태도 때문이다. 한국은 자국의 목소리에 귀 기울이게 할 수 있는 영향력이 충분하지 않다는 사실을 너무나 잘 알고 있다.

---

4) 이와 더불어, 한국 정부가 R2P를 신중하게 지원하고 있다고 말할 수 있다. South Korea, Statement at the GA debate on the Responsibility to Protect, 23rd July, available at http://www.responsibilitytoprotect.org/koreaENG.pdf 참조.

## III. 유엔 정치에서 한국이 할 수 있는 역할은 무엇인가?

유엔에서 영향력은 다양한 방식으로 행사할 수 있지만, 그 중 네 가지 방식이 가장 중요하다.[5] 각각의 결정 과정에 있어 일부 회원국 또는 회원국 그룹은 반드시 이니셔티브를 상정해야 하고 그에 따라 발기인이 된다. 진정한 의미의 발기인이 항상 형식적인 발기인을 말하는 것은 아니다. 일부 회원국들은 커뮤니케이션 라인에 있어서의 전략적인 위치나 광범위한 정치적 자원을 통제하고 있기 때문에 이니셔티브를 차단할 수 있는 권력을 가지고 있고 그에 따라 거부권 행사자가 된다. 알려진 혹은 추측된 관점이 자원이나 공식적인 권한 보유 또는 다른 이유들로 인해 고려되어야만 하는 회원국들도 일부 존재한다. 이러한 회원국들은 통제자라고 부를 수 있다. 마지막으로 일부 회원국들은 회원국들 간의 합의를 이끌어 내는 역할을 한다. 이러한 국가들을 중개자라고 부를 수 있다. 일부 회원국들은 네 가지 모든 방식으로 영향력을 행사하지만 일부 다른 회원국들은 그 어떠한 방식으로도 영향력을 행사할 수 없다. 국가들에 의한, 국가들을 위한, 국가들로 구성된 유엔에서 일부 회원국들이 다른 회원국들에 비해 더 많은 영향력을 행사하는 것은 분명한 사실이다. 유엔은 기껏해야 글로벌 거버넌스를 위해 "느슨하게 발전하는" 국제적인 정치 체제에 불과할 뿐, 책임을 지는 세계 정부가 아니다.

유엔 정치의 특성을 고려해 보면, 한국이 할 수 있는 최선의 역할은 유엔 어젠다 설정에 참여하는 발기인의 역할이다. 유엔의 글로벌 어젠다는 개별 회원국들의 중복되는 어젠다로 구성되어 있다. 모든 회원국

---

5) Robert W. Cox and Harold K. Jacobson, *The Anatomy of Influence: Decision Making in International Organization*, New Haven and London: Yale University Press, 1974, pp.12-14.

들에게 가장 어려운 외교 정책 과제 중 하나가 다른 회원국들의 어젠다를 확인하고 자국 어젠다의 타당성과 유엔의 이슈 우선순위를 설득시키는 일이다. 이러한 과제는 자국이 선호하는 제안을 다른 회원국들이 받아들이도록 하는 데 있어 논리적으로 앞서며 필수조건이다. 이러한 방식으로 글로벌 어젠다가 생겨나고 그 모양새를 갖추게 된다. 안전보장이사회 상임이사국 5개국을 포함하여 높은 지위의 회원국들은 글로벌 어젠다에 거의 즉각적으로 접근할 수 있다. 이러한 회원국들은 다른 회원국들로부터의 관심뿐만 아니라 그들의 행위가 가지는 파급력 덕분에 무엇을 하든 "세계적인 뉴스거리"가 되기 때문에 세계 언론매체에 대체로 쉽게 접근할 수 있다. 또한 이러한 회원국들은 방금 언급한 요소뿐만 아니라 유엔 활동에 필요한 재정적 자원 및 기타 자원을 통제할 수 있기 때문에 유엔에 쉽게 접근할 수 있다.

높은 지위의 회원국들이 글로벌 어젠다 결정에 있어 결정적인 역할을 하고 그들이 선호하는 바가 제안 수락 여부에 있어 중차대한 영향을 미치기 때문에 한국을 비롯한 대부분 회원국가들의 주요 과제는 이슈의 중요성을 환기시켜 이러한 회원국들의 관심을 끌고 그에 따라 행동하도록 설득하는 것이다. 그러나 이러한 회원국들의 관심을 끌고 그에 따라 행동하도록 하는 것은 결코 쉬운 일이 아니다. 높은 지위의 회원국들은 현상유지 국가로서의 경향을 보이며 소위 "평지풍파를 일으키는" 이슈는 거부하거나 무시한다. 일반적으로 현상 유지 국가들은 현 체제를 바꾸려는 현상 타파 국가들에 비해 구조적 이점을 누린다. 현상 유지 국가들은 통제자 또는 거부권 행사자로 행동하는 경향이 있다. 현재 상태에 만족하는 국가들이 글로벌 어젠다로의 포함을 거부하기 때문에 많은 이슈들이 글로벌 어젠다의 위치까지 도달할 수 없다. 현상 유지 국가들은 소위 "안전한" 이슈로 어젠다를 제한하고자 한다. 한반도 통일이나 북한의 핵무기와 같은 문제들은 지금까지도 상임이사국 5개국을 포함하여 유엔 회원국들에게 매우 민감하고 또 "난감한 문제"이다.

한국이 발의한 어젠다에 대한 최근의 유엔 조치는 유엔의 능력 부족이라는 한계를 잘 보여준다. 46명이 한국인 승조원이 사망한 2010년 3월 25일 천안함에 대한 북한의 갑작스런 공격 후,[6] 유엔 안전보장이사회에서 할 수 있는 일이라고는 유엔 의장성명서를 발표하는 것뿐이었다. "안보리는 2010년 3월 26일 한국 해군함정 천안함의 침몰과 이에 따른 비극적인 46명의 인명 손실을 초래한 공격을 개탄한다. 안보리는 이러한 사건이 역내 및 역외 지역의 평화와 안전을 위태롭게 하는 것이라고 규정한다. 안보리는 북한이 천안함 침몰의 책임이 있다는 결론을 내린 한국 주도 하의 5개국이 참여한 '민·군합동조사단'의 조사결과에 비추어, 깊은 우려를 표명한다. 안보리는 이번 사건과 관련이 없다고 하는 북한의 반응, 그리고 여타 관련 국가들의 반응에 유의한다. 결론적으로 안보리는 천안함 침몰을 초래한 공격을 규탄한다. 안보리는 모든 유엔 회원국들이 유엔헌장의 목표와 원칙을 지지하는 것이 중요함을 재확인한다."[7] 사실상, 유엔 안전보장이사회에서 비난한 것은 공격을 한 국가가 아니라 공격 그 자체이다. 다시 말하면, 유엔은 목표 없이 허공에 총을 쏜 것이다. 진정한 목표인 북한은 천안함 침몰에 대한 유엔 성명서를 환영했다. 북한은 천안함 침몰에 대해서는 비난하지만 북한을 직접적으로 비난하지 않은 유엔 안전보장이사회의 성명서를 "승리"로 묘사했다.[8] 이것이 유엔 정치에서 어젠다 발기인으로

6) 천안함 침몰이 1953년 정전협정 이후 북한의 첫 번째 무장 도발은 아니다. 한국에 대한 북한의 지속적인 무력 사용에 대한 내용은 Narushige Michishista, *North Korea's Military-Diplomatic Campaigns, 1966-2008*, London and New York: Routledge, 2010 참조.

7) Security Council, SC/9975, 9 July 2010.

8) BBC News Asia-Pacific 9 July 2010 Last Updated at 19:54 GMT.

서의 한국과 유엔의 모습이다. 연평도 포격 사건 때에도 별반 다르지 않았다. 연평도 사건 때에는 안전보장이사회에서 의장성명서조차도 발표하지 않았다. 한국에게는 발기인으로서 역할조차도 만족은커녕 그 영향력도 거의 없다.

## IV. 북한문제와 유엔

2003년 1월 10일 북한은 핵확산금지조약에서 탈퇴했다. 6자회담이 8월 27일 베이징에서 시작되었다. 북한이 핵 무기 프로그램을 포기하고 핵확산금지조약에 다시 가입하는 조건으로 북한을 제외한 5개국이 대규모로 에너지를 지원하고 북한의 주권을 존중하겠다는 약속을 한 "공동 성명서"에 6개국 모두 서명하고 2005년 9월 19일에 발표했다. 2006년 10월 9일 북한은 첫 번째 지하 핵실험을 감행함으로써 핵 무장국이 되었다. 이에 대해 유엔 안전보장이사회는 13 대 0으로 유엔 안전보장이사회 결의안 1718호를 채택해 핵실험을 비판하고 사치품뿐만 아니라 북한에 대규모 무기, 핵기술, 관련 훈련 제공을 금지하는 제재 조치를 취했으며, 모든 국가에 북한 화물에 대한 조사를 포함하여 협조해 줄 것을 요청했다. 그러나 이것이 유엔에서 취한 조치의 전부이다. 그 후 후속조치라 할 만한 것이 없었다. 아무런 진전 없이 거의 3년의 세월이 지났고 북한은 2009년 5월 25일 두 번째 핵실험을 감행했다. 안전보장이사회는 6월 12일 만장일치로 유엔 안전보장이사회 결의안 1874호와 북한에 대한 전반적인 무기 금수 조치를 채택했다. 결의안 1874호는 결의안 1718호보다 강력하며, 모든 유엔회원국에 의심되는 북한 화물선이 공해에서의 조사를 거부하는 경우, 북한 선박을 나포해 근처 항구에서 조사를 실시할 것을 요청했다. 그러나 본 결의

안은 무력 사용을 배제한 유엔헌장 제7조 41항[9])에 따라 채택되었기 때문에 북한의 핵실험과 탄도 미사일 실험 후 채택된 이전의 결의안들처럼 강제 집행을 위한 권한이 없었다. 중국은 이러한 결의안 대부분을 묵살했다. 중국은 결의안 1874호에서 요구하는 재정적 제재 조치, 북한 화물선에 대한 강제 조사, 무기 금수 조치 시행에 있어 미온적인 태도를 보였다. 유엔 논의에서 중국은 이러한 결의안에 보다 단호한 어조의 "결정한다"보다는 회원국들에게 "요청한다"는 용어를 사용해야 한다고 주장했다.[10]) 중국은 과거에 그랬던 것처럼 "요청한다"를 법적 구속력이 없는 것으로 해석했다. 이와 더불어 중국 외교부 대변인은 국제적인 제재조치가 북한 주민들의 안녕과 북한의 일상적인 무역 및 경제활동에 영향을 미쳐서는 안 된다는 점을 강조했으며, 이는 북한에 제재 조치를 취하려는 유엔의 시도를 자유롭게 해석하고 있음을 보여 준다.[11]) 유엔 안전보장이사회에서 중국이 명백하게 거부권 행사자의 역할을 하지는 않았지만 유엔 결의안 시행에 있어 회피자나 스포일러[12])의 역할을 담당해 국제 사회에서 본 결의안의 의미를 퇴색시켰다.[13])

---

9) 제41조: 안전보장이사회는 그의 결정을 집행하기 위하여 병력의 사용을 수반하지 아니하는 어떠한 조치를 취하여야 할 것인지를 결정할 수 있으며, 또한 국제연합 회원국에 대하여 그러한 조치를 적용하도록 요청할 수 있다. 이 조치는 경제 관계 및 철도, 항해, 우편, 전신, 무선통신 및 다른 교통통신수단의 전부 또는 일부의 중단과 외교 관계의 단절을 포함할 수 있다.

10) *The Korea Herald*, 30 June 2009.

11) *Ibid.*

12) 이와 관련된 개념은 Randall Schweller, "Emerging Powers in an Age of Disorder," *Global Governance*, Vol.17, No.3 (July-Sept.), 2011, pp.285-297; David A. Lake, "International Economic Structure and American Foreign Economic Policy, 1887-1934," *World Politics* Vol.35, No.4 (July 1983), p.521.

13) 빌 클린턴 대통령 및 조지 W. 부시 대통령 임기 동안 긍정적인 제재 조치를 포함한 북한에 대한 모든 제재 조치는 효과를 발휘하지 못했다. Brendan Taylor, *American Sanctions in the Asia-Pacific*, London

중국의 이러한 행동에 고무된 북한은 유엔 결의안 1874호에 대해 6월 23일 북한이 핵무기를 포기하는 일은 절대 없을 것이라는 선언으로 대응했다. 중국이 태도 변화를 보이지 않는 한, 북핵 문제는 유엔의 역량을 넘어서는 문제이다.[14] 어쨌든 북한은 지금까지 유엔 제재조치를 두려워하지 않았다. 게다가 북한 비핵화에 실패한 6자 회담도 유엔 밖에서 추진되었다.

## V. "한반도 통일"이 유엔에서 중요한 어젠다로 부상할 수 있는가?

한국에게 있어 한반도 통일은 가장 중요한 국가 문제이다. 한반도 통일에 대한 전 국민의 내재적인 열망과 남한과 북한 사이의 이념적인 차이 때문에 한반도는 세계에서 가장 불안정하고 위험한 곳 중 하나이다. 이러한 맥락에서 한국은 삼국이 각각 나머지 두 나라를 희생시켜 통일을 이루고자 했던 삼국시대로 돌아간 듯하다. 역사는 매우 비슷한 상황에서 매우 비슷한 방식으로 반복된다. 한국을 식민지배하던 일본군의 항복을 받아내기 위해 절차상의 편의로 탄생한 인위적인 분단은

---

and New York Routledge, 2010, pp.67-74 & 103-110, 각각 이 문제와 관련한 중국의 주요한 역할은 Jinhwan Oh and Jiyoung Rhu, "The Effectiveness of Economic Sanctions on North Korea: China's Vital Role," *The Korean Journal of Defense Analysis*, Vol.23, No.1 (March 2011), pp.117-131 참조.

14) 많은 사람들이 아직도 북한에 대한 최선의 정책은 6자회담과 유엔 안전보장이사회를 통한 평화로운 북핵 문제 해결이라는 규범적인 주장을 하고 있다. 이러한 맥락의 최근의 주장은 Doug J. Jim, "The North Korean Nuclear Issue and the United Nations," *The Korean Journal of Defensive Analysis*, Vol.23, No.2 (June 2011), pp.289-302 참조.

수많은 국가들을 끌어들인 한국전쟁 발발의 원인이 되었으며, 또 다른 전쟁의 발발 원인이 될 수 있는 위험은 여전히 남아 있다. 종교, 문화, 정치에 상관없이 세계는 여전히 이념에 사로잡혀 있고, 이러한 이념적 갈등은 한반도에서 가장 심각하다. 이러한 이념적 갈등에서 벗어나는 것은 결코 쉬운 일이 아니다. 그러나 이념적 갈등에서 벗어나지 못한다면, 통일은 불가능하다. 게다가 베트남의 통일은 말할 것도 없고 20세기 마지막 십 년 동안 이루어진 독일의 통일도 예멘의 통합도 유엔을 통한 것이 아니었다.

"부상하는 중국"은 한반도에 중요한 영향을 미칠 것이다. 국내 문제로 골머리를 앓고 있는 중국은 현재 한국에 대해 미온적인 태도를 보이고 있지만 이러한 국제적인 태도가 얼마나 계속될 것인지는 최근 몇 년 사이에 "부상하는 중국"이라는 제목 아래 수많은 국제 학술회의에서 모든 사람들이 답하고자 하는 문제이다. 역사에 따르면, 중국이 강해지고 힘을 축적하면 한반도는 중국의 "헤게모니적" 압력에서 벗어날 수 없을 것이다.

한반도의 미래에 중요한 영향을 미치는 또 다른 요소는 일본이다. 현재로서는 미국의 뒤를 이어 부차적인 역할만을 맡고 있지만 일본은 세계 경제적 관점에서 이미 강대국이다. 일본이 한반도 통일에 대해 현재의 "다소 무관심한" 태도를 얼마나 유지할지는 알 수 없다. 한반도의 상황이 "극적으로" 변화한다면, 일본은 과거에 그랬던 것처럼 즉각적으로 대응해야 할 것이다. 일본은 유엔 안전보장이사회의 상임이사국은 아니지만, 중국, 러시아, 미국은 거부권을 행사할 수 있는 상임이사국이다. 각기 다른 한반도의 지정학적 이해관계를 고려할 때 한반도 통일에 대해 합의를 이룬다는 것은 거의 불가능하다. 따라서 한반도 통일 문제는 과거 오랜 시간 그랬던 것처럼 이러한 회원국들로 인해 중요한 어젠다로 채택될 수 없을 것이다.

## VI. 아직도 윌슨 대통령의 유령에 사로잡혀 있지 않은가?

볼테르(Voltaire)는 "과거 신성로마제국이라 불렸고 지금도 스스로를 신성로마제국이라 부르는 이 집합체는 신성하지 않으며, 로마도 왕국도 아니다. 그저 로마의 유령이다"라고 말해 신성로마제국을 비웃었다. 이와 마찬가지로 국제연합, 유엔도 연합되어 있지 않다. 유엔은 제1차 세계대전의 비극을 통해 탄생한 국제연맹의 진정한 설립자인, 우드로 윌슨(Woodrow Wilson)[15] 대통령의 유령일 뿐이다.

국제연맹의 완전한 실패에도 불구하고 국가 주권의 "웨스트팔리아 체제"를 대체한 집단안보체제가 유엔헌장에 따라 샌프란시스코에서 재탄생했다. 일본, 이탈리아, 독일 침략의 1930년대가 재연되는 것을 예방하는 데 혈안이 된 유엔헌장 입안자들은 윌슨주의의 원칙을 재천명했을 뿐만 아니라 안전보장이사회가 집단안보 활동을 계획하고 실행할 수 있는 고유한 권한을 가지며, 유엔헌장 제7장의 강제조항 적용을 요청할 수 있는 유일한 합법적인 기관임을 분명히 했다. 제7장은 세계가 안전보장이사회의 거부권을 가진 미국과 소련이 이끄는 두 개의 진영으로 나누어지는 냉전을 예상하지 못했다. 이는 두 강대국이 공통의 침략자에 대해서 협력하는 예외적인 경우를 제외하고는 안전보장이사회의 무능력을 의미했다. 양국 중 한 국가가 침략 국가가 된다면, 집단안보체제는 작동할 수 없다.

안전보장이사회의 기능 마비를 제도적으로 보완하기 위해 권한을 안전보장이사회에서 총회로 양도하는 것을 목표로 하는 1950년 평화를 위한 단결 결의안은 일종의 눈속임이었다.[16] 어떠한 경우에도 총회는

15) Robert S. McNamara and James Blight, *Wilson's Ghost*, New York: Public Affairs, 2003.

16) Stanley Hoffmann, *Chaos and Violence*, Lanham, Maryland: Rowman

명령을 내릴 수 없다. 냉전 외의 폭력 사태가 발생하는 경우, 제7장을 근거로 조치를 취하지 않는다는 암묵적인 합의가 이루어졌다. 집단안보가 아니라 제6장에 따른 분쟁의 평화적 해결로 처리되었다. 안진보장이사회에서의 교착 상태 덕분에 국제평화 및 안보를 유지하기 위한 가장 눈에 띄는 조치인 유엔 평화유지활동이 탄생했다.

우드로 윌슨 후 거의 한 세기가 지난 지금도 집단안보 문제는 여전히 해결되지 않았다. 무력에 의존할 수 있는 다국적이고 합법적인 대의는 외부 침략에서 국가 내 학살 행위까지 그 범위가 확대되었지만 올바른 일을 한다는 것에 대한 국가들의 관심이 자국의 이익을 촉진하고 보호하겠다는 열망보다 훨씬 더 작기 때문에 대의가 타당하고 도덕적으로 "올바른" 모든 사례에서 유엔을 통해 집단안보가 이루어질 가능성은 제한되어 있다.

집단안보 개념의 단점은 국가 간 관계의 논리에 맞지 않다는 것이다. 강자는 자기가 할 수 있는 것을 하고 약자는 그것을 인정할 수밖에 없다. 국가에는 동맹국도 있고 적대국도 있다. 게다가 국가는 적대국이 누군가의 정치적, 영토적, 순결성을 침해하지 않더라도 적대국과는 투쟁하고자 하는 반면 동맹국이 누군가의 정치적 영토적 순결성을 침해하더라도 동맹국은 보호하려는 그런 경향을 보인다. 국제정치의 본질은 구체적인 이해관계와 동맹이다. 그러나 집단안보는 국가들로 하여금 다른 무엇보다도 추상적인 원칙을 가장 우선시 할 것을 요구한다. 유엔은 또다시 말할 필요도 없지만, 세계 정부가 아니다. 유엔은 각 국가의 외교 정책의 수단, 그 이상도 아니다. 그러나 국제공무원들은 유엔 체제가 마치 초국가적 실체라도 되는 것처럼 유엔 회원국들이 그들을 위해 협력해 줄 것이라고 믿는 경향이 있다. 그러나 유엔은 지배받

---

& Littlefield, 2006, p.99.

지 않는 세계이다. 유엔은 독자적인 권력이 없다. 유엔은 회원국들이 바라는 대로 움직이며, 회원국들은 유엔이 무언가가 되는 것을 대개는 바라지 않는다. 따라서 유엔에 글로벌 거버넌스가 없다는 점은 유엔 지지자들이 극복할 수 있는 무언가가 인다. 이 점이 한국의 학자들을 포함한 학자들의 관심이 냉전 시대처럼 대가 없는 제6장과 7장에서 유엔 체제의 "새로운 글로벌 거버넌스 다자주의"라는 아름다운 표어 아래 이 시대의 다른 활동으로 옮겨 간 이유이며, 이는 유엔의 한계뿐만 아니라 책임을 드러낸다. 다자주의는 그 자체로 끝나지 않는다. 다자주의는 외교적 도구함에서 꺼내 쓸 수 있는 많은 외교 정책 도구 중 하나이다. 다자주의는 자국의 이익과 원칙을 촉진하고 보호하기 위해 정부 관계자들이 매일같이 행하는 수많은 양자 외교를 보완해 주는 것일 뿐이다.[17)]

## Ⅶ. 결론을 대신하여

유엔은 보수적이면서 그와 동시에 급진적인 목표를 위해 "국가들의, 국가들에 의한, 국가들을 위한" 국가들로 구성된 야누스의 얼굴을 한 국가 간 조직이다. 유엔이 국가들 간의 권력 투쟁을 대체하려 한다는 점에서 급진적이지만 국제 평화 및 안보라는 이름으로 현 상태를 유지하려고 한다는 점에서는 매우 보수적이다. 유엔에서는 국가들 간의 합의에 기반한 평화로운 변화만이 타당하다. 이러한 관점에서 유엔은 동시에 매우 모순되는 목표를 추구하는 것처럼 보인다. 이것이 유엔이

17) Kim R. Holmes, "Smart Multilateralism: When and When Not to Rely on the United Nations," in Brett D. Schaefer (ed.), *ConUNdrum: The Limits of the United Nations and the Search for Alternatives*, Lanham, Maryland: Rowman & Littlefield, 2009, p.9.

세계에서 불가능한 정치 체제인 이유이다. 그러나 버나드 쇼의 흥미로운 표현을 다시 한 번 빌리자면, 유엔은 세계에서 “불필요한, 그러나 매우 필요한 것”인 것이다.

한국이 유엔 회원국이 된 이래로 가장 큰 업적은 유엔의 제8대 사무총장을 배출한 것이라고 생각한다. 대부분의 시간 동안 한국은 유엔 어젠다의 합의가 이루어질 때마다 “지지자” 아니 보다 정확하게 말한다면 “추종자”로서 유엔에서 그럭저럭 버텨 내고 있었다.

유엔의 숭고한 대의를 준수하겠다는 성명서를 가끔가다 발표하고 유엔 정치를 그럭저럭 헤쳐 나가는 것은 이러한 선언을 얼마나 자주 하는지에 관계없이 좋은 외교 정책이 아니다. 유엔의 진정한 “의미”를 아는 새로운, 미래의 정치 지도자(대통령)가 머리뿐만 아니라 가슴으로도 유엔의 비전을 이해하고 유엔을 통해 구체적인 정책을 추진하려는 매우 진지한 노력을 할 때만, 오로지 그때가 되어야만 우리는 “한국에 유엔 정책이 존재한다”고 서로에게 속삭일 수 있을 것이다. 그때까지 한국은 “무책이 상책”이라는 한국 속담처럼 그럭저럭 해 나가는 데 그칠 것이다.

제 **15** 장

# 유엔의 인도주의적 개입: 너무 가까이하기엔 위험한 수렁?*

개입이 종종 비극적이고 비효율적일 뿐만 아니라 비도덕적일
수 있다면 불개입 또한 그러할 수 있을 것이다.
- 폴 램지 -

정부가 명확한 정책을 가지고 있을 때 … 그 때는 TV가
별로 영향을 미치지 못한다. 그러나 문제가 발생하고
그에 대한 적절한 정책이 마련되지 못했을 때에는
정부는 무언가를 해야만 한다. 그렇지 않으면
국민과의 관계에서 재앙에 직면하게 될 것이다.
- 코피 아난 -

오늘날 국제사회는 여전히 주권국가들로 구성되어 있다. 인류사적인 관점에서 봤을 때 주권이란 중세가 끝나고 근대 사회로 넘어오는 역사적 과정 속에서 등장한 역사적인 산물이다. 즉 주권국가는 범세계적인 중세 질서의 붕괴와 함께 시작되었다. 특히 1618년에서 1648년에 걸쳐 유럽 인구의 반을 죽음으로 몰아넣었던 '30년전쟁'의 결과로 영토국가가 등장했고, 이와 함께 국가의 주권개념이 등장했다고 말할 수 있다. 봉건시대에는 영토가 한 사람의 소유가 아니고 여러 사람들의 소유였다. 따라서 소유권의 소재를 중심으로 한 전쟁이 종종 일어나곤 했다. 그러나 근대에 들어오면서 개인의 재산권은 대단히 중요한 것으

* 본 장은 2000년 5월 12일 숙명여대에서 했던 특강의 녹취록을 정리한 것이다.

로 인정받게 되었고, 그 시기와 매우 비슷하게 국가의 주권, 즉 영토주권이라는 것도 대단히 중요한 소유의 대상으로 간주되기 시작했다.

## Ⅰ. 국가체제의 등장

보통 주권은 대내적으로는 절대적 권한이고 대외적으로는 독립성을 말한다고 말하지만, 실제로 이 주권이란 것은 권력이 어떤 방식으로써 조직되어야 하는 것인가, 공동체가 어떤 형태로 조직되어야 되는가 하는 것에 관한 하나의 역사적 주장이라 할 수 있다. 그래서 1648년 영토를 중심으로 한 국가들 간의 이른바 국가체제(States System)가 등장했던 그 시대부터 사람들은 영토를 중심으로 하여 정치적인 삶과 관련된 조직을 가장 중요한 조직으로 생각하기 시작했던 것이다. 때문에 이 시기에는 이러한 새로운 개념을 정당화할 필요가 대두되었고, 이것을 정당화한 사람들이 바로 장 보댕이나 토마스 홉스 같은 이들이었다. 이들이 부각시킨 주권개념이 우리가 지금 살고 있는 이 시대까지도 전해 오고 있는 것이다.

이처럼 주권국가라는 개념은 16세기와 17세기의 역사적인 과정 속에서 점진적으로 발전되어 온 개념이며, 주권국가 그리고 나아가서는 '민족국가'라고 하는 이 개념이 전 세계를 통해서 가장 바람직스런 정치적인 단위로 간주된 것은 바로 프랑스 대혁명과 나폴레옹 전쟁의 결과였다. 대체로 유럽에 국한된 것이기는 하지만 19세기에 들어서는 이와 같은 민족국가 또는 국가주권이 모든 국제 관계에 있어서의 정치적인 단위로 생각되었고, 주권국가가 가장 중요한 행위자로 간주되기 시작했던 것이다.

이러한 주권국가 중심의 국제사회에서 사람들은 안정을 유지하는 방법으로 세력균형을 생각하게 되었고, 평화란 이러한 국가 간 세력균형의 유지를 통해 하나의 선물처럼 주어지는 것이라고 생각했다. 즉 그들은 평화 자체를 국가 정책의 목적으로 삼지는 않았고, 세력균형을 당연한 질서로 생각했으며, 이것이 곧 평화의 길이라고 생각했던 것이다. 그러나 세력균형을 관리하는 데에는 대단히 중요한 능력이 필요하다. 그것은 마치 가정에서 시어머니와 새로 온 며느리 사이에 힘의 균형을 조절해 가면서 원만한 가정을 이끌기가 쉽지 않은 것처럼, 여러 개의 국가들로 구성된 국제사회의 안정을 유지해 나간다는 것은 대단히 어려운 일이기 때문이다.

비스마르크와 같은 훌륭한 조절자가 사라진 이후 유럽의 정치 지도자들은 국제적인 안정보다는 자기 국가의 이익을 우선으로 하였고, 결국 제1차 세계대전의 발발을 피할 수 없었다. 그러나 사상 유례없는 대참사였던 제1차 세계대전을 겪으면서 사람들은 평화 그 자체를 목적으로 해야 하겠다는 정신적 변화를 겪게 되었고, 그리하여 국제연맹이 탄생하였다. 이런 의미에서 국제연맹은 국가의 주권에 대하여 어떠한 제약을 가하려는 최초의 시도였다고 볼 수 있다.

그러나 국제연맹은 그 기능을 제대로 수행하지 못했다. 1930년대 일본인들이 일으킨 만주사변과 1936년 무솔리니의 에티오피아 침공, 그리고 히틀러의 야욕에 대하여 국제연맹은 속수무책이었다. 결국 세계는 제2차 세계대전을 맞이하게 되었고, 제2차 세계대전 이후 국제연맹을 보다 현실화시킨 국제연합, 오늘날의 UN이 창설되었던 것이다. UN도 한편으로는 국가의 권한을 제한한다는 생각을 가지고 있지만, 기본적인 정치적 단위는 결국 주권국가일 수밖에 없음을 인정하였다. 그래서 국제연합 헌장 제2조 7항에 국내문제에 개입할 수 없다는 이른바 '국내적 관할권문제'를 못박아 두었던 것이다. 즉 UN이란 '국가의, 국가에 의한, 국가를 위한 하나의 조직체'이지 '개인의, 개인에 의

한, 개인을 위한 조직체'가 아닌 것이다.

그러나 제2차 세계대전을 경험하고 핵폭탄이 터지는 것을 보면서 그 당시 많은 정치 철학자들과 이론가들은 주권국가 개념의 종말을 떠올렸다. 카아(E. H. Carr)는 『민족주의와 그 이후(*Nationalism and After*)』에서, 이제는 주권국가라고 하는 것이 그 시대적인 사명을 다하였으며 주권국가의 시대가 끝나는 것이 아닌가라고 생각하였다. 그럼에도 그는 주권국가가 유지되기를 희망했는데, 왜냐하면 그는 주권국가만이 인간의 자발적인 정체성 확립을 가능케 하고 애정을 가지고서 공동생활을 가능하게 하는 가장 적절한 정책단위라고 생각했기 때문이다. 1950년대에 '안보 딜레마(Security Dilemma)'라는 용어를 만들어 냈던 존 허츠는 과학기술의 발전으로 인하여 국가의 주권이라는 것은 언제든지 침투될 수 있는 것이기 때문에 사실상 국가의 주권은 의미를 상실하지 않았는가 하는 의문을 제기했다. 또한 1970년대에 로버트 코헤인과 조셉 나이 2세는 과거 주권이라고 하는 이 기본적인 개념, 국가의 개념이 특히 경제적인 침투를 통해서 엄청난 도전을 받고 있으며 과거와 같이 국가가 반드시 충성의 대상은 아니라고 하였다. 그들은 다양한 비국가적 행위자들에 주목하면서 민족 국가의 여러 가지 한계점을 지적했던 것이다.

그러나 냉전이 종식될 때까지는 여전히 민족국가 또는 국가의 주권이 신앙의 대상처럼 손상될 수 없는 것으로 인정되어져 왔다. 때문에 '인도주의적 개입'이라는 용어는 냉전이 종식되기 전까지는 그다지 많이 사용되지 않았다. 예컨대 외국에 나가 있는 외교관이나 자국민의 생명이 위태롭게 된 경우 제한적인 군사력이 사용되었을 뿐, 국가가 UN의 이름으로 인도적 개입이라는 명분을 밝히면서 군대를 파견하지는 않았던 것이다. 1960년의 비아프라 사태는 우리가 생각하는 소말리아나 르완다 못지않게 비극적인 상황이었으나 UN은 사실상 아무 것도 하지 않았다. 또한 지금은 방글라데시라고 불리는 동파키스탄이 서파키스탄에게 수많은 여성들이 성적인 모욕을 당하고 어마어마한 숫자의 사람들이 처형당할 때에도 UN은 아무 일도 하지 않았다. 당시 오직 인도만이 사국의 국가 안전을 위하여 인도주의적 개입이라고 하는 이름을 빌려 개입했지만, 그것은 UN체제와는 전혀 무관했던 일방적이고 독단적인 행동이었다. UN에서 인도주의적인 개입이라는 말을 통하여 개입하는 것이 본격적으로 논의된 것은 냉전이 끝난 이후였다.

## Ⅱ. '개입'의 역사

그러나 어떤 나라 내부의 일에 다른 나라 혹은 다른 나라들이 개입하는 것은 국제사회에서 늘 있어 왔던 일이다. 구태여 우리가 고대 그리스 시대까지 돌아가지 않는다 하더라도, 강한 국가는 이런저런 이유를 대면서 늘 약소국가에게 개입해 왔다. 즉 개입이라고 하는 현상 자체는 대단히 오래된 것이다. 다만 앞에다가 '인도주의적'이라는 형용사를 붙였다는 것만이 새로운 것으로, '인도주의적 개입'이란 어쩌면 '새 통의 낡은 술'이라고 부를 수도 있을 것이다.

그런데 여기에 근본적인 변화를 가져온 것이 1991년의 걸프전이었다. 베트남전 이후 미국은 군사력을 쓴다든가 어떠한 전쟁을 한다든가 하는 데 대해서 환멸을 느끼는 이른바 '베트남 신드롬'을 겪어 왔다. 미국은 베트남이라고 하는 작은 나라조차 이기지 못한 데 대하여 항상 위축되어 있었고, 그래서 뭔가 행동해야 할 때조차 그들은 주저앉고 말았던 것이다. 이것을 완벽하게 치유해 준 것이 걸프전이었다. 단기간에 빛나는 짧은 승리를 거둔 미국은 굉장한 자신감을 되찾았다. 이 때 쿠르드족이 사담 후세인에 의하여 탄압을 받고 또 인종적으로 대량학살을 당하는 사건이 일어났다. 이에 미국은 UN 안전보장이사회에서 결의안을 통과시키게 되었고, 이 안보리 결의안 688호를 통해서 UN은 기존의 국내관할권을 뛰어넘어 인도주의적 개입을 결정하게 된 것이다.

물론 국내관할권을 뛰어넘는 일이 과거에 전혀 없었던 것은 아니다. 예컨대 1974년 국제사회에서 침략을 정의할 때에 1960년대의 이른바 '민족해방전쟁'은 침략적 행위로 간주할 수 없다는 등의 결의안도 있었다. 그러나 실제적이고 본격적으로 타국의 국내 문제에 대하여 UN의 이름으로, 그것도 군대를 가지고 개입할 수 있는 새로운 문을 열었던 것이 바로 1991년 4월의 UN결의안 688호였던 것이다.

그렇다면 과거에는 어떤 이름으로 어떻게 개입을 했는가? 개입에는 뭔가 이유가 있어야 하며, 이를 처음 이론적으로 제시한 것은 중세 기독교의 교부 철학자들이었다. 이것이 곧 '정의로운 전쟁(Just War)'이었다. 이 개념은 개입에 있어 실제로 상당한 뒷받침이 되어 왔으며, 오늘날까지도 기독교국가인 미국을 비롯한 서방세계는 정의를 위해서 개입할 수 있다는 생각을 여전히 가지고 있다.

아우구스티누스는 처음으로 '정의로운 전쟁'개념을 제시하면서, 엄청난 피해나 손실 혹은 상처를 받았을 때 그 피해를 응징하고 보상하기 위한 군사적인 행동은 정당하다고 주장했다. 다시 말해서 한 국가가 다른 국가에게 피해를 주었을 경우 제3의 국가가 봤을 때 그것이 옳은 행동이 아니라고 판단된다면 이 제3의 국가가 가해국을 응징하고 보상을 강제하기 위한 개입을 할 수 있다는 것이다. 이러한 생각은 그 후 토마스 아퀴나스에 의해 집대성되었다. 즉 아우구스티누스로부터 아퀴나스에 이르기까지 이들은 그것이 신의 가르침이라고 생각했고, 따라서 정의로운 전쟁은 자연법에 속하는 것이며 이에 입각해서 간섭하고 개입할 수 있다는 생각을 하게 된 것이다. 그런데 문제는 이 '정의로운 전쟁'이라는 명분하에 너도나도 무기를 들고 나서게 되어,

평화가 오는 것이 아니라 오히려 세상은 더 전쟁으로 가득 차게 된 것이다. 따라서 '정의로운 전쟁'의 개념을 거부하면서, 평화를 위해서는 하나의 '세계정부'가 필요하다고 주장한 사람이 단테였다. 즉 단테는 '정의로운 전쟁'에 근본적으로 도전했던 인물이었다.

근대에 들어오면서 이 '정의로운 전쟁'이라고 하는 개념은 거의 사라지는 것처럼 보였다. 그런데 이 자연법의 사상을 다시 부각시킨 사람이 존 로크였다. 그는 중세 자연법의 기본적인 사상을 근대에 새롭게 부활시켰다. 때문에 그도 과거 중세와 마찬가지로 개입할 수 있다는 생각을 가지고 있다. 그러나 로크와 중세의 이론가들 사이에는 근본적인 차이가 있었다. 개입할 수 있다는 데에 대해서는 같은 입장을 취하지만 그는 보복이나 응징이 아니라 인류 자체를 위해 개입해야 한다고 보았다. 즉 칸트보다도 훨씬 앞선 로크의 생각에 이미 '집단안보'의 개념과 '집단적 개입(Collective Intervention)'의 씨앗이 들어있었다고 할 수 있는 것이다. 이처럼 응징이 아니라 인류를 위해서 타국의 국내정치에 개입할 수 있다는 생각을 강력하게 주장했던 또 다른 사람이 보수주의 철학의 아버지라고 불리는 에드먼드 버크였다. 버크가 볼 때에 프랑스의 혁명은 프랑스만의 혁명으로 끝나는 것이 아니라 사실상 영국을 포함한 전 유럽의 질서에 위협적이었고, 그것은 인류에게 해악이 되는 것이었다. 이러한 이유로 프랑스혁명에 군사적으로 개입해야 된다는 것이 버크의 주장이었고, 이것은 바로 로크의 입장을 프랑스혁명에 적용한 것이라고 할 수 있다.

이러한 개입의 정당성은 이후 사회주의, 공산주의가 등장하고 제국주의가 확산되면서 다양한 양상으로 나타나게 되었다. 소련에서는 사회주의 형제국가에 개입할 수 있다는 1968년의 브레즈네프 독트린이 등장했다. 역사적으로 본다면 나폴레옹전쟁 이후 러시아의 알렉산더 1세는 신성동맹체제를 만들면서 타국의 문제에 개입할 수 있다고 주장한 바 있었다. 브레즈네프 독트린은 이와 150년 이상의 차이를 가지고 있지만 알렉산더 1세가 절대왕조를 말했고 브레즈네프가 사회주의를 말했다는 차이만 있을 뿐, 타국의 문제에 개입하려는 러시아의 성향은 이들에 의해서 대표되었다고 말할 수 있겠다. 영국은 식민지 정치를 정당화시켰다. 이른바 '백인들의 부담(White Men's Burden)'이라고 하여 전 세계로 뻗어 나가서 인류를 개화시키고 계몽시키는 것은 백인들의 의무이자 신에 대한 의무라고 했던 것이다. 바로 이러한 것들이 1991년 이후 등장한 인도주의적 개입 이전에 국제사회에서 있어왔던 개입의 이유들이었다.

그런데 1991년 4월 UN의 개입 근거는 결국 UN헌장에서 찾을 수밖에 없었다. 헌장에서 개입의 정당성을 찾지 않는 건 UN 자체의 정당성을 부인하는 것이기 때문이었다. 이들은 "우리, UN의 사람들은(We, the peoples of the United Nations)"으로 시작하는 UN헌장의 첫 부분에서 정당성의 근거를 발견했다. UN헌장이 이러한 표현으로 시작하게 된 데에는 재미있는 과정이 있었다. 본래 UN헌장의 초안은 기존 국제연맹의 헌장을 따라 "계약당사국들은(The Contracting Parties)"으로 시작되었다. 이것이 여러 사람의 손을 거쳐 수정되고 보완되는 과정에서 버지니아 길더슬리브라는 여성 비서가 미국의 헌법이 "우리, 합중국의 사람들은(We, the people of the United States)"으로 시작하는 데에 착안하여 헌장 초안의 첫 부분을 "우리, UN의 사람들은"으로 고쳤던 것이다. 그의 작은 수정은 결과적으로 역사적인 것이 되었다. 즉 이로써 UN의 주체는 '우리 인간들(UN의 사람들)'이므로 UN은 인권을 위해서 개입할 수 있다는 생각을 할 수 있게 되었기 때문이다.

## III. 인도주의적 개입의 배경

냉전이 종식됐을 때 우리는 새로운 평화의 시대가 올 것으로 생각했다. 공산세계는 곧 무너질 것으로 생각했다. 소련제국이 무너지고, 그 다음은 쿠바이고, 베트남이고 그 다음은 어쩌면 북한이 될 것이었다. 그러나 그것은 유럽의 공산주의와 아시아의 공산주의는 근본적인 차이가 있다는 것을 그들이 망각했기 때문이었다. 유럽의 공산주의가 민족주의를 억누른 담요와 같은 것이었다면, 아시아의 공산주의는 민족주의와 섞여 있다. 따라서 공산주의는 가도 민족주의로서는 남게 되는 것이다. 카스트로의 쿠바와 북한, 그리고 베트남이 여전히 그대로인 것은 바로 이러한 이유 때문이다. 어쨌든 냉전의 종식으로 양극체제의 하나의 기둥이 무너지자, 그동안 잠재해 있었지만 표면적으로 나타나지 않았던 국내적인 갈등이 여기저기서 터져 나오기 시작했다. 그래서 과거에는 사람들이 국가에서 자신의 정체성을 찾았다면 이제는 인종적 단위라든가 종교적 단위, 부족에 관한 것 등 더욱 좁고 편협한 형태에서 자신의 정체성을 찾기 시작했다. 그러면서 이들이 자결이라는 이름으로 기존의 국가 질서에 도전하는 새로운 형태의 사회적인 갈등과 혼란이 일어나기 시작했던 것이다.

냉전시대에는 미국과 소련이 자기 영향권 내부의 국가들에 대해서는 그와 같은 갈등이 국제화하고 커질 것을 두려워하여 기존의 정부들을 도와주었다. 즉 미소는 이들에게 식량이나 무기 등을 지원함으로써 소규모의 정체성을 갖는 집단들이 중앙의 국가 권력에 도전할 수 없도록 도와주었던 것이고, 이것이 적어도 국제적 질서 또는 국내적인 법과 질서를 유지하는 데는 도움이 되었던 것이 사실이다. 또한 냉전시대에 제3세계 국가들은 미소의 원조를 받으며 나름대로 탄탄하게 내정을 안정시킬 수 있었다. 이는 UN에서의 표대결을 의식하고 가능한 한 자신의 편에 두는 것이 좋겠다고 계산한 강대국들이 약소국가를 상당히 대접해 주었기 때문이었다. 그런데 미국과 소련의 대결이 끝나 버리자 제3세계 국가들은 과거와 같은 원조를 기대하기 어렵게 되었고 그들이 가지고 있는 국력은 대단히 제한된 상태에 머물게 되었다. 그러다 보니 과거에 자기의 정부라고 생각했고 자기의 보호자라고 생각했던 바로 그 정부가 국민들을 탄압하고 학살하는 엄청난 현상이 전 세계의 곳곳에서 벌어지게 되었던 것이다. 소말리아라든지 르완다, 보스니아, 동티모르, 아프리카의 시에라리온 등지에서는 여기저기에서 엄청난 살육이 벌어지고 있다. 사람들은 이런 현상들에 대하여 UN이 해결해 주기를 희망하게 되었고, UN은 평화유지활동이라는 이름으로 무장된 군대를 파견하게 되었다. 과거처럼 구호품이나 나누어 주는 것으로는 이런 상황들을 막을 수 없다고 생각하게 된 것이다.

그런데 여기에 대단히 중요한 역할을 수행하게 된 것이 텔레비전이었다. 텔레비전이 외교정책에 영향을 미치기 시작한 것은 베트남전쟁부터였다. 그 전에는 신문을 통해 종군기자들의 기사를 읽는 것이 전부였다. 그러나 베트남전에서는 미국의 텔레비전 카메라가 미국인들이 고통 받고 죽어가는 모습을 그대로 안방에 비추어 주었다. 즉 반전 운동에 가장 큰 영향을 미친 것이 텔레비전이었던 것이다.

그런데 걸프전 이후 자신감을 갖게 된 미국인들에게 CNN이 중심이 되어 소말리아나 쿠르드족 등 고통 받는 사람들을 비추면서 인간의 양심에 호소하기 시작했다. 특히 부유하고 기독교적 사고를 갖고 있는 미국인들에게 그러한 모습들은 그냥 넘길 수 없는 것이었다. 따라서 그들은 '미국이 뭔가를 해야 한다'는 주장을 하기 시작했고, 이에 부시나 클린턴도 여론에 따른 개입을 결정했던 것이다. 그러다가 개입 이후 소말리아에서는 평화유지군으로 갔던 미군 몇 명이 살해당하는 사건이 발생했다. 그리고 그 미군 병사를 거꾸로 질질 끌고 가는 화면이 미국 안방 화면에 비추어지자 미국인들의 생각은 다시 바뀌었다. 당장 철수하라는 여론이 빗발쳤고, 클린턴 대통령은 이를 수용할 수밖에 없었던 것이다. 이처럼 텔레비전효과, 이른바 CNN효과라고 하는 것은 인도적인 개입을 하게 하는 데에만 영향을 주는 것이 아니라, 손을 털게 하는 데에도 영향을 주었던 것이다. 따라서 세계는 인도주의적 인류애라고 하는 것이 과연 자국의 군대를 파견할 만큼 그렇게 강력하게 정책결정에 영향을 미치는 것인가라는 문제에 대하여 새롭게 생각을 할 수밖에 없게 되었다.

## Ⅳ. 인도주의적 개입의 이면

어떤 나라에서 UN의 이름으로 군대의 파견을 결정할 때에는 그만한 가치가 있어야 한다. 미국의 펜타곤에선 그것을 'Parents Test'라고 한다. 부모의 눈을 바라보면서 "당신 아들은 저기에 가야 하고, 그것이 바로 조국과 인류를 위한 것이다"라고 자신 있게 말할 수 있는 곳이 아니면 미국은 보낼 수가 없다는 것이다. 즉 부모가 내 자식의 생명의 위험을 무릅쓰고라도 보내야겠다고 생각할 만한 것이 아니라면 미국은 군대를 보낼 수 없는 상황이 된 것이다.

그러다 보니 미국은 르완다에서 손을 털어버렸다. 인류애만을 위해서 군대를 파견하는 외교나 군사적인 결정을 할 수 없었던 것이다. 이것은 특히 민주국가에서 흔히 나타나는 현상이다. 독재국가에서는 독재자의 말 한마디면 끝나지만 근대 민주국가에서 군대의 파견은 1명을 보내든 10명을 보내든 국회의 승인을 받아야 한다. 그렇기 때문에 인류애만 가지고 군대를 파견하거나 평화유지 활동을 하기에는 대단히 어려운 것이다.

따라서 인도주의적 참여는 그러한 참여가 국가의 전략적인 가치와 부합될 때라야 가능해진다. 즉 아무리 텔레비전을 통해서 인류애를 호소해도 소용이 없다는 것이다. 루소의 『에밀』에 등장한 의사와 신부의 이야기처럼, 많은 환자들을 만나면서 환자에 대한 의사의 관심은 무뎌지고, 많은 고해성사들을 들으면서 신부의 동정심은 둔해지는 것이 당연하다. 도움을 호소하는 많은 사람들을 자주 보게 되면 이들에 대하여 점점 무감각해지는 것이 인간의 본성이기 때문이다. 이와 같이 어떤 동정심에 의한 정치는 사실상 불가능하다. 그 동정심은 오래가지 못하는 것이기 때문이다. 더구나 동족이라든가 같은 공동체에 속하지 않는 것에 관한 비극은 실제적인 호소력을 갖지 못한다. 때문에 텔레비전의 효과라는 것은 반짝하고 끝날 수밖에 없으며, 결국 참여는 전략적인 국가의 가치와 부합될 때라야 가능해지는 것이다.

왜 보스니아에 미국이 참여하고 나토(NATO)가 참여했는가? 발칸지역은 항상 유럽의 화약고라고 불렸던 곳으로, 이곳의 분쟁이 전쟁으로 확대된다면 어디까지 확대될지 모르는 위험한 지역이다. 이러한 전쟁 확대의 위험을 방지하기 위해 미국은 개입하지 않을 수 없었던 것이며, 나토도 마찬가지였다. 미국의 쿠르드족 문제 개입에도 석유라고 하는 중요한 이해관계가 연관되어 있었다. 이와 같이 중요한 이해관계도 없는데 순전히 인간애에 입각하여 군사를 파견하기란 대단히 어렵다. 예컨대 미국이 동티모르에 파병한 적은 없다. 그 지역에 전략적인 이해관계가 있다고 생각하는 호주인들이 주도가 되어 참여했던 것이다. 즉 실제로 UN에서 요청을 하더라도 국가들이 군대를 파병하고 개입하기를 기대하기란 매우 어렵다는 것이다.

## V. 개입에 대한 합의의 어려움

개입에 대한 UN 자체에서의 결정도 갈수록 어려워질 것이다. 우리는 최근에 헌팅턴의 '문명의 충돌'이란 말을 통해서, 외교정책의 충돌은 문명의 차이에서 기인하는 것이란 이야기를 듣고 있다. 처음에 외교정책이 문명의 반영이라는 것을 제시했던 사람은 루이스 홀이라는 역사학자였다. 그는 『문명과 대외정책(*Civilization and Foreign Policy*)』에서 외교정책은 정치체제의 산물이며, 정치체제는 서로 상이한 문화적 특이성을 가지고 있는 문명에 기반하고 있는 것이므로 세계는 문명에 입각한 외교정책의 대립이 있 을 수밖에 없다고 주장했다. 홀의 주장을 우리 시대의 용어로 새롭게 표현한 책이 헌팅턴의 『문명의 충돌(*The Clash of Civilizations and the Remaking of World Order*)』이다.

만약 이들의 주장이 사실이라면 무엇으로 인도주의적인 개입을 결정할 수 있을 것인가? 도덕적 원칙으로 결정할 것인가? 그렇지 않다. UN의 결정은 결국 안전보장이사회의 콘센서스에 의해서 결정된다. 그런데 각국 간의 외교정책 차이가 루이스 홀이나 사무엘 헌팅턴 등의 주장처럼 문명의 차이에서 비롯되는 것이라면, 상이한 문명에 입각한 UN안전보장이사회의 국가들이 그러한 합의에 쉽게 이를 수 있을 것인가 하는 문제가 등장하는 것이다.

현재 안전보장이사회의 5개국은 헌팅턴의 분류에 따르면 적어도 3개의 문명권에 속한다. 유럽의 문명과 미국의 문명이 동일한 것은 아니지만 적어도 문명의 정신세계로 따져본다면 미국, 영국, 프랑스는 다 같이 아테네와 그리스에 뿌리를 둔 '서양문명(Western Civilization)'에 속한다고 할 수 있다. 러시아는 종교적으로 볼 때 로마 카톨릭(Roman Catholic)과는 구별되는 그리스 정교(Greek Orthodox) 문명이다. 중국은 13억의 인구를 가진 대국으로, 독자적인 문명권을 구성하고 있다.

앞으로 상임이사국이 될 만한 나라들을 살펴보아도 이러한 문명의 차이는 여전하거나 혹은 더욱 심화될 전망이다. 우선 독일은 서구문명권의 나라로 포함시킬 수 있지만, 일본은 우리가 흔히 동양 문화권이나 중국의 문화권이라고 생각하는 것과는 달리 대단히 특이하고 다른 나라이다. 일본이 한국과 중국에게 많은 영향을 받았던 것은 사실이지만 이들은 바깥세상에서 필요한 것만을 받아와 독립적으로 변화 발전시켜 왔다. 따라서 서양에서는 일본의 문명을 중국과는 다른 것으로 구분하여 인식하고 있는 것이다. 한편 인도는 게르만족이자 힌두교도의 나라로, 영어가 국어임에도 불구하고 제 2 차 세계대전 이후 마하트마 간디가 이른바 평화주의를 주창하고 네루가 중립주의 비동맹을 이끌었던 독특한 역사와 성격을 가지고 있다. 여기에 가세하려는 브라질은 서구문명에서 좁혀진 포르투갈의 문명에 기반하고 있다.

이처럼 일본, 인도, 브라질과 같은 나라들이 UN의 안전보장이사국이 됐을 때를 가정해 본다면 6개 정도의 상이한 문명권에 속한 나라들이 인도주의적인 개입문제에 대하여 쉽게 합의할 수 있으리라고 장담하기는 어렵다. 냉전 종식 직후 세계는 미국의 주도에 따랐다. 그러나 시간이 지나면서 다른 나라들은 점차 미국을 견제하면서 저마다의 세력권을 강화하려 하고 있다. 따라서 인도주의적 개입에 대하여 이들 나라들이 90년대 초처럼 쉽게 합의하기란 사실상 대단히 어려울 것이다.

## VI. UN의 딜레마

과연 그렇다면 UN이 아닌 다른 방법으로서 인도주의적인 개입에 대한 대안이 있는 것인가? 그렇지 않다. 이해관계를 가지고 있는 국가들은 UN이 개입을 결정하지 않는다면 일방적으로라도 개입하게 될 것이다. 그런데 비록 그것이 인도주의적 개입이라는 간판을 내건다 하더라도, 강대국이 약소국가에 개입하는 문제가 일어날 때 그것은 제국주의적 개입이라는 비판을 면하기 어렵다. 강대국이 제국주의적 정책으로 개입한다면 그것은 곧 침략이냐 아니냐 하는 새로운 형태의 문제로서 UN에서 다시 문제를 일으킬 수 있게 되는 것이다. 그렇기 때문에 인류의 이름으로, 즉 국제공동체라는 이름으로 UN이 개입하지 않는다면 그것은 개입을 하지 않는 것으로 끝나는 것이 아니라 사실상 강대국가의 일방적 개입을 야기하는 것이다. 이는 결국 국제평화와 안전을 위협하게 될 것이다.

세계는 아직 UN보다 더 나은 대안을 갖고 있지 않다. 그런 의미에서 우리 모두는 어느 정도는 다 개입주의자들이다. 햄릿은 "죽느냐 사느냐, 그것이 문제로다(To be or not to be; that is the question)"라고 했지만, 오늘날 이 인도적 개입의 문제에 대해서 우리는 "개입하느냐 마느냐, 그것은 문제가 아니로다(To intervene or not to intervene; that is not the question)"라고 말할 수 있다. 어떤 상황에도 절대로 개입해서는 안 된다는 사람은 아무도 없다. 그러나 과연 인류의 모든 비극적 상황마다 세계가 일제히 단결해서 UN의 이름으로 개입할 수 있는가 하는 것과, UN이 그만한 능력을 가지고 있느냐는 문제가 남는다. 사실상 UN은 그만한 능력이 없다. UN이 그와 같은 능력을 갖기 위해선 회원 국가들이 재정적인 지원을 해 주어야 한다. 아무리 결의안을 통과시켜도 회원국들이 실제적인 뒷받침을 해주지 않으면 그것은 공염불에 지나지 않기 때문이다. 그러나 현재 UN회원국들은 UN 활동의 강화를 희망하면서도 실제로 그것을 강화시킬 지원에는 인색하다. UN에서 제일 중요한 국가인 미국도 냉전이 끝나면서 UN에 대한 지원을 줄이고 있다.

그런데 만일 UN이 모든 것을 할 수 있는 능력을 지닌 기구로 만들어졌다고 해도 여전히 문제는 남는다. UN이라고 해서 오만해지지 말라는 법이 없고 보면, UN이 개입의 영역과 수위를 무분별하게 확장한 나머지 자신의 능력을 초과하여 결국 스스로도 감당키 어려운 상황으로 치달을 수도 있기 때문이다. 월터 리프만의 표현대로 자신의 '지불능력'을 벗어나 과잉팽창함으로써 스스로의 능력을 넘어서는 문제에 개입하려 할 때, 오히려 UN은 그들이 도와주려는 국가나 국민의 적으로 변할 수도 있는 것이다. 즉 밀랍으로 날개를 달고 태양을 향해서 너무 높게 다가가 결국 추락하고 말았던 이카루스처럼, UN도 어쩌면 지나치게 많은 활동을 함으로 해서 UN 그 자체를 어렵게 만들고 UN 그 자체가 오히려 비판과 규탄의 대상이 될 가능성을 배제할 수 없다는 것이다.

나아가 설령 UN이 세계정부와 같은 권력을 갖고 있다 하더라도 실제로 UN이 인도주의적인 개입을 통해 고통 받는 모든 인류들을 다 구원해 줄 수 있을 것이라 기대하기란 어렵다. 물론 아직은 UN 능력의 한계를 한탄할 형편이지 지나친 능력을 규탄할 상황은 아니다. 그러나 UN이 소말리아 등지에서 보여준 것처럼 하지도 못할 일에 개입해서 오히려 UN 자체의 위상을 추락시키고 엄청난 인명의 피해 등이 발생한다면 민주국가에서는 UN의 평화유지활동을 전면적으로 거부하게 될 수도 있다.

그렇다면 결국 이런 문제에 대하여 어떤 입장을 취해야 하는 것인가? 특별한 방식은 없다. 지금과 같이 어떤 것에는 개입하고 어떤 것에는 개입하지 않는 선택의 방법밖엔 없는 것이다. 이러한 형태의 선택에 관해서 아마도 순수한 도덕주의자와 완벽주의자들은 이를 무원칙하고 인류애와 도덕에 대한 도전이라며 규탄하게 될 것이다. 그러나 완전한 도덕주의자들이나 완벽주의자들은 인류를 위해 별로 해 온 일이 없다. 그처럼 완전한 것을 중요하게 여기는 사람들은 자신의 양심선언만 할 뿐이지 실제로 그 스스로가 어떤 희생의 대가를 치를 생각을 하지 않는다. 만일 우리가 UN에게 더 큰 중요한 역할을 기대한다면, 그 기대하는 만큼 UN을 위한 기여를 해야 한다. 그렇지 않으면 UN은 제 기능을 수행할 수 없다.

## Ⅶ. 인도주의적 개입의 기준

제한된 재정과 제한된 인력, 제한된 국가들의 도움 등 제한된 능력으로 UN이 인도적인 문제를 해결하기 위해서는 인생에서와 마찬가지로 선택은 필연적이다. UN도 결국은 선택적으로 개입할 수밖에 없는 것이다. 이러한 선택적 행동은 비례주의(Proportionalism)에 의해 지지될 수 있다. 비례주의는 중세의 신학자들이 도덕적인 문제에 직면했을 때 내 놓았던 선택의 준거로서, 비례에 비추어 이것은 되고 저것은 안 된다고 결정을 내릴 수 있다는 것이다. 즉 사안의 성격에 따라 그와 적절한 비례를 맞추는 선택의 지점이 있다고 보는 것이다. 이는 본래 아리스토텔레스의 '비례적 정의(Proportional Justice)'에서 출발한 개념으로. 이미 우리의 생활 속에서 흔히 쓰이고 있다. 예를 들어 낙태문제를 보면 어느 나라도 무조건 낙태를 금하지는 않으며, 경우에 따라 허용 여부를 비례를 고려하여 선택하게 된다. 모든 것을 다룰 수는 없다는 한계를 감안한다면 이와 같은 선택적 접근 이외의 다른 것을 생각하기란 사실상 불가능하다. 이것은 UN도 마찬가지다.

결국 UN은 인류가 이처럼 도덕적인 문제에 당면했을 때 완벽하게 해결해 주지도, 그렇다고 완전히 손을 떼지도 못했지만 이에 대해서 체념할 필요는 없다. 그것은 삶에 있어서 피할 수 없는 운명이라고 받아들일 수도 있고, 아니면 그나마라도 하지 않으면 안 되겠다는 우리의 정치적 지혜의 결과라고 말할 수도 있다. 다만 비례주의가 되었든 비례적 정의가 되었든 간에 결국 그것을 결정하고 선택하는 것은 정치 지도자의 몫이며, 그렇기 때문에 정치 지도자는 모든 것을 이처럼 분별력을 가지고 될 것과 되지 않을 것, 할 때와 하지 않을 때 등을 구별하는 능력을 가지고 있어야 하는 것이다.

이러한 관점에서 봤을 때 우리는 UN에 대하여 지나치게 기대해서도 안 되겠지만, 인류를 위한 UN의 역할에 관하여 선불리 희망을 포기하는 것도 바람직하지 않다. 너무 가까이 하기에는 먼 당신이지만 그렇다고 아주 멀리할 수는 없는 것, 이것이 바로 UN과 우리 한국과의 관계라고 할 수 있다. 한국은 UN과 각별한 관계를 가지고 있으며, 앞으로 UN의 인도주의적 개입에 있어서도 한국은 점차 많은 역할을 담당하게 될 것이다. 그러나 과도한 개입으로 인한 국제적 수렁에 빠지는 불행이 없도록 항상 경계심을 잃지 말아야 할 것이다.

제 16 장

# 21세기 아시아-태평양 지역의 새로운 지정학적 형태: 비극적 과거로의 회귀인가 아니면 아름다운 신세계로의 진입인가?

정치적 현실주의자를 사랑하는 사람은 없다.
- 로버트 G. 길핀 -

나의 지식은 염세적이지만,
나의 의지와 희망은 낙관적이다.
- 알버트 슈바이처 -

## Ⅰ. 프롤로그

제2차 세계대전 이전에 독일 제3제국과 일본제국이 유럽과 아시아-태평양에서 각각 추구했던 '생존공간(Lebensraum)'과 '대동아공영권(大東亞共榮圈)'이라는 지정학적 야심의 비극적 결과를 극복하기 위해 유엔(United Nations)이 창설된 게 60여 년 전의 일이다. 유엔은 19세의 젊은 나이에 요절한 국제연맹(League of Nations)의 교훈을 통해 강화된 대안적 유엔 정치와 집단안보체제에 의존해, 창설 이후 국제평화와 안전을 유지하는 수많은 역사적 시도를 해왔다. 그러나 아시아-태평양 지역에서는 아직도 지정학이 극복되지 않았는데, 냉전 종식 후 이 지역에서 가장 중요한 지정학적 요소는 무엇보다도 빠르게 '부상하는' 중국이다. 중국은 전 세계에서 가장 많은 인구, 가장 빠르게 성장하는 경제, 가장 큰 군대, 유엔안전보장이사회 상임이사국 지위, 유인 우주프로그램, 핵무기, 그리고 최근 공개된 핵추진잠수함을 포함한 대양해군을 건설하는 국가적 계획 등을 가지고 있는 국가로, 매우 인상적이다.

지난 30여 년간 이어온 중국의 빠른 경제 및 군의 성장은 지정학적 측면에서 이미 아시아-태평양 지역과 전 세계의 형태(Gestalt)를 바꾸고 있다. 후진타오 주석은 '화평굴기(和平屈起)'를 중국의 정책 목표로 제시했고, 이에 중국의 부상은 전 세계가 당연하게 여기게 되었다. 그러나 "화평굴기"의 개념은 원래 2003년 후반 중국공산당 당교가 중국의 부상이 세계에 대한 위협의 증가로 느껴지지 않게 하고, 동시에 국제사회에서 협력적인 이미지를 강화하기 위해 개발한 것이었다.[1] 이것은 진정한 의도를 보여준 것일 수도 있고, 아니면 탈냉전 시대에 미국 주도의 봉쇄정책을 피하려는 전략적 수사의 자기표현일 수도 있다. 그러나 현재로서는 중국 지도부가 그 개념을 자국민과 전 세계에 효율적으로 제시하고 있는 것으로 보인다. 중국의 부상과 최근의 북한 핵미사일 위기를 고려할 때, 탈냉전 후 세계는 좋은 쪽으로든 나쁜 쪽으로든 많이 변화했다. 그러나 헤겔이 말했듯이 우리는 그 변화가 갖는 진정한 의미를 모르게 되어 있는지도 모른다. 실상, 헤겔이 다시 주장했듯이 우리는 시대가 다 지나간 후에야 비로소 그 시대만을 온전히 이해할 수 있을 뿐이다. 우리의 이해 수준으로는 먼 미래를 내다볼 수 없다.

하지만 우리는 국제정치사를 통해 국제체제 내 새로운 강대국의 등장

---

1) Chih-yu Shih, "Breeding a Reluctant Dragon: Can China Rise into Partnership and Away from Antagonism?" *Review of International Studies,* Vol. 31*, No. 4* (October 2005), pp.756-757. "화평굴기"는 중국정부가 만든 지역 정책 포럼인, 보아오 포럼의 기조 연설 주제였다. 또한 하버드 대학에서 원자바오 총리가 연설 중 강조했고, 마오쩌둥 탄생 110주년 기념식에서 후진타오 주석이 언급했었다. 이 세 행사가 2003년 말경 두 달간에 모두 이루어졌기 때문에 중국내부와 해외의 관심을 모았었다.

이 체제의 불안정 요소로 작용할 수 있음을 알고 있다. 국제체제의 구조적 변화는 주요 강대국들 간의 체제의 사회화(systemic socialization)와 상호 모방(mutual emulation)을 통해 안정화되거나, 아니면 패권 경쟁 상태의 새로운 체제로 이어지게 된다. 19세기 후반 미국의 부상이 전자의 경우라면, 비극적인 펠로폰네소스 전쟁을 불러온 고대 그리스세계에서의 아테네의 부상과 그에 따른 아테네와 스파르타 간의 패권경쟁을 필두로 그 외의 대부분의 역사 기록들은 후자의 경우에 속한다.

일반적으로 국제체제에서 가장 강력한 국가들은 바로 직전의 큰 전쟁에서 승리한 국가들로, 이 국가들은 현상 유지를 지지하고 기존 질서에서의 특권을 지키고자 한다. 반대로, 제1차 세계대전 후 독일과 같이 이전 전쟁에서의 패배로 영토의 일부를 상실한 강대국들이나 이탈리아와 같이 승전국임에도 종전 후 충분한 보상을 얻지 못하고 고통받은 국가들은 국력을 회복하거나 이전보다 더 신장시키고자 하기 때문에 현상타파 국가가 된다.

이들 국가들은 현상을 변화시킬 정도로 국력이 성장하면, 불만을 해소할 행동을 취할 것으로 예상할 수 있다. 따라서 부상하는 국가들은 새로이 신장된 그들의 물리적 힘에 걸맞은 보다 큰 위신과 정치적 영향력을 추구하는 현상타파 국가가 되는 경향이 있다.[2] 이 점에서 중국은 특이한 경우이다. 왜냐하면 중국은 2차 세계대전의 승전국이었음에도 불구하고 혁명적, 현상타파적 공산주의 국가로 전환했기 때문이다. 그 이후 중국은 1978년 덩샤오핑의 현대화 기치 아래 국력 신장에 집중하는 온건한 공산국가가 된 듯 했다. 그러나 빠르게 부상하는 중국은 즉각적인 위협은 아니었지만, 양극적 국제체제의 냉전시기가 끝나면서 만들어진 새로운 국제체제와 현재의 세계 질서에 대한 새로운 큰 도전세

---

2) Randall L. Schweller, *Unanswered Threats,* Princeton, NJ: Princeton University Press, 2006, pp.128-129.

력으로 인식되기 시작했다. 이에 본 장에서는 스티븐 굴드(Steven J. Gould)의 유명한 책 제목을 바꿔 표현해서, 아시아-태평양 지역의 미래가 전쟁이라는 순환적 역사(time's cycle)를 반복할 것인지 아니면 아름다운 신세계로의 직선적 역사(time's arrow)를 갈 것인지[3]를 살펴본다.

## II. 현재의 단극적 국제체제 속에서 새롭게 부상하는 권력과 위신을 위한 투쟁

냉전 후 우리는 단극적 국제체제에 살고 있다라고 하곤 한다. 그러나 국제체제 자체는 단극이나 양극 혹은 다극과 같은 극에 관계없이 세계적 리바이어던(Leviathan)이 아니다. 현재 국제체제의 단극(unipolairty)이 강대국 간 모든 갈등과 그에 따른 세력투쟁이 끝났다거나, 유일한 초강대국 미국이 모든 이슈에서 자신의 뜻을 관철하려고 하거나 할 수 있다는 것을 의미하지는 않는다.[4] 다른 국가들의 정치지도자들이 자국에 대한 패권국 미국의 오만한 태도에 거부감을 보이는 것을 멈출 리도 없고, 갑자기 자신들의 국가적 위상을 다른 국가들과 비교하는 것을 멈출 리도 없다. 아직 국제사회의 강대국 클럽 밖에 있는 부상(浮上) 국가들은 자연스럽게 그 클럽에 진입하기 위한 사전 요건들을 추구할 것이다. 그러나 이러한 국가들이 미국에 대한 균형을 잡을 수 있

3) Stephen Jay Gould, *Time's Arrow Time's Cycle: Myth and Metaphor in the Discovery of Geological Time*, Cambridge, Mass.: Harvard University Press, 1987.

4) Joseph S. Nye, Jr., *The Paradox of American Power: Why the World's only Superpower can't Go it Alone*, Oxford: Oxford University Press, 2002.

게 될 때까지는 국제체제가 그 구조에 있어 본질적으로 단극체제로 유지될 것이다. 한편, 냉전의 종식과 함께 프랜시스 후쿠야마가 주창했던 '역사의 종말'은 신기루였음이 이미 21세기 초반에 드러났다.[5] 우선 강대국들 간의 국제적 경쟁이 되살아났다. 사실, 국제정치에서의 위상과 영향력에 대한 투쟁은 국제 정세의 핵심적인 특색으로 남아 있다.[6] 또한 국제적 자유주의와 반자유주의 사이의 오래된 경쟁이 재등장했다. 또 다른 오래된 잠재적 경쟁은 이슬람 극단주의와 서구의 세속 문화 및 국가들 사이에서 분출했다.[7] 이러한 세 가지 경쟁들이 결합되고 대립하면서 냉전 종식 직후 등장했던 평화와 안보의 새로운 자유주의적 국제질서라는 꿈은 사라졌다.

미국인들은 새로운 단극 체제 내 유일한 초강대국이라는 독특한 지위를 미국이 오래도록 꿈꿔 온 리더십, 즉 세계로부터 인정받고 환영받는 진정한 의미의 글로벌 리더십을 발휘할 절호의 기회로 생각했었다. 반면, 유럽인들은 새로운 국제질서가 유럽연합을 모델로 하는 것이어야 한다고 생각했었다.[8] 유럽인들은 전통적인 국가 이익과 힘의 정치를 국제법, 초국가적 제도 그리고 공유된 주권으로 대체하는 탈근대 시대의 세계를 이끌고 있었다. 인류, 특히 유럽을 괴롭혀왔던 문화, 인종, 민족에 의한 구분이 가치관의 공유와 경제적 이익의 공동 관리로 해소될 것이라고 보았다. 유럽연합은 미국과 마찬가지로 팽창적이었지

5) Francis Fukuyama, *The End of History and the Last Man*, New York: The Free Press, 1992.

6) Henry Kissinger, *Diplomacy*, New York: Simon & Schuster, 1994, chapter 31.

7) Samuel P. Huntington, *The Clash of Civilizations and the Remaking of World Order*, New York: Simon and Schuster, 1996.

8) Robert Kagan, *The Return of History and the End of Dreams*, New York: Alfred A. Knopf, 2008, p.9.

만 탈근대적 방식으로 자유, 민주주의, 인권, 인간안보에 힘쓰는 자발적인 제국을 계획하고 있었다. 일단 이러한 세계 비전은 냉전 종식 직후 강대국 간의 전통적인 군사적 대치가 잠시 없었던, 독특한 국제 환경에 근거를 두고 있었다. 소련이 붕괴하고 그 뒤를 이은 러시아는 취약한 상태로, 사기는 떨어져 있었고, 내정은 혼란스러웠으며, 재정은 관리상태에 있었고, 군사력은 급격하게 저하되어 있었다. 또 천안문 사태 후 중국은 고립되어 있었고, 불안정하며, 내부지향적인 국가로, 경제적 미래가 불확실하고, 군사력은 현대화된 첨단 무기를 갖추지 못한 상태였다. 일본은 10년의 경기 침체(economic contraction)에 진입하고 있었고, 인도는 아직 경제 발전을 시작하기 전이었다. 그리고 유럽은 힘의 정치를 거부하고 자신의 탈근대적 제도들을 확립하고 있었다.

그러나 전통적 힘의 정치에 대한 탈근대의 작별 인사는 시기상조였었음이 드러났다. 세계가 보았던 것은 끊임없이 지속되어온 국가들 간의 경쟁과 투쟁이 잠시 멈췄었던 것 일뿐 국제정치의 성격이 본질적으로 변화한 것은 아니었던 것이다. 문화, 문명, 종교 그리고 특히 민족주의의 완고한 전통이 다시 살아났고, 민주적 자유주의와 시장 자본주의의 세계화에 대한 반대나 저항이 나타났다. 탈냉전의 핵심 가정들이 무너지기 시작했던 것이다.

우선, 자유민주주의체제라는 궁극적인 종착지에 도달해 끝났다던 '역사'는 러시아에서 가장 드라마틱하게 돌아왔다. 러시아의 자유주의로의 전환은 국내에서 제동이 걸려 되돌려졌고, 외교정책도 마찬가지였다. 러시아에서 이제 막 시작하려던 민주적 변화는 한 사람과 그의 강력한 동료들이 중요 결정을 내리는, 신(新) 차르(Czar) 정치체제라 부르는 게 최적일 만한 것에 의해 좌절되었다.[9] 민족주의가 강대국으

9) Dmitri V. Trenin, *Getting Russia Right, Washington,* D.C.: Carnegie Endowment for International Peace, 2007, pp.9-10.

로서의 야심과 사고(calculation)를 러시아 외교정책에 다시 투영되기 시작했다. 최근 경제성장의 대부분은 러시아 영토 내 풍부한 석유와 천연가스의 높은 가격에 의한 것이었다. 이제 유럽은 중동보다 러시아에 더 큰 에너지 의존율을 보이고 있다. 유럽 국가들은 러시아가 에너지 공급의 흐름을 조작하지 않을까 우려하고 있고, 러시아 지도자들은 이것이 러시아가 약했을 때라면 유럽인들이 용인하지 않았었을 러시아의 행태에 대한 유럽인들의 묵인을 이끄는 매개가 된다는 것을 알고 있다. 또한 러시아는 여전히 100만 명이 넘는 상비군 병력과 더불어 1만 6천여 개의 핵탄두를 보유하고 있다. 아울러 러시아는 신형 전투기, 신형 잠수함, 신형 항공모함을 개발하고 있고, 냉전 종식 후 처음으로 장거리 전략폭격기 비행을 재개했다. 또 아시아-태평양 지역에서 러시아는 중국에 최신 무기를 가장 많이 공급해왔기 때문에 다시금 아태지역의 지정학적 구성에 중요한 역할을 맡게 되었다.

러시아는 풍부한 천연 자원과 부, 유엔안보리에서의 거부권 그리고 유라시아에서의 영향력을 갖고 다시 한 번 국제정치의 주요 행위자로 등장했다. 오늘날 이 같은 새로운 힘에 대한 자각이 러시아 민족주의를 부추기고 있다. 러시아인들은 냉전 종식의 합의가 소련이 쇠퇴해 있을 때 미국과 유럽이 소련에 강요한 항복이나 다름없는 것이었다고 생각한다. 그들은 소비에트 공산주의로의 복귀를 원하는 것은 아니지만, 다른 국가들이 존중하고 전 세계에 영향력을 행사하며 국가이익을 지키던 시절을 동경하고 있다. 이러한 러시아에서의 반발 분위기는 1차 세계대전 후 독일의 상황과 유사하다. 당시 독일인들은 패배한 승전국들이 독일에게 부과한 '굴욕적인 베르사유 결정'에 분개했고, 조국을 배신한 부패한 정치인들에 대해 불만을 갖고 있었다.[10] 오늘날 러시아

---

10) *Ibid.*, p.16.

인들은 그들이 상실한 권력과 영향력을 되찾기를 원한다. 러시아는 유라시아에서의 패권을 다시 확보하고, 나아가 전 세계의 2-3개의 초강대국 중 하나로 재부상하려는 야심을 갖고 있다.

둘째, 오늘날 중국을 규정할 때 가장 눈에 띄고, 빈번하게 사용되는 단어는 '부상하는'이다.[11] 중국은 부상하는 지정학적, 경제적 거인이다. 경제는 세계 최대를 향해 나아가고 있고, 군사력 또한 꾸준히 강화하고 있다. 경제력과 군사력에 힘입어 정치적 영향력도 빠르게 커지고 있다. 새로이 힘을 갖게 되면 새로운 야심이 생기거나 과거의 야심을 되살리게 마련이다. 이것은 모든 국가들에 적용되는 말이지만 확실히 새로운 중국에게 보다 더 들어맞는다. 새로운 힘과 뒤따르는 자신감 그리고 회복된 자부심은 중국인들 자신, 국가이익, 적절한 국제적 지위, 그리고 자신들에 대한 다른 국가들로부터 기대되는 대응 방식에 대한 중국의 인식을 바꿔 놓았다. 새로이 구축하게 된 중국의 경제 역량은 중국이 이전에 세계의 중심이었고 다시 세계의 중심이 될 것이라는 중국인들이 갖고 있는 뿌리 깊은 신념인 중화주의의 감정을 되살렸다. 천 년 이상의 기간 동안 중국은 야만족들의 세계에서 유일하게 선진 문명국으로서 아시아의 거대 제국이었다.

오늘날 소위 '굴욕의 세기'를 잊지 않고 되풀이하지 않으려는 중국인들은 과거의 영광스러운 중심적 역할이 복원될 수 있고, 복원되어야 하며, 복원될 것이라고 믿고 있다. 유엔안보리 상임이사국이자 G8회원국으로서 중국은 아시아뿐만 아니라 국제사회의 외교에 큰 영향력을

---

11) 예를 들면, Jasper Becker, *Dragon Rising: An Inside Look at China Today*, Washington, D.C.: National Geographic Society, 2006; Avery Goldstein, *Rising to Challenge: China's Grand Strategy and International Security*, Stanford, California: Stanford University Press, 2005; Robert G. Sutter, *China's Rise in Asia: Promises and Perils*, Lanham, Maryland: Rawman & Littlefield, 2005.

행사하고 있다. 중국은 또한 강력한 경제력에 맞게 군사 강대국이 되어 가고 있다. 중국은 자국의 경제를 마오쩌둥 시대의 자급자족 체제로부터 국제적 자유주의 경제질서에 깊이 연루하는 체제로 전환했고, 세계적으로 광범위하게 경제적 이익을 얻게 되었다. 따라서 중국은 이러한 이익을 보호할 현대적 군사력이 필요하게 되었고, 군사력을 증강하는 데 경제적 자원의 지출을 점점 늘려가고 있다. 중국은 외부로부터 즉각적인 군사적 위협을 받는 상태가 아니고 현대사에 있어서 그 어느 때보다 강한 상태에 있기는 하지만, 전략적 교리를 외침으로부터 본토를 방어하는 것에서 해외에 군사력을 투사하는 것으로 바꿨다. 이 목적을 위해 중국은 노후화된 해군력과 공군력을 현대적인 함정, 잠수함, 항공기들로 꾸준히 대체해 오고 있다. 그 무기의 상당부분은 러시아로부터 구매한 것이었다. 중국은 수세기 만에 처음으로 스스로를 해양 강국으로 인식하기 시작했다.

국제적 위상 제고에 대한 자부심은 중국공산당 지배체제에 정치적 정당성을 부여하는 중요 요소의 하나가 되었다. 대중민족주의(public nationalism)가 급격히 성장해, 어떤 때에는 일본을, 또 어떤 때에는 미국을 공격했다. 이는 중화민족의 보호자로서의 공산당의 정당성을 강화하기 위한 국가의 교육 프로그램에서 기인한 것이기도 하고, 역사적인 적대감과 새로운 국력에 대한 인식과 회복된 위신에 따라 자연적으로 발생한 것이기도 하다. 따라서 중국의 위신과 명예를 회복하기 위한 열망으로 시작된 것이 역사적인 야망의 보다 큰 문제와 뒤섞이게 되었다. 본토로의 병합을 거부하고 국제적 주권 인정과 심지어 독립을 끊임없이 추구하는 대만 문제는 중국의 통일에 대한 문제이기도 하지만, 중국 본토가 아시아의 중심이라는 주장에 대해 굴욕을 주는 반발이기도 한 것이다. 대만인들은 통일을 거부함으로써 스스로를 아시아-태평양 지역 내 미국의 패권 동맹임을 보이고 있다. 대만이 역내 중국의 패권적 리더십을 인정하지 않는다면, 어떤 국가가 그것을 인정할 것이라고 기대할 수 있겠는가? 따라서 중국에게 대만은 미국에 대한 이념적 적대감과 전략적 상대의 전형이 되었다. 역사가 제시하듯이, 중국은 자신감을 회복해 감에 따라, 중국의 통일은 말할 것도 없고, 중국 스스로가 생각하고 있는 역사적으로 당연한 지위인 동아시아 내 패권으로 가는데 있어 장애물에 대해 점점 참을성을 잃게 될 것이다.

셋째, 일본은 세계 2위의 경제를 갖고 있는 또 하나의 강대국이다. 일본은 비록 GDP의 1% 미만을 국방에 투자하지만 그것은 1년에 400억 달러에 육박하는 것으로, 전 세계에서 3, 4위의 국방예산 수준이다. 또한 일본은 핵보유국이 아니고, 핵보유국이 될 의도 또한 없다고 표명하지만, 위기 시에 결정만 하면 강력한 핵무기를 빠르게 생산해 낼 수 있다. 또한 유엔 외교에 많은 노력을 기울이며 점점 강대국으로서의 야심도 보이고 있다. 일본인들은 부상하는 중국과 핵무장한 북한으로부터 받는 위협으로 인해 힘의 정치가 여전히 유효하며 아시아-태평양 지역에서는 전쟁이 불가능한 것은 아니라는 사실을 확신하고 있다. 이에 일본은 방위청을 방위성으로 승격하고 국방비 지출 비율을 늘렸으며 미국과의 안보동맹을 강화했다. 동시에 유엔 평화유지작전을 포함해 일본의 국제군 역할을 확대했고 이라크와 아프가니스탄에 원조를 제공했으며, 국제사회 내 일본의 역할을 보다 광범위하게 생각하게 되었다.12)

일본과 중국 사이의 경쟁은 19세기 후반부터 지속되어 왔다. 천 년 이상 중국인들은 중국 중심의 세계에서 열등한 종족으로 일본을 경시

12) 냉전 종식 직후인 1990년대에 일본이 미국을 제치고 최대 경제국이 되고 정치적 지위와 영향력도 그만큼 상승해서 아시아-태평양 지정학을 완전히 바꿀 것으로 예상되었다. 하지만 일본은 실패했고, 이러한 사례가 중국의 부상, 미국의 지속적인 국력, 그리고 패권의 성격에 대해 말해주는 바가 있다.

했다. 유교적 관점에서 일본은 중국이라는 학교의 학생으로, 중국이라는 가족의 동생으로 자애롭게 다뤄지거나, 또는 해적 국가로 악의적으로 다뤄졌다. 메이지 유신 이후 부상한 일본이 1895년의 청일전쟁에서 승리하고 중국에게 굴욕을 안긴 이후 중국인의 우월감은 일본인에 대한 증오로 바뀌었다. 더욱이 중국은 이후 수차례의 무자비한 외침을 받았는데, 그 대표적 사례가 1930년대 후반의 난징 대학살이었다. 그러한 기억은 여전히 대부분의 중국인들의 뇌리에 남아있으며, 이에 중국인들의 일본에 대한 불신감은 인민과 군에 깊게 남아 있고, 세대를 뛰어 넘어 내려오고 있다.13) 일본인들도 중국에 대한 감정이 좋은 것은 아니다. 그들은 '아우'로 여겨지기를 원치 않는다. 최근 힘의 균형이 일본으로부터 중국으로 전환될 수도 있다는 인식은 일본 내 민족주의를 부추기는 데 일조했으며, 동시에 일본이 미국 그리고 다른 역내 국가들과의 관계를 강화해 그런 경향에 맞서려는 노력을 하게 했다. 이들 양 민족 간의 적대감은 중국이 일본의 최대교역국이 되고 일본 내에서 중국어가 영어 다음으로 많이 학습되는 외국어가 되었다는 사실에도 불구하고 계속 확산되고 있고, 깊어지고 있다. 이러한 양국 간의 경쟁 관계는 아시아 지정학의 중요한 특성으로 남아있다. 중국과 일본은 군사 및 경제영역에서 서로를 의식하며 국력 증대와 지위 제고를 추구하고 있다. 중국이 대만에 대한 군사행동을 취한다면 일본은 이를 국가안보에 대한 심각한 위협으로 간주할 것이다. 양국은 각지에서 우방을 찾고 있다. 중국은 일본이 유엔안보리 상임이사국이 되는 것을 저지하고 있고, 일본은 대만과 우호적인 관계를 만들고자 하고 있다. 양국은 외교 무대에서 서로 이기려 하고 있고, 다른 국가들과의 전략

13) David Shambaugh, *Modernizing China's Military: Progress, Problems, Prospects*, Berkeley, California: University of California Press, 2004, p.301.

적 관계를 공고히 하려 하고 있다. 전통적인 권력 투쟁이 여전히 지속되고 있는 것이다.

넷째, 과거에는 아시아-태평양 지역에서 관심 받지 못했던 인도 역시 냉전 종식 이후 역내에서 중요하게 다뤄져야 하는 주요 전략적 행위자가 되었다. 인도는 또 하나의 야심 있는 강대국으로, 역동적인 서비스와 첨단 산업을 갖추고 있고 최근 몇 년 사이에 중국만큼이나 빠르게 경제 성장을 하고 있어, 글로벌 시대에 활약하기에 적합한 조건을 갖고 있다.[14] 중국과 마찬가지로 인도는 지역 패권국이었던 자랑스러운 역사와 영국에 식민통치를 받았던 굴욕의 역사를 모두 가지고 있으며, 보다 우월한 국제적 지위에 대한 열망을 품고 있다. 위대한 고대 문명의 후손으로서 인도가 가지고 있는 자부심은 새로운 것이 아니지만 시간에 따라 변화하고 있다. 냉전시기에 인도는 스스로를 전통적인 의미의 강대국으로서가 아니라 초강대국들에 대한 거대한 도덕적 균형추(counter weight)로 인식했다. 인도의 지도자들은 힘의 정치에 대해 경멸을 드러냈고, 적절하게 적용한다면 세계를 변화시킬 법한 평화 공존과 다자주의라는 일련의 새로운 원칙들을 실천하는 선구적 국가로 인도의 이미지를 구축했다.[15] 그러나 1990년대 급격한 경제 성장과 더불어 인도인들은 스스로의 모습을 더 이상 힌두나 탈근대적 측면에서 보지 않고, 전통적인 지정학적 의미에서의 강대국으로 보기 시작했다.[16] 인도인들은 다른 국가들과 마찬가지로 탈냉전시대에서도 힘의

14) Robyn Meredith, *The Elephant and The Dragon: The Rise of India and China and What It Means for All of Us,* New York: W.W, Norton, 2007.

15) 오늘날, 탈근대 성격의 유럽인들과 세계인들은 이것을 인정하지 않은 채 채택한 것으로 보인다.

16) 힌두의 시각에 대해서는 D. Mackenzie Brown, "Hindu and Western Realism: A Study of Contrasts," in Joel Larus (ed.), *Comparative World Politic: Readings in Western and Premodern Non-Western*

정치가 국제관계를 지배한다는 사실을 깨달았고, 증가하고 있는 자국의 국력을 믿기 시작했다. '주장'을 강조하는 것(power of argument)으로부터 '힘'을 강조하는 것(argument of power)으로 그 초점이 옮겨간 것이다. 실질적인 핵무기 보유국으로 인정받고자 하는 인도의 강한 의지는 이를 압축적으로 잘 보여준다. 여기에는 경제적인 성공 역시 중요한 역할을 했는데, 이 경제적 성공은 인도의 정치지도자들이 1998년 일련의 핵실험을 감행하기로 결정했을 때, 1930년대 이탈리아가 북아프리카에서 침략행위를 벌였을 때처럼, 지난 10여 년간의 경제성장을 이룬 인도를 국제사회가 벌하지 않을 것이라는 자신감을 갖게 했기 때문이다.[17] 핵클럽에 가입하기 위한 인도의 확고한 야심은 파키스탄, 중국과의 잠재적 충돌에 대한 전략적 고려에 근거한 것이었다.

그러나 보다 정치적인 의미로 보면, 인도 역시 국가적 명예, 국제적 위신 그리고 깊이 뿌리 내리고 있는 자부심 등 보다 일반적인 목적을 위해 핵무기를 개발했다. 인도는 네팔, 스리랑카 그리고 인도양의 주요 도서 등 보다 작은 국가들에 대해 지배적인 영향력을 행사하며 주변 국가들 사이에 패권을 추구하고 있다. 동시에 중국과 같은 기타 강대국이 이들 주변 국가들과의 관계를 맺지 못하게 막고 있다. 인도는 인도양과 그 도서에서 자국에 유리한 힘의 균형을 추구하고 있고, 중국이 이득을 취하는 것을 막기 위해 노력하고 있다. 모한(C. Raja Mohan)에 따르면 세계 전반에서 인도는 국제적 힘의 균형에 있어 '그네와 같은 국가(swing state)'와 같은 역할을 추구하고 있다.[18] 보다 전통적인

*International Relations*, Belmont, California: Wadsworth Publishing, 1965, pp, 266-270; Roger Boesche, *The First Great Political Realist: Kautilya and His Arthashastra*, Lanham, Maryland; Lexington Books,, 2002. 등 참조.

17) Robert Kagan, *op. cit.*, p.42.

18) C. Raja Mohan, "India and the Balance of Power," *Foreign Affairs*,

용어로 표현하면, 인도는 현재의 단극적 국제체제 내에서 스스로의 한계를 깨닫지 못하고 '균형자(balancer)'가 되기를 열망하고 있다. 그러나 현재의 상황에서 그러한 인도의 야심에 가장 큰 걸림돌은 중국이다. 양국 간에는 해결되지 않은 국경분쟁 문제가 남아 있고, 파키스탄에 대한 중국의 지원은 인도인들의 심기를 불편하게 하고 있다. 한편으로 최근에는 양국 간 경쟁이 새로운 형태를 취하고 있다. 성장한 중국 해군이 인도양까지 진출하면서, 인도인들을 괴롭히기 시작했는데, 이에 인도는 중국의 군사팽창과 미얀마, 방글라데시, 스리랑카, 몰디브, 세이셸(Saychelles), 모리셔스(Mauritius), 마다가스카(Madagascar) 등의 지역 국가들과 해양 협력 관계를 맺는데 대해 불만을 토로하고 있다.[19] 양국 간의 전쟁 가능성은 낮아 보이지만, 이러한 지정학적 경쟁이 국제적 지정학의 힘의 역학 관계를 재편성하고 있는 것은 분명하다.

중국은 파키스탄과의 동맹을 유지하고 있다. 이전의 동맹인 소련이 사라진 인도는 이에 대한 대응으로 일본, 미국과 더 긴밀한 관계를 형성하고 있다. 중국이 2005년 첫 번째 동아시아 정상회담에서 인도를 제외하려고 했을 때, 일본은 인도의 편에 섰다. 파키스탄이 중국에게 남아시아지역협력연합(South Asian Association for Regional Cooperation)의 옵저버 지위를 제안하자, 인도는 일본, 한국, 미국을 끌어들여 중국의 영향력을 통제하고자 했다.[20] 일본은 인도에 투자와 개발 지원을 하고, 동시에 인도양에서의 군사협력을 수행하면서, 아시아에서 인도를 전략 파트너로 삼았다.[21] 2007년 벵골 만에서는 인도, 일본, 호주, 싱가포르, 그리고 두 개의 항공모함 전단을 갖춘 미국 등

---

Vol.85, No.4 (September/ October 2005), pp.17-18.

19) Robert Kagan, *op. cit.*, p.43.

20) C. Raja Mohan, *op. cit.*, p.30.

21) *Ibid.*, p.45.

이 참여한 대규모 합동해상훈련이 이루어졌다. 이것은 중국 주변을 따라 위치하고 있는 동북지역부터 동남지역에 이르는 국가들이 합동훈련을 한 최초의 사례였다. 중국은 정식으로 이들 각 국가들에게 항의했고, 그 국가들로부터 그 훈련이 어느 국가의 봉쇄를 위한 것이 아니라는 확인을 받았다.[22] 그럼에도 불구하고 군사훈련은 멀지 않은 미래에 다가올 일들에 대한 전조를 암시하지 않을 수 없다.

다섯 번째, 미국에 있어 부시 독트린(Bush Doctrine)은 혁신적인 외교정책이 아니었다. 9·11테러는 혁신이 아닌 선례(先例)를 찾게 했다. 9·11 이후 부시 대통령은 전임 대통령들이 그랬던 것처럼 그동안 지속되어온 미국의 문화와 이념적 책무를 피할 수 없었다. 이러한 점에서 부시 행정부는 전임자들의 외교정책을 모방했다. 부시 대통령의 후임인 오바마 대통령이 비슷한 상황에 처하더라도, 그는 말만 다르게 할 뿐 똑같은 대응을 할 것이다.[23] 부시 독트린에 대해서는 대체로 다음의 세 가지 원칙이 언급된다. 즉, 예방적 또는 선제적 군사 조치, 민주주의의 증진, 그리고 유엔 안보리와 같은 국제제도의 위임이나 동맹들의 합의에 의한 승인 없이 행동하려는 일방주의적 외교 등이 그것들이다.

미국인들이 갖고 있는 독특한 역설은 대다수의 미국인들이 자신들은 기본적인 안보와 경제적 번영을 넘어선 국가적 야망을 갖고 있지 않다고 생각한다는 점이다. 세계적 제국을 추구한다는 것은 더더욱 생각할

22) *Ibid.*, p.46.

23) Timothy J. Linchy and Robert S. Singh, *After Bush: The Case for Continuity in American Foreign Policy*, Cambridge: Cambridge University Press, 2008, p.297; Robert G. Kaufman, *In Defense of the Bush Doctrine*, Lexington, Kentucky: The University Press of Kentucky, 2007; John W. Dietrich (ed.), *The George W. Bush Foreign Policy Reader: Presidential Speeches with Commentary*, Armonk, New York: M.E. Sharpe, 2005.

수 없는 것이다. 일반 대중이 생각할 때, 심지어 엘리트 외교정책 집단이 전망할 때조차, 미국은 다음 무법자들이 마을로 침입할 때까지 자신의 일에만 신경 쓰는 '마지못해 나서는 보안관(Reluctant Sheriff)' 정도로 간주되었다.[24] 그리고 이것은 미국인들이 좋아하는 서부영화의 가장 흔한 주제로 반영된다. 이는 미국이 우연히 역사상 유례가 없는 오늘날의 세계적 패권의 정점에 이른 것이고, 미국인들은 국제체제에서 세계의 패권국가로서의 지위와 역할을 바라기는커녕 향유하지도 않는 것 같다. 그러나 진실은 그들이 그것을 원했고, 그것을 통제하고 있다는 것이다.[25] 미국인들은 자신들의 가치간과 선호에 맞게 세계를 재편성하는 과정에서 다른 국가들에 자국이 원하는 바를 때로는 소프트파워를, 때로는 하드파워를 이용해 관철시켰다. 자결(self-determination)을 수호하는 국가가 좋은 명분으로라도 다른 국가들로부터 그 권리를 박탈하는 게 기분 좋을 리 없을 것이다. 이것은 미국만의 고유한 특성은 아니다. 그것은 고대 그리스 세계에서 민주적인 아테네의 지도자 페리클레스(Pericles)에게도 문제로 주어졌었다. 라인홀트 니버(Reinhold Niebuhr)가 말했듯이, 덕이 있다는 것이 죄가 없다는 것은 아니다.[26] 미국인들은 다른 국가들에게 자신들의 요구를 강요할 때, 특정 세계에 대한 자신들의 요구와 재정적, 도덕적 비용과 인명 손실을 피하려는 그들의 바람을 조화시키는 방법을 강구해왔다. 동시에 미국인들은 미국이 우드로 윌슨(Wilson) 대통령에 의해 구상된 일종의 국제질서, 즉 민주주의 원칙을 따르고 도덕과 정의를 방어하는 법과 제도의 세계를

---

24) Richard N. Haas, *The Reluctant Sheriff: The United States After the Cold War*, New York; The Council on Foreign Relations, 1997.

25) Robert Kagan, *op. cit.*, p.52.

26) Reinhold Niebuhr, *The Irony of American History*, Chicago, Ill.: University of Chicago Press 1985 (originally published in 1952), pp.5, 23.

구축할 수 있다고 믿었다.27) 따라서 미국인들은 미국의 힘이 사용되어야 한다고 하면 그것이 국제사회를 위해 부득이한 것이라고 보았다.

## III. 아시아-태평양 지역에서의 "부상하는 중국"

'중국의 부상'은 21세기 국제체제에 있어 가장 중요한 특성 중의 하나임에 틀림없다. 부상하는 중국이 현 국제체제에 어떠한 영향을 미칠 것인가에 관한 질문은 매우 흥미로운 것이다. 중국의 부상은 널리 환영받고 있는 것만은 아니다. 아시아-태평양 지역의 국가들에게 부상하는 중국은 이따금 역내 불가피한 패권경쟁의 전조로 보여졌다.28) 따라서

27) Joan Hoff, *A Faustian Foreign Policy From Woodrow Wilson To George W. Bush: Dreams Of Perfectibility,* Cambridge: Cambridge University Press, 2008.

28) 지리는 국제정치에서 항상 중요해왔다. (Harm de Blij, *Why Geography Matters,* New York: Oxford University Press, 2005, 그 이유는 국제정치는 손님들이 미리 정해진 테이블세팅에 따라 앉는 저녁식사와 같기 때문이다. (Hans Mouritzen, *Theory and Reality of International Politics,* 1998, p.ix) 모든 손님은 주변에 앉은 손님들과 기쁘든 불쾌하든 함께 해야 한다. 가장 주도적인 목소리가 큰 인원들을 제외하고는 대부분이 소음 때문에 멀리 떨어져 있는 손님들과는 대화를 하지 못한다. 마찬가지로 국제정치에서 패권적 강대국들은 지역 밖까지 활동의 범위가 넓지만 대부분의 강대국들은 지리적으로 주변국인 국가들과 상호작용을 한다. 주변 강대국에 의해 위협받는 일반 국가는 도망칠 기회가 없다. 대부분의 국제적 이론 형성에 있어, 국가들이 이동 가능하다고 가정되곤 한다. 다시 말해, 국제정치가 손님들이 자유롭게 이동할 수 있는 연회와 같다고 보는 것이다. 자유주의적 국제주의자들은 현실주의자들보다 이렇게 보는 경향이 많다. 그러나 국가들의 이동불가능성은 무정부상태만큼이나 근본적인 국제정치의 성격을 구성한다. 지리적 조건은 가장 영구적이기 때문에 외교정책에서 가장 중요한 요소이다. Nicholas J. Spykman, *The Geography of the Peace,* 1944, p.41 참고. 세계지정학에서 유라시아 국가들의 위치는 한 세기가 넘는 논쟁의 주제였고 몇몇 주요한 예측적 분석을 낳았다. 1904년 1월 매킨더(Halford J. Mackinder)는 "The

소위 "중국의 위협"이란 주제는 소련이 해체되고 양극적 냉전 국제체제가 종식된 이후 국제관계와 외교정책 실무자들과 학자들의 뜨거운 관심을 모으고 있는데, 특히 아시아-태평양 지역의 국제관계 분야와 외교정책 실무자들과 학자들에게 있어 이런 현상이 더욱 강하다.29)

비교적 최근에, 저명한 현실주의 국제정치학자인 미어샤이머(John

---

Geographical Pivot of History"라는 주제로 런던 왕립지리학회에서 강연을 했다. 여기서 그는 해군력이 영국을 시대의 초강대국으로 만들었다면, 앞으로는 거대한 육지지역이 지정학을 지배할 것이라고 주장해다. 이러한 추축지대(pivot area)는 유라시아 내륙이고 이 지역은 미래의 강대국이 세계지배를 이룰만한 힘을 제공할 것이라는 것이다. 그는 나중에 이 지역을 심장부(heartland)로 명명했는데 이는 동유럽에서 러시아 서부에 걸쳐있는 지역이다. 일본과의 전쟁에서 패배한 러시아제국이 무너지고 있을 때, 매킨더(Mackinder)는 이미 러시아의 세계강대국으로의 부상을 예견했다. 그가 1947년 죽고 소련이 두 개의 초강대국으로 부상했을 때, 이러한 지정학 이론은 큰 관심을 받았다. 알렉시스 드 토크빌(Alexis de Tocqueville)은 매킨더(Mackinder)보다 70년쯤 전에 세계가 미국과 러시아를 중심으로 양분될 것으로 예견한 바 있다. 그러나 매킨더와 다르게 토크빌은 지리적 위치가 아닌 서로 다른 정치이념에 이러한 세계가 근거할 것으로 보았다. 하지만 과거 소련과 달리 중국은 공산주의적 이념을 확산시키려고 하지 않는다.) 아마도 매킨더에 대한 가장 큰 비판은 유라시안 림(Eurasian rim)을 주장한 니콜라스 스파이크만일 것이다. 그는 제2차 세계대전 이후 소련이 얼마만큼 강해질 것인가에 상관없이 소련의 전략은 유라시안 림으로 영역을 확장할 것이라고 결론 내렸다. 제2차 세계대전과 한국에서의 뒤따른 상황은 미국을 일본, 대만, 필리핀, 베트남에 걸친 아시아의 입구에 놓이게 했다.

29) 이 이슈에 대한 최근의 관심에 대하여는, "Asia Rising," in *National Interest*, No.89 (May/June, 2007.); Avery Goldstein, *Rising to the Challenge: China's Grand Strategy and National Security*, Standford: Stanford University Press, 2005; Constantine C. Menges, *China: The Gathering Threat, Nashville*, Tennessee:Neson Current, 2005; Robert G. Sutter, *China's Rise in Asia,* Lanham, Maryland: Rowman & Littlefield, 2005; Ross Terrill, *The New Chinese Empire*, New York: Basic Books, 2003; Steven W. Mosher, *China's Plan to Dominate Asia and the World Hegemon*, San Francisco: Encounter Books, 2000을 참고.

J. Mearsheimer)는 경제력을 갖춘 중국이 현상유지국가로 남지 않을 것이고 역내 패권을 추구하는 공세적 국가가 될 것이라고 주장했다.30) 중국이 현재의 미국에게 도전하거나 균형을 이룰 힘이 충분하지 못하고, 미국의 행동에 대해 다른 국가들보다 비판의 목소리를 덜 내는 경향이 있다 하더라도, 궁극적으로는 대결국면으로 가게 될 수도 있다. 미국이 중국의 부상에 대해 무턱대고 우려할 직접적인 이유는 없지만 양국 간의 관계는 미래의 패권 경쟁의 심각한 충돌이 있는 도처에서 일어날 것이며, 이것은 아시아-태평양 지역에 대전환을 가져올 것이다. 대부분의 현실주의자들이 말하듯이 국가의 가장 중요한 요소는 하드파워(물질적 능력)와 소프트파워(비물질적 능력)로 이루어진 상대적 국력이기 때문이다. 국가의 목표가 끊임없이 변함에도 국력은 국가가 추구하는 어떤 목표에 대해 필수적인 수단이다. 국가들이 해결해야 할 과업은 기본적으로 동일하다. 국가들은 주로 유사한 과업을 수행하는 힘의 크고 작음으로 구분된다. 따라서 희소한 자원을 확보하기 위해 확장하고 예방적 공격을 하는 것이 홉스의 자연상태와 유사한 무질서한 환경에서 국가들이 보다 큰 권력과 안보를 성취하는 최선의 수단이 되기도 한다. 따라서 미어샤이머는 그와 같은 무질서한 상황에서 역내 패권을 이루지 못한 모든 강대국들은 공격적 의도를 가진 현상타파적 국가가 된다고 주장한다. 또한 그는 개별국가의 고유의 특성이 아닌 국제체제의 구조로 인해 국가들이 공격적으로 사고하고, 행동하며, 패권을 추구하기 때문에, 지역을 제패할 잠재력을 가진 국가들은 역내 패권을 달성하기 위해 끊임없이 노력할 것이라고 주장한다.31)

이러한 '공격적 현실주의(offensive realism)'가 옳다면, 부상하는

30) John Mearsheimer, *The Tragedy of Great Powers Politics*, New York: W.W. Norton, 2001, p.402.

31) *Ibid.*, pp.43, 53.

중국은 그러한 패권추구국가의 최적의 예라고 볼 수 있다. 중국 역사에 있어 중국이 이러한 위치를 추구하는 것이 처음은 아니고, 단지 19세기에 상실한 지위를 회복하기 위한 노력일 뿐이다. 강대국으로서의 중국의 재부상은 역내 패권을 위한 미-중 간의 노골적인 충돌이 아닐지라도 적어도 이론상 패권 전이(transition)의 전조가 된다. 그러나 희망일지라도 자유주의적 국제주의자(liberal internationalist)들과 구성주의자(constructivist)들 대부분이 21세기를 예견하는 것처럼 매우 복잡한 오늘날의 국제정치의 성격을 담아낼 수 없다는 반론도 강하다.32)

이제 막 시작된 21세기의 아시아-태평양 지역에서 세력전이이론은 과연 어느 정도의 적실성을 가질 것인가?33) 국제관계에서 지리는 손님들이 예정된 테이블배치에 따라 앉는 공식 저녁식사와 유사하기 때문에 항상 중요했다.34) 각 손님은 선호와 관계없이 두세 명의 다른 손님들 중 정해져 있는 손님이 옆자리에 앉는 것을 받아들여야 한다. 또한 목소리가 큰 주요 인원을 제외하고는 대부분이 소음 때문에 멀리 떨어져 있는 손님들과는 대화를 하지 못한다. 마찬가지로, 세계적인 패권강대국은 다른 국가들보다 활동반경이 넓지만, 강대국들은 주로 지리적으로 근접한 역내 국가들과 상호작용한다. 이웃한 강대국에 의해

---

32) 국제정치에서 세력전이의 일반적인 현상에 대하여 길핀은 힘의 분배와 체제의 다른 요소들 간 변화의 속도가 분리 또는 불균형을 만들어 낸다고 주장했다. 상대적 경제력의 변화에 따른 분리는 세력균형을 약화시키고 불안정과 긴장을 낳는다. 이것은 부상국들로 하여금 국제체제를 그들의 이익에 부합하도록 바꾸도록 한다. 이 경우, 하강하는 국가들이 저항함에 따라 충돌은 불가피해진다. 국제체제는 패권을 위한 경쟁 때문에 불안정화될 것이고 세계평화는 위협받는다. Robert Gilpin, *War and Change in World Politics*, 1981, p.48.

33) Harm de Blij, *Why Geography Matters,* New York: Oxford University Press, 2005.

34) Hans Mouritzen, *Theory and Reality of International Politics,* Aldershot, England: Ashgate, 1998, p.ix.

괴롭힘을 당하는 일반 국가들은 도망이라는 선택권이 없다.

중국은 20세기 초에 일본이라는 신흥 패권 강국에 의해 최종적으로 사라질 때까지 천 년이 넘는 기간 동안의 동아시아 제국을 의미하는 '중화(中華)'라는 역사적인 지위를 회복해서 역내 패권적 위치에 올라서기 위한 수순을 밟고 있다. 패권적 성격은 중국인들과 그들의 국가 정체성의 고유한 국가적 이상 형성 구조(dream-work)에 깊게 각인되어 있고, 국가 운명 의식과 긴밀하게 관련되어 있다. 외세에 지배권을 내주기 싫어하는 성향은 중국의 제국 역사뿐만 아니라 현재진행형인 중국인들의 문화적 우월감에서 기인한 것이다.[35] 지난 30여 년간의 중국의 경제발전은 경제적 잠재력을 보여주었고, 인류역사상 가장 단기간에 발생한 지역적 변환(regional transformation)을 이뤄냈다. 경제력과 함께 정치적 영향력을 갖게 되었고, 중국과 미국 간 새로운 지정학적 관계를 상상할 수 있게 되었다. 부상하는 중국은 단순히 역사적 원한을 가진 신흥강대국에 그치지 않고 있다. 중국은 아시아-태평양 지역에서는 패권국의 지위를, 세계에서는 그에 걸맞은 지위를 회복하기 위해 기다리고 있다. 미국과 중국은 다가오는 미래에 과연 물러설 곳 없는 대결을 피할 수 없을 것인가?

중국은 현대식 제국으로 남아있다. 청나라의 해체기를 겪는 동안 영토의 상실이 있었지만, 중국은 한반도와의 국경으로부터 신장지역에 이르는 그리고 몽고초원으로부터 티베트에 이르는 제국의 영역을 유지했다. 티베트와 신장은 중국의 제국 안정성에 있어 아킬레스건과 같은 곳이다. 티베트는 중국 영토의 8분의 1을 차지하고 있다. 중국에게 있어 티베트인들의 독립 요구는 여전히 난감한 문제다. 신장 위구르 자치구는 중국 영토의 6분의 1 정도를 차지하고 있고, 8개 국가(몽골, 러시아,

35) Steven W. Mosher, *Hegemon,* San Francisco, California: Encounter Books, 2000, p.1.

카자흐스탄, 키르기스스탄, 타지키스탄, 아프가니스탄, 파키스탄, 인도 등)와 5,600㎞의 국경을 접하고 있다. 내륙지방인 신장은 1999년부터 시작된 중국의 서부 대개발 계획으로부터 많은 이익을 얻었다. 그러나 이 지역은 2009년 7월 6일의 우르무치 사건이 보여주듯이, 언제 폭발할지 모르는 휴화산과 같다. 민족, 종교, 문화, 정치, 지역 문제들이 복합적으로 작용하고 있다.[36] 티베트와 신장에서 나타나는 문제의 심각성을 고려한 공산주의자들과 덩샤오핑을 비롯한 실용주의자들은 수많은 소수민족을 포함하고 있는 거대한 제국을 적어도 원칙상 자신들의 개별 목표를 따르는 공간 틀(spatial framework)로 조직했다. 마오쩌둥 이후의 행정부들이 이뤄낸 일부 지정학적 변화들은 이 지역들을 직접 통제하려는 중국 지도부의 의지를 보여 준다.[37] 또 다른 일부 변화들은 자본주의적 경제에 공산주의적 정치를 융합하는 것을 촉진했다. 그 외의 추가적인 변화는 이전의 유럽 식민지였던 홍콩과 마카오의 반환으로 이뤄졌다. 만약 대만문제가 의도치 않게 해결된다면, 중국의 지정학적 지도는 한 번 더 변화되고 확장될 것이다. 현대 중국은 제국의 산물일 뿐만 아니라 계속해서 제국적인 확장적 목표를 이어가고 있다.[38] 중국의 영토 확대는 아직 끝나지 않았다. 대만뿐만 아니라 인도 동북부와 몽골과도 영토문제가 걸려있다. 해안지역에서 중국은 남중국해 전역으로 영토관할권을 확장하게 해줄 도서지역들의 소유권을 두고 일본, 베트남, 필리핀, 말레이시아, 인도네시아와 경합을 벌이고 있다.

많은 국가들이 이웃 국가들과 영토문제를 갖고 있지만 중국인들의

---

36) 이들 지역에 대한 간단한 역사적 배경에 대해서는 Mark Mancall, *China at the Center: 300 Years of Foreign Policy,* New York, the Free Press, 1984 참고.

37) Harm de Blij, *op. cit.*, p.139.

38) Ross Terrill, *The New Chinese Empire and What It Means for the United States,* New York: Basic Books, 2003.

영토문제는 중국이 이미 대국이 되어 있는 한 보다 큰 중요성을 갖는다. 더 중요한 것은 일본으로부터 호주, 그리고 필리핀으로부터 미얀마에 이르는 서태평양에 대한 영향력과 권력을 두고 벌일 미국과의 경쟁에서 중국의 취할 역할이다. 미국은 이 지역에서 오래도록 안정을 유지하는 역할을 해 왔고, 전후 민주주의를 강화하고 20세기의 상당한 경제성공을 창출해온 일본과 관계를 맺어 왔으며, 민주적 지배로 발전하고 번영하면서 환태평양의 초기 경제 "호랑이들" 중의 하나인 한국을 보호하기 위해 군사주둔을 해 왔고, 중국이 티베트에서 행한 것과 같은 병합을 방지하는 대만과의 특별한 관계를 유지해 왔다. 1991년까지 필리핀에 주둔했던 미군은 중국이 남중국해 전역에 대한 권리를 주장하며 공격적인 태도를 취하는 일을 막았다. 미국과 싱가포르 간의 친밀한 관계 또한 이러한 지정학적 틀의 또 다른 부분이었다. 중국인들이 동아시아에 강력한 미국이 존재하고 북미 환태평양에 중국이 부재하다는 비대칭에 대해 항상 불만을 표하지만 중국은 이미 호주의 광산과 미얀마의 삼림, 말레이시아와 브루나이의 유전 등에서 엄청난 양의 천연 자원을 채굴하고 있다. 이 과정에서 이 지역에 대한 중국의 정치적 영향력 역시 커졌다.[39]

오늘날 세계는 아태지역의 정치 및 경제 풍토를 바꾸고 있는 현 세대 중국의 사업가들과 외교관들의 능력에 놀라고 있다. 전후 중국과 일본 간에 감정의 앙금이 남아 있음에도 불구하고 일본은 미국보다 중국으로부터 더 많은 수입을 하고 있다. 이것은 수십 년 전만 해도 상상하기 힘든 일이었다. 중국은 수십 년 간 교류가 없었던 대한민국의 최대교역국이 되었다. 북한의 핵위협으로 인해 중국은 핵확산금지조약(NPT)의 국제 안보 문제를 다룬 6자회담에서 중요한 중재자 역할을

39) Harm de Blij, *op. cit.*, p.146.

맡기도 했다. 아태지역에서 중국이라는 붉은 별은 마침내 떠올랐고 이 지역에서 벌어지고 있는 지정학적 재구성의 원동력이 되고 있다. 지구상에서 가장 많은 인구를 갖고 있고, 가장 오래된 대제국의 전통을 계승하고 있으며, 가장 오래 지속된 문명 수호자의 후손인 중국이 초강대국 미국에 의해 질서가 유지되어온 지정학적 세계에서 자신의 지위를 요구하고 있는 것이다. 중국은 21세기 들어 새로운 지정학적 문제들을 만들어내면서 그와 같은 도전을 시작하고 있는 최초의 비서구권 국가다.

## Ⅳ. 부상하는 중국, 배부른 용으로 남을 것인가?

중국인들은 그들의 경제가 곧 세계최대가 된다는 예측에 매혹되었다. 그래서 그들은 초강대국 후보국가로서 그에 합당한 인정과 존중을 받아야 한다고 생각한다. 이미 유엔안보리의 상임이사국이자, 7개의 핵보유국 중 하나라는 사실만으로는 충분하지 않다. 중국의 지난 30여 년간의 성취는 그들이 기대하거나 생각하는 만큼의 국제적 입지 변화를 가져오지 않았다. 오늘날의 중국은 빠른 속도로 발전하는 경제성장을 명백한 예로 제시하면서, 기대에 못 미치는 국제적 입지에 대한 불만을 표시하고 있다. 덩샤오핑 개혁의 경제적 성공은 중국인들이 외부세계에 대해 더 자신감을 갖도록 미국과의 관계를 호전시켰어야 했다. 그러나 그것은 오히려 더 큰 긴장감과 좌절감만을 불러왔다.[40)]

국내사회 내 개인들이 특권 집단과 소외 집단 등으로 계층화되듯이 국제사회 내 국가들은 군사력을 비롯해 그 지위(status)와 위신(prestige)

---

40) Lucian W. Pye, "China's Quest for Respect," *New York Times*, (February 19, 1996).

에 따라 위계적으로 나뉜다. 국가들 간 불평등은 여러 면에서 개인들 간 불평등보다 더 심하다. 이를테면 국가들은 불평등하게 태어난다.[41] 엄밀히 말해 과두체제인 국제체제는 힘이 정의인 무정부 체제이고, 힘과 부의 차이가 불평등을 완화시키기보다는 영속화시키기 때문이다.[42] 국제체제에 있어 극은 권력과 지위의 불평등을 보여주는 한 방법이지만 다른 것들도 존재한다.[43] 지위는 역사를 통틀어서 수많은 수단을 통해 획득되고 정의되었었다. 그러나 국가이익의 관점에서 이 문제를 다뤘던 한스 모겐소를 제외하고 대부분의 국제이론가들은 국제사회에서 국가의 지위 역시 시간과 공간에 따라 변화한다는 것에 주목하지 않았다.[44]

국가의 성장은 과밀(congestion)이나 밀집(crowding out)과 같은 것에 의해서든, 희소성 자체로부터 야기되는 만족감의 감소를 통해서든 사회적 희소성을 만들어낸다. 그 결과 이러한 현상은 지위 경쟁을 심화시킨다. 간단히 말해, 사회들이 점점 더 풍족하게 됨에 따라, 경쟁에서 뒤쳐지지 않고 제자리를 유지하는 것만을 위해서도 모두가 이전보다 더 많은 힘을 쏟아야 한다는 것이다. 이것은 급속도로 성장하고 확장하는 시대의 국제체제에서 부상하는 국가들에게도 적용되는 것이다. 보다 일반화하면, 불균등한 경제 성장은 계속해서 국제체제 내 권

41) Robert W. Tucker, *The Inequality of Nations,* New York: Basic Books, 1977, p.3.

42) Raymond Aron, "The Anarchical Order of Power," in Stanley Hoffmann, (ed.), *Conditions of the World,* Boston: Houghton Mifflin Co. 1968, pp.25-48.

43) Randall L. Schweller, "Realism and the Present Great Power System: Growth and Positional Conflict," in Ethan B. Kapstein and Michael Mastanduno (eds.), *Unipolar Politics,* New York: Columbia University Press, 1999, p.42.

44) 국가이익의 이러한 면은 국가행동의 매우 중요한 동기로 최근 재강조되었다. Richard Ned Lebow, *A Cultural Theory of International Relations,* 2008을 참고.

력을 재분배하고, 그렇게 함으로써 현상의 변화를 가져와, 결국 국가 간 갈등과 경쟁을 부추긴다.[45] 희소성의 조건 하의 지위 경쟁의 논리와 국가들 간 불균등한 권력성장의 법칙을 고려할 때, 현존하는 국제질서에 만족하고, 체제 내 현재 지위에 만족하는 현상유지 국가들조차도 국제체제 내 현재의 상대적 권력 지위, 더 나아가 안보, 위신, 영향력의 수준을 유지하기 위해서 자국의 상대적 득실을 고려해야 한다. 여기서 지위의 재화(positional goods)는 절대적인 의미에서 혹은 사회적으로 부과된 의미에서 희소한 것이거나 보다 광범위하게 사용되어 과밀이나 밀집의 영향을 받게 되는 것이다.[46] 희소성은 특정한 재화의 절대적 공급의 물리적, 사회적 한계에 의해 발생한다. 허쉬(Fred Hirsh)에 따르면, 사회적 한계는 재화나 시설 사용의 증가가 절대적인 기준에서든 인구나 물리적 공간과 같은 차원과 관계해서든 주어진 양으로 만족감을 느끼지 못하게 되어 그 성격이 바뀔 때 나타난다. 이것은 일정한 '질'의 상품과 시설의 절대적 공급의 제한과 동일한 것이고, 이러한 의미에서 사회적 한계라고 간주되는 것이다.[47] 요컨대 빠른 성장은 안보가 튼튼하고 국제체제 내 잠재적인 위협국가가 없을 때조차 근본적으로 만족하고 있는 국가들 간에 상대적 이득의 중요성을 강화시킨다는 것이다.[48] 국가들이 무정부상태 아래 놓여있는 한, 안보에 대한 우려는 결코 완전히 사라지지 않을 것이고 군사력은 계속해서 정치적 영향력을 좌지우지할 것이다. 제3차 세계대전의 가능성은 매우 낮아 보이지만, 국가들의 탐욕과 위신(prestige) 지향, 그리고 명예와 지위,

45) 이 주제는 투키디데스에서 시작해 레닌을 이어 오늘날 길핀에게까지 전해졌다.

46) Fred Hirsch, *Social Limits to Growth*, 1976, p.27.

47) *Ibid.*, p.20.

48) Randall L. Schweller, *op. cit.*, p. 31.

부의 추구가 항상 비폭력적인 형태를 가질 것이라고 결론 내리는 것은 섣부른 것이다. 따라서 2001년 9월 11일 이후 테러와의 전쟁이 보여주듯, 군사력에 근거한 하드파워는 여전히 중요하며, 국가의 정치권력을 나타내는 궁극적인 척도이다.

프랑스 속담을 원용해 말하면, 권력과 위신에 대한 욕구는 그것을 갖게 되면 더 추구하게 되는 것이다. 사회심리학자들에 따르면, 한때 별다른 대안이 없어서 열악한 경제적 상황에 순응한 사람들이 그들의 전망과 가능성을 다시 검토하기 시작할 것이다. 그들은 현재의 조건과 기회들을 자신들보다 나은 상황에 있는 그룹과 비교하고, 그들이 어떠한 권리로 그것을 얻었는지를 확인한다. 기대와 다르게, 보다 만족하지 못하게 되는데, 그것은 그들의 열망이 성취한 것보다 더 크기 때문이다.[49] 이 같은 논리적 주장은 역사적으로 영국과 프랑스, 독일과 일본, 소련과 미국의 대외확장이 그들의 집중적인 산업화와 경제발전 단계에 이루어졌다는 점을 보듯이, 국제체제 내 부상하는 국가들에 그대로 적용 가능하다.[50] 이것은 슈크리(Nazli Choucri)와 노스(Robert North)가 발전시킨 소위 '횡적 압력(lateral pressure)' 이론의 기본 논리이다. 이 이론의 중요하고, 가장 기본적인 '지배' 변수들은 인구, 자원, 기술 등이고, 여기에서 기술은 사회 내 인적 지식과 기술의 수준과 발전 속도를 의미한다. 인구 팽창과 기술 발전의 결합은 자원 수요를 빠르게 증가시키고 종종 내부적 압력을 야기한다. 이러한 횡적 압력이 크면 클수록 국가 활동을 영토적 경계를 넘어서까지 확장할 가능성이 높아질 것이라고 한다.[51]

---

49) Ted Robert Gurr, *Why Men Rebel*, Princeton: Princeton University Press, 1970.

50) Randall L. Schweller, *op. cit.*, pp.54, 67.

51) Nazli Choucri and Robert C. North, "Dynamics of International Conflict: Some Policy Implications of Population, Resources, and

중국은 농촌에서 도시지역으로, 소도시에서 대도시로 이주하는 인구 집중을 수반하는 빠른 성장을 함에 따라, 큰 횡적 압력을 겪고 있다. 발전하면 할수록, 모든 종류의 자원에 대한 수요 또한 그만큼 커질 것이다. 이러한 횡적 압력은 과거에 역내 안정 그리고 국제 안정을 위험에 빠뜨렸던 것들과 유사하다. 냉전시기의 미소 간 이념경쟁은 제2차 세계대전 종전 이후 자원 경쟁의 중요성을 가렸다. 그러나 냉전의 종식은 자원 경쟁 요소를 다시 한 번 주무대에 등장시켰다. 그러나 오늘날의 상황은 과거의 단순한 반복이 아니며 질적으로 다르다. 현재의 상황에서 자원 경쟁은 분쟁에 있어 결정적이고 중요한 역할을 하고 있는데, 이는 자원 경쟁이 '안보화(securitization)' 수준으로 제기되고 있기 때문이다.[52] 중국의 에너지 경쟁의 안보화는 주로 중앙아시아와 아프리카 등지에서 석유와 가스에 대한 배타적 권리를 끊임없이 추구하면서 드러났다.[53] 그러나 가깝게는 동아시아 내 배타적 경제수역의 경계가 불분명한 지역에서 석유와 가스를 두고 일본과 분쟁을 벌이고 있다.

그렇다면 부상하는 중국은 어디를 향해 가고 있는가? 흥미롭게도 중국이 앞으로 가까운 미래에 가게 될 상반되지만 가능한 두 가지의 길에 대한 전망은 근대 일본의 역사에서 엿볼 수 있을 것이다. 첫 번째 모델은 메이지유신부터 제1차 세계대전까지의 기간에 횡적 압력을 완

---

Technology," in Raymond Tanter and Richard H. Ullman (eds.), *Theory and Policy in International Relations,* Princeton, NJ.: Princeton University Press, 1972, pp.85-86; Nazli Choucri and Robert C. North, *Nations in Conflict: National Growth and International Violence,* San Francisco: W.H. Freeman, 1975, pp.14-24.

52) Michael T. Clare and Peter Pavilionis, "Resource Competition in the New International Order," in I. William Zartman, ed. *Imbalance of Power,* Boulder, Lynne Renner, 2009, p.204.

53) Arthur Waldron ed., *China in Africa,* Washington, DC: The Jamestown Foundation, 2008.

화했던 것이고, 두 번째 모델은 제2차 세계대전 후에 횡적 압력을 완화했던 것이다.[54] 첫 번째 모델의 주요 양상은 국가 목표와 희소하고 가치 있는 자원을 추구하면서 나타난 내적 압력과 외적 압력의 결과로 성장한 군사적 능력과 상비 병력의 팽창, 무역과 영토 획득으로 강한 외적 팽창 요구를 야기하는 국내적 압력을 보여 주었다. 두 번째 모델에서의 일본의 확장 활동과 이익은 군사 영역이 아닌 기술, 경제, 금융, 문화 영역에 주로 놓여 있었다. 횡적 압력의 주요 형태로서 국제 무역과 투자 활동이 식민지 확장과 군사 활동을 대체한 것이다. 이러한 새로운 방식은 경쟁적인 강대국들이 산업시대와 탈산업시대에 성공적으로 적응하도록 고안되었다. 이 적응에 있어 중심적이었던 것은 일본의 (국내 및) 외교정책과 행태에 있어서 방식, 양식과 특색 등의 급격한 변화였다.[55] 이러한 이유로, 전후 일본은 이따금 '무역국가'[56] 또는 '새로운 형태의 초강대국'[57]이라고 불렸다. 이러한 추론이 유효하다면,

---

54) Nazli Choucri, Robert C. North, and Susumu Yamakage, *The Challenge of Japan Before World War II and After,* London: Routledge, 1992, chapter 6 and 15.

55) *Ibid,* p.254. 저자들에 따르면, 전후 일본의 모델은 전쟁 전과 여러 면에서 다르다. 먼저, 인구변수의 성격이 변했다. 인구가 전쟁 전 횡적 압력의 주요 요소였던 반면, 전후 시대에서는 덜 중요해졌다. 이것은 인구요소가 중요해지지 않았다는 것이 아니라 인구의 변화와 산업노동력이 비교적 작은 영향을 미쳤다는 것을 의미한다. 두 번째, 완전한 군사적 선택권이 전후 시대에서는 불가능해졌고 횡적 압력의 경제역할은 구조적이었다. 이렇게 경제적 요소들의 중요성이 증가했다. 세 번째, 전체적인 성장과 확장 과정에서 수출입의 역할과 상관관계에 있어 강한 연속성이 있었다. 전후 일본의 횡적 압력은 인구가 아닌 기술적 능력과 자원적 제한성에 달려있었다. 강화된 경쟁력과 기술적 우위는 여전히 일본의 강점이다. pp.267-268을 참고. 따라서 우리는 일본이 다른 국가들과 상호작용함에 있어 경제적 힘에 의지하는 것을 이해할 수 있다.

56) Richard Rosecrance, *The Rise of the Trading State,* New York: Basic Books, 1986.

57) Craig Garby and Marry Brown Bullock, *Japan: A New Kind of*

일본의 두 모델 중 어느 것이 중국의 미래와 가까울 것인가? 공산주의 중국의 빠르게 변하는 성격으로부터 유추컨대, 부상하는 중국은 일본의 첫 번째 모델을 닮을 가능성이 높다. 간략히 말해, 중국은 전후 일본과 달리 민주주의 국가가 아니다. 중국이라는 용은 적어도 아시아-태평양지역에서 권력과 위신을 향해 하늘로 올라가려고 할 것이다.

## V. 북한 핵미사일 도박의 위험성과 불안정한 한반도

제1차 북핵위기[58]는 북한이 1985년에 가입했던 핵확산금지조약(NPT)에서 탈퇴하기로 발표한 1993년 3월 11일에 시작되었다. 이후 북한은 국제조사관들을 추방하고 핵연료봉 봉쇄를 푼 후 플루토늄 재처리를 다시 시작할 계획이었다. 미국은 유엔 안보리를 통해 북한에 대한 제재를 검토하도록 했다. 북한의 대변인은 제재를 전쟁행위로 간주할 것이라고 주장했다. 클린턴(Clinton) 행정부는 주둔하고 있던 미군병력 37,000명에 50,000명의 추가 병력과 400여대의 전투기, 50척

---

*Superpower?,* Baltimore, Maryland: The Johns Hopkins University Press, 1994.

58) 북핵문제에 관한 상세한 논의에 대하여는, Leon V. Sigal, *Disarming Strangers: Nuclear Diplomacy with North Korea,* Princeton, NJ: Princeton University Press,1998; James Clay Moltz and Alexandre Y. Mansourov (eds.), London, *The North Korean Nuclear Program: Security, Strategy, and New Perspectives from Russia,* Routledge, 2000; Mitchell Reiss, Dridled Ambition, Washington D.C., The Woodrow Wilson Center Press, 1995, chapter 6; Michael O'Hanlon and Mike Mochizuki, *Crisis on the Korean Peninsula: How to Deal with a Nuclear North Korea,* New York, McGraw-Hill, 2003; Joel S. Wit, Daniel B. Poneman, and Robert L. Gallucci, *The First North Korean Nuclear Crisis: Going Critical,* Washington, D.C.: The Brookings Institution, 2004을 참고.

의 전함, 그리고 아파치 헬기, 브래들리 장갑차, 다연장발사체, 패트리어트 지대공미사일 등의 전투대대를 한반도에 증파할 계획을 세웠다. 클린턴(Bill Clinton) 대통령은 250명으로 이뤄진 사전준비팀에 이처럼 대규모로 증강되는 화력(firepower)을 관리할 본부를 만들도록 했다.[59] 이러한 조치들은 핵연료봉을 국제 통제 하에 두기 위해 미국이 전쟁을 불사할 수도 있다는 신호를 북한에 보내기 위한 것이었다. 1994년 초에 클린턴 미 대통령은 북한의 침략에 대한 억지책으로 병력과 무기를 대규모로 증강하는 준비를 계속 했다. 하지만 그는 또한 군사력 사용이 좋은 선택일 수 없다는 것을 알고 있었다. 전쟁으로 이어질 경우, 50만 명 정도의 미군과 한국군 병력, 그리고 100만 명 정도의 민간인이 죽거나 다치고, 600억 달러의 비용을 초래하며, 남한 경제를 1조 달러 정도까지의 경기침체를 가져올 것으로 추산되었기 때문이다.[60] 카터(Jimmy Carter) 전 대통령의 개입을 통해, 북한의 김일성 주석은 핵 사찰관들을 머물게 하고, 핵연료봉을 제자리에 두는 데 동의하면서, 미국에게 상응하는 대가를 요구했다. 공식 협상은 제네바에서 북한과 미국 사이에 시작되었고, 제네바 합의가 이뤄졌다. 제1차 북핵위기는 이렇게 종결된 것처럼 보였다.[61] 그러나 분명 그렇지는 않았다.

제2차 북핵위기는 2001년 9·11 테러사건과 그에 이은 부시(George W. Bush) 대통령의 테러와의 전쟁 선포가 나온 뒤에 발생했다. 이듬해 1월 연두교서에서 부시 대통령은 북한을 이란, 이라크 등과 함께 '악의

---

59) Fred Kaplan, *Daydream Believers,* Hoboken, New Jersey: John Wiley & Sons, 2008, p.55.

60) *Ibid.*, p.56.

61) Joel S. Witt, Daniel B. Poneman, and Robert L. Gallucci, *Going Critical: The First North Korean Nuclear Crisis,* Washington, DC.: Brookings Institution Press, 2004.

축(axis of evil)'의 하나로 규정했다. 악의 축 국가와는 협상이란 있을 수 없고 오직 대결을 통한 승리만이 있을 뿐이었다. 사실 부시 대통령은 필요한 경우, 행동으로 완수할 힘과 도덕적 권리를 갖고 있다고 선언한 것이었다. 이 무렵에 제네바 합의의 문제가 드러나기 시작했다. CIA는 북한이 1990년 말부터 아마도 파키스탄으로부터 우라늄 농축을 위한 원심분리기를 획득했다는 정황을 포착했다. 북한과 이란은 파키스탄의 칸(Kahn) 박사로부터 핵기술 원조를 받았다.[62] 거대한 설비와 전력이 필요한 플루토늄 프로젝트와 달리 우라늄 농축은 위성정찰에 덜 노출된다. 이러한 이유로 북한은 제네바 합의에 서명한 후 2년도 되기 전에 핵무기 개발을 위한 병행 농축 프로그램을 시작했음이 분명했다.[63] 2002년 10월 4일, 당시 동아태담당 차관보였던 짐 켈리(Jim Kelly)는 평양으로 가서 북한 당국자들에게 원심분리기 증거를 제시했다. 그들은 사실을 인정했다. 10월 20일, 부시 대통령은 공식적으로 제네바 합의의 파기를 선언했고 북한에 대한 원유 공급을 중단하는 동시에 다른 국가들에 대해서도 북한과의 모든 경제관계 단절을 촉구했다.

북한은 제1차 핵위기를 재연하려고 했다. 12월 말, 북한은 국제 사찰관들을 추방했고, 영변 핵시설을 재가동했으며, 8천 개의 핵연료봉 저장용기의 봉쇄를 풀었다. 2003년 1월 10일, 북한은 핵확산금지조약에서 탈퇴했지만, 미국이 제네바 합의의 의무를 이행하고 불가침조약에 서명한다면 조치를 되돌리고, 탈퇴를 철회할 의사가 있다는 성명을 발표했다. 더불어, 북한 유엔대표부 측은 클린턴 행정부 시절 주(駐)유엔 대사였던 빌 리처드슨(Richardson) 당시 뉴멕시코 주지사를 방문

62) Philip Bobbitt, *Terror and Consent: The Wars for the Twenty-First Century,* New York: Alfred A. Knopf, 2008, p.117.

63) *Ibid.*, p.113.

했다.[64] 북한 관료들은 1994년 핵 협상을 시작하는 데 있어 지미 카터(Jimmy Carter) 전 대통령이 '비공식적' 중재 역할을 해준 바 있기 때문에, 미 대통령이 공식적으로 할 수 없는 것을 막후에서 중재자들이 하도록 하는 것을 미국이 선호하지 않는(out-of-favor) 체제를 다룰 때, '체면을 세우는' 미국의 방식이라고 추론했음이 분명했다. 리처드슨은 기꺼이 중재자 역할을 자처했지만, 좋은 수(gambit)가 되지 못했다. 북한은 클린턴과 가까운 민주당원인 리처드슨 주지사가 부시 대통령과 아무런 관계가 없음을 인지하지 못했다.[65] 더욱이 부시 대통령은 핵무기나 에너지 부족 문제에 대해서 북한과 협상할 의사가 전혀 없었다. 그에게 있어서, 이러한 거절은 원칙의 문제였다. 중요한 것은 도덕적 우위를 유지하며 북한에 대해 압력을 유지한 것이었다. 2003년 3월 초, 부시 대통령은 남한과 괌에 전투기전단을 파견해 북한 김정일 국방위원장에 대한 약간의 강압외교를 행했다. 3월 10일, 북한 대변인은 미국이 북한에 대해 핵공격을 준비하고 있다고 비난했고, 이후 수 주 동안 김정일 국방위원장은 모습을 드러내지 않았다.

2003년 4월 사담 후세인 정권이 무너진 후, 갑자기 또 다른 곳의 독재자를 전복시킨다는 생각이 부시 행정부 내에서 나왔다. 모든 가능한 우발 상황에서의 전쟁 계획을 일상적으로 준비하고 있는 미 합참은 한반도에서의 전쟁계획 수정을 완료했다.[66] 작전계획(작계) 5030이라는 명칭의 이 계획은 전쟁 시작 전의 위기 상황에 자원이 부족한 북한군에 부담을 주고, 관료들 사이에 김정일 체제에 대한 쿠데타를 감행할

64) 리처드슨은 이미 북한과 협상을 한 경험이 있었다. 그는 하원의원으로서 비무장지대를 정찰 중 전사한 미군의 시신을 반환받기 위해 평양을 방문했었다. 또한 이후 의도치 않게 북한국경을 넘은 미국인 등산객을 송환받는데 기여했다.

65) Fred Kaplan, *op. cit.*, p. 64.

66) *Ibid.*, p.67.

혼란을 주기 위해 사전적인(proactive) 조치를 취할 권한을 미 사령관들에게 부여했다.[67] 그 해 7월, 작계 5030의 세부 내용이 *US News & World Report*에 유출되었는데, 이것은 아마도 북한을 보다 깊은 공황에 몰아넣기 위한 책략이었을 것이다. 하지만 부시 대통령은 지리적 조건 때문에, 전쟁이 현실적인 선택이라고 생각하지는 않았다. 1,700만의 인구가 거주하는 남한의 수도 서울은 비무장지대로부터 50마일 정도밖에 떨어져 있지 않다. 이에 4월말, 부시 대통령은 북한에 대해서 대화로 해결하는 수밖에 없음을 깨달았다. 적절한 절차에 따라, 6자회담[68]이 시작되었다. 이 회담에는 이해 당사국들, 즉 미국, 중국, 러시아, 일본과 함께 남북한이 참여했다.

2003년 8월 27일, 6자회담이 베이징에서 시작되었지만 아무런 진전도 없었다. 진전 없이 10개월을 보낸 후인 2004년 6월 중순에, 부시 대통령은 북한 핵무장해제에 대한 보상을 제안했다. 즉, 북한은 3개월 내에 핵무기 프로그램 해체를 선언해야 하고, 그 선언이 발표되는 즉시, 미국은 북한 영토를 공격하거나 체제 전복을 시도하지 않을 것을 약속하며, 다른 국가들은 북한에 규칙적으로 매달 원유를 공급한다는 것이었다. 그러나 김정일은 그 사이를 이용해 그의 입지를 굳건히 했다. 그는 플루토늄을 갖고 있고 핵무기를 갖고 있다고 주장했다. 미국은 더 많은 것을 제공해야 했다. 2005년 9월 19일, 6자회담의 당사국들은 '공동성명'에 서명했다. 그 성명에 따라 북한은 핵무기 프로그램을 포기하고 핵확산금지조약에 재가입하는 데 동의했고, 다른 국가들은 대규모의 에너지 지원과 함께 북한의 주권 존중을 약속했다. 미국

---

67) *Ibid.*, p.68.

68) Charles L. Pritchard, *Failed Diplomacy: The Tragic Story of How North Korea Got the Bomb*, Washington, D.C., The Brookings Institution, 2007.

은 지난달에 북한의 박길연 주(駐)유엔대사에게 북한의 주권을 존중하고 공격할 의사가 없음을 이미 보증했었다. 이 성명은 타결책으로 널리 환영 받았지만, 북한은 여전히 경수로 공급을 요구했다. 어쨌든 9·19 공동성명은 이내 흐지부지 되었는데, 미국 재무부가 북한의 자금 세탁 및 달러 위조에 대해 제재를 가했기 때문이다.

2006년 6월, 북한은 장거리 미사일 실험 계획을 발표했다. 1998년 이후로는 처음 실시되는 실험이었다. 역내 국가들과 미국이 항의했지만, 미사일 실험은 7월 4일에 감행되었다. 물론 이는 부시 행정부에게 메시지를 보내기 위한 것이었다. 게다가 2006년 10월 9일 북한은 1차 지하핵실험을 감행했다. 북한은 이제 핵무장 국가가 되었다. 유엔 안보리는 이 핵실험에 관해 13 대 0로 북한을 비난하기로 결정했다(결의안 제1718호). 하지만 그것이 전부였고, 어떤 후속 조치도 나오지 않았다. 북한이 핵무장에 성공하자, 가장 영향력 있는 '교황'과 같은 유엔도, 지구상 가장 힘있는 '황제'와 같은 미국도 이를 막을 어떠한 일도 할 수 없었다.

2009년 4월 5일에 북한은 스스로 위성로켓이라고 설명한 장거리미사일을 2006년에 발사했었던 것처럼 발사했다. 유엔 안보리는 결의안 1718호를 위반했다면서 북한을 비난했고, 북한이 결의안의 의무를 따라야 한다는 같은 얘기만을 다시 반복했다. 또한 유엔 안보리는 6자회담의 조기 재개를 요구했고, 2005년의 9·19 공동성명의 완전한 이행을 위한 노력을 촉구했다. 그러나 북한은 다시 한 번 무시했다. 이 무렵에 6자회담은 이미 더 이상의 진전을 보이지 못하는 상태였다. 북한이 동해안에서의 일련의 미사일 발사에 이어, 2009년 5월 25일 유엔 안보리 결의안에 어긋나는 2차 핵실험을 감행할 때까지 거의 3년이 지나도록 어떠한 진전도 없었다. 4일 후인 5월 29일, 북한은 기존에 보지 못했던 유형의 단거리 지대공 미사일을 발사했다. 더욱이 2차 핵실험 후 미국이 이끄는 대량살상무기확산방지구상(PSI)에 전면 가담하겠다는 남한의 발표에 대응해 북한은 전쟁을 중단시키고 있던 1953년의 휴전조약을 더 이상 이행하지 않겠다고 했다. 이제 이론상 한반도는 '전쟁 상태'로 돌아간 것과 마찬가지였다.69)

북한의 2차 핵실험 후 유엔 안보리는 2009년 6월 12일에 북한에 대한 전반적인 무기 금수조치와 금융제재를 포함한 결의안 1874호를 만장일치로 통과시켰다. 이 결의안은 1718호보다 강력한 것으로, 모든 유엔회원국들에게 공해상에서 의심되는 북한 선박이 수색을 거부하는 경우, 그 선박을 인근 항구로 호송해 강제로 수색하도록 촉구했다. 하지만 이 결의안은 북한의 핵실험과 탄도미사일 실험 후에 채택한 이전의 결의안처럼 유엔헌장 제7장 제41조에 따라 채택되었기 때문에, 무력의 사용이 배제되어 있어, 강제적 집행 권한이 없었다. 중국은 과거의 그러한 결의안 대부분을 무시했다. 중국은 결의안 1874호에 의해 요구되는 선박 수색, 그리고 무기수출금지를 이행하는 데 있어 미온적이었다. 유엔의 논의에서, 중국은 보다 확고한 용어인 '결정한다(decide)' 보다는 결의안이 회원국들에게 '요청한다(call on)'라는 용어를 사용해야 한다고 주장했다. 중국은 '요청한다'를 과거에 해왔던 것만큼 법적으로 구속력이 없는 것으로 해석했다. 더욱이 중국 외교부 대변인은 국제사회의 제재 조치가 북한 주민들의 안녕과 정상 무역, 경제활동에 영향을 미쳐서는 안 된다고 지적했고,70) 그래서 북한에 제재를 가하는 유엔의 시도를 자의적으로 해석하고 있음을 보여주었다.

6월 23일, 북한은 결의안 1874호에 대응해 우라늄농축 프로그램을 시작하고, 모든 플루토늄을 무기화하며 어떤 봉쇄에도 군사적으로 대응하겠다고 선언했다. 북한은 핵무기를 결코 포기하지 않을 것이라는

---

69) *Ibid.*, p.71.

70) *Korea Herald*, June 30, 2009.

점을 분명히 했다. 이러한 전개 상황을 고려할 때, 북한의 비핵화를 목적으로 한 6자회담의 실행가능성은 의문시된다. 이에 6자회담은 종결되었다고 말하는 것이 보다 정확할지도 모른다. 지난 20년간의 국제사회와 유엔의 모든 노력은 아무런 결실을 맺지 못한 것으로 드러났다. 북한의 분명한 핵무장 야심에 대한 새로운 접근법이 절실히 필요하다. 2009년 6월 19일 백악관에서의 정상회담 이후에 이명박 대통령과 버락 오바마(Barack Obama) 대통령이 해낸 것은 북한에게 핵 프로그램을 포기하지 않으면 심각한 결과가 따를 것이라고 경고한 것뿐이었다.[71] 하지만 그러한 말뿐인 경고는 북한으로부터 어떠한 만족스러운 반응도 이끌어 낼 수 없을 것이다. 이것은 외로운 초강대국 미국과 낙천적인(Panglossian) 우방 한국의 좌절로 인해 더 허세 부리는 것으로 드러날 수도 있다.

## VI. 지정학적 권력의 재구성과 유엔

개혁에 관해 어떤 논의를 도모하든 유엔 안보리와 총회로 하려 하면, 상황의 변화를 기대하기는 어려울 것이다. 안보리의 상임이사국들은 모든 최종 조항에 대한 거부권을 갖고 있기 때문에 '바로 이 인간의 제도(this very human institution)'를 개혁하는 것은 매우 힘든 일이다.[72] 이것은 사실 국제질서(혹은 무질서)의 상태를 그대로 반영하고 있다. 단극적 세계에서도 패권국가는 논쟁의 여지가 있을 수 있기는 해도 널리 수용될 수 있는 권위에 의해 제한되고 억제되며, 승인되어야 한다. 따라

71) *Korea Herald*, July 17, 2009.

72) 유엔은 당시 주유엔미국대사 Kirkpatrick에 의해 "매우 인간적인 기구"라고 불렸다. United States Information Agency (October 1984).

서 유엔은 오늘날 단극적 세계에서 꼭 필요한 역할을 하고 있다. 우리는 그 내용이 시기상조였기 때문에 충분히, 그리고 진지하게 생각해 보지 않았던 아이디어로 돌아가고 있다. 그 아이디어는 1960년 콩고 위기시에 유엔 사무총장이었던 다그 함마숄트(Hammarskjold)가 했던 “우리는 약소국들을 보호하기 위해 여기에 존재한다”라는 말에 들어 있다. 당시 미국인들은 이 발언을 좋아하지 않았으며, 드골의 프랑스 역시 그러했다.[73] 약소국들의 보호가 보장되어야 한다는 사실은 분명하다. 그러나 지난 부시 정권의 인사들을 비롯한 일부 미국인들은 미국 혼자서 세계질서를 매우 잘 관리할 수 있고, 다른 국가들은 중요하지 않다고 생각했다. 이제는 그들이 군사력, 특히 깊게 손상된 위신을 과대평가했었음이 분명해졌다.

미국인들의 강한 제국적 유혹에도 불구하고,[74] ‘포스트아메리카 시대’는 도래했다.[75] 오늘날의 세계는 중동에서의 민주주의 확산에서 보듯이, 약소국들(lesser powers)이 선의적이고 그들의 목표에도 부합하는 미국의 계획을 방해할 수 있는 많은 수단을 갖고 있는 매우 복합적인 세계다. 더욱이 미국은 스탠리 호프만(Hoffmann)의 지적처럼 제국적 역할을 맡을 소질을 갖고 있지 않다. 그 소질이란 인내, 전문성, 막대한 자원을 사용할 의지 등으로 여전히 반식민주의적 성향을 갖고 국내문제에 집중하는 특징을 강하게 갖고 있는 국가에서는 찾아보기 힘

73) Stanley Hoffmann, *Gulliver Unbound,* Lanham, Maryland: Rowman & Littlefield, 2004, p.119.

74) Robert W. Tucker and David C. Hendrickson, *The Imperial Temptation: The New World Order and America's Purpose*, New York: New York University Press, 1992; Stanley Hoffmann, *Gulliver Unbound: America's Imperial Temptation and the War in Iraq,* Lanham, Maryland: Rowman & Littlefield, 2004.

75) Fareed Zakaria, *The Post-American World,* New York: W.W. Norton, 2008.

든 것들이다.[76] 또한 미국인들은 테러와의 전쟁, 핵확산, 제3세계 상당 지역의 고통 등 오늘날의 문제들의 성격이 다자주의적 조치를 요구한다는 것을 알고 있다. 제국이 되려는 의지, 무엇보다도 (직접적인 지배, 혹은 간접적이지만 효과적인 지배 등을 통한) 타국에 대한 근본적인 통제처럼 진정으로 제국적인 패권국이 되기 위한 필수 조건은 미국 국내 분위기든 오늘날의 국제정치든 어느 것과도 맞지 않다. 글로벌 이슈들은 유엔의 강화를 필요로 하고 있지만 미국이 유엔의 강화를 지향하는 경향을 보인 적은 없다. 강화된 유엔은 효율이 떨어지고 분열되면서 미국이 갖고 있는 패권의 국제적 정당성을 허용하지 않을 것이다.

현존하는 다자적 안보기구들의 취약성을 고려할 때, 국가가 심각한 위협을 받는 상황에서 유엔 안보리, 북대서양조약기구(NATO), 아세안, 유럽연합(EU) 또는 다른 지역 기구를 믿는 것은 어리석은 일이다. 자국의 안보를 위해 행동하는 국가에 대한 원칙적 반대는 없을 것이다.[77] 그러나 잘 제도화된 다자적 기구들은 '국제적 정당성'을 부여할 수 있고, 그 정당성은 보다 많은 국가들의 지지를 이끌어 낸다. 하지만 유엔은 정당성이나 효율성 면에서 불완전하고, 그래서 정치적으로 가능한 어떠한 개혁도 이러한 문제들을 완전히 해결할 수는 없을 것 같다. 정당성의 개념은 정의의 개념과 관련 있는 것이기는 하지만 동일한 것은 아니다. 일반적으로 특정한 일련의 국제적 합의들은 그것들이 정의롭기 때문에 정당하다고 생각한다. 하지만 정당성은 제3자의 눈에만 존재한다. 제도는 정의의 어떠한 철학적 또는 절대적인 기준에 부합하나의 문제가 아니라 그것에 의해 영향을 받는 사람들이 그것을 정

76) Stanley Hoffmann, *op. cit.*, p.141.

77) Francis Fukuyama, "Challenges to World Order After September 11," in I. William Zartman (ed.), *Imbalance of Power: US Hegemony and International Order,* Boulder, Lynne Rienner, 2009, p.232.

당하다고 생각하느냐에 달려있다.[78)]

최소한 전형적인 미국의 관점에서 보았을 때, 유엔의 정당성 문제는 국제기구의 회원자격이 정당성에 대한 어떤 구체적인 정의가 아닌 공식적인 주권에 근거를 두고 있다는 데 있다. 특히, 유엔은 회원국들이 민주주의국가여야 한다는 조건을 달고 있지 않다. 유엔 설립 당시의 국제정치적 현실을 반영한 이 수용은 여러 가지 면에서 보편적 기구의 이후 행동들을 손상시켰다. 유엔과 그 전에 존재했던 국제연맹은 국가들의 연맹이 국가 체제의 충돌들을 극복할 수 있다고 제시했던 칸트(Kant)의 <영구 평화론>(*Perpetual Peace*)에 지적인 근거를 두고 있다. 그러나 몽테스키외의 영향을 받았던 칸트는 연맹의 회원국들이 공화주의적 형태의 정부를 공유해야 할 것이라고 조건을 제시했다.[79)] 공화주의적 형태의 정부만이 국제체제가 집행할 정의의 원칙들에 합의를 할 것이기 때문이다. 그러나 국제연맹과 마찬가지로 유엔은 애초부터 그 정당성이 의심스러운 국가들을 포함하고 있었다.

유엔의 또 다른 문제는 안보위협에 대응하기 위한 제도로서의 효율성과 관련되어 있다. 군사력 사용에 관한 유엔헌장 제7장의 승인은 안보리를 거쳐야만 한다. 하지만 유엔 안보리는 다섯 개의 상임이사국들에게 거부권을 부여함으로써 약한 제도가 되도록 설계되었다. 이것은 안보리가 상임이사국들의 바람이나 이익에 어긋나게 행동하지 못하도록 했다. 전시 연합은 냉전의 시작과 함께 분열되었고, 안보리는 이후 1950년 한국전쟁과 1990년 이라크의 쿠웨이트 침공에 대한 유엔의 조치 외에 군사력 사용이 요구되는 심각한 안보 위협에 대한 합의를

78) *Ibid.*, pp.234-235.

79) Daniel H. Deudney, *Bounding Power: Republican Security Theory from the Polis to the Global Village*, Princeton and Oxford: Princeton University Press, 2007; Paul A. Rahe, *Soft Despotism, Democracy's Drift*, New Haven & London: Yale University Press, 2009.

할 수 없었다.

주요 안보 위협에 대처하는 데 있어 유엔의 군사력 사용 승인이 어렵다는 것이 분쟁 후의 재건(reconstruction)과 다른 평화 건설 활동에 있어 중요한 역할을 수행하지 못한다는 것을 의미하지는 않는다. 하지만 유엔이 그러한 국제활동에 있어 정당성과 유용한 보호막이 되어 주기는 하지만, 여기에서도 한계점은 분명하다. 유엔은 결정적인 조치를 취할 수 있는 세계정부가 아니며, 따라서 회원국들의 합의에 의해 움직이고 특히 주요 공헌국가들에 의존한다. 그 중요 공헌국가들이란 실제로는 미국, 유럽국가들, 일본 등으로, 자금, 군사력, 기술적 원조를 담당하고 있다. 또한 안보리 회원국 자격이 확대되거나 변경된다 할지라도 집단적 활동의 문제는 존속할 것이다. 오히려 거부권을 가진 국가들이 추가되어 안보리가 커지면, 현재보다 훨씬 더 큰 기능 마비를 겪게 될 것이다. 특히, 많은 안보리 표결과정에서 고립을 겪었던 미국은 합의의 원칙으로부터 다수결의 형태로의 표결방식 변경에 절대 동의하지 않을 것이다.

사실 유엔회원국들이 정당성(legitimacy)이나 타당성(wisdom)을 두고 첨예하게 분열되어 있는 상황에서도 군사력의 사용을 승인할 수 있는 강력한 유엔이 국제사회에 이익이 될 것인가에 대한 실제적 문제가 남아 있다. 유엔의 중요한 역할은 국제위기가 발생할 때마다 수사적으로 강조되어 왔지만, 실상 국제위협에 대한 대응은 제때에 이루어지지도 않았고 효율적이지도 않았다. 유엔이 가까운 미래에 국제적 대리통치자로서 행동할 만큼 강화될 것이라는 기대는 거의 실현 불가능한 것이다. 1990년대 초 이래 북한이 여러 단계를 거쳐 핵개발과 핵무장에 이르는 오랜 기간 동안 유엔은 북한을 저지하기 위한 어떠한 효율적인 조치도 취하지 못했었다. 다른 말로 해서, 유엔은 현장이 요구하는 산불 속의 소방관과 같은 역할도 수행해 낼 수 없었다. 그 동안 유엔이 보여준 한계들과 모든 문제들을 고려할 때, 아태지역의 국제적 평화와 안보에 대해 유엔이 지금까지 해 왔던 것보다 더 큰 공헌을 예상하고 기대하기란 어려운 일이다.[80] 그러나 유엔이 오늘날 국제사회에서 발휘하고 있는 도덕적 정당성을 완전히 무시하는 것 또한 실수일 것이다. 정당성은 권력, 최근의 보다 유행하는 용어로 하면 소프트파워의 원천임이 분명하다. 정당성을 잃은 힘은 전제정과 다름없다. 충성을 이끌기 위해서는 그러한 특별한 자질이 필요하다. 나폴레옹은 왕이야 몇 번이고 패할 수 있고, 그래도 왕으로 남지만, 자신을 황제의 자리에서 물러나게 하는 데에는 단 한 번만 패배시키면 된다고 하면서 이를 분명하게 지적했다 왕과 나폴레옹 황제 간의 차이는 정당성의 차이였다. 안보가 사람들의 감성과 지성에 좌우될 우리 시대에 정당성은 그 어느 때보다도 더 중요하다. 유일한 초강대국인 미국은 나폴레옹 황제처럼 행동할 수 있지만 "왕"은 될 수 없다. 따라서 지금 일부 국가들이 주저하고 있기는 하지만, 법적, 정치적 행위자로서 보다 강화된 유엔 외에는 마땅한 대안이 없다. 지난 이라크 전쟁도 이라크의 재건 노력에 있어 유엔이 결코 적실성을 잃지 않았다는 것을 명백히 증명한 바 있다.

유엔은 빠르게 변화하고 있는 아시아-태평양 지역을 포함한 전 지구적 정치 세계에서 보편적 정당성을 제공하는 유일하고 주요한 공급처이다. '우리, 유엔의 인민들(We, the Peoples of the United Nations)'의

80) Sung-Hack Kang, "The United Nations and East Asia's peace and Security: From a Policeman to a Nanny?" in Soo-Gil Park and Sung-Hack Kang (eds.), *UN, PKO and East Asian Security: Currents. Trends and Prospects*, Seoul: Korean Academic Council on the United Nations System, 2002, pp.1-27; Sung-Hack Kang, ed. *The United Nations and Global Crisis Management*, Seoul: Korean Academic Council on the United Nations System, 2004; Sung-Hack Kang, ed. *The United Nations and Keeping Peace in Northeast Asia*, Seoul: The Institute for Peace Studies, Korea University, 1995을 참고.

의무는 유엔을 지적으로 그리고 도덕적으로 지원함으로써 이 지역 내에서 보다 적실성을 갖도록 하는 것이다. 왜냐하면 우리 시대에 정당성이라는 방패를 가장 강력하게 제공해 줄 수 있는 것은 오로지 유엔이라는 이름으로 하는 조치이기 때문이다. 그러나 안보리 상임이사국들은 대부분의 '핫 이슈'들에 대한 의견이 확연하게 분열되어 있다. 중국이 최근 북핵위기 시에 보여 준 것처럼 자유민주주의와 전제적 체제 국가들 간의 틈이 점점 더 벌어지는 상황에서 어떠한 형태로든지 국제적 합의를 이루는 것은 더욱더 힘들어질 것이다. 이러한 상황에서, 안보리의 새로운 협력에 대한 요청은 유엔 헌장이라는 "신성한 기록"에도 불구하고 성공하기 힘들 것 같다. 반면, 회원국들 간 지속되는 상호불신과 점증하는 적대감은 계속 유지되고 있다. 안보리의 협력은 이슈에 따라 일시적으로 이뤄질 것이지만, 궁극적으로는 첫 번째 시험 포탄에 쉽게 붕괴될 가능성이 있는 스페인의 성과 같을 것이다. 설립된 이후 국제분쟁 해결에 있어 매우 열악했던 유엔의 역할의 기록은 밝은 전망을 불가능하게 만든다.

'글로벌 공동체(community)'는 말할 것도 없이, 일종의 자신감을 가진 '아시아-태평양 공동체(community)'를 말하는 것도 어렵다. "공동체"라는 용어는 행태의 국제 규범, 국제 도덕, 그리고 국제 양심에 대한 동의를 함축적으로 의미한다. 그러한 글로벌 공동체에 대한 생각은 1990년대 잠시 주목을 받았었는데, 당시 일반 가정은 러시아와 중국의 서구적 자유주의로의 움직임이 인간사에 대한 생각의 지구적 공통성을 생산한다는 것이다. 그러나 1990년대 후반, 글로벌 공동체가 보편적이고, 공통적인 이해를 위한 튼튼한 기초가 부족하다는 것이 분명해졌다. 코소보(Kosovo) 전쟁으로부터 다르푸르(Darfur) 사태, 이란, 미얀마, 북한 등에 이르기까지 문제들이 드러났다. 부상하는 중국과 부활하는 러시아는 전제주의를 맹신하거나 세계적인 전제적 혁명을 꿈꾸지는 않는다. 그러나 전제적 강대국들은 결국 미국과 다른 자유민주주의 국가들로 포위되어 있다고 느끼는 국가들에게 지원과 수교를 제안할 것이다.[81] 가령 오늘날 중국과 북한 사이의 관계가 그 예라고 할 수 있다.

## Ⅶ. 결　　론

아시아-태평양 지역은 세계에서 가장 불안정했던 곳이고, 현재도 불안정한 곳이다. 중국은 자국이 원하는 지역질서 전망에 따라 한반도에 대한 영향력을 행사하고 전쟁을 막기 위해 다자주의적 주도권, 특히 북핵 위기 관련 6자회담의 주도권을 잡고 있다. 중국의 다자적 외교는 또한 대만의 주권 요구를 약화시키고 고립시키는 데 효과가 있음이 드러났다. 대만의 독립 추구는 근본적으로 중국의 강대국 지위에 대한 생각과 양립할 수 없는 것이다. 하지만 국제적 정당성을 중요시하는 중국에게 있어 지금 그 문제를 군사적으로 해결하는 것은 막대한 손실을 초래하는 것이다.[82]

중국은 새로운 지정학적 재구성의 주요 동력이기는 하지만 아직까지는 현 국제체제의 진정한 '극'이나 완전한 현상타파 국가가 아니다. 빠르게 성장하고 있기는 하지만 여전히 갈 길이 멀다.[83] 그럼에도 불구

81) Robert Kagan, "End of Dreams, Return of History," in Melvyn P. Leffler and Jeffrey W. Legro (eds.), *To lead the World: American Strategy After The Bush Doctrine,* Oxford: Oxford University Press, 2008, p.48 참고.

82) Yong Deng, *China's Struggle for Status: The Realignment of International Relations,* Cambridge: Cambridge University Press, 2008, p.274 참고.

83) Susan L. Shirk, *China: Fragile Superpower, Oxford: Oxford University Press,* 2007.

하고, 대만에 대한 중국의 강압 외교, 남사군도(Spratly Islands)의 베트남에 대한 군사력 사용, 남중국해에 대한 주권 주장 등은 중국이 앞으로 평화적 수단에만 의존할 것이라는 신뢰를 파괴했다. 오히려 중국의 행동은 다가오는 미래에 아시아·태평양 지역에서의 현상에 대한 중대한 도전을 감행한 준비를 하고 있는 부상하는 불만족 국가에 가깝다.

미국과 중국은 전 세계적으로 연계되고, 전지구적으로 개입되어 있는 세계정치 무대의 주요 행위자들이다. 그러나 이 두 국가는 아시아-태평양 지역에서 궁극적으로 양립할 수 없는 외부적 목표를 추구하고 있는데, 이 지역에는 여전히 생생한 역사적 경험에서 기인한 강한 '적대감'과 대만 문제는 말할 것도 없고 미국의 군사적 동맹들인 2개 국가, 즉 세계로 뻗어가는 일본 및 민주적 한국과 부상하는 중국 간의 여전히 긴박한 영토분쟁에 토대를 두고, 언제든 불붙을 수 있는 '적대적 의도'가 있다. 파편화되고 민주적인 미국이든 일본과 한국이든, 부상하는 거인 중국을 제때에 봉쇄할 것이라고 기대하기는 어렵다. 이에 반해, 동원체제적 국가인 중국은 내적으로 분열된 주변 국가들을 활용해서, 주변 외부환경 내 힘의 공백을 메우려 할 것이라고 예상할 수 있다. 중국과 미국 간 잠재적인 지정학적 경쟁은 21세기 국제정치에 있어 가장 큰 도전이 될 것이다. 그러나 미국은 부상하는 중국을 봉쇄할 수 없다는 결론을 내렸고, 대신 중국의 부상에 대해 헷지(hedge)하는 방향을 택했다.[84]

그러나 현재 아시아-태평양 지역에서 강력한 국제적 함의를 갖고 있는 가장 심각한 이슈는 북한의 핵미사일 도박과 그것이 한반도와 아시아-태평양 지역에 미치는 영향이다. 김정일 체제가 감행하고 있는 핵도박의 진정한 성격을 이해하기 위해서는 나치 독일의 히틀러가 1930년대, 1940년대 초에 서구사회를 어떻게 재앙으로 몰고 갔는지를

84) Christopher Coker, *War in an Age of Risk,* Cambridge, Polity Press, 2009, p.143.

기억할 필요가 있다. 히틀러(Adolf Hitler)가 수상이 되고 난 직후인 1933년 10월, 독일은 국제연맹 군축회담에서 탈퇴했다. 괴링(Hermann Goering)은 그 동안 비밀리에 공군력(Luftwaffe)을 건설했다. 동맹국들은 1934년에 이것에 대해 인지했으나 아무런 효과적인 항의도 하지 않았다. 1935년, 독일의 재무장은 기정사실화되었다. 그 해 3월에, 징병제가 부활되었고 50만 병력을 갖추는 계획이 발표되었다. 괴링은 자랑스럽게 공군력을 공개했다. 1935년 10월 3일 이탈리아의 공격과 함께 시작된 에티오피아 전쟁이 한창 중이던 1936년 3월 7일, 히틀러는 동맹국들의 반응을 살펴보기 위해 소규모 군대를 라인란트(Rheinland) 비무장지대에 파견했다. 이것은 베르사유조약과 로카르노조약의 명백한 위반이었다. 그러나 히틀러가 예상했듯이, 동맹국들은 어떠한 행동도 취하지 않았다. 국제연맹은 또 다시 베르사유조약을 수호하기 위한 어떠한 조치도 하지 않은 것이다. 어쨌든 많은 사람들은 독일이 자국 영토에서 원하는 대로 군대를 파견하는 것을 막을 이유가 없다고 생각했다. 1938년 2월에, 오스트리아의 나치 지도자인 자이스 인크바르트(Arthur Seyss-Inquart)가 평화유지를 위해 독일군을 불러들였다. 3월 12일 새벽, 독일군은 국경을 넘었고 비엔나와 다른 도시들에서 열렬한 환영을 받았다. 그러나 주지하듯이 히틀러는 여기서 멈추지 않았다. 그는 뮌헨 회담을 주저 없이 위반하고 체코슬로바키아, 폴란드, 프랑스, 영국, 러시아, 미국을 상대로 전쟁을 벌였다. 제1차 세계대전 이후 소위 20년간의 위기 동안 윈스턴 처칠(Winston Churchill)은 1933년 11월부터 평화유지의 효율적 도구로서 국제연맹을 옹호했고 <영국이 잠든 사이>(*While England Slept*, 1938)와 같은 저서를 저술하며 영국인들에게 히틀러의 위험성을 경고하고자 했다.[85] 그러나 영국 지도자

85) Winston Churchill, *While England Slept,* New York: G.P. Putnam's Sons, 1938, p.vii.

들과 대중, 그리고 국제연맹은 그의 외로운 외침에 귀를 기울이지 않았다. 처칠은 카산드라(Cassandra)와 같았고 그의 경고를 무시한 대가가 어떠했는지는 역사가 보여 준다.

1930년대 히틀러의 성공적인 비밀 재무장처럼 북한의 김정일도 1990년대에 북한의 핵무장을 비밀리에 준비했다. 그는 이라크 전쟁이 있던 2000년대 초반에 더욱 박차를 가했고 2006년 10월에 핵무기 보유를 성공적으로 공개했다. 그 이후, 북한은 핵무기확산금지체제에 대해 더욱더 도전적인 태도를 보여 왔고 국제평화와 안보를 위협했다. 하지만 유엔, 미국, 그리고 가장 직접적으로 영향을 받는 국가인 한국은 세계의 평화를 사랑하는 다른 대부분의 국가들과 더불어 20년 동안 잠을 잤다(아니 너무 많이 잤다). 한국의 경우에 이전의 두 명의 대통령이 추진한 유화정책이 부분적이나마 북한 핵개발에 실질적인 도움을 주었을 수도 있다. 그 결과 한국은 지금 불길한 징조를 마주하고 있다.

지역 내 좀 더 중-장기적인 문제로 돌아가 보자. 21세기에 미국과 중국 간 군사적 대결은 거의 불가피한 것인가? 불가피하다면, 그러한 대결은 예방할 수 있는 것인가? 물론, 그들 간에는 자유주의적 국제주의자들이 주장하는 바와 같이 완화시키는 중요한 요소들도 존재한다. 무역과 과학, 문화, 교육 분야에서의 연계와 교류가 양국 관계에 있어 완화시키는 역할을 할 것이라고 기대되는 요소들이다. 이 상호연결성이 높아질수록 충돌의 가능성은 낮아질 것이다. 그러나 '완화'한다는 것이 충돌의 가능성을 '제거'한다는 것은 아니다. 자유주의적 국제주의자들은 세계화되고 있는 사회에서 증가하는 상호연결성의 새로운 현상과 그에 따른 상호의존성에 너무도 빈번하게 현혹되어왔다. 칸트의 '신의 섭리(Providence)'는 인류를 영구평화라는 '약속된 땅(the Promised Land)'으로 이끌지 못했다. 아시아-태평양 지역을 유엔 체제(국제기구), 민주주의, 경제적 상호의존성으로 이루어진 칸트의 삼위 구조의 영구평화

신전으로 들어가게 하기 위해서는 중국뿐만 아니라 러시아도 그 체제에 들어가야 한다. 그러나 그것은 현 세대에서는 이루기 힘든 긴 여정이 될 것이다. 그때까지 평화가 지속될 수도 있지만, 우리가 살아가야 할 아시아-태평양 지역에서는 무력 충돌이 일어날 가능성이 더 있어 보인다. 바로 이러한 점에서 아시아-태평양 지역은 여전히 이상적인 신세계로의 직선적 역사(칸트)보다는 순환적 역사의 세계(마키아벨리)에 속해 있다. 종군 기자였던 마거리트 히긴스(Marguerite Higgins)는 한국에 묻혀 있는 유엔참전용사들에게 헌정된 *War in Korea*(1951)에서 민주주의 시민들에 대한 경고를 다음과 같이 했었는데, 이는 오늘날까지도 여전히 적실성을 갖는다.

> "불행하게도 자유국가들은 독재국가로부터의 위협을 무시하는 만성적인 기질이 있다. 히틀러는 그가 무엇을 할 것인지를 말했었다. 북한은 그들이 무엇을 할 것인지를 말했고 중국 또한 그랬다. 그러나 우리는 그들이 말하는 것을 좋아하지 않았기 때문에, 우리는 그들이 하는 말을 믿지 않았었다."

제 **17** 장

# 한국의 안보조건과 공군력 발전방향: 한국의 아틀라스를 향해서*

미래의 전쟁은 마치 중세의 전쟁이 무장한 기사들에 의해서
수행되었던 것처럼 특수계급, 즉 공군에 의해서
수행될 것이다.
– 윌리엄 미첼 –

공군력은 모든 형태의 군사력 가운데에서 측정하거나
혹은 정확한 말로 표현하기에 가장 어렵다.
– 윈스턴 처칠 –

새천년 6월 15일 평양에서 개최된 최초의 성공적 남북 정상회담으로 한국은 그동안 국가 안보제일주의에서 이제 민족의 숙원인 남북통일을 향해 새로운 궤도에 진입한 듯이 보인다. 한국전쟁 휴전 이후 최초의 직접적 남북 간 무력대결이었던 1년 전 연평해전에서 거의 일방적으로 패퇴한 북한은 패배의 1주년이 되는 바로 그 날 6월 15일에 남북 정상회담 개최를 평양에서 화려하게 장식함으로써 마치 1년 전의 연평해전을 모두가 망각케 하려는 것처럼 보인다.

남북 정상회담이 김대중 정부의 일관되고 꾸준한 소위 '햇볕정책'의 결실이라는 점을 부인할 수는 없지만 연평해전에서 한국의 막강한 현

* 본 장은 공군본부 『군사교리연구』, 제40호(2000년)에 실린 "한국안보의 미래조건과 공군력: 댄서에서 프리마돈나로?"와 『신아세아』, 제 9 권 제 4 호(2002년 겨울)에 실린 "주한미군과 한국공군의 발전방향"을 발췌 통합한 것이다.

대 군사력 앞에 패퇴한 북한이 '적대적이고 대결적인 대남정책'의 위험성을 절실하게 깨닫고, 모두가 공감할 '평화적 조국통일'의 명분을 내세우면서 '화해적 대남정책'으로의 변화를 전략적으로 선택한 것처럼 보인다. 그리하여 북한은 한국의 대북 햇볕을 마치 솔로몬의 전술처럼 한국으로 반사케 하여 아이러니컬하게도 한국의 대북정책이 반사된 햇볕에 점점 녹아드는 것 같다. 자칫 잘못하다간 한국민들만이 정신적으로 해이해지고 신체적으로 무장해제되는 일종의 안보불감증이 초래되지 않을까 하는 우려를 금할 수 없다.

남북 정상회담은 분명히 극적인 중요성을 보여 주었다. 그러나 그것이 진실로 남북통일을 향한 역사적 중요성을 갖게 될지 아니면 효과 만점의 단막극으로 끝나 버리고 말 것인지는 아직 분명하지 않다. 오직 역사만이 그것을 말해 줄 것이다. 분명히 한반도에도 정치적 해빙의 무드가 점점 팽배해지고 있다. 그러나 아직 남북 간의 군사전략적 상황이 근본적으로 달라진 것은 거의 없다. 어쩌면 남북 정상회담 이후 남북교류협력과 북한의 국제사회의 등장과 그에 편승하는 국제적 대북 지원과 투자는 북한이 추구하는 소위 '강성대국' 건설에 기여함으로써 분명히 북한군의 현대화에 기여할 것이다. 또한 북한이 김정일 일인지배체제라는 특수성을 고려할 때 남북관계는 화해의 궤도에서 쉽고도 갑작스럽게 대결의 궤도로 재진입할 가능성도 전적으로 배제할 수 없다.

정치지도자는 언제나 돌발적 최악의 사태에 대비해야만 한다. 그것이 지도자의 조건이라면 시대적 조건에 맞는 적절한 국방력의 준비는 국민 생존전략의 제1차적 조건이다. 뿐만 아니라 그러한 준비만이 남북 화해협력을 통해 남북통일로 가는 여러 가지 정책들을 두려움 없이 실천해 나갈 수 있게 해 줄 것이다.

냉전 종식 후 발생한 전쟁과 강압외교의 경험이 가장 명백하게 보여준 교훈은 거의 결정적인 공군력의 중요성이다. 그것을 우리에게 적용한다면 효율적이고 자립적인 공군력의 확보와 유지가 한국의 국가안보는 물론 한반도의 안정과 평화적 남북통일 노력에 필수불가결한 조건이라는 실질적 결론에 도달하게 될 것이다.

## Ⅰ. 공군력의 비밀: '두헤'의 복권

항공기의 출현으로 자연의 섭리가 뒤바뀐 것은 아니지만 인간들 사이의 공간적 질서 개념이나 시간적 관념 그리고 세계관에는 변화가 초래되었다. 적어도 국가 간의 전쟁에서 항공력의 출현으로 3차원의 개념이 도입되고, 수평적 조망에 수직적 조망이 추가됨으로써 전선 그 자체가 확대되었고 동시에 전쟁이 가져다주는 공포심과 파괴범위가 크게 확대되었다. 특히 양차 세계대전을 통해서 3차원의 폭력이 도덕적인 제한을 받지 않는 익명의 파괴성으로 인해 잔인한 전쟁을 더욱 잔혹하게 만들 수도 있다는 사실이 입증되었지만 공군력의 효과적인 활용이 전쟁의 승패를 가름하는 중요한 요인이 될 수도 있다는 사실을 군사전략가들은 절감했다.

정치가들이나 군사전략가들에 있어서 공군력의 유용성은 언제나 과학기술의 발전정도 그리고 그에 따른 전략, 전술개념의 변화와 궤를 같이해 왔다. 냉전 시대에는 '전략적' 공군력이 언제나 대륙 간 장거리 폭격기나 핵무기와 연결되어 전략적 분석가들의 사고를 지배했다. 전략적이지 못한, 즉 '전장의' 또는 '전술적'인 공군력의 존재 이유는 지상전투의 지원에서나 찾아졌다. 심지어는 공군 조종사들조차도 공동작전의 수행에 있어서 지상군과는 독립적으로 전략적 결과를 산출할 수 있는 공군력의 잠재적 능력에 거의 주목하지 않았다.

공군력의 개념이 변화하기 시작한 것은 1980년대부터였다. 냉전시대 군사과학기술의 발전으로 공군력의 질적 개선이 가능해졌고 비로소 공군은 전장에서의 공동작전의 목적을 직접적으로 달성할 수 있는 능력을 부여받게 되었다. 이러한 변화를 실감하게 한 것은 1991년 다국적군의 걸프전 수행과정이었는데, 이 전쟁에서의 공군력의 탁월한 위용은 공군력의 파괴력과 효율성에 있어서의 근본적인 변화를 대변하는 것이었다. 뿐만 아니라 인류는 물론 정치가들의 오랜 꿈이기도 했던 치명적이지 않으면서도 적을 무력화시킬 수 있는 기술의 혁신으로, 우군이든 적군이든 인명의 희생 없이도, 즉 지상군의 직접적인 유혈교전을 최소화하면서도 전쟁을 수행할 수 있다는 매력적인 환상을 걸프전 이후의 공군력은 제공해 주었다.

“사막의 폭풍 작전” 전야의 신속한 제공권 장악 그리고 그러한 제공권의 장악을 통해서 가능해진 지상전의 성과는 많은 사람들의 눈에 공군력 시대의 도래를 예감케 했다. 특히 이 전쟁에서는 적의 레이더와 적외선 감지장치에 탐지되지 않는 ‘스텔스’ 시스템이 F-117전투기에 장착됨으로써 이라크의 방공망을 초기 단계에서 무력화시키면서 전쟁의 대세를 쉽게 결정지었다. 사실 걸프전의 승리는 공군력 그 자체라기보다는 고도로 발전된 과학기술의 승리였지만, 아무튼 과학기술의 성과를 군사부문에서 대변하고 있던 것은 공군력이었다.

따라서 걸프전 이후 미국이 한때 “전 지구적 접근과 전 지구적 위력”을 모토로 기술력의 우위를 구가하고, 1996년에는 「Joint Vision 2010」을 입안하여 유리한 작전지역의 선점, 전방위적 자군보호, 정확한 작전준비와 전개, 집중적 병참지원 등의 모든 면에서 기술적으로 선도에 서 있는 공군의 역할을 강조하고 있는 것도 공군력의 이러한 역사적 발전성과에 토대를 둔 것이다.

1990년대의 막을 연 걸프전에서 독자적인 전술과 공격능력을 지닌 고독한 매로서의 능력을 시험받았다면, 전쟁은 물론 평화 시나 위기 시에도 이른바 '외교적 강압'의 유일한 수단으로서의 능력을 인정받게 된 것은 1999년 코소보 사태 시의 NATO에 의한 유고슬라비아/세르비아 공습부터라고 할 수 있다. 이 공습을 통해서 공군력은 최소한의 희생으로 최대한의 정치적 목적을 달성하려는 민주국가 지도자들의 열망과 그를 위한 외교정책 수행의 적절한 군사적 수단으로 부각되었다. 이미 걸프전에서 그 위용을 자랑한 공군력의 정밀타격능력은 피아의 손실과 인명희생을 최소화할 수 있는 '인도주의적 개입'을 위한 일종의 '인도주의적 무력'으로 간주되기 시작했다.

그러나 사실 외교정책의 수행에 있어서 강압을 위한 수단으로서의 군사적 위협과 실행은 물론 특히 공군력의 활용조차도 전혀 새로운 국제정치학적 발견은 아니다. 어떤 의미에서 전쟁 그 자체는 언제나 일종의 외교적 강제력의 행사이다. 그러나 1999년 유고슬라비아 폭격작전 후 NATO는 이 작전이 '절대로 전쟁이 아닌 강압외교의 승리'라고 공식적으로 주장했으며, 실제로 NATO 동맹군은 78일 동안 거의 오로지 38,000회 이상의 공군력의 출격에만 의존하면서, 교전을 통한 우군의 희생자를 전혀 내지 않고도 밀로세비치를 굴복시켰다.

즉 그동안 공군력의 효과에 대한 여러 가지 회의에도 불구하고 NATO의 유고슬라비아/세르비아 공습은 밀로세비치로 하여금 잔학행위를 단념케 하는 데 충분한 효과를 발휘했을 뿐만 아니라 미래에는 오히려 지금까지와는 반대로 지상군이 공군 전투수행의 지원역할을 하게 될 것이라는 예측마저 강화시켜 주었다. 이제 공군력은 전시가 아닌 평화 시에도 지구상 어느 곳에나 신속하게 배치, 전개될 수 있는 능력을 지닌, 또 희생을 기피하는 국내적 여론을 거스르지 않고 정책결정자가 작전의 통제범위와 규모를 직접 통제, 확인할 수 있는 전략적일 뿐만 아니라 전술, 작전적 차원의 강제수단으로 인정받게 된 것이다.

원래 전통적인 공군의 역할이란 전장에서의 합동작전에 있어서 제공권의 장악, 폭격 그리고 전투지원으로 정리된다. 다시 말해서 공군력의 역할은 다른 군종과의 합동작전에서 그 의미를 찾을 수 있었다. 그러나 기술의 발전으로 전략 및 전술적 차원에서의 공군력의 지분이 확대되었고, 독자적인 정보수집과 폭격능력의 질적, 양적 팽창, 정밀타격기술의 발달로 다른 군종, 특히 지상군에 대한 보조역할에서 탈피할 수 있게 된 것이다.

사이버 정보전의 시대가 될 것으로 예상되는 21세기에 공군력은 전시는 물론 평화 시의 정보수집과 방어능력에 있어서도 절대적으로 필요한 존재가 될 것이라고 주장되고 있다. 공군력을 현대 군사력의 모든 분야에 스며든 과학기술의 상징으로 보는 시각, 그리고 공중에서의 치명적인 화력의 투하능력만으로 보는 전통적인 시각의 두 가지로 분류하는 엘리어트 코언(Eliot Cohen)의 주장을 원용하자면, 세기적 전환기의 공군력은 단순한 3차원적 우위, 수직적 조감의 우위에만 만족하던 후자의 범주로부터 현대 군사력의 선두주자로서의 전자로 이행하고 있다고 말할 수 있을 것이다. 공군력에 관한 전통적인 시각을 고집하더라도 정밀유도병기(PGM)의 발달과 확산 그리고 '스텔스' 시스템 장착 전폭기와 야간 저고도 비행이 가능한 아파치(AH-64) 헬기 등 적의 탐지가 어려운 공중무기의 발전으로 제공권 장악과 정밀폭격 같은 전술개념의 재검토가 요구되게 되었다.

이러한 공군력의 위상변화는 아직은 세계 최강, 최첨단의 미국 공군력의 경우에 국한되지만, 1990년대 이후의 걸프전과 코소보 사태를 거치면서 목격해 온 기술적인 발전과 이를 이용한 공군력의 전개는 한국 공군의 경우에도 기본적인 사고의 전환을 가져오게 했다. 즉 한국 공군에서도 과학기술의 발달로 미래전의 양상이 정보전, 비대칭전, 병행전, 우주전, 미사일전 등의 요소를 지닌 것으로 근본적인 변화를 겪게 될 것이며, 거기서 공군이 중요한 역할을 할 것으로 전망하면서 항공력 중심의 군사력 운용개념의 정립과 항공력의 공세적 운용을 강조하고 또 교육하고 있다.

그러나 한국의 공군은 아직 미국 공군의 수준에 도달하지 못하고 있다. 한국 공군은 아직은 미국 공군의 과거에 머무르고 있는 것이다. 따라서 '한국 안보의 미래조건'과 '한국 공군력의 발전방향'에 관한 논의는 공군력의 발전을 가져온 전사(戰史)에 대한 구체적인 검토와 함께 한반도를 둘러싼 동북아시아의 근미래적 조건을 예측하는 것에서부터 시작해야 한다.

따라잡기 어려울 정도로 급격하고 광범위한 변화에 직면하게 되면 인간은 기본적인 사실들을 쉽게 망각하게 되고, 과거사로부터 배운 것들 가운데 미래에 적용할 만한 것은 거의 없다는 잘못된 신념에 빠져들게 마련이다. 그러나 역사는 기다란 그림자를 드리운다. 과거의 전쟁에서 노정된 공군력의 발전 가능성과 한계는 미래의 역사가들에게나 분명한 모습을 드러내겠지만 현재의 공군제도의 발전과정과 정책결정과정 역시 역사의 영향을 받는다. 뿐만 아니라 정치와는 달리 직접적인 인명의 희생을 강요하는 전쟁과 무력에 관한 부분은 결코 '가능성의 예술'일 수 없으며 그렇게 되어서도 안 된다. 한국 공군력의 현실적 한계와 발전 가능성을 알기 위해 우리는 역사적 조망을 거쳐야 한다.

## Ⅱ. 한국전쟁에서의 공군력의 역할

일반인들의 머릿속에 한국전쟁에서 공군력의 공헌은 B-29의 대량폭격으로 각인되어 있다. 1951년 8월 개성의 휴전협상 테이블에서 북한군의 협상대표 남일 중장이 "솔직히 말해서 당신들(공군)의 폭격만 없었더라도 당신네 지상군은 지금 여기에 있지도 남아 있을 수도 없었을 것이다"라고 공언할 정도로 공군력은 한국전쟁의 제공권 장악, 폭격, 지상군 전투의 지원 등의 전 과정에서 위력을 발휘했다. 뿐만 아니라 한국전쟁은 개전 초기부터 종전에 이르기까지 전략적 핵무기의 사용이 고려된 최초의 전쟁이기도 했다.

실제로 미 공군과 커티스 리메이(Curtis E. LeMay) 장군이 이끄는 전략공군사령부는 원자폭탄의 출현 이래 제2차 세계대전에서의 제공권 장악과 대량폭격이라는 전통적인 공군력의 역할보다는 거의 전략적 핵시대의 독트린과 기술에 대한 신념에 집착하고 있었다. 이들에게 있어서 한국전쟁은 전후의 동원해제로 위축되고 소련의 위협에 직면한 미국의 군 편제 속에서 독립된 군종으로서의 공군력이 국가의 정책목표를 수행할 수 있음을 입증할 수 있는 최초의 전쟁이었다.

전쟁의 결과 미국은 '뉴 룩(New Look)' 정책을 택함으로써 경제성 있는 핵전략 위주의 공군력 강화의 길을 밟게 되었지만 공군으로서는 37개월간의 작전을 통해서 다시 한 번 제공권의 우위와 대량폭격의 효율성을 인식하고 그 이후 규모와 힘에 있어서의 성장을 거듭하여 독립적이고 전문적인 공군력을 탄생시킬 수 있는 계기가 되었다.

공군력의 전술적인 측면과 전투기 및 폭격기의 기술적 측면에서도 한국전쟁은 미 공군에게는 적지 않은 의미를 지니고 있었다. 미 공군은 1950년 6월 25일(미국시각) F-82 트윈 무스탕 전투기 기관총으로 적기를 격추시킨 것을 처음으로 전쟁을 시작했고, 1953년 7월 27일 F-86 세이버 전투기가 마지막 공중전에서 적기를 격추시킴으로써 끝을 냈다. 한국전쟁은 공군력의 관점에서 보면 최초의 제트기들 사이의 전쟁이었고, 미 공군이 처음으로 F-80 제트전투기를 사용한 전쟁이었다.

오토 웨일랜드(Otto P. Weyland) 장군이 명명한 것처럼 "최초의 제트항공전"시대가 도래했던 것이다. 제2차 세계대전의 끝에 발명된 제트엔진은 북한의 하늘에서 동서가 충돌할 때까지 아무도 이해할 수 없었을 정도로 항공전을 혁명적으로 변모시켰다. 즉 항공전의 혁명이 발생했던 것이다. 항공모함에서 전장으로 제트기가 최초로 발진한 것도 한국전에서였다. 뿐만 아니라 한국전에서는 1940년대 말에 미국의 해·공군에 의해 거의 전적으로 무시되었던 헬리콥터들이 처음으로 광범위하게 사용되었다. 미 공군과 해군은 탐색 및 구조작전에서 헬리콥터들의 중요성을 비로소 인식했고 한국전에서 처음 걸음마로 시작되어 베트남전에서 격추된 수백 명의 비행사들을 구조하는 데 탁월한 능력을 과시하게 되었다.

또한 한국전쟁에서 미 공군은 소련제 전투기와 처음으로 교전을 경험했고, 소련의 전술을 맛보았으며, 때로는 소련 조종사들과도 조우했다. 한국전쟁은 피스톤 엔진과 제트 엔진(F-86, MIG-15 등)이 동시에 사용된 처음이자 마지막 전쟁이었고, 어떤 우주항공력의 지원도 없이 치러진 마지막 주요전쟁이기도 했다.

개전 초기 한국 지상군의 후퇴작전에서 미 공군은 이를 지원하는 임무를 맡게 되었는데, 조지 스트레이트마이어(George E. Stratemeyer) 중장이 이끄는 극동 미 공군(주력은 제 5 공군)은 일본, 오키나와, 괌 그리고 필리핀 등지에 가용 전투력으로서 F-80 전투기 70기, F-82 전투기 15기, B-26 폭격기가 22기, B-29 폭격기 12기만을 가지고 있었다. 1950년 7월 2일 미 공군 참모총장 호이트 반덴버그(Hoyt S. Vandenberg) 장군은 전략공군사령부로부터 중거리 폭격기 B-29 2개 편대를 차출하여 이 사령부 제15공군의 에메트 오도넬(Emmett O'Donnell, Jr.) 소장과 함께 극동으로 파견했다. 전쟁은 처음부터 미 지상군의 전투 투입이 아니라 전략공군사령부의 대규모 전면전을 예상한 폭격계획으로 시작되었다.

북한의 공군이 그다지 위협적이지 못했고 또 후퇴하는 국군을 그 타격대상으로 삼을 만한 제공거리를 지니고 있지도 못했기 때문에 미 공군은 적의 지상군의 보급로 차단은 물론 적의 후방에 대한 폭격에 주력할 수 있었던 것이다. 이것은 제2차 세계대전의 유산을 고스란히 새로운 형태의 전쟁에 적용하려는 시도였으나 아무튼 이러한 초기의 제공권 장악은 인천상륙작전과 북진으로 이어지는 지상군 전투수행에 효과적인 국면을 조성했다. 다시 말해서 공군의 폭격으로 북한군의 밀물 같은 남진속도를 지연시키지 못했더라면 한국이 전투를 공세로 전환시켰던 낙동강 전투는 없었을 것이며, 침략군에 대한 결정적 기습으로 단행된 인천상륙작전도 없었을 것이다.

미 공군은 7월 10일 평택 근처에서 F-80, F-82, B-26 등으로 교량을 파괴하여 북한군의 전진 병력을 차단한 후 117대의 트럭과 38대의 탱크를 파괴하며 거의 1개 사단을 궤멸시키는 등 9월 15일 인천상륙작전이 시작되기 전까지 미 공군은 막강한 제공권과 화력으로 폭격과 근접지원공격에 주력했다. 북한 지상군의 보급로는 B-26, B-29의 지속적인 폭격을 받아 차단되었으며, 낙동강 전선의 북한 병력 역시 F-80, F-51, B-26의 공격을 받아 궤멸되었다. 9월 15일의 인천상륙작전 역시 제5공군의 완벽한 제공권 장악 하에 인천지역의 북한 지상군에 대한 공습과 고립화 작전의 지원으로 가능했다.

북진과 함께 제공권의 장악과 근접지원에 주력하고 폭격과 공습작전을 중단했던 공군이 다시 폭격을 시작한 것은 11월 중국군의 참전 위협이 있고 나서부터였다. 스트레이트마이어는 적의 후방과 보급기지에 대한 폭격이 공군력 본연의 임무라고 생각하는 제2차 세계대전의 베테랑이었다. 11월 5일 극동 공군은 중국에 대한 심리적 위협을 겸해서 퇴진 북한군의 거점인 국경도시 강계의 65%를 소이탄으로 맹폭했고, 같은 달에 신의주를 비롯한 다른 9개의 도시가 같은 운명에 처해졌다. 회령의 경우는 도시의 90% 이상이 폐허가 되었다. 중국군의 참전과 동시에 출현한 당시 신무기인 MIG-15 전투기에 대항하여 미 공군은 F-84, F-86의 전투기를 투입했고, 이로써 약 4개월간 본래의 기능과는 전혀 걸맞지 않는 전천후 작전임무를 수행해 왔던 B-29는 낮의 전선에서 사라지기 시작했다.

중국의 참전과 소련제 미그기의 출현 이후에도 미국 파일럿들의 상대적으로 우수한 조종능력에 기인하여 제공권은 여전히 미 공군이 장악하고 있었지만, 전선이 다시 38도선 부근에서 교착상태에 빠진 이후 미 공군력은 폭격의 임무에 추가해서 중국의 비행장에서 출격해 오는 미그기와의 공중전도 담당해야 했다. 1951년 9월쯤에는 공산군이 약 500기의 미그기를 전선에 투입하고 있었던 반면 미 공군의 신예전투기 F-86 전투기는 90기에 불과했다. 캐나다로부터 60기의 F-86 전투기를 구입하기도 했지만 결국 총 150기 이상을 보유하지 못했고, 절반 이상이 임무수행 후의 수리, 유지를 위한 부품을 찾지 못해 일찍 퇴역했다. 북한측 참전국의 확대는 폭격기의 전세에도 영향을 주었다. 한때 공산군은 100기 이상의 IL-28 제트 폭격기를 보유했다.

한국전쟁이 교착상태에 빠지면서 형성된 전장에서의 전투기 및 폭격기의 상대적 열세를 극복한 것은 제2차 세계대전을 경험한 미 공군 조종사들의 전투능력이었다. 1950년 11월 8일 소련제 미그기와의 첫 교전을 경험한 이후 미 공군의 조종사들은 1953년 7월 27일의 마지막 공중전에서 9기의 MIG-15와 1기의 IL-12를 격추할 때까지 주로 F-86 전투기를 투입하여 10 대 1의 교전 전승을 유지했다. 전쟁 초기의 제공권 장악이 계속 유지되어 압록강 남쪽의 3각 지형, 즉 '미그회랑(MIG Alley)'을 포함한 북한의 영공이 공중전의 주 전장이었다.

휴전협상이 진행된 2년 동안 미 공군은 주로 적을 협상의 테이블로 끌어내기 위한 강제력 행사로서의 폭격에 전념했다. 1951년 5월 20일 스트레이트마이어의 후임으로 부임한 오토 웨일랜드 역시 전임자와 마찬가지로 '근접전투지원도 중요하지만 공군력이 산출할 수 있는 적에 대한 주요한 효과는 전선의 후방에 대한 폭격'이라고 생각하는 제2차 세계대전의 베테랑이었다. 특히 한국의 지형에서는 적이 참호 속에서 전투를 수행하기 때문에 후방에 대한 폭격이 더 유효하다고 생각했다. 그의 전술에 따라서 B-26과 B-29는 낡은 장비와 전투의 피로누적에도 불구하고 거의 매일 그리고 전쟁 통산 21,000회를 출격하여 167,000톤의 폭탄을 투하했다. 1952년 봄부터는 제이콥 스마트(Jacob E. Smart) 소장의 '전면강압작전'이 채택되어 적의 능력에 타격을 줄 수 있는 표적의 형태에 초점이 맞추어지는 약간의 변화는 있었지만, 이 역시 폭격위주의 공군력 활용이었다.

폭격에 있어서 실제적인 적의 보급로가 중국과 소련 영토 내에 위치하고 있다는 전략적 항공작전의 제한 요소가 있었지만, 미 공군은 1952년 6월 23일 북한의 수력발전소들에 대한 공습을 감행, 4일 동안 1,300회 이상을 출격하면서 전 전력시설의 90%를 마비시켰다. 그리고 표적을 산업시설과 건설 중인 비행장으로 옮기면서 폭격을 수행했다. 그리고 1953년 5월 중순에는 덕산을 비롯한 북한의 주요 댐과 관개시설들을 폭격함으로써 휴전회담의 성립과 전쟁의 종결에 기여했다.

한국전쟁에서의 공군력의 성공적인 임무달성의 많은 부분은 역시 공군이 보유하는 정찰능력과 수송능력의 지원을 받았는데, RF-80A를 중심으로 한 6만 회 이상의 정찰 출격이 실행되었고, 공수능력에 있어서는 C-47, C-119, C-47, C-54, C-124 등이 20만 회 이상 출격하면서 연인원 260만 명을 수송했고 40만 톤의 물자를 수송했다.

사실 한국전쟁에서 한국의 공군력이 기여한 부분은 미미한 수준이었지만, 미 공군은 한국전쟁의 모든 부분의 전투에 기여하면서 명실상부한 독립 군종으로서의 위치를 확보하였다. 한국전 초기에 미 공군이 세웠던 48개 비행단, 병력 416,314명의 확보라는 미 공군 전체의 군비증강 목표는 한국전을 계기로 1951년 1월까지 총 95개 비행단, 병력 1,061,000명의 확보라는 두 배 이상의 목표 달성을 이룩했다. 그리고 그 해 11월에는 미 합참에 의해서 143개 비행단, 병력 121만 명이라는 전력증강 계획을 승인받았다.

그러나 공군력 활용의 전략변화나 다양한 전술개발이 병행된 것은 아니었다. 전쟁 종결 이후 공군력의 양적, 질적 규모의 팽창에도 불구하고 핵무기에 의존하는 기본적인 전략에는 변화가 없었다. 한국전쟁 이후에도 여전히 핵전략과 전략폭격은 미국의 정치, 군사지도자들의 사고를 지배했고, 적에 대한 전략적 폭격은 미 공군의 존재 이유였다. 이러한 추세는 리메이가 미 합참의 부의장에 이어 의장으로 승진하면서 더욱 강화되었다.

이와 같은 전략적 사고의 제한이 초래할 수 있는 전술적 한계 내지는 부재 역시 한국전쟁에서 노정되었다. 전역의 각 단계에서 제공권의 장악, 폭격, 지상군에 대한 근접지원이라는 전술적 목적을 훌륭하게 달성한 공군력이지만, 적의 '중력의 중심부(center of gravity)'가 어디인지를 파악하는 능력과 그에 대한 타격의 능력에서는 한계를 노출했다. 전쟁이 장기전으로 돌입하면서 적의 지상군은 참호 속에서 공습의 압력을 피했고, 미 공군 지휘부는 실제로 적의 정책결정자에게 영향을 미치는 적절한 표적을 파악해야 하는 어려움에 직면할 때마다 제2차 세계대전의 경험에 따랐다.

전쟁 초기에 주로 폭격기에 의존해야 하는 기술적인 한계도 있었지만 한반도의 지리적 조건 역시 공군력의 전술적 활용을 어렵게 했다. 한국 지형의 협소함으로 인해 남쪽에서 발진한 미 전투기는 불과 25분 만에 중국과 소련의 영공을 의식해야 하는 등 기본적인 비행의 폭과 자유가 제약되었다. 또한 미 공군과 전략공군사령부는 무기체계, 조종사 그리고 공군지휘부의 부문에 있어서 심각한 물적, 인적 부족을 경험했고, 제한된 전통적인 전장에서 그러한 공군력을 적용하는 데 어려움을 겪었다. 조종사들은 제한된 숫자의 전투기와 폭격기로 거듭된 출격과 대량폭격임무를 수행해야 했기 때문에 '비행공포', 즉 극심한 피로를 느꼈고, 이들은 적절한 예비병력에 의해서 교체되지도 못했다.

한국전쟁은 미 공군의 입장에서나 한국의 입장에서 북한이 여전히 잠재적인 적이라는 면에서 결코 잊혀질 수 없는 전쟁이지만, 전 세계를 타격의 범위 내에 두려는 미국의 입장에서는 더더욱 '불확실한 지역에서의 공군력의 효과적인 활용'을 위한 연구대상이어야 했다. 그러나 미국은 변하지 않는 전략적 독트린을 가지고 베트남에서 다시 한 번 공군력의 가능성보다는 한계를 경험해야 했다.

## III. 베트남전에서의 공군력: 핵대결구조 속에서 제한된 역할

한국전쟁에서 공군력이 중요한 기여를 했지만 전쟁의 최종적 결과에 미친 전략폭격의 효과는 명백하지 못했다. 제2차 대전에서 연합국의 목적은 '무조건 항복'이라는 명백한 목적을 추구했지만, 한국전에서 미 공군은 대한민국의 독립과 한반도에서 공산주의자들이 축출 사이의 제한된 정치적 목적을 달성하도록 돕는 것이었다.

따라서 두 전쟁의 정치적 목적과 군사적 전투수행 사이의 차이는 전략폭격의 효율성에 관해 모호한 결론을 낳았다. 군사지도자들은 한국전쟁을 하나의 일탈로 간주했다. 그 결과 한국전쟁 이후 발전된 항공교리는 세계대전에 초점을 맞추었으며, 이른바 '제한전쟁'을 소홀히 다루었던 것이다. 즉 냉전의 와중에서 미국은 핵차원의 억제전략에 몰두함으로써, 게릴라전과 같은 저강도전쟁에 대한 대비를 간과했으며, 그 결과 미국은 베트남전에서 비싼 대가를 지불해야 했던 것이다.

미국의 민간 및 군사지도자들은 베트남전 당시 공군력 폭격의 치사율이 정치적 결과를 보증한다는 신념으로 베트남에 들어갔다. 그러나 한국전 후 항공력 기술의 발전이 군사적 승리를 보장하지 않았다. 기술 발전은 치사율에 초점을 맞춘 현대 항공력의 비전을 창조했지만 정치적 수단으로서 그 항공무기의 효율성을 가져오진 않았다. 그들은 항공력의 정치적 효력이란 여러 가지 요인들에 따라 다르다는 것을 충분히 깨닫지 못했다.

월맹에 대한 항공작전은 정치적 수단으로서 효율성에서 달랐으며 여러 가지 정치적 목적들이 그 결과의 차이를 초래했다. 당시 존슨 대통령은 독립적이고 안정적인 비공산 베트남이라는 자신의 적극적 목적을 달성하기 위해 항공력에 의존했다. 그러나 동시에 제3차 세계대전을 막고 국내 및 세계여론의 관심이 베트남에서 멀어지도록 하려는 그의 소극적 목적은 '북폭작전'을 제한시켰다. 그는 신중하게 통제된 폭격이 하노이의 전쟁 수행 비용을 높여 궁극적으로 종전하도록 할 것이라고 믿었다. 그러나 소위 북폭은 하노이의 전쟁 의지를 박탈하지 못했다.

베트남에서 닉슨 대통령의 목적은 전임자의 것과 달랐다. 닉슨의 정치적 목적은 베트남을 공산주의자들에게 쉽게 포기하지 않는 미국의 철수였다. 소극적 목적은 닉슨 대통령의 항공력 사용에 별다른 영향을 미치지 않았다. 그의 중국 및 소련과의 데탕트가 갈등의 확대위험을 제거했으며 모스크바 정상회담의 성공과 미 지상군의 계속적인 철수 그리고 월맹의 겁 없는 부활절 공세가 닉슨 대통령에게 "라인백커 I" 폭격작전에 대한 지지를 보증해 주었다. 1973년 12월까지 미 의회의 소집 전에 전쟁을 끝내겠다는 주된 소극적 목적이 항공력 사용을 제한했지만 닉슨 대통령은 "라인백커 II"를 높이는 데는 바로 이 소극적 목적을 이용했던 것이다.

요컨대 닉슨 대통령의 폭격은 존슨 대통령의 것보다도 더 효과적이었는데 그것은 닉슨의 폭격이 월맹이 생각하는 치명적 우려에 더욱더 위협적이기 때문이었다. 소극적 목적의 부재가 닉슨으로 하여금 월맹의 군대를 무기력하게 만들어버림으로써 하노이의 전투능력의 궤멸을 위협할 때까지 폭격을 확장할 수 있도록 했던 것이다. 뿐만 아니라 월맹의 부활절 공세는 자국의 군대가 공중폭격에 취약하게 만든 전면적인 재래식 공격이었다. 즉 공산주의자들의 승리에 본질적인 목표물을 미공군이 공격했던 것이다. 월맹은 무한적 재래식 전쟁을 수행했지만 라인백커가 월맹의 승리능력보다 더 위협적이었고 월맹의 자체방어능력마저 위협했다. 따라서 라인백커 II의 작전 11일 만에 월맹은 휴전에 응했다. 라인백커 II가 폭격의 효율성을 과시한 후에 공군사령관들에겐 정치지도자들이 정치적 통제로 방해받지 않는 공중폭격이 제한전쟁도 이길 수 있음을 깨달았을 것이라는 믿음이 생겼다. 그러나 대부분의 공군사령관들은 이 '11일간의 전쟁'이란 매우 제한된 목적을 위한 독특한 작전이었으며, 그것의 성공은 라인백커에 의한 파괴, 닉슨과 키신저의 외교, 그리고 폭격의 계속이 육군을 마비시킬 것이라는 월맹인들의 두려움 등의 복합적 요인들의 결과라는 것을 이해하지 못했던 것이다.

베트남에서 미국관리들은 1914년의 유럽의 정치 및 군사지도자들과 너무도 흡사하게도 그들의 경험 및 기대와는 너무도 다른 전쟁양상에 봉착했었다. 냉전의 분위기 속에서 정치적 성숙에 이르고, 한국에서 중국의 개입을 목격했던 존슨 대통령과 그 보좌진들은 베트남전에서 확전에 신중을 기하지 않을 수 없었다. 또한 그들은 소련군이 쿠바에서 항공력의 위협 앞에 후퇴하는 것을 보았었기에 베트남에서도 비슷한 위협이 월맹의 침략을 궁극적으로 억제할 것으로 믿었다. 공군지도자들은 적의 전쟁 능력을 파괴하는 항공력이 승리에 결정적 기여를 할 수 있을 것으로 믿었다. 이런 인식의 결과 존슨 대통령과 보좌진들은 항공력의 분명한 군사적 목적을 결코 정의하지 않았으며 공군사령관들 자신들이 정의한 목표는 대통령의 정치적 목적이나 전쟁의 본질적 성격과 조화되지 않았다. 그럼에도 불구하고 공군사령관들은 자신들의 교리가 베트남전에서 옳았으며 미래에도 옳다는 신념에 머물렀다. 1941년 이후 미국의 공군작전들을 분석한 윌리엄 모마이어(William Momyer)는 "항공력은 그것이 강렬하고 지속적이며 적의 치명적 제 체제에 초점을 맞추면 전략적으로 결정적일 수 있다"는 결론에 도달했다. 베트남전 이후의 공군사령관들은 라인백커 II를 폭격이 제한전쟁에서 성공할 것이라는 증거로 과신했으며 지나친 무력사용이 핵전쟁을 촉발할지도 모른다는 생각을 무시했다. 그러나 핵전쟁의 위협이 아무리 희박하다고 할지라도 미국의 정치지도자들은 초강대국의 지원을 받는 적과 싸울 때 그 위협을 존중해야만 했다. 베트남전에서 항공력 사용의 정치적 통제는 결코 비정상이 아니었다. 그리고 핵무기가 오히려 정치적 통제들을 현대에서 전쟁의 표준적 특성으로 만들었다.

결국, 베트남전의 최종결과는 베트남의 공산화로 인해 미국의 패전으로 간주되게 되었고 미국의 항공력도 부정적 평가를 받게 되었다. 미국이 절대적 무기인 핵폭탄을 투하하지 않는 한 항공력은 두헤의 기대처럼 공포의 대상이 되지 못했다.

그러나 베트남에서의 치욕적인 경험과 상기하기 괴로운 과거를 지니고 있던 미국 공군력의 위상변화를 극적으로 마련해 준 계기가 된 것은 바로 '걸프전'이었다. 양극적 핵대결구조가 종식되고, 베트남전 이후의 기술적 발전은 마침내 걸프전에서 항공력 선구자들의 예언이 실현되는 것을 전 세계가 목격하게 하였다.

## IV. 걸프전에서 과시된 공군력: 주피터와 같은 위력

1990년 1월 이라크의 외상 타리크 아지즈(Tariq Azia)는 워싱턴에서 미 국무장관 제임스 베이커(James Baker)에게 "당신들의 동맹국들은 무너질 것이고, 당신들은 사막에서 길을 잃게 될 것이오. 당신은 말이나 낙타를 타 본 적이 없기 때문에 사막이 어떤 곳인지 모르오"라고 경고했다. 그러나 모르는 것은 이라크가 더 많았다. 이란과 8년 동안이나 사막에서 전쟁을 치른 이라크의 아지즈는 미국이 냉전 시대에 소련과의 군비경쟁에서 최첨단의 과학기술을 응용한 전쟁장비를 개발, 숙달하고 있다는 사실과 사막이라는 지형이 제공해 주는 신속한 병력의 전개 그리고 정찰 및 정보수집의 용이성은 피차에게 유리한 조건으로 작용한다는 사실 그리고 미국이 베트남의 치욕을 씻고 싶어 한다는 사실을 모르고 있었다.

이라크에 대한 다국적군 공군력의 압박은 "사막의 폭풍작전"이 시작되기 이미 5개월 반 전부터 시작되었다. 1990년 8월 2일 이라크가 쿠웨이트를 침공한 지 24시간 이내에 미국은 F-15C/D 요격기 2개 비행중대에 중동으로의 발진을 명령했고, 8월 7일까지 이 비행중대는 사우디아라비아에 도착했다. 그 뒤를 이어 F-16 전투기 중대와 A-10 지상공격기 그리고 5기의 E-3A 공중정찰기가 중동지역으로 발진했다. 그 이후의 48시간 동안 영국 공군의 12대의 F-3 토네이도 요격기, 12대의 재규어 지상공격용 비행기 그리고 수송기, 공중급유 해상정찰기들이 가세했다. 8월 23일까지 약 500대의 공격전투기들이 위기 지역에 배치되었고 그 가운데 450대는 미 항공기였다. 걸프지역에 불과 24시간 이내에 전투기들이 도착함으로써 사담 후세인은 초기의 남진 구상을 재고해야 했으며, 주변의 아랍국가들에게는 서방의 군사적, 정치적 관여의 의지를 과시할 수 있었다. 공군력은 이라크의 지상병력의 우위를 상쇄시키는 데 적절한 것이었다.

미국을 비롯한 다국적군이 전장으로 쏟아져 들어온 "사막의 방패작전"이라고 명명된 이 5개월 반 동안의 기간은 그 이후의 "사막의 폭풍작전"의 빛에 가려 별로 주목을 받지 못했지만 이라크군의 더 이상의 전진을 막고 또 다국적군이 반격작전을 개시하기 위해서 병력의 구축기간으로 활용할 수 있었던 중요한 시간이었다. 실제로 이 기간 동안 다국적군의 대응은 공군력의 역사상 가장 대규모의 것이었다. 처음 단 한 번의 작전에서만 베를린 공수의 6주 분에 해당하는 물자가 수송되었다. 오클라호마시의 사람, 차량, 음식, 가재도구 전체가 지구를 반 바퀴 돌아 이동한 것과 같은 것이었다. F-117A 편대, 모든 F-111F 병력, 대다수의 F-15E, E-8 정찰/공격기, EF-111A, F-4G, 6개의 항공모함 그룹이 이동했고, 미국과 영국, 프랑스, 이탈리아 등지로부터 공격적인 공군력의 배치가 이루어졌다. 1월 중순까지는 300기 이상의 방어/공격 전투기, 500기의 폭격기, 400기의 다목적 비행기, 500기의 지원수송비행기가 전투태세에 돌입했다.

이렇게 몰려든 폭풍우가 번개와 천둥을 작렬하기 시작한 것은 1991년 1월 17일 02시 38분(현지시각)이었다. 미군의 아파치 헬기에서 발사된 헬파이어 미사일이 이라크 방공체제의 주축인 레이더 기지를 파괴한 것을 신호탄으로 F-15E의 스커드 미사일 기지 파괴 그리고 다국적군의 바그다드 폭격이 개시되었다. 이미 작전개시 직전에 F-117 스텔스 전투기가 이라크의 조기경보체제를 파괴해 놓았다. 이틀 전에 딕 체니 미 국방장관은 "사막의 폭풍작전" 명령서에 서명하면서 "당분간 이 작전은 엄격하게 공군의 작전이 될 것"이라고 말했으며, 작전 개시 2시간 후 조지 부시 미 대통령은 사령관들에게 "가능한 한 빠른 시간 내에 (전세를) 장악할 수 있도록 가능한 모든 조치를 취하라"고 지시하면서 이 작전이 '제2의 베트남'이 되지 않도록 하겠다는 의지를 표명했다. "사막의 폭풍작전"은 미국에게 베트남의 치욕을 씻을 수 있는 공군력의 작전이었다.

작전 개시 첫 7시간 동안 다국적군의 전투기가 무려 750회의 출격을 수행하면서 이라크의 통제 및 지휘센터와 스커드 미사일 기지, 레이더망, 비행장 그리고 비행기들을 무력하게 만들었다. 1월 23일 미 합참의장 콜린 파웰 장군은 다국적군의 전략을 "(쿠웨이트의 이라크군을) 차단하여 말살하는 것"이라고 요약했다. 이라크의 지상군을 표적으로 한 작전까지도 공군력에 위임된 것이었다.

사실 걸프전은 기술(스텔스 테크놀러지), 병참, 우주정보탐지체제, 프로포셔널리즘(육·해·공군의 적절한 병력배치와 전개) 그리고 거의 실시간 보고와 작전 지시 그리고 홍보 등에서의 완벽함으로 군사전략가들은 물론 세계인들을 경악시킨 최초의 전쟁이었지만, 전통적인 공군력 활용과 목적의 3요소인 제공권 장악, 공중폭격 그리고 지상군 전투의 근접지원에 충실했던 전쟁이었다.

개전 후 첫 두 주일 동안 다국적 공군은 제공권 장악을 위해 100기 이상의 조기경보레이더의 지원과 SA-2, SA-3, SA-6 등 70기 이상의 SAM(지대공미사일), 그리고 ZSU-23 방공포(AAA) 등으로 무장한 이라크의 통합방공체제(IADS)를 파괴했다. 이 임무는 EF-111A, EA-6B 그리고 아파치 헬기 등이 수행했고 토네이도, F-111F, A-6는 비행장과 관련 시설을 폭격했다. 제공권 장악 후의 폭격은 토머호크 순항미사일과 F-117A 등에 의해서 이라크의 군지휘부, C3I(지휘, 통제, 커뮤니케이션, 정보)시설, 정부의 주요 건물 등을 표적으로 이루어졌고, 스커드 미사일 기지를 비롯한 이라크의 전략목표들도 파괴되었다. 지상군에 대한 근접지원도 작전 첫날부터 시작되었다. 이라크의 지상군은 지속적인 공중 포화에 시달려야 했다. 쿠웨이트에 진주해 있는 이라크 지상군의 보급로 차단과 축출이 노먼 슈워츠코프의 작전목표였고, 공군력은 그것을 수행했다.

1991년 2월 28일 이라크군이 쿠웨이트와 바스라를 연결하는 도로를 따라 철수하다가 궤멸당한 전투를 마지막으로 단 6주일에 걸친 지상 최첨단의 작전은 끝을 맺었다. 초기의 제공권 장악과 전략 및 통신 목표물 폭격 등으로 6주 내내 이라크군의 사기는 붕괴되었고, 이라크의 공군력은 이란에 피신처를 얻었다.

뿐만 아니라 다국적 공군의 보급로 차단으로 고전하던 50만 병력의 쿠웨이트 주둔 이라크 지상군은 2월 21일 "사막의 사브르 작전"이 시작된 지 1주일이 지나지 않아 퇴각하기 시작했다. 마지막 100시간의 전쟁에서 공군은 지상군의 전개를 근접지원했고, 미 육군의 AH-64 아파치와 AH-1 슈퍼코브라는 전장에서의 공격과 보병을 지원하기 위한 임무를 수행했다. 적어도 마지막의 100시간 동안은 육·해·공군의 합동작전에 의한 시너지 효과의 극대화가 이루어졌고 적 공군의 공격으로 인한 미군 병사의 사망을 초래하지 않으면서 이라크군을 쿠웨이트에서 축출할 수 있었다. 초기 제공권의 장악과 유지가 결정적으로 주효했던 것이다.

걸프전에서는 공군력의 활용에 중요한 다양한 신종 병기와 그를 이용한 전술들이 선을 보였지만 공군력의 공헌이 돋보일 수 있었던 것은 정밀유도병기(PGM)의 존재와 그로 인한 작전에서의 중심적 위치의 구축이 있었기 때문이었다. 작전 초기의 대규모 폭격 이외에도 예를 들어 1월 29일 이라크군의 공격으로 시작된 알 하프지(Al Khafji) 전투를 비롯한 사막에서의 작전에서 F-111E, F-15E 그리고 A-6와 같은 미 공군의 전투기들은 적외선감지장치를 이용한 레이저유도폭탄으로 이라크의 탱크를 파괴하는 고비용의 전투를 전개했다. 뿐만 아니라 노먼 슈워츠코프 사령관은 보급루트와 전략거점의 파괴에 이용해야 할 B-52 폭격기를, 산개하여 모래 속으로 숨어 들어간 이라크 지상군 병력에 타격을 가하기 위해서도 활용했다.

이러한 공군력의 전천후 위력에도 불구하고 걸프전에서의 공군력의 역할이 절대적인 것은 아니라는 주장도 있을 수 있다. 즉 이란-이라크와의 전쟁에서 이라크는 그 어떤 공군의 위협도 느끼지 않을 만큼 강대했고, 기술적인 측면에서도 우수했다는 것이다. 그러한 이라크의 공군력이 1991년이라고 해서 나빠졌을 리는 없다는 것이다. 이라크가 전문적으로 필요한 기술을 상대적으로 결여하고 있을 뿐이었던 것이고, 공군력은 이러한 결점을 부각시켰을 뿐 이것을 창출한 것은 아니라는 것이다. 그러나 공군력은 분명 다국적군의 현저한 저손실을 위한 필요조건을 창출했다. 특히 지상전에서 저항하는 이라크의 병력을 다국적군의 손실 없이 패배시키는 데 중요한 역할을 수행했던 것이다.

비록 걸프전에서 보여준 공군력의 위용이 냉전 시대 미소 간 군비경쟁의 산물로서 지역적 갈등의 해결에 이용하기 위하여 고안된 것은 아니라고 할지라도, 또 엄밀하게 말해서 공군력의 독자적인 영역이라고만은 할 수 없는 C3I와 적의 방어능력제압, 정밀유도기술에 의존한 것이라고 할지라도 공군력은 전쟁의 성격과 수행에 관한 이라크군의 예견을 여지없이 붕괴시킴으로써 그 이후에 수행된 지상전에서의 다국적군의 희생을 전례 없는 최소수준으로 유지하는 데 중요한 역할을 했다. 전략적 차원에서 다국적 공군력의 유효성은 이라크 지도부의 전쟁수행 전략을 궤멸시켰고, 공군력이 예상외로 효과적이었기 때문에 이라크 지도부는 자신들의 선호전략을 수행할 기회를 상실해 버렸다. 뿐만 아니라 작전의 차원에 있어서도 다국적군의 초기 제공권 장악은 이라크 사령부의 지상군 전개 능력을 무력화시켰다. 공습의 위협이 이라크군의 움직임을 둔화시키고 고정된 위치에서 싸우도록 만들었다. 또한 이라크 지상군의 이동 목표물에 대한 파괴명령의 65%가 공군에 할당됨으로써 지상군을 능가하는 공군력의 위상을 확립했다. 그러나 이 공군력이 독립된 작전수행 능력을 과시하기 위해서는 8년을 더 기다려야 했다.

## V. 코소보의 창공에서: 강압외교수단으로서의 공군력의 출현

1999년 3월 24일부터 6월 11일까지 NATO군이 유고슬라비아에 가한 11주 동안의 공중폭격은 NATO 동맹 50년 동안에 발생한 첫 번째의 지속적인 무력사용으로 기록될 수도 있다. 그렇지만 한 국가의 영역 내에서 행해지는 인류에 대한 범죄를 저지하기 위해서 동원된 최초의 폭격, 즉 인도주의적 목적의 폭격으로도, 그리고 지속적인 지상군의 전개 없이 한 정부의 정책의 변화를 초래하기 위해서 취해진 최초의 폭격, 즉 정치적 목적의 폭격으로도 기록될 수 있을 것이다. 적의 무력을 완전히 궤멸시키는 것이 아니라 밀로세비치로 하여금 평화를 받아들이도록 하는 제한된 정치적 목적을 위해 수행된, 다시 말해서 강압을 위한 군사작전이었다. 따라서 밀로세비치가 여전히 유고슬라비아에서 건재하다든지, 코소보에는 NATO 지상군의 주둔이 무한정 유지되어야 할 불안정상태가 지속되고 있다든지, 유고슬라비아군이 받은 타격이 명확하지 않다든지 또는 그렇기 때문에 "화력은 파괴하고 보병은 점령한다"는 도식을 코소보 사태가 바꾸어 놓지는 못했다든지 하는 식의 비판은 적절치 못한 것일지도 모른다.

사실 유고슬라비아 공습은 공군력에 있어서 걸프전의 이미지를 되살려 주기보다는 베트남전의 기억을 강요할 수도 있는 작전이었다. NATO와 미국은 외교가 군사적 행동의 필요성을 제거해 줄 것이며, 이러한 외교적인 노력이 실패할 경우에 무력의 과시로 정책 목적을 실현할 수 있을 것이라는 판단 하에 충격과 기습의 효과를 노리기보다는 점차적으로 그리고 단계적으로 압력을 강화해 나갔다. 따라서 그들에게 이것은 전쟁이 아니었고, 또 그들은 전쟁으로 이끌기 위한 분명한 독트린이나 계획을 가지고 있지도 않았다. 공군력이 본격적인 전쟁에서의 무력수단이 아니라 외교정책의 수행을 위한 '강압적 외교 수단'으로 활용되기 시작했던 것이다.

NATO는 이미 1998년 여름에 합동군 작전계획을 수립하면서 폭격과 순항미사일 공격을 구상했고, 이것이 원하는 결과를 가져오는 데 실패할 경우에는 좀 더 전면적인 노력을 경주하기로 결정했다. 그러나 걸프전의 기억 속에서 초기의 성공이 기대되었고, NATO의 동맹국들은 더 이상의 강제가 필요하지 않을 것이라고 생각했다. 결국 걸프전과 비교해서 작전은 완만하게 시작되었다.

작전은 전적으로 공군력에만 의존하면서 시작되었는데, 베오그라드의 주요한 전략목표물에 대한 폭격과 코소보의 전술목표물(코소보의 세르비아군)에 대한 공격으로 나뉘어 진행되었다. 그러나 실제로 첫 3주 동안 NATO 공군의 1일 출격횟수는 84회에 불과했고, 표적 리스트의 확대에만 1개월이 걸렸다. 뿐만 아니라 전체적으로 코소보에서는 걸프전과 비교하여 공군력의 활용이 거의 10분의 1에 불과했다. 걸프전에서는 43일 동안 다국적군의 공군이 47,588회의 출격임무를 수행한 반면 코소보에서는 5월 27일까지의 65일 동안 모두 6,950회의 출격에 그쳤다. 걸프전에서는 총 출격의 42%가 폭격임무였던 데 비해 코소보에서의 폭격임무는 총 출격의 25%에 불과했다.

이러한 전략적 결함에도 불구하고 정밀유도병기로 무장한 공군 조종사들은 폭격의 정확도에 있어서 99.6%의 적중률을 기록하면서 걸프전의 기록을 경신했다. 작전 개시 50일째인 5월 14일 유럽 주둔 미 공군 사령관 존 점퍼(John Jumper) 장군은 유고슬라비아에서 완벽한 제공권을 장악했다고 주장하면서 "공군력만으로 밀로세비치의 군대를 무력하게 만들 수 있다"고 말했다.

5월 마지막 주에 접어들면서 NATO 공군은 매일 1,000회씩의 출격임무를 수행했다. 그 가운데 700회가 전투와 폭격이었다. 5월 27일에 이르러 코소보의 세르비아군은 25%가 감소했고, 유고슬라비아의 원유, 정유 기타 비축물 등 군사물자가 거의 절반이나 파괴되었다. 유고슬라비아의 MIG-29의 79%가, MIG-21의 30% 이상이, 그리고 지대공미사일 SA-2의 3분의 2와 SA-3의 80%가 파괴되었다. 폭격 10주째에는 NATO의 공군에 대항하는 세르비아의 도전도 거의 사라졌다. 세르비아와 코소보를 연결하는 도로의 절반 이상이 그리고 다뉴브강의 교량과 철도 모두가 자취를 감추었다. 결국 6월 3일 베오그라드는 NATO의 평화안에 동의했고, 일주일 후인 6월 9일 유고슬라비아는 합의서에 서명하고 코소보에서 철군하기 시작했다.

NATO의 전투는 압도적으로 공군의 폭격에 의존하여 수행되었다. 78일간의 갈등 전 기간에 걸쳐서 NATO 공군은 37,465회의 출격을 단행했고 그 가운데 14,006회가 폭격을 위한 것이었다. NATO의 공군력은 유고슬라비아 지상군의 탱크, 장갑수송차(APC), 포병, 트럭 등에 대해서도 974회의 유효한 타격을 가했다. 코소보의 세르비아군은 탱크의 26%, 장갑수송차의 34%, 포의 47%를 상실했다. "사막의 폭풍작전"에서 이라크군이 탱크의 41%, 장갑수송차의 32%, 포의 47%를 상실한 것과 비교하면 상대적으로 낮은 밀도의 공군력 활용으로 세르비아군이 더욱 효율적인 치명타를 당한 셈이었다. 타격임무의 성취도에 있어서 공군력은 코소보에서 걸프전을 능가하는 성공적 수행능력을 보여 주었다.

그러나 공군력만으로 수행된 코소보작전에서의 성공은 수량적인 파괴능력의 과시가 아니라 유고슬라비아의 전략적 표적을 공격함으로써 세르비아의 지도자 슬로보단 밀로세비치가 NATO의 협상안을 수용했다는 데에서 찾아져야 한다. 미 공군참모총장 마이클 라이언(Michael E. Ryan) 장군의 말처럼 코소보에서 공군력은 '전략적 명령'을 수행한 것이 아니라 '도덕적 명령'을 수행하기 위한 군사작전을 전개했던 것이다. 6월 3일 세르비아인들이 항복했을 때 NATO의 공군력은 걸프전과의 또 다른 의미에서 역사적인 진보를 기록했다고 할 수 있다. 즉 전쟁 수행에서 과거처럼 보조적인 요소로만 작용하던 시대로부터 공군력이 주도하는 시대로 이전했다는 표현은 다소 과장일 수 있지만, 아무튼 코소보 작전을 통해서 공군력은 위기 시의 대응에 선택할 수 있는 우선적 무력으로서의 자리매김에 성공했다. 1999년의 유고슬라비아/세르비아에 대한 작전이 전면적인 전쟁의 전개가 아니었고 또 육·해·공군의 모든 전력을 진지하게 동원한 통합작전이 아니었다는 유보만 수용한다면, NATO군 최고사령관 웨슬리 클라크(Wesley K. Clark) 대장의 "최종적인 결과는 다양한 요소들로부터 발생했을 것이지만 다른 모든 요소들에 필수불가결한 조건은 바로 공군 작전의 성공이었다"는 주장을 부인하기는 어렵다. 이 때의 공군력은 육·해·공군의 통합작전을 필요로 하지도 않았던 것이다.

그럼에도 불구하고 이 성공적인 작전에는 몇 가지 지적해야 할 전술적, 기술적인 난점들이 존재했다. 공군력의 기술진보는 보편적인 것이 아니었다. 미 공군이 보유하고 있던 정밀유도병기와 정보차단장치 등을 다른 NATO 연합군은 보유하고 있지 못했다. 9,400개의 전략 목표물 가운데 70% 이상이 정밀타격무기에 의해서 궤멸되고, 투하 또는 발사된 23,000기의 폭탄과 미사일 가운데 단 20기만이 착탄지점에 착오를 일으킨 이 작전에서 대부분의 정밀병기는 미국에 의존했다. 뿐만 아니라 기상 악화 시에 공중공격을 지원하거나 사막의 조건에서 기동하도록 고안되고 훈련된 아파치 헬기를 코소보의 산악지형에 특수기동타격대의 수송에 활용하는 과정에 2기의 헬기와 2명의 병사를 잃었다. 동일한 형태의 전투는 반복되지 않는 법이다. 공군력만을 활용한 작전도 역시 예외는 아니었다. 또한 이 작전에서 중요한 역할을 한 F-16 전투기는 훈련시에는 보통 일일 2시간 비행을 했음에도 불구하고 발칸에서는 보통 5시간씩의 출격비행을 감수했다. 이 신형전투기의 조종,

보수능력을 지닌 인원도 부족하여 전역 혹은 전보를 요구한 6천 명의 공군병력이 6월 15일 이후에야 희망을 실현하기도 했다. 한국전쟁에서 미 공군 조종사들이 느꼈던 '비행공포'는 반세기 후에도 여전히 사라지지 않고 있었다.

코소보에서 NATO군은 짧은 시간 내에 집중적인 화력과 병력, 기술력을 동원하여 희생을 최소화하면서 신속하게 적을 무력화하고 제압했다. 이 작전은 걸프전에서 확인한 공군력의 기술적 찬란함에 독자적인 무력수단으로서의 가능성을 더해 주었다. 그러나 유고슬라비아에 대한 폭격은 걸프전과 마찬가지로 신속하게 끝날 수 있었기에 성공으로 기록될 수 있다. 첨단기술과 압도적인 화력으로 70여 일 만에 밀로세비치를 무릎 꿇게 만들었지만, 그것은 첨단기술과 항공력 이전에 미국의 군사력이 동원할 수 있었던 무력의 압도적 우위에 힘입은 바가 크다. 그러한 미국조차도 전쟁이 더 지연되었더라면 그 후를 예측하기 어려웠을 것이다.

군사작전이란 본질적으로 희망하지 않았던 그리고 예측하지 못했던 인명의 손실을 수반하기 마련이다. 따라서 자국민의 인명 희생에 인내심을 발휘하지 못하는 민주주의 국가의 정책결정자들이 최소의 희생으로 유효한 강제력을 발휘할 수 있는 수단으로서 공군력에 의존하는 것은 어찌 보면 당연한 일이다. 이러한 효과적인 수단으로서의 공군력은 걸프전에서 이미 그 가능성을 보여 주었고, 세르비아에서 다시 한 번 확인시켜 주었다. 만일 지정학적, 기술적, 인적 그리고 물적 조건이 비슷하고 지역갈등의 구조도 유사하다면 공군력의 유용성과 효율성은 계속 강화·유지될 수 있을 것이다.

## VI. 한국의 안보조건과 공군력의 발전 방향

동북아시아의 잠재적 갈등과 공군력의 역할과의 관계는 위의 네 가지 유형 가운데 무엇을 모델로 설정해야 할 것인가? 다시 말해서 한국 공군력은 어떠한 미래의 안보조건에 놓이게 될 것인가? 그러한 조건 속에서 한국의 공군력은 어느 정도의 독립적인 역할을 하게 될 것이며 지향해야 할 방향은 무엇인가?

어느 한 갈등의 유형에서 성공적인 공군력의 수행이 다른 유형의 갈등에서의 성공을 보장해 주는 것은 아니다. 반세기 전의 한반도에서 또는 최근의 페르시아만이나 발칸지역에서 벌어진 사태와 그 결과는 공군력 발전의 대체적인 추세를 보여 주고 있지만 반복되는 갈등의 유형을 예언해 주고 있는 것은 아니다. 뿐만 아니라 서로 다른 전략적, 전술적 환경은 서로 다른 무력의 분배구조를 요구하며, 실제로 공포와 혼돈, 불확실성이 지배하는 안개 속 같은 전쟁 그 자체를 경험하기 전까지는 평상시의 군의 기술혁신과 전투준비태세에 대해서 완전하게 상대적 평가를 할 수도 없다. 따라서 과거의 성공적인 공군력 적용 사례에 관한 어떠한 타당한 분석이라 할지라도 한반도의 상황에 적용하기 위해서는 이 지역의 군사적인 무장의 정도와 안보 조건 그리고 전략적 환경 속에서 추측할 수밖에 없다.

동북아시아에는 여전히 냉전이 해체되지 않고 있다는 일반적인 주장은 남북한이 분단과 대치를 지속하고 있다는 사실 이외에 이 지역 강대국들 사이에 안보협력체제의 구축이 수립되지 못한 채 아직도 사실상의 동맹체제가 지배하고 있음을 가리킨다고 하겠다. 미국의 국가미사일방어(NMD)체제와 전역미사일방어(TMD)체제의 수립을 둘러싼 외교공방은 이러한 일종의 양극적인 대립의 구도가 여전히 건재함을 보여주고 있다.

이와 같은 상황에서 동북아시아 최대의 잠재적 분쟁요인은 역시 중국과 대만, 한국과 북한 사이의 갈등이며, 여기에 중첩적으로 동아시아의 주도권을 둘러싼 미국과 중국의 대립이 도사리고 있다. 중국은 여전히 '국가의 통일을 달성'하기 위해서 대만에 대한 무력행사의 가능성을 배제하지 않고 있으며, 실질 국방비 최소 870억 달러를 유지하면서 매년 10% 이상 국방비를 증액하고 있다. 뿐만 아니라 중국은 해외의 기술 도입과 무기개발로 향후 10년간 의미 있는 진전을 이룩할 잠재력을 지니고 있다. 대만 역시 1998년 군사력 신장을 위해서 F-16, 미라지 2000-5 전투기, 순양함과 구축함 그리고 패트리어트 방공체제를 도입하는 등 주로 공군력을 중심으로 한 병력증강으로 대응하고 있다. 중국군의 현대화와 동아시아의 헤게모니 장악 기도에 대응할 유일한 국가임을 자부하는 미국이 소련의 붕괴 이후에도 여전히 한국에 8,660명 병력의 제7공군과 일본에 14,000명 병력의 제5공군을 유지하고 있는 것은 기본적으로 중국을 염두에 두고 있는 것이다. 이와 같은 대립의 구도 하에서 미국의 전략적 고려 속에는 한국과 일본의 군사력이 유사시 미국의 전력으로 평가되고 있을 것이다.

한미 간의 안보적 동맹관계를 고려하면 한국 공군은 미국과 중국의 경쟁관계 속에서, 적어도 군사적인 측면에서는, 원하든 원하지 않든 중국을 견제하는 동아시아의 미국의 전력에 포함되어 있음을 부인할 수 없다. 통합지휘체계와 공통의 독트린 그리고 통합작전 프로그램을 공유하는 한국과 미국의 공군력의 편제 속에서 한국 공군력은 동아시아 안정의 억지력으로 작용하고 있는 것이다. 결국 한반도만으로 초점을 좁혀 북한과의 관계 속에서 한국의 공군력을 파악할 때에도 유사시 주한 미군사령부가 통제하는 미국의 공군력, 특히 제7공군과의 연계에서 고려될 수밖에 없다.

앞서 살펴본 바와 같이 사실 공군력은 국가의 최첨단 산업을 응용한 무력 부문이며, 국가의 경제적 능력을 가장 잘 반영하는 부문이기 때문에 국가의 경제력을 근거로 하면 북한의 군사력, 특히 공군력이 실체에 비해서 과대평가되고 있는 면도 없다고는 할 수 없다. 북한이 보유하고 있는 가용 전투기와 폭격기가 241대에 불과한 반면에 한국은 385대를 보유하고 조종사들의 훈련정도에 있어서도 한국이 우위에 있으며, 여기에 주한 미 공군의 전투기 78대와 E-3A 조기경보기, E-8 정찰기, F-117 스텔스기, B-2 폭격기와 순항미사일 등이 가세하면 전세는 더욱 명확해져서 걸프전에서의 이라크와도 비교할 수 없을 정도라는 것이다. 따라서 만일 전면전쟁이 발생한다면 북한과 한미연합군의 공군력의 대비로 볼 때나 페르시아와 코소보, 그리고 아프카니스탄에서 보여준 미 공군력의 효율성(정밀타격, 산업시설과 보급로 등의 중력타격)으로 볼 때 한반도에서의 국지전은 걸프전과는 비교할 수도 없는 단기간에 작은 규모의 작전으로 진화될 가능성이 크다고 할 수 있다.

그러나 이러한 논의가 공군력의 강화이유를 축소시키지는 않는다. 동북아시아의 한국과 미국의 공군력은 유사시의 돌발사태에 대한 준비태세의 확립은 물론 기본적으로 동아시아 내지는 한반도에서의 전쟁억지력으로서의 특성을 지니고 있다. 더욱이 적의 공군력이 가져오는 심리적 효과를 고려하면 공군력의 우위 유지는 필수적이다. 아무리 경제적 효과를 노린 것이라고 할지라도 북한의 미사일 위협과 같은 한반도의 새로운 형태의 위협에 가장 효과적으로 대처할 수 있는 것은 역시 공군력일 수밖에 없다.

미국은 자국의 안보이익에 대한 위협의 정도에 있어서 '미국의 생존을 위협하는' A급에 해당하던 소련이 붕괴된 이후에도 여전히 북한이나 이라크와 같은 국가들을 '미국의 생존을 위협할 정도는 아니지만 그래도 위험한' B급으로, 그리고 '미국의 안보이익에 간접적으로 영향을 주는' 코소보, 소말리아, 르완다 등을 C급으로 분류하면서, 현재까지는 북한의 위협을 상대적으로 중시하고 있다. 그러나 C급의 코소보가 여론과 인도주의적 고려에 근거하여 B급으로 격상되어 공격적인 공군력의 적용대상이 된 것처럼, B급의 '깡패국가' 북한이 미-중 관계의 진전과 한반도의 해빙무드의 확산으로 인해 인도주의적 고려의 대상이자 국내적인 위기발생의 진원지인 C급으로 격하될 가능성도 없지 않다.

그렇게 될 경우의 미 공군의 개입은 코소보 사태에서 보여준 것과 같이 국내적인 여론의 조성과 수렴, 동맹국들과의 협의와 작전전략 논의 등의 절차를 거치는 과정에서 작전 결정이 계속 지연될 수 있다. 결국 한반도의 급변하는 안보상황은 현재의 상황에서는 미 공군과의 유기적 연대를 중심축으로 전개될 것이지만, 가능한 미래적 상황에서는 한국 공군의 독자적인 활동반경이 넓어지는 안보환경이 조성될 수도 있다. 냉전적 대립구조의 색채가 엷어지고 국지적 분쟁의 발생가능성이 높아지는 21세기에 필연적으로 전술적 요소(공격 및 방어능력)로서의 공군력의 역할이 강조된다면, 한국의 공군에게는 전략적, 방어적 환경 속에서의 공군력 강화뿐만 아니라 전술적, 공격적 환경 속에서의 공군력 활용도 미래의 안보 플랜에서 고려할 수밖에 없게 될 것이다.

만일 한반도에서 국가 간의 전면전쟁이 발생한다면 한국전쟁의 경험으로 보아도 승리를 위해서는 제공권의 장악이 필수적이다. 그리고 전면전쟁이 아닌 근미래의 안보상황을 고려한다면 '쿠웨이트'가 상정되기보다는 위기관리의 상대적 중요성과 평화지원작전을 바탕으로 하는 '코소보'가 상정될 수 있다.

요컨대 한국 공군은 주한 미 공군과의 연대 속에서 전쟁을 억지하고, 전쟁발생 시에는 초기에 적을 제압하며, 독자적으로도 국지적인 지역의 위기를 방지할 수 있는 능력을 갖추어야 하는 임무를 부여받고 있는 것이다. 과거에는 공군력이 전장의 사령관들이 직면할 수 있는 모든 형태의 도전에 대한 해답을 제공해 주는 보편적으로 적용될 수 있는 수단은 아니었다. 그러나 오늘과 내일의 한반도에서는 그러한 공군력의 한계가 재발되지 않을지도 모른다.

한편 본서의 제8장에서 살펴보았듯이 우리는 장기적으로 주한미군이 한반도에서 완전 철수하는 한국의 미래 안보조건 또한 고려해야 할 것이다. 주한미군은 미국이 한반도에 대한 인식변화에 따라 필요하다는 결론을 내릴 때는 언제든지 한국상황과 관계없이 철수를 단행할 것이며 철수 시기나 필요는 미국의 세계 전략적 계산과 미국 내 정치과정에 의해 결정될 것이다. 동시에 주한미군의 장래는 한국인들의 주한미군에 대한 인식변화에 따른 국민적 요구에 의해서 크게 영향을 받을 것이다. 따라서 주한미군의 계속 주둔은 냉전시대처럼 결코 확실하게 보장된 것이 아닐 뿐만 아니라 오히려 머지않아 주한미군이 완전히 철수할 가능성이 높아지고 있고 그 철수 시기가 서서히 다가오고 있음을 감지할 수 있는 것이다.

만일 저자의 분석과 그 결론에 입각한 이러한 추론이 타당한 것이라면, 한국 공군의 발전방향은 아주 자명하다고 해도 과언이 아닐 것이다. 그것은 지난 반세기 동안 제2의 북한의 침략을 억제시킨 그 억제력을 주한미군 없이도 유지하고 그 억제력을 좀 더 높이는 방향으로 나아가는 길이 된다. 다시 말해 주한미군과 한미동맹체제에서 북한이 가장 두려워하는 것을 계속 두려워하게 만드는 것이다. 현재 북한이 가장 두려워하는 것은 바로 주한미군의 공군력이다. 따라서 한국의 자립적 공군력, 즉 북한의 침략을 억제할 만한 한국의 공군력을 발전시키는 것이다.

또한 냉전체제 종식으로 소련제국의 초강대국 지위 상실은 미국의 정치적 및 군사지도자, 특히 공군의 지도자들에게서 핵전쟁 위협의 무서운 그림자로부터 벗어나서 이제 보다 자유롭게 사실상 무제한적 항공력에 의한 전쟁의 승리를 모색할 수 있게 해주었으며 그 첫 실험대상이 바로 걸프전이었다고 하겠다. 발칸의 코소보나 최근 아프가니스탄에서 보여준 미 공군력의 놀라운 위력은 어쩌면 일찍이 두헤, 트렌처드 그리고 미첼의 항공이론이 더 이상 공상이 아니었음을 우리에게 증명해 보였다고 해도 과언이 아닐 것이다.

그러나 냉전 후 미국이 페르시아만, 발칸반도 그리고 아프가니스탄에서 감행한 전쟁은 피해당사자들의 비극을 국제적 전쟁윤리와 같은 별도의 카테고리에서 다루고 순전히 전쟁기술의 관점에서만 본다면 '거인'과 '난쟁이' 간의 일종의 닌텐도 게임 같았다. 이런 일방적 게임 같은 전쟁을 로날드 포글만(Ronald R. Fogleman) 장군은 "신 미국식 전쟁방식"이라고 명명했다. 그에 의하면 이 신 미국식 전쟁방식을 실현시키는 정찰, 평가 및 전투관리의 새로운 수단과 함께 연장된 항속거리와 증가된 치사율을 가진 새 무기체계들이 수천 명의 미국 젊은이들로 하여금 잔인한 병력 대 병력의 갈등에 처하게 하는 섬멸전이나 지구전의 개념으로부터 적의 전략적이고 전술적인 중력의 중심부를 직접 공격하려는 개념으로 전환시키는 것을 가능하게 하고 있다.

참으로 미국의 정치지도자들은 민간인들의 큰 살상을 모험하지 않고서도 자국의 정치적 목표들을 달성할 수 있을 것이다. 뿐만 아니라 그런 고도의 능력이 요구되는 곳으로 신속하게 이동시킬 수 있는 정도만큼이나 미국은 자신의 힘을 해외에 신속하게 투사할 수 있을 것이며, 따라서 항구적으로 대규모 병력을 해외에 주둔시키는 비용을 피할 수 있게 될 것이다. 바꾸어 말하면 냉전시대의 전진기지가 더 이상 절실히 필요하지 않게 된 것이다. 이러한 논리는 순전히 군사적인 관점에서만 본다면 주한미군에도 그대로 적용될 가능성을 배제할 수 없을 것이다. 따라서 대한민국의 자립적 공군력 확보가 신속히 요구되는 또 다른 이유가 여기에 있는 것이다.

이렇듯 주한미군의 계속 주둔이 확실히 보장된다고 확신할 수 없는 상황이 발생한다면 대북한 억제력은 급속히 약해질 것이다. 따라서 대한민국의 공군이 점점 불투명해지는 미래를 준비하려 한다면 주한 미공군의 억제력을 대체하고도 남을 만한 자립적 공군력과 그리고 그것을 뒷받침할 항공산업을 최우선적으로 육성하도록 노력해야 한다.

그런 노력의 시급한 착수의 당위성은 다음과 같이 집약될 수 있을 것이다. 첫째, 현재 대한민국 공군이 보유하고 있는 항공기는 초보적인 훈련기를 제외하고는 모두 수입한 것들이다. 항공기에 관한 한 우리는 소비자일 뿐 결코 생산자가 아니다. 한국은 영원히 소비자로만 남을 수 없다. 그것은 한국의 안보를 위태롭게 할 것은 물론이고 한국의 재정에도 영원히 무거운 짐으로 남게 될 것이다.

둘째, 유능한 파일럿을 길러낸다는 것은 시간이 많이 걸릴 뿐만 아니라 상당한 비용이 요구된다. 따라서 빨리 시작할수록 그 부담을 연도별로 분산시킬 수 있다.

셋째, 북한뿐만 아니라 주변 강대국들의 항공우주력의 발전을 경계하면서 한국도 우주항공력 발전을 모색함으로써 항공우주시대의 미래를 기약해야 한다. 우리가 살고 있는 시대는 분명히 항공우주시대이다. 따라서 여기에 관심을 갖는 것은 어떤 이유로도 지연될 수 없다.

넷째, 항공력의 강화는 전쟁 발발 시 최종적 승리를 위한 것임은 두말할 필요가 없지만 설사 최종적 승리를 거둔다 할지라도 그 과정에서 피해를 최소화해야 할 것이며 무엇보다도 최소의 피해마저 막을 수 있는 도발억제를 위해서 북한이 두려워할 만한 공군력을 꾸준히 확보·유지해 나가야 한다.

다섯째, 궁극적으로 주한미군의 다가오는 철수에 대비하자는 것이다. 주한미군 없이도 독자적·자립적일 수 있는 방위체제의 수립을 준비해 나가야 한다.

대한민국은 새로운 미국식의 전쟁방식을 채택할 만한 군사적·기술적 및 지리적 조건을 갖추고 있지 못하다. 북한도 그런 일방적 전쟁수행의 기회를 결코 주지 않기 위해 온갖 노력을 다할 것이다. 북한의 김정일 정권은 경제적 어려움에도 불구하고 가까운 장래에 붕괴될 것 같지도 않다. 따라서 동맹국인 미국의 새로운 전쟁방식에 현혹되어 공군력만으로도 한반도의 전쟁억제와 전쟁의 승리를 꿈꾸는 일종의 '이카루스 신드롬'에 전염되어서는 안 된다. 그러나 막강한 항공력의 확보와 유지 없이 한국의 안전이나 평화통일을 기대하는 것은 어리석은 짓이다. 오늘날 항공력은 매우 강력한 압박 수단이며 '강력한 설득력'이다. 한반도의 안전과 평화통일을 위해 필요한 경우 소위 '강압적 협력'을 위해서도 북한 김정일 정권이 두려워하고 주변 강대국들이 무시 못할 그런 강력한 공군력을 추구해야 할 것이다.

반세기 전의 한국전쟁은 공군력의 무시 못할 역할에도 불구하고 주로 수평적 차원의 전투였다. 그러나 이제는 전쟁의 형식이 제3차원, 즉 수직적 차원으로 이동했으며 이것은 항공 우주력의 영역이다. 오늘날 현대 항공 및 우주력에 관해 진실로 혁명적인 것은 미래의 전쟁을 인식하고 수행하는 방법을 근본적으로 변화시킬 수 있는 잠재력이다. 만일 이 분명하고 뚜렷한 잠재력을 명확하게 인식하지 못한 채 이런 저런 이유로 게으름을 피우면서 과거 수평적 전쟁의 경험, 그것도 반세기 전 한국전쟁의 경험에 사로잡혀 그 망령에서 탈피하지 못한다면 "장군들은 항상 지난번 마지막 전쟁을 수행한다(The generals always fight the last war)"는 전쟁사의 냉소적 교훈을 망각하는 어리석은 실수를 범할 것이다. 그리고 그 실수는 대한민국의 종말이며 한국인들 모두의 비극이 될 것이다.

## Ⅶ. 한국안보의 아틀라스(Atlas)를 향해서

공군력은 미소 간 범세계적 냉전체제의 붕괴 이후 1991년의 걸프전쟁과 발칸반도의 코소보 창공에서 그리고 최근 아프가니스탄에서의 반테러 전쟁에도 마치 주피터와 같은 위력으로 적을 굴복시킨 뒤 탈냉전시대의 전쟁수행이라는 비극적 발레의 댄서에서 프리마돈나로 부상했다. 공군력의 이러한 지위격상은 물론 하루아침에 이루어진 것이 아니다. 1921년 지울리오 두헤(Giulio Douhet)가 제공권의 확보를 통한 신속한 전쟁의 승리를 예언한 뒤 한 인간의 평균수명인 70년의 세월을 필요로 했으며 항공전의 경험과 교훈을 실천하는 끊임없는 노력의 결과였다.

한반도와 그 주변의 잠재적인 무력 갈등에서는 육·해·공군의 통합작전이 전개될 전면전쟁이나 전쟁예방을 위한 지역적 위기의 진화과정 등 어느 경우에도 공군력이 중심적인 역할을 하게 될 것이다. 지난 반세기 동안의 과학기술의 발전추세와 공군력의 독립적인 전투역량 강화경향의 역사적 경험을 미래를 들여다보기 위한 수정구슬로 삼는다면 전면전의 수행은 물론 전쟁예방을 위한 억지력과 강압외교의 무력수단으로서의 공군력은 그 효용성을 더해 갈 것이다.

동아시아의 민주화 경향은 이러한 가능성을 더욱 강화해 준다. 첨단장비로 무장한 공군력은 자국민과 군인의 희생을 줄이라는 압력에 굴복할 수밖에 없는 민주주의 정부가 합리적인 수단으로서 가장 먼저 채택하는 무력이 될 것이다. 그렇다면 21세기로의 스프린터로서 한국공군은 무엇을 할 것인가?

첫째, 타 군종과의 유기적 연계성을 강화해야 한다. 3차원의 공간을 활용할 수 있는 기술의 발달로 힘의 투사범위, 속도, 기동성, 대응성, 집중력에 있어서 공군은 다른 군종에 비해 우위를 점할 수는 있지만,

그것이 전쟁 수행을 독점할 수는 없다. 현대적인 첨단 무기체계의 확산으로 육군과 해군, 해병대 역시 동일한 기술수준을 활용하고 의지할 수 있으며, 모든 형태의 무력갈등에서 2차원의 개념이 완전히 사라진 것은 아니다.

사실 군대는 단순한 사람들과 기술들의 집합이 아니며 그 조직구조는 매우 복잡하다. 현대 전쟁의 전선에서는 한 가지 형태의 무기만이 아닌 매우 다양한 무기들이 독특한 임무를 띠고 독특한 화력을 내뿜고 있으며, 이러한 화력들의 효율성을 높이기 위하여 거대한 병참, 정보 그리고 지휘와 통제가 존재한다. 현대 군사 조직의 이와 같은 상호의존적 측면은, 기술적 우위를 점하고는 있지만 전체 무기체계의 일부에 불과한 공군 전투력 활용에 핵심적인 네트워크이다.

걸프전의 승리 요인 가운데 하나는 바로 이러한 네트워크의 붕괴를 막는 보호능력이었으며 어떠한 단일 군종만으로 걸프전을 승리로 이끈 것은 아니라는 주장, 그리고 세르비아에 대한 NATO의 공습을 분석함에 있어서 지상침공을 대신해서 수행된 공군력의 역할에 초점을 맞추기보다는 다른 군종과의 결합에 의해서 공군력이 수행한 역할에 초점을 맞추어야 한다는 주장에 귀를 기울여야 하는 이유가 여기에 있다.

최근 미 합동참모본부가 입안한 「Joint Vision 2020」은 "미래의 통합군이 전략적 환경의 변화와 잠재적인 적에 대응하기 위해서 그리고 변화무쌍한 기술변화의 속도에 대응하기 위해서는 유연해야 한다"고 주장하면서 "그러한 유연성의 근원은 각 군의 핵심적 능력의 시너지, 즉 하나의 팀으로 통합되는 시너지에 있다"고 강조한다. 공군력 발전과 활용에 선도적인 역할을 해 온 미국의 이와 같은 군조직 개념의 수정은 국가의 무력 활용에 간과할 수 없는 시사점을 제공해 준다.

둘째, 공군력의 활용으로 타격을 가할 수 있는 잠재적인 적의 중력의 중심부를 정확하게 간파해 두어야 한다. 걸프전과 코소보 사태 이후 일부 공군력 비판자들은 사담 후세인과 슬로보단 밀로세비치는 여전히 건재하지 않으냐고 주장해 왔다. 그러나 공군력의 유용성은 당초의 정치적 목적의 성패 여부로 판단되어야 하며 특히 위기관리 시에 공군력은 제한된 정치적 목적만을 수행한다. 군사작전에서 적의 중력의 중심부가 어디인지를 간파해야 하는 것은 사령관과 참모들의 임무이지만, 정치외교적 목적 달성을 위한 제한된 군사작전에서의 타격지점 선정은 코소보 사태에서와 같이 정치지도자들의 임무가 될 수도 있다. 따라서 코소보 사태의 경우에 적의 중력의 중심부 또는 유효한 타격지점의 선정이 잘못되었기 때문에 비판받아야 할 것은 정치지도자이지 공군력 그 자체는 아닐 수도 있다. 그러나 공군은 어떠한 돌발상황에도 대비하여 적의 중력을 항상 숙지하고 시뮬레이션 해 두어야 한다.

사실 한국전쟁과 걸프전 그리고 코소보 공습에서 살펴본 바와 같이 적의 중력의 중심부에는 리더십 엘리트, 지휘와 통제, 내적인 안보구조, 전쟁물자의 생산능력 등 효과적으로 전쟁을 수행할 수 있는 모든 부문이 포함된다. 즉 무력으로서의 공군력 또는 강압외교의 수단으로서의 공군력이 적용되는 환경과 사안에 따라서 다를 수 있는 것이다.

셋째, 한국의 공군은 지휘부의 교육과 훈련을 위해서 최근의 항공전사를 연구하여 실러버스를 마련하고 항공 독트린을 수립해야 한다. 시간을 다투는 상황에서의 신속하고도 현명한 결정은 정보의 우월성과 독트린에 대한 적응 및 훈련경험으로부터 나온다. 독트린이 없는 군대는 철학이 없는 인간처럼 공허하다. 평화시의 무력이 의존하는 경제적 합리성과 효율성의 개념은 통신 또는 정보망에 가능한 한 많은 타격을 입히려는 적과의 전쟁에서는 거의 의지하기 어려운 척도이다. 모든 것이 혼란스런 전시에 무력의 효율성을 유지해 줄 수 있는 것이 바로 독트린이며, 파괴된 경제적 합리성은 높은 수준의 인적, 기술적 자원과 충분한 준비시간만이 보충해 줄 수 있다.

그러므로 첨단장비에 대한 관심 못지않은 인적 자원에 대한 관심과 개발에도 초점을 맞추어야 한다. 기술의 신화가 빛을 발하면 인간의 서사시는 빛이 바랜다. 전투는 기계를 가지고 인간이 수행하는 것이며, 무인 비행기를 조종하는 것도 컴퓨터 앞의 인간이다. 미 공군 참모총장 맥피크 장군은 걸프전의 성공요인으로 "월 20시간(의 비행훈련)과 공군비행훈련단"을 지적했으며, 코소보 사태 시에 러시아의 공군력으로 무장한 유고슬라비아의 패배에 대해서 당시 러시아 외상 알렉산드르 베스메르트니흐는 "좋은 연장도 훌륭한 목수의 손에서야 제 기능을 하는 법"이라고 비아냥거렸다.

마지막으로, 한국전 휴전 이후 북한이 제2의 남침을 시도하지 못한 것은 미국의 군사력에 대한 공포심 때문이었다. 그리하여 지난 거의 반세기 동안 북한은 주한미군의 철수와 한미동맹체제의 해체를 목표로 온갖 선전전에 주력했다. 그러면서 이따금씩 무력도발을 시도해 보기도 했었다. 그러나 연평해전에서 북한은 미군이 배제된 한국 해군의 우월한 능력에 패퇴하고 화해정책으로 선회했다.

연평해전에서 위력을 과시했던 한국의 해군이 하루아침에 건설된 것은 아니었다. 그것은 수년간에 걸친 꾸준한 투자와 노력의 결실이었다. 군사력이란 두말할 필요도 없이 수단에 지나지 않는다. 수단의 보유는 필요하지만 그것만으로는 평화유지를 위해 불충분하다. 그 수단을 사용할 의지가 수반되어야만 한다. 또 예상하지 못한 어려움과 손실이 초래될 경우에도 그 수단의 사용을 지탱해 나갈 충분한 정치지도력이 있어야만 한다.

연평해전의 승리로 한반도에 평화가 정착된 것은 아니다. 비슷한 위험은 또 발생할 것이다. 공군도 비슷한 위험에 직면할 수 있다. 그럴 경우에는 공군도 북한에 대해 명백하고 올바른 교훈을 주어야 할 것이다. 그것도 한국 공군의 독자적 힘만으로 가능할 때 훨씬 효과적일 것이다. 막강하고 효율적이며, 자립적인 공군력이란 단기간 내에 성취할 수 있는 것이 아니다. 바로 여기에 한국 공군력의 물리적, 기술적 그리고 인적 자원의 확보를 위한 꾸준한 투자가 요구되는 이유가 있는 것이다. 현재 한국 공군은 국가방위 안무에서 댄서의 역할을 담당하고 있다. 그러나 21세기 한국의 안보조건과 전망은 한국 공군으로 하여금 한국안보를 떠받치는 아틀라스 역할을 요구하고 있다. 앞으로 한반도에 또 다른 위기가 발생할 때 한국의 공군이 소심한 방관자로 남지 않고 막강한 위용을 과시할 수 있다면 한국 공군도 프리마돈나로 부상하게 되지 않을까?

제 **18** 장

# 한반도 통일방안의 평가?

정치란 가능한 것의 기술이다.

- 비스마르크 -

"살아야 하느냐 아니면 죽어야 하느냐 그것이 문제로다. 가혹한 운명의 돌팔매와 화살을 참고 견디는 것이 훌륭한가 아니면 무기를 들고 고통의 바다에 대적하여 그 고통을 끝내는 것이 훌륭한가?"

햄릿의 이 고통스러운 딜레마는 문자 그대로 우리 시대 우리 세대의 주제이다. 왜냐하면 우리 민족의 숙제인 통일된 민족국가 건설은 우리가 해방 후 약 반세기 동안 겪은 갖은 고통과 그동안 치른 온갖 희생에도 불구하고 조건이 개선되기는커녕 언제나 제2의 민족상쟁의 위협 속에서 전전긍긍하면서 살고 있기 때문이다. 참으로 무기를 들고 고통의 바다에 대적하여 그 고통을 끝내버리고 싶은 충동을 우리는 종종 억제하기가 힘들다.

그러나 정치공동체는 개인처럼 현재의 고통 때문에 미래를 포기할 수는 없는 것이다. 우리는 통일을 열망한다. 그리고 어쩌면 그 통일이 피와 고통을 수반하지 않은 채 저절로 이루어지기를 꿈꾼다. 아니 어느 날 아침에 깨어보니 조국통일이 실현되었다는 기적을 염원한다. 분명히 같은 민족끼리 분열된 채 서로 카인처럼 무기를 들고 낮과 밤을 대치의 긴장 속에서 살아야 한다는 것은 우리 시대의 하나의 세계사적 일탈이요, 역사의 잔인한 희롱이 아닐 수 없다.

그러나 19세기의 이탈리아와 독일의 통일과정은 민족통일이 염원이나 꿈만으로는 성취되지 않는다는 역사적 교훈을 가르쳐 준다. 이탈리아에서 마찌니의 민족주의 운동이나 독일의 프랑크푸르트 의회는 민족주의의 집단적 감정이 민족통일국가 건설의 동기와 당위는 제공할 수 있지만 그 실현까지는 가져다주지 못한다는 냉혹한 정치적 한계를 보여주었다. 이탈리아와 독일의 통일은 정의로운 정치적 목적을 실현하는 데 오히려 비도덕적인 수단이 사용될 수밖에 없었던 마키아벨리적 역사의 패러독스를 일깨워 주었다. 이탈리아 통일의 주역인 까브르(Cavour)는 "만일 우리가 이탈리아의 이름으로 한 짓들을 우리 자신들에게 했었더라면 우리는 악당들이 되었을 것이다"[1]라고 고백했으며, 독일의 통일을 성취한 프러시아의 비스마르크(Bismarck)는 재상이 되자마자 독일통일을 위해 국민들에게 "프러시아의 왕의 손에 가능한 최강의 전사력을 제공하라. 그러면 그는 여러분이 원하는 정책을 수행할 수 있을 것이다. 이 정책은 연설이나 사격대회, 그리고 찬가를 통해서는 달성될 수 없다. 그것은 오직 피와 철을 통해서만 수행될 수 있을 것이다"[2]라고 말함으로써 숭고한 정치적 목적과 수단으로서의 폭력과의 어쩔 수 없는 현실적 함수관계를 역설했던 것이다. 바꾸어 말하면 까브르와 비스마르크는 다 같이 정치적 목적과 전쟁과의 긴밀한 관계, 즉 여지껏 서양문명이 낳은 최고의 군사전략가 칼 폰 클라우제비츠(Carl von Clausewitz)가 제시한 "전쟁이란 수단을 달리한 정치의 연속"이라는 전략적 방정식을 굳게 신념화했던 정치지도자들이었다. 그리고 적어도 제2차 대전의 종결시까지, 보다 구체적으로는 핵무기의 등장으로 인한 인류절멸의 위기가 현실적인 가능성으로 대두될 때까지 그러한 클라우제비츠의 방정식은 국제정치의 본질을 꿰뚫어 보는 혜안

1) William Macomber, *The Angel's Game*, Stein and Day, 1975, p.26에서 재인용.

2) *The Oxford Dictionary of Questions.*

이었던 것이다. 그러나 오늘날 우리가 살고 있는 세상은 까브르나 비스마르크식의 통일전략이 거의 불가능하게 되었다는 역사적 경험을, 참담했던 6·25를 통해 알고 있다.

지금은 무력에 의한 통일을 진실로 원하지 않는 세대가 살아가는 시대이다. 따라서 우리는 숭고한 민족통일을 숭고한 평화적 수단으로 도모할 수밖에 없는 역사적 상황에 처해 있다고 해도 과언이 아니다. 그리고 이러한 상황은 민족통일을 열망하는 우리민족에겐 하나의 고통의 바다일 수밖에 없으며 가혹한 역사적 시련일 수밖에 없다. 그러나 우리는 시지프스처럼 민족통일을 위한 바위 밀기를 계속할 수밖에 없는 것이다. 즉 우리는 평화적 조국통일을 위한 지적·실천적 노력을 계속하면서 남북한의 교착상태를 타개하기 위한 명상에 젖지 않을 수 없다. 어려운 시대란 언제나 명상을 조장하는 법이다.

## Ⅰ. 무엇이 잘못되었는가

1950년부터 3년간에 걸쳐 진행된 한국전쟁은 한반도가 무력으로는 통일될 수 없다는 것, 즉 제2차 대전 이래의 이념적, 지정학적 국제정치의 현실을 가장 극적이면서도 뼈아프게 보여준 사건이었다. 한반도의 문제는 단순히 한반도만의 문제가 아니라 동북아 지역체제의 안정과 직결된다는 역사적 사실이 고통스럽게 재확인된 셈이다. 뿐만 아니라 한반도는 제2차 대전 후에 재편성된 미·소 초강대국간의 범세계적인 이념적 양극구조의 중요한 하나의 구성요소로 부각되었으며, 그러한 국제체제적 제약과 현실은 1970년대 초의 이른바 외교혁명 및 긴장완화를 경험한 현재의 상황에서도 사실상 본질적으로 계속되고 있다 하겠다. 아니 보다 정확히 말한다면 한국전쟁은 유럽의 첨예한 이념적 정치적 대결상황을 아시아로까지 확대시킴으로써 국제체제를 양극화시키는 데 결정적인 역할을 수행했을 뿐만 아니라 유럽의 동서정치 및 이념적 대결을 무장화시킴으로써 전 세계를 군사 전략적 양극체제로 전환시키는 계기가 되었다. 이러한 냉전적 골격은 긴장완화의 시기를 통해 상당한 정치·외교적 다변화 움직임에도 불구하고 체제적 구조의 틀을 완전히 탈피하지 못하고 있다.

한국전쟁 후 남한은 당시 미국의 이른바 대소 및 대공산주의 봉쇄정책의 품안에 들어가게 되었으며 조국통일에 대해 우리는 서독정부의 입장처럼 서방세계로, 즉 서쪽으로 서쪽으로 가다보면 지구는 둥근 것이기 때문에 언젠가는 동쪽에 도달할 수 있을 것이라고 막연하게 믿고 있었다. 그리고 이러한 희망은 공산주의 독재체제의 자체적 모순과 갈등의 심화에 따른 공산세계의 내부적 변화에 기대를 거는 안이하고도 순박한 생각에서 기인했던 것이다. 또한 이때 남북한은 다 같이 전쟁으로 폐허가 된 남북한을 각각 복구하고 근대국가를 건설하는 데 최우선적인 순위를 부여하고 있었다. 복구에 앞서 북한은 1960년 남한의 주한미군을 철수시키기 위해 이른바 남북연방제 하의 평화적 통일공세를 취하고, 남한은 그동안 표방해온 유엔 감시 하의 인구비례에 따른 자유선거의 요구로 맞섬으로써 상대방이 수락할 수 없는 통일방안의 제안을 경쟁이나 하듯 기회 있을 때마다 천명해왔다. 그러던 중 1960년대 후부터 유럽의 긴장완화와 동·서독간의 관계개선을 추구하던 서독의 빌리 브란트(Willy Brandt)정부는 동독으로 가기 위해서 서쪽으로 지구를 돌지 않고 직접 동쪽으로 간다는 이른바 동방정책(Ostpolitik)을 추진하였다. 또한 1970년대 초 이른바 미·중 사이의 외교적 혁명과 미·소 사이의 성공적 전략무기제한협정(SALT I)으로 대변되는 긴장완화의 세계적 분위기가 전개되었으며 이와 함께 한반도에서도 남북적십자회담을 출발점으로 하여 7·4 공동성명의 발표에까지 도달함으로써 평화적 조국통일의 가능성에 대한 국민적 기대를 자아내기도 했다. 그러나 곧 남북한 지도자들은 남북회담을 강압적 통치체제를 강화하기 위해 정략적으로 악용하고 상대방이 수락하기 어려운 요구들을 고집했을 뿐만 아니라 그것을 국내외적 정치 선전으로 활용 또는 남용함으로써 자기방식대로의 통일이 불가능하다는 사실만을 상호 확인하는 결과를 가져오고 말았다. 그런 과정 속에서 70년대의 남북한 관계개선은 결코 기대될 수 없었으며 따라서 특별한 노력이 경주되지도 않았다.

1980년대에 들어서서 남한은 1981년 남북한당국 최고 책임자회담 제의와 1982년 1월 <민족화합 민주통일방안> 및 2월의 <20개 시범실천 사업>의 제안을 거듭 촉구하였다. 반면에 북한은 1980년 10월 <고려민주연방공화국창설> 제의에 이어 1984년 1월 남북한 및 미국의 3자회담 제의로 1979년 7월 한미의 공동 제안을 이원적으로 왜곡하여 제안했고 또 1986년 6월에는 <한반도 비핵 평화지대 창설협상>을 제안함으로써 쌍방 간에는 많은 제안과 역제안들이 기회 있을 때마다 되풀이되었다. 그러한 제안과 역제안들의 거의 기계적인 반복은 그것들이 갖는 각각의 상대적 당위성과 현실성 및 설득력에도 불구하고 마치 남북한이 서로 작문실력을 과시하는 인상만을 주었을 뿐 남북한의 관계 개선에 있어 어떤 구체적 진전을 가져오는 데는 공헌했다고 말하기 어렵다.

또한 <7·4 공동성명>이 발표된 지 20년이 지난 후에서야 겨우 그것의 원칙을 재확인한 <남북한 기본합의서>가 채택되었으나 곧바로 '북핵문제'가 대두되면서 그것의 이행이 중단되어버렸다. 다행이 제네바 북·미회담이 타결되면서 '합의서'의 성실한 이행이 다시 약속되었으나 국가 간에 천명된 원칙이 글자 그대로 실현된 경우는 매우 드물었다.

그러나 이러한 남북한관계의 교착상태는 어쩌면 매우 당연한 결과인

지도 모른다. 왜냐하면 남북한이 제의한 협상의 의제는 상대방보다는 각기 자신의 국내외적 선전효과를 노리는 것처럼 보였으며 그러한 선전효과는 결국 서로가 상대방의 제안을 거의 즉각적으로 거부할 수밖에 없도록 만들었다고 할 수 있을 것이기 때문이다. 따라서 이러한 남북한의 교착상태는 비의도적 결과라고 할지라도 그들이 남북협상을 대하는 기본적 자세의 당연한 귀결이라고 하겠다. 왜냐하면 남북한은 다 같이 양체제 사이의 진정한 화해보다는 상대방을 누르고 승리하려는 게임전략을 구사했기 때문에 협상에서의 승리는커녕 협상 자체의 돌파구마저 찾지 못하게 되었기 때문이다. 즉 남북한 양측은 각각 널리 선전된 상대방의 협상제안을 수락함으로써 처음부터 상대방에게 외교적 승리를 안겨주고 그리하여 협상 자체에서 수세에 몰릴 것이 뻔히 내다보이는 어리석은 수락행동을 취하려 들지 않을 것임은 너무도 자명하기 때문이다.

이런 관점에서 본다면 상대방의 제안이 '합리적'이고 누가 보아도 '이성적'이라고 간주할 제안이면 그럴수록 더욱더 그 제안을 수락할 수 없는 것이 바로 남북한의 근본적 입장이 되는 것이다. 따라서 각 측이 자신의 제안이 아무리 비이기적이고 분별력 있는 제안이라고 상대방에게 수락을 거듭 촉구해 봐야 그것은 공허한 외침에 지나지 않을 것이다. 왜냐하면 제안의 거부는 협상 제안의 내용에서 기인하는 것이 아니라 상대방의 제안을 공개적으로 수락할 수 없는 전략적 기본 입장에서 기인하기 때문이다. 그러므로 그러한 전략적 기본 입장의 변화 없이는 아무리 합리적인 제안도 거부될 것이 뻔하다.

따라서 남북협상의 교착상태를 타개하기 위해서 필요한 것은 보다 향상된 작문실력이 아니라 남북한이 협상에 대해 갖는 기본적 자세의 변화가 급선무라고 생각된다. 이러한 자세의 변화는 남북한 정치지도자들의 '패러다임'[3] 혹은 '게쉬탈트(Gestalt)'[4]의 근본적인 전환을 의미한다. 그러나 여기서 필자는 그러한 전환에 입각한 남북한 관계의 재개 가능성에 관한 논의에 앞서서 그동안 특히 남한에 의해 시도된 여러 가지 남북통일 및 관계개선의 방안과 노력에 관해 간단히 논함으로써 이들에 관한 지성적 혼란을 지적하고자 한다.5)

## II. 기능주의 통합이론과 남북한

기능주의란 원래 국제질서문제에 대한 하나의 접근법으로 제안되었다. 그것은 효율적인 평화체제(working peace system)를 창출하고 유지하기 위한 하나의 전략이요 수단이다. 기능주의란 20세기 초에 풍미했던 자유주의적이고 합리주의적이며 진보주의적이고 무정부적인

3) 이것은 John W. Burton 교수가 *Deviance, Terrorism and War*, Martin Robertson, 1979, pp.26-30에서 사용한 표현임.

4) Oran R. Young, "Korean Unification: Alternative Theoretical Perspectives," *Korea and World Affairs*, Vol.7, No.1 (Spring 1983), p.73.

5) 여기서 남한의 이론적 시도와 실천적 노력을 중심으로 논하는 이유는 북한이 이미 한때 시도했고 또 계속 추구할 무력적화통일은 앞서 그 불가능성을 언급했을 뿐만 아니라 고려연방제 제안을 위시한 북한의 통일방안에 대해서는 다른 전문가들에 의한 집중적 논의가 산재하기 때문이다. 그러나 여기서 논하는 문제점들은 대체로 남북한 모두에 해당되는 것들이다. 또한 이른바 한반도 중립화 통일방안도 여기서는 논하지 않기로 한다. 이것은 몇 사람들의 학문적 관심이었지 남북한 어느 쪽의 구체적 정책이나 시도는 아니었기 때문이다. 뿐만 아니라 중립화 제안은 현재의 혁명적·이질적 국제체계를 약소국의 중립화가 하나의 본질적 요소였던 19세기의 온건·동질문화적 국제체제로 착각하는 것이다. 국제법에서 중립성의 고전적 개념은 제1차 세계대전과 함께 붕괴되었다. 또한 제2차 대전 후 1955년 오스트리아의 중립화는 이전에 이미 단독정부가 수립되어 있었을 뿐만 아니라 당시 독일을 중립화시키려는 소련의 적극적 전략의 일환 덕택이었다. 어쨌든 중립화 제안은 별도의 자세한 논의를 필요로 하지만 이 제안은 현재의 국제정치 상황 속에선 무지개를 좇는 것이며 '중립'이라는 용어가 갖는 매력에 현혹되어 있는 것 같다.

사상으로부터 유래하는 여러 가치들의 합성물에서 나온 하나의 사고양식이다. 그러한 사고방식은 양차 세계대전의 참혹성 후에 가장 뚜렷했으며 이것은 권력정치를 극복하거나 적어도 회피하는 수단을 발견하려는 지적 노력의 결과였다. 그리고 이러한 사고방식의 가장 대표적인 제창자는 데이비드 미트래니(David Mitrany)였다. 그가 목표로 하는 효율적인 평화체제의 성취는 인간의 습득과정에 크게 의존한다.

기능주의는 형태가 기능을 따라야 한다는 전제에서 출발한다. 즉 기존의 제도적 형태와 조직이 활동을 형성하는 것이 아니라 반대로 활동을 반영하도록 제도적 형태와 조직이 변해야 한다는 것이다. 효율적 평화체제를 달성하기 위해서 국가주권과 충성이 정면으로 공격되지는 않지만 복지를 극대화하는 거래제도에 기초한 다른 제도들의 성장에 의해 주권은 더 이상 작용할 근거를 상실하게 된다. 따라서 그것은 경제적이고 사회적인 '복지' 분야에서 출발하는 것이 요청된다. 개인들, 국민들, 집단들 그리고 어떤 경우에는 정부들도 공동의 문제를 해결하고 복지를 극대화하기 위해 함께 노력할 것이며 그러면 점진적으로 공동체의식이 발전하고 공통의 이익이 개발될 것이다. 그리고 이러한 과정은 분야별 과세의 확대와 그것이 습득과정 및 파급효과(spill-over)에 의해서 달성될 것이다. 그러면 권력정치는 완화되고 또 변질될 것이라는 합리적 낙관과 기대를 기능주의는 담고 있는 것이다. 그러나 이런 기능주의의 효율적 평화제도는 기능주의자들이 지적하듯 정부 같은 전통적 행위자의 정치적 의지나 아니면 적어도 묵시적 승인을 필요로 한다. 또한 권력의 극대화를 추구하는 기존의 국가로부터 복지극대화를 도모하는 새로운 기능적 제도로의 충성이 전환될 수 있는 아무런 보장도 없는 것이다.

반면에 신기능주의는 원래 제2차 대전 후 미국 정치제도의 맥락에서 미국 정치학자들에 의한 서유럽의 통합과정 연구로부터 탄생한 것이다. 따라서 비록 신기능주의라고 불리고 있지만 이것의 개념작업은 그 정신과 사실에서 기능주의의 독트린과는 판이하다.[6] 신기능주의는 하나의 개념적 틀인 동시에 행동을 위한 계획이다. 즉 전자는 실제로 일어나고 있는 것을 서술하고 후자는 그 과정을 확대하기 위해 무엇이 행해져야 하는가를 가리킨다. 그것은 새로운 초국가적 권위로 국가정부를 통합시킴으로써 권위의 점진적 이양을 도모하는 것이다. 이때 모든 기능들은 아무도 놀라게 하지 않을 비교적 고통이 없는 일종의 할부금을 지불하는 식으로 새로운 중앙권위로 이전된다. 그러나 약간의 권한 이전이 동시적이지 못하고 개별적으로 이루어질 때는 적절히 운용될 수 없다는 실용적 근거, 즉 기능적 지상명령(functional imperative)에 따라 다른 권한들의 이전을 촉진시킬 계기가 창조될 것이라는 희망이 있다. 어쨌든 통일된 서유럽의 개념을 창조하려는 서유럽의 엘리트들에게 신기능주의는 목적에 이르는 수단을 제공했던 것이다.

유럽의 학자들이 주로 법률적 서술과 경제적 분석에 관심을 가진 반면에 미국의 학자들은 유추하면서 혁신을 기대했다. 유추는 미국 내의 통합과정에 관한 것이었고 혁신은 유럽의 국제적 통합연구에 이 새로운 방법을 적용하는 것이었다. 신기능주의자들의 목적은 근본적으로 정치적인 것인 데 반해 수단은 비정치적인 것이었다. 그러나 새로운 '지역' 국가를 창설한다는 것은 분명히 정치적인 과업이다. 따라서 슈미터가 지적했듯이 여기에는 패러독스가 있다.[7] 즉 통합된 정책결정의 범주가 작고 별개의 것이며 보다 기술적일수록 처음의 합의를 얻어내는 것이 그만큼 쉽지만 그러나 국가적 구조나 가치의 통합 과정에 미

6) A. J. R. Groom, "Neofunctionalism: A Case of Mistaken Identity," *Political Science*. Vol.30, No.1 (1978.7), p.19.

7) P. C. Schmitter, "A Revised Theory of Regional Integration," *International Organization*, Vol. 24, No.4 (1970), p.845.

치는 영향은 그만큼 덜 중요하게 될 것이다. 뿐만 아니라 신기능주의자들은 정치적 불일치가 경제적 성공에서 유래할 수 있고 또 역기능적 파급효과나 통합의 균열이 국가 간 정치 및 군사적 불일치에 발생할 수 있다는 사실을 인식하는 데 실패했었다.

기능주의 및 신기능주의의 점진적 통합과정이란 명시적 주제에 대한 성공적 협상의 결과에 의해서가 아니라 지속적인 기능적 과정의 산물이 된다. 따라서 통일로의 이 접근방법은 통일된 국가의 제도적 구조를 다루는 데 필요한 정교하고 공식적인 제안을 전혀 요구하지 않는 특징을 갖고 있다. 아니 오히려 그런 종류의 제안들은 자연스런 점진적 과정에 역기능적 효과만을 가져오게 될 것이다. 특히 신기능주의는 그것의 대표적 제창자인 언스트 하스(Ernst Haas)가 4반세기의 연구에 몰두한 뒤에 스스로 지역통합이론의 퇴화를 선언한 것만으로도 그 한계는 자명한 것이다.[8]

더구나 이 통합이론들이 성공하기 위해선 한결같이 관련된 당사국 간의 고도의 상호의존적 거래관계라는 최소한의 필요조건이 충족되어야 한다.[9] 그런데 남북한 사이의 직접거래관계란 거의 전무한 상태에 있다고 해도 과언이 아니다. 따라서 한반도의 통일을 위한 모색으로 기능주의적 적용을 시도한다는 것은 실로 산에서 물고기를 구하려는 어리석은 지적 오류라 해도 지나치지 않을 것이다. 즉 우리에겐 남북한의 교착상태를 타개하고 교류를 추진하려는 마당에 높은 수준의 교류와 거래를 이미 전제로 하는 이론을 적용시키려는 것은 마치 말 앞에 마차를 갖다 놓는 격이 되고 만다. 따라서 기능주의적 접근법의 적

8) Ernst Haas, *The Obsolescence of Regional Integration Theory* (Institute of International Studies, Research Series No.25), Berkeley: University of California, 1975.

9) Oran R. Young, 앞의 논문, p.75.

용이란 아까운 시간과 에너지의 낭비일 뿐이다.

뿐만 아니라 기능적 통합이란 참여하는 당사국의 국내적 안정과 단결이 선결될 때 더욱 효율적일 것이다. 그런데 남북한은 다 같이 상호간의 대립을 오랫동안 국내정치의 권위주의적이고 강압적 정책을 위한 정당화의 구실로 이용했으며 상대방의 국내적 불안을 조성하는 방향으로 행동해 왔다. 따라서 남북한이 각각 정치적 안정과 단결을 확고하게 수립하기 전까지는 남북대치 상황을 국내적으로 쉽게 이용하려는 유혹이 매우 강하게 남아있고 특히 북한 측에 의한 남한사회의 분열과 불안조성이 계속 예상되는 상황 속에서 다소간의 교류가 성공적으로 달성된다고 할지라도 그것의 점진적이고 지속적인 효과의 축적이 사실상 기대될 수 없다고 하겠다.

## III. 유화정책과 강압적 외교

'유화(appeasement)'라는 용어는 1938년 뮌헨협정 이후부터 부정적으로 인식되고 비판적으로 사용되어 왔다. 그러나 뮌헨협정 이전에 유화정책은 본질적으로 하나의 적극적인 외교정책이었다. 이 정책은 영국외교의 전통적 정책의 하나로서[10] 1880년대에 글래드스톤(Gladstone)과 1919년에 로이드 조지(Lloyd George)에 의해서 특히 성공적으로 수행된 약 75년에 걸친 영국의 적극적 정책이었다. 뮌헨협정 이전까지만 하더라도 '유화'라는 용어는 완전히 존경받는 용어였으며 이 말이 변질되어 부정적 의미를 갖게 된 것은 뮌헨 유화정책의 최종적 몰락과

10) Paul M. Kennedy, "The Tradition of Appeasement in British Foreign Policy 1865~1939," *British Journal of International Studies*, Vol.2, No.3 (1976.10), pp.195-215.

시기를 같이한다. 그러나 유화정책이란 합리적 협상과 절충을 통해서 상대방의 불평을 인정하고 조정하여 만족시킴으로써 국가 간 분쟁을 타결하여 대가가 크고 피를 수반하는 매우 위험스런 폭력수단에 의존하는 것을 회피하는 정책을 의미한다.[11] 따라서 유화정책이란 협상을 통한 갈등의 해소를 도모하는 것이며 역으로 협상을 통한 갈등의 해소는 사실상 유화정책의 성공이 되는 것이다.

그럼에도 불구하고 그동안 남북한의 간헐적인 대화의 기회는 1930년대 유화정책의 역사적 망령 때문에 서로가 일방적 요구와 입장을 천명하는 평행선을 이루어 온 것이 사실이다. 협상은 절충을 의미하고 절충은 주고받는 것을 의미하며 바꾸어 말하면 만족의 균형 혹은 불만의 균형을 의미한다. 그러나 남북한은 다 같이 양보는 곧 유화정책이라는 기본적 인식 속에서 협상에 임해왔다. 물론 일방적으로 양보하는 유화정책에 대한 국내의 비방은 기존의 정권에 결정적 타격을 가할 수 있으며 바로 그러한 가능성에 대한 두려움이 유화정책의 철저한 배제를 요구했던 것도 사실이다. 그러나 이러한 경직된 자세는 아주 사소한 양보, 즉 작은 상징적 의미 외에 별다른 중요성이 없는 양보를 수락한 경우에도(예: 1984년 9월 14일 북한 측 물자제공 제의 수락) 그것을 다음의 제안과 행동을 위한 계기로만 삼으려는 전략적 자세로 인해, 그리고 그렇게 제공한 행동과 수락행동의 민족사적 의미만을 크게 부각시키는 국내외적 선전대결로 변질시킴으로써 양측이 다 같이 주고받는 것을 불가능하게 만들어 버렸다. 뿐만 아니라 협상 뒤에 자신의 정책과 자세를 반성해 보기보다는 상대측의 비합리성과 비이성적 자세를 국내외적으로 비난하는 데 오히려 협상에서 보낸 것과 못지않은 시간과 정력을 소비한다면 협상의 진전은 결코 기대될 수 없다.

---

11) 같은 논문, p.195.

그 동안 몇 차례의 간헐적인 남북한 협상은 절충을 통해서가 아니라 양측이 다 같이 국내외적으로 모든 압력을 동원하여 상대방에게 자신의 제안 내용을 사실상 강요하는 과정에 지나지 않는다고까지 말할 수 있을 것이다. 이러한 협상은 국제사회에서 흔히 발견되는 외교의 한 양식으로서 이것은 특히 강대국과 약소국 사이에서 거의 통상적으로 이루어지는 외교관계라고 할 수 있을 것이다. 그러한 강압적 외교는 남북한이 다 같이 각각 동맹국인 강대국들로부터 익히 당함으로써 익숙한 외교방식일 수는 있겠지만 그러한 방식이 사실상 남북한 간의 수평적 관계의 협상에선 상대방이 입장을 고수하도록 하는 역효과만 낼 것이다.[12] 강압적 외교는 통상적 흥정의 일환이라고 생각될 수도 있는 것이겠지만 이것은 강압적 전술을 사용하는 것으로서 자신의 요구에 대한 수락이 없는 경우에 상대방에게 해를 입히려는 의도를 표현하는 위협을 포함한다. 위협은 따라서 예상되는 상황에 대한 당사자의 개연성 높은 반응의 단순한 천명인 경고와도 다른 것이다. 그러므로 위협은 신빙성의 문제를 수반하게 된다. 즉 위협하는 측은 상대방에게 위협을 실제행동으로 옮길지도 모른다는 확신을 갖게 해야 한다. 그 위협은 단지 억제적 위협이 아니라 강제적 위협이어야 한다.

그러나 한반도를 중심으로 하는 현재의 국제적 상황 속에서 남북한 어느 측에 의한 군사적 위협도 신빙성이 없다.[13] 한반도를 포함하여 동아시아는 국제적 및 지역적 적대국들 사이의 경쟁적 이점의 균형이 어느 쪽에도 결정적으로 기울어지지 않은 지역이다. 여기서는 어떠한 국가나 동맹국의 지원을 받는다 해서 지배적인 정치적 영향력이나 군사적

12) 이런 외교의 한계에 대한 자세한 논의를 위해서는 Alexander L. George, David K. Hall and William R. Simons, *The Limits of Coercive Diplomacy* (1971).

13) Oran R. Young, 앞의 논문, p,67.

헤게모니를 구사할 입장에 있지 않은 곳이다. 미국과 러시아(구 소련) 그리고 중국과 일본의 근본적 이익은 변치 않았다. 변한 것은 이제 그런 이익을 유지하고 옹호하는 것만이 최선이라고 생각하게 된 점이다. 이들 중 어느 국가도 제2의 한국전쟁을 원하지는 않는다. 미·중·일 사이에는 제2의 한국전 불원에 관한 비공식적 합의가 성립됐으며 러시아도 이를 묵시적으로 수락했다. 왜냐하면 한반도에서 또 다른 전쟁이 발생할 경우 그 결과를 이성적으로 예측하는 것이 불가능하기 때문이다.[14)]

일반적으로 말할 때 위협을 전술로 사용하는 강압적 외교는 무력적 위협이 아닌 다른 제재방법을 사용할 수도 있을 것이다. 그러나 남북한 사이에는 거래관계의 절대적 단절이 계속되고 있기 때문에 다른 제재의 사용가능성도 사실상 거의 없는 형편이다. 다시 말해 제재를 외교적 압력으로 사용할 때 궁극적으로 외교적 단절을 의미하는데 남북한관계는 이미 단절된 상태이기 때문에 제재의 자원이 부재한 상태다.

따라서 강압적 외교란 한반도의 통일문제에 희망이 없는 접근법이라 하겠다. 양측은 각기 서로 상대방의 강압적 술책에 효과적으로 대응할 수 있다. 또한 강압적 외교의 실패가 가져오는 대가는 매우 크다. 우리는 1983년 랑군 테러 및 1987년 KAL기 폭발테러로 인해 북 한이 국제사회에서 어떤 망신을 당했으며 남한국민들에게 어떤 영향을 주었는지를 생각한다면 강압적 외교란 남북한 관계에선 교착상태를 더욱 악화시킬 뿐이며 또한 그것이 통상적 외교협상마저도 후퇴시켜 버린다는 점에서 적어도 한반도에선 배격되어야 한다고 말할 수 있다.

---

14) Sung-Hack Kang, "America's Foreign Policy Toward East Asia for 1990s: From Godfather to Outsider?" *Korea and World Affairs*, Vol.11, No.4 (Spring 1987) pp.705-706. 그러나 이러한 일반적 진단은 그럼에도 불구하고 북한이 일방적으로 전쟁을 도발한 뒤 북한의 전세가 불리해질 경우에도 러시아나 중국이 계속 무관심할 것이라는 것까지 포함하지는 않는다.

## IV. 점진적 협력방안

남북한의 평화정착 및 평화통일을 위한 전략으로 남한이 지금까지 실제적으로 사용한 방안은 적어도 그 용어상으로 볼 때는 이른바 점진적 협력방안이라고 특징지을 수 있다. 이것은 호혜주의(reciprocity)가 무정부적 국제사회의 이기적 국가들 사이에 협력을 증진시키는 최선의 방법으로 간주되어 국제경제 및 상업관계에서 널리 그리고 오랫동안 사용되어 온 것으로서 최근 로버트 악셀로드(Robert Axelord)가 이른바 게임이론의 '죄수의 딜레마(Prisoners' Dilemma)'를 컴퓨터 토너먼트를 이용하여 체계화한 전략이다.[15] 악셀로드는 이 전략을 '응분의 보상전략(tit for tat strategy)'이라고 부른다. 그러나 이 응분의 보상전략은 양측의 참여자가 미래의 상호관계를 기대한다는 중요한 전제 위에 서 있다. 바꾸어 말한다면 '미래의 그림자'가 현재의 관계에 크게 기여한다는 점이다. 이것은 토마스 쉘링(Thomas Schelling)[16] 이래 갈등이론에 관한 가장 중요한 학문적 공헌으로 인정되고 있지만[17] 로버트 코헤인(Robert Keohane)의 지적처럼 이 전략은 국제 정치경제 분야에서 주로 국가 간 정책조정을 유지하는 데 효과적일 수 있다.[18]

그러나 이 전략은 호혜주의에 대한 심리적 장애들을 설명하지 못하고 있다. 즉 강력한 상황적 압력이 상대방을 악용하도록 조장하는 죄

15) Robert Axelord, *The Evolution of Cooperation*, Basic Books, 1984.

16) Thomas Schelling. *Strategy for Conflict*, Havard University Press, 1961.

17) 예를 들어 Michael Nicholson, "Developments in Conflict Analysis," *Review of International Studies*, Vol.14, No.1 (1988.1), p.78.

18) Robert O. Keohane, *After Hegemony: Cooperation and Discord in the World Political Economy*, Princeton University Press, 1984, p.214.

수들의 딜레마와 같은 상황 속에서 협력이 가능하려면 상호신뢰가 필요한 것이다. 그렇지 않는 한 어느 쪽도 배신당할 두려움 때문에 먼저 협력적 자세를 취하지 않을 것이다. 뿐만 아니라 설사 한쪽의 협력적 행동이 올바로 인식되고 고려된다고 할지라도 상대방은 응분의 보상을 제시하지 않으려 할지 모른다. 왜냐하면 그렇게 한다는 것은 처음 협력적 행동을 취한 쪽의 국가정책을 공개적으로 정당화하거나 이니셔티브를 넘겨주게 될 것이기 때문이다. 이러한 문제점들은 바로 남북한이 겪고 있는 상호불신의 늪과 협상의 이니셔티브를 쥐려는 경쟁을 잘 설명해 준다고 할 수 있으며 또 바로 그러한 이유에서 남북한에 응분의 보상전략이 성공하지 못했고 또 성공하기 어려운 한계를 보여 주고 있다하겠다.

응분의 보상전략이 입각하고 있는 호혜주의에 대한 심리적 장애요인들을 고려하는 사회심리학적 협력이론으로는 찰스 오스굿(Charles Osgood)의 '긴장 감소의 누진적 교환(graduated reciprocation in tension reduction)'의 전략, 즉 '점진적 긴장완화 방안'이 있다.[19] 이것은 고질적이고 심각한 적대국들 간의 협상을 촉진시키도록 계획된 것이다. 이 전략의 목적은 상대방 국가의 이미지와 제안국의 인식을 변화시킴으로써 협력을 가능케 할 수 있는 신뢰를 증진시키는 것이다. 이를 위해 이 전략의 사용자는 호의적인 의도를 보이기 위해 다소의 모험을 수반하는 점진적인 협력적 행동을 취하는 것이다. 이러한 오스굿의 전략은 다음과 같이 집약될 수 있을 것이다.

---

19) Charles E. Osgood, *Alternatives to War or Surrender*, University of Illinois Press, 1962, pp.85-134; Svenn Lindskold, "Trust Development, the GRIT Proposal and the Effects of Conciliatory Acts on Conflict and Cooperation," *Psychological Bulletin*, Vol.85, No.4 (July 1978), pp.772-793.

(1) 긴장완화에 관한 일련의 조치들을 공개적으로 미리 발표하고 그것이 의도적인 정책의 일환인 것으로 기술한다.
(2) 각 조치들은 상대국이 응분의 대꾸를 하든 안하든 간에 계획대로 수행되어야 한다.
(3) 그러한 일방적 행동의 발표와 함께 응분의 반응을 기대하되 요구하지 않는다.
(4) 일련의 행동은 상대국으로부터 응분의 반응이 없어도 장기간 계속한다.
(5) 일방적 제안들은 분명하고 확인될 수 있게 한다.
(6) 상대국이 자국의 일방적 양보를 열세의 표시로 이용할 경우를 대비하여 보복능력을 유지한다.
(7) 갈등이 확대되지 않도록 하기 위해 어떤 침략적 혹은 착취적 행동에도 즉각적인 보복을 하되 현상회복에 그쳐야 한다.
(8) 상대방에 의한 응분의 반응은 협력의 점진적 증가로 보상되어야 한다.
(9) 행동의 영역과 지역을 다변화해야 한다.

이러한 전략은 악셀로드의 전략처럼 먼저 협력하되 착취에 대해 보복하며 상대방이 협력적 자세로 복귀하면 용서하고 응분의 반응을 한다는 것이다. 이 전략이 악셀로드의 전략과 다른 것은 상대방이 즉각 응분의 보상을 할 것을 가정하지 않고 신뢰를 창출하기 위해 처음부터 다소간 모험적 조치를 취한다는 것이다.

요컨대 이 전략은 일방적 조치를 통해 자국의 나쁜 이미지를 개선하고 상대방의 신뢰를 촉진시키려는 것이다. 그러나 불행하게도 상대방이 일방적으로 양보한 측에 대한 기존의 이미지, 즉 사악하고 속임수를 쓰며 마키아벨리적이라는 이미지를 보존하기 위해 그러한 양보의 중요성을 깎아내리고 무시해 버릴지도 모른다. 이러한 전략은 남북한이 한 번도 장기적으로는 물론이고 단기적으로도 사용한 적이 없기 때문에[20] 이 전략이 실제로 남북한 어느 쪽에 의해서 사용될 경우 그 성공의 가능성을 전적으로 부인할 수는 없다. 그러나 남북한은 다 같이 긴장완화를 위해 장기간에 걸쳐 모험적인 일방적 양보를 할 것 같지 않다. 왜냐하면 오스굿이 말하는 바의 어느 정도 모험적인 일방적 양보란 남북한 지도자들에겐 다 같이 '지나치게 모험적'인 것으로 간주될 것이며 국내적 '유화'의 비난을 면하기 어려울 것이기 때문이다. 바꾸어 말한다면 지금까지 북한의 강경 적화통일적 자세로 보아 북한에게서 그런 양보를 기대한다는 것이 사실상 불가능하며 남한에서도 남북한의 군사적 균형의 제상황과 국내적 여건에 비추어 모험적 양보를 장기간 일방적으로 계속하면서 살아남을 수 있는 정권이 거의 없었으며 앞으로도 한동안 기대하기 어려울 것이다.

따라서 국가 간 협력 증진 방안으로 제시된 악셀로드의 '응분의 보상 전략'이나 오스굿의 '긴장완화전략'은 그 적실성에 있어 적어도 한반도에선 적용되기 어렵다고 말할 수 있다. 그러므로 점진적 협력방안이란 우선적으로 상호관계를 전제하기 때문에 그러한 관계없이는 추진될 수 없고 또한 그런 관계의 추진을 위한 일련의 일방적 긴장완화 조치는 우선 국내적으로도 위험하다. 따라서 점진적 협력방안은 연료 없는 자동차처럼 전진할 수 없는 것이다.

---

20) 이러한 전략의 성공적인 경우의 한 설명으로서 Deborah Welch Larson, "Crisis Prevention and the Austrian State Treaty," *International Organization*, Vol.41, No.1 (Winter 1987), pp.27-60.

## V. 갈등해소 접근법

남북한 관계가 그동안 통일은 고사하고 관계개선마저도 사실상 전무한 갈등과 대결적 상황으로 계속된 것은 남북한 국민은 물론 특히 정치지도자들이 남북한 문제를 대하는 근본적 자세에서 기인한다. 즉 남북한 지도자들은 남북문제를 군사전략적 시각에서 보고 있다는 말이다. 일반적으로 국가들은 통합이나 통일을 국가적 목표로 삼지 않고 '국가이익'이라는 포괄적 개념으로 표현되는 것을 추구하며, 이것은 곧 군사전략적 조망을 필요로 한다. 따라서 역으로 말하면 군사전략적 조망이란 기존의 국가이익을 보호증진하는 데는 효과적이기 때문에 '국가이익'을 초월하는 민족의 이익인 한반도의 통일에는 별다른 도움이 될 수 없다고 말할 수 있다. 그러므로 진실로 통일을 국가적 목표로 추구한다면 그것은 전략적 사고의 한계를 뛰어넘는 패러다임의 전환이나 게쉬탈트의 전환이 필요하다. 이것을 한국적 시의에 보다 더 적합한 말로 표현한다면 그것은 승리를 궁극적 목표로 생각하는 군사적 사고양식(military mentality)으로부터 혁신적인 탈피를 필요로 한다고 말할 수 있을 것이다.21)

물론 자기 자신의 심리적 편견과 장벽을 극복하는 게쉬탈트나 패러다임의 전환만으로는 갈등자체를 해결하지는 못한다. 정치적 해결은 정치적 과정을 통한 정치적 차원에서 협상되어야 한다. 그러나 허버트 켈만(Herbert Kelman)의 주장처럼 심리적 장벽들이 제거되거나 적어도 그 중요성이 감소될 때 대립적 당사자간들은 협상의 새로운 가능성을 창조한다. 과거의 역사에 뿌리박은 경직된 가정과 자세들이 더 이

21) 이 military mentality에 관한 고전적 논의를 위해서는 Samuel P. Huntington, *The Soldier and the State: The Theory and Politics of Civil-Military Relations*, Harvard University Press, 1957를 참조.

상 길을 막지 않기 때문이다.[22] 심리적 장벽, 즉 상호의 불신이 깊은 경우엔 올리버 웬들 홈즈(Oliver Wendell Holmes)의 지적처럼 두 사람 사이의 어떤 논의도 사실상 여섯 사람이 하는 것이나 마찬가지다. 곧 실제 그대로의 둘과 각각 자신이 자신을 보는 둘, 각자의 상대방을 보는 둘의 여섯이 된다. 이때 두 사람이 서로 동문서답하고 화를 내게 되는 것은 놀라운 일이 아니다. 따라서 게쉬탈트 혹은 패러다임의 전환을 먼저 스스로 수립해야 진정한 대화가 가능한 것이다. 국제정치학 분야에서 발전되어 온 것으로서 이러한 패러다임 혹은 게쉬탈트의 전환에 입각하여 국제적 갈등을 해소하려는 노력은 '갈등해소' 혹은 '문제해결 접근법'이라는 이름 하에 학문적 연구가 최근에 보다 본격적으로 활기를 띠고 있다.

갈등해소 접근법이란 갈등의 당사자들이 서로 양립할 수 없는 목표를 추구하는 상태로부터 양립할 수 있는 목표상태로의 변화를 가져오는 노력의 과정이다. 어떤 목표들은 적어도 첫눈에 양립할 수 없다. 따라서 갈등해소란 갈등의 모든 당사자들, 아니면 적어도 한쪽 당사자가 자신의 목표를 변경할 것을 요구한다. 보다 정확하게 말해서 목표가 상대방의 목표와 더 이상 대립하지 않는 방향으로 재정의되지만 그러나 재정의하는 당사자의 요구수준을 완전히 반영하는 그런 방향으로 정의된다. 처음 갈등의 두 당사자들은 자신들의 목표를 양립 불가능하게 정의하지만 자신이 처해 있는 상황과 상대방이 처해 있는 상황의 진실된 이해를 통해 자신들이 원하는 것과 상대방이 열망하는 것이 완전히 양립할 수 있다는 것을 이해할 수 있게 된다. 그들의 상황에 대한 진정한 이해는 소극적 및 적극적 과정에 의해서 달성된다. 갈등해소의

22) William D. Davidson and Joseph V. Montville, "Foreign Policy According to Freud," *Foreign Policy*, No.45 (Winter 1981~1982), p.153에서 재인용.

소극적 측면은 기존의 상황에 대한 모든 선입관의 제거를 의미한다. 왜냐하면 어떤 사회적 이론에서건 실제적 믿음에서건 간에 갈등은 바로 그런 선입관의 토대 위에서 존재하기 때문이며 진실된 이해의 첫 단계는 세습적 지혜에 도전하는 것이다.

갈등해소의 적극적 측면은 갈등을 담고 있는 모든 이론들 및 정보를 갈등으로 가지 않는 대안적 이론과 정보로 대치하는 것이다. 그러면 원래의 목표란 다른 목적에 대한 특수한 수단처럼 보일 것이며, 그 땐 다른 수단이 그 수단을 대치할 수 있으며 또 양립할 수 있는 목적 이 등장할 수 있다. 여기서 제3자의 역할은 인식이나 이론 또는 해결책을 강요하는 중재자가 아니라 유추적 경험에 입각하여 대안을 제시하는 분위기 조성자가 된다. 갈등해소의 핵심적 요소는 목적들이 특별한 요구와 절연되어야 한다. 따라서 실제 결과란 미리 예측될 수 없다. 어떤 특수한 요구는 상대방의 요구와 대립될 것이 뻔하다. 그러나 그 요구가 예를 들어 안보의 필요성을 단순히 표현하는 것이라는 사실이 인식된다면 그 요구는 재정의될 수 있다. 따라서 갈등해소 접근법에 입각한 갈등해소란 적절한 지식에 기초한 재정의와 재인식의 적용에 의해서 달성된다.

이 접근방법은 갈등의 해소를 위해 교착상태를 일단 타개하고 본격적 협상을 가능케 하기 위한 일종의 탐구적 노력의 방법이다. 바꾸어 말하면 이 접근법은 갈등의 당사자들이 먼저 이기고 진다는 군사 전략적 사고의 형태에서 벗어나 다 같이 승리하는 길을 모색하는 것이 다. 이 접근법의 적극적 제창자인 존 버튼(John Burton) 교수가 한반 도 문제에 직접 지적한 대로 분명히 수락될 수 없고 단지 정치적 목적으로 제시되는 제안들을 제외하고서는 서로 접근할 수 있는 이니셔티브를 취하기가 아주 어려운 남북한과 같은 적대적 상황에서 한쪽의 접근과 다른 쪽의 수락은 적대적 관계에선 약세의 신호가 되기 때문에 양측은 흥정의 입장을 유지하려 할 것이며 어느 쪽도 상대방의 요구를 충족시키려 하지 않을 것이다.[23] 이러한 경우엔 양측이 아무것도 사전에 약속하지 않는 탐구적 논의가 시도되어야 한다는 것이다.[24] 이러한 논의를 존 버튼 교수는 '제2차선 외교(second-track diplomacy)'라고 부른다.[25] 이것은 비공식적이고 미조직적인 외교이다. 이것은 언제나 마음을 열고서 수행되며 때론 이타주의적이기까지 하다.[26]

2차선 외교는 2개의 요소들로 구성된다. 첫째로 그것은 정부당국의 견해를 대변하거나 그들과 상호관계가 있는 현직 외교관이나 정부관리가 아닌 학자들에 의한 외교이다. 둘째로 이것은 양측의 동기 및 의도가 적대적이라는 가정 위에서 추구되는 1차선(통상적) 외교와 양측의 의도와 동기가 반드시 적대적은 아니라는 가정 위에서 갈등을 해소하려고하는 외교이다. 이 외교의 양식을 버튼 교수는 워크숍(workshop)이라고 부른다. 갈등해소 혹은 이 문제해결 접근법은 앞서 지적한 분석적 능력을 중심으로 선발된 양측의 대표자들을 통해 상당기간 동안의 탐구적 토의를 수행하게 된다. 그리고 그것이 바로 워크숍이기 때문에 여기에 상당한 기술과 테크닉이 필요하며 이런 과정에 익숙한 경험 많은 제3자의 안내가 필요한 것이다. 제3자는 갈등 당사국 대표들의 분석적 토론을 이끌어가되 참가자들이 군사전략적 사고의 패러다임에 빠질 때에는 그러한 분위기를 다시 비전략적이며 분석적인 논의로 유도하고 유지해야 한다. 이러한 탐구적 제2차선 외교는 비밀로 제의되고 진행되어야 한다. 먼저 제안했다하여 외교적 이니셔티브를 쥐었

23) John W. Burton, "North and South Korea: Shared and Separate Values," *Korea and World Affairs* (Spring 1984), p.56.

24) *Ibid.*

25) John W. Burton, *Global Conflict: Domestic Sources of International Crisis,* Wheatsheaf, 1984, pp.153-160.

26) Wiliam D. Davidson and Joseph W. Montville, *op. cit.*, p.155.

다고 선전하거나 생색을 내서는 안 된다. 그러한 논의의 결과에 따라 몇 가지 합의사항에 도달하게 되면 대표자들이 자국정부의 지도자들에게 보고하고 설득하는 노력을 벌이는 것이 특징이다. 이때 양측의 지도자들이 다 같이 수락하면 제1차선 외교로 본격 전환시키는 반면에 그렇지 못할 경우엔 워크숍에 돌아와 제2차선 탐구외교를 재개하는 것이다. 이때 대표자들이 정식 외교관이나 정부관료가 아니기 때문에 그들은 실패에 대한 정치적 책임을 질 필요가 없으며 그것이 비밀외교이기 때문에 본국의 여론감시를 의식할 필요가 없다. 따라서 실패에 따른 위험부담률은 사실상 거의 무에 가깝다고 할 수 있을 것이다. 반면에 이 비밀워크숍이 성공하게 된다면 모든 공헌은 각 정부에 돌아갈 것이다.

요컨대 이러한 제2차선 외교의 워크숍은 정책결정자들의 목표와 인식 및 이해의 변화를 가져오기 위한 일종의 봉사 기능에 그치며 필요할 때마다 제1차선 외교의 돌파구를 열어주는 역할에 그치는 것이다. 그러나 현재 이러한 워크숍을 위해 갈등해소를 열망하는 분쟁 당사국들의 약세를 노출함이 없이 또 결과에 대한 부담 없이 그리고 상대방의 외교적 '인정'을 시사함이 없이 이용할 만한 국제적 기구나 제도는 없다. 유엔은 그러한 기구가 아니다. 또한 갈등해소 연구에 집중하는 영국이나 미국의 연구소가 있기는 하지만 북한과의 외교관계 문제로 북한이 수락하지 않을 것이다. 버튼 교수는 동경에 있는 유엔대학이 적절할지 모른다고 시사했다. 이곳은 유엔총회의 결의에 의해 설립된 학술연구기관이기 때문이다. 또한 유엔대학은 학자적 자원을 동원할 수 있는 입장에 있기도 하기 때문이다.[27]

이러한 갈등해소 접근법은 그 성공의 가능성이 물론 보장된 것은 아

27) John W. Burton, "North and South Korea," p.60.

니다. 그러나 지금까지 실제로 시도된 적이 없다는 이유만으로도 새로운 움직임의 시발점을 제공할 수 있을 것이며 우선 무엇보다도 그 실패에 따른 위험부담률이 적다는 점에서 다른 방법들에 비해 독특한 유용성을 갖고 있다고 하겠다. 이 제2차선 외교의 갈등해소 접근법은 결코 기적이나 획기적인 진전을 약속하지는 않는다. 그러나 적어도 그것은 서로 부담 없이 말문을 여는, 바꾸어 말해서 일단 얼음을 깨는 기능은 기대할 수 있는 것이다.

## VI. 결　　론

우리 민족의 한반도 평화통일로의 길은 도무지 오리무중이다. 그렇다고 찰스 디킨스의 미커버(Micawber)처럼 언제가 좋은 일이 일어날 거라고 믿고 무작정 세월만 보낼 수도 없을 것이다. 그러나 우리는 통일문제에서 적어도 양자택일적인 극단적 자세는 경계해야 한다. 하나는 민족통일은 전쟁을 통해서라도 달성해야 한다는 국수주의적인 자세이고, 또 하나는 통일이 꼭 필요하거나 당장 급한 것도 아닌데다 전쟁을 의미하기 때문에 포기해야 한다는 도피주의적 자세이다. 이런 극단적인 양자택일적 자세는 단순성의 매력은 있으나 사회현상에 대한 모든 단순논리에서처럼 오도된 것이다. 미래는 피비린내 나는 전쟁과 화석 같은 현상 사이의 선택으로만 제한되어 있는 것은 아니기 때문이다. 그렇다고 몇 차례의 회담개최가 곧 민족의 평화통일로 귀결될 것이라는 지나친 기대는 모든 환상이 언제나 그렇듯 쓰디쓴 좌절감만을 되씹게 할 것이다.

북한이 이른바 고려연방제라는 이름 하에서 반복해서 요구하는 즉각적인 제도적 해결방안은 그것의 단순성과 상징성 때문에 얼핏 호소력은 강해 보이지만 정치적 분별력에 입각한 설득력은 없다. 반면에 남한의 점진적 통일방안도 설득력은 강해도 기약 없는 미래 때문에 호소력이 약하다.

남북한 정치지도자들은 지금까지 약속받은 땅 조국통일의 열망을 소리높이 외쳤지만 앞서 지적한 것처럼 흡사 작문실력 대결이라도 벌이는 것 같이 요란하게 제안과 역제안의 선전만을 되풀이해 왔다. 문제는 그러한 제안의 내용에 있는 것이 아니라 제안의 방식과 서로를 대하는 자세에 있는 것이다. 정치문제에서 방식과 자세는 정책만큼이나 중요한 것이다. 따라서 상대방이 한 마디로 거부할 줄 뻔히 알면서도 제안과 역제안을 반복해서 외친다는 것은 자기만족만을 가져다 줄 뿐이다. 아니 오히려 어쩌면 자신의 제안을 거듭 소리높이 외쳐대다 보면 그것만이 조국통일의 최선의 길이라는 자기도취 및 자기기만에 빠져버림으로써 남북의 진실된 협상은 더욱 더 불가능하게 될지도 모른다. 다음과 같은 셰익스피어의 말처럼.

> "친애하는 부르타스여
> 결함은 우리들의 별속에
> 있는 것이 아니라네 그것은 바로
> 우리들 자신 속에… "

제안의 내용이 아니라 남북화해의 진정한 자세가 남북한 지도자들에게 다 같이 결여되어 있는 것이 한반도의 현실이다. 따라서 저자는 이 글에서 간단히 소개한 갈등해소 접근법의 제2차선 외교의 가능성이 남북한의 답답한 교착상태의 돌파구를 여는 데 기여할 수 있을 것이라고 생각한다. 여기서 새삼 강조할 사실은 제2차선 외교는 그 제안이나 워크숍의 과정이 비밀이어야 하며 이 제안을 외교적 이니셔티브를 장식한 것으로 인식하거나 정치적 선전으로 이용해서는 안 된다는 점이다. 왜냐하면 그렇게 하는 순간에 그것은 제1차선 외교로 곧 변질되어 버릴 것이고 그러면 과거의 남북협상의 운명을 되풀이할 것이기 때문이다. 이 접근법은 통일로의 극적인 진전의 거보를 전적으로 배제하지는 않아도 그렇다고 쉽게 약속하지도 않는다. 그러나 꾸준한 제2차선 외교의 노력은 중요하고 또 필요하다. 미래란 수많은 단기적인 행동으로 이루어지는 것으로서 오늘의 작은 시작과 개선이 언젠가는 극적으로 다른 세계를 가져올 수도 있기 때문이다. 누진적 진보는 기적의 어머니이다. 그러한 제2차선 외교의 성공을 가져오기 위해서는 무엇보다도 남북한의 정치지도자들이 이기고 진다는 의식의 세계, 즉 군사 전략적 사고에서 벗어나는 패러다임 혹은 게쉬탈트의 전환이 요청된다는 사실은 이미 지적했다.

여기서 암시된 제2차선 외교를 북한이 전적으로 거부한다면 이 접근법도 아무 소용이 없을 것이다. 왜냐하면 탱고는 혼자서 출 수 없기 때문이다. 그럼에도 불구하고 이 접근법을 소개하는 것은 우선 지금까지 한 번도 시도되지 않았을 뿐만 아니라 어느 쪽도 제2차선 외교의 성패에 따른 손실이 전혀 없는 것이기 때문에 북한도 수락할 가능성이 높다고 예상되기 때문이다. 그럼에도 불구하고 교착상태가 타개 되지 못할 때는 우리는 윈스턴 처칠의 지혜를 따르는 수밖에 없을 것이다.

> “공명정대한 행위와 동포에의 사랑 그리고 자유와 정의의 존중이 우리가 살아야만 하는 이 가증스런 시대로부터 평온하고 의기양양하게 행진해 빠져나가게 할 그날을 밝아오게 할지 모른다. 그러나 그때까지 우리는 결코 겁을 내거나 싫증내거나 절망해서는 안 된다.”[28)]

---

28) Winston Churchill, 1. March 1955 in *Parliamentary Debates*, 5th Series, Vol.537.

제 **19** 장

# 햇볕정책과 한국의 안보: 북한은 나그네의 외투인가 솔로몬의 방패인가?*

자연 가운데 흠이 있다면 그것은 인간의 마음속뿐

- 셰익스피어 -

영화 「왕과 나(*King and I*)」에는 주인공 안나가 아들 루이에게, "두려울 때는 언제나 고개를 똑바로 하고, 즐거운 곡조로 휘파람을 불어라, 그러면 누구도 내가 두려워하고 있다는 것을 눈치 채지 못할 것이다(Whenever I am afraid, I hold my head erect and whistle a happy tune, so no one will suspect I am afraid)"라고 하는 장면이 나온다. 저자는 평양에서 남북정상회담이 열릴 때 당시 김정일이 취한 행동을 보면서 바로 이 장면을 떠올렸다. 김정일이 보여준 여러 가지 모습들은 마치 상대방이 자기가 두려워하고 있다는 것을 눈치 채지 않도록 하기 위해서 즐거운 곡조로 휘파람을 불고 있는 것처럼 보였다.

대한민국에 대한 김정일의 그러한 태도는 과거에는 찾아보기 어렵던 것이다. 이러한 변화에는 1999년 6월 15일의 연평해전이 중요한 계기가 되었다. 연평해전은 한국전쟁 이후 적어도 대한민국 해군과 북한 해군 사이에 있었던 사실상 최초의 무력대결이었다. 그 대결에서 대한민국 해군이 보여준 위력에 두려움을 느낀 김정일은 꼭 일 년 후인 이듬해 6월 15일 평양에서 정상회담을 화려하게 장식함으로써, 대한민국

* 본 장은 2000년 10월 6일 해군 참모총장의 초청으로 계룡대에서 해군을 위한 특별강연의 녹취록을 정리하고 다듬은 것이다.

에서 연평해전의 승리를 자축할 수 있는 기회도 박탈하는 동시에 많은 사람들이 일 년 전의 연평해전을 까마득히 잊어버리게 하는 고도의 날짜 선택을 하지 않았나 추측해 볼 수 있다.

남북정상회담이 김대중 정부가 일관되게 꾸준히 추진해 온 이른바 햇볕정책의 결실이라는 점을 부인할 수는 없을 것이다. 그러나 그 햇볕정책은 묘하게도 구약성서에 나오는 '솔로몬의 전략'처럼, 남한의 따사로운 햇볕이 북한에 갔더니 북한의 거울에 반사되어 오히려 그 햇볕은 실제로 우리 남한 쪽에 비치고 있는 것처럼 보인다. 김정일이 그동안 우리에게 준 것은 최루탄이었다. 이산가족 상봉이라고 하는 이 최루탄 속에서 우리는 눈물로 범벅이 되었다. 남북정상회담과 이산가족 상봉으로 이어지는 화해의 분위기 속에서 우리 남한 사람들이 정신적으로 해이해져 안보불감증이 초래되지 않을까 하는 걱정을 떨쳐버리기 어렵게 된 것이다. 남북정상회담은 분명 극적이었다. 그러나 남북정상회담이 진실로 남북통일 이후 역사적인 중요성을 갖게 될는지 아니면 효과만점의 미디어 조작과 일순간의 에피소드로 끝나버리고 말 것인지에 관해서 당장 정확하게 말할 수는 없다. 오직 역사만이 그것을 말해줄 것이다.

## Ⅰ. 국가 간 관계의 본질

분명 지금의 우리 한반도에는 남북정상회담 이후에 화해와 해빙의 무드가 넘쳐나고 있다. 그러나 남북 간의 군사 전략적 상황이 실질적으로 달라진 것은 아무 것도 없다. 어쩌면 남북정상회담 이후의 남북교류협력과 북한의 국제사회 등장, 그리고 국제적 대북지원과 투자는 북한이 추구하는 소위 강성대국 건설에 우리가 부지불식간에 기여함으로써 스스로 잠재적인 적을 이롭게 하고 있는 것인지도 모른다. 또한 김정일 일인체제라고 하는 북한의 특수성을 고려할 때 남북관계는 김정일이 마음먹기에 따라 언제든 다시 대결과 적대감의 구도로 바뀔 수도 있다. 지금은 조국의 평화통일이라는 열정 속에 그 위험성이 간과되고 있는 것이다.

그러나 앞으로 시간이 흐름에 따라 이러한 열정이 식으면서 사람들은 남북관계에 대한 환멸에 고통받게 될 가능성이 크다. 왜냐하면 연평해전은 한반도 긴장상태에 있어서의 마지막 사건이 되기보다는 앞으로 우리 남한이 직면해야 할 수많은 크고 작은 위기들의 서막이 될 수도 있다. 남북 간의 접촉과 교류는 화해의 가능성과 그 심도에 기여하기도 하지만, 그만큼 갈등의 요인도 더욱 많아진다고 할 수 있기 때문이다.

일찍이 루소는 이점을 간파했다. 그래서 당시 계몽주의 철학자이자 신부였던 피에르(St. Pierre)가 유럽의 평화를 위해서 유럽연방국가를 수립하자고 제안했을 때, 루소는 "연방국가라고 하는 것은 실제로 그것이 필요할 때는 불가능하고, 그것이 가능할 때는 불필요한 것이다"라면서 비판했다. 왜냐하면 우선 군주들을 믿을 수 없을 뿐만 아니라, 상호 긴밀한 관계의 확대라고 하는 것은 그 자체가 갈등의 요인을 더 많이 증가시켜 오히려 평화를 위협할 것이라고 보았기 때문이다. 루소가 봤을 때 국가 간의 본질적인 관계는 홉스가 말하는 '전쟁상태'였으며, 국가 간의 관계는 무기를 가지고 무장하고 있기 때문에 개개인의 자연 상태보다도 더 심각하다고 보았다.

따라서 루소는 평화에 대해 글을 쓰기보다는 차라리 그 시간에 군대를 양성하라고 권고하였고, 이러한 루소의 권고에 따르기라도 하듯 과거 유럽의 국가들은 군대를 양성하여 서로 경계하고 견제하는 소위 세력균형체제를 제도화했다. 물론 이러한 세력균형은 불완전하고 불안한 것이다. 그러나 국가 안보와 평화를 위해서는 그것이 가능한 최선이라고 믿게 되었으며, 이것이 바로 17세기 유럽에서 탄생하여 지금까지도 계속되는 근대 국제정치의 본질이라고 할 수 있을 것이다.

근대 우리민족이 겪은 비극은 19세기 서양 제국주의 파고가 동북아에 밀려 들어오고 이른바 '문명의 충돌'이 발생했을 때 근대적 국제정치에 대한 올바른 이해가 부족하여 이에 대한 적절한 대응이 부족했던 데서 비롯되었다. 당시에 우리 조상들은 유교적인 덕목을 실천하는 '인(仁)의 나라', '도덕(道德)의 나라', '예(禮)의 나라'에만 매달린 채 가혹한 국제정치의 현실을 제때에 인식하지 못했던 것이다. 우리 조상들은 수신제가(修身齊家)에만 몰두하면서 무력과 군사력 배양에 너무나 소홀했다. 그것을 필요하다고 생각하지도 않았고, 어쩌면 그것을 갖추기에는 너무 가난했는지도 모른다.

그래서 은둔의 왕국 조선은 20세기 초에 마키아벨리즘으로 무장한 사무라이 제국인 일본의 위협에 직면하게 되었던 것이다. 개항 이후 메이지유신을 통해 부국강병을 이룬 일본의 태양이 우리 한반도에 높게 떠올랐을 때에도 우리의 조상들은 여전히 잠자고 있었다. 조용한 아침을 기대하면서 잠에서 깨어났을 때 우리 조상들은 자신들을 겨누고 있는 일본의 총구 앞에 무력하게 서 있음을 깨닫고 소스라치게 놀랐다. 그러나 그 때는 이미 모든 것이 너무 늦어버렸다. 일본의 태양은 이미 높이 솟아 있었고, 조선반도에 내리쬐는 태양열은 너무나 뜨거웠던 것이다. 조선의 뒤늦은 자구의 몸부림은 누구의 동정도 받지 못했다. 이미 일본은 누구도 조선을 도울 수 없도록 외교적인 조치를 완벽하게 취해 놓고 있었기 때문이다. 당시 우리 조선의 지도자들은 일본에 편승하느냐 아니면 맨손으로 싸우다가 장렬하게 죽을 것이냐 하는 선택의 기로에 서 있었다. 즉 "죽느냐 아니면 사느냐"라는 햄릿의 독백처럼 진퇴양난에 처해 있었던 것이다. 역사를 볼 때 그러한 상황은 물론 우리만의 비극은 아니었다. 수많은 약소국가들이 몇 차례씩 그런 비극적 상황에 처했다. 힘의 압력 속에서 도덕의 힘으로써 대결할 수 없는 그 상황, 노골적으로 국가 간의 물리적 힘이 대결하는 상황을 잘 보여주는 것이 투키디데스의 『펠로폰네소스 전쟁사』에 나오는 아테네와 밀로스의 대화(Melian Dialogue)편이다.

아테네인들은 해양제국인 자신들의 위세와 위신을 위해 밀로스를 굴복시킬 필요가 있었다. 아테네는 밀로스가 순순히 굴복한다면 그들을 살려 주겠으나, 만일 저항한다면 가만 두지 않겠다고 위협했다. 밀로스인들은 보편적인 정의와 신의 가호를 들먹이며 무력을 앞세운 아테네의 압력에 맞서보려 하였으나, 힘이 없는 정의와 신에의 호소는 아테네인들에게 아무런 위협이 되지 못했다. 밀로스는 중립을 제안하였지만 아테네에게 밀로스의 중립은 자신들에게 굴복하고 있는 다른 해양 국가들의 저항을 야기할 수 있는 것이므로 이 또한 받아들여지지 않았다. 밀로스인들은 스파르타의 지원군에 기대를 걸었으나 믿었던 스파르타는 자국의 안보가 더욱 중요했기에 아무런 도움을 주지 않았다. 그럼에도 밀로스인들은 끝까지 자신들의 역사와 자존심을 위하여 싸울 것을 결의했고, 결과는 처참했다. 즉 밀로스인들은 냉혹한 국제정치의 현실에 눈을 감은 채 헛된 희망과 자존심에 연연하다가 결국 가장 근본적인 문제, 즉 생존을 도모할 수 있는 마지막 기회마저 놓쳐버리게 된 것이다.

투키디데스는 이처럼 양국 간 대화를 통해 힘에 기반한 국제정치의 본질을 보여 줌으로써 국제사회에서 약소국이 생존하기 위해서는 무엇을 어떻게 해야 하는가에 관하여 핵심적인 안목을 제시하였다. 이는 아테네가 밀로스의 지도자들에게 던졌던 한마디, 즉 "국가 간에 있어서의 정의는 동등한 힘이 있는 경우에만 존재한다. 즉 국제사회에서 강자는 자기가 하고 싶은 것을 얻는 것이고, 약자는 그것을 인정할 수밖에 없는 것이다"라는 말에 압축적으로 표현되어 있다고 할 수 있다.[1)]

1) 밀로스의 대화편은 제 1 장과 9장에 보다 상세하게 다루어지고 있으므로 자세한 내용은 이를 참조할 것.

## Ⅱ. 포르투나(Fortuna)와 비르투(Virtù)

마키아벨리는 기독교가 자기 조국의 멸망에 큰 책임이 있다고 생각했다. 그는 피렌체가 망한 것은 바로 피렌체인들로 하여금 무력의 중요성을 망각하게 만든 기독교에 중대한 책임이 있다고 보았다. 기독교는 허약함과 헛된 희망의 종교라는 것이다. 그는 기독교가 군인정신의 함양을 막고 세상이 돌아가는 이치에 대한 적절한 지식의 습득을 가로막는다고 생각했다. 기독교인들은 무력이 부족해서 전쟁에서 패했음에도 마치 그것을 그들이 평상시에 지었던 죄 때문에 신의 버림을 받은 것이라는 식으로 생각하는 경향이 있었다. 마키아벨리는 국제정치에서 기독교가 인간들을 이처럼 소극적으로 만들어 국민들의 정신상태가 변형되었기 때문에 과거 로마제국을 가지고 있었던 그 이탈리아가 멸망했다고 보았다.

한편 유교의 최대 덕목인 '인(仁)'은 기독교에서의 사랑처럼 폭력을 금기시하고 무력수단을 강력히 배제하는 경향을 가지고 있었다. 바꾸어 말해서 조선인들의 유교적 세계관은 19세기 말부터 갈수록 좁아지는 지구와 밀려오는 제국주의 파도의 위험성을 제대로 간파하고 적절히 대처하는 데 중요한 장애요인으로 작용했던 것이다. 그리하여 조선인들이 믿던 포르투나(Fortuna)는 일본 사무라이들의 비르투(Virtù)에 치욕적으로 굴복당하게 되었다. 마키아벨리는 당시의 이탈리아 군주들이 자신들의 과오에 대해서 책임을 지기보다는 그것을 국가의 불행으로 돌리는 것에 대해서 비판했다. 이탈리아의 군주들은 좋은 날씨 뒤에는 궂은 날씨가 올 가능성이 있음을 상상하지 못하는 무능력의 소유자들이라는 것이다. 구한말의 조선은 마키아벨리가 개탄한 그의 조국 피렌체의 모습과 너무나도 유사했다.

일본인 이케하라 마모루가 쓴 『맞아죽을 각오를 하고 쓴 한국, 한국인 비판』이라는 책에서도 일본인들의 마키아벨리적 인식을 엿볼 수 있다. 그는 일본이 한국을 침략했을 무렵은 전 세계적으로 힘 있는 나라가 그렇지 못한 나라를 정복하는 제국주의시대였고, 만일 당시 한국이 강대국이고 일본이 약소국이었다면 한국이 일본을 침략하지 않았으리라는 보장은 어디에도 없지 않으냐고 반문하였다. 이것이 26년 동안 한국에 살면서 한국을 누구보다도 사랑한다고 자처하는 일본인의 역사관이다. 일본인들은 조선을 침략한 데 대해 결코 역사적인 반성을 하지 않는다. 즉 일본인들의 역사관은 밀로스의 대화편에 소개된 아테네인들의 인식과 전혀 다르지 않다는 것을 알 수 있다. 결과적으로 펠로폰네소스전쟁에서는 스파르타가 승리했고, 아테네는 밀로스인들의 예언이 들어맞기라도 한 것처럼 멸망했다. 그러나 이미 죽어버린 밀로스 남자들과 노예로 팔려 간 여자와 어린아이들에게 이것은 아무런 위안을 주지 못했다. 마찬가지로 이미 일본제국의 침략과 그 고통 속에서 죽어간 우리 조상들에게 일본제국의 멸망은 아무런 의미가 없는 것이었다.

오늘날 한국인들의 눈물을 자아내는 민족 분단과 그에 수반되는 모든 고통의 근원은 사실상 20세기 초반 주권상실의 결과라고 할 수 있다. 민족의 분단도 결국 주권의 상실에서 비롯된 것이라 해도 과언이 아니다. 그 때의 잘못으로 인해 지금까지도 우리 민족은 계속해서 피와 눈물로 그 대가를 지불하고 있는 것이다. 통일된 민족국가를 이룩하여 세계사에 이름을 빛낸 독일의 철혈 재상 비스마르크는 "정치 지도자가 성공하기 위해서는 역사의 발자국 소리를 들어야 한다"라고 주장했다. 이는 시대적 조류를 정확하게 간파하고 그 역사적 파도에 편승하는 지도자만이 성공할 수 있다는 것을 의미한다. 비스마르크는 역사의 발자국 소리를 들어 성공했다. 지금으로부터 10여 년 전 독일의 헬무트 콜 수상도 냉전 종식의 과정 속에서 역사의 발자국 소리를 들었다. 그리고 그는 결국 독일의 통일을 달성하였던 것이다.

과거의 우리 조상들은 서구 근대화 혁명의 파도타기에 실패했다. 역사적 발자국 소리를 듣지 못했던 것이다. 냉전이 종식을 고하고 이른바 '역사의 종말'이 온 지금 우리는 시대적 요구인 민주화와 자유시장경제 및 세계화의 파도타기를 시작하고 있다. 우리의 앞날은 우리가 얼마나 이 파도를 잘 탈 수 있는가에 따라서 결정될 것이다.

## III. 남북교류, 트로이의 목마?

새천년의 문턱에서 남북한은 정상회담을 통해 함께 손잡고 세계화혁명의 파도타기를 순조롭게 계속할 수 있을 것인가? 그럴 것처럼 보이기도 하지만 동시에 다른 면을 살피지 않을 수 없다. 왜냐하면 북한이 파도를 타는 목적은 평화적인 조국통일을 위해서라기보다는, 이른바 강성대국의 건설을 통한 북한식의 통일을 위해서일 가능성도 있기 때문이다. 따라서 남북한 간의 접촉과 교류확대는 어느 정도 필요하겠지만 거기에는 루소가 지적한 위험성, 즉 상호의존의 확대가 갈등요인의 확대를 필연적으로 수반하게 된다는 경고만은 잊지 말아야 할 것이다.

남북교류는 지금까지 남에서 북으로 사실상 거의 일방적인 경제적 지원과 침투를 의미했다. 남한이 북한 진출에 거는 의미는 과연 무엇인가? 직접적으로 말하고 있지는 않지만 남한은 남북교류를 통해 북한을 점진적으로 개방하여 북한 사회를 변화시킬 수 있다고 생각하고 있다. 즉 남북교류가 '트로이의 목마'가 될 수 있다고 생각하는 것이다. 그러한 남한의 북한 진출 의도를 김정일이 모를 리가 없다. 그런데 그런 사실을 알면서도 김정일이 남한의 경제인들을 북한으로 부르는 이유는 어디에 있는 것인가? 어쩌면 김정일은 북한에 진출하는 기업인들을 남한이 생각하는 트로이의 목마가 아니라 자기가 언제든지 붙잡을 수 있는 '인질'로 생각하고 있는 것은 아닐까? 과연 그렇다면 누가 누구를 이용하고 있는 것일까라는 의문을 갖게 된다. 트로이의 목마가 되든, 잠재적인 인질이 되든 분명한 것은 앞으로의 남북한 사이에는 빈번한 분쟁과 갈등의 위기들이 잉태되고 있다는 점이다.

우리는 연평의 위기보다도 더 큰 위기들을 예상보다 빨리 맞이하게 될는지도 모른다. 북한은 과거 1993년과 1997년 미국의 대통령선거가 있는 해에는 조용하다가 선거가 끝나고 새로운 정부가 들어서자마자 뭔가 깜짝 놀랄 새로운 것을 제기하여 문제를 일으켰던 적이 있다. 뿐만 아니라 북한의 점증하는 요구들을 우리가 다 충족시킬 수 있겠는가라는 것도 생각해 보아야 할 문제이다. 일방적인 대북지원만 계속된다면 국내적인 반발을 피할 수 없게 될 것이다. 남한의 경제력이라고 하는 것은 그렇게 여유 있는 것이 아니다. 우리 정부는 그것을 장기적인 대북투자라고 생각한다. 그러나 장기적인 대북투자도 자기의 능력을 감안하고 행해야 한다. 지나친 투자는 사실상 불행의 씨앗이 될 수 있는 것이다. 또한 그것이 투자가 아니라 단순한 과잉 소비로 끝나버리고 말 가능성도 배제하지 않을 수 없다. 지나친 투자는 과잉 소비에 지나지 않는 동시에, 적을 강력하게 만들어 주는 위험스러운 일일 수 있다. 겸양의 미덕을 가지고 상대방의 오만한 행동을 이길 수 있다고 생각하는 것은 중대한 과오라고 마키아벨리는 지적한 바 있다.

게다가 이러한 국내적 반발의 위험성뿐만 아니라 우리는 인적인 요소에 관해서도 염려하지 않을 수 없다. 북한 김정일의 개인적 욕구, 그리고 남한의 정권교체와 그에 따른 정치적인 변화도 염두에 두어야 한다. 한 개인의 역량에만 의지하는 정책은 그 생명이 짧을 수밖에 없음을 북한은 알아야 한다. 한편 아테네의 민주주의가 선동정치의 혼란으로 사실상 나라를 망쳤듯이, 한국의 국내정치에 있어 만약 혼란이 확대된다면 남북 간의 관계는 감정적인 반대나 지도자들의 위치 변화에 따라 급속하게 분쟁의 상황으로 바뀔 수도 있을 것이다.

## IV. 평화는 수단을 달리한 전쟁의 연속?

보다 근본적인 문제는 평화에 대한 김정일의 인식이다. 칼 폰 클라우제비츠는 "전쟁이란 수단을 달리한 정책의 연속" 이라고 했다. 어쩌면 김정일은 '평화란 수단을 달리한 전쟁의 연속'이라고 생각할지도 모른다. 원래 북한은 오랫동안 남한을 따돌리면서 미국만을 상대하려고 했다. 그러나 미국과의 관계가 교착상태에 빠지자 북한은 남한으로 관심을 돌렸다. 즉 미국에 가기 위해서 김정일은 '미국행 한국열차'를 탄 것이라고 할 수 있다. 그동안 김정일은 미국에 대해서 핵무기를 가지고 공갈을 쳐 왔다. 이러한 전략은 과거 소련의 흐루시초프도 사용한 적이 있다. 현재 미국에 거주하고 있는 흐루시초프의 아들에 의하면, 1960년대 초 쿠바 미사일 위기 시에 흐루시초프는 이렇게 말했다고 한다. "중요한 것은 미국인들이 우리가 많은 미사일을 갖고 있다고 믿게 하는 것이다. 그것이 공격을 막는 방법이다. 우리는 없는 미사일로 미국을 위협했다. 과거 수에즈운하 사건 때도 그러했고, 이라크 위기 때도 그러했다."

그러나 미국은 이러한 소련의 도발에 대하여 초기에 필요 이상의 신중한 모습을 보임으로써 상대에게 유약한 모습으로 인식되었고, 이것은 사태를 더욱 악화시켰다. 1962년 흐루시초프는 쿠바에 중거리 핵미사일을 배치하려고 하였다. 그는 1961년의 피그만 사건, 비엔나에서 케네디 대통령과의 정상회담, 그리고 1962년 베를린 장벽을 세우는 일련의 과정 속에서 케네디를 사실상 얕잡아 보았다. 그는 케네디는 말만 강경하게 할 뿐이며, 실제로는 무력사용의 의지가 없다는 것을 간파했다. "우리는 어떠한 적도 배격할 것이며, 어떠한 친구도 도울 것이다"라는 케네디 대통령의 그 유명한 취임사는 당시 자유세계에 엄청난 격려가 되었지만 사실상 그것은 하나의 소심함에 지나지 않았다. 피그만 사건과 비엔나 정상회담, 그리고 베를린 장벽에서 케네디는 흐루시초프에게 밀리고 있었던 것이다.

케네디는 자신의 소극적인 반응이 상대방에게 유약하다든가 허약하다든가 겁먹은 것으로 해석되어 상대방의 계산착오와 판단 착오를 유발함으로써 더 큰 위험이 발생할 수 있다는 생각을 하지 않은 채, 상대방을 치밀하게 파악하는 데에만 집중했다. 케네디는 제2차 세계대전 직전인 하버드대학 시절 수정주의 역사학자 시드니 페이의 강의에 깊은 감명을 받았다. 당시에는 카이저 빌헬름 2세의 세계정복 야심 때문에 제1차 세계대전이 일어난 것이라는 생각이 보편적이었다. 그러나 시드니 페이는 카이저가 세계를 정복할 생각을 가지고 있지 않았으며, 오히려 전쟁은 다른 국가들이 카이저의 의도를 잘못 파악하고 오판하고 과잉 반응함으로써 일어난 것이라고 주장했다. 즉 계산 착오로 인해 전쟁이 발생했다고 가르쳤던 것이다. 뿐만 아니라 쿠바 미사일 위기 발생 직전 케네디는 바바라 터크만 여사의 『8월의 총성(*The Guns of August*)』이라는 책을 읽고 깊은 인상을 받았다. 역사학자인 터크만 여사는 이 책에서 제1차 세계대전의 과정을 분석하면서, "스트레스하에서의 치명적인 계산착오가 당시에 누구도 원치 않는 전쟁을 가져 왔다"고 주장했다. 이는 바로 케네디 대통령이 시드니 페이로부터 배웠던 테마를 재확인시킨 것이었다. 때문에 케네디는 그 당시 항상 상대방의 의도를 잘못 판단해서는 안 된다는 신념에 차 있었다. 그래서 그는 대단히 신중했고, 소극적이었다.

문제는 흐루시초프가 이러한 케네디를 정확하게 판단하고 있었으며, 따라서 모험적으로 계속 밀어붙였다고 하는 점이다. 흐루시초프는 케네디 대통령의 이러한 면을 정확하게 파악하였으므로 그를 얕잡아 보았던 것이다. 그러나 민주정치제도를 이해하지 못한 것이 흐루시초프의 한계였다. 그는 과거 독일제국 시기에 독일 해군의 아버지인 히르시즈라든가 카이저, 그리고 히틀러와 사실상 동일한 실수를 되풀이했다. 오로지 그는 케네디 대통령의 의지가 약한 데에만 초점을 맞추었을 뿐, 케네디 대통령이 혼자서 자기처럼 정책을 결정하지는 않는다는 사실을 몰랐던 것이다. 그는 민주국가의 최고 지도자들이 독재자들처럼 독단적으로 정책결정을 내리지 않으며, 그들이 아무리 싫어하는 정책이라 할지라도 국민들의 여론에 따라 택하지 않을 수 없다는 점을 알지 못했다. 만일 케네디 대통령이 혼자서 모든 결정을 내렸더라면 흐루시초프는 쿠바의 미사일 배치에 성공했을 것이다. 케네디는 사실상 그것을 수용할 생각까지 했었기 때문이다. 그러나 각료의 반대로 인해 케네디는 봉쇄정책을 택했고, 그것이 실패할 경우를 대비하여 폭격과 침공을 준비시켰다. 그리하여 흐루시초프의 공갈정책은 실패했던 것이다.

일촉즉발의 충돌을 피하게 된 흐루시초프는 이것을 "이성의 승리"라고 불렀으나, 그 소식을 들은 모택동은 이를 "미제국주의에 굴복한 것이다"라며 비난했다. 또 당시 쿠바의 카스트로는 벽에 발길질을 하고 거울을 박살내면서 흐루시초프에게 온갖 육두문자의 욕설을 퍼부었다고 전해진다. 그러나 흐루시초프는 자신이 만약에 물러서지 않았더라면 미국에 쿠데타가 일어나 케네디 대통령이 군부에 의해 정복되었을 것이고, 케네디 대통령이 군부에 의해 정복되면 미국은 강경한 조치로 나올 것이라 생각하여 이를 피하려 했던 것이다. 그러나 아이러니컬하게도 이 사건으로 인해서 결국 정복당한 것은 바로 흐루시초프 자신이었다.

그 당시 숨죽이며 불안해하던 미국인들은 승리에 환호했고, 케네디 대통령은 엉겁결에 영웅이 되어 버렸다. 그러나 쿠바의 위기는 처음부터 예방할 수 있는 것이었다. 만일 케네디가 소극적이거나 수세적인 모습을 보이지 않고, 비엔나의 정상회담에서 흐루시초프에게 얕잡아 보이지 않았다면 흐루시초프가 그처럼 무모한 모험을 시도하지는 않았을 것이다. 국제경쟁의 어려운 시대에 조심스러운 수동적 자세가 대담성보다 더 큰 안전의 보장을 가져다주는 것은 아니다. 어쩌면 그것은 상황을 더욱 위험스럽게 만들 수 있다. 위기시에는 그 경우에 맞는 어떠한 특별한 행동이 요구되는 것이고, 또 여러 가지 다양한 행동의 결합이 필요할 수 있다. 그러나 쿠바의 위기는 단순히 우월한 군사력만을 가지고 평화와 안전의 유지를 이룰 수는 없다는 사실을 역사적으로 보여준 사건이었다. 즉 우월한 군사력을 소유하고 있는 국가일지라도 상대방에게 그 힘을 사용할 수 있다는 의지를 확신시키지 못하면 언제든지 위기가 발생할 수 있다는 사실을 보여 주었던 것이다.

## V. 햇볕정책의 보완

앞에서 언급했듯이 연평도에서 있었던 위기는 결코 마지막 위기가 아니라 어쩌면 앞으로 닥쳐올 위기들의 시작을 알리는 것일지도 모른다. 우리는 햇볕정책이 한반도 평화의 시작이 되게 노력할 순 있지만 성공의 보장은 없다. 미래에 관해서 확실한 것은 미래가 확실하지 않다는 사실 한 가지뿐이다. 현재 확대되어가는 남북교류는 많은 문제와 어려움을 수반하게 될 것이다. 무엇보다도 남한은 분쟁과 위기가 발생할 때마다 의도적이든 또는 의도적이지 않든, 그리고 가까운 장래든 먼 장래든 간에 북한이 군비축소라든가 주한미군 철수 등과 같은 것을 주장하면서 지금까지 불안 속에서나마 유지되어 온 한반도의 안정을 위태롭게 하려는 것을 가장 경계해야 할 것이다.

힘이 없이도 평화가 가능하다는 생각은 우리가 가장 경계해야 하는 것이다. 국제정치의 본질은 힘의 경쟁이다. 우리는 최근 국내에서 소위 다자간 안보체제에 관한 논의들을 종종 듣게 된다. 물론 이것은 평화에 일정한 도움이 되겠지만 결코 완전히 믿을 수 있는 것은 아니며, 평화를 뒷받침하는 플러스알파 정도의 역할에 지나지 않는다. 우리는 과거에 아시아 태평양 지역에서 다자 간 안보체제를 가져본 적이 있었다. 또한 국제연맹은 형식상 다자 간 안보체제의 모양을 갖추고 있었고, 베르사이유 체제도 그러했다. 그러나 이 모든 다자 간 안보체제들은 사실상 동맹관계보다 효과적인 힘을 발휘하지 못했다.

이 땅에 다시는 제2의 6·25 전쟁과 같은 비극이 없도록 해야 한다는 것이 김대중 대통령 한 사람만의 소망은 아닐 것이다. 그러나 어떤 대가를 지불해서라도 전쟁을 막아야 한다는 결의는, 자칫하면 과거 체임벌린의 실수를 되풀이하게 될 수도 있다. 1938년 영국의 지도자 체임벌린은 유화정책의 함정에 빠져 제대로 준비도 못한 채 히틀러와의 전쟁에 빠져들게 되었다. 아이러니컬하지만 전쟁을 통해서라도 안보를 지키겠다는 자세만이 실제로 전쟁을 억제하고 막아 왔으며, 이것이 바로 역사의 분명하고도 뚜렷한 교훈이다. 이는 "평화를 원하거든 전쟁을 준비하라"는 로마인들의 말에서도 잘 나타난다.

오늘날 우리는 민주정치를 즐기고 있다. 그러나 오늘날 우리가 향유하고 있는 민주주의는 여론과 집단적인 요구를 무시할 수 없다. 민주사회의 집단적인 여론과 요구는 대체로 국민들의 복지이다. 특히 평화가 계속되면 전쟁을 억지하고 그 평화를 유지하기 위해 기울여 온 노력의 필요성을 과소평가하는 경향을 가지고 있다. 오늘날 억제전략이라고 하는 것은 무력을 사용하지 않고 성공하는 정책이다. 그런데 그 억제정책이 성공을 계속하게 되면, 사람들은 그 억제정책을 위해 평화시에 무기와 군비에 지불되는 비용을 아까워하는 경향이 있다. 그리하여 민주주의와 복지사회를 주장하는 사람들은 대체로 군비유지나 증강에 비판적이며, 심지어는 군사력 자체를 경시하기도 한다. 만약 그러한 주장이 여론의 지지를 받게 되면 민주국가의 지도자들은 국가 방위를 위해서 필요한 비용을 지불하는 데 주저하게 되고 또 그런 정책을 채택하지 못하게 되는 것이다.

자유민주주의 국가에서 이보다 더 자연스러운 것은 없다. 그러나 동시에 지금까지 성취해 온 평화에 대해서 이보다 위협적인 현상도 없다. 헨리 키신저는 이렇게 말했다. “평화와 안전이 너무 오랫동안 주어지게 되면 오히려 그것이 재앙의 원인이 될 수 있다. 왜냐하면 긴 평화 속에서 사람들은 비극의 감각을 상실하게 되기 때문이다. 그들은 국가와 민족이 소멸할 수 있다는 사실을 망각하기 쉽다.” 국제정치에서는 ‘설마’가 뒤통수를 치는 일이 비일비재하다. 그것이 바로 국제정치의 본질인 것이며 국가 간 관계의 본질이다. 남북한 관계는 민족의 문제인 동시에 엄연히 두 개의 국가 간의 관계이다. 때문에 남북관계를 국내정치의 연장선상에서 해석하고 이해해서는 안 된다. 평화나 안전은 인류에 대한 사랑의 선물이 아니라 나에 대한 적의 두려움이 가져온 일종의 결실이자 부산물이라고 말할 수 있을 것이다.

군비의 유지나 강화가 국가 경제에 적지 않은 부담을 가져다주는 것은 사실이나 그렇다고 해서 자체적인 군비의 유지와 강화를 결코 게을리 해서는 안 될 것이다. 우리시대 가운데 가장 존경받는 역사가 가운데 한 사람인 폴 케네디는 “평화 시의 완만한 국방비의 증가로 전쟁이 발발했을 때 군부는 보다 적은 결함을 갖게 될 뿐만 아니라, 실업이 감소되고 사용되지 않은 자원들이 이용될 것이다. 더구나 상당수준의 국방산업을 유지하는 것은 나중에 위협이 발생했을 때 신속한 재무장을 용이하게 해 줄 것이다. 갑작스러운 대규모 무장의 필요성은 준비되지 않은 군수 산업과 약한 경제에게 치명적인 부담이 될 것이다.” 이것은 바로 역사의 교훈이기도 하다.

## Ⅵ. 한반도, 마키아벨리의 세계

남북정상회담과 이산가족 상봉을 보면서 적지 않은 사람들이 남북한의 상황을 감상적이고 희망적으로 바라보고 있다. 그러나 항상 객관적이고 현실적으로 전쟁에 대비한다는 경계의식을 늦추어서는 안 될 것이다. 또한 제2의 6·25가 일어나면 어떻게 하는가라는 식의 전쟁의 공포에 사로잡혀 우리의 사고와 행동이 마비되어서도 안 된다. 즉 우리는 이산가족의 눈물에 감전되어 안보의 위협을 망각해서는 안 될 것이며, 북에 대한 화해와 관대함이 조국의 평화통일을 가져오리라는 막연하고도 맹목적인 희망 혹은 '거대한 환상'에 사로잡혀서는 안 될 것이다.

민주국가에서 도덕이나 여론을 배제하는 것은 사실상 불가능하다. 왜냐하면 일반 시민들은 국제문제를 바라볼 때에도 도덕적 관점에서 보고, 여론의 향배에 편승하는 버릇을 가지고 있기 때문이다. 그렇게 되면 정치가들도 사실상 그들의 감정을 전적으로 도외시하기 어렵다. 그러나 만약 남북화해에 대해 이러한 맹목적 헌신이 우리의 적절한 군사력의 준비를 약화시키고, 약한 군사력으로 인해 더욱 화해적인 정책을 추구하게 되는 식의 악순환에 빠지게 된다면 그야말로 우리는 국가의 안보에 결정적인 위험을 초래하게 될 것이다. 만약 우리가 두려워서 협상을 하게 된다면 그것이 바로 유화정책인 것이며, 우리가 유화정책에 빠진다면 남한의 정치 지도자들은 결국 두려움을 감추기 위해 휘파람을 불어야 하는 처지에 놓일지 모른다. 그러나 북한은 남한이 휘파람을 불 수 있는 기회를 주지 않을 것이다. 오히려 한반도는 우레와 같은 총소리에 잠기게 될 것이다.

냉전 종식 이후 국제정치학계에서는 소위 '민주평화론'이 유행하고 있다. 민주국가끼리는 전쟁을 하지 않기 때문에 민주화가 곧 평화로 가는 길이며, 따라서 민주화가 평화의 첩경이라는 주장이다. 이것은 18세기 임마누엘 칸트의 주장이 부활된 것이라고 할 수 있다. 물론 민주주의와 평화 간의 상관관계를 부분적으로는 인정할 수 있다. 그러나 그것이 곧 진리는 아니다. 왜냐하면 그동안 민주주의 국가들은 사실상 공동의 적을 두고서 힘을 같이하는 동맹국가들이었기 때문에, 과연 민주국가끼리만 있을 때에 전쟁이 배제될 수 있는가라는 물음에 대해서 우리는 아직 역사적인 검증을 할 수 있는 기회를 갖지 못했다. 칸트가 주장했던 것처럼 만약에 국민들에게 전쟁과 평화를 선택하라고 한다면 자기 스스로 나가서 목숨을 걸고 싸워야 할 그런 전쟁을 국민들은 선택하지 않을 것이다. 이러한 입장을 이해한다면 민주주의와 평화 사이에 있어서 나름대로의 상관관계가 있을 것이라는 사실을 우리는 부인하기 어렵다. 그러나 이를 확신하기도 아직은 이른 것이다.

한반도의 평화와 통일을 원한다면 실제로 무엇보다 필요한 것은 북한이 적어도 남한 수준의 민주화를 이룩하는 것이다. 북한의 김정일 체제는 엄격한 의미에서 근대적 공산주의나 사회주의 체제가 아니다. 그렇다고 해서 일당 독재체제도 아니다. 북한의 체제는 일인지배의 전제군주체제인 일종의 짜르체제이다. 북한에서 사용하는 개인숭배 용어를 가만히 들어보면 그것은 사실상 제국주의시대 일본의 천황에 대한 것과 흡사하다. 이러한 정치체제는 협상을 통해서 문제를 해결하는 데 적합하지 않다. 따라서 김정일 체제는 화해를 통해서가 아니라 지배를 통해서 자신의 정치적인 목적을 달성하려고 할 것이다. 모든 외교적 행동들은 단지 제스처일 뿐이거나, 기존의 목적을 달성하기 위한 전략과 전술에 지나지 않을 가능성이 높은 것이다.

목적을 바꾸기 위해서는 지도자도 바뀌어야 하며 정치체제가 바뀌어야 한다. 그리고 그러한 체제는 힘에 의하지 않고서는 사실상 바뀌지 않는다. 북한이 이른바 '남조선 해방'이나 '주체', '우리식 사회주의' 등의 사고방식에서 벗어나지 않는 한, 남북관계는 여전히 이념적인 대결의 지속이라고 할 수 있으며 그것은 사실상 종교적인 대결이라고 해도 과언이 아닐 것이다. 이처럼 한반도와 동북아는 소위 민주평화론에서 말하는 칸트나 윌슨의 세계가 아직 되지 못했다. 우리가 살고 있는 이 세계는 여전히 경쟁과 투쟁과 전쟁의 위험성이 도사리고 있는 '마키아벨리의 세계'라고 얘기할 수 있을 것이다.

## Ⅶ. 불확실한 미래의 극복을 위하여

마키아벨리를 자신의 유일한 지적 스승으로 인정했던 서양문명 최고의 군사전략가 클라우제비츠는, 전쟁은 왜 발생하는가라는 문제에 대하여 "전쟁은 적대감정과 대립되는 정책목표 때문에 발생한다"고 주장했다. 남북정상회담 이후 한반도의 적대감정이 다소 완화된 것은 사실이지만, 남북한 간 대립되는 정책적 목표 자체는 달라진 것이 아무것도 없다. 적대감정과 적대적인 목표의 대립이 냉전시대를 특징짓는 남북 간의 관계였다면, 이제 적대감정은 다소 완화되었지만 어떤 의미에선 더 중요한 정책적인 목표가 여전히 대립되고 있다. 그리고 이러한 사실을 생각한다면, 남북관계는 여전히 위험스럽고 언제나 전쟁이 발생할 수 있는 준전시상태라고 말할 수 있을 것이다.

남북정상회담과 이산가족의 상봉, 금강산·백두산 관광 등으로 인해서 적대감정은 완화되고 있고, 또 이를 완화시키려고 했던 김정일의 노력을 우리는 이해하고 있다. 그렇다고 하여 소위 남조선 해방이라는 적극적인 정책적 목적을 포기하지 않는 북한이 그들의 작전대로 선제공격해 올 가능성을 배제할 수는 없다. 클라우제비츠는 적극적인 목적을 가진 쪽이 먼저 공격할 수밖에 없다고 말했다. 남북 간 관계에 있어도 적극적인 목적을 갖고 있는 쪽은 남조선 해방이라는 목적을 지니고 있는 북한이다. 클라우제비츠의 유일한 스승인 마키아벨리는 불확실한 미래의 '행운'을 극복할 수 있는 것, 즉 '포르투나'를 극복할 수 있는 방법은 '물리적인 힘'뿐이라고 경고하고 있다. 그런데도 북한을 무작정 돕는 것이 우리 조국의 활로이고 평화통일을 향한 최선의 길이라고 하는 자기도취와 자기기만에 빠지게 되면, 남북평화를 위한 평화적 교류는 우리 자신을 오히려 더 위태롭게 만들어 버릴 것이다.

따라서 우리는 셰익스피어의 "결함은 우리들의 별 속에 있는 것이 아니라 그것은 바로 우리들 자신 속에 있는 것이다"는 말을 되새겨 볼 필요가 있다. 남북한 관계에 있어서 어떤 정책이 잘못된다면 그 잘못은 우리들 자신에게 있는 것인지도 모른다. 김정일은 대한민국의 군사력이 계속 두려울 때면 적의에 찬 군가 대신에 안나의 아들 루이처럼 두려움을 감추기 위해서 고개를 똑바로 쳐들고 즐거운 가락으로 휘파람을 불 것이다. 윈스턴 처칠은 '평화란 공포의 아들'이라고 주장했다. 평화와 안전이란 공포가 없이는 불가능하다고 생각했던 것이다. 어차피 한반도의 평화적인 남북통일이 이른 시일 내에 이루어지지는 않을 것이다. 어쩌면 살아생전에 우리는 남북의 평화통일을 보지 못하고 죽을지도 모른다. 그렇기 때문에 우리는 너무 서둘러선 안 될 것이며 너무 초조해할 필요도 없을 것이다. 다만 우리는 우리 자신의 안전에 최선을 다해야 될 것이다. 우리는 다 같이 최첨단의 국방력을 강화함으로써 김정일이 어느 날 갑작스럽게 돌변해서 적의에 찬 군가를 소리 높여 부르지 않도록, 계속해서 겁먹은 채로 휘파람만 불 수밖에 없도록 최선의 노력을 다해야 할 것이다.

제 20 장

# 북한 군사전략의 역사와 전망: 트로이 목마에서 러시아 룰렛으로?

우리는 상대방이 하는 말이나
혹은 자신을 어떻게 생각하느냐에
의해서가 아니라 그의 행동으로
사람을 판단한다.
- 레닌 -

군사전략의 수립은 근대국가가 설정한 최우선적 과제 중의 하나이다. 왜냐하면 한 번 채택된 군사전략은 전쟁 그 자체의 발발가능성에 영향을 미칠 뿐만 아니라, 전쟁이 발발한 뒤의 목적달성 확률에 거의 결정적 영향을 미치기 때문이다. 동양의 최고 군사전략가였던 손자가 적을 알고 자신을 알면 백 번 싸워도 결코 위태롭지 않다고 말했을 때, 그가 '적을 안다'라고 말한 것은 곧 전쟁 개시 전에 적의 군사전략을 먼저 정확히 알아야 한다는 것을 의미했다고 해석할 수 있을 것이다.

일반적으로 군사전략은, 그 나라의 정치적 목표와 지리적 조건, 국제적 여건과 국내적 병력 자원 및 경제·재정적 수준, 산업능력과 사용할 무기의 특성, 그리고 과거 전쟁의 역사적 경험 등을 포함하는 다양한 특수요소들과 전쟁 그 자체의 폭력적 성격을 이성으로 통제하여 효율성의 극대화를 모색하고자 하는 일반적 원칙들을 복합적으로 고려하여 추출한 전쟁 수행 방법이라 할 수 있다. 따라서 각 국가들의 군사전략이 다르고 또 동일한 국가의 군사전략도 시기에 따라서 다르게 표출되고 실행된다. 더구나 클라우제비츠(Carl von Clausewitz)의 말처럼 전쟁이란 "문법은 갖고 있지만 그 자체의 논리"는 갖고 있지 못한 것이다. 전쟁은 정부정책과 국민의 열정 그리고 전투작전이라는 삼위일체성으로 인해 카멜레온과 같은 속성을 지닌다. 북한의 군사전략도 이런 전략의 본질적 성격에서 예외일 수 없다.

그러나 외부 관찰자에게 북한은 하나의 영원한 수수께끼이다. 북한은 약반세기 전 정권수립 이래 지금까지도 철저한 폐쇄사회이다. 밖에서는 결코 보이지 않는 '어둠의 왕국'인 것이다. 방문자들의 활동이 면밀하게 통제되고 군부와 접촉할 수도 없다. 더구나 북한인들이 북한 군사문제에 관하여 독창적으로 또는 객관적으로 연구하거나 발표할 수 있도록 허용되고 있지도 않다. 모든 대외적 커뮤니케이션은 '주체'라는 기치 하에 수행되는 '김일성주의'의 전도 활동에 지나지 않는다. 따라서 북한의 군사문제에 관한 정보는 희박할 수밖에 없고 독창적 연구도 어려울 수밖에 없다. 그렇다고 우리는 북한사회가 활짝 열릴 때까지 기다릴 수도 없다. 만일 북한이 열린 사회가 된다면 북한의 군사전략을 이해하고자 하는 우리의 절실한 욕망은 오히려 감소하게 될 것이다. 현 시점에서 북한군사전략의 연구는 윈스턴 처칠(Winston Churchill)의 지혜를 따를 수밖에 없다. 그는 러시아를 하나의 수수께끼로 특징지으면서도 러시아를 이해할 수 있는 하나의 열쇠를 제시했었다. 그것은 곧 러시아의 국가이익이었다. 따라서 북한의 수수께끼를 풀어보고자 하는 우리 역시 그들의 국가이익과 그것을 실현하기 위해 보여준 구체적 행동들을 분석함으로써 그들 군사전략의 본질에 접근해 보고자 한다.

## Ⅰ. 북한 군사전략의 탄생: 스탈린의 선물

잘 알려져 있는 것처럼, 북한 김일성 정권은 스탈린의 '아들'이었다. 바꾸어 말하면, 당시 김일성과 스탈린의 관계란 '도널드 덕(Donald Duck)'과 '월트 디즈니(Walt Disney)'의 관계와 같은 것이었다.[1] 따라서 북한의 국가이익이란 곧 스탈린 치하 소련의 국가이익이었다. 스탈린은 '아들'에게 위험스러운 '장난감', 즉 무기와 함께 그 '장난감'의 사용방법도 선물했다. 그 장난감 교본의 선물이란 곧 북한 신생정권의 군사전략교본이 되어버린 소련의 혁명전쟁의 목적과 그 수단인 군사전략이었다.[2] 1950년 6월 25일 6만여 명의 북한군이 기습 남침했을 때, 침략군 속에 소련군이나 소련 지휘관은 없었지만 그 공격은 100대가 넘는 소련제 탱크를 앞장세우면서 궁극적으로 소련 군사작전을 수행하는 것이었다. 그것은 분명히 중국식의 게릴라 작전은 아니었다. 북한은 1945년 8월 소련군이 석권한 이래 소련의 관할구역이었다. 정부의 관리직은 모스크바에서 훈련된 조선인 공산주의자들이 모두 차지했으며 공산중국은 1950년 8월까지 북한에 대사를 파견하지도 않았었다. 따라서 북한의 기습 남침 전략은 소련인들에 의해서 마련된 것이었다. 1950년 6월 당시 15년간의 내전을 끝낸 중국 공산주의자들의 마음 속에는 대만과 티베트의 정복을 통한 중국 통일의 달성이 우선이었지, 한반도에서 전쟁을 수행할 상황은 아니었다. 북한의 기습 남침은 분명

1) 이 비유는 미 국무성 부차관보 에드워드 바레트(Edward W. Barrett)가 처음 말한 것으로 1950년 6월 26일 뉴욕타임스에서 인용한 것이다. Richard Whelan, *Drawing the Line: The Korean War, 1950-1953*, Boston : Little Brown, 1990, p.115.

2) Sung-Hack Kang, "Strategic Metamorphosis from Sisyphus to Chameleon?" *The Korean Journal of Defense Analysis*, Vol.7, No.1 (Summer 1995), p.187.

히 소련, 즉 스탈린의 계산된 결정에서 시작되었다.

그렇다면 당시 스탈린의 계산은 무엇이었을까? 1948년 스탈린은 독일인들을 공산주의 세계로 끌어들임으로써 유럽 권력투쟁의 결과에 영향을 미치려고 사실상 전투행위인 베를린 봉쇄(Berlin Blockade)를 단행했다. 1950년에도 스탈린은 같은 생각을 갖고 있었다. 다만 이번에의 목표 대상은 일본인들이었다. 만일 소련이 중국 공산화 직후 아시아에서는 공산주의가 미래의 파도가 되리라는 것을 일본인들에게 인식시킬 수만 있다면, 스탈린은 유럽에서 얻지 못한 것을 아시아에서 얻을 수 있을 것으로 계산했을 것이다. 또한 스탈린은 당시 남한의 정복이 값싸고 손쉬운 승리가 될 것이라고 믿을 만한 충분한 근거가 있었다. 남한으로부터 미군이 완전히 철수했을 때, 스탈린은 장비마저 제대로 갖추지 못한 남한군이 고도로 훈련되고 잘 무장한 북한의 정규군에게는 상대가 되지 못할 것이라는 점을 알고 있었기 때문이다. 의심할 여지없이 스탈린이 고려했을 다른 요인들도 있다. 미국인들이 일단 철수해 버리자 스탈린은 당시 미국인들의 눈 밖에 난 남한의 이승만을 구출하기 위해서 미군이 남한에 되돌아오지는 않을 것이라고 제법 확신했었다.[3)] 게다가 스탈린은 1950년 1월 12일 한국을 태평양지역에서 미국의 중대한 이익권 밖에 두는 것을 명백히 한 딘 애치슨(Dean Acheson) 국무장관의 확언을 들었다. 뿐만 아니라 스탈린은 장개석이라는 실례를 갖고 있었다. 장개석이 중국 본토에서 공산주의자들과 싸울 때 미국인들은 그를 크게 도왔지만, 그가 짓밟힐 때 미국은 개입하지 않았으며 그가 바다 건너 대만섬으로 피신할 때 미국은 구경만 했었다. 따라서 이 모든 요인들을 고려하여 스탈린은 1950년 4월 김일성에게 남침을 최종 승인할 때 신속한 승리를 상당히 확신하고 있었다.

---

3) James Trapier Lowe, *Geopolitics and War: Mackinder's Philosophy of Power*, Lanham: University Press of America, 1981, p.643.

그에게 남한의 정복은 거의 위험성이 없으며 성공을 자신할 수 있는 도박이었던 것이다. 그는 일본인들이 재앙의 전조로 간주할 것이고 공산중국 및 공산일본과 함께 전 아시아를 자신의 손아귀에 넣을 수 있을 뿐만 아니라 그것도 단 한 사람의 소련병사도 잃지 않고 소련인들이 훈련시킨 북한 인민군만으로도 그렇게 할 수 있을 것으로 확신했던 것이다. 그것은 스탈린이 결코 외면하기 어려운 유혹적 도박이었다.[4)]

북한 인민군은 소련의 피조물로서 사실상 스탈린의 군대나 다름없었다. 1945년 9월 소련의 붉은 군대가 한반도의 북반부를 점령하자마자 소련은 재빠르게 제2차 대전 중 자신들이 소련에서 훈련시킨 김일성과 기타 공산주의자들을 중심으로 조선공산당을 창설하기 시작했으며 대내적 안전을 위해 공안부대들의 설립을 거들고 1946년 후반에는 정규군 창설에 착수했다. 그리하여 이른바 '조선민주주의 인민공화국(DPRK)'의 공식출범 수개월 전인 1948년 2월 8일 조선인민군대의 창설이 공식선포되었다. 1948년 말까지 북한군은 6만 명에 달했으며, 김일성과 소련에서 훈련받은 장교집단이 창설된 조선인민군을 통제했다. 당시 소련에서 군사훈련을 받은 조선인들은 약 1만여 명에 달했으며, 이들 중 상당수가 인민군대의 최고지휘자들이 되었다.[5)] 소련은 북한 인민군들에게 150대의 T-34탱크를 포함하여 모든 무기와 장비를 제공했으며, 약 3,000명에 달하는 소련의 군사고문들과 기술자들이 1950년 6월 전까지 조선 인민군에 배속되어 있었다. 따라서 군사문제에 관한 모든 실질적 권한은 소련의 지도 하에 있었다.[6)] 따라서

---

4) 이렇게 보면 남침에 대한 트루먼 대통령의 신속한 무력대응은 스탈린을 깜짝 놀라게 한 일종의 기습반격이었다.

5) Robert A. Scalapino & Chong-sik Lee, *Communism in Korea, Part II: The Society*, Berkeley: University of California Press, 1972, p.926.

6) Sergei N. Goncharov, John Lewis and Xue Litai, *Uncertain Partners: Stalin, Mao, and the Korean War*, Stanford: Stanford University

1946-47년 북한군의 1/3에 달하는 중국 공산인민군 휘하의 조선인들이 북한에 귀국하여 북한이 중국 게릴라식 군대를 발전시켜야 한다고 주장했지만 이들 연안파의 주장은 관철되지 못했다. 김일성 집단은 정규군을 강조하는 소련식 군대를 주장했고, 소련의 직접적 지원을 받은 김일성 집단이 압도했다.[7] 결국 북한의 인민군은 군에 관한 한 모든 것을 소련식으로 조직했으며 군사전략적 교리도 결국 소련 것을 차용했던 것이다. 그리고 그것은 스탈린의 군사전략적 교리였다.

## II. 북한 군사전략의 원형: 스탈린의 군사전략

1915년 레닌은 19세기 최고의 군사전략가 칼 폰 클라우제비츠의 전쟁에 대한 정의를 그대로 차용하여[8] "전쟁이란 다른 수단에 의한 정치의 연속에 지나지 않는다[9]"고 선언했으며, 마르크스주의자들은 언제나 "클라우제비츠의 방정식을 모든 전쟁의 의미에 관한 이론적 토대로 간주해 왔다"고 천명했다.[10] 레닌은 마르크스와 엥겔스로부터 권력정치의 현실에 대한 투쟁적 세계관을 습득했다. 따라서 그에게서 전쟁

Press, 1993, p.132.

7) Larry Niksch, North Korea, in Richard A Gabriel (ed.), *Fighting Armies*, Westport, Conn: Greenwood Press, 1993, p.104.

8) Donald E. Davis and Walter S. G. Kohn, "Lenin as Disciple of Clausewitz," *Military Review* (September 1971), pp.49-55.

9) Abbott A Brayton and Stephana J. Landwehr (eds.), *The Politics of War and Peace: A Survey of Thought*, University Press of America, 1981, p.249.

10) Edward Mead Earle, "Lenin, Trotsky, Stalin: Soviet Concepts of War," in Edward Mead Earle (ed.), *Makers of Modern Strategy: Military Thought from Machiavelli to Hitler*, Princeton: Princeton University Press, 1943, p.323.

이란 본질적으로 군사적일 뿐만 아니라 동시에 외교적이고 심리적이며 경제적인 것이었다. 그러나 레닌은 전쟁과 혁명은 서로가 지속적이고 근본적인 관계에 있기 때문에 전쟁이야말로 혁명의 산파가 될 수 있다고 믿고[11] 전쟁과 정치가 동일하다는 극단적인 방정식을 채택했었다.[12] 그리하여 레닌집단의 혁명운동은 호전적인 행동주의가 되었다. 레닌은 평화적 방법에 공감하지 않았다. 그는 권력정치의 확고한 신봉자였다. 따라서 그에게는 평화 그 자체가 결코 목적이 될 수는 없었으며 평화도 전쟁처럼 정치의 수단에 지나지 않았다.

혁명전쟁을 성공적으로 수행하기 위해서는 무엇보다도 강력한 군대가 필요했다. 그는 볼셰비키 혁명정권을 살리기 위해 1918년 독일과 브레스트·리토프스크(Brest-Litovsk) 조약을 체결한 뒤 군사력 없이는 전쟁의 어떠한 방법도 오직 일시적 성공밖에 기대할 수 없음을 체득했다. 특히 10월혁명 후 3년 간에 걸친 피의 내전을 끝내고 소련정권이 수립되었으나 국제사회에서 거의 완전히 고립된 소련정부는 정권수립 직후부터 소련 주민들에 전쟁의식(war mentality)을 고취시켰다. 그리하여 당시 소련의 일상적 언어마저 전투적으로 표현되어 근본적 호전성을 반영했다. 즉 생산전투, 산업의 스파이와 사보타주꾼 같은 표현들이 일상적으로 사용되고 있었다.[13] 다른 한편으로 소련은 러시아제국의 민족적, 영토적 토대 위에 조직된 국제체제 내의 한 국가였다. 따라서 처음부터 소련의 전략은 마르크스주의의 이념적 틀 속에서 발전된 전통적 러시아 전략이었다.[14] 실제로 붉은 군대를 창설하여 볼셰비키 혁명

11) *Ibid.*

12) Raymond Aron, *Clausewitz: Philosopher of War*, trans. by Christine Booker and Norman Stone, London: Routledge & Kegan Paul, 1983, p.269.

13) Edward Mead Earle, *op. cit.*, p.334.

14) Earl F. Ziemke, “Strategy for Class War: The Soviet Union, 1917-

무장투쟁을 지휘했던 트로츠키(Trotsky)는 마르크스주의식 군사전략이 존재한다는 것을 부인했다.[15] 즉 그는 "마르크스주의 방법이란 역사 및 사회과학의 한 분석방법이다. 전쟁과학이란 존재하지 않으며 미래에도 그러할 것이다. 전쟁과 관련된 여러 가지 과학들이 있다. 그러나 전쟁 그 자체는 과학이 아니다. 전쟁이란 실천적 기술이고 솜씨이다. 마르크스주의 방법의 도움을 받아 기술의 원칙들을 수립하는 것이 어떻게 가능하겠는가? 그것은 마치 마르크스주의에 의존하여 '건축학 이론'을 세우거나 '수의학 교과서'를 쓰는 것처럼 불가능한 것이다. 역사의 변증법적 유물론이란 결코 모든 과학을 위한 보편적 방법이 아니다. 따라서 그것을 군사문제의 특수한 분야에 적용하려는 시도는 가장 큰 환상이다"[16]라고 주장했다. 때문에 트로츠키는 노동자·농민을 훈련시켰으며 전쟁기술의 발전을 가르치고 또 앞서가기 위해 1918년 붉은 군대의 사관학교를 창설했다. 그런 사명을 적절히 수행하기 위해서 사관학교는 유럽 군사사상의 주류를 받아들이고 제1차 세계대전의 경험을 철저히 분석해야 했다. 반면에 스탈린의 군대는 전략적 정책을 수립하기 위한 교훈을 주로 소련의 내전에서 찾았다. 내전의 교훈들은 특히 스탈린의 세계관(Weltanschauung)의 형성에 특별히 중요했다.[17] 1925년 트로츠키의 군사 및 해군문제 인민위원회의 위원장 자리를 대치한 미하일 프룬제(Mikhail V. Frunze)는 스탈린이 지지하는 전략이론을 수립했다. 프룬제가 수립한 붉은 군대의 기본적인 전략 및 전술적 개념은 1914-1917년의 작전처럼 참호와 진지 전쟁이 아니라 기동전에 입각한 공세

1941," in William Murray, Macgregor Knox, and Alvin Bernstein (eds.), *The Making of Strategy: Rules, States, and War*, Cambridge: Cambridge University Press, 1994, p.498.

15) Edward Mead Earle, *op. cit.*, pp.342-343.

16) *Ibid.*

17) Earl F. Ziemke, *op. cit.*, p.507.

전략이었다. 러시아내전의 경험은 혁명군이 기동전에서 특별한 적응력을 보여주었을 뿐만 아니라, 러시아 혁명의 정신은 지속적 활동, 대담성, 게릴라 작전 및 적에게 전쟁을 수행하는 모든 수단을 요구한다고 프룬제는 말했다.[18] 스탈린 자신도 공세전략만이 승리를 가져다 줄 것이라고 확신했던 것처럼 보인다. 스탈린은 웰스(H. G. Wells)에게 "적은 항복하지 않을 것이니 짓밟아버려야만 한다는 것을 이해하지 못하는 군사지도자를 누가 원하겠는가"라고 말했던 것이다.[19] 그가 볼 때 전쟁이란 적군을 궤멸시키는 것 외엔 아무것도 없었다.

그러나 스탈린은 레닌과 다른 점이 있었다. 레닌은 애국심을 조롱했다. 그는 사회주의의 혁명을 위해 조국을 희생할 줄 모르는 자는 사회주의자가 아니라고 말했다.[20] 그러나 스탈린은 1924년 12월 이른바 '일국사회주의론'을 천명하고 "타국에서 프롤레타리아의 예비적 혁명이 없이도 소련의 노동계급은 조국의 완전한 사회주의의 건설을 위해 힘을 사용할 수 있다"고 주장했다.[21] 이듬해 스탈린은 마르크스와 엥겔스의 테제를 뒤집으면서 사회주의 혁명의 승리가 이룩될 때까지 신사회질서를 위한 경제적 전제조건들은 이루어지지 않을 것이라는 신테제를 채택했다.[22] 새로운 교리와 함께 그는 레닌주의자로부터 러시아 쇼비니스트로 변했다. 따라서 그에게 가장 중요한 전략적 과업은 첫째로 적의 가장 취약한 지점에 대항하여 결정적인 순간을 위해 자신의 주된 군사력을 집중시키는 것이었다.[23] 둘째로는 결정적 타격을 가할

18) Edward Mead Earle, *op. cit.*, p.344에서 재인용.

19) *Ibid.*, p.350에서 재인용.

20) *Ibid.*, p.356.

21) Wolfgang Leonhard, *Three Faces of Marxism*, New York: Paragon Books, 1974, pp.100-101.

22) *Ibid.*, p.102.

23) *Ibid.*, p.107.

순간의 선택, 셋째로는 모든 어려움에도 불구하고 채택된 길을 일관되게 추구하는 것이며, 넷째로 중요한 과업은 후퇴가 불가피하게 되면 질서있는 후퇴를 실행할 수 있도록 자신의 예비병력을 움직이는 것이었다.[24] 스탈린의 이러한 군사전략적 사고는 사실 전략의 세계에서 결코 새로운 것이 아니었다. 클라우제비츠의 전략적 제원칙과 비교할 때, 첫째는 집중의 원칙, 둘째는 정점(culminating point)의 원칙, 셋째는 인내력(perseverance)의 원칙 그리고 넷째는 전략적 예비병력 보유의 원칙으로 대입시킬 수 있기 때문이다. 전술의 차원에서도 스탈린은 프롤레타리아 계급의 모든 형태의 투쟁과 조직을 통달하여 전략적 성공을 위해 적절히 사용하는 것을 전술적 지도력의 과제로 간주했다.[25] 이것은 클라우제비츠의 '무장한 인민(the people in arms)'의 활용원칙과 전혀 다를 것이 없다.[26] 따라서 스탈린은 결코 새로운 전략이론가가 아니었으며, 엥겔스·레닌·트로츠키로 이어지는 클라우제비츠의 신봉자에 지나지 않았다고 해도 과언이 아닐 것이다.

클라우제비츠의 군사전략은 근대 국민국가의 군사전략이었다. 그리고 근대 국민국가는 1789년 프랑스 대혁명의 용광로 속에서 탄생했다. 프랑스혁명은 새로운 '국민군대'를 탄생시켰으며 새로운 '국민간의 전쟁'을 낳았다. 전쟁은 더 이상 '군주들의 스포츠'가 아니었다. 혁명의 전사들은 '보수'를 위해 싸우는 것이 아니라 '조국의 수호와 영광을 위해' 목숨 바쳐 정열적으로 싸우기 시작한 것이다. 그것은 분명히 새로운 시대정신의 분수령이었다. 1806년 예나전투에서 하얀 백마를 탄 나폴레옹을 목격한 헤겔은 새로운 시대정신을 목격했다고 고백했다. 당

---

24) *Ibid.*, pp.107-108.

25) *Ibid.*

26) Carl von Clausewitz, *On War*, trans. by Michael Howard and Peter Paret, Princeton, NJ :Princeton University Press, 1976, pp.479-483.

시 나폴레옹은 자신을 '혁명의 아들'이라고 자처했다. 헤겔은 그가 새로운 시대정신을 확산시키는 이른바 '세계 역사적 인물(World Historical Man)'이라고 불렀다. 당시 수준에서 거의 무제한적 병력을 동원할 수 있었던 나폴레옹은 전근대적 군주국가들과의 전쟁에서 패배를 몰랐다. 당시 나폴레옹의 적이었던 프러시아의 칼 폰 클라우제비츠도 그를 '전쟁의 신(God of War)'이라고 부르는 데 주저하지 않았다.[27] 나폴레옹의 전략적 탁월성은 1812년 겨울 모스크바로부터의 참담한 철수와 1813년 10월 라이프치히(Leipzig) 전투 및 1815년 6월 워털루(Waterloo)에서 연합군에 의한 최종적 패배에 의해 그 한계가 명백하게 입증되었음에도 불구하고 격하되지는 않았다. 나폴레옹은 역사의 무대에서 사라졌지만 전설 속에 영원히 살아 남았다. 그러나 아이러니컬하게도 나폴레옹의 군사전략은 그가 남긴 전쟁의 대원칙들을 통해서가 아니라 그의 전쟁 수행방법을 직접 목격하고 또 그와 싸운 조미니(Jomini)와 클라우제비츠의 전략이론에 의해서 계승 발전되었다.[28] 특히 클라우제비츠는, 그의 제자 중 한 사람이었던 몰트케(Helmuth Von Moltke) 장군이 1864-1970년 사이에 3차례의 전쟁을 승리로 이끌어 비스마르크의 통일정책에 결정적 기여를 하게 되고, 그가 클라우제비츠의 전략이론을 거의 전적으로 활용했었다는 사실이 알려지면서 유럽

27) *Ibid.*, p.583.

28) 현재 거의 망실된 나폴레옹의 전략원칙은, Brig. Gen. Thomas R. Phillips (ed.), *Roots of Strategy: The 5 Greatest Military Classics of All Time*, Harrisburg, PA: Stackpole Books, 1985 (originally 1940), pp. 401-442에서 접할 수 있으며, 나폴레옹과 조미니 그리고 클라우제비츠에 관해서는, John Shy, "Jomini"와 Peter Paret, "Clausewitz"가 수록된 Peter Paret (ed.), *Makers of Modern Strategy: From Machiavelli to the Nuclear Age*, Oxford : Clarendon Press, 1986의 각각 6장 및 7장을, 그리고 Edward Mead Earle (ed.), *op. cit.* 에서는 Crane Brinton, Gordon A. Craig, and Felix Gilgert, "Jomini," H. Rothfels, "Clausewitz," 즉 제4장과 5장을 참조.

국가들의 방위전략의 보편적 지침이 되었다.[29]

19세기 후반기에 열정적 혁명이론가였던 마르크스와 엥겔스, 특히 군사문제에 관심이 깊었던 엥겔스는 클라우제비츠로부터 큰 영향을 받았었다.[30] 따라서 레닌이나 트로츠키 그리고 스탈린이 유럽의 전통적 군사전략 특히 클라우제비츠의 군사전략 사상을 뛰어넘지 못한 것은 분명하다. 결국 러시아의 혁명가들은 프랑스의 혁명가들을 모방했던 것이다. 스탈린도 1941년 독일과의 전쟁이 시작되자 그 전쟁을 '해방전쟁', '조국의 자유를 위한 전쟁'으로 명명했다. 그러나 그의 군사전략은 비록 새로운 사회주의 건설이라는 이념적 채색에도 불구하고 제2차대전의 과정에서 분명해진 것처럼 재래식 공세전략에 지나지 않았다. 따라서 스탈린의 군사전략은 첫째 아측의 군사력을 집중시키고, 둘째 객관적 힘의 계산에서 정점에 도달한 결정적 순간을 포착하여, 셋째 기습적 공세를 쉼 없이 퍼부으며, 넷째 인내력 있게 난관을 극복해 나가면서, 다섯째 예비병력을 적기에 활용하는 것이며 적의 인민봉기를 모색하는 것으로 집약될 수 있을 것이다. 전략적 목적은 물론 적국을 무력으로 점령하여 친소련 정권을 수립하고 소련의 영향권 하에 두는 것이다. 1950년 6월 5일 기습남침한 북한은 바로 이러한 스탈린 전략의 산물이었다.

---

29) Michael Howard, "The Influence of Clausewitz," in Carl von Clausewitz, *op. cit.*, pp.27-44.

30) Sigmund Neumann and Mark von Hagen, "Engels and Marx on Revolution, War and the Army in Society," in Peter Paret (ed.), *op. cit.*, pp.262-280.

## III. 북한 군사전략의 실천: 스탈린 전략의 유용성과 한계

제2차 세계대전의 종결과정에서 북한을 점령한 소련인들은 동유럽에서처럼 북한에 친소련정부 수립작업을 진행시켰으며 누구에게도 북한을 내놓을 생각은 전혀 없었다. 제2차 대전 중 스탈린은 이미 소련의 지정학적 국가이익을 과거 짜르시대의 지정학적 러시아 국가이익과 동일시했다. 그는 1945년 2월 얄타 회담에서 이미 1904-1905년 러일전쟁에서 상실한 러시아의 이익을 되찾겠다고 밝혔을 뿐만 아니라,[31] 같은 해 9월에는 "우리 인민들은 일본이 패주하여 우리 조국에 남긴 검은 흔적을 말끔히 씻어낼 날이 올 것을 믿었고 또 기다렸다. 마침내 그날이 왔다"고 선언했다.[32] 당시 한반도는 제정러시아에게 전쟁을 할 만큼 중요한 지역이었다. 따라서 스탈린도 가능하다면 한반도 전체를 소련제국의 지배하에 두고 싶었을 것이다. 그는 이미 남한에 대한 적극적 목적을 갖고 있었다. 소련 주도로 창설하여 북한인민군도 확보했다. 따라서 그는 적절한 여건의 조성을 기다리고 있었다. 군사 전략적 원칙을 원용하여 말한다면 그는 적절한 시점, 즉 공격을 위한 정점(culminating point)을 기다렸다. 그리고 정점을 향한 여건은 성숙되어 갔다. 1949년 중국 공산주의의 승리, 주한 미군의 철수, 그리고 1950

---

31) Russell D. Buhite, *Decisions at Yalta,* Willington, Delaware: Scholarly Resources Inc., 1986, p.19; Marx Beloff, *Soviet Policy in the Far East 1944-1951,* Oxford: Oxford University Press, 1953, pp.23-24; Robert M. Slusser, "Soviet Far Eastern Policy, 1945-1950: Stalin's Goal in Korea," in Yonosuke Magai and Akira Iriye (eds.), *The Origins of the Cold War in Asia,* Tokyo: University of Tokyo Press, 1977, pp.123-146.

32) Wolfgang Leonhard, *op. cit.,* p.118에서 재인용. 이것은 1945년 9월 3일자 5쪽에 실린 스탈린의 하루 전날에 행한 승리 연설(victory address) 중에서 인용한 것임.

년 1월 애치슨 미 국무장관의 연설은 공세의 정점이 도달했음을 알리는 신호였다. 당시 김일성은 자신의 이익을 소련의 이익과 동일시했으며, 스탈린의 전략을 가능한 한 그대로 한국전쟁에서 실천했다.

김일성의 전쟁 목적은 한반도의 현상을 타파하고 전 한반도에 공산혁명정부를 수립하는 것이었다. 이를 위해 김일성은 첫째, 스탈린 전략에서 공세 전략의 원칙을 기습공격 전략으로 실천에 옮겼다. 클라우제비츠는 기습 전략의 성공가능성을 높게 평가하지는 않았지만 적극적 목적을 추구하던 김일성은 이미 소련에서 원조한 70대의 야크 전투기와 60대의 폭격기 그리고 150대의 탱크를 앞세운 지상과 공중의 신속한 기동력으로 기습공격의 전략적 성공을 확신하고 있었다. 기습의 성공 여부는 속임수에 달려 있었다. 속임수의 원칙은 고대 중국 군사이론의 핵심이 아니었던가?[33] 뿐만 아니라 기습공격은 모든 전쟁수행을 관장하는 지휘관의 일반적 욕망이다.[34] 기습공격을 준비하면서 김일성은 남한의 경계태세를 이완시키고 남한 정치지도자들의 관심을 돌리는 일종의 페인트 전술로서 1950년 6월에 접어들면서 '조국의 평화적 통일'이라는 슬로건을 앞세우는 일대 정치공세를 전개하기 시작했다. 이미 레닌이 말했던 것처럼 김일성에게 평화란 수단을 달리한 전쟁의 계속이었던 것이다. 김일성이 기습공격 명령하달 단 한 시간 전에야 각료회의에서 전쟁계획을 발의하고 통과시켰다는 사실은 그가 얼마나 철저히 기습공격, 즉 공세전략의 최대효과를 위해 노력했는가를 입증해준 것이다.[35]

북한 군사전략, 즉 스탈린 전략의 두 번째 원칙은 군사력을 집중시

33) Chen-Ya Tien, *Chinese Military Theory: Ancient and Modern*, Oakville, Ontario: Mosaic Press, 1992, pp.41-43.

34) 강성학, 『카멜레온과 시지프스 : 변천하는 국제질서와 한국의 안보』, 서울: 나남 출판사, 1995, p. 406.

35) 이에 대한 증거에 관해서는, *Ibid.*, p.408, 각주 22번 참조

켜 군사적 목표가 달성될 때까지 쉴 새 없이 공세를 유지해 나아가는 것이었다. 당시 김일성의 전략적 기습공세의 군사적 목표는 남한의 수도 서울을 신속하게 점령하는 것이었다. 그는 남한의 중력의 중심부(the center of gravity)를 서울로 결정했다. 중력의 중심부란 모든 것이 그것에 달려 있는 힘과 운동의 중추이다.[36] 동양의 손자가 적을 먼저 알아야 한다고 했을 때, 그 역시 적의 중력의 중심부를 정확히 파악할 것을 포함했다고 하겠다. 따라서 그것은 적의 군대·수도·보호국·지도자·여론 등을 다양하게 망라할 수 있으며, 또한 전쟁의 진행상황에 따라 달라질 수도 있는 것이다. 김일성이 수도 서울을 남한의 중력의 중심부로 결정했던 것은 모든 것이 서울의 무력점령으로 끝날 것으로 판단했었기 때문이다. 당시 김일성은 한국전쟁을 '내전'으로만 인식했다. 국내적 투쟁에서는 수도가 일반적으로 중력의 중심부가 된다. 따라서 혁명전쟁을 수행한다고 믿었던 김일성이 서울의 장악을 군사적 목표로 삼았던 것은 전략적으로 특별한 것이 되지 못했다. 프랑스혁명의 아들로 자처했던 나폴레옹은 "적에 의해 수도가 점령된 국가는 순결을 상실한 소녀와 같다"[37]고 말했다. 러시아 혁명도 레닌이 당시 러시아의 수도 페트로그라드를 장악했을 때, 또한 중국의 공산혁명도 마오쩌둥이 국민당 정부의 수도 남경을 점령했을 때 사실상 모든 것은 끝나버렸다. 따라서 김일성도 서울의 점령은 곧 혁명전쟁의 최종적 승리를 가져다 줄 것으로 믿었던 것이다.

셋째의 전략적 원칙은 인민봉기의 이용이다. 김일성은 개전 직후 일방적 공세를 통해 서울을 점령한 후 공세를 중단했다. 그 기간은 결국 3일 간에 그치고 말았지만 김일성은 서울만 일단 정규군으로 장악하고 나면 남한에서 인민봉기가 일어나 전 남한의 공산화가 이룩될 것으로

---

36) Carl von Clausewitz, *op. cit.*, pp.595-596.

37) Benard Bordie, *War and Politics*, New York: Macmillan, 1973, p.443.

기대하고 있었다. 당시 김일성은 남한에 숨겨둔 '트로이 목마'의 역할에 큰 기대를 걸었다. 개전 전 박헌영은 김일성에게 일단 공격을 감행하면 남한 내의 약 20만에 달하는 공산주의자들이 봉기하여 남한정부를 완전히 전복시킬 것이라고 확신시켰다. 김일성은 혁명전쟁 전략에서 자신이 적의 방어선 뒤에 숨겨둔 트로이 목마처럼 그들에게 의존할 수 있으리라고 믿음으로써 '위대한 스탈린 대원수'의 전략적 원칙을 따르고 있다고 생각했던 것이다. 그리고 그는 승리를 확신하고 있었다. 다가오는 전쟁이 짧은 기간 내에 자국의 승리로 끝날 것이라는 낙관주의는 종종 전쟁 발발 그 자체의 원인이 되었다.[38] 김일성도 남한을 기습공격할 때 그런 낙관주의에 젖어 있었다. 그것은 그가 군사전략의 중요한 원칙 가운데 하나이며 스탈린의 전략교본에도 분명히 들어 있는 예비병력을 확보하지 않았다는 사실로 충분히 입증될 수 있는 것이다.

김일성의 그런 낙관은 무엇보다도 남한에 비해 압도적인 북한 인민군의 군사력이었다. 공산주의자들은 유물론자이다. 따라서 그들은 객관적 조건을 중요하게 생각한다. 혁명가란 투쟁가이며 혁명전쟁전략이란 급진적인 정치사회 변화를 실현하기 위해 무력을 사용한다. 김일성은 남한보다도 압도적으로 우월한 군사력을 혁명의 필요조건으로 생각했으며 소련의 전폭적인 지원 하에 잘 무장된 강력한 군사력을 준비했다. 따라서 김일성은 개전시 스탈린 전략을 실천에 옮김으로써 전통적 군사전략의 중요한 제원칙들을 실행했던 것이다. 한국전쟁에서 나타난 북한의 군사전략은 다음과 같이 집약될 수 있을 것이다.

첫째, 한반도 전체에 단일 공산정권을 수립한다. 이 목적은 마르크스·레닌주의의 공산주의 이념과 스탈린의 군사전략을 통해 달성한다.

둘째, 한반도의 통일은 압도적인 군사력을 바탕으로 하여 기습적 전

38) Geoffrey Blainey, *The Causes of War*, New York: The Free Press, 1973, 제3장.

면남침의 공세전략에 의해 달성한다.

셋째, 일단 전쟁이 개시되면 남한의 중력의 중심부인 서울을 신속하게 무력으로 점령한다.

넷째, 정규군에 의한 공세적 작전개시와 함께 남한에 숨겨둔 '트로이 목마'인 빨치산 공산주의자들을 통해서 남한 주요지역에서의 인민봉기를 동시에 유도하여 통일혁명전쟁의 승리를 완수한다.

다섯째, 전면 기습적 공세전략의 효과를 극대화하기 위해 군사작전 개시 전, 남한의 정치 및 군지도자와 여론의 관심을 분열시키고 남한의 경계태세를 약화시키기 위해 조국의 평화통일의 당위성과 가능성을 최대한 선전전에 활용한다.

여섯째, 남한 정치 및 군지휘관과 장병들의 경계심을 이완시키기 위해 빈번한 소규모의 군사충돌을 유발하여 남·북한 무력충돌을 일상화한다.

일곱째, 남한에서의 인민봉기를 효과적으로 지도하기 위해서 인민봉기를 선동하고 조직적 투쟁을 이끌어갈 수 있는 혁명전위대들을 가능한 한 많이 남한에 밀파한다.

이상의 전략적 원칙들에 입각한 북한의 혁명전쟁은 초기에 거의 성공할 뻔하였다. 그러나 전쟁이란 클라우제비츠의 말처럼 문법은 있으나 논리가 없는 불확실성의 세계이다. 북한의 군사전략은 가장 중요한 문제에 대해 잘못된 가정 위에 서 있다. 그 기본가정의 오류는 북한의 모든 전략적 성공의 기본적 토대를 뒤집어 버렸다. 그 가정이란 한국전쟁이 내전이기 때문에 한국에서 일단 철수한 미국이 한반도 상황의 변화에 전혀 반대하지 않거나, 비록 반대하는 입장이라 할지라도 신속하게 무력개입을 하지 않으리라는 것이었다. 이 가정의 오류는 북한이 초기에 성취한 군사전략적 성과를 완전히 무효화시켰을 뿐만 아니라 전쟁 상황은 오히려 역전되어 북한 김일성 정권의 생존이 위태롭게 되는 상황으로까지 뒤바뀌었다. 김일성은 기습남침 작전으로 속임수에는 성공했지만 제 2 차 대전이 종결되자마자 당시 유럽에서부터 새롭게 형성되기 시작한 국제체제의 구조적 양극화 현상으로 인해서 미·소가 제로섬 심리상태에 빠져들고 있다는 사실을 간과했었다. 그것은 국제정치의 일반적 논리에 대한 무지에 기인한 것이지만, 어쨌든 미국과 미국이 주도하는 유엔군의 예상치 못한 개입으로 결국 김일성 자신이 역습을 당한 꼴이 되어버렸다. 유엔군의 인천상륙작전 성공으로 전세가 역전되어 갈 때 속전속결을 낙관했던 김일성은 예비병력을 두지 않았다. 풍전등화의 김일성 정권에게 예비병력의 역할을 대신 수행함으로써 그를 구원한 것은 10월 15일 압록강을 건너 한국전에 개입한 중공군이었다. 소련무기에 크게 의존한 중공군이 전세를 재역전시키는 데 결정적 기여를 함으로써 김일성 정권은 구사일생으로 살아남을 수 있었다.

멸망의 위기에서 중공군의 대대적 개입으로 기사회생한 김일성은 패전 요인들을 분석, 자아비판하고 전열을 가다듬기 위해 1950년 12월 21일 별오리에서 제3차 당중앙위원회를 개최했다. 여기에서 그는 예상 못한 미국의 위협에 대항하는 예비부대를 더 많이 준비하지 못한 것이 제1의 전략적 오류라고 고백했다.[39] 예비병력의 준비는 스탈린 전략에서도 중요한 원칙으로 삼고 있었지만 신속한 승리를 확신했던 김일성이 소홀히 했던 부분이었다. 둘째, 김일성은 적을 완전히 섬멸시키지 못함으로써 적이 재조직하여 반격할 가능성을 주었다고 반성했다. 적군의 궤멸은 전통적 군사전략의 중요한 원칙일 뿐만 아니라 스탈린에게도 전쟁이란 적국을 궤멸시키는 것 외엔 아무 것도 없었다. 따라서

39) 한국전쟁에 대한 김일성의 전략적 반성으로 간주되는 별오리(別午里)회의에 관한 상세한 논의에 관해서는, 이기택, 『한반도의 정치와 군사: 이론과 실제』, 서울: 가남사, 1984, pp.367-371 참조.

김일성의 이런 전략적 반성은 자신의 전략적 몰이해를 고백했던 셈이다. 셋째, 김일성은 "인민군의 장비는 낙후성을 면치 못했으며, 보잘것없는 공군력으로 인해 한국군 및 유엔군에게 제공권을 상실당했고, 중·소로부터 지원된 각종 장비들은 현대전 수행에 보잘 것 없는 것들이었다"고 지적했다.[40] 이 반성은 성능이 우수한 현대장비의 중요성과 함께 현대전에서 공군 및 해군의 중요한 역할을 뼈아프게 인식하게 되었음을 증언해 주었다. 끝으로 중요한 또 하나의 특별한 반성은 기대했던 인민봉기와 유격전에 대한 실망이었다. 김일성이 트로이 목마가 될 것으로 기대했던 인민봉기는 허상임이 드러났고, 파견된 유격부대도 산악전과 야간전투에 능숙하지 못했기에 적의 참모부와 후방에 대한 기습이 기대만큼 성과를 거둘 수 없었다. 김일성은 이것이 정치적 훈련과 혁명적 영웅주의의 결핍에 기인하는 것으로 반성했다.[41] 그러나 이러한 김일성의 전략적 반성에도 불구하고 북한의 군사전략적 기본교리, 즉 스탈린의 전략교본 상에서 어떠한 중대한 오류를 지적하거나 변화를 시도한 흔적은 발견되지 않았다. 따라서 당시 김일성은 스탈린의 군사전략적 원칙들을 올바르게 실천하는 측면에서 잘못이 있었음을 반성했을 뿐 그 전략의 기본적 원칙들을 수정하지는 않았다. 단지 휴전과 함께 한국으로부터의 주한미군 철수를 북한정권의 당면과제로 추가했을 뿐이다.

---

40) 『북한총람』, 서울: 북한연구소, 1983, p. 1585.

41) Kiwon Chung, "The North Korean People's Army and the Party," in Robert A. Scalapino, *North Korea Today*, New York: Praeger, 1963, p.114.

## Ⅳ. 한국전쟁 이후 북한의 군사전략 : 종전에서 닉슨 독트린까지

1953년 7월 27일의 휴전은 혁명전쟁 개시 이전과 거의 유사한 군사분계선과 피폐된 북한의 산하를 가져다 주었다. 김일성에게는 북한의 모든 것을 복구하고 자신의 권력기반을 확고히 하는 것이 급선무였다. 공산중국은 북한 김일성 정권을 구출한 뒤, 20만에 달하는 중국 인민군을 북한에 주둔시키면서 조선인민군의 훈련과 병참을 도왔다. 소련의 군사원조는 스탈린 사후에도 계속되었다. 그러나 당과 군부 내에서 김일성에 대한 도전도 없지 않았다.[42] 김일성은 1958년 말까지 이른바 연안파들을 숙청하고 북한 주둔 중공군의 철수와 함께 북한의 인민군에 대한 완전한 통제력을 재확보했다. 또한 1956년 제20차 소련 공산당대회에서 흐루시초프 서기장에 의해 착수된 소련의 수정주의, 특히 스탈린의 격하 운동 때문에 김일성은 소련과의 관계에 대해 경계심과 의구심을 품지 않을 수 없었다. 중·소 간의 이념분쟁과 북한 자체의 역량부족으로 1960-1961년의 기간 동안 남한의 정치적 혼란을 군사적으로 이용할 수 없었다.[43] 그런데 1961년 5월 남한에서 반공을 국시의 제1로 삼는 군사 정권이 집권하자 김일성은 불만스러웠다. 그리하여 동년 6월 29일과 7월 11일 김일성은 소련 및 중국과 각각 군사동맹을 체결함으로써[44] 아시아의 사실상 3국동맹의 형성을 도모했

42) 1958년 초 중국의 제8군 출신인 장평산 장군에 의한 쿠데타 기도는 김일성에 대한 도전의 한 실례가 될 것이다. 이에 관해서는, Kiwon Chung, *op. cit.*, pp.121-122 참조.

43) 이것은 김일성 자신이 그런 실망감을 표명했던 것으로 기록되고 있다. Robert A. Scalapino & Chong-sik Lee, *op. cit.*, p.595.

44) 이 조약의 자세한 논의에 관해서는, 정진위, 『북방삼각관계: 북한의 對中蘇 관계를 중심으로』, 서울: 법문사, 1985, pp.66-67.

다. 그러나 김일성은 소련 수정주의의 영향을 염려하여 1962-1963년의 기간 동안에 북한의 소련 고문들을 출국시키고, 소련에 유학 중인 수천 명의 북한인들을 강제 귀국시켰다. 당시 평화공존을 추진하는 소련으로부터 군사원조의 장래가 의심스럽게 되자, 북한은 이른바 '주체'의 길을 모색하게 되었다.

군사력 강화를 위한 김일성의 동기는 이른바 제2 베트남전과 1962년 미군사원조 베트남사령부(US Military Assistance Command Vietnam, MACV)가 창설된 이후,[45] 점증하는 미국의 베트남전 개입에 의해서 더욱 강화되었다. 김일성은 베트남에서 전개되는 상황을 보고 남한에서도 베트남에서와 같은 모반활동이 전개될 수 있을 것인지 그 분위기를 타진해 볼 수 있는 기회가 왔다는 결론에 도달했다.[46] 그리하여 1964년 2월 27일 이른바 3대 혁명 역량의 강화를 천명하고 베트남전쟁에 대한 미국의 규탄과 베트콩 지지를 재천명하였다. 3대 혁명 역량이란 남·북한 및 국제적 차원의 혁명 역량을 강화하는 것을 의미했지만 결국 남한의 혁명 조장을 목표로 한 것이었다. 남한에 친북정권을 수립하고 그것을 흡수하여 통일을 완수하기 위해서는 남한 반공정부의 타도가 먼저 이루어져야 한다.[47] 따라서 북한은 남한에서 혁명을 조장함으로써 남한 반공정부의 타도를 초래하기 위한 본격적인 행동에 착수했다. 그리하여 1966년에 베트콩처럼 조선인민군은 남한에 침투시킬 8만 명의 특수부대를 창설하고 요원들을 훈련시켰으며 10월의 당대표자회의에서 이른바 4대 군사노선이 채택되었다.[48] 이것은 첫째, '전 인민의 무장

45) Harry G. Summers, Jr., *Historical Atlas of the Vietnam War*, Boston: Houghton Miffin, 1995, p.76.

46) Larry Niksch, *op. cit.*, p.107.

47) Sang Woo Rhee, *Security and Unification of Korea*, Seoul: Sogang University Press, 1983, pp.142-143.

48) 이기택 교수에 의하면 이 4대 군사노선은 1962년 12월 노동당 중앙위원

화', 둘째 '온 나라의 요새화', 셋째 '인민군대의 간부화', 넷째 '무장의 현대화'라는 4개의 정책목표를 동시에 추진하는 것이었다.

첫째 '전 인민의 무장화'란 기존의 인민군대와 함께 노동자, 농민을 비롯한 인민의 병사화를 의미했다. 전 인민을 철저히 군대조직으로 묶어 일사불란한 병영국가를 실현하겠다는 것이었다. 한국전쟁 중 김일성정권은 자신의 전쟁도발을 북침에 의한 반격이라고 철저히 위장하고 북한 주민들을 의식화했지만, 상당수의 북한주민들이 남하했었다. 한국전쟁 발발 전에 이미 2백만 명이 남하했으며, 전쟁 기간 중에도 약 2백만 명에 달하는 북한주민이 북한의 공산 전체주의 체제로부터 남쪽으로 탈출했었다.[49] 따라서 전 인민의 무장화란 그런 이탈을 철저히 차단하고 전주민을 예비병력화 하려는 것이었다. 둘째, '온 나라의 요새화'란 북한을 난공불락의 요새로 만들기 위해 북한의 전지역에 방공군사방위시설을 구비하는 것이었다. 셋째, '인민군대의 간부화'란 북한의 정치이념을 철저히 생활화함으로써 북한의 인민부대나 유격대의 간부들을 많이 육성하려는 것이었다. 넷째, '무장의 현대화'란 군사과학과 군사기술을 발전시키고 인민군을 현대전 무기와 전투기술 기재들로 무장한다는 것이었다.

이러한 4대 군사노선이란 결국 북한의 혁명기지를 가일층 강화하기 위한 정책목표를 정치적 슬로건으로 표명한 것이다. 이것은 엄격한 의미에서 전쟁수행전략이 되지는 못한다. 오히려 효과적 전쟁수행을 위

회 제4기 5차 전원회의에서 "조성된 정세에 관련한 국방력 강화과제"라는 테제하에 일부가 제시되었고, 1966년 10월에 확정되었지만, 이미 1962년부터 4대 군사노선은 실천되어 왔다고 한다. 이기택, *op. cit.*, pp.373-374 참조.

49) Chae-Jin Lee, "The Effects of the War on South Korea," in Chae-Jin Lee (ed.), *The Korean War: 40-Year Perspectives*, Claremont McKenna College, Claremont, California: The Keck Center for Internationl and Strategic Studies, 1991, p.118.

한 보다 나은 전쟁준비 활동에 지나지 않는다. 클라우제비츠가 지적했듯이 전략이란 원래 병력의 준비, 즉 전쟁의 준비를 의미한다고 하겠다.[50] 그러나 다시 클라우제비츠의 주장처럼 '전쟁의 준비'와 '전쟁수행' 그 자체는 구별되어야 한다.[51] 따라서 4대 군사노선이란 북한의 전략적 기본방침을 변화시킨 것이 아니라 북한의 혁명전쟁 수행 전략의 뒷받침을 강화한 것에 지나지 않았다.

북한의 대남전략에 변화가 있었다면 그것은 북한 혁명기지의 강화와 함께 대남혁명전략에서 비정규전, 즉 남한 내의 혁명 조장 노력을 한층 강조한 것이라 하겠다. 그러한 변화는 당시 베트남전의 전개상황으로부터 영향을 받은 것이라 할 수 있다. 즉 북한 김일성 정권은 베트남 공산주의자들과 비슷한 전략·전술을 구사해 보려고 했던 것이다.[52] 그리하여 북한 공산주의자들은 베트남에서처럼 '민족해방전선'이 '트로이 목마'처럼 조직되어 남한의 적화통일계획을 헌신적으로 지원하기를 기대했다. 이 시기에 남한에서는 1964년 3월 한일회담에 관한 김-오히라 메모가 알려지자, '대일 굴욕외교'에 반대하는 전국적인 소요가 발생하였고 이를 진압하기 위해 당시 박정희 정권은 계엄령을 선포할 정도였다. 또한 1965년에는 베트남으로 한국군 병력을 파견하는 문제로 한동안 혼란을 겪었지만, 1965년 2월 한국군 부대가 베트남에 파병되었다.[53] 그런 대규모의 병력 파견은 한국의 안보에 대한 미국의 공

50) Carl von Clausewitz, *op. cit.*, p.33.

51) *Ibid.*, p. 131. 하나의 실례로 이것의 개념적 구별의 불명확성이 어떻게 베트남에서 미국의 전쟁 수행에 부정적 영향을 미쳤는가에 관해서는, Harry G. Summers, Jr., *On Strategy: The Vietnam War in Context*, Carlisle Barracks, Pennsylvania: Strategic Studies Institute, US Army War College, 1981, chap.4 참조.

52) Robert A. Scalapino, "The Foreign Policy of North Korea," in Robert A. Scalapino (ed.), *op. cit.*, p.35.

53) 이것을 출발로 하여 1966년 12월에는 주월한국군이 약 38만 9천 명에

약이 확고함과 동시에 한국정부의 대북방위정책에 어느 정도 자신감을 표현한 것이었다.

당시 북한은 전면적 군사작전을 단행할 만큼 객관적 조건이 아직은 충분히 성숙되지 못한 것으로 판단하였다. 따라서 베트남에서와 같은 반정부 운동세력을 남한 내부에 조직함으로써 혁명기반을 조성하고자 하는 구체적 행동을 모색하게 되었다. 미국에선 1965년부터 간헐적으로 발생한 반전 시위가 1967년부터는 대규모 시위로 확대되고, 미국의 일반적 여론도 서서히 미국의 베트남전 개입에 염증을 보이기 시작했다. 특히, 1967년 4월 뉴욕과 샌프란시스코에서 발생한 반전 시위는 미국의 정책결정자들에게 무시 못할 주월 미군의 철수압력으로 작용하게 되었다. 따라서 김일성은 남한의 상황을 베트남 같은 상황으로 전환시킬 수 있다면 아시아의 전쟁에 반대하는 미국의 여론이 주한미군의 철수까지 요구하게 될 것이며 그러면 베트남전으로 고통받고 있는 미국정부가 제2의 아시아전쟁의 가능성에 미리 겁을 먹고 주한 미군의 철수를 고려하게 될 것이라고 판단했을 것이다. 남한의 베트남화는 곧 남한에서 극도의 혼란을 야기시키는 것으로부터 출발한다 그리하여 1968년 초부터 북한은 남한에 극도의 혼란을 야기시키고, 미국을 제2 전쟁 가능성으로 위협하기 위해 구체적 도발행위를 저질렀다.

우선 1968년 1월 21일, 31명의 무장공비가 청와대를 기습하여 박정희 대통령의 저격을 기도했다. 당시 김일성은 박정희 대통령만 제거되면 남한은 걷잡을 수 없는 혼란상태에 빠지게 될 것이며, 남한은 베트남과 비슷한 상황으로 발전할 것으로 기대했음이 분명했다. 이와 거의 동시에 1월 23일에는 미국의 푸에블로호를 공해상에서 나포하여

---

달했다. 한국군의 베트남파병에 관한 분석을 위해서는 Sungjoo Han, "South Korea's A Participation in the Vietnam Conflict: An Analysis of the US-Korean Alliance," *Orbis*, Vol.21, No.4, (Winter 1978), pp.839-912 참조.

승무원들을 인질로 삼아 미국의 강력대응을 예방하면서 미국 내 주한 미군의 철수여론이 비등해지기를 기대했다. 같은 해 8월 20일에는 서귀포에 간첩선을 침투시켰으며 10월 20일에는 삼척·울진 지역에 120명의 무장공비들을 침투시켜 베트남의 베트콩 같은 게릴라작전을 기도했다.[54] 또한 1969년 4월 15일에는 미국의 정찰기(EC-121)를 격추시켜 미국군의 한국에 대한 위험성을 미국민들에게 인식시키려 했다. 그러나 이러한 북한의 기도들은 모두 실패했다. 북한의 이런 작전의 실패는 베트콩의 작전과 비교되었다. 1968년 베트콩은 대대적인 구정공세(Tet offensive)작전을 통해 군사작전 그 자체는 결국 실패했지만, 미국 내의 반전운동을 일층 가속화시키는 정치적 효과를 거두었다. 베트콩의 공세는 미국정치의 중력의 중심부인 여론을 직접 공격함으로써 미행정부의 낙관적인 공식 전쟁상황 보고와 미국 텔레비전 시청자들이 목격한 현실 사이에 쐐기를 박아 미국민들과 정치지도자들에게 베트남전은 미국측에 가망이 없으며, 전쟁 참여 자체가 어느 정도 비이성적인 것으로 보이도록 하는 계기가 되었기 때문이다.[55] 반면에 북한은 군사적인 측면에서는 물론이고 정치적인 면에서도 아무런 가시적 효과를 거두지 못했다. 남한 국민은 베트남인들과는 판이하게 강력한 반공의식을 갖고 있었으며, 그러한 무력도발은 오히려 남한 국민에게 북한 공산주의의 위협을 재인식시키고 경계심을 높이는 결과만을 초래했다.

남한 내의 인민봉기를 통해서, 즉 남한의 공산혁명전략을 통해서 남한을 '베트남화'시켜 보겠다는 북한의 구체적 노력들은 1969년 전반기

---

54) 이 사건에 관한 상세한 분석에 관해서는, 강성학, 『이아고와 카산드라: 항공력 시대의 미국과 한국』, 서울: 도서출판 오름, 1997, 제20장 "냉전시대의 한반도 위기관리" 참조.

55) Harry G. Summers, Jr., *On Strategy: The Vietnam War in Context*, Carlisle Barracks, Pennsylvania: Strategic Studies Institute, US Army War College, 1981, pp.94-96.

까지 아무런 성과를 거두지 못했다. 남한에 극단적 혼란상황을 조성하고 동시에 또 다른 아시아의 전쟁에 대한 미국민들의 두려움과 혐오감을 불러일으켜 주한미군을 철수시켜 보려는 북한 공산주의자들의 온갖 노력은 미국의 대한공약에 대한 일관된 입장과 투철한 남한 국민들의 반공의식, 그리고 당시 박정권의 무차별적 반공정책으로 헛수고에 그치고 말았다. 또한 1961년 군사동맹의 체결에도 불구하고 소련이나 중국은 북한의 도발적 인민봉기 작전에 별로 호의적이지도 않았다.[56] 오히려 그들은 한반도의 안정을 원하고 있었다. 소련이나 공산중국은 이른바 동서의 양극체제의 구조 속에서 상당히 보수화에 기울고 있었다. 뿐만 아니라, 소련은 1968년 체코슬로바키아 문제로 시달리고 중국은 이른바 1966년 7월부터 문화혁명에 빠져 있었으며, 소·중 간에는 이른바 이념분쟁과 갈등이 절정으로 치닫고 있었다. 그러한 한반도 및 국제적 여건 속에서 북한 김일성 정권에게 1950년 초와 같은 기습공격을 결정할 전략적 정점(strategic culminating point)은 찾아오지 않았다.

1960년대 중·후반에 남한을 베트남화해 보려는 시도가 꾸준히 시도되었다는 사실은 당시 베트남에서 전개되고 있던 베트콩의 전략, 즉 지압(Giap) 장군의 이른바 마오쩌둥식 지구전(protracted war) 전략을 북한의 김일성이 차용하여 시험했다고 할 수 있다. 그러나 엄격한 의미에서 마오쩌둥 전략이란 본질적으로 방어적 전략이다. 마오쩌둥은 방어적 전쟁이 공세적 전쟁보다도 더 강력한 전쟁이라는 클라우제비츠의 전략적 가르침을 수용했던 전략가였다.[57] 뿐만 아니라, 클라우제비

---

56) 강성학, 『이아고와 카산드라: 항공력 시대의 미국과 한국』, 서울: 도서출판 오름, 1997, 제20장 참조.

57) Raymond Aron은 마오쩌둥이 20세기에 클라우제비츠를 가장 잘 이해한 인물이라고 평가했다. Raymond Aron, *op. cit.*, pp.294-302 ; R. Lynn Rylander, "Mao as a Clausewitzian Strategist," *Military Review*, (August 1981), pp.13-21; 마오쩌둥은 당시 헬무트 슈미트(Helmut

츠의 민중봉기 전략은 마오쩌둥에 의해 가장 성공적으로 실천되었다. 중국은 인민무장투쟁에 관한 클라우제비츠의 환경적 조건들을 모두 충족시켰기 때문이다.[58] 마오쩌둥의 인민무장투쟁은 다시 클라우제비츠의 주장처럼 전면적 공세의 정점에 도달할 때까지 기다리면서 무장한 인민들이 정규군을 보완하고 돕는 것이다. 그러나 이런 투쟁이 정규전을 대치하지는 않는다. 따라서 김일성이 이 시기에 지압 장군을 흉내내는 몇 차례의 시도를 했지만 베트남에서처럼 본격적으로 실천하지는 못했다. 북한의 적극적 목적은 베트콩과 동일했지만, 북한 김일성에겐 라오스·캄보디아와 같은 활용 가능한 '성역'이나 밀림지대가 없었으며 남한은 결코 베트남 같지 않았기 때문이다. 따라서 마오쩌둥 전략이란 김일성에게 보조적 수단 이상은 아니었다고 하겠다. 그의 군사전략은 여전히 스탈린의 전략 그대로였다.

그러나 북한 공산정권은 1969년 7월 새로운 기대감을 갖게 되었다. 그것은 닉슨 독트린의 발표로 인한 것이었다. 북한이 그렇게도 꾸준히 한국전쟁 후 추구해 온 주한 미군에 어떤 변화가 북한의 노력에 의해서가 아니라 바로 미국 대외정책의 근본적 변화로 인해 기대되기 시작한 것이다. 따라서 북한의 김일성은 자신의 군사전략을 근본적으로 바꿀 필요성을 느끼지 못했다. 마르크스와 레닌의 주장처럼 역사는 김일성 자신의 승리를 향해 진행되는 것처럼 보였다. 레닌의 말처럼 반복이 성공의 어머니라면 그는 자신의 군사전략을 바꿀 이유가 없었다.

---

Schmidt) 서독 수상이 베이징을 방문했을 때 클라우제비츠에 대한 높은 경의를 표명했었다. Wilhelm von Schramm, "East and West pay homage to father of military theorists," *German Tribune*, June 8, 1980, pp.4-5; Harry G. Summers, Jr., *op. cit.*, p.4.

58) 이 환경적 조건에 관해서는, Carl von Clausewitz, *op. cit.*, p.480 참조

## V. 긴장완화시대의 북한 군사전략: 대미평화공세를 통한 한·미 간 분열모색

1969년 7월 닉슨 독트린의 선언은 제2차 대전 이후 양극적 냉전질서가 수립된 후 미국의 새로운 정책방향을 제시했다. 그것은 1947년 트루먼 독트린 이후 미국 대외정책의 가장 중대한 변화를 의미하는 새로운 미국의 안보정책이었다. 이 선언에서 당시 닉슨 정부는 미국 해외공약의 순결성과 신빙성을 재확인하면서도 일차적으로는 당시 미국이 당면한 베트남전에서 빠져나가는 방법과 향후 대아시아정책의 방향을 제시했었다. 이제 미국의 베트남정책은 베트남 문제의 베트남화(Vietnamization)였다. 그것은 1969년 2월에 54만 2천 명에 달한 주월 미군의 완전철수를 의미했다. 즉 베트남에서 미국의 정책은 제2차 세계대전 후 '공산침략의 저지'에서 1969년 7월부터는 '주월 미군의 철수'로 그 목표가 바뀌어버린 것이다.[59)]

닉슨 독트린이 모든 아시아 국가들에게 똑같이 적용된다면 한반도 문제의 한국화, 혹은 한국안보의 한국화를 의미하는 것으로 해석될 수 있었다. 실제로 닉슨 독트린의 선언 이후 1971년 3월 주한 미7사단의 철수가 단행되었다. 같은 해 7월 9일 미국의 대통령 안보담당 특별보좌관 키신저 박사가 비밀리에 베이징을 방문하고 15일 닉슨 대통령이 미·중공 간 관계 정상화의 추진을 위해 직접 중국을 방문할 것이라는 성명을 발표했을 때, 전 세계는 깜짝 놀랐으며 세계질서가 크게 변하고 있음을 감지할 수 있었다. 1972년 2월 닉슨 대통령의 역사적 베이징 방문과 1972년 5월 26일 군비통제잠정합의안에 대한 서명, 그리고

---

59) Harry G. Summers, Jr., *On Strategy: The Vietnam War in Context*, Carlisle Barracks, Pennsylvania: Strategic Studies Institute, US Army War College, 1981, p.66.

미·소 간의 정상회담을 위한 모스크바 방문은 범세계적인 긴장완화시대의 도래를 목격하게 해주었다.

북한도 당시 범세계적인, 즉 국제체제적 차원의 긴장완화의 파도에 초연할 수는 없었다. 특히 북한의 후견동맹국들인 중·소가 다 같이 미국과의 긴장완화를 추진할 때, 북한만이 유독 버림받은 못된 아이처럼 행동할 수는 없었다. 김일성은 이 기회에 남한과 전 세계를 속일 수 있을 것이라고 계산했다. 그리하여 1971년 8월 남북적십자회담에 참여하고 1972년 7월 4일 남북공동성명을 남한과 공동 발표하였으며 남북조절위원회의 설치에 합의하는 한반도 평화통일의 원칙을 수용하는 모습을 보여주었다. 그러나 1973년 주월 미군이 완전히 철수했으나, 더 이상의 주한 미군의 철수 기미가 전혀 보이지 않았을 뿐만 아니라, 남한정부의 반공정책에 기본적 변화가 없자, 1973년 8월 8일 김대중 납치사건을 구실삼아 남북대화에 회피적 자세를 취하기 시작하면서 남북관계는 소강상태로 들어가게 되었다.

1974년부터 북한은 평화적 방법의 가면을 벗고 본래의 전략을 노정하기 시작했다. 그리하여 1974년 8월 15일에는 제2차 박정희 대통령 암살기도를 단행했다. 북한공산정권이 1971년 이후 남북대화에 형식적으로 참여한 것은 결국 남한과 전 세계를 속이려는 전략에 지나지 않았음이 1974년 11월부터 입증되기 시작했다. 1974년 11월 15일 비무장지대에서 발견된 북한의 땅굴은 그것을 파기 위해 소요되는 시간을 계산할 때, 그동안 북한이 '평화를 전쟁의 수단'으로 사용해 왔다는 변명할 수 없는 증거가 되었다.[60] 이 땅굴은 긴장완화시대의 낙관적

60) 이것은 제1땅굴로 명명되었으며, 1975년 3월 19일 제2땅굴, 1978년 10월 16일 제3땅굴, 그리고 1990년 3월 3일에는 제4땅굴이 발견되었으나 미국 지휘관들은 12개 이상이 있을 것으로 믿고 있다. 이것들은 3,000~5,000명의 완전무장한 병력을 1시간 내에 이동시키기에 충분할 만큼 깊고 넓다. 따라서 기습공격시 2만~4만 명에 달하는 병력이 남한 방위의

분위기를 남쪽에서 고취시키고 한국군의 무장경계태세의 이완을 도모하면서 수많은 간첩과 공비들을 내려보내고 또 기습남침시 공격의 효과를 극대화하기 위한 것임에 틀림없었다.

북한은 그러나 미국에 대해서는 아주 다른 태도를 보였다. 1974년부터 북한은 남한을 제외시킨 채 미국과의 직접적인 관계개선을 모색하고자 하는 의도를 노출시키기 시작하였다. 1973년 1월 주월 미군 철수의 완결이 이루어지고 11월 미국의회가 전쟁권한법(War Power Act)을 확정하여 행정부의 무력사용에 대한 의회의 통제권을 강화하였으며, 당시 미국은 '베트남은 이제 그만(no more Vietnam)'이라는 국민적 합의가 형성되어 있었기 때문에 베트남의 공산통일은 시간문제로 보였다. 베트콩이 초강대국 미국을 베트남에서 '축출'하는 데 성공했던 것이다. 베트콩의 성공비결은 어디에 있었던 것일까? 그것은 베트콩의 정치 및 군사지도자들이 미국 정치과정의 중력 중심부를 공격하는 데 성공했기 때문이었다. 미국정치의 중력의 중심부는 여론이었다. 따라서 북한은 남한을 완전히 배제하면서 미국 중력의 중심부 공격을 시도했다. 그리하여 북한은 1974년 3월 25일 최고인민회의 제5기 3차전원회의의 결의형식을 거쳐 미국에 직접적 접근을 모색했다. 그 방법은 미국의회에 보내는 공개서한의 형식으로 미국과의 직접 협상을 통해 한반도의 휴전협정을 양국간의 평화조약으로 대치하자는 제안이었다. 월맹이 월남을 완전히 배제한 채 달성한 이른바 '파리평화협정'을 북한도 미국으로부터 직접 얻어내려는 속셈이었다. 당시 파리협정은 무엇보다도 "사이공의 모든 외국군대가 60일 이내에 철수하고 외국 군대는 더 이상 어느 측에도 들여놓지 않는다"[61]는 내용을 담고 있었다. 북한

주요 지점에 도달할 수 있을 것으로 추정된다. Larry Niksch, *op. cit.*, p.118.

61) 파리협상 과정과 협정내용에 관한 자세한 서술을 위해서는, Harold C.

은 월남에서처럼 남한에서도 미군이 '가장 빠른 기간 내에 철수'할 것과 철수한 후에 한국은 어떠한 외국의 군사적 혹은 작전상의 기지화를 하지 않는다는 보장을 협정제안의 구체적 내용으로 명시했다.62) 이러한 대미제안을 통해 북한은 미국민의 당시 지배적 전쟁 혐오감과 1972년 10월 유신체제수립 이후 남한과 미국 내의 반박정희 정권 분위기를 이용하여 한·미 간에 쐐기를 박아 미국을 남한에서 일방적으로 철수시키려는 책략을 시도했던 것이다. 북한의 의도는 사실상 너무도 뻔한 술책이었기에 미국정부는 3월 25일 한반도 문제는 남·북한이 스스로 해결해야 할 문제이며 한국을 배제한 북한의 제안을 수락할 수 없음과 주한 미군의 감축을 고려하고 있지 않다고 명백하게 대응했다.63) 북한의 대미평화공세는 아무런 소용이 없었다. 그 결과 북한이 실망감을 곱씹고 있을 때, 베트콩이 소련의 무기로 무장을 강화한 정규군으로 전면공격을 단행하여 치열한 전투 한번 없이 1975년 5월 1일 쉽사리 베트남의 공산통일에 성공하자 북한의 부러움과 좌절감은 더욱 깊어졌다.

게다가 한반도의 긴장완화공세의 주도권은 미국으로 넘어가버렸다. 같은 해 11월 필립 하비브(Philip Habib) 미 국무차관보는 한반도에서 이른바 교차승인(cross-recognition)을 수락할 용의가 있음을 밝혔으

---

Hinton, *Three and a Half Powers: The New Balance in Asia*, Bloomington: Indiana University Press, 1975, chap.10 참조

62) 북한의 대미제안에 관한 구체적 내용에 관해서는, Robert A. Scalapino, "North Korean Relations with Japan and the United States," in Robert A. Scalapino and Jun-yop Kim (eds.), *North Korea Today: Strategic and Domestic Issues*, Berkeley, California: The Center for Korean Studies, Institute of East Asian Studies, University of California, 1983, p.344 참조

63) 김계동, 「북한의 대미정책」, 양성철·강성학 공편, 『북한외교정책』, 서울: 서울프레스, 1994, p.183.

며, 1975년 3월 1일에는 일본이 미국의 정책에 동조를 표했고, 미국과 일본 양국은 다 같이 남·북한의 유엔 동시가입을 찬성한다고 밝힘으로써 1973년에 남한정부가 제시한 6·23 '평화통일 외교정책 특별선언'을 지지한다는 입장을 재확인했다. 또한 키신저 국무장관은 9월 21일 유엔총회에서 행한 자신의 기조연설에서 한반도의 평화와 안전을 위해 '휴전협정 당사국회의'를 제안함으로써, 북한은 외교적 수세에 몰린 셈이 되어버렸다. 그 후에도 미국의 대북한회담 공세는 계속되었다. 1975년 12월 포드 대통령은 베이징을 방문하고 귀국하는 길에 하와이에서 '신태평양독트린'에 관한 연설에서 대한방위공약을 재천명하고 한반도의 긴장완화를 위해 건설적인 방법을 고려할 용의를 표명했으며,[64] 1976년 7월 22일 키신저 국무장관도 4자 당사국회담을 재차 촉구하면서 당사국 회담준비를 위한 예비회담을 제31차 유엔총회 기간 중에 뉴욕에서 갖자고 제의했다.[65] 대미평화공세전략의 실패에서 온 좌절과 미국의 당사국 회담 역공세로 북한의 김일성집단은 심각한 심리적 압박에 시달리게 되었다. 그리고 그러한 '심리적 압박상태'에서[66] 신경질적으로 저지른 것이 1976년 8월 18일 판문점의 공동안전구역에서 두 명의 미군 장교를 살해한 이른바 도끼만행 사건이었다고 할 수 있다. 미국인 장교를 무참히 살해한 데 대해 미국이 대규모 무력시위를 감행하자, 북한 김일성은 판문점의 군사정전위원회에서 사건에 대한 자신의 유감의 뜻을 사실상 표명했다. 이것은 정전협정 23년만에

---

64) "New Pacific Doctrine," An Address by President Gerald R. Ford, Delivered at the University of Hawaii, December 7, 1975, *Policy Background Series*, No. 16, 1975, p.6.

65) 김달중, 「휴전당사국 회담 협정 전략」, 국토통일원, 『통일정책』, 2권 3호, 1976년 10월, pp.73-74.

66) B. C. Koh, "North Korea 1976: Under Stress," *Asian Survey*, Vol. 17, No. 1 (January 1977), pp.61-70.

김일성이 최초로 행한 사과성 유감표명이었다.[67] 미국은 이 사건 이후에도 당사국 회담의 제안을 거듭했다. 1976년 9월 30일 제31차 유엔총회연설에서 키신저 국무장관은 당사국 회담을 재촉구하면서 회담 결과의 합의를 보장하기 위해 일본과 소련까지 참여하는 확대국제회의를 제안했다. 이런 미국의 회담 재촉에 북한은 상습적인 대미비난으로 응수했지만 도끼만행 사건으로 북한은 국제적으로 수세에 몰려 있었다. 그 사건에 대해 소련이나 중공 어느 국가도 북한의 입장을 지지하지 않았을 뿐만 아니라, 당시까지 일반적으로 친북한 노선을 취해왔던 많은 비동맹국가들조차 침묵을 지킴으로써 북한을 더욱 불안하게 만들었다. 그리하여 매년 연례행사처럼 유엔총회에 제출된 친북한결의안을 자진 철회하기에 이르렀다.[68]

한·미 간을 분열시킴으로써, 주한미군의 철수를 모색한 북한 전략의 완전한 실패가 분명해짐에 따라 북한은 의기소침해졌다. 그러다가 1977년 1월 카터 행정부가 출범하자 북한은 새로운 기대감으로 활력을 되찾게 되었다. 왜냐하면 카터 대통령은 전년도 선거유세에서 주한미군의 단계적 완전철수를 공약했었기 때문이다. 북한의 대미비난은 현저하게 온건해졌다. 북한은 주한미군의 철수가 신속하게 이루어지지 않고 대한국군사원조가 계속되고 있으며 카터 정부가 평화조약을 위한 북미 쌍무회담에 응하지 않는다고 불평을 계속했지만, 카터 정부의 철수계획을 방해하지 않으려는 듯 다소 온건한 대미자세를 취했다. 동시에 김일성은 프랑스의 『르몽드』(*Le Monde*)지와의 회견에서 주한 미군의 철수를 거듭 촉구했으며,[69] 가을에는 북한의 허담 외상이 미국측

---

67) 강성학, 『이아고와 카산드라: 항공력 시대의 미국과 한국』, 서울: 도서출판 오름, 1997, 제20장 참조.

68) 강성학, 『이아고와 카산드라: 항공력 시대의 미국과 한국』, 서울: 도서출판 오름, 1997, 제11장 "한국의 유엔정책" 참조. 본서의 제12장 참조.

69) B. C. Koh, "North Korea in 1977: Year of Readjustment," *Asian*

관리들과의 접촉을 위해 뉴욕을 방문하기까지하였다. 그러나 카터 정부가 남한의 참여 없이는 북한과 어떠한 토의도 가능하지 않다는 입장을 명백히 하자, 북한은 미국이 한반도에서 핵전쟁을 준비하고 있다면서 대미 강경 비난을 재개했다.[70]

카터 행정부의 주한미군 철수계획은 처음부터 국내외의 비판을 받았지만 1978년에는 의회로부터의 강력한 반대에 직면했다. 같은 해 2월 험프리 및 글렌 상원의원들에 의해 상원 외교분과위원회에 제출된 보고서는 행정부의 주한미군 철수계획을 비판하면서 철수계획의 각 단계에 대한 아주 상세하고 군사적으로 정당한 이유를 의회에 제출하도록 카터 행정부에 요구했으며, 4월에 하원군사위원회는 주한 미군의 성급한 철수를 막기 위해 카터 행정부에 직접적으로 도전을 가했다.[71] 카터 대통령의 주한미군 철수계획은 그에 상응하는 북한의 정치 및 군사적 양보 없이 일방적으로 취해진 것이었기에, 단순한 선거공약의 이행이라는 바람직하지 못한 정치적 편의주의의 동기에서 연유한 것이었을 뿐만 아니라 군사전략 문제를 국내 정치적 고려에서 집행했기 때문에 위험스럽기조차 한 것이었다. 결국 카터 대통령은 북한의 군사력이 긴장완화 시기에 인력과 무기 및 장비면에서 크게 강화되었다는 사실을 알게 되어, 1979년 7월 한국을 방문하여 주한미군 철수의 동결조치를 발표하고 북한과의 협상을 위해 이른바 남·북한과 미국의 3자회담을 제안하기에 이르렀다. 북한은 주한미군 철수 동결조치에 대해 카터 대통령에 대한 인신공격과 함께 평화조약과 한반도통일은 별개의 문제라고 주장하면서, 한미정상회담의 공동성명을 통해 제안한 3자회담을 즉

---

*Survey*, Vol.18, No.1 (January 1988), p.40.

70) Robert A. Scalapino, *op. cit.*, p.346.

71) Han Sung-Joo, "Political and Military Interests of North Korea," *The Journal of Asiatic Studies*, Vol.20, No.1 (January 1980), pp.56-57.

각적으로 거부하였다. 이로써 북한이 모색했던 북·미 간의 이른바 평화조약 공세를 통한 한·미 간의 분열책은 1979년 7월에 실패로 끝나버린 것처럼 보였다.

범세계적 긴장완화의 시기에 북한은 평화를 군사전략적으로, 즉 전쟁의 수단으로 이용했다. 외교도 전쟁의 연장으로 간주하는 북한 지도자들에게는 어쩌면 아주 당연한 행동이었을 것이다. 손자도 싸우지 않고 이기는 것이 전략의 극치라 하지 않았던가? 손자는 전쟁에서 가장 중요한 것은 적의 전략을 공격하고 그것이 여의치 않으면 적의 동맹을 분열시키라고 했었다.[72] 클라우제비츠도 전쟁의 목적을 달성하기 위해서는 적의 군대를 파괴하고 영토를 정복하여 적을 몰락시키는 방법과 함께, 적의 군대를 패배시키지 않으면서도 성공의 가능성을 높이기 위해서는 적의 동맹을 분열시키거나 마비시키는 방법이 있다고 가르쳤다.[73] 따라서 긴장완화의 1970년대에 북한이 외교를 통해 한미 동맹체제를 분열시키려 했던 것은 사실상 군사적 행동이었으며 군사전략적 관점에서 본다면 조금도 이상할 것이 없다. 여기서 중요한 것은 세계적 긴장완화의 시기 중에도 북한의 대남군사전략에는 별다른 변화가 없었다는 사실이다.

## VI. 신냉전에서 냉전 종식까지: 다시 트로이 목마를 위하여

1980년대의 전야인 1979년 12월 크리스마스 날 소련의 아프가니스탄 무력 침공은 1970년대 긴장완화 시기의 국제사회를 그 이전의 치

72) Sun Tzu, *The Art of War*, trans. Samuel B. Griffith, Oxford: Oxford University Press, 1963, pp.77-78.

73) Carl von Clausewitz, *op. cit.*, p.92.

열했던 미·소 간의 군비경쟁 시대로 복귀시키는 사건이었다. 소련의 침공은 당시 이란의 미 외교관 인질사태로 인해 미국이 외교적 난국에 직면해 있는 상황을 틈탄 소련의 계획적인 기습적 군사작전이었다. 소련의 아프가니스탄 침공은 제2차 세계대전 이후 최초로 소련 군대가 타국을 직접 침공한 사건이었기에 미국에게는 충격적이었다. 따라서 당시 레임덕 상태의 카터 대통령은 제2차 전략무기협정(SALT II)의 비준 거부, 1980년 모스크바 올림픽 경기의 불참과 대소 곡물 수출의 중단을 선언하면서 미국의 군비증강과 대소강경정책을 채택하였다.

그러나 북한은 1970년대에 추구한 정책, 즉 남한을 배제하고 미국과의 직접적인 관계를 모색하는 정책에 미련을 버리지 못하고 외교적 대미 공략을 재개했다. 즉 북한은 미국의 상당수의 기자들과 의원들에게 북한을 방문해 주도록 개별적인 초청장을 보냈던 것이다. 1980년 4월 미하원 스테븐 솔라즈(Stephen Solarz) 의원이 평양을 방문하자, 김일성은 그에게 미국과의 공식적 관계가 없지만 문화교류 및 여타의 상호접촉을 가질 준비가 되어 있음을 밝혔다.[74] 또한 유엔에 파견된 북한측 관리들은 많은 미국학자들과 학술단체들이 북한과의 교류계획을 고려하도록 미국정부가 촉구할 것을 요청함으로써 미국과 비공식 관계만이라도 발전시켜 보려는 태도를 보여주었다.[75]

그러나 1981년 1월 출범한 레이건 정부는 철저한 반공정책을 추진했다. 레이건 대통령은 취임 직후인 1월 말 한미정상회담을 백악관에서 갖고 주한미군의 철수계획을 완전히 철회하면서 한·미 간의 전통적인 반공동맹 관계를 새롭게 확인하였다. 그 결과 북한이 비공식적 관계의 채널을 만들어 미국정부에 우회적으로 파고들려는 '교활한' 시도

---

74) Young C. Kim, "North Korea in 1980: The Son also Rises," *Asian Survey*, Vol.21, No.1, (January 1981), pp.112-124.

75) Robert A. Scalapino, *op. cit.*, p.350.

는 불가능하게 되어버렸다. 따라서 북한은 레이건 정부를 미국의 역대 정부 가운데 가장 폭군적이라고 매도하면서, 특히 주한미군의 철수계획의 완전 백지화에 대해 맹렬히 규탄하고, 레이건 정부가 한반도에서 새로운 전쟁을 준비하기 위해 군사력을 강화하고 있다고 비난하였다.

미·소 간의 부활된 냉전이 심화되는 대결 자세 속에서 1983년 3월 23일 레이건 대통령은 미국의 새로운 방어전략으로 전략방위계획(Strategic Defense Initiative)을 발표하였다. 이것은 곧 '별들의 전쟁(Star Wars)' 계획이라는 별명으로 널리 회자되었지만, 그 계획은 사실상 소련의 핵무기들을 무력화시켜 쓸모 없게 만들어버릴 것이라고 주장되었다.[76] 소련은 1972년 미·소 간에 체결한 요격용 미사일협정(ABM Treaty)을 미국이 위반하는 것이라고 비난하면서도 쉽게 이 무기체제 개발의 경쟁에 뛰어들 수도 없고 또 그렇다고 완전히 포기할 수도 없는 딜레마에 처하게 되었다. 이런 미·소 간의 신경전 속에서 1983년 9월 1일 미국 시애틀 공항에서 출발한 대한항공 민간여객기를 소련이 미사일 공격으로 격추시키는 사건이 발생하여 전 세계를 아연 긴장케 하였다. 소련의 만행이 전 세계적 규탄과 비난에 직면하고 있

76) 이 계획은 상당한 논란을 불러일으켰다. 찬동하는 대표적 입장으로는, Keith B. Payne and Colin S. Gray, "Nuclear Policy and the Defensive Transition," *Foreign Affairs*, Vol.62, No.4 (Spring 1984), pp.820-856; Zbigniew Brzezinski, "Defense in Space is not 'Star Wars'," *The New York Times Magazine*, January 27, 1985; 그리고 이 계획이 요구하는 엄청난 비용에도 불구하고 완벽한 방위체제의 수립은 가능하지도 않으며 오히려 미국이 계획이 완성되기 전에 소련의 선제공격의 유혹을 부추길 수 있다고 보는 반대의 입장으로는, John Tirman (ed.), *The Fallacy of Star Wars*, New York: Vintage, 1984; McGeorge Mundy, George F. Kennan, Robert S. McNamara and Gerald Smith, "The President's Choice: Star Wars or Arms Control," *Foreign Affairs*, Vol.63, No.2, (Winter 1984-85), pp.264-278; Charles L. Glaser, "Do We Want the Missile Defenses We Can Build?" *International Security*, Vol.10, No.1, (Summer 1985), pp.25-57 참조.

다는 것도 아랑곳하지 않고 북한은 민항기 격추 사건이 발생한 지 겨우 한 달 뒤인 10월 9일 미얀마의 수도 랑군에서 당시 전두환 대통령과 수행 정부고위관리들을 몰살시키려는 폭발작전을 감행하여 17명의 한국 고위관리들을 무참히 살해하는 이른바 '아웅산 폭탄테러' 사건을 자행하였다. 북한은 이 사건으로 인해 전 세계적 규탄을 받았고, 미얀마와 파키스탄으로부터는 국교 단절까지 당했지만, 북한은 결코 사죄하지 않았다.

북한은 아웅산 만행이 단순한 테러사건이 아니라 군사작전의 일환이었다는 것을 부인하지 않은 셈이다.[77] 당시 김일성집단은 남한에서 전두환 군사정권이 남한 국민들의 '강요된' 지지만을 받고 있다고 판단하고 전두환 대통령을 제거함으로써 남한에 정치적 혼란을 야기하고 그

---

77) 국제테러행위란 사회적으로 극심한 빈곤이나 좌절에 기인하는 간헐적 현상이 결코 아니다. 그것은 팽창적, 현상타파주의적 국가의 정치적 야심과 계획에 뿌리를 두고 있다. 따라서 그런 국가의 지원 없이 국제테러행위란 불가능하다. 국제테러행위란 국가의 군사전략의 일환이다. 테러주의자들의 폭행을 개인들이나 집단의 '절망감'의 결과로 치부하는 것은 단순한 환상에 근거할 뿐만 아니라, 자신들의 범죄행위를 정당화하고 테러행위를 조종하는 배후세력으로부터 대중의 관심을 돌리려는 테러분자들의 주장을 되풀이하는 셈이다. 따라서 북한의 아웅산 폭파행위는 암살을 노린 테러행위의 성격도 없진 않지만, 그보다는 군사작전이었다. 왜냐하면 보통 테러주의자들은 죄 없는 민간인들을 공격목표로 삼는 의도적이고 계산된 폭력행위를 저지른다. 따라서 테러행위란 정치적 목적을 위해 공포심을 불러일으키기 위해 죄 없는 민간인들을 의도적이고 체계적으로 공격하는 살상행위이다. 이런 점에서 테러분자들은 게릴라들과도 다르다. 게릴라들은 민간인들이 아니라 정규군에 대항하여 전쟁을 수행하는 비정규군이다. 따라서 게릴라는 테러분자의 정반대가 된다. 게릴라들은 자신들보다 훨씬 강한 전투원들과 대항하지만 테러분자들은 연약하고 무방비의 남녀노소 민간인들을 공격한다. Benjamin Netanyahu, "Defining Terrorism," in Benjamin Natanyahu (ed.), *Terrorism*, New York: Farrar Straus Giroux, 1986, p.9. 따라서 아웅산 사건은 남한 대통령과 정부관리들에 대한 북한의 사전에 치밀하게 계획된 공격이었다는 점에서 '국가적 테러', 즉 북한의 군사작전의 일환이었다.

런 혼란을 이용하여 남한에 다수의 공비와 간첩들을 밀파하여 '트로이 목마'를 세우려 했었다고 할 수 있다. 그러나 전두환 대통령은 암살 위기를 모면하였을 뿐만 아니라, 북한은 국제사회에서 테러국가로 전락하고 말았다. 국가원수에 대한 살해행위는 사실상 선전포고 행위나 다를 바 없는 것이다. 그러나 당시 한미동맹체제는 '위기의 수습'에 몰두함으로써 적절한 '응징'도 못한 채 강경한 경고만을 되풀이하고 말았다. 당시 소련에 의한 대한항공 여객기 격추 사건과 북한의 아웅산 폭탄 사건은 국제사회에서 모두 테러행위로 규탄받고 있었기 때문에 자칫 강경 대응은 수세에 몰린 북·소 두 국가의 유대만을 강화시키는 결과를 초래할 수 있기 때문이었다.

국제사회에서 수세에 몰리고 남한의 대북한 경각심이 강화되자 북한은 폭력 대신 평화공세를 다시 이용하기 시작했다. 1984년 1월 10일 '서울 당국과 미합중국 정부 및 국회에 보내는 편지'의 형식을 빌려 그동안 북한이 거부해 온 3자회담을 미국에 제의하고 '고려민주연방공화국 창립 방안'을 남한에 제시하였다.[78] 그러나 북한의 제안은 과거처럼 남한 정부가 수용할 수 없다는 것을 알면서도 선결조건들을 요구함으로써 북한의 의도는 분명했다. 김일성은 불리할 때 한편으로 평화의 메시지를 낭독하면서 또 다른 한편으로는 혁명역량 강화를 추진하는 평화의 군사전략적 이용자였기 때문이다. 실제로 김일성은 그해 5월 소련과 동구 공산권국가들을 직접 방문하고 적극적인 지원을 호소하고 기대했지만, 소련으로부터 약간의 군사원조를 얻어내는 것 외에는 아무런 적극적 지원 약속을 받지 못했으며, 동구 공산권 국가들은 별다

78) 이것은 1960년대 '남북연방', 1970년대 '고려연방공화국' 제안을 다소 수정한 것으로서, 단어상의 차이에도 불구하고 남한의 적화통일목표 그 자체의 변화에는 별 다른 차이가 발견될 수 없는 전략적 슬로건이라 하겠다. 이것들의 자세한 논의를 위해서는, 허문영, 「북한의 통일정책」, 양성철·강성학 공편, *op. cit.*, 제7장을 참조.

른 관심마저 보이지 않았던 것이다. 따라서 그는 대남평화공세를 계속 하였다. 그러다가 1984년 9월 28일 북한이 고집하는 북한 적십자사 수재물자를 남한정부가 수령하자 남북대화에 참여, 일련의 회담을 개최하게 되었다.[79]

당시 미·소 관계는 1983년 3월 레이건 대통령의 전략방위구상 발표와 9월 대한항공기 격추 사건 이후 계속 위험스럽게 생각되고 있었지만, 소련은 국내적으로 빈번한 정권담당자의 교체문제에 몰두하고 있었다. 이런 와중에 1985년 3월 플로리다의 올랜도(Orlando)에서 행한 연설에서 레이건 대통령은 소련을 역사의 쓰레기통에 들어갈 '악의 제국(the evil empire)'[80]이라고 낙인찍었다. 그런 소련에 대한 낙인은 소련이 협상에 적합하지도 않고 협상할 필요도 없는 정체임을 가정하는 것이었다.[81] 당시 북한도 협상하기에 적합하거나 협상할 필요도 없는 정권이었음을 변함없이 보여주었다. 북한은 남북대화를 하는 와중에서도 1985년 7월 27일 통혁당을 '한국민족민주전선'으로 개칭하고 '반미', '반파쇼', '민주화', '조국통일'을 표방하면서 청년학생, 종교계, 재야단체 등에 대한 의식화 및 선동사업을 추진했다.[82] 그러나 북

79) 1984년 11월 15일 '제1차 경제회담'으로 시작하여 11월 20일 '남북적십자회담 예비회담', 1985년 7월 23일 '제1차 남북국회회담', 9월 20일~23일 간의 '고향 방문단 및 예술단 교환방문', 10월 8일의 '제1차 체육회담' 등이 개최되었다.

80) 최초로 소련을 '악의 제국'(the evil empire)라고 명명한 것은 레이건 대통령이 아니라 스탠리 호프만 교수였다. Stanley Hoffmann, "Cries and Whimpers: Thoughts on West European-American Relations in the 1980s," in Stanley Hoffmann, *Janus and Minerva*, Boulders: Westview Press, 1987, p.249. 이 논문은 원래 1984년 *Daedalus*의 여름호에 이미 발표되었다.

81) Peter Calvocoressi, *World Politics Since 1945*, 5th ed., London: Longman, 1987, p.46.

82) 허문영, 앞의 책, p.157.

한은 자신의 전략에 호락호락 넘어가지 않는 남한과의 대화를 통해서는 별 소득이 없다고 판단하고 1986년 1월 20일 팀스피리트 훈련을 구실로 모든 남북대화를 일방적으로 중단해 버렸다.

그 해 남한은 최초로 대미무역흑자를 이루는 경제적 호황과 1988년 서울 올림픽 개최라는 희망에 차 있었지만 국내정치적으로는 1987년 말 대통령선거를 앞두고 한국의 민주화 문제가 필리핀의 평화적 민주화 성공으로 크게 고무되어 폭풍처럼 다가오고 있었다. 따라서 김일성 집단은 이렇게 남한에서 예상되는 혼란을 다시 적극 이용하여 남한의 민주화 투쟁에 '트로이 목마'를 구축하고자 했다. 1987년 절정에 달한 민주화 투쟁은 대통령 직선제와 김대중씨 출마를 허용하는 집권당의 6·29선언으로 민주화의 순조로운 이행 궤도에 진입함으로써 남한의 정치적 혼란은 수습되었다. 다수의 민주화 세력은 민주화로의 궤도진입에 만족했고, 결코 북한이 원하는 '트로이 목마'가 되지는 않았다. 북한은 당시 순조로운 대통령 선거를 방해하고 남한에 정치적 혼란을 야기하며 한반도에 긴장을 조성하여 88서울 올림픽 개최를 어렵게 할 목적으로 그 해 11월 태국 항공에서 서울행 대한항공기(858기)를 폭파시키는 테러행위를 또 다시 자행하였다. 그러나 남한은 12월 직선 대통령선거를 혼란 없이 치러냈으며 소련과 중국의 88서울 올림픽 참가를 재확인함으로써 북한의 테러전략은 다시 실패하였고 북한의 호전성을 다시 전 세계에 보여줌으로써 북한은 국제 테러국으로 다시 확인받는 결과만 초래했다.

뿐만 아니라 1985년 5월 소련에서 고르바초프가 집권한 이후 그의 꾸준한 긴장완화정책은 결실을 거두어 1987년 말에는 미·소 간의 중거리핵미사일감축협정(INF)이 워싱턴에서 체결됨으로써 세계는 제2의 긴장완화 시대로 진입했다. 88서울 올림픽이 성공적으로 개최되는 동안 한미동맹체제의 높은 경계태세는 물론이고 소련과 중국 그리고 동유럽 공산국가들의 대표선수들이 모두 참가하는 올림픽 경기에 북한은 아무 짓도 할 수 없었다. 더구나 1989년에 들어 동유럽 공산국가들의 폭발적인 민주화 혁명은 11월 9일 냉전체제의 상징이었던 베를린 장벽을 무너뜨리면서 탈공산화를 이룩해갔다. 이런 세계적 지각변동으로 12월 2일 미국의 부시 대통령과 소련의 고르바초프 서기장은 몰타 정상회담에서 '냉전의 종식'을 공식적으로 선언하기에 이르렀다. 세계사의 한 장이, 아니 1917년 시작한 약 1세기의 역사가 끝나가고 있음을 확인한 셈이다. 제2의 냉전으로 시작된 1980년대는 제2의 긴장완화로 접어들더니 냉전 그 자체의 종식을 가져왔다.

이 기간 동안에도 북한은 대화와 폭력을 모두 전략적으로 사용하였다. 결국 북한은 이 시기에 국제테러국가로 낙인이 찍혔지만 자신의 목적과 전략의 변화를 분명하게 보여주는 것은 아무것도 없었다. 테러식 폭력사용전략을 통해 남한사회에 극도의 혼란을 조장하여 '트로이 목마'를 구축하려 했다. 다른 한편으로는 '대화'를 구실삼아 미국과의 단독회담을 통해 한미 동맹체제의 분열을 도모함으로써 북한은 무력에 의한 한반도 통일전략을 실천할 수 있는 여건을 국제적 차원에서뿐만 아니라 남한 내부의 차원에서도 조성하려는 목적을 위해 수단과 방법을 가리지 않고 중단 없이 노력했을 뿐이다. 그러나 카를 마르크스의 말처럼 역사는 인간이 창조하지만 결코 그 인간이 원하는 대로 창조되지는 않았다. 1980년대에도 역사는 김일성의 소망과는 다르게 진행되었던 것이다.

## Ⅶ. 걸프전 이후 북한의 군사전략: 러시안 룰렛?

1990년대에 들어서면서 동구의 민주화 혁명의 성공과 소련의 민주화·친서방화정책의 진척으로 과거 약 반세기 동안 긴장 속에서 전전긍긍하며 살아온 역사의 한 시대를 마감하고 새로운 평화시대의 기대에 가득차 있던 세계는 1990년 8월 2일 이라크가 쿠웨이트를 전격 전면 침공하여 무력으로 점령해 버림으로써 국제사회에서 세계평화란 하나의 신기루에 지나지 않음을 또 다시 확인하였다. 냉전 종식 직후 평화의 맛을 채 음미하기도 전에 전쟁의 신 마르스(Mars)는 어느새 우리 코앞에 다가와 있었던 것이다. 쿠웨이트에 대한 사담 후세인의 노골적인 침략 및 군사적 정복행위는 중동에서 새로운 전쟁의 서곡이었다.

바로 이러한 때에 한반도에서는 1970년대 초 세계적 긴장완화시대에 북한은 한동안 남북대화에 응하여 한반도에 평화의 환상을 낳으면서 실제로는 대남땅굴을 팠던 것처럼, 냉전 종식과 함께 공산제국의 붕괴가 거의 확실해진 1990년 북한은 '남북고위급회담'을 이용했다. 북한의 합의로 9월부터 남·북한 총리를 수석대표로 하는 제1차 남북고위급회담이 개최되어 남·북한 정치·군사적 대결상태 해소와 다각적인 남북교류 협력에 대한 기대를 한동안 자아내기도 하였다. 그러나 이번에는 1970년대 초 이후 북한의 대화전략의 불성실을 경험한 한국측의 기대가 높을 수는 없었다. 그리고 북한의 야누스적 행동은 곧 본색을 드러냈다. 북한은 12월 3차 고위급 회담 때까지 '선 정치·군사문제해결, 후 불가침선언'의 채택만을 집요하게 되풀이 주장함으로써 회담 그 자체를 답보상태에 빠뜨리고 다른 한편으로 북한은 1991년 1월 25일 '조국통일 범민족연합 북측본부'를 결성하여 이른바 '범민족대회' 개최라는 정치적 공세로 남한의 정치사회적 분열을 책동하기 시작했다. 그러나 세계적 냉전 종식의 높은 파도는 북한으로 하여금 같은 해 9월 17일 유엔의 역사상 처음으로 마지못해 가입한 유일한 회원국가가 되도록 하였다.[83] 그러자 북한은 유엔 가입과 함께 한반도에서 정

83) Byung Chul Koh, "North Korea's Policy Toward the United Nations," in Sung-Hack Kang (ed.), *The United Nations and*

전체제의 평화체제로의 전환과 유엔군 사령부의 해체, 대미평화협정체결 및 주한미군 철수를 요구하면서 북한과 유엔 간의 비정상적인 관계의 청산을 주장하였다.[84] 북한은 유엔의 무대를 자신의 군사전략적 목적 실현을 위한 또 하나의 수단으로 이용하고 있음을 명백히 했던 것이다. 그러나 이때 북한은 걸프전의 전쟁 결과에 대해서 몹시 불안해질 수밖에 없었다. 미국은 더 이상 베트남전 때의 미국이 아니었기 때문이다.

1990년 11월 29일 유엔 안보리가 채택한 결의안 678호는 이라크가 1991년 1월 15일까지 쿠웨이트로부터 철수할 것을 요구했다. 그러나 이 시한을 그냥 넘어가면서 중동의 걸프 지역에 전 세계의 이목이 집중되었다. 이라크의 사담 후세인 대통령은 만일 미국이 전쟁을 시작한다면 미국은 베트남전에서처럼 대패하고 말 것이라고 위협했지만 1991년의 미국은 1960년대의 미국이 아니었다. 미국의 전쟁수행 전략은 완전히 달라져 있었다. 아이러니컬하게도 오히려 후세인의 믿음만이 베트남전의 정글전에 머무르고 있었다.[85] 이틀 뒤인 1월 17일 미국과 연합국에 의해서 개시된 사막의 폭풍작전(Operation Desert Storm)은 '쿠웨이트의 해방'이라는 정치적 목적이 달성되자 부시 미 대통령은 2월 28일 이라크에 대한 군사적 공격을 전면 중단시켰다. 연합군의 약 40일간의 군사작전은 19세기 프러시아의 철혈재상 비스마르크의 대오스트리아 전쟁(1866)과 보불전쟁(1870)을 무색케 하는 일

---

*Keeping Peace in Northeast Asia*, Seoul: The Institute for Peace Studies, Korea University, 1995, p.43.

84) 1991년 10월 3일자의 연형묵 북한 총리의 유엔총회 연설문 참조.

85) 후세인 대통령은 베트남전이 아니라 한국전을 생각했어야 했다. 그러나 적절한 역사적 아날로지(analogy)의 선택은 결코 쉽지 않다. 이런 문제에 관해서, John F. Guilmartin, Jr., "Ideology and Conflict: The Wars of the Ottoman Empire, 1453-1606," *The Journal of Interdisciplinary History*, Vol. 18, No. 4 (Spring 1988), pp.721-747 참조.

방적인 승리를 쟁취했다. 이 전쟁의 일방적인 결과는 후세인뿐만 아니라 연합군의 슈바르츠코프(Schwarzkopf) 사령관에게 놀라운 것이었다. 왜냐하면 슈바르츠코프 장군 자신이 고백했던 것처럼 연합군측에서도 전쟁이 그렇게 전개되리라고 확실히 기대하지는 않았었기 때문이다.[86] 당시 이라크는 '완벽한 적(the perfect enemy)'[87]이었기에 미국 주도의 연합군은 일방적 승리를 거둘 수 있었다고 하겠다.[88] 전 세계에 텔레비전으로 생중계되다시피한 걸프전에서 미국의 일방적 군사작전 수행과 단기간의 승리는 북한 김일성의 미국에 대한 두려움을 증폭시킬 수밖에 없었다.

김일성의 대미공포는 1991년 10월 22일 개최된 제4차 남북고위급회담에서 '조선반도의 비핵화에 관한 선언'의 제안으로 표현되었다. 걸프전의 제1차적 목적은 석유의 보고인 쿠웨이트의 해방이었지만 사막의 폭풍작전의 목표 중의 하나는 이라크의 핵무기 제조능력을 파괴하는 것이었다.[89] 따라서 북한은 자신의 핵무기 개발 계획을 속이면서 주한미군이 보유하고 있을 것으로 생각되는 남한의 핵무기 철수를 요

86) Thomas A. Keaney and Eliot A. Kohen, *Gulf War Air Power Survey Summary Report*, Washington, D. C.: Department of the Air Force, 1993, pp.237-238.

87) John Mueller, "The Perfect Enemy: Assessing the Gulf War," *Security Studies*, Vol. 25, No. 1 (Autumn 1995), p.78.

88) 존 뮬러는 대부분의 연합군의 승리의 원인분석에 있어서 연합군 측에게 유리했던 요소들에 치중되었을 뿐 정책, 전략 및 전술, 전쟁 준비와 지도력 및 사기와 같은 면에서 이라크 측의 취약점에 대한 분석이 소홀하다고 주장한다. *Ibid.*, pp.77-117. 이러한 대표적 분석으로서, Harry G. Summers, Jr., *On Strategy II: A Critical Analysis of the Gulf War*, New York: Dell, 1992; William J. Taylor and James Blackwell, "The Ground War in the Gulf," *Survival*, Vol.33, No.3 (May/June 1991), pp.230-245를 들 수 있다.

89) Peter R. Lavoy, "The Strategic Consequences of Nuclear Proliferation," *Security Studies*, Vol.4, No.4 (Summer 1995), p.697, Note 7.

구한 것이다. 그리고 핵무기의 철수는 주한미군의 철수와 연결될 것이라는 계산 또한 하고 있었다. 그리하여 북한은 12월 10일 개최된 제5차 남북고위급회담에서도 남북 비핵화공동선언을 계속 요구했다. 그러나 북한의 이러한 요구는 같은 해 12월 18일 노태우 대통령이 '한국 내 핵부재'를 선언함으로써 북한의 정치적 핵공세는 그 효과를 상실하게 되었다. 그리고 1992년 1월 2일 남·북한이 '한반도 비핵화에 관한 공동선언'을 발표하고 4월에는 북한이 국제원자력기구(IAEA)의 핵안전협정을 비준하였다. 이어서 5월엔 이 기구에 최종보고서를 제출한 뒤 핵사찰에 응함으로써 한반도에서 핵문제는 해소될 수 있을 것이라는 기대를 낳게 되었다.

그러나 북한은 곧 또다시 마각을 드러냈다. 북한은 남·북한 동시사찰을 거부함으로써 마치 과거 이라크가 국제원자력기구의 형식적인 사찰을 받으면서 핵개발을 추진했던 것처럼 북한이 핵개발 은닉전술을 쓰고 있다는 의심을 증폭시켰다. 6월 초 미국이 북한의 핵문제가 분명하게 해결되지 않는 한 북한과의 관계개선이 불가능하다는 입장을 명백히 하자,[90] 북한은 남한과 회담을 통해 남북관계의 진전이 있는 듯한 인상을 주면서 핵문제를 형식적으로 처리해 버리고 미국과 단독으로 관계개선을 추구한다는 전략적 목표를 달성하기 어렵게 되었다고 판단할 수밖에 없었다. 북한은 자신의 핵무기 개발 속임수만 노출시킨 셈이었다.

북한은 1970년대 중반부터 남한을 고립시키고 미국과의 단독협상을 통해 한미동맹체제를 붕괴시키려고 노력했으나 사실상 그동안 활용할 카드가 없었다. 이제 미국이 유일하게 깊은 관심을 갖고 있는 핵카드마저 남·북한 동시사찰 문제로 그 유용성이 상실될 위기에 처하자 북

---

90) 『조선일보』, 1992년 6월 3일.

한은 이 핵카드로 결정적 도박을 하게 되었다. 그리하여 1985년 소련의 강력한 압력하에 가입했던 핵확산금지조약(NPT)으로부터 탈퇴하겠다는 일종의 '폭탄선언'을 함으로써 핵확산금지 레짐을 주도적으로 유지해 온 미국에 정면으로 도전하는 도박행위를 결행하였다. 국제원자력기구는 이 기구의 헌장에 따라 북한의 핵문제를 유엔 안보리에 상정하였다. 유엔 안보리는 1993년 5월 12일 북한에게 NPT를 탈퇴하려는 결정을 재고하고 비확산 의무를 존중해 줄 것을 촉구하는 결의안(825호)을 채택하였다. 이 결의안은 모든 유엔 회원국들로 하여금 이 결의안에 북한이 긍정적으로 반응하도록 고무할 것을 촉구했으며, 이러한 안보리의 촉구에 따라 6월 2일 핵관련 북·미 간 고위급회담이 재개되었다.[91] 1994년에 들어서 남한정부는 북한과의 긴장관계를 풀어볼 수 있는 돌파구를 찾기 위해 남·북한 특사교환을 위한 실무접촉을 진행시켰으나 3월 19일 북한의 박영수 대표는 "서울은 불바다가 될 것이다"라는 위협적인 반응을 보였을 뿐이었다. 따라서 실무접촉은 북한의 의도대로 파기되었다.

북한은 국제사회에 비친 부정적 이미지에도 불구하고 미국과의 단독회담을 열게 되었기 때문에 북한의 협박성 도박은 어느 정도 성공했던 셈이다. 그러나 김일성은 제네바 협상에서도 여전히 불성실한 태도를 견지하다가 1994년 4월 1일 유엔 안보리의 의장성명이 통과되자 6월 14일 국제원자력기구(IAEA)의 탈퇴를 공식화해 버렸다. 다음날 6월 15일엔 당시 난국을 타개해 보고자 나선 카터 전 미국 대통령과 김일성 간의 회담이 있었고, 이후 6월 28일엔 부총리급 예비회담에서 1994년 7월 25일 '남북정상회담'을 평양에서 개최하기로 합의했다. 그

91) Jin-Hyun Paik, "Nuclear Conundrum: Analysis and Assessment of Two Koreas' Policy Regarding the Nuclear Issue," *Korea and World Affairs*, Vol.17, No.4 (Winter 1993), p.634.

러나 1994년 7월 8일 김일성이 갑자기 사망함으로써 모든 것이 불확실하게 되어버렸다. 김일성의 사망은 미·북 간의 제3라운드 회담이 시작된 중요한 순간에 일어남으로써 능력이나 성격이 예상하기 어려운 김정일로부터 크게 영향받지 않을 수 없게 되었다.[92] 그러나 김정일은 김일성의 전략을 계승 추진하였다. 그리하여 1994년 10월 21일 북·미 간 제네바기본합의문(the Geneva Framework Agreement)을 체결함으로써 북한에 필요한 에너지와 경제적 지원을 수용하는 것으로 보였다.

그러나 북한은 12월 15일 군사정전위에서 중국대표를 철수시키고 1995년 2월 20일에는 사정거리 약 1,500km의 미사일을 테스트하여 1993년 5월 말에 실험한 노동 1호에 보다 더 발전된 미사일 능력을 과시하더니[93] 2월 28일에는 중립국 감독위의 폴란드 대표까지 모두 철수시킴으로써 군사정전위원회와 중립국 감독위원회를 사실상 무력화시키는 도전적 행위를 감행하였다.[94] 즉 북한은 한반도 문제에 관한 한 미국과의 직접협상 외의 모든 채널을 무용화시켜 버린 것이다. 1995년 3월 9일 한국에너지개발기구(KEDO)가 공식 발족했으나, 북한은 한국표준형 경수로 수용불가를 고집함으로써 제네바기본합의의 실행이 지연되다가 6월 13일에야 콸라룸푸르에서 경수로 문제가 타결되고 12월 15일에 가서야 최종 대북경수로 공급협정이 공식적으로 체결되기에 이르렀다. 이 합의에 이르는 데에는 북한의 수해 피해로 인한 외부 원조의 기대 심리와 한·미·일 3국의 대북 쌀 지원, 한국표준형 경수로 이외의 대안 부재와 같은 복합적 요인들이 작용하였다고 하겠다.

---

92) Byung-Joon Ahn, "Korea's Future after Kim Il Sung," *Korea and World Affairs*, Vol.18, No.3 (Fall 1994), p.443.

93) *The Military Balance, 1995-1996*, p.284.

94) 북한은 체코 대표단을 1993년 4월에 중립국감독위원회에서 이미 철수시켰으며, 1994년 4월 28일 정전위에서 자진 철수했다.

그러나 1990년대 남북 간의 여러 가지 공동선언과 합의서에도 불구하고 북한의 기본 대남전략은 별로 달라진 것이 없었다. 남·북한 간의 거의 모든 합의서는 문서로만 존재하고 있으며 제네바기본합의서도 그것이 완벽하게 실행될 때에만 북한의 핵무기 개발계획을 동결하고 또 제거할 수 있을 것이다. 그러나 북한은 잃은 것이 거의 없다. 한국과 미국은 남북대결과 북한핵무기 문제의 해결을 위해 많은 대가를 계속 지불하면서 경수로 건설 기회가 북한주민들로 하여금 서서히 남한과 바깥 세상에 대해 눈뜨게 하고 그 결과 북한 내에서 일종의 '트로이 목마'가 형성될 수도 있을 것이라는 막연한 기대에 휩싸였을 뿐 핵문제 자체의 해결은 결국 미래의 북한 태도에 맡긴 셈이었다. 반면에 북한은 세계로부터 자신에 대한 관심을 유도하는 데 성공했을 뿐만 아니라 미국으로부터도 상당한 양보를 얻어내는 데 성공하였다. 북한의 핵외교는 결국 남한에 있는 미국의 모든 전술핵무기를 철수시켰고 미국과의 외교접촉을 높였으며 팀스피리트 훈련도 중단시켰다. 북한의 주권을 존중하겠다는 미국의 공약과 대등한 대화의 채널도 확보하였다.[95] 북한의 양날안보전략(two-pronged strategy)은 성공한 셈이다.[96]

1990년대 한미 두 정부가 취한 대북전략은 1938년 히틀러의 전쟁을 통한 현상타파와 세계정복 야욕을 간파하지 못하고 당시의 민주사회 국민들 간에 팽배한 분위기, 즉 평화와 외교적인 해결을 촉구하는 압도적 여론만을 의식하여 영국의 체임벌린이 수행했던 유화정책을 닮고 있다. 아니 단순한 유화정책에서 한걸음 더 나아간 일종의 대북뉴딜정책을 수행해 온 것이다. 유화정책이란 본질적으로 현상유지적이며

---

95) Byung Chul Koh, "North Korea's Strategy toward South Korea," *Asian Perspective*, Vol.18, No.2 (Fall/Winter 1994), p.46.

96) Christopher Ogden, "Inside Kim Jong Il's Brain," *Time*, October 7, 1996, p.27.

제한된 소극적 목적을 추구하는 국가에게만 성공을 기대할 수 있다. 현상타파적이고 정복자적 야심을 가진 국가에 대한 유화정책은 대결과 전쟁 그 자체의 두려움만 노출하여 더 큰 위협과 더 부당한 요구만을 자극할 뿐이라는 것이 1930년대의 준엄한 역사적 교훈이다. 게다가 현상타파적이고 적극적인 목적을 추구하는 국가에 대한 뉴딜 정책은 본질적으로 정치적이고 군사적인 문제를 경제적으로 해결하려는 잘못된 정책으로 인하여 실패할 수밖에 없다. 정복자의 관심은 '경제적 여유'가 아니라 정치적·군사적 '지배'이기 때문이다.

북한은 이 지구상에 몇 남지 않은 현상타파적인 적극적인 목적, 즉 한반도의 적화통일을 지난 반세기 동안 변함없이 추구해온 정치세력이 계속 지배하고 있다. 우리는 어떤 국가가 반세기 이상 하나의 목적을 변함없이 그것도 적극적으로 추구해 왔다면 다소간의 경제적 여건의 변화로 그 목적과 전략을 근본적으로 포기할 것으로 기대한다는 것은 엄청난 착각이 아닐 수 없다. 북한의 구체적 행동은 그것을 증명해 주었다. 1996년에 들어서 김영삼 대통령의 신년사와 국정연설에 대한 원색적인 비난을 시작으로 북한의 '민민전' 중앙위는 1월 5일 시국선언 발표를 통해 남한정권타도, 반외세자주화투쟁 등을 1996년 투쟁방향으로 제시하고 '한총련'을 통일운동의 선봉투사라고 찬양하면서 반정부 통일투쟁선동을 강화하여 남한정부타도정책을 재확인하고 2월 22일에 한반도 평화보장문제는 미·북 간에 해결되어야 한다면서 그 중간조치로서 미·북 간 '잠정협정'의 체결을 제안하여 남한을 배제하고 미·북 간의 협정체결을 통해 한미동맹체제를 분열시키려는 기존의 정책을 되풀이하였다. 3월 28일과 4월 4일에는 "비무장지대의 지위를 더 이상 준수할 수 없게 되었다"고 주장하더니 4월 5-7일에는 판문점 공동경비구역 내 무장병력을 투입, 훈련을 실시하여 정전협정을 유린하는 명시적 행동을 취했다.

1996년 4월 16일 한미정상회담에서 김영삼 대통령과 클린턴 미국 대통령이 한반도 평화구축을 논의할 이른바 4자회담을 공동으로 제안했다. 이 제안은 북한의 모든 요구를 실제로 논의할 수 있는 기회를 제공한 것임에도 불구하고 북한은 4월 18일 "현실성 여부를 검토하고 있다"는 반응을 보였을 뿐 깊은 관심조차 보이지 않았다. 그러더니 북한은 엉뚱하게도 5월 24일에 '한총련'의 새로운 출범과 관련 북한의 언론매체들을 통해 '한총련' 투쟁은 애국애족적인 의로운 투쟁이라고 찬양하면서 지속적인 반미·반정부투쟁의 강화를 연일 선동하였다. 6월 25일에는 연례행사처럼 주한유엔군사령부의 해체를 주장하고, 7월 24일에는 대미평화체제수립의 촉구를 되풀이했다. 8월 18일에는 20년 전 판문점 도끼만행 사건을 미·북 간 평화협정의 부재 탓으로 왜곡하여 미북평화협정 체결을 거듭 주장했다. 한국과 미국의 4자회담 촉구와 중·일의 4자회담 지지가 확실해지자 9월 2일 북한은 4자회담의 전제조건으로서 주한미군의 철수를 요구하고 대미 '잠정협정'의 체결을 되풀이 주장함으로써 북한은 4자회담 거부의 의도를 사실상 분명히 했다. 바꾸어 말하면 북한 김정일 정권은 남한으로부터 조건 없는 쌀지원이나 경제적 이득은 받아주겠지만 평화나 통일문제는 남한과 논의하거나 협상할 의향이 없다는 것을 명백히 한 셈이다. 북한 김정일 정권은 여전히 남한을 대화와 협상의 상대가 아니라 혁명적 타도와 정복의 대상으로 간주하고 있기 때문이다.

1996년 8월 11일 시작한 한총련의 이른바 '범민족대회'가 불법성 및 도시게릴라전을 방불케 하는 지나친 폭력성을 드러냄으로써 국민여론으로부터 소외된 채 완전히 진압되었고 한총련 조직자체에 대한 조사가 시작되자 북한은 남한정부를 늘 그랬듯이 격렬히 비난하고 '한총련의 투쟁'에 대한 지지와 성원을 보낸다면서 지속적인 반정부투쟁을 선동하였다. 북한은 한총련을 남한의 '해방투쟁'을 위한 '트로이목마'로 간주하고 있음을 분명히 드러낸 것이다. 또한 9월 18일 강릉 앞바다에서 잠수함을 통한 무장공비 침투가 발각되자 유감의 뜻을 표명하기는 커녕 '백배 천배로 보복하겠다'는 공언을 되풀이했고, 또한 한미동맹체제의 단결된 공동대응을 좌절시키기 위해 느닷없이 10월 6일 미국인 이반 칼 헌지크(Evan Carl Hunzike)를 간첩죄로 체포하여[97] 미국인의 생명을 담보로 잡았다. 이것은 마치 1968년 초 무장공비로 청와대 습격을 시도한 것이 발각되자 이틀 뒤에 미군정보함 푸에블로호를 강제 나포하여 미국이 푸에블로호 선원들의 생환에 매달리게 함으로써 한·미 간의 공동대응을 좌절시켰던 것과 동일한 방법을 사용하고 있는 것이라 하겠다. 실제로 북한은 10월 8일 '헌지크의 문제'로 뉴욕에서 미국과 접촉할 수 있게 되었다.[98]

이 역시 미국과는 대화를 그리고 남한과는 대결이라는 북한의 양날 전략을 또다시 그대로 실천하고 있는 것이라 할 수 있다. 냉전 종식과 소련제국의 붕괴에 따른 세상의 변화에도 불구하고 북한의 정책과 전략은 크게 달라진 것이 없어 보인다. 북한 김정일 정권에게는 여전히 '평화란 수단을 달리한 전쟁의 연속'일 뿐이다. 따라서 북한의 군사전략은 여전히 한미 동맹체제를 분열시키는 한편 남한 내부의 '트로이 목마'를 구축, 강화하고 최대한 활용하여 남한사회가 혁명적 상황으로 변했을 때 공세를 위한 전략적 정점(strategic culminating point)을 조성하고 그 결정적 순간에 도달했다고 판단될 때 전면적 기습공격을 단행하려는 기본적 전략을 그대로 유지하고 있다.

그러나 전략적 정점이 반드시 압도적인 군사력의 우위를 의미하지는 않는다. 북한이 정치체제의 시대착오적인 한계와 극심한 경제난으로 인해 내부의 분열과 주민들의 지속적인 좌절감이 폭발할 수 있는 위험

---

97) *The New York Times*, October 7, 1996, p. A9.
98) 『조선일보』, 1996년 10월 14일.

수준에 도달할 경우 김정일은 일생일대의 도박을 할 가능성이 없지 않다. 전쟁은 언제나 상대적 강자의 전유물이 아니었다. 클라우제비츠도 보다 우월한 국가와 갈등상태에 있으며 매년 자국의 상대적 지위가 악화될 것으로 예상되는 열세국가는 전쟁이 불가피할 때 최악의 상황으로 몰리기 전에 기회를 포착하여 공격해야 한다고 가르쳤다.[99] 그것은 공격 그 자체가 유리하기 때문만이 아니라 열세국가의 이익은 조건이 더 악화되기 전에 분쟁을 해결하든가 아니면 어떤 이점을 획득하기 위해서이다. 역사적으로도 제1차 세계대전 직전 오스트리아-헝가리의 합스버그 정책결정자들은 상황이 통제불능으로 변할지 모르는 두려움에서 필사적으로 미래를 기약하려 했다. 즉 국내적 체제 붕괴의 전망은 전쟁을 용납할 만한 정책적 선택으로 만들었던 것이다.[100] 태평양전쟁의 경우에도 비슷했었다. 윈스턴 처칠도 미국의 군사적 잠재력이 일본의 그것을 훨씬 압도하기 때문에 동경 정부의 전쟁결정은 무분별하고 심지어 미친 짓이었다고 말했지만,[101] 당시 일본 정치지도자들의 눈에 미국에 대한 공격 결정은 자살행위가 아니라 치명적 질병의 수술처럼 대단히 위험하지만 여전히 생명을 구할 어느 정도의 희망을 제공하는 것이었다.[102] 이처럼 국가란 패전의 가능성도 의식하지만 그럼에도 불구하고 패전을 싸우지 않는 것보다는 나은 정책적 선택으로 인식하여 전쟁에 뛰어들곤 한다.[103] 만일 북한의 김정일 정권이 그와 같은 충동

---

99) Carl von Clausewitz, *op. cit.*, pp.601-602.

100) Samuel R. Williamson, Jr., "The Origins of World War I," *The Journal of Interdisciplinary History*, Vol.18, No.4 (Spring 1988), p.818.

101) Scott D. Sagen, "The Origins of the Pacific War," *The Journal of Interdisciplinary History*, Vol.18, No.4 (Spring 1988), p.893에서 재인용.

102) *Ibid.*, p.895.

103) Bueno de Mesquita, "The Contribution of Expected Utility Theory

과 유혹에 빠져 무모한 도발을 자행하거나 기존의 핵에 관한 제 협정을 파기하면서 핵무기 개발을 통한 핵무장과 무절제한 미사일 개발을 무모하게 추진하려고 한다면 김정일 정권은 자신의 운명을 건 한판의 러시안 룰렛을 돌리는 셈이 될 것이다.

## Ⅷ. 결 론

우리는 북한의 지칠 줄 모르는 호전성과 무장공비 밀파, 테러 행위, 남한사회의 혼란 책동 그리고 한·미 간의 분열책 등 다양한 전술의 실천에 시달리면서, 군사전략에 불가사의한 무엇이 있을 것으로 가정하기 쉽다. 이러한 사정은 북한 사회의 폐쇄성과 군사문제에 관한 극단적 비밀성에서도 기인한다. 그러나 군사전략의 원칙들이란 본질적으로 비교적 단순한 것이다. 북한의 군사전략도 이런 일반적인 군사전략적 특성의 범주를 벗어나지 못한다. 그것은 우선 군사전략의 효율성과 성공가능성은 단순성의 원칙(the principle of simplicity)을 준수하는 데 크게 좌우되기 때문이다. 군사전략이 아주 복잡하거나 자주 바뀌게 되는 것은 클라우제비츠가 지적하는 높은 마찰(friction)로 인해서 중요한 실패의 원인이 된다. 특히 북한처럼 철저히 스탈린식 교조주의체제를 견지하고 있는 상황에서 군사전략이 빈번히 변화하게 되면 혼란과 마찰이 심해져서 그 효율성이 격감된다. 바로 이러한 맥락에서 레닌도 "반복이 성공의 어머니"라고 불렀던 것이다.

뿐만 아니라 군사전략은 바꾸기가 결코 쉽지 않다. 일반적으로 기존의 군사적 사고방식(military mind)이 쉽게 개혁되거나 전혀 새로운 것

---

to the Study of International Conflict," *The Journal of Interdisciplinary History*, Vol.18, No.4, Spring 1988, pp.629-652.

으로 대치될 수 있다고 믿는 것은 거의 환상이다. 완전히 다른 새로운 군사전략은 이미 기존 전략이 부적절하고 불합리한 것으로 판명된 경우에도 기존의 전략을 유지해온 사람들에 의해서 쉽게 개발되거나 실천되지 않는 법이나. 한 나라의 군사적 개념이란 기후의 변화에 따라 쉽게 입고 벗는 외투가 아니다. 전략은 마음의 표현, 즉 자신의 모든 군사철학과 신념의 구현이다. 완전히 다른 새로운 조건 하에서 승리를 성취하기 위한 새로운 접근법은 새로운 마음, 새로운 사고방식을 요구한다. 그것은 마지못해 하고 기분상한 교화자에 의해서가 아니라 열정과 신념에 찬 새로운 지도자들을 요구한다. 과거의 전략과 관련된 지도자들은 자신들이 원한다고 할지라도 자신들의 두뇌를 갑자기 뒤집지 못한다. 따라서 새로운 지도자들과 새로운 군사조직만이 자신들의 창조적인 생각과 에너지를 활용할 수 있다.

따라서 북한 김정일체제의 군사전략이 그의 선친 김일성체제의 그것과 달라지기는 매우 어렵다. 정치에서 특히 군사전략의 영역에서는 관성의 생명력이 매우 질기다. 북한의 군사전략은 한국전쟁 이후 아니 북한정권 탄생 이후 근본적으로 달라진 것이 거의 없다. 그것은 북한정권이 추구하는 목적, 즉 '전 한반도의 적화통일'이라는 김일성과 김정일 정권의 존재 이유가 변하지 않았기 때문이다. 북한 정권은 자신의 적극적 목적을 변함없이 능동적 방법으로 달성하려고 한다. 따라서 그 수단인 군사전략도 변화할 이유가 없다. 대외관계를 차치하고 북한의 군사전략에 변화가 있다면 그것은 온갖 군사력 부문의 증대와 강화를 통한 전투력의 수준을 높여 승리에 유리한 조건을 조성하는 데 있을 뿐이다.

따라서 북한의 군사전략은 다음과 같이 집약될 수 있을 것이다. 첫째, 북한의 가장 중요한 군사전략적 목표는 여전히 가장 강력한 집단적 감정인 민족주의에 호소하는 것으로서 간결한 '조국의 재통일'에 두고 있다. 목표의 간결성은 군사전략적 목표의 원칙에 부합한다.

두번째의 전략적 원칙은 공세의 원칙이다. 북한은 노골적으로 현상타파적인 적극적 목적을 추구하기 때문에 그 군사작전은 시종일관 공세적일 수밖에 없다. 공세적 전략은 효과의 극대화를 위해 기습공격을 전제한다. 이를 위해 북한은 병력과 화력을 휴전선 일대에 집중적으로 배치하고 있다. 즉 북한의 모든 군사력은 남쪽으로 신속하게 진격작전을 개시할 자세를 취하고 있다. 전면적 기습공격은 군사력의 집중 및 기동력의 원칙과 직결되어 있다. 따라서 북한은 사전준비작업 없이도 언제든지 전면적 기습공격을 단행할 수 있는 것처럼 보인다.

셋째는 전면기습작전과 함께 북한의 이른바 대규모의 특수부대병력을 미발견된 땅굴 및 해·공의 침투작전을 통해 남한으로 신속히 침투시켜 남한의 방어노력을 교란하고 분산시킬 뿐만 아니라 남한의 병사들과 민간인들 사이에 섞여들어가 남한의 효과적인 대규모 반격을 어렵게 만들려고 한다. 이것을 위해 그들은 군의 각 지휘부 센터들, 통신체제 및 내부적 통제기관들과 수송체제를 공격할 것이다.

넷째, 전면기습 정규작전의 제1차적 공격목표는 서울을 비롯한 수도권의 장악이다. 현재 남한의 군사전략적 중력의 중심부는 워싱턴이다. 그러나 워싱턴은 북한의 사정거리 밖에 있다. 따라서 남한 인구의 거의 반이 살고 있는 수도권을 장악하여 민간인들을 방패로 삼는다면 미국의 최신 정밀유도무기도 속수무책일 수밖에 없을 것이라는 계산에서 남한 인구가 집중된 수도권을 군사적 공격의 목표로 삼고 있을 것이다.

다섯째, 기습공격의 결정적 순간은 주한미군이 완전히 철수하거나, 한미동맹체제가 심각하게 균열되어 연합사의 지휘체계의 통일성(the unity of command)이 상실될 때일 것이다. 따라서 북한은 남한을 계속 배제한 채 미북 간의 관계정상화를 위해 노력하고 평화협정의 체결을 통해 주한 미군 및 유엔 사령부의 해체를 위한 양날전략을 중단 없이 추구해 나갈 것이다.

여섯째, 기습작전의 성공은 속임수에 있다. 따라서 북한은 핵무기의 개발위협을 필요할 때마다 적절히 구사하고, 무장공비의 파견과 국제테러행위를 종종 자행함으로써 남한과 미국이 핵억제의 차원이나 저강도 전쟁(혹은 게릴라전) 차원에 관심과 대비를 집중하도록 유도하여 재래식 정규전 차원의 전쟁 수행 준비를 소홀히 하려 할 것이다. 이것은 일종의 페인트(feint) 작전이며 성동격서의 작전이다.

일곱째, 남한의 아킬레스건은 전쟁 수행 능력에 있어서 미국에 대한 실질적이고 심리적인 의존성이다. 따라서 남한의 반정부 주사파세력들을 선동하고 조종하여 '자주통일'이라는 명분을 드높이고 '주한미군 철수'를 요구하는 간단없는 혁명투쟁을 계속케 한다. 이들의 혁명투쟁은 남한사회를 분열시키고 기습남침시 급파한 특수부대의 지휘하에 일종의 '트로이 목마'처럼 이용될 것이다.

이러한 북한의 기본적 군사전략은 북한의 지속적인 위협과 공작을 당하면서 살아온 우리에게 특별히 새로울 것은 없다. 우리에게 문제는 세월의 흐름과 세계사적 변화로 북한도 변했을 것이며 또 변할 것으로 기대하기 쉽다는 것이다. 그것은 현상 그 자체는 변하지 않지만 그것에 관한 우리의 인식만 변하는 것과 같은 경우로서 자신의 변화 속에서 남의 변화를 읽으려는 인식적 오류에 기인한다. 북한에도 '고르바초프'와 같은 민족사적 대인물이 집권하지 못하는 한 북한의 군사전략은 결코 변하지 않을 것이다. 이것은 제2차 세계대전 이후 우리 민족의 비극이다. 따라서 북한의 군사전략이 근본적으로 변화할 것이라고 기대하는 것은 희극일 수 있다. 왜냐하면 우리가 페스탈로치가 된다고 해도 그리스의 극작가 아리스토파네스의 말처럼 게가 똑바로 걷도록 가르칠 수는 없기 때문이다. 혁명적 정권은 차라리 '영웅적' 자폭의 길을 택할지언정 역사의 무대에서 조용히 사라지지 않는 법이다. 따라서 우리에게 필요한 것은 여전히 카산드라(Cassandra)의 경고라고 해도 과언이 아닐 것이다.

제 21 장

# 정치적 대화와 한민족 통일: 마키아벨리적 순간에서 페스탈로치의 자세로

사회적으로 공명정대한 행위가 뿌리를 내리는 시대,
자신의 동포를 진정으로 사랑하는 시대, 그리고
정의와 자유가 숭고한 미덕으로서 존중되는 시대가
언젠가는 밝아올 것입니다. 그리고 거기에선
역사의 무거운 짐을 짊어진 고난의 세대들이 현재와 같은
가증스런 시대로부터 마침내 평온하고 의기양양하게 전진하면서
벗어날 수 있을 것입니다.
따라서 우리는 그러한 시대가 도래할 때까지
결코 주저해서는 안 될 것입니다.
싫증내서도 안 될 것입니다.
또한 절망해서도 결코 안 될 것입니다.
- 윈스턴 처칠 -

소련제국의 몰락과 독일의 재통일은 한국을 비롯한 전 세계 인류에게 지각변동과 같은 충격적이고 '장엄한 순간(the sublime)'[1)]이었다.

---

1) '장엄한 순간'은 무엇보다도 정치적 사건을 통해 발생한다. 칸트는 그러한 사건의 대표적인 예로 프랑스 대혁명을 들고 있다. 한편 버크(Edmund Burke)는 '장엄한 순간'을 고통(pain)과 환희(pleasure)가 혼합된 것으로 이해한다. 그리고 그것의 최초의 순간은 공포로부터 시작되지만 시간이 지나면서 그러한 공포감은 곧 완화된다고 본다. 이러한 버크에게서 '장엄한 순간'은 더 이상 어떤 숭고함의 문제가 아니라 감정의 격렬성 문제가 된다. 그리고 칸트의 용례 역시 이러한 버크의 이해를 따르고 있다. '장엄한 순간'에 대한 보다 자세한 논의는 Thomas L. Pangle, *The Ennobling of Democracy: The Challenge of the Postmodern Age,* Baltimore: the

또한 이때 많은 사람들은 북한이 조만간 붕괴되고 따라서 한국통일이 자연스럽게 이룩될 수 있을 것이라고 기대했다. 즉 한국과 독일은 제2차 세계대전 이래 민족통일이라는 동일한 과제를 짊어졌었고, 또 냉전의 종식으로 독일의 통일이 달성되었기 때문에 한국의 통일 역시 쉽게 성취될 것으로 전망했었다. 그러나 시간이 지나면서, 그리고 독일통일이 한반도에 미칠 수 있는 파급효과를 검토해 본 결과 독일과 한국은 민족통일에 관한 한 국내적·국외적 조건의 유사점보다는 차이점이 더 많다는 것이 드러났다.

많은 한국인들은 갑작스런 독일의 재통일이 남북통일에 즉각적으로 긍정적인 영향을 줄 것이라고 기대했었지만, 오히려 그러한 전망과는 달리 부정적 영향을 끼쳤다는 점을 깨달았다.[2)] 왜냐하면 독일의 통일 방식은 북한에게 오히려 분명하고 냉정한 경고였으며, 따라서 북한은 스스로 고슴도치 같은 자세를 취하게 되었기 때문이다. 따라서 당연히 북한의 최고지도자인 김일성은 제2의 니콜라에 차우세스쿠(Nicolae Ciausescu)가 되지 않겠다고 결심한 것 같다. 이를 위하여 그는 이데올로기적 통제를 강화함으로써 그의 권력을 공고화하기 시작했다. 김일성은 혁명을 통한 동구 사회주의 형제정권들의 갑작스런 붕괴, 베수비어스(Vesuvius) 폭발과 같은 소련 제국의 붕괴, 그리고 걸프전에서 헤라클레스 같은 미국의 군사작전 등에 깜짝 놀랐을 것이다. 또한 그는 혁명적인 국제적 변화의 조류에 불안감과 당혹감을 느끼지 않을 수 없었을 것이다. 따라서 그는 한편으로 그 누구와도 협력할 수 있다는 합리적인 지도자로 세계에 보이려는 듯 한국, 일본, 미국에게 화해의 손짓을 보이기 시작했다. 그러나 다른 한편으로 김일성은 핵무기 획득

---

Johns Hopkins University Press, 1992, pp.25-29.

2) 한승주, "Why Unification Remains Elusive," *Newsweek*, April 29, 1991, p.27.

을 위한 작업을 비밀리에 추진했다. 북한이 핵무기 개발 직전에 있을지도 모른다는 위험은 서울, 워싱턴, 도쿄가 무시해 버리기에는 매우 큰 것이었다. 북한의 핵무기 개발 추진은 서울과 평양 간에, 또 다른 한편으로는 평양과 도쿄, 워싱턴 간의 긴장완화 분위기에 찬물을 끼얹었다. 따라서 북·미 간의 공식적인 관계 수립은 핵문제가 해결될 때까지 보류될 수밖에 없었다. 일본 역시 북한과의 국교정상화에 관한 회담에서 미국의 선례를 따랐다.

한국은 지난 몇 년 동안 '북방정책'을 성공적으로 수행해 왔다. 따라서 러시아와 중국은 무력으로 남한을 정복하려는 북한의 정책에 대해 지지하지 않을 것을 분명히 하였다.[3] 이제 북한은 남한과의 평화공존을 받아들여야만 하였다. 이러한 사실은 1991년 12월 13일(1992년 2월 효력발생) 남·북한 사이에 합의된 '화해와 불가침 및 교류, 협력에 관한 합의서'에 의해 입증되었다. 그러나 이 합의서는 내용과 형식면에서 기본적으로 1971년 키신저 박사의 베이징(北京) 비밀방문에 의해 촉발된 동서 간의 데탕트 분위기 속에서 1972년 남·북한 고위급 비밀회담을 통해 이루어진 '7·4남북공동성명'의 확대와 재현이었다. 이른바 '기본합의서(Basic Agreement)'[4]는 7·4공동성명이 발표된 지 20년 만에 성취된 것이다.[5] 다른 말로 표현하자면 남·북한이 조국의 평

3) 1993년 2월 2일 한국의 일간신문은 러시아와 북한이 1961년에 체결한 동맹조약의 성격을 변경시키는 데 동의했다고 보도함.

4) 어떤 시사해설가는 이것을 아주 획기적인 합의(epoch-making agreement)로 평하였다. 예를 들어 Choung-Il Chee, "South Korea's Security in the Age of the New World Order," *Korea & World Affairs*, Vol.16, No.1 (Spring 1992), p.92.

5) 지난 20년 동안의 남북회담 과정에 관한 연구는 Tae Hwan Ok, "The Process of South-North Dialogue and Perspective for Unification of Korea," *The Korean Journal of National Unification*, Vol.1, 1992, pp.85-106 참조.

화공존과 평화통일에 대한 염원을 재확인하고 되풀이하여 말하는 데 20년씩이나 걸렸던 것이다.

## Ⅰ. 반복되는 교착상태

지난 20년 동안 평화와 군축을 위해 동서 양진영이 이룩한 성과와 남·북한이 이룬 성과를 비교해 보면 1972년의 남북공동성명은 남·북한 정치 지도자들에 의한 기만행위였다는 것이 분명해진다. 동시에 그것은 한반도 통일과 평화가 얼마나 어려운 과제인가를 여실히 보여주고 있다. 한국 속담에 형제간의 싸움이 보다 쓰라리고 잔인하며 유혈적이라는, 즉 골육상쟁이라는 말이 있다. 형제간의 누적된 불신은 분명 낯선 타인들 간의 단순한 경계심보다도 더욱 타협을 어렵게 만든다는 뜻이다. 특히 분쟁에 가담한 일방이나 쌍방이 선전이나 무력을 통해서 단순히 항복하지 않으려는 소극적 목적 대신, 상대에 대해서 승리하거나 정복하려는 적극적 목적을 가질 때, 거의 필연적으로 정치적 대화는 교착상태에 빠지게 된다. 따라서 1972년 남북공동성명 발표 이후에도 남·북한의 지도자들은 국내외의 정치선전을 위해 많은 제안들과 역제안을 주창하였지만 그들은 서로의 제안을 신중하게 받아들이지 않았으며, 오히려 단순한 역제안만을 제시하였다. 그리고 그러한 제안과 역제안들은 상대방이 수용할 수 없는 방식으로 구성되었다. 그것들은 마치 1914년 6월 오스트리아-헝가리 제국이 세르비아에게 전달한 최후통첩처럼 작성되었다. 그러므로 지난 20년 동안 남·북한은 일종의 '작문실력경쟁(composition contest)'만을 벌여온 것이다.

이런 관점에서 볼 때 '기본합의서'는 남·북한 교착상태를 타개하기 위한 일종의 돌파구였다. 그러나 북한이 1992년 12월 말로 예정된 제

9차 고위급(총리급)회담을 일방적으로 취소해 버렸기 때문에 기본합의서와 이후의 후속합의서들은 그 실행에 있어 아무런 진전을 이루지 못했다.[6] 북한이 회담을 취소한 것은 한·미 합동군사작전인 팀스피리트 훈련의 재개에 따른 것이었으며, 또 그 훈련이 재개된 이유는 북한이 상호핵사찰을 수용하지 않았기 때문이었다. 이에 대해 북한은 자신들이 IAEA 핵사찰을 수락했기 때문에 팀스피리트 훈련은 불필요한 것이라고 응수했으며, 이에 한국은 북한의 IAEA 핵사찰 수용만으로는 충분하지 않다고 주장했다. 결국 이 분쟁은 마치 개가 자신의 꼬리를 물려고 하는 것처럼 악순환의 늪으로 빠졌다. 남북협상은 다시 교착상태에 직면한 것이다. 다시 출발점으로 되돌아와서 본다면, 결국 조속한 한반도의 평화와 통일을 위한 모든 합의서들은 아무런 생산적인 결과를 가져오지 못한 것이다. 남·북한은 평화통일을 달성하기 위한 협상을 오랫동안 시도해 왔지만 그것은 모두가 하나의 교착상태에서 또 다른 교착상태로 이어지는 좌절의 연속이었을 뿐이다. 따라서 이로부터 도출할 수 있는 하나의 결론은 남·북한 각자가 설정한 통일목표가 근본적으로 변화하지 않는 한 대화를 통한 통일 노력은 모두가 허구에 지나지 않는다는 것이다. 바꾸어 말하면 남·북한은 마키아벨리적 순간(Machiavellian Moment)을 절실히 느껴야 한다.[7] 남·북한이 어떻게

---

6) 기본합의서에 관한 보다 자세한 논의는 Dong-Won Lim, "Inter-Korea Relations toward Reconciliation and Cooperation: With an Emphasis on the Basic South-North Agreement," *Korea and World Affairs*, Vol.16, No.2 (Summer 1992), pp.213-223; Se-Hyun Jeong, "Legal Status and Political Meaning of the Basic Agreement between the South and the North," *Korea and World Affairs*, Vol.6, No.1 (Spring 1992), pp.5-21 참조.

7) 이 문구의 출처는 J. G. A. Pocock, *The Machiavellian Moment*, Princeton, N. J.: Princeton University Press, 1975, p.543. '아메리칸 드림'은 실현될 수 없다는 단순한 의혹은 깊은 심리학적 의미를 가지고 있다. 그러한 꿈이 실현되는 순간은 모든 대중들이 자신들의 한계를 처음으로 자각하는 바

마키아벨리적 순간을 절실하게 느낄 수 있는지를 논의하기 전에 한국의 민족통일을 위한 몇 가지 이론적 접근들을 검토하고자 한다.

## II. 네 가지 이론적 방안

### 1) 제도적 접근(Institutional Approach)

한반도 통일에 대해서 북한이 취하고 있는 방안은 이른바 '고려민주연방공화국'이라는 제도적 접근이다. 이는 1960년 김일성에 의해 처음으로 제기되었는데, 이후 북한 정권에 의해 반복적으로 주장되어 왔다.[8] 김일성은 정치에서 반복은 성공의 어머니라는 레닌의 언술을 추종했을지도 모른다. 연방제는 쌍방의 희생이 거의 요구되지 않으면서도 분단문제에 대한 유망한 해결책으로 보이기 때문에 다소 매력적인 구상으로 간주될 수도 있었을 것이다. 그러나 과연 그러한가?

첫째, 만일 북한이 주장하는 연방제가 남·북한 각자의 양 체제를 온존시키면서 수립된다면, 그것은 사실상 국가연합체제(confederal system)이기 때문에 모든 실질적 목적을 위해서는 별 의미가 없다. 남·북한 양 체제가 연방제도의 영향을 받지 않는다면 왜 그것을 수립해야 하는가? 다시 말해, 두 사람이 우산 아래에서 함께 걷지 않는다면 우산은 아무런 소용이 없는 것이 될 것이다.

둘째, 단지 명목상으로 볼 때 연합제는 민족 분단의 사실을 결과적

---

로 그 순간인 것이다. Peter Dickson, *Kissinger and the Meaning of History*, chapter 5.

8) 그것은 1991년 '한 민족, 한 국가, 두 개의 체제와 정부'를 첨가하면서 개진되었다. 한국의 '한민족공동체통일방안'과 유일한 차이점은 국가의 수이다. 한국의 방안은 '두 국가'를 상정한다.

으로 제도화시키는 책략이 될 수도 있는 것이다. 이러한 주장은 독일의 경험에 의해 뒷받침될 수 있다. 1956년 동독은 서독의 계획과 의심스럽게 일치하는 독일연합제를 제안했다. 이 시기에 소련은 동독의 제안에 전폭적인 지지를 보냈다. 그리고 흐루시초프는 동독의 제안이 발표된 지 2년 후, 그리고 북한의 제안이 발표되기 2년 전에 그것을 되풀이해서 지지했다. 독일의 경우 동독의 제안은 처음부터 분단된 독일의 현상유지를 고착시키려는 의도였음이 명백했다. 제2차 세계대전 이래로 유럽에서 소련이 중요하게 생각했던 정책 목표는 동유럽에서의 자국 이익을 보호하고 공고화하기 위해 중부유럽의 현상을 유지시키는 것이었다는 사실은 공공연하게 알려진 비밀이었다. 특히 독일문제를 염려하면서 소련은 동독 괴뢰정권에 대한 최소한의 정당성을 획득하기 위해 독일 분단의 사실을 제도화시키기를 원했다. 결국 하나의 연방을 제안한 것은 표면상 공산주의자들이 독일민족의 염원을 무시하는 것을 드러내지 않으면서 이런 목적을 달성하기 위해 계산된 것이었다. 연합제는 1960년 당시 거의 독창성을 상실하였고, 서독인들은 그것이 독일통일에 반대되는 것이라 하여 이미 거부하였다. 따라서 김일성이 뒤늦게 그러한 연합제를 채택하였다는 것은 매우 흥미로운 일이다.

요컨대 남·북한에게 연합제는 그것이 무의미하고 불필요할 경우에는 비효율적이 될 것이고, 효율적일 경우엔 한국통일에 역행하는 것이 될 것이다. 따라서 그 어떠한 경우도 진지한 고려의 대상이 될 수 없는 것이다. 그럼에도 불구하고 북한은 노래의 가사처럼 연합제를 되풀이해서 제안하고 있다. 그 이유는 과연 무엇일까?

첫째, 북한은 남한이 그 제안을 거의 수용하지 않을 것이라는 것을 잘 알면서도 연합을 통한 급진적 통일을 요구함으로써 선전전에서 남한을 불리한 입장에 빠뜨릴 수 있다고 믿는 것처럼 보인다.

둘째, 북한은 또한 연합체제가 주한미군의 전면 철수를 이끌어낼 수 있다고 믿는 것 같다. 사실상 평화협정의 요구를 포함하여 북한에 의해 제기된 모든 제안들은, 이를 통해서 주한미군의 철수를 위한 압력을 효과적으로 증대시킬 수 있는 상황이 만들어질 수 있다고 하는 가정과 기대에 기반을 두고 있다는 점은 확실하다. 남한의 안보에 대해서 미국이 개입한다는 것은 실체적인 상징으로서의 주한미군이 북한에게 억제효과뿐만 아니라 한국 국민의 사기를 진작시키는 데에도 중대한 영향을 끼친다. 이런 이유로 북한의 제안은 직접·간접적으로 한국에 주둔하고 있는 미군에 영향을 미치려는 것이며 동시에 한국 국민의 판단력을 흐려 놓으려는 것이다.

만일 김일성이 영어에서 말하는 '연합체제(confederal system)'가 아니라 우리말의 '연방체제(federal system)'를 진실로 의미한다면, 그는 정부모델로서 구소련이나 구유고의 연방체제(federal system)를 염두에 두었을지 모른다. 그러나 당시 두 국가 지도자들의 통치행위를 상기해 볼 때, 스탈린과 티토는 자신들의 국가 내에서 절대적인 지배자였고 전제적인 독재자였다. 더욱이 개인의 재산을 보호하는 것이 정부의 제일차적 의무라고 믿고 있는 한국인들에게 원칙상 어떠한 사유재산도 금지하는 공산주의 독트린은 받아들여질 수가 없다. 따라서 남한이 우선적으로 한반도의 평화에 대한 보증을 확보하지 않고 김일성의 연방정부안을 수용하는 것은 암살자와 함께 잠자리에 드는 것과 비슷한 일이 될 것이다.

### 2) 중립화 접근(Neutralization Approach)

한국의 중립화 방안은 19세기 말 제국주의 세력들로부터 조선의 독립과 영토보존을 확보하기 위해 고종의 고문이었던 독일인 묄렌도르프(Möllendorff)에 의해 처음 제기되었다. 당시 조선은 흡사 고래들 틈바

구니에 낀 새우와 같은 처지였다. 중립국 벨기에(Belgium)는 한국 미래의 모델이자 열망의 대상이었다. 그 이후로 때때로 일부 정치지도자들은 중립적인 통일국가를 추구하고자 하였다. 1960년 4·19혁명 직후 일부 학생들은 중립화 통일을 강력하게 요구하기도 했다. 그러나 이러한 요구는 단지 1961년 군부 쿠데타 세력에게 유리한 변명만을 제공하였다. 왜냐하면 군부는 중립화 주장을 공산주의자들의 전략의 일부분으로 간주하였기 때문이다. 오늘날 노르웨이 학자인 요한 갈퉁(Johan Galtung)[9]과 재미학자인 황인관[10]은 모두 중립화 방안의 이론적 지지자들이다. 그렇다면 중립화 방안은 한국 국민들에게 적절한 선택인가?

첫째, 이 방안의 신봉자들은 '중립화'의 이상에 매우 큰 매력을 느끼는 것 같다. 왜냐하면 '중립화'를 추구한다는 입장은 냉전시기에 동서간의 심각한 대결을 피하는 데 다소 유리한 방편이었기 때문이다. 그러나 현재 '역사의 종말'[11]이 선언된 후에 사회주의와 반(半)사회주의(half-socialism)는 이념적으로 사람들을 매료시킬 수 있는 모든 생명력을 상실했다. 따라서 새로운 팍스 아메리카나 시대에서 전쟁과 평화는 한 국가가 주변국에 대해 중립적인지 아니면 우호적 또는 적대적인 것인지 하는 대외적 입장에 의해 간단하게 결정되지 않는다.

둘째, 역사상 부러움을 살 정도로 발전을 일궈낸 '중립적인' 개발도상국들의 예가 없다. 예를 들어 인도, 인도네시아, 대부분의 아프리카

---

9) Johan Galtung, "The Neutralization Approach to Korea Unification," in Michael Hass (ed.), *Korean Reunification*, New York: Praeger, 1989, Chap. 2.

10) In K. Hwang, *One Korea Via Permanent Neutrality*, Cambridge, MA: Sehenkman Books, 1987.

11) 이 주제에 관해서는 Francis Fukuyama, *The End of History and the Last Man*, New York: Free Press, 1992 참조.

의 국가들 그리고 남미국가들은 한국의 미래를 위한 모델이 될 수 없다. 게다가 마키아벨리가 지적했듯이 약소국이 중립을 추구하는 것은 가장 어리석은 외교정책이 될 수 있는 것이다.

셋째, 북한의 방안과 마찬가지로 한반도 중립화 방안은 한반도의 중립을 명시하는 '휴지조각이나 다름없는 조약(a scrap of paper)'을 위해서 궁극적으로 남한으로부터 미군이 완전히 철수할 것을 요구한다.

넷째, 중립화의 논의에 앞서 먼저 한반도의 통일이 선행되어야 한다. 그렇지 않고 남·북한이 중립화와 통일을 동시에 달성하려는 것은 통일을 이룩하는 것보다 어려울 것이기 때문이다. 그러므로 그것은 말 앞에 마차를 놓는 것, 즉 본말이 전도되는 것과 같다. 비록 이러한 발상이 1세기 이상의 역사를 가지고 얼마나 많은 지적 매력을 가지고 있는지 모르지만 한국인들이 그것을 거절해 왔다는 것은 이 방안이 한국인들의 열망과는 동떨어진 것이라는 점을 입증해 준다.

### 3) 기능주의적 접근(Funtional Approach)

잘 알려진 바와 같이 기능주의는 국제사회에서 효율적인 평화체제(working peace system)를 창출하고 유지하기 위한 하나의 평화계획(peace plan)으로서 제안되었으며, 20세기 초의 지적 분위기였던 자유주의적이고 합리주의적이며 진보주의적인 산물의 하나였다. 또한 기능주의는 당시 특히 유럽에서 일어나고 있던 일들과 앞으로 일어날 일들을 기술한 것이었으며 미래의 생활방식은 정치·경제를 전문기술자에게 위임하는 기술주의(technocracy) 사회가 될 것이라고 예측하였다. 반면에 이른바 신기능주의(neo-functionalism)는 서유럽에서의 통합(integration)의 증진을 촉진시키려는 지적 노력의 과정에서 탄생하였다. 이것은 개별주권국가로부터 초국가적 권위로의 점진적인 권력의 이양을 권고하고 있다. 그리고 그것은 비교적 고통이 적은 할부금을 지불하는 방식으로 주권이 새로운 중앙권위로 이전된다. 일단 한 분야에서 기능주의가 시작되면 다른 분야로까지 파급효과를 미칠 것이다. 이른바 '기능적 지상명령(functional imperative)'은 정치엘리트들로 하여금 정치적 문제들을 비정치적인 수단으로 해결하도록 설득할 것이다. 그러나 기능주의 혹은 신기능주의 접근이 최종적인 통합이나 통일은 물론 어떤 진전을 이루기 위해서는 하나의 중요한 전제조건을 충족시켜야만 한다. 즉 고도의 상호의존성, 또는 적어도 정치·경제·사회·문화 부문에서 관련 당사국들 간의 상호작용이 있어야 한다. 그러나 남·북한 사이에는 사회적 상호의존성은 말할 것도 없고 정상적인 상호작용도 전무한 상태라고 말해도 과언이 아니다. 따라서 북한은 스스로 사회간의 상호작용과 상호거래가 가능할 수 있도록 먼저 민주적이고 다원주의적인 사회로 전환해야 한다. 그렇지 않으면 한반도의 평화통일에 기능주의나 신기능주의를 적용시킨다는 것은 또 다시 말 앞에 마차를 놓는 격이 될 것이다. 이러한 맥락에서 1989년 9월 11일 노태우 대통령은 남·북한의 교류와 협력을 촉진시키는 수단으로서 점진적인 통일접근을 구체화한 이른바 '한민족공동체통일방안(Korean National Community Unification Formula)'을 제안했다. 이 방안은 '한민족공동체(Korean Commonwealth)'라고 불리는 '과도적 단계(interim stage)'를 설정하고 있다. 이것은 최고결정기관으로서 대통령위원회(Council of Presidents)를 포함하여 많은 집행 및 행정기관을 보유할 것이다.[12] 그러나 북한 지도자들은 교류와 협력에 의한 북한 사회의 개방이 남한에게 북한의 아킬레스건을 노출시키는 것과 같을 것이라는 사

12) 이 방안에 관해서는 "A New Unification Formula: National Community throuth a Commonwealth," *Korea and World Affairs*, Vol.13, No.4 (Winter 1989)를 참조.

실을 분명히 알고 있는 것처럼 보인다.

### 4) 협상접근(Negotiation Approach)

정치학자들에 의해 개발된 협상이론들은 남북관계개선을 위한 유용한 전략으로 활용될 수 있다. 협상이론의 하나인 '응분의 보상전략(tit for tat strategy)'은 로버트 악셀로드(Robert Axelord)가 컴퓨터 토너먼트를 통해 게임이론의 죄수의 딜레마 모델을 이용하여 개발한 것이다.[13] 이 응분의 보상전략은 참여자 쌍방이 미래에 보다 많은 이익을 기대한다는 중요한 가정에 기반하고 있다. 바꾸어 말한다면 '미래의 그림자(the shadow of the future)'가 현재의 관계에 크게 기여한다는 것이다. 로버트 코헤인(Robert Keohane)의 지적처럼, 이 전략은 국제정치경제분야에서 국가간 정책조정을 유지하는 데 효과적이다.[14] 그러나 이 전략은 성공적인 작동에 이르기까지의 심리적 장애물들을 설명하지 못한다. 참여자 간에 어느 정도의 신뢰가 없다면 배신당할 것을 두려워하여 먼저 협력하려 들지 않을 것이다. 게다가 한쪽의 참여자가 협력을 할지라도 상대방이 협력을 하지 않을지도 모른다. 왜냐하면 후자가 협력한다면 그것은 전자의 정책 혹은 제안을 정당화하거나 주도권을 양보하는 것이 되기 때문이다. 이러한 문제점은 앞에서 언급했던 '작문실력 대결'에서 볼 수 있듯이 남·북한이 먼저 협력하는 것에 대한 강한 거부반응과 협상에서 주도권을 쥐려는 지속적인 경쟁양상을 잘 설명해 준다. 바로 이런 이유에서 응분의 보상전략은 남·북한 간에

---

13) Robert Axelord, *The Evolution of Cooperation*, New York: Basic Books, 1984.

14) Robert Keohane, *After Hegemony: Cooperation and Discord in the World Political Economy*, Princeton University Press, 1984, p.214.

성공적으로 전개되지 못했고 미래의 성공가능성도 희박하다.

찰스 오스굿(Charles Osgood)의 '긴장 감소의 누진적 교환(graduated reciprocation in tension reduction : GRIT)'의 전략은 호혜성에 대한 심리적 장벽들을 고려하고 있다는 점에서 응분의 보상원칙에 기반한 전략을 한걸음 더 발전시켰다.15) 이 전략은 제안자에 대한 이미지와 인식을 변화시켜 협력이 이루어질 수 있도록 신뢰의 향상을 도모한다. 이 전략은 당장의 호혜적 반응이 없더라도 참여자가 신뢰를 창출하기 위해 얼마간의 모험적인 행동을 감수해야 한다는 점에서 악셀로드 전략과 차이점을 지닌다.

그러나 이 전략에도 두 가지의 문제점이 존재한다. 첫째, 상대방의 어느 제안에도 액면 그대로 믿지 않고 그 제안이 마키아벨리적인 정치 선전이나 사악한 이미지를 바꾸려는 속임수라고 말함으로써 그것을 전적으로 무시할지도 모른다. 둘째, 이 전략은 국내적으로 어리석은 유화 정책으로 비쳐져 심각한 공격을 받을 수 있으며, 그리하여 현 정부가 국내적인 위험부담을 안게 될 가능성이 크다. 이 전략은 남·북한 어느 쪽도 시도해 본 적이 없으며 가까운 장래에도 양쪽 모두 이 전략을 구사할 의사가 없는 것 같다. 왜냐하면 오스굿이 제시한 다소 모험적인 전략이 지나치게 모험적인 것으로 간주될 수 있고 현 정부에게 부적절하고 불필요한 위험부담을 유발할 수 있기 때문이다. 특히 한국의 국내정치에선 유화정책이 일종의 금기사항으로 간주되기 때문에 그러한 위험이 발생할 수 있으며, 아울러 또다른 군부쿠데타를 가능케 하는 좋은 구실이 될 수도 있을 것이다.

---

15) Charles E. Osgood, *Alternatives to War or Surrender*, University of Illinois Press, 1962, pp.85-134, or Svenn Lindskold, "Trust Development, the GRIT Proposal, and the Effects of Conciliatory Acts on Conflict and Cooperation," *Psychological Bulletin*, Vol.85, No.4, (July 1978), pp.772-793.

## III. 미래의 시나리오

레이몽 아롱은 역사란 가장 훌륭한 분석보다 더 상상력이 풍부한 것이라고 말했다. 역사는 우발적인 사건으로 가득차 있다. 오늘날 한국의 통일문제 전문가들은 한반도통일에 관한 몇 가지 가능성 있는 시나리오에 초점을 맞추고 있다. 첫째 시나리오는 김일성 사후 권력승계의 위기 혹은 경제파탄에 따른 북한체제의 갑작스런 붕괴를 가정한다. 이것은 바로 독일식의 통일의 경로가 될 것이다. 독일문제 전문가들은 아무도 독일의 갑작스런 무혈통일을 예측하지 못했다. 따라서 그런 우연적 사건의 제창자들은 통일 후의 후유증과 혼란을 최소화할 수 있도록 우연성의 전략(contingency planning)을 고안할 것을 주장한다. 통일과 경제적 충격의 비용을 열심히 계산하고 있는 전문가들이 이 그룹에 해당한다.

둘째 시나리오는 예멘의 경우처럼 협정(agreement)을 통해서 한반도가 통일될 것을 가정한다. 북예멘의 전통적인 봉건적 전제정치와 남예멘의 사회주의적 독재정치라는 차이점에도 불구하고 이들간의 사회경제구조와 발전정도는 커다란 차이점이 없었다. 그들의 성공적인 통일에 있어 가장 중요한 사실은 남북 예멘인 모두가 강력하게 이슬람교를 공유하고 있다는 것이다. 그들은 되돌아갈 수 있는 그 무엇이 있었다. 그러나 한국은 원래대로 갈 수 있도록 하는 공통의 분모가 없다. 비록 김일성체제는 많은 유교적 요소(예를 들어 김일성은 유교적 전통에 서서 아버지의 이미지를 개발하여 통치자의 권위를 지속하고 있다)를 견지하고 있으면서도 유교는 봉건적 잔재라고 여겨 이를 거부하고 있다.[16] 아울러 남한에서도 비록 가족관계 수준에서는 강한 유교적 유

16) 이 점에 관해서는 Donald Stone MacDonald, *The Koreans: Contemporary Politics and Society*, 2nd ed., Boulder: Westview press, 1990, p.83.

산이 잔존하고 있기는 하지만 다수의 자유민주주의 옹호자들이 유교의 엄격한 계층적 사회질서를 거부하기 때문에 유교는 그 정치적 의미를 상실했다.

한편 민족주의의 차원에서 볼 때, 북한의 경우는 김일성 체제에 의해 심각하게 왜곡되어 김일성 개인숭배로 대체되었으며, 반면 한국인들은 민족주의보다 경제적 생존과 발전에 중요한 자유민주주의나 국제주의를 더 선호한다. 만일 개인숭배에 기반한 김일성 또는 김정일 체제가 붕괴되지 않는다면 한국의 민족주의가 통일의 발판으로서의 공통분모가 될 가능성은 거의 없다.

셋째 시나리오는 20세기 베트남의 경우와 19세기 독일과 이탈리아의 경우처럼 무력에 의한 정복으로서 통일을 가정한다. 한국통일에 대한 이 경로는 세계적인 군사전략가인 칼 폰 클라우제비츠(Carl von Clausewitz), 폰 몰트케(von Moltke), 가리발디(Garibaldi), 지압(Giap) 등에 기반을 두고 있다. 그러나 남·북한의 강력한 군사력 증강을 고려해 볼 때 빠른 시일 내에 끝나면서도 승리를 쟁취할 수 있는 전쟁을 수행하기란 불가능하다. 뿐만 아니라 러시아, 중국, 일본, 미국, 유엔이 이를 허락하지도 않을 것이다. 만약 전쟁이 발생한다면 그것은 남·북한 모두에게 커다란 비극이 아닐 수 없다.

넷째 시나리오는, 북한이 정치적 독재하에서 어느 정도의 경제적 자유를 용인하는 중국적 모델로 제한적인 개혁을 계획할 수 있다는 것이다. 그럴 경우 북한은 경제적으로 한국을 어느 정도는 따라잡을 수 있겠지만 그것은 분단을 연장시키는 결과를 초래할 것이다. 엄밀한 의미에서 이것은 통일을 위한 시나리오가 아니라 북한의 미래를 내다볼 수 있는 하나의 예측에 불과하다.

네 가지 시나리오 중에서 둘째, 셋째 시나리오는 이미 언급한 것처럼 불가능하다. 그렇다면 첫째 시나리오는 장래에 실현될 수 있는 가능성이 있는가? 우리의 상상력을 확대시켜 보면 가능할지도 모른다. 남한의 정부와 관료들은 서독이 동독을 흡수통일한 것처럼 한국이 북한 흡수통일을 원한다는 내용을 시사한 적이 없다. 왜냐하면 만일 공개적으로 그렇게 말했더라면 북한과의 정치적 대화에서 커다란 장벽에 부딪힐 것이기 때문이다. 그러나 평화적인 흡수통일이 한국 통일정책의 궁극적인 목표임에는 틀림없는 사실이다. 장기적으로 한국인들은 그 목표의 달성을 확신하고 있다. 왜냐하면 남한은 이미 북한과의 모든 중요한 영역, 즉 정치적 민주화, 경제, 이데올로기, 국제적 명성, 통일의 정당성 등에서 북한에 대해 이미 우위를 점하고 있기 때문이다.

그렇다면 먼저 첫째 시나리오를 뒷받침하는 이론적 근거가 있는가? 물론 존재한다. 아이러니컬하게도 그것은 북한체제의 이념적 대부인 카를 마르크스(Karl Marx)에서 찾아볼 수 있다. 마르크스는 그의 생애 동안 오류를 범하기도 했지만 사려깊은 통찰력을 발휘했던 인물이다. 그러나 다른 무엇보다도 마르크스는 양질 전화의 법칙과 그의 법칙을 제시했다. 변화는 변화하려 하지 않는 그 무엇이 기존의 상태를 유지하려는 어떤 지점을 극복할 때 양적인 돌연변이가 일어남으로써 발생한다.[17] 그리고 마르크스는 인류의 진보는 점진적인 발전과정이 아닌 비약적인 도약임을 강조한다. 마르크스는 도약을 혁명이라 명명했고 혁명의 필연성을 보여주기 위해 법칙을 사용했다.[18]

둘째, 북한에서 발생할 수 있는 급속한 변화에 대해서 어떠한 분석적인 근거가 마련되어 있는가? 후쿠야마가 역사의 종언에서 일관적으로 주장했듯이 소련 전체주의의 근본적인 몰락은 사상통제의 실패에 기인했다. 소련 시민들은 처음부터 그들 스스로 생각할 수 있는 능력

17) R. N. Carew Hunt, *The Theory and Practice of Communism*, New York: The Macmillan, 1961, p.21.

18) *Ibid.*

을 모두 간직하고 있었다. 수년에 걸친 정부의 정치선전에도 불구하고 다수의 시민들은 정부가 그들을 기만했다고 믿었고,[19] 소련체제는 심각한 문제를 안고 있으며 공포의 핵균형이 인류에게 맹목적인 동맹을 초래한 것으로 이해했다. 1980년대 소련 내의 전략정책에 대한 체계적인 재고(rethinking)가 어떻게 발생했는가에 대해서는 마이클 맥과이어(Michael McGwire)가 설명하였다.[20] 중국에서는 마오쩌둥 체제가 온갖 풍상에도 불구하고 그러한 재고를 위한 수용능력이 유지될 수 있었으며, 오늘날에도 지속되고 있음이 명백하다.[21] 소련의 경우에는 스탈린의 엄청난 탄압 속에서도 반대파들의 주장은 여전히 살아 남았고, 그리하여 1980년대 개혁의 목소리도 1920년대 반대파들의 부활에서 비롯되었다. 중국의 경우 1950년대에 경제적 실용주의자들이 몰락했고 1960년대에는 그들에 대한 숙청이 단행되었다. 그러나 1970년대 후반과 1980년대에 경제적 실용주의자들은 다시 등장하였으며 그들의 권력장악을 막을 수 없었다. 이런 분석들을 토대로 폴 몽크(Paul Monk)는 이와 같은 역사의 반전에 대해 북한이 면역력을 갖고 있지는 않을 것이라고 주장한다.[22] 우선 1950년 스탈린의 후원으로 조선노동당은 수정주의자와 반대파에게 가혹한 숙청을 단행했다. 만일 1950년대 숙청되었던 공산주의 간부들이 사형을 면하고 단순히 정치에서만 배제되어 온전히 살아 남았더라면,[23] 북한 내부에서 불만의 온상(seed-stock of

---

19) Francis Fukuyama, *op. cit.*, p.29.

20) Michael McGwire, *Perestroika and Soviet National Security*, Washington D.C.: Brookings Institution, 1991.

21) Paul Monk, "Coping with the End of History: Pyonyang and the Realm of Freedom," *The Korean Journal of Defense Analysis*, Vol.4, No.2 (Winter 1992), p.96.

22) *Ibid.*, p.99.

23) Dae-Sook Suh, *Kim Il Sung: The North Korean Leader*, New York: Columbia University Press, 1988, p.156.

dissent)이나 푸코가 말하는 반기억(counter-memory)이 다소 활기를 띠었을 것이다.[24] 뿐만 아니라 1950년대 소련 출신의 북한 공산주의자들이 김일성에 의해 조선노동당으로부터 숙청당한 반면,[25] 그 이후 수천 명의 간부들은 소련에서 교육을 받았다. 그러나 수백 명의 군사 장교 훈련생들이 소련에서 발생하는 사건에 의해 오염되는 것을 방지하기 위해 갑자기 소련에서 철수되었다. 아이러니컬하게도 만일 그들이 이미 오염되지 않았다 하더라도 갑작스런 철수명령 그 자체가 그들 상당수가 오염되어 있었음을 미루어 짐작하게 한다.

또한 북한에서 외부세계의 발전을 조사하고 관측하는 책임을 맡고 있는 사람들은 한편으로 그들이 듣고 또 말해야 하는 것과 다른 한편으로 외부체제의 현실을 조사하는 것 사이에서 발생하는 많은 모순들을 습득하는 지속적인 긴장상태에 시달려야만 했다. 중국이 한국을 승인한 후, 북한의 외교부장인 김용남은 뉴욕에서 김일성이 김정일로 부자승계하려는 것을 시대착오적인 것이기는 하지만 그러나 필요한 것이라고 설명했다.[26] 중국과 러시아조차도 그것을 시대착오적인 것으로 인식했다. 그러나 북한의 외교관행에 비춰볼 때, 북한 외교부장이 뉴욕에서 공개적으로 이런 발언을 한 것은 충격적인 일탈행위였다. 외교부장이 아무런 처벌 없이 그러한 충격적인 발언을 할 수 있었을까? 평양에서는 이 문제에 대한 의견의 분열이 없었는가? 소련에서 몰락을 경험한 뒤 '신사고'에 대해 깊은 우려를 표명하는 사람들이 존재했다는

24) Paul Monk, *op. cit.*, p.103.

25) 1950년대 후반 억압을 받았던 한·소 당파그룹의 몇몇 위원들은 "한국민주통일을 위한 민족구국전선"(National Salvation Front for the Democratic Reunification of Korea)을 결성하여 1922년 1월 모스크바에서 제1회 회의를 개최하였다. 그들은 한국 민족통일을 위한 필요한 조치로서 김의 가계 숙청과 북한의 민주주의 수립을 요구했다.

26) Paul Monk, *op. cit.*, p.121.

점을 기억해야 할 것이다.

조지 오웰의 소설 『1984년』에서 잘 알려져 있는 전체적 지배(total domination)에 대한 시각은 '스탈린주의' 국가체제의 내부상황을 정확하게 묘사하고 있는 것 같다. 그러나 오웰적인 시각은 인간의 기억과 사상을 통제할 수 있는 지배자의 능력을 지나치게 확대시켜 보았다.[27] 즉 신사고는 북한의 심층부를 자극할 수 있을지도 모른다는 것이다.[28]

요컨대 김정일의 성향과 그 지위는, 서양의 정치역사에서 도출할 수 있는 것이든 아니면 동양의 정치역사에서 발견할 수 있는 것이든, 왕조적 전제정이나 독재주의의 역사에서 그 유사점을 발견할 수 있다. 아마도 소련과 중국에서 가장 유사한 것은 스탈린 사후의 라브렌티 베리아(Lavrentii Beria)와 마오쩌둥 사후의 이른바 4인방(the Gang of Four)의 운명이다. 김정일의 시대는 그의 아버지의 죽음이 임박해질수록 줄어들 것이다.[29] 김의 체제는 서서히 약화될 것이다. 그러나 이와 같이 확대된 상상력이 지니게 되는 문제점은 상상력이 지나치게 확장되었는지 그렇지 않은지에 대해서는 오직 역사만이 이후에 판단할 따름이라는 것이다.

중국의 개혁을 따르는 넷째 시나리오는 북한이 가까운 장래에 취할 수 있는 가장 그럴듯하고 실행가능한 대안으로 간주되고 있다.[30] 그것은 북한의 미래에 대한 방향으로 가장 안정적이고 합리적인 것이다. 그러나 분석가들의 합리성은 종종 정치적 행위자의 합리성과는 상당한

---

27) *Ibid.*, p.97.

28) 신사고에 대한 동인만으로 변화가 충분한 것은 아니다. 변화에 대한 장애는 제거되어야 하며 이것의 제거는 변화시기를 결정할 것이다. 이것에 관해서는 Michael MccGwire, *op. cit.*, pp.1-2 참조

29) *Ibid.*, p.115.

30) Sang-Woo Rhee, "Inter-Korea Relations in the 21st Century," *Korea and World Affairs*, Vol. 16, No. 1 (Spring 1992), p.79 참조.

거리가 있다. 김일성의 관점에서 보면 동유럽의 공산주의체제를 파멸시킨 것은 다름아닌 경제개혁이었다. 그의 시각에서 페레스트로이카는 소련의 경제붕괴를 초래했을 뿐만 아니라 결국 소련제국의 몰락을 가져왔다. 심지어 중국의 개혁모델도 경제발전에서는 효과적이었지만 티엔안먼(天安門) 사태를 유발시켰다. 북한이 한국과 생사를 건 투쟁을 하고 있다고 할 때 북한에서의 위와 같은 체제전복적 움직임은 체제에 결정적인 위험을 안겨줄 것이다. 김일성 체제가 역사로부터 얻은 교훈은 자명하다. 즉 '개혁'은 곧 파멸을 의미하는 것이다.31) 북한의 정치적 운명은 경제적인 어려움을 덜어줄 수 있는 조치가 취해질 수 있느냐의 여부에 달려 있다. 북한이 계속 고집을 피운다면 그것은 북한의 암울한 경제를 더욱 어렵게 할 것이고 결국은 김 체제의 정통성과 생존에도 위협을 가할 것이다.

북한 핵문제 또한 이런 맥락에서 고려되어야 한다. 즉 북한이 김 체제의 생존을 보장해 줄지도 모르는 핵무장 계획을 쉽게 포기하거나 협상을 통해 파기할 것 같지는 않다. 기술적 어려움으로 인하여 개발의 속도가 늦어질 수 있고, 북한 지도자들이 이 문제를 전술적으로 고려하여 핵프로그램의 일시적인 중단을 명령할 수도 있다. 그러나 북한이 단번에 핵전략을 포기한다는 것은 현실적으로 불가능할 것이다. 그들은 핵무기 보유를 언제 닥칠지 모르는 위기상황에 대비한 일종의 보험정책(insurace policy)으로 파악하고 있는지도 모른다.32)

그러나 한국과 미국 그리고 유엔은 북한의 핵보험정책을 허용할 수 없을 것이다.33) 북한이 핵보유의 문턱(threshold)을 넘게 되는 시점에

31) Nicholas Eberstadt, "Can the Two Koreans be One?" *Foreign Affairs*, Vol. 71, No. 5 (Winter 1992/3), p.154.

32) *Ibid.*, pp.157-158.

33) 국제원자력기구 의장인 한스 블릭스(Hans Blix)는 1993년 2월 11일 북한에 대한 특별사찰 요구를 이슈화했다. 만일 북한이 사찰을 거절한다면

다가 설수록 핵시설에 대한 외부로부터의 외과수술적인 공격의 가능성은 점점 커지는 것이다. 그럴 경우에 김일성은 러시아와 중국의 후원 없이 제2의 한국전쟁 재개여부를 결정해야 할 것이다. 만일 그가 강력한 보복능력 없이 굴욕적인 공습을 받아들이기로 결정한다면 그의 '체면' 상실은 말할 것도 없고, 북한 내의 정치적 지지 또한 상실할 것이다. 그가 군사적인 보복을 결정한다면 또 다른 한국전쟁이 발발할 것이다.[34] 요컨대 경제문제에서 핵이슈에 이르기까지 김일성은 개방(opening)이냐 폐쇄(closing)냐를 놓고 진퇴양난의 심각한 고민 속에서 갈팡질팡하고 있다. 그는 마키아벨리적인 순간에 이미 도달했음을 깨달아야만 했을 것이다.

## Ⅳ. 마키아벨리적 순간에서 페스탈로치의 자세로

남·북한 정치지도자들은 마키아벨리적 순간을 절실히 느껴야 한다. 즉 그들은 자신의 방식대로 한국통일을 달성할 수는 없다. 바꾸어 말하면 남·북한이 난국을 성공적으로 타개하기 위해서는 남·북한 국민들, 특히 남북 정치지도자들의 패러다임이나 혹은 게쉬탈트(Gestalt)의 전환이 요구된다.[35]

---

문제는 국제원자력기구의 이사전원위원회에서 취급할 것이고 위원회가 원한다면 유엔 안전보장이사회가 취급할 것이다. 안보리는 기관의 요구를 강화시킬 수 있는 권위를 보유하고 있다. *Korea Herald*, February 12, 1993, p.1.

34) 그렇다면 우리는 한국 국민들 모두에게 비극을 초래하는 세번째 시나리오로 전환해야 한다. 그런 상황 하에서 김일성은 교각살우(角殺牛)의 경우에 직면하게 된다.

35) 강성학, 『카멜레온과 시지프스: 변천하는 국제질서와 한국의 안보』, 서울: 나남, 1995, pp.503-529.

물론 심리적 편견이나 장애를 극복할 수 있는 패러다임이나 게쉬탈트의 전환이 정치적 갈등 해결의 유일한 수단은 아니다. 어느 한 쪽이 상대방에게 무력으로써 그의 의지를 강요하지 않는다면 정치적 해결은 정치적 협상 과정을 통해서도 가능하다. 그러나 패러다임의 전환은 성공적인 협상을 위한 새로운 가능성과 우호적인 환경을 조성한다. 만일 갈등을 해결하려 한다면, 관련 당사자들은 양립할 수 없는 각자의 목표들을 서로 양립가능한 상황으로 변화시켜야 한다. 목표의 재정의는 당사자들의 염원이 충분히 반영될 수 있도록 이루어져야 한다. 양측이 직면한 상황을 진정으로 이해할 때 그들은 상대측의 열망이 자신의 열망과 양립할 수 있다는 것을 인식할 수 있다.

패러다임의 전환을 통해서 먼저 양측은 승리와 패배의 관점에 기반한 군사전략적 사고에서 탈피하여 상호조화와 만족을 이끌어낼 수 있는 방법을 모색해야 한다. 존 버튼(John Burton)은 이 접근을 제2차선 외교(second-track diplomacy)라고 부른다.[36] 이것은 양측의 의도나 동기가 반드시 적대적인 것은 아니라는 전제 위에서 양측이 직면한 상황에 대해 사실적이고 객관적이며 학술적인 이해를 추구하는 '외교'이다. 그리고 이것은 상당한 기간 동안 탐구적 논의를 요구하는 일종의 학술적인 워크숍(workshop)이다. 또한 이 워크숍은 논의의 진행 과정에서 시종일관 온건한 분위기를 조성할 수 있는 중재자를 필요로 한다. 여기에서 제3자는 갈등 당사자들 간의 분석적 토론을 이끌어가되, 참가자들이 군사전략적 사고의 패러다임에 빠질 때에는 그러한 분위기를 다시 비전략적이며 분석적인 논의로 유도하고 유지해야 한다.

참가자들은 외교관이나 정부관료가 아니기 때문에 그들은 그 노력들이 결실을 맺지 못하더라도 실패에 대한 정치적 책임을 지지 않으며

---

36) John Burton, *Global Conflict: Domestic Sources of International Crisis,* Wheetsheat Books, 1984, pp.153-160.

또한 비밀외교이기 때문에 본국 여론의 감시를 의식할 필요가 없다. 그러므로 실패에 대한 위험부담률은 거의 제로에 가깝다고 할 수 있을 것이다. 반면에 이 비밀 워크숍이 성공하게 된다면 모든 공헌은 각 정부의 지도자들에게 돌아갈 것이다. 그러한 워크숍의 결과로서 중요한 합의가 이루어진다면 참가자들은 그들의 정치지도자들이 이를 수락하도록 설득해야 한다. 그 결과가 양측 지도자들에게 수락된다면 그것은 '제1차선 외교(first-track diplomacy)'로 전환될 수 있으며, 그렇지 않으면 탐구적인 제2차선 외교가 지속될 수도 있다. 한반도통일을 위한 제2차선 외교인 워크숍의 적절한 장으로서 존 버튼은 도쿄에 있는 유엔대학(the United Nations University)을 제안했다.[37]

1947-48년 이래 유엔은 한국의 통일을 달성하기 위해서 노력했지만 결국 실패로 돌아갔다. 그러나 오늘날 제2차선 외교를 지지하고 조직하는 데 있어서 유엔은 한반도 통일을 위해 중요하고도 공정한 역할을 적극 수행함으로써 기여할 수도 있다. 이 외교형태를 통해서 남·북한의 정치지도자들은 현실의 틀 내에서 내실 있는 정치적 대화를 수행하는 방법과 평화와 통일을 위해 어떠한 진전이 이루어져야 하는가를 배울 수 있다. 만일 한국의 안보가 북한의 건실한 판단에 달려 있다고 한다면, 북한의 생존도 역시 남한의 결정에 좌우될 것이다. 따라서 남·북한의 정치지도자들은 작문실력 경쟁에서 얻을 수 있는 정치선전적 이득은 상호신뢰 구축이라는 중대한 임무와 비교할 때 매우 사소한 것이라는 점을 깨달아야 한다. 전략적 관계의 상호의존성은 깨지기 쉬우며 또한 긍정적이고 적극적인 것이 아니라 부정적이며 소극적인 것이기 때문에, 남·북한 간의 상호신뢰가 없으면 안정화될 수 없다. 따라서 남·북한 간의 정치적 대화는 협상 과정이 전부가 아니라 교육의 과정

37) John Burton, "North and South Korea: Shared and Separate Value," *Korea and World Affairs*, Vol.8, No.1 (Spring 1984), p.56.

으로 인식해야 할 것이다. 어느 누구를 교육시킨다는 것은 기나긴 시간을 필요로 한다. 더구나 '민족해방'이라는 슬로건을 내걸고 한반도의 안정된 질서를 폭력으로 전복시키려고 안간힘을 쓰는 북한의 정치 지도자들을 교육시킨다는 것은 훨씬 더 어려운 작업이 아닐 수 없다. 일단 이것을 이해한다면, 우리에게 필요한 것은 참고 인내할 수 있는 능력이다. 미국과 유엔뿐만 아니라 한국은 본질적으로 교육자의 역할을 수행해야 하기 때문이다. 우리는 난폭한 학생을 가르치는 데 수반되는 고난을 견뎌야 한다. 경험이 많은 교육자는 다루기 힘들고 경솔하며 건방진 아이들과 언제 직면하게 될지 본능적으로 알고 있다. 따라서 우리에게 필요한 것은 경험 있는 교육자처럼 학생은 결코 우리를 혼란시킬 수 있는 위치에 있지 않다는 것을 확신하는 것이다. 요약하자면, 지난 반세기 동안의 냉전에서 서구가 승리할 수 있었던 중요한 요인은 인내와 억제였으며 이것은 한반도의 통일과 평화를 위해서도 재차 강조되어야 할 것이다.

## V. 결 론

이른바 '역사의 종말'이 선언될 수 있었던 것은 인류역사가 공산주의 세계사회라는 약속된 땅에 도달했기 때문이 아니라 공산주의 제국이 역사의 장으로부터 사라졌기 때문이었다. 그것은 헤겔의 승리였지 마르크스의 승리가 아니었다. 그러나 역사는 마르크스가 주장했듯이 도약적인 발전을 이룩했다. 새로운 세계에서 북한은 고슴도치 같은 태도를 영원히 지속할 수는 없을 것이다. 어떤 방향으로든지 북한은 변할 것이다. 개방은 하겠지만 느리거나 협소한 폭으로 진행될 것이다. 그렇다면 축적된 양적 변화가 언젠가는 내부혁명이든, 또는 군사 쿠데타이든 간에 질적변화로 전환될 것이다. 북한이 혼란과 무질서에 빠질지 모르며, 북한 주민들에게는 한국과 통일하여 동요에서 벗어나는 것이 최선의 대안으로 떠오를 수도 있을 것이다. 더욱이 남한은 그들에게 독일국민들의 예를 따르라고 권고할 수 있다. 그러나 설령 그와 같은 상황이 전개된다 하더라도 그런 행동의 선택은 남·북한 모두에게 쉬운 일이 아닐 것이다. 왜냐하면 그것은 4대 강대국인 러시아, 중국, 일본, 미국과의 관계를 어려운 국면으로 치닫게 할지 모르기 때문이다. 한국은 최근의 독일에서 목격할 수 있는 것처럼 그렇게 행복하고 간단한 드라마의 재연을 향유할 수 있을 것 같지 않다.[38] 한국 통일의 길은 멀고도 험난하다. 그럼에도 불구하고 거의 반세기 동안 통일을 숙원해 온 한국 국민들에게 그것은 그렇게 먼 길이 아닐 것이다. 왜냐하면 궁극적으로 북한의 김 체제는 결국 사상누각이었음이 드러날 것이기 때문이다.(1993년)

---

38) Nicholas Eberstadt, *op. cit.*, p.150.

제 22 장

# 중국의 지정학적 도전과 한-미-일 민주국가들의 응전

일반적으로 해양 패권국가는 그들의 행동이 위협적인
반면에 대륙의 강대국은 존재 자체가 위협이다.
- 잭 레비(Jack Levy) -

## Ⅰ. 프롤로그

소련제국의 역사적이고 장대한 붕괴로 냉전이 종식된 이후 중국이 새로운 국제질서를 추구하기 시작한 21세기는 권력과 평화를 위한 새로운 국제투쟁을 목격하고 있다. 아리스토텔레스가 정치혁명의 원인에 대하여 말하였다시피, 불평등한 자는 평등을 추구하고 평등한 자는 불평등을 추구한다.[1)] 국가의 본성과 함께 인간의 본성을 고려할 때, 중국이 아시아와 전 세계를 통틀어 유일한 초강대국인 미국과의 평등함을 추구하는 것은 꽤 당연스러워 보인다. 그 결과 전 세계, 특히 아시아 내 국가들의 정치지도자들과 학자들 사이에서 "중국의 부상"은 가장 지배적인 논쟁주제가 되었다. "중국의 부상"이란 말은 이제 어떤 의미에서는 진부한 주제가 되어버렸다. 그러나 진부해졌다고 해서 그것이 더 이상 중요하지 않다는 것을 의미하지는 않으며, 오히려 시간

1) *The Complete Works of Aristotle,* edited by Jonathan Barnes, The Revised Oxford Translation, Vol. Two, Princeton: Princeton University Press, 1995, Book V. 이것은 또한 평등을 이룬 후에는 우위를 점하기 위한 불평등을 추구하게 된다는 것을 의미한다.

이 지날수록 중국의 부상은 더욱 중요해지고 있다. 그렇다면 현재진행형인 중국의 부상이 미국과 다른 동아시아 국가들에게 있어 가지는 함의는 무엇일까?

중국의 부상이 가지는 위험성을 처음 경고한 것은 아마도 나폴레옹이었을 것이다. 그는 "중국은 잠자는 호랑이와 같다. 이 호랑이를 깨운다면 전 세계가 큰 위기에 처할 것이다"라고 말한 바 있다. 이러한 경고는 독일제국의 황제가 1894-95년 청일전쟁에서 승리한 일본의 주도 아래 아시아인들이 부상할 것을 경고하기 위해 '황화(黃禍, yellow peril)'라는 말을 만들어내고 유럽 전역으로 퍼뜨리기 훨씬 전에 나온 것이었다.[2] 이후 개념적으로뿐만 아니라 군사적으로도 '백화(白禍)'를 만들어내 이에 대응한 것은 중국인들이 아닌 바로 일본인들이었다.

중화인민공화국이 1949년 건국될 당시 마오쩌둥은 "중화민족은 일어섰고 굴욕의 시대는 마침내 끝났다"라고 선언했으나,[3] 이것은 사실이 아니었다. 중국은 미국식 '자본주의제국주의'에 맞서기 위해 처음에는 소련에 의지했고 1969년 동북쪽 국경에서 소련과의 군사적 충돌 이후에는 '사회주의 제국주의'에 맞서기 위해 미국에 의지하기 시작했다. 그리고 체코에서 브레즈네브 독트린(Brezhnev Doctrine)이 적용된 것을 보고 두려움을 가지게 된 문화혁명시대의 중국은 이듬해 숙명의 적이었던 미국 쪽으로 완전히 돌아섰다. 하버드의 저명한 중국 전문가 로더릭 맥파커(Roderick MacFarquhar)에 따르면, "중국인들은

---

2) "황화" 개념에 대한 더 완전하고 역사적인 이해를 위해서는 다음을 참고. John Kuo Wei Tchen and Dylan Yeats (eds.), *Yellow Peril: An Archive of Anti-Asian Fear,* London and New York: Verso, 2014; Christopher Frayling, *The Yellow Peril: Dr. Fu Manchu and the Rise of Chinaphobia,* London: Thames and Hudson, 2014.

3) Roderick MacFarquhar, *The Emergence of China in World Affairs,* The Inchon Memorial Lecture, Seoul: Graduate School of Policy Studies, Korea University, 1988, p.42.

1978년 권력을 회복한 덩샤오핑과 함께 '바깥세상으로 나오게 되었다'"[4] 덩샤오핑과 그의 후계자들은 5천년 중국 역사에서 최초로 기적적인 경제성장을 이루어냈고 탈냉전시대에 들어서는 러시아를 제치고 세계 2위의 강대국으로 올라섰다.

세계가 중국의 급속성장과 공세적 태도로 인해 중국의 잠재적이 위협에 우려를 나타낼 때, 후진타오 주석은 중국의 국가정책 목표로서 '평화적 발전(Peaceful Development)'와 '범세계적 조화(Global Harmony)'를 내세우며 대응했다. 이러한 순진한 슬로건은 세계를 속이기 위해 중국정부가 의도적으로 채택한 것이거나 그들 스스로가 자기기만의 결과일는지도 모른다. 시진핑 주석의 등장 이후 중국의 고대의 중국 왕조, 즉 중화제국으로 돌아갈 수 있다는 정책 및 전략적 가정에 기초한 신국제질서를 추구하면서 중국은 미국과 소위 '신형대국관계'의 수립을 요구하기 시작했다.[5] 냉전시대 중 한때 제3세계의 리더국가로서 강대국들에 대해 비판을 하던 중국이 오늘날 미국과 그만의 새로운 '강대국관계'를 요구한다면 이것은 미국과 전 세계에 어떠한 의

---

4) *Ibid.*, p.53.

5) Sung-Hack Kang, "New Geopolitical Configuration of Power in the Asia-pacific World for the Twenty-First Century: Will It Resemble Time's Cycle or Time's Arrow toward a Regional Brave New World?" in *Korea's Foreign Policy Dilemmas: Defining State Security and the Goal of National Unification,* Kent: Global Oriental, 2011, chapter 15. 중국의 패권 야망에 관한 연구로는 다음을 참고. Steven W, Mosher, *Hegemon: China's Plan to Dominate Asia and the World,* San Francisco: Encounter Books, 2000; Ross Terrill, *The New Chinese Empire,* New York: Basic Books, 2003; Robert G. Sutter, *China's Rise in Asia,* Lanham: Rowman and Littlefield, 2005; Avery Goldstein, *Rising to the Challenge: China's Grand Strategy and International Security,* Stanford, California: Stanford University Press, 2005; Yong Deng, *China's Struggle for Status,* New York: Cambridge University Press, 2008.

미를 가지는 것인가? 미국의 재균형이란 무엇을 의미하는가? 중국의 현 국제질서에 대한 현상타파적 도전을 맞이한 미국, 일본, 한국으로 이루어진 민주주의동맹은 어떠한 정책으로 대응할 것인가? 중국의 도전은 미국이 바라는 대로 과연 '재균형'될 수 있을 것인가?

## II. 중국이 추구하는 새로운 세계질서

1995년 가을, 장쩌민(江澤民) 주석은 중국을 '대륙국가인 동시에 해양국가'로 묘사하고 해양 발전과 이용이 중국의 장기적 발전에 점점 더 큰 중요성을 가진다고 말하였다. 더 나아가 그는 중국이 전략적 관점에서 바다를 보아야 한다고 강조하는 동시에 해군 건설의 새로운 기준을 설정하여 미래전쟁을 대비한 해군력 현대화를 가속화했다.[6] 중국은 1964년 이래 동아시아 국가 중 유일한 핵무기 보유국이고 냉전기간 내내 전통적으로 육군 중심의 대륙국가였다. 그러한 중국이 21세기 들어서 열정적인 마한주의(Mahanian)[7] 국가가 되고 심지어 항공모함

---

6) Bernard D. Cole, *The Great Wall at Sea: China's Navy in the Twenty-First Century,* 2nd edition, Annapolis, Maryland: Naval Institute Press, 2010, p.179.

7) James R. Holmes and Toshi Yoshihara, *Chinese Naval Strategy in the 21st Century: The Turn to Mahan,* London and New York: Routledge, 2008. On Mahan, see, Alfred Thayer Mahan, *The Influence of Sea Power upon History, 1660-1783,* New York: Hill and Wang, 1957 (originally 1890). 이 책을 통해 마한은 미국뿐만 아니라 제1차 세계대전 이전의 독일과 제2차 세계대전 이전의 일본으로 하여금 해군력 강화의 길을 걷도록 부추겼다고 말할 수 있다. Alfred Thayer Mahan, *The Interest of America in Sea Power, Present and Future,* Boston: Little, Brown, 1897; *The Problems of Asia,* New York: Harper's New Monthly Magazine, 1900. 마한에 대해서는 다음을 참고, *Mahan on Naval Warfare: Selections from the Writings of Rear*

까지 진수하기에 이르렀다.[8] 중국 지도자들은 중국해뿐만 아니라 태평양과 인도양까지 해양력을 확장해 중국을 새로운 국제질서를 요구하는 2대양 국가(two-ocean power)로 만들려는 굳은 의지와 공세적 태도를 보인 것이다.[9]

그렇다면 중국이 건설하고자 하는 새로운 세계질서는 무엇인가? 중국은 다른 모든 국가들과 마찬가지로 국익이라는 이름으로 국가안보, 명예 그리고 경제적 이익을 추구한다. 이러한 국익을 더 안전하고 쉽게 확보하기 위해 중국은 현재 미국의 패권적 단극적 국제체제를 다극적 국제체제로 바꾸기를 원하고 이것이 중국이 생각하는 신형대국관계라고 할 수 있다. 중국은 미국으로부터 동등한 국제지위를 인정받기를 주장하고 세계적으로 국가들 간의 관계를 다루는데 있어 동등한 강대국으로 동등한 목소리를 내기를 원한다. 동시에 중국은 동아시아 내에서 전통적으로 누려왔던 패권적 지위를 회복하기를 원하고 있고, 이것은 중국이 순망치한의 논리에서 입술로 생각하는 동북아시아에서는 더욱 두드러진 현상이다.[10] 이러한 신형대국관계는 구체적으로 무엇을

---

*Admiral Alfred T. Mahan* ed. by Allan Westcott, Mineola, New York: Dover Publications, 1999 (originally 1941). 중국에서는 류화칭 제독이 "중국의 마한"으로 여겨진다. 그의 생각과 중국 해군에 대한 영향에 대해서는 다음을 참고.Cole, *op.cit.*, pp.174-178.

8) Cole, *op. cit.,* pp.91-93.

9) Tim Marshall, *Prisoners of Geography,* New York and London: Scribner, 2015, p.60. 다음을 참고. Robert D. Kaplan, *The Revenge of Geography,* New York: Random House, 2012, chapter 9; Robert D Kaplan, *Monsoon: The Indian Ocean and the Future of American Power,* New York: Random House, 2010, chapter, 15; Robert D. Kaplan, *Asia's Cauldron: The South China Sea and the End of a Stable Pacific,* New York: Random House, 2014. Toshi Yoshihara and James R. Holmes, *Red Star over the Pacific : China's Rise and the Challenge to U.S. Maritime Strategy,* Annapolis: Naval Institute Press, 2010.

의미하는가? 중국은 빠른 경제 및 군사력 성장을 통해 미국과의 평등을 추구하는 과정에서 무엇보다도 '투키디데스의 함정(Thucydides Trap)'11) 또는 '강대국정치의 비극'12)을 피하고 싶어 한다.

최근 자주 인용되고 있는 역사적 비유를 사용하자면, 중국은 제1차 세계대전 이전 비스마르크 시대 후의 독일이나 제2차 세계대전 이전 일본제국이 받았던 대우가 아닌, 영국이 비스마르크 독일을 대했던 것과 같은 대우를 받고 싶어 한다. 중국은 미국이 동아시아에서 "중국식 먼로독트린"을 인정해주기를 기대하고 있다. 이것은 결국 역내 중국의 패권을 의미하며 중국 지도자들은 미국이 이를 인정할 경우 미-중 양국이 투키디데스의 함정이나 강대국정치의 비극을 피할 수 있을 것이라고 믿고 있다. 더욱이 그들은 이러한 양국 간 협력체제가 동아시아뿐만 아니라 전 세계적으로 형성될 수 있다고 생각하고 있을 수도 있다.

이러한 전략적 가정은 2차 세계대전 이전 유럽과 아시아에서 독일과 일본의 지정학 이론들을 닮았다는 점에서 상당히 시대착오적이다. 독일 제3제국의 나치주의자들이 건설하고자 했던 '레벤스라움(Lebensraum)'과 일본군국주의자들이 건설하고자 했던 '대동아공영권(大東亞共榮圈)'은 둘 다 하우스호퍼(Karl Haushofer)의 세계지정학에 대한 이론에서 파생되었다.13) 이것은 앵글로-미국식 세계주의 또는 오늘날 표현으

---

10) Ramon Pacheco Pardo, "Lips and Teeth? China and Northeast Asia." in Donovan C. Chau and Thomas M. Kane (eds.), *China and International Security: History, Strategy, and 21st-century Policy,* Santa Barbara: Praeger, 2014, Vol.3, pp.99-120.

11) Graham Allison, "The Thucydides Trap," in Richard N. Rosecrance and Steven E. Miller eds., *The Next Great War?: The Roots of World War I and the Risk of U.S.-China Conflict*, Cambridge: The MIT Press, 2015, pp.73-79.

12) John J. Mearsheimer, *The Tragedy of Great Power Politics*, New York: W.W. Norton, 2001.

로 보편주의에 대한 지역주의적 의미에서의 정치, 경제적 그리고 전략적 도전이었다. 칼 슈미트(Carl Schmidt)는 먼로 독트린을 독일식 지역주의의 모델로 받아들여 더 넓은 영토를 의미하는 그로스라움(Grossraum)을 역설했고 수개의 대지역으로 이루어진 '다원적 세계(pluriverse)'[14]를 주장했다.[15] 이러한 반보편주의적 지정학이론은 21세기 오늘날 미국의 세계패권주의에 반대하는 도구로서 사용될 수 있다. 중국은 미국식 후쿠야마의 역사 이후(post-historical), 자유주의

---

13) 하우스포퍼의 지정학 이론에 대해서는 다음을 참고. *An English Translation and Analysis of Major General Karl Ernst Haushofer's Geopolitics of the Pacific Ocean: Studies on the Relationship between Geography and History,* edited and updated by Lewis A. Tambs, translated by Ernst J. Brehm, Wales: The Edwin Mellen Press, 2002; Andreas Dorpalen, *The World of General Haushofer: Geopolitics in Action*, New York: Farrar & Rinehart, 1942. 레벤스라움의 개념은1860년 다윈의 <종의 기원>에 대한 생물학자인 페셸(Oscar Peschel) 서평에서 처음 쓰여졌다. 라첼(Friedrich Ratzel)도 다음 저서에서 이 개념을 사용했다. *Die Erde und das Leben*, (The Earth and Life, 1902). 라첼은 특히 켈렌(Rudolf Kjellen)과 하우스호퍼에게 영향을 많이 끼쳤고 히틀러도 그의 책을 추천 받았다. 다음을 참고. Jeremy Black, *Geopolitics and the Quest for Dominance,* Bloomington, Indiana: Indiana University Press, 2016, pp.120-121, and pp.155-156.

14) 이것은 "다원적 국제사회" 또는 "다극적 국제체제", 오늘날의 학술용어를 따른다면 "지역패권 제국들의 다극적 세계"를 의미하는 것으로 보인다.

15) Carl Schmitt, "Grossraum versus Universalism: The International Legal Struggle over Monroe Doctrine" in Stephen Legg (ed.), *Spatiality, Sovereignty and Carl Schmitt: Geographies of the Nomos*, London: Routledge, 2011 pp.46-54 (originally, 1939); Carl Schmitt, "The *Grossraum* Order of International Law with a Ban on the Intervention for Spatially Foreign Powers: A Contribution to the Concept of *Reich* in International Law(1939-1941)" in Timothy Nunan (ed.), *Schmitt: Writings on War*, Cambridge: Polity Press, 2011, pp.75-124. Or. see, Carl Schmitt, *The Nomos of the Earth in the International Law of the Jus Publicum Europaeum,* New York: Telos Press, 2003(origially 1950)

적이고 민주적인 동시에 자본주의적인 평지(flatland)로의 세계 동질화에 대한 대응으로 세계주의와 세계질서에 대한 블록으로서 다극주의에 기반한 '신형대국관계'를 고안해냈다.[16]

중국 외교정책과 국가 대전략이 이러한 시대착오적인 지정학 이론과 함께 때때로 정치지도자들의 판단 오류에서와 같이 잘못된 역사적 유사 사고와 그에 따른 전략적 가정에 근거해 있다면,[17] 그것은 역사의 부정확한 이해인 동시에 '역사적 교훈'의 잘못된 적용일 것이다.[18] 왜냐하면 중국은 지난 강대국들의 경우와 매우 다르기 때문이다. 중국은 제1차 세계대전 이전 비스마르크 치하의 독일도 제2차 세계대전 이전의 미국도 될 수 없다. 비스마르크는 당시 패권적 해양국가였던 영국을 자극하지 않기 위해서 해군력 건설을 시도하지 않았다. 미국 역시 해군을 포함한 군사력 강화를 시도하지 않았었다. 반면, 중국은 비스마르크 후의 독일이 영국과 해군력강화 경쟁을 했던 것과 마찬가지로 강한 해군력 건설을 계속해서 해오고 있다. 더욱이 일본이 20세기 초 러일전쟁 승리 후 '일본식 먼로독트린'을 주장했던 것과 같이 중국은 오늘날 동아시아에서의 '중국식 먼로독트린'에 대한 주장을 하고 있다.[19]

---

16) Francis Fukuyama, *The End of History and the Last Man,* New York: The Free Press, 1992.

17) Richard E. Neustadt and Ernest R. May, *Thinking in Time: The Uses of History for Decision Makers,* New York: The Free Press, 1986.

18) Michael Howard, *The Lessons of History,* Oxford: Clarendon Press, 1991.

19) 일본에서의 마한의 영향은 지대했다. 그의 저서는 일본제국 해군협회에 의해 번역되고 배분되었고 참모학교의 교재로 채택되었다. 메이지 천황과 왕자에게도 책이 전해졌고 일본 해군 참모대학은 실패하기는 했지만 마한을 교수로 초청하려는 시도까지 했다. 도고 제독은 다음과 같이 말한 바 있다. "Naval strategists of all nations are of one opinion that Mahan's works will forever occupy the highest position as a worldwide authority in the study of military service. I express my

그러나 역사가 말해주듯이 미국은 일본의 이러한 주장을 받아들이지 않았고 진주만기습 이전부터 태평양에서의 일본 해양력의 과잉팽창을 용납할 수 없었다.[20] 그런데 21세기에 때늦은 마한주의(Mahanian) 국가가 된 중국은 비스마르크 후 독일과 군국주의 일본의 전철을 밟아 빠르게 해군력을 기르고 있다. 이것이 현상유지를 바라는 미국과 동아시아 내 동맹국들이 중국의 '신형대국관계' 주장을 평화적으로 인식하기보다는 역내 패권을 차지하려는 시도로 볼 수밖에 없는 이유이다.

## III. 중국의 동아시아 패권 추구에 대한 미국의 대응: 억지적 패권국에서 역외균형자로

정치혁명의 원인에 대한 아리스토텔레스의 생각이 옳다면 미국이 중국과의 관계에 있어 동아시아 그리고 국제사회에서 불평등한 현재 관계를 유지하고 싶어 하는 것은 매우 자연스러운 것이다. 미국은 대륙국가인 중국과 달리 세계적 차원에서 해양강국이기 때문에 중국과는 완전히 다른 전략적 가정을 가지고 있다. 미국의 전략개념은 19세기말 마한(Mahan)의 해양전략 이론뿐만 아니라 제2차 세계대전 후 '미국 봉쇄정책의 대부(godfather)'라고도 알려져 있는 스파이크만(Nicholas Spykman)의[21] 지정학 이론으로부터 도출되었다.[22] 그에 따르면 미

deep cordial reverence for his far-reaching knowledge and keen judgment." Quoted from Ian W. Toll, *Pacific Crucible: War at Sea in the Pacific, 1941-1942*, New York: W.W. Norton, 2012 p.xix. 1941년 태평양기습을 계획한 야마모토 제독 또한 마한을 계승했다고 할 수 있다.

20) 1921-22년 워싱턴회의는 부상하는 일본의 해양력을 억제하기 위한 진정한 의미에서 최초의 시도였다.

21) Nicholas John Spykman, *America's Strategy in World Politics: The United States and the Balance of Power*. New York: Harcourt,

국은 극동에서 강대국으로서의 위치를 지키기 위해 역내 힘의 균형 유지에 관심이 있어왔다. '아시아의 지중해'는 아마도 미국에게 있어 가장 큰 전략적 자원의 원천이며 이 원천이 다른 한 국가에 의해 지배받는 것은 미국 군사력 기반을 흔들어 놓을 것이다.[23]

스파이크만은 나아가 태평양전쟁이 한창 진행되던 1942년 다음과 같은 주장을 했다.

> "전후 가장 큰 어려움은 일본이 아닌 바로 중국일 것이다. 중국의 잠재적 국력은 일본보다 훨씬 거대하며 이것이 실제적인 군사력으로 표출되기 시작하면 전쟁에서 패배한 아시아 대륙 연안의 작은 섬나라 일본은 매우 불안한 위치에 놓이게 될 것이다. … 4억 인구의 현대적이고 역동적이며 군사력을 갖춘 중국은 일본뿐만 아니라 아시아 지중해 내 서방국가들에게도 위협이 될 것이다. 중국은 이 바다의 상당 부분을 지배하는 대륙국가가 될 것이고 이것은 마치 미국의 지중해에서 미국이 차지하고 있는 지리적 위치와 유사한 것이다. 중국이 강해지면 중국의 역내 경제침투는 의심의 여지 없이 정치적 의미를 띄게 될 것이다. … 한 세대에 두 번이나 우리는 대륙 쪽 해안을 차지하고 있는 거대한 군사 국가를 마주하고 있는 영국을 도와주었다. 극동에서의 힘의 균형이 오늘날 그리고 미래에 유지되기 위해서는 미국이 일본에 대

---

Brace and Co., 1942; *The Geography of the Peace*, New York: Harcourt, Brace and Co., 1944. 스파이크만의 지정학적 이론은 "rimland"를 강조하는 반면 맥킨더(Halford Mackinder)의 이론은 "heartland"를 강조한다는 점에서 차이를 가진다. 맥킨더의 지정학 이론에 대해서는 다음을 참고. Halford J. Mackinder, *Democratic Ideals and Reality*, New York: W.W. Norton, 1962 (originally 1904 and 1919).

22) 조지 케넌(George Kennan)은 "봉쇄주의의 아버지"로 널리 알려져 있다. 하지만 소련에 대한 봉쇄정책의 이론적 기반이 된 스파이크만(Spykman)의 책이 케넌의 1946년 소위 "Long Telegram"보다 4년 일찍 출판되었다는 사실은 주목할 만하다.

23) Spykman, *op. cit.,* p.468.

해서 이와 비슷한 보호적 정책을 채택해야 할 것이다."[24]

스파이크만이 2차 세계대전 후 미국의 외교정책과 안보정책의 가이드라인을 제시해주었을 뿐만 아니라 먼 21세기의 '중국 위협'을 마주한 미국의 정책 방향까지 정확히 예상했다는 것은 매우 놀라운 것이다. 미국 외교정책의 이러한 지정학적 방향을 탈냉전 시기에 적용해 브레진스키(Zbigniew Brzezinski)는 다음과 같이 재정리하고 있다.

> "미국 외교정책은 지정학적 차원에서 고려되어야 하고 안정적인 대륙 내 균형을 이루기 위해 유라시아에서 정치적 중개자로서의 영향력을 사용해야 한다. […] 유라시아 내 어떠한 국가도 지배적인 위치까지 부상하여 미국에게 도전하지 못하게 하는 것이 가장 우선적인 과제이다."[25]

2011년 오바마(Barack Obama) 행정부가 '아시아로의 회귀(Pivot toward Asia)' 정책을 발표한 것은 1969년 닉슨 독트린 발표와 뒤따른 1975년 베트남 종전 이후, 위의 원칙을 따른 미국의 첫 번째 주요 정책 선언이었다. 하지만 이 정책과 전략적 태세의 내용은 그저 스파이크만의 정책과 전략적 가이드라인으로의 회귀일 뿐이었다. 2012년 미국 정부는 '회귀(pivot)'라는 용어 대신 '재균형(rebalance)'라는 용어를 사용하기 시작함으로써 미국정책 우선순위 재정립에 대한 기대치를 낮추는 시도를 했다.[26] 사실 미국은 아시아를 떠난 적이 없다.[27] 미국이 아시

---

24) *Ibid.*, pp.469-470.

25) Zbigniew Brzezinski, *The Grand Chessboard: American Primacy and Its Geostrategic Imperatives*, New York: Basic Books, 1997, p.xiv.

26) Nina Silove, "The Pivot before the Pivot: U.S. Strategy to preserve the Power balance in Asia," *International Security*, Vol.40, No.4 (Spring 2016), p.45.

아 정책에 있어 어떠한 수사를 사용하는가는 역내 평화와 안보를 위해 힘의 균형을 유지하려는 미국의 전략적 희망을 바꾸지 않는다.28)

이라크, 아프가니스탄 전쟁 후 미국정부가 겪고 있는 경제, 금융한계와 국내 정치적 제약 등을 고려할 때, 가장 큰 당면 문제는 필요한 군사적 준비태세로 이러한 정책과 전략을 뒷받침하는데 있어서 '왜'가 '어떻게'일 것이다. 미국정부는 2012년 여름까지 해군전력 60%가 아시아태평양사령부 지휘 아래 놓여질 것이라고 선언했다. 베트남과의 안보협력 강화가 뒤따랐고 2016년 오바마 대통령은 하노이를 방문해 쩐 다이 꽝(Trần Đại Quang) 베트남 대통령과 정상회담을 가지고 양국 간 최초로 포괄적동반자관계 형성에 합의했다. 미국은 필리핀과의 군사협력 또한 재개하고 10년 간 유효한 방위조약을 체결해 필리핀 내 미국 군사력을 강화하는 길을 닦아놓았다.

또한 미국은 대만에 더 많은 재래식 무기 이전과 싱가포르에 연안전투함대를 영구적으로 주둔시키는 것을 각각 약속했다.29) 2014년 4월 오바마 대통령은 아시아태평양의 주요 국가들을 방문해 전통적 우방들을 안심시키고 중국과 분쟁을 겪고 있는 일본의 센카쿠열도(댜오위다오)가 미일안보조약(US-Japan Security Treaty)의 범위 안에 있다고 선언하기까지 했다. 이러한 재균형을 시사하는 선언들과 행동들에도 불구하고 미국의 우방국들은 증가하고 있는 중국의 위협에 대해 안심

27) Kurt M. Campbell, *The Pivot: The Future of American Statecraft in Asia*, New York: Twelve, 2016, pp.17-20.

28) 이러한 의미에서 미국의 재균형이 전략적이지 않다는 그레그 케네디의 주장은 오류가 있다. Greg Kennedy, "Assessing the American 'Re-Balancing' Strategy: Is It Strategic?" in Greg Kennedy and Harsh V. Pant. eds., *Assessing Maritime Power in the Asia-Pacific: The Impact of American Strategic Re-Balance*, Surry: Ashgate, 2015, pp.9-24.

29) Greg Kennedy and Harsh V. Pant, "introduction," in *Ibid.*, p.2.

하지 못하고 있다. 예를 들어 일본은 센카쿠열도 주변 해상과 상공에서 중국의 위협을 받고 있고 한국은 북한의 명백하고 도발적인 핵무장에 대한 중국의 지속적인 지지로부터 위협을 받고 있다.

미국의 동아시아 동맹국인 일본과 한국은 미국의 아시아 '재균형(rebalancing)' 정책을 어떻게 인식하고 대응해야 할까? 미국은 재균형 정책에 있어 동맹국들이 더 중요한 역할을 맡기를 기대한다. 재균형 정책의 한 목적은 미국의 무거운 부담을 역내 동맹국들에게 이전시키는 것이다. 다른 하나의 목적은 일방적 안보 제공보다는 연합훈련 등의 확장을 통한 지역안보이슈 관리의 능력을 강화하는 것이다.[30] 하지만 '재균형'이라는 기치 아래 미국외교정책의 조정은 이라크, 아프가니스탄 전쟁의 매우 고비용적이고 불만족스러운 결과에 대한 일시적 과잉반응의 결과가 아니라는 사실을 동맹국들은 인지해야 한다.

이것은 미국외교정책에 있어 대표적인 한 이론이 뒷받침하고 있다. *World Politics* 지(誌)의 1952년도 논문에서 클링버그(Frank Klingberg)는 '미국외교정책의 역사적 순환(historical alternation of moods in American foreign policy)'이라는 생각을 제시했다.[31] 그는 '외향성(extroversion)'과 '내향성(introversion)' 사이를 주기적으로 이동하는 미국 외교정책 경향을 발견했는데, 전자는 국가목표를 위해 다른 국가들에게 영향을 행사하고 외교, 군사, 경제적 압력을 가하는 성향을 후자는 다른 국가들에 영향을 행사하지 않고 국내문제에 집중하는 성향을 각각 의미한다. 클링버그는 평균 21년의 네 번의 내향성 기간과 평균 27년의 외향성 기간을 찾아내었다. 1960년대에 클링버그의 이러한

30) Emi Mifune, "Impact of the American 'Re-Balance' Strategy on Japanese Naval Power," in *Ibid.,* p.137.

31) Frank L. Klingberg, "The Historical Alternation of Moods in American Foreign Policy," *World Politics,* Vol.4, No.2 (January 1952), pp.239-273.

'분위기 이론(mood theory)'에 많은 관심이 쏠렸다. 1985년 잭 홈스(Jack Holmes)는 더 구체적으로 이러한 분위기가 어떻게 작용하는지에 대한 이론을 개발하고 정치-군사이익과 미국 유권자들 사이의 외교정책 분위기 간의 충돌에 집중했다. 그에 따르면 전반적인 미국의 자유주의적 정신은 상당히 일관적으로 세계무대에서 미국의 경제 및 인도주의적 활동을 지지하므로, 보통 정치와 군사 관련 활동만이 분위기 순환의 대상이라고 한다.[32] 역사적으로 볼 때 이러한 "분위기 이론"이 미국 외교정책의 긴 역사를 설명하는 데 꽤 설득력이 있다는 사실을 부인하기는 힘들다.

이 이론을 오늘날 미국인들의 분위기에 적용한다면, 재균형 정책이 시작된 이 시점 미국은 또 다른 내향성 기간으로 진입하고 있고 앞으로 20여 년간 지속될 것이다. 이러한 논리를 수용한다면 미국의 재균형 정책은 동아시아와 전 세계에 대한 장기적 정책인 것이다.

미국이 지난 세기에 했던 것처럼 21세기에 동아시아에서 '경찰' 역할을 하지 않는다면 증가하는 중국의 위협을 지적하고 재균형정책을 채택했다는 것만으로는 충분하지 않을 것이다. 왜냐하면 미국의 재균형정책은 유라시아 대륙(맥킨더의 'world island')에 대한 사실상의 '역외균형'을 의미하기 때문이다.[33] 역사적으로나 이론적으로나 역외균형은 다극적 국제체제에서 해양강국이 택할 수 있는 전략이고 21세기 초반인 지금 이러한 다극체제는 이미 형성되고 있다. 따라서 역외균형은 영토 방어와 새로운 패권국 부상의 예방이라는 구체적인 형태로 미국의 국익을 정의할 것이다. 역외균형 전략의 주요 목표는 미래 강대국 간 전쟁에서

---

32) Jack Holmes, *The Mood/Interest Theory of American Foreign Policy,* Lexington. Kentucky: The University Press of Kentucky, 1985.

33) Mackinder, *op. cit.*

자유로워지고 국제체제에서 상대적인 우위를 유지하는 것이다.34) 이러한 의미에서, 역외균형은 동아시아 내 미국 우방국들에게는 부담공유(burden-sharing)가 아닌 부담이전(burden-shifting) 전략이다. 동맹은 침략자에 대처하는 부담을 공유하지만 집단행동(collective action)의 문제점 때문에 비효율적일 수밖에 없다.35) 부담이전 국가는 평화를 유지하는 동시에 힘의 균형에서 유리한 입지를 차지할 수도 있다. 하지만 동맹국들이 부담을 적시에 충분히 받아들이지 못하고 부담이전 국가로 하여금 홀로 침략자에 맞서게 할 수 있는 위험성도 가지고 있다. 따라서 문제는 미국의 지정학 이론이 국내정치의 충동적인 고립주의에 저항하기 위해 충분한 정치적 지원을 끌어낼 수 있는가에 달려있다.

## Ⅳ. 미국의 책임전가정책과 역내 동맹국들의 책임부담

동아시아 내 모든 미국 동맹국들이 중국의 지정학적 도전을 맞이해 미국이 전가하는 책임을 부담하는 것을 희망하지는 않는다. 모두가 현상타파 강대국의 부상에 대한 저항이라는 바구니에 계란을 전부 넣지는 않는다는 것이다.36) 아베 정부의 일본이 책임부담을 통해 균형에 나서고 있는 한편, 한국은 미국과의 군사동맹을 유지한 채 인근 중국을 달래고 때로는 수용하는 자세를 보이고 있다.

---

34) Christopher Layne, "From Preponderance to Offshore Balancing," *International Security,* Vol.22, No.1 (Summer 1997), p.112.

35) Mearsheimer, *op. cit.,* pp.157-162.

36) Jakub J. Grygiel and A. West Mitchell, *The Unquiet Frontier: Rising Rivals. Vulnerable Allies, and The Crisis of American Power,* Princeton: Princeton University Press, 2016, p.101.

### A. 일본: 책임부담이 지속될 것인가?

역내 미국의 동맹국들 중 일본은 미국의 '재균형' 정책을 아시아, 특히 일본에 대한 '책임이전(burden-shifting)' 또는 '책임전가(buck-passing)'로 인식하고 있다. 그리고 이것을 일본이 '평범한(ordinary)' 국가, 어쩌면 '정상(normal')' 강대국이 될 수 있는 기회로도 보고 있다. 한동안 미국은 일본의 지속적인 군사력 정상화를 추진해왔다.[37] 미국의 대일정책은 일본을 수동적인 동맹국에서 능동적인 동맹국으로 변화시키는데 집중해 왔다. 일본은 미국과의 동맹을 유지한 채 해양과 공중에서의 군사력을 강화하며 '부분적인 전략적 독립(quasi-strategic independence)'의 상태로 돌아가기를 원한다. 이러한 현상은 2012년 12월 아베 신조(安倍晋三) 총리가 재집권하고 2014년 선거에서 승리한 후 더 주목할 만한 외교, 안보정책들을 내세우고 있는 중 더욱 두드러지고 있다.

아베 정부는 기꺼이 '책임부담국'이 되기를 원하며, 미국의 희망과 요구대로 일본의 국방정책을 바꿔왔다. 그리고 이 과정에서 2014년 7월 1일 일본헌법 9항의 수정 해석을 승인했다. 군사력 강화를 위한 일련의 정책들은 제2차 세계대전 종전과 함께 탄생한 평화헌법 아래 유지되어 온 일본의 방위태세로부터의 근본적인 변화다. 이른바 '아베 독트린'은 새로운 국가안보정책(National Security Strategy), 국가안전보장회의(National Security Council), 국가비밀보호법(State Secrecy Law), 방위장비의 이전(transfer) 3원칙, 그리고 집단자위권 행사금지의 파기 등의 형태로, 향후 일본이 국방비 증가와 방위대강(防衛大綱) 수정은 물론이고 다양한 우발사건 발생 시 일본이 미국을 비롯한 다른 국가들

---

37) Emi Mifune, *op. cit.,* p.154; Mearsheimer, *op. cit.,* pp.157-162.

에게 군사적 지원을 할 수 있게 함으로써 일본을 새로운 국제적 경로로 갈 수 있게 하고 있다.[38] 아베 총리의 개혁은 일본의 군사력 사용에 대한 헌법적 그리고 정치적 제약을 낮추어놓았고 역내 또는 전 세계 군사력 투입을 위한 새로운 전례를 세워놓았다.

아베의 신노선은 미국과의 '대칭적 파트너십' 또는 완전한 전략/군사적 독립을 향한 새롭고 거대한 발걸음을 의미하지는 않을 수도 있다. 그보다는 중일관계에서 당면과제로 떠오른 동중국해와 난사군도 문제에[39] 있어 중국의 위협을 억지하기 위해 완전히 독립적인 행위자 대신 '지원자'로서[40] 미국과의 더 깊은 위계적 관계로의 단순하지만 중요한 다음 수순을 의미한다고 볼 수 있다. 그럼에도 불구하고 아베의 신노선은 일본을 둘러싸고 몰려오는 폭풍에 대한 공세적이고 두드러진 애국적 '사무라이 스타일'의 태세라고 볼 수 있다. 하지만 현 상황에서 일본은 세계 미국동맹체제 내에서 "아시아의 영국"이 되는 것만을 바라고 있을 수도 있다.[41]

아베 정부가 무엇을 원하던 간에 일본은 역사로부터 도피할 수 없다. 아베의 신노선과 이를 뒤따르는 안보관련 정책들은 중국과 한국으로 하

---

38) Christopher W. Hughes, *Japan's Foreign and Security Policy under the 'Abe Doctrine',* New York: Palgrave Macmillan, 2015, p.28.

39) Tetsuo Kotani, "U.S.-Japan Allied Maritime Strategy: Balancing the Rise of Maritime China," in Michael J. Green and Zack Cooper (eds.), *Strategic Japan: New Approaches to Foreign Policy and the U.S.-Japan Alliance,* Lanham, Maryland: Rawman and Littlefield, 2015, p.52.

40) Takashi Inoguchi, *Japan's International Relations,* London: Pinter publishers, 1991, chapter 1.

41) 세력균형을 위해 미국이 영국에게 했던 것처럼 제2차 세계대전 후에는 일본을 보호해야 한다는 스파이크만의 주장과 달리 아이러니하게도 오늘날은 일본이 미국의 보호를 받기 위해 또 다른 영국이 되고 싶어 한다. 어찌되었건 1942년 스파이크만의 지정학적 분석은 넓은 의미에서는 정확히 예측하였다고 할 수 있다.

여금 과거 일본 제국주의를 떠오르게 하고 있다고도 볼 수 있다. 아베 총리가 "일본은 돌아왔다(Japan is back)"이라고 선언했을 때, 중국과 한국에게 이것은 "일본 제국주의적 군국주의가 돌아왔다"라고 들렸을 것이다. 따라서 이것은 거의 조건반사적으로 중국과 한국에서 민족주의적 거부반응을 불러왔고 이러한 반응은 일본에서 또다시 적대적인 반응을 불러옴에 따라 동아시아 3국 사이에 악순환을 만들어냈다. 한국과 일본 간 역사적 적대감은 미국의 역내 민주주의 동맹체제의 취약점이다. 한국과 일본은 지리적으로는 가깝지만 심리적으로는 멀다는 점에서 가깝지만 먼 나라라고 흔히 말해왔다. 미국은 긴 노력에도 불구하고 여전히 한일 양국의 문제로 인한 동맹체제의 취약점을 해결하지 못했다.

중국에 대한 일본 군국주의의 주홍글자와 같은 역사적 유산 때문에 일본의 애국주의 또한 곧바로 공격적 민족주의의 일본 군국주의로 여겨진다. 한국인과 중국인들은 "애국주의는 군사적으로나 문화적으로 방어적 성격인 반면 민족주의는 권력욕과 불가분한 것"으로 생각하며 애국주의와 민족주의를 구분하지 않는다.[42] 이것은 그들이 과거 일본 제국주의로부터 해방되기 위한 역사적 투쟁 속에서 결국 동등한 것이었기 때문이다. 이러한 상황 속에서 중국에서 반일감정이 떠오를 때마다 일본은 합법적인 영토 문제나 민족적 감정에 있어서 단순히 수세적일 수는 없다. 한국인들과 달리, 일본은 2차 세계대전 중 무고한 중국인들에게 일본제국주의가 저지른 민족적 굴욕과 잔인성에 대한 중국의 '복수심(revanchism)'에 대한 큰 두려움으로부터 자유로울 수 없다. 지금까지의 반일 성향의 민족운동은 중국정부에 의해 통제되어 왔지만 '일본제국주의 타도'의 기치 아래 국민동원을 하기 위한 수단으로서 중국정부가 이용할 가능성은 항상 존재하고 있다.

---

42) Maurizio Viroli, *For Love of Country: An Essay on Patriotism and Nationalism*, Oxford: Clarendon Press, 1995, p.3.

증가하는 중국의 위협에 대해 아베 정부는 아시아 태평양 지역에서 미국, 인도, 호주와 함께 민주주의 국가들 사이의 연합을 구상하고 있고 아세안 국가들과의 연계도 강화하고 있다. 2013년 아베 총리는 아세안 10개국을 모두 방문하였고 동남아시아 내 중국의 증가하는 영향력에 대처하기 위해 같은 해 12월에는 일본-아세안 정상회의를 개최하기도 했다.

미국의 전 세계적 군사행위에 '연루(entanglement)'될 것을 두려워하던 '평화주의 국가(pacifist nation)'로서의 시절은 어쩌면 영원히 끝났을지도 모른다. 아베의 슬로건인 "Japan is back"은 매우 신빙성 있어 보인다.[43] 그러나 아베의 '가부키(歌舞伎)' 정치는 오래 가지 못하고 전형적인 '가라오케' 정치로 돌아갈 수도 있다.[44] 그런 경우에 일본은 안보책임 부담에 있어 아베 시절보다 훨씬 주저하게 될 것이고 편의성과 소극적 태도로 특징지어지는 '그럭저럭 해나가기(muddling through)' 정책으로 회귀하게 될 것이다.

### B. 한국: 헤징전략이 올바른 답이 아니다.

일본과 달리 한국인들은 중국의 부상과 미국의 재균형 정책을 '더 많은 균형' 또는 외교정책의 '더 큰 자율성'을 위한 기회로 보고 미국의 아시아 재균형 정책에 대한 이중적인 태도를 가지고 있다. 윤병세

---

43) Hughes, *op. cit.,* p.4.

44) 일본의 저명한 정치학자인 다카시 이노구치는 일본의 가라오케 정치를 관료/전문가 중심, 합의 중심의 유기체적 정치로 정의하고 가부키 정치를 고이즈미 총리의 예와 같이 무기체적이고 개인주의적인 정치로 정의한다. Takashi Inoguchi and Purnendra Jain (eds.), *Japanese Politics Today: From Karaoke to Kabuki Democracy,* New York: Palgrave Macmillan, 2011, pp.1-10. 아베의 정치는 가부키 정치에 가깝고 아베 이후의 총리들은 기존의 가라오케 정치로 회귀할 수 있다고 본다.

외교장관은 미국과 중국 사이의 위치를 걱정거리가 아닌 양국으로부터 러브콜을 받는 '축복(blessing)'과 같은 것이라고 말하였다.[45] 한국 외교장관의 이러한 발언은 전례가 없는 것이고 일부 한국인들에게는 충격적일 것이다. 한국은 전통적으로 "고래싸움 사이의 새우"와 같은 국제적 위치에 놓여있었고 "고래싸움에 새우등 터진다"라는 속담까지 있기 때문이다.[46] 한반도는 유라시아 대륙세력을 위한 '완충지대(buffer zone)'나 해양세력을 위한 '교두보(bridgehead)'라기 보다는 '분쟁지대(shatterbelt)'라고[47] 불리는 것이 더 맞을 것이다.

19세기 말 일본, 청나라, 러시아 3국에 의해 둘러싸인 한반도의 상황과 뒤따르는 재앙들을 기억할 때, 윤병세 장관은 한국이 처한 딜레마 상황에 대해 지나치게 낙관적인 것으로 보인다. 당시 조선의 '이이제이(以夷制夷)'식의 고전적 균형행위는 마치 악기 없는 음악과 같았다. 조선은 무임승차하지 못했고 모든 주변 강대국들의 적대감을 불러올 뿐이었다. 국제정치학의 아버지 모겐소(Hans J. Morgenthau)가 지난 2000년간의 한반도의 운명을 일본, 중국 중 한 국가에 의한 지배 또는 양국 사이의 힘의 균형에 의해 작용한 것이라고 말한 것도 이와 같은 맥락에서였다.[48] 한반도의 지정학적 위치가 대륙세력의 완충지대이자 동시에 해양세력의 교두보인 상황이고[49] 상대적인 국력의 차이를 고

---

45) *The Korea Herald*, May 3, 2015.

46) Sung-Hack Kang, *op. cit.*, p.9. 물론, "고래가 사랑에 빠져도 새우등은 터질 것이다." 저자의 본 저서 제목은 이러한 인식을 반영한다고 할 수 있다.

47) Phil Kelly, "Escalation of Regional Conflict: Testing the Shatterbelt Concept," *Political Geography Quarterly*, 5, 1986, pp.161-180.

48) Hans J. Morgenthau, *Politics Among Nations: The Struggle for Power and Peace, 5th rev. ed.*, New York: Alfred A, Knopf, 1978. pp.183-184.

49) Mackinder, *op. cit.*, p.262.

려할 때 한국인들은 결코 낙관적인 태도를 가질 수 없다.

21세기 들어 진보성향의 김대중 정부(1998-2003), 노무현 정부(2003-2008)에서 한국의 정책 우선순위는 국가안보에서 민족통일이라는 목표로 이동했다. 한국 정부의 요구에 따라 한미 양국은 동맹의 세부내용에 대한 논의에 착수했다. 부시 행정부는 한국에서의 미군병력을 감축했고 전시작전권을 한국정부에 이양하는데 동의했다. 하지만 한국은 곧 생각을 바꾸었다. 보수성향의 이명박 정부(2008-2013), 박근혜 정부(2013-2017)는 전시작전권 환수의 연기를 미국에게 간곡히 요청했다.

하지만 보수성향의 박근혜 대통령마저 미중 사이에서 "헤징"(hedging) 외교의 일환으로 2015년 9월 3일 북경 천안문 광장에서 치러진 중국전승절 70주년 기념열병식에 유일한 서방권 정상으로서 참석했다. 하지만 그것은 한국 정치지도자에게는 불가능한 일이었다. 한국의 이렇듯 이중적인 태도에도 불구하고 미국은 재균형정책의 정신과 방향에 맞추어 한국이 일본과 같이 더 많은 안보부담을 떠맡기를 기대하고 있다.

대부분의 미국 동맹국들과 마찬가지로 한국은 재균형정책에 원칙적으로 지지를 보내고 있다. 하지만 중국과 깊어지고 있는 정치, 경제관계와 그 결과 늘어난 중국에 대한 취약성은 상황을 복잡하게 만들고 있다. 한국의 미사일방어체계는 북한을 상대로 하고 있고 사정거리가 미국과는 다르기 때문에 미국 주도의 탄도미사일방위계획에도 동참할 구체적인 계획을 가지고 있지 않다. 한국은 중국에 대한 자극을 피하고 직접적인 위협인 북한의 위협에 미국의 초점을 맞추려고 하고 있다.[50] 이러한 한국의 미국방위정책으로부터의 이탈은 북핵문제와 한

50) David J. Bertean, Michael J. Green and Jack Cooper, *Assessing the Asia-Pacific Rebalance,* Washington, DC: Center for Strategic and International Studies, December 2014, p.23.

반도 통일문제에 있어 지지를 약속하며 유혹을 해온 중국의 환영을 받았다. 하지만 통일에 있어 중국이 지지를 한다는 명확한 증거나 북핵 문제 해결을 위한 어떠한 발전도 이뤄지고 있지 않다. 더욱이 북한과 같이 오만한 지도자가 예측불가능한 전쟁을 일으킬 수 있는 '무기국가(weapon state)'는[51] 한국뿐 아니라 전 세계에 대한 큰 위협이다.[52]

미국과 중국 사이에서 균형을 맞추려는 한국의 시도는 프라이팬에서 불로 뛰어드는 것과 같은 자멸적인 행위다. 균형이라는 것은 모든 나라들이 사용할 수 있는 공공재와 같은 것이 아닌 강대국들의 특권이기 때문이다. 이런 점에서 한국의 헤징(hedging) 전략은 올바른 전략이라고 할 수 없다. 헤징은 시장경제에서의 행위고 그 종류는 다양하다. 하지만 헤징은 근본적으로 당분간은 위험을 피할 수 있지만 위험을 완전히 제거하지는 못한다. 기업과 국가는 근본적으로 다르다. 기업은 경쟁에서 도태되면 파산하는 반면 국가는 그런 경우가 드물다. 시장과 달리 안보는 주관적이다. 국민과 국가지도자가 안전하다고 느낄 때야 비로소 국가안보가 성취된 것이다. 헤징은 그 성격상 유화(appeasement) 정책은 아니지만 당장의 두려움 때문에 모든 위험요소를 피하려 한다면 궁극적으로 유화정책의 결과와 같은 비극적인 상황을 초래할 수도 있다.

일찍이 마키아벨리(Niccolò Machiavelli)는 "좋은 무기와 좋은 친구가 당신을 지켜주며 당신에게 좋은 무기가 있으면 좋은 친구는 항상

51) "무기국가"는 대량살상무기의 보유를 통해 안보와 위신을 확보하는 상대적으로 작고 덜 중요한 후진적 국가를 의미한다. 이러한 국가는 지역안보뿐만 아니라 세계안보를 위협하는 존재로 빠르게 부상할 수 있다. 다음을 참고. Phil Kelly, *Classical Geopolitics: A New Analytical Model,* Stanford: Stanford University Press, 2016, p.134.

52) Paul Bracken, *The Second Nuclear Age: Strategy, Danger, and the New Power Politics,* New York: Times Books Henry Holt, 2012, pp.189-195; Colin S. Gray, *The Second Nuclear Age,* Boulder: Lynne Rienner, 1999.

따를 것이다"라고 말하였다.[53] 일본과 달리 한국의 여우와 같이 민첩한 '중립 태세'는 다음과 같은 마키아벨리의 오래된 경고를 망각한 듯 하다.

> "당신에게 우호적이지 않은 자는 당신의 중립을 요구할 것이고 당신에게 우호적인 자는 당신으로 하여금 무기를 들도록 할 것이다. 우유부단한 군주는 현재의 위험으로부터 도피하기 위해 중립을 선택할 것이고 이런 경우 파멸하기 마련이다."[54]

한국은 균형자(balancer)가 될 수 없다. 한국에게 안전한 전략은 가장 강한 국가에 대한 '편승(bandwagoning)'이고 이것이 오랜 역사 동안 한민족이 생존할 수 있었던 비결이다.[55] 한국이 이중적 태도를 계속 보인다면 미국은 군사동맹으로서의 신뢰를 잃을 것이고 한국은 침묵 속에서 '버려질' 수도 있다. 이것은 북한의 계속되는 핵위협을 마주한 상황에서 1953년 휴전 후 최초로 완전한 고립상태에 놓인다는 것을 의미한다. 1940년 영국의 처칠 수상이 당시 아직 중립국이었던 미국의 루스벨트 대통령에게 한 말을 변용해서 표현하자면 "한국의 목소

---

53) Niccolo Machiavelli, *The Prince, 2nd ed.,* trans. by Harvey C. Mansfield, Chicago and London: The University of Chicago Press, 1998, p.72.

54) *Ibid.,* p.90.

55) 약소국들에게 편승은 두 종류가 있다. 하나는 현상타파 국가의 편승이고 다른 하나는 현상유지 국가의 편승이다. 현상타파 국가는 이익을 얻기 위해 "자칼"과 같이 편승을 하는데 이때 "늑대"와 같은 현상타파적 지도자나 승리를 앞둔 "사자"와 같은 현상유지적 지도자가 있다. 자칼국가들은 가지고 있는 것을 지키기 위해 많은 비용을 부담해야 한다. 이러한 원리는 이탈리아의 전통적인 기회주의 외교정책과 연결되고는 한다. A.J.P. Taylor, *The Struggle for Mastery in Europe, 1848-1918,* Oxford: Oxford University Press, 1954, p.286. 이것에 대한 더 자세한 논의를 위해서는 다음을 참고. Sung-Hack Kang, *op. cit.,* chapter 1.

리와 힘을 너무 오래 억제하면 아무런 의미가 없게 될 것이다."[56] 한국 정치는 1980년대 말 민주화 이후 아직까지 오케스트라 연습장(Orchestra Rehearsal) 같은 정치에서 벗어나지 못하고 있다.[57] 어떠한 일관된 안보정책이나 군사전략도 설립되지 못했다. 민주주의 국가인 한국은 치명적인 위기가 찾아와 직접 고통을 겪기 이전에는 국가를 통합하고 동원할 능력을 가진 정치지도체제를 세우지 못할 수도 있다. 일관된 안보정책을 위한 국가 통합 없이는 "골든타임"을 놓치는 햄릿의 비극과 같은 비극을 겪게 될 수도 있다.

## V. 에필로그

동아시아의 평화와 안보는 점점 위험에 처해지고 있다. 1979년의 짧은 중소전쟁을 제외하고는 1953년 한국전쟁 휴전 후 동북아에서 유지되어 온 그리고 1975년 베트남전쟁 종전 후 동남아시아에서 유지되어온 불안정하지만 길었던 역내 평화는 한 순간에 무너질 수도 있다. '중국의 위협'은 동아시아 내 미국의 동맹국들에게 눈앞의 사실이지만 민주주의체제에서 안락한 삶을 이어가는 일반 국민들에게는 너무나도 모호하고 구체적이지 않다. 민주주의 시민들은 눈앞에 위기가 다가오고 나서야 위험을 지각하는 역사를 이어왔다. 하지만 위험이 모두에게 보일 만큼 분명해졌을 때는 안전하고 성공적으로 이에 대처하기에는 너무 늦을 것이다. 왜냐하면 고도의 기술력을 요구하는 현대 군사력과

---

56) Jean Edward Smith, *FDR*, New York: Random House, pp.262-263.

57) 저자는 오늘날 한국의 정치를 오케스트라 리허설과 같다고 정의한다. Orchestra Rehearsal은 공허하고 진보가 없지만 요란하고 정신없는 정치현실에 대한 풍자적 메시지를 보낸 펠리니(Federico Fellini) 감독의 1978년도 이탈리아 풍자영화다.

이를 운용하기 위한 능력을 갖추기 위해서는 긴 시간과 막대한 투자가 필요하기 때문이다. 따라서 민주주의체제는 큰 국제적 변화가 있을 때일수록 훌륭한 정치리더십이 필요하지만 이러한 정치리더십이 점점 더 희귀해지고 있는 것 또한 사실이다.

중국의 전통적인 대륙세력으로서의 위치와 함께 현상타파적인 해양세력으로서의 최근 태도는 중국의 위협을 증가시켰다. 21세기 들어서 중국은 그 자체로서뿐만 아니라 어떻게 행동하는가 때문에 위협이 되고 있다. 증가한 국력과 회복된 국민적 자신감과 자부심은 오늘날 중국인들로 하여금 스스로에 대한 인식, 국가이익, 국제적 위상, 동아시아와 국제사회에서의 역할에 대한 인식에 변화를 가져왔다. 중국의 부상은 동아시아의 '게쉬탈트(Gestalt)'에 근본적인 변화를 불러온 것이다.

따라서 미국 재균형정책의 성공은 미국 내 충동적인 고립주의에 대한 일관된 저항과 함께 한일 양국의 긴밀한 전략적 협력과 같은 역내 동맹국들의 충분한 협조가 필요하다. 책임전가국가인 미국의 내향적 경향, 일본과 한국의 지극히 민주적이고 평화를 외치는 포퓰리즘과 복지 위주의 국내정치에 휩싸인 정책결정과정, 그리고 이 양국 간의 긴밀한 전략적 협력의 부재, 이 모든 것을 고려할 때 두 국가는 좋은 책임부담국가가 되기 힘들 것이다. 중국공산당은 자유민주주의 국가들보다 더 효율적으로 국민을 동원할 수 있는 능력을 가지고 있다. 자유민주주의 내에서 언론을 장악하고 있는 평화주의 지식인층은 등 뒤의 '적'이 될 수도 있다. "스스로의 목숨을 거의 잃은 어리석은 '눈먼 자들의 왕국'"[58]과 같이 미국의 동맹체제는 중국의 위협에 대해 '과소균형

---

58) Harold W. Rood, *Kingdoms of the Blind: How the Great Democracies Have Resumed the Follies that so Nearly Cost Them Their Life*, Durham: Carolina Academic Press, 1980. See, also, Gordon Waterfield, *What Happen to France*, London: Butler and Tanner, 1940; Andre Maurois, *Tragedy in France*, New York and

(underbalancing)'할[59] 수도 있고, 이런 경우에 진실의 순간이 올 때까지 의도하지 않은 '치명적인 불균형(deadly imbalance)' 상태를[60] 야기할 수도 있다.

이것이 현실화된다면 미래의 역사가들은 20세기와 마찬가지로 21세기에서도 동맹국들의 민주주의가 동아시아 안보와 평화에 있어 아킬레스건이었다고 또다시 기록하게 될 것이다. 1930년대 민주주의국가들의 역사적 실수를 되풀이하지 않기 위해서 한국과 일본은 미국의 책임전가 정책을 바꾸지 못할 바에는 충실한 책임부담국가가 되어야 한다. 하지만 이것은 가까운 미래에는 어려워 보인다. 성공적인 책임부담국가가 되기 위해서 양국의 정치지도자들은 '잠자는 국민'을 깨울 수 있는 훌륭한 '교육자'의 역할을 수행해야 한다.[61] 왜냐하면 그들이야말로 국민의 안전을 책임지는 이들이기 때문이다. 전쟁의 철학자인 클라우제비츠(Carl von Clausewitz)는 그의 <전쟁론> 1장에서 다음과 같이 말하고 있다.

> "마음이 따뜻한 자들은 피를 많이 흘리지 않고도 적을 무장해제시키고 무릎을 꿇릴 기발한 방법이 있다고 생각할 것이다. 듣기에는 좋아 보이지만 이것은 명백한 오류다. 순진함으로부터 나오는 실수가 가장 치명적인 영역이 바로 전쟁이기 때문이다."[62]

---

London: Harper and Brothers, 1940.

59) Randall L. Schweller, *The Unanswered Threats: Political Constraints on the Balance of Power*, Princeton: Princeton University Press, 2008.

60) Randall L. Schweller, *Deadly Imbalances: Tripolarity and Hitler's Strategy of World Conquest*, New York: Columbia University Press, 1998.

61) Winston Churchill, *While England Slept,* New York: G.P. Putnam's Sons, 1938.

62) Carl von Clausewitz, *On War,* ed. and trans. by Michael Howard and Peter Paret, Princeton: Princeton University Press, 1976, p.75.

제 **23** 장

# 국가는 돈키호테일 수 없다.

"진실은 항상 우리를 배신한다"는 말이 있다. 우리가 몰랐던 새로운 '진실의 순간'에 직면했을 때 우리는 무척 당혹스러워하고 일종의 배신감에 좌절하고 분노에 떨기도 한다. 그것은 진실에 대한 무지나 외면에 의한 어쩌면 피할 수 없는 결과일 것이다.

모두 다 잘 알고 있는 것처럼, 우리 삶의 국내외적 조건이 급변하고 있다. 20세기 초 버지니아 울프는 "인간들의 특성이 변화되었다"고 갈파했지만 21세기 초인 지금 어쩌면 '인간 자체'가 변하고 있는지도 모른다. 눈부신 유전공학과 의료공학의 발전전망은 과연 인간이란 무엇이며 '나'는 어떻게 살아야 할 것인가 하는 근본적 의문을 제기하게 하는 그런 세상에 우리는 살고 있는 것이다.

프랑스 대혁명의 200주년이 되는 1989년 '냉전의 종식'을 '역사의 종말'로 선언했던 프랜시스 후쿠야마의 예상처럼, 우리는 어쩌면 인류역사가 시작한 이래 처음으로 '인간 이후'의 사회(Post-human society)로 진입하고 있으며 그 결과 인간성마저 근본적 변화를 경험하고 있는지도 모르겠다. 근본적 변화에도 불구하고, 아니 바로 그 근본적 변화 때문에 인간들은 더욱더 사랑에 환희를 느끼고, 죽음의 공포에 떨며, 배신에 분노하고, 자유롭고 정의로운 삶의 확보를 위한 본질적 투쟁을 계속해 나갈 수밖에 없을 것이다. 우리의 삶의 조건뿐만 아니라 삶의 목적과 생활양식은 이처럼 다가오는 '근본적 변화'와, 변함없는 '본질적 투쟁'을 동시에 경험하게 될 것이다. 그리하여 우리는 참으로 새로운 진실에 배반당할 가능성을 항상 안고서 살아갈 수밖에 없을 것이다.

지난 한 해 동안 우리는 소위 참여 민주주의를 실험했다. 그리고 그 실험은 우리에게 실망과 좌절만을 가져다주었다고 해도 과언이 아닐 것이다. 이미 남북으로 분단된 한반도의 이 비좁은 반쪽인 남한에서 동서의 분열이 우리를 추악하게 만들었다. 그러한 분단과 분열이 통합되고 치유되지도 못한 상황에서 우리는 이제 또 새로운 노·소의 세대 간 대립에 직면하게 되었으며, 계속된 노·사 간의 대립은 목숨을 건 피의 투쟁으로 변질되었고, 게다가 세계 제3위의 이혼율로 남녀가 등을 돌림으로써 사분오열의, 만인에 대한 만인의 투쟁이 벌어지는 자연상태처럼 되어버렸다. 모두가 자기 본연의 임무와 의무보다는 권리와 이득을 앞세우면서 수단과 방법을 가리지 않는 권력추구에만 열중하고 있기 때문이다. 약 1세기 전 우리 민족이 그런 내부의 무절제한 사색당쟁(四色黨爭)의 권력투쟁에만 몰입하여 조국을 잃었던 비극을 모두가 잊은 것 같다. 그래서 이제는 일종의 팔색당쟁(八色黨爭)의 권력투쟁이 벌어지고 있는 오늘의 현실은 참으로 불안하고 안타까운 상황이라 하겠다. 일찍이 미국의 국부들(the Founding Fathers)이 지적했듯이 사실상 인간본성에 기인한 당파적 권력투쟁은 '자유'와 '권리'를 보장해 준다. 그러나 그것이 절제력을 상실할 땐 정치공동체라는 배 자체가 바다 속으로 가라앉고 말 것이다.

1832년 출간되어 지금도 '민주주의 연구'에서 빼놓을 수 없는 고전인 『미국의 민주주의(*Democracy in America*)』에서 알렉시스 드 토크빌은 자신의 조국 프랑스에서와는 다르게 미국에선 자유와 평등이 서로 배척하지 않는다는 사실을 발견하고 미국의 민주주의에 열광했다. 그는 민주주의가 완전하지는 않지만 그 모든 약점에도 불구하고 가능한 최상의 것으로 간주했다. 그러나 그는 동시에 경고하는 것을 잊지 않았다. 그는 민주주의의 가장 큰 위험은 평등이 자유를 잠식하는 데 있다고 보았다. 즉 의견이나 생각이 다른 사람들이 동일화를 강요당하는 경우, 다시 말해 '여론에 동참하라'는 압력에 의해 희생되는 경우이다. 토크빌은 19세기 초에 이미 '다수의 독재', '민주주의적 독재'의 위험성을 경고했던 것이다. 토크빌은 다수의 막강한 권능이 사회의 중간 집단들(이익단체와 시민단체 등)과 연대를 하게 될 때 이를 특별히 위험한 것으로 간주했다.

토크빌은 민주주의가 중간 정도의 능력을 가진 사람들에게 하나의 지평을 열어주었음을 간파했다. 민주주의는 야심에 차 있고 단순한 선거구호를 통해서 다수의 대중을 사로잡을 수 있는, 그러나 특별히 뛰어나지 않은 사람들에게 기회를 주는 것이다. 탁월한 인사들은 일반적으로 선출될 수 있는 기회를 갖지 못한다. 대다수의 국민이 그들을 이해하지 못하기 때문이다. 하지만 정치지도자의 대열에 탁월한 재능을 가진 인사들이 빠져 있는 것은 큰 위험을 가져올 수 있다. 선동자들과 카리스마를 가진 인사들에게 솔깃한 공약만으로 국민들의 환심을 살 수 있는 기회를 열어주기 때문이다. 1930년대 독일 바이마르 공화국의 민주주의라는 조건에서 히틀러의 집권과 직접선거에 의한 독재가 출현한 것은 토크빌의 분석이 놀라우리만큼 정확하게 맞았다는 것을 보여주었다. 역사적으로는 그 전에도 그 후에도 우리는 적지 않은 비슷한 역사적 실례들을 찾아낼 수 있다.

토크빌에 의하면 민주주의가 성공하기 위해서는 특정한 조건을 필요로 한다. 그것은 전 사회 계층을 통해 '기회의 균등', '사상의 자유', '사유재산의 보호'와 함께 무엇보다도 '동일한 수준의 교양'이 있어야만 한다. 그것은 부부간의 사랑에도, 친구 간의 우정에도 그리고 공동체 내의 정의에도 꼭 필요한 것이다. 그리고 바로 그 '동일한 수준의 교양'이 현재 한국의 정치지도층에게 결핍되어 있다고 말한다면 현 정치 지도층에 대한 지나친 '명예훼손'이 될까? 동일한 수준의 교양은 국가의 생존 및 번영과 직결된 대외정책에서 더욱 요구되는 것이다. 그동안 우리는 한민족의 불행했던 시대의 역사적 교훈을 모두 잊고 환상적인 '강대국 신드롬'에 걸려 무분별한 교만상태에 빠져버린 것은 아닌지 반성해야 할 때이다.

국제정치사회에 변함없는 진실이 있다면 그것은 '어떠한 국가도 강대국들이 자신을 강대국으로 인정하고 그렇게 대우하지 않는 한 결국 강대국처럼 행동할 수 없다'는 사실이다. 19세기 말에서 20세기 초 국제사회가 다극체제를 이루고 있을 때 자신의 상대적 역량을 고려하지 않은 채 당시 주요 강대국들을 '이이제이(以夷制夷)'로 다루면서 스스로 세력균형자 역할을 시도함으로써 처참하게 실패했던 중화제국과 대한제국의 실패, 즉 국제정치에 대한 무지와 '분별없는 교만'을 1세기 후인 오늘에 와서도 되풀이해서는 안 될 것이다. 당시 일본은 세계 최강인 영국과의 동맹 체제를 굳건히 유지해 나가면서 세계를 놀라게 한 문명화된 강대국으로 인정받았다.

역사적으로 우리 민족도 세계 최대 최고의 강대부국, 즉 가장 앞선 문명국가와 아주 긴밀한 역사발전의 동행자였을 때에만 안전하고 번영했었다는 사실을 상기해야 한다. 지금 구체적 단극체제 하에서 한국외교정책의 지상명령은 너무도 자명하지 않는가? 그러나 동일한 수준의 교양은 하루아침에 갖추어지는 것이 아니다. 한두 마리의 종달새가 봄을 가져 올 수는 없는 것처럼 한두 차례의 교양 있는 행동이 '교양인' 임을 입증할 수 없는 것이다. '동일한 수준의 교양'은 '상당한 기간 동안 상당한 수준'의 교육과정을 필요로 하는 것이다. 오늘날처럼 지식이 급속히 변화하는 세상에서는 4년간의 대학 교육만으론 불충분하다. 교육은 일생을 통해 계속되어야 하는 것이다. 그래서 '평생교육'이라는 말이 생겨난 것 아니겠는가?

제 **24** 장

# 국제정치의 균형자는 아무나 될 수 있는 것이 아니다.

우리는 남들에 의해서가 아니라
우리 자신들의 불화로 없어졌었다.
바로 지금도 우리는
남들에게 패배하지 않고 있지만
바로 우리 자신들이 스스로 정복되고
또 패배하고 있다.
- 플라톤 -

우리는 무엇보다도 평화로운 세상을 소망한다. 특히 한국인들은 한반도에서 제2의 한국전쟁의 재발을 막기 위해서라면 어떠한 대가도 지불할 용의에 차있다. 뿐만 아니라 한반도의 평화체제의 수립을 위해 그동안 많은 정책연구기관들은 물론 학계에서도 적지 않은 노력과 다양한 방법론적 모색을 해왔다.

그러나 평화의 수립을 위한 간절한 소망과 다양한 방법의 모색과 구체적 실천노력이 한반도의 우리시대 우리 세대만의 창조적 활동이거나 전유물이 아니다. 세계사에서 참혹한 전쟁 후 에는 거의 언제나 항구적 평화수립을 위한 노력이 경주 되었다. 한국인들의 한반도 평화체제의 제도적 수립구상과 노력에 앞서 인류는 특히 유럽인들은 참혹했던 제1차 세계대전을 치루면서 새로운 세계평화체제를 계획하고 그것을 제도적으로 구현했었다. 그것이 바로 인류 역사상 최초의 보편적 세계평화유지 기구인 국제연맹이었다. 따라서 국제연맹의 재조명은 그 후

예인 유엔의 장래를 내다보는 데 도움이 될 뿐만 아니라 세계평화와 안보를 위한 오늘의 헌정 질서를 더 잘 이해할 수 있을 것이다. 뿐만 아니라, 우리가 소망하는 한반도의 평화체제가 제도화에 성공한다고 가정할 경우에 그런 국제적 평화체제가 실제로 얼마나 오랫동안 평화를 보장할 수 있을 것인가를 전망해 보는데 있어서도 국제연맹의 창설과 작동경험에 대한 검토는 우리 시대에도 여전히 적지 않은 적실성을 갖게 될 것이다.

돌이켜보면 평화제도는 창설하기도 참으로 성공적으로 운영하기도 어려운 정치적 기술이었다. 1918년 11월 독일이 정전조건을 수용했지만 최종적 평화는 파리평화회담에 달려있었다. 그러나 파리회담에서 강대국 대표자들은 독일의 배상금액의 규모와 패전국의 영토에 대한 통제와 같은 구체적 문제들에 대해서 뿐만 아니라 현대외교의 성격 그 자체에 관해서 충돌했다. 윌슨 대통령은 그 어떤 지도자보다도 포괄적이고 이상적인 비전을 갖고 있었다. 그의 비전은 진정한 군비축소, 독일과 오스트리아 제국의 몰락으로 등장하는 민족들의 자결 그리고 바다의 자유에 대한 헌신과 같은 것들을 포함하고 있었다. 그리고 그것은 무엇보다도 국가 간에 갈등과 분쟁을 도덕과 법을 통해 이성적으로 해결하고 항구적 평화의 확보를 국제연맹 창설의 주된 목적으로 삼고 있었다.

국제연맹은 윌슨의 평화로운 미래의 건설에 중심적인 것이었기에 그는 국제연맹의 수립을 독일과의 베르사유 조약에는 물론이고 그 후에 있었던 불가리아, 헝가리, 오스트리아 그리고 터키와 각각 체결하는 모든 평화조약에 직접 집어넣었다. 그리하여 국제연맹은 전후 평화수립의 핵심이 되었다. 그러나 국제연맹과 세계평화 정착 간의 삼투성이 전부는 아니었다. 어느 주권국가도 평화조약을 비준하지 않고서도 국제연맹에 가입할 수 있었다. 더구나 이 조약들의 어느 당사국도 평화조약의 조항에 계속 구속을 받지만 연맹으로부터 탈퇴할 수 있었다.

당시 윌슨은 미국의 참전 기회를 힘의 균형체제를 국제연맹을 통한 하나의 집단안보체제로 전환시키는 기회와 수단으로 사용하길 염원했다. 그러나 프랑스의 클레망소(Clemenceau) 수상을 비롯하여 유럽의 지도자들은 집단안보의 개념에 아주 회의적이었다. 각국의 처지가 판이하게 달랐던 것이다.

당시 윌슨 대통령은 전투의 현장에서 3000마일이나 떨어져 있는 국가를 대변했다. 미국의 사상자는 비교적 가벼웠다. 더구나 미국은 종결과 함께 새로운 물질적 이득을 얻게 되었다. 즉 1914년 미국은 채무국이었었다. 그러나 1918년 미국은 지구상에서 최대 채권국이 되었다.[1] 반면에 프랑스는 전쟁으로 황폐화 되었다. 1918년까지 전체 2천2백만 명의 남자인구 가운데 거의 150만 명의 젊은이가 전사했고 추가로 4백만 명이 부상했다. 프랑스의 경제와 정치제도는 미국인들이 어떻게 해도 결코 감을 잡을 수 없을 만큼 깊은 상처를 입었다. 그리하여 프랑스인들은 전통적 자신감 즉 그들을 활력(elan)을 상실했다. 그리하여 그들은 독일과 전쟁에 의해 거의 과대망상증에 빠질 정도였다. 따라서 윌슨대통령이 국제연맹과 신외교의 화신이었다면 클레망소 수상은 그의 반체제였다. 윌슨이 평화유지의 수단으로 집단안보를 믿었다면 클레망소는 여전히 회의론자였다. 프랑스보다도 인구 면에서 35%나 더 많은 독일과의 또 다른 전쟁을 두려워한 클레망소는 오랜 전통의 군사동맹이 고상한 집단안보의 실험보다는 더 잘 자국의 안보를 제공한다고 믿고 있었다. 그러므로 국제연맹에 대한 그의 지지는 기껏해야 미온적 일 수밖에 없었다. 그렇다고 해서 클레망소는 결코 군국주의자가 아니었다. 그는 전형적인 반 성직자들인 소규모 토지 소유자들의 정당인 급진 사회당의 지도자였다. 그는 공화정의 이상에 헌신적이었고 자

---

1) Gary B. Ostrower, *The League of Nations From 1919 to 1919,* Gardern City Park, New York: Avery Publishing Group, 1996, p.7.

기 세대의 어느 프랑스인 못지않게 제3공화국을 상징했다. 그는 훨씬 더 극단적인 민족주의자들을 피하려고 노력하는 애국자였다. 클레망소는 좋은 이유에서 호랑이라는 별명이 붙었다. 그는 탁월한 정치적 투사였으며 윌슨의 신외교 주창에 대항하여 자국의 전통적 이익을 옹호하기 위해 자신의 모든 능력과 기술을 발휘했다.

평화회담에서 또 다른 주인공은 영국의 데이비드 로이드 조지(David Lloyd George) 수상이었다. 그는 민첩하고 역동적인 인물이었다. 그는 윌슨의 민족자결의 신념을 공유했지만 대영제국을 위협할지도 모르는 유럽 밖의 민족들에게 민족자결원칙의 적용을 거부했다. 그는 또한 독일을 유럽외교의 주류 속에 복귀시키려는 윌슨의 희망을 공유했다. 그러나 그는 동시에 국제연맹에 대해서는 별로 열정을 느끼지 못했으며 공개외교와 해상의 자유에 대한 윌슨의 동정심을 전혀 갖고 있지도 않았다. 영국인들은 신외교를 거부했고 조지 수상은 그들의 대변자로서 파괴회담에 무거운 마음으로 참석했었다.

그 밖에도 많은 다른 정치 지도자들이 파리회담에 참석했다. 나중에 첫 국제연맹총회의 의장이 된 현명하고 다감한 외교관인 벨기에의 폴 하이만스(Paul Hymans)는 약소국들의 비공식 대변자 노릇을 했다. 약소국가들은 윌슨의 국제연맹계획을 지지했다. 그것은 두 개의 중요한 이유 때문이었다. 하나는 국제연맹이 강대국가들의 힘이 정의를 만든다는 전통적 태도로부터 자신들을 보호할 수 있으리라는 기대였고, 또 하나는 국제연맹의 공식적 절차와 투표를 통해 그들이 거의 경험한 적이 없는 국제무대에서 어느 정도의 평등성을 제공받을 것이라는 이유에서였다. 하이만스는 열렬한 국제주의론자였으며 체코슬로바키아의 에드바르트 베네시(Edvard Beneš)와 그리스의 엘레프테리오스 베니젤로스(Eleutherios Venizelos)를 포함하는 다른 약소국 대표들의 유능한 도움을 받았다. 그들은 모두가 약소국들의 이익을 보호하려고 애를 썼지만 10개국 위원회(the Council of Ten)를 구성하여 별도로 회합을 갖는 강대국 대표들에 의해서 압도당했다.[2] 결국 강대국 원칙이 작동했던 것이다. 당시 노부아키 마키노(Nobuaki Makino) 일본 대표는 국제연맹의 집단안보 개념에는 별다른 관심이 없었고 오직 태평양에서 일본의 영토적 팽창을 확보하고 인종적 평등의 지위 문제에만 관심을 기울였다. 비토리오 오르란도(Vittorio Orlando) 이탈리아 수상은 동맹국들이 1915년 이탈리아의 참전을 유인했던 영토적 약속을 존중하도록 설득하는 과제를 부여안고 참석한 부드러운 신사였다. 일본과 이탈리아의 대표들은 자신들의 목적 달성이 어렵게 되자 각자가 회의장을 떠나겠다는 위협까지 했었다. 파리평화회담에 참가하지 못한 패전국 독일, 오스트리아는 아무런 영향력이 없었다. 배제된 러시아의 볼세비키 정부도 마찬가지였다. 독일, 오스트리아 그리고 소련은 신외교의 원칙에 승전 동맹국들보다도 더 많은 동정심을 갖고 있었지만 파리회담에서 그들의 불참은 윌슨주의에 대한 보편적 지지를 감소시켰다.

미국의 일반 국민들도 신외교에 대한 열망이 부족했다. 윌슨은 본국에서보다도 유럽에서 더 열렬히 찬양 받았다. 전단의 표제들은 윌슨을 서양의 구원자로 선언했다. 항상 자신을 아주 심각하게 생각하는 습관이 있는 윌슨은 자연히 그런 찬양의 의미를 과장했다. 그리하여 다른 비극적 인물들처럼 윌슨은 자신이 믿고 싶은 것을 믿었으며 자신이 듣고 싶은 권고만을 들었다. 평화회담에 참석한 아주 예리한 관찰자들 중 하나였던 케인즈는 윌슨의 기질이 지적이 아니라 신학적이며 윌슨이 마치 돈키호테 같았다고 빈정대기도 했다.[3] 어쨌든 윌슨은 국가들

2) 이 10개국 위원회는 나중에 5개국 위원회(미국, 영국, 프랑스, 이탈리아, 일본)가 되었고 일본 대표가 자국에 직접 관련된 문제와 관련된 회담 외엔 참석하지 않는 관계로 결국에는 4개국 위원회(the Council of Four)가 되었다.

3) John Maynard Keynes, *The Economic Consequence of the Peace,*

의 연맹이 후에 평화를 위협할 수 있는 모든 불의를 바로잡을 것으로 굳게 믿었다. 미래에 대한 그의 신념은 그의 장로교회 신에 대한 신앙심과 같았다. 그는 국제평화와 안전이 국제연맹의 기둥위에 얹혀있다고 믿었다. 그래서 그는 파리에서 연맹의 규약을 작성하는데 대부분의 시간을 보냈다. 그리고 그는 그것을 코베넌트(Covenent) 즉 성서적이나 법률적인 특징을 갖는 어떤 것을 의미하는 성약 혹은 규약이라고 불렀던 것이다. 그것은 국내 정치사회에서 일종의 헌법과 같은 것이다.

그러나 '국제헌정질서'라는 개념은 그 동안 지배적인 미국적 국제정치학 분야에서 담론의 주류에 속하는 개념은 아니다. 그것은 영국학계에서 주로 사용되는 개념이지만 그럼에도 불구하고 그 개념에 전제로 하는 '국제사회(international society)'라는 개념은 아주 빈번하게 사용되어 왔다. 모든 사회에는 헌법(constitution)이 있다. 물론 모든 헌법이 성문헌법은 아니다. 예를 들어 영국의 헌법은 불문법이다. 모든 사회가 국가를 필요로 하는 것도 아니다. 그러나 사회가 되는 것은 어떤 특수한 방식으로 구성되기 때문에 헌법을 갖는다. 국제사회도 선진국의 헌법처럼 언제나 엄격히 지켜지지 못하고 후진국의 헌법처럼 번번히 짓밟혀지면 국제사회의 헌법적 원칙들을 역사적으로 꾸준히 모색해왔다. 만일 군사문제에서 어떤 혁명이 전쟁에서 어떤 헌정질서의 승리를 가능하게 하면 그런 승리를 비준하는 평화화의가 정당한 국가들의 사회에, 즉 각 시대를 가르는 전쟁 후 국가들 간 합의의 토대 위에 재구성된 사회에 가입하는 조건을 정했다. 시대를 가르는 신기원적 전쟁을 종식시키는 각 대규모 평화회의가 국가들의 사회, 즉 국제사회의 헌법을 썼다. 그러나 모든 헌법은 또한 미래 갈등의 씨앗을 자체 내에 안고 있다. 1789년의 미국 헌법은 "권리 장전"과 함께 노예제도와 지방자치의 규

New York, Harcocurt, Brace and Howe, 1910, pp.41-42.

정을 내포하고 있었기 때문에 1861의 내전을 잉태하고 있었다.

비슷하게 1815년의 빈이나 1713년의 유트레히트에서 제정되었던 것 못지않게 1648년 웨스트팔리아에서 제정된 국제헌법도 방금 종식된 갈등을 타결했지만 앞으로 올 갈등의 조건을 정했다. 전환기의 우리 시대에 이런 개념의 중요성은 만일 우리가 다음의 시대를 가르는 전쟁의 필연성과 그것이 취할 상이한 형태까지 감지 할 수 있다면 다음 그런 전쟁을 형성할 수 있다는 점이다. 그렇지 못하면 우리는 점점 난폭한 아나키와 국제적 환경과 어쩌면 21세기 초반에 지각 변동 같은 전쟁을 직면할 것이다. 그러나 경천동지할 전쟁의 가능성이 21세기를 위협한다고 할지라도 역사적으로 축적되어온 기존의 헌정질서의 원칙을 강화하고 또 우리의 시대적 요구에 부응하는 새로운 헌정적 원칙들을 추가하고 유지해나간다면 그런 비극적 전쟁을 촉발시킬 국제사회의 제도적 붕괴를 피할 수 있을 것으로 기대 할 수 있을 것이다. 그렇다면 국제연맹의 경험은 아주 소중하다.

국제연맹규약은 국제사회의 새로운 성격의 헌법이었다. 과거의 국제사회의 헌법이 '평화의 조약(the Treaty of Peace)'이었다면 국제연맹규약은 역사상 최초로 '평화를 위한 조약(the Treaty for Peace)'이었다. 이 새로운 헌법의 입법자들이 된 제1차 세계대전의 정치지도자들은 유엔의 입법자들인 제2차 세계대전의 지도자들 즉 윈스턴 처칠, 이오시프 스탈린, 프랭클린 루스벨트만큼 인상적이지는 못했다. 그러나 미국의 윌슨 대통령은 분명히 역사적으로 그들의 발전 선각자요 일종의 예언자였다. 역사가들이 윌슨의 역사적 위상에 대해 모두 다 확신하는 것은 세계최대의 막강한 국력의 미국을 대표하는 윌슨 대통령이 없었더라면 국제연맹의 창설은 결코 불가능했을 것이라는 사실이다. 국제연맹은 미국의 국가적 위상 윌슨의 비전과 의지 그리고 정치적 지도력의 산물이었던 것이다.

그러나 윌슨 대통령의 고결한 비전과 헌신적 지도력에도 불구하고 그는 끝내 성공하지 못했다. 자신의 국민들이 연맹을 거부했고 또 연맹의 창설 과정에서부터 이견으로 맞섰던 동맹국들인 프랑스와 영국이 필요할 때 베르사유 체제의 헌법인 연맹의 규약을 준수하지 않고 또 그 정신에 입각하여 행동하지 않았기 때문이었다. 그렇다면 명백하게 드러난 유럽 동맹 국가들과 윌슨으로 상징되는 미국 간[4]의 그런 이견은 어디에서 기인하는 것일까? 그것은 유럽과 미국 간의 지정학적 조건과 역사적 경험 그리고 철학적 인식체계의 차이에서 오는 것이라고 집약될 수 있을 것이다.

우선 첫째로, 근대 유럽 국가들은 지리적인 인접성으로 인해 국가들 상호간에 늘 경계할 수밖에 없었다. 그런 지리적 인접성은 거의 필연적으로 수많은 갈등들은 초래할 수밖에 없었다. 따라서 국가 이성 즉 항상 대외적 위협으로부터 국가안보를 최우선 정책으로 삼고 언제든 전쟁도 불사하는 소위 '대륙국들'의 '방위문화'가 유럽인들 속에서 발전되었던 것이다. 반면에 미국인은 건국 이래 대서양과 태평양이라는 거대한 두 대양에 의해 동서로부터 보호받고 국력의 현저한 격차로 인한 남북으로 부터의 위협이 사실상 부재했기 때문에 지리적 조건은 평화를 평상시적 정상적인 상태로 인식하는 '해양국가'적 사고를 갖게 되었다. 따라서 그들은 국부 조지 워싱턴의 경고를 따라 유럽의 힘의 투쟁에 끼어들지만 않으면 되는 지리적 조건을 갖고 있었다.

둘째로, 유럽과 미국의 역사적 경험도 판이한 것이었다. 유럽 국가들의 긴 역사는 국가 간 전쟁의 역사였으며 네덜란드 다음 전쟁을 준비하는 기간에 지나지 않았다. 특히 근대국가 체제가 수립된 이후엔 "전

4) 여기에서 필자는 미국의회에 의에 윌슨의 연맹조약이 가까스로 거부되었지만 유엔 창설로 윌슨의 정신이 이어지는 미국의 정책을 "미국적" 입장으로 간주할 것이다.

쟁이란 수단을 달리한 정책의 연속에 지나지 않는다"는 칼 폰 클라우제비츠의 정의는 당위적 원칙이 아니라 현실적 진리였다. 따라서 유럽인들에겐 국제정치란 곧 힘의 투쟁이었던 것이다. 반면에 최초의 근대 민주국가인 미국은 치열했던 독립전쟁의 기억은 말할 것도 없고, 1860년대 초기의 비참했던 남북전쟁의 참화가 그들이 기억할만한 전쟁역사의 거의 전부였다. 대외적 위협이 거의 없던 미국인들에게 전쟁은 역사 속에서도 아득한 것이었다. 유럽에 힘의 균형이 유지되는 한 미국은 안전했다. 유럽이 평화의 창조자라면 미국은 평화의 소비자였다.

셋째로, 지적된 지리적 조건과 역사적인 실제경험은 유럽인들과 미국인들 사이엔 서로 다른 국제정치에 대한 철학적 인식 체계를 갖게 했다. 그런 철학적 인식체계가 유럽에선 마키아벨리, 홉스, 마이네케, 슈미트, 모겐소로 이어지는 소위 힘의 정치를 정상적인 국제관계의 본질로 간주하는 대변자들을 낳았다면, 미국에선 일종의 탈 정치적인 로크와 아담스미스의 정신을 구현한 윌슨과 같은 이상주의자를 배출했던 것이다. 유럽인들은 국가안전의 유지와 국제적 사회의 안녕을 생산하고 수호하는 전사의 신념체계를 개발, 발전 그리고 전승 시켰다면 미국은 평화의 소비자로서 자신들이 직접 경험하는 국내정치의 연장선상에서 도덕적, 법률적 행동 양식을 국제사회에서도 기대하는 국제평화주의자의 신념체계를 내세워 그것을 전사들의 세계인 유럽에 까지 보편화 시키려는 염원을 발전시켰던 셈이다. 그리하여 대륙의 유럽인들은 거의 언제나 누가 적이고 친구인가를 구별하고 적에 대처하는 것이 삶의 방식이었다면 미국인들에겐 적과 친구의 구별은 불필요했고 오직 전쟁 그 자체가 적이고 평화 그 자체가 친구였다.

이러한 유럽과 미국 간의 대조적 철학적 인식체계 혹은 세계관은 20세기말 냉전 종식과 함께 오히려 뒤바뀌게 되었다. 제2차 세계대전 후 치열한 양극적 대결 체제 속에서 서방세계의 수호자로서 앞장선 미국이 전사의 인식체계와 신념을 발전시켰다면 미국의 방위 속에서 오랜 평화의 소비자였던 유럽인들이 이제는 국제사회의 법과 도덕을 강조하는 아이러니컬한 역사적 전환이 이루어진 것이다.5) 어쩌면 이런 차이는 전방의 늘 긴장 속에서 경계에 임하는 군인과 후방의 평화스런 일상적 삶을 관리하는 행정요원 간에 대외적 위협을 보는 시각과 사고방식의 근본적 차이에 견줄만한 것이라고 말해도 좋을 것이다.

유라시아 대륙의 한쪽 끝에 자리한 한반도의 한국인들에겐 그 지리적 조건상 위협이란 항상 북쪽대륙에 있었다. 그리하여 중국대륙에 강력한 통일 국가가 수립되면 결국 그 국가에 편승하여 안전을 모색했다. 그러나 해양으로부터 오는 어떤 세력도 배척했다. 한국인들이 편승한 중화제국이 보호자의 역할을 제대로 수행하지 못하는 것이 분명한 경우에도 해양세력인 일본이 편승을 요구할 때 그것을 끝내 거부함으로써 결국 강제로 굴복당하고 국권을 상실하기까지 했다. 그 과정에서 이이제이 즉 균형 잡는 정책(balancing)도 시도해 보았지만 힘없는 균형자를 인정하는 국가는 없었다. 대륙세력과 해양세력이 비슷한 힘으로 한반도에서 맞대결을 하자 그 결과는 한반도의 분단이라는 민족적 비극을 초래하고 말았다.

그렇다면 반도 국가는 결국 분단이 지정학적 조건의 필연적 결과일 수밖에 없는 것일까? 반도의 한국인들은 어떤 철학적 신념체계를 갖고 어떤 안보전략을 구사해야만 자율적 삶을 영유할 수 있는 것일까? 가장 이상적으로 우리가 힘의 균형자 역할을 수행하면서 독립적이고 자주적인 국제적 삶을 개척해 갈수 없는 것일까? 또한 우리는 대륙적 힘

5) 비슷한 요지의 보다 상세한 분석을 위해서는 Robert Kagan, *Of Paradise and Power: Anerica and Europe in the New World Order,* New York: Knopf, 2003; Bruce Bawer, *While Europe Slept: How Radical Islam Is Destroying the West from Withen,* New York; Doubleday, 2006을 참조.

의 투쟁의 안보전략과 해양국가의 도덕적이고 법률적인 국제정치의 철학적 신념체계와 전략 중에서 우리는 어떤 것을 택해야 할 것인가? 아니 전통적으로 유럽의 소위 현실주의와 미국의 이상주의 그리고 냉전 종식 후에 뒤바뀐 유럽의 이상주의와 미국의 현실주의를 넘어서서 그것들의 반도국가식 통합의 방법은 없는 것일까? 또 다시 바꾸어 말해서, 윌슨과 모겐소를 통합하는 제3의 길은 없는 것일까? 아니 우리가 소위 강대국들을 슬기롭게 이용하면서 국제사회의 평화질서 구축과 유지에 주도적 역할을 할 수는 없는 것일까? 우리의 삶과 보다 직접적으로 관련된다고 인식되는 동북아의 소위 4강들 속에서 단순한 객체가 아니라 주체로서 오히려 그들을 주도할 수 없다면 최소한 그들 간의 균형자 역할을 할 수는 없는 것일까?

이런 의문들에 답을 시도해 보기 위해 우리의 처지에 관련하여 적절한 역사적 교훈을 주는 타국들의 사례는 어떤 것이 있을까? 강대국에 둘러싸인 약소국의 비슷한 처지의 역사를 가진 국가로 폴란드와 한때 역사적으로 영세중립의 모델이 되기도 했던 벨기에가 종종 언급되기도 하지만 필자는 제1차 세계대전 후 무솔리니 치하의 이탈리아의 경우가 어쩌면 유용한 교훈을 제공할 수 있다고 생각한다.

제1차 대전 발발 전에 독일의 3국동맹체제의 일원이었던 이탈리아는 전쟁 발발 후 3국 동맹에서 철수하고 영국과 프랑스의 식민지 확보 약속을 받아드려 3국 협상 측에 가담하였다. 그리고 독일 동맹국들과 전쟁에서 값비싼 희생을 치렀지만 1919년 파리평화회담에선 윌슨 대통령의 민족자결원칙과 반식민지 정책에 막혀 당시 이탈리아의 비토리노 올란도 수상은 아무 것도 보상받질 못하고 '깨끗한 손'이지만 결국 '빈 손'으로 파리에서 돌아올 수밖에 없었다. 이탈리아는 불만으로 들끓었다. 비스마르크에 의한 독일의 통일을 도운 후 로마로 진격한 이탈리아는 프랑스의 보복을 두려워하여 독일의 3국 동맹에 가담했었다.

전쟁 후 프랑스는 오히려 독일에 대한 승리로 국력이 강화되었을 뿐만 아니라 이제는 발칸지역과 다뉴브강 연안 및 아프리카에서 이탈리아의 '정당한' 영향권 확대를 막고 있었던 것처럼 보였다. 이탈리아의 민족주의자들은 자국의 훼손된 승리의 관점에서 분노의 감정을 표출했다. 그리고 그들은 과거의 동맹국들에 대한 복수를 꿈꾸었다. 그리하여 종전 직후 강대국들 사이에서 등가리 외교정책으로 기울었다.

1919년 이탈리아를 휘감았던 분노에 찬 분위기는 베니토 무솔리니(Benito Mussolini)의 정신세계에 깊이 영향을 미쳤다. 이 이탈리아 파시즘의 지도자(Duce)가 1922년 정권을 잡았을 때 그는 파리평화회의에 의해 수립된 기존의 질서에 도전했다. 그에겐 그것이 프랑스의 헤게모니 체제였으며 자신의 조국을 패전국가들 쪽으로 몰고 가는 것이었다. 무솔리니는 이탈리아의 자존심과 국가적 위신을 2가지 주요 방법으로 회복시키려고 했다. 하나는 베르사유 조약의 수정으로 위장하여 발칸에서 그리고 다뉴브 강 연안에서 영향권을 확보하고, 또 하나는 아프리카에서 이탈리아 제국을 수립하는 것이었다. 이런 그의 야심엔 특별히 파시스트적인 것은 아무것도 없었다. 왜냐하면 과거 이탈리아의 자유주의 정치가들도 비슷한 제국주의적 목표를 추구했었기 때문이다. 더구나 국가의 행동양식에 관한 무솔리니의 많은 개념들은 그 자신이나 파시스트 이론가들에 의해서 발명된 것이 아니라 민족주의자들의 신념으로부터 전유된 것들이었다. 무솔리니가 확실하게 수립된 전략은 부족했지만 일관되고 또 결코 잊은 적이 없는 팽창주의적 목적들을 갖고 있었다.

1920년대 무솔리니의 외교정책의 주요 테마는 수정주의 즉 현상의 타파였다. 그러나 여러 가지 제약으로 무솔리니의 현상타파정책은 본격적으로 착수되지 못했다. 우선 최고 지도자로서의 신참인데다 국내문제에 사로잡혔고 또 통화의 안정을 위해 국제경제에 의존해야 했기 때문이었다. 그러나 무엇보다도 그는 발칸과 다뉴브 연안지역에서 지배적인 국가로 프랑스를 대치할만한 군사력을 갖지 못했었기 때문이었다. 사실 당시 무솔리니의 반 볼세비즘 덕택으로 1910년대 유럽의 많은 보수주의 세계에서 그는 기존질서의 파괴 활동가로서 보다는 '좋은 유럽인'으로 간주되었다. 1934년 12월에 무솔리니는 이탈리아가 아프리카에서 대규모 공격을 위한 총동원을 시작할 절호의 순간이 왔다고 감지했다. 그리하여 1935년 10월 그가 에티오피아의 침공을 단행했을 때 서방 강대국들은 별로 의미 없는 제제조치의 적용을 제외하고는 이탈리아의 침공을 중지 시킬 아무런 조치를 취하지 않았다. 그리하여 무솔리니는 하일레 셀라시에(Haile Selassie) 황제의 무력한 병력에 대해 결정적인 승리를 쟁취할 수 있었다. 무솔리니는 서방세계에 성공적으로 도전한 것에 대해 대단한 자부심을 느꼈지만 그의 새로 수립된 로마제국이 영국과 프랑스로부터 즉각적인 승인을 받지 못했을 때 심한 모욕감을 느꼈다. 그에게 존경심을 표하기는커녕 서방 강대국들은 무솔리니를 힘없는 사람들을 골라서 공격한 무책임한 전쟁도발자로 치부했다. 이탈리아는 제국을 건설할 자격이 없단 말인가? 무솔리니와 이탈리아 국민들은 서방제국들의 이중기준을 간과하지 않았다.

1936년 5월 이탈리아 제국을 수립한 뒤 무솔리니는 기로에 서게 되었다. 그는 서방국가들과 반 히틀러전선이나 히틀러와의 동맹이나 아니면 그들 간의 균형자로서의 역할을 택할 수 있었다. 그는 서방국가들로부터 식민지 양보를 얻어내기 위해서 독일과의 동맹을 맺겠다고 위협할 수 있는 균형자의 역할을 오랫동안 선호했었다. 그것은 그가 아주 자랑하는 '결정적 영향력 행사'의 전략이었다. 그러나 이 전략을 추진하는 데 성공할 수 있기 위해서는 무솔리니에게 조종력과 힘이 필요했다. 그러나 그는 진실로 어느 것도 결코 갖고 있지 않았다. 더구나 1936년 7월 11일에 제3제국이 '신사협정'을 서명하여 오스트리아를 통합하려는 거보를 내딛자 그의 조종력은 심각하게 제한되어 버렸다. 그것은 참으로 아이러니컬한 것이었다. 왜냐하면 그때 무솔리니는 군내의 인기와 군사적 승리의 정점에 있었기 때문이다. 그때 히틀러의 행동에 대한 무솔리니의 묵시적 동의는 독일에 대한 이탈리아의 유화정책의 시작을 표시했다.

더구나 에티오피아의 침공 후 철저히 파시스트적이라고 서술될 분명한 테마가 그의 외교에 영향을 주기 시작했다. 그것은 민주주의와 공산주의에 대한 증오와 배금주의적 제국주의자들인 서방 강대국들이 부패와 인구하락에 의해 치명적으로 병들고 있다는 점증하는 그의 믿음이었다. 이것이 이전의 이탈리아의 손상된 승리의 감정과 섞어서 이런 파시스트적인 테마들은 이탈리아의 국익에 대한 무솔리니의 이해를 왜곡하고 또 변질시켰으며 자신의 등거리 외교정책을 손상시켰다. 그리하여 1936년 7월 말에 무솔리니는 스페인의 공화정부에 대한 프란시스코 프랑코 장군의 쿠데타 측에 잘못된 개입을 했다. 기대했던 신속한 작전대신에 이탈리아는 내란의 유사에 빠졌다. 그러나 그는 더욱더 호전적이 되어갔다. 자신이 승리를 이어가고 있다고 확신한 그는 서방국들이 타락하고 무기력하여 전체주의적 힘에 맞설 수 없을 것이라는 자신의 선전을 스스로 믿게 되었다.

1938년 2월 무솔리니가 지중해에서 저돌적 조치를 고려하고 있을 때 히틀러는 다음 달 오스트리아로 저항 받지 않고 진격해 버렸다. 무솔리니는 히틀러의 대담한 기정사실화 작전의 성공에 보기 좋은 얼굴을 내미는 것 외에 달리 할 수 있는 일이 없었다. 그 순간부터 이탈리아는 독일의 군사적 철장에 갇히는 신세가 되었다. 이런 현실은 1938년 9월 뮌헨회의를 주재하여 소위 '평화를 구하는' 공정한 중재자로 나섬으로써 은닉되었다. 이 회의는 불운한 체코슬로바키아를 희생시키면서 주데텐란트(Sudetenland)를 독일이 병합하도록 허용했고 체코슬로바키아의 동맹국인 프랑스와 유화적 영국에 의해 체코슬로바키아는 궁지에 몰렸었다. 에티오피아와 스페인에서 이탈리아의 침공 때문에 영국과 프랑스로부터 더욱 멀어진 무솔리니는 1939년 5월 22일 히틀러와 스틸조약(the Pact of Steel)을 체결함으로서 유럽에서 균형자 역할과 독일과의 평형성을 재 장악하려했다. 그러나 추축(the Axis) 내에서 평형성은 무솔리니 자신의 기이한 신화에 지나지 않았다. 히틀러를 견제하고 이탈리아의 결정적 영향력을 성취하려는 전술적 책략은 프랑스가 식민지 영역에서 그에게 전혀 겁먹지 않고 양보를 거절했을 때 완전히 빗나가 버렸다. 영민하게 시행된 힘의 정치에 근거하기 보다는 유럽에서 결정적 균형자로 행동하려는 무솔리니의 노력은 일단 이탈리아의 수단을 넘어섰으며 3류 마키아벨리언에 의해서 수행되었다.[6)]

더구나 무솔리니의 등거리 외교는 결코 공평하지도 공정하지도 않았다. 무솔리니는 나치 독일과의 긴밀한 연계를 맺을 수는 있었지만 그러나 서방국가들과는 결코 친선을 이룰 수 없었다. 권위주의 체제로 이끌린 그는 민주주의 국가들에 의해서 거절당했다. 무솔리니는 1940년 6월 10일 이념적 동기에서가 아니라 사건들에 끌려서 전쟁에 빠져들었다. 외교정책에서 그의 파시스트 이데올로기란 엄격히 정의된 교

---

6) H. James Burgwyn, *Italian Foreign Policy in the Interwar Period 1918-1940* Westport, Connecticut: Praeger, 1997, p.xvii 무솔리니의 외교형태에 관한 보다 상세한 역사에 관해서는, Gaetans Salvemini, *Prelude to World War II,* London: Victor Gollansz, 1953; James Barros, *The Corf Incident of 1913: Mussolini and the League of Nations;* Princeton, N.J.: Princeton University Press, 1965; John F. Coverdale, *Italian Intervention in the Spanish Civil War,* Princeton, N.J.: Princeton University Press, 1975 G.W. Baer, *The Coming of the Italo-Ethiopian War,* Cambridge, Mass.: 1967; Federico Chabod, *Italian Foreign Policy: The Statecraft of the Founders,* Princeton, N.J.: Princeton University Press, 1966; Denis Mack Smith, *Mussolini's Roman Empire,* London: Longman, 1976을 참조.

리문답 책에 지나지 않았다. 즉 그것은 무솔리니의 모순적이고 불같은 성격에 의해 격화된 편견과 역사적 분노의 엉성하고 일관성 없는 결합이었다. 그의 팽창주의적 외교정책의 목적은 원래 파시스트들에 의해서가 아니라 민족주의자들에 의해서 정해졌었다. 그는 분명히 자신의 파시스트적 색체를 가했으며 또 파시스트 용어로 자신의 제국주의를 표현했다. 그러나 외교정책은 종종 일관성 없이 임기응변 식으로 결정되었던 것으로 드러났다. 그는 한편으로 힘의 균형에 관한 현실적 평가와 다른 한편으로 야심과 두려움에 의해 촉발된 열정의 돌풍 사이에서 오락가락했었다. 때때로 그는 자신의 선전 혹은 이념을 스스로 믿었다. 그러나 그는 또 때때로 의구심에 사로잡히기도 하였다. 많은 것이 이탈리아에 대한 다른 국가들의 행동과 반작용에 달려있었다. 그는 전쟁을 통해 영광을 쟁취하려는 욕망을 넘어서는 근본적으로 이념적인 원칙들에 따라 행동했다고 보기 어려웠다. 역사적 분노에 의해 물들고 현대의 시저가 되려는 과대망상광적 욕구에 의한 행동주의 때문에 무솔리니는 결국 자신을 스스로 불안한 궁지에 빠뜨렸던 것이다.

무솔리니는 이탈리아의 진정한 군사적 및 경제적 약점을 반영하는 외교의 수행을 시도하지 않았다. 소수의 아첨꾼들 속에 고립된 무솔리니는 자신의 직감력을 믿었고 또 자신의 판단이 틀릴 수 없다고 믿고자 했다. 신비한 민족주의와 미래지향적 열망으로부터 그는 숙명론과 자발적 참여주의의, 대중에 대한 경멸과 기독교의 흘린 피를 통해서 구원받는데 대한 대중들의 비합리적 믿음의 이상야릇한 혼합을 배양했다. 그러나 이탈리아 인들은 그의 영웅적 기준에 부응하기를 거부했다. 그들은 무솔리니의 군사적 모험주의에 지쳤다.

서방국가들로부터 배척당한 무솔리니는 결정적으로 친 독일적 관점을 가진 중재자로 이탈리아를 내세우거나 혹은 남부 유럽으로 독일의 팽창을 봉쇄할 교활하게 꾸민 발칸의 중립 진영에 대해서 히틀러가 피해의식을 갖지 않길 희망했다. 1940년 3월까지만 해도 그는 유럽에 대한 독일의 지배까지는 가지 않는 상태에서 전쟁을 끝낼 "제2의 뮌헨"을 주재할 희망을 버리지 못했다. 만일 독일이 프랑스를 침입하지 않았었더라면 이탈리아의 비교전국지위는 무한정 계속 되었을 것이다. 그러나 프랑스에서 거둔 히틀러의 전격승리가 모든 것을 바꾸어 버렸다. 더 이상 "평화회의"의 아이디어를 품을 수 없게 되자 그는 이제 고통스런 현실에 직면했다. 프랑스가 패배하고 영국의 항복이 임박해 보였기 때문에 무솔리니는 히틀러에 도전하는 것은 미친 짓이라고 생각했다. 그래서 너무 늦기 전에 가담하는 것이 더 좋을 것이라고 판단했다. 그 결과 프랑스를 공격함으로서 무솔리니는 자신의 운명을 봉해 버렸다. 그는 역사에서 가장 악명 높은 "재칼"로서 역사에 기록될 것이다.7)

무솔리니는 약자의 위치가 분명해진 순간에 이탈리아의 운명을 독일에 묶어버리는 선택을 했다. 이런 치명적 결정은 수년간 아마추어 외교와 국제정치의 개인화, 과도한 야심과 파시스트 이데올로기에 의해 파탄지경이 된 외교적 계산의 결과였다. 전쟁의 제국건설에 대한 무솔리니의 신념을 고려할 때 그는 이탈리아의 자원 부족과 대규모의 현대전쟁의 지원물자로 거대한 군사력을 공급할 수 없는 자국의 저 개발된 산업 능력에 어울리는 제한된 목적의 외교정책을 정교하게 수립하지 못했다. 히틀러는 압도적 힘의 우위의 입장에서 무솔리니를 대했다. 그는 이탈리아를 동맹국으로 필요로 하지 않았다. 그는 감상적 이유에서 무솔리니의 동승을 즐겼을 뿐이다. 1940년 6월에 무솔리니를 히틀러의 품안으로 결국 밀어 넣은 것은 이탈리아의 능력 한계에 대한 쓰라

---

7) *Ibid.*, p.227 냉전 종식에 뒤이은 한국의 유엔 가입 후 한국외교정책의 스타일을 분석하면서 재칼의 가능성에 관한 필자의 논의를 위해서는, 본서의 제13장 "유엔가입과 한국외교: 여우와 고슴도치?" 참조.

린 자각이었다. 이탈리아는 이제 히틀러의 처분에 전적으로 의존하는 제3제국의 위성국가에 지나지 않았다. 무솔리니는 히틀러의 전차에 뒤늦게 편승함으로써 그 한 번의 도박에 파시스트 정권과 이탈리아의 두체(지도자)로서 자신의 생존을 위해 자기 조국의 국가적 운명을 걸었던 것이다. 그러나 무솔리니는 자기가 그토록 염원하던 이탈리아의 '균형자 역할'을 시도하지 못한 채 결국 독일에 재칼처럼 편승하는 전략을 택하고 말았으며, 그 편승 대상의 잘못된 선택으로 인해서 무솔리니는 궁극적으로 조국의 국가 이익마저 희생시킨 파시스트 정권과 자신의 지위는 물론 생명까지도 보존할 수 없었다. 그의 국력이 뒷받침하지 못하는 '균형자'로서의 역할에 대한 꿈은 신기루를 좇는 '한 여름 밤의 꿈'에 지나지 않았던 것이다.

'국제간의 균형자 역할'과 행세란 참으로 매력적인 유혹이다. 마치 국가 간의 관계를 인형극을 공연하듯 자기 뜻대로 수행할 수만 있다면 그런 지도자와 국가는 참으로 국제사회의 부러운 대상이 될 것이다. 그러나 지난 약 350여년의 근대 국제정치의 역사에서 국제적 균형자의 성공적인 역할이란 극소수 국가와 그들의 지도자들에게 국한 되었다. 17세기 중반기에 프랑스의 리슐리외, 18-19세기에 영국의 지도자들, 19세기 후반 독일의 비스마르크 그리고 냉전 종식 후 미국의 대통령들만이 담당할 수 있는 것이었다. 그것도 그 국가들이 국제사회의 최정상의 지위와 국력이 그런 외교술의 발휘를 가능하게 해 주었다. 국제적 균형자란 어떤 국가의 어느 지도자가 스스로 나서서 하겠다고 선언하여 인정되거나 수행할 수 있는 역할이 아니다. 자국의 국가적 역량을 고려하지 않고 무조건 나서게 되면 무솔리니의 이탈리아의 경우처럼 조국의 멸망을 자초할 수도 있는 위험스런 도박 즉, 슬기롭지 못한 외교정책과 전략으로 판명 나고 말 것이다.

소위 민주화 이후 한국 외교정책의 난제는 근본적으로 사회의 전 분야에 걸친 급속한 민주주의적 의식의 확산과 허무주의적 충동으로 초래된 한국 외교정책의 '비정치화'에 있다고 생각된다. 그것은 마치 역사적으로 과거 제1차 세계대전 후 독일 바이마르 공화국 시절의 민주정치와 사회를 여러 가지 면에서 연상시킨다. 바꾸어 말하면 가장 큰 문제는 공공질서유지의 평화유지의 주권적 권한의 '국가의 권능'이 존중받지 못하고 있다는 사실이다. 윌슨과 베버는 주권적 국가란 정당한 무력수단의 독점체라고 정의했었다. 그러나 당시 바이마르 공화국 시대 독일의 공권력은 자유민주주의라는 이름으로 행사되는 사적 폭력수단의 난무로 엄밀한 의미의 '근대국가의 속성'을 상실하고 있었다. 한편으로 과격한 파시스트들과 또 다른 한편으론 급진적 공산주의자들이 사회적 극심한 혼란과 정치적 허무주의로 몰고 갔다. 바로 그런 위험한 혼란 상태에서 '주권자란 예외적인 경우를 결정하는 사람'[8]이라고 선언 하면서 대통령의 비상대권에 입각한 새로운 '리바이어던'의 수립을 주장하면서 '정치적인 것이란 적과 동지를' 구분하는 것이라고 정의했던 당시 독일의 대표적 헌법학자가 바로 칼 슈미트였다.[9] 그러나 슈미트가 참여한 나치스 정권의 독일 국가는 그가 기대했던 '리바이어던'이 아니라 그의 제자 프란츠 노이만(Franz Neumann)이 서술한 것 즉, 국가가 아닌 무법천지의 무질서와 무정부 상태의 비히모스(Behemoth)였다.[10]

---

8) Carl Schmitt, *Political Theology: Four Chapters on the Theory of Sovereignty,* trans. by George Schwab, Cambridge, Mass: MIT Press, 1986, p.5, 원래 독일판은 1912년 출간.

9) 그의 이 저서와 정치이론 및 영향에 관해서는 『인간神과 평화의 바벨탑: 국제정치의 원칙과 평화를 위한 세계헌정질서의 모색』, 서울: 고려대학교출판부, 2006, 제2장에서 비교적 상세히 논의했음.

10) John P. McCormick, *Carl Schmitt's Critique of Liberalisin* Cambridge, U.K.: Cambridge University Press, 1997, p. 285; Franz Neumann, *Behemoth: The Structure and Practice of National Socialism,*

따라서 21세기 초 한국의 민주주의가 1세기 전 독일의 바이마르 공화정의 민주주의의 비극을 멍청하게 되풀이 하지 않기 위해서는 당시 독일 민주주의의 역사와 슈미트의 비극적 운명으로부터 교훈을 얻어야 할 것이다. 급격한 민주화와 저항하기 어려운 세계화의 파고 속에서 국가주권의 몰락과 점증하는 국가 간 경쟁의 심화로 인한 긴장이 날로 심각해지고 있으며 그것의 극복도 긴급한 과제이다. 이런 21세기 초 한국의 국가적 위기 속에서 올바른 외교정책은 치명적으로 중요하다. 왜냐하면 외교정책은 국민의 일부가 아니라 국가 전체의 운명과 직결되기 때문이다.

한국의 외교정책이 국력의 강화와 개인의 자아실현을 통한 국민행복의 증진 그리고 궁극적으로 통일된 부강한 민주-민족국가의 지향이라면 그런 이성적 목적을 달성하기 위해 선택하고 구사해야할 한국의 합리적 외교 전략이란 어떤 것이어야 할까? 그런 추상적 질문에 정확히 답하기는 참으로 어렵다. 그러나 적어도 하나의 소극적 답을 할 수는 있을 것이다. 그것은 분명 앞서 지적한 것처럼 한국이 동아시아의 균형자 역할을 자처할 일은 아닌 것 같다. 한국인들에게 그런 특권적 지위와 역할은 한동안 적어도 우리의 현 세대에게 주어질 것 같지 않다. 그것은 20세기 초 일본의 제국주의의 침략적 위협 앞에서 우리 조상들은 물론 당시 중국이나 러시아, 독일, 프랑스 혹은 미국도 성공적으로 수행할 수 없었던 그런 역할이었다. 그렇다면 한반도의 역사에서 오랫동안 비교적 성공적으로 국가의 존립을 유지시키고 발전할 기회를 부여한 것은 최강 최선의 문명국가에게 편승하는 길이 아니었던가?[11]

---

*1933-1944,* New York: Harper & Row, 1944, p.xii; 슈미트는 비히모스를 종교적 광신주의와 혁명의 상징으로만 이해했다. Carl Schmitt, *The Leviathan in the State Theory of Thomas Hobbes: Meaning and Failure of a Political Symbol,* West port: Greenwood Press, 1996, p.21. 원래 독일어판은 1938년 출간.

11) 이 문제에 관한 필자의 상세한 논의를 위해서는, 본서의 제1장 “한민족과

반도 국가의 한국인들은 치열한 힘의 정치를 심화시키는 대륙 국가들처럼 마키아벨리 식으로만 행동할 수 없다. 그렇다고 해서 해양국가의 자유주의적 국제주의자인 미국의 윌슨같이 국제도덕과 국제법의 지배를 앞장서 주장하고 그것들을 실제로 구현할 수 있는 능력의 소유자처럼 행동하는 돈키호테가 되어서도 안 될 것이다.

그렇다면 대륙과 바다를 공유한 반도국가에 살고 있는 한국인들이 대륙적 힘의 국제정치를 해양적 법과 도덕의 정치로 전환시키는데 기여할 수 있는 길을 장기적으로 꾸준히 모색하면서 당장은 단기적으로는 우선 국가와 민족의 생존과 번영에 기여할 수 있는 슬기로운 정책과 효과적인 전략을 수행해 나가야 할 것이다. 오늘과 내일의 한국지도자들에게 우선적으로 요구되는 것은 바로 그러한 '국제정치적 안목' 즉, '정신과 마음의 자세'이다. 그러나 그러한 정신과 마음의 자세란 하루아침에 사나이다운 '단호한 결심'에 의해서 이루어지는 것이 아니라, 그것은 올바른 '역사 철학'에 대한 충분한 교육과 그것의 줄기찬 '내면화'에 의해서만 이루어 질수 있는 것이 아닐까 한다. 종종 인용되어 여기서 재활용 하는 것이 다소 주저스럽지만, 세익스피어가 「줄리어스 시저의 비극」에서 캐시우스의 입을 통해 말했듯이

> "이봐, 브루투스
> 결함은 우리의 별들 속에 있는 것이 아니라,
> 바로 우리들 자신 속에 있는 것이라네…"

---

국제정치: 역사의 교훈과 전망"; 5장 "주한 미군과 한미관계: 중년의 위기인가 황혼의 이혼인가"; 3장 "한국 외교정책의 특성: 편승에서 쿼바디스로?" 등을 참조.

제 **25** 장

# 링컨의 유산이 한국인들에게 주는 교훈

투쟁에서 우리가 실패할 지도 모른다는 가능성
때문에 우리가 거룩하다고 믿는 명분의 지지를
스스로 억제해서는 안 된다.
- 에이브러햄 링컨 -

50년 전 나는 내 인생의 1년을 주었고 또 거의
잃을 뻔했다. 나는 한국인들이 그렇게 작은 나의
기여로 무엇을 성취했는지 깨닫지 못했었다. 내가
그들의 감사 표시를 보았을 때, 아니 그 이상으로
그들이 완전히 새롭고 멋지고 밝고 동질적이고
대중적이며 번영하는 새 국가를 창조한 방식으로
감사를 표하는 것을 보았을 때 나는 이렇게 말하고
싶었다. '나에게 고마워하지 마세요. 나의 삶을
값지게 만든 것은 바로 당신들입니다. ...
나를 크게 보이도록 한 것은 바로 당신들이에요.
- 존 프레스톤-벨(John Preston-Bell), 한국전 참전 영국 군인 -

링컨의 정신과 리더십이 남긴 유산은 실로 여러 가지이며 또 그것들은 각각 다양하게 해석될 수 있다. 그리고 그 해석은 주어진 시대적 상황과 공간적 처지에 따라 다를 수밖에 없을 것이다. 그럼에도 불구하고 오늘날 내우외환으로 국가의 존망이 위태롭게 느끼는 한국인들에게 링컨의 유산이 주는 교훈은 어쩌면 자명하다고 할 수 있다. 왜냐하면 링컨은 자유민주주의 국가의 일부 세력들이 자유라는 이름 하에 조국을 분열시키고 무력으로 도전했던 남부의 이탈자들을 4년에 걸친 힘겨운 전쟁을 통해 통일함으로써 오늘날 세계 최대 그리고 최강의 자유민주주의 국가인 미합중국의 토대를 확고히 수립한 정치지도자였기 때문이다. 그리하여 그는 미국의 후임 대통령과 지도자들의 위대한 사표가 되었을 뿐만 아니라 세계의 자유민주주의 국가의 수립과 발전을 모색하는 여러 나라와 민족의 수많은 정치 지도자들의 모범이 되었었다.

그동안 한국인들의 시대적 상황과 공간적 처지의 특수성으로 인해 링컨이 대한민국을 탄생시키고 발전시킨 한국의 지도자들과는 거의 무관한 인물이었다면, 내우회환에 시달리며 국가의 존망이 위태로운 오늘의 대한민국의 상황이야말로 링컨의 위대한 리더십이 한국인들에게 절실히 요구된다고 하겠다. 링컨은 분명히 한국의 정치 지도자들에게도 훌륭한 스승이 될 수 있는 인물임에 틀림없다. 따라서 본 장에서는 21세기 오늘의 시대적 상황과 동북아 속의 한반도라는 공간적 처지를 고려하여 링컨이 우리 한국인들과 한국의 정치지도자들에게 줄 수 있는 소중하고 절실한 교훈들을 작성해 보고자 한다. 링컨에게 가장 가까운 전쟁 지도자였던 프랑스의 클레망소(Clemenceau) 수상은 윌슨(Wilson) 대통령의 그 유명한 '14개 조항(the Fourteen Points)'을 듣고 "하느님도 14개 조항까지는 필요로 하지 않았다"고 대꾸했었다. 링컨 대통령이 당시 해방된 흑인들에 의해 제2의 모세(Moses)로 불렸던 만큼, 다소 무리가 있을지도 모르지만, 이스라엘 민족에게 준 모세의 10계명을 모델로 삼아 한국인들, 특히 한국의 정치 지도자들에게 주는 교훈을 10개 항으로 집약했다.

1. 한국의 정치 지도자들은 국민들 사이에서 자유민주주의의 대한민국에 대한 올바른 역사의식과 애국정신을 진작시켜야 한다! 대한민국의 수호는 대한민국의 국민들에게 너무도 당연한 것 같지만 그렇지 못

한 것이 대한민국의 안타까운 현실이다. 대한민국의 국체는 대내외적으로 명백히 위협 받고 있다. 현재 대한민국의 국체인 자유민주주의의 공화정치체제는 반만년의 역사에서 한국인이 수립한 최선의 정치제도이다. 한국의 헌법은 기미독립선언과 임시정부 그리고 대한민국의 탄생과정을 겪으면서 한국인들이 오랫동안 간직해온 고유한 염원은 물론이고 미국의 독립선언서 이후 세계적으로 보편적 가치인 자유를 최우선으로 간주하는 정치체제이다. 그것은 바로 링컨이 지키려고 했던 바로 그 정치체제와 거의 동일한 것이다.[1] 링컨은 미국을 건국한 국부들의 아들이었다.[2]

한국의 현 자유민주주의 정치제제는 링컨의 나라인 미국의 주도로 창설된 유엔의 후원 하에 탄생했다. 소련의 거부로 남한에서만 자유민주주의 원칙에 따라 실시된 국민의 자유·비밀·보통 선거로 대한민국의 건국과 함께 한국인들은 자유민주공화국 체제를 채택했지만, 그것은 반만년 역사에서 가장 생소한 것이어서 상당기간의 시행착오를 겪었다. 한편 한국인들이 자유민주주의 체제를 정치와 생활방식으로 미처 내면화하기도 전에 스탈린의 무기제공과 승인 하에 이뤄진 1950년 6월 25일 북한의 전면적 남침으로 국가의 경제적 기반이 송두리째 파괴되었다. 휴전한 한국인들에겐 국가의 재건이 급선무였다. 파탄 난 경제를 일으키는 피나는 산업화로 한강의 기적을 이루면서 동시에 민주화의 길로 나아가는 한국인들의 운명은 참으로 험난했다.

레이몽 아롱(Raymond Aron)은 일찍이 모든 좋은 것들이 동시에 이뤄질 수 있다고 믿는 자는 바보라고 선언한 바 있다. 대한민국과 한반

---

1) 링컨의 정치철학과 비전에 관한 보다 상세한 논의는, 강성학, 『한국의 지정학과 링컨의 리더십: 동아시아의 지정학적 변화와 국가통일의 리더십』, 서울: 고려대학교 출판문화원, 2017,pp. 225-238을 참조.

2) Richard Brookhiser, *Founders' Son*, New York: Basic Books, 2014.

도에서 개인의 자유, 민주주의와 번영 그리고 평화가 모두 한꺼번에 올 수 있었다고 믿는 자는 참으로 순진함을 넘어 바보가 아닐 수 없다. 대한민국은 1948년 건국 직후 치른 전쟁으로 인해 1950년대의 잿더미로부터 재출발했지만 '무에서 영웅으로(the zero-to-hero)'의 부상을 이룩하며 20세기의 가장 위대한 국가적 성공의 주인공이 됐다. 반면 북한은 세계에서 가장 고립되고 가장 과대망상에 빠진 국가로 전락했다.[3) ] 피와 땀이 어린 고통과 시련의 산물인 현재 대한민국의 자유민주주의 체제는 참으로 한국인에게 소중한 민족사적 업적이 아닐 수 없다.

따라서 불멸의 링컨 유산이 한국인들에게 주는 가장 우선적 교훈은, 한국인들에게 그렇게 어려운 역사적 피와 땀과 노고와 눈물로 이룩한 대한민국의 자유민주주의 체제와 민주적 삶의 방식을 어떤 희생을 감수해서라도 반드시 지켜나가야 한다는 점일 것이다. 역사적으로 민주주의는 도전의 시기에 자신이 지닌 삶의 방식을 방어하기 위해서 치열하게 성공적으로 싸웠다. 그것은 오늘날 한국인들에겐 곧 대한민국에 대한 투철한 애국주의(patriotism)나 혹은 애국심을 요구한다고 바꾸어 말할 수 있을 것이다.[4)] 대한민국은 반만년 역사에서 한반도에 처음으로 실현된 자유민주주의이다. 따라서 '인민의, 인민에 의한, 인민을 위한 정부'가 한반도에서 영원히 사라지지 않도록 모든 한국인들은 자신들이 보유한 모든 지혜와 힘과 용기를 아낌없이 발휘해야 할 것이다.

2. 한국의 정치 지도자들은 북한동포를 노예의 삶에서 해방시키기 위해 흡수통일을 보다 적극적으로 모색해야 한다. 적지 않은 한국의

---

3) Andrew Salmon, *To the Last Round: The Epic British Stand on the Imjin River, Korea 1951*, London: Aurum Press, 2009, p.327.

4) 링컨의 애국주의 혹은 애국심에 관한 보다 상세한 필자의 논의를 위해서는, 강성학, 『한국의 지정학과 링컨의 리더십』, 서울: 고려대학교 출판문화원, 2017, pp.289-297을 참조.

정치 지도자들을 포함하여 많은 한국인들이 남한에 의한 북한의 흡수 통일을 명시적으로 포기한지 오래 되었다. 그러나 한국인들의 분단된 조국은 링컨이 대통령으로 취임할 때 미국인들이 처했던 성황과 비슷하다. 따라서 조국통일은 링컨에게처럼 한국인들에게도 하나의 지상명령이다. 링컨은 조국의 통일과 미국 독립선언서에서 밝힌 모든 인간이 자유로울 뿐만 아니라 그 자유를 누릴 평등한 권리가 있다는 자명한 이치를 실현하기 위해서 미국의 노예들을 해방시켰다. 북한 동포는 현재 김일성 전제군주체제의 계승자인 김정은의 폭정 하에 노예적 삶을 이어가고 있다. 노예란 쇠사슬에 꽁꽁 묶여 짐승처럼 강제노역을 당하는 사람들만 노예가 아니다. 인류의 역사는 패전하여 적국의 점령 하에 놓여있는 경우와 전제군주의 폭군 하에 사실상 모든 자유를 박탈당한 채 숨죽이고 살아가는 주민들을 노예상태라고 간주해왔다. 그리하여 19세기 제국주의 시대 식민지의 주민들, 예를 들어, 일본제국주의 하의 조선인들이 노예상태로 살았다는 것이 일반적으로 인정되는 것이라면 북한의 김정은 체제 아래 숨죽이며 살고 있는 북한 주민들 역시 노예상태에 있다고 보아야 할 것이다. 그렇다면 헤겔식으로 말해서 오로지 전제군주 한 사람인 김정은만 자유롭고 북한 주민 모두가 사실상 노예인 북한의 전제적 폭정체제로부터 그들을 해방시켜야 할 도덕적 의무를 우리 한국인 모두가 지고 있다고 해야 할 것이다.

로마시대 키케로(Cicero)의 폭군살해론(tyrannicide), 근대 자유민주주의 이론의 아버지 로크(Locke)의 혁명론이나 고대 동양에서 맹자(Mencius)의 폭군을 타도하는 '응징적 정복론'[5] 등은 모두 다 오늘날 국제사회에서 말하는 소위 '인도주의적 개입(humanitarian intervention)'의

5) Daniel A. Bell, "Just War and Confucianism: Implications for the Cotemporary World," in Daniel A. Bell (ed.), *Confucian Political Ethics*, Princeton and Oxford: Princeton University Press, 2008, pp.235-236.

정당성을 뒷받침하고 있다. 따라서 조국통일을 위한 대한민국의 대북 정책적 목표는 노예상태에 있는 '북한동포의 해방'이 되어야 할 것이다. 조국통일이라는 한국인의 민족적 염원은 북한 노예동포의 해방이라는 정책적 목표로 구체화해야 한다. 이것은 링컨의 당시 추구했던 미국 남부국가연합체제 하에 있는 노예해방에 버금가는 국가정책이라 해도 과언이 아니다.

3. 한국의 지도자는 전쟁 그 자체를 두려워해선 안 된다! 링컨은 전쟁을 피하고 싶어 했지만 결코 전쟁 그 자체를 두려워하지 않았다. 그래서 남부의 공격행위가 있자 그는 방어적 전쟁에 착수했다. 오늘날 방어적 전쟁은 국제평화와 안전을 목적으로 설립된 세계의 유일한 보편적 평화기구인 유엔도 헌장 제51조에서 허용하고 있다. 그는 방어적 전쟁을 시작했지만 일단 전쟁이 시작되자 그는 전쟁을 공세적으로 수행했다. 그리고 일단 전쟁이 시작된 이후에 그는 협상에 의한 종전을 거부하면서 승리의 순간까지 아무리 정치적으로 곤란에 처해도 종전을 희망하거나 타협을 수용하지 않았다. 그는 전혀 예상 밖의 거듭되는 전투의 패배와 그에 따른 엄청난 인명 손실과 막대한 재산의 피해에도 불구하고, 또 장병들과 그 가족들의 고통을 누구보다도 깊이 통감하였지만 전쟁수행의 지도 측면에서 일순간도 전혀 의기소침해 하지 않았다. 전쟁 개시 후 전쟁을 혐오하고 지쳐가는 미국인들의 강력한 여론에도 그는 전쟁수행을 독려했다. 만일 전쟁을 반대하는 강력해진 여론에 따라 종전을 수용하게 되면, 그것은 미국이 직면한 문제의 근본적 해결이 아니라 단순한 지연에 지나지 않을 뿐만 아니라 그 후로는 그 해결이 더 어려워질 것임을 알고 있었기 때문이다. 링컨의 정책은 전쟁을 성공적으로 수행하는 것이었고, 전쟁수행의 목적은 승리밖에 없다고 그는 굳게 믿었다.

한국인들은 누구도 결코 전쟁을 원하지 않는다. 1950년 북한의 기습 남침으로 시작된 한국전쟁이 1953년 휴전상태로 전환된 이후, 한국의 어떤 정부도 전쟁을 추구한 적이 없으며 북한의 수많은 무력도발에도 불구하고 지금까지 북한의 전쟁을 억제하는 정책 외에 다른 대안을 고려해 본적이 없다. 그러나 이제 북한 김정은이 핵무기로 위협하면서 한반도의 평화와 안정을 깬다면 한국의 정치지도자는 방어적 전쟁을 더 이상 두려워해서는 안 된다. 그리고 일단 전쟁이 발발하면 엄청난 희생과 파괴를 각오해야 한다. 그리고 링컨처럼 공세적 전략으로 전쟁을 수행하여 승리를 거둘 때까지 어떤 타협이나 휴전을 수용해서도 안 될 것이다. 한국의 정치 지도자들에게도 전쟁에 임할 때 링컨의 리더십이 보여준 것처럼 승리에 대한 확신과 어떤 어려움에 봉착해도 결코 굴하지 않는 결연한 자세와 용기 있는 결단과 행동이 반드시 필요하다.

4. 한국의 지도자는 올바른 전략적 안목을 가져야 한다! 한국의 대통령은 한국군의 최고 사령관으로서 전쟁에 승리하기 위해서는 링컨처럼 전쟁에 대한 올바른 전략적 안목을 갖고 있어야 한다. 그는 웨스트포인트(the West Point) 사관학교 출신의 장군들에게 전쟁수행의 기회를 주었으나, 그들이 기대의 전과를 내지 못하자 직접 전략적 지도에 착수하고 자신의 전략적 안목을 같이하는 장군들에게 지휘권을 부여함으로써 승전으로 전환시켰다. 당시 웨스트포인트 사관학교 출신 장군들은 나폴레옹의 숭배자들로서 조미니(Jomini)의 전략사상에 따라 결정적인 한판의 대규모 전투를 통해 남부의 수도 리치몬드(Richmond)를 점령함으로 승리할 수 있다고 믿고 전쟁을 수행했었다. 그러나 링컨은 마치 그가 클라우제비츠(Clausewitz)의 전략사상을 섭렵한 것처럼 남부연합의 소위 전략적 힘의 중심부(the center of gravity)는 수도인 리치몬드가 아니라 막강한 남부군에 있다고 판단했다. 그래서 그는 남부의

섬멸 없이는 승리가 불가능하다고 보고 동시다발적인 섬멸작전을 지시했다. 링컨은 북부의 군대가 설사 남부의 수도 리치몬드를 성공적으로 점령한다고 할지라도, 마치 1812년 나폴레옹이 러시아의 수도 모스크바를 점령하고도 승리하지 못했던 것처럼 막강한 남부군이 존재하는 한 승리는 불가능하다고 내다보았다. 링컨은 다행히 그랜트(Grant) 장군과 셔먼(Sherman) 장군이 링컨의 전략을 성공적으로 실행하여 최후의 승리를 거둘 수 있었다.

따라서 링컨의 올바른 전략적 안목은 남북전쟁을 승리로 이끈 가장 결정적이고 중요한 요인이었다고 해도 과언이 아니다.[6] 1980년 중반 한국의 민주화 이후 어쩌면 한국의 정치 지도자들에게 가장 절실히 필요한 것이 바로 이 군사전략적 안목일 것이다. 링컨도 대통령 취임 때까지 군사전략에 관해선 문외한이나 다름없었지만, 전쟁이 시작되자마자 미국 국회도서관에서 군사전략에 관한 책을 빌려 자율학습에 들어갔다. 만일 한국의 정치 지도자들이 군사전략에 관해 전혀 모르면 링컨처럼 공부해야 할 것이다. 그러나 오늘날의 전쟁은 링컨의 시대와는 달리 전쟁 개시 이전에 이미 군사전략에 관한 안목을 보유하지 않는다면 너무 늦게 될 것이다. 뿐만 아니라 군사전략에 관한 지식은 비교적 상당한 수준이 되어야 한다. 왜냐하면 서양 문명이 낳은 최고의 군사전략 사상가인 칼 폰 클라우제비츠(Carl von Clausewitz)가 일찍이 경고했듯이 피상적 군사전략의 지식은 어설픈 외국어 실력처럼 오히려 오해에 따른 큰 위험을 초래할 가능성이 높기 때문이다. 어설픈 전략적 안목은 차라리 전혀 없느니만 못할 수 있다.

오늘날 전쟁의 양상은 19세기 중엽의 전쟁과 판이하며 한반도를 둘

---

6) 링컨의 전쟁 수행의 리더십과 그의 전략에 관한 보다 상세한 논의를 위해서는, 강성학, 『한국의 지정학과 링컨의 리더십』의 제6장 "군사천재로서 링컨 대통령의 승전 리더십"을 참조.

러싼 국제정치적 상황도 판이하지만 전쟁의 본질은 달라지지 않았다. 따라서 한국의 대통령에겐 올바른 국제정치적 안목과 동시에 전쟁을 성공적으로 지도해 나갈 올바른 전략적 안목이 절실히 요구된다고 하겠다. 오늘날 북한의 힘의 중심부는 북한의 수도 평양 혹은 북한의 핵무기체제나 막강한 북한군이 아니라 북한의 전제군주인 김정은 독재자 개인에게 있다고 보아야 한다. 왜냐하면 평양은 점령하기도 어렵지만 설사 점령해도 승리를 보장하지 못한다는 것을 과거 한국전쟁에서 이미 입증되었을 뿐만 아니라 핵무기는 북한군에 의해서 운영되며 북한군도 민주국가의 군대와는 달리 김정은 개인을 숭배하고 개인에게 충성하는 일종의 호위병력에 지나지 않기 때문이다. 과거 한국전쟁에서 북한의 군사적 참패에도 불구하고 김일성의 생존으로 북한정권이 되살아났던 것처럼 북한 같은 전제군주체제에선 김정은만이 유일한 힘의 중심부인 것이다. 핵무기를 사용하여 동족을 말살시키는 한이 있다 해도 자신의 전제적 독재정권만은 유지하려는 김정은이 생존하는 한 남북한 대결에서 승리를 기대하기란 불가능하다.

요컨대 대북전략은 북한의 유일한 힘의 중심부인 김정은의 완전한 제거를 제1차적이고 최우선적인 공격목표로 삼아 그것을 집중 공격해야 한다. 김정은이 제거되는 그 순간 북한의 힘의 중심부인 유일한 절대적 최고 사령관이 사라짐으로써 북한의 모든 군사력은 소위 지휘의 통일성(the unity of command)을 상실한 오합지졸로 전락하게 될 것이다. 한반도에서 대한민국의 승리는 그렇게 시작될 수 있다. 북한체제의 특수성을 고려할 때, 김정은이 건재하는 한 북한에 대한 군사적, 그리고 궁극적으로 정치적 승리는 또 한 번 불가능하게 될 것이다. 한국의 대통령의 전략적 안목에서 이 점이 망각하거나 소홀히 되어서는 결코 아니 될 것이다.

5. 한국의 지도자는 '무장한 예언자(an armed prophet)'가 되어야 한다! 국가 지도자는 단순히 최고 정책 결정자가 아니다. 그는 링컨처럼 국민들을 위한 '무장한 예언자'가 되어야 한다.[7] 국민들에게 올바른 정책방향을 제시하고 설득하여 그들이 깨닫게 하고 국민을 이끌어야 한다. 올바른 예언자가 되기 위해서는 일찍이 손자(孫子)가 말했던 것처럼 적을 알고 나를 정확히 알아야 한다. 이는 정확한 국제정치적 안목을 요구한다. 우선 동북아에서 한국의 정확한 국제적 위상을 알아야 한다. 냉전체제가 종식 후 한국이 유엔에 가입하고, 특히 OECD의 회원국이 되고, 또 2002년 월드컵에서 4강에 진출하면서 한국의 국가적 위상이 급속히 오르자 한국인들과 정치 지도자들은 그런 들뜬 기분에 도취되어 한국이 마치 강대국이 되었다는 환상에 사로잡혔었다. 즉 당시 한때나마 한국인 거의 모두가 일종의 강대국 신드롬(great power syndrome)에 빠졌었다.[8] 한국은 과거처럼 국제사회의 '새우'가 아니라 최소한 '돌고래'는 되었다는 주장이 빈번해졌다.

그러나 한국이 범세계적으로 경제적 차원에서 선진국 대열에 들어섰다고 할지라도 동북아의 지정학적 조건은 한국에게 강대국이라는 국제적 위상을 허용하지 않았다. 한국이 이제는 더 이상 '새우'가 아니라 '돌고래'가 되었다고 아무리 한국인들이 스스로 자처해도 국제정치에선 새우나 돌고래나 사실상 별다른 차이가 없기 때문이다. 자기 자신에 대한 이러한 부정확한 인식으로는 한국의 어떤 지도자도 한국의 안전한 미래에 대한 올바른 예언자가 될 수 없다. 뿐만 아니라 북한이 장기간에 걸쳐 핵개발을 진행하는 동안 한국의 정치지도자들은 북한의 핵무장 능력을 간단히 과소평가한 채 북한동포의 경제적 어려움만을

7) 강성학, 『한국의 지정학과 링컨의 리더십』의 제6장 "군사천재로서 링컨 대통령의 승전 리더십"을 참조.

8) 본서의 pp.48-50, pp.289-295 참조.

앞세워 오히려 수년에 걸쳐 대북 경제지원을 했다. 그 결과 이제는 한반도에서 북한만이 핵무장에 성공하여 가공할 핵무기로 한국인들의 생존마저 위협하는 참으로 어처구니없는 상황에 처하게 되었다. 이처럼 정확한 정보수집과 판단의 필요성은 21세기의 군사전략에서도 여전히 치명적 요소이다.[9]

예언자적 정치 지도자는 국가가 처할 미래를 정확히 내다보아야 한다. 유럽의 민주주의를 구했다는 점에서 20세기의 링컨 후계자인 윈스턴 처칠[10]은 1936년 3월 히틀러가 독일의 비무장 지대인 라인란트(Rhineland)에 소규모 병력을 파견할 때부터 이미 히틀러의 침략전쟁을 경고한 영국의 유일한 예언자였다. 북한의 핵무장은 1994년 제네바 합의에서부터 용인된 셈이다. 한국과 미국은 북한의 핵무기 개발을 막을 수 있는 절호의 기회를 스스로 포기한 것이다. 그러나 그동안 한국의 정치 지도자들 가운데엔 단 한 사람의 카산드라(Cassandra)마저 없었기에 오늘날 한국인들은 가공할 북핵 위협 앞에 두렵지 않은 척하려 휘파람을 불고 있는 지경에 이르렀다.[11] 이제 한국의 지도자는 국민들이 북한 핵무기의 두려움 그 자체를 두려워하지 않도록 무장한 예언자로서 행동해야 할 것이다.

6. 한국의 지도자는 대중적 교육자 같은 역할을 수행해야 한다! 리더

---

9) 강성학, 『전쟁신과 군사전략: 군사전략의 이론과 실천에 관한 논문선집』, 서울: 리북, 2012, pp.51-53.

10) 강성학, 『한국의 지정학과 링컨의 리더십』, pp.467-468.

11) 필자는 2000년 10월 6일 계룡대에서 행한 특별강연과 그 후 2004년 출간된 저서에서 한국은 최첨단 국방력을 강화하여 북한이 어느 날 갑작스럽게 돌변해서 적의에 찬 군가를 소리 높이 부르지 않도록 하고 계속해서 겁먹은 채로 휘파람만 불 수밖에 없도록 최선의 노력을 다해야 한다고 주장했었다. 본서의 제19장 "햇볕정책과 한국의 안보: 북한은 나그네의 외투인가, 솔로몬의 방패인가?"를 참조.

십이란 원래 교육(pedagogy)을 의미한다. 위기에 처한 나라의 처지와 세상의 이치를 설명하고 지도자가 그들을 진실로 생각한다는 것을 느끼게 만드는 능력을 의미한다. 사람들은 깨닫고 싶어 한다. 지도자가 사람들을 깨닫게 하지 못하면, 지도자의 언행이 모두 선거의 속임수고 준비된 각본에 따른 연설이라면, 지도자에 대한 불신과 경멸 밖에 남지 않게 될 것이다. 링컨의 말처럼 지도자가 진실만을 말한다면 사람들은 그를 믿고 따를 것이다. 고대 아테네의 테미스토클레스(Themistocles)나 페리클레스(Pericles) 그리고 근대에선 처칠(Churchill)이나 드골(de Gaulle) 그리고 루스벨트(Roosevelt) 같은 민주주의 지도자들이 좋은 본보기들이다.

남북전쟁 당시 북부군의 많은 병사들은 링컨을 '링컨 아버지(Father Lincoln)'로 불렀다. 링컨의 나이 때문에 그를 아버지로 불렀던 것은 아니었다. 당시에는 오늘날과는 아주 다르게 아버지는 곧 스승과 같은 존재였다. 한국의 정치 지도자도 때론 일반 국민에게 예언자나 선각자의 수준은 아닐지라도 스승이나 가장과 같은 위치에 서는 것이 필요할 것이다. 그렇다면 무엇을 위한 대중적 교육자의 역할인가? 그것은 한국인들로 하여금 무조건적 평화주의(pacifism)의 본능에서 벗어나게 하기 위함이다. 한국인들만 유독 평화를 애호하는 아주 특별한 민족은 아니다. 인간은 누구나 전쟁의 가능성에 공포를 느끼고 본능적으로 안전을 선호한다. 그러나 본능에 따르는 것이 반드시 지혜로운 것은 아니다. 평화를 위한 오늘의 선택이 내일의 안전을 포기하여 죽음을 더 확실히 할 수도 있다. 일반적으로 대중은 당장 눈앞의 안전을 더 선호한다.

그러나 국가의 지도자는 오늘의 평화와 안전뿐만 아니라 내일의 평화와 안전도 모색해야 한다. 일반 대중은 아무런 대가를 지불함이 공짜로 평화를 향유하려 한다. 그러나 국기 지도자는 내일의 평화와 안전을 보장하기 위해서 요구되는 값비싼 대가도 지불할 줄 알아야 한다. 그래서 지도자가 필요한 것이고, 그것이 지도자의 의무이기도 하다. 내일의 국가적 안전과 평화를 보장할 방법을 선택하기 위해서, 정치지도자는 오늘의 기회와 여러 가능성들을 평가하고 판단하기 위해 냉정하고 무정한 이성을 사용할 줄 알아야 한다. "우리가 남이냐?"라든가 민족이 최우선이라는 등의 감상주의에 빠지면 안 된다.

성경의 창세기에 카인(Kain)이 동생인 아벨(Abel)을 살해하고 로마를 세운 로물루스(Romulus)가 쌍둥이 형제 레무스(Remus)를 죽인[12] 이래, 우리말에 골육상쟁이란 말이 있듯이 형제간이나 민족분규 그리고 동족간의 전쟁은 역사적으로 언제나 국가 간의 전쟁보다 더 가혹했고 잔인했다. 미국의 남북 전쟁은 63만 명 이상이 죽었고 국가 수립 후 미국이 참전한 다른 모든 전쟁의 희생자를 다 합한 것보다도 더 많았다. 라인홀트 니버(Reinhold Niebuhr)가 일찍이 지적했듯이 인간은 도덕적일 수 있고 순교자가 될 수도 있지만 인간들의 집단은 이기적으로 국가는 가장 이기적 존재이다. 칼 슈미트(Carl Schmitt)의 주장처럼 국가 간의 정치란 친구와 적을 구별하는 것이다.

1860년 11월 에이브러햄 링컨이 미국의 대통령으로 당선되자 그가 취임도 하기 전에 남부 7개 주가 연방정부에서 탈퇴하여 국가연합을 탄생시켰다. 그러나 링컨은 자신이 미국의 제16대 대통령으로 취임할 때에도 이들을 적으로 간주하지 않았다. 링컨은 취임사에서 "우리는 적이 아니라 친구들이다. 우리가 적이 되어서는 안 된다. 열정이 격앙되더라도 그것이 애정의 유대를 깨뜨려서는 안 된다"[13]고 강조했었다.

---

12) Anthony Everitt, *The Rise of Rome: The Making of the World's Greatest Empire*, New York: Random House, 2012, p.19.

13) 1861년 3월 4일에 행해진 링컨의 첫 대통령 취임사의 원문을 위해서는, Maureen Harrison and Steve Gilbert (eds.), *Abraham Lincoln In His Words*, New York: Barns and Noble Books, 1996, pp. 293-305를

그랬던 링컨도 일단 남부연합이 독립국가임을 선언하고 전쟁에 돌입하자 전쟁이 종식될 때까지 그들을 철저히 적으로만 간주했다. 그들이 무기를 들고 대적하는 한 그들을 적으로 간주할 수밖에 없었던 것이다. 국가 간 정치란 그런 것이다. 북한의 김씨 전제군주체제가 독립된 국가로서 행동할 뿐만 아니라 남한을 자기네 식으로 통일하겠다는 적대적 목적을 견지하는 한, 북한정권은 한국인들의 적이며, 그것도 '주적'이라는 엄연한 사실을 결코 부인해선 안 된다. 한국의 정치 지도자는 대중에게 바로 이런 점들을 교육시켜야 한다.

남북한 간의 경쟁 아니 투쟁은 실존적 투쟁이다. 북한의 통치자가 문제로 인식하는 것은 남한의 정책이 아니라 남한의 '존재 그 자체'이다. 따라서 유화적 정책은 결코 성공할 수 없다. 유화정책에 따른 평화정착은 평화적 공존을 전제로 하는 것을 넘어 강자가 약자에게 추진할 때 가능한 것이다. 그러나 군사력 측면에서 약자가 강자에게 유화책을 실행한다는 것은 스스로 자멸의 길을 택하는 것이다.

윈스턴 처칠(Winston Churchill)이 일찍이 간파했던 것처럼, "유화정책 그 자체는 상황에 따라 좋은 것일 수도 있고 나쁜 것일 수도 있다. 유약함과 두려움에서 나오는 유화는 쓸모없고 치명적이다. 힘에서 나온 유화만이 장엄하고 고결하며 또 세계평화로 가는 가장 확실한 그리고 아마도 유일한 길이 될지도 모른다."[14] 그러나 처칠은 공산주의자와 좋은 관계를 유지하려는 것은 악어를 달래는 것과 같다면서 "유화정책을 실행하는 자는 악어가 자기를 마지막으로 잡아먹길 소망하면서 악어에게 먹이를 주는 자이다"라고 지적했다. 이어 "악어가 입을 벌릴 때 우리는 그것이 미소를 지으려는 것인지 우리를 먹어 치우려고

참조.

14) Richard M. Langworth (ed.), *The Patriot's Churchill*, Ebury Press, UK, 2011, p.123.

준비하는 것이지 결코 알 수 없다"[15]고 경고했다. 처칠의 선구자인 링컨도 남북전쟁을 치르는 동안 승리의 순간까지 실존적 투쟁의 적에게 결코 유화정책을 실시하지 않았다.

한국의 정치 지도자가 국민들에게 대북유화정책의 위험성과 어리석음을 새롭게 인식시켜 북한의 김정은 전제군주체제와의 민족사적 투쟁에서 승리의 길로 국민을 이끌어 나아가기 위해서는 링컨이 보여준 대중적 교육자의 역할을 통해[16] 소위 '변환적 리더십(transforming leadership)'[17]을 발휘해야 할 것이다. 게다가 그런 변환적 리더십을 제대로 발휘하기 위해서는 바로 적기의 포착, 즉 타이밍에 대한 탁월한 감각(a sense of timing) 긴요하다. 링컨은 노예해방선포를 위한 시기를 결정하는데 탁월한 타이밍 포착의 감각을 보여주었다.[18] 왜냐하면 솔론(Solon)이 일찍이 현명하게 말했듯이 그것이 아무리 도덕적으로 우월한 정책이라 할지라도 국가가 견디어 낼 수 있는 정도 이상의 선(善)이 시도 되어서는 안 되기 때문이다.

7. 한국의 지도자는 대장부처럼 행동해야 한다. 국민들의 지지를 확보하고 국가에 대한 충성을 진작시키기 위해 윤리적 가치를 결코 포기해서는 안 된다. 왜냐하면 인간은 본질적으로 도덕적 존재이기 때문이다. 링컨은 이점을 잘 이해하고 있었다. 그리하여 김동길 교수의 주장

---

15) Dominique Enright (ed.), *The Wicked Wit of Winston Churchill*, London: Michael O'mara Books Limited, 2001, p.25 and p.42.

16) Jeremi Suri, *The Impossible Presidency: The Rise and Fall of America's Highest Office*, New York: Basic Books, p.292.

17) James MacGregor Burns, *Leadership*, New York: Perennial, 1978, Part III.

18) Douglas L. Wilson, "Abraham Lincoln and Shaping of Public Opinion," in in George R. Goethals and Gary L. McDowell (eds.), *Lincoln's Legacy of Leadership*, New York: Palgrave Macmillan, 2010, p.148.

처럼 그는 어떤 면에서 영원한 윤리적 대통령이 되었다. 그가 실현하려고 했던 노예제도의 폐지는 그의 윤리적 신념의 구현이었다. 또한 그는 특히 자신의 두 번째 취임사에서 보여준 것처럼 복수를 모르는 인물, 원수마저 사랑하라는 기독교의 가르침을 실천한 지도자였다. 그의 행동과 연설과 글들이 단순히 합법적이 아니라 윤리적이었기에 그는 미국인들의 지지를 확보하고 또 유지해 나갈 수 있었다. 링컨이 수많은 연설과 글에서 보여준 놀라운 수사학은 그를 지지하지 않을 수 없게 만들었다. 그의 연설문이나 글은 곧바로 당시 수많은 신문들의 주목을 받았고 일반 국민들의 입에 오르내렸다. 오늘날 링컨이 여전히 존경 받는 가장 중요한 이유들 중 하나는 그가 말했던 것과 그것을 말하는 방식 때문이다. 정치 지도자의 말과 그것을 말하는 방식은 참으로 중요한 것이다. 정치 지도자가 시인이거나 언어의 마술사일 필요는 없다. 진실이 담기지 않은 말은 아무리 화려해도 허공에서 맴돌 뿐이다. 링컨의 고결한 윤리성은 그가 최우선적 의무로 간주한 정직성에 있다. 링컨이 지적했듯이 지도자에겐 정직이 최선의 정책이다.[19] 그의 말처럼 우리는 어느 정도의 사람들을 영원히 속이거나 모든 사람들을 얼마 동안 속일 수 있을지는 몰라도 모든 사람들을 영원히 속일 수는 없을 것이기 때문이다.

링컨은 성공적 전쟁수행을 위해 자신을 비웃었고 조롱까지 했던 인물들을 각료와 장군으로 임명했던 '정치적 천재'였지만[20] 전쟁의 효율적 수행을 위해 단합된 국민적 여론과 지지를 지속적으로 유지해 나가

19) 이것은 원래 지도자의 의무를 무엇보다도 중요시했던 로마의 유명한 철학자요 정치가였던 키케로의 모토였다. 키케로에 관해서는, Anthony Everitt, *Cicero: The Life and Times of Rome's Greatest Politician*, New York: Random House, 2003을 참조.

20) Doris Kearns Goodwin, *Team of Rivals: The Political Genius of Abraham Lincoln*, New York: Simon and Schuster, 2005, p. xvii.

기 위해서 필요할 땐 반역적 언론의 검열과 단속을 실시하고 반애국적 국회의원들의 구금도 주저하지 않았다. 그러나 그는 그것이 전쟁 수행에 꼭 필요한 조치임을 분명하게 밝히면서 그들에 대한 그런 조치들이 일시적임을 분명히 하고 의회와 국민들의 이해를 촉구했다. 그는 정적들에게 가혹하게 대한 적이 결코 없었다. 그는 전시의 엄격한 군법의 위반에 대해서도 정상참작을 통해 수많은 병사들의 죄를 감면했다. 그는 소위 군자로서 인(仁)의 정치를 구현했던 대장부(大丈夫)였던 것이다.[21] 링컨은 오히려 우리에게 훨씬 더 친숙한 유교적 덕목을 실천에 옮김으로써 국민적 단합을 이끌었던 것이다.

한국인들의 국내정치과정에서 참으로 요구되는 정치적 덕목이 아닐 수 없다. 자유민주주의에서 정치적 반대자는 경쟁자일 뿐이다. 그러나 한국의 국내정치는 마치 국내정치를 무정부적 자연상태의 국제정치로 오인하고 적과 동지를 엄격하게 구별하고 적개심과 복수심에서 정적을 탄압하고 더 나아가 영원히 괴멸시키려 한다. 그들은 국내정치와 국제정치의 근본적 차이를 알지 못할 뿐만 아니라 오히려 정반대로 오인하고 있다. 그래서 그들에겐 국내정치의 경쟁자는 적이고 타국은 단순한 경쟁자로 인식하고 있다. 왜냐하면 그들에게 자신의 권력에 대한 경쟁자는 눈 앞에 있지만 타국의 적들은 눈에 보이지 않는 저 먼 곳에 있기 때문이다. 그러나 전쟁을 수행하는 와중에서도 링컨 대통령은 자신의 정적이나 비판자들에 대해서 적개심을 품지 않았다. 왜냐하면 "내가 하는 일이 적개심으로 다루기엔 너무나 거대하다"[22]고 생각했기 때문

---

21) 강성학, 『한국의 지정학과 링컨의 리더십』, pp.327-358을 참조.

22) William Lee Miller, "The Magnanimity of Abraham Lincoln: "What I Deal with Is Too Vast for Malicious Dealing", in George R. Goethals and Gary L. McDowell (eds.), *Lincoln's Legacy of Leadership*, New York: Palgrave Macmillan, 2010, p.82; Joseph R. Fornieri, "Lincoln and Biblical Magnanimity," in Carson Holloway

이다. 한국의 정치 지도자들도 링컨이 보여준 군자나 대장부, 혹은 장엄한 정치가의 자세를 갖추어야 할 것이다.

8. 한국의 지도자는 국가의 매력을 높이도록 노력해야 한다! 링컨은 전쟁이 시작되면서 국제사회의 움직임을 면밀히 주시하고 대처해 나갔다. 전쟁이 진행되면서 당시 유럽의 강대국들, 특히 영국과 프랑스는 자국의 이익을 위해 미국의 남북전쟁이 내전임에도 북구하고, 국익 보호를 명분으로 한 외교적·군사적 개입 가능성을 모색했다. 이에 따라 링컨은 특히 영국과 프랑스의 그리고 러시아의 정부와 각국 여론의 움직임에 세심한 주의를 기울였다. 그들이 자국의 전략적·경제적 이익을 명분으로 개입하는 경우 링컨의 승리는 요원해질 것이기 때문이다. 그들이 남부의 편을 들어 개입하는 경우는 물론이고, 중재에 나서 남북의 분열상황을 정당화하거나 휴전상태에 들어갈 경우, 그것은 결국 남부연합의 독립이 국제적 승인을 받아 미합중국이 붕괴될 수 있다는 것을 의미했다. 따라서 링컨은 유럽 강대국들이 북부의 승리를 예상할 수 있는 전과를 내야 하는 전략적 압박을 받을 수밖에 없었다. 링컨의 승리 가능성이 분명해야만 유럽 강대국들이 개입의 유혹에 빠지지 않을 것이기 때문이었다.

그리하여 링컨은 영국이나 프랑스가 남북전쟁에 개입하지 않도록 링컨 정부의 전쟁목적의 정당성을 각국에 홍보했다. 특히 이미 1830년대에 대영제국과 프랑스에서 이미 노예제도와 노예무역을 폐지했었다. 따라서 남부연합이 존속시키려는 노예제도는 시대착오적 죄악으로 선전할 수 있었다. 그리고 바로 그러한 이유에서 영국이나 프랑스의 국민적 여론은 북부에 호의적이었다. 그러나 전쟁이 시작되면서 링컨이

(ed.), *Magnanimity and Statesmanship*, Lanham, Maryland: Lexington Books, 2008, pp.171-196.

실시한 남부에 대한 봉쇄정책은 남부로부터의 대규모 목화수입에 의존하고 있는 영국과 프랑스의 섬유산업에 결정적 타격을 입혔다. 따라서 미국의 내전에 남부 편을 들어 개입해야 한다고 강력히 주장하는 세력들이 존재했다. 그러나 노예제도에 반대하는 링컨 정부의 윤리적 명분을 극복할 만큼 그렇게 강력한 세력이 되지는 못했다. 링컨은 국제적 홍보전략에서도 승리한 것이다. 링컨의 정책은 시대의 정신과 부합되는 강력한 도덕적 호소력이 있었다. 이러한 도덕적 명분으로 인해 영국과 프랑스는 엄청난 경제적 손실에 다른 국가경제의 피해에도 불구하고 개입할 수 없었다.

국제정치가 분명히 본질적으로 권력정치의 마키아벨리적 세계임에는 분명하다. 그렇다고 해서 국가 간의 관계에서 도덕적 가치가 완전히 배제된 물리적 세계만은 아니다. 소위 연성 권력(soft power)이 때로는 기대 이상의 영향을 미치는 경우도 있는 것이다. 특히 매스 미디어의 비약적 발전과 확장으로 인해 세계여론이 오늘날처럼 거의 즉각적 반응을 집단적으로 표출되는 시대에 국가 정책의 도덕적 가치는 국제사회에서 무시할 수 없는 영향력을 행사하기도 한다. 따라서 국가의 정책에서 공공외교(public diplomacy)를 통한 도덕적 우월성을 유지하고 선전하는 것이 필요하다고 하겠다.

9. 한국의 지도자는 동맹을 강화하도록 최선을 다해야 한다! 국가의 지도자가 무장한 예언자가 되기 위해서는 국가가 우선 제대로 무장해야 한다. 군사력 증강에 최우선적 우선순위를 두어야 한다. 강력한 군사력은 전장에서 승리하기 위해서만 필요한 것이 아니다. 강력한 군사력은 외교의 무대에서도 긴요하다. 왜냐하면 프러시아(Prussia)의 프레더릭 대왕 (Frederick the Great)이 일찍이 간파했듯이 무력 없는 외교는 악기 없는 음악이나 마찬가지이기 때문이다. 그러나 모든 국가

가 동일한 수준의 군사력을 보유할 수는 없다. 그것은 그 나라의 총체적 역량에 의해서 제약되기 때문이다. 그래서 국가는 자국의 제한된 군사력을 보완하기 위해서 항상 동맹국가를 찾았다.

남북전쟁 당시 미국의 링컨 대통령은 남부연합과의 전쟁에 돌입했지만 구태여 동맹국을 찾지 않았다. 남부와의 전쟁에서 궁극적으로 승리를 가져오기에 충분한 무장능력을 스스로 갖고 있었기 때문이다. 그러나 한국은 한반도를 중심으로 전개되는 국제정치적 조건에서 필요한 군사력을 자력으로 감당할 충분한 역량을 갖고 있지 못하다. 이것은 구한말의 비극적 역사는 물론이고 1950년 발생한 한국전쟁의 역사가 생생하게 증명해주고 있다. 바로 그러한 이유 때문에 한국은 국가적 생존을 위해 미국과 동맹을 맺고 지금까지 소중하게 유지해 오고 있는 것이다. 그런데 동맹의 지속적 유지는 언제나 주의 깊은 관리와 종종 비싼 대가의 지불을 요구한다. 그렇지 않을 경우 국가 간에 동맹은 지속되지 않는다. 동맹국가의 관계란 그 영향력이나 경제적 이익 면에서 결코 상호간 엄격히 균등한 관계일 수가 없기 때문이다.

1955년 4월 5일 80세의 윈스턴 처칠 수상은 그의 두 번째 수상 직을 스스로 사임하는 마지막 각료회의를 마치면서 각료들에게 "결코 미국인들과 헤어지지 말라"(Never be separated from the Americans)는 마지막 말을 유언처럼 당부했었다.[23] 유럽이 히틀러의 무자비한 군사력에 굴복한 뒤 독일과의 전쟁에서 고군분투하던 영국은 소련과 미국이 제2차 세계대전에 참가하자 연합국과의 전략적 협력이 긴요하게 되었다. 그 결과 미국, 소련의 최고 지도자들과 1943년 테헤란에서 최초로 열린 정상회담에서 처칠은 영국 군사력의 상대적 열세로 인해 그 때까지 균등했던 3국의 관계에서 영국이 미국과 소련의 주니어 파트너

---

23) Martin Gilbert, *Churchill: A Life*, New York: Henry Holt and Company, 1991, p.939.

(junior partner)로 전락하고 있음을 실감했다. 그리고 그 후 열린 얄타회담과 포츠담회담에서 3국간의 불균등한 영향력은 심화되었지만 처칠은 주어진 여건에서 자신의 최선을 다했다. 그는 동맹국들 사이에서도 군사력의 차이에서 오는 어쩔 수 없는 자신의 영향력의 감소를 조용히 감수했던 것이다. 왜냐하면 그 길만이 동맹의 결속을 유지시킬 것이기 때문이었다. 그런 과정을 직접 체험했던 처칠이었지만 그는 영국의 국가이익을 위해 미국과의 불균등한 동맹의 유지를 위해 수상으로서 최선을 다했고 또 수상직을 사임하는 순간까지 그 동맹관계의 중요성을 강조했다.

영국인들이 미국과의 동맹관계를 관리해 나가는데 있어서 얼마나 세심했는가를 보여주는 또 다른 행동도 있다. 2006년 12월 31일 영국의 에드워드 볼스(Edward Balls) 경제장관이 미국의 재무부 앞으로 미국정부에게 보내는 감사의 편지와 함께 8,330만 달러 짜리 마지막 수표를 발행했다. 그것은 1941년 미국의 무기대여법(the Lend-Lease Act)에 입각하여 영국이 미국에 진 빚을 갚는 마지막 수표였다.[24] 제2차 대전의 동맹국인 미국에 진 빚을 65년에 걸쳐 감사의 편지와 함께 갚아온 것이다. 이 지구상에 영국이 아닌 어느 국가가 전시에 진 빚을 그렇게 맹종하듯 꼼꼼하게 갚을 수 있을까? 이것은 참으로 주목할 만한 행동이라고 생각된다. 동맹관계를 어떻게 관리해야 하는가를 보여주는 참으로 중요한 사례라고 하겠다. 영국이 두 초강대국이 지배했던 냉전시대에는 물론이고 지금까지도 높은 국제적 위상과 대미 영향력을 유지하는 비결은 바로 이러한 외교적 기민함에서 나오는 것이라 해도 과언이 아니다. 동맹관계란 그렇게 세심하게 관리되어야 하는 것이다.

---

24) Boris Johnson, *The Churchill Factor: How One man made History*, New york: Riverhead Books, 2014, p.242.

한미동맹은 오늘의 대한민국을 가능하게 해준 기본적이고 구조적인 조건이었다. 한국이 국가안보를 유지하고, 한강의 기적을 통해 오늘날의 한국으로 발전하고 번영하는데 있어서 동맹국 미국은 한국인들을 위한 일종의 대부(God Father)였고 또 동시에 유모(nanny)였다.[25] 오늘의 한국은 번영하는 자유민주주의 국가로 발전했다. 그러나 한반도의 지정학적 조건이나 한반도의 분단체제가 근본적으로 달라진 것은 없다. 따라서 한국이 기존의 안전보장과 번영을 유지하고 궁극적인 한반도의 통일을 이룩하려면 한미동맹체제의 유지가 가장 중요한 국제적 조건이다. 처칠이 영국인들에게 권고했던 말을 원용하여 말한다면 "한국인들은 결코 링컨의 나라 미국과 결별하지 말라"가 될 것이다.

10. 한국의 지도자는 영원한 동맹이란 없다는 것을 명심하고 대비해 나가야 한다! 미국의 대외정책에는 뿌리 깊은 '불간섭주의의 전통'이 언제나 잠복해 있다. 링컨의 외교정책은 미국이 세계의 모든 인류를 위한 민주정부의 성공적 본보기로서 미국의 역할을 확장하려 했다는 점에서 광범위하고 대외 지향적이었지만 동시에 '외국과 연루되는 것(foreign entanglement)'을 최소화하려 했다는 점에서 동시에 내부 지향적이고 '소극적'이었다.[26] 이것은 링컨이 미국외교정책의 수행에

---

25) 강성학, 『이아고와 카산드라: 항공력 시대의 미국과 한국』, 서울: 도서출판 오름, 1997, 특히 제3장, '주한미군과 한반도: 역사적 전개와 의미", 본책의 제5장 참조. 영문판으로는, Sung-Hack Kang, *Korea's Foreign Policy Dilemmas: Defining State Security and the Goal of National Unification*, Folkestone, Kent, UK, 2011, especially, chapter 6.

26) Dean B. Mahin, *One War at a Time: The International Dimension of the American Civil War*, Washington, D.C.: Brassey's, 1999, p. 262. Byron W. Daynes and Hyrum Salmond, "Shaping American Foreign Policy: Comparing Lincoln/Seward and Nixon/Kissinger," in Robert P. Watson, William D. Pederson, and Frank J. Williams, *Lincoln's Enduring legacy: perspectives for Great Thinkers, Great leaders,*

있어서도 국부들의 정신과 정책을 따랐었다는 것을 의미한다. 즉 링컨은 소위 '워싱턴 규칙(the Washington Rules)'을 자신의 외교정책의 수행에서 고수했던 것이다. 동 규칙은 1796년 조지 워싱턴 초대 대통령이 그의 유명한 고별사(the Farewell Address)에서 제시했었던 것이다. 그것은 미국이 어떤 국가와도 항구적인 동맹을 맺지 않고 오직 위급 시에만 일시적 동맹을 허용하는 것이다. 이 워싱턴 규칙은 1801년 토마스 제퍼슨(Thomas Jefferson)이 타국에게 말려드는 동맹(entangling alliance)을 피하라는 경고로 재천명함으로써, 국부들의 교훈적 유산으로 오랫동안 적어도 제2차 세계대전 때까지 간직되어 왔다. 이것은 미국의 고립주의적 외교정책, 더 정확히 표현한다면 미국의 불간섭주의적 외교정책 전통의 기원이라고 할 수 있다.[27)]

링컨은 4년에 걸친 내전 기간 동안, 특히 전쟁 초기 거듭되는 전투의 패전에도 불구하고 타국과의 동맹을 통한 전략적 혹은 경제적 도움을 받으려 전혀 시도하지 않았으며 심지어 일순간 생각하지도 않았다. 동맹국의 도움을 받는다면 전쟁을 보다 손쉽고 신속하게 종결할 수도 있었을 것이다. 물론 일단 어떤 국가가 북부의 동맹이 된다면 또 다른 국가가 남부의 동맹국이 되어 미국 내전이 국제전쟁으로 확대될 위험성도 있었다. 그러나 만일 북부만 동맹을 확보한다면 전쟁을 훨씬 더 신속하게 승리로 이끌 수도 있는 것이었다. 그러나 링컨은 타국들의 개입을 경계했을 뿐 동맹의 가능성을 전혀 고려하지 않았다는 사실이 중요하다, 왜냐하면 그것은 링컨이 자기가 존경했던 조지 워싱턴 대통령의 외교정책적 규칙을 준수하고 있었던 것으로 이해할 수 있다.

---

*and the American Experiment*, Lanham, Maryland: Lexington Book, 2011, p.218에서 재인용.

27) 강성학, 『카멜레온과 시지프스: 변천하는 국제질서와 한국의 안보』, 서울, 나남출판, 1995, pp.491-492.

링컨의 불간섭주의 원칙은 미국이 주도한 중립주의의 발전에 기여했을[28] 뿐만 아니라 워싱턴 규칙을 미국의 강력한 전통으로 발전시키는데 기여했다. 미국의 이 전통은 20세기 초인 1905년 러일전쟁이 끝나갈 무렵 시어도어 루스벨트(Theodore Roosevelt) 대통령 행정부 시대 미국이 일본과 합의한 소위 카쓰라-태프트 협약(the Katsura-Taft Agreement)에서도 잘 나타나 있다. 이 협약은 후에 이승만 박사를 비롯하여 많은 한국인들의 그칠 줄 모르는 원망을 샀었지만 사실 그것은 당시까지 강력하게 유지되어온 미국의 외교정책적 전통을 그대로 반영된 것이었다. 비록 미국이 제2차 세계대전 후 긴 냉전의 시기 동안 국제주의(internationalism)를 주도했지만 월남전을 계기로 시작된 미국의 전통적 고립주의, 즉 불간섭주의적 분위기는 점점 기력을 회복해왔으며 최근 버락 오바마 행정부의 시기에 부활하고 있는 조짐이 보다 더 선명해졌다. 2017년에 시작된 트럼프 대통령 미국국가이익 최우선 정책을 추구하겠다고 선언했다. 그렇다면 트럼프 행정부는 한반도에서 보다 더 셰익스피어의 이아고(Iago)처럼 행동할 것이다. 따라서 한국인들은 "정치의 세계에서 누구나 자신에게 이익이 되지 않는 한 순전히 이웃을 위해 하는 일은 없다"는 비스마르크의 경고를 잊지 말아야 할 것이다.

---

28) Syngman Rhee, *Neutrality as Influenced by the United States*, Leopold Classic Library, 2016 (originally 1910), Chapter 5.

제 **26** 장

# 전환기 한국안보를 위한 지혜로운 부엉이의 목소리: 서평*

Kyung-Ae Park and Dalchoong Kim, eds.

***Korean Security Dynamics in Transition***

(New York: Palgrave, 2001)

*"책을 쓴다는 것은 하나의 모험이다. 그것은 하나의 즐거움으로 시작해서 연인으로 변하고 그리고 주인이 되는데 종국에 가서는 폭군이 되어버린다."*

이것은 노벨 문학상을 수상한 윈스턴 처칠의 고백이다. 책을 그것도 전문연구서를 외국어로 국제적 수준에 손색없는 작품으로 낸다는 것은 기쁘면서도 마치 폭군체제 속의 삶처럼 참으로 고통스러운 일이다. 더구나 한 나라의 운명에 관한 주제를 다룬다는 것, 또한 추진 중인 정책과 관련하여 국가적 삶의 조건을 진단하고 평가·전망한다는 것은 분명히 두려운 지적 도박이다. 그러기 위해서는 오랜 세월 축적된 지적 자신감뿐만 아니라 체험적인 역사 감각이 필수 조건이다. 그런 관점에서 볼 때 이번에 박경애 교수와 김달중 교수가 공동으로 편집한 『전환기 한국안보역학(*Korean Secu-rity Dynamics in Transition*)』의 출간은 진정으로 축하받아 마땅하다. 특히 이 책은 내수용 정치학 상품에 그

---

* 본 장은 한국정치학회의 요청으로 『한국정치학회보』, 제35집 제2호(2001년)에 실린 것이다.

치지 않고 미국의 저명한 출판사에서 나온 야심적 국제(수출)용 지식 상품으로서 국내정치학계는 물론 앞으로 해외의 한국학연구에도 분명히 기여할 것으로 기대된다.

역사창조의 현상이 항상 안개로 가득하고 또한 변화의 와중에 있는 것이라면 어느 시기나 모두 전환기이다. 그러나 우리는 아무 시기나 역사의 '전환기'로 명명하지는 않는다. 그 시기가 역사의 전환기로 명명되기 위해서는 전환점이 있어야 한다. 그런 역사적 전환점을 칸트는 '장엄한 순간(Sublime Moment)'이라고 불렀다. 새로운 시대를 알리는 역사의 분수령이라고 단순하게 불러도 좋을 것이다. 이 책의 편저자들은 김대중 정부가 채택한 햇볕정책의 첫 화려한 무대공연이라고 할 수 있는 2000년 6월 15일 평양의 남북정상회담 개최를 한국안보의 추구와 한반도 통일 모색과정의 역사적 분수령으로 간주했다. 그리고 그들은 새로 접어든 시기를 '전환기'로 명명하면서 한반도의 새로운 안보구조의 평가를 시도했다. 이 책의 편저자들은 이 주제에 관해선 대표적이라고 불려도 이의가 없을 한국인 학자들과 외국의 전문가들을 선정하고 그들의 눈을 통해 다양한 각도에서 조심스러우면서도 자신감 있게, 균형을 유지하면서도 현실성 있게 접근하려는 의도를 분명히 했다. 동시에 집필자들도 자신들의 소주제에 관해서 심도 있는 분석과 신중한 전망, 그리고 적절한 경고를 암시하는 탁월한 지성적 작업을 보여주었다.

## Ⅰ. 남북한 안보관계

이 책은 3부 11장으로 구성되어 있다. 제1부는 남북한 안보관계에 집중되어 있다. 「남북한 정통성 전쟁의 성격과 진화」의 제1장에서 박한식은 남북한 관계를 본질적으로 배타적인 정통성 전쟁으로 규정하고 그것이 어떻게 발전·심화되었는가를 역사적으로 상세히 분석하면서 그동안 여러 가지의 변화가 있었지만 남북한 정치체제의 근원적인 정통성 경쟁은 결코 완화된 적이 없으며, 앞으로도 이러한 경쟁은 지속될 것이라고 전망하고 있다. 따라서 남북정상회담 직후 낙관적 기대감이 지나치게 높아지는 것은 여러 가지 면에서 볼 때 시기상조라고 지적하면서 남북한 각각의 정치문화와 정치체제의 특징을 깊이 있게 조사해야만 남북한 체제 간의 상호행위가 제기하는 끝없는 수수께끼의 실타래를 풀 수 있는 것이라고 박 교수는 주장한다. 이것은 국제체제의 구조적 성격이나 대중매체에 투영된 표면적 사건들에 관심의 초점을 맞춘 그동안의 적지 않은 관찰과 분석의 한계를 사실상 비판하면서, 남북한 관계의 가장 본질적 문제에 초점을 맞추어야 한다는 적절하고 타당한 지적이 아닐 수 없다. 왜냐하면 그동안 남북관계를 보는 데 있어서 많은 사람들이 정체(政體)적 차원의 본질을 잊고 표피적 현상이나 주변 강대국의 한반도 정책에만 관심을 집중했다는 것을 부인할 수 없기 때문이다. 굳이 플라톤이나 아리스토텔레스를 원용하지 않더라도 정치적 삶의 목적과 양심을 의미하기 때문이다. 박 교수의 암시처럼 우리는 정치적 분석의 기본을 잊어서는 안 될 것이다.

제2장 「남한의 대북접근」에서 케네스 퀴노네스(C. Kenneth Quinones)는 1948년 이래 남한의 대북정책의 초석은 한반도에서 남한의 배타적 정통성 확보와 대북 억제정책이었음을 상기시키고 그런 봉쇄정책이 빙하기 녹듯 대북 포용정책으로 변화 발전하는 긴 반세기 간의 과정을 전개하면서 남북대화가 전쟁위기로, 그리고 그것이 다시 대화로 바뀌는 원인들을 분석하고 있다. 그런 과정을 볼 때 남북한 정상회담 개최가 남북 간 전쟁발생의 위험을 두려워했던 사람들에게 안도의 숨을 쉬게 한 것은 사실이다. 동시에 퀴노네스는 한반도에서 지

속적인 평화를 구축한다는 것은 현실이라기보다는 여전히 꿈으로 남아 있다고 주장하면서도, 남북대화의 재개와 북미 간 외교접촉, 그리고 특히 1994년의 북미 간 합의가 한반도뿐만 아니라 동아시아에서 핵 군비경쟁을 효과적으로 방지함으로써 오늘의 세계는 훨씬 안전하다고 평가한다. 남북한 간 불신의 벽은 여전히 높지만 한국전쟁을 경험한 세대가 덜 적대적이고 보다 화해적 세대에 의해 서서히 대치되고 있는 사실을 고려할 때 6월 정상회담은 민족적 화해를 성취할 남북한 주민들의 희망과 결의를 회생시켰으며 새로운 세대의 정치지도자들에게 화해의 과정을 사실적이고 흥미롭게 만들었다는 것이다.

따라서 그는 화해와 평화의 전망이 계속 향상될 것이라고 내다보고 있다. 이처럼 조심스럽지만 장기적으로 낙관적인 전망을 하는 것이 인간의 이성을 믿고 역사의 발전을 믿는 지성인들에게 보편적인 성향이라 하더라도, 커노네스의 지난 반세기의 대북정책에 대한 총체적이고 체계적 분석은 손색없는 하나의 '조감도'라 하겠다.

제 3 장에서 고든 플레이크(L. Gordon Flake)는 북한의 대남전략과 이니셔티브를 분석하고 있다. 남북정상회담의 성공적인 개최는 최소한 남북한이 전례 없는 수준의 상호인정을 보여준 결과이지만, 그런 외교적인 매력공세가 과연 북한의 안보정책에까지 미칠 것인가에 대해서 플레이크는 신중한 회의론자이다. 정상회담에서 논의된 군사적 핫라인 설치에 대한 진전이 전혀 없고 국방장관 회담에서도 핵심적 안보문제는 다루어질 것 같지 않기 때문이다. 정상회담에서 나타났듯이 북한의 고려연방제에 입각한 북한의 통일정책, 즉 공산통일정책은 달라진 것이 거의 없다. 따라서 그는 궁극적으로 북한의 안보정책의 근본적 변화의 전망은 북한 김정일체제의 내부적인 한계에 의해서 결정될 것으로 보고 있다. 즉 남북한 관계, 특히 안보에서 진정한 발전정도는 북한의 변화능력에 좌우될 것으로 보는 것이다. 김대중 대통령 방북이나

올브라이트 미 국무장관의 방북 시 보여준 북한의 현란한 환영사를 통해서 알 수 있듯이, 북한은 분위기만 고조시키는 제스처 외엔 핵심적 문제에서는 오히려 양보하지 않을 것임을 간파할 수 있다는 것이다. 따라서 북한 내 체제적 변화의 결핍 그 자체가 남북한 간 진정한 화해의 가장 큰 장애물이며, 북한은 경제적으로 생존하기 위해서는 개혁해야 하지만 개혁 그 자체가 단기적으로는 가장 위협이 되는 진퇴양난의 상황에서 벗어나기 어렵다는 것이다. 뿐만 아니라 남북한 간의 증대하는 격차가 남북대화 자체를 시대착오적이라고 결론을 내리게 할지도 모른다는 것이다. 지금은 다행히 남한의 지도력이 과거의 제로섬 게임 심리를 거부하고 강자가 타협적이어야 한다는 정책을 추구하고 있지만 남한의 경제가 악화되면 그런 불만이 성장할 것이다. 더구나 그런 보다 관대한 남한의 정책은 포스트 김대중 시대엔 훨씬 더 어렵게 될 것이다. 따라서 북한의 대남 의도와 전략의 가장 분명한 시험은 보다 덜 관대한 남한에 북한이 어떻게 대응하느냐가 될 것이다. 결국 북한에서 근본적 개혁의 과정이 시작될 때까지는, 아니면 적어도 그런 변화의 폭이 속도를 낼 때까지는 한반도에서의 성급한 기대는 진정되어야 한다는 것이 플레이크의 평가이다. 이것은 한마디로 적절한 평가이다.

## II. 한미 안보관계

이 책의 제 2 부는 미국과 한반도 간의 안보관계에 집중되고 있는데 모두 3장으로 구성되어 있다. 우선 제 4 장에서 셀리그 해리슨(Selig S. Harrison)은 주한미군의 장래를 논했다. 그는 냉전의 종식과 2000년 6월 남북정상회담으로 한반도에서의 미국의 군사적 주둔의 장래에 관한 논의가 한국과 미국 내에서 촉발되었다면서 주한미군의 장래에 관해서 자신이 북한 및 중국정부의 여러 관리국들과 가졌던 대화에 크게 의존하고 있다. 특히 그는 아직 미국에 의해 공식적으로 인정되지 않은 1998년의 북한측 제안인 소위 3자 상호안전보장위원회에 주목한다. 이것은 현존하는 군사정전위원회를 대신하여 유엔사령부를 종식시키고 북미 간 평화협정을 맺는 것이다. 그는 북한이 한미동맹조약의 폐기를 요구하는 것은 아니지만 주한미군의 철수만은 기대할 것이라고 보고, 주한미군의 철수가 한반도의 긴장완화에 기여하고 미국의 국가이익에 봉사할 것이라면서 다음의 3가지 이유를 들어 사실상 주한미군의 철수를 주장하고 있다. 첫째, 미국에 대한 북한의 미사일 위협이 미국이 말하는 것처럼 그리 심각한 것이라면 그러한 미사일을 제거하기 위해서라도 미군철수가 필요하다고 정당화될 수 있다. 둘째, 현재와 같은 미군의 주둔은 남북한 간의 긴장을 고조시킨다. 셋째, 한반도 통일 이후 미군의 계속 주둔은 중국과의 심각한 긴장을 초래할 것이다. 뿐만 아니라 주한미군의 철수가 한국으로 하여금 핵무기 개발이나 중국의 핵 보호를 추구하게 할 수 있고, 또한 미군의 철수가 한반도에 힘의 진공상태를 초래할 것이기 때문에 통일 후에도 미군이 계속 주둔해야 한다는 등의 주장을 시대착오적 사고방식이라고 일축하고 있다. 해리슨은 그 자신이 주한미군 문제 논의를 촉발시킨 장본인들 가운데 가장 잘 알려진 사람으로 본 장에서 자신의 주장과 논리를 재천명한 것이다. 국제정치의 분석이 원래 최악의 경우를 전제로 이루어진다면 해리슨은 어쩌면 최선의 이론적 시나리오를 제시한 것이라 할 수 있으며 바로 그것이 최선이라면 바로 그 이유 때문에 실제로 실현되기가 어려운 것이라 하겠다. 실제 정치는 이론적으로 최선의 세계가 아니기 때문이다.

제 5 장에서 박경애는 「북한의 방어력과 미북관계」를 논하면서 특히 강대국 미국의 영향력에 저항하는 북한의 방어력을 분석하고 있다. 핵과 미사일 문제로 미북 간에 야기된 긴장과 그 과정을 분석하면서 박

교수는 이 경우가 전통적 권력정치 접근법의 한계를 보여 주는 하나의 사례가 된다고 주장한다. 전통적 권력정치 접근법에 의한다면 강대국은 그만 못한 국가들로 하여금 강대국 자신의 의지에 따라 행동하게 할 수 있어야 한다. 이처럼 기존의 접근법이 한계에 부딪치는 것은 탈냉전시대에는 약소국을 평가하는 데 있어 국제체제의 구조적 양극성이나 초강대국 간의 긴장이 더 이상 적실하지 못할 뿐만 아니라, 북한처럼 국제적 상호의존망에 아직 통합되지 않는 국가를 분석하는 경우에는 국내적 변수들이 더 큰 중요성을 갖기 때문이다. 따라서 박 교수는 미국의 압력을 견뎌내는 북한의 능력을 증대시키고 힘의 불균등을 보상하는 국내적 요인들을 조사하면서 그것들이 미국의 '공세력'에 저항하는 북한의 '방어력'을 높이는 데 기여한다고 주장한다. 그런 요인들로 북한의 생존에 대한 절대적 욕구, 유일무이한 '주체'의 지도이념, 남한과의 사활적 경합 등을 들면서 김정일 정권 견고화의 필연성을 상세하고 적절하게 분석하고 있다. 범세계적 이해관계를 가진 강대국보다 적은 지역적 이해관계를 가진 약소국의 관계에서는 힘의 관점보다는 이익의 심각성이 중요하게 작용하는데, 미북 간의 관계는 그런 역할이 작용하여 북한의 사활적 이익이 북한의 협상지위를 향상시키고 미국에 대해 행사할 수 있는 힘과 영향력의 원천으로 작용한다는 것이다. 따라서 미국이 미사일과 핵문제에서 북한을 길들이기란 어려울 것이라고 진단하면서 보다 광범위한 포용정책을 마련할 때만이 북미 간 화해가 이루어질 것이라고 전망한다. 박 교수의 판단으로는 미국에겐 대북포용정책 이외의 대안은 없는 것 같다. 그러나 박 교수가 강조한 '국내적 요인'은 미국에서도 작동한다. 미국 국민들, 특히 미국의 의회가 '포용'이라는 명분하에 일종의 대북 '달러' 외교와 유화정책을 얼마나 그리고 언제까지 용인할 것인지를 조사한다면 포용정책의 생명은 그렇게 길 것 같지 않다.

제 6 장에선 브루스 커밍스(Bruce Cumings)가 북미 간 쌍무관계와 남한의 안보문제를 다루고 있다. 그는 1994년 북한 핵문제로 인한 경악스런 위기를 지적하면서 제 2 의 한국전을 다루고 있다. 불필요한 미국인들의 희생을 막기 위해 북한에게 식량과 기타 원조로 연간 10억 달러씩 지원한다면 북한을 대결에서 벗어나게 하고 미국과 외부세계로 안내하는 아주 좋은 투자가 될 것이라고 주장한다. 소련의 붕괴와 중국의 급부상 그리고 냉전 종식으로 초래된 동북아의 여전히 예측할 수 없는 세력관계의 전환기를 고려할 때 그것은 미국에게 새로운 우방을 만들고 옛 문제를 해결하며 한민족에게는 훨씬 더 따뜻한 21세기를 준비하는 황금 같은 기회라는 것이다. 커밍스는 김대중 대통령의 대북정책을 높게 평가하면서 그의 정책이 이제는 미국의 정책이 되었다고 주장한다. 다른 대안들이 훨씬 더 나쁘기 때문이다. 미국과 한국의 강경론자들의 기대와는 달리 북한은 붕괴하지 않았고 붕괴하지 않을 것이며 붕괴되어서도 안 된다는 것이다. 원조의 사용에 안전장치가 잘 마련되고 명백한 사용목적이 천명되면, 그 패키지와 결부시킨 평화대결이 화해와 통일의 길을 열 것이라 믿고 있으며 21세기가 조만간 한국인들에게 의심의 여지없이 보답할 것이기 때문에 그런 계획의 착수는 빠를수록 좋다고 주장한다. 그렇지 않으면 참담한 전쟁 발발의 개연성도 배제할 수 없음을 암시하고 있다. 국가의 예산은 모두 관련된 사람들의 삶의 유지와 직결되어 있다. 그런데 북한을 위해 커밍스의 제안처럼 미국이 연간 10억 달러씩 북한에게 지원하는 것이 미국의 정치과정에서 과연 가능할까? 그 질문에 대한 대답이 부정적이라는 것은 커밍스 교수가 더 잘 알 것이다.

## III. 주변 강대국과 한국안보

강대국들 간의 동학과 한국의 안보라는 주제를 다루는 제3 부는 모두 5개의 장으로 구성되었다. 제 7 장에서 스콧 스나이더(Scott Snyder)는 「미중경합의 등장과 한반도에 대한 합의」를 논하고 있다. 그는 중국의 대한반도 정책의 발전과정을 검토한 뒤 미중 간 잠재적 경쟁의 제1차적 발화점은 여전히 대만문제이지만, 양안관계의 대한반도 정책은 역사적으로 처음부터 정책적 관련성이 있었다고 본다. 따라서 북한의 미사일 실험은 중국의 대한반도 및 대미정책에서 중국 자신의 선택에 실질적 딜레마들을 제기했다는 것이다. 그것은 미중관계에서 증가된 경쟁이나 갈등의 맥락에서 더욱더 냉엄해질 것이다. 첫 번째 딜레마는 북한의 미사일 개발계획에 대한 대응으로 전역미사일방어(TMD)의 공동개발로 나가는 미·일의 결정에 어떻게 대처할 것인가이다. 두 번째 딜레마는 북한자체를 어떻게 다룰 것인가이다. 중국에게 미중관계는 경제적으로 너무 중요해서 대결적 긴장고조의 모험을 하기가 어렵고 미국의 강한 영향력이 북한에까지 미치면 중국의 오랜 이익이 부정적인 영향을 받을 것이기 때문이다. 뿐만 아니라 통일된 한국이 외교적으로 어느 쪽으로 기울 것인가의 문제는 한·중·미 간의 밀접한 관계를 위한 경쟁을 야기할 것이다. 따라서 스나이더가 내다보기에 한국의 제1차적 목표는 궁극적으로 한반도를 통일로 안내한 안정적이고 점진적 과정을 보장하는 방안으로 중국과의 정치적 및 경제적 관계의 전략적 영향력을 높이는 한편, 중국과 미국 간의 어떤 십자포화에도 걸려들지 않도록 하는 것이다. 중미관계의 후퇴가능성에 대한 내용을 고려할 때 가능한 남한외교정책의 또 다른 목표는 자신의 핵심적 외교정책 목적을 그러한 후퇴의 가장 부정적 효과로부터 격리시키는 것이다. 남북한 관계를 주요 강대국 관계와 분리시키는 것은 냉전시대엔 불가능했다. 그러나 스나이더 자신도 인정하듯이, 그런 과업은 강대국 간의 분쟁의 발화점이나 소용돌이로서의 한국의 역사·지리적 위치 때문에 그 실천이 그렇게 만만하지는 않을 것이다.

제8장에선 고병철 교수가 '미일 안보협력과 두 개의 한국문제'라는 제목하에 미일동맹이 한반도의 상황변화에 어떻게 영향을 끼치고 또 영향을 받는가를 분석하고 한일 간의 쌍무적 안보협력문제를 다루었다. 미일동맹은 한국전쟁을 배경으로 체결되었다. 일본은 유엔군의 주요병참기지로서 한국전쟁의 간접적 참여국이었을 뿐만 아니라 전쟁의 주요 경제적 수혜국이었다. 종전 후 한미상호방위조약이 체결되었을 때 일본은 독립을 회복했고 한국과의 간접적 연계는 계속되었다. 한·미·일의 전략적 공동 연계로 인해 한일양국은 양국 간 외교관계의 수립 이전부터 이미 준동맹관계에 있다고 말할 수 있을 것이다. 따라서 미일동맹이 중심축인 양국은 자신들에게 있어서, 한반도 안정의 사활적 중요성을 강조했으며 한국과의 긴밀한 협력 속에서 이를 위해 모든 노력을 경주하겠다고 서약했다. 특히 양국은 북한의 핵문제는 양국이 유엔과 아태경제협력포럼에서 협력할 문제 가운데 하나임을 명시했으며 1997년 미일방위협력 신가이드라인에서도 사실상 동일한 입장을 취하고 있음을 간파할 수 있다. 고 교수는 미일관계는 냉전의 종식 이후에도 살아남았을 뿐만 아니라 주일미군의 감축에도 불구하고 일본은 오히려 더 요새화되었다고 생각하며 거기엔 북한의 핵문제가 가장 중요한 요인 가운데 하나였다고 분석한다. 한일양국은 각자의 미국과의 동맹을 통해 간접적으로 연계될 준동맹관계이긴 하지만 여전히 양국 간에는 상당한 거리가 존재한다는 것을 인정하면서도 고 교수는 1998년 10월 김대중 대통령의 일본방문과 다시 일본의 오부치 수상과 함께 한 한일공동선언, 즉 21세기 신한일동반자관계의 선언채택, 1999년 4월 오부치 수상의 서울 답방 등으로 양국관계가 구체적으로 현저히

발전할 것으로 전망하고 있다. 그러나 미일동맹과 남북 간 관계발전을 침해할 가장 중요한 단일변수로 고 교수는 북한을 들고 있다. 그에 의하면 2000년 6월 15일 역사적 남북정상회담과 공동선언이 한반도에서 화해의 협력의 새 시대로의 길을 열었고 북한도 페리보고서의 노선을 택할 수 있겠지만 한미 및 미일 간 쌍무적 안보협력과 한·미·일의 전략적 3각연계를 강화시킨 장본인인 북한이 그것을 돌이킬 수는 없을 것이라고 전망하고 있다. 금년에 고이즈미 정권이 등장한 이후 교과서 문제, 어업문제, 야스쿠니신사 참배 등으로 야기된 갈등이, 고병철 교수의 비교적 낙관적인 한일관계발전을 부정하고 있지만 그것이 이번에도 과거처럼 한·미·일 3국 간의 구조적 안보 틀 속에서 해소될 수 있다면 그의 전망이 완전히 빗나간 것으로 간주될 수는 없을 것 같다.

제 9 장에서는 로버트 스칼라피노(Robert A. Scalapino) 교수가 중국과 일본이 한반도에서 경합을 할 것인가 아니면 협력할 것인가를 분석했다. 그에 의하면 한국은 현재 중일을 포함하여 주요 강대국들 간에 대립보다는 협력의 원천이다. 이들 강대국들이 보다 긴밀해진 것에 대해 햇볕정책의 기여도 인정해야겠지만, 그러나 핵심적인 요소는 그들 간 공통이익의 존재이다. 오늘날 어떤 외국도 남한뿐만 아니라 타국들에게까지 엄청난 정치·경제적 비용을 초래할 북한의 붕괴를 원치 않고 있다. 아무도 북한의 핵무장을 원하지 않는다. 한반도에서 제 2 의 전쟁은 재앙일 것이다. 따라서 북한의 경제를 향상시키고 편집병을 완화시키면서 북한을 바깥세계로 끌어내는 진화적 과정을 지원하는 것이 최선이라는 합의가 강대국 간에 존재한다는 것이다. 물론 성공의 보장은 없다. 많은 것이 북한 엘리트들의 태도와 정책에 달려 있다. 그러나 현 시점에서 한반도에서 중일 간에 심각한 경합의 가능성은, 특히 한반도의 분단이 한동안 계속된다면 아주 낮다. 21세기의 중국과 일본은 20세기 때와 아주 판이하다. 그런 차이는 일본의 대(對)한국정책에서

분명하다. 현재 일본의 민족주의가 부상하는 데 대한 우려가 있지만 그것이 과장되어서는 안 된다. 중국도 일본과 유사하게 동북아에서 경제적 위상을 배양하고 있으며 현상강화에 중개인으로서 봉사하길 희망하면서 두 개의 한국정책을 강화하고 있다. 따라서 한국문제에 관해서 중일 간에는 협력의 요인들이 지배적이다. 한반도에서 일어난 미래의 사건들을 예측할 수 없지만 최대의 위험은 미국의 동맹국으로 어쩔 수 없이 개입할 일본과 함께 미중을 대결로 몰아가는 사태발전일 것이다. 따라서 스칼라피노 교수는 기존의 4자회담이 심화되고 또 일본과 러시아를 포함하도록 확대되어야 한다고 주장한다. 그의 주장은 한반도의 지정학적 조건에 비추어 적절하고 타당하다는 것만 부언하고자 한다.

제10장에서는 스티븐 노어퍼(Stephen E. Noerper)가 '다자주의와 전환기의 한국안보'를 분석했다. 그는 최근의 다자주의적 성장에 주목했다. 현재 동아시아에 수십 개의 제도적 포럼들이 존재하고 있고 그 가운데 몇 개는 이미 1950년대와 1970년대에 결성되었지만 냉전 종식 이후 출범한 많은 포럼들이 가장 야심작이고 잠재적으로 중요성을 갖는다는 것이다. 노어퍼 교수는 여러 포럼들 중에서 최고의 제도적 발판을 갖추고 일종의 모델이 될 수 있는 것으로 한반도 에너지개발기구(KEDO)를 들면서 이것이 탈냉전시대 다자협력의 전형이 될 것이라고 기대한다. 아세안지역포럼(ARF)의 가입 신청에서 보듯이 북한도 보다 많은 국제적 포럼 용의를 표명해왔다. 그러나, 노어퍼 교수는 보다 광범위한 다자주의적 모멘텀에 주한미군의 계속적 주둔이 장애로 보일 수 있다고 하면서, 한반도의 휴전협정체제를 극복하기 위한 4자회담과정, 남북대화 및 미북 간 관계정상화회담이 그러한 의제들을 발전시킨 것으로 전망한다. 그는 다변적 협력의 심화, 포용, 계산된 변화 및 인내에 찬 대응이 유일한 해결책이라면서, 한반도문제에서 바로 지금이 그렇게 해야 할 절호의 기회라고 평가하고 있다. 그리고 이런 새로운

다자주의적 접근이 한반도분단의 한국적 해결을 뒷받침하고 냉전의 마지막 잔재인 한반도 문제를 잠재우는 데 도움이 될 것이라고 전망하고 있다. 그러나 다자주의의 역사가 일천하여 경험이 거의 부재하고 안보가 쌍무적 동맹과 자립적 방위에 거의 전적으로 의존하고 있는 동북아에서 노어퍼 교수의 기대는 시기상조일 것이다.

## IV. 남북한 관계와 지역안보

한승주 교수의 제11장은 이 책의 11개 장 중의 하나이지만 마지막 장으로 이 책의 종합적 결론의 성격을 갖는다. 2000년 6월의 역사적 남북정상회담은 한반도의 안보동학을 변화시켰으며 그 변화의 파장은 동북아 밖에까지 미칠 것이다. 분명히 김정일은 과거 북한체제의 모든 죄악을 하룻밤 사이에 속죄하기로 결정하지는 않았다. 그렇지만 그의 세계무대 등장은 그의 의도와는 관계없이 북한을 세상에 개방하는 필연적 과정을 출발시켰다. 그 결과는 한국인들뿐만 아니라 한반도 주변 강대국들에게도 헤아릴 수 없는 것으로 한 교수는 평가한다. 우선 남북정상회담을 개최한 남북한의 목적, 즉 그 속셈은 무엇이었을까? 한 교수의 진단에 의하면 남한은 이산가족상봉과 경제적 교류를 기대하고 장기적으로는 남북한 간 신뢰구축을 도모한다. 동시에 대외의존, 특히 남한에 의존하여 북한이 올바로 행동할 동인을 제공하는 데 관심을 두고 있으며, 궁극적으로는 한반도의 평화구조를 수립하고 북한의 근본적 변화를 가져오는 것이다. 반면에 김정일의 의도는, 첫째로 자신의 이미지와 관련이 있다. 김정일은 북한의 경제적 고통으로부터 탈출을 도울 사람으로 김대중 대통령을 지목하고 정상회담을 김 대통령의 명성을 높이도록 돕는 한편, 자신을 북한의 민족적 영웅으로, 또 남한의 어리둥절한 대중에겐 이성적인 평화애호인으로 부각시킬 기회로 간주했다. 둘째, 김정일은 한국과의 우호 과시로 타국, 특히 미일과의 안보외교관계를 개선하고 동시에 한국과 미일 간에 불협화음을 일으키고자 희망했다. 셋째는 전술적 이점을 획득하려는 것으로, 대중적 매력과시를 통해 미일이 중요하게 간주하는 대량살상무기나 남한에서 정치적으로 매우 민감한 이산가족 재결합과 같은 문제에서 구체적 양보를 피하려 했다는 것이다. 동기가 무엇이든 정상회담과 조화로운 관계는 두 지도자들의 국내외적인 정치적 위상에 긍정적 효과를 가질 수 있다. 그러나 믿음과 신임이 이루어지고 협력의 시대가 도래했다고 가정하기에는 너무 이르다. 이제 통일이 임박했다는 기대도 현실적이지 못하다. 오히려 남한의 대규모 대북한 경제원조는 김정일체제의 지탱과 연장을 도울 것이다. 어쨌든 남한은 정상회담에서 수립한 신의의 모멘텀을 유지해야 하는 부담을 안게 되었을 뿐만 아니라 국내적으로 '좌익'의 이념적 주장이 세대교체와 정부정책변화로 득세하여 미국과의 전통적 관계와 미군의 계속적 주둔을 더욱 의문시하게 할 것이다. 미군주둔에 반대하는 한국인들이 좌익에 국한되는 것은 결코 아니지만 그들이 가장 적극적이고 결연하며 요란하다 하겠다. 따라서 한 교수는 한미 간 동맹을 유지하기 위해 한미 양국정부는 이 문제에 주의를 기울여야 한다고 주장한다, 한국정부는 안보의 장밋빛 환상에 빠져서는 안 되고, 미국도 변화된 한국사회를 더 잘 이해할 필요가 있다. 한 교수는 대미항의를 하나의 경종으로 보며, 따라서 너무 늦기 전에 양국정부가 동맹관계의 양육과 보호를 위해 노력할 것을 촉구하고 있다. 남북관계의 변화와 남한의 국내외적 변화를 고려할 때 남한은 상당한 위험에 직면하고 있음이 분명하다. 우선 주한미군의 철수를 가져올지도 모르는 미국과의 마찰로 인해 안보가 손상될 수 있다. 북한재건의 부담으로 경제가 상처받고 남한안보의 악화로 외국투자가들이 빠져나갈 수 있다.

북한은 포용하고 지원하는 문제로 사회전체가 절망적으로 분극화될 수도 있다고 한 교수는 우려한다.

국제적 차원에서도 정상회담은 주변 강대국들의 이해관계에 영향을 미칠 것이다. 중단기적으로 중국은 남북관계 개선으로 외교적 이득을 가장 많이 얻고 있다. 중국이 한반도 문제의 중심무대로 복귀한 것이다. 또한 중국은 북한에 대규모 원조를 할 필요가 없게 되었다. 미국에게 남북 간의 해빙은 미국의 대북 연착륙정책과 일치하는 것이지만, 남북관계의 개선이 북한의 대량파괴무기 개발문제로부터 관심을 돌리게 하지 않을까 우려한 것이다. 더구나 북한이 경제적 지원과 원조를 구할 대안을 발견함에 따라 미국의 협상력이 악화될지도 모른다. 중국도 북한의 미사일을 억제하는 데 미국 못지않은 이해관계를 갖고 있다. 또 미중 모두 북한의 재앙적 붕괴에 대한 우려를 공유하고 있다. 그들은 북한이 자신들의 상호관계에 경쟁의 원천이나 가시가 되길 원치는 않는다. 따라서 미중 간의 중첩되는 이익이 실제로는 중요하다.

한편, 러시아의 주된 관심은 한국문제에서 배제되지 않는 것이다. 정상회담 직후 푸틴 대통령의 북한방문은 한반도문제에 복귀하려는 의지를 보인 것이라 하겠다. 일본은 한국을 중국과 자신 사이의 완충지대로 유지하고자 희망한다. 일본은 또한 한국의 비핵화를 확실히 하고, 북한의 미사일발사능력을 박탈하고 싶어 한다. 따라서 일본은 한반도 문제의 논의에 적극 개입하기를 원하며 러시아와 함께 한국에 대한 6자 메커니즘을 지지하고 있다. 한 교수에 의하면 남북한의 개선된 관계는 이 지역안보에도 긍정적 효과를 미칠 것이며, 다자 간 대화의 메커니즘을 성취할 기회도 높아질 것이다. 북한은 강대국 간의 경쟁성을 이용하려 들겠지만 북한이 기타 국가들에 접근하기 시작한다는 사실만으로도 긍정적이다. 따라서 결론적으로 한국은 외형과 실제, 단기적 충동과 장기적 이익을 구별할 줄 알아야 하며, 옛 우방을 간직하면서 새로운 우방을 찾는 것을 허용하는 외교정책을 마련하고 추구해야 한다는 점을 한 교수는 강조하고 있다 1994년 북한 핵 위기가 한반도를 처참한 전쟁의 위협으로 압박할 때, 한국의 외교수상으로서 위기 해소에 직접 참여했던 한 교수의 진단과 처방, 그리고 경고가 결코 간과되어서는 안 될 것이다.

## V. 결　　어

1980년대 중반 레이건 미국 대통령이 소련을 '악의 제국'이라 몰아붙이던 소위 제2냉전의 시기에 잠든 립 반 윙클(Rip Van Winkle)이 오늘 잠에서 깨어난다면 현 상황을 믿을 수 있을까? 그 때 한반도에서 잠든 립 반 윙클이 이 순간 깨어난다면 지금의 상황을 믿을 수 있을까? 바로 그 시기에 미국의 그레이엄 앨리슨, 앨버튼 카니세일 그리고 조셉 나이는 미소 간 핵전쟁의 심각한 우려 속에서 『매, 비둘기 그리고 부엉이』라는 편저서를 출간했었다. 그 책에서 저자들은 핵전쟁의 전망을 감소시키기 위해서 무엇을 하고 무엇을 해서는 안 되는지 행동지침을 제시하면서 자신들의 주장을 지혜로운 부엉이의 소리에 비유했었다. 서평자에게는 박경애·김달중 두 분이 편저한 이 책의 메시지가 전환기 한국의 심각한 안보의 우려에서 나온 지혜로운 부엉이의 목소리처럼 생각되었다. 이 책 각 장의 집필자들은, 그들의 논리적 전개과정과 결론을 고려한다면, 각자 약간은 매파 혹은 비둘기파로 경도되어 있음을 발견할 수도 있을 것이다. 그러나 한승주 교수의 마지막 장에서 뚜렷이 집약된 바와 같이 이 책의 총체적 균형감각과 메시지는 —남북정상회담으로 분출된 희망과 두려움, 낙관과 비관, 기대와 우려가 함께 어우러지는 상황에서— 한국안보 조건의 개선을 위한 신선한 아이디어와 지혜로운 정책적 권고 속에 잘 나타나 있다. 서평자가 인쇄소에서 원고를 기다리고 있는 조급한 상황 속에서 작성한 본 서평이 저자들의 메시지를 왜곡하지나 않았는지 몹시 두렵다. 비록 저자들의 입장을 심하게 왜곡하지 않았다 하더라도 서평의 성격상 지나치게 단순화시킴으로써 저자들의 지성의 향긋한 내음밖에는 전달하지 못했기 때문에 직접 원전을 읽으면서 저자들의 지혜롭고 풍성한 논의에 참여할 것을 권유하고자 한다. 아무도 미래를 예언할 수는 없다. 그렇다고 근거없는 희망에 들떠서 허둥대거나 절망의 조언에 현혹되어 지적 게으름에 빠질 필요는 없다. 한반도에 관한 조심스런 분석과 보다 바람직한 미래의 비전들을 비교하고 토론함으로써 나아가야 할 최선의 방향에 대한 실마리를 발견할 수 있을 것이다. 미래에 대한 비전은 본질적이다. 냉전시대 확실했던 패러다임을 잃어버리고 지성적 공허감을 포스트모던 허무주의가 위협하는 오늘날, 한국의 정치학계에서 이 책은 한국안보의 미래에 대한 비전들 간에 비교와 토론의 신선하고 시의적절한 교재가 될 수 있다. 저자들의 지혜로운 부엉이의 목소리가 최소한 그 점만은 보상할 것이다.

제 **27** 장

# 국제정치이론과 세계의 앞날*

## Ⅰ. 투키디데스(Thucydides)

우리는 민주화된 사회 속에 살고 있다. 그런데 민주정치가 이루어지는 사회에서는 무엇보다도 매스미디어가 가장 중요한 영향력을 행사한다. 특히 텔레비전은 여론을 전달하고 형성하는 데 있어서 실로 제왕적인 역할을 하고 있다.

과거 전통적으로 최고 통치지도자의 영역에 속한다고만 간주되었던 국가의 외교정책에도 이 매스미디어, 특히 텔레비전은 중요한 영향력을 행사하고 있다. 그런데 여기에 문제가 있다. 언론은 문제점을 지적하지만, 해결책을 제시하는 경우가 드물다. 다시 말해 언론은 약속받은 땅을 제시하지 않는다. 이는 대체로 언론이 모든 정책에 대해서 일차적으로 비판하는 것을 목적으로 삼기 때문이다. 그렇기 때문에 언론은 정책에 영향을 미치지만 어떤 면에서는 무책임하고 일시적이라고도 말할 수 있다. 그러나 민주주의사회의 정치지도자는 이러한 언론의 영향을 받은 독자나 시청자들의 여론을 의식하여 외교정책을 결정하지 않을 수 없다.

오늘날 우리는 엄청난 정보의 홍수 속에 살고 있다. 지난 50년간의 냉전시대에는 많은 정보가 있다 하더라도 그것을 걸러내는 판단의 준거 기준이 있었다. 그것은 곧 '정치적 이념'이었다. 그런데 이 정치적

---

* 본 장은 2000년 1월 교육방송의 「EBS 세상보기」에서 저자가 21세기 국제정치의 이해를 주제로 4차례 강의한 내용의 녹취록을 정리한 것이다.

이념이 사실상 냉전의 종식과 함께 사라지자, 이제는 무엇이 올바른 정책인가에 관해서 모든 사람들이 각각 상이한 생각을 갖게 되었다. 때문에 오늘날 외교정책을 생각하거나 결정하는 사람은 어떤 방향으로 이를 결정할 것인가에 대하여 스스로 자신을 갖기가 매우 어렵게 되었다. 이는 외교정책의 세계 자체가 불확실한 세계이기 때문이기도 하지만, 한 번 취하는 결정이 그만큼 중요하기 때문이다. 만약에 인류가 30년 내에 멸망한다면 우리가 요즘 걱정하는 기아나 질병, 또는 환경의 오염 때문이 아니라 외교정책의 실수에 의한 핵전쟁으로 멸망하게 될 것이다. 이처럼 외교정책이란 우리 모두의 삶과 직결되는 것임에도 불구하고 우리는 냉전 종식 이후에 외교정책의 준거 기준을 상실함으로써, 정보의 홍수에 빠져 있음에도 그 정보들을 적절히 다룰 수 있는 안목을 갖지 못하고 있는 것이 현실이다.

그렇다면 이러한 안목은 어디에서 구할 수 있을 것인가? 그것은 국제 정치를 본질적으로 논의한 고전에서 구할 수 있다. 20세기의 가장 위대한 정치지도자 가운데 한 사람인 윈스턴 처칠은 “미래를 내다보기 위해서는 고대로 돌아가라”고 말했다. 그는 제2차 세계대전을 승리로 이끌었을 뿐만 아니라 자기가 이를 어떻게 승리로 이끌었는가를 쓴 회고록으로 노벨 문학상을 받았으며, 거의 역사가와 마찬가지의 지성을 가지고 있었던 인물이었다. 그의 말처럼 우리의 21세기를 내다보기 위해서는 아주 먼 옛날로 돌아가야 될지도 모른다. 왜냐하면 인간의 본성이란 매우 지속적인 것이며, 국제정치는 이러한 인간의 변하지 않는 본성에 따라 과거로부터 유사한 양상을 반복해 왔기 때문이다. 이러한 관점에서 투키디데스의 『펠로폰네소스 전쟁사』는 국제정치의 본질을 꿰뚫어 보기 위한 안목을 갖추는 데에 대단히 유용한 서양의 고전이라 할 수 있다.

### 1) 영원한 재산(Eternal Possession)

투키디데스는 소크라테스와 동시대인 기원전 5세기의 인물이었다. 펠로폰네소스전쟁에 투키디데스 또한 참여하였으나 작전상의 실패에 대한 책임을 지고 쫓겨났다. 그렇게 추방된 후 투키디데스는 전쟁터를 쫓아다니면서 자신이 직접 보고 들은 바를 생생하게 기록하였는데, 이 것이 바로 『펠로폰네소스 전쟁사』이다. 투키디데스가 처음부터 이 책을 '펠로폰네소스 전쟁사'라고 불렀던 것은 아니다. 원래 투키디데스는 자기의 저서에 '영원한 재산(Eternal Possession)'이라고 제목을 붙였다. 이는 투키디데스가 인간의 역사는 되풀이 된다고 생각했기 때문이었다. 그는 자기가 쓴 책이 인류의 영원한 교훈서가 되기를 기대했고, 그 야심적인 기대를 반영하여 책의 제목을 '영원한 재산'이라 하였다.

투키디데스는 "전쟁이란 난폭한 스승"이라고 하였다. 이것은 전쟁의 폭력성을 보여주는 것이기도 하지만, 실제로 전쟁은 인간에게 삶의 근본적인 조건들을 '난폭하게' 가르쳐 준다는 의미로 사용된 것이었다. 인간은 전쟁을 통해서 삶의 가장 본질적인 조건들을 깨닫게 된다. 예를 들어 휴전선에서 전쟁이 터졌다는 소문이 삽시간에 전달되었다고 가정해 보자. 많은 사람들은 우선 가게로 뛰어가서 라면을 사게 될 것이다. 그리고 또 어떤 사람들은 휴지를 사게 될 것이다. 이는 사람들이 자기에게 본질적으로 필요한 것이 무엇인가를 떠올렸기 때문이다. 그들은 우선 먹거리를 위해서 비상식량으로 라면을 생각했으며, 또한 라면을 먹은 다음을 생각했기 때문에 휴지를 구하게 되었다. 설령 평상시에 매우 편안한 삶을 살고 심지어 사치스럽게 사는 사람조차도 일단 전쟁이 터지게 되면 가장 인간의 본질적인 모습으로 돌아가게 된다. 이처럼 인간은 전쟁을 통해 삶의 냉혹한 진실에 접하게 된다는 뜻으로, 투키디데스는 전쟁을 삶의 근본적 조건들을 가르쳐 주는 '난폭한 스승'

이라고 불렀던 것이다.

투키디데스의 『펠로폰네소스 전쟁사』를 좀 더 깊이 이해하려면 우선 투키디데스가 '역사가'로 분류된다는 점을 알아 두어야 한다. 철학자들은 대체로 훈계로써 교훈을 준다. 그들의 책은 동·서양을 막론하고 대개 '이래서는 안 되고, 저래서는 안 되고, 이래라 저래라' 라는 식의 훈계 또는 격언으로 채워진다. 그러나 역사가들은 사실을 기록하고 이를 통해 독자들이 대리 경험을 하면서 스스로 역사의 교훈을 얻도록 한다. 즉 철학자들이 직접적으로 교훈을 전달한다면 역사가들은 비밀스럽고도 간접적으로 교훈을 전달한다고 할 수 있고, 때문에 이를 읽는 사람에 따라 교훈은 서로 다를 수 있다. 이처럼 700여 페이지에 달하는 『펠로폰네소스 전쟁사』 속에서도 우리는 수많은 교훈들을 찾아볼 수 있으나 여기서는 전쟁의 원인과 과잉팽창의 문제, 그리고 강대국과 약소국 간 관계에 대한 문제 등을 집중적으로 살펴보도록 한다.

### 2) 전쟁의 원인

전쟁은 어떻게 일어나는가? 아테네와 스파르타가 전쟁을 일으킨 고대 그리스 세계에는 마치 우리의 냉전 시대와 마찬가지로 약 160여 개의 국가(폴리스)들과 2개의 초강대국(아테네와 스파르타)이 있었다. 당시 최강의 해양 국가였던 아테네 제국을 대륙국가인 스파르타가 먼저 공격함으로써 27년간의 펠로폰네소스전쟁이 시작되었다.

그 당시에는 누가 보아도 아테네가 최강대국이었으며, 스파르타의 국력은 사실상 그에 미치지 못했다. 그럼에도 불구하고 왜 스파르타는 아테네를 먼저 쳤던 것일까? 투키디데스는 여기에서 전쟁의 진정한 이유를 찾아볼 수 있다고 생각했다. 당시 스파르타는 아테네의 힘이 점점 증가하고 있었으므로 시간이 흐를수록 힘의 경쟁에서 아테네가 유리해지고 스파르타는 불리하게 될 것이라 생각했다. 때문에 스파르타는 더 늦기 전에, 지금이 시기적으로 적기라고 생각하여 선제공격을 가했고 이로써 전쟁이 시작되었다. 즉 전쟁의 진정한 원인은 바로 스파르타가 아테네의 힘의 증가에 대해서 갖고 있던 '두려움'이었던 것이다. 스파르타는 이 두려움으로부터 벗어나고 세력의 우위를 점하기 위해 전쟁을 개시했던 것이다.

우리는 대체로 힘이 센 국가가 약한 국가를 정복하기 위하여 전쟁을 일으킨다고 생각한다. 물론 역사적으로 이러한 전쟁도 많이 있어 왔다. 그러나 투키디데스는 힘이 비슷한 국가들 사이에서의 전쟁은 오히려 상대적으로 힘이 약한 쪽이 강한 국가를 먼저 공격함으로써 발발할 수 있다고 보았다. 왜냐하면 두 개의 강대국가는 소위 '제로섬 게임'의 심리상태에 빠지기가 쉽기 때문이다. 나의 이익은 그만큼 상대방의 손실이 되고, 상대방의 이익이 그만큼 나의 손실이 되는 치열한 경쟁상태 속에서는 적국에 대한 공포로부터 벗어나고 자신의 안전을 기하기 위해 약한 쪽에서 먼저 전쟁을 일으키기가 쉽다는 것이다. 즉 오늘날 국제 정치학의 용어로 한다면 '양극체제의 불안정성'을 주장한 최초의 인물이 바로 투키디데스라고 할 수 있다. 비록 지금 돌이켜 보면 긴 평화의 시대였다고 할 수도 있겠지만, 지난 50여 년간 우리가 양극체제 속에서 항상 전전긍긍할 수밖에 없었던 것도 냉전의 시대가 바로 이러한 양극체제적 성격의 시대였기 때문이다.

과거 우리 정치지도자들의 말들을 살펴본다면 이러한 사실이 좀 더 명확하게 나타난다. 한국전쟁 이후 1950-70년대에 걸쳐 한국의 정치지도자들은 늘 "북한의 무력이 우리보다도 훨씬 강하기 때문에 언제 다시 제2의 전쟁을 일으킬지 모른다", "북한은 호시탐탐 남한을 노리고 있다. 절대 경계를 늦춰서는 안 된다"면서 남북 간의 현저한 힘의 차이로 인해 북한이 언제 다시 남침해 올지 모른다고 국민들의 경각심을 높였다.

그런데 1980년대에 접어들면서부터 남한의 정치지도자들은 다른 말을 하기 시작했다. 즉 이제는 "우리가 월등하게 잘살고 강력한 국가가 되어, 북한은 이에 초조한 나머지 남한을 공격할지도 모른다"면서, "따라서 우리는 그만큼 경계해야 한다"고 주장하게 되었던 것이다. 이러한 변화는 동시대를 살아온 일반인들의 눈에는 과거의 정치지도자들이 거짓말을 했거나, 아니면 그 이후의 지도자들이 거짓말을 하고 있는 것이라고 보일 수도 있다. 그러나 그들이 거짓말을 한 것은 아니다. 힘이 강할 때에도, 상대적으로 힘이 약할 때에도 전쟁을 일으킬 수 있는 것이 국제정치의 본질적인 성격이기 때문이다. 만일 우리가 적대적인 상대국보다 다소 힘이 강하다고 하여 전쟁이 일어나지 않을 것이라 믿는다면 그것은 하나의 환상에 불과하다. 설마가 사람 잡는다는 말과도 같이, 설마 하는 동안 국제정치의 현실은 항상 뒤통수를 치면서 우리에게 놀라움으로 다가서게 되는 것이다.

### 3) 과잉팽창에 대한 경고

스파르타와의 전쟁 중이던 기원전 415년 여름에 아테네의 정치지도자들은 시실리를 정복하자는 데 의견을 모았다. 만일 아테네가 시실리를 점령하게 되면 전략적으로 매우 유리해질 뿐만 아니라 거기에서 엄청난 부 또한 획득할 수 있을 것이었다. 그리하여 알키비아데스를 중심으로 한 아테네의 민주정치 지도자들은 스파르타와의 전쟁 중이었음에도 불구하고 시실리섬 원정을 수행하기로 결정하였다.

그러나 결과적으로 이 원정은 아테네에게 엄청난 비극을 가져다주었다. 알키비아데스는 젊었지만 아주 야심적이고 군사전략에 뛰어난 인물이었다. 그러나 바로 이 때문에 그는 많은 사람으로부터 질투를 받았고, 알키비아데스가 엄청난 군대를 이끌고 시실리로 떠난 후 본국에 남아 있던 정치지도자들은 그가 과거에 행했던 잘못을 문제 삼아 그를 소환하라는 결정을 내리게 되었다. 알키비아데스는 전쟁을 앞두고 본국 정부의 소환 때문에 귀국할 수밖에 없었다. 그러나 아테네로 돌아가게 된다면 그는 재판을 받게 될 것이고, 어쩌면 재판에서 죽음을 맞이하게 될지도 모른다고 생각했다.

결국 알키비아데스는 스파르타로 망명을 해버렸으며 자신의 탁월한 군사전략을 스파르타에 전수해 주었다. 이는 사실상 아테네에게 치명적인 타격이 아닐 수 없었다. 그런데 이런 와중에 아테네는 인품은 훌륭했으나 군사전략적인 능력이 부족했던 니시아라는 인물에게 사령관직을 맡기는 실책을 범하였다. 이러한 내분의 상태 속에서 아테네는 이미 원정을 떠난 군인들에게도 지원을 게을리 하였고, 결국 이들 아테네 원정군은 시실리에서 패배하였다. 이들이 패배해서 돌아오는 과정 속에서 수없이 죽어가는 그 비참한 모습을 투키디데스는 생생하게 기록하고 있다.

투키디데스는 당시 아테네의 시실리 원정을 지나친 팽창, 즉 군사전략적 용어로 말한다면 '과잉산개(over-stretch)'라고 보았다. 즉 과잉팽창은 비극을 가져온다는 경고를 우리에게 보여 주었던 것이다. 현대에 이와 같은 교훈을 잊었다가 이를 새삼 깨달은 것이 미국이었다. 미국이 지구의 반대편 베트남에 60만의 어마어마한 대군을 파견한 것은 바로 미국의 오만에서 비롯된 과잉팽창이었으며, 결국 이것은 아테네와 같은 실패로 귀결되고 말았다.

이처럼 지나친 팽창에 대한 경고는 단지 국가에만 해당되는 것은 아니다. 한국이 외환위기를 겪게 될 당시 기업들은 자기의 능력을 고려하지 않은 채 문어발식으로 무분별하게 팽창해 있었고, 이것이 외환위기를 불러온 중요한 원인이 되었다. 개인도 마찬가지이다. 통장의 잔액은 생각하지 않고 과잉소비를 일삼으면 머지않아 파산하게 될 것이 불을 보듯 뻔하다. 즉 지나친 팽창은 반드시 비극을 가져오게 되는 것이며, 따라서 항상 온건한 정책, 절제 있는 정책을 취해야 한다는 것이 투키디데스의 가르침이라고 말할 수 있다.

### 4) 강대국과 약소국

투키디데스가 우리에게 보여주는 강대국가와 약소국가 간의 관계는 『펠로폰네소스 전쟁사』 제 5 편의 '밀로스의 대화편'에 잘 나타나 있으며, 어쩌면 이것이 이 책의 압권이라고도 말할 수 있다. 투키디데스는 700페이지에 달하는 책에서 이 부분만을 대화체로 만들어 놓았는데, 이는 양국의 대화 속에서 국제정치의 본질적 속성이 얼마나 노골적으로 나타나고 있는지를 극적으로 보여주기 위한 것이다.

스파르타와의 전쟁 중에서 아테네는 군사전략적으로 매우 중요한 위치에 있는 약소국가 밀로스에 군대를 상륙시키고 그들에게 굴복할 것을 요구했다. 아테네인들은 이렇게 말한다. "우리가 과거 페르시아와의 전쟁에서 이겼기 때문에, 혹은 과거에 당신들이 우리에게 상처를 입혔기 때문에 이를 보상받기 위하여 당신을 정복하려 한다고 말하지 않겠다. 따라서 '우리는 스파르타의 식민지이지만 전쟁에 참여한 적이 없다. 우리가 당신들에게 해를 끼친 적이 없는데 왜 우리를 정복하려고 하느냐'는 식으로 얘기하지 말라. 그런 얘기는 할 필요가 없다. 지금 당신들이 신경 써야 할 것은 이 순간에 당신들이 실질적으로 얻을 수 있는 것이 무엇인가 하는 데 관해서 초점을 맞추는 것이다."

그러면서 그들은 이른바 권력정치에 있어 실로 영원히 남을 만한 표현을 남겼다. 아테네인들은 밀로스인들에게 말한다. "국가 간 관계에 있어 정의는 동등한 힘을 가진 그러한 국가들 사이에서만 가능한 것이다. 정의라고 하는 것은 아름다운 이름일 뿐이다. 정의를 말하기 위해서는, 권리를 말하기 위해서는 동등한 힘이 필요하며, 이러한 힘이 없을 경우에 정의라고 하는 것은 한낱 아름다운 수사에 지나지 않는다. 강대한 국가는 자기가 얻고자 하는 것을 얻으며, 약한 국가는 그것을 인정할 수밖에 없는 것이다(The strong do what they can, the weak suffer what they must).”

이 말에 밀로스인들은 “정의는 항상 존재하는 것이다. 그리고 지금은 당신이 강대국가이지만 장기적으로 볼 때 영원한 강대국가란 없다. 정의를 존중하지 않는다면 아테네는 언젠가 이 지구상에 정의를 존중하지 않음으로써 보복받은 본보기가 될 것이다”라고 주장했다.

그러자 아테네인들은 이렇게 말했다. “우리가 앞으로 그런 보복을 받고 위험에 처한다는 것은 당신들이 신경 쓸 바가 아니다. 그것은 우리에게 맡겨라. 우리가 우리보다도 약한 국가에 패배할 때에 그것이 놀라운 일이고 우스꽝스러운 일이지, 우리보다도 강한 국가에 패배하는 것은 전혀 놀라운 일이 아니다.”

그러자 밀로스인들은, 그렇다면 자신들이 스파르타와의 사이에서 중립을 지키면 될 것 아니냐고 제안했으나 아테네인들은 이를 거절했다. “우리 아테네인들이 두려워하는 것은 당신들의 적대감이 아니다. 우리는 해양제국으로서, 해양에서 계속 강한 힘을 유지하기 위해서는 섬나라인 밀로스를 우리의 제국에 굴복시켜야만 하는 것이다. 만약 우리가 당신 같은 조그마한 섬나라 하나를 굴복시키지 못한다면 우리는 약한 국가로 세상에 인식될 것이며, 이는 제국에 커다란 혼란을 초래하게 된다. 그러므로 절대로 당신들의 중립을 인정할 수 없다.”

이에 대해 밀로스인들이 “우리가 굴복한다면, 우리는 세상의 불명예를 갖게 되는 것이고 수치스럽게 되는 것 아니냐” 고 하자, 아테네인들은 “감당할 수 없는 강력한 국가에 굴복하는 것은 결코 수치가 아니다.

당신들과 우리들 사이에는 명예니, 수치니 하는 것들이 끼어들 틈이 없다"고 응수했다. 그러자 밀로스인들은 "우리에게는 우리를 도와줄 신이 있다. 뿐만 아니라 우리에게는 우방국가인 스파르타가 있다. 그들은 우리를 도우러 올 것이다. 왜냐하면 스파르타는 우리의 동족일 뿐만 아니라 그들 자신의 명예를 위해서 우리를 도와줄 것이기 때문이다. 비록 지금 당장은 우리가 약소국이지만 스파르타가 우리를 돕는다면 우리에게도 승리의 가능성이 있다"면서 끝까지 굴복하려 하지 않았다.

이 말에 아테네인들은 "그런 신은 우리에게도 많다. 우리 아테네를 돕는 신도 얼마든지 있다"면서 "신들의 세계에서도 강력한 신이 약한 신을 지배한다. 이것은 하나의 자연의 법칙이다. 이 자연의 법칙은 우리 아테네가 처음 만든 것도 아니고 처음 적용하는 것도 아니다. 강자가 약자를 지배하는 이 자연의 법칙은 옛날부터 있어 왔으며 지금도 있고 앞으로도 영원히 그러할 것이다. 그러므로 입장을 바꿔서 당신들이 강대국가이고 우리가 약소국가라면, 당신들도 우리처럼 행동할 것이다. 왜냐하면 그것이 인간의 본질적인 본성이기 때문이다"라고 답했다.

또한 아테네는 다음과 같이 말했다. "스파르타는 오지 않을 것이다. 스파르타는 자기 자신들의 안전을 먼저 걱정할 뿐만 아니라 그들은 그렇게 용기 있는 민족이 되지 못하기 때문이다." 보통 민주국가의 인간이 활기차고 대담성을 갖는 반면 전체주의 국가의 사람들은 항상 눈치를 보고 조심스럽게 사는 경향이 있으므로, 아테네인들은 스파르타가 밀로스를 구하는 정도의 일에 원군을 보내진 않을 것이라고 생각한 것이다.

이쯤의 대화에서 아테네인들은 짜증이 났다. 그래서 그들은 이렇게 말했다. "지금 우리의 대화에서 중요한 것은 당신들이 당면한 '생존에 관한 문제'인데, 당신들은 자신의 생존에 관하여 이야기하지는 않고 미래에 '있을지도 모르는 희망'에 관해서 얘기하고 있다. 당신들은 헛된 명예심에 빠져있다. 당신들은 전쟁이냐, 여러분들 삶의 안정이냐 라고 하는 중요한 선택에 있어서 무엇이 합리적 선택인가 하는 것은 생각하지 않고, 불확실한 미래의 희망에 모든 것을 걸고 있다. 이것은 당신들이 그만큼 무감각하고 오만하다는 것이다." 즉 이 단 한 번의 결정에 자신들의 전 운명이 달려 있다는 점을 왜 깨닫지 못하느냐는 것이다. 그러면서 아테네는 "이제 당신들에게 결정을 맡기겠다"는 말을 남기고 떠나버렸다.

남은 밀로스의 지도자들끼리 항전이냐 굴복이냐를 놓고 토론한 끝에, 흔히 그런 대화에서는 강경론자가 앞서듯 밀로스의 지도자들도 항전하기로 결정을 내렸다. 그들은 "우리가 700년간 누렸던 자유와 독립을 포기할 수 없다"고 외쳤다. 즉 그들은 그것을 포기할 준비가 전혀 되어 있지 않았기 때문에 자기들을 '도울지도 모르는' 신을 믿고, 또 '도와줄 지도 모르는' 스파르타의 지원을 기대하면서 아테네군에게 "밀로스 섬을 떠나라"는 최후통첩을 보냈던 것이다.

그러자 아테네인들은 "당신들은 당장 자신의 눈앞에 있는 것보다도 허황된 미래에 기대하고, 지금 눈앞의 확실한 것을 취하지는 않으면서 미래의 불확실한 것을 취하는 정말 이상한 사람들이다"라면서 무력행사를 개시했다. 양자 간 힘의 차이는 대단히 큰 것이었기에 예상대로 전투는 그리 오래가지 않았다. 밀로스인들은 무조건 항복을 하였고, 아테네인들은 항복한 이 밀로스인들의 모든 성인 남성들을 처형했다. 그리고 여자와 어린아이들은 노예로 팔아버렸다. 밀로스인들은 저항을 선택함으로써 처참한 종말을 스스로 자초했다고 말할 수 있다. 즉, 투키디데스는 정책적인 한 번의 실수가 국가의 운명을 좌우한다는 것을 말해주고 싶었던 것이다. 자신의 현실을 직시하지 못한 자에게 그 대가는 특히 가혹했다.

### 5) 현실주의 패러다임의 시조

펠로폰네소스전쟁에서 최종적으로는 스파르타가 승리하게 된다. 그러나 『펠로폰네소스 전쟁사』 전체를 읽고 난 다음에 우리가 느끼는 것은 아테네 제국이 멸망하고 마침내 정의가 승리했다고 하는 만족감이 아니다. 실제로 우리는 매우 슬픈 감정을 느끼게 된다. 왜냐하면 아테네인들이 최종적으로 멸망했지만 그것은 '정의의 승리'가 아니었기 때문이다. 정의도 바로 이 전쟁의 희생물이었다. 아무도 밀로스인들을 구하지 못하였으며, 이 약소국가는 완전히 멸망해 지구상에서 사라져 버리고 말았던 것이다. 아테네가 최종적으로 전쟁에서 졌다는 사실은 이미 죽어버리고 노예로 팔려버린 밀로스인들에게 아무런 위안이 되지 않았을 것이다.

또 하나 중요한 사실은 스파르타가 승리하면서 그리스세계가 이제 스파르타의 제국이 되었지만, 아테네의 제국주의 정책이나 스파르타의 제국주의 정책은 사실상 차이가 없었다는 점이다. 전쟁 중에 스파르타는 '아테네로부터 그리스인들의 해방'이라는 명분을 내세우면서 동맹국들을 독려하였으나 정작 전쟁에 승리한 다음에 스파르타가 다른 약소국가들에게 취했던 정책은 과거의 아테네가 취했던 것과 조금도 다르지 않았다. 그들은 강압적이고 억압적이었다. 약소국가에게 승리의 기쁨은 사실상 어느 곳에도 없었던 것이다.

이러한 투키디데스의 교훈을 통해서 우리는 무엇을 느낄 수 있는가? 여기에는 전쟁의 원인, 과잉 팽창의 문제점, 그리고 민주국가에 있어서의 선동정치의 위험성, 부적절한 정치지도자가 적절한 정치지도자를 대체했을 때 당면하게 되는 위험성 등등 많은 것들이 있다. 그러나 우리는 이것을 통해서 무엇보다도 정치적인 삶의 한계와 그 궁극적인 비극성을 보게 된다. 이 역사책을 읽고 나면 다시 한번 인간이란 무엇이고, 정치란 무엇인가 하는 것을 되묻게 되는 것이다. 전쟁을 통해서 우리는 인간의 한계를 목격하게 된다. 그리고 정치의 한계를 목격하게 된다. 따라서 정치에 관해서 지나치게 기대해서는 안 되며, 지나친 기대는 반드시 커다란 실망을 안겨주고 말 것이라는 투키디데스의 교훈을 우리는 새겨들어야 할 것이다. 투키디데스는 이처럼 정치, 특히 국가 간의 국제정치를 비관적인 관점에서, 혹은 비극성을 강조하는 관점에서 바라봄으로써 국제정치학에서 이른바 '현실주의'라고 하는 패러다임의 시조가 되었다.

장 자크 루소는 "투키디데스의 이 책을 읽으면 그것은 마치 눈앞에서 정치적인 현상을 보는 것과 마찬가지이다"라고 평했다. 그만큼 투키디데스의 『펠로폰네소스 전쟁사』는 읽는 사람에게 큰 감동을 주는 동시에 정치적인 비극성과 정치의 한계를 지적함으로써 우리 모두가 정치에 대하여 겸손한 태도를 갖도록 해 준다. 특히 국가 간 관계의 본질적인 성격을 우리에게 말해주고 있다는 점에서 이 책의 가치는 매우 크다. 국가 간의 관계에서 국가는 지나친 모험이나 팽창을 지양하면서도 동시에 안전을 위해서 얼마나 많이 노력해야 하는가를, 투키디데스는 오랜 시간을 뛰어넘어 변함없는 국제정치의 본질적 접근을 통해 보여주고 있는 것이다.

## II. 케네스 월츠(Kenneth N. Waltz)

오늘날 우리는 세계 평화라고 하는 것, 국가 간의 평화라고 하는 것을 매우 당연한 것으로, 우리 모두가 다 같이 원하는 것으로 이해하고 있다. 그러나 그 평화가 모든 사람들에 의해서, 모든 국가들에 의해서 진실로 추구된 역사는 사실상 그리 길지 않다. 적어도 1914년 6월 28

일 오스트리아의 페르디난드 황태자 부부의 피격이 도화선이 된 제1차 세계대전의 발발 전까지 각 국가는, 특히 당시의 유럽의 강대국가들은 평화를 추구하지 않았다. 그들은 '국가이익'을 추구했다. 평화란 그 국가이익의 추구가 상호 균형을 이루는 상태, 이른바 '세력균형' 또는 '힘의 균형'이 이루어지는 상태 속에서 부산물로 주어지는 선물에 지나지 않았다. 즉 당시의 국가들은 평화 그 자체를 외교 정책의 목적으로 추구하진 않았던 것이다. 오히려 이들은 클라우제비츠가 "전쟁은 수단을 달리한 정책의 연속"이라고 말한 것과 같이 국가의 외교 정책적 목적을 추구하는데 있어 전쟁을 최후의 수단이지만 항상 사용할 수 있는 것으로 생각하였다.

그러나 제1차 세계대전의 참화와 그 비극성이 너무도 컸기 때문에 사람들은 생각을 달리 하기 시작했다. 레마르크의 『서부전선 이상 없다』에서 묘사되기도 했던 바와 같이, 당시 제1차 세계대전에 참여했던 유럽 국가들의 병사들은 도대체 자기가 무엇 때문에 이 전쟁에 참여했는지도 알지 못한 채 죽어갔다. 그들에게 전쟁의 목적을 제시했던 사람은 미국의 우드로 윌슨 대통령이었다. 당시 그는 이 전쟁을 민주주의를 위한, 민주주의를 안전하게 하기 위한 전쟁이라고 규명하였다. 즉 인류 역사상 최초로, 전쟁의 명분으로서 영토라든가 왕위 계승권과 같은 구체적 문제가 아닌 추상적인 목적이 제기되었던 것이다. 그러자 오히려 사람들은 이런 추상적인 목적을 위하여 목숨을 초개같이 여기면서 더욱 열심히 싸우는 모습을 보이게 되었다.

이처럼 제1차 세계대전의 비극이 너무 컸기 때문에 당시의 지도자들은 평화 그 자체가 국가들의 외교 정책적 목적이 되어야 한다는 데에 공감하기 시작했다. 따라서 이들은 윌슨 대통령을 중심으로 하여 평화 그 자체를 목적으로 하는 기구를 탄생시켰으며, 범세계적 평화를 위한 이 최초의 국제기구가 바로 국제연맹이었다. 일찍이 칸트는 각

국가들이 민주국가가 되고 그 국가들이 국제적인 연맹을 이루면서 만민법에 따라 행동하게 된다면 세계 평화는 가능할 것이고 또 사실상 보장될 것이라고 생각했다. 국제연맹의 창설을 주도했던 윌슨 대통령은 칸트주의자였으며, 따라서 국제연맹의 창설에는 사실상 칸트의 사상이 많은 영향을 미쳤다고 볼 수 있다.

그러나 그 당시 몇 나라를 제외하고는 대부분 민주국가가 아니었다. 결국 국제연맹은 세계 평화를 이룩하지 못한 채 19년 만에 요절하고 말았다. 그 짧은 국제기구의 생명, 19년이라고 하는 그 기간은 사실상 매우 위태로운 시간이었기 때문에 카아(E. H Carr)와 같은 사람은 이 시기를 "20년간의 위기"라고 불렀던 것이다. 그런데 제2차 세계대전이 끝난 이후에도 미국의 프랭클린 루스벨트 대통령을 중심으로 새로운 세계 질서에서 평화를 유지하기 위해서는 국제연맹을 보다 더 현실적으로 보완한 국가 간의 연합이 필요하다는 인식이 확산되었고, 이로써 오늘날의 국제연합이 탄생하게 되었다.

### 1) 현실주의의 등장

국제정치학이 하나의 독자적인 학문 분야로 인정받기 시작한 것은 제1차 세계대전의 종결 이후로, 그 역사가 매우 짧다. 초창기 국제정치학에서는 국제연맹에 대한 연구, 즉 세계 평화를 어떤 국제 제도적인 방법으로 해결할 것인가에 관한 문제의식이 지배적이었다. 따라서 제2차 세계대전 직후까지는 윌슨 대통령과 같은 생각이 국제정치학계의 지배적인 흐름이었다. 윌슨에 의하면 민주정부는 소수의 독재자들이 아니라 직접 싸움에 나서서 목숨을 버려야 할 국민들 스스로가 전쟁과 평화를 결정하게 되므로, 전 세계 국가들이 민주화 된다면 자연히 이들은 가급적 전쟁을 회피하게 될 것이고 따라서 세계 평화가 올 것이라고 내다보았다. 이처럼 20세기의 초반기에는 자유주의적인 생각이 풍미했으며, 이러한 생각들은 오늘날 다시 부활하는 양상을 보이고 있다. 마르크스주의자들도 자유주의자들과 비슷한 생각을 했다. 이들은 만일 전 세계가 사회주의 국가가 된다면 이들 사회주의 형제국가들 사이에서는 전쟁이 없을 것이라고 보았다. 즉 한편에서는 자유민주주의체제가 전 세계에 보편적인 가치와 제도가 된다면 세계평화가 이루어질 것이라고 생각하였으며, 일부의 사회주의자 또는 마르크스주의자들은 전 세계의 사회주의 국가화가 세계 평화를 보장할 것이라고 주장했던 것이다.

그러나 역사상 최악의 비극이었던 제2차 세계대전을 겪으면서 이러한 생각들에 대하여 강력하게 도전하는 지성적 노력이 일어나게 되었는데, 이들이 바로 '현실주의학파'였다. 현실주의 학파의 대표적 인물로서 '현대 국제정치학의 아버지'라 일컬어지는 한스 모겐소(Hans J. Morgenthau)는 기존의 자유주의적인, 그리고 사회주의적인 평화관에 대하여 근본적인 비판을 가했다. 즉 어떠한 정치제도가 전 세계에 보편적으로 보급됨으로써 세계 평화가 이룩될 수 있다는 생각은 잘못되었다는 것이다. 왜냐하면 그것이 자유민주주의든 사회주의든 그것을 전 세계에 보편화시키기 위해서는 '강요'가 수반될 수밖에 없고, 그러한 강요는 곧 저항을 야기하게 되며, 결국에는 이것이 오히려 전쟁의 원인이 될 수 있다고 보았기 때문이다. 그는 어떤 질서가 보편적으로 훌륭한 질서인가 하는 것에 관하여 동의를 구할 수는 없다고 보았다. 모든 것은 사실상 상대적일 수밖에 없기 때문에 민주주의든 사회주의든 그것이 보편적 가치라는 합의를 이룰 수는 없으며, 따라서 자신의 가치를 전 세계에 보급시키려고 하는 것은 사실상 '지배'의 수단이자 동시에 이를 감추려는 명분에 불과하다는 것이다.

또한 인간은 본질적으로 이기적인 존재일 뿐만 아니라 권력에 대한 욕망에 가득 차 있다는 것이 그의 인식이었다. 결국 정치라고 하는 것은 이 권력에 대한 욕망으로 가득 차 있는 인간들 사이의 투쟁일 수밖에 없고, 따라서 본질적으로 권력투쟁일 수밖에 없다고 하는 것이 모겐소의 주장이다. 권력투쟁이 일어나는 현상은 결국 전쟁상태를 의미한다. 따라서 그는 기본적으로 전쟁상태인 국가 간의 기본적인 성향을 부인하면서 국가들 사이에 어떠한 평화가 가능할 것이라고 믿는 자유주의자들에 대해, 그것은 그들 자신이 스스로를 기만하고 있을 뿐만 아니라, 다른 사람들을 속이는 것에 불과하다고 비판했다.

인간 본성에 관한 모겐소의 이와 같은 본질적 인식은 토마스 홉스의 생각과 매우 유사하다. 모겐소는 홉스의 사상을 그대로 이어받았다. 그러나 홉스가 인간 계몽의 노력이 계속되고 통상의 발전으로 인간들이 욕구를 만족시킬 수 있게 되면 평화가 가능하다고 생각했던 것에 비하여, 모겐소는 인간의 본성 자체를 미루어 볼 때 세계 평화를 기대하기란 쉬운 일이 아니라는 비관적 입장을 취했다. 그러므로 인간과 국가는 이를 염두에 두고 항상 조심하지 않으면 안 된다는 것이다.

### 2) 구조적 현실주의자 월츠

월츠는 현실주의의 중요한 가정들은 수용하면서도 기존 현실주의의 한계를 지적하면서 국제정치학의 이론화를 시도하였다. 때문에 국제정치학계에서는 그를 '신현실주의자'라 하여 모겐소를 위시한 '전통적 현실주의자'들과 구분한다. 또한 그가 국제사회의 구조적 속성을 중시했다는 의미에서 월츠를 '구조적 현실주의자'라고 부르기도 한다.

월츠는 전쟁이 인간의 본성에서 비롯된다는 생각을 '제1의 이미지(The First Image)'라고 규정하고, 이를 강력하게 비판했다. 그가 이러한 생각을 반대하는 이유는 다음과 같은 두 가지의 이유에서이다. 첫째, 우리는 인간의 본성이 무엇인가 하는 것을 정확하게 알 수 없다. 모겐소는 인간을 이기적인 존재로 보고 악한 존재로 인식하였으나 인간의 본성을 그렇게 단순하게 판정할 수만은 없다는 것이다. 수많은 악인들을 보면서 인간은 악한 존재라고 생각할 수도 있지만, 동시에 사랑을 베풀고 자기 자신을 희생하고 자선을 베푸는 선한 인간들 또한 얼마든지 발견할 수 있다. 이처럼 선한 행동과 악한 행동을 보여주는 사람들로 가득 찬 세계에서 인간이 선하다 혹은 악하다는 본성에 관한 규정은 불가능하며, 때문에 인간의 본성에서 전쟁의 원인을 생각하는 1차적인 이미지는 잘못되었다는 것이다. 둘째로, 인간의 본성 때문에 평화가 불가능하다는 입장은 우리의 도덕적 희망에 배치되기 때문에 수용할 수 없다는 것이다. 만약 인간의 본성 때문에 전쟁이 발생하는 것이라면, 바로 그러한 인간들이 그동안 평화를 위해서 노력해온 과정들을 설명할 수 없게 된다. 따라서 월츠는 이처럼 인간의 본성에서 전쟁과 평화의 문제에 관한 설명을 찾으려는 현실주의의 주장들에 대해서 비판적인 입장을 취했다.

한편 앞에서도 언급했던 것처럼 칸트, 마르크스, 윌슨 등이 국내의 정치적인 제도, 혹은 그 구조에 잘못이 있기 때문에 전쟁이 일어난다고 주장한 데 대하여 월츠는 이러한 생각을 '제 2 의 이미지(The Second Image)'라고 불렀다. 만일 전쟁이 이처럼 어떠한 국내적인 정치제도나 또는 경제적인 제도의 잘못으로 인해 발생하는 것이라면 보편적으로 정의롭다거나 정당하다는 원칙에 입각하여 모든 국가들의 정치제도가 바뀌어야 할 것이다. 그러나 무엇이 정의인가라는 것에 관하여 인류는 사실상 합의할 수 없을 것이다. 국가들은 각각 상의한 정의관들을 가지고 있고 그 정의관에 입각한 정치 질서를 갖고 있기 때문이다. 만일 어떤 국가가 자신의 정치적 질서만이 정의로운 것이고 다른 정치 제도는 정의롭지 못한 것이라고 규정하게 되면 세계 평화를 위해서 자기 자신의 정치제도를 보급하려고 할 것이며, 그것은 곧 세계 평화를 가져온다는 명목하에 전 세계에 대한 선전포고를 하는 것과 마찬가지가 될 것이다. 즉 영구 평화를 위한 노력은 사실상 영구적인 전쟁을 가져올 수밖에 없다는 것이다.

설령 모든 국가들이 칸트나 윌슨 식으로 자유주의 원칙을 수행한다 하더라도 민주주의 국가들 사이에 분쟁이 없다고 보장할 수는 없다. 실제로 민주주의 국가들 사이에도 이해갈등에 의한 분쟁은 늘 있어 왔다는 것이다. 또한 민주주의 국가들 사이의 분쟁이 반드시 평화적으로 해결될 것이라는 기대도 아직 확신할 수는 없다. 민주주의의 세계적인 역사는 짧기 때문이다. 오늘날 민주주의 국가들 사이에 직접적인 전쟁은 없었지 않으냐고 할 수도 있지만, 이들은 냉전시대 동안 사실상 동맹 국가였기 때문에 전쟁이 없었던 것이라고도 생각할 수 있다. 즉, 앞으로 민주주의 국가들 사이에서 심각한 분쟁이 발생했을 때 그 국가들이 자신의 국가적 이익을 위해서 무력을 사용하지 않을 것이라는 보장은 어디에도 없다는 것이다. 때문에 민주국가들 사이에 있어 무력의 사용이 배제될 것이라고 생각하는 것은 비합리적 환상이며, 전쟁의 위험성은 그것이 민주국가이든, 또는 다른 형태의 정치제도이든 간에 항상 존재한다고 말할 수 있다.

월츠는 이와 같이 인간의 본성이나 국내적인 정치제도에 입각하여 전쟁의 원인을 분석하려고 하는 입장을 거부하면서, 전쟁의 근본적인 원인은 힘을 중심으로 한 국제 관계의 '구조' 때문이라고 규정했고 이러한 생각을 '제 3 의 이미지(The Third Image)'라고 하였다. 국제사회, 국제체제는 세계정부가 없기 때문에 하나의 무정부상태로 볼 수 있다. 왈츠는 이 무정부상태 속에서 이루어지는 경쟁 속에 바로 갈등과 전쟁의 원인이 있다고 보았던 것이다. 월츠를 '구조적 현실주의자'라고도 부르는 것은 바로 이 때문이다.

### 3) 현실주의의 이론화

사실 이러한 생각은 고대 그리스의 투키디데스를 비롯해서 마키아벨리, 루소 또는 홉스 같은 정치 사상가들이 이미 암시적으로 제시했던 것이다. 월츠가 이들과 다른 점은 그들이 그렇게 암시적으로 제시했던 전쟁의 원인을 매우 정밀하고도 정확한 하나의 '이론'으로 제시하려 했다는 것이다.

월츠는 국가 간 관계에 있어서 가장 궁극적인 관심은 바로 생존, 즉 국가의 안보라고 본다. 월츠는 국가를 하나의 합리적인 존재로 간주한다. 합리적인 국가는 자기 자신의 생명을 위태롭게 하면서까지 권력이나 경제적 이득, 영광 등을 추구하지는 않을 것이다. 즉 국가는 생존 이외의 다른 어떤 목적을 위하여 생명의 위협을 무릅쓰지는 않을 것이다.

그런데 각 국가들이 이처럼 생존과 국가 안보를 추구한다는 것은 곧 모든 국가들이 동일한 것을 추구하고 있다는 뜻이며, 이것이 바로 국내정치와 국제정치 간의 근본적인 속성의 차이를 만들어 낸다. 국내정치는 대체로 위계질서로 구성되어 있다. 그리고 그 속에서 구성원들은 각자 서로 상이한 기능과 역할을 수행한다. 어떤 사람이 명예를 추구한다면, 어떤 사람은 예술을 추구하기도 하고, 어떤 사람이 권력을 추구한다면, 또 어떤 사람은 자연의 비밀을 캐려 하기도 할 것이다. 이처럼 국내 정치는 위계적인 질서를 바탕으로 상이한 사람들이 상이한 목적을 추구하고 있기 때문에 월츠는 이를 '유기체적인 세계'라고 불렀다.

이 유기체적인 세계 속에서의 투쟁이나 경쟁이라고 하는 것은 반드시 승자를 내고야 만다. 즉 모든 사람들이 승자가 있기를 원하는 것이 바로 국내 정치의 게임이다. 예컨대 선거를 한다고 가정해 보자. 사람들은 선거에서 누군가가 이기기를 기대한다. 그리고 누군가가 선거에서 승리한다면 많은 사람들이 그 승자에게 편승하는 성향을 보여주게 된다. 즉 누구나 강자, 힘이 있는 자, 권력을 잡은 자에게 편승하려고 하는 성향을 보여주는 것이 국내 정치의 특징이다. 선거뿐만이 아니라 설령 쿠데타 같은 것을 통해서 누군가가 불법적으로 정권을 잡았다 할지라도 그 권력자에게 편승하려 하고 하나로 통합되려고 하는 성향을 가지고 있는 것이 국내 정치의 특징이다. 개인도 권력이나 돈이나 인간이 추구하고자 하는 그런 가치를 많이 가지고 있는 사람들이 대체로 친구가 많다. 그 사람들에게 편승하려고 하는 인간의 본질적인 속성이 통용되기 때문이다.

그런데 국제정치의 세계에서는 이것과는 정반대의 현상이 나타나게 된다. 국제정치에서는 어떤 국가가 힘이 강해지지고 지배적인 힘을 가지면 가질수록 우방을 잃게 된다. 특정 국가가 지나치게 강해지면 그 국가가 자신들의 국가를 지배하게 될지도 모른다는 두려움이 앞서기 때문에 그들은 다른 국가들과 힘을 합쳐서 강대국을 견제하려는 성향을 보이게 되기 때문이다. 즉 이것은 국가들이 서로 상이한 것을 추구하는 것이 아니라 자국의 안보와 번영이라는 동일한 목적을 추구하기 때문에 발생하는 현상이다. 어느 특정 국가가 그것을 지나치게 소유하거나 또 소유할 가능성이 있을 때에는 다른 국가들이 힘을 합쳐서 그것을 견제하려고 하며, 이것이 곧 '균형잡기'이다. 즉 국내정치의 본질적 성격이 '편승'이라면 국제정치의 본질은 바로 '균형'과 '견제'라고 말할 수 있다.

최근 중국과 러시아가 서로 힘을 합쳐서 미국을 견제하자는 입장을 밝힌 바 있다. 그들의 견제가 실제로 성공할 수 있을지는 미지수이다. 그럼에도 불구하고 미국의 독주 및 세계 초강국으로서의 일방적인 행동들에 대해 중국과 러시아가 위협의식을 느끼고 미국을 견제하지 않으면 안 되겠다는 생각을 갖게 된 것은 바로 이와 같은 국제정치의 본질적 성격에 입각한 것이라 할 수 있다.

### 4) 구조와 행위자와의 관계

국제정치에서는 힘의 균형을 이루는 것이 보편적인 현상이다. 그런데 세계적 구도에서 볼 때 힘의 균형이라는 것은 사실상 강대국들 사이에서만 해당되는 문제라고 말할 수 있다. 이것은 그들이 미치는 영향력의 크기 때문이다. 예컨대 미국이나 중국에 대한 이해 없이 아프리카의 작은 나라들을 연구하여 국제정치를 제대로 이해하기는 어렵다. 그것은 마치 대한민국의 대재벌을 이해하지 않고서 대한민국의 경제를 말할 수 없는 것과 같다. 국제정치 현상에 있어서도 강대국가를 중심으로 해서 우리가 이해할 때, 우리는 비로소 국제정치의 본질적인 성격을 이해할 수 있다.

그리하여 두 개의 강대국을 중심으로 하여 2개의 세력이 서로 견제하고 있을 때 이를 '양극체제'라 하고, 강대국이 3개 이상일 때 '다극체제'라 한다. 그런데 월츠에 의하면 국제체제구조 그 자체는 강대국가들이 모여서 이루게 되는 것이지만, 일단 그 구조를 이루고 나면 구조 자체가 구성원인 국가들의 행동양식에 영향을 미치게 된다. 즉 체제의 구조가 각 국가들의 외교 정책에 영향을 미치게 된다는 것이며, 이 점이 바로 월츠의 매우 독특한 주장이자 그의 이론의 핵심이라고 할 수 있다.

남녀라는 행위자와 결혼이라는 구조를 통해 이를 좀 더 부연해 볼 수 있겠다. 한 개인은 결혼할 때까지는 매우 자유스럽다. 그러나 결혼 서약을 하고 일단 부부가 되어 하나의 가정을 이루게 되면 남편과 아내는 과거 결혼하기 이전과 같은 행동의 자유를 누리기 힘들다. 이것은 가정이라고 하는 체제(family system)의 구조(structure) 자체가 가정을 이룬 구성원들에게 일정한 행동 양식을 요구하고 제안하기 때문이다. 이처럼 각각의 구성원들이 체제에 구조를 이루지만, 구조가 일단 이루어지면 이 구조는 구성원들에게 영향을 미치게 된다.

또 다른 예로서 군중심리를 들 수 있다. 각자 개인적인 생각을 가진 사람들이 모여 군중을 이루지만 그 안에서 어떤 하나의 심리, 이른바 군중심리라는 것이 형성되면 각 개인들은 그 군중심리에 영향을 받게 된다. 그 때부터는 자기 생각에 따라서 움직이는 것이 아니라 군중심리에 따라 움직이게 되는 것이며, 이는 군중이라는 하나의 구조가 그 구성원들에 대해서 영향을 미치는 것이라고 볼 수 있다. 시장도 마찬가지다. 생산을 한 사람들이 시장에 들어갈 때에는 자기 스스로 가격을 정해서 들어갈 수 있었다. 그러나 그 시장에서 일단 상품이 판매되기 시작하면 그 때부터 가격은 시장의 메커니즘에 의해 책정된다. 즉 시장 자체가 생산자의 가격책정에 영향을 미치는 것이다. 이와 마찬가지로 국제정치에 있어 하나의 체제가 이루어지면, 그것이 양극체제일 때는 양극체제 나름대로, 다극체제일 때는 다극체제 나름대로 구성원들의 행동 양식에 영향을 미치게 된다.

### 5) 극성과 안정성

양극체제와 다극체제 중 어떠한 형태가 보다 더 국제 사회에 평화를 가져다줄 것이냐 하는 문제에 관해 케네스 월츠는 독특한 입장을 취하였다. 투키디데스 이래로 거의 모든 국제정치 이론가들은 대부분 다극체제가 안정적인 정치체제라고 생각해 왔다. 그런데 월츠만은 양극체제가 훨씬 더 안정적인 체제라고 보았다. 왜냐하면 국가는 자신의 생존을 위해 합리적으로 상대방과 자기 자신의 힘을 계산해야 하며, 이러한 힘의 계산에 있어 다극체제보다는 양극체제일 때에 착오가 적을 수 있다는 것이다. 양극체제는 적과 동지의 구별이 명확하므로 자기 힘을 향상시키거나 조정하기만 하면 곧 상대방과 힘의 균형을 이룰 수 있으므로 그는 양극체제가 다극체제보다 안정된 체제라고 주장했다. 그래서 월츠는 우리가 전전긍긍하면서 살았던 지난 반세기의 냉전시대가 실은 오히려 안정적이고 평화로운 시대였다고 본다.

그런데 냉전의 종식과 더불어 양극체제가 무너진 앞으로의 세계는 어떤 체제가 될 것인가? 월츠는 다극체제가 탄생하고 있다고 보았다. 월츠의 판단에 따르자면 체제의 구조적인 성격으로 보았을 때 앞으로 국가들은 전에 비해 훨씬 불안정한 상태에 놓이게 될 것이다. 그런데 그럼에도 불구하고 월츠는 냉전 종식 이후의 세계에서도 평화를 기대할 수 있다고 본다. 바로 핵무기가 확산될 때 국제사회는 안정될 수 있다고 주장하는 것이다. 대부분의 이론가들과 정치가들은 핵의 확산을 매우 위험한 것으로 여겼으며 핵의 확산과 이로 인한 핵의 군비 경쟁은 이 인류를 위태롭게 하는 것으로 여겼다. 그러나 월츠는 양극체제가 힘의 계산의 용이성으로 인해 다극체제보다 안정적일 수 있었던 것과 같이, 핵의 확산이 국가간 힘의 계산을 매우 명료하고 간단하게 해주므로 핵 확산을 통해서 세계는 오히려 더욱 안정될 수 있을 것이라고 생각했던 것이다.

그러나 월츠의 주장처럼 다극체제가 더 불안정하다고만 보기는 어렵다. 왜냐하면 우리는 역사적으로 18-19세기 유럽의 다극체제가 매우 안정적이었음을 알고 있기 때문이다. 국가의 합리성에 대한 가정 역시 월츠의 일방적인 생각이라고 할 수 있다. 때때로 인간은 자유를 위해 자신의 목숨까지 바치기도 한다. 마찬가지로 국가도 자유, 즉 독립을 위해서 투쟁한다. 인간이나 국가가 자유나 독립을 위해서 목숨을 걸고 투쟁하는 현상을 우리는 역사에서 보아 왔으며, 앞으로도 목격하게 될 것이다. 그렇기 때문에 월츠가 말하는 국가의 합리성, 그리고 이 합리성에 입각하여 계산 착오가 적은 양극체제나 핵의 확산이 세계 평화를 가져올 수 있다고 보는 것은 사실상 매우 위험스런 전망이라고 할 수 있다.

그렇다면 월츠의 이론은 어떠한 가치가 있을 것인가? 그는 우리가 국제정치 문제를 다룰 때에 나타날 수 있는 문제점들을 매우 명확하게 보여 주었다. 다시 말해 환원주의에 대한 비판이나 구조의 중요성에 대한 강조, 그리고 현실주의의 이론화 작업 등을 통해 월츠는 기존의 국제정치이론들이 갖고 있던 한계를 드러내는 동시에 이 문제들에 관한 논의를 할 수 있는 교육적인 가치를 제시하였다. 냉전 이후의 세계를 전망할 때에도 월츠의 이론은 다양한 논의들을 촉발시키는 의미 있는 출발점이 될 수 있을 것이다.

## Ⅲ. 프랜시스 후쿠야마(Francis Fukuyama)

역사에는 전환점이 있다. 하지만 역사가들이 특정 연도를 중심으로 역사의 전환점을 잡는 경우는 많지 않다. 대체로 이들은 인간의 의식에 또는 인간의 삶에 매우 중요한 영향을 미치는 사건을 기준으로 삼아 전환의 세기를 논하게 되는 것이다. 예컨대 거대한 혁명이라든가 전쟁, 또는 전쟁의 종결 등이 그것이다.

냉전의 종식은 이러한 전환점의 하나임에 틀림없다. 1999년 말과 2000년 오늘의 차이란 그다지 크지 않다. 그러나 냉전의 종식 전과 후 사이에는 사실상 엄청난 차이가 있다. 냉전이 종식된 1989년부터 우리는 이미 21세기의 삶을 사실상 살고 있다고 해도 과언이 아닌 것이다.

역사의 전환점은 많은 사람들에게 이 새로운 세상이 어떤 의미를 갖는 것인가에 대한 고민의 기회를 제공한다. 사람들은 그러한 충격을 통해 무언가 새로운 깨달음을 갖게 되는 것이다. 그러한 순간을 칸트는 에드먼드 버크의 용어를 빌려 '장엄한 순간(Sublime Moment)'이라고 말했다. 어떤 사건이 터지거나 또는 종결되는 그 순간을 목격할 때에 인간은 깨닫는 것이 있다. 이를테면 불교에서 말하는 '득도의 순간'과도 같은 깨달음의 순간이 오게 되는 것이다. 1806년의 헤겔에게도 그러한 순간이 있었다. 당시 프러시아의 시민이었던 헤겔은 자기의 조국인 군주국 프러시아의 군대가 프랑스혁명의 아들로 자처하는 나폴레옹의 군대에 의해 무참하게 짓밟히는 것을 직접 목격했다. 그 순간 헤겔은 '아, 역사는 끝났구나!'라고 외치면서 역사의 종말을 선언했던 것이다.

1989년 냉전이 종식되었다. 냉전이 종식되는 바로 그 순간, 20세기의 헤겔주의자였던 프랜시스 후쿠야마는 '아, 이것이 정말로 역사의 종말이다!'라고 생각했다. 그는 냉전 후의 세계가 이전의 세계와 근본적으로 다르다고, 즉 그 때가 하나의 획을 긋는 시점이라고 보았던 것이다. 그리고 그러한 세계가 사실상 눈앞에 전개된 것이다. 후쿠야마는 냉전이 종식되어 가고 있었던 1988년 말, 당시 소련의 대통령이었던 고르바초프의 연설문을 읽을 때 그러한 깨달음의 순간을 맞이했다고 밝혔다. 연설문 속에서 후쿠야마는 "사회주의의 본질은 경쟁이다"라는 문구를 읽었고, 이 말이 사실이라면 역사는 끝난 것이라고 생각하여 프랑스혁명 200주년이 되는 1989년에 「역사의 종말」이라고 하는 논문을 발표했다. 이 논문이 센세이션을 일으키자 후쿠야마는 이를 확대하여 저서로 출판하였으며, 이 책이 바로 『역사의 종말과 마지막 인간』이다.

### 1) 역사 종말의 의미

후쿠야마가 말하는 역사의 종말이란 무슨 의미이고 그 이후의 세계는 과연 어떤 세계인가? 후쿠야마에 의하면 그것은 모든 인간들이 물질적인 욕구를 만족시켜 가는 과정에서 전 세계의 시장이 하나의 공동시장으로 되고, 또한 전 세계가 자유민주주의 정치체제 속에서 살아가게 되는 세계, 그리하여 평화로우면서도 모든 사람이 물질적인 욕구에 만족하게 되는 그러한 세계, 따라서 거대한 역사적 투쟁은 사라지고 오로지 이런저런 부분적이고도 국지적인 사건들로만 가득 찬 세계, 그렇기 때문에 어쩌면 매우 권태로운 삶이 기다리고 있는 그러한 세계이다. 이것은 곧 냉전의 종식과 더불어 사실상 과거 그 수많은 사람들이 고려해 왔었던 영원한 평화의 시대가 도래하게 된 것임을 의미한다.

앞에서도 잠시 언급했듯이 후쿠야마가 이런 생각을 하게 된 것은 헤겔주의자의 시각으로 역사를 보고 있기 때문이다. '역사는 발전한다'는 생각이 대두된 것은 불과 19세기에 이르러서였으며, 그 전에는 투키디데스와 같이 역사는 마치 사인·코사인 곡선처럼 반복되는 것으로 생각했다. 반면 헤겔은 역사가 직선의 형태를 띠면서 발전한다고 보았다. 그런데 역사가 직선처럼 발전한다고 하면 그 발전에는 반드시 목적지가 있게 마련이다. 따라서 역사의 발전이 목적지에 도달했다면 역사는 끝나 버린다는 것이다. 만일 이러한 역사관을 수용하지 않는다면 후쿠야마에게 그다지 큰 의미를 부여할 수는 없을 것이다. 그러나 적어도 역사의 물결은 인간 자유의 확대를 위해서 도도하게 흘러가는 것이라는 생각을 갖는 사람이 있다면, 그는 아마도 헤겔주의자의 입장을 이해하면서 역사의 종말이라는 개념도 유의미하게 받아들일 수 있을 것이다. 후쿠야마는 역사가 직선적으로 발전한다고 하는 개념을 헤겔로부터 받아들였기에 역사의 종말이라는 개념을 쓸 수 있었던 것이다.

그렇다면 역사가 그처럼 꾸준히 직선처럼 발전해 가서 어느 단계에 가서 멎게 되기까지의 원동력은 무엇인가? 후쿠야마는 역사 발전의 원동력으로 2가지를 들었다. 첫째는 역사에 근본적인 방향성과 어떠한 진보적인 성격을 부여하는 것은 바로 자연 과학이며, 이러한 자연 과학의 발전이야말로 역사를 직선적으로 발전하게 하는 원동력이 된다는 것이다. 자연 과학의 지식 또는 진리들은 축적되고 누진적인 것이다. 증기력이 발전하고, 전기가 발전하고, 오늘날에는 컴퓨터 칩이 사용되고 있듯이, 과학적인 발전이란 그것이 한 번 발견되면 후퇴하지 않고 원인 무효의 상태로 돌아갈 수 없으며 계속해서 축적되게 된다. 이 과학적인 지식은 결국 우리 인간이 필요로 하는 '생산'에 있어 사실상 가장 중요한 역할을 수행한다. 즉 과학의 발전으로 인해 인간은 생산 및 경제적 활동과 욕구를 충족시킬 수 있는 한계를 점점 넓혀갈 수 있게 되므로 과학의 발전이야말로 역사가 직선적으로 발전하는 데 있어 기본적인 동력이라는 것이다. 그런데 과학 기술에 입각해서 상품이 생산되고, 이들이 교환되고, 이를 통해 인간들이 욕구를 만족시키게 되는 장이 바로 시장이다. 그렇기 때문에 후쿠야마는 시장을 과학 기술의 발전에 입각한 역사가 직선적으로 발전하게끔 하는 가장 중요한 기관사로 본다.

또 하나 역사 발전의 원동력은 헤겔 또한 강조했던 정신적인 것이다. 경제가 물질적인 것이라면 이것은 정신적인 것으로서, 다른 사람으로부터 인정받고 싶어 하는 인간의 본원적인 욕망이다. 헤겔은 최초의 두 사람이 자신을 인정받기 위하여 목숨을 걸고 죽을 때까지 싸울 때로부터 인간의 역사가 시작되었다고 보았다. 나중에 등장하는 '마지막 인간'에 견주어서 표현한다면, 아마 이들을 '첫 번째 인간'이라고 말할 수 있을 것이다. 즉 인간은 물질적인 안정을 갈구하면서도, 동시에 다른 사람들로부터 인정받고자 하는 강렬한 욕구를 위하여 투쟁하는 존재라는 것이 바로 인간에 관한 헤겔의 견해였다. 그런데 타인들로부터 인정받고 싶어 하는 이 욕구를 국가에 투영시켜 본다면, 국가는 바로 다른 국가로부터 인정받기 위해서 투쟁하는 것이고 국가 간의 그러한 투쟁은 곧 전쟁을 뜻한다. 따라서 헤겔은 전쟁이 역사의 발전에 기여한다고 보았다. 그는 전쟁을 '신의 행진'이라고 생각했던 것이다.

한편 후쿠야마는 타인으로부터 인정받고자 하는 인간의 욕구는 일방적이 아니라 상호성이 보장될 때라야 충족할 수 있게 되는 것으로, 이를 가능케 하는 정치제도가 바로 자유민주주의 정치제도라고 보았다. 따라서 프랑스혁명에서 표출되었던 인간의 기본적 욕구인 자유와 평등은 상호 인정이 가능한 자유민주주의의 원칙 속에서 실현되는 것이기 때문에, 그는 자유민주주의체제를 궁극적이고도 역사적으로 최종적인 정치체제로 보았다.

냉전 종식 이후의 세계를 보면 인간은 세계 공동시장화를 통해서 경제적인 욕구를 만족시키고 있으며, 동시에 자유민주주의체제가 보편적이고 가장 정당한 정치체제로 사실상 인정되고 있다. 이처럼 인간은 심리적인, 정신적인 원초적 욕구가 만족되는 세계에 도달하게 된 것이며, 역사는 그 절정에 다다랐다. 그래서 후쿠야마는 냉전의 종식과 함께 "역사는 끝나 버렸다"는 역사 철학적 선언을 했던 것이다.

### 2) 자유민주주의체제의 승리

이러한 후쿠야마의 주장이 냉전 종식 이후 센세이션을 불러일으켰던 이유는 어디에 있는가? 그것은 냉전이 종식되었을 때에 많은 사람들이 그 의미를 궁금하게 생각했으며, 이에 대하여 후쿠야마가 역사의 종말을 선언함과 동시에 앞으로 우리가 살아갈 세계는 이러한 세계라는 하나의 비전을 제시했기 때문이다. 국제정치학에서는 사실상 이러한 역사 철학을 거부한다. 왜냐하면 국제정치학에서는 역사라고 하는 것을 본질적으로 예측이 불가능한 것으로 보기 때문에 역사가 일정한 계획에 따라서 발전한다고 하는 입장을 받아들이기 어렵기 때문이다. 그러나 냉전 종식은 다분히 국제정치적 현상임에도 불구하고 이에 대하여 국제정치학이 미래에 대한 전망을 제시하지 못하고 있을 때에 후쿠야마가 역사의 종말을 선언하면서 역사 철학적인 전망을 제시하자 많은 사람들이 이를 토의의 대상으로 삼게 되었다.

앞에서 본 바와 같이 역사의 종말이란 이미 헤겔이 1806년에 선언했던 것이다. 그런데 이 헤겔의 개념을 그에 이어 두 번째로 활용했던 사람은 알렉산더 꼬제프(Alexandre Kojève)라고 하는 철학자였다. 꼬제프는 20세기의 가장 위대한 좌·우익 지성인들인 사르트르와 레이몽 아롱의 스승이었다. 그는 1860년대에 미국과 서유럽의 세계를 보면서 자유민주주의 체제 속에서 인간들이 물질적인 욕구에 만족하는 것을 목격하고는 역사는 끝나버렸다고 생각했다. 이미 의미 있는 역사의 투쟁이 끝나버렸는데, 더 이상의 철학적인 논의는 의미가 없다고 간주했던 것이다. 그래서 그는 대학 교수직을 버리고 유럽공동체의 관리에 투신했다. 프랜시스 후쿠야마는 이 역사의 종말을 세 번째로 우리의 20세기의 말, 그리고 21세기에 적용한 인물이다. 다시 말해 그는 헤겔의 기본적인 입장에 서 있으면서 꼬제프를 통해 우리가 살아가는 세계를 향하여 '20세기의 역사의 종말'을 선언하였던 것이다.

자유민주주의가 순탄하게 이러한 역사의 종말에 도달한 것은 물론 아니다. 후쿠야마에 의하면 자유민주주의는 그동안 많은 도전에 직면해 왔고 거기에서 승리한 유일한 정치제도이다. 예컨대 자유민주주의 체제는 파시즘으로부터 엄청난 도전을 받았다. 그러나 자유민주주의는 파시즘에 맞서 피비린내 나는 전쟁과 투쟁을 통해서 승리했다. 자유민주주의체제는 또한 공산주의체제의 도전을 받았다. 그리고 이에 대하여 50년간의 냉전과 치열한 투쟁을 통해서 결국 승리를 거머쥔 것이다. 후쿠야마는 이제 더 이상 자유민주주의체제에 도전할 수 있는 이념, 맞설 만한 가치 있는 철학체계가 없다고 본다. 그렇기 때문에 그는 역사가 종말에 도달했다고 선언했던 것이다.

물론 이것이 갈등이나 소규모의 전쟁과 같은 것들까지 사라진다는 것을 의미하지는 않는다. 다만 역사의 발전을 가져올 만한 투쟁이 더 이상 없다고 하는 것이다. 아직도 대학의 캠퍼스에는 마르크스주의자들이, 그리고 어디엔가 또 파시스트들이 있을 것이지만 그들은 역사가 발전하는 데, 또는 역사가 진행하는 데 있어서는 별다른 영향을 미치지 못한다.

따라서 중국의 체제변화에 대해서도 후쿠야마는 낙관하고 있다. 중국은 이미 시장경제를 수용했으며, 어떤 나라도 중국의 1당 독재체제를 바람직한 정치체제로 보고 모방하려 하지 않는다. 때문에 중국도 원칙적으로 이러한 자유시장을 통해서 자유민주주의로 가지 않으면 안 될 것이라고 본다. 또한 그는 이슬람의 도전에 대해서도, 이슬람이 실제로는 세력을 확장하지 못하며 그 자체를 유지하기에 바쁜 정치적인 또는 종교적인 이념이기 때문에 자유민주주의에 대해서 도전하는 세력이 될 수는 없다고 주장한다. 즉 세계시장의 공동화와 자유민주주의 체제를 통해 역사는 나아간다는 근본적이고 원칙적인 합의에 이미 전 세계가 도달했다는 것이다.

그렇다면 역사 이후의 시대는 어떤 시대가 될 것인가? 자유민주주의는 보편적인 인간의 권리를 인정할 뿐만 아니라 다른 한편으론 인간의 본질적인 욕구를 다 충족시킴으로써 어떤 의미에서는 더 이상 정신적인 욕구마저 없는 인간들을 양산하게 될 것이다. 즉 사람들은 물질적인 욕구에 만족하면서 역사적으로 의미 있는 투쟁을 더 이상 하려 하지 않고 포기해 버리게 될 것이며, 이러한 사람을 그는 니체의 개념을 빌려 '마지막 인간'이라고 하였다. 니체는 역사의 방향성을 부정하면서 역사는 열정과 힘에 의해서 창조되는 것이라고 보았다. 따라서 철학적으로 본다면 헤겔과 니체의 사상은 사실상 융합하기가 대단히 어려운 것임에도 불구하고 이들 두 개의 철학을 하나로 묶어서 21

세기에 대한 전망을 내린 것, 이것이 바로 후쿠야마의 독특한 입장이라고 할 수 있다.

### 3) 영구평화시대의 도래

후쿠야마가 봤을 때 자유민주주의 정치체제는 역사의 최종적이고도 가장 바람직한 정치체제인 동시에 평화를 가져오는 정치제도이다. 따라서 냉전 종식 이후 민주주의와 평화의 상관관계에 기대를 거는 민주평화론의 득세와 후쿠야마의 주장은 동일한 입장에 서 있는 것이라고 말할 수 있다. 이처럼 민주주의와 평화를 연결시키는 사고방식은 칸트로부터 비롯된 것으로, 자유민주주의체제가 확대해 나아간다고 하는 것은 곧 항구적인 평화의 시대가 오고 있다는 의미로 이해되는 것이다.

그렇다면 이 자유민주주의 체제를 가져오기 위해서 가장 중요한 것이 무엇인가? 그것은 경제 발전이다. 경제 발전을 통해서만 사실상 자유민주주의체제를 가져올 수가 있는 것이다. 그런데 이러한 경제 발전은 또 어떻게 해야 이룰 수 있는가? 후쿠야마는 바로 자유시장 경제체제, 즉 자본주의체제를 수용할 때에만 그와 같은 경제발전이 가능하다고 생각한다. 따라서 이들의 순서를 바꾸어 이야기한다면 우선 경제정책이 자유주의화해야 하고, 이로써 경제 발전이 가능하게 되며, 경제의 발전은 민주정치 제도의 확산을 가져오게 될 것이고, 이러한 민주정치 제도의 확산을 통해서 세계의 평화가 이룩될 것이다. 이와 같은 기본적 원칙에는 모든 국가들이 동의하고 있기 때문에, 앞으로의 세계는 평화로운 세계가 될 것이라고 보는 것이 후쿠야마의 생각이다. 전 세계가 공동시장화되어 거기에서 인간들이 자기들의 다양한 물질적 욕구를 만족시키고, 전 세계적으로 동질화된 자유민주주의체제 속에서 자유와 평등을 향유하게 되는 이러한 세계가 곧 역사가 끝나 버린 이후의, 말하자면 역사의 불혹에 해당하는 세계가 될 것이라고 그는 내다보았던 것이다.

그렇다면 후쿠야마는 전쟁의 원인을 무엇이라고 보고 있기에 이처럼 낙관적인 전망을 하고 있는 것일까? 전쟁은 인간의 본질적인 욕구에서 발생하는 것이다. 그런데 이 욕구를 표현하기 위해서 후쿠야마는 플라톤의 티모스(tymos)라고 하는 개념을 사용한다. 이 티모스는 사기(士氣), 활력, 용기, 열정 등의 말로 표현되는 것으로, 플라톤은 이것이 인간을 움직이는 매우 중요한 동력 가운데 하나라고 보았다. 따라서 헤겔의 '인정받고자 하는 욕구'가 곧 플라톤 식으로 말하면 티모스가 되는 것이다. 원래 이 티모스, 인정받고자 하는 이 욕구는 매우 투쟁적인 것이었다. 그런데 자유민주주의체제 속에 살면서 인간의 인정받고자 하는 원초적인 욕구는 법적으로 충족되어 그 투쟁의 필요성이 사실상 상실되었고, 또한 물질적인 욕구에 만족하게 됨으로써 인간은 사실상 무장 해제되어 버렸다는 것이 후쿠야마의 생각이다. 즉 인간의 원초적인 티모스는 자유민주주의체제가 이룩되고 세계 공동시장을 통해 인간의 소비자적 욕구가 만족된다면 더 이상 투쟁적인 성격을 상실해 버리게 된다. 그러므로 자유민주주의체제와 세계 공동시장화는 영구 평화, 즉 항구적인 평화를 인간에게 가져다줄 것이라고 보는 것이다.

이러한 분위기 속에서 국가는 사실상 무기력해질 것이다. 때문에 이러한 국가로 구성된 세상은 더 이상 영웅이 존재하지 않는 세상이다. 우리는 과거 역사적으로 이름을 떨쳤던 영웅들을 기억하고 있다. 그런데 역사가 끝난 이후의 세계에 있어서는 그처럼 대단한 정치적인 지도자, 또는 전쟁의 영웅이 더 이상 태어날 수 없다. 그래서 후쿠야마는 역사가 끝나버린 이후 '마지막 인간', 즉 허무주의에 빠진 인간들로 가득 찬 세계 속에서 인간들은 영웅 대신 팝스타나 텔레비전의 스타에 열광하면서 살아갈 것이라고 내다보았다.

후쿠야마보다도 앞서 꼬제프는, 마르크스가 꿈꾸었고 레닌이 말하던 그런 세계는 이미 이 지구상에서 사실상 이루어졌으며 그곳이 곧 미국이라고 주장한 바 있다. 즉 미국식 삶의 양식이란 인간의 모든 욕구를 매우 자연스러울 뿐만 아니라 정당한 권리로서 요구하고 그것을 즐기는 것이므로, 역사 종말 이후 전 세계는 '미국화'될 것이며 이처럼 미국화된 삶이야말로 마지막 인간들의 삶이라고 그는 내다보았다. 후쿠야마 또한 팝뮤직이나 텔레비전 스타에 열광하는 미국화한 세계의 모습이 역사의 발전의 단계로 보았을 때 필연적인 현상이라고 본다. 개인의 자유와 권리가 강화됨으로 해서 가정이 파괴될 것이며, 많은 사람들이 마치 섹스를 스포츠처럼 즐기는 세계가 될 것이다. 그렇기 때문에 역사 종말 이후 소위 허무주의자들, 마지막 인간들로 가득 찬 그러한 세계를 생각해 본다면 그것이 정말 우리가 지향해야 할 바람직한 세계인가 하는 것에 대해서 의구심을 갖지 않을 수 없다.

이에 대하여 후쿠야마는 그것을 원하든 원하지 않든 간에 역사는 일정한 방향으로 진행하는 것이므로 이와 같은 필연적 법칙에 의해서 도달한 세계의 양상 또한 피할 수 없는 것이라고 본다. 역사 종말 이후의 이 세계에 관해서 많은 사람들이 만족해하지 않을 수도 있다. 그러나 의미 있는 투쟁을 상실해 버린 나약한 인간들이 사실상 부르주아·쁘띠부르주아로서의 삶을 살아가는 그러한 세계 이상을 기대하기란 어려울 것이라는 게 역사가 종말한 이후의 세계에 대한 후쿠야마의 전망이다.

### 4) 철학적 조망과 현실

그런데 그의 말처럼 인간이 과연 상호 인정만으로 만족할 수 있을 것인가? 후쿠야마는 헤겔의 관점은 잘 계승하고 있으나 아리스토텔레스의 관점은 놓치고 있다. 아리스토텔레스는 인간이란 불평등한 자는 평등을 원하고, 평등한 자는 불평등을 원하는 존재라고 보았다. 이를테면 자기 자신이 정당한 대접을 받지 못한다고 생각하는 사람은 남들과 평등한 대접을 요구한다. 그런데 만일 다 같이 평등한 대접을 해주게 되면 그 안에서 다시 불만이 대두된다. 자신은 남보다도 좀 더 나은 대접을 받아야 그것이 정당한 대접을 받는 것이라고 생각하게 되는 것이다. 즉 불평등한 자는 평등한 대접을 원하고, 평등한 자는 불평등한 대접을 원하는 것이다.

이런 것들은 우리 주변에서도 쉽게 발견할 수 있다. 만일 누군가를 우연히 만나거나 대할 때에 자연스러우면서도 상대방에 대해서 특별한 관심이나 존경을 표하지 않고 사무적으로만 대하면 상대방은 이를 당연한 것으로 여기기보다는 매우 불쾌하게 여길 것이다. 왜냐하면 인간은 자기에게 특별한 대접, 남들보다 좀 더 나은 대접을 기대하기 때문이다. 그렇다면 자유민주주의 세계에서 인간들이 상호 인정만으로 만족할 수 있을 것인가? 대부분은 그런 세계를 만족스럽게 생각하지 않을 것이다.

또한 앞으로의 세계가 자유민주주의체제와 공동시장화를 통해 정신적·경제적인 욕구를 만족시키면서 살아가게 될 것이라 하더라도, 과연 이것이 헤겔이나 후쿠야마가 말하듯 전 세계적인 현상일 것인가도 생각해 볼 문제이다. 미국이나 서유럽, 일본에서와 같이 자유민주주의체제를 이루고 또 높은 경제적 수준을 즐기고 있는 사람들의 관점에서 본다면 그의 주장에 동의할 수도 있다. 그러나 이들을 제외한 아시아, 아프리카, 중동의 많은 나라에서는 지금도 사실상 '역사적인' 투쟁들이 벌어지고 있다. 그들은 역사가 직선적으로 발전하는 것이 아니라 여전히 반복되는 그러한 세계 속에 살고 있는 것이다. 동아시아의 관점에서 보더라도 후쿠야마가 제시한 역사의 종말 이후의 세계는 여전히 요원하다. 많은 정치학자들은 21세기의 동아시아가 과거의 18세기나 19

세기의 유럽과 같이 힘의 균형을 추구하는 세계가 될 것이라고 전망한다. 자칫하면 과거 18세기, 19세기와 같은 전쟁의 비극이 또다시 일어날 수 있다는 점을 경고하는 것이다. 비록 헤겔의 입장에서 후쿠야마는 전 세계 인류의 역사에 관해서 말했지만, 실제로 그것을 전 세계에 그대로 적용시킬 수 있다고 하는 데에는 이처럼 사실상 유보적 태도를 보이지 않을 수 없다.

뿐만 아니라 설령 전 세계적으로 그러한 현상이 일어난다 하더라도 국내적으로 팝스타에 미치고, 텔레비전 스타에 미치고, 물질적인 욕구에만 만족하고, 섹스를 즐기면서 사는 사람들이 도대체 몇 년이나, 혹은 몇십 년이나 그러한 삶에 만족할 것인가? 이들은 다시금 새로운 욕구의 충족을 요구하게 될 것이다. 때문에 만약 후쿠야마가 예상하듯 미래에 국가 간 평화가 이룩되어 국제적인 전쟁이 어려워진다면, 인간의 본질적인 욕구는 국내적으로라도 표출될 것이다. 때문에 국내 정치는 더욱더 요란스럽고, 투쟁이 강화되고, 혁명적인 분위기가 고조될 것이며, 그렇다면 결코 이를 과거와 전혀 다른 세계라고 말하기는 어려울 것이다.

역사의 전환점에서 역사를 바라보는 데에는 새로운 면을 특별하게 강조하는 전망도 있고, 과거로부터 계속 이어져 온 지속적인 면을 강조하는 전망도 있다. 프랜시스 후쿠야마는 냉전의 종식 이후 새로운 부분, 역사의 새로운 현상에 관하여 중점적으로 전망하였다는 데에 의미가 있다고 할 수 있다. 후쿠야마는 인간이 오랫동안 기대해 왔던, 전쟁이 사라지고 평화가 이룩된 이후의 미래세계를 철학적으로 전망하였다. 여기에 인간의 현실과 본질적 성향에 대한 고민을 병행하면서 그의 주장들을 음미해 본다면, 우리는 그로부터 현재와 미래를 보는 데에 있어 더욱 유용하고도 의미 있는 통찰들을 얻어 낼 수 있을 것이다.

## Ⅳ. 헨리 키신저(Henry A. Kissinger)

오늘날 국제정치학 분야에 있어 냉전 종식 이후 기존의 모든 이론들은 도전받고 있다. 뿐만 아니라 이른바 포스트모더니즘으로부터의 가차 없는 공격은 기존의 모든 이론들을 사실상 해체하고 있다. 그러나 강력한 도전과 해체의 공격에도 불구하고 그들은 만족할 만한 새로운 대안을 제시하지는 못하고 있다. 그 결과 우리는 이론적인 혼란, 지성적 분자화, 혹은 철학적인 분열 속에 살고 있다 해도 과언이 아니다. 한 사람의 위대한 철학자나 이론가, 또는 정치가에게 끊임없이 돌아가고 의존함으로써 지식의 지평을 넓히던 시대는 사라져버렸다. 우리는 마치 지식의 백화점에 들어와 있는 것과 같이, 유혹적이고 새로운 수많은 지식들에 둘러싸여 있다. 지식 상품의 과잉공급 속에서 살고 있다 해도 과언이 아닌 것이다.

그러나 새로운 지식이나 새로운 정보가 반드시 우리 삶의 지혜가 될 수는 없을 것이다. 오히려 한 사람의 위대한 철학자나 또는 이론가, 정치가와 끊임없이 대화함으로써 보다 믿을 만한 지혜를 얻을 수 있는 것이다. 헨리 키신저는 바로 우리 시대의 그러한 인물이 될 수 있다고 본다. 키신저는 1000페이지에 달하는 그의 명저 『외교(*Diplomacy*)』에서 국제정치의 세계를 내다볼 수 있는 있는 안목을 분명히 제시하고 있기 때문이다.

### 1) 유럽 세력균형체제의 역사

이 책의 서두는 "마치 어떠한 자연의 법칙에 따르는 것처럼, 모든 세계에는 전 국제체제를 자신의 가치에 따라서 형성하고 자신의 힘과 의지, 지적인 능력을 가지고 새로운 질서를 추구하는 국가가 등장하는 것처럼 보인다"는 말로 시작된다. 다시 말해 모든 세기에는 세계 질서를 형성해 나가는 주도적인 국가가 있어 왔다는 것이다. 여기서 말하는 국제체제란 30년간의 피비린내 나는 종교전쟁을 끝낸 이후 1648년에 새롭게 만들어진 국제질서, 이른바 '웨스트팔리아체제'를 말하는 것이다. 이것은 당시 프랑스의 리슐리외가 주도하여 영토 국가를 중심으로 하고 힘의 균형에 입각한 안정된 국제질서를 도모하려는 결과로 탄생된 것이었다.

18세기의 많은 철학자들이 소위 세력균형 혹은 힘의 균형에 관해서 논의해 왔음에도 불구하고 그 당시 유럽의 군주들은 자기의 조상들이 늘 그래왔던 것처럼 자신들의 생존과 세력의 확대를 위하여 수많은 전쟁을 치렀다. 그런데 그들의 목적이 무엇이든 당시에는 전쟁에서 사용할 수 있는 힘이 제한되어 있었기 때문에 당시의 전쟁들은 매우 소규모로 벌어졌으며, 때문에 이 시대를 '제한전쟁'의 시대라고도 부른다.

그러나 프랑스혁명 이후 나폴레옹의 등장으로 전쟁은 '절대전쟁'의 성격을 띠게 되었다. 즉 무제한의 목적을 위해서 무제한의 수단을 사용하게 된 것이다. 나폴레옹은 유럽의 전통적인 힘의 균형 질서를 무너뜨렸다. 따라서 나폴레옹을 패배시킨 당시 유럽의 보수주의 국가들은 새로운 국제체제를 창조하고자 했을 때 바로 세력균형으로 돌아가려 했다. 특히 오스트리아의 메테르니히는 영국의 캐슬레이 외상과 더불어 이와 같은 균형적 사고에 매우 익숙하였다. 따라서 그는 힘의 균형을 구현한 새로운 국제질서의 구조를 구상하였고, 이 때 탄생된 유럽의 5대 강대국 체제가 바로 '유럽협조체제'였다. 이것은 당시의 국제질서에 안정을 가져왔다고 평가되고 있다.

그러나 메테르니히와 캐슬레이가 물러난 이후 그의 후계자들은 그들만한 정치적 수완이나 탁월성을 갖고 있지 못했다. 이들은 힘의 균형을 제대로 조절하지 못했고 결국 유럽협조체제는 붕괴되고 말았다. 이처럼 위험한 시기 속에서 힘의 균형체제를 새롭게 등장시켜 유럽의 평화와 안정을 도모했던 인물이 비스마르크였다. 비스마르크는 무력을 사용하여 독일을 통일하였지만, 독일제국을 이룩한 1871년 이후에는 무력사용을 억제하고 국제적인 안정을 모색함으로써 평화롭게 힘의 균형체제를 운영하였다. 그러나 비스마르크 이후의 후계자들은 비스마르크만한 국제적 안목과 감각을 갖고 있지 못했다. 이들은 비스마르크가 그렇게도 중요하게 다루었던 힘의 균형에 관해 무관심해졌고 국가의 이익을 위해서라면 힘의 균형도 깨뜨릴 용의가 있다는 태도를 취했다. 이러한 독일의 정책은 결국 제1차 세계대전의 발발로까지 이어지게 되었던 것이다.

헨리 키신저는 나폴레옹 전쟁을 끝맺은 1815년의 비엔나회의로부터 제1차 세계대전이 터진 1914년까지의 99년간의 한 세기를 힘의 균형 또는 세력 균형의 원리에 의해서 유럽이 안정을 이루었었던 시기로 이해하였다. 그는 당시의 정치지도자들의 힘의 균형을 유지하려는 노력에 의해서 국제적인 안정과 평화가 가능했다고 하면서 이 시기의 정치지도자들을 매우 높게 평가하였다.

### 2) 미국의 외교적 전통

한편 제1차 세계대전에 뒤늦게 미국이 참전했고, 이러한 미국의 참여 덕택으로 서방국가들은 승리를 거둘 수 있었다. 제1차 세계대전을 끝낸 이후 국제질서는 우드로 윌슨 대통령을 비롯한 미국의 지도자들에 의해서 새롭게 구상하게 되었는데, 이들은 과거의 메테르니히나 비스마르크와는 다른 국제질서관을 가진 사람들이었다. 그들은 힘의 균형에 입각하기보다는 힘을 하나로 모아서 침략자를 응징하자는 집단안전보장제도를 주창했고, 이를 구현하기 위하여 국제연맹을 탄생시켰던 것이다. 키신저는 이처럼 힘의 균형이라는 원칙을 버리고 새롭게 구성된 집단안전보장의 질서를 유럽의 성격이나 역사적인 교훈과 전혀 맞지 않는, 새롭지만 잘못된 개념에서 출발한 것이라고 보았다.

그러나 미국인들은 자기들의 대통령이 주도하여 탄생시킨 그 국제연맹조차도 거부했다. 당시의 미국인들은 유럽인들과는 달리 평화를 정상적인 상태로 여겼으며, 침략자가 있을 때에는 힘을 모아서 응징하면 된다고 생각했던 것이다. 그런데 만일 집단안전보장제도를 실현하기 위한 국제연맹에 가입하게 되면 모든 침략자를 자동적으로 응징하는 집단안전보장제도의 원칙에 따라서 미국은 무차별적으로 모든 분쟁과 전쟁에 참여하게 될 것이었다. 미국인들은 이처럼 무차별 개입의 가능성을 보여주는 국제연맹에의 가입을 원치 않았다. 결국 미국인들은 전통적으로 유럽의 안정을 지켜왔던 세력균형체제도 거부했고, 자신들의 대통령이 제시한 새로운 국제질서의 운영체제도 거부하면서 자신들의 오랜 전통적인 고립주의로 돌아갔던 것이다.

비록 그 당시 미국인들은 자국이 국제연맹에 참여하는 것을 거부하였지만, 이른바 '윌슨주의'라고 불리는 우드로 윌슨 대통령의 노력은 이후의 미국 외교정책에 있어 새로운 출발점이 되었다고 해도 과언이 아니다. 미국인들은 국제정치에 대한 유럽적인 생각, 즉 국제정치란 권력정치이고 따라서 힘의 균형에 입각해서만 세계의 안정과 평화가 이루어질 수 있다고 보는 생각을 부인하게 되었다. 그들은 권력정치나 세력균형 등은 유럽적인 것이며, 자신들은 유럽을 떠날 때 이미 그 모든 것을 버리고 떠나왔다고 생각하는 것이다. 즉 미국은 유럽과 달라야 된다고 하는 생각과 전통으로 인해 그들은 세력균형을 유럽적인 것이라며 거부하고, 자기들의 외교정책을 선언하거나 표명할 때에는 항상 도덕적으로 포장하는 전통을 갖게 되었다. 때문에 우드로 윌슨 대통령으로부터 지금의 클린턴 대통령에 이르기까지 미국의 대통령들과

정치지도자들은 그들의 외교정책을 천명하거나 선언할 때 항상 윤리적이고 국제법적인 용어를 사용하여 도덕적인 포장을 해 왔다.

바로 이 점에 대하여 키신저는 문제를 제기하였다. 그는 국제정치는 본질적으로 권력정치이며, 또한 이러한 권력정치는 매우 자연스러운 현상인 동시에 피할 수 없는 현상이라고 생각했다. 왜냐하면 그는 권력정치란 힘을 마음대로 휘두르는 것이 아니라 자국의 힘의 한계를 인정하고 그것을 수용하는 토대 위에서 출발하는 것으로 이해하였기 때문이다. 다시 말해 그는 힘의 정치 또는 권력정치라고 하는 것은 바로 이처럼 '힘의 한계'를 인식하는 정치의 형태라고 보았던 것이다.

그래서 키신저는 통치술, 즉 외교정책을 수행하는 기술을 중시한다. 그는 외교정책의 기술에서 가장 중요한 것은 첫째, 무엇보다도 국가이익을 정확하게 파악하는 것이고 둘째, 자기 국가에서 동원할 수 있는 가용 능력을 현실적으로 평가하는 것이며 셋째, 경쟁적인 입장에 있는 국가들의 이익을 파악하고 그러한 힘의 맥락 속에서 다른 나라들과 적절한 관계를 맺어가는 것이라고 생각했다. 만일 어떤 국가가 세계를 지배하기에 충분한 가용 자원이 있다면 아마도 헤게모니를 추구하게 될 것이다. 그러나 전 세계를 지배할 수 있는 힘을 갖고 있지 않다면, 그 국가는 명시적이든 묵시적이든 간에 다른 국가와의 동맹을 통해서 자국의 힘을 향상시키고, 그렇게 함으로써 국가들 사이에 있어서의 힘의 균형을 이루어 국제적인 안정을 도모할 수 있다는 것이다. 19세기에 영국의 외상과 수상을 지냈던 파머스톤은 "국가 간에는 영원한 적도 영원한 친구도 없으며, 오로지 국가 이익만이 영원한 것이다"라는 유명한 경구를 남겼는데, 헨리 키신저는 바로 이 파머스톤의 경구가 사실상 국제정치의 본질을 말해주는 것이라고 생각하였다.

유럽에서 이와 같은 권력정치가 지배하고 있던 시기에 미국은 세력균형이나 권력정치에 끼어들 필요가 없이 고립주의 정책을 추구해왔다. 키신저에 의하면 그것은 미국인들이 스스로 선택했다고 말할 수도 있지만 사실상 미국의 지리적인 조건에 크게 기인한 것이었다. 미국은 태평양과 대서양이라는 두 대양 덕택에 그처럼 고립주의적 정책을 추구할 수 있는 일종의 특혜를 받았다는 것이다. 키신저에 의하면 이러한 19세기 미국의 고립주의는 국제정치의 관점에서 본다면 하나의 사치였다. 그런데 오랫동안 이러한 고립주의적 전통에서 살아온 탓에 권력정치에 대한 경험이 부족하고 이를 거부하려 하며 또 여기에 개입하지 않으려고 하는 미국인들의 성향은 20세기에 들어와 미국 외교정책에 있어 커다란 재앙이 되었다는 것이다. 미국은 세력균형이 아니라 항상 이처럼 고립주의적인 정책의 전통을 이어가려 했고, 이 때문에 미국은 제2차 세계대전을 막을 수도 있었던 1920년대의 기회들을 놓치고 말았다는 것이다. 뿐만 아니라 키신저는 미국이 제2차 세계대전에도 일종의 십자군 운동과 같은 정신으로 참전했고, 이러한 성향의 연장선상에서 1950년대와 1960년대에 걸쳐 이른바 '무차별 반공주의'의 외교정책을 수행했다고 본다. 이것은 미국인들이 오랫동안 고립주의에서 살아온 경험에서 비롯된 것으로, 기본적으로 잘못된 외교정책이라는 것이다.

### 3) 미국외교정책의 이중성

키신저에 의하면 미국의 정치 지도자들이 힘의 균형을 전혀 몰랐던 것은 아니다. 예컨대 20세기 초반의 시어도어 루스벨트나 70년대의 리처드 닉슨 대통령 등은 힘의 균형과 세력균형 정책에 대하여 상당히 잘 알고 있었다. 그러나 힘의 균형 정책을 이해하는 정치 지도자가 한두 명 있다고 미국 외교정책이 전반적으로 유럽적인 힘의 균형 정책에 토대를 둘 수는 없었다. 그래서 제2차 세계대전에 참전할 때에도 미국은 힘의 균형 정책에 입각해 외교정책이나 참전을 정당화하지 않았다. 1940년 유럽에서 히틀러의 지속적인 승리는 힘의 균형을 사실상 깨뜨렸다. 당시 미국의 프랭클린 델라노 루스벨트 대통령은 유럽의 균형을 위해서 미국이 전쟁에 참여할 수밖에 없다는 생각을 하고 있었다. 그러나 그는 미국 국민들에게 '유럽의 세력균형을 복구하기 위해서' 미국이 참전해야 한다고 말할 수 없었다. 미국 국민들은 그것을 즉각적으로 거부할 것이기 때문이었다. 바로 그 때에 루스벨트 대통령이 처했던 딜레마를 일시에 해결해준 것이 일본의 진주만 기습이었다. 일본은 1941년 12월 7일, 이른바 '토라토라토라 작전'을 통해서 진주만을 기습했고, 이는 미국이 전쟁에 참여할 수 있는 명분을 가져다 주었다. 그들은 '침략자를 응징하기 위해서' 전쟁에 참여해야 한다고 말했다. 다시 말해 미국은 전쟁 문제를 다룰 때에도 법률적인 관점에서 생각하고 일종의 사법적인 조치로서 전쟁을 이해했던 것이다. 이처럼 침략자를 응징하고 무조건 항복을 받아내어 그 전쟁을 치른 정치지도자들을 심판해야 된다고 하는 것이 전쟁에 대해서 미국인들이 갖고 있는 개념이다.

전쟁의 문제를 도덕적인 관점에서 평가하는 것은 상당히 오랜 역사를 지니는 것이다. 중세에 기독교인들은 자신들의 전쟁에 대해서 이른바 '정의로운 전쟁', '성전(聖戰)'이라는 명분을 붙였다. 그것은 침략자는 가차 없이 응징한다는 성격을 띠고 있는 것으로, 미국의 외교정책에는 바로 그와 같은 중세의 기독교적 시각, 정의로운 전쟁관이 중요한 역할을 하고 있다. 그래서 제２차 세계대전이 끝나고 평화가 왔을 때에도 미국은 새로운 세계 질서를 위해 윌슨이 과거에 만들었던 국제연맹을 보다 현실화하여 국제연합을 만들었고, 안전보장이사회의 5대 강대국들이 세계의 경찰 역할을 할 것으로 기대했다.

제２차 세계대전 이후 개편된 새로운 국제질서를 안정적으로 유지하기 위해서는 미국과 소련 사이에 긴밀한 협력관계가 필요했다. 그러나 소련은 이를 수용하지 않으려고 했다. 미국에게 소련은 믿음직한 파트너이기보다는 미국과의 경쟁을 준비하는 잠재적인 적대세력이었다. 따라서 미국은 이른바 대소봉쇄정책을 선언하고 그것을 집행했던 것이다. 봉쇄정책은 사실상 힘의 균형정책의 일종이라 할 수 있다. 그러나 그들은 이를 자유주의 국가들을 수호하기 위한 반공정책의 일환이라고 설명하였고, 이것이 호소력을 갖게끔 하기 위하여 무차별 반공주의 정책을 봉쇄정책에 적용하였다.

그러나 미국의 정치지도자들이 실제로도 그러한 윌슨주의적 개념에만 입각해서 행동했던 것은 아니다. 그들은 봉쇄정책을 사실상 세력균형 정책으로서 집행하였다. 양극체제 속에서 세력균형정책이란 상대방의 영향권을 그대로 인정하는 동시에 거기에 개입하지 않는 것이었다. 예컨대 미국은 1956년 헝가리 반란이나 1968년 체코사태에 개입하지 않았다. 이들 나라를 소련의 영향권으로 인정해버렸던 것이다. 즉 미국의 외교정책은 그들이 말로 하는 선언과 실제의 행동 사이에 늘 상당한 간격과 차이를 보여주게 되었다.

키신저는 미국 외교정책에 있어 이러한 말과 행동의 차이를 대단히 위험스러운 것으로 보았다. 왜냐하면 그는 냉전 종식 이후 21세기의 국제 세계는 다극체제가 될 것으로 전망하였고, 미국은 이에 적응할 역사적 경험이 부족하다고 생각했기 때문이다. 키신저에 따르면 비록 미국이 군사적인 면에 있어서는 패권적이고 최고의 군사력을 가지고 있지만 우리 시대의 군사력이라고 하는 것은 사실상 제한된 가치가 있을 뿐이다. 그렇기 때문에 앞으로 국제질서는 미국, 유럽, 일본, 중국, 러시아 그리고 어쩌면 인도가 여기에 참여함으로써 다섯 개 내지 여섯 개 국가가 주도하는 다극체제가 될 것이다. 그러나 미국은 역사적으로 단 한 번도 이러한 다극체제를 운영해 본 적이 없다. 즉 많은 국가들

중의 하나로서 행동한 경험이 별로 없다는 것이다. 따라서 미국이 복잡한 국제체제 속에서 하나의 강대국으로 진흥하기 위해서는 유럽으로부터의 경험을 배워야 된다고 하는 것이 키신저의 생각이다.

#### 4) 미국은 유럽의 역사에서 배워야

냉전 종식 이후 오늘날의 세계에서는 이른바 세계화가 점증하는 동시에 다른 한편으로는 기존의 질서들이 분열되고 있다. 즉 세계는 통합과 분열을 동시에 경험하고 있는 것이다. 이렇게 복잡하게 변하고 있는 세계 속에서 미국은 마음대로 이 세계를 지배할 수도 없고, 그렇다고 이 세계로부터 완전히 철수할 수도 없다. 키신저는 미국 외교정책이 바로 이러한 딜레마의 상태에 빠져 있다고 생각했다. 지배할 수도 없고 과거처럼 고립으로 돌아갈 수도 없는 이러한 상황에서 미국이 배워야 하는 것은 세력균형체제를 운영했던 유럽인들의 전통과 경험이라는 것이다.

키신저는 현재와 앞으로의 세계는 여러 가지 면에서 18세기와 19세기의 유럽이 경험했던 세계와 놀라울 정도로 유사하게 전개될 것이라고 전망한다. 따라서 그는 국제정치에 있어 새로운 면보다는 늘 계속되어 왔던 것, 지속적이었던 것 등을 더 중요하게 생각하였고, 앞으로의 세계도 이러한 것들이 지배하게 될 것이라고 예상하였다. 21세기에는 세계를 완전히 지배하는 국가도 없고, 또 모든 국가들이 각자 고립주의에 빠질 수도 없다. 특히 미국 자신이 과거처럼 완전히 고립정책으로 돌아갈 수 없는 상황이 되었다. 따라서 미국이 세계 질서 유지에 기여하기 위해서는 유럽과 아시아에 있어서, 즉 전 세계 힘의 균형을 유지하는 정책을 추구해야 한다고 생각하는 것이다.

이와 같은 목적을 달성하기 위해서 키신저는 미국이 윌슨주의적 요소를 상당 부분 버려야 한다고 주장한다. 그리고 유럽인들이 늘 그래 왔던 것처럼, 미국도 재래식의 국가이익 개념에 입각하여 외교정책을 수행해야 한다는 것이다. 구체적으로 미국은 첫째, 주요 국가들이 가질 수 있는 어떠한 불안감을 완화시키기 위해 노력해야 하고 둘째, 국제 질서를 뒤엎을 정도로 야심적인 국가는 억제해야 하며 셋째, 위험한 갈등을 해소하는 데 있어서 미국은 적극적으로 중요한 역할을 수행해야 한다. 윌슨주의적인 구세주 역할을 버리고 재래식 국가이익의 개념에 입각해서 외교정책을 수행할 때만이 미국은 말과 행동의 차이를 줄이면서 미국이 처한 딜레마에 유연하게 대응해 나갈 수 있고, 또한 세계 질서의 유지에 기여할 수 있다는 것이다.

그렇다면 앞으로 미국이 수행해야 할 힘의 균형정책은 어떠한 것인가? 키신저에 의하면, 그리고 역사적 경험에 의하면 힘의 균형 정책을 수행하는 데에는 영국식과 비스마르크식의 두 가지 방법이 있다. 영국식은 평화 시에는 동맹을 맺지 않다가 힘의 균형이 깨졌다고 생각할 때에 약한 쪽을 도와줌으로써 균형을 잡으려고 하는 것이다. 그렇기 때문에 영국식은 보통 사태가 악화될 때까지 기다리는 성향을 보인다. 그러나 비스마르크식은 동맹 체제를 유지하면서 일어날 수 있는 잠재적인 갈등을 사전에 예방하기 위하여 '예방외교'로써 국제질서를 관리해 나가는 것이다. 비스마르크는 자신의 그러한 노력을 '정직한 중재자'라 하였고, 이를 통해서 국제적인 안정을 유지하기 위한 조치를 취해 왔던 것이다. 그런데 이러한 비스마르크식의 방법은 정치지도자의 매우 탁월한 능력을 필요로 한다. 키신저가 미국의 외교정책에 대하여 걱정하는 부분이 바로 이것이다. 미국이 앞으로 주도적인 국가로서 세계 질서를 유지하기 위해서는 비스마르크와 같은 탁월한 능력을 미국의 정치지도자들이 보여주어야 한다는 것이다. 바꾸어 말하면 그 말 속에는 미국의 정치지도자들이 비스마르크와 같은 능력과 통치술을 갖추기 어려울 것이라는 걱정이 내포되어 있는 것이라 할 수 있다.

### 5) 21세기의 한국외교정책에 주는 함의

그렇다면 이 책이 한국의 상황에 있어 시사하는 점은 무엇인가? 키신저에 의하면 21세기의 아시아는 18세기의 유럽과 같은 힘의 균형 체제가 될 것이다. 미국은 아시아에서 세력균형이 깨어질 상황이 오면 그것이 미국의 국가이익에 중대한 위협이 된다고 보고 적극적으로 개입하게 될 것이다. 그런데 4년마다 선거를 통해 정치지도자들이 바뀌는 미국정치의 특성상 비스마르크적인 힘의 균형정책이 지속적으로 수행되지 않을 수도 있다. 만약 미국의 정치지도자가 영국식의 세력균형 정책을 채택하게 된다면 미국은 국제적인 분쟁에 대하여, 특히 어떠한 힘의 균형 파괴가 자국에 결정적 영향을 준다고 생각되지 않는 작은 분쟁이나 갈등에 대하여 불간섭의 원칙을 적용하게 될 것이다.

미국이 이처럼 불간섭의 원칙을 적용하게 된다면 그것은 도덕적으로는 포장될 수 있다. 그러나 그러한 포장 이면에는 미국이 더 이상 국제질서 유지를 위한 대가를 지불하지 않겠다는 의미가 숨어 있다. 즉 앞으로는 미국도 국제안보에 무임승차하겠다는 것이다. 다극체제에 있어 가장 심각한 문제는 모든 나라들이 질서 유지를 위해 주도적인 책임은 지지 않으려 하면서 서로 평화에 무임승차하려고만 한다는 것이다. 누구도 책임 있게 분쟁과 갈등의 해결을 위한 노력을 하지 않기 때문에 그것이 대규모의 전쟁으로 진전될 수도 있다.

따라서 만일 미국인들이 아시아에 있어 한반도문제가 강대국들 사이의 힘의 균형에 결정적으로 영향을 미치는 문제가 아니라고 생각하게 된다면, 미국은 한반도문제에 대하여 불개입의 원칙을 적용하게 될 수도 있다. 이것은 한반도의 미래를 조금은 불안하게 만드는 전망이다.

따라서 현재의 한국 외교정책에 있어 가장 피해야 할 것은 미국인들이 이 땅에서 스스로 떠나게 되는 현상이다. 여기에는 역사적인 아이러니가 있다. 20세기 초 대한제국은 일본을 비롯한 다른 강대국가의 영향력을 억제시키기 위하여 미국이 개입해 줄 것을 요청했다. 그러나 그 당시 미국은 한반도의 문제가 미국의 국가이익에 직결된다고 생각하지 않았기 때문에 이를 거절했고, 우리는 미국에게 엄청난 원망을 했다. 그런데 한 세기가 지난 지금, 만약 우리가 미국에게 한반도로부터 손을 떼라고 요구한다면 우리는 한 세기 이전에 우리 조상들이 했던 정반대의 실수를 범하게 될 것이다.

지난 반세기 동안 아시아의 질서는 미국에 의하여 안정되어 왔고, 한반도의 평화 또한 미국에 의해 유지되었다는 점을 과소평가해서는 안 될 것이다. 키신저가 말하는 미국 외교정책의 본질과 앞으로의 방향을 들으면서 우리는 미국 외교정책에 있어 상당한 변화의 가능성을 짐작할 수가 있다. 또한 이를 제대로 파악하지 못했을 때 우리는 20세기 초와 같은 불행을 또다시 겪을 수도 있음을 잊지 말아야 할 것이다.

# 참 고 문 헌

## 제2장 한국인의 전쟁과 평화의 개념

<영 문>


Alighieri, Dante, *On World-Government or De Monarchia*, trans. by Herbert W. Schneider (New York: The Liberal Arts Press, 1949).

Ames, Roger T., *The Art of Rulership: A Study in Ancient Chinese Political Thought* (Honolulu, Hawaii: University of Hawaii Press, 1983).

Aristotle, 'Epistle to Alexander the Great on World Government' in Howard P. Kainz (ed.), *Philosophical Perspectives on Peace* (London: Macmillan Press, 1987).

Aron, Raymond, *The Dawn of Universal History* (New York: Basic Books, 2002).

Bary, William Theodore de (ed.), *Han Fei Tzu: Basic Writings, trans. by Burton Watson* (New York: Columbia University Press, 1964).

Bary, William Theodore de, 'Introduction' in William Theodore de Bary and JaHyun Kim Haboush (eds.), *The Rise of Neo-Confucianism in Korea* (New York: Columbia University Press, 1985).

Bell, Daniel A., 'Just War and Confucianism: Implications for the Contemporary world' in Daniel A. Bell, *Confucian Political Ethics* (Princeton, New Jersey: Princeton University Press, 2008).

Cha, Victor D., *Alignment Despite Antagonism: The US-Korea-Japan Security Triangle* (Stanford: Stanford University Press, 1999).

Chung, Chai-sik, 'Chong Tojon: 'Architect' of Yi Dynasty Government and Ideology' in de Bary, William Theodore and JaHyun Kim Haboush (eds.), *The Rise of Neo-Confucianism in Korea* (New York: Columbia University Press, 1985).

Claude, Inis L. Jr., *Power and International Relation* (New York: Random House, 1962).

Cohen, Warren I., *East Asia at the Center* (New York: Columbia University Press, 2000.

Cooley, Alexander, *Logics of Hierarchy: The Organization of Empires, State, and Military Occupation* (Ithaca, New York: Cornell University Press, 2005)

Fairbank, John King (ed.), *The Chinese World Order: Traditional China's Foreign Relations* (Cambridge, Massachusetts: Harvard University Press, 1968).

Fu, Zhengyuan, *China's Legalists: The Earliest Totalitarians and Their Art of Ruling* (Armonk, New York: M.E. Sharpe, 1996).

Gibney, Frank, *Korea's Quiet Revolution: From Garrison State to Democracy* (New York: Walker and Co., 1992).

Gong, Gerrit W., 'China's Entry into International Society' in Hedley Bull and Adam Watson (eds.), *The Expansion of International Society* (Oxford: Clarendon Press, 1984).

______________, *The Standards of Civilization in International Society* (Oxford: Clarendon Press, 1984).

Haboush, Ja-Hyun Kim, 'The Confucianization of Korean society' in Gilbert Rozman (ed.), *The East Asian Region: Confucian Heritage and Its Modern Adaptation* (Princeton, NJ: Princeton University Press 1991).

Hahm, Pyong-choon, 'Toward A New Theory of Korean Politics' in Edward Reynolds Wright (ed.), *Korean Politics in Transition* (Seattle and London: The Washington University Press, 1975),

__________________, *The Korean Political Tradition and Law* (Seoul, Korea: Hollym, 1967).

Halberstam, David, *The Coldest Winter: America and the Korean War* (New York: Hyperion, 2007).

Hall, David L. and Roger T. Ames, 'A Pragmatic Understanding of Confucian Democracy,' in Daniel A. Bell (ed.), *Confucian Political Ethics* (Princeton: Princeton University Press, 2008),

Hartz, Louis, *The Liberal Tradition in America: an Introduction of American Political Thought since the Revolution* (New York: Harcourt Brace, 1991) (originally in 1955).

Hsiao, Kung-chuan, 'The Chinese Philosophy of War: the traditionalists' Arguments', in Joel Larus (ed.), *Comparative World Politics: Readings in Western and Premodern Non-Western International Relations* (Belmont, California: Wadsworth Publishing, 1965).

________________, 'The Confucianization of Korean society' in Gilbert Rozman (ed.), *The East Asian Region: Confucian Heritage and Its Modern Adaptation* (Princeton, NJ: Princeton University Press 1991).

Hui, Victoria Tin-bor, 'Toward a Dynamic Theory of International Politics: Insights from Comparing Ancient China and Early Modern Europe,' *International Organization*, vol. 58, no. 1(Winter 2004): pp. 175-205.

____________________, *War and State Formation in Ancient China and Early Modern Europe* (Cambridge: Cambridge University Press, 2005).

Jaeger, Werner, *Paideia: The Ideals of Greek Culture* (New York: Oxford University Press, 1939).

Kim, In Whoe, 'Educational Possibilities of the Values of Peace and Harmony Inherent in Korean Culture' in Zhou Nan-Zhao and Bob Teasdale (eds.), *Teaching Asia-Pacific Core Values of Peace and Harmony: A Sourcebook for Teachers* (Bangkok, Thailand: UNESCO Asia and Pacific Regional Bureau for Education, 2004).

Nelson, M. Frederick, *Korea and The Old Orders in Eastern Asia* (New York: Russell & Russell, 1967) (originally by the Louisiana State University Press in 1945),

Ni, Lexiong, 'The Implications of Ancient Chinese Military Culture' in Daniel A. Bell (ed.), *Confucian Political Ethics* (Princeton: Princeton University Press, 2008).

Nosco, Peter, 'Confucian Perspectives on Civil Society and Government' in Daniel A. Bell (ed.), *Confucian Political Ethics* (Princeton: Princeton University Press, 2008),

Robinson, Michael, 'Perceptions of Confucianism in Twenty-Century Korea' in Gilbert Rozman, *The East Asian Region: Confucian Heritage and Its Modern Adaption* (Princeton, New Jersey: Princeton University Press, 1991).

Rosenau, James N., 'Analyzing Actors: Individuals and collectivities' in James N. Rosenau, *Turbulence in World Politics: A Theory of Change and Continuity* (Princeton, New Jersey: Princeton University Press, 1990).

Snyder, Glenn H., *Alliance Politics* (Ithaca, New York: Cornell University Press, 1997).

Strauss, Leo, *Liberalism Ancient and Modern* (New York: Basic Books, 1968).

Suzuki, Shogo, *Civilization and Empire: China and Japan's Encounter with European International Society* (London: Routledge, 2009).

Thucydides, *The Landmark Thucydides*, Robert B. Strassler (ed.), (New York: The Free Press, 1996).

Walker, Richard Louis, *The Multi-State System of Ancient China* (Handen, Connecticut: Shoe String Press, 1953).

Waltz, Kenneth N., *Man, the State and War: A Theoretical Analysis* (New York: Columbia University Press, 1959).

__________________, *Theory of International Politics* (Massachusetts: Addison-Wesley, 1979).

Watson, Adam, *Hegemony and History* (London: Routledge, 2007).

Wight, Martin, *Systems of States* (Britain: Leicester University Press, 1977).

Wittfogel, Karl August, *Oriental Despotism: A Comparative Study of Total Power* (New Haven: Yale University Press, 1957).

Wolfers, Arnold, 'The Actors in International Politics' in William T. R. Fox (ed.), *Theoretical Aspects of International Relations* (Notre Dame, Indiana: University of Notre Dame Press, 1959).

Yergin, Daniel, *Shattered Peace: The Origins of the Cold War and the National Security State* (Boston, Mass.: Houghton Mifflin, 1997).

Young, Oran R., 'The Actors in World Politics' in James N. Rosenau, Vincent Davis, and Maurice A. East (eds.), *The Analysis of International Politics: Essays in Honor of Harold and Margaret Sprout* (New York: The Free Press, 1972).

Zhang, Junbo and Yao Yunzhu, 'Differences Between Traditional Chinese and Western Military Thinking and Their Philosophical Roots,' *Journal of Contemporary China*, vol. 5, no. 12 (1996): pp. 209-221

## 제4장 한국의 안보정책

<국 문>

동아일보사 편, 『안보통일문제 기본자료집』 (서울 : 동아일보사, 1971).

신영진, "국군의 군비(II)," 『軍史』, 제24호 (1992).

<영 문>

Buzan, Barry, *People, States and Fear*, 2nd ed. (Bauber: Lynne Rienner. 1991).

Cooke, Melinda W., "National Security," in Frederica M. Bunge (ed.), *South Korea*. 3rd ed. (Washington D.C.: American University, 1982).

Dobbs, Charles M., *The Unwanted Symbol* (Kent. Ohio: The Kent State University Press, 1981).

Fukuyama, Francis, *The End of History and the Last Man* (New York: Free Press, 1992).

Gaddis, John Lewis, *The Long Peace: Inquiries into the History the Cold*

(Oxford University Press, 1987).

Goulden, Joseph C., *Korea : The Untold Story of the War* (New York: Times Books, 1982).

Han, Sung Joo, *The Failure of Democracy in South Korea* (Berkley: University of California Press, 1974).

Jordan, Amos A. and William J. Taylor. Jr. *American National Security* (Baltimore: The Johns Hopkins University Press, 1984).

Kang, Sung-Hack, "Crisis Management under Armistice Structure in the Korean Peninsula." *Korea Journal*, vol. 31, no. 4 (Winter 1991).

Kaufman, Daniel J., Jeffrey S. Mckitrick and Thomas Leney, "A Conceptual Framework," in Daniel J. Kaufman (ed.), *US National Security: A Framework for Analysis* (Lexington: Lexington Books, 1985).

Kissinger, Henry. *Nuclear Weapons and Foreign Policy* (New York: Council on Foreign Relations, 1957).

Lasswll, Harold D., *National Security and Individual freedom* (New York: McGraw-Hill, 1950).

MacDonald, Callum A., *Korea: The War before Vietnam* (London: Macmillan, 1986).

Morgenthau, Hans J.. *Politics among Nations: Struggle for Power and Peace* (New: York. Alfred A. Knopf. 1948).

Oneill, Robert, *Australia in the Korean War 1950-1953* (Canberra: Australian Government Press, 1981).

Reiss, Mitchell, *Without the Bomb: The Politics of Nuclear Nonproliferation* (New York: Columbia University Press, 1988).

Summers, Harry G. Jr., *Korean War Almanac* (New York: Facts on File. 1990).

Trager, Frank N. and F. N. Simonie, "An Introduction to the Study of National Security," in F.N. Trager and P.S. Kronenberg (eds.), *National Security and American Society* (Lawrence: University of Kansas, 1973).

Whelan, Richard, *Drawing the Line* (Boston: Little Brown, 1990).

Wolfers, Arnold, "National Security as an Ambiguous Symbol." in Arnold Wolfers, *Discord and Collaboration* (Baltimore: The Johns Hopkins University Press, 1962).

Young, Oran, "Political Discontinuities in International System," in James Rosenau, (ed.), *International Politics and Foreign Policy*. 2nd ed. (New York: Free Press, 1969).

## 제5장 주한미군과 한반도

<국 문>

랄프 클라프, 윌리엄 카펜터, 『주한미군에 관한 연구』, 국방대학원 안보문제연구소 안보청서 7, 1976,

문창극, 『한미갈등의 해부』 (서울: 나남출판사, 1994).

한승주, "한국의 국내정치와 한미관계," 한승주 (편) 『전환기의 한미관계』, 서울국제포럼, 1988.

<영 문>

Alstyne, R. W. Van, "Woodrow Wilson and the Idea of the Nation State," *International Affairs*, vol. 37, 1961,

Barraclough, Geoffrey, *An Introduction to Contemporary History* (Pelican Books, 1967).

Carpenter, William M., *The Maintenance of U.S. Forces in Korea* (Washington D.C.: Sanford Research Institute, 1975).

Clouph, Ralph N., *Deterrence and Defense in Korea: The Role of U.S. Forces* (Washington D.C.: The Brookings Institution, 1976)

Cohen, Saul B., "Geopolitics in the New World Era: A New Perspective on and Old Discipline," in George J. Demko and William B. Wood, (eds.), *Reordering the World: Geopolitical Perspectives on the Twenty-first Century* (Boulder: Westview Press, 1994).

Dobbs, Charles M., *The Unwanted Symbol: American Foreign Policy, the Cold War and Korea 1945-1950* (Kent, Ohio: Kent State University Press, 1981).

George, Alexander L. (ed.), *Managing U.S.-Soviet Rivalry: Problems of Crisis Prevention* (Boulder: Westview Press, 1983).

______________________, Philip J. Farley and Alexander Dallin (eds.), *U.S.-Soviet Security Cooperation* (Oxford : Oxford University Press, 1988).

Gleysteen, William H. Jr., "Korea: Asian Paradox," *Foreign Affairs*, vol. 65 (Summer 1987).

Ha, Young-Sun, "American-Korean Military Relations: Continuity and Change," in Youngnok Koo and Dae-Sook Suh (eds.), *Korea and the United States: A Century of Cooperation* (Honolulu: University of Hawaii Press, 1984).

Han, Sung-Joo, "Korean Security and Major Powers," in Sung-Joo Han (ed.), *U.S.-Korean Security Cooperation: Retrospects and Prospects* (Asiatic Research Center, Korea University, 1983).

____________, "South Korea and the United States: Past, Present and Future," in Gerald L. Curtis and Sung-Joo Han (eds.), *The U.S.-South Korean Alliance* (Lexington: D.C. Heath and Co., 1983).

____________, "South Korea and the United States: The Alliance Survives," *Asian Survey*, vol. 20, no. 11 (November 1980),

____________, "South Korea in 1987: The Politics of Democratization," *Asian Survey*, vol. 28, no. 1 (January 1988).

Hersh, Seymour M., *The Target is Destroyed* (New York: Random House, 1986).

Hess, G. R., "The Iranian Crisis of 1945-46 and the Cold War," *Political Science Quarterly*, vol. 69 (March 1974): pp. 117-146.

Huntington, Samuel P., "The Clash of Civilizations?" *Foreign Affairs*, vol. 27, no. 3, (Summer 1993): pp. 22-49.

Isaacson, Walter, *Kissinger: A Biography* (New York: Simon & Schuster, 1992).

Kang, Sung-Hack, "America's Foreign Policy toward East Asia for the 1990s: From Godfather to Outsider?", *Korea and World Affairs*, vol. 11, no. 4 (Winter 1987).

______________, "Crisis Management under Armistice Structure in the Korean Peninsular," *Korea Journal*, vol. 31, no. 4 (Winter 1991).

______________, "South Korea's Policy toward the United Nations: How the Icon was Buried and What New Challenge Lies before South Korea in the World Organization," in Sung-Hack Kang (ed.), *The United Nations and Keeping Peace in Northeast Asia* (Seoul: The Institute for Peace Studies, Korea University, 1995).

______________, "Strategic Metamorphosis from Sisyphus to Chameleon?: North Korean Security Policy and Military Strategy," *The Korean Journal of Defense Analysis*, vol.7, no. 1 (Summer 1995).

Kauppi, Mark K., "Strategic Beliefs and Intelligence: Dominos and Bandwagons in the Early Cold War," *Security Studies*, vol. 4, no. 1 (Autumn 1994),

Keal, Paul, *Unspoken Rules and Superpower Dominance* (London: Macmillan Press, 1983).

Keylor, William R., *The Twentieth Century World*, 2nd ed., (Oxford: Oxford University Press, 1992).

Kim, Chull Baum, "U.S. Policy on the Eve of the Korean War: Abandonment of Safeguard?" in Phil Williams, Donald M. Goldstein, and Henry L. Andrews, Jr., (eds.), *Security in Korea* (Boulder: Westview Press, 1994),

Lichterman, Martin, "To the Yalu and Back," in Harold Stein (ed.), *American Civil-Military Decisions, Birmingham* (AL: University of Alabama Press, 1963).

Mackinder, Halford J., *Democratic Ideals and Reality* (London: Constable, 1919).

McCormick, James M., *American Foreign Policy and Process*, 2nd ed. (Illinois, Itasca: F.E. Peacock, 1992).

Morgenthau, Hans J., "The Far East," in Hans J. Morgenthau, *Truth and Power* (New York: Praeger, 1970).

Mr. 'X', "The Sources of Soviet Conduct," *Foreign Affairs*, vol. 25, no. 4 (July 1947).

O'sullivan, Patrick, *Geopolitics* (New York: St. Martin's Press, 1986).

Shulman, Marshall D., "The Superpowers: Dance of the Dinosaurs," *Foreign Affairs*, vol. 66, no. 3 (1988).

Sigur, Gaston J. Jr., "Korean Politics in Transition," *Department of State, Bulletin* (April 1987).

Silverlight, John, *The Victors' Dilemma: Allied Intervention in the Russian Civil War 1917-1920* (New York: Weybright and Talley, 1970).

Sloan, G. R., *Geopolitics in United States Strategic Policy 1890-1987* (New York: St. Martin's Press, 1988).

Spykman, N. M., *America's Strategy in World Politics* (New York: Harcourt Brace, 1942).

Strausz-Hupe, Robert, *Democracy and American Foreign Policy* (New Jersey, New Brunswick: Transaction Publishers, 1955).

Stueck, William, "The United States, the Soviet Union, and the Division of Korea: A Comparative Approach," *The Journal of American-East Asian Relations*, vol. 4, no. 4 (Spring 1995).

Sunoo, Herald Hackwon, *20th Century Korea* (Seoul: Nanam Publishing House, 1994).

The Center for the Study of Foreign Affairs, *Authoritarian Regimes in Transition* (Washington D. C. : Foreign Service Institute, U.S. Department of State, 1987)

Tocqueville, Alexis de, Democracy in America, Vol. 1, ed., Phillips Bradley (New York: Alfred A. Knopf, 1960).

Toulmin, S. E., *The Uses of Argument* (Cambridge: Cambridge University Press, 1964),

Truman, Harry S., *Year of Decision* (Suffolk: Hodder and Stoughton, 1955).

Waltz, Kenneth, *Theory of International Politics* (Reading: Addison-

Wesley, 1979).

Williams, Phil, *US Troops in Europe* (London: Routledge & Kegan Paul, 1984).

Wilz, John Edward, "Encountering Korea: American Perceptions and Policies to 25 June 1950," in William J. Williams, (ed.), *A Revolutionary War: Korea and the Transformation of the Postwar World* (Chicago: Imprint Publications, 1993).

## 제6장 한·러 관계 발자취

<영 문>

"On The Korean War of 1950-1953: New Light on the Old Conflict," *A Special Issue of Korea and World Affairs*, vol. 14, no. 2 (Summer 1990).

Ahn, Byung-Joon, "South Korean-Soviet Relations: Issues and Prospects," *Korea and World Affairs*, vol. 14, no. 4 (Winter 1990).

Beloff, Max, *Soviet Policy in the Far East, 1944-1951* (London: Oxford University Press, 1953).

Collingwood, R.G., *An Autobiography* (Oxford: Oxford University Press, 1939).

Gall, Lothar, *Bismarck: the White Revolutionary* (London: Unwin Hyman, 1986).

Han, Sung-Joo, "South Korean Policy toward the Soviet Union," in Sung-Joo Han (ed.), *Soviet Policy in Asia: Expansion or Accommodation?* (Seoul: Asiatic Research Center, 1980).

Howard, Miichael, *The Lessons of History* (Oxford: Clarendon Press, 1991).

Kang, Sung-Hack, "ASEAN-the U.S.S.R: A Polar Bear Who's Coming to the Lilliputians' Dinner?" *The Journal of Asiatic Studies*, vol 30, no. 1 (January 1985).

*Khrushchev Remembers* (Boston: Little Brown, 1970).

Langer, William L. *The Diplomacy of Imperialism, 1890-1902*, 2nd. ed. (New York: Alfred A. Knopf, 1956).

Laqueur, Walter, "Kissinger and His Critics," *Commentary*, vol. 69, no. 2 (February 1980)

Lee, In-ho, "Russian Interest in Korea in Historical Perspective," in Sung-Joo Han (ed.), *Soviet Policy in Asia: Expansion or Accommodation?* (Seoul: Asiatic Research Center, 1980).

Lowe, Peter, *The Origins of the Korean War* (London: Longman, 1986).

Malozemoff, Andrew, *Russian Far Eastern Policy, 1881-1904* (Berkeley: University of California Press, 1958).

Merrill, John, Korea: The Peninsular Origins of the War (Newark: University of Delaware Press, 1989)

Pak, M.N. with Wayne Patterson, "Russian Policy toward Korea before and during the Sino-Japanese War of 1894-95," *Journal of Korean Studies*, vol. 5 (1984).

Park, Chi Young, "Korea and the United Nations," in Youngnok Koo and Sung-Joo Han (eds.), *The Foreign Policy of the Republic of Korea* (New York: Columbia University Press, 1985).

Rockhill, William W. (ed.), *Treaties and Conventions with or Concerning China and Korea, 1894-1904* (Washington: Government Printing Office, 1904).

Slusser, Robert M., "Soviet Far Eastern Policy 1945-50: Stalin's Goal in Korea,: in Yonosuke Nagai and Akira Iriye (eds.), *The Origins of the Cold War in Asia* (Tokyo: University Presso of Tokyo, 1977).

Steinbruner, John, *The Cybernetic Theory of Decision* (Princeton: Princeton University Press, 1974).

Trani, Eugene P., *The Treaty of Portsmouth* (Lexington: University of Kentucky Press, 1969).

White, John Albert, *The Diplomacy of the Russo-Japanese War* (Princeton: Princeton University Press, 1964).

## 제7장 한반도 주변 전략환경 변화와 미국의 역할

<국 문>

강성학 (역), 『셰익스피어의 정치철학』 (서울: 집문당, 1982).

_________, 『키신저 박사와 역사의 의미』 (Peter Dickson, Kissinger and the Meaning of History), (서울: 박영사, 1985).

강성학 (역), 『키신저 박사와 역사의 의미』 (서울: 박영사, 1985)

강성학, 『카멜레온과 시지프스: 변천하는 국제질서와 한국의 안보』, (서울: 나남, 1995),

헨리 키신저, 「美. 亞洲에서 퇴각하면 재앙초래」, 『동아일보』, 1993년 6월 17일.

<영 문>

"Asia's Arms Race," *Economist*, 20 February 1993.

"Asia's flagging alliance," *The Economist*, April 13, 1996.

Albrecht-Carrié, René, *A Diplomatic History of Europe Since the Congress of Vienna* (London: Methuen & Co., 1958).

Ball, Desmond, "Arms and Affluence: Military Acquisitions in the Asia-Pacific Region," *International Security*, vol. 18, no. 3 (Winter 1993/94).

Bemis, Samuel Flagg, *A Diplomatic History of the United States*, 5th ed. (New York: Holt. Rinehart and Winston, 1965).

Betts, Richard K. "Wealth, Power and Instability: East Asia and the United States after the Cold War," *International Security*, vol. 18, no. 3 (Winter 1993/94)

Chase, Robert S., Emily B. Hill, and Paul Kennedy, "Pivotal States and U.S. Strategy," *Foreign Affairs*(January/February 1996).

Cheung, Tai Ming, "Loaded Weapons: China in Arms Buying Spree in Former Soviet Union," *Far Eastern Economic Review*, 3 September 1992,

Clausewtiz, Carl von, *On War*, ed. and trans. by Michael Howard and Peter Paret (Princeton: Princeton University Press, 1976).

Cox, Michael, *US Foreign Policy after the Cold War: Superpower without a Mission?* (London: Pinter, 1995).

Crabb, Cecil V. Jr., *The Doctrines of American Foreign Policy* (Baton Rouge, LA: Louisiana State University Press, 1982).

Dougherty, James E. and Robert L. Phaltzgraff, Jr., *Contending Theories of International Relations: A Comprehensive Survey*, 2nd ed. (New York: Harper & Row, 1981),

Friedberg, Aaron, "Ripe for Rivalry: Prospects for Peace in Multipolar Asia," *International Security*, vol. 18, no. 3 (Winter 1993/94).

Friedman, George and Meredith Lebard, *The Coming War with Japan* (New York: St. Martin Press, 1991).

Fukuyama, Francis, "The End of History?" *National Interest*, no. 16 (Summer 1989).

__________________, *The End of History and The Last Man* (New York: Free Press, 1992).

Gaddis, John Lewis, "Toward the Post-Cold War," *Foreign Affairs* (Spring 1991).

Gall, Lothar, *Bismarck: The White Revolutionary*, Vol. I, II (London: Allen &o Unwin, 1986).

George, Alexander L. and Richard Smoke, *Deterrence in American Foreign Policy: Theory and Practice* (New York: Columbia University Press, 1974).

Gill, Bates and Tae Ho Kim, *China's Arms Acquisitions from Abroad: A Quest for "Superb and Secret Weapons"* (Oxford: Oxford University Press, 1995).

Halle, Louils J., *The Elements of International Strategy: A Primer for the Nuclear Age* (Lanham: University Press of America, 1984).

Hugo, Grant, *Appearance and Reality in International Relations* (New York: Columbia University Press, 1970).

Huntington, Samuel P., "Clash of Civilization" *Foreign Affairs*, vol. 17, no. 3 (Summer 1993).

Kang, Sung-Hack, "America's Foreign Policy toward East Asia for the 1990s: From Godfather to Outsider?" *Korea and World Affairs*, vol. 11, no. 4 (Winter 1987).

Kaplan, Robert D., "The Coming Anarchy," *The Atlantic Monthly* (February 1994): pp. 44-76

Kegley, Charles W. Jr. and Gregory A. Raymond, *A Multipolar Peace?* (New York: St. Martin's Press, 1994).

Kennan, George F., *At a Century's Ending: Reflections 1982-1995* (New York: W.W. Norton, 1996),

Khalilzad, Zalmay, "U.S. Grand Strategies: Implication for the United States and the World," in Zalmay Khalilzad (ed.), *Strategic Appraisal 1996* (Santa Monica, CA: RAND, 1996).

Kissinger, Henry A., "The White Revolutionary: Reflections on Bismarck," *Daedalus* (Summer 1968).

__________________, "At Sea in a New World," *Newsweek*, June 6, 1994, pp. 8-10

__________________, "Balance of Power Sustained," in Graham Allison and Gregory F. Treverton (eds.), *Rethinking America's Security* (New York: W.W. Norton, 1992).

_______________, *Diplomacy* (New York: Simon & Schuster, 1994).

Krauthammer, Charles, "The Lonely Superpower," *The New Republic*, July 29, 1991.

_______________, "The Unipolar Moment," *Foreign Affairs*, vol. 70, No. 1 (1990/1991).

Lake, Anthony, "From Containment to Enlargement," *Vital Speeches of the Day*, vol. 50, no. 1, October 15, 1993.

Lippmann, Walter, *U.S. Foreign Policy : Shield of the Republic* (Boston: Little Brown, 1943).

Mackinder, Halford, *Democratic Ideals and Reality: A Study in the Politics of Reconstruction* (London, 1919).

Mandelbaum, Michael, "The United States and the Strategic Quadrangle," in Michael Mandelbaum (ed.), *The Strategic Quadrangle* (New York: Council on Foreign Relations Press, 1995).

Mandelbaum, Michael, *The Fate of Nations* (Cambridge: Cambridge University Press, 1988).

May, Ernest R., *"Lessons" of the Past* (Oxford: Oxford University Press, 1973).

McClelland, Charles A., "International Relations: Wisdom or Science?" in James N. Rosenau, (ed.), *International Politics and Foreign Policy*, rev. ed. (New York: Free Press, 1969).

McNaugher, Thomas L., "U.S. Military Forces in East Asia: The Case for Long-Term Engagement," Gerald L. Curtis (ed.), *The United States, Japan, and Asia* (New York: W.W. Norton, 1994).

Mearsheimer, John, "Back to the Future: Instability in Europe After the Cold War," *International Security* (Summer 1990).

Neustadt, Richard E. and Ernest R. May, *Thinking in Time* (New York: The Free Press, 1986)

Nye, Joseph S. Jr., "The Case for Deep Engagement," *Foreign Affairs*, vol. 74, no, 4 (August 1995)

________________, *Bound to Lead: The Changing Nature of American Power* (New York: Basic Books, 1990).

Park, Yong Ok, "Korea's Defense for the 21st Century," *Korea and World Affairs*, vol. 20, no. 1 (Spring 1996).

Rochester, J. Martin, "The United Nations in a New World Order: Reviving the Theory and Practice of International Organization," in Charles W. Kegley, Jr. (ed.), *Controversies in International Relations Theory* (New York: St. Martin's Press, 1995),

Russell, Greg, "Kissinger's Philosophy of History and Kantian Ethics," *Diplomacy & Statecraft*, vol. 7, no. 1 (March 1996).

Segal, Gerald, "East Asia and the "Constrainment" of China," *International Security*, vol. 20, no. 4 (Spring 1996).

Spykman, Nicholas John, *America's Strategy in World Politics* (New

York: Harcourt, Brace, 1942),

______________________, *The Geography of Peace*, ed. Helen R. Nicholl, New York: Harcourt, Brace, 1944,

Strausz-Hupe, Robert, *Democracy and American Foreign Policy* (New Jersey, New Brunswick: Transaction Publishers, 1955).

*The Politics of Aristotle*, ed. and trans., Ernest Barker (Oxford: Oxford University Press, 1946).

Tocqueville, Alexis de, *Democracy in America*, Vol. 1, ewd., Phillips Bradley, (New York: Alfred A. Knopf, 1950),

Tucker, Robert W. and David C. Hendrickson, *The Imperial Temptation: The New World Order and America's Purpose* (New York: Council on Foreign Relations Press, 1992).

Vertzberger, Yaacov Y. I., "Foreign Policy Decisionmakers as Practical-Intuitive Historians: Applied History and Its Shortcomings," *International Studies Quarterly*, vol. 30 (1986).

Waltz, Kenneth N., "The Emerging Structure of International Politics," *International Security*, vol. 18, no. 2 (Fall 1993).

________________, *Theory of International Politics* (Reading: Adison-Wesley, 1979).

Wolfers, Arnold, "The Pole of Power and the Pole of Indifference," in Arnold Wolfers, *Discord and Collaboration* (Baltimore: The Johns Hopkins University Press, 1962).

Yergin, Daniel, *Shattered Peace: The Origins of the Cold War and the National Security State* (New York: Penguin Books, 1977).

## 제9장 냉전시대 한반도 위기관리

<영 문>

Armbrister, Trevor, *A Matter of Accountability* (Coward-McCann, 1970).

Blainey, Geoffrey, *The Causes of War* (London: Macmillan, 1973).

Brecher, Michael and Jonathan Wilkenfeld, *Crisis, Conflict and Instability*

(Oxford: Pergamon Press, 1989).

Carnesale, Albert et al., *Living with Nuclear Weapons* (Cambridge: Harvard University Press, 1983).

Cho, Soon Sung, "North and South Korea: Stepped-up Aggression and the Search for New Security," *Asian Survey*, vol. 9, no. 1 (January 1969).

Finkelstein, Lawrence, "What War in Europe?: The Implication of Legitimate of Stability," *Political Science Quarterly*, vol. 104, no. 3 (Fall 1989).

Gaddis, John Lewis, "The Long Peace," *International Security*, vol. 10, no. 4 (Spring 1986).

Garthoff, Raymond L., *Detente and Confrontation* (Washington, D. C.: The Brookings Institution, 1935).

George, Alexander L. and Richard Smoke, *Deterrence in American Foreign Policy: Theory and Practice* (New York: Columbia University Press, 1974),

____________________. David K. Hall, and William E. Simons, *The Limits of Coercive Diplomacy* (Boston: Little, Brown, 1971).

____________________, "Superpower Interests in Third Areas," in Roy Allison and Phil Williams (eds.), *Superpower Competition and Crisis Prevention in the Third World* (Cambridge: Cambridge University Press, 1990).

Gilpin, Robert, *War and Change in World Politics* (Cambridge: Cambridge University Press, 1981).

Head, Richard G., Frisco W. Short, and Robert C. McFarlane, *Crisis Resolution : Presidential Decision Making in the Mayaguez and Korean Confrontations* (Boulder: Westview Press, 1978),

Keal, Paul, *Unspoken Rules and Superpower Dominance* (London: Macmillan Press, 1983).

Kim, Joungwon A., "North Korea's New Offensive," *Foreign Affairs*, vol. 48, no. 10 (October 1969).

Kissinger, Henry, *White House Years* (Boston : Little Brown, 1979).

Koh, B. C., "The Pueblo Incident in Perspective," *Asian Survey*, vol. 9, no. 4 (April 1969).

Krasner, Stephan D. (ed.), *International Regimes* (Ithaca: Cornell University Press, 1983).

Lebow, Richard Ned, "Is Crisis Management Always Possible?" *Political Science Quarterly*, vol. 102, no. 2 (Summer 1987).

__________, *Between Peace and War* (Baltimore: The Johns Hopkins University Press, 1981).

Mearsheimer, John J., "Why We Will Soon Miss the Cold War," *Atlantic Monthly* (August 1990).

Morrison, Charles E. and Astri Suhrke, *Strategies of Survival* (New York: St. Martin's Press, 1978).

Morse, Edward L., "Crisis Diplomacy, Interdependence, and the Politics of International Economic Relations," in Raymond Tanter and Richard H. Ullman (eds.), *Theory and Policy in International Relations* (Princeton: Princeton University Press, 1972).

Niou, Emerson M. S., Peter C. Ordeshock, and Gregory F. Rose, *The Balance of Power* (Cambridge: Cambridge University Press, 1989).

Puchala, Donald and Rayond Hopkins, "International Regimes: Lessons from Inductive Analysis," *International Organization*, vol. 36, no. 2 (Spring 1982).

Simmons, Robert R., "The United States Involvement in the 1968-69 Korean Crises," *Asian Perspective*, vol.2, no. 1 (Spring 1978).

Waltz, Kenneth N., "The Stability of a Bipolar World," *Daedulus*, vol. 93 (Summer 1964).

__________, *Theory of International Politics* (Reading, Mass.: Addison-Wesley, 1979).

Young, Oran R., "Political Discontinuities in International System," in James N. Rosenau (ed.), *International Politics and Foreign Policy*, re. ed. (New York: Free Press, 1969).

Zagoria, Donald S. and Janet D. Zagoria, "Crises on the Korean Peninsula," in Stephan S. Kaplan (ed.), *Diplomacy of Power: Soviet Armed Forces as a Political Instrument* (Washington D. C.: The Brookings Institution, 1981).

## 第10장 한반도 군축을 위한 신뢰구축 방안

<국 문>

강성학, "1990년대 소련의 동아시아 정책: 고르바초프의 선언과 신사고를 토대로" 『아세아연구』, vol. 32, no. 1 (1989년 1월): pp. 185~214.

양성철, 조덕현, "남북한 군비통제 제안: 분석 및 평가," 『한국정치학회보』, 21집 1호 (1987).

이달곤, "군사이론에 입각한 남북한 군축협상 대안연구," 『통일문제연구』, 제1권 1호 (1989 봄): pp.103~192.

하영선, "한반도 군비축소의 현실적 모색," 이호재 편저, 『한반도 평화론』 (법문사, 1989), 제14장.

<영 문>

*Asian Security 1985* (London, 1985)

Axelrod, Robert. *The Evolution of Cooperation* (New York: Basic Books, 1984).

Babbage, Ross, "The Changing Maritime Equation in the Northwest Pacific," Presented at the Symposium on The Pacific Era and Korean Sea Power: Prospects and Issues, jointly Sponsored by the ROK Navy and the SLOC-Study Group, Korea (11~12 July 1989)

Blainey, Geoffrey, *The Causes of War* (London: Macmillan, 1973).

Bowie, Robert, "Basic Requirement of Arms Control" in Donald G. Brennan, (ed.), *Arms Control Disarmament and National Security* (New York: George Braziller Inc., 1961).

Brown, Robin, "Arms Control: Back to the Future?" *Review of International Studies*, vol. 14. no. 4 (October 1988).

Bull, Hedley, *The Control of the Arms Race*, 2nd ed. (N.Y.: Frederick A. Praeger, 1961).

Drifte, Reinhard, "Arms Control and the Superpower Balance in East Asia," in Gerald Segal, (ed.), *Arms Control in Asia* (Lodon: The Macmillan Press, 1987).

Etzioni, A., *The Hard Way to Peace* (New York: Collier Books, 1962).

Gaddis, John Lewis, "The Long Peace," *International Security*, vol. 10, no. 4 (Spring 1986).

Garnett, John, "Disarmament and Arms Control since 1945" in Lawrence Martin (ed.), *Strategic Thought in Nuclear Age* (Baltimore: The Johns Hopkins University Press, 1979).

Goldmann, Kjell, "Change and Stability in Foreign Policy: Detente as a Problem of Stabilization," *World Politics*, vol. 34, no.2 (January 1982): pp.230~266

______________, *Change and Stability in Foreign Policy* (Princeton: Princeton University Press, 1988).

Goodby, James E., "Can Negotiations Contribute to Security and Cooperation in Korea?" *Korea Journal*, vol. 29, no. 7 (July 1989).

Holst, John J., "Confidence Building Measures: A Conceptual Framework," *Survival*, vol. xxv, no.1 (Jan/Feb 1983).

Howard, Michael, "Illusions that Fuel Pressure for Arms Control," *The Atlantic Community Quarterly*, vol. 24, no. 2 (Summer 1986).

______________, *The Causes of War* (London: Temple Smith, 1983).

Kang, Sung Hack, "America's Foreign Policy toward East Asia for the 1990s: From Godfather to Outsider?" *Korea and World Affairs*, vol. 11, no. 4 (Winter 1987).

Kimura, Hiroshima Kimura, "The Soviet Proposal on Confidence-Building Measures and the Japanese Response." Joshua D. Katz and Tilly C. Friedman-Lichtschein (eds.), *Japan's New World Role* (Bolder: Westview Press, 1985).

Kissinger, Henry, *Nuclear Weapons and Foreign Policy* (New York: W.

W. Norton, 1957).

______________, *White House Years* (Boston: Little, Brown, 1979).

______________, *Years of Upheaval* (Boston: Little, Brown, 1982).

Krepon, Michael, "Verification of Conventional Arms Reduction," *Survival* (November/December 1988).

Mandelbaum, Michael, *The Nuclear Revolution* (Cambridge: Cambridge University Press, 1981).

Mansbach, Richard M. and John A. Vasquez, *In Search of Theory* (New York: Columbia University Press, 1981).

Morgenthau, Hans J., *Politics Among Nations*, 5th ed. (New York: Alfred A. Knopf. 1973).

Pieragostini, Karl, "Arms Control Verification," *The Journal of Conflict Resolutions*, vol. 30, no. 3 (September 1986).

Schelling, Thomas and Morton Halperin, *Strategy and Arms Control* (N.Y. : The Twentieth Century Fund, 1961).

Segal, Greald, "Defence Culture and Sino-Soviet Relations." *Journal of Strategic Studies* (July 1985).

Stanford Arms Control Group, "Modern Disarmament Efforts before the Second World War," Marek Thee (ed.), *Armaments, Arms Control and Disarmament* (The UNESCO Press, 1981).

Sutter, Robert G., "Realities of International Power and China's 'Independence' in Foreign Affairs, 1981~1984," *Journal of Northeast Asian Studies*, vol. 3, no. 4.

The Harvard Nuclear Study Group, *Living with Nuclear Weapons* (Cambridge: Harvard University Press, 1983).

Thorsson, Inga, "In Pursuit of Disarmament," in Ramesh Thakur, *International Conflict Resolution* (London: Westview Press, 1988).

Tsipis, Kosta, David W. Hafemlister and Denny Janeway (eds.), *Arms Control Verification* (Washington: Pergamon, Brassey's International Defense Publishers, 1986).

Waltz, Kenneth, *Theory of International Politics* (Reading: Addison-

Wesley Publishing Co., 1979).

## 제12장 한국의 유엔정책

<국 문>

대한민국 외무부, 『한국외교 40년: 1948-1988』 (서울: 외무부, 1990).

<영 문>

Bailey, Sydney D., *How War Ends: The United Nations and the Termination of Armed Conflict_1946-1964*, Vol.11 (Oxford: Clarendon Press, 1982).

Choi, Chong-Ki, "The Role of The United Nations and the Korean Question," in Tae-Hwan Kwak, Chonghan Kim and Hong Nack Kim (eds.), *Korean Unification: New Perspective and Approaches* (Kyungnam University Press, 1984).

Cox, Robert W. and Harold K. Jacobson, et. al., *The Anatomy of Influence* (New Haven: Yale University Press, 1974).

Dobbs, Charles M., *The Unwanted Symbol: American Foreign Policy, the Cold War, and Korea 1945-1950* (Kent, Ohio: The Kent State University Press, 1981).

Finkelstein, Lawrence S. (ed.), *Politics in the United Nations System* (Durham: Duke University Press, 1988).

________________________, "The United Nations: Then and Now," in the Korean Association of International Relations, *Readings in International Relations* (Seoul: Bak Young Sa, 1968).

Goodrich, Leland M. and Anne P. Simons, *The United Nations and the Maintenance of International and Security* (Washington D.C.: The Brookings Institution, 1955).

Goodrich, Leland M., *Korea: A Study of U. S. Policy in the United Nations* (Westport: Greenwood Press, 1956).

Gordenker, Leon, *The United Nations and the Peaceful Unification of*

*Korea* (The Hague: Martinus Nijhoff, 1959).

Han, Sung-Joo, "The Republic of Korea as a UN member," *Korea and World Affairs*, vol. 15, no. 3 (Fall 1991)

Higgins, Rosalyn, *United Nations Peace Keeping 1946-1967 Documents and Commentary* (London: Oxford University Press, 1970)

Jacobson, Harold K., *Networks of Interdependence*, 2nd ed. (New York: Alfred A. Knopf, 1984).

Kang, Sung-Hack, "Crisis Management under the Armistice in the Korean Peninsula," *Korea Journal*, vol. 31, no. 4 (Winter 1991).

________________, "Political Dialogue and Unification of Korean National: From the Sublime to the Machiavellian Moment," *Journal of Social Science* (Korea University), vol. 18 (1993).

Kim, Chonghan, "Korean Reunification: UN Perspectives," in Tae Hwan Kwak, et. al., *Korean Reunifications* (Seoul: Kyungnam University Press, 1984).

Kim, Hong Nack, "The Two Korea's Entry into the United Nations and the Implications for Inter-Korean Relations," *Korea and World Affairs*, vol. 15, no. 3 (Fall 1991).

Kim, Kyung-Won, "Korea, the United Nations and the International System," *Report: International Conference on the Problems of Korean Unification* (Seoul: Asiatic Research Center, 1971).

Kim, Se-Jin (ed.), *Korean Unification: Source Materials with an Introduction* (Seoul: Research Center for Peace and Unification, 1976),

Koh, B. C., "The United Nations and the Politics of Korean Reunification," in Se-Jin Kim and Chang-hyun Cho (eds.), *Korea: A Divided Nation, Silver Spring* (Maryland: The Research Institute of Korean Affairs, 1976).

Krauthammer, Charles, "The Unipolar Moment," *Foreign Affairs: America and the World*, vol. 70, no.1 (1990-91).

Mansbach, Richard W. and John A. Vasquez, *In Search of Theory* (New York: Columbia University Press, 1981).

Morris, William, "The Korean Trustship 1941-1947: the United States, Russia and the Cold War," Ph. D. Dissertation (University of Texas, 1974).

Olson, Mancur Jr., *The Logic of Collective Action* (Cambridge: Harvard University Press, 1965).

Pak, Jae Kye, "Korea and the Third World," in Youngnok Koo and Sung-Joo Han (eds.), *The Foreign Policy of the Republic of Korea* (New York: Columbia University Press, 1985).

Park, Chi Young, "Korea and the United Nations," in Youngnok Koo and Sung-Joo Han (eds.), *The Foreign Policy of the Republic of Korea* (New York: Columbia University Press, 1985).

Rosenau, James N., "Foreign Policy as Adaptive Behavior," *Comparative politics*, vol. 2, no. 3 (April 1970).

Slusser, Robert M., "Soviet Far Eastern Policy, 1945-50: Stalin's Goals in Korea," Yonosuke Nagai & Akira Iriye (eds.), *The Origins of Cold War in Asia* (University of Tokyo Press, 1977).

Suy, Erik, *The Admissions of States to the United Nations: The Case of Korea*, The Sejong Institute Seminar series 91-01 (No. 30) (Seoul, Korea, 1991).

The United Nations, *The United Nations at Forty: A Foundation to Build on* (New York, 1985).

Waltz, Kenneth, *Theory of International Politics* (Reading: Addison-Wesley publishing, 1979).

Yang, Sung-Chul, "The United Nations on the Korean Question since 1947," *Korea Journal*, vol. 21, no. 10 (October 1981).

Yeselson, Abraham and Anthony Gaglions, *A Dangerous Place: The United Nations as a Weapon in World Politics* (New York: Grossman Publishers, 1974).

## 제14장 한국의 현 유엔정책: 무책이 상책?

<영 문>

Cox, Robert W. and Harold K. Jacobson, et. al., *The Anatomy of Influence: Decision Making in International Organizations* (New Haven: Yale University Press, 1974).

Hoffmann, Stanley, *Chaos and Violence* (Lanham, Maryland: Rowman & Littlefiled, 2006).

Kang, Sung-Hack, "The Special Relationship between South Korea and the United Nations: Metamorphosis from a Beneficiary into a Benefactor and Vice Versa," *International Peacekeeping: the Yearbook of International Peace Operations*, vol. 11 (2007).

________________, *Korea's Foreign Policy Dilemmas: Defining State Security and the Goal of National Unification* (Britain, Folkestone: Global Oriental/Brill, 2011).

Kim, Doug J., "The North Korean Nuclear Issue and the United Nations," *The Korean Journal of Defense Analysis*, vol. 23, no. 2 (June 2011).

Kim, R. Holmes, "Smart Multilateralism: When and When Not to Rely on the United Nations," in Brett D. Schaefer (ed.), *ConUNdrum: The Limits of the United Nations and the Search for Alternatives* (Lanham, Maryland: Rowman & Littlefield, 2009).

Lake, David A., "International Economic Structure and American Foreign Economic Policy, 1887-1934," *World Politics*, vol 35, no. 4 (July 1983).

McNamara Robert S. and James Blight, *Wilson's Ghost* (New York: Public Affairs, 2003).

Michishista, Narushige, *North Korea's Military-Diplomatic Campaigns, 1966-2008* (London and New York: Routledge, 2010).

Oh, Jinhwan and Jiyong Ruh, "The Effectiveness of Economic Sanctions on North Korea: China's Vital Role," *The Korean Journal of Defense*

*Analysis*, vol. 23, no. 1 (March 2011).

Schweller, Randall, "Emerging Powers in an Age of Disorder," *Global Governance*, vol 17, no.3 (July-sept. 2011).

## 제16장 21세기 아시아-태평양 지역의 새로운 지정학적 형태

<영 문>

Aron, Raymond, "The Anarchical Order of Power," in Stanley Hoffmann (ed.). *Conditions of the World* (Boston: Houghton Mifflin Co. 1968).

Becker, Jasper, *Dragon Rising: An Inside Look at China Today* (Washington, D.C.: National Geographic Society, 2006).

Bliji, Harm de, *Why Geography Matters* (New York: Oxford University Press, 2005).

Bobbitt, Philip, *Terror and Consent: The Wars for the Twenty-First Century* (New York: Alfred A. Knopf, 2008).

Boesche, Roger, *The First Great Political Realist: Kautilya and His Arthashastra* (Lanham, Maryland; Lexington Books,, 2002).

Brown, ,D. Mackenzie, "Hindu and Western Realism: A Study of Contrasts," in Joel Larus (ed.), *Comparative World Politic: Readings in Western and Premodern Non-Western International Relations* (Belmont, California: Wadsworth Publishing, 1965).

Choucri, Nazli and Robert C. North, "Dynamics of International Conflict: Some Policy Implications of Population, Resources, and Technology," in Raymond Tanter and Richard H. Ullman (eds.), *Theory and Policy in International Relations* (Princeton, NJ.: Princeton University Press, 1972).

__________, *Nations in Conflict: National Growth and International Violence* (San Francisco: W.H. Freeman, 1975).

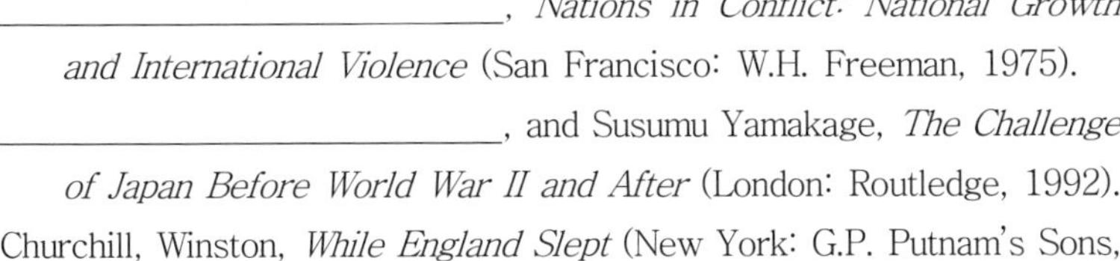

__________, and Susumu Yamakage, *The Challenge of Japan Before World War II and After* (London: Routledge, 1992).

Churchill, Winston, *While England Slept* (New York: G.P. Putnam's Sons,

1938).

Clare, Michael T. and Peter Pavilionis, "Resource Competition in the New International Order," in I. William Zartman (ed.), *Imbalance of Power* (Boulder, Lynne Renner, 2009).

Coker, Christopher, *War in an Age of Risk* (Cambridge, Polity Press, 2009).

Deng, Yong, *China's Struggle for Status: The Realignment of International Relations* (Cambridge: Cambridge University Press, 2008).

Deudney, Daniel H., *Bounding Power: Republican Security Theory from the Polis to the Global Village* (Princeton and Oxford: Princeton University Press, 2007).

Dietrich, John W. (ed.), *The George W. Bush Foreign Policy Reader: Presidential Speeches with Commentary* (Armonk, New York: M.E. Sharpe, 2005).

Fukuyama, Francis, "Challenges to World Order After September 11," in I. William Zartman (ed.), *Imbalance of Power: US Hegemony and International Order* (Boulder, Lynne Rienner, 2009).

________________, *The End of History and the Last Man* (New York: The Free Press, 1992).

Garby, Craig and Marry Brown Bullock, *Japan: A New Kind of Superpower?* (Baltimore, Maryland: The Johns Hopkins University Press, 1994).

Goldstein, Avery, *Rising to Challenge: China's Grand Strategy and International Security* (Stanford, California: Stanford University Press, 2005).

Gould, Stephen Jay, *Time's Arrow Time's Cycle: Myth and Metaphor in the Discovery of Geological Time* (Cambridge, Mass.: Harvard University Press, 1987).

Gurr, Ted Robert, *Why Men Rebel* (Princeton: Princeton University Press, 1970).

Haas, Richard N., *The Reluctant Sheriff: The United States After the Cold War* (New York; The Council on Foreign Relations, 1997).

Hirsch, Fred, *Social Limits to Growth* (Cambridge, Mass.: Harvard University Press, 1976).

Hoff, Joan, *A Faustian Foreign Policy From Woodrow Wilson To George W. Bush: Dreams Of Perfectibility* (Cambridge: Cambridge University Press, 2008).

Hoffmann, Stanley, *Gulliver Unbound: America's Imperial Temptation and the War in Iraq* (Lanham, Maryland: Rowman & Littlefield, 2004).

Huntington, Samuel P., *The Clash of Civilizations and the Remaking of World Order* (New York: Simon and Schuster, 1996).

Johnston, Alastair Iain, "Beijing's Security Behavior in the Asia-Pacific: Is China a Dissatisfied Power? in J. J. Suh, Peter J. Katzenstein, and Allen Carlson (eds.), *Rethinking Security in East Asia: Identity, Power, and Efficiency* (Stanford, CAL: Stanford University Press, 2004).

Johnston, Alastair Iain, "Is China a Status Quo Power?" *International Security*, vol. 27, no. 4 (Spring 2003).

Kagan, Robert, "End of Dreams, Return of History," in Melvyn P. Leffler and Jeffrey W. Legro (eds.), *To lead the World: American Strategy After The Bush Doctrine* (Oxford: Oxford University Press, 2008).

______________, *The Return of History and the End of Dreams* (New York: Alfred A. Knopf, 2008).

Kang, Sung-Hack (ed.), *The United Nations and Global Crisis Management* (Seoul: Korean Academic Council on the United Nations System, 2004).

_________________ (ed.), *The United Nations and Keeping Peace in Northeast Asia* (Seoul: The Institute for Peace Studies, Korea University, 1995).

_________________, "The United Nations and East Asia's peace and Security: From a Policeman to a Nanny?" in Soo-Gil Park and Sung-Hack Kang (eds.), *UN, PKO and East Asian Security: Currents. Trends and Prospects* (Seoul: Korean Academic Council on the United Nations System, 2002).

Kaplan, Fred, *Daydream Believers* (Hoboken, New Jersey: John Wiley & Sons, 2008).

Kaufman Robert G., *In Defense of the Bush Doctrine* (Lexington, Kentucky: The University Press of Kentucky, 2007)

Kissinger, Henry, *Diplomacy* (New York: Simon & Schuster, 1994).

Lebow, Richard Ned *A Cultural Theory of International Relations* (New York: Cambridge University Press, 2008).

Linchy Timothy J. and Robert S. Singh, *After Bush: The Case for Continuity in American Foreign Policy* (Cambridge: Cambridge University Press, 2008).

Mancall, Mark, *China at the Center: 300 Years of Foreign Policy* (New York, the Free Press, 1984).

Mearsheimer, John, *The Tragedy of Great Powers Politics* (New York: W.W. Norton, 2001),

Menges, Constantine C., *China: The Gathering Threat* (Nashville, Tennessee: Neson Current, 2005).

Meredith, Robyn, *The Elephant and The Dragon; The Rise of India and China and What It Means for All of Us* (New York: W.W, Norton, 2007).

Mohan, C. Raja, "India and the Balance of Power," *Foreign Affairs*, vol. 85, no. 4 (September/ October 2005).

Moltz, James Clay and Alexandre Y. Mansourov (eds.), *The North Korean Nuclear Program: Security, Strategy, and New Perspectives from Russia* (London: Routledge, 2000).

Mosher, Steven W., *China's Plan to Dominate Asia and the World Hegemon* (San Francisco: Encounter Books, 2000).

__________________, *Hegemon* (San Francisco, California: Encounter Books, 2000).

Mouritzen, Hans, *Theory and Reality of International Politics* (Aldershot, England: Ashgate, 1998).

Niebuhr, Reinhold, *The Irony of American History* (Chicago, Ill.: University of Chicago Press 1985) (originally published in 1952).

Nye, Joseph S. Jr., *The Paradox of American Power: Why the World's only Superpower can't Go it Alone* (Oxford: Oxford University Press, 2002).

O'Hanlon, Michael and Mike Mochizuki, *Crisis on the Korean Peninsula: How to Deal with a Nuclear North Korea* (New York, McGraw-Hill, 2003).

Pritchard, Charles L., *Failed Diplomacy: The Tragic Story of How North Korea Got the Bomb* (Washington, D.C., The Brookings Institution, 2007).

Pye, Lucian W., "China's Quest for Respect," *New York Times* (February 19, 1996).

Rahe, Paul A., *Soft Despotism, Democracy's Drift* (New Haven & London: Yale University Press, 2009).

Reiss, Mitchell, *Dridled Ambition* (Washington D.C., The Woodrow Wilson Center Press, 1995).

Rosecrance, Richard, *The Rise of the Trading State* (New York: Basic Books, 1986).

Schweller, Randall L., "Realism and the Present Great Power System: Growth and Positional Conflict," in Ethan B. Kapstein and Michael Mastanduno (eds.), *Unipolar Politics* (New York: Columbia University Press, 1999).

__________________, *Unanswered Threats* (Princeton, NJ: Princeton University Press, 2006).

Shambaugh, David, *Modernizing China's Military: Progress, Problems, Prospects* (Berkeley, California: University of California Press, 2004),

Shih, Chih-yu, "Breeding a Reluctant Dragon: Can China Rise into Partnership and Away from Antagonism?" *Review of International Studies*, vol. 31, no. 4 (October 2005),

Shirk, Susan L., *China: Fragile Superpower* (Oxford: Oxford University Press, 2007).

Sigel, Leon V., *Disarming Strangers: Nuclear Diplomacy with North Korea* (Princeton, NJ: Princeton University Press,1998).

Spykam, Nicholas J., *The Geography of the Peace* (New York: Harcourt, Brace and Co. 1944).

Sutter, Robert G., *China's Rise in Asia: Promises and Perils* (Lanham, Maryland: Rawman & Littlefield, 2005).

Terrill, Ross, *The New Chinese Empire and What It Means for the United States* (New York: Basic Books, 2003).

Trenin, Dmitri V., *Getting Russia Right* (Washington, D.C.: Carnegie Endowment for International Peace, 2007).

Tucker, Robert W. and David C. Hendrickson, *The Imperial Temptation: The New World Order and America's Purpose* (New York: New York University Press, 1992).

Tucker, Robert W., *The Inequality of Nations* (New York: Basic Books, 1977).

Waldron, Arthur (ed.), *China in Africa* (Washington, DC: The Jamestown Foundation, 2008).

Wit, Joel S., Daniel B. Poneman, and Robert L. Gallucci, *The First North Korean Nuclear Crisis: Going Critical* (Washington, D.C.: The Brookings Institution, 2004).

Zakaria, Fareed, *The Post-American World* (New York: W.W. Norton, 2008).

## 제18장 한반도 통일방안의 평가?

<영 문>

Axelrod, Robert, *The Evolution of Cooperation* (Basic Books, 1984).

Burton, John W., "North and South Korea: Shared and Separate Values," *Korea and World Affairs* (Spring 1984).

______________, *Deviance, Terrorism and War* (Martin Robertson, 1979).

Davidson, William D. and Joseph V. Montville, "Foreign Policy According to Freud," *Foreign Policy*, no.45 (Winter 1981-1982).

George, Alexander L., David K. Hall and William R. Simons, *The Limits of Coercive Diplomacy* (Boston: Little, Brown and Company, 1971).

Groom, A. J. R., "Neofunctionalism: A Case of Mistaken Identity," *Political Science*, vol. 30, no. 1 (1978. 7).

Haas, Ernst, *The Obsolescence of Regional Integration Theory* (Institute of International Studies, Research Series No.25) (Berkeley: University of California, 1975).

Huntington, Samuel P., *The Soldier and the State: The Theory and Politics of Civil-Military Relations* (Harvard University Press, 1957).

Kang, Sung-Hack, "America's Foreign Policy Toward East Asia for 1990s: From Godfather to Outsider?" *Korea and World Affairs*, vol. 11, no. 4 (Spring 1987).

Kennedy, Paul M., "The Tradition of Appeasement in British Foreign Policy 1865~1939," *British Journal of International Studies*, vol. 2, no. 3 (1976.10).

Koehane, Robert O., *After Hegemony: Cooperation and Discord in the World Political Economy* (Princeton University Press, 1984).

Larson, Deborah Welch, "Crisis Prevention and the Austrian State Treaty," *International Organization*, vol. 41, no. 1 (Winter 1987).

Lindskold, Svenn, "Trust Development, the GRIT Proposal and the Effects of Conciliatory Acts on Conflict and Cooperation," *Psychological Bulletin*, vol. 85, no. 4 (July 1978).

Macomber, William, *The Angel's Game* (Stein and Day, 1975).

Nicholson, Michael, "Developments in Conflict Analysis" Review of International Studies, vol. 14, no. 1 (1988. 1).

Osgood, Charles E., *Alternatives to War or Surrender* (University of Illinois Press, 1962).

Schelling, Thomas. *Strategy for Conflict* (Havard University Press, 1961).

Schmitter, P.C., "A Revised Theory of Regional Integration," *International Organization*, vol. 24, no. 4 (1970).

Young, Oran R., "Korean Unification: Alternative Theoretical Perspectives," *Korea and World Affairs*, vol.7, no. 1 (Spring 1983).

## 제20장 북한 군사전력의 역사와 전망

<국 문>

『북한총람』 (서울: 북한연구소, 1983).

강성학, 『카멜레온과 시지프스 : 변천하는 국제질서와 한국의 안보』 (서울: 나남 출판사, 1995).

김계동, "북한의 대미정책," 양성철·강성학 공편, 『북한외교정책』 (서울: 서울프레스, 1994).

김달중, "휴전당사국 회담 협정 전략," 국토통일원, 『통일정책』, 2권 3호(1976년 10월).

이기택, 『한반도의 정치와 군사: 이론과 실제』 (서울: 가남사, 1984).

정진위, 『북방삼각관계: 북한의 對中蘇 관계를 중심으로』 (서울: 법문사, 1985).

<영 문>

Ahn, Byung-Joon, "Korea's Future after Kim Il Sung," *Korea and World Affairs*, vol. 18, no. 3 (Fall 1994).

Aron, Raymond, *Clausewitz: Philosopher of War*, trans. by Christine Booker and Norman Stone (London: Routledge & Kegan Paul, 1983).

Beloff, Marx, *Soviet Policy in the Far East 1944-1951* (Oxford: Oxford University Press, 1953).

Blainey, Geoffrey, *The Causes of War* (New York: The Free Press, 1973),

Brayton, Abbott A. and Stephana J. Landwehr (eds.), *The Politics of War and Peace: A Survey of Thought* (University Press of America, 1981).

Brodie, Benard, *War and Politics* (New York: Macmillan, 1973).

Brzezinski, Zbigniew, "Defense in Space is not 'Star Wars'," *The New York Times Magazine*, January 27, 1985.

Buhite, Russell D., *Decisions at Yalta* (Willington, Delaware: Scholarly Resources Inc., 1986).

Calvocoressi, Peter, *World Politics Since 1945*, 5th ed. (London: Longman, 1987).

Chung, Kiwon, "The North Korean People's Army and the Party," in Robert A. Scalapino, *North Korea Today* (New York: Praeger, 1963).

Clausewitz, Carl von, *On War*, trans. by Michael Howard and Peter Paret (Princeton, NJ: Princeton University Press, 1976).

Davis, Donald E. and Walter S. G. Kohn, "Lenin as Disciple of Clausewitz," *Military Review* (September 1971).

Earle, Edward Mead, "Lenin, Trotsky, Stalin: Soviet Concepts of War," in Edward Mead Earle, (ed.), *Makers of Modern Strategy: Military Thought from Machiavelli to Hitler* (Princeton: Princeton University Press, 1943).

Glaser, Charles L., "Do We Want the Missile Defenses We Can Build?" *International Security*, vol. 10, no. 1 (Summer 1985).

Goncharov, Sergei N., John Lewis and Xue Litai, *Uncertain Partners: Stalin, Mao, and the Korean War* (Stanford: Stanford University Press, 1993).

Guilmartin, John F. Jr., "Ideology and Conflict: The Wars of the Ottoman Empire, 1453-1606," *The Journal of Interdisciplinary History*, vol. 18, no. 4 (Spring 1988).

Han, Sung-Joo, "Political and Military Interests of North Korea," *The Journal of Asiatic Studies*, vol. 20, no. 1 (January 1980).

____________, "South Korea's A Participation in the Vietnam Conflict: An Analysis of the US-Korean Alliance," *Orbis*, vol. 21, no. 4 (Winter 1978).

Hinton, Harold C., *Three and a Half Powers: The New Balance in Asia* (Bloomington: Indiana University Press, 1975).

Hoffmann, Stanley, "Cries and Whimpers: Thoughts on West European-American Relations in the 1980s," in Stanley Hoffmann, *Janus and Minerva* (Boulders: Westview Press, 1987).

Kang, Sung-Hack, "Strategic Metamorphosis from Sisyphus to Chameleon?" *The Korean Journal of Defense Analysis*, vol.7, no. 1 (Summer 1995).

Keaney, Thomas A. and Eliot A. Kohen, *Gulf War Air Power Survey Summary Report* (Washington, D. C. : Department of the Air Force, 1993).

Kim, Young C., "North Korea in 1980: The Son also Rises," *Asian Survey*, vol. 21, no. 1, (January 1981).

Koh, B. C., "North Korea 1976: Under Stress," *Asian Survey*, vol. 17, no. 1 (January 1977).

Koh, Byung Chul, "North Korea's Policy Toward the United Nations," in Sung-Hack Kang (ed.), *The United Nations and Keeping Peace in Northeast Asia* (Seoul: The Institute for Peace Studies, Korea University, 1995).

________________, "North Korea's Strategy toward South Korea," *Asian Perspective*, vol. 18, no. 2 (Fall/Winter 1994),

Lavoy, Peter R., "The Strategic Consequences of Nuclear Proliferation," *Security Studies*, vol. 4, no. 4 (Summer 1995).

Lee, Chae-Jin, "The Effects of the War on South Korea," in Chae-Jin Lee (ed.), *The Korean War: 40-Year Perspectives* (Claremont McKenna College, Claremont, California: The Keck Center for Internationl and Strategic Studies, 1991).

Leonhard, Wolfgang, *Three Faces of Marxism* (New York: Paragon Books, 1974).

Lowe, James Trapier, *Geopolitics and War: Mackinder's Philosophy of Power* (Lanham: University Press of America, 1981),

Mesquita, Bueno de, "The Contribution of Expected Utility Theory to the Study of International Conflict," *The Journal of Interdisciplinary*

*History*, vol. 18, no. 4 (Spring 1988).

Mueller, John, "The Perfect Enemy: Assessing the Gulf War," *Security Studies*, vol. 25, no. 1 (Autumn 1995).

Mundy, McGeorge, George F. Kennan, Robert S. McNamara and Gerald Smith, "The President's Choice: Star Wars or Arms Control," *Foreign Affairs*, vol. 63, no. 2 (Winter 1984-85).

Netanyahu, Benjamin, "Defining Terrorism," in Benjamin Natanyahu (ed.), *Terrorism* (New York: Farrar Straus Giroux, 1986).

Niksch, Larry, *North Korea*, in Richard A Gabriel (ed.), *Fighting Armies* (Westport, Conn: Greenwood Press, 1993).

Ogden, Christopher, "Inside Kim Jong Il's Brain," *Time*, October 7, 1996.

Paik, Jin-Hyunm "Nuclear Conundrum: Analysis and Assessment of Two Koreas' Policy Regarding the Nuclear Issue," *Korea and World Affairs*, vol. 17, no. 4 (Winter 1993).

Paret, Peter (ed.), *Makers of Modern Strategy: From Machiavelli to the Nuclear Age* (Oxford: Clarendon Press, 1986).

Payne, Keith B. and Colin S. Gray, "Nuclear Policy and the Defensive Transition," *Foreign Affairs*, vol. 62, no. 4 (Spring 1984).

Phillips, Brig. Gen. Thomas R. (ed.), *Roots of Strategy: The 5 Greatest Military Classics of All Time* (Harrisburg, PA: Stackpole Books, 1985, Originally 1940).

Rhee, Sang Woo, *Security and Unification of Korea* (Seoul: Sogang University Press, 1983).

Rylander, R. Lynn, "Mao as a Clausewitzian Strategist," *Military Review* (August 1981).

Sagan, Scott D. "The Origins of the Pacific War," *The Journal of Interdisciplinary History*, vol. 18, no. 4 (Spring 1988).

Scalapino, Robert A. & Chong-sik Lee, *Communism in Korea* (Berkeley: University of California Press, 1972).

Scalapino, Robert A., "North Korean Relations with Japan and the United

States," in Robert A. Scalapino and Jun-yop Kim (eds.), *North Korea Today: Strategic and Domestic Issues* (Berkeley, California: The Center for Korean Studies, Institute of East Asian Studies, University of California, 1983).

Schramm, Wilhelm von, "East and West pay homage to father of military theorists," *German Tribune*, June 8, 1980.

Slusser, Robert M., "Soviet Far Eastern Policy, 1945-1950: Stalin's Goal in Korea," in Yonosuke Magai and Akira Iriye (eds.), *The Origins of the Cold War in Asia* (Tokyo: University of Tokyo Press, 1977).

Summers, Harry G. Jr., *Historical Atlas of the Vietnam War* (Boston: Houghton Miffin, 1995).

__________________, *On Strategy II: A Critical Analysis of the Gulf War* (New York: Dell, 1992).

__________________, *On Strategy: The Vietnam War in Context* (Carlisle Barracks, Pennsylvania: Strategic Studies Institute, US Army War College, 1981),

Sun, Tzu, *The Art of War*, trans. Samuel B. Griffith (Oxford: Oxford University Press, 1963).

Taylor, William J. and James Blackwell, "The Ground War in the Gulf," *Survival*, vol. 33, no. 3 (May/June 1991).

Tien, Chen-Ya, *Chinese Military Theory: Ancient and Modern* (Oakville, Ontario: Mosaic Press, 1992),

Tirman, John (ed.), *The Fallacy of Star Wars* (New York: Vintage, 1984).

Whelan, Richard, *Drawing the Line: The Korean War, 1950-1953* (Boston: Little Brown, 1990).

Williamson, Samuel R. Jr., "The Origins of World War I," *The Journal of Interdisciplinary History*, vol. 18, no. 4 (Spring 1988).

Ziemke, Earl F., "Strategy for Class War: The Soviet Union, 1917-1941," in William Murray, Macgregor Knox, and Alvin Bernstein (eds.), *The Making of Strategy: Rules, States, and War* (Cambridge: Cambridge

University Press, 1994).

## 제21장 정치적 대화와 한민족 통일

<국 문>

강성학, 『카멜레온과 시지프스: 변천하는 국제질서와 한국의 안보』 (서울: 나남, 1995).

<영 문>

"A New Unification Formula: National Community throuth a Commonwealth," *Korea and World Affairs*, vol. 13, no. 4 (Winter 1989).

Axelord, Robert, *The Evolution of Cooperation* (New York: Basic Books, 1984).

Burton, John, "North and South Korea: Shared and Separate Value," *Korea and World Affairs*, vol. 8, no. 1 (Spring 1984).

__________, *Global Conflict: Domestic Sources of International Crisis* (Brighton: Wheetsheat Books, 1984).

Chee, Choung-Il, "South Korea's Security in the Age of the New World Order," *Korea and World Affairs*, vol. 16, no. 1 (Spring 1992),

Eberstadt, Nicholas, "Can the Two Koreans be One?" *Foreign Affairs*, vol. 71, no. 5 (Winter 1992/3).

Fukuyama, Francis, *The End of History and the Last Man* (New York: Free Press, 1992).

Galtung, Johan, "The Neutralization Approach to Korea Unification," in Michael Hass (ed.), *Korean Reunification* (New York: Praeger, 1989),

Han, Sung-Joo, "Why Unification Remains Elusive," *Newsweek*, April 29, 1991.

Hunt, R. N. Carew, *The Theory and Practice of Communism* (New York: The Macmillan, 1961).

Hwang, In K., *One Korea Via Permanent Neutrality* (Cambridge, MA:

Sehenkman Books, 1987).

Jeong, Se-Hyun "Legal Status and Political Meaning of the Basic Agreement between the South and the North," *Korea and World Affairs*, vol. 6, no. 1.

Keohane, Robert, *After Hegemony: Cooperation and Discord in the World Political Economy* (Princeton: Princeton University Press, 1984).

Lim, Dong-Won, "Inter-Korea Relations toward Reconciliation and Cooperation: With an Emphasis on the Basic South-North Agreement," *Korea and World Affairs*, vol. 16, no. 2.

Lindskold, Svenn, "Trust Development, the GRIT Proposal, and the Effects of Conciliatory Acts on Conflict and Cooperation," *Psychological Bulletin*, vol. 85, no. 4 (July 1978).

MacDonald, Donald Stone, *The Koreans: Contemporary Politics and Society*, 2nd ed. (Boulder: Westview press, 1990).

MccWire, Michael, *Perestroika and Soviet National Security* (Washington D.C.: Brookings Institution, 1991).

Monk, Paul, "Coping with the End of History: Pyonyang and the Realm of Freedom," *The Korean Journal of Defense Analysis*, vol. 4, no. 2 (Winter 1992).

Ok, Tae Hwan, "The Process of South-North Dialogue and Perspective for Unification of Korea," *The Korean Journal of National Unification*, vol. 1, (1992).

Osgood, Charles E., *Alternatives to War or Surrender* (University of Illinois Press, 1962).

Pangle, Thomas L., *The Ennobling of Democracy: The Challenge of the Postmodern Age* (Baltimore: the Johns Hopkins University Press, 1992).

Pocock, J. G. A., *The Machiavellian Moment* (Princeton, N. J. : Princeton University Press, 1975).

Rhee, Sang-Woo, "Inter-Korea Relations in the 21st Century," *Korea and World Affairs*, vol. 16, no. 1 (Spring 1992).

Suh, Dae-Sook, *Kim Il Sung: The North Korean Leader* (New York: Columbia University Press, 1988).

## 제22장 중국의 지정학적 도전과 한-미-일 민주국가들의 응전

<영 문>

Allison, Graham, "The Thucydides Trap," in Richard N. Rosecrance and Steven E. Miller (eds.), *The Next Great War?: The Roots of World War I and the Risk of U.S.-China Conflict* (Cambridge: The MIT Press, 2015).

Aristotle, *The Complete Works of Aristotle*, edited by Jonathan Barnes, The Revised Oxford Translation, Vol. Two (Princeton: Princeton University Press, 1995).

Bertean, David J., Michael J. Green and Jack Cooper, *Assessing the Asia-Pacific Rebalance* (Washington, DC: Center for Strategic and International Studies, December 2014).

Black, Jeremy, *Geopolitics and the Quest for Dominance* (Bloomington, Indiana: Indiana University Press, 2016).

Bracken, Paul, *The Second Nuclear Age: Strategy, Danger, and the New Power Politics* (New York: Times Books Henry Holt, 2012).

Brzezinski, Zbigniew, *The Grand Chessboard: American Primacy and Its Geostrategic Imperatives* (New York: Basic Books, 1997).

Campbell, Kurt M., *The Pivot: The Future of American Statecraft in Asia* (New York: Twelve, 2016).

Churchill, Winston, *While England Slept* (New York: G.P. Putnam's Sons, 1938).

Clausewitz, Carl von, *On War*, ed. and trans. by Michael Howard and Peter Paret (Princeton: Princeton University Press, 1976).

Cole, Bernard D., *The Great Wall at Sea: China's Navy in the Twenty-First Century*, 2nd edition (Annapolis, Maryland: Naval Institute

Press, 2010).

Deng, Yong, *China's Struggle for Status* (New York: Cambridge University Press, 2008).

Dorpalen, Andreas, *The World of General Haushofer: Geopolitics in Action* (New York: Farrar & Rinehart, 1942).

Frayling, Christopher, *The Yellow Peril: Dr. Fu Manchu and the Rise of Chinaphobia* (London: Thames and Hudson, 2014).

Fukuyama, Francis, *The End of History and the Last Man* (New York: The Free Press, 1992).

Goldstein, Avery, *Rising to the Challenge: China's Grand Strategy and International Security* (Stanford, California: Stanford University Press, 2005).

Gray, Colin S., *The Second Nuclear Age* (Boulder: Lynne Rienner, 1999).

Grygiel, Jakub J. and A. West Mitchell, *The Unquiet Frontier: Rising Rivals. Vulnerable Allies, and The Crisis of American Power* (Princeton: Princeton University Press, 2016).

Haushofer, Karl, *An English Translation and Analysis of Major General Karl Ernst Haushofer's Geopolitics of the Pacific Ocean: Studies on the Relationship between Geography and History*, edited and updated by Lewis A. Tambs, translated by Ernst J. Brehm (Wales: The Edwin Mellen Press, 2002).

Holmes, Jack, *The Mood/Interest Theory of American Foreign Policy* (Lexington. Kentucky: The University Press of Kentucky, 1985).

Holmes, James R. and Toshi Yoshihara, *Chinese Naval Strategy in the 21st Century: The Turn to Mahan* (London and New York: Routledge, 2008).

Howard, Michael, *The Lessons of History* (Oxford: Clarendon Press, 1991).

Hughes, Christopher W., *Japan's Foreign and Security Policy under the 'Abe Doctrine'* (New York: Palgrave Macmillan, 2015).

Inoguchi, Takashi and Purnendra Jain (eds.), *Japanese Politics Today:*

*From Karaoke to Kabuki Democracy* (New York: Palgrave Macmillan, 2011).

Inoguchi, Takashi, *Japan's International Relations* (London: Pinter publishers, 1991).

Kang, Sung-Hack, "New Geopolitical Configuration of Power in the Asia-pacific World for the Twenty-First Century: Will It Resemble Time's Cycle or Time's Arrow toward a Regional Brave New World?" in Kang, Sung-Hack, *Korea's Foreign Policy Dilemmas: Defining State Security and the Goal of National Unification* (Kent: Global Oriental, 2011).

Kaplan, Robert D., *Asia's Cauldron: The South China Sea and the End of a Stable Pacific* (New York: Random House, 2014).

________________, *Monsoon: The Indian Ocean and the Future of American Power* (New York: Random House, 2010).

________________, *The Revenge of Geography* (New York: Random House, 2012).

Kelly, Phil, "Escalation of Regional Conflict: Testing the Shatterbelt Concept," *Political Geography Quarterly*, 5 (1986).

__________, *Classical Geopolitics: A New Analytical Model* (Stanford: Stanford University Press, 2016).

Kennedy, Greg, "Assessing the American 'Re-Balancing' Strategy: Is It Strategic?" in Greg Kennedy and Harsh V. Pant (eds.), *Assessing Maritime Power in the Asia-Pacific: The Impact of American Strategic Re-Balance* (Surry: Ashgate, 2015).

Klingberg, Frank L., "The Historical Alternation of Moods in American Foreign Policy," *World Politics*, vol. 4, no.2 (January 1952).

Kotani, Tetsuo, "U.S.-Japan Allied Maritime Strategy: Balancing the Rise of Maritime China," in Michael J. Green and Zack Cooper (eds.), *Strategic Japan: New Approaches to Foreign Policy and the U.S.-Japan Alliance* (Lanham, Maryland: Rawman and Littlefield, 2015).

Layne, Christopher, "From Preponderance to Offshore Balancing," *International Security*, vol. 22, no. 1 (Summer 1997).

MacFarquhar, Roderick, *The Emergence of China in World Affairs*, The Inchon Memorial Lecture (Seoul: Graduate School of Policy Studies, Korea University, 1988).

Machiavelli, Niccolo, *The Prince*, 2nd ed., trans. by Harvey C. Mansfield (Chicago and London: The University of Chicago Press, 1998).

Mackinder, Halford J., *Democratic Ideals and Reality* (New York: W.W. Norton, 1962, originally 1904 and 1919).

Mahan, Alfred Thayer, *Mahan on Naval Warfare: Selections from the Writings of Rear Admiral Alfred T. Mahan*, ed., by Allan Westcott (Mineola, New York: Dover Publications, 1999, originally 1941).

____________________, *The Influence of Sea Power upon History, 1660-1783* (New York: Hill and Wang, 1957, originally 1890).

____________________, *The Interest of America in Sea Power, Present and Future* (Boston: Little, Brown, 1897).

____________________, *The Problems of Asia* (New York: Harper's New Monthly Magazine, 1900).

Marshall, Tim, *Prisoners of Geography* (New York and London: Scribner, 2015).

Maurois, Andre, *Tragedy in France* (New York and London: Harper and Brothers, 1940).

Mearsheimer, John J., *The Tragedy of Great Power Politics* (New York: W.W. Norton, 2001).

Morgenthau, Hans J., *Politics Among Nations: The Struggle for Power and Peace*, 5th rev. ed. (New York: Alfred A, Knopf, 1978).

Mosher, Steven W,, *Hegemon: China's Plan to Dominate Asia and the World* (San Francisco: Encounter Books, 2000).

Neustadt, Richard E. and Ernest R. May, *Thinking in Time: The Uses of History for Decision Makers* (New York: The Free Press, 1986).

Pardo, Ramon Pacheco, "Lips and Teeth? China and Northeast Asia." in

Donovan C. Chau and Thomas M. Kane (eds.), *China and International Security: History, Strategy, and 21st-century Policy* (Santa Barbara: Praeger, 2014).

Rood, Harold W., *Kingdoms of the Blind: How the Great Democracies Have Resumed the Follies that so Nearly Cost Them Their Life* (Durham: Carolina Academic Press, 1980).

Schmitt, Carl, "Grossraum versus Universalism: The International Legal Struggle over Monroe Doctrine" in Stephen Legg (ed.), *Spatiality, Sovereignty and Carl Schmitt: Geographies of the Nomos* (London: Routledge, 2011, originally, 1939).

__________, "The Grossraum Order of International Law with a Ban on the Intervention for Spatially Foreign Powers: A Contribution to the Concept of Reich in International Law(1939-1941)" in Timothy Nunan (ed.), *Schmitt: Writings on War* (Cambridge: Polity Press, 2011).

__________, *The Nomos of the Earth in the International Law of the Jus Publicum Europaeum* (New York: Telos Press, 2003, origially 1950).

Schweller, Randall L., *Deadly Imbalances: Tripolarity and Hitler's Strategy of World Conquest* (New York: Columbia University Press, 1998).

__________________, *The Unanswered Threats: Political Constraints on the Balance of Power* (Princeton: Princeton University Press, 2008).

Silove, Nina, "The Pivot before the Pivot: U.S. Strategy to preserve the Power balance in Asia," *International Security*, vol. 40, no. 4 (Spring 2016).

Smith, Jean Edward, *FDR* (New York: Random House).

Spykman, Nicholas John, *America's Strategy in World Politics: The United States and the Balance of Power* (New York: Harcourt, Brace and Co., 1942).

_______________, *The Geography of the Peace* (New York: Harcourt, Brace and Co., 1944).

Sutter, Robert G., *China's Rise in Asia* (Lanham: Rowman and Littlefield, 2005).

Taylor, A.J.P., *The Struggle for Mastery in Europe, 1848-1918* (Oxford: Oxford University Press, 1954).

Tchen, John Kuo Wei and Dylan Yeats (eds.), *Yellow Peril: An Archive of Anti-Asian Fear* (London and New York: Verso, 2014).

Terrill, Ross, *The New Chinese Empire* (New York: Basic Books, 2003).

Toll, Ian W., *Pacific Crucible: War at Sea in the Pacific, 1941-1942* (New York: W.W. Norton, 2012).

Viroli, Maurizio, *"For Love of Country" An Essay on Patriotism and Nationalism* (Oxford: Clarendon Press, 1995).

Watefield, Gordon, *What Happen to France* (London: Butler and Tanner, 1940).

Yoshihara, Toshi and James R. Holmes, *Red Star over the Pacific: China's Rise and the Challenge to U.S. Maritime Strategy* (Annapolis: Naval Institute Press, 2010).

## 제24장 국제정치의 균형자는 아무나 될 수 있는 것이 아니다

<영 문>

Baer, G.W., *The Coming of the Italo-Ethiopian War* (Cambridge, Mass.: 1967).

Barros, James, *The Corfu Incident of 1913: Mussolini and the League of Nations* (Princeton, N.J.: Princeton University Press, 1965).

Bawer, Bruce, *While Europe Slept: How Radical Islam Is Destroying the West from Within* (New York: Doubleday, 2006).

Burgwyn, H. James, *Italian Foreign Policy in the Interwar Period 1918-1940* (Westport, Connecticut: Praeger, 1997).

Chabod, Federico, *Italian Foreign Policy: The Statecraft of the Founders*

(Princeton, N.J.: Princeton University Press, 1966).

Coverdale, John F., *Italian Intervention in the Spanish Civil War* (Princeton, N.J.: Princeton University Press, 1975).

Kagan, Robert, *Of Paradise and Power: Anerica and Europe in the New World Order* (New York: Knopf, 2003).

Keynes, John Maynard, *The Economic Consequence of the Peace* (New York, Harcocurt, Brace and Howe, 1910).

McCormick, John P., *Carl Schmitt's Critique of Liberalism* (Cambridge, U.K.: Cambridge University Press, 1997).

Neumann, Franz, *Behemoth: The Structure and Practice of National Socialism,1933-1944* (New York: Harper & Row, 1944).

Ostrower, Gary B., *The League of Nations From 1919 to 1929* (Garden City Park, New York; Avery Publishing Group, 1996).

Salvemini, Gaetans, *Prelude to World War II* (London: Victor Gollansz, 1953).

Schmitt, Carl, *Political Theology: Four Chapters on the Theory of Sovereignty*, trans. by George Schwab (Cambridge, Mass: MIT Press, 1986).

____________, *The Leviathan in the State Theory of Thomas Hobbes: Meaning and Failure of a Political Symbol* (Westport: Greenwood Press, 1996).

Smith, Denis Mack, *Mussolini's Roman Empire* (London: Longman, 1976).

## 제25장 링컨의 유산이 한국인들에게 주는 교훈

<국 문>

강성학, 『시베리아 횡단열차와 사무라이: 러일전쟁의 외교와 군사전략』 (서울: 고려대학교 출판부, 1999).

_____, 『이아고와 카산드라: 항공력 시대의 미국과 한국』 (서울: 도서출판 오름, 1997).

_____, 『전쟁신과 군사전략: 군사전략의 이론과 실천에 관한 논문 선집』 (서

울: 리북, 2012).

_____, 『카멜레온과 시지프스: 변천하는 국제질서와 한국의 안보』 (서울, 나남출판, 1995).

_____, 『한국의 지정학과 링컨의 리더십: 동아시아의 지정학적 변화와 국가통일의 리더십』 (서울: 고려대학교 출판문화원, 2017).

_____, 『한국의 지정학과 링컨의 리더십』 (서울: 고려대학교 출판문화원, 2017).

<영 문>

Bell, Daniel A., "Just War and Confucianism: Implications for the Cotemporary World," in Daniel A. Bell (ed.), *Confucian Political Ethics* (Princeton and Oxford: Princeton University Press, 2008).

Brookhiser, Richard, *Founders' Son* (New York: Basic Books, 2014).

Burns, James MacGregor, *Leadership* (New York: Perennial, 1978).

Daynes, Byron W. and Hyrum Salmond, "Shaping American Foreign Policy: Comparing Lincoln/Seward and Nixon/Kissinger," in Robert P. Watson, William D. Pederson, and Frank J. Williams, *Lincoln's Enduring Legacy: Perspectives for Great Thinkers, Great Leaders, and the American Experiment* (Lanham, Maryland: Lexington Book, 2011).

Enright, Dominique (ed.), *The Wicked Wit of Winston Churchill* (London: Michael O'mara Books Limited, 2001).

Everitt, Anthony, *Cicero: The Life and Times of Rome's Greatest Politician* (New York: Random House, 2003).

__________, *The Rise of Rome: The Making of the World's Greatest Empire* (New York: Random House, 2012).

Fornieri, Joseph R., "Lincoln and Biblical Magnanimity," in Carson Holloway (ed.), *Magnanimity and Statesmanship* (Lanham, Maryland: Lexington Books, 2008).

Goodwin, Doris Kearns, *Team of Rivals: The Political Genius of Abraham Lincoln* (New York: Simon and Schuster, 2005).

Harrison, Maureen and Steve Gilbert (eds.), *Abraham Lincoln In His Words* (New York: Barns and Noble Books, 1996).

Johnson, Boris, *The Churchill Factor: How One man made History* (New York: Riverhead Books, 2014).

Kang, Sung-Hack, *Korea's Foreign Policy Dilemmas: Defining State Security and the Goal of National Unification* (Folkestone, Kent, UK, 2011).

Langworth, Richard M. (ed.), *The Patriot's Churchill* (UK: Ebury Press, 2011).

Mahin, Dean B., *One War at a Time: The International Dimension of the American Civil War* (Washington, D.C.: Brassey's, 1999).

Martin Gilbert, Churchill: A Life, New York: Henry Holt and Company, 1991, p. 939.

Miller, William Lee, "The Magnanimity of Abraham Lincoln: 'What I Deal with Is Too Vast for Malicious Dealing'," in George R. Goethals and Gary L. McDowell (eds.), *Lincoln's Legacy of Leadership* (New York: Palgrave Macmillan, 2010).

Rhee, Syngman, *Neutrality as Influenced by the United States* (Leopold Classic Library, 2016, originally 1910).

Salmon, Andrew, *To the Last Round: The Epic British Stand on the Imjin River, Korea 1951* (London: Aurum Press, 2009).

Suri, Jeremi, *The Impossible Presidency: The Rise and Fall of America's Highest Office* (New York: Basic Books).

Wilson, Douglas L., "Abraham Lincoln and Shaping of Public Opinion," in George R. Goethals and Gary L. McDowell (eds.), *Lincoln's Legacy of Leadership* (New York: Palgrave Macmillan, 2010).

# 사 항 색 인


[ㄱ]

가라오케 정치 713

가리발디 683

가부키(歌舞伎) 정치 713

갈리, 부트로스 부트로스 424

갈퉁, 요한(Galtung, Johan) 677

강대국 신드롬 48, 49, 293, 724, 756

강대국 증후군 11

강압외교 509, 521, 526, 529, 547, 560, 562

강압적 외교 509, 529, 577, 578

강화도조약 30

개디스, 존 루이스(Gaddis, John Lewis) 294, 314

거대한 환상 50, 51

거지국가 277

걸프전 45, 153, 259, 463, 528, 541, 545, 546, 561, 562, 654

게쉬탈트 570, 584, 590, 689, 719

결의안 1874호 512

결의안 678호 654

결정한다 451, 512

경수로 건설 107

고르바초프 153, 204, 332, 344, 348, 351, 358, 403, 652, 667, 814

고르바초프 현상 235

고립주의 45, 52, 175, 177, 178, 709, 719, 769, 770, 828-830, 833

고무라·베베르 협정 219

고노 요헤이 436

고무라 39

고무라 마사히코 436

고승도치 420, 422, 423, 692

고종 31, 32, 37, 38, 219, 418, 419

공격의 정점 282

공격적 현실주의 495

공군력 527, 528, 529, 530, 532, 536, 537, 538, 539, 541, 543, 545, 546, 548, 549, 552

공로명 427

공자 75, 79, 82

공중폭격 547

과잉산개 795

과잉팽창 253, 258, 794, 795
괌 독트린 96
괴링 522
교차승인 151, 234, 641
구걸적인 벼랑끝 전략 368, 369
구정공세 305, 635
국가보안법 132
국가안보 69, 76-77, 98, 118-120, 122, 133, 138, 140, 147, 158, 160-162, 164-171, 283, 300, 426, 487, 526-527, 593, 699, 710, 715-716, 732, 768, 808
국가안보정책 120, 147, 159, 161-162, 165, 170, 710
국가연합체제 674
국가이성 88, 249, 274, 732
국가재건최고회의 134
국제사회 730
국제연맹 43, 461, 477, 516, 522, 604, 725, 726, 730, 731, 803, 828
국제원자력기구 107, 154, 156, 286, 408, 427, 428, 656, 657
군비경쟁 118, 187, 193, 202, 204, 260, 330, 333, 334, 340, 349-350, 542, 546, 646, 774, 812
군비증강 125, 334, 336, 646
군비축소 204, 329, 330, 331, 335, 336, 337, 338, 346, 348, 350, 351, 354, 355, 356, 358, 425, 444, 603, 726
군비통제 329, 330, 331, 337, 338, 340, 348, 349, 350, 358, 371, 425
군사전략 120, 123, 132, 162, 166, 190, 248, 281, 371, 611, 665
군사전략가 166, 527, 544, 566, 608, 611, 616, 683
군사전략적 사고 585, 586, 590, 620, 690
군사혁명위원회 133, 134
군축 141, 329, 330, 331, 332, 333, 334, 338, 339, 340, 345, 346, 347, 348, 349, 350, 355, 356, 357, 358, 359, 407, 440, 672
굴드, 스티븐(Gould, Steven J.) 480
굿비, 제임스(Goodby, James) 354
권력의 주판 317
균형자 12, 48, 113, 200, 203, 257, 266, 490, 717, 725, 742
균형잡기 809
균형 잡는 정책 188, 734
균형화 103, 104, 238
그랜트(Grant) 장군 754
그럭저럭 해나가기 713
그로미코, 안드레이(Gromyko, Andrei) 231, 244, 379
그로스라움 701

그리스 세계의 학교 88
극동 87
근인(近因) 301, 304, 319, 326, 421
글라이스틴, 윌리엄(Gleysteen, William H.) 207
글래드스톤 575
글렌, 존(Glenn, John) 98, 197, 644
기능주의 571, 572, 574, 678, 679
기본합의서 569, 671, 672, 673
기습공격 285, 624, 662, 666
긴 평화 106, 295, 314
긴장 감소의 누진적 교환의 전략 580, 681
길핀, 로버트(Gilpin, Robert) 315, 477, 496f
김대중 77, 147, 525, 592, 715
김영삼 147
김일성 28, 107, 122, 136, 141, 163, 231, 321, 363, 367, 393, 613, 615, 624, 625, 628, 630, 631, 634, 639, 642, 643, 648, 655, 658, 665, 670, 682, 689, 751, 755
김정은 751, 753, 755
김정일 77, 163, 363, 365, 366, 367, 368, 591, 658, 663, 664, 665, 687
까브르 566, 567
꼬제프, 알렉산더(Kojève, Alexandre) 818, 822

[ㄴ]
나이, 조셉(Nye, Joseph S.) 252, 462, 786
나폴레옹 518, 620, 621, 625, 696, 753, 754, 814 826
나폴레옹 전쟁 254, 330, 460, 465, 827
난징 대학살 487
난폭한 스승 299, 791
남북 사이의 화해와 불가침 및 교류 협력에 관한 합의서 157, 671
남북한 기본합의서 569
내향성 707, 708
넌-워너 법안 210, 343f
노무현 77, 715
노부아키 마키노 729
노스, 로버트(North, Robert) 503
노이만, 프란츠(Neumann, Franz) 743
노태우 153, 154, 155, 156, 157, 160, 291, 656, 679
녹스 224
뉴 룩(New Look) 532
뉴딜 정책 377, 660
늑대 104, 105, 717
니버, 라인홀트(Niebuhr, Reinhold) 492, 759
니시·로젠 협정 221
니콜라스 1세 216

니콜라이 2세 219, 222
닉슨 96, 140, 194, 195, 209, 309, 320, 391, 539, 540, 638
닉슨 독트린 96, 136, 138, 190, 195, 199, 259, 260, 276, 282, 283, 284, 288, 637, 638, 705
닉슨, 리처드(Nixon, Richard) 307, 830

[ㄷ]

다극적 국제체제 109, 110, 112, 699, 701f, 708
다극적 세력균형체제 115
다극체제 51, 109, 111, 257, 262, 314, 315, 326, 349f, 708, 724, 810, 811, 812, 832, 835
다카시 이노구치 713
단극체제 51, 109, 248, 326, 422, 481, 724
단테 66, 83, 465
대동아공영권 477, 700
대량보복전략 131, 189
대량살상무기 15, 29, 370, 716f, 784
대량살상무기확산방지구상 512
대부 92, 192, 768
대서양 헌장 179, 375
대소봉쇄정책 131, 149, 185, 188, 198, 209, 250, 257, 271, 832
대전협정 126, 189
대중민족주의 485
대중봉쇄정책 271
대처, 마가렛(Thatcher, Margaret) 298
대한항공 007기 99
대한항공기 150, 151, 206, 650, 651
대한항공 여객기 149, 649
더러운 무기 370, 372
덜레스, 존(Dulles, John Foster) 131, 380
덤바턴 오크스 375
덩샤오핑 365, 479, 498, 697
데니, 오웬(Denny, Owen N.) 217
도끼만행 사건 141, 202, 310, 642, 643, 661
도끼살해 302, 303, 321
도미노 이론 187, 193
도조 175
독일 12, 52, 113, 153, 175, 176, 186f, 224, 252, 255, 263, 274, 295, 335, 362, 381, 453, 454, 472, 479, 483, 503, 521, 522, 565, 566, 571f, 597, 601, 617, 622, 669, 670, 675, 682, 683, 693, 698f, 700, 701, 702, 703, 723, 726, 727, 728, 729, 735, 737-744, 757, 766, 827
돌아오지 않는 다리 307
동남아조약기구 186
동질적 체제 111
두헤, 지울리오(Douhet, Giulio)

527, 560
드 스페이어 220
드골, 샤를(de Gaulle, Charles) 514, 758
등소평 348
디즈레일리 257

[ㄹ]
라슨, 데보라 웰취(Larson, Deborah Welch) 103
라이언, 마이클(Ryan, Michael E.) 549
라인백커 I 539
라인백커 II 539, 540, 541
랑군 99, 149, 648
랑군 테러 578
랑군 폭탄테러 303
러시아 혁명 619, 625
러일전쟁 30, 31, 39, 40, 86, 90, 223, 225, 623, 702, 770
레닌 80, 174, 175, 367, 616, 617, 619, 620, 622, 637, 822
레마르크 802
레벤스라움 700, 701f
레온티예프, 워실리(Leontief, Wassily) 18
레이건, 로날드(Reagan, Ronald Wilson) 99, 100, 149, 150, 200, 201, 202, 203, 204, 277, 291, 341, 342, 351, 646, 647, 650
레이크, 데이비드(Lake, David) 432
레이크, 엔터니(Lake, Anthony) 240
로버트슨, 월터(Robertson, Walter) 129, 130
로스토, 유진(Rostow, Eugene V.) 189f
로이드 조지, 데이비드(Lloyd George, David) 575, 728
로지, 캐보트(Lodge, Cabot) 177, 254, 255
로카르노조약 522
로크, 존(Locke, John) 465, 733, 751
루소 470, 593, 598, 801, 808
루쉬-베고트협약 330
루스벨트 758
루스벨트, 시어도어(Roosevelt, Theodore) 38, 39, 53, 177, 770, 830
루스벨트, 프랭클린(Roosevelt, Franklin Delano) 177, 181, 225, 226, 251, 375, 376, 377, 717, 731, 803, 831
루이 14세 364
류화칭 699f
리(Lie, Trygve) 78, 378
리, 호머(Lee, Homer) 176, 177, 180
리메이, 커티스(Curtis E. LeMay)

532, 537
리바이어던 108, 480, 743
리보, 리처드(Lebow, Richard Ned) 301, 319, 320
리브시, 윌리엄(Livesey, William J.) 291
리슐리외 742, 826
리처드슨, 빌(Richardson, Bill) 508, 509
리퍼, 토머스(Lieper, Thomas) 189f
리프만 격차 270
리프만, 월터 256, 474
릴리, 제임스(Lilley, James) 208, 291
링컨, 에이브러햄(Lincoln, Abraham) 54, 747, 749, 751, 752, 759, 761

[ㅁ]
마르코스 207, 290
마샬 226, 378, 379
마샬플랜 126, 185
마야구에즈작전 313
마오쩌둥 80. 367, 369, 485, 625, 636, 637, 685, 687, 696
마지막 인간 816, 819, 821, 822
마찌니 566
마키아벨리 30, 41, 42, 596, 599, 606, 608, 609, 678, 716, 717, 808
마키아벨리적 국가 364
마키아벨리적 순간 273, 673, 689
마키아벨리주의자 73
마키아벨리즘 32, 594
마한, 알프레드(Mahan, Alfred) 176, 177, 192, 698f, 702f, 703
마한주의 698, 703
만주침략 43
말리크, 제이콥(Malkik, Jacob) 231
매크레이, 해미쉬(McRae, Hamish) 374
매킨더(Mackinder) 177, 178, 187, 192, 261, 493, 494f
매킨리 177
맥과이어, 마이클(McGwire, Michael) 685
맥아더 46
맥파커, 로더릭(MacFarquhar, Roderick) 696
맹자 75, 82, 83, 751
먼로 독트린 178, 255, 701
메이지 유신 487
메테르니히 111, 242, 257, 826, 827
멜로스 72, 73
명백한 운명 178
명성왕후 시해사건 219
모겐소, 한스(Morgenthau, Hans J.) 85. 86, 714, 735, 805
모마이어, 윌리엄(Momyer,

William) 541
모스크바 성명 227
모스크바 외무장관회의 376
모스크바 정상회담 539
모택동 602
모한(Mohan, C. Raja) 489
몰로토프 379
몰타 미·소 정상회담 153
몰트케 621, 683
몽크, 폴(Monk, Paul) 685
묄렌도르프 217, 676
무기국가 716
무기대여법 767
무라비예프, 니콜라스(Mraviev, Nicholas) 216
무솔리니 11, 366, 461, 736, 737, 738, 739, 742
무임승차 54, 112
무장한 예언자 756
문세광 141
미·소 간 INF협정 331
미사일 갭 131
미사일 방어 370
미어샤이머, 존(Mearsheimer, John J.) 314, 494, 495
미우라 고로 219
미일안보조약 281
미트래니, 데이비드(Mitrany, David) 572
민군관계 127, 135
민족 자존과 통일 번영을 위한 특별 선언 156
민족자결 76, 419, 728, 735
민족주의 48, 49, 128, 193, 364, 467, 482, 487, 566, 665, 683, 712, 740, 782,
민주평화론 607, 608, 820
밀로세비치, 슬로보단(Milosevic, Slobodan) 529, 547, 562
밀로스 32, 33, 34, 35, 36, 37, 39, 42, 49, 595, 597, 796

[ㅂ]

바그다드 조약 186
박근혜 715
박정희 93, 97, 133, 134, 135, 137, 138, 139, 141, 144, 145, 147, 159, 634
반 이베라 104
반덴버그, 호이트 533
백색혁명가 263
백화(白禍) 696
버크, 에드먼드(Burke, Edmund) 465, 669, 813
버튼, 존(Burton, John) 585, 586, 690, 691
벌린, 이사야(Berlin, Isaiah) 420
법가 59, 60, 67, 72, 73
베네시, 에드바르트(Beneš, Edvard) 728
베니젤로스, 엘레프테리오스(Venizelos, Eleftherios) 728

베르사유 조약 522, 726, 736
베르사유 체제 732
베를린 봉쇄 614
베리아, 라브렌티(Beria, Lavrentii) 687
베버 743
베스메르트니흐, 알렉산드르 563
베이커, 제임스(Baker, James) 542
베조브라조프 222
베트남 135, 141
베트남 문제의 베트남화 638
베트남 신드롬 463
베트남전 93, 95, 135, 136, 138
베트남전의 베트남화 195
베트남 파병 94, 138, 189, 191
베트남특수 95, 144
벨로프, 막스(Beloff, Max) 214
변환적 리더십 761
병영국가 120
보댕, 장(Bodin, Jean) 460
보편적 세계사 83
볼딩, 케네스(Boulding, Kenneth) 272
볼스, 에드워드(Balls Edward) 767
볼테르 15, 454
봉쇄 113, 251, 378
봉쇄 독트린 187
봉쇄정책 256, 478, 602
부시(H.W) 113, 210, 251, 343, 403, 424, 543, 652, 654
부시(W) 294, 403, 491, 507, 508, 509, 510, 511, 715
부시 독트린 491
부전(不戰)조약 43, 44
북대서양조약기구 185, 190, 256, 264, 515
북방정책100, 101, 102, 155, 164, 266, 402, 403, 671
불, 헤들리(Bull, Hedley) 338
불가닌 230
불간섭주의의 전통 768
브라운 277
브란트, 빌리(Brandt, Willy) 568
브래들리, 오마르(Bradley, Omar N.) 275
브레스트·리토프스크 조약 617
브레즈네프 202, 234, 298, 466
브레즈네프 독트린 140, 248, 465, 466, 696
브레진스키 98, 705
브레처, 마이클(Brecher, Michael) 303, 316
블릭스, 한스 428
비례적 정의 475, 476
비르투 596
비스마르크 111, 113, 114, 263, 264, 265, 268, 273, 274, 461, 566, 567, 597, 621, 654, 700, 702, 703, 735, 742, 770, 827, 834
비스마르크식(균형정책) 265, 266, 567, 834

비신스키, 안드레이(Vishinsky, Adrei Y.) 379
비엔나회의 827
비테, 세르게이(Witte, Sergei) 217, 221, 222
비히모스 743, 744f.

[ㅅ]
4대 군사노선 136, 631, 632, 633
사르트르 818
사막의 방패작전 543
사막의 사브르 작전 545
사막의 폭풍작전 542, 543, 544, 654
4·19 의거 132
4·19 혁명 132, 133, 189
사자 104, 105, 717
4자회담 661
사회진화론 71
산타야나, 조지(Santayana, George) 74, 214
3국간섭 40, 218
3대 혁명 역량 631
삼위일체구조 79
상호 교차승인 151
상호방위조약 126
샌프란시스코 회담 376
생존공간 477
서울 아시안 게임 102
서울 올림픽 48, 99, 100, 101, 102, 153, 206, 209, 402, 651
세계 역사적 인물 621
세력균형 83, 109, 110, 802, 826-832, 835
세력균형이론 85
세력균형체제 87, 110, 115, 315, 593, 825, 828, 833
세력전이 496f
세력전이이론 496
셔먼(Sherman) 장군 754
세바르드나제 100
세익스피어 274, 288
소비에트 러시 213
소포클레스 274
속임수 624
손자 611, 625, 756
솔라즈, 스티븐(Solarz, Stephen) 208, 646
쇼, 조지 버나드(Shaw, George Bernard) 239, 443
수령절대주의 364
수에즈 위기 186
수정구슬 109, 560
수정구슬 효과 317, 370
순환적 역사 480
쉘링, 토마스(Schelling, Thomas) 579
슈뢰더, 폴(Schroeder, Paul) 104
슈미트, 칼(Schmidt, Carl) 50, 701, 743, 744
슈바르츠코프 655
슈웰러, 랜덜(Schweller, Randall)

103, 104
슈크리 503
슐레진저 197
슐츠, 조지 100, 207, 208, 341
스마트, 제이콥(Smart, Jacob E.) 536
스모크, 리처드(Smoke, Richard) 318
스타인브루너, 존(Steinbruner, John) 214
스탈린 122, 226, 231, 364, 367, 613, 614, 615, 618, 619, 620, 623, 624, 626, 629, 630, 676, 731, 749
스탈린의 아침식사 188
스톡홀름 문서 353, 355
스트레이트마이어, 조지 (Stratemeyer, George E.) 533, 534
스티븐슨 수정안 387, 388
스티븐슨, 아들레이(Stevenson, Adlai) 387, 388
스틸웰 312
스팀조약 739
스파르타 31, 32, 35, 36, 37, 39, 301, 330, 479, 796
스파이크만, 니콜라스(Spykman, Nicholas) 178, 180, 192, 209, 210, 256, 261, 494, 703, 704, 705
스펜서, 허버트 71
스푸트니크 131
스피노자 41, 42
시거, 개스턴(Sigur, Gaston) 207, 291
시걸, 제랄드(Segal, Gerald) 349
시모노세키 조약 72, 218
시베리아 횡단철도 218, 219
시실리섬 원정 794
시저 273, 274, 288
시지프스 567
시지프스의 운명 169
시진핑 57, 697
신기능주의 572, 573, 574, 678, 679
신뢰구축 방안 339, 340, 351, 352
신탁 377
신탁통치 181, 376
신탁통치안 226, 228
신태평양독트린 642
신형대국관계 697, 699, 702, 703
심장부(heartland) 177, 180, 187, 494
심장부지역이론 177
11일간의 전쟁 540

[ㅇ]

아난, 코피(Annan, Kofi Atta) 427
아롱, 레이몽(Aron, Raymond) 83, 359, 362,374, 682, 749, 818
아르킬로쿠스 420
아리스토텔레스 82, 83, 205, 242,

293, 475, 695, 703, 822
아리스토파네스 373, 667
아베 독트린 710
아베 신조 710, 711, 713
아베 신타로 345
아시아 집단안보체제 234
아시아로의 회귀 705
아시아의 안보회의 344
아우구스티누스 464
아웅산 폭탄 테러 149, 150, 151, 202, 648
아이젠하워 129, 189
아이젠하워 독트린 187
아지즈, 타리크(Azia, Tariq) 542
아퀴나스, 토마스(Aquinas, Thomas) 464
아테네31, 32, 33, 34, 35, 36, 37, 42, 49, 59, 72, 301, 330, 479, 796
아프가니스탄 침공 148, 646
악마의 제국 253
악셀로드, 로버트(Axelord, Robert) 579, 581, 582, 680
악의 제국 99, 200, 284, 650
악의 축 294, 508
안보 딜레마 77f, 462
안보리 비상임이사국 428
안보화 504
알렉산더 1세 330, 465
알렉산드르 3세 217
알렉시예프, 키릴(Alexeiev, Kyril) 220
알렌, 호레이스(Allen, Horace) 37, 38
알키비아데스 794, 795
앙시앙 레짐 69
애국주의 712, 750
애치슨 183, 199, 614, 624
애치슨라인 46
앤더슨, 존(Anderson, John) 361
앨저, 채드윅(Alger, Chadwick F.) 434
야마가타·로바노프 협정 219
얄타 376
얄타회담 179, 181
양극체제 109, 810, 811, 812
양날안보전략 659
양날 전략 282, 662, 666
억제자 257
억제력 150, 160, 277, 318, 336, 347, 357, 371, 556, 558
억제전략 538, 604
에그뉴 195
에버레디 127, 128, 129, 130
엔젤, 노만(Angel, Norman) 50, 51
엥겔스 616, 620, 622
여우 420, 422, 423
여진, 다니엘(Yergin, Daniel) 253
역사적 유추 214
역외균형 708, 709
연루 77, 713, 768
연방제(도) 287, 404, 674

연방체제 676
연합체제 674, 675, 676, 752
연성 권력 109, 765
연평해전 563, 591
연합 403
연합사령부 383
연합제 404, 673, 674, 675
14개 조항 748
영국식(균형) 74, 113, 256, 834, 835
영원한 재산 31, 301, 791
영일동맹 40, 221
예멘 682
오도넬, 에메트(O'Donnell, Emmett) 533
오르란도, 비토리오(Orlando, Vittorio) 11, 729
오바마, 버락(Obama, Barack) 513, 705
오스굿, 찰스(Osgood, Charles) 580, 582, 681
오와다 히사시 437
오웰, 조지(Orwell, George) 687
5·16쿠데타 189
5·18 광주민주화운동 148
올브라이트 365, 775
올슨, 맨커 2세(Olson, Mancur Jr.) 410
와인버거 201
외향성 707
요격용 미사일협정 647
요청한다 451, 512
워싱턴, 조지 254, 732, 769
워싱턴 규칙 254, 769, 770
워싱턴 회의 330, 703f
워커, 리처드(Walker, Richard L.) 201
원인(遠因) 301, 304, 314, 326, 421
월남 신드롬 153
월츠, 케네스(Waltz, Kenneth) 79, 106, 188, 247, 315, 411, 801, 805, 808
월트 103, 104
월퍼스, 아놀드(Wolfers, Arnold) 120
웨스트팔리아 731
웨스트팔리아체제 454, 826
웨일랜드, 오토(Weyland, Otto P.) 532
웰스 619
위협균형 104
윌슨, 우드로(Wilson, Thomas Woodrow) 75, 174, 175, 177, 254, 255, 377, 419, 454, 492, 608, 726, 727, 728, 729, 731, 732, 733, 735, 743, 745, 748, 802, 803, 806, 827, 828, 831
윌슨주의 828, 834
윌켄펠드, 조나단(Wilkenfeld, Jonathan) 303, 316
유교 59, 61, 62, 63, 64, 66,

67, 68, 69, 70, 72, 73, 74, 80, 682
유교적 국제관계 65
유교적 세계관 57, 64, 65, 69, 80, 596
유교적 세계 질서 71, 89
유교주의자 73
유네스코 81
유라시아 림랜드 178, 179, 186
유럽협조체제 826
유모 92, 192, 768
유신정권 159, 160
유신체제 143, 162
유신헌법 147, 148
유엔 375, 376
유엔 가입 228, 233, 386, 393, 394, 399, 400, 401, 402, 403, 404, 405, 406, 413, 415, 416, 417, 423, 426, 428, 436, 440, 443, 446, 653, 741f
유엔군 사령부 127, 128, 141, 147, 385, 389, 654, 661
유엔 동시가입 156, 400, 401, 406, 423, 642
유엔사령부 91, 124, 126, 128, 129, 232, 275, 280, 281, 282, 302, 312, 325, 385, 396, 413, 666, 776
유엔한국통일부흥위원단 124, 384, 386, 389, 390, 391, 394, 395
유연반응 전략 190
유트레히트 731
유화 575, 582, 760
유화정책 77, 523, 575, 576, 604, 606, 659, 660, 681, 716, 738, 760, 761, 777
6·3 사태 136, 189
6. 23 선언 97, 101, 144, 145, 392, 423
6·23 평화통일 외교정책 특별선언 642
6·25 전쟁 126, 158, 161
6일전쟁 193
6자회담 48, 510, 511, 513
은자의 왕국 88
을사조약 418
응분의 보상전략 579, 680
응징적 정복론 751
의제정치 331, 409
이그나티예프 217
2대양 국가 699
이라크 전쟁 518, 523
이란의 위기 179
이명박 78, 513
이승만 12, 75, 119, 122, 124, 125, 126, 127, 128, 130, 158, 159
이아고 108, 274, 288, 770
이준 418, 419
이즈볼스키 224
이질적 체제 111
이카루스 357, 474

이카루스 신드롬 559
이케하라 마모루 42, 43, 596
이토 히로부미 31, 32, 90
인계철선 46, 188, 277
인권외교 145
인도 488, 489, 490
인도주의적 개입 438, 462, 463, 469, 474, 475, 476, 529, 751
인민무장투쟁 637
인민봉기 625
1차선(통상적) 외교 586, 587, 590, 691

[ㅈ]

자이스 인크바르트 522
자주국방 139, 142, 146, 159, 288, 289,
자칼 104, 717
작계 5030 509, 510
장개석 614
장면 131, 133, 159
장엄한 순간 417, 669, 772, 813
장제스 225
장쩌민 698
재균형 707, 710
재칼 439, 741, 742
전두환 148, 149, 150, 151, 152, 160, 207, 289, 290, 648, 649
전략무기제한협정 149, 568
전략방위계획 202, 204, 647
전략방위구상 650
전쟁권법안 146
전쟁권한법 640
절대전쟁 826
점퍼, 존(Jumper, John) 548
정의 33, 37, 66, 74, 464, 501, 516, 595, 728, 796, 797, 800, 806
정의로운 전쟁 82, 464, 465, 831
정직한 중재자 114, 115, 264, 287, 288, 834
제1공화국 122, 126, 145, 158, 164
제1의 이미지 805
제1차 북핵위기 506
제1차선 외교 587, 691
제1차 핵위기 508
제2공화국 131, 133, 135, 159, 162, 165
제2의 이미지 806
제2차 북핵위기 507
제2차선 외교 586, 587, 589, 690, 691
제2차선 탐구외교 587
제2차 전략무기제한협정 149
제2차 전략무기협정 646
제3공화국 137, 138, 159, 162
제3의 이미지 807
제4공화국 139, 143, 145, 148, 150, 159
제5공화국 148, 149, 150, 151,

160, 162
제6공화국 153, 154, 155, 160, 163, 164
제공권 장악 528, 530, 532, 534, 535, 544, 545, 546
제네바 합의 108, 385, 507, 508, 757
제네바 협상 657
제네바 회담 232
제네바 회의 386
제네바기본합의서 659
제이콥슨 431
제퍼슨, 토머스(Jafferson, Thomas) 188, 189, 254
제한전쟁 826
조미니 621, 753
조소앙 376
조정자 48, 266, 268
조지, 알렉산더(Georgem, Alexander L.) 318, 321
존슨 190, 305, 306, 539, 540
종주 제도 70, 71
주한미군 철군 반대 결의안 283
중개자 341
중거리핵미사일(INF)조약 (중거리핵미사일감축협정, 중거리핵전력(INF) 폐기협정) 204
중거리핵미사일감축협정 651
중거리핵전력(INF) 폐기협정 153
중국동부철도 221
중력의 중심부 206, 279, 371, 537, 625
중립 30, 34
중립화 678
중립화 방안 676, 677
중립화 통일 132
중재 38, 48, 217, 306, 431, 764
중재자 48, 499, 509, 585, 690, 740
중화 67, 68, 88, 497
지압 636, 637, 683
지원국(supporter) 432, 433, 434
지휘의 통일성 755
직선적 역사 480
진주만 기습 831
집단안보 83, 124, 179, 254, 383, 385, 455, 465, 727, 729
집단안보체제 234, 344, 383, 421, 454, 477, 727
집단안전보장 251, 828
집단안전보장제도 124, 827

[ㅊ]

차우세스쿠 670
책임전가 112, 720
처칠, 윈스턴(Churchill, Winston) 28, 29, 180, 225, 295, 522, 590, 609, 612, 663, 717, 731, 758, 760, 766, 771
1718호 512
철의 장막 180
철인군주(철인왕) 66, 82, 108,

364, 365
청와대 기습 136, 190, 289, 302, 303
청와대 무장공비 기습 139
청일전쟁 30, 40, 57, 86, 90, 218, 219, 487
체임벌린 604, 659
첸, 후앙(Chen, Huang) 311
최규하 147
친아랍 정책 145
7·4 공동선언 392
7·4 공동성명 142, 353, 569
7·4 남북 공동 성명서 157, 671
7·7선언 402

[ㅋ]
카(Carr. E.H.) 175, 462, 803
카를, 마르크스(Marx, Kar) 80, 616, 622, 637, 652, 684, 806, 822
카산드라 523, 668, 757
카스트로 467
카쓰라 39
카쓰라-태프트 협약 39, 770
카우프만, 로버트(Kaufman, Robert G.) 104
카이로 선언 181, 227, 377f
카이로 회담 225, 378f
카터 독트린 199, 284
카터, 지미(Carter, Jimmy) 98, 141, 145, 149, 150, 196, 197, 198, 199, 200, 203, 277, 283, 284, 507, 509, 643, 644, 646, 657
칸(Kahn) 박사 508
칸트 465, 516, 523, 607, 608, 669, 802, 803, 806, 820
캐슬레이 826
캐플란, 모톤(Kaplan, Morton A.) 110
케난, 조지(Kennan, George) 179, 180, 185, 378, 704
케네디, 그레그(Kennedy, Greg) 706
케네디(Kennedy, John F.) 131, 134, 190, 295, 296, 600, 601, 602, 603
케네디, 폴(Kennedy, Paul) 253, 605
켈로그-브리앙조약 43
켈리, 짐(Kelly, Jim) 508
켈만, 허버트(Kelman, Herbert) 583
코리아게이트 145, 196
코소보 550, 551, 561, 562
코언, 엘리어트(Cohen, Eliot) 530
코헤인, 로버트(Keohane, Robert) 462, 579, 680
코헨(Cohen, Warren I.) 59
콕스 431
콜린스, 로튼(Collins, J. Lawton) 129, 130

콜링우드 215, 216
콜, 헬무트(Kohl, Helmut) 597
쿠바의 미사일 위기
(쿠바의 미사일 위기) 135, 136, 600, 601,
크로, 콜린(Crowe, Colin) 391
클라우제비츠, 칼 폰(Clausewitz, Carl von) 43, 250, 316, 367, 566, 600, 608, 609, 612, 616, 620, 621, 622, 627, 636, 637, 645, 664, 683, 720, 733, 753, 754, 802
클라크, 웨슬리(Clark, Wesley K.) 127, 128, 130, 550
클레망소 727, 728, 748
클로드, 이니스(Claude, Inis) 83, 417, 434
클린턴 240, 243, 245, 468, 469, 506, 507, 661, 828
클링버그 707
키신저, 헨리(Kissinger, Henry A.) 96, 140, 194, 242, 261, 309, 311, 390, 540, 642, 643, 671, 825, 827, 828, 829, 832, 833
키케로 751, 762f

[ㅌ]

태양왕 364
태평양안전보장조약기구 186
태프트 39
터크만, 바바라(Tuchman, Barbara W.) 601
테미스토클레스 758
테헤란 회담 225, 375
텔레비전효과 469
토인비 118
토크빌, 알렉시스 드(Tocqueville, Alexis de) 173, 174, 209, 210, 241, 242, 494, 722, 723
통일주체국민회의 143, 148
통합이론 574
투키디데스 18, 31, 32, 79, 301, 302, 315, 326, 595, 789, 792, 795, 808
투키디데스의 함정 700
트럼프 770
트로이 목마 598, 599, 611, 645, 651, 652, 661, 662, 667
트로츠키 618, 620, 622
트루먼 179, 185, 362, 615f
트루먼 독트린 125, 180, 185, 195, 378, 638
특별기동함대77 306, 309, 320
티모스 821
티토 676

[ㅍ]

파리평화협정 141, 640
파리평화회담(파리평화회의) 11, 94, 726, 729, 735, 736
파머스톤 829
파웰, 콜린(Powell, Colin) 544

팍스 로마나 83
팍스 아메리카나 108
패러다임 570, 584, 590, 689
페르시아 330
페리클레스 492, 758
페스탈로치 667
페이, 시드니 601
펠로폰네소스 전쟁 32, 79, 301, 479, 595, 597, 790 792
편승 44, 53, 54, 92, 103, 104, 105, 113, 238, 249, 717, 742, 809
평화공존론 131
평화를 위한 단결결의안 384, 454
평화를 위한 의제 424
평화유지활동 155, 407, 424, 425, 429, 430, 435, 438, 445, 446, 455, 468, 469, 474
포글만, 로날드(Fogleman, Ronald R.) 557
포노마레프, 보리스(Ponomarev, Boris N.) 307
포드 311, 313, 642
포드고르니, 니콜라이(Podgorny, Nikolai) 310
포르투나 596, 609
포츠담 선언 227
포츠담 회담 226, 379, 767
포츠담 회의(포츠담 회담) 226, 251, 379, 767
포츠머스 평화회담 223
포함외교 89
폭군살해 75f
폭군살해론 751
폴 버니언작전 312
폴리얀스키 307
표트르 대제 217
푸에블로 사건 96
푸에블로호 136, 190, 191, 289, 302, 303, 304, 306, 307, 309, 320, 634, 662
푸코 686
프랑스 대혁명 460
프랑크푸르트 의회 566
프루든, 마크(Prudden, Mark P.) 312
프룬제, 미하일(Frunze, Mikhail V.) 618, 619
플라톤 66, 82
플레베 222
플림솔 128
피에르 593

**[ㅎ]**

하비브, 필립 641
하스, 언스트 574
하우스호퍼 700
하워드, 마이클 334, 441
하이만스, 폴(Hymans, Paul) 728
하지 182, 380
학문적 중심지 59
한·일 국교정상화 138

한국임시위원단 381
한국전쟁 91, 124, 169, 187, 257
한미동맹체제 11, 12, 77, 133, 136, 138, 142, 145, 146, 147, 150, 159, 160, 164, 171, 250, 259, 265, 266, 271, 274, 279, 280, 282, 292, 293, 294, 295, 296, 297, 556, 563, 645, 649, 651, 652, 656, 660, 661, 662, 666, 768
한미방위조약 147, 186
한미상호방위조약 124, 125, 276, 277, 280, 780
한미수호조약체결 418
한미연합사령부 147, 281
한민족공동체통일방안 156, 674f, 679
한사군 62
한일합방 30
함마숄트, 다그(Hammarskjold, Dag) 514
해리만, 에버렐(Harriman, W. Averell) 225
해리슨, 셀리그(Harrison, Selig S.) 287, 775
해양군축협정 330
핵 확산 방지 444
핵확산금지조약(핵확산방지협정) 107, 154, 286, 306, 407, 427, 445, 506, 657
햇볕정책 28, 77, 294, 525, 591, 592, 603, 772
허쉬 502
허츠, 존(Herz, John) 462
헌지크, 이반 칼(Hunzike, Evan Carl) 662
헌팅턴 471
험프리, 허버트(Humphery, Hubert) 98, 197
헤겔 215, 242, 478, 620, 815
헤겔주의자 814, 815
헤로도토스 79
헤이그국제평화회의 417, 418
헤징 715, 716
헬싱키 모델 351
호머 79
호프만, 스탠리 514
호혜주의 579
홀, 루이스(Halle, Louis) 471
홈스, 잭(Holmes, Jack) 708
홈즈, 올리버 웬들(Holmes, Oliver Wendell) 584
홉스, 토마스(Hobbes, Thomas) 460, 593, 805, 808
홉킨스, 해리(Hopkins, Harry) 226
화려한 고립 256, 261
화평굴기 478
황화 117, 696
횡적 압력 503, 505
후세인, 사담 509, 562, 653
후진타오 478, 697
후쿠야마, 프랜시스 50, 106, 241,

242, 481, 684, 721, 813, 814
휠러, 얼(Wheeler, Earle) 320
휴전협정 91, 124, 130, 231, 234, 279, 324, 385, 396, 413, 640, 742
흄, 데이비드(Hume, David) 110
흐루시초프, 니키타(Khrushchyov, Nikita) 131, 136, 230, 231, 600, 601, 602, 603, 630, 675
히긴스, 마거리트(Higgins, Marguerite) 524
히로이토 366
히틀러 12, 366, 461, 522, 604, 739, 757, 831
힘의 균형 69
힘의 중심부 280, 753, 755
힘의 한계 829

[A]-[Z]

ANZUS 186
balancing 188, 247, 317, 734
bandwagoning 188, 247
CBM 342
CNN효과 469
EC-121 191, 302, 303, 308, 309, 320, 635
EC-121기 136, 289
EC-121 정찰기 격추 96
INF 346, 358
KAL 여객기 136
KAL기 격추 302, 303
NATO 264, 470, 529, 547, 548, 549, 550, 561
NSC 68 126
OECD 48, 49, 278, 292
Parents Test 469
SEATO 186
UN 동시 가입 156

## 저서목록

### 해외 출판

『韩国外交政策的困境』, 北京: 社會科學院 社会科学文献出版社, (2017, 중국어판)

『和平之神与联合国秘书长: 为国际和平而奋斗之领』, 北京: 光明日报出版社, (2015, 중국어판)

『戦史に学ぶ軍事戦略　孫子とクラウゼヴィッツを　現代に生かすために』, 東京: 彩流社, (2014, 일본어판)

『Korea's Foreign Policy Dilemmas: Defining State Security and the Goal of National Unification』, Folkestone, UK: Global Orient, UK, (2011, 영어판)

### 국내 출판

『나폴레옹 보나파르트』, 박영사, 2022

『오토 폰 비스마르크: 천재-정치가의 불멸의 위대한 리더십』, 박영사, 2022

『헨리 키신저: 외교의 경이로운 마법사인가 아니면 현란한 곡예사인가?』, 박영사, 2022

『대한민국의 대부 해리 S. 트루먼: 평범한 인간의 비범한 리더십』, 박영사, 2021

『조지 워싱턴: 창업의 거룩한 카리스마적 리더십』, 박영사, 2020

『윈스턴 S. 처칠: 전쟁과 평화의 위대한 리더십』, 박영사, 2019

『지적 자서전으로서 내 저서의 서문들』, 박영사, 2018

『죽어도 사는 사람: 불멸의 링컨유산』, 극동대학교출판센터, 2018 (김동길 교수 공저)

『한국지정학과 링컨의 리더십: 동아시아의 지정학적 변화와 국가통일의 리더십』, 고려대학교 출판문화원, 2017

『평화神과 유엔사무총장: 국제평화를 위한 리더십의 비극』, 고려대학교 출판부. 2013

『전쟁神과 군사전략: 군사전략의 이론과 실천에 관한 논문 선집』, 리북, 2012

『무지개와 부엉이: 국제정치의 이론과 실천에 관한 논문 선집』, 박영사, 2010

『인간神과 평화의 바벨탑: 국제정치의 원칙과 평화를 위한 세계헌정질서의 모색』, 고려대학교 출판부, 2006

『새우와 고래싸움: 한민족과 국제정치』, 박영사, 2004

『시베리아 횡단열차와 사무라이』, 고려대학교출판부, 1999

『이아고와 카산드라-항공력 시대의 미국과 한국』, 오름, 1997

『소크라테스와 시이저-정의, 평화, 그리고 권력』, 박영사, 1997

『카멜레온과 시지프스: 변천하는 국제질서와 한국의 안보』, 나남, 1995

『동북아의 근대적 변용과 탈근대 지향』(공편), 매봉, 2008

『용과 사무라이의 결투: 중일전쟁의 국제정치와 군사전략』(편저) 리북, 2006

『유엔과 국제위기관리』(편저), 리북, 2005

『유엔과 한국전쟁』(편저), 리북, 2004

『UN and Global Crisis Management』(편저), KACUNS, 2004

『시베리아와 연해주의 정치경제학』(공저), 리북, 2004

『동북아의 평화사상과 평화체제』(편저), 리북, 2004

『동아시아의 안보와 유엔체제』,(편저). 집문당, 2003

『UN, PKO and East Asian Security: Currents, Trends and Prospects』(공편저), 2002

『The UN in the 21st Century』(공편), 2000

『주한미군과 한미안보협력』(공저), 세종연구소, 1996

『북한외교정책』(공편), 서울프레스, 1995

『The United Nations and Keeping-Peace in Northeast Asia』(편저), Seoul Computer Press, 1995

『자유주의의 정의론』(역), 대광문화사, 1991

『키신저 박사와 역사의 의미』(역), 박영사, 1985
『핵시대를 어떻게 살 것인가』(공저), 정음사, 1985
『제국주의의 해부』(역), 법문사, 1984
『불평등한 세계』(역), 박영사, 1983
『세익스피어의 정치철학』(역), 집문당, 1982
『정치학원론』(공저), 박영사, 1982

## 강성학(姜聲鶴)

고려대학교에서 정치학 학사 및 석사 학위를 취득한 후 모교에서 2년간 강사를 하다가 미 국무부 풀브라이트(Fulbright) 장학생으로 도미하여 노던 일리노이 대학교(Northern Illinois University)에서 정치학 박사 학위를 취득하였다. 그 후 1981년 3월부터 2014년 2월말까지 33년간 정치외교학과 교수로 재직하면서 평화연구소 소장, 교무처장 그리고 정책대학원 원장 등을 역임하였다. 2014년 3월 이후 현재 명예교수로 있다.
저자는 1986년 영국 외무부(The British Foreign and Commonwealth Office)의 펠로우십(Fellowship)을 받아 런던정치경제대학(The London School of Economics and Political Science)의 객원교수를, 1997년에는 일본 외무성의 국제교류기금(Japan Foundation)의 펠로우십을 받아 도쿄대학의 동양문화연구소에서 객원 연구원 그리고 2005년 말과 2006년 봄 학기에는 일본 와세다대학의 교환교수를 역임하였다. 또한 제9대 한국 풀브라이트 동문회 회장 및 한국의 영국정부장학수혜자 모임인 한국 셰브닝 동창회 초대 회장을 역임하였다. 그동안 한국국제정치학회 상임이사 및 한국정치학회 이사, 한국유엔체제학회(KACUNS)의 설립 사무총장과 제2대 회장을 역임하였고 이것의 모태인 미국의 유엔체제학회(ACUNS)의 이사로 활동하였다.
저서로는 2011년 영국에서 출간한 영문저서 ≪Korea's Foreign Policy Dilemmas: Defining State Security and the Goal of National Unification≫(425쪽. 2017년 중국 사회과학원 출판사가 번역 출간함)을 비롯하여 1995년 제1회 한국국제정치학회 저술상을 수상한 ≪카멜레온과 시지프스: 변천하는 국제질서와 한국의 안보≫(688쪽)와 미국의 저명한 외교전문지인 포린 폴리시(Foreign Policy)에 그 서평이 실린 ≪이아고와 카산드라: 항공력 시대의 미국과 한국≫(807쪽)이 있다. 그의 대표작 ≪시베리아 횡단열차와 사무라이: 러일전쟁의 외교와 군사전략≫(781쪽) 및 ≪소크라테스와 시이저: 정의, 평화, 그리고 권력≫(304쪽), 또 한동안 베스트셀러이기도 했던 ≪새우와 고래싸움: 한민족과 국제정치≫(402쪽)가 있다. 또한 2007년 대한민국 학술원의 우수학술도서로 선정된 ≪인간神과 평화의 바벨탑: 국제정치의 원칙과 평화를 위한 세계헌정질서의 모색≫(756쪽), ≪전쟁神과 군사전략: 군사전략의 이론과 실천에 관한 논문 선집≫(446쪽, 2014년 일본에서 번역 출간됨), ≪평화神과 유엔 사무총장: 국제 평화를 위한 리더십의 비극≫(328쪽, 2015년 중국에서 번역 출간됨), ≪무지개와 부엉이: 국제정치의 이론과 실천에 관한 논문 선집≫(994쪽)을 비롯하여 지난 33년 간의 교수생활 동안에 총 37권(본서의 말미 저서 목록을 참조)에 달하는 저서, 편저서, 역서를 냈다. 저자는 한국 국제정치학자에게는 어쩌면 당연한 연구주제인 "전쟁", "평화", "한국외교통일" 문제들에 관한 각기 집중적 연구결과로 볼 수 있는 ≪시베리아 횡단열차와 사무라이≫, ≪인간神과 평화의 바벨탑≫ 그리고 ≪카멜레온과 시지프스≫라는 3권의 저서를 자신의 대표적 "학술저서 3부작"으로 꼽고 있다. 아울러 2013년 ≪평화神과 유엔 사무총장≫의 출간으로 "인간神", "전쟁神", "평화神"이라는 일종의 "神"의 3위일체를 이루었다. 퇴임 후에는 2016년부터 2019년까지 한국지정학연구원의 초대 이사장을 역임했으며, 2017년 가을학기부터 2019년 봄학기까지 극동대학교 석좌교수였다. 그리고 ≪한국의 지정학과 링컨의 리더십≫(551쪽), ≪죽어도 사는 사람: 불멸의 링컨 유산(김동길 교수 공저)≫(333쪽), ≪윈스턴 S. 처칠: 전쟁과 평화의 위대한 리더십≫(449쪽), ≪조지 워싱턴: 창업의 거룩한 카리스마적 리더십≫ (501쪽), ≪대한민국의 대부 해리 S. 트루먼: 평범한 인간의 비범한 리더십≫(479쪽), ≪헨리 키신저: 외교의 경이로운 마법사인가 아니면 현란한 곡예사인가?≫(843쪽), ≪오토 폰 비스마르크: 천재-정치가의 불멸의 위대한 리더십≫(491쪽), ≪나폴레옹 보나파르트≫(552쪽)를 출간했다. 그리고 저자의 일종의 지적 자서전으로 ≪내 저서의 서문들≫(223쪽)을 출간했다.

증보판
**새우와 고래싸움** –한민족과 국제정치–

초판발행 2004년 2월 29일
증보판발행 2023년 3월 10일

지은이 강성학
펴낸이 안종만 · 안상준

편 집 양수정
기획/마케팅 조성호
표지디자인 이영경
제 작 고철민 · 조영환

펴낸곳 (주) 박영사
서울특별시 금천구 가산디지털2로 53, 210호(가산동, 한라시그마밸리)
등록 1959. 3. 11. 제300-1959-1호(倫)
전 화 02)733-6771
f a x 02)736-4818
e-mail pys@pybook.co.kr
homepage www.pybook.co.kr
ISBN 979-11-303-1699-4 93340



정 가 48,000원